**Für registrierte Leser halten wir
zusätzliche Informationsangebote bereit.**

Bitte geben Sie Ihren Code auf der
Verlagswebsite ein.

**Ihr persönlicher
Registrierungscode** 04GP46911593

Leseproben · Artikel · Angebote · Newsletter · BuchScanner · Foren · Glossar

Andreas Janka

VBA mit Word

Galileo Computing

Liebe Leserin, lieber Leser,

ich freue mich, daß Sie sich für ein Galileo Computing-Buch entschieden haben.

Dieses Werk läßt keine Wünsche offen. Und ich möchte Ihnen sagen, warum:

Neben der ausgezeichneten fachlichen Qualität und der intelligenten Themenauswahl zeichnet sich das Buch durch seine sprachliche Präzision und den hohen didaktischen Anspruch aus. Ein Autor, der es versteht, durch klare Begrifflichkeiten Licht in das Dunkel der Programmierung zu bringen. Ja, es werden Kenntnisse von Word und grundlegendes Wissen ums Betriebssystem vorausgesetzt. Bringen Sie all das mit, dann werden Sie mit diesem Buch nicht nur programmieren lernen, sondern auch verstehen, wie Sie dies effektiv tun. Denn schließlich möchten Sie Aufgaben lösen, Ihre Arbeit organisieren und nicht »Programmierung« als Knobelei verstehen.

Ich verspreche nicht zuviel, wenn ich sage, daß Sie dieses Buch begeistern wird.

Lesen Sie selbst!

Viel Spaß dabei wünscht

Judith Stevens-Lemoine
Lektorat Galileo Computing

judith.stevens@galileo-press.de
www.galileocmputing.de

Galileo Press · Gartenstraße 24 · 53229 Bonn

Auf einen Blick

	Vorbemerkungen	27
1	Einführung	33
2	Schnellkurse: Worauf beruht VBA?	43
3	Was ist VBA?	139
4	Ein wenig Word- und VBA-Geschichte	147
5	Sicherungsarbeiten	197
6	Übungsumgebung und »Werkzeugkasten« für Makros und VBA-Prozeduren erstellen	231
7	Makros aufzeichnen	239
8	Die VBA-Entwicklungsumgebung	253
9	Allgemeine Anmerkungen	355
10	Anweisungen, Ausdrücke und Kommentare	367
11	Variablen, Datentypen und Konstanten	377
12	Operatoren	409
13	Prozeduren	431
14	Standard-Anweisungen für die Ein- und Ausgabe	457
15	Sprünge, Verzweigungen, Fallentscheidungen	475
16	Schleifen	489
17	Sonstige Kontrollstrukturen	509
18	Datenfelder (Arrays)	513
19	Benutzerdefinierte Datentypen	541
20	Objektorientierte Programmierung mit VBA	547
21	Die Arbeit mit Objekten aus anderen Anwendungen	581
22	Kleiner Spaziergang durch die Welt der benutzerdefinierten Klassen und Objekte	609
23	Ereignisse und Ereignisprozeduren in der Word-Programmierung	617
24	Standard-Programmiertechniken	635
25	Die wichtigsten Word-Objekte	691
26	Arbeiten mit Dateien und Ordnern	765
27	Systemnahe Programmierung	773
28	Fehlerbehandlung in VBA-Projekten	797
29	Hilfsroutinen für VBA-Projekte	803
30	Add-In-Dokumentvorlagen für Word	815
31	COM-Add-Ins	821
A	Praktische Tabellen	827
B	Kurzinfo zur Begleit-CD	885
C	VBA-Namenskonventionen	887
D	Literaturverzeichnis	921
	Stichwortverzeichnis	943

Bibliografische Information Der Deutschen Bibliothek
Die Deutsche Bibliothek verzeichnet diese Publikation in der Deutschen Nationalbibliografie; detaillierte
bibliografische Daten sind im Internet über http://dnb.ddb.de abrufbar.

ISBN 3-89842-469-3

© Galileo Press GmbH, Bonn 2004

Der Name Galileo Press geht auf den italienischen Mathematiker und Philosophen Galileo Galilei (1564–1642) zurück. Er gilt als Gründungsfigur der neuzeitlichen Wissenschaft und wurde berühmt als Verfechter des modernen, heliozentrischen Weltbilds. Legendär ist sein Ausspruch **Eppur se muove** (Und sie bewegt sich doch). Das Emblem von Galileo Press ist der Jupiter, umkreist von den vier Galileischen Monden. Galilei entdeckte die nach ihm benannten Monde 1610.

Das vorliegende Werk ist in all seinen Teilen urheberrechtlich geschützt. Alle Rechte vorbehalten, insbesondere das Recht der Übersetzung, des Vortrags, der Reproduktion, der Vervielfältigung auf fotomechanischem oder anderen Wegen und der Speicherung in elektronischen Medien.
Ungeachtet der Sorgfalt, die auf die Erstellung von Text, Abbildungen und Programmen verwendet wurde, können weder Verlag noch Autor, Herausgeber oder Übersetzer für mögliche Fehler und deren Folgen eine juristische Verantwortung oder irgendeine Haftung übernehmen.
Die in diesem Werk wiedergegebenen Gebrauchsnamen, Handelsnamen, Warenbezeichnungen usw. können auch ohne besondere Kennzeichnung Marken sein und als solche den gesetzlichen Bestimmungen unterliegen.

Lektorat   Judith Stevens-Lemoine
Korrektorat   Dr. Rainer Noske, Euskirchen
Einbandgestaltung   Barbara Thoben, Köln
Herstellung   Vera Brauner
Satz   reemers publishing services gmbh, Krefeld
Druck und Bindung   Koninklijke Wöhrmann, Zutphen

Inhalt

Vorbemerkungen 27

Vorwort 27
Teil 1 – Einstieg

1 Einführung 33

1.1 Ziel des Buches 33
1.2 Was von den Leserinnen und den Lesern erwartet wird 33
1.3 Was den Leser erwartet 34
1.4 Systemvoraussetzungen und Installation 34
1.5 Typographische Konventionen in diesem Buch 35
1.6 Spracheinstellung für die Beispiele 36
1.7 Schreibweisen und Orthographie 37
1.8 Nutzen der Beispiele des Buches für andere VBA-Anwendungen 38
1.9 Service Releases und Service Packs für Word und Windows 39
1.10 Office Developer Editionen und Visual Studio-Tools 40
1.11 Fehler und Haftung 40

2 Schnellkurse: Worauf beruht VBA? 43

2.1 Warum grundlegende Architekturkenntnisse? 43
2.2 Inhalte der Schnellkurse 44
2.3 Schnellkurs: Was taugen Definitionen? 45
2.4 Schnellkurs: Was ist Programmieren? 46
2.5 Schnellkurs: Was sind Makros und was sind VBA-Prozeduren? 48
    2.5.1 VBA-Makros 48
    2.5.2 VBA-Prozeduren 49
    2.5.3 VBA-Struktur 51
    2.5.4 Die fünf VBA-Modi 54
    2.5.5 Den Modus mit Code ermitteln 58
2.6 Schnellkurs: Was ist Objektorientierung? 59
    2.6.1 Objekt: Geschichte und Idee 59

	2.6.2	Objekt: Verwandte und/oder abgeleitete Begriffe	59
	2.6.3	Objekt: Ausprägungen	60
	2.6.4	Objekt: Definitionsbeispiele	60
	2.6.5	Objekt: Beschreibung	62
	2.6.6	Objekt: Beispiel	66
	2.6.7	Objekt: Notation	67
	2.6.8	Objekt: Zusammenfassung	67
2.7		**Schnellkurs: Was ist Komponentenorientierung?**	67
	2.7.1	Komponente: Geschichte und Idee	67
	2.7.2	Komponente: Verwandte und/oder abgeleitete Begriffe	69
	2.7.3	Komponente: Ausprägungen	71
	2.7.4	Komponente: Definitionsbeispiele	74
	2.7.5	Komponente: Beschreibung und Abgrenzung	76
	2.7.6	Komponente: Beispiel	79
	2.7.7	Komponente: Notation	80
2.8		**Schnellkurs: Was sind Bibliotheken?**	81
	2.8.1	Bibliothek: Geschichte und Idee	81
	2.8.2	Bibliothek: Verwandte und/oder abgeleitete Begriffe	82
	2.8.3	Bibliothek: Ausprägungen	82
	2.8.4	Bibliothek: Definitionsbeispiele	83
	2.8.5	Bibliothek: Beschreibung	84
	2.8.6	Bibliothek: Beispiel	92
	2.8.7	Bibliothek: Notation	99
2.9		**Schnellkurs: Was ist COM?**	99
	2.9.1	COM: Geschichte und Idee	99
	2.9.2	COM: Verwandte und/oder abgeleitete Begriffe	106
	2.9.3	COM: Ausprägungen	111
	2.9.4	COM: Definitionsbeispiele	112
	2.9.5	COM: Beschreibung	113
	2.9.6	COM: Beispiel	130
	2.9.7	COM: Notation	137

3 Was ist VBA?   139

3.1		**VBA – die Programmiersprache für den Anwender**	139
	3.1.1	Bestimmung der Bezeichnung VBA	139
	3.1.2	Aus welchen Teilen besteht VBA?	139
3.2		**Klassifikation**	140
	3.2.1	Ist VBA eine Makrosprache?	140
	3.2.2	Ist VBA objektorientiert?	141
	3.2.3	Ist VBA mehr als eine Programmiersprache?	141
3.3		**Die aktuell verbreiteten Basic-Dialekte in der Windows-Welt**	141
	3.3.1	Word-VBA im Vergleich mit VB	142
	3.3.2	Word-VBA im Vergleich mit VB-Script	143
	3.3.3	Word-VBA im Vergleich mit VB.NET	144
3.4		**Zusammenfassung: Was also ist VBA?**	144

4 Ein wenig Word- und VBA-Geschichte 147

4.1	Warum Historie?		147
4.2	Die Geschichte von Programmiersprachen		147
4.3	Die Geschichte von Word		149
	4.3.1	1978 bis 1982 – Die Vorgeschichte von Word	149
	4.3.2	1983 – MultiTool Word für DOS und Word 1.0 für DOS	150
	4.3.3	1984 – Word 1.1 und 1.15 für DOS und die erste deutschsprachige Word-Version für DOS	150
	4.3.4	1985 – Word 2.0 für DOS und Word 1.0 für Mac OS	151
	4.3.5	1986 – Word 3.0 für DOS und Word 2.0 für Mac OS	151
	4.3.6	1987 – Word 4.0 für DOS und Word 3.0 für Mac OS	151
	4.3.7	1988 – Die erste Windows-basierte Textverarbeitung	152
	4.3.8	1989 – Word 5.0 für DOS und Word 4.0 für Macintosh	152
	4.3.9	1990 – Word 5.5 für DOS und Word 1.0 für Windows	153
	4.3.10	1991 – Word für Windows 1.1 und 2.0 sowie Word 5.0 für Mac	155
	4.3.11	1992 – Deutsche Version von Word für Windows 2.0	156
	4.3.12	1993 – Word 6.0 für DOS	158
	4.3.13	1994 – Word für Windows 6.0 und Word 6.0 für Macintosh	159
	4.3.14	1995 – Word 95 für Windows (Word 7.0)	160
	4.3.15	1996 – Microsoft Pocket Word 1.0	162
	4.3.16	1997 – Word 97 für Windows (8.0) und Pocket Word 2.0	163
	4.3.17	1998 – Word 98 für Macintosh	165
	4.3.18	1999 – Word 2000 für Windows (9.0)	166
	4.3.19	2000 – Pocket Word 3.0 und Word 2001 für Macintosh	169
	4.3.20	2001 – Word XP für Windows (2002, 10.0), Pocket Word 2002, Word X für Macintosh OS X (Mac 10.0)	171
	4.3.21	2002 – Sicherheitspatches und Service Pack 1 und 2 für Word XP	174
	4.3.22	2003 – Word 2003 für Windows (11.0) und Pocket Word 2003	175
	4.3.23	2004 – Word 2004 für Macintosh	178
	4.3.24	... folgende	178
4.4	Die Geschichte von Basic, VBA, VB und VB.NET		179
	4.4.1	1962 bis 1990 – Die Vorgeschichte	179
	4.4.2	1990 bis 1997 – WordBasic	182
	4.4.3	1991 – Visual Basic 1.0 (16-Bit)	184
	4.4.4	1992 – VBA in Excel 5.0 und Visual Basic 2.0 (16-Bit)	185
	4.4.5	1993 – VBA in Project und Visual Basic 3.0 (16-Bit)	186
	4.4.6	1995 – VBA 2.0 und Visual Basic 4.0 (16- und 32-Bit)	187
	4.4.7	1997 – VBA 5.0 und Visual Basic 5.0 (32-Bit)	188
	4.4.8	1998 – VBA 6.0 und Visual Basic 6.0 (32-Bit)	189
	4.4.9	1999 bis 2000 – VBA 6.3	191
	4.4.10	2001 – Visual Studio for Applications (VSA)	191
	4.4.11	2002 – Visual Basic .NET 2002 (7.0), Office XP Web Services Toolkit und SmartTag Enterprise Resource Toolkit	191
	4.4.12	2003 – VBA 6.4, Visual Basic .NET 2003 (8.0), Visual Studio Tools für Office (VSTO)	192
	4.4.13	2004, 2005 ... – Visual Basic .NET 9.0 (Codename Visual Basic Whidbey), Visual Basic .NET 10.0 (Codename Visual Basic Orcas)	194

5 Sicherungsarbeiten 197

5.1	Bevor es losgeht: Sichern, sichern und noch mal sichern	197
	5.1.1 Sichern der Word-Arbeitsumgebung allgemein	197
	5.1.2 Der Profil-Assistent	199
	5.1.3 Die Dokumentvorlagen sichern	203
	5.1.4 Die Normal.dot sichern	212
	5.1.5 Die Email.Dot-Vorlage sichern	216
	5.1.6 Die Mediadaten sichern	217
	5.1.7 Die Autokorrekturen sichern	217
	5.1.8 Die Benutzerwörterbücher sichern	219
	5.1.9 Die Ausschlußwörterbücher sichern	223
	5.1.10 Die Dokumente sichern	224
	5.1.11 Die Word-Schlüssel in der Registry sichern	225
	5.1.12 Die COM-Add-In-Umgebung sichern	227
	5.1.13 Support.dot	228

6 Übungsumgebung und »Werkzeugkasten« für Makros und VBA-Prozeduren erstellen 231

6.1	Dokumentenzentrierte Speicherung von Makros und Prozeduren	231
6.2	Der beste Speicherort für Makros und VBA-Prozeduren	231
	6.2.1 Der ungünstigste Platz für VBA-Prozeduren: Dokumente	232
	6.2.2 Der zweit ungünstigste Platz für VBA-Prozeduren: Die Normal.dot	232
	6.2.3 Makros und VBA-Prozeduren dokumentspezifisch speichern	232
	6.2.4 Makros und VBA-Prozeduren in globalen Add-In-Dokumentvorlagen	233
6.3	Legen Sie Ihren eigenen Add-In-Werkzeugkasten an	233
	6.3.1 Add-In-Dokumentvorlage für Ihre VBA-Routinen anlegen	234
6.4	Das Hinzufügen eines Word-Add-Ins	234
	6.4.1 Das Einbinden eines Add-Ins über das Dialogfeld »Dokumentvorlagen und Add-Ins«	235
	6.4.2 Das Einbinden eines Add-Ins mit Hilfe des Autostart-Ordners	235
	6.4.3 Einbinden eines Word-Add-Ins per VBA	236
6.5	VBA-Makros und Prozeduren nachträglich in das eigene Add-In aufnehmen	236
6.6	Test der eigenen Add-In-Werkzeuge (Prozeduren)	236
6.7	Das Arbeitsmenü	237
	6.7.1 Arbeitsmenü einrichten	237
	6.7.2 Dateien zum Arbeitsmenü hinzufügen	238
	6.7.3 Dateien aus dem Arbeitsmenü entfernen	238
	6.7.4 Entfernen- und Hinzufügen-Befehl im Arbeitsmenü zur Verfügung stellen	238

7 Makros aufzeichnen 239

7.1	Sinn und Unsinn des Makro-Rekorders	239
7.2	Wie wird ein Makro aufgezeichnet?	240
	7.2.1 Beispiel und Aufgabenstellung: Ein-/Aus-Schalter für die Satzspiegel-Markierung	241
	7.2.2 Plan zur Aufzeichnung schmieden	241
	7.2.3 Makroaufzeichnung beginnen	242
	7.2.4 Makros ausführen	244
	7.2.5 Das Scheitern	245
	7.2.6 Die Lösung	245
7.3	Makros (Prozeduren) nachträglich auf Tastencodes legen	247
7.4	Makros (Prozeduren) nachträglich als Schaltflächen in Symbolleisten eintragen	248
7.5	Makro-Schaltfläche aus einer Symbolleiste entfernen oder verschieben	249
7.6	Makro löschen	249
	7.6.1 Ein Makro löschen (Makro-Dialog)	249
	7.6.2 Alle Makros eines VBA-Moduls löschen (Organisieren-Dialog)	250
	7.6.3 Makros im Visual Basic-Editor löschen	250
7.7	Makros gezielt bearbeiten	250
7.8	Wildgewordenen VBA-Code stoppen	251

8 Die VBA-Entwicklungsumgebung 253

8.1	Die VBA-IDE und der Visual Basic-Editor (VBE)	253
8.2	Den Visual Basic-Editor (VBE) starten	253
8.3	Die Fenster des Visual Basic-Editors	254
	8.3.1 Bedienungstips und Hinweise für den Umgang mit Fenstern	256
8.4	Der Projekt-Explorer	257
	8.4.1 Das Öffnen des Projekt-Explorers	258
	8.4.2 Projekte	258
	8.4.3 Ändern des Projektnamens	259
	8.4.4 Ein-/Ausblenden von Projekt-Unterzweigen	260
	8.4.5 Die Bestandteile eines Projekts: Module und Referenzen	261
	8.4.6 Die drei Ansicht-Schaltflächen des Projekt-Explorers	263
	8.4.7 Das Einfügen von Modulen	264
	8.4.8 Die Entfernung eines Moduls	264
	8.4.9 Das Ändern von Modulnamen	265
8.5	Das Eigenschaftsfenster	265
	8.5.1 Öffnen des Eigenschaftsfensters	266
	8.5.2 Sortierung der Eigenschaften	267
8.6	Die Code-Fenster	267
	8.6.1 Die Eingabe- und Editiermöglichkeiten eines Code-Fensters	268
	8.6.2 Das Öffnen eines Code-Fensters	268
	8.6.3 Die Auswahllisten »Objekt« und »Prozedur« in einem Code-Fenster	268

	8.6.4	Die Ansicht-Schaltflächen des Code-Fenster	271
	8.6.5	Der Fensterteiler im Code-Fenster	271
	8.6.6	Die Kennzeichenleiste im Code-Fenster	272
8.7	Das Direktfenster		273
	8.7.1	Das Öffnen des Direktfensters	273
	8.7.2	Die Arbeit mit dem Direktfenster	274
8.8	Der Objektkatalog		275
	8.8.1	Öffnen des Objektkatalogs	275
	8.8.2	Die Standard-Bereiche und -Listen des Objektkatalogs	276
	8.8.3	Schaltflächen im Objektkatalog	277
	8.8.4	Suche im Objektkatalog	278
	8.8.5	Symbole im Objektkatalog	279
	8.8.6	Verborgene Elemente anzeigen	280
8.9	Das UserForm-Fenster zum Entwerfen von Benutzerformularen		281
	8.9.1	Das Anlegen eines neuen Benutzerformulars	281
	8.9.2	Das Öffnen eines vorhandenen UserForm-Fensters	281
	8.9.3	Das Starten eines Benutzerformulars	282
	8.9.4	Die Werkzeugsammlung	282
	8.9.5	Der Dialog »Weitere Steuerelemente«	283
8.10	Das Lokal-Fenster		284
	8.10.1	Öffnen des Lokal-Fensters	284
	8.10.2	Schließen des Lokal-Fensters	285
	8.10.3	Ein-/Ausblenden von Untervariablen	286
	8.10.4	Die Modulvariable im Lokal-Fenster	286
	8.10.5	Werte im Lokal-Fenster bearbeiten	286
	8.10.6	Aktualisierung des Lokal-Fensters	286
8.11	Die Aufrufliste		286
	8.11.1	Öffnen der Aufrufliste	287
8.12	Das Überwachungsfenster		288
	8.12.1	Öffnen des Überwachungsfensters	288
	8.12.2	Die Bedienung des Überwachungsfensters	288
	8.12.3	Hinzufügen eines Überwachungsausdrucks	289
	8.12.4	Entfernen eines Überwachungsausdrucks aus dem Überwachungsfenster	291
	8.12.5	Bearbeiten eines Überwachungsausdrucks	291
8.13	Die Symbolleisten des VBE		292
	8.13.1	Die Symbolleiste »Voreinstellung«	292
	8.13.2	Die Symbolleiste »Bearbeiten«	296
	8.13.3	Die Symbolleiste »Debuggen« beziehungsweise »Testen«	298
	8.13.4	Die Symbolleiste »UserForm«	301
8.14	Die VBE-Menüs		304
	8.14.1	Das Menü »Datei«	304
	8.14.2	Das Menü »Bearbeiten«	307
	8.14.3	Das Menü »Ansicht«	309
	8.14.4	Das Menü »Einfügen«	313
	8.14.5	Das Menü »Format«	313
	8.14.6	Das Menü »Debuggen« (früher »Testen«)	316
	8.14.7	Das Menü »Ausführen«	318
	8.14.8	Das Menü »Extras«	318

	8.14.9	Das Menü »Add-Ins«	319
	8.14.10	Das Menü »Fenster«	319
	8.14.11	Das Menü »?« (Hilfe)	320
8.15	VBA-Hilfe im Visual Basic-Editor	320
	8.15.1	Hilfe aufrufen	321
	8.15.2	Wenn die VBA-Offline-Hilfe nicht »funzt«	325
	8.15.3	Die MSDN-Hilfe	325
	8.15.4	Spezielle Hilfsfunktionen des Visual Basic-Editor	326
8.16	Die Kontextmenüs	328
8.17	Interna des VBE und der VBA-Entwicklungsumgebung	328
	8.17.1	Der Dialog »Optionen«	328
	8.17.2	Der Dialog »Projekteigenschaften«	334
	8.17.3	Der Dialog »Digitale Signatur«	338
	8.17.4	Add-Ins für die VBA-Entwicklungsumgebung festlegen	344
8.18	Die wichtigsten Tastenbelegungen für schnelle Code-Bearbeitung	348
8.19	Die wichtigsten Tastenbelegungen für schnelles Ausführen und Debuggen von VBA-Programmen	350
8.20	Die wichtigsten Tastenbelegungen für schnelles Arbeiten im UserForm-Fenster	350

Teil 2 – Grundlagen

9 Allgemeine Anmerkungen 355

9.1	VBA-Sprachbereiche	355
9.2	Speicher, Adresse und Name	356
9.3	Bezeichner (Identifizierer)	356
	9.3.1 Definition des Begriffs »Definition« in VBA	357
	9.3.2 Deklaration	358
	9.3.3 Einfluß der Codeposition auf die Deklaration	361
	9.3.4 Benennung von Bezeichnern gemäß VBA-Spezifikation	361
	9.3.5 Benennung von Bezeichnern gemäß unverbindlicher Konventionen	361
9.4	Benennung von Bezeichnern allgemein	362
9.5	Verbindliche Namensregeln gemäß VBA-Spezifikation	362
9.6	Zusammenfassung	364

10 Anweisungen, Ausdrücke und Kommentare 367

10.1	Anweisungen	367
	10.1.1 Anweisungsende	368
	10.1.2 Anweisungen in Kombination mit anderen Sprachelementen	368
	10.1.3 Automatische Ergänzungen von Anweisungen	369
	10.1.4 Fehlerhafte Anweisungen (automatische Syntaxüberprüfung)	369
	10.1.5 Mehrere Anweisungen in einer Zeile (Zusammenfassungszeilen)	369
	10.1.6 Lange Anweisungszeilen (Fortsetzungszeilen, Folgezeilen)	369

		10.1.7	Anweisungskategorien	371
		10.1.8	Die wichtigsten VBA-Anweisungen im Überblick	371
	10.2	Ausdruck		372
		10.2.1	Operator	373
		10.2.2	Operand	373
		10.2.3	Arität	373
		10.2.4	Konstanten und Variablen in Ausdrücken	374
	10.3	Kommentare		375
		10.3.1	Das Hochkomma für Kommentarzeilen	375
		10.3.2	Rem	375
		10.3.3	Blockkommentare	376

11 Variablen, Datentypen und Konstanten 377

	11.1	Variablen		377
		11.1.1	Automatisch deklarierte Einzelvariablen mit impliziter Variablendeklaration	377
		11.1.2	Explizite Deklaration von Einzelvariablen, Datenfeldern und Objektvariablen	378
		11.1.3	Deklaration von Variablenlisten	380
	11.2	Die Zugriffsmodifizierer und der Gültigkeitsbereich für Variablen		380
		11.2.1	Der Gültigkeitsbereich von Variablen	381
		11.2.2	Die Dim-Anweisung	382
		11.2.3	Die Public-Anweisung	383
		11.2.4	Die Private-Anweisung	384
		11.2.5	Die Static-Anweisung	384
		11.2.6	Die ReDim-Anweisung für Datenfelder	385
	11.3	Datentypen		385
		11.3.1	Numerische Datentypen	386
		11.3.2	Zeichenfolgendatentyp	387
		11.3.3	Objekt-Datentypen	387
		11.3.4	Veränderbare Datentypen	389
		11.3.5	Formatierende Datentypen	389
		11.3.6	Datentypen-Übersicht	393
		11.3.7	Festlegen des Datentyps	394
		11.3.8	Ermitteln des Datentyps	394
		11.3.9	Die DefType-Anweisung	394
		11.3.10	Umwandlungsfunktionen	395
		11.3.11	Überprüfen der Inhalte	397
		11.3.12	Initialisierung von Variablen	397
		11.3.13	Spezielle Werte	398
	11.4	Konstanten		399
		11.4.1	Literale Konstanten	399
		11.4.2	Verwenden der Const-Anweisung für benutzerdefinierte Konstanten	400
		11.4.3	Integrierte Konstanten	401
		11.4.4	Konstanten für die bedingte Kompilierung	402
		11.4.5	Enum-Auflistungen (Enumerationen)	402
		11.4.6	Vermeiden von Zirkelbezügen	406

12 Operatoren — 409

- 12.1 Arithmetische Operatoren — 410
- 12.2 Relationale Operatoren — 412
  - 12.2.1 »Echte« Vergleichsoperatoren — 413
  - 12.2.2 Der Operator »Like« — 416
  - 12.2.3 Der Operator »Is« — 419
- 12.3 Logische Operatoren und Bitoperatoren — 420
  - 12.3.1 Logische Operatoren — 420
  - 12.3.2 Bitweise Operatoren — 421
  - 12.3.3 Wahrheitstabellen — 421
  - 12.3.4 Der And-Operator (Und-Operator) — 422
  - 12.3.5 Der Or-Operator (Oder-Operator) — 423
  - 12.3.6 Der Not-Operator (Nicht-Operator) — 423
  - 12.3.7 Der Xor-Operator Xor (Entweder-Oder-Operator) — 424
  - 12.3.8 Der Eqv-Operator Eqv (Äquivalenz-Operator) und der Imp-Operator (Implikations-Operator) — 425
  - 12.3.9 Vergleich zwischen logischen und binären Operator — 425
- 12.4 Zuweisungsoperatoren — 426
- 12.5 Verkettungsoperatoren (Zeichenverknüpfungsoperatoren) — 427
- 12.6 Operationsprioritäten (Operator-Rangfolge) — 427
- 12.7 Überladung von Operatoren — 429

13 Prozeduren — 431

- 13.1 Prozedurarten — 431
- 13.2 Die Sub-Prozedur — 431
  - 13.2.1 Das Erstellen von Prozeduren und Makros — 433
  - 13.2.2 Parameter und Argumente von Prozeduren — 436
  - 13.2.3 Starten von Prozeduren und Makros — 445
  - 13.2.4 Die Call-Anweisung: Aufruf einer Prozedur durch eine andere Prozedur — 447
  - 13.2.5 Unterbrechen von Prozedurausführungen — 447
- 13.3 Die Function-Prozedur — 448
  - 13.3.1 Ergebnisfestlegung — 450
  - 13.3.2 Aufruf einer Funktion — 450
- 13.4 Rekursion — 451
  - 13.4.1 Rekursion-Beispiel I: Text und Zeichenfolgen mit einem beliebigen Zeichen sperren lassen — 451
- 13.5 Gültigkeitsbereich von Prozeduren — 453
  - 13.5.1 Friend für Function-Prozeduren im Klassenmodul — 454
- 13.6 Namensräume — 454

14 Standard-Anweisungen für die Ein- und Ausgabe 457

14.1	Interaktion	457
14.2	Ausgaben im Direktfenster (Debug.Print)	457
14.3	Aus- und Eingaben mit MsgBox	458
	14.3.1 MsgBox-Beispiel I: Ja/Nein-Dialog um den Assistenten ein-/auszuschalten	461
	14.3.2 MsgBox-Konstanten	462
	14.3.3 MsgBox-Beispiel II: Die gängigsten MsgBox-Dialoge	463
	14.3.4 MsgBox-Beispiel III: Gestaltung und Textformatierung des MsgBox-Dialogs	464
	14.3.5 Vordefinierte VBA-Konstanten für Zeichenketten	465
	14.3.6 MsgBox-Rückgabewerte	466
	14.3.7 MsgBox-Beispiel IV: Markierten Text aus dem Dokument in MsgBox-Dialoge überführen	466
14.4	Eingaben über die InputBox-Funktion	467
	14.4.1 InputBox-Beispiel I: Zeichenfolge des Anwendungsordners in ein Dokument übertragen	469
	14.4.2 InputBox-Beispiel II: Validierung der Eingabe	470
14.5	Ausgaben in der Statusleiste der Anwendung	471
	14.5.1 Statuszeilen-Beispiel I: Verknüpfte Dokumentvorlage anzeigen	471
	14.5.2 Statuszeilen-Beispiel II: Version des aktuellen Dokuments anzeigen	472
	14.5.3 Statuszeilen-Beispiel III: Start- und End-Koordinate der aktuellen Markierung anzeigen	472
	14.5.4 Statuszeilen-Beispiel IV: Uhrzeit für eine festgelegte Zeit in der Statuszeile anzeigen	472
	14.5.5 Statuszeilen-Beispiel V: Anzahl der Schleifendurchläufe in der Statuszeile aufwärts mitzählen	473
	14.5.6 Statuszeilen-Beispiel VI: Anzahl der Schleifendurchläufe in der Statuszeile abwärts mitzählen	473
14.6	Ton ausgeben	474

15 Sprünge, Verzweigungen, Fallentscheidungen 475

15.1	Allgemeines zu Sprüngen, Verzweigungen und Entscheidungen	475
15.2	GoTo-Anweisung	476
	15.2.1 GoTo-Beispiel: Mehrfach verschachtelte Kontrollstruktur verlassen	477
	15.2.2 GoTo in anderen Zusammenhängen	477
	15.2.3 GoSub-Return, On-GoSub, On-GoTo	478
15.3	If ... Then-Verzweigung	478
	15.3.1 If..Then	479
	15.3.2 If ... Then ... Else	480
	15.3.3 Mehrzeilige If-Then-Anweisung	480
	15.3.4 Verschachtelte If-Then-Anweisungen	481
	15.3.5 If ... Then ... ElseIf	482
	15.3.6 If-Then-Anweisung: Neuerungen in VB.NET	482

15.4	Select … Case	482
	15.4.1 Select-Case-Beispiel I: Einzelne Werte (Schulnoten) überprüfen	484
	15.4.2 Select-Case-Beispiel II: Jahreszeit mit Hilfe von Ausdruckslisten ermitteln	484
	15.4.3 Select-Case-Beispiel III: Die Verwendung des Schlüsselworts To in Verbindung mit einem Error-Handler	485
	15.4.4 Select-Case-Beispiel IV: Zeichenfolgen prüfen	486
	15.4.5 Select-Case-Beispiel V: Die Verwendung des Schlüsselworts Is und der Anfangsbuchstabe eines Wortes im Word-Dokument	487
	15.4.6 Grenzen der Select-Case-Anweisung	488

16 Schleifen   489

16.1	Die Schleifentypen in VBA	489
16.2	Do-Loop-Schleifen	490
	16.2.1 Do While … Loop-Beispiel: Kopfgesteuerte While-Schleifendurchläufe zählen und anzeigen	492
	16.2.2 Do Until … Loop-Beispiel: Kopfgesteuerte Until-Schleifendurchläufe zählen und anzeigen	493
	16.2.3 Do … Loop While-Beispiel: Fußgesteuerte While-Schleifendurchläufe zählen und anzeigen	494
	16.2.4 Do … Loop Until-Beispiel: Fußgesteuerte Until-Schleifendurchläufe zählen und anzeigen	495
	16.2.5 Do-Loop-Schleife-Beispiel: Dateinamen eines bestimmten Ordners in das aktuelle Dokument einfügen	495
16.3	For … Next	496
	16.3.1 For-Next-Beispiel I: Zehn Zahlen im Direktfenster ausgeben	497
	16.3.2 For-Next-Beispiel II: Steuern der Schrittweite	498
	16.3.3 For-Next-Beispiel III: Verringerung des Schleifenzählers	498
	16.3.4 For-Next-Beispiel IV: Schleifenzähler mit Fließkommawerten	499
	16.3.5 For-Next-Beispiel V: For-Next-Schleifen verschachteln	500
16.4	For Each … Next	501
	16.4.1 For-Each-Beispiel (Datenfeld) I: Daten auslesen	502
	16.4.2 For-Each-Beispiel (Datenfeld) II: Hinzufügen der Mehrwertsteuer	503
	16.4.3 For-Each-Beispiel (Auflistung) III: Namen der offenen Word-Fenster anzeigen	504
	16.4.4 For-Each-Beispiel (Auflistung) IV: Schalter für Texthervorhebung	505
16.5	While … Wend-Schleifen	506

17 Sonstige Kontrollstrukturen   509

17.1	Einzeilige Kontrollstrukturen	509
17.2	Iif-Funktion	509
	17.2.1 Iif-Beispiel I: Ist die Markierung eine Zahl oder ein Text?	510
17.3	Choose-Funktion	510
	17.3.1 Choose-Beispiel I: Preiscode anzeigen	510

17.4	Switch-Funktion	511
	17.4.1 Switch-Beispiel I: Aus einer Anrede die Sprache ermitteln	512

18 Datenfelder (Arrays) 513

18.1	Allgemeines zu Datenfeldern	513
18.2	Ein- und mehrdimensionale Datenfelder	513
18.3	Deklaration eines Datenfeldes	514
	18.3.1 Syntax für die Deklaration eines Datenfeldes	514
	18.3.2 Deklaration von statischen Datenfeldern	515
	18.3.3 Deklaration von dynamischen Datenfeldern	516
	18.3.4 Änderung des Datentyps eines Datenfeldes	516
18.4	Beispiele für gültige Datenfeld-Deklarationen	517
18.5	Wertzuweisung und Zugriff auf Datenfeldelemente	517
	18.5.1 Initialisierung eines Datenfeldelements	518
	18.5.2 Zugriff auf ein Datenfeldelement	518
	18.5.3 Datenfeld-Beispiel I: Wertzuweisung und Zugriff ohne Schleifenkonstrukt	519
	18.5.4 Datenfeld-Beispiel: Wertzuweisung und Zugriff über ein Schleifenkonstrukt	520
	18.5.5 Hinweis für Profis	520
18.6	Option Base	521
18.7	Die ReDim-Anweisung	521
	18.7.1 Der Einsatz von Preserve	523
18.8	Array-Funktion	524
18.9	IsArray-Funktion	525
18.10	LBound- und UBound-Funktion	525
	18.10.1 LBound-/UBound-Beispiel: Datenfeld mit Werte füllen, wenn die Größe des Datenfelds unbekannt ist	526
	18.10.2 LBound-/UBound-Beispiel: Die Anzahl der Datenfeldelemente ermitteln	527
	18.10.3 LBound-/UBound-Beispiel: Maximalen Speicherbedarf eines Datenfelds ermitteln	527
18.11	Löschen von Datenfeldern	528
	18.11.1 Erase-Beispiel: Anzeigen und Löschen der Quadrate von 1 bis 10 in einem Datenfeld	529
18.12	Feststellen, ob ein Datenfeld dimensioniert ist beziehungsweise Elemente enthält	530
	18.12.1 Anzahl der Dimensionen eines Datenfeldes ermitteln	531
18.13	Datenfelder sortieren	534
18.14	Maximalwert im Datenfeld suchen	537
18.15	Minimalwert im Datenfeld suchen	537
18.16	Daten aus einer Word-Tabelle in ein Array einlesen	538
	18.16.1 Einlesen von Daten aus einer Word-Tabelle in ein eindimensionales Datenfeld	538

| | 18.16.2 | Einlesen von Daten aus einer Word-Tabelle in ein zweidimensionales Datenfeld | 539 |

19 Benutzerdefinierte Datentypen — 541

19.1	Allgemeines zu benutzerdefinierten Datentypen	541
19.2	Beispiel für den Umgang mit einem benutzerdefinierten Datentyp	542
19.3	Strukturdatenfeldvariablen	544
19.4	Type-Daten in Random-Datei schreiben	545

20 Objektorientierte Programmierung mit VBA — 547

20.1	Einteilung der Objekte nach Nutzungsart		547
20.2	Objekt		548
20.3	Objektausdrücke		548
	20.3.1	Standardmethoden und Standardeigenschaften	549
	20.3.2	OO in der Alltagssprache	550
	20.3.3	Die TypeName-Funktion oder wie man die Klasse eines Objekts ermittelt	552
	20.3.4	Die Parent-Eigenschaft	553
	20.3.5	Welche Objektarten »enthält« ein Objekt?	554
	20.3.6	Kurze Codezeilen und äquivalente Objektausdrücke	554
20.4	Objekteigenschaften		555
	20.4.1	Das Setzen einer Eigenschaft	556
	20.4.2	Beispiel Eigenschaften I: Text in der Statuszeile von Word ausgeben	556
	20.4.3	Beispiel Eigenschaften II: Schriftfarbe und Schriftgröße im letzten Absatz eines Dokuments ändern	556
	20.4.4	Das Auslesen einer Eigenschaft	557
	20.4.5	Beispiel Eigenschaften III: Name des aktiven Dokuments in einer Meldung anzeigen	557
	20.4.6	Beispiel Eigenschaften IV: Name des aktiven Dokuments in Großbuchstaben in einer Meldung anzeigen	558
	20.4.7	Beispiel Eigenschaften V: Überprüfen, ob in Word ein Dokument geöffnet ist	558
20.5	Objektmethoden		559
	20.5.1	Beispiel Methoden I: Ein Dokument schließen	560
	20.5.2	Beispiel Methoden II: Das zuletzt verwendete Dokument öffnen	560
	20.5.3	Beispiel Methoden III: Einfügemarke zu einer bestimmten Seite verschieben	560
	20.5.4	Beispiel Methoden IV: Ausdruck bestimmter Seiten des aktiven Dokuments	560
20.6	Objekthierarchie und Informationen zu Objekten, Eigenschaften und Methoden		561
20.7	Objektauflistungen		562
	20.7.1	Die Bedeutung von Auflistungen	563
	20.7.2	Benennungsempfehlungen bei Auflistungen	563

20.8		Die gemeinsamen Methoden und Eigenschaften von Auflistungen (collections)	563
	20.8.1	Count-Eigenschaft	564
	20.8.2	Add-Methode	564
	20.8.3	Remove-/Close-Methode	568
	20.8.4	Item-Eigenschaft oder Item-Methode	569
20.9		Objektvariablen	570
	20.9.1	Was unterscheidet eine Variable von einer Objektvariablen?	570
	20.9.2	Objektvariablen sind Verweise, keine Objekte	572
	20.9.3	Set-Anweisung	573
	20.9.4	Ein neues Objekt via Code erzeugen	574
	20.9.5	Die Bedeutung des Schlüsselworts New	574
	20.9.6	Die Bedeutung von Nothing	577
	20.9.7	Mit Is vergleichen, ob zwei Objektvariablen auf dasselbe Objekt verweisen	577
	20.9.8	Mit IsObject prüfen, ob eine Variable eine Objektvariable ist	578
20.10		With-Anweisung	578

21 Die Arbeit mit Objekten aus anderen Anwendungen — 581

21.1		Einleitung zur anwendungsübergreifenden Word-Programmierung	581
21.2		Vorstellung der Grundbegriffe bei der Automatisierung	581
21.3		Fundamentale Arbeitsschritte bei der Automatisierung	583
21.4		Verweise auf Objektbibliotheken erstellen	583
	21.4.1	Verweis auf die Objektbibliothek von Excel setzen	583
	21.4.2	Priorität der Verweise	585
	21.4.3	Vorsicht beim Deaktivieren oder Umstellen von Verweisen	585
21.5		Tip: Benutzen Sie den Task-Manager	586
21.6		Die Rolle von New bei der Automatisierung	587
	21.6.1	Beispiel Automatisierung I: Excel mit leerem Tabellenblatt starten	588
	21.6.2	Untergeordnete Objekte	589
	21.6.3	Vorteile von Verweisen und von early binding	590
	21.6.4	Die Eigenarten von New	591
21.7		Die CreateObject-Funktion	591
	21.7.1	Beispiel Automatisierung II: Excel mit leerem Tabellenblatt starten	593
	21.7.2	Die Eigenarten von CreateObject	594
21.8		Die GetObject-Funktion	595
21.9		SingleUse-Anwendungen oder MultiUse-Anwendungen	597
21.10		Mehrfaches Instanziieren verhindern I	599
21.11		Mehrfaches Instanziieren verhindern II	599
	21.11.1	Laufzeitfehler 429	599
	21.11.2	Anzahl der Anwendungsfenster mit API-Funktionen ermitteln	601
21.12		Das Schließen eines Objekts im allgemeinen	604
	21.12.1	Beispiel Automatisierung: Excel über die Quit-Methode schließen	605

| 21.13 | Word im Zusammenspiel mit Access | 606 |
| 21.14 | Tips für die Automatisierung | 608 |

22 Kleiner Spaziergang durch die Welt der benutzerdefinierten Klassen und Objekten — 609

22.1	Ein neues Klassenmodul anlegen	609
22.2	Eine Methode für eine benutzerdefinierte Klasse für »designen«	610
22.3	Erster Test einer benutzerdefinierten Klasse	611
22.4	Parameter bei benutzerdefinierten Methoden	612
22.5	Eine Eigenschaft für eine benutzerdefinierte Klasse »designen«	613
	22.5.1 Eigenschaftsprozeduren	613
	22.5.2 Beispiel Eigenschaftsprozeduren: Mehrwertsteuerberechung	614
	22.5.3 Eigenschaftsprozeduren für Objekte	616

23 Ereignisse und Ereignisprozeduren in der Word-Programmierung — 617

23.1	Was ist das besondere an Ereignisprozeduren?	618
23.2	Wo befinden sich Ereignisprozeduren?	618
23.3	Tabellarische Übersicht zu den Ereignisprozeduren	620
23.4	Ereignisse für Dokumente	622
	23.4.1 Beispiel Document_Open: Beim Öffnen eines Dokuments den letzten Bearbeiter anzeigen	624
	23.4.2 Beispiel Document_Close: Dokument ohne Rückfrage schließen	624
23.5	Die Ereignisse des Word-Application-Objekts	625
	23.5.1 WithEvents in Ereignisprozeduren	625
	23.5.2 Beispiel Anwendungsereignis: Dauer der Bearbeitung eines Dokuments anzeigen	626
23.6	Die Auto-Makros in Word	628
	23.6.1 AutoExec-Prozedur	629
	23.6.2 Die AutoNew-Prozedur	630
	23.6.3 Die AutoOpen-Prozedur	630
	23.6.4 Das AutoClose-Prozedur	631
	23.6.5 Das AutoExit-Prozedur	631
	23.6.6 Beispiel AutoOpen-Makro: Entscheiden, ob ein Dokument auf der Basis einer Dokumentvorlage oder die Dokumentvorlage selber geöffnet wird	631
23.7	Die integrierten Word-Befehle verbessern	631
	23.7.1 Beispiel: Übersteuerung des integriete Word-Befehls »FileSaveAs« durch eine benutzerdefinierte Prozedur	632

Teil 3 – Allgemeine Programmiertechniken

24 Standard-Programmiertechniken 635

24.1	In Word integrierte Dialogfelder	635
	24.1.1 Allgemeine Syntax für in Word integrierte Dialogfelder	635
	24.1.2 Die wdDialog-Konstanten	636
	24.1.3 Anzahl der verfügbaren, integrierten Word-Konstanten	636
	24.1.4 Methoden für integrierte Dialogfelder	637
	24.1.5 Argumente für integrierte Dialogfelder	640
	24.1.6 Beispiel Dialogs I: Den Word-Dialog »Öffnen« anzeigen	641
	24.1.7 Beispiel Dialogs II: Den Word-Dialog »Vorlagen« (früher »Neu«) ohne Umwege anzeigen	641
	24.1.8 Registerkarten eines integrierten Dialogfeldes anzeigen	642
24.2	Arbeiten mit UserForm	643
	24.2.1 UserForms selbst entwerfen und erstellen	643
	24.2.2 UserForm programmgesteuert starten	643
	24.2.3 Beispiel CommandButton I: UserForm programmgesteuert mit einem Abbruch-Schaltknopf schließen	645
	24.2.4 UserForms zur Laufzeit (dynamisch) generieren	647
24.3	Das Prinzip der Steuerelemente und ihre wichtigsten Eigenschaften	648
	24.3.1 Das Einstellen der Eigenschaften eines Steuerelements	648
	24.3.2 Die wichtigsten Eigenschaften	649
	24.3.3 Die wichtigsten Stileigenschaften	650
	24.3.4 Der Aufruf von den Methoden eines Steuerelements	651
24.4	Die Steuerelemente im Detail	651
	24.4.1 Objekte auswählen	652
	24.4.2 Label	652
	24.4.3 TextBox	653
	24.4.4 ListBox	654
	24.4.5 ComboBox	660
	24.4.6 CheckBox	661
	24.4.7 OptionButton	664
	24.4.8 ToggleButton	666
	24.4.9 Frame	668
	24.4.10 CommandButton	673
	24.4.11 MultiPage	674
	24.4.12 TabStrip	684
	24.4.13 ScrollBar	685
	24.4.14 SpinButton	686
	24.4.15 Image	687

Teil 4 – Das Word-Objektmodell

25 Die wichtigsten Word-Objekte — 691

- 25.1 Grundsätzliches zum Word-Objektmodell — 691
- 25.2 Application-Objekt — 694
  - 25.2.1 Beispiel Application I: Eigenschaften des Application-Objekts auflisten — 696
  - 25.2.2 Beispiel Application II: Word-Titelzeile mit persönlicher Anrede — 697
  - 25.2.3 Beispiel Application III: Word-Titelzeile mit vollständigem Pfad des aktiven Dokuments — 697
  - 25.2.4 Beispiel Application IV: Höhe des Word-Fensters ändern — 697
  - 25.2.5 Beispiel Application V: Breite des Word-Fensters ändern — 697
  - 25.2.6 Beispiel Application VI: Position des Word-Fensters ändern — 698
- 25.3 Global-Objekt — 698
- 25.4 Documents-Auflistung und Document-Objekt — 699
  - 25.4.1 Erstellen neuer Dokumente — 701
  - 25.4.2 Öffnen eines vorhandenen Dokuments — 702
  - 25.4.3 Speichern von Dokumenten — 704
  - 25.4.4 Schließen von Dokumenten — 706
  - 25.4.5 Drucken eines Dokuments — 707
  - 25.4.6 Überprüfen, ob ein Dokument geladen ist — 707
- 25.5 Selection-Objekt — 708
  - 25.5.1 Die Type-Eigenschaft: Markierungstyp des Selection-Objekts ermitteln — 711
  - 25.5.2 Die Font- und Shading-Eigenschaft: Die Formatierung des Selection-Objekts manipulieren — 713
  - 25.5.3 Die FormattedText-Eigenschaft — 714
  - 25.5.4 Die Text-Eigenschaft — 714
  - 25.5.5 Die GoTo-Methode: Markierung bewegen — 714
  - 25.5.6 Copy-, Cut- und Paste-Methode: Die Zwischenablage-Methoden — 715
  - 25.5.7 Die Move-Methoden: Einfügemarke verschieben oder verändern — 716
  - 25.5.8 Select-Methode: Ein Element markieren — 717
  - 25.5.9 Die Insert-Methoden: Einfügen von Text in ein Dokument — 717
  - 25.5.10 Die Find-Eigenschaft: Suchen und Ersetzen — 718
  - 25.5.11 Die Collapse-, Expand und Shrink-Methode: Markierung reduzieren oder erweitern — 720
  - 25.5.12 Ein Range-Objekt mit der aktuellen Markierung bilden — 720
  - 25.5.13 Ein Zitat oder einen Textbereich mit Anführungszeichen versehen — 721
- 25.6 Range — 721
  - 25.6.1 Ein Range-Objekt festlegen — 724
  - 25.6.2 Den ersten Absatz als Bereich definieren — 724
  - 25.6.3 Bereich am Dokumentanfang erstellen — 725
  - 25.6.4 Bereich am Ende des Dokuments erstellen — 725
  - 25.6.5 Eine Tabelle als Bereich — 725
  - 25.6.6 Ein Bereich ohne Absatzmarke — 726
  - 25.6.7 Übersicht über Objekte mit Range-Konstrukten — 726

25.7 Bookmark-Objekt und Bookmarks-Auflistung ... 729
25.7.1 Verwendungszweck von Textmarken ... 730
25.7.2 Arten von Textmarken und ihr Verhalten ... 730
25.7.3 Beispiel Textmarke: Geschlossene Bereichstextmarke wie eine offene Positionstextmarke nutzen ... 733
25.7.4 Beispiel Textmarken: Anzeige der Textmarken an-/ausschalten ... 733
25.8 StoryRanges-Auflistung, StoryRange-Objekt und StoryType ... 733
25.8.1 Übersicht über die Dokumentbereiche (StoryTypes) ... 735
25.8.2 Informationen zu allen aktiven Dokumentenbereichen (StoryRanges) auflisten ... 736
25.9 Word-Tabellen ... 738
25.9.1 Anzeigen der Anzahl von Tabellen im Hauptteil des aktuellen Dokuments ... 741
25.9.2 Befindet sich die Einfügemarke in einer Tabelle? ... 742
25.9.3 Nummer der aktuellen Tabelle ermitteln ... 742
25.9.4 Die Spaltennummer anzeigen ... 743
25.9.5 Die Zeilennummer anzeigen ... 743
25.9.6 Die Tabellen-Koordinate der Einfügemarke anzeigen ... 744
25.10 Template-Objekt ... 745
25.10.1 Die einem Dokument zugeordnete Dokumentvorlage ermitteln ... 745
25.10.2 Wie Word den Speicherort für die dem aktuellen Dokument zugeordnete Dokumentvorlage ermittelt ... 745
25.10.3 Den Arbeitsgruppenvorlagenordner festlegen ... 748
25.11 Wörterbücher ... 750
25.11.1 Aktive benutzerdefinierte Wörterbücher und das Standard-Wörterbuch anzeigen ... 750
25.11.2 Integrierte Wörterbücher anzeigen ... 751
25.11.3 Neues Benutzerwörterbuch anlegen ... 753
25.11.4 Die Rechtschreibfehler aus Word-Dokumenten automatisch in Benutzerwörterbücher übertragen ... 755
25.11.5 Benutzerdefinierte Wörterbücher sprachspezifisch entfernen ... 757
25.11.6 Entfernen aller aktiven Benutzerwörterbücher aus der Benutzerwörterbücherliste ... 758
25.11.7 Aktives Benutzerwörterbuch festlegen ... 758
25.12 Information-Objekt ... 759
25.12.1 Aktuelle Seitenzahl ermitteln I ... 759
25.12.2 Benutzerdefinierte Seitenzahl ermitteln ... 759
25.12.3 Seitenzahl ermitteln II ... 760
25.12.4 Abschnittszahl ermitteln ... 760
25.12.5 Befindet sich die Einfügemarke in einer Tabelle? ... 760
25.12.6 Tabellenspalte ermitteln ... 760
25.12.7 Tabellenzeile ermitteln ... 760
25.12.8 Zeichenspalte ermitteln ... 760
25.12.9 Zeilennummer ermitteln ... 761
25.12.10 Abstand vom Seitenrand ermitteln ... 761
25.12.11 Seitenzahl der ersten Tabelle im Hauptteil des Dokuments ermitteln ... 761
25.13 Wie findet man Word-Objekte, um eine Anforderung zu realisieren? ... 761

Teil 5 – Praxis und Profi-Know-how

26 Arbeiten mit Dateien und Ordnern — 765

- 26.1 Allgemeines zu Dateien und Ordnern 765
- 26.2 Das Vorhandensein von Dateien überprüfen 765
  - 26.2.1 Die Existenz einer Datei mit einer VBA-Standardfunktion überprüfen 765
  - 26.2.2 Die Existenz einer Datei mit einer Dateinummer und der Auswertung eines Fehlercodes überprüfen 766
  - 26.2.3 Die Existenz einer Datei mit dem Objekt FileSystemObject überprüfen 767
  - 26.2.4 Test der FileExists-Routinen 767
- 26.3 Das Vorhandensein von Ordnern überprüfen 768
  - 26.3.1 Die Existenz eines Ordners mit einer VBA-Standardfunktion überprüfen .. 769
  - 26.3.2 Die Existenz eines Ordners mit dem Objekt FileSystemObject überprüfen 769
  - 26.3.3 Test der FolderExists-Routinen 770
- 26.4 Dateiverarbeitung mit älteren VBA-Anweisungen und -Funktionen 770
  - 26.4.1 Die »klassischen« Dateizugriffsarten 770
  - 26.4.2 Übersicht über die VBA-Funktionen und VBA-Anweisungen für die »klassischen« Dateizugriffsarten 771

27 Systemnahe Programmierung — 773

- 27.1 Windows-API und DLLs allgemein 773
  - 27.1.1 Der API-Pferdefuß 775
  - 27.1.2 Windows Application Programming Interface (Win32-API, Windows-API) contra .NET 776
  - 27.1.3 Die Declare-Anweisung 776
  - 27.1.4 C/C++-Argumentdatentypen 777
  - 27.1.5 Beispiel API: Windows-Ordner ermitteln 778
- 27.2 Die Konstanten von Bibliotheken ermitteln 780
- 27.3 Verwendung von verschiedenen Word-Versionen 783
  - 27.3.1 Benutzerdefinierte Kompilierungskonstanten (Compiler-Konstanten) 785
  - 27.3.2 Microsoft-spezifische Kompilierungskonstanten 787
  - 27.3.3 Beispiel API: Office-Version und –Pfad mit API-Funktion und Registry-Zugriff ermitteln 788
- 27.4 Das DocumentProperty-Objekt respektive die Dokumenteigenschaften 791
  - 27.4.1 Auslesen und Setzen von integrierten Dokumenteigenschaften 791
  - 27.4.2 Die Konstanten für die integrierten Dokumenteigenschaften 792
  - 27.4.3 Beispiel BuiltInDocumentProperties: Die integrierten Dokumenteigenschaften am Ende des aktiven Dokuments auflisten 794
  - 27.4.4 Dokumenteigenschaften mit DSOFile.dll auslesen oder setzen 795
  - 27.4.5 Auslesen und Setzen von benutzerdefinierten Dokumenteigenschaften 796

28 Fehlerbehandlung in VBA-Projekten 797

28.1 Allgemeines zu Fehlern 797
28.2 Option Explicit 797
28.3 Fehlerhandler On Error ... allgemein 798
    28.3.1 Code nach Fehler fortsetzen: On Error Resume Next 799
    28.3.2 Benutzerdefinierter Errorhandler: On Error GoTo ... Zeile 799
    28.3.3 Fehlerbehandlung abschalten: On Error GoTo 0 800
28.4 Err-Objekt: Fehlermeldung selbst erzeugen 800
28.5 Error-Funktion 801

29 Hilfsroutinen für VBA-Projekte 803

29.1 Alle in Word verfügbaren Schriften auflisten 803
29.2 Ganzzahlige Dezimalzahl in Binärzahl umwandeln 806
29.3 Binärzahl in positive ganzzahlige Dezimalzahl umwandeln 808
29.4 Pause einfügen 810
    29.4.1 Pause via Timer-Funktion 810
    29.4.2 Pause via API-Funktion 812
29.5 Den Modus des Visual Basic-Editors ermitteln 813

30 Add-In-Dokumentvorlagen für Word 815

30.1 Auflisten von registrierten (geladenen wie ungeladenen) Add-In-Dokumentvorlagen 815
30.2 Überprüfen, ob ein Word-Add-In geladen ist 817
30.3 Laden einer Add-In-Dokumentvorlage 819
30.4 StartUp-Ordner für Add-Ins festlegen 819

31 COM-Add-Ins 821

31.1 COM-Add-Ins allgemein 821
31.2 COM-Add-Ins in Word 821
    31.2.1 Der Dialog »COM-Add-Ins« 822
    31.2.2 Die Registrierung der COM-Add-Ins 823

Teil 6 – Anhang

A Praktische Tabellen   827

A.1	VBA-Schlüsselwörter: Kategoriale Übersicht	827
A.2	Liste der Symbole (Face-IDs)	833
A.3	Startparameter von Word	854
A.4	Die VBA-Dateien	856
A.5	Neues für das Objektmodell von Word	859
	A.5.1 Neue Objekte in VBA für Word	859
	A.5.2 Neue Eigenschaften in VBA für Word	863
	A.5.3 Neue Methoden in VBA für Word	879

B Kurzinfo zur Begleit-CD   885

C VBA-Namenskonventionen   887

C.1	Unverbindliche Namenskonventionen für VBA	887
	C.1.1 [HN] – Ungarische Notation	887
	C.1.2 [LRGA] – Leszynskis/Reddicks Richtlinien für Access 1.x, 2.x	888
	C.1.3 [RVBA] – Reddicks VBA-Namens- und Kodierungskonventionen	888
	C.1.4 [LNC] – Leszynskis Namenskonventionen für Access, für Visual Basic und für die Anwendungsentwickler der Microsoft-Produkte	888
	C.1.5 [MCSNC] – Benennungsrichtlinien für VB	889
	C.1.6 [ANETFR] Allgemeine .NET Framework Referenz: Richtlinien für die Benennung	889
C.2	Sinn/Unsinn der Namenskonventionen	891
C.3	Allgemeine Empfehlungen bei Vergabe von Bezeichnern	892
	C.3.1 Natürliche Sprache der Bezeichner	892
	C.3.2 Terminologie für Bezeichner	893
	C.3.3 Wortarten für die Bezeichner	893
	C.3.4 Bezeichner mit Unterstrich oder Minuszeichen	895
	C.3.5 Binnenversalie	895
	C.3.6 CamelCase- und PascalCase-Schreibweise	895
	C.3.7 Verwendung Groß-/Kleinschreibung	896
	C.3.8 Maximale Anzahl der Zeichen für die Bezeichner	896
	C.3.9 Abkürzungen und minimale Anzahl der Zeichen für die Bezeichner	898
	C.3.10 Die Rolle der Projektdokumentation für die Bildung von Bezeichnern	899
C.4	Die ungarische Notation	900
C.5	Benennung von Variablen	902
	C.5.1 Präfixe bei Variablen	902
	C.5.2 Kürzel bei Variablen	903
	C.5.3 Basisname bei Variablen	904
	C.5.4 Suffixe und Qualifizierer bei Variablen	905

C.6	Nachsilben (Suffixe, Qualifizierer)	905
C.7	Benennung von Konstanten	906
C.8	Benennung von Datenfeldern	907
C.9	Benennung von Modulen	907
C.10	Benennung von Steuerelementen	907
	C.10.1 Standard-Steuerelemente von Word/VBA aus der Bibliothek fm20.dll	908
C.11	Zusätzliche Objekt-Vorsilben	908
C.12	Vorsilben für Datenbank-spezifische Objekte (ODBC, DAO, ADO, Access …)	914
C.13	Kopfbeschreibungen (Header)	918

D Literaturverzeichnis 921

D.1	Literatur	921
D.2	Geschichte, Nachschlagewerke, Bulletins, Knowledge Base, Sonstiges	924
D.3	Slideshow, Folien-Vortrag	926
D.4	Fachliteratur	926
D.5	Beiträge in Fachzeitschriften	932
D.6	Namenskonventionen	935
D.7	Offline-Hilfen	937
D.8	Standardisierung von Basic	938
D.9	Webseiten	938

Stichwortverzeichnis 943

Vorbemerkungen

> *»Alles ist Hilfsmittel. Gegen Hilfsmittel ist man rücksichtslos. Hat man übergesetzt, so hat man das Floß nicht mitzunehmen, sondern es zu verbrennen.«*
> *Wolfgang Struve*[1]

Vorwort

Word ist ein Hilfsmittel, ein Werkzeug, scherzhaft gesagt: ein Multifunktionsmoloch, eine eierlegende Wollmilchsau (ähnlich wie ein Schweizer Taschenmesser oder ein Leatherman). Das Programm hat von vielem ein bißchen, aber von vielem zu wenig und von anderem wiederum zu viel. Darin liegt eine große Chance, darin liegen aber auch die Nachteile der Textverarbeitungssoftware aus dem Hause Microsoft. Längst hilft Word nicht nur bei der Erstellung, digitalen Erfassung und Weiterverarbeitung von Texten. Es ist vollgestopft mit Funktionen, die nicht zu seinen Kernaufgaben gehören und die nachweislich zu 80 Prozent von »normalen« Word-Anwendern nicht benutzt werden: Grafik-, E-Mail-, HTML-, Workgroupfunktionen ... Für diese und andere Funktionalitäten gibt es eigenständige Programme, mit denen man wesentlich effizienter und qualitätsbewußter arbeitet. In Word sind diese Funktionen nur halbherzig, teilweise sogar fehlerhaft implementiert. Sie können nur unter Vorbehalt angewendet werden, sind nahezu überflüssig. Und dabei müßte Word an ganz anderen Stellen unbedingt »geflickt« werden. Beispiele gefällig?

▶ Seit mehr als einem Jahrzehnt bekannt und nie richtig behoben: Word arbeitet bei vielen Anwendern nicht ohne weiteres mit größeren Dokumenten stabil. Das gilt auch für die aktuelle Wordversion 2003. Nur durch viel, viel Umsicht und durch konsequentes Beachten von einigen Meta-Regeln und Methoden ist es möglich, Dokumente mit vielen Bildern und komplexem Seitenaufbau ab 120 Seiten aufwärts ohne Datenverlust und Abstürze zu bearbeiten.[2]

▶ Seit Jahren verfügt Word über eine Rechtschreibeprüfung und über eine Grammatikprüfung. Die beiden sind inzwischen gereift, arbeiten aber nach wie vor nur auf niedrigem Niveau. Weder die alte noch die neue deutsche Rechtschreibung beherrschen sie in einem glücklich machenden Maße. Und sie versagen vollständig, wenn ein Word-Anwender einen Text in Fachsprache formuliert. Ja ist es denn wirklich so schwer, eine Rechtschreibprüfung zu schaffen, die zu 99 Prozent fehlerfrei arbeitet?

---

1 [STRUV001]: Seite 46.
2 Es soll hier nicht unerwähnt bleiben, daß Fachleute und Laien über die Stabilität und die Fehleranfälligkeit von allen Windows-Versionen von Word hitzige Diskussionen führen. Stellvertretend eine Kontra-Stimme von Michal Kurzidim aus [KURZI001], S. 171, und eine Pro-Stimme von René Martin aus [LESER001], S.10:
Kontra: *»Grafiken und Fußnoten in lange Dokumente zu integrieren gleicht in Word 2003 einem Krimi ohne Happy End. Fügt man Grafiken in den Text ein, kommt Word bereits auf den ersten Seiten ins Straucheln ...«*
Pro: *»Ich kann die c't-Schelte (..) insbesondere auf Word, nicht mehr hören. Seit vielen Jahren veröffentliche ich Bücher, deren Text ich in Word (seit vielen Versionen) setze und z.T. Druckvorlagen damit erstelle. Und es klappt problemlos. Mich beschleicht der Eindruck, daß ihr weder das Produkt noch die Philosophie kennt«.*
Vermittelnde Stimmen gibt es auch. So zeigt Cindy Meister in [MEIST001] ausführlich, welche Methoden man beachten muß, um mit Word ein umfangreiches Dokument zu erstellen (siehe hierzu auch [CUBEA001], S. 218). Die Angabe »120 Seiten« ist natürlich nur ein grober Richtwert. Sie stammt ebenfalls von Cindy Meister.

- Word hat mit vielem, was immer wiederkehrend auf den neuesten Stand gehalten werden muß, wiederholt Probleme. Bekanntestes Beispiel dafür sind Funktionen, mit denen man ein Inhaltsverzeichnis und Seitenzahlen automatisch in ein Dokument eingefügen kann. Bis dato schafft es Word nicht, das Inhaltsverzeichnis und die Seitenzahlen eines komplex strukturierten Dokumentes *in jedem Fall* korrekt zu erstellen und während des Schreibens aktuell zu halten. In den neuesten Word-Versionen ist Microsoft dazu übergegangen, bestimmte Informationen (Aufbau von Bildern, Statusinformationen, Dokumentstruktur, Rechtschreibprüfung ...) nicht immer zeitnah vorzuhalten, sondern erst nach einer Verzögerung oder nach bestimmten Benutzeraktionen einzuspielen. Das hat die Abstürze von Word merklich reduziert. Es verlängert aber, trotz ausreichender Hardware, bei komplexen Dokumenten und Aktionen die Wartezeiten für den Anwender unnötig.

- Seit Jahren klagen Word-Anwender immer wieder über verrutschte oder festklebende Bilder, über verschobene Fußzeilen, über verkehrt formatierte Excel-Tabellen und ähnliches. Es sei mal dahingestellt, ob hier immer ein Fehler von Word vorliegt oder einer der vielen Word-Automatismen dem Anwender einen Streich spielt. Als Kritik bleibt auf jedem Fall übrig, daß Word sich an vielen Stellen nicht so verhält, wie man das mit gesundem Menschenverstand erwarten würde.

- Besonders ärgerlich: In vielen Word/Office-Version tauchen Features auf, die in den deutschen Word/Office-Ausgaben dem Kunden nicht angeboten werden[3] oder offensichtlich nicht zu Ende programmiert sind.[4]

- Word-/VBA-Entwickler leiden seit Word 1997 darunter, daß Microsoft die unentbehrlichen VBA-Hilfstexte aus der Visual-Basic-Entwicklungsumgebung aus eigenem Haus »abgekupfert« hat und Unterschiede zwischen Word-VBA und VB-VBA nicht immer sauber redigiert wurden. Zudem werden Neuerungen und Änderungen an Word und VBA in den Hilfstexten von Version zu Version häufig nicht nachgezogen. So listet beispielsweise die aktuelle Hilfe von Word/VBA 2003 nach wie vor ein Menü namens »Testen« auf, daß schon vor Jahr und Tag von Microsoft selbst in »Debuggen« umgetauft wurde.

Die Liste ließe sich endlos fortsetzen. Ihr zur Seite steht eine andere Liste, die aufzählt, welche Kernfunktionalitäten für eine zeitgemäße und innovative Textverarbeitung nicht in Word integriert sind. So besitzt Word *in der deutschen Version* keine funktionstüchtige Texteingabe mittels Sprachsteuerung, keine zeitgemäße Sprachausgabe, keine befriedigende Handschrift/Schreibschrifterkennung, keine integrierte optische Texterkennung[5], nur spar-

---

[3] Beispiele für seit Jahren nicht für deutsche Kunden vorgesehene Features sind das »Rechtsgrundlagenverzeichnis«, die »Spracherkennung«, die »Handschriftenerkennung« und so weiter. Wörtlich heißt es hierzu in den Hilfetexten von Word beispielsweise: »*Das in diesem Hilfethema beschriebene Feature ist nur verfügbar, wenn in den Spracheinstellungen von Microsoft Office Englisch (USA), Französisch (Kanada) oder Niederländisch aktiviert ist.*« Oder: »*Die Spracherkennung (die Handschrifterkennung – aj) steht in den Microsoft Office-Sprachversionen für vereinfachtes Chinesisch, Englisch (USA) und Japanisch zur Verfügung.*« Na toll. Und warum nicht in der deutschen Sprachversion?

[4] Beispielsweise funktionieren die ach so gepriesenen Smarttags (dt. »intelligente Flaggen«) in Word XP nur dann korrekt, wenn der umgebende Text die englische Sprache verwendet. Und in Zusammenhang mit Outlook führen sie zu Problemen, wenn man mehrere Profile oder mehrere Kontaktordner verwendet.

[5] Engl. optical character recognition, Abk. OCR.

tanische Rechenfunktionen, keine ausreichenden Fähigkeiten zum Bibliographieren, keine intelligente Satz- und Layout-Unterstützung ... ja, die fehlenden Textverarbeitungsfunktionen gehen so weit, daß Word von Haus aus nicht einmal »weiß«, wo Falz- und/oder Lochmarken in einem DIN-A4-Brief hingehören.

Spätestens seit Word 1997 hat sich an der Basisidee »*Textverarbeitung*« nichts geändert. Ihre frühere Kreativität scheinen die Word-Entwickler verloren zu haben. »Textverarbeitungstechnologisch« gibt es seit Jahren keine bahnbrechende Erfindung zu berichten. Im Gegenteil: Word hinkt Innovationen, neuen Technologien und offenen Standards hinterher. Überall Flickschusterei und jede neue Word-Version besticht vor Panthasiearmut. Hier mal XML-Fähigkeiten reingehängt, dort ein wenig dem PDF-Komfort das Wasser abgraben, alles durch die Mühle von Workflows, Workgroups und Teamworks »genudelt«, schließlich die Ansicht und Formatierung eines Dokumentes von seinen Daten getrennt ... und dann, ach Gott ja, hätte ich beinahe vergessen, die »große Revolution« steht uns noch bevor: Word wird .NET-Applikation – aber sexy, soviel sage ich voraus, wird es dadurch nicht. Und ich lehne mich noch weiter aus dem Fenster: Jede Wette, daß Microsoft an der ach so bewährten Grundidee »Textverarbeitung« auch in der kommenden .NET-Version von Word festhält. An einer wirklich bedeutenden und sinnvollen, aber teuren und forschungsintensiven Neuentwicklung, einer neuen Ära von Textverarbeitungen, so scheint es, vergeudet Microsoft keinen müden Dollar. Echte Innovationen, die den Produktionsprozeß beim Schreiben, Verarbeiten und Gestalten von Text verändern würden, sind im Rahmen der Weiterentwicklung von Word nicht zu erwarten. Dabei sehnt sich jeder Vielschreiber und Textverarbeiter danach, seine Gedanken endlich einmal schnell, ergonomisch und vielleicht bei einem Spaziergang durch den Wald, wie in jedem zweiten Science-Fiction-Film dargestellt, weiterzugeben.

Etwa so (nach dem Anticken der Word-Brosche am Sakko und dem obligaten »dideltüüt« der Anstecknadel, die die Bereitschaft von Word signalisiert):

»Hallo Word,

erstelle bitte, was ich Dir diktiere. Also, das zu schreibende Dokument wird ein Buch. Grundlayout gemäß Markt und Technik Verlag, nein, Quatsch, gemäß Dokumentvorlage Galileo Press. Du weißt schon, wo Du die Details findest. Und jetzt höre zu, was im Buch stehen soll:

Kapitel 1: *Vorbemerkungen*.

Anleser: *Alles ist Hilfsmittel. Gegen Hilfsmittel ist man rücksichtslos. Hat man übergesetzt, so hat man das Floß nicht mitzunehmen, sondern es zu verbrennen – von Wolfgang Struve ...*

Und Word, bevor ich es vergesse, erstelle bitte eine Quellenangabe zu allen Zitaten, genaue Werksangaben entnimmst Du Deiner Datenbank oder dem Internet ... und vergiß nicht wieder, das Literaturverzeichnis aufzubauen, Achtung es geht weiter im Text:

Word ist ein Hilfsmittel ...«

»Was schreibt der da?«, werden Sie jetzt vielleicht fragen. Und: »Kennt der denn kein gutes Haar an den Word-Versionen der heutigen Zeit?«

Doch. Es gibt eines, mindestens eines. Das berühmte Hintertürchen. Kennengelernt habe ich es vor mehr als einem Jahrzehnt. Damals veröffentlichte ich meinen ersten Artikel über DOS-Word 5.0. Seine Überschrift lautete: »*Index-Generierung. Praktische Methoden von*

Word nach Ventura mit Hilfe von Makrofunktionen«[6]. Es war ein Artikel, der beschrieb, wie man in der »Gründerzeit« von Desktop Publishing (DTP) wesentlich effizienter Register für Bücher produzieren konnte, als daß Word und Ventura Publisher eigentlich von sich aus anboten. Das ist das gute Haar der Word-Versionen unserer Tage! Jeder, der will, kann mit Makroprogrammen Word und Office nach seinem Gusto umbauen, manipulieren, reparieren, stabilisieren, verbessern und erweitern. Durch die Makrotechnologie eröffnet Microsoft jenen Anwendern, die gerne selber bestimmen, wie sie arbeiten, fantastische Möglichkeiten. Diese gehen nicht beliebig weit, klar, aber sie gehen weit, sehr, sehr weit. So weit, daß sich daraus ein eigener Beruf entwickelt hat: Der Anwendungsentwickler.

Damals Makroprogrammierung, heute Visual Basic For Application (VBA), morgen die Verbindung von Managed-VB.NET-Code mit einem Word-Dokument, übermorgen (Whidbey/Orcas) Visual Studio Tools für Office und (Whidbey/Orcas) Visual Basic .NET – das ist der geniale Teil von Word, der Teil, der richtig Spaß macht, der zur Sucht werden kann, wenn man mal damit angefangen hat.

Man mag OpenOffice-Fan sein und von Word und Microsoft halten, was man will: Letztere werden uns noch eine ganze Weile begleiten. Und weil wir unsere eigenen Algorithmen für Word schreiben können, bleibt es letztlich uns überlassen, ob Word für uns nur eine gigantische Textverarbeitung ist, die uns allen Ecken und Enden bevormundet und uns vorschreibt, wie wir es bedienen müssen. Oder ob wir uns aus Word ein gutes Schweizer Textverarbeitungs-Taschenmesser basteln, einen treuen Texbearbeitung-Leatherman, einfach ein zeitgemäßes, nützliches Werkzeug. Man kann das mit wenigen VBA-Programmierkenntnissen erreichen. Das ist der Grund, warum ich dieses Buch geschrieben habe. Das ist der Grund, warum Sie es lesen sollten. Machen Sie was draus ...

Andres Janka, im August 2004

---

6 [JANKA001]: S. 20.

Teil 1 – Einstieg

1 Einführung

*»Diese Sätze nimm in die Hand
und zieh!«
Hans Magnus Enzensberger*[1]

1.1 Ziel des Buches

Ziel des Buches ist es, der Leserin und dem Leser Informationen und Arbeitshilfen in die Hand zu geben, mit denen sie den täglichen Umgang mit Word zum Beispiel durch selbst erstellte Funktionen und/oder eigene Add-Ins optimieren können. Alle Programmbeispiele wurden sorgfältig ausgewählt. Sie stellen in der Regel fertige und sofort verwertbare Lösungen dar. Das Buch versucht, einige Fragen, die in Zusammenhang mit Word und der VBA-Programmierung[2] gestellt werden, zu beantworten. Zahlreiche Tips stellen für Leserinnen und Leser, die in die VBA-Programmierung einsteigen oder Word gar nicht kennen, einen direkt verwertbaren Nutzen dar. Leider ist die programmatische Umsetzung von typographischen Elementarkenntnissen und gestalterischen Prinzipien bei der Erstellung von Schriftstücken in diesem Buch zu kurz gekommen. Ein Werk zu diesem Thema, das dann auf dem vorliegenden Werk aufbaut, wird vom Autor in Kürze nachgereicht.

1.2 Was von den Leserinnen und den Lesern erwartet wird

Das Buch ist primär für ambitionierte Word-Anwender geschrieben, denen der Umgang mit einem Rechner vertraut ist und die regelmäßig mit Word arbeiten. Basiskenntnisse vom Betriebssystem, von Hardware- und Softwarekomponenten werden unterstellt. Auf grundlegende Funktionen einer Textverarbeitung und auf die Bedienung von Windows oder Word wird in diesem Buch nur am Rande eingegangen.

Grundkenntnisse von Word und Windows

Vorausgesetzt wird weiter, daß Sie mit den Grundbegriffen von Dokumenten und Formatvorlagen, Grafikdesign und Tabelleneinbindung, Webseiten- und Formularerstellung, Satz, Druck, Typographie et cetera vertraut sind. Die Code-Listings des Buches sind sorgfältig ausgewählt und beziehen sich nach Möglichkeit auf die Lösung von textverarbeitungsspezifischen, editiertechnischen, satz- und layoutorientierten Aufgaben oder kurz (wen wundert es): auf die Lösung von klassischen Word-Problemen. Ausgedehnte Informationen und kontroverse Diskussionen über den Sinn und Zweck der Codebeispiele oder beispielsweise über die Anordnung von Text werden nicht geboten. Das bedeutet, daß nicht auf jedes I-Tüpfelchen der visuellen Kommunikation eingegangen wird. Dieses Wissen sollten die Leserin und der Leser bereits mitbringen.

Grundkenntnisse in visueller Kommunikation

Um es klipp und klar zu sagen: Wer mit VBA programmieren will, muß Englisch – zumindest passiv – beherrschen. Es führt kein Weg daran vorbei. Alle Schlüsselwörter, Befehle, Funktionen und Objekte, alle in VBA verwendeten Ausdrücke (zum Beispiel `If`, `Integer`), alle Dialogfeld-Bezeichner und andere VBA-Bestandteile basieren auf der englischen Sprache und auf angloamerikanischen Denkkonventionen. Programmieren mit VBA erlernt

Grundkenntnisse der englischen Sprache

---

1 [ENZEN001]: Seite 311.
2 Visual beginner's all purpose symbolic instruction code for applications, frei übersetzt etwa: »Visuelle Allzweckprogrammiersprache für Anfänger und für Applikationen«.

man nicht durch Erfassung der »deutschen Bedeutungen« von fachspezifischen Begriffen allein, sondern erst durch Miterfassung des hinter ihnen stehenden Wollens und Denkens der VBA-Entwickler, die eben zum überwiegenden Teil aus dem angloamerikanischen Kulturkreis stammen.

1.3 Was den Leser erwartet

Einführung in Theorie, Praxis und Referenz von Word-VBA – so kann man, wenn man will, den Inhalt des Buches grob zusammenfassen. Eine weitergehende Zusammenfassung entnehmen Sie bitte dem Inhaltsverzeichnis oder dem Klappentext, denn dazu sind sie ja schließlich da. Auf ausführliche Erläuterungen zur Konzeption des Buches, wie sie im angloamerikanischen Sprachraum üblich sind, verzichtet das vorliegende Buch. Damit kann man zwar viele Seiten füllen, aber diese tragen wenig zum Thema Word und VBA, um die es in dem Buch gehen soll, bei.

Wenn nicht alle Kapitel des Buches für den einzelnen Leser gleich interessant sind, ist das nicht weiter verwunderlich. Schließlich ist der Umfang so groß, daß nicht jedes Kapitel gefallen kann. Je nach Vorwissen und Interesse wird es für Einzelne sogar Abschnitte geben, die für Sie völlig irrelevant sind. Beispielsweise mag es Leser geben, die sich nicht für die Geschichte von Word und VBA interessieren, andere, werden sich bei den Erklärungen zu den Programmierungsgrundlagen langweilen, wieder andere halten Referenzteile für völlig überflüssig. Das Buch empfiehlt in solchen Fällen:

Überspringen Sie einfach die entsprechenden Passagen und lesen Sie nur, was Sie wirklich interessiert!

1.4 Systemvoraussetzungen und Installation

Word für Windows

Um die Beispiele in diesem Buch nachvollziehen zu können, muß mindestens Word für Windows 97 oder Word für Windows 2000, besser Word XP (2002) oder Word für Windows 2003 installiert sein. Die verwendeten Beispiele basieren auf den beiden zuletzt genannten Word-Versionen, weil es die aktuellsten Word-Versionen sind. Die Veröffentlichung von Word 2004 ist von Microsoft für einen Termin nach dem Erscheinungstermin des Buches angekündigt.

Da die Versionsdifferenzen zwischen VBA 5, VBA 6 und aktuelleren VBA-Ausführungen relativ gering sind und sich am Dokumentformat seit Word 97 nichts wesentliches geändert hat, sind die Beispiele des Buches in der Regel mit allen Word-Versionen, die VBA integriert haben, lauffähig. Das betrifft auch zukünftige Word-VBA-Ausführungen, solange der Kern des Dokumentenformats abwärtskompatibel bleibt. Nach besten Wissen und Gewissen werden kleinere Versionsdifferenzen in den einzelnen Abschnitten thematisiert. Wenn dennoch Kompatibilitäts- oder Portabilitätsprobleme auftauchen, muß der Beispielcode in der Regel nur an wenigen Stellen modifiziert werden. Ältere Word-Versionen für Windows besitzen anstatt des VBA-Sprachstandards die Programmiersprache WordBasic. Nahezu überflüssig zu erwähnen, daß aus diesem Grunde die Beispiele des Buches mit den betagteren Word-Versionen nicht verwendet werden können oder stark angepaßt werden müssen.

Das Buch beinhaltet Beispiele aus der Windowswelt. Doch der VBA-Befehlssatz und das VBA-Objektmodell für die Windows-Plattform sind nahezu identisch mit dem Befehlssatz und dem Objektmodell für die Macintosh-Plattform (kleinere Unterschiede ausgenommen). Im Grunde genommen sollten also die meisten Beispiele mit den VBA/Word-Versionen Word 98 für Macintosh, Word 2001 für Macintosh und mit Word X für Macintosh OS X sowie mit zukünftigen Word-Versionen für die Macintosh-Plattform, die VBA integriert haben, funktionieren. Ältere Mac-Versionen von Word mit einem nicht VBA-kompatiblen Dokumentformat sind davon ausgenommen.

Word für Macintosh

Pocket Word 1.0 bis 3.1 und höher – das sind spezielle, nur mit Basisfunktionalitäten ausgestatte Varianten von Word für Handheld-PCs, die mit Windows CE ausgeliefert werden – besitzen grundsätzlich die Möglichkeit, Word-Dokumente zu im- und exportieren. Da alle bislang veröffentlichten Pocket-Word-Versionen aber nur einen Bruchteil der Funktionen des Originalproduktes bieten, sind die Beispiele des Buches für diese nicht geeignet.

Pocket Word

1.5 Typographische Konventionen in diesem Buch

Folgende typographische Konventionen und Schriftarten werden in diesem Buch verwandt, um die Unterscheidung zwischen Quelltext in VBA und »normalen« Informationen sowie verschiedenen Teilen des Programmquelltextes zu erleichtern:

Typographische Konventionen

▶ Befehlsleisten, Menübefehle und Optionen, Datei und Ordnernamen, Steuerelemente und alle anderen Texte, die sich auf die Betriebssystem-, Word- oder VBA-Benutzeroberfläche beziehen, werden in Anführungszeichen gestellt.

Beispiel: Klicken Sie in der Menüleiste »Datei« den Befehl »Drucken« an. Wählen Sie die Option »Seite« aus. Wechseln Sie in den Ordner[3] »C:\Office«, und klicken Sie zwei Mal kurz auf das Symbol für die Datei »WinWord.exe«.

▶ In einer Anweisungs-, Eingabe- oder Befehlsfolge wird jeder Befehl vom nächsten durch einen Trennstrich beziehungsweise Divis (-) abgetrennt – und das unabhängig davon, ob es sich bei dem nächsten Befehl um einen Unterbefehl, eine Option, einen Unterschlüssel in der *Windows-Registrierdatenbank*[4] oder ähnlichem handelt.

---

[3] Seit Windows 9x hat sich die Bezeichnung *Ordner* im Sprachgebrauch durchgesetzt und die früher üblichen Begriffe *Verzeichnis* und *Pfad* ersetzt.

[4] Die *Windows-Registrierdatenbank* wird auch *Registry, Registrierung, Registrierdatenbank, Konfiguratiuonsdatenbank, Systemregistrierung, Windows-Systemregistrierung* oder ähnlich genannt. Sie stellt in allen aktuellen Windows-Versionen eine hierarchisch aufgebaute Datenbank dar, in der die jeweilige Systemkonfiguration und Informationen über das Windows-Betriebssystem und seine Anwendungen gespeichert sind. Jeder (zukünftige) VBA-Programmierer sollte zumindest rudimentäre Kenntnisse über die Windows-Registrierungsdatenbank besitzen. In diesem Buch werden diese Kenntnisse an vielen Stellen vorausgesetzt.
Sollten Sie mit der Windows-Registrierdatenbank nicht vertraut sein, empfiehlt es sich, die Windows-Schaltfläche »**Start**« und dort den Befehl »**Ausführen** ...« auszuwählen. Tragen Sie in der erscheinenden Dialogbox namens *Ausführen* in der Textzeile hinter »**Öffnen**« die Zeichenkette »regedit.exe« ein und bestätigen Sie ihren Eintrag mit »**OK**«. Anschließend wird der Registrierungs-Editor geöffnet und Sie können dessen Online-Hilfe benutzen, um sich Kenntnisse über die Windows-Registrierungsdatenbank zu verschaffen.
Aber Achtung: Ändern Sie mit Hilfe des Registrierungs-Editors niemals irgendwelche Registry-Einträge, wenn Sie nicht wissen, was diese bedeuten! Sie könnten dadurch Ihr gesamtes Windows-System lahmlegen!

> Beispiel: »Datei-Öffnen«, »Eigenschaften-Hardware-Gerätemanager«, »HKEY_LOCAL_MACHINE-SOFTWARE-Microsoft-VBA«, »Start-Programme-Zubehör-WordPad«.

- Verweise auf einen anderen Textabschnitt werden mit Anführungszeichen (»«) ausgezeichnet.
  > Beispiel: Mehr dazu finden Sie in Kapitel 2, »Einführung«.
- Text, der in Steuerelemente von Dialogfeldern eingegeben werden muß, wird von Anführungszeichen »« umrahmt.
  > Beispiel: Geben Sie im Eingabefeld die Zahl »42« ein.
- Programmtext, Codebeispiele und Bestandteile von VBA wie Methoden, Funktionen und Variablen werden in einer einheitsgleichen Schrift dargestellt.
  > Beispiel: Verwenden Sie in diesem Fall die Methode `Open` der Dokuments-Auflistung `Documents`. Weisen Sie der Variablen `intZaehler` den Wert 24 zu.
- Tastaturbefehle werden im Text optisch hervorgehoben. Es werden die Beschriftungen der deutschen Tastatur verwendet. Ein Pluszeichen (+) zwischen Tastennamen kennzeichnet Tastenkombinationen, wenn mehrere Tasten gleichzeitig gedrückt werden müssen.
  > Beispiel: `Strg`+`F1` bedeutet, daß Sie die Steuerungstaste `Strg` gedrückt halten müssen, während Sie die Funktionstaste `F1` drücken.

1.6 Spracheinstellung für die Beispiele

Spracheinstellung von Word und Windows

Word und Windows sind in vielen Sprachen erhältlich. Je nachdem, welche Version des Betriebssystems und der Textverarbeitung Sie besitzen und welche Sprache Sie eingestellt haben, erscheinen auf Ihrem Rechner die Dialoge, Menübefehle, Beschriftungen von Schaltflächen, Hilfetexte, Datums- und Währungsangaben in einer bestimmten Sprache.

> In diesem Buch beziehen sich alle Beispiele auf ein deutschsprachiges Windows und ein deutschsprachiges Word.

Zwar bevorzugen die meisten Anwendungsprogrammierer englischsprachige Software, da sie in der Regel vor den deutschen Pendants verfügbar sind und VBA ohnedies auf dem englischen Sprachschatz aufsetzt. Für die meisten »normalsterblichen« Word- und Windows-Anwender gilt aber das Umgekehrte: Sie bevorzugen Software in der Muttersprache, weil sie sich dann schneller zurechtfinden. Und wer VBA-Programme für den deutschsprachigen Raum entwickelt, wird deren graphische Benutzeroberfläche an den Anforderungen der Endanwender ausrichten und alle Beschriftungen, Texte und Meldungen der VBA-Programme ebenfalls in Deutsch verfassen. Das Buch trägt dem Spagat zwischen deutscher Programmoberfläche und englischer Programmiersprache Rechnung.

Der Vollständigkeit halber sei erwähnt, daß Microsoft sich mit Word Basic, dem Vorgänger von VBA, einmal den Luxus erlaubt hat, die meisten Bestandteile der Makrobefehlssprache einzudeutschen. Dieses Experiment ist aus ökonomischen, aber auch aus soziologischen Gründen gnadenlos gescheitert. Die Übersetzung von englischen Begriffen »mit Gewalt« wurde im deutschen Sprachraum kurzfristig begrüßt, dann aber schnell als zu verwirrend und als nicht zeitgemäß verworfen. Microsoft hat das Rad zurückgedreht und seit der Version 2000 verwendet Word sogar für Feldfunktionsnamen wieder englische Ausdrücke.

1.7 Schreibweisen und Orthographie

Der große deutsche Dichter, Johann Wolfgang von Goethe, hat bekanntlich wenig Wert auf Rechtschreibung gelegt:

> *»Ein Wort schreibe ich mit dreierlei Orthographie, und was die Unarten alle sein mögen, deren ich mich [sic!] recht wohl bewußt bin und gegen die ich auch nur im äußersten Notfall zu kämpfen mich unterwinde.«*[5]

Will heißen: Jeder Autor eines aktuellen deutschsprachigen Fachbuches zur irgendeinem Bereich der Informationstechnik steht vor einem doppelten Dilemma:

- Einerseits ist die Sprache der Informationstechnik ein babylonisches Durcheinander von Abkürzungen, Schreibweisen, Kunstworten, Amerikanismen und Anglizismen sowie von wörtlichen, moderaten, freien und hanebüchenen Übersetzungen. Und davon sind Word und VBA ebenfalls betroffen. Wer das Programm seit Jahren kennt, kann sich des Eindrucks nicht erwehren, daß mitunter die Bedeutungen von einigen Begriffen Microsoft selber nicht klar zu sein scheinen.[6]
- Andererseits herrscht bei den Menschen der deutschsprachigen Ländern ein regelrechter Glaubenskrieg darüber, wie recht geschrieben wird: nach der »alten« Rechtschreibung, der »neuen«, nach einem zweckmäßigen Mix aus beiden oder nach Lust und Laune. Alle vier Varianten begegnen einem derzeit und es ist noch nicht ausgemacht, ob sich jemals eine verbindlich durchsetzen wird.

Es erweist sich als aussichtsloses Unterfangen, die Schreibweisen und die Bedeutungen der Fachbegriffe und die deutsche Orthographie in ein logisches und konsistentes System zu pressen. Deswegen geht das Buch pragmatisch vor:

- Die Schreibweise eines Begriffs richtet sich nach seiner ersten Erwähnung im Buch. Es wird versucht, diese Schreibweise durch das ganze Werk durchzuhalten.
- In diesem Buch wird aus verschiedenen guten Gründen, die hier nicht weiter erörtert werden sollen, die alte deutsche Rechtschreibung verwendet.
- Die fremdsprachigen Begriffe, deren Gebrauch in der deutschen Sprache Gewohnheit geworden ist oder im Programmieralltag weitgehend vorausgesetzt werden kann, werden ein-, vereinzelt mehrmals im Text übersetzt. Nach diesen Übersetzungen werden im weiteren Text deren Bedeutungen nicht weiter erklärt. Beispiel: Debugger, Container.
- Was Groß-/Klein-, Zusammen-/Getrenntschreibung, Gebrauch des Bindestrichs und so weiter anbetrifft, geht das Buch rein subjektiv vor: Mal werden fremdsprachige Begriffe wie deutsche behandelt (zum Beispiel: *Manager, Dateimanager, Gerätemanager, Task-Manager, Add-In-Manager*), mal wie in der Originalsprache (zum Beispiel: *Session Manager*), mal wie weder in der Originalsprache noch im Deutschen, sondern je nach Zusammenhang. Beispiel: *objManager-Objekt*, `objManager`. Es kann in einem Fachbuch von die-

---

[5] Johann Wolfgang von Goethe 1812 in einem Brief an die Gräfin Josephine O'Donell.
[6] Es lassen sich Doktorarbeiten über die grausamen und inkonsistenten Sprachverwirrungen der offiziellen Dokumentation zu Microsofts Produkten schreiben. Egal, wo man hineinschaut – in Online-Hilfen, Handbücher, Knowledge-Base-Beiträge, Prospekte, Pressetexte, Microsoft Press Bücher – ein und derselbe Begriff wird selten nur in einer Bedeutung verwendet und ein und dieselbe Bedeutung, wird selten nur mit einem einzigen Begriff bezeichnet. Freilich sind andere Software-Hersteller in diesem Zusammenhang nicht eben weniger »kreativ«.

sem Umfang und mehr oder weniger eng gesetzten Abgabetermin nicht ausbleiben, daß an der einen oder anderen Stelle zwei oder mehr Schreibweisen für ein und denselben Begriff selbst durch die Schlußkorrektur »durchrutschen«. Der geneigte und großherzige Leser wird solche Malheurs verzeihen, der kritische Leser möge sich daran freuen, daß ihm auffällt, was den meisten beim Lesen entgeht.

▶ Abkürzungen werden zur besseren Verständlichkeit bei der ersten Erwähnung einmal im Text aufgelöst.

▶ Das Buch nimmt sich die Freiheit heraus, manchmal Begriffe aus Gründen der Didaktik »unscharf« und nicht ganz korrekt zu verwenden.

Beispiel: Der englische Begriff »array« wird in der aktuellen Microsoft-Word- und VBA-Dokumentation mit »Datenfeld« (engl. data field) übersetzt. Streng genommen sind die englischen Begriffe »array« und »data field« jedoch keine Synonyme und besitzen unterschiedliche Bedeutungen.[7] Damit ein Leser, der parallel in das vorliegende Werk und in die Word-/VBA-Online-Hilfe schaut, nicht über unterschiedliche Begriffe mit derselben Bedeutung »stolpert«, wird dieser in dieser Form auch im Buch verwendet.

1.8 Nutzen der Beispiele des Buches für andere VBA-Anwendungen

Ein oft vergessener Umstand soll in diesem Buch zumindest mit einem kleinen Absatz gewürdigt sein. VBA steht bekanntlich nicht nur Word zur Verfügung, sondern neben Excel, Access, Outlook, PowerPoint, Visio, Project und AutoCAD auch vielen anderen Anwendungen. Alle allgemeinen Beispiele dieses Buches können problemlos mit diesen Applikationen verwendet werden. Eine Funktion beispielsweise, mit der man Konfigurationsdaten aus der Windows-Systemregistrierung auslesen kann, funktioniert unter Word genauso wie unter Excel oder Access.

Selbst wenn auf spezifische Objekte der unterschiedlichen Anwendungen zugegriffen wird, sind oft nur kleine Änderungen nötig, damit der Code bei einer anderen VBA-Applikation lauffähig ist. Das Öffnen einer Excel-Arbeitsmappe namens »Test.xls« in Excel oder eines Word-Dokumentes namens »Test.doc« in Word, die beide auf der Festplatte »C:\« im obersten Ordner (root) liegen, unterscheidet sich beispielsweise nur dadurch, daß man unter Angabe des Dateinamens (`FileName:="C:\Test.xls"` respektive `FileName:="C:\Test.doc"`) mittels VBA-Quellcode im ersten Fall auf eine Methode (`Open`) der Arbeitsmappen-Liste (`Workbooks`) zugreift und im zweiten Fall auf eine Methode gleichen Namens der Dokumenten-Liste (`Documents`), also:

```
'Öffnen einer Excel-Arbeitsmappe mit Excel-VBA:
Workbooks.Open FileName:="C:\Test.xls"
'Öffnen eines Word-Dokumentes mit Word-VBA:
Documents.Open FileName:="C:\Test.doc"
```

Doch greifen diese Informationen vor und sollen nur ein wenig Appetit auf die Beispiele machen, die in diesem Buch präsentiert werden.

---

[7] Da der Begriff »Array« bereits in der 7. Auflage des Fremdwörterbuchs von Duden aus dem Jahre 2001 aufgelistet wird, und sein Gebrauch im Deutschen längst Gewohnheit geworden ist, hätte Microsoft uns diese mißverständliche Übersetzung mit »Datenfeld« getrost ersparen können. Na ja, im Laufe der Word-Geschichte gewöhnt man sich an vieles.

1.9 Service Releases und Service Packs für Word und Windows

Microsoft veröffentlicht regelmäßig zu Windows und zu den Office-Softwarepaketen, in denen sich unter anderem Word befindet, Service Releases (SR) und Service Packs (SP). Diese enthalten Fehlerkorrekturen, Produkterweiterungen und Sicherheitsergänzungen. Selbst wenn Sie Word nicht im Rahmen eines Officepakets erstanden haben, empfiehlt es sich, diese auf Ihrem System zu installieren.

Ob ein Service Release oder ein Service Pack für Word aufgespielt ist, können Sie feststellen, indem Sie in Word das Fragezeichen »?« rechts oben in der Menüleiste anklicken oder die Tastenkombination `Alt`+`?` wählen. Anschließend klicken Sie den Menüeintrag »Info« an oder drücken die Taste `o`. In dem nun erscheinenden Fenster können Sie unter anderem Versionsinformationen zu Word einsehen. Falls der Menübefehl »Info« nicht vorhanden ist (kommt unter Umständen vor), müssen Sie ihn mit »Extras-Anpassen-Befehle« nachträglich einfügen.

Word-Version ermitteln

Abbildung 1.1 Im oberen Bereich des Info-Dialog sehen Sie die Versionsnummer Ihrer Word-Version.

1.10 Office Developer Editionen und Visual Studio-Tools

Zuweilen geht das vorliegende Buch auf Funktionalitäten der *Office Developer Editionen* ein (zum Beispiel auf Office 1997 Developer Edition 1997 [ODE], Microsoft Office 2000 Developer [MOD] ... und so weiter). Außerdem wird an der einen oder anderen Stelle auch ein Hinweis auf die *Visual Studio-Tools 2003* für das Microsoft Office-System 2003 und die Visual Studio .NET Version 2003 nicht fehlen.

Sowohl bei den Developer Editionen als auch bei den Visual Studio-Tools handelt es sich um Sammlungen nützlicher Werkzeuge, die vor allem für professionelle VBA-, Word- und Office-Entwickler (auch im .NET-Umfeld) interessant sind.

▶ Um es klar zu sagen: Sie benötigen diese Werkzeuge nicht, um mit VBA programmieren und auf das Word-Objektmodell zugreifen zu können!

Trotzdem werden die Entwickler-Werkzeuge in diesem Buch erwähnt, um Sie darüber zu informieren, welche zusätzliche Möglichkeiten sich durch die Sammlungen für Word-/VBA-Entwickler eröffnen.

▶ Beachten Sie: Die Developer Editionen bringen es mit sich, daß sie teilweise Funktionalitäten in die VBA-Oberfläche einbringen, die Ihnen normalerweise unter Word und VBA nicht zur Verfügung stehen. Das Buch weist in der Regel darauf hin. Sollte Ihnen an der einen oder anderen Stelle auffallen, daß sich eine Abbildung oder eine Erklärung auf Ihrem System nicht nachvollziehen läßt, so liegt es vermutlich daran, daß Sie mit einer Office/Word-Version ohne Erweiterung arbeiten. Überspringen Sie in diesem Fall einfach die nicht nachvollziehbaren Erläuterungen. Oder rüsten Sie, falls die Erweiterungen auf Ihr Interesse stoßen, Ihr Office-Paket gegebenenfalls auf.

1.11 Fehler und Haftung

Eine alte Lektorenweisheit besagt, daß sich Tipp- und Flüchtigkeitsfehler in jedem Buch finden lassen. Diese Weisheit haben Softwareentwickler auf ihr Fachgebiet adaptiert, wenn sie sagen, daß es kein fehlerfreies Programm gibt. In diesem Sinne wird mit Sicherheit der Fehlerteufel auch in diesem Buch sein Unwesen treiben. Und ...

> »...quia et errasse humanum est et confiteri errorem prudentis ...«
> »... weil es sowohl menschlich ist, geirrt zu haben, als auch klug, den Irrtum einzugestehen ...«[8]

... wäre Ihnen der Autor des Buches dankbar, wenn Sie die Fehler, die Sie entdecken sollten, in einem E-Mail mit Seitenangabe an die Adresse des Autors oder an den Verlag senden. Entsprechende E-Mail-Angaben finden Sie auf den Webseiten von Galileo Press (http://www.galileo-press.de) oder auf der Begleit-CD. Grundsätzlich wurde nach besten Wissen und Gewissen versucht, fehlerfreien Beispielcode in dem Buch vorzustellen.

Code, der für Ihr System eine schwerwiegende Gefahr darstellen könnte, wurde wissentlich nicht in das Buch mit aufgenommen. Aus verständlichen Gründen können weder Autor noch Verlag irgendeine Haftung dafür übernehmen, was mit den vorgestellten Codefragmenten und Programmen auf einem Computersystem »angestellt« wird.

---

8 Hieronymus in einem seiner Briefe (»Epistulae«, 57, 12).

Ein wichtiger Sicherheitshinweis

Zu Ihrer eigenen Sicherheit sollten Sie Code aus dem Buch nicht ohne weiteres sofort auf Ihre Originaldateien und Ihre gewohnte Arbeitsumgebung loslassen. Prüfen Sie die Programme des Buches nach Möglichkeit zuerst an Kopien und mit einem Testsystem. Beachten Sie bitte die Empfehlungen im Abschnitt 5, »Sicherungsarbeiten«, ab Seite 197 aus diesem Buch.

Achtung Bevor Sie Programmcode testen, müssen Sie in wenigen Fällen Pfade, Konstanten und andere Quellcode-Angaben, die sich auf die System- oder Anwendungsumgebung des Autors beziehen, modifizieren. Und zwar so, daß der Code mit Ihrer individuellen System- und Anwendungsumgebung ausgeführt werden kann. Wo dies der Fall ist, werden Sie nach Möglichkeit explizit im Quellcode darauf hingewiesen.

Beispiel Angenommen, im Code wird der Ort für Benutzervorlagen in einer Konstanten festgehalten, Dieser wird vielleicht der Zeichenkettenwert »**D:\Arbeit\Vorlagen**« zugewiesen. Mit hoher Wahrscheinlichkeit entspricht diese Angabe nicht Ihrem Benutzervorlagenordner. In diesem Falle müßten Sie die Wertzuweisung an die Konstante entsprechend abändern, sonst wird der Code, der sich auf die Konstante bezieht, womöglich nicht korrekt ausgeführt.

2 Schnellkurse: Worauf beruht VBA?

»COM ist definitiv kein Modetrend ... es ist die Zukunft der Systemprogrammierung unter Windows.«
Peter Monadjemi (Visual Basic 6, 1. Aufl. 2000)[1]

»Ich empfehle jedem ... vor allem COM möglichst schnell hinter sich zu lassen ... Das Component Object Modell (COM) spielt für diese Zukunft keine Rolle mehr ...«
Peter Monadjemi (Visual Basic .NET, 1. Aufl. 2002)[2]

»Bei den Meldungen von OLE waren ja nur die üblichen Wahnsinnigen am Werk, für DCOM und die anderen neuen Technologien haben sie aber anscheinend den Redmonder Sadistenclub gemietet.«
N. N. (Kollege von Arne Schäpers)[3]

2.1 Warum grundlegende Architekturkenntnisse?

Gute Frage, nächste Frage ... so könnte die Antwort auf die Eingangsfrage dieses Abschnittes lauten. Gewöhnlich muß gerade ein VBA-Programmierer »nicht die Bohne« von der Architektur wissen, der Windows und seinem Computersystem zugrunde liegt.

Ein Vorteil von VBA ist ja gerade, daß selbst unerfahrene Programmierer mit dieser Programmiersprache schnell und unkompliziert leistungsfähige Programme erschaffen können, ohne sich in den Tiefen der DBAs[4] zu verlieren. An dieser Stelle fallen einem sofort die vielstrapazierten Vergleiche mit jeder technischen Innovation ein: Ich muß nicht wissen wie ein Staubsauger funktioniert, um staubsaugen zu können; ich muß nicht wissen, wie der Motor eines Autos aufgebaut ist, um Auto fahren zu können; ich muß nicht wissen, wie ein Telefon funktioniert, um telefonieren zu können ... Und in diesem Sinne: Ich muß die Interna und Grundlagen der Windows-Plattformen nicht kennen, um mit VBA Programme schreiben zu können.

Richtig. Das stimmt. Sie müssen die Interna nicht kennen. Sie können mit VBA programmieren und die vortrefflichsten Programme schreiben, ohne über DLLs, API-Funktionen und das allgegenwärtige COM Bescheid zu wissen. Was aber, wenn die rote Signallampe des Staubsaugers blinkt, wenn aus dem Motorraum des Autos weiße Dämpfe noch oben steigen, wenn das Handy keine Mucks mehr von sich gibt ... und es ist kein Fachmann, keine Werkstatt in Ihrer Nähe? Was aber wenn Sie Ihre Programme mit zusätzlichen Komponenten ergänzen wollen oder systemnahe Informationen für Ihre Programme benötigen? Mit ein paar Grundkenntnissen könnten Sie diese Probleme vielleicht selber beheben und viel Geld sparen. Seien Sie versichert: Die sogenannten Fachleute kochen auch nur mit Wasser – und deren Hauptjob besteht heute zumeist darin, irgendein altes Teil gegen ein neues auszutauschen oder etwas nachzurüsten, was nicht da ist oder irgendwie verloren

---
1 [MONAD004]: S. 92.
2 [MONAD005]: S. 37. und S. 79.
3 [SCHÄP002]: S. 174 ff.
4 »Drei-Buchstaben-Abkürzungen« wie zum Beispiel DBA, COM, DLL, API, OCX, VBA ... und so weiter.

gegangen ist. Und ehrlich: Daß man den Staubsaugerbeutel wechseln muß, wenn er voll ist; daß man den Kühler eines Autos überprüft und eventuell Wasser nachfüllt, wenn es aus dem Motorraum qualmt; daß man den Akku eines Handys zuweilen mal aufladen oder wechseln muß ... das alles hat weniger mit Esoterik zu tun, als vielmehr, wie Kant es formuliert, mit dem Ausgang des Menschen aus seiner selbst verschuldeten Unmündigkeit.[5]

Tatsache ist, daß ein Grundwissen über die Architektur von alten und neuen Windows-Plattformen Ihnen immer dann weiterhelfen kann, wenn ein Problem mit den offiziellen VBA-Mitteln nicht lösbar ist. Grundwissen bedeutet hier nicht, daß Sie bis in die Tiefen der Halbleiterphysik vordringen und verstehen, wie man mit Transistoren logische Verknüpfungen aufbaut. Es bedeutet, daß einige Basisbegriffe und Basistechnologien geklärt und erklärt werden, die in der Vergangenheit von VBA eine außerordentliche Rolle gespielt haben, die aus der Gegenwart von VBA nicht wegzudenken sind und die uns, obwohl von vielen totgesagt, noch ein paar Jährchen in die Zukunft hinein begleiten werden.

2.2 Inhalte der Schnellkurse

Bevor das Buch in Kapitel 3, »Was ist VBA?«, ab Seite 139 die Frage beantwortet, was VBA ist, ist es sinnvoll, theoretische und terminologische Bestimmungen einzuflechten. Die folgenden Schnellkurse erteilen Ihnen Auskunft über diverse Grundbegriffe und Prinzipien, die für das Arbeiten mit VBA von zentraler Bedeutung sind. Im wesentlichen erfahren Sie in komprimierter Form etwas über ...

- die Definition der Grundbegriffe
- die Software-Entwicklung und die Programmierung im allgemeinen
- die Makros, VBA-Prozeduren und die VBA-Struktur
- die Objektorientierung (OO)
- die Komponentenorientierung (KO)
- die Software-Bibliotheken
- das Microsoft-spezifische Objektmodell für Komponenten (COM)[6]

Die Begriffe, Abkürzungen, Theorien und so weiter, die in diesen Kapiteln vorgestellt werden, sollte jeder VBA-Programmierer zumindest vage kennen. Sie sind das kleine theoretische Einmaleins von VBA und anderen aktuellen Programmiersprachen. Ihre Kenntnis erleichtert das Verstehen der praktischen Übungen in den hinteren Teilen des Buches. Obwohl die Schnellkurse nicht bis ins letzte Detail gehen, kann man nur jedem angehenden Programmierer empfehlen, sich die Prinzipien der erörterten Themen gründlich anzueignen. Sie gehören heute nahezu zur Allgemeinbildung. Als Benutzer von Word, als normaler Anwender von komponentenorientierten Systemen mit OO-Benutzeroberflächen oder als Entwickler von objekt- und komponentenorientierter Software begegnen sie uns heute auf Schritt und Tritt.

---

5 [KANTI001], S. 53: »*Aufklärung ist der Ausgang des Menschen aus seiner selbst verschuldeten Unmündigkeit. Unmündigkeit ist das Unvermögen, sich seines Verstandes ohne Leitung eines anderen zu bedienen. Selbstverschuldet ist diese Unmündigkeit, wenn die Ursache derselben nicht am Mangel des Verstandes, sondern der Entschließung und des Mutes liegt, sich seiner ohne Leitung eines anderen zu bedienen.*«
6 Abkürzung für engl. »**c**omponent **o**bject **m**odel«, wird im Deutschen manchmal auch als »Komponentenobjektmodell« bezeichnet.

Die Schnellkurse – insbesondere die Kurse über OO, KO, Bibliotheken und COM – sind für Einsteiger teilweise harter Tobak. Wenn Sie mit Word bislang nur Texte eingegeben haben, müssen Sie einigen Biß besitzen, um durch diese Kapitel zu kommen. Falls Sie aber mittendrin spüren, daß Ihnen der vermittelte Stoff zu abstrakt und zu komprimiert ist, halten Sie sich bitte nicht mit allzu sperrigem Inhalt auf. Überspringen Sie einfach nach Lust und Laune ganze Kapitel. Lesen Sie um Himmels nur das, was Sie wirklich interessiert! Wenn Sie mit Beispielcode nichts anfangen können, so ignorieren Sie die Codezeilen einfach. Arbeiten Sie erst andere Kapitel in diesem Buch durch. Kehren Sie danach noch mal zu jenen Kapiteln zurück, die Ihnen Schwierigkeiten bereitet haben. Womöglich werden Sie dann ein Aha-Erlebnis haben.

Hinweis für Einsteiger

2.3 Schnellkurs: Was taugen Definitionen?

Im allgemeinen glaubt man, daß alles, was mit dem Computer zu tun hat, auf einem exakten und stabilen Fundament aufgebaut ist. Dem ist jedoch nicht so. Im Gegenteil. Wenn es etwas gibt, was IT[7], EDV[8] und angrenzende »Binärologien« so richtig »versaubeutelt« haben, dann ist das, gesicherte Begriffsbestimmungen für das zu geben, worauf sie aufbauen. Nahezu überall, wo Soft- oder Hardware draufsteht, werden nicht hinterfragte Grundbegriffe und Prinzipien vorausgesetzt, die in der Fachliteratur nicht einheitlich gebraucht werden und diffusen Charakter haben.

Beispielsweise reitet die Computerbranche seit mehr als drei Jahrzehnten auf dem Begriff »Objekt« herum, ohne auch nur annähernd und befriedigend definieren zu können, was denn ein Objekt[9] eigentlich ist. Sicher, die Informatik[10], Softwareentwicklungsgiganten wie Microsoft, selbsternannte Standardisierungsgremien, ungekrönte EDV-Experten und zahlreiche Fachautoren geben sich redlich Mühe, die Definitionen für Grundbegriffe nachzureichen. Aber sie verschlimmbessern eher die Lage. Trotz gleichem Kontext ist für den einen ein Objekt eine »diskrete Entität«, für den anderen ein »Ding«, für den Dritten die »konkrete Ausprägung einer Abstraktion« ... und so weiter, und so fort. Viele versuchen, ihre eigene Definition zu objektivieren, werden aber dem breiten Bedeutungsspektrum der Grundbegriffe nicht im entferntesten gerecht. Ein riesiges Durcheinander. Nur selten ist ein Basisbegriff endgültig und eindeutig bestimmt. Schlagen Sie spaßeshalber einmal in beliebigen Computerfachbüchern (insbesondere zur OO-Programmierung und zu UML) die Definition für den Begriff »Objekt« nach – und Sie werden in jedem zweiten Buch eine andere Bestimmung des Begriffs finden. Zeitgeist und subjektive Vorlieben bestimmen, wie die Definition eines Grundbegriffs niedergeschrieben wird. Es grenzt nahezu an ein Wunder, daß bei all den unbestimmten Grundbegriffen und Prinzipien Word, Windows

---

7 Abk. für engl. »information technology«, dt. »Informationstechnologie«.
8 Abk. für »Elektronische Datenverarbeitung«; engl. »EDP« beziehungsweise »electronic data processing«.
9 Der lat. Ausdruck »obiectum« ist eine Übertragung eines griechischen Ausdruckes, den Aristoteles als unscharfen Begriff für »das Gegensätzliche«, »das einem Vermögen der Seele Gegenüberstehende« einführte. Die ersten Übertragungen im Mittelalter von »obiectum« ins Deutsche lauten: »das Entgegengeworfene«, der »Gegenwurf«, der »Vorwurf«. Das Wort »Gegenstand« ist vermutlich erst seit dem 18. Jahrhundert als Übertragung des Terminus »Objekt« geläufig.
10 Engl. »computer science«, gebildet aus dt. »Information und Mathematik«. Seit 1960 eine eigenständige Wissenschaft, die sich mit der theoretischen Analyse und Konzeption, aber auch mit der konkreten Realisierung von Computersystemen in den Bereichen der Hardware, der Software, den Organisationsstrukturen und der Anwendung beschäftigt.

und andere Software nur sporadisch – und nicht pausenlos abstürzen. Ein noch größeres Wunder aber ist es, daß sich viele Entwickler an den »laxen« Definitionen in der Vergangenheit nicht weiter gestört haben und es auch in der Gegenwart nicht tun.

> »Daraus erkennt man zur Genüge, daß es Worte gibt, die sich der Definition entziehen, und wenn die Natur diesen Mangel nicht durch die gleichartigen Vorstellungen, die sie allen Menschen gegeben hat, ausgeglichen hätte, würden alle unsere Aussagen verworren sein, während man sich ihrer mit der gleichen Sicherheit und der gleichen Gewißheit bedient, als wären sie auf eine vollkommene und jegliche Zweideutigkeit ausschließende Weise erklärt worden.«[11]

Für die Entwicklung von Software ist es nebensächlich, wie *Teil*, *Ganzes*, *Menge*, *Funktion*, *Algorithmus*, *Objekt*, *Komponente*, *Bibliothek* oder ähnliche Basisbegriffe exakt definiert werden. Der Sprachgebrauch für diese Grundbegriffe ist nicht einheitlich geregelt – und wird es vermutlich auch nicht werden.

Das vorliegende Buch erspart Ihnen aus diesem Grunde dogmatische Begriffbestimmungen. Statt Ihnen eine Definition als einzig glücklich machende Wahrheit vorzustellen, hebt es in den folgenden Abschnitten lediglich pragmatische Annäherungen an mögliche Definitionen, Kontraste und Facetten der Grundbegriffe hervor, die rein subjektiv vom Autor des Buches ausgewählt wurden. Bitte beachten Sie, daß die zitierten Definitionen und apostrophierten Ausprägungen keinen Anspruch auf Konsistenz oder Validität erheben. Sie werden aufgeführt, um Programmieranfängern und Experten einen terminologischen Überblick zu verschaffen und ein »Gefühl« dafür zu vermitteln, welche Entwicklungen und Technologien sich hinter Word und VBA verbergen. Ansonsten lautet die Empfehlung des Buches: Wenn Sie mit der Erklärung eines Grundbegriffs, eines Prinzips, eines Sachverhaltes oder was auch immer nichts anfangen können, gehen sie einfach davon aus, daß weder das Buch noch sonst jemand genaueres darüber weiß. Folgen Sie in diesem Fall einfach dem, was Ihre Intuition und Ihre Vernunft Ihnen dazu sagen. Oder, um es mit Horaz und Kant zu sagen:

> »Sapere aude! Habe Mut, dich deines eigenen Verstandes zu bedienen!«[12]

2.4 Schnellkurs: Was ist Programmieren?

Programmieren, Codieren

Programmieren ist nichts anderes, als bei einer gegebenen Aufgabe *Anweisungen* (Befehle, Instruktionen, Kommandos) in derjenigen Reihenfolge zu analysieren, aufzustellen und festzulegen, mit der sich die Aufgabe mit Hilfe eines Computers lösen läßt. Anders gesagt: Programmieren ist die Entwicklung eines Ablaufes von Arbeitsgängen für einen Computer in Form von Software. Zu der Entwicklung gehören mehrere Arbeitsschritte wie Analyse, Design, Codierung, Test und so weiter; das *Codieren* ist beim Programmieren nur eine Teilarbeit, nämlich der eigentliche Akt der Niederschrift der Anweisungen in einer Programmiersprache wie VBA.

Programmiersprache

Eine *Programmiersprache* ist eine künstliche, formale Sprache und Notation. Mit ihr lassen sich Arbeitsanweisungen (Algorithmen) für den Computer in einer Form aufzeichnen, die für einen Programmentwickler möglichst verständlich ist. Dadurch unterscheidet sich eine

---

11 [PASCA001]: S. 98.
12 [KANTI001]: S. 53. Die Aufforderung des römischen Dichters Horaz findet sich in einer der »Episteln« (1, 2, 40) und lautet auf Deutsch etwa: »Wage es, weise zu sein!«.

Programmiersprache grundsätzlich von einer *Maschinensprache*. Letztere liegt immer in einer auf das Zielsystem abgestimmten, binären Form vor, das heißt als *Binärcode* (*Objektcode*) mit den Zuständen 0 und 1, die der Prozessor eines Computers im Prinzip direkt verarbeiten kann.

Ähnlich wie eine natürliche Sprache besitzt eine Programmiersprache einen Wortschatz (aus sogenannten *Schlüsselwörtern*) und eine *Syntax*[13]. In der Syntax sind bestimmt Regeln festgelegt, nach denen die Schlüsselwörter, Zeichen und Befehle aus dem Wortschatz der Programmiersprache und frei erfundene Wörter und Zeichen für Platzhalter und Referenzen zu korrekten Arbeitsanweisungen zusammengestellt und verknüpft werden. Im Gegensatz zu einer natürlichen Sprache ist eine Programmiersprache wohldefiniert und jeder Begriff und jedes strukturelle Programmiersprachenelement hat im allgemeinen eine eindeutige Bedeutung. Wenn im Rahmen einer Programmiersprache ein und dasselbe Programmiersprachenelement mehrere Bedeutungen (*Überladung*) besitzt, so ermöglicht der Kontext, in dem das Element verwendet wird, eine eindeutige Interpretation.

Alle in der Programmiersprache niedergeschriebenen Anweisungen und Texte nennt man *Quellcode* oder *Sourcecode* (manchmal auch *Quelltext*, *Listing*, *Programmlisting*, *Programmcode*, *Programmtext* oder nur *Programm*). Die Syntax der modernen Programmiersprachen legt fest, daß Quellcode optional in viele kleine, leicht überschaubare Teile strukturiert werden kann (*strukturierte Programmierung*). Diese kleinen Abschnitte oder Unterprogramme, die bestimmte Teilaufgaben erledigen, werden in den meisten Programmiersprachen *Prozeduren*[14] genannt. Prozeduren besitzen immer einen Namen, durch den sie identifizierbar sind. Sie bilden den Rahmen für eine Gruppe von Anweisungen (Befehlen).

Quellcode, Programm, Prozeduren, Konstanten, Variablen

Im Quellcode werden nicht nur Befehle niedergeschrieben, sondern auch feste, unveränderliche Größen und Werte (*Konstanten*) gleichwie veränderliche Code-Einheiten (*Variablen*), die man sich anschaulich als Platzhalter für Werte vorstellen kann.

Damit der Computer den Quellcode »versteht«, müssen die Anweisungen des Quellcodes in Maschinenbefehle übersetzt werden. Auch die ausführbare (Maschinenbefehls-)Version des originalen Quellcodes bezeichnet man häufig als *Programm*, was manchmal zu Mißverständnissen führt.

Die Übersetzung der Quellcode-Anweisungen erledigt entweder ein *Interpreter*, der die Befehle des Quellcodes zeilenweise abarbeitet und nach der Übersetzung unmittelbar ausführt (das bedeutet aber auch, daß ein Interpreter den Quellcode bei jeder Ausführung erneut übersetzen muß). Oder sie wird durch einen *Compiler* durchgeführt, der den Quellcode vor Ausführung der ersten Anweisung vollständig und dauerhaft übersetzt. Auf Wunsch stellt der Compiler die Übersetzung in Form einer eigenständigen, direkt ausführbaren Programmdatei zur Verfügung (unter Windows an der Dateiendung .exe zu erkennen). Sowohl Interpreter als auch Compiler sind selber Programme und in der Regel Bestandteil der Entwicklungsumgebung einer Programmiersprache.

Interpreter, Compiler

---

13 Die Syntax wird in der Fachliteratur manchmal auch als »Synopse« bezeichnet. Wichtig: Synopsen und Syntax sollte man lesen und verstehen, aber im allgemeinen nicht wörtlich in Programme schreiben!
14 Zu lateinisch »pro-cedere«, dt. »vorrücken, fortschreiten, vor sich gehen«.

Entwicklungs-umgebung, Visual Basic-Editor

Unter *Entwicklungsumgebung* oder einem *Programmiersystem* versteht man ein Programmpaket aus Programmierwerkzeugen wie *Projektverwaltung*, Compiler oder Interpreter, *Debugger, Editor, Oberflächendesigner* und anderen Programmen, die unter einer einheitlichen Oberfläche laufen. Mit dem *Oberflächendesigner* einer Entwicklungsumgebung gestaltet man eigene Dialoge und graphische Benutzeroberflächen für die Interaktion zwischen Mensch und Maschine. Ein *Editor* besitzt im Zusammenhang mit einer Programmiersprache alle Funktionen für die schnelle Eingabe und komfortable Manipulation von Quellcode. Ein *Debugger* hilft durch die schrittweise Abarbeitung eines Programms, durch das Überprüfen von Daten und durch das Testen von Bedingungen bei der Fehlersuche. Mit dem *Compiler/Interpreter* wird, wie gesagt, ein Programm übersetzt, generiert und/oder ausgeführt. Und die *Projektverwaltung* ist ein Werkzeug, mit dem man selbst größere Programme und mehrere Projekte strukturieren und organisieren kann.

Die VBA-eigene Entwicklungsumgebung nennt sich *Visual Basic-Editor* (VBE) und läßt sich aus Word beispielsweise durch die Tastenkombination [Alt]+[F11] aufrufen. Im VBE sind die unterschiedlichen Programmierwerkzeuge für die Programmiersprache Visual Basic for Application in einer gemeinsamen Benutzeroberfläche transparent organisiert und *integriert*. Ein benutzerdefiniertes Dialogformular läßt sich im VBE genauso schnell durch Mausklick erzeugen (Menübefehl »Extras-UserForm«), wie man einen geschriebenen Quellcode durch Tastendruck ausführt (Taste [F5]). Eine derartige Entwicklungsumgebung nennt man *integrierte* Entwicklungsumgebung oder kurz *IDE*[15].

2.5 Schnellkurs: Was sind Makros und was sind VBA-Prozeduren?

Ein Begriff ist den Word-Anwendern seit DOS-Zeiten bekannt und hat sich bis in die modernste Word-Version hinein gehalten, obwohl er in der Entwicklungsumgebung von VBA, dem Visual Basic-Editor, nur ganz selten erwähnt wird und eigentlich ein Anachronismus ist. Gemeint ist der Begriff *Makro*.

2.5.1 VBA-Makros

Ein Makro wird seit jeher definiert als

> »... eine bestimmte Folge von Tastenanschlägen, Mausklicks, Befehlen und Anweisungen unter einem Namen«[16]

oder als

> »... eine Folge von Befehlen bzw. Aktionen eines Anwendungsprogramms, die wie ein „Überprogramm" (oder „Großprogramm", daher der Name) auf Tastendruck, durch Mausklick oder per Menü gestartet werden kann.«[17]

oder als

> »... Programm, das bestimmte, in den Office-Programmen verfügbare Befehle (zum Beispiel markiere Text, formatiere Text, öffne Dateidialog et cetera) enthält.«[18]

---

15 Engl. »integrated development environment«.
16 [TIEME001]: S. 49.
17 [BROCK001]: S. 558.
18 Leicht abgeändert (Singular anstatt Plural) zitiert aus [BORNG001]: S. 3.

Diese Beschreibungen mögen jenen Anwendern nützlich sein, die mit dem sogenannten *Makro-Rekorder* von Word Benutzeraktionen (einschließlich der Bedienungsfehler) aufzeichnen, um ein derart generiertes »Makro« zu einem späteren Zeitpunkt zu starten. Wer jedoch tiefer in die Word/VBA-Materie einsteigt, erkennt schnell, daß die Bedeutung des Begriffs »Makro« hier viel enger gefaßt werden muß.

Alle »Makros« in der Word/VBA-Welt, die mit dem Makro-Rekorder generiert werden und die Sie mit Hilfe des Dialogfelds »Makros« ausführen können, sind im Visual Basic-Editor *öffentliche*[19], *das heißt von überall aufrufbare Prozeduren (Unterprogramme), die keine Argumente (Parameter) akzeptieren und keinen Wert zurückgeben.*

Dieser Satz ist so wichtig, daß er gar nicht oft genug wiederholt werden kann:

- VBA-Makros sind öffentliche, parameterlose Prozeduren ohne Rückgabewerte!

So einfach ist das. Nicht alle Prozeduren (Unterprogramme) sind öffentlich, nicht alle sind parameterlos, nicht alle geben »nix« zurück. In VBA wird die Bedeutung des Begriffs »Prozedur« wesentlich weiter gefaßt und bezieht sich primär auf alle Quellcode-Blöcke, die von den VBA-spezifischen Schlüsselwörtern (Anweisungen) `Sub` und `End Sub` *oder* von den Begriffen `Function` und `End Function` eingeschlossen sind. Für Word/VBA-Makros aber gilt: Nicht alle Prozeduren sind Makros – aber alle Makros sind Prozeduren.[20]

2.5.2 VBA-Prozeduren

Das Konzept der Prozeduren ist für VBA grundlegend. Prozeduren werden Ihnen in diesem Buch immer wieder begegnen. Ein kurzer Blick auf die Syntax von Prozeduren sei Ihnen deswegen in diesem frühen Kapitel bereits gegönnt.[21] Halten Sie sich noch einmal kurz vor Augen, was Sie bis hierin über Prozeduren erfahren haben:

- Prozeduren sind Unterprogramme oder Code-Blöcke, die irgendwo im gesamten Quellcode niedergeschrieben sind.
- Proeduren bilden den Rahmen für Anweisungen.
- Prozeduren sind öffentlich (global) oder nicht öffentlich (lokal).
- Prozeduren besitzen einen Namen.
- »Prozedur« ist ein Oberbegriff für mindestens zwei Typen von Prozeduren:
  - Diejenige Prozedur, die keinen Wert zurückgeben kann, nennt man in VBA *Sub*-Prozedur (oder wie ihr Oberbegriff nur *Prozedur*, was immer wieder zu Mißverständnissen führt).
  - Diejenige Prozedur, die einen Wert zurückgeben kann, bezeichnet man dagegen als `Function`-Prozedur (manchmal auch *Funktionsprozedur* oder nur *Funktion*).[22]

---

19 Engl. »public«, im Quellcode `Public`.
20 Mehr über Makros im Sinne der angegebenen Bedeutung erfahren Sie im Abschnitt 7, »Makros aufzeichnen«, ab Seite 239.
21 Tiefergehende Informationen finden Sie überall im Buch, insbesondere aber im Abschnitt 12, »Prozeduren«, ab Seite 431.
22 Neben den Sub-Prozeduren und den Funktionen gibt es in VBA noch die Ereignis- und die Eigenschaftsprozeduren. Auf diese Prozeduren geht das Buch an anderer Stelle ein (siehe auch Fußnote auf Seite 455).

Sub Prozeduren besitzen in VBA einen wohldefinierten Aufbau, deren Anfang und Ende durch VBA-spezifische Schlüsselworte gekennzeichnet wird. Eine einfache Sub-Prozedur sieht beispielsweise in VBA folgendermaßen aus:

```
Sub NameMeinerErstenProzedur()

End Sub
```

Wenn man diese drei Zeilen im Codefenster des Visual Basic-Editors eintippt, hat man eine Sub-Prozedur, genauer gesagt den obligatorischen Rahmen für eine Sub-Prozedur namens »NameMeinerErstenProzedur« geschaffen. Im Beispiel beginnt die Sub-Prozedur mit dem Schlüsselwort Sub und endet mit den Schlüsselwörtern End Sub. Dazwischen ist der sogenannte *Anweisungsblock*, in den man weitere Anweisungen (Befehle) niederschreiben kann. Die Prozedur ist öffentlich, weil die Syntax von VBA festlegt, daß alle Sub-Prozeduren, die nicht besonders gekennzeichnet sind, Public sind.

Bei einem Aufruf der Prozedur passiert rein gar nichts, weil die Codezeile nach der Sub-Anweisung leer ist beziehungsweise weil im Anweisungsblock der Prozedur keine Befehle stehen.

Üblicherweise würden in den Zeilen und Absätzen nach der vollständigen Sub-Anweisung weitere Anweisungen (VBA-Befehle) niedergeschrieben sein, die die durchzuführenden Aufgaben darstellen. Zum Beispiel zeigt der VBA-Befehl MsgBox[23] nach dem Ausführen einer Prozedur eine Botschaft (engl. »message«) in einer »Box« auf dem Bildschirm an:

```
MsgBox "Hallo Welt!"
```

Über eine vollständige Sub-Prozedur verfügt man, wenn man den Befehl in den Prozedur-Rahmen schreibt:

```
Sub NameMeinerErstenProzedur()
    MsgBox "Hallo Welt!"
End Sub
```

Das Starten oder Ausführen dieser und anderer Prozeduren kann auf viele verschiedene Arten geschehen. Diese sind erschöpfend im Abschnitt 13.2.3, »Starten von Prozeduren und Makros«, ab Seite 445 dargestellt. Hier nur soviel: Vorausgesetzt, das Code-Fenster des Visual Basic-Editors ist mit der Prozedur geöffnet und vorausgesetzt, die Einfügemarke befindet sich irgendwo in der Prozedur, so genügt es, die Taste F5 zu drücken, damit die Prozedur gestartet wird.

Function Das meiste, was Sie eben über eine Sub-Prozedur erfahren haben, gilt auch für eine Function-Prozedur. Ein offensichtlicher Unterschied: Funktionen werden nicht von Sub und End Sub-Anweisungen eingeschlossen, sondern von Function- und End-Function-Anweisungen. Der gravierendste Unterschied zu Makros und parameterlosen Prozeduren: Function-Prozeduren können nicht direkt ausgeführt werden. Sie werden in der Regel von anderen Prozeduren gestartet und liefern an die sie aufrufende Prozedur einen Wert wie 42 oder »Hallo Welt!« zurück. Die geschieht dadurch, daß man im Anweisungsblock dem Namen der Function-Prozedur einen Rückgabewert mit Gleichheitszeichen »=« zuweist.

---

23 MsgBox wird in Abschnitt 14.3, »Aus- und Eingaben mit MsgBox«, ab Seite 458 detailliert besprochen.

```
Function NameMeinerErstenFunktion()
    NameMeinerErstenFunktion = "Hallo Welt!"
End Function
```

Ein Sub-Prozedur, die genau wie die `Sub`-Prozedur `NameMeinerErstenProzedur()` eine Meldung auf dem Bildschirm anzeigt, die aber die Funktion `NameMeinerErstenFunktion()` aufruft und als Meldungstext den Rückgabewert der Funktion verwendet, könnte folgendermaßen niedergeschrieben werden:

```
Sub NameMeinerZweitenProzedur()
    MsgBox NameMeinerErstenFunktion
End Sub
```

2.5.3 VBA-Struktur

Wenn Sie die vorigen Kapitel aufmerksam gelesen haben, wissen Sie, daß eine Anweisung (Befehl) eine ziemlich kleine Einheit eines VBA-Quellcodes darstellt. Trotzdem sind Anweisungen zweifellos ein essentieller Bestandteil einer Programmiersprache. VBA kennt über 130 Anweisungen, von denen einige wichtiger sind als andere, weil sie immer wieder in VBA-Prozeduren benötigt werden. Sie wissen auch, daß eine Prozedur eine größere Einheit darstellt und durch spezielle Schlüsselwörter respektive Anweisungen gekennzeichnet wird (`Sub..End-Sub`, `Function..End-Function`). Zudem bildet eine Prozedur den Rahmen für weitere Anweisungen, die eine bestimmte Aufgabe erledigen sollen.

Neben diesen beiden Grundelementen existieren natürlich noch eine ganze Reihe anderer Elemente und Grundbegriffe, die man zusammen als die VBA-Struktur bezeichnen kann. Die nachstehende Auflistung stellt wichtige Grundelemente und Grundbegriffe in der VBA-Struktur in Kurzform vor.

Grundbegriffe, Elemente	Beschreibung	Befehlsbeispiele
Ausdrücke	Sie sind neben einer Anweisung die kleinste ausführbare Einheit eines Programms. Ein Ausdruck stellt einen Wert dar oder faßt ein oder mehrere *Operanden* und *Operatoren* zu einem Wert zusammen[24].	
Anweisungen	Sie sind allgemein Befehle oder eine Instruktionen an den Computer, werden meist durch *Schlüsselwörter* und *Bezeichner* gebildet und enthalten oftmals einen oder mehre syntaktisch vollständige Ausdrücke[25].	
Module	Sie werden anschaulich als »Behälter« für Code und/oder Objekte vorgestellt. Module bilden in erster Linie den Rahmen für Prozeduren, aber auch für modulweite *Datentypen*, *Datendeklarationen* und *Datendefinitionen*. Gemäß ihres Inhalts kennt Word-VBA insgesamt vier unterschiedliche Typen von »Behältern« (engl. »container«):	

---

[24] Mehr dazu in Abschnitt 10.2, »Ausdruck«, ab Seite 372.
[25] Mehr dazu in Abschnitt 10.1, »Anweisungen«, ab Seite 367 folgende.

Grundbegriffe, Elemente	Beschreibung	Befehlsbeispiele
	▶ Allgemeine Module (Standardmodule) ▶ Module für Klassen ▶ Module für Formulare (UserForms) ▶ Ein Klassen-/Dokumentmodul für das Dokument, in dem sich die Module befinden.	
Projekte	Ein Projekt bildet den Rahmen für alle Module in einem Dokument und für das Dokument selbst.	
Prozeduren	Sie stellen in VBA im Grunde ein (Unter)Programm dar und bilden einen Rahmen für Anweisungen und Ausdrücke[26].	Sub..End-Sub, Function..End-Function, Call, Property Get ...
Deklarationen, Definitionen	In Deklarationen und Definitionen wird etwas festgelegt, zum Beispiel der Name und der Datentyp einer Variablen, der Wert einer Konstanten, Speicherplatz für Code-Konstrukt et cetera.	Private, Public, Static, Friend, Set, Dim, Const ...
Gültigkeitsbereich	Mit Gültigkeitsbereich wird die Verfügbarkeit von Code-Konstrukten (Variablen, Konstanten oder Prozeduren) zur Verwendung durch eine andere Codekonstrukte (Prozeduren) bezeichnet.	Private, Public, Static, Friend, Set, Dim, Const ...
Lebensdauer	Die Zeit, in der ein Codekonstrukt wie eine Variable einen Wert behält, ohne ihren Gültigkeitsbereich zu verlassen.	
Informations-Funktionen	Sie geben Auskunft über den Zustand von ewas.	IsArray, IsEmpty, IsObject ...
Datentypen	Darunter versteht man vordefinierte und/oder benutzerdefinierte *Wertebereiche* für Konstanten, Variablen, Rückgabewerte, Parameter et cetera[27].	Integer, String, Long, Variant ...
Datenfelder (Arrays)	Mit diesen VBA-Elementen kann man ein- oder mehrdimensional angeordnete Daten gleichen Typs zusammenfassen, wobei die Elemente eines solcher Datenfelder durch Indizes gekennzeichnet werden[28].	LBound, UBound, Array, ReDim ...
Compiler-Anweisungen	Sie ermöglichen die bedingte Kompilierung ausgewählter Quellcode-Blöcke[29].	#Const, #If ..
Operatoren	Sie sind Bezeichnungs-, Berechnungs- und Vergleichzeichen insbesondere für arithmetische und logische Operationen[30].	+, -, =, <>, ^ ...

---

26 Mehr dazu in Abschnitt 13, »Prozeduren«, ab Seite 431.
27 Mehr dazu in Abschnitt 11.3, »Datentypen«, ab Seite 385.
28 Mehr dazu in Abschnitt 18, »Datenfelder (Arrays)«, ab Seite 513.
29 Mehr dazu in Abschnitt 27.3.1, »Benutzerdefinierte Kompilierungskonstanten (Compiler-Konstanten)«, ab Seite 785 ff.
30 Mehr dazu in Abschnitt 12, »Operatoren«, ab Seite 409.

Grundbegriffe, Elemente	Beschreibung	Befehlsbeispiele
Steuer- oder Kontrollstrukturen	Ein wesentliches Element zur Strukturierung von Code sind *Kontrollstrukturen*[31] oder genauer übersetzt: *Steuerstrukturen*. Sie regeln, in welcher Abfolge die im Quellcode aufgeführten Ausdrücke, Anweisungen und Prozeduren abgearbeitet werden. Man unterscheidet in VBA (aber auch in den meisten anderen Programmiersprachen): 1. **Sprünge**: Ein Sprung (engl. »jump«) veranlaßt ein Programm, an einer anderen Stelle, der sogenannten *Sprungadresse*, mit der Ausführung fortzufahren[32]. 2. **Verzweigungen und Fallentscheidungen**: Verzweigungen (engl. »branch«) und Fallunterscheidungen (engl. »case differentiation«) ermöglichen es einem Programm, einen oder mehrere logische Ausdrücke (Bedingungen) auszuwerten und in Abhängigkeit vom Ergebnis bestimmte Anweisungen auszuführen respektive bestimmte Programmverzweigungen einzuleiten oder zu überspringen[33]. 3. **Schleifen**: Bei Schleifen (engl. »loop«) wird eine Anweisung oder eine Folge von Anweisungen mehrfach durchlaufen[34]. 4. **Sonstige Steuerfunktionen**: VBA verfügt noch über eine geringe Anzahl weiterer Steuerstrukturen, die weniger häufig eingesetzt werden[35].	1. `GoTo ...` 2. `If..Then..Else` und `Select..Case` 3. `Do..Loop, For..Next, For-Each..Next, While..Wend` 4. `Iif, Switch, Choose ...`
Umwandlungsfunktionen	Sie ermöglichen das Konvertieren von Daten in einen anderen Datentyp	`CStr, CDbl, CLng, Hex, Oct ...`
Ein-/Ausgabe-Funktionen	Sie umfassen sowohl anwenderbezogene Interaktionen als auch Dateibearbeitungsfunktionen. 1. **Interaktionsfunktionen**: Sie ermöglichen die Kommunikation zwischen Mensch und Maschine mit dem Anwender, Aufrufe anderer Anwendungen, Tastaturfunktionen et cetera. 2. **Dateibearbeitungsfunktionen**: Sie ermöglichen das Lesen und Schreiben unspezifischer Daten in Dateien.	1. `MsgBox, InputBox, SendKeys, Shell ...` 2. `Open, Get, Put ...`
Ordner- und Dateifunktionen	Sie ermöglichen die Verwaltung von Ordnern und Dateien.	`ChDrive, MkDir, FileCopy ...`
Datum- und Zeitfunktionen	Sie ermöglichen die Berechnung, Darstellung und Zerteilung von Datums- und Zeitangaben.	`DateSerial, Day, Month ...`

---

31 Engl. »control structure«.
32 Mehr dazu in Abschnitt 15.2, »GoTo-Anweisung«, ab Seite 476.
33 Mehr dazu in Abschnitt 15.3, »If ... Then-Verzweigung«, ab Seite 478 und in Abschnitt 15.4, »Select ... Case«, ab Seite 482.
34 Mehr dazu in Abschnitt 16, »Schleifen«, ab Seite 489.
35 Mehr dazu in Abschnitt 17, »Sonstige Kontrollstrukturen«, ab Seite 509.

Grundbegriffe, Elemente	Beschreibung	Befehlsbeispiele
Finanzmathematischen Funktionen	Sie ermöglichen das Durchführen von finanzmathematischen Berechnungen.	DDB, Rate, FV ...
Mathematischen Funktionen	Sie ermöglichen das Durchführen von mathematischen Berechnungen.	Atn, Cos, Sin, Exp ...
Zeichenfolgen-Funktionen	Sie ermöglichen das Verarbeiten von Zeichenfolgen und von Daten vom Typ String.	InStr, Str, Trim, Left, Right, Len ...
Auflistungsfunktionen	Sie ermöglichen das Arbeiten mit Auflistungen.	Add, Item, Collection, Remove, Count ...
Fehlerbehandlungsfunktionen	Sie ermöglichen das Auffangen von Fehlern und das Zurückgeben von Informationen zu Fehlern.	Error, Err, On Error, IsError ...
Registry-Funktionen	Sie ermöglichen das Arbeiten mit der Registry von Windows.	GetSetting, DeleteSetting, SaveSetting ...
Automatisierungsfunktionen	Sie ermöglichen die Durchführung der Automatisierung	CreateObject, GetObject, New

Hinweis: In der Tabelle »VBA-Schlüsselwörter: Kategoriale Übersicht«, Abschnitt 33.1 ab Seite 827 finden Sie alle VBA-Schlüsselwörter aufgelistet.

2.5.4 Die fünf VBA-Modi

Word beziehungsweise der Visual Basic-Editor besitzen zwei Betriebsarten, die verschiedene Zustände kennen. Leider ist es üblich, sowohl eine Betriebsart als auch den Zustand einer Betriebsart als »Modus« zu bezeichnen.

Betriebsart	Zustand
1. Entwurfsmodus (engl. »design mode«)	▶ *An*: Ermöglicht das Bearbeiten und Hinzufügen von COM-/ActiveX-/OLE-Steuerelementen. Ereignisse sind deaktiviert. ▶ *Aus*: Ermöglicht die Ausführung von COM-/ActiveX-/OLE-Steuerelementen.
2. Ausführungsmodus (engl. »run mode«)	▶ *Editiermodus* (engl. ebenfalls »design mode«, im Deutschen Ruhezustands-, Beendet- oder Codiermodus – oft aber auch »Entwurfsmodus« genannt, was häufig zur Verwirrung beiträgt) ▶ *Laufzeitmodus* (engl. ebenfalls »run mode«, im Deutschen oft auch »Ausführungsmodus« genannt, was häufig zur Verwirrung beiträgt) ▶ *Haltemodus* (engl. »break mode«)

Der Entwurfsmodus

Der Entwurfsmodus wird gewöhnlich vom Benutzer explizit aktiviert. Die geschieht zum Beispiel durch das Anklicken der Schaltfläche »Entwurfsmodus« in der Symbolleiste »Debuggen« oder »Voreinstellung« des Visual Basic-Editors. Oder wenn Sie direkt in ein Word-Dokument ein Steuerelement respektive ein COM-/ActiveX-/OLE-Steuerelement einbetten (zum Beispiel über die Word-Symbolleiste »Steuerelement-Toolbox«). Daß der »Entwurfsmodus« angeschaltet ist, erkennen Sie an dem in der VBE-Titelleiste stehenden Hinweis »*[Entwerfen]*«.

Im Entwurfsmodus wird der VBA-Code des Projekts nicht abgearbeitet, und Ereignisse von Word oder dem aktuellen Projekt werden nicht ausgeführt. COM-/ActiveX-/OLE-Steuerelement sind bearbeitbar. Der Entwurfsmodus spielt für die VBA-Entwicklung keine zentrale Rolle.

Seine vordringliche Bedeutung erhält der Entwurfsmodus durch das Bearbeiten und Hinzufügen von COM-/ActiveX-/OLE-Steuerelementen zu einem Dokument (Word-Formular, Word-Webseite). Er ermöglicht das Aktivieren der Kontextmenüs dieser Steuerelemente über die rechte Maustaste und somit die Bearbeitung der Eigenschaften des Steuerelement-Codes und der Steuerelement-Formatierung. Der Entwurfsmodus kann mittels eines Makros oder durch Verwendung des Direktfensters oder durch erneutes Aktivieren der Schaltfläche »Entwurfsmodus« beendet werden.

> **Verwirrungen um die Modi**
>
> Oben konnten Sie lesen, daß in der Fachliteratur für Entwurfs- und Editiermodus und für Ausführungs- und Laufzeitmodus häufig die gleichen Begriffe verwendet werden. Der undifferenzierte Gebrauch hängt damit zusammen, daß COM-/ActiveX/OLE-Elemente bei allen genannten Zusammenhängen eine Rolle spielen können.
>
> Gerade der Begriff »Entwurfsmodus« wird im Zusammenhang mit Word und VBA relativ undifferenziert verwendet. Die Fachliteratur aber auch Microsoft gebrauchen ihn sowohl bei
>
> ▶ dem Entwerfen von Word-Formularen (.doc)
> ▶ dem Entwerfen von Word-Webseiten (.mht, .mhtml, .html, .htm)
> ▶ dem Entwerfen von VBA-Formularen (UserForms, .frm)
> ▶ dem Entwerfen eines gesamten VBA-Projekts/-Programms insbesondere zur Abgrenzung dieser Betriebsart gegenüber Halte- und Laufzeit-Modus
>
> Die Verwirrung geht so weit, daß der »tatsächliche« Entwurfsmodus bei vielen VBA-Autoren totgeschwiegen wird und der Editiermodus zum eigentlichen Entwurfsmodus erklärt wird.
>
> Trotzdem soll es wenigstens einmal gesagt sein: Der Entwurfsmodus und der Editiermodus haben wenig miteinander zu tun! Der Entwurfsmodus als solcher spielt für VBA-Entwickler eine untergeordnete oder gar keine Rolle, während sich die gesamte VBA-Codierung in Wirklichkeit im Ruhezustands- oder Editiermodus abspielt.

Ausführungsmodus

Normalerweise befindet sich der Visual Basic-Editor im Ausführungsmodus und ist somit bereit für das Codieren und die Ausführung einer VBA-Prozedur beziehungsweise eines VBA-Makros. Diese Betriebsart ist für den Benutzer transparent. Es wird nirgendwo angezeigt, daß sich der Visual Basic-Editor momentan in diesem Modus befindet. Der Ausführungsmodus kennt wie die klassische Programmierung drei klar voneinander getrennte Bearbeitungsschritte, nämlich:

- Niederschreiben des Quellcodes
- Übersetzen (kompilieren) des Quellcodes in Maschinencode
- Testen des Programms

Programmierfehler werden bei dieser Form der Bearbeitung nicht beim Niederschreiben des Codes angemahnt, sondern erst in der Kompilierungsphase vom Compiler aufgespürt. Ist ein Fehler aufgespürt, geht der klassische Programmierer daran, die Ursache des Fehlers im Quellcode zu suchen und zu korrigieren. Anschließend wird der Übersetzungsvorgang wiederholt. Der Zyklus wiederholt sich, bis der Compiler nicht mehr »meckert«. In der VBA-Architektur ist die Dreiteilung in der doppelten Bedeutung des Wortes aufgehoben.

Einerseits wird die Dreiteilung *aufbewahrt*, indem VBA drei entsprechende Bearbeitungsmodi kennt, nämlich:

- Editiermodus (auch Ruhezustands- oder Codierungsmodus genannt)
- Laufzeitmodus
- Haltemodus

Andererseits ist die Dreiteilung *abgeschafft*, weil VBA-Programme in der Regel interaktiv entstehen. Schon während der Eingabe wird Quellcode partiell kompiliert und grobe Syntax- und Schreibfehler werden unmittelbar im Quellcode gekennzeichnet, bis sie korrigiert sind. Festzuhalten bleibt, daß sich VBA-Prozeduren immer in einem von drei VBA-Betriebsarten – entweder im *Halte-* oder im *Laufzeit-* oder im *Ruhezustandmodus* – befinden. Nachfolgend werden die drei Modi kurz vorgestellt. Vertiefende Erklärungen zu ihnen finden Sie an vielen anderen Stellen im Buch.

Der Editiermodus

Der VBA-Editiermodus ist jene Betriebsart, bei der Sie im Visual Basic-Editor Quellcode niederschreiben, VBA-Formulare (UserForms) entwerfen, Steuerelemente bearbeiten und in speziellen VBA-Fenstern Einstellungen von Eigenschaften festlegen oder ansehen. Mit anderen Worten: Der Editiermodus ist die Betriebsart, in der Sie beim Entwickeln von VBA-Programmen die meiste Zeit mit Codieren und Editieren zubringen. Er wird auch *Ruhezustandsmodus* oder *Codierungsmodus* genannt.

In der Ruhezustands- oder Editierzeit setzen Sie in der Regel keine oder nur wenige Testwerkzeuge ein, Sie legen aber gegebenenfalls Test-Optionen (*Haltepunkte*, *Überwachungsausdrücke* und ähnliches) fest. Diese kommen während der Ausführung und während der Ausführungsunterbrechung Ihrer Prozeduren zum Einsatz (also im Laufzeit- und/oder im Haltemodus). Leider sehen Sie im Editiermodus nicht, wie sich die Werte der veränderlichen Codeelemente (Variablen) zur Laufzeit verhalten und wie die Steuerelemente des aktuellen Projekts wirklich aussehen.

Aus dem Editiermodus können Sie direkt in den Laufzeit- oder in den Haltemodus wechseln. Beachten Sie aber: Die Einfügemarke muß sich beim Wechsel der Betriebsart irgendwo innerhalb einer gültigen Prozedur befinden, sonst erscheint der Dialog »Makros«.

Aus dem Editiermodus gelangen Sie zum Beispiel durch folgende Aktionen in den Laufzeitmodus:

Vom Editier- in den Laufzeitmodus

- Klicken Sie im Menü »Ausführen« auf »Makro ausführen«.
- Klicken Sie in der Symbolleiste »Voreinstellung« auf die Schaltfläche »Sub/UserForm ausführen«.
- Klicken Sie in der Symbolleiste »Debuggen« auf die Schaltfläche »Sub/UserForm ausführen«.
- Drücken Sie die Taste F5 .
- ...

Aus dem Editiermodus gelangen Sie beispielsweise durch folgende Aktionen in den Haltemodus:

Vom Editier- in den Haltemodus

- Klicken Sie im Menü »Debuggen« auf »Einzelschritt«.
- Klicken Sie im Menü »Debuggen« auf »Ausführen bis Cursor-Position«.
- Klicken Sie in der Symbolleiste »Voreinstellung« auf die Schaltfläche »Unterbrechen«.
- Klicken Sie in der Symbolleiste »Debuggen« auf die Schaltfläche »Unterbrechen«.
- Drücken Sie die Taste F8 .
- Drücken Sie die Tastenkombination STRG + F8 .
- Drücken Sie die Tastenkombination STRG + PAUSE .
- ...

Der Laufzeitmodus (Ausführmodus)

Wird eine Sub-Prozedur ohne Parameter oder ein Makro gestartet, geht VBA in den Laufzeitmodus über. In diesem Modus übernimmt sozusagen die Host-Anwendung die Steuerung, und Sie stehen wie ein normaler Anwender im Dialog mit Ihrer Prozedur. Sie können zwar unter Umständen zum Visual Basic-Editor wechseln und Ihren Code einsehen, aber die meisten Funktionen des Visual Basic-Editors sind gesperrt und Ihr Code kann nicht bearbeiten werden.

Um in den Editiermodus zurückzukehren müssen Sie Ihre Prozedur beziehungsweise Ihr Makro wie in Ihrem Code vorgesehen beenden.

Vom Laufzeit- in den Editiermodus

Mit der Tastenkombination STRG + PAUSE brechen Sie den Laufzeitmodus ab und gelangen in den Haltemodus.

Vom Laufzeit- in den Haltemodus

Der Haltemodus

Der Haltemodus ist eine zeitlich begrenzte Unterbrechung der Programmausführung. Anschaulich kann man sich die Unterbrechung als Pause oder Standbild eines Programms vorstellen. Durch die Unterbrechung kann der Entwickler im Visual Basic-Editor den aktuellen Speicherinhalt beziehungsweise die aktuellen Werte der im Programm benutzten Platzhalter für Werte (Variablen) sowie die Werte der Eigenschaften der instanziierten Objekte einsehen. Während der Pause ist es möglich, kleinere Fehler zu korrigieren oder zum Beispiel den Platzhaltern für Werte (Variablen) andere benutzerdefinierte Werte zuzuweisen.

Haltemodus aktivieren

In den Haltemodus gelangen Sie zum Beispiel durch folgende Aktionen:

- Während der Programmausführung wird die Tastenkombination [STRG]+[PAUSE] gedrückt.
- Während der Programmausführung wird ein zur Entwurfszeit definierter *Haltepunkt* erreicht.
- Während der Programmausführung wird eine im Code niedergeschriebene Stop-Anweisung erreicht.
- Während der Programmausführung wird ein bislang verborgener Laufzeitfehler erreicht.
- Während der Programmausführung wechselt ein zur Entwurfszeit definierter Bedingungs-Überwachungsausdruck auf den Wert True.
- Während der Programmausführung wechselt ein zur Entwurfszeit definierter Überwachungsausdruck seinen Wert.
- ...

Im Haltemodus wird die Programmausführung so lange unterbrochen, bis der Anwender zum Beispiel eine der folgenden Aktionen für den weiteren Programmablauf veranlaßt:

- Fortsetzung (Taste [F5] wählen oder Schaltknopf »Fortsetzen« in der Symbolleiste »Debuggen« gleichwie in der Symbolleiste »Voreinstellung« anklicken)
- Schrittweise Fortsetzung (Taste [F8] wählen oder Schaltknopf »Einzelschritt« in der Symbolleiste »Debuggen« anklicken)
- Prozedurweise Fortsetzung (Tasten [Umschalt]+[F8] wählen oder Schaltknopf »Prozedurschritt« in der Symbolleiste »Debuggen« anklicken)
- Prozedurabschließene Fortsetzung (Tasten [Strg]+[Umschalt]+[F8] wählen oder Schaltknopf »Prozedur abschließen« in der Symbolleiste »Debuggen« anklicken)
- Zurücksetzung oder Beendigung (Schaltknopf »Zurücksetzung« in der Symbolleiste »Debuggen« gleichwie in der Symbolleiste »Voreinstellung« anklicken)
- ... und andere

Ob der Haltemodus gerade aktiv ist, erkennen Sie an der Titelleiste des Visual Basic-Editors (dort steht bei aktiviertem Haltemodus unter anderem »Unterbrechen«).

2.5.5 Den Modus mit Code ermitteln

Wie man den Modus mit Code ermitteln kann, erfahren Sie in Abschnitt 29.5, »Den Modus des Visual Basic-Editors ermitteln«, ab Seite 813.

2.6 Schnellkurs: Was ist Objektorientierung?

2.6.1 Objekt: Geschichte und Idee

Objektorientierung ist ein Konzept, das bei der Entwicklung von Software angewendet wird. In Entwickler-Kreisen erzählt man sich die Geschichte, daß die Objektorientierung ihren Ursprung in Norwegen hat. Dort beschäftigten sich in den späten 1960er Jahren angeblich OLE-JOHAN DAHL und KRISTEN NYGAARD mit Schiffs-Simulationen. Sie bemerkten bei ihrer Arbeit, daß die unterschiedlichen Eigenschaften der Schiffe die Simulationen in erheblichen Maße beeinflußten. Sie entwickelten die Idee, die Schiffe gemäß ihrer Eigenschaften in verschiedene *Schiffsklassen* und *Schiffsobjekte* einzuteilen. Jede Schiffsklasse sollte charakteristische Schiffsobjekte beinhalten, die für ihr *Verhalten* während der Simulation selber verantwortlich waren. Die praktische Umsetzung dieser Idee war STIMULA, eine Programmiersprache für Schiffsimulationen und ein Vorläufer für alle objektorientierten Sprachen. In den 1970er Jahren wurden aus der OO-Grundidee erste zweckdienliche Produkte: Der allererste tragbare Tablet-PC, die erste graphische Benutzeroberfläche mit sich überlappenden Fenstern, die Maus als Bediengerät und last, but not least eine reine OO-Implementierungssprache, nämlich SMALLTALK. In den späten 1980er Jahren gelang der Objektorientierung schließlich der breite Durchbruch:

Objektorientierung

»Wie in den siebziger Jahren die strukturierte Programmierung ›in‹ war, avancierte ›objektorientiert‹ in Achtzigern zum High-Tech-Synonym für ›gut‹.«[36]

Der große Erfolg der objektorientierten Konzepte wurde in den 1990er Jahre durch Analyse- und Designmethoden und standardisierte Notationen (zum Beispiel UML[37]) weiter gefestigt. Die OO-Programmierung (OOP) fußt auf der Idee von in sich abgeschlossenen, *selbständigen Einheiten* beziehungsweise von *diskursiven Entitäten* oder *Elementen*, kurzum: auf der Idee von *Objekten*.

2.6.2 Objekt: Verwandte und/oder abgeleitete Begriffe

Im Rahmen der allgemeinen, der komponenten- und der objektorientierten Programmierung wird häufig keine Unterscheidung zwischen einem *konkreten Objekt*, und den abgeleiteten oder verwandten Bezeichnungen *Instanz*[38], *Klasseninstanz*, *Klassenexemplar*, *Objektinstanz*, *Ausprägung*, *Exemplar*, *Beispiel*, *Objektvariable* oder nur *Objekt* ... gemacht. Alle diese Ausdrücke besagen in der Informationstechnologie (IT), wenn nicht dasselbe, so doch das gleiche. Sie können sie synonym verwenden. Beachten Sie, daß es weitere verwandte Begriffe gibt, die in einem historischen Kontext eine spezielle Bedeutung haben (zum Beispiel *OLE-Objekt*, *COM-Objekt*, *.NET-Objekt*, *ActiveX-Objekt* ...), die aber von der Fachliteratur häufig ebenfalls als Synonyme für ein *konkretes Objekt* mißbraucht werden.

---

36 [MÜSKE001]: S. 330.
37 Abk. für engl. »unified modeling language«, dt. »vereinheitlichte Sprache für Modellierungen«, das ist eine Modellierungssprache respektive die Beschreibung einer einheitlichen Notation und Semantik sowie die Definition eines Metamodells für den objektorientierten Programmieralltag.
38 Dt. »Exemplar«, »Beispiel«. Die gebräuchlichen Begriffe »Instanz« und »instanziieren« (oder »instantiieren«) haben ihren Ursprung in der unbefriedigenden Übersetzung von engl. »instance«. Die wörtliche Übersetzung »Beispiel« sowie die Benennung »Exemplar« treffen den Sachverhalt wesentlich besser, haben sich aber im deutschen Sprachraum nicht durchgesetzt.

2.6.3 Objekt: Ausprägungen

Für den Begriff »Objekt« existiert weder in seiner Geschichte noch im allgemeinen, geschweige denn im Rahmen der OO-Theorien, eine einheitliche und kontinuierliche Definition. Je nach allgemeinem Kontext und OO-Lehre variieren die Bestimmungen und die Bedeutungen des Begriffs. In diesem Buch wird der Begriff »Objekt« in unterschiedlichen Ausprägungen verwendet, die nicht unbedingt miteinander identisch sind:

- Als *reale (identifizierbare) Objekte*: Darunter werden die in der Wirklichkeit vorkommenden Gegenstände, Dinge, Personen, Vorgänge, Vorstellungen und Gedanken et cetera angesehen, auf die mit wortsprachlichen Mitteln unterscheidend Bezug genommen werden kann.
- Als *abstrakte Objekte*: Durch einen Abstraktions-, Generalisierungs und Separationsprozeß leiten Software-Entwickler aus realen Objekten logische Formen beziehungsweise *abstrakte Spezifikationen* ab, die man in *Klassen* (abstrakten Objekten) zusammenfaßt. Sie modellieren sozusagen Sachverhalte der realen Welt nach. Dies geschieht gleichermaßen:
  - Durch Reduzierung/Konzentration der real vorkommenden Objekte auf wenige relevante (substanzielle, wesentliche) Eigenschaften und durch Hervorhebung der spezifischen Funktionsmerkmale (Abstraktion)
  - Durch Zusammenfassung von Problemen zu einer Problemklasse durch Verallgemeinerung der Problembeschreibung bei gleichem Detailliertheitsgrad (Generalisierung)
  - Durch Zerlegung der Problemstellung und der Anforderungen in Teile, die dann als Klassen (abstrakte Objekte) realisiert und zusammengefügt werden können (Separation).

  Es werden nur jene Aspekte berücksichtigt, die zur Erfüllung von analysierten Anforderungen zweckdienlich sind. Mehrere gleichartige reale Objekte beziehungsweise Objekte vom gleichen Typ können zu einem einzigen abstrakten Objekt[39] (Klasse) zusammengefaßt werden.

- Als *konkrete Objekte*: Mit Hilfe der modellierten Klassen beziehungsweise den abstrakten Objektspezifikationen lassen sich konkrete Objekte erzeugen, die in die Ablaufstruktur eines Programms eingebunden werden. Konkrete Objekte, die zur Entwurfszeit als Codeanweisungen formuliert werden, bilden zur Ablaufzeit eines Programms in Software-Systeme umgesetzte physische und logische Einheiten.

2.6.4 Objekt: Definitionsbeispiele

Die meisten Autoren gehen pragmatisch vor und leiten ihre Definition des Begriffs aus der Art und Weise ab, wie zusammengehörige Daten sowie die auf sie anwendbaren Operationen im Programmcode zusammengefaßt werden. Nach diesen ist ein Objekt ...

> »... eine Kombination von Code und Daten, die als eine Einheit aufgefaßt werden kann.«[40]

---

39 Hinweis: Die Begriffe »abstraktes Objekt« und »Klasse« bedeuten in dem vorliegenden Buch das gleiche. Die Bezeichnung »abstraktes Objekt« sollte aber nicht mit der Bezeichnung »abstrakte Klasse« verwechselt werden. Eine Klasse wird »abstrakt« genannt, wenn aus ihr zur Laufzeit eines Programms keine »konkreten Objekte« erzeugt werden; und *konkret*, wenn aus ihr »konkrete Objekte« abgeleitet werden.
40 [VBCON98]

> »... ein Programmelement, das einen Namen und in der Regel auch Eigenschaften, Methoden sowie gelegentlich auch Ereignisse besitzt.«[41]
>
> »... (eine) kleine ... Datenstruktur, die Zustände bzw. Eigenschaften besitzt, Operationen (sog. Methoden) ausführen, Nachrichten empfangen und verschicken kann.«[42]

Mit anderen Worten: Diese Autoren fassen ein Objekt als *diskrete* Entität mit bestimmten Merkmalen auf, wobei »diskret« in diesem Zusammenhang »abgesondert, einzeln, eigenständig, unterscheidbar, selbständig« bedeutet. Andere stellen in den Vordergrund, daß eine Entität im Computer »da« ist, irgendwie »real existiert«. Sie stellen fest ...

> »Objekt sind im laufenden System konkret vorhandene und agierende Einheit(en).«[43]
>
> »Objekte sind »Dinge« (...) die bereits fertig irgendwo vorliegen, und die Sie von einem VBA-Programm aus ansprechen können.«[44]
>
> »... Objekte (sind –aj): Eingabefelder, Meldungsfenster, Schaltflächen, Optionsbuttons (...) Dokumente, Tabellen, Absätze, Textmarken, Felder (...)«[45]

Die UML-Väter und einige Experten der objektorientierten Programmierung bevorzugen eine Erklärung, die dem Umstand Rechnung trägt, daß Objekte in Form von *Klassen* modelliert werden. Nach ihnen ist ein Objekt eine ...

> »... konkrete Ausprägung einer Abstraktion; Einheit mit wohldefinierten Grenzen und wohldefinierter Identität, die Zustand und Verhalten kapselt; Instanz einer Klasse.«[46]

Manche Autoren versuchen auch, die Objektorientierung mit der Komponentenorientierung (siehe nachstehenden Schnellkurs) zu verschmelzen. Diese definieren Objekt beispielsweise folgendermaßen:

> »Objekte sind logische Programmstrukturen für das, was später eine Komponente ist (...)
>
> Ein Objekt ist eine Software-Komponente, die über Eigenschaften und Methoden angesprochen und auf Ereignisse reagieren kann (...)
>
> Objekt und Komponente bezeichnen ein und denselben Gegenstand: Ein Programmodul, das über Eigenschaften, Methoden und Ereignisse verfügt.«[47]

Wieder andere Autoren bevorzugen bei ihrer Definition einen Rundumschlag und eine »globalgalaktische« Verallgemeinerung:

> »Alles, womit Sie in Word ... und in allen anderen Office Programmen arbeiten, stellt ein Objekt dar.«[48]
>
> »In einer objektorientierten Programmiersprache (...) ist alles aus Objekten aufgebaut.«[49]
>
> »An object is anything that exists.«[50]

---

41 [MONAD010]: S. 48.
42 Im Singular zitiert aus [BROCK001]: S. 640.
43 [OESTE001]: S. 231.
44 [MONAD007]
45 [MARTI002]: S. 123.
46 [BOOCH001]: S. 524 und [BORRM001]: S. 657.
47 [MONAD003]: S. 151.
48 [GREVE001]: S. 160.
49 [KONER001]
50 [REYNO001]: S. 147, dt. etwa: »Ein Objekt ist alles, was existiert.«

2.6.5 Objekt: Beschreibung

Nachstehend werden die wichtigsten Kennzeichen der Objektorientierung kurz vermittelt. Sollten Sie sich mehr für die praktische Umsetzung in VBA interessieren, sei Ihnen das Kapitel 21, »Objektorientierte Programmierung mit VBA«, ab Seite 547 ans Herz gelegt.

Objekteigenschaften

Ein Objekt enthält durch Eigenschaften repräsentierte Objektinformationen, deren Struktur in der Klasse oder den Klassen definiert ist, von der oder denen das Objekt »abstammt«. Die *Eigenschaften*[51] der Objekte sind grundsätzlich Daten mit einem bestimmten Wert. Sie werden auch als *Attribute* der Objekte bezeichnet. Die Eigenschaften sind das individuelle Merkmal eines Objekts, um ein Objekt von einem anderen desselben Typs abzugrenzen.

Objektidentität

Unabhängig von seinen sonstigen Eigenschaften hat ein Objekt eine Eigenschaft, die seine Identität mit sich selbst charakterisiert, die sogenannte *Objektidentität*. Durch sie wird offenbar, daß zwei verschiedene Objekte mit gleichen Werten zwar »das gleiche« sind, aber nicht *identisch*, also nicht »dasselbe«.

Objektzustand

Die konkreten Werte aller Eigenschaften eines Objektes, die über eine gewisse Zeitspanne konstant sind, ergeben zusammen den aktuellen *Status* oder *Zustand*[52] des Objektes. Wenn der Status eines Objektes nicht nur im Arbeitsspeicher des Computers vorgehalten, sondern im externen Speicher eines Computersystems gesichert wird und sogar das Ausschalten des Computers übersteht, aber auch wenn der Status eines Objektes während der gesamten Ausführung einer Anwendung erhalten bleibt, bezeichnet man das Objekt als *persistent* (»beständig«). Anderenfalls spricht man von *transienten* beziehungsweise von »kurzlebigen« Objekten.

Objektmethoden

Zu den Funktionsmerkmalen eines Objektes zählt man *Aktionen*, die das Objekt im Prinzip mit sich »herumschleppt«, die das Objekt ausführen kann und die gegebenenfalls die Eigenschaften des Objektes bearbeiten dürfen. Kurzum: Sie können dem Objekt ein bestimmtes *Objektverhalten* aufzwingen beziehungsweise beschreiben das *Verhalten* des Objekts. Die Aktionen werden gewöhnlich auch als *Operationen*, *Objektmethoden*, *Methodenaufrufe* oder in der Microsoft-Terminologie einfach nur als *Methoden*[53] bezeichnet.

Objektausdruck, Objektschnittstelle, Punkt

Eigenschaften und Methoden eines Objektes können nach außen hin verborgen oder offengelegt werden. Andere Objekte können auf veröffentlichte Eigenschaften zugreifen oder veröffentlichte Methoden aufrufen. Um ein Objekt und seine Methoden/Eigenschaf-

---

51 Engl. »properties«.
52 Engl. »state« und »mode«.
53 Engl. »methods«.

ten anzusprechen, ist ein *Objektausdruck* notwendig, der in der Regel aus Objektname und einem veröffentlichten Methodennamen oder einem offengelegten Eigenschaftennamen besteht. Beide werden in VBA durch einen Punkt ».« voneinander getrennt (oder »verknüpft«, je nachdem, ob Sie lieber aus einem halbvollen oder einen halbleeren Glas trinken). Heißt ein Objekt beispielsweise `ActiveDocument` und einer seiner offengelegten Eigenschaften `Name`, so lautet der Objektausdruck, mit dem man auf die Eigenschaft des Objektes zugreifen kann:

`ActiveDocument.Name`

Veröffentlichte Eigenschaften und offengelegte Methoden bilden zusammen die *Schnittstelle* des Objektes.

Es ist wichtig, daß Sie sich die Bedeutung des unscheinbaren Punktes im Objektausdruck verinnerlichen. Er ist das A und O der VBA-Programmierung. Auf einen Objektnamen muß immer ein Punkt folgen! Er verknüpft/trennt nicht nur den Objektnamen von Code-Konstrukten wie Eigenschaften und Methoden, er ist auch dafür verantwortlich, daß der VBA-Editor Sie bei der Eingabe mit einer automatischen Syntaxhilfe zu Eigenschaften und Methoden versorgen kann.

Der Punkt machts

Objektverbindung: Assoziation

Benutzt ein Objekt die Eigenschaften und Methoden eines anderen Objektes, besteht eine Verbindung zwischen den beiden Objekten, die man als *Assoziation* bezeichnet. Die Richtung einer herkömmlichen Assoziation geht von einem Objektnutzer, der selber ein Objekt ist, zu einem anderen Objekt. Ruft der Objektnutzer A die offengelegte Methode eines anderen Objektes B auf, so sagt man auch, daß A eine *Nachricht* an B sendet. Das Objekt B führt danach die Methode aus. Der Objektnutzer A wird in diesem Zusammenhang oft als *Sender* oder als *Client* bezeichnet, während das Objekt B mit dem Begriff *Empfänger* charakterisiert wird.

Objektereignisse

Ereignisse[54] sind die Reaktion eines Objekts auf eine Änderung seines Zustandes. Sie können durch Benutzeraktionen, durch Programmcode oder durch das System ausgelöst werden. Was eine Änderung des Zustandes eines Objektes genau ist, hängt vom jeweiligen Objekt ab. Bei einem bestimmten sichtbaren Objekt von Windows oder Word könnte beispielsweise das Klicken mit der Maus auf das Objekt eine Zustandsänderung auslösen, durch die eine Reaktion des Objektes erfolgt. Womöglich löst aber der Mausklick auf ein anderes Objekt vom gleichen Typ keine Zustandsänderung und damit keine Reaktion aus. Immer wenn ein Ereignis eingetreten ist, wird ein Unterprogramm, eine sogenannte *Ereignisprozedur* aufgerufen. In dieser können benutzerdefinierte Anweisungen stehen, die nun als Reaktion auf das Ereignis abzuarbeiten sind, müssen es aber nicht. Die Reaktion eines Objekts auf seine Zustandsänderung wird auch als Nachrichtenverkehr (*Ereignissignalisierung*) zwischen einer *Ereignisquelle* und einem *Ereignisempfänger* (*Empfängerobjekt*) angesehen. Allerdings sendet nicht etwa der Objektnutzer A eine Nachricht an das Objekt B wie beim Methodenaufruf, sondern umgedreht: Nach einer spezifischen Änderung seines Zustandes informiert das Objekt B (die Ereignisquelle) eines oder mehrere bereits existie-

---

54 Engl. »events«.

rende beziehungsweise eventuell zur Laufzeit noch nicht bekannte Empfängerobjekte darüber. Ob ein Empfängerobjekt (Objektnutzer A) auf die Benachrichtigung individuell reagiert – oder die Ereignissignalisierung einfach nicht beachtet, bleibt ihm selbst überlassen.

Klasse

Konkrete Objekte entstehen nicht so mir nichts, dir nichts aus dem Nichts. Jedes konkrete Objekt beruht auf einer *Klasse* (beziehungsweise auf einem abstrakten Objekt). Eine Klasse definiert die Eigenschaften, Methoden und die Semantik für eine Menge von Objekten und alle Objekte einer Klasse entsprechen dieser Definition. Eine Klasse gibt an:

- Unter welchen Umständen die konkreten Objekte der Klasse erzeugt werden können.
- Wie die Objekte der Klasse nach ihrer Erzeugung aufgebaut sind.
- Welche Methoden, Eigenschaften, Ereignisse und *Default-Werte*[55] die Objekte der Klasse nach der Objekterstellung besitzen werden. Als Default-Werte werden in einer Klasse üblicherweise solche Werte in den Eigenschaften definiert, die für die konkreten Objekte der Klasse besonders gebräuchlich sind. Das hat den Vorteil, daß ein Programmierer, wenn er mittels Code zur Laufzeit ein konkretes Objekt aus der Klasse erzeugt, sich nicht unbedingt um den Objektzustand kümmern muß.
- Welche internen Abläufe und Datenstrukturen der Objekte der Klasse *gekapselt* sind (nicht nach außen präsentiert werden).
- Ob das Objekt öffentlich ist beziehungsweise welche Schnittstelle das Objekt nach außen offenlegt.

Kurzum: Eine Klasse definiert die *Objektstruktur* beziehungsweise das Grundgerüst für jedes konkrete Objekt, das aus ihr abgeleitet wird. Stellen Sie sich eine Klasse als eine Art *Vorlage*, als abstrakten *Entwurf*, als *Schablone*, als *Muster*, als *Schema*, als *Prototyp*, als *Template*, als Teil einer *Objektfabrik* oder als etwas dergleichen vor, was im Grunde selbst kein konkretes Objekt ist, was aber den Aufbau eines bestimmten *Objekttyps*[56] beschreibt.

Klassentypen: Visuelle und nichtvisuelle Klassen

Grundsätzlich gibt es zwei Typen von Klassen, aus denen Sie Objekte erstellen können:

- **Nichtvisuelle Klassen**: Das sind Klassen *ohne* Benutzeroberfläche wie zum Beispiel die Document-Klasse, Datenzugriffsklassen, reine Code-Module ... oder ähnliches.
- **Visuelle Klassen**: Das sind Klassen *mit* Benutzeroberfläche wie zum Beispiel die in der VBA-Entwicklungsumgebung vorhandenen Steuerelemente der Werkzeugsammlung oder die UserForms-Klasse (Formular).

Objektinstanziierung

Der Vorgang der Erzeugung eines konkreten Objektes aus einer Klasse beziehungsweise die »Produktion« eines Objektes aus seiner Klasse wird als *Instanziierung* bezeichnet (auch Instanzierung und Instantiierung geschrieben). Ein Objekt wird ursprünglich als identische Kopie, als konkreter Vertreter seiner Klasse erstellt. Wenn Sie in Word beispielsweise

---

55 Dt. »Voreinstellungs-Werte«.
56 Hinweis: Die Begriffe »Klasse« und »Objekttyp« werden bei Microsoft synonym verwendet.

ein Dokument erstellen, wird aus der abstrakten Document-Klasse eine Document-Instanz beziehungsweise ein konkretes Document-Objekt erzeugt. Nach der Instanziierung können die (offengelegten) Eigenschaften des individuellen, konkreten Objektes geändert werden. Es ist möglich, aus einer Klasse unterschiedliche Instanzen der gleichen Klasse beziehungsweise mehrere Objekte desselben Typs zu »produzieren«. Deren Eigenschaften können andere Werte besitzen, ohne die anderen Objekte der Klasse zu beeinflussen.

Objektmodell

Die Bedeutung des Begriffs *Objektmodell* wurde im Laufe der Zeit mehrfach transformiert. Allgemein versteht man unter einem *Objektmodell* (1) eine abstrakte Darstellung, die die Eigenschaften der Objektorientierung sowie der in ihr behandelten Objekte beschreibt (*Objektmodell auf Modellierungsebene*).

Die erste Bedeutungsadaption führte zu einem engeren Sprachgebrauch, in dem man ein Objektmodell nunmehr (2) als Dokumentation einer bestimmten Objekt- und/oder Komponenten-Spezifikation, im weitesten Sinn als eine Komponenten- beziehungsweise Objekt-Norm verstand (COM, SOM, CORBA, JavaBeans ...). Mit anderen Worten: Die Bezeichnungen Objekt- und/oder Komponentenmodell wurden mit den Bezeichnungen *Objekt-* und/oder *Komponenten-Architektur* gleichgesetzt (*Objektmodell auf Architekturebene*).

Eine weitere Verengung erfuhr der Begriff, als objektorientierte Anwendungen, die eine Vielzahl von Objekten besitzen, auf den Computersystemen die Regel wurden. Fortan nannte man auch die Totalität der Entitäten einer Anwendung sowie die Beschreibung der Abhängigkeiten der anwendungsspezifischen Objekte *Objektmodell* (Word-Objektmodell, Excel-Objektmodell, VBA-Objektmodell, VBE-Objektmodell ... und so weiter). Oder weniger akademisch ausgedrückt: (3) Mit Objektmodell bezeichnet man die Gesamtheit aller Klassen und der aus diesen abgeleiteten Objekte einer speziellen Anwendung (*Objektmodell auf Anwendungsebene*).

Software-Entwickler kennen und gebrauchen je nach Kontext alle drei Bedeutungen durcheinander und setzen noch einen obendrauf, indem sie den Begriff »Klassenmodell« mit dem Begriff »Objektmodell« gleichsetzen. Abschreckendes Beispiel für einen inkonsistenten Sprachgebrauch ist Microsoft selbst. Die Verwendung des Begriffs »Objektmodell« innerhalb von COM korrespondiert nämlich nicht mit den konkreten Microsoft-Komponenten, geschweige denn mit den konkreten Modellen auf Anwendungsebene.

Insgesamt kann man sagen, daß ein Objektmodell Strukturen und Relationen von Objekten veranschaulicht. Es definiert die Beziehungen zwischen den verwendeten Objekten (*Assoziationen, Vererbungen, Aggregationen, Kompositionen* ...); die so erzeugte Organisation erleichtert das Programmieren, die Wartung und die Kommunikation über ein entsprechendes Programm. Meistens veranschaulicht ein Objektmodell darüber hinaus den Umstand, daß manche Objekte »mächtiger« oder wichtiger sind als andere. Es verdeutlicht auch, daß manche Objekte ein »Behälter«, eine »Auflistung« oder ein »Container« für andere Objekte sind.

2.6.6 Objekt: Beispiel

Beispiele für *konkrete Objekte* sind ein Steuerelement, der Buchstabe eines Textes in Word, sogar ein Bit könnte noch als Objekt durchgehen. Weitere Beispiele für konkrete Objekte sind ...

- Ganze Anwendungen wie Word, Excel, Access ...
- Schnittstellen-Objekte, die den Zugriff auf andere Objekte ermöglichen (Datenzugriffsobjekte).
- »Unsichtbare« Objekte wie benutzerdefinierte Bereichs-Objekte[57] eines Word-Dokuments oder ähnliches
- *Container*-Objekte (das sind Objekte, in denen andere Objekte enthalten sind), die auch als *Auflistungen*, *Sammlungen* oder *Collections* bezeichnet werden.
- Oberflächenelemente wie Fenster, Schaltflächen, Symbolleisten und so weiter, die die Benutzeroberfläche einer Anwendung wie Word ausmachen und mit denen sich eine Anwendung steuern läßt.
- ... und viele, viele andere.

> **Beispiel** Das Objekt Document und seine Ereignisse
>
> Aus der Menge aller möglichen Windows- und Word-Elemente isoliert sich zum Beispiel das Objekt »Dokument«. Es hat *Eigenschaften* wie »Dokumentgröße«, »Erstellungsdatum«, »Änderungsdatum« und »Dokumentformat«. Außerdem besitzt es offengelegte Funktionsmerkmale, das heißt *Methoden* wie »Speichern«, »Schließen« oder »Ausdrukken«, die mit dem Objekt »Dokument« oder mit Funktionsteilen des Objekts bestimmte Aktionen durchführen können. Die Methoden können von »außen«, durch den Benutzer, von anderen Objekten oder durch das System aufgerufen werden. Durch die Aufruf einer Aktion ändern sich eventuell die Eigenschaften (Daten) des Objektes »Dokument« und damit sein *Zustand*. So wird beispielsweise bei der Ausführung der Aktion »Speichern« die Eigenschaft »Änderungsdatum« des Objekts »Dokument« neu gesetzt. Eine Zustandsänderung hat eventuell eine automatische Ereignissignalisierung zur Folge. Das Dokument-Objekt von Word reagiert grundsätzlich auf drei *Ereignisse*[58]. Immer dann, wenn ein Dokument-Objekt geöffnet, geschlossen oder neu angelegt wird, wird automatisch eine entsprechende *Ereignisprozedur* Document_Open, Document_Close oder Document_New im Dokument-Objekt ausgelöst. Hat ein Programmierer in den Coderahmen der Dokument-Ereignisprozeduren eigenen Code geschrieben – zum Beispiel eine Anweisung, die einen Sachverhalt prüft, eine Aufgabe erledigt, eine Formatierung festlegt oder eine Meldung anzeigt – so wird dieser durch die Auslösung des Ereignisses abgearbeitet. Wenn etwa ein Dokument-Objekt beim Öffnen eine Meldung anzeigen soll, kann man die Meldungsfunktion MsgBox in die Document_Open-Ereignisprozedur einfügen:
>
> ```
> Private Sub Document_Open()
>     MsgBox »Ein Ereignis wurde beim Öffnen getriggert!«
> End Sub
> ```

---

[57] Engl. »range object«.
[58] Einem Dokument-Objekt stehen ab Word 2003 Prof. insgesamt sechs Ereignisse zur Verfügung. Neben Document_Close, Document_New und Document_Open gibt es zusätzlich noch die Ereignisse Document_Sync, Document_XMLAfterInsert und Document_XMLBeforDelete. Diese werden an dieser Stelle aus Vereinfachungsgründen nicht weiter thematisiert.

2.6.7 Objekt: Notation

Eine vollständige qualifizierende Bezeichnung für ein *konkretes Objekt* ist sein *Objektname*. In der UML ist das Objekt-Symbol ein Rechteck, das mit dem unterstrichenen Objektnamen beschriftet ist. Der Objektname beginnt meistens mit einem Kleinbuchstaben. Zusätzlich wird manchmal auch der Name der Klasse angegeben, von der das Objekt ein Exemplar ist. Im unteren Teil des Rechtecks werden üblicherweise bestimmte oder alle Eigenschaften des konkreten Objektes in folgender Form notiert: Name der Eigenschaft (beziehungsweise Eigenschaftsname) = Wert der Eigenschaft. Werden Eigenschaften aufgezählt, dann wird das Rechteck in zwei, durch eine waagrechte Linie getrennte Bereiche aufgeteilt.

Abbildung 2.1 Das UML-Symbol für ein Objekt

2.6.8 Objekt: Zusammenfassung

Es ist Ihr Vorteil, wenn Ihnen die fundamentalen Begriffe der Objektorientierung schon an dieser Stelle des Buches geläufig sind. Sie werden in allen weiteren Abschnitten immer wieder mit den oben erläuterten Begriffen konfrontiert, auch wenn diese bislang nicht oder nur einer oberflächlichen syntaktischen Darlegung unterzogen wurden. Die wichtigsten Aussagen zu einem Objekt seien hier noch einmal in gebotener Kürze zusammengefaßt:

- Kennzeichnend für ein Objekt sind die fünf Schlüsselmerkmale **Name**, **Klasse**, **Eigenschaft**, **Methode** und **Ereignisse**.
- Objekte werden in VBA über einen Namen angesprochen.
- Eine Klassendefinition dient in der Objektorientierung als Vorlage für Objekte. Sie bestimmt, über welche Eigenschaften, Methoden und Ereignisse die Objekte verfügen, die von der Klasse abstammen.
- Eigenschaften bezeichnen den Zustand eines Objektes. Syntaktisch werden Eigenschaften im einfachsten Fall durch Platzhalter für Werte (Variablen) beschrieben.
- Methoden charakterisieren die Verhaltensweisen eines Objekts. Sie ermöglichen es dem Objekt, bestimmte Aktionen durchzuführen. Syntaktisch werden Methoden durch Unterprogramme (Prozeduren) beschrieben.

Ereignisse werden dazu benutzt, daß ein Objekt Nachrichten nach »draußen« senden kann. Geschieht etwas mit oder in dem Objekt, werden gegebenenfalls Ereignisprozeduren mit bestimmten Anweisungen ausgelöst.

2.7 Schnellkurs: Was ist Komponentenorientierung?

2.7.1 Komponente: Geschichte und Idee

Neben der traditionellen Software-Entwicklung und der reinen Objektorientierung (aber auch als deren Folge) hat sich spätestens in den 1990er Jahren die *Komponentenorientierung* als dominierendes Software-Entwicklungsparadigma durchgesetzt.

<small>Komponentenorientierung</small>

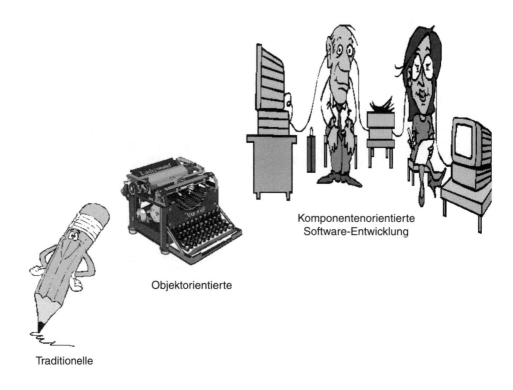

Abbildung 2.2 Die Entwicklung der Software-Entwicklung

Für die Komponentenorientierung sind alle digitalen Informationen (also Daten, Dokumente und Programme und so weiter), die aus einem einzelnen, monolithischen Software-Block bestehen, ein Anachronismus. Die Komponentenorientierung favorisiert die Idee, daß Software aus »Software-Bausteinen«, aus sogenannten *(Software-)Komponenten*[59] zusammengesetzt sein sollte. Obwohl der Begriff *Software-Komponente* wie viele andere Begriffe in der Fachliteratur nicht einheitlich bestimmt ist, sind sich die meisten Autoren darüber einig, daß eine Software-Komponente folgende Merkmale besitzt:[60]

- ▶ Klar abgrenzbar und eigenständig
- ▶ Unabhängig entwickel- und einsetzbar
- ▶ Stellt Schnittstellen nach außen zur Verfügung
- ▶ Kapselt Daten
- ▶ Besitzt von ihrem Kontext her definierte Abhängigkeiten

Die Idee der *komponentenorientierten* Software-Entwicklung ist nicht neu, sondern geht bis auf die erste »Working Conference on Software Engineering« der NATO im Jahre 1968 in Garmisch zurück.[61] Auf dieser Tagung wurden die Probleme bei der Entwicklung großer

---

59 Von lat. »componere«, »zusammenstellen«.
60 Vgl. zum Beispiel an div. Stellen [BOOCH001], [SZYPE001], [SAMET001], [HERZU001], [HOPKI001], [GRIFF001], [DSOUZ001], [OESTE001], [STÜTZ001] und viele andere.
61 Vgl. [NATO0001] und [MCILR001]: S. 138 bis 150.

Programme vermutlich zum ersten Mal in einem offiziellen Rahmen mit Breitenwirkung diskutiert. Der Diskussion mit zirka 50 Teilnehmern ging voraus, daß immer mehr Software-Entwicklungen an der zunehmenden Komplexität der Programme scheiterten (*Softwarekrise*). Damals wie heute kann ein Quellcode für ein gewöhnliches Programm leicht über 100.000 Anweisungen enthalten, das sind 2.000 Seiten, wenn man von einer Anweisung pro Zeile und pro Seite von 50 Zeilen ausgeht (erläuternde Kommentare nicht mit gerechnet). Derartige »Monster-Programme« sind nicht nur schwer wartbar, kaum integrierbar, schlecht erweiterbar und extrem fehleranfällig, sondern auch selten wiederverwendbar. McIlroy schlug im Tagungsband in einem Beitrag mit dem Titel »Mass produced software components« die industrielle Massenproduktion wiederverwendbarer Software-Komponenten zur Lösung vor. Diese Idee fand Anklang. Bis in jüngster Vergangenheit werden Software-Komponenten teilweise explizit über ihre Wiederverwendbarkeit definiert.[62]

Die Komponenten-Idee setzte sich im Programmieralltag unter anderem deshalb durch, weil im Falle von Programmfehlern die Suche deutlich systematischer erfolgen kann. Da beim Programmieren die Komponenten kleine, in sich abgeschlossene Programmteile darstellen, lassen sich Fehler sehr schnell eingrenzen und korrigieren. Die Suche nach der Stecknadel in einem riesigen Programm-Heuhaufen entfällt. Die Gefahr, daß eine Korrektur an anderen Stellen des Programms neue Fehler nach sich zieht, ist eindeutig reduziert.

Vereinfachte Fehlersuche

2.7.2 Komponente: Verwandte und/oder abgeleitete Begriffe

Die *Komponentenorientierung* wird manchmal auch als *Komponenten-Technologie*, *Integrations-Technologie* beziehungsweise als *Interprozeß-Kommunikation* sowie als *komponentenorientierte Software-Entwicklung* bezeichnet.

Andere Begriffe für Komponentenorientierung

Leider werden in der Komponentenorientierung zahlreiche Ausdrücke synonym verwendet, obwohl sie unterschiedliche Bedeutungen besitzen. Mißverständnisse im Gespräch über Komponenten und Komponentenorientierung sind daher nicht die Ausnahme, sondern die Regel.

Andere Begriffe für Komponente

Eine *Komponente*[63] wird in der Fachliteratur häufig unterschiedslos mit zahlreichen abgeleiteten und verwandten Bezeichnungen gleichgesetzt. Zu den allgemeinen Ableitungen gehören: *Software-Komponente*, *Modul*, *Programmodul*, *Programmstück*, *Programm*, *Codeblock*, *Software-Modul*, *Mini-Software-Stück*, *Subsystem*, *Paket*, *Baustein*, *Componentware*, *Soft-* oder *Hardware-Baustein*, *Soft-* oder *Hardware-Bestandteil*, *Soft-* oder *Hardware-Einheit*, manchmal auch *Klasse* oder *Objekt* ... Zu den speziellen Ableitungen gehören *COM-Komponente* (*OLE-Komponente*, *ActiveX-Komponente* ...), *.NET-Komponente*, *JavaBeans-Komponente*, *JavaBean*, *Bean* ... und viele, viele andere. Microsoft trägt nicht eben gerade zur Klärung der Bedeutung des Begriffs Komponente bei:

> »*Eine Komponente kann ein Formular, ein Modul oder eine Klasse sein.*«[64]

Nicht nur, daß dieser Satz durch seine Relativierung alles und nichts aussagt. Die gleichgesetzten Ausdrücke (Komponente, Formular, Modul und Klasse) besitzen in der VBA-Entwicklungsumgebung durch und durch spezielle Bedeutungen, die man nicht so ohne wei-

---

62 Vgl. zum Beispiel [JACOB001], S. 85 sowie [PRESS001] S. 13 und [AMBLE001] S. 106.
63 Engl. »component«, aber auch »unit«, »module« oder »element«.
64 [VBOB6]: Stichwort »VBComponents-Eigenschaft«.

teres gleichsetzen kann. Eine Komponente ist dort beispielsweise explizit ein ActiveX-Steuerelement (.ocx), das über den Befehl »Einfügen-Komponente ...« einem VBA-Projekt hinzugefügt werden kann; ein Modul charakterisiert in VBA dagegen unter anderem einen besonderen Speicherbereich innerhalb von VBA-Dateien (Word-Dokument, Excel-Arbeitsmappe ...). Hierzu erfahren Sie in späteren Kapiteln mehr.

Die umfangreiche Aufzählung von verwandten Bezeichnungen des Begriffs *Komponente* ist sehr verwirrend. Leider entspricht der unterschiedslose Gebrauch vieler Komponenten-Ausdrücke jedoch der Praxis. Selbst hochkarätige auserwählte OO- und KO-Gurus verschwenden selten einen Gedanken daran, welche Unterschiede zwischen den letztlich undefinierten Komponenten-Ausdrücken bestehen. Wie dem auch sei: Versuchen Sie, je nach Kontext einen Komponentenausdruck zu verwenden, der die entsprechende Komponente eindeutig bestimmt. Sagen Sie beispielsweise nicht *COM-Komponente*, wenn Sie von *Komponenten im allgemeinen* sprechen – und nicht *Komponente*, wenn Sie von *COM-Komponenten im speziellen* sprechen. Sie tun sich selbst und anderen damit einen großen Gefallen! Der nächste Abschnitt 2.7.3 hilft Ihnen, zumindest die begrifflichen Ausprägungen in den Griff zu bekommen.

Andere Begriffe für Komponentenmodell

Für das, was eine Software-Komponente genauer spezifiziert, was die *Architektur* der Komponenten definiert und festlegt, wie von außen mit ihnen kommuniziert wird – dafür gibt es ebenfalls eine Vielzahl von Ausdrücken.

Zu den geläufigsten *allgemeinen* zählen: *Komponenten-Spezifikation, Komponentenbeschreibungsmodell, Komponenten-Standard, Komponentenmodell, Objektmodell, Komponenten-Objekt-Modell, Komponenten-Architektur* ... und so weiter.

Je nach Festlegung durch die Verfasser besitzt eine Komponenten-Spezifikationen/-Technologie eine eigene, eindeutige Bezeichnung. Gebräuchliche Komponenten-Spezifikationen und -Technologien sind zum Beispiel:

- **COM**[65]: Component Object Model, von Microsoft 1993 mit Windows NT und OLE 2.0 eingeführt.
- **DCOM**[66]: Distributed COM (verteilte Version von COM), von Microsoft 1996 eingeführt.
- **COM+**: Weiterentwicklung von COM und DCOM, von Microsoft 1999/2000 mit Windows 2000 eingeführt
- **.NET**: Unter anderem Nachfolger von COM/DCOM/COM+, von Microsoft 2002 eingeführt.
- **OpenDoc**[67]: Von den Computerfirmen IBM, Apple, Borland und Novell Mitte der 1990er-Jahre geplantes plattformübergreifendes Komponentenmodell, 1997 »verstorben«.
- **CORBA**[68]: Common Object Request Broker Architektur, firmenübergreifender, offener Standard der Object Management Group (OMG), dessen erste Version 1991 verabschiedet wurde.

---

65 Abkürzung für engl. »component object model«, dt. »Komponentenobjektmodell« oder »Objektmodell für Komponenten«.
66 Dt. »Verteiltes Objektmodell für Komponenten«.
67 Dt. »Offenes Dokument«
68 Dt. »Gemeinsame Architektur für Objektanforderungsvermittler«.

- **JavaBeans**[69]: Von der Firma Sun Microsystems spezifiziertes Komponentenmodell für in Java verfaßte Software-Bausteine.
- **SOM**[70]/**DOM**[71]: System Object Model/Document Object Model, von der Computerfirma IBM beziehungsweise von dem World Wide Web Consortium spezifiziert.
- ... et cetera

2.7.3 Komponente: Ausprägungen

In Abschnitt 2.7.2, »Komponente: Verwandte und/oder abgeleitete Begriffe«, haben Sie erfahren, daß für den Begriff Komponente in der Informationstechnologie keine allgemeingültige Definition existiert, geschweige denn ein einheitlicher Gebrauch.

Das vorliegende Buch legt sich ebenfalls auf keine allgemeingültige Definition oder einen dogmatischen Gebrauch fest, sondern verwendet den Begriff in unterschiedlichen *Ausprägungen*. Diese stehen grob in einem logischen Ober-/Unterbegriff-Verhältnis (Hyperonym[72]- und Hyponym[73]-Verhältnis) zueinander, sind aber weitestgehend offen für neue Aspekte und Gebrauchsarten. Kriterien für die Begriffssubsumtionen werden bewußt *implizit* gehalten, weil explizite Kriterien nach tiefergehenden Begründungen verlangen, die den Rahmen dieses Buches sprengen würden. Im Detail identifiziert das Buch eine Komponente ...

- Als *Bestandteil eines Ganzen* (Komponente allgemein): Diese allgemeinste Ausprägung entspricht dem, was der Common Sense auf die Frage »Was ist eine Komponente?« mit Berechtigung antwortet. Eine Komponente ist demnach ein wie auch immer geartetes Teil eines wie auch immer gearteten Ganzen. Eine Hardware-Komponente ist zum Beispiel ein realer Hardware-Bestandteil eines realen Hardware-Systems, eine Software-Komponente ein konkreter Software-Bestandteil eines konkreten Software-Systems, ein Fuß Teil eines Körpers ... und so weiter. Der konkreten Teil/Ganzes-Beziehung[74] steht das begriffliche (abstrakte) Ober-/Unter-Verhältnis[75] gegenüber. Anders gesagt: Das Lexem *Komponente* stellt ein Oberbegriff (Hyperonym) zu den Lexemen *Hardware-Komponente*, *Software-Komponente* und zu anderen, wie auch immer spezieller ausgeprägten Komponenten dar.
- Als *Hardware-Baustein* (Hardware-Bestandteil, Hardware-Komponente): Damit ist jede Form von Hardware gemeint, die als Teil mit anderer Hardware ein »größeres« Hardware-Teil bis hin zu einem ganzen Hardware-System bilden kann. Hierzu zählen beispielsweise ...
  - im Baugewerbe Baustoffe, Ziegel, Fenster, Gipsplatten ...

---

69 Dt. »Kaffeebohnen«.
70 Dt. »Systemobjekt-Modell«
71 Dt. »Dokumentobjekt-Modell«
72 Übergeordneter Begriff, Oberbegriff (zum Beispiel Lebewesen gegenüber Mensch, Tier, Pflanze).
73 Untergeordneter Begriff, Unterbegriff (zum Beispiel Mensch, Tier, Pflanze gegenüber Lebewesen).
74 Teile/Ganzes-Beziehungen: Das sind »Hat-eine-Beziehungen« von konkreten »Dingen« wie zum Beispiel ein Fenster hat/besteht aus Titelleiste, Symbolleiste, Statusleiste.
75 Ober-/Unterbegriff-Verhältnis: Das sind »Subsumtionen« wie zum Beispiel der Begriff »Sokrates« ist ein Unterbegriff von »Mensch«. Der Begriff »Mensch« ist ein Unterbegriff des Begriffs »Lebewesen«.

- in der Elektronikindustrie Steckkarten, Peripheriegeräte, Speicherbausteine, Dioden, Mikroprozessoren ...
- ... und so weiter

Für die VBA-Programmierung spielt diese Ausprägung eine untergeordnete Rolle. Sie wird hier der Vollständigkeit halber aufgeführt, um zu zeigen, daß in den genannten Bereichen ganz selbstverständlich mit der Bezeichnung *Komponente* umgegangen wird.

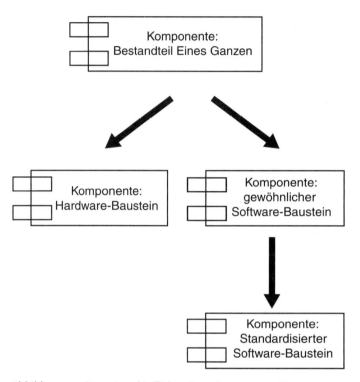

Abbildung 2.3 Die unterschiedlichen Ausprägungen von Komponenten

- Als *gemeiner Software-Baustein* (Software-Bestandteil, Software-Komponente): Damit sind im weitesten Sinne Software-Bausteine *an und für sich* gemeint. Diese können Merkmale wie fertig, in sich abgeschlossen, wiederverwendbar, testbar, funktional oder konstruktiv zusammengehörig ... und so weiter besitzen, müssen es aber nicht. Ihre Merkmale beschreiben eine *gemeine Software-Komponente*, aber sie stellen keine verbindliche Spezifikation für sie dar. Zudem ist es grundsätzlich nebensächlich, in welchem digitalen Format oder auf welcher Systemplattform die gemeine Software-Komponente physikalisch vorliegt. Und obwohl eine Software-Komponente an und für sich meistens in Dateiform existiert, ist dies ebenfalls kein zwingendes Merkmal einer Software-Komponente. Unterprogramme, die in beliebiger Anzahl in einer Quellcode-Datei vorhanden sein können, selber aber keine Datei sind, werden beispielsweise ebenfalls manchmal als Software-Komponente bezeichnet.

▶ Wenn der Begriff Software-Komponente an und für sich, unspezifiziert und nicht standardisiert verwendet wird, stellt er im Grunde nur eine Metapher für immaterielle Bestandteile eines Computers dar, die man von anderen Komponenten (wie zum Beispiel Hardware-Komponenten) und/oder anderer immaterieller Ware durch eine Teil-/Ganzes-Beziehung oder irgendwelche Unterscheidungsmerkmale abgrenzt. Begrifflich ausgedrückt: Das Lexem Software-Komponente ist dem Begriff Komponente untergeordnet, auch wenn es häufig nicht hyponym, sondern synonym verwendet wird. Außerdem ist es seinerseits ein Oberbegriff (Hyperonym) für *spezifische Software-Komponenten* wie *OLE-Komponenten, COM-Komponenten, ActiveX-Komponenten, .NET-Komponenten, JavaBeans-Komponenten* ... und so weiter.

▶ Als *spezifischer Software-Baustein (programmierrelevante, standardisierte Software-Komponente)*: Dem gemeinen und völlig unspezifischen Begriff Software-Komponente stehen konkrete, *spezifische* Realisierungen beziehungsweise *spezifische Software-Komponenten* gegenüber. Diese haben je nach Komponenten-Spezifikation wohldefinierte Merkmale, die sie selbst und ihren Realisierungs-Kontext kennzeichnen.

   ▶ Spezifische Software-Komponenten werden anhand exakt festgelegter Spezifikationen (wie COM/DCOM/COM+, CORBA, JavaBeans, .NET ...) als *logisches* Modell entworfen.

   ▶ Sie existieren gemäß ihrer Spezifikation als *physische* Zusammenstellung in einem bestimmten Kontext (zum Beispiel als Bibliotheksdateien, als ausführbare Komponenten-Serverdateien, als benutzerdefinierbare Komponenten-Clientdateien, als integrierbare Steuerelementdateien ...) und repräsentieren zur Laufzeit bestimmte Verarbeitungskapazitäten beziehungsweise bestimmte Ressourcen im Speicher des Rechners.

Allen *spezifischen* Software-Komponenten liegen eine Komponenten-Spezifikation und eine Komponenten-Technologie zugrunde. In der Windows-/VBA-Welt war und ist dies das *Component Object Model* (COM), das bereits kurz vorgestellt und vertiefend in Abschnitt 2.9, »Schnellkurs: Was ist COM?«, ab Seite 99 besprochen wird. Auch wenn das »*Komponentenmodell für Objekte*« (COM) längst nicht mehr der neueste Stand der Technik ist und in den nächsten zwei bis zehn oder mehr Jahren vielleicht vollständig von .NET oder etwas anderem ersetzt wird, wird es noch lange im Hintergrund der VBA-Welt seinen Dienst tun[76]. Die Bedeutung von Spezifikationen und Techniken wie COM umschrieb die Firma IBM in einem Reklametext (im allegorischen Sinn):

»*Im Jahre 1864 paßte keine Schraube, die in einer bestimmten Maschinenwerkstatt gefertigt wurde, zur Mutter aus einer anderen Werkstatt. Jeder hatte sein eigenes Patent. Ein riesiges Durcheinander. Schließlich entwickelte ein Mann namens William Sellers ein standardisiertes, einheitliches Gewinde. Damit konnte man ein Teil hier und ein anderes dort herstellen – und das dann ganz woanders montieren. Alles paßte zusammen...*«[77]

---

[76] Man kann den »Wachwechsel« von COM nach .NET mit jenem von der Windows-Anwendungsprogrammierschnittstelle (Windows-API) nach COM vergleichen: Obwohl COM schon seit 1993 existiert und sein Nachfolger .NET bereits in mehreren Versionen auf dem Markt ist, hat Microsoft bis dato den riesigen Umfang der Windows-API-Funktionalitäten nicht vollständig in die COM-Welt migriert. Regelmäßig begegnen einem Programmierer in der Praxis Anforderungen, die nur mit den Windows-API-Funktionen von anno Tobak zu realisieren sind. Nur Narren, Blauäugige und Vertriebsmenschen glauben den Gerüchten, die den Tod von COM schon heute beschreien. Wie lautet das Sprichwort: Totgesagte leben länger ...

[77] [IBM00001]: S. 75.

Genau das ist unter anderem die Aufgabe von COM für VBA, Word und Windows: Ein standardisiertes einheitliches Gewinde, mit dem man alle Windows-, Word- und VBA-Anwendungen miteinander verbinden kann. Ähnliches gilt natürlich auch für andere Komponenten-Spezifikationen und -Technologien. Sie definieren ebenfalls Regeln, Merkmale und Mechanismen für die Konstruktion und Interaktionen zwischen spezifischen Software-Komponenten und wohldefinierten Software-Objekten. Zuweilen reicht der Anspruch dieser Komponenten-Spezifikation sogar über eine proprietäre Plattform wie Windows hinaus. So spezifizierte die Java-Welt für Java-Komponenten einmal die berühmte Zielvorgabe:

> »Einmal schreiben, überall laufen, überall wiederverwenden.«[78]

Es bleibt festzuhalten, daß *spezifische Software-Komponenten* egal welcher Couleur begrifflich den *Komponenten allgemein* und auch den *gemeinen Software-Komponenten* untergeordnet sind. Lassen Sie sich nicht davon verwirren, daß die Verfasser eines Komponenten-Modells regelmäßig versuchen, ihre spezifische Software-Komponenten-Vorstellung zu »verabsolutieren«. Trotz gegenteiliger Behauptungen der breiten Fachliteratur sind beispielsweise COM- oder JavaBeans-Komponenten keine übergordnete Lexeme und lassen sich eben nicht – auch nicht aus Vereinfachungsgründen – als Synonyme für Software-Komponenten an und für sich, geschweige denn als Synonyme für Komponenten als solche gebrauchen! Umgedreht wird ein Schuh draus: COM-, JavaBeans-, .NET-, Active/X-, OLE- und andere Komponenten sind bloß Unterbegriffe (Hyponyme) zu allgemeineren Worten wie Software-Komponente und Komponente und besitzen im Vergleich zu diesen nur sehr eingeschränkte Bedeutungen.

2.7.4 Komponente: Definitionsbeispiele

Die in der Literatur am häufigsten zitierte Definition für den Begriff Komponente ist das Ergebnis eines Workshop über komponentenorientiertes Programmieren im Rahmen der 10. European Conference on Object Oriented Programming (ECOOP '96):

> »*A software component is a unit of composition with contractually specified interfaces and explicit context dependencies only. A software component can be deployed independently and is subject to composition by third parties.*«[79]

Diese Definition hat Szyperski in [SZYPE001] dahingehend erweitert, daß Komponenten in der binären Welt in einem entsprechenden Fomat vorliegen:

> »... *Komponenten sind in Binärform vorliegende Lösungen softwaretechnischer Probleme, die so zusammengefügt werden können, daß sie ein lauffähiges Softwaresystem bilden. Sie können unabhängig voneinander hergestellt, erworben und eingesetzt werden. Dazu besitzen Komponenten eine feste Schnittstelle und enthalten potentiell auch eigene Ressourcen, auf die sie bei der Ausführung zurückgreifen ...*«

---

78 [MORRI001]: S. 40 u.a. O.
79 Diese Definition wird in vielen Veröffentlichungen allein Szyperski zugerechnet. Szyperski selbst hat aber klargestellt, daß sie das Ergebnis eines Workshops ist. Auf Deutsch lautet sie etwa: »*Eine Software-Komponente ist eine klar abgrenzbare Einheit (ein Teil) einer (Software-)Komposition mit vertraglich vereinbarten Schnittstellen und expliziten Kontextabhängigkeiten. Eine Software-Komponente kann unabhängig eingesetzt und von Dritten zu einer Komposition »zusammengebaut« werden.*«

»... Eine Softwarekomponente ist eine binäre Softwareeinheit mit vertraglich spezifizierten Schnittstellen und expliziten (und nur diesen genannten) Kontextabhängigkeiten ...« [80]

Die Väter der UML, Booch, Rumbaugh und Jacobson, betrachten Komponenten unter dem Aspekt der logischen und physischen Modellierung von Software. Komponenten »leben« nach ihnen in einer materiellen Welt aus Bits. Und wohldefinierte Schnittstellen der Komponenten bilden eine »Brücke« zwischen logischen und physischen Modellen:

»Eine Komponente ist ein physisches Teil, das einer Schnittstellenspezifikation genügt und diese Schnittstelle realisiert ... Man kann zum Beispiel eine Schnittstelle für eine Klasse in einem logischen Modell spezifizieren und die gleiche Schnittstelle in einer physischen Komponente übernehmen, die sie realisiert.« [81]

Andere UML- und Komponenten-Experten setzen die Begriffe »Komponente« und ausführbares Modul gleich:

»Eine Komponente ist ein ausführbares Softwaremodul mit eigener Identität und wohldefinierten Schnittstellen (Sourcecode, Binärcode, DLL[82] oder ausführbares Programm).« [83]

»Komponenten sind selbständige, hochintegrierte kleine Softwaremodule. Sie sind so geschrieben, daß eine sehr einfache Einbindung in neue Anwendungen möglich ist.« [84]

Microsofts Definition für Komponente ist oft vage und variiert von Anwendung zu Anwendung, von Programmiersprache zu Programmiersprache, von Komponenten-Paradigma zu Komponenten-Paradigma:

»Eine Komponente kann ein Formular, ein Modul oder eine Klasse sein.« [85]

Eine Komponente ist »Software, die OLE-Automatisierung unterstützt und somit programmgesteuert in einer individuellen Programmierung verwendet werden kann. Hierzu gehören ActiveX-OLE-Steuerelemente (.OCX-Datei), Visual Basic-basierte OLE-Automatisierungs-Server und Visual C-basierte OLE-Automatisierungs-Server.« [86]

»In .NET Framework ist eine Komponente eine Klasse, die die `System.ComponentModel.IComponent`*-Schnittstelle implementiert oder direkt oder indirekt von einer Klasse abgeleitet wird, die* `IComponent` *implementiert. Bei der Programmierung ist eine Komponente im Allgemeinen ein Objekt, das wiederverwendet werden kann und mit anderen Objekten interagieren kann.«* [87]

»Komponenten sind unabhängige Softwareeinheiten mit einer Reihe von Funktionen, die von einer Vielzahl von Anwendungen genutzt werden können. Da einzelne Komponenten immer von mehreren Anwendungen genutzt werden, ist die gemeinsame Nutzung von Komponenten von grundlegender Bedeutung.« [88]

---

80 An mehreren Stellen in [SZYPE001].
81 [BOOCH001]: S. 21 und S. 389 ff.
82 Mehr über DLLs in Abschnitt 2.8.5, »Bibliothek: Beschreibung«, ab Seite 84ff.
83 [OESTE001]: S. 346.
84 [DREWS001]: S. 14.
85 [VBOB6]: Stichwort »VBComponents-Eigenschaft«.
86 [VBDEF98]: Stichwort: »Komponente«. Auf die genannten Fachbegriffe geht das vorliegende Buch im Abschnitt »Schnellkurs: Was ist COM?« auf Seite 99 ein.
87 [MSDN0001]: Titel »Vergleich von Klassen, Komponenten und Steuerelementen«.
88 [MSDN0001]: Titel »Implementieren der gemeinsamen Nutzung von parallelen Komponenten in Anwendungen (Erweitert)«.

2.7.5 Komponente: Beschreibung und Abgrenzung

Gleichsetzung von OO und KO

Die bisher gemachten Definitionen zum Begriff *Komponente* zeigen zur genüge, daß terminologische Verunglimpfungen in diesem Zusammenhang an der Tagesordnung sind. Sie werden durch verschiedene Fachpublikationen noch gesteigert. Differenz und Kongruenz von Objekt- und Komponentenorientierung werden in Beisätzen angerissen und relativiert (»*so ziemlich dasselbe*«), die Begriffe *Klasse*, *Objekt*, *Gegenstand* und so weiter mit dem Lexem *Komponente* ohne befriedigende Erläuterungen in einen Topf geworfen:

> »*Die Begriffe Objekt und Komponente bezeichnen ein und denselben Gegenstand: Ein Programmodul, das über Eigenschaften, Methoden und Ereignisse verfügt.*« [89]

> »*Ein Objekt und eine Komponente sind so ziemlich dasselbe. Dr. GUI wird eher »Komponente« sagen, wenn er über Anwendungsarchitektur spricht, und »Objekt«, wenn er über Implementierungen spricht.*« [90]

Andere Autoren setzen »Komponente« und »Klasse« gleich:

> »*Klassen (sind) nichts anderes als ... Komponenten.*« [91]

Ursache der Gleichsetzungen

Die Ursachen der Gleichsetzungen sind vielgestaltig. Erstens verwenden sowohl die Objekt- als auch die Komponentenorientierung die gleichen Kategorien und Abstraktionsmittel. Beispielsweise ist die Teile/Ganzes-Beziehung sowohl für die Komponenten- als auch für die Objektorientierung eine sinnvolle Art der Abstrahierung. Software-Elemente Fenster, Titelleiste, Symbolleiste und Statusleiste können ohne Zweifel je nach Betrachtungsweise sowohl als *Objekt* wie auch als *Komponente* bezeichnet werden. Zweitens eignen sich viele Definitionsmerkmale – *in sich abgeschlossene, selbständige Einheit, diskursive Entität, Software-Element, Software-Baustein, physisches Stück Programmcode* ... – gleichermaßen zur Bestimmung der Begriffs *Objekt* wie zur Erklärung des Begriffs *Komponente*. Drittens ähneln sich Klassen, Objekte und Komponenten in vielen Aspekten: Alle drei haben Namen, alle drei können an Interaktionen beteiligt sein, alle drei kapseln in der einen oder anderen Form ihr »Innenleben«, alle drei lassen sich durch Notationen darstellen und so weiter. Gibt es also keinen Unterschied zwischen den genannten Termini?

Logische Komplementarität

So sehr die Gleichsetzungen berechtigt zu sein scheinen, sie sind viel zu diffus, um sie recht zu verstehen. Die Begriffs-Konfusion läßt sich nur vermeiden, wenn man akzeptiert, daß man die Begriffe Klasse, Objekt, Komponente, Software-Baustein und dergleichen in unterschiedlichen Theorien und Konzepten *komplementär*[92] gebrauchen kann. Welcher Gebrauch sinnvoll ist, richtet sich nach der Theorie, die man in den Vordergrund stellen will. Viele Gegebenheiten der modernen Softwareentwicklung werden erst erklärbar, wenn man berücksichtigt, daß sie sowohl komponentenorientierte als auch objektorientierte »Merkmale« aufweisen (Dualismus). Beispielsweise ist zuweilen nützlich, wenn man bei der Beschreibung eines Software-Bausteins (Schaltknopf, Bild, Tabelle oder ähnliches) die Aspekte der Komponentenorientierung hervorhebt. Man betont dann zum Beispiel:

---

89 [MONAD003]: S. 151.
90 [DSMSD001]
91 [APPLE001]: S. 25. Das Zitat ist aus Vereinfachungsgründen leicht gekürzt. Appleman redet eigentlich von »ActiveX-Komponenten«. Allerdings stellt er anderer Stelle (S. 22) klar, daß ActiveX-Komponenten dasselbe sind wie *COM-Komponenten*, die man aber üblicherweise aber auch als *Softwarekomponenten*, *Komponenten-Objekte* (engl. »component object«) oder eben einfach nur als *Komponenten* bezeichnet.
92 Das Verhältnis zweier sich gegenseitig ausschließender, sich aber ergänzender Begriffe (zum Beispiel »männlich« und »weiblich«, »Teilchen« und »Welle«).

- Daß der Software-Baustein ein *fertiger Bestandteil eines Ganzen* ist (Teil einer Menüleiste, Teil eines Programms, Teil eines Dokumentes oder ähnliches).
- Daß er mit anderen binären Komponenten *zusammenarbeitet, wiederverwendbar* und *vielseitig verwendbar* ist.
- Daß seine *Einbindung in unterschiedliche Anwendungen* möglich ist.
- Daß er sprachunabhängig ist und *bereits übersetzt* respektive binär vorliegt (*kein Quelltext*).
- ... et cetera

Andererseits ist es durchaus sinnvoll, einen Software-Baustein auch unter den Aspekten der Objektorientierung zu beschreiben. Man weist dann zumeist ausdrücklich darauf hin:

- Daß ein Software-Baustein ein *konkretes Gebilde*, ein *konkreter Gegenstand* (konkretes Objekt) *einer Abstraktion* (Klasse) eines realen Objekte der Welt ist.
- Daß er *Eigenschaften*, *Methoden* und *Ereignisse* besitzt.
- Daß er mit den Schlüsselideen der OO (*Datenkapselung, Vererbung und Polymorphie*) kompatibel ist.
- Daß er *im Quellcode definiert* wird.
- ... und so weiter

Die Komponentenorientierung ist kein Äquivalent der Objektorientierung. Sie unterscheidet sich grundlegend von dieser. Die wesentlichen Unterschiede lassen sich wie folgt zusammenfassen:

Unterschiede zwischen KO und OO

1. Software-Komponenten sind im Gegensatz zu Objekten und Klassen grundsätzlich nicht an irgendein Programmier-Paradigma gebunden. Für die Konstruktion von Software-Komponeten ist es gleichgültig, ob sie strukturiert, funktional – oder eben objektorientiert – programmiert sind.

   »*Entgegen der landläufigen Meinung ist die Feststellung, eine Komponente sei objektorientiert implementiert, also weder überflüssig noch redundant.*«[93]

2. Klassen repräsentieren – zumindest in der UML – logische Abstraktionen, spezifische Software-Komponenten dagegen physische.[94]

3. Im Gegensatz zur Objektorientierung, wo die Teil/Ganze-Beziehung vorrangig der *Analyse* von Objekt/Klassen-Sachverhalten und letztlich der Modellierung von Software-Bausteinen dient, stellt in der Komponentenorientierung die Teil/Ganze-Abstraktion die *Synthese* von verschiedenen, fertigen Software-Bausteinen in den Vordergrund.

4. Objekte sind für Entwickler/Programmierer primär im Entwicklungsprozeß greifbar; spezifische Software-Komponenten werden dagegen von Entwicklern und Endanwendern nolens volens und typischerweise im Anwendungsprozeß genutzt.

5. Wie Sie bereits in Abschnitt 2.6 im »Schnellkurs: Was ist Objektorientierung?« erfahren haben, ist im OO-Sprachgebrauch ein Objekt eine (diskrete) Entität, die einen Zustand, ein Verhalten und eine Identität besitzt. Der *Zustand* eines Objekts besteht aus Eigenschaften und deren aktuellen Werten. Das *Verhalten* eines Objekts wird durch die Methoden, die auf dem Objekt durchgeführt werden können, und durch die daraus fol-

---

[93] [WEIS0001]: S. 152.
[94] Vgl. [BOOCH001]: S. 390.

genden Zustandsänderungen bestimmt. Klassen definieren die Objektstruktur und haben *Identität*, das heißt, es gibt Instanzen (Objekte) von Klassen. Die Objekte selber haben per se eine *Objektidentität*, wodurch sie sich von allen anderen Objekten unterscheiden.

Im Gegensatz dazu hängt das *Verhalten* von Software-Komponenten von Methoden ab, die im allgemeinern über ihre Schnittstelle erreichbar sind. Der *Zustand* einer Software-Komponente ist in der Regel *nicht* durch Eigenschaften spezifiziert. Je nach Software-Komponenten-Spezifikation – wie zum Beispiel bei COM – werden Verhalten und Zustand *explizit nur* durch die wohldefinierten *Schnittstellen* bestimmt. Und die *Identität* von zum Beispiel COM-Komponenten hängt nicht mit einem Instanziierungsvorgang zusammen, sondern ist qua Definition durch weltweit nahezu eindeutige Identifikationsnummern (Benennungsschemas) und durch die Windows-Registrierungsdatenbank gewährleistet (ähnliche Identitäts-Mechanismen existieren auch in anderen grundlegenden Komponenten-Modellen).

6. In der Objektorientierung spielt *Granulariät*[95] keine Rolle. Das ist in der Komponentenorientierung ganz anders. Für die meisten wie auch immer gearteten Komponenten-Spezifikationen sind verschiedene, wohldefinierte *Granularitätsebenen* ein wesentliches Merkmal zur Untergliederung. Größere Komponenten-Komplexe können bei Bedarf in einem spezifizierten Rahmen aus »kleineren« Teilkomponenten »zusammengebaut« sein (*Kompositionsfähigkeit*).

Granularität

Das Prinzip der Granularität könnte theoretisch bis auf Bit-Ebene ausgeweitet werden. Praktisch macht das aber keinen Sinn, weil man dann einer unbeherrschbar großen Zahl von Software-Komponenten gegenüberstehen würde. Aus diesem Grunde unterscheidet man grob drei unterschiedliche Granularitätsstufen: *Elementarbausteine*, *Baugruppen* und *Systeme*. Die Zuordnung in eine Granularitätsebene erfolgt vorwiegend auf Basis der Kriterien (1) *Größe*, (2) *Abhängigkeit von anderen Komponenten* und (3) *Ausführbarkeit*:

»***Elementarbausteine*** *sind der kleinste Komponententyp. Sie haben beliebige Abhängigkeiten von anderen Komponenten und sind nicht für sich ausführbar. Ein Beispiel sind objektorientierte Klassen.*[96]

Baugruppen *sind Komponenten mittlerer Größe. Sie bestehen aus Elementarbausteinen und/oder anderen Baugruppen. Sie haben klar begrenzte Abhängigkeiten von anderen Komponenten und sind nicht für sich ausführbar. Die Kundenverwaltung eines gut strukturierten betrieblichen Informationssystems ist beispielsweise eine Baugruppe.*

Systeme *sind die größten Komponenten. Sie sind aus Baugruppen zusammengesetzt, haben minimale Abhängigkeiten von anderen Komponenten und sind für sich ausführbar. Ein Beispiel für ein System ist ein Datenbankmanagementsystem.*«[97]

Praktischer Hinweis

Falls Sie in dem Durcheinander aus Komponenten- und Objektorientierung den Faden verlieren, denken Sie daran, daß moderne Programmierung keine Esoterik ist! Nur selten muß man alle Hintergründe der Modelle und Spezifikationen bis aufs I-Tüpfelchen verstehen, um gute und funktionstüchtige Programme zu schreiben. Sie sollten lediglich wissen, was

---

[95] Zu lat. granulum, »Körnchen«. In der Informatik ein Merkmal für die Anzahl von Untergliederungen eines Elements. Die Untergliederung erfolgt in mehreren »Ebenen« (zum Beispiel von grob bis fein).
[96] In dem Beispiel werden Klassen nicht unter dem Aspekt der Objektorientierung betrachtet, sondern allein unter dem Gesichtspunkt der Komponentenorientierung (Stichwort Komplementarität).
[97] [STÜTZ001]: S. 39.

für was zuständig ist und wie man es produktiv umsetzt. Ganz wie im richtigen Leben: Um mit einem Ball spielen zu können, muß man nicht wissen, mit welchen Formeln man eine Flugbahn berechnen kann. Schließlich zeigten Ballwurfexperimente, daß Vierjährige ohne Probleme die Flugbahn eines Balles genauer voraussahen als Physik-Experten bei abstrakteren Aufgaben[98]. Die Kunst der objekt- und komponentenorientierten Programmierung besteht eben nicht darin, den philisterhaften Beschreibungen von Technologien, den kryptischen Wortschöpfungen und Akronymen wie COM, ActiveX, ADO, .NET, DLL und so weiter hinterzulaufen. Viel wichtiger ist es, in einem akzeptablen Zeitrahmen für vorhandene Anforderungen geeignete Lösungen zu finden und zu implementieren.

2.7.6 Komponente: Beispiel

In der Fachliteratur[99] und in dem vorliegenden Buch wird eine spezifische Software-Komponente unter drei Aspekten betrachtet:

- Einsatzkomponente[100]
- Entwicklungsergebniskomponente[101]
- Laufzeitkomponente[102]

Diese Sichten sind grundsätzlich nicht verbindlich. Es versteht sich von selbst, daß bei Bedarf Software-Komponenten unter anderen Komponenten-Aspekten subsumiert werden und das es jedem frei steht, neue Arten zu spezifizieren oder die drei genannten zu erweitern. Zur Bedeutung der drei Standard-Komponentenarten ist folgendes zu sagen.

Die *Einsatzkomponenten* sind die conditio sine qua non für lauffähige Systeme und Anwendungen. In der COM-Welt (also in dem Umfeld von Windows, Word und VBA) sind das zum Beispiel ausführbare Dateien (EXE-Dateien) oder dynamisch eingebundene Bibliotheken (DLL-Dateien[103]). Je nach Komponenten-Spezifikation versteht man unter Einsatzkomponenten aber auch andere Dateien mit spezifischen Interaktionsmechanismen, die für die Lauffähigkeit unabdingbar sind, also zum Beispiel dynamische Webseiten, Skriptdateien, Datenbanktabellen, Initialisierungs- und Konfigurations-Dateien et cetera..

Die *Entwicklungsergebniskomponenten* sind im allgemeinen die gesamte Software-Dokumentation rund um den Software-Entwicklungsprozeß, bestehend aus Anforderungs-, Modellierungs-, Quellcode-, Sicherungs- und anderen Daten-Dateien.

> »Diese Komponenten sind nicht direkt an einem ausführbaren System beteiligt, sondern sind die Entwicklungsergebnisse, die benutzt werden, um ein ausführbares System zu erzeugen.«[104]

---

98 Vgl. [THIMM001]: S. 198.
99 Vgl. zum Beispiel [BOOCH001]: S. 394.
100 Engl. »deployment components« oder »application components«.
101 Engl. »work product components« oder »building components«.
102 Engl. »runtime components«.
103 Viel Wissenswertes über Bibliotheken finden Sie in Kapitel 2.8, »Schnellkurs: Was sind Bibliotheken?«, ab Seite 81 ff.
104 [BOOCH001]: S. 394.

Die *Laufzeitkomponenten* werden in der Zeitspanne, in der ein Programm ausgeführt wird, erzeugt. In der COM-Welt gehören hierzu zum Beispiel Entitäten oder COM-Objekte, die aus einer benutzerdefinierten Steuerelement-Datei (.ocx) oder aus dynamisch eingebundenen Bibliotheken (.dll)[105] als Konsequenz der Programmausführung produziert werden.

Dateitypen für Komponenten

Software-Komponenten lassen sich auf Windows-Plattformen auch anhand ihrer Dateiformate unterscheiden – allerdings ohne Gewähr. Es gibt zahlreiche Software-Komponenten, die ihren Typ hinter der Dateikennung eines ganz anderen Komponententyps verbergen.

Beispiel:

- Quellcode-Dateien (.cls, .frm ...)
- Binäre Dateien[106] oder ausführbare Dateien (.dll, .exe, ...)
- Bibliotheks-Dateien (.dll, .olb, .tlb ...)
- Benutzerdefinierte Steuerelement-Dateien (.ocx, .vbx ...)
- Dokumente, Hilfe-Dateien (.doc, .dot, .pdf, .chm ...)
- Datenbank-/Tabellenkalkulations-Dateien (.mdb, .dbf, .xls ...)
- Skript-Dateien (.vbs, .js, .asp ...)
- Initialisierungs- und Konfigurationsdateien (.ini, .reg ...)
- Bild- oder Grafikdateien (.bmp, .jpg, .gif, .wmf ...)
- Audio-, Video- und Multimedia-Dateien (.wav, .mpg, .avi ...)
- Webseiten (.html, .htm ...)
- ... und so weiter

2.7.7 Komponente: Notation

Eine Komponente wird in der UML als Rechteck im Querformat dargestellt, über dessen linke Randlinie zwei weitere kleine Rechtecke gezeichnet sind. Innerhalb des Rechteckes wird der Name der Komponente und eventuell ihr Typ aufgezählt. Zudem können dem Rechteck weitere Software-Bausteine (Komponenten, Schnittstellen, Klassen, Objekte ...) innewohnen. Abhängigkeiten zwischen einzelnen Komponenten werden durch gestrichelte Pfeile (Abhängigkeitsbeziehungen) zwischen den Rechtecken gekennzeichnet.

---

105 Die Verwendung von Bibliotheken erläutert das Kapitel 2.8 »Schnellkurs: Was sind Bibliotheken?« ab Seite 81 ff.
106 Engl. »binary file«, das sind Dateien im Binärformat. Sie bestehen aus einer Folge von 8-bit-Daten und können beispielsweise binär kodierte ASCII-Zeichen aufnehmen. Sie werden in der Regel zur Darstellung von ausführbarem Quellcode verwendet und sind für Menschen nicht ohne Hilfsmittel lesbar.

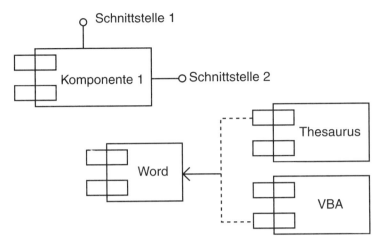

Abbildung 2.4 Die Komponenten-Notation in der UML: Abhängigkeiten zwischen einzelnen Modulen werden durch gestrichelte Linien dargestellt.

2.8 Schnellkurs: Was sind Bibliotheken?

2.8.1 Bibliothek: Geschichte und Idee

Ein Computer ist bekanntlich ein hervorragendes Mittel, um etwas zu speichern und zu sammeln. So verwundert es nicht weiter, daß Programmierer schon lange vor der Industrialisierung von Software mit Hilfe der Komponentenorientierung damit anfingen, *Sammlungen von Programmcode* anzulegen (also Sammlungen von Unterprogrammen, Funktionen, Prozeduren, Routinen ... et cetera). Zur Benennung dieser Sammlungen griff man auf ein Wort zurück, daß man seit Jahrhunderten mit der Speicherung und mit der Sammlung von Wissen verbindet, nämlich auf das Wort *Bibliothek*[107]. Mit Bibliothek bezeichnete man schon bald nicht nur eine Sammlung von Quellcode, sondern auch die physikalischen Dateien (auch *Bibliotheksdateien* genannt), die in der einen oder anderen Form eine Sammlung von Programmcode enthielten. Im Zuge der Objektorientierung und der Komponentenorientierung erlebte das Bibliothekskonzept eine Renaissance. Eigenständige Softwarebibliotheken beziehungsweise autarke Bibliotheksdateien eigneten sich trefflich für die Bereitstellung von vorgefertigten und wiederverwendbaren Komponenten respektive für das zur Verfügung stellen von Sammlungen von Objekten oder Zusatzsteuerelementen.

Sammlung von Programmcode

Die meisten Bibliotheksdateien sind in einer an den jeweiligen Compiler oder Interpreter angepaßten speziellen Form gespeichert, wodurch zur Laufzeit eines Programms kurze Kompilierungs- und Interpretationszeiten erreicht werden. Mit der VBA-Entwicklungsumgebung können Sie auf COM-basierende[108] Bibliotheken zugreifen, sobald Sie einen *Ver-*

---

107 Das Wort Bibliothek (spätmhd. *bibliothec*) wurde aus lat. *bibliotheca* entlehnt, das seinerseits auf griech. *bibliotheke* Büchersammlung (eigentlich: »Büchergestell«) zurückgeht.
108 Das Thema COM wird erschöpfend in Abschnitt 2.9, »Schnellkurs: Was ist COM?«, auf Seite 99 ff. vorgestellt.

weis auf die entsprechende Bibliotheksdatei bestimmt haben. Verweise zur VBA-, zur Word-, zur Office- und evtl. zu weiteren Bibliotheken sind dort je nach Word-Version als Voreinstellung bereits vorhanden.

2.8.2 Bibliothek: Verwandte und/oder abgeleitete Begriffe

Andere Begriffe für Bibliothek

Im Rahmen der allgemeinen, der komponenten- und der objektorientierten Programmierung wird häufig keine Unterscheidung zwischen *Bibliothek*[109] und diversen abgeleiteten oder verwandten Bezeichnungen gemacht. Als Kurzform oder Oberbegriff (Hyperonym) wird er beispielsweise für die Ausdrücke *Bibliotheksdatei*[110], *Klassenbibliothek*[111], *Typbibliothek*[112] (Typinformation), *dynamisch verbundene Bibliothek*[113] und *Objektbibliothek*[114] verwendet.

Auch zwischen den abgeleiteten und verwandten Begriffen gibt es keine einheitliche Sprachregelung. Unbesonnen wird jeder der genannten Begriffe mal als Synonym, mal als Oberbegriff (Hyperonym) oder als Unterbegriff (Hyponym) für den jeweils anderen Bibliotheksbegriff verwendet. Beispielsweise verwenden viele Fachpublikationen den Begriff *Klassenbibliothek* synonym mit den Begriffen *Typ-* und *Objektbibliothek*, andere gebrachen ihn als Oberbegriff (Hyperonym) für die Begriffe *Typ-* und *Objektbibliothek*. Der Begriff Typbibliothek wiederum wird oft als Unterbegriff (Hyponym) für den Begriff *Klassenbibliothek* und/oder als Oberbegriff (Hyperonym) für den Begriff *Objektbibliothek* verwendet.

Zum allgemeinen Sprachwirrwarr gesellt sich noch der inkonsistente Sprachgebrauch in den speziellen Komponenten- und Objektmodellen (COM, .NET, CORBA ...). Zum Beispiel gehen viele Fachpublikationen davon aus, daß die sprachunabhängigen Typinformationen der Komponenten im Rahmen der COM-Spezifikation überhaupt nicht unter einem wie auch immer gefaßten Bibliotheksbegriff subsumierbar sind, während andere jede wie auch immer geartete COM-Komponente als Objektbibliothek bezeichnen. Notabene werden in der Windows-Welt Klassen-/Typenbibliotheken auch als *COM-Komponenten-Definitionsdateien* oder als *Objekttypenbibliotheken* bezeichnet.

2.8.3 Bibliothek: Ausprägungen

Die Begriff Bibliothek und von ihm abgeleitete Bezeichnungen werden im vorliegenden Buch in folgenden Ausprägungen verwendet:

▶ *Als Sammlung von zusammengehörenden Programmen oder Dateien* (Software-Bibliothek allgemein)

▶ *Als Sammlung von Programmcode* (also von Unterprogrammen, Routinen, Prozeduren Klassen, Steuerelementen ... oder dergleichen), die in der Regel in Form einer Datei zur Verfügung steht.

▶ *Als physikalische Datei* selbst, die eine Sammlung von wie auch immer gearteten Code enthält (Bibliotheksdatei).

---

109 Engl. »library«.
110 Engl. »library file«.
111 Engl. »class library«
112 Engl. »type library«, Abk. »TypeLib«, Dateiendung: .tlb.
113 Engl. »dynamic link library«, Dateiendung: .dll.
114 Engl. »object library«, Dateiendung: .olb.

- *Als wohldefinierter Software-Baustein (spezifische Software-Komponente)*, der gemäß einer bestimmten Objekt- beziehungsweise Komponenten-Technologie nach dem Bibliotheksprinzip modelliert und bestimmt ist. Im vorliegenden Buch dreht es sich in der Regel um *Bibliotheken gemäß der COM-Spezifikation*. Das Bibliotheksprinzip wurde jedoch schon lange vor Windows und COM für die EDV (insbesondere im Zusammenhang mit Programmiersprachen) instrumentalisiert. Und andere Betriebssystem-Plattformen gleichwie andere Komponenten-Technologien wie CORBA, JavaBeans oder .NET setzen es auf eine ihnen gemäße Weise um.
- Der Einfacheit halber werden in dem vorliegenden Buch die Begriffe »Klassen-, Objekt- und Typbibliothek« weitgehend synonym verwendet und zwar als *Sammlung von Klassen* – und als eine *Datei und/oder ein Teil einer Datei, die/der den Typ (Klasse) eines oder mehrerer Objekte beschreibt* beziehungsweise die Klassenbeschreibung (Typbeschreibung) enthält.

> **Gleichsetzung und Unterscheidung der Begriffe »Klassen-, Objekt- und Typbibliothek«**
>
> Je nach Kontext bevorzugt der Autor des Buches aus Einfachheitsgründen mal den Begriff »Klassenbibliothek«, mal den Begriff »Typbibliothek«, selten den Begriff »Objektbibliothek«[115]. Über die Etymologie und die Unterschiede zwischen den drei Begriffen und darüber, wann, warum und wie die Unterschiede verwässert wurden, kann man Doktorarbeiten schreiben. Sie sind für Word-/VBA-Entwickler im Grunde irrelevant und rein akademischer Natur. Hier nur soviel: Der Begriff *Klassenbibliothek* geht vermutlich direkt auf die Objektorientierung zurück und wird heute von vielen unterschiedlichen Objekt- und Komponenten-Technologien in ähnlicher Weise verwendet. Die breite Verwendung der Begriffe *Typbibliothek* und *Objektbibliothek* gehen womöglich auf das Konto der COM-Spezifikation und der Sprachwelt von Microsoft zurück (wurden aber auch von anderen Unternehmen geprägt). Im Zusammenhang mit den Technologien OLE/ActiveX/COM und mit den Programmiersprachen aus dem eigenen Hause kreierte das Unternehmen die Dateierweiterungen .tlb (also »type library« beziehungsweise »Typbibliothek«) und .olb (also objekt library beziehungsweise »Objektbibliothek«). Dabei legte Microsoft im Detail nicht fest, was denn nun die exakten Unterschiede zwischen einer Klassen-, einer Objekt- und eine Typbibliothek sind. Einige Fachautoren geben an, daß Typenbibliotheken (.tlb) »normalerweise« nur eine einfache Klasse beschreiben, während Objektbibliotheken (.olb) zwei oder mehrere Typenbibliotheken in einer einzigen Datei enthalten. Die Unterscheidungsmerkmale Quantität und Dateierweiterung taugen in der Praxis aber nicht viel, weil unzählige Implementierungen sie schlichtweg ignorieren. Versuche, eine Typbibliothek von einer Klassenbibliothek abzugrenzen (indem man beispielsweise Schnittstellen- gegen Vererbungs-Strukturen abwägt), sind ebenfalls im Alltagssprachgebrauch nicht durchsetzbar.

2.8.4 Bibliothek: Definitionsbeispiele

Die meisten Menschen, denen dieses Buch vorliegt, werden wissen, was eine Bibliothek ist. Begriffe wie Klassenbibliothek, Objektbibliothek, Typbibliothek und dergleichen erschließen sich von selbst. Folglich können hier Definitionsbeispiele aus der Fachliteratur unterbleiben, womit der Autor des Buches für wichtigere Dinge ein wenig Platz spart.

---

115 Der Begriff *Objektbibliothek* ist unglücklich gewählt, weil sich in den Bibliothekdateien keine Objekte oder Exemplare befinden, sondern nur die Klassen beziehungsweise die Klassen-/ oder Typbeschreibungen (Deklarationen).

2.8.5 Bibliothek: Beschreibung

Im IT-Bereich ist mit Bibliothek allgemein eine *Sammlung von Programmen oder Dateien* gemeint. Wie Sie bereits gelesen haben, wird im speziellen Zusammenhang mit Programmiersprachen und Systemplattformen unter Bibliothek eine *Sammlung von Unterprogrammen, Routinen, Prozeduren und/oder Klassen et cetera* verstanden, *die sich in einer Datei befindet*. Die Funktionen, die in einer Bibliothek veröffentlicht sind, können über einen Namen von vielen Programmen aufgerufen und ausgeführt werden. Ähnliches gilt für Klassen, die in einer Bibliothek vorhanden sind. Aus diesen können Programme bei Bedarf Objekte ableiten und ausführen. Häufig wird nicht nur die Sammlung, sondern auch die *physikalische Datei*, die die Sammlung enthält, als Bibliothek bezeichnet (Bibliotheksdatei).

Gewöhnlich sammelt man in einer Softwarebibliothek nicht willkürliche Funktionen oder Klassen, sondern faßt Funktionen und Klassen aus bestimmten Anforderungs-/Anwendungsbereichen zusammen (Typen). Beispiel:

- *GUI-Bibliothek* mit Funktionen oder Klassen für Benutzeroberflächenobjekte (Menüleisten, Fenster, Listenfelder, Eingabefelder ...)
- *Grafik-Bibliothek* mit Funktionen oder Klassen für komplexe, interaktive Grafikanwendungsobjekte (Vektorgrafiken, Diagramme, Skalen ...)
- *Datenbank-Bibliothek* mit Funktionen oder Klassen für Datenzugriffsobjekte oder ähnliches (zum Beispiel für die Ansteuerung von (relationalen) Datenbanken)
- *Interprozeßkommunikations-Bibliothek* mit Funktionen oder Klassen für Kommunikationsobjekte (Datenrepräsentation, Meldungsstandards, Namensdienste ...)
- *Anwendungsspezifische Bibliothek* mit Funktionen oder Klassen für Anwendungsobjekte (Word, Excel, Access ...)
- *Programmier-Bibliothek* mit Funktionen oder Klassen für Programmiersprachobjekte (VBA, VBE ...)
- *Standard- und/oder Fundamental-Bibliothek* mit Funktionen oder Klassen für fundamentale, allgemein nutzbare, systemnahe Objekte (Listen, Zeichenketten, Konvertierungsobjekte ...)
- ... und so weiter

Je nach Systemplattform und je nach Komponenten- beziehungsweise Objektspezifikation gehören weitere Bibliotheksbegriffe zum alltäglichen Sprachgebrauch der Software-Entwicklergemeinde. Im Umfeld von Windows, Word, VBA und COM sind vor allem folgende Bibliotheksbegriffe von zentraler Bedeutung:

- Dynamische Bibliothek
- Windows API
- Klassenbibliothek (auch Typbibliothek oder Objektbibliothek)
- COM-Bibliothek

Dynamische Bibliothek

Als dynamische Bibliothek (abgekürzt *DLL*[116] genannt) bezeichnet man eine Sammlung von Routinen (Funktionen) oder von Klassenbeschreibungen, die von unterschiedlichen Programmen gemeinsam genutzt werden kann und *dynamisch* mit einem Programm ver-

---

116 Vgl. Fußnote auf Seite 138.

bunden wird. Die Datei, in der sich eine solche Sammlung befindet, wird ebenfalls DLL oder DLL-Datei genannt. Eine DLL-Datei besitzt in der Regel unter den Betriebssystemen Windows und OS/2 die Dateierweiterung .dll[117].

Obwohl ausführbare Programme (EXE-Dateien[118]) und dynamische Bibliotheken (DLL-Dateien) auf Windows-Plattformen grundsätzlich das gleiche Dateiformat benutzen und auf ähnliche Art geladen werden, unterscheiden sie sich voneinander und Windows behandelt eine DLL-Datei anders als eine EXE-Datei. Einem direkt ausführbares EXE-Programm werden von Windows nach dem Laden solange Ressourcen (Task, Prozessorzeit, Arbeitsspeicher und so weiter) zugeteilt, bis der Programmablauf beendet wird. Beim Laden einer DLL durch Windows beziehungsweise durch einen *Loader*[119] wird jedoch nur ein Initialisierungs-Code ausgeführt. Anschließend bleibt die DLL sich selbst überlassen. Nur wenn ein Programm bzw. ein sogenannte *Linker*[120] eine DLL-Funktion anfordert, wird diese auch tatsächlich aktiviert und ausgeführt. Eine dauerhafte, statische Verbindung zwischen dem Maschinencode eines Programms und einer DLL gibt es nicht. Ein Vorteil der DLLs ist, daß Programme klein gehalten werden können, da gemeinsam genutzte Programmteile nur einmal vorliegen müssen. Zur Entwurfszeit definiert man im Quellcode eines Programms keine vollständigen DLL-Routinen, sondern lediglich Aufrufe von Funktionen oder Objekten. DLL-Dateien befinden sich normalerweise im Systemordner von Windows.

Windows selbst stellt zahlreiche DLLs zur Verfügung. Die mit Windows ausgelieferten DLLs bilden alle zusammen die Anwendungsprogrammierschnittstelle von Windows (*API*[121]). Auf die Funktionen der API kann man als VBA-Programmierer zugreifen. Im Gegensatz zu DLLs von Drittanbietern, ActiveX-DLLs, COM-Add-Ins und diverse andere stellen die API-DLLs *nur Funktionen* (und keine Objekte!) zur Verfügung. Die Windows-API besteht also aus einer Menge von *Funktionsbibliotheken* – nicht aus *Klassenbibliotheken* und besitzt auch keine *Typbibliotheken*! Sie können daher keinen (Objekt-)Verweis auf Funktionen der Windows-API festlegen. Um eine Funktion in der Windows-API aufzurufen, müssen Sie im Deklarations-Abschnitt des VBA-Quellcodes eine sogenannte `Declare`-Anweisung einfügen.[122]

Windows-API

Bisher haben Sie gelernt, daß der Begriff Klassenbibliothek (Typ- oder Objektbibliothek) vor allem mit zwei Bedeutungen verbunden wird:

Klassen-, Typ- und Objektbibliothek

▶ Eine organisierte Sammlung von Klassen

▶ Eine Datei (und/oder ein Teil einer Datei), die einen oder mehrere Typen (eine oder mehrere Klassen) eines oder mehrerer Objekte beschreibt beziehungsweise die Klassen-/Typbeschreibungen enthält (Klassen-, Typ- oder Objektbibliotheksdatei).

Durch die Gruppierung von Klassen in einer Klassenbibliothek versucht man, eine Ordnung zwischen verschiedenen Klassen herzustellen. Innerhalb der Klassenbibliothek

---

117 Auf Unix-artigen Systemen hat sich dagegen die Endung .so (»shared object«), evtl. gefolgt von einer Versionsnummer, für eine dynamische Programmbibliothek eingebürgert.
118 Abk. für engl. »**ex**ecutabl**e**«, dt. »ausführbar«.
119 Dt. »Programmlader«. Der Programmlader ist ein Dienstprogramm, das den Vorgang des Ladens anstößt. Der Lader ist meist Bestandteil des Betriebssystems und wird automatisch beim Aufruf eines Programms aktiviert.
120 Dt. »Binder«. Der Linker ist ein spezielles Programm, das aus Objektcode ein lauffähiges Programm generiert, indem es den Code mit Bibliotheken verbindet.
121 Abk. für engl. »**a**pplication **p**rogramming **i**nterface«.
122 Details hierzu können Sie in Abschnitt 27.1.3, »Die Declare-Anweisung«, auf Seite 776 nachlesen.

besteht gewöhnlich eine fest definierte *Klassenhierarchie*, die in reinen Objektmodellen durch Vererbung entsteht – in schnittstellenbasierten Objektmodellen wie COM aber durch *Aggregation* oder *Containment/Delegation*.

Objektreferenz   Sowohl der Aggregations- als auch der Containment/Delegation-Mechanismus ermöglichen zur Laufzeit über das Umlenken und/oder Weiterreichen von *Objektreferenzen* im wesentlichen das Einbetten (Verschachteln) von Objekten in andere Objekte, was eben ein hierarchieähnliches Schema darstellt. Diejenige Klasse, von der alle anderen indirekt oder direkt abgeleitet sind, ist die *Basisklasse* (»root«) einer Klassenhierarchie.

Eine Objektreferenz (auch *Objektverweis*, *COM-Objektverweis*, *Objektvariable* oder nur *Referenz* genannt) ist zur Laufzeit ein *Zeiger* auf ein Objekt und andersherum: Ein Zeiger ist eine (Objekt)Variable, die eine Speicheradresse enthält. Mit Hilfe dieser Zeiger werden die öffentlichen Methoden und Eigenschaften, kurz: die Dienste eines Objektes aufgerufen.

Aus der Klassenbibliothek verwendet ein Entwickler nach Bedarf einzelne Klassen zur Erzeugung von Objekten, die er für eigene Projekte nutzen will.

> *»Eine Klassenbibliothek enthält Abstraktionen, von denen selbstentworfene Abstraktionen Objekte erzeugen oder aufrufen.«*[123]

Beachten Sie, daß Sie die in Komponenten/Klassenbibliotheken mitgelieferten Klassen definitiv nicht ändern können. Es steht Ihnen jedoch frei, eigene Klassen zu modellieren, die Sie nach Belieben gestalten und modifizieren dürfen. Grundsätzlich werden in Klassenbibliotheken keine Objekte gespeichert, sondern nur die *Klassen-/Typeninformationen* (auch *Klassen-/Typbeschreibungen* oder *Typ-Ressourcen* genannt), die für die Erzeugung der Objekte und die Nutzung der öffentlichen Methoden und Dienste relevant sind. Klassen-/Typinformationen geben allgemein Auskunft darüber, wie eine Klasse definiert ist, welche Methoden sie anbietet, welche Parameter beim Aufruf der Methode übergeben werden müssen, von welchem Datentyp die Übergabeparameter sind.

Gemäß der COM-Spezifikation[124] werden die Typ-/Klasseninformationen respektive die COM-Schnittstellen der COM-Klassen durch eine neutrale Standardsprache, die IDL[125] beschrieben. Dadurch sind Windows-konforme Software-Komponenten unabhängig von der Programmiersprache nutzbar, in der sie geschrieben sind. Die IDL besitzt eine C-ähnliche Syntax und ist eine rein deklarative, auf verteilte Objekte zugeschnittene Sprache, die auch von anderen Objekt- und Komponenten-Modellen zur Beschreibung von Schnittstellen genutzt wird (zum Beispiel SOM-IDL, CORBA-IDL) (siehe Abbildung 2.5).

Auf Windows-/COM-Plattformen liegt eine Klassen-/Typbibliothek physikalisch in der Regel als Ressource innerhalb einer kompilierten Komponente vor (also innerhalb des kompilierten Pendants einer Quelltext-Datei) – oder aber in einer separaten Datei. Klassenbeziehungsweise Typbibliotheksdateien besitzen unterschiedliche Dateinamenserweiterungen. So sind die Klassen-/Typbeschreibungen beispielsweise ...

---

123 [BOOCH001]: S. 435.
124 Vergleiche Abschnitt 2.9, »Schnellkurs: Was ist COM?«, auf Seite 99 ff.
125 Abk. für engl »interface description language« oder »interface definition language«, dt. etwa »Schnittstellenbeschreibungssprache« respektive »Schnittstellen-Definitionssprache«. Diese wird manchmal auch MIDL oder Microsoft-IDL genannt.

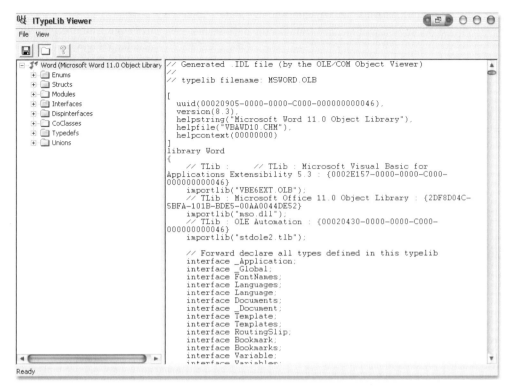

Abbildung 2.5 Beispiel für die C-ähnliche IDL-Syntax (hier dargestellt anhand der Objektbibliothek von Word 2003).

- in einer eigenständigen Binärdatei mit der Erweiterung **.tlb** (TLB-Datei) vorhanden
- in eine ausführbare Anwendungsdatei mit der Erweiterung **.exe** (Exe-Datei) hineinkompiliert
- in einem ActiveX-/COM-Steuerelement mit der Erweiterung **.ocx** (OCX-Datei) eingebettet.
- in einer dynamischen Bibliothek mit der Erweiterung **.dll** (DLL-Datei) eingebunden.
- in DLL-.Dateien, die in eine dynamische (Objekt)Bibliothek mit der Erweiterung **.olb** (OLB-Datei) hineinkompiliert sind.
- zum Teil auch in diversen anderen eigenständigen Dateien (**.oca**, **.rll** ...) vorhanden.

Durch den Zugriff auf eine Klassen-/Typbibliothek kann eine Entwicklungsumgebung die Eigenschaften eines Objekts bestimmen. Die VBA-Entwicklungsumgebung ermöglicht eine *Verbindung* mit Typbibliotheken auf unterschiedliche Arten. Das *Binden* selber bezeichnet man in VBA einerseits als das »*Erstellen eines Verweises*« auf eine Klassen-/Typbibliothek (meist für Klassen-/Typbibliotheken von Anwendungen, aber auch für andere) andererseits als Einfügen von »*Weiteren Steuerelementen*« (für Klassen-/Typbeschreibungen in .OCX-Dateien) sowie in Developer-Editionen vom Visual Basic-Editor als »*Einfügen einer Komponente*«. Sobald ein *Verweis* auf eine Klassen-/Typbibliothek erstellt wurde, können Sie sich mit einem *Objektkatalog* oder mit entsprechenden Tools Informationen zu den von

Objektkataloge der Klassen-/Typbibliothek bereitgestellten Objekten anzeigen lassen. Und sobald eine Komponente eingefügt wurde, können Sie diese in der Regel zum Programmieren benutzen. Das Erstellen eines Verweises auf eine Klassen-/Typbibliothek ermöglicht es VBA darüber hinaus, eine Fehlerprüfung durchzuführen. Dadurch wird sichergestellt, daß die Aufrufe auf die Bibliotheken aus dem VBA-Code keine Fehler[126] enthalten.

Objektkataloge Im wesentlichen ähneln sich alle Objektkataloge untereinander, aber im Detail unterscheiden sie sich, was die Offenlegung der Informationen aus den COM-Bibliotheken anbetrifft. Der VBA-Objektkatalog beschränkt sich, seitdem er in Word/VBA integriert wurde, auf wenige spärliche Informationen.[127] In der Regel ist es kein Problem, auch die Objektkataloge anderer Entwicklungsprodukte anzuwenden, wenn man genaueres zu einzelnen Klassenbibliotheken erfahren will (siehe Abbildung 2.7).

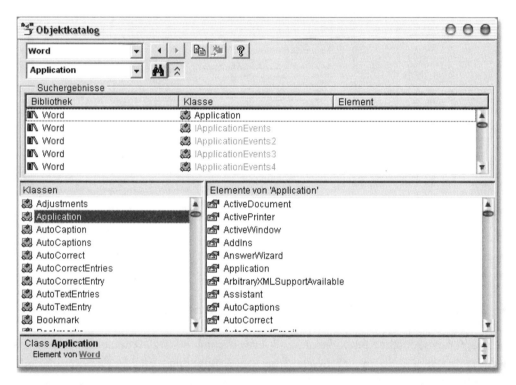

Abbildung 2.6 VBA-Objektkatalog mit der Bibliothek MSWORD.OLB

Zudem gibt es zahlreiche Hilfsprogramme, die wesentlich mehr Informationen zu COM-Bibliotheken bieten. An dieser Stelle seien drei Programme empfohlen, die zwar etwas betagter sind, die aber immer noch eine gute Wahl sind, wenn es darum geht, sich einen Überblick über den Inhalt von COM-Bibliotheken zu verschaffen:

---

126 Fehler können zum Beispiel durch falsche Deklarationen oder durch das Übergeben von Werten des falschen Typs entstanden sein (hierzu später mehr).
127 Siehe Abschnitt 8.8, »Der Objektkatalog«, ab Seite 275.

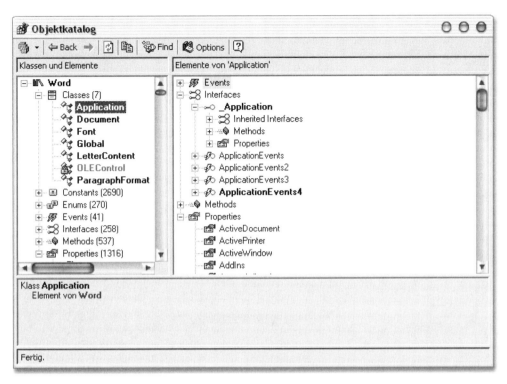

Abbildung 2.7 FoxPro-Objekatalog mit der Bibliothek MSWORD.OLB

- **OLE-Ansicht** (auch COM-Ansicht, OLE-Viewer, OLE-/COM-Viewer genannt): Das Programm *OLEView.exe* wird von Microsoft unter anderem mit dem Software-Paket *Visual Studio* oder in dem kostenlosen Paket *Windows Server 2003 Resource Kit Tools* ausgeliefert. Im Internet (vor allem auf den Microsoft-Seiten) finden Sie neben der aktuellsten Version des OLE-Viewers auch noch ältere Exemplare zum Download. Ausführlichere Informationen zu dem Programm liefert während der Drucklegung des Buches die Seite »*http://www.microsoft.com/com/resources/oleview.asp*« (siehe Abbildung 2.8).

- **COM Explorer**[128]: Das prämierte Programm *COMExp.exe* von der Firma *4Developers LLC* ist die ideale Ergänzung, wenn Sie selber COM-Bibliotheken entwickeln und diese in kurzen Abständen wiederholt registrieren und/oder de-registrieren müssen. Es klingt sich in die PopUp-Menüs des Windows Explorers ein, so daß die entsprechenden Referenzen im Nu erstellt oder wieder entfernt sind. Das Programm ist intuitiv bedienbar (wo findet man das heute noch) und besitzt selbstredend eine übersichtliche Benutzeroberfläche (siehe Abbildung 2.9).

---

128 Eine 30-Tage-Version finden Sie auf der Seite »http://www.4dev.com/com/index.htm« oder auf der beiliegenden CD.

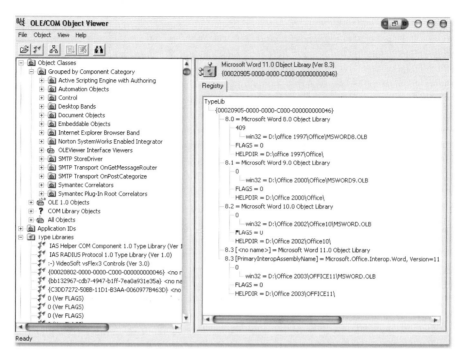

Abbildung 2.8 OLE-Ansicht

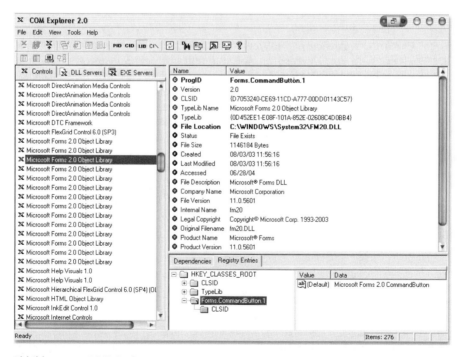

Abbildung 2.9 COM-Explorer

▶ **Scripting Spy**: Das Programm *SPY.exe* wurde ursprünglich für das Buch »Scripting für Administratoren«[129] von Tobias Weltner entwickelt. Es hat einige Macken und stürzt an der einen oder anderen Stelle auch mal ab. Dabei präsentiert es die Informationen zu den COM-Bibliotheken in einer antiquierten, gleichwohl ansprechenden Art und Weise. Die Bugs kann man verschmerzen, wenn man erfährt, daß das Programm Freeware ist (wie war das noch gleich: »*Einem geschenkten Gaul, schaut man nicht ins Maul*«). Sie finden es auf der beiliegenden CD.

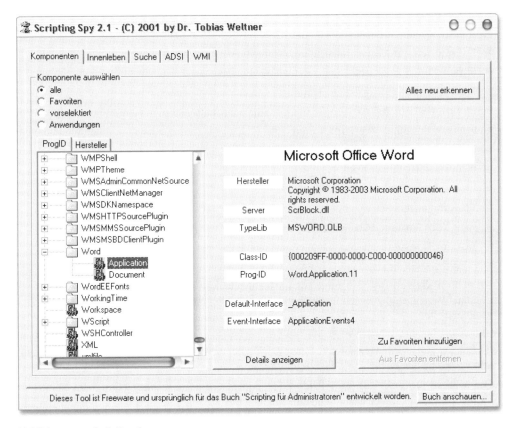

Abbildung 2.10 Scripting Spy

Die COM-Bibliothek implementiert Standard-Funktionen für die Kommunikation beziehungsweise steuert den Zugriff auf ein Verzeichnis aller in diesem System verfügbarer Klassen von COM-Objekten. Als konkrete Implementierung ist sie selbst eine (System-)Komponente, die aus mehreren Klassenbibliotheken besteht, also aus diversen DLLs (COMObj.dll, OLE32.dll und so weiter). Mit Hilfe der Registry kann die COM-Bibliothek COM-Komponenten zur Verfügung stellen. Sie ist für die Erzeugung von Instanzen und das Erstellen und Koordinieren von Verbindungen zwischen allen COM-Objekten verantwortlich. Alles weitere zu COM erfahren Sie in Kapitel 2.9, »Schnellkurs: Was ist COM?«, ab Seite 99.

COM-Bibliothek

---

129 [WELTN001].

2.8.6 Bibliothek: Beispiel

Wichtige Standard-Bibliotheken für Word-VBA

Immer wieder werden Sie in diesem Buch auf Codebeispiele treffen, die einen Verweis zu einer bestimmten Klassen-/Typ-/Objektbibliothek benötigen, um lauffähig zu sein.[130] Von Haus aus, also nach der Installation von Word, sind in der Regel folgende Verweise auf Bibliotheken eingerichtet oder sollten, falls nicht vorhanden, eingerichtet werden:

VBE6.dll oder VBA332.dll

- **Visual Basic For Applications – VBA**[131]: In der Bibliothek VBE6.dll (beziehungsweise in der älteren Version VBA332.dll) sind die Grundfunktionen der Programmiersprache Visual Basic enthalten, die in allen VBA-Applikationen (Word, Excel, Access, Visio, AutoCAD ...) gleich sind. In der Bibliothek befinden sich zum Beispiel ...
  - Funktionen zur Konvertierung von Datentypen
  - Funktionen zur Bearbeitung von Zeichenketten
  - Funktionen zum Zugriff auf Dateien
  - Funktionen zur Bearbeitung von Zeit- und Datumswerten
  - Finanzmathematische Funktionen
  - Mathematische Funktionen
  - Informations-Funktionen (IsArray, IsEmpty, IsNull ...)
  - Interaktions-Funktionen
  - VB-Konstanten (vbTab, vbLf, vbCr, vbCrLf ...)
  - Farb-Konstanten (vbBlack, vbBlue, vbRed ...)
  - Tastatur-Konstanten (vbKey0, vbKeyA, vbKeyEscape ...)
  - ... und so weiter

An echten Klassen stehen Ihnen aus dieser Bibliothek nur Debug, ErrObject und Collection zur Verfügung. Aus diesen können Sie zum Beispiel Aufzählungs-Objekte (Collection) erstellen.

»Elementare Schlüsselwörter wie Dim, Sub, Function, Double, If, Then etc. sind in der VBA-Bibliothek übrigens nicht verzeichnet. Deren Definition erfolgt auf einer noch niedrigeren Ebene und nicht auf der Ebene von Objektbibliotheken.«[132]

Die VBA-Bibliothek VBE6.dll finden Sie zumeist in einem speziellen VBA-Versions-Unterordner, der unter dem Programmordner des Systems im gemeinsamen Ordner für Microsoft- und VBA-Dateien liegt, also zum Beispiel »C:\Program Files\Common Files\Microsoft Shared\VBA\VBA6\VBE6.dll« oder »C:\Programme\Gemeinsame Dateien\Microsoft Shared\VBA\VBA6\VBE6.dll«.

---

[130] Wie Sie die Verweise einrichten, erfahren Sie in Abschnitt 21.4, »Verweise auf Objektbibliotheken erstellen«, ab Seite 583.

[131] Hinweis: Die VBA-Bibliothek VBE6.DLL, die beispielsweise mit den Office-Anwendungen ausgeliefert wird, kann man leicht mit der VBA-Bibliothek VBA6.DLL verwechseln, die in dem Visual Studio Paket beziehungsweise in VB integriert ist. Grundsätzlich sind diese Bibliotheken identisch. Allerdings fehlt der VBA6.DLL die Global-Klasse, die Prozeduren und Eigenschaften enthält, mit denen sich Operationen auf den Formular-Objekten durchführen lassen. In VB arbeiten Sie mit anderen Formularen als in den VBA-Projekten der Office-Applikationen.

[132] [KOFLE001]: S. 146.

- **Microsoft Word 11.0 Object Library – Word**[133]: In der Word-Objekt-/Klassenbibliothek MSWord.olb für Word 2002 (XP) und Word 2003 (respektive MSWord8.olb für Word 1997 und MSWord9.olb für Word 2000) sind alle wesentlichen Klassen, Methoden, Eigenschaften, Ereignisse und Konstanten beschrieben, die bei der Programmierung der verfügbaren Word-Objekte eingesetzt werden können. Da in dieser Bibliothek quasi alle Funktionalitäten vorhanden sind, die in diesem Buch weitgehend vorgestellt werden, erübrigt sich an dieser Stelle eine Auflistung derselben. Die Word-Klassenbibliothek finden Sie meist im Office- oder Word-Ordner, die genaue Ordnerangabe könnte also folgendermaßen lauten: »C:\Office 2003\OFFICE11\MSWord.olb«.

  MSWord.olb, MSWord8.olb oder MSWord9.olb

- **OLE Automation – stdole oder stdole2**[134]: In der Bibliothek StdOLE2.tlb sind die Funktionalitäten zur Erzeugung von Schrift- und Bild-Objekten enthalten. In der Bibliothek befinden sich zum Beispiel ...

  StdOLE2.tlb

  - Funktionen zum Laden, Speichern, Markieren und Manipulieren von Bildern und Schriften
  - Eigenschaften für Bilder und Schriften (Bold, Height, Size ...)
  - Konstanten zum Laden von Bildern (Color, Default, Monochrome ...)
  - Schnittstellen-Klassen rund um das Thema Bilder und Schriften (IFontDisp, IFontEventsDisp und IPictureDisp)
  - ... und so weiter

  An echten Klassen stehen Ihnen aus dieser Bibliothek nur StdFont und StdPicture zur Verfügung. Die Schrift- und Bild-Bibliothek oder »OLE-Automatisierungs-Objektbibliothek« stdole2.tlb finden Sie in der Regel im Systemordner von Windows, also zum Beispiel »C:\Windows\System32\StdOLE2.tlb«.

- **Projektname – (Voreinstellung: Project)**: Sobald Sie ein neues Word-Dokument angelegt und es in Word geöffnet haben, steht Ihnen in der VBA-Entwicklungsumgebung eine *Dokument-Bibliothek* für das Dokument zur Verfügung. Bei einem neuen Dokument/VBA-Projekt befinden sich in dieser natürlich noch keine benutzerdefinierten Module, keine Formulare (UserForm) und Klassenmodule, auch nicht irgendwelche Prozeduren, Klassen oder Eigenschaften, geschweige denn Methoden für Formulare (UserForm). Das einzige, was bei einem neuen Dokument/VBA-Projekt vorhanden ist, ist ein Objekt namens ThisDocument und ein Verweis auf die spezifische Dokumentvorlage des neuen Dokumentes.

  Project

- Neben den eben genannten Bibliotheksverweisen empfiehlt es sich, eine Reihe von weiteren Verweisen zu einem Word-Dokument/VBA-Projekt hinzuzufügen. Die Notwendigkeit einen dieser optionalen Verweise einzurichten, hängt davon ab, welche Funktionalitäten Sie bei einem Word-VBA-Projekt benötigen und welche Bibliotheken überhaupt auf Ihrem System vorhanden sind.

  Wichtige optionale Bibliotheken für Word-VBA

- Je nach Software-Ausstattung kann es sein, daß nicht alle der nachstehend genannten Bibliotheken wirklich auf Ihrem Rechner existieren. Microsoft und andere Unterneh-

---

133 Hier wird beispielhaft der Name der Objekt-/Klassenbibliothek von Word 2003 angegeben. Verfügen Sie über eine ältere Word-Version, so heißt diese zum Beispiel »Microsoft Word 10.0 Object Library« oder »Microsoft Word 9.0 Object Library« et cetera.

134 Mit OLE/ActiveX oder COM-Automation hat diese Bibliothek trotz des gleichnamigen Namens wenig zu tun (sic!). Wieder einmal ein schönes Beispiel für die Microsoftsche Namengebungskreativität.

men haben die Angewohnheit, den Professional- oder Enterprise-Editionen ihrer Software etwas beizugeben, was sie den Standard- und Schulversionen vorenthalten. Und so kommt es in regelmäßigen Abständen vor, daß just die Bibliothek, die man benötigt, nicht auf dem eigenen Rechner vorhanden und registriert ist. Natürlich ist es möglich, so gut wie jede fehlende Bibliothek aus dem Internet oder sonst woher zu beziehen und auf seinem System nachträglich zu registrieren. Inwieweit das aber gegen lizenzrechtliche Auflagen verstößt, entzieht sich der Kenntnis des Buchautors. In den meisten Fällen hilft womöglich eine Rückfrage beim Bibliothekshersteller weiter, um sich Klarheit darüber zu verschaffen, welche Bibliothek in welcher Form genutzt werden darf. Oft helfen die Software-Hersteller freiwillig aus. So stellt zum Beispiel Microsoft die Bibliothek DsoFile.dll (siehe nachstehend), mit der Dokumentinfos und Dokumenteigenschaften ausgelesen werden können, auf seinen Web-Seiten zum Download kostenlos zur freien Verwendung zur Verfügung.

▶ Sobald Sie ein erfahrener Word-Programmierer sind und sich mit fremden Code beschäftigen wollen/müssen/sollen, werden Sie erleben, daß viele Kollegen nicht explizit angeben, auf welche Klassenbibliotheken ihr Code zugreift. Treten bei der Verwendung von fremden Code Fehler auf, lohnt es sich in jedem Fall, einen Blick in den Dialog »Verweise« zu werfen, der aus der VBA-Entwicklungsumgebung mit dem Menü »Extras« und dem Eintrag »Verweise ...« aufgerufen werden kann. Häufig fehlen Verweise zu den nachstehenden Bibliotheken oder die Verweise folgen einer ungünstigen Reihenfolge.

FM20.dll ▶ **Microsoft Forms 2.0 Object Library – MSForms:** In der Bibliothek FM20.dll finden Sie eine Sammlung von Steuerelementen, die explizit für Office-Anwendungen und den Internet Explorer entwickelt wurden und die sie der Werkzeugsammlung hinzufügen können. Sie ergänzen die Standard-Steuerelemente und beinhalten gegenüber diesen einige Vorteile. Beachten Sie bei der Verwendung der MS-Forms-Steuerelemente, daß diese nicht mit den Word/VBA-Standardsteuerelementen kompatibel sind. Die MS-Forms-Bibliothek finden Sie in der Regel im Systemordner von Windows, also zum Beispiel »C:\Windows\System32\ FM20.dll«.

MSO.dll, MSO97.dll ▶ **Microsoft Office 11.0 Object Library – Office**[135]: In der Objekt-/Klassenbibliothek MSO.dll (beziehungsweise in der älteren Version MSO97.dll) von Microsoft Office sind alle wesentlichen Klassen, Methoden, Eigenschaften, Ereignisse und Konstanten beschrieben, die bei der Programmierung aller verfügbaren Microsoft Office-Anwendungen eingesetzt werden können. Die Office-Klassenbibliothek ist sozusagen der »Klebstoff«, den Word, Excel, Access und so weiter zusammenhält. Aus ihr leihen sich die Einzelapplikationen Funktionalität aus, die bei ihren Schwester-Anwendungen in gleicher oder ähnlicher Weise vorhanden ist. Sie werden beim Durchlesen des Buches feststellen, daß es an vielen Stellen Beispiele zur Benutzung der Office-Klassen präsentiert. Die Verwendung der Office-Klassen zur Erzeugung von Objekten geht in der VBA-Entwicklungsumgebung einer Office-Einzelapplikation wie Word völlig transparent vor sich. Oft vergißt man, daß man gerade mit der Office- und nicht mit der Word-Klassenbibliothek arbeitet. Es ist in diesem Buch leider nicht der Platz, um auf die Office-Klassenbibliothek ausführlich einzugehen. Die Office-DLL ist schließlich in der aktuellen

---

[135] Hier wird beispielhaft der Name der Objekt-/Klassenbibliothek von Microsoft Office 2003 angegeben. Verfügen Sie über eine ältere Office-Version, so heißt diese zum Beispiel »Microsoft Office **10.0** Object Library« oder ähnlich.

Version über 11 Megabyte groß, so daß man im Prinzip ein eigenes Buch zu all den Möglichkeiten schreiben müßte, die sie bietet. In dieser Bibliothek befinden sich zum Beispiel Klassen, Eigenschaften und Methoden ...

- zum Antwort-Assistenten
- zum Balloon-Assistenten
- zu COM-Add-Ins
- zu Befehlsleisten und Befehlsleistensteuerelementen
- zur Versionsverwaltung von Dokumenten
- zu Standarddialogfeldern (Öffnen, Speichern ..)
- zu HTML-Projekten und HTML-Scriptblöcken
- zur Email-Funktionalität
- zur Sprachverwaltung
- zum Seriendruck
- zur Verwaltung von Benutzerberechtigungen, Dokumentenrechten und Signaturen
- zur Verwaltung von gemeinsamen Dokumentarbeitsbereichen
- zur Zurückgabe von SmartDocument-Objekten
- zur Synchronisierung von Dokumenten
- ... und so weiter

Die Microsoft Office-Klassenbibliothek MSO.dll finden Sie meist in einem speziellen Office-Unterordner, der die Versionnummer im Namen trägt und der unter dem Programmordner des Systems im gemeinsamen Ordner für Microsoft- und Office-Dateien liegt, also zum Beispiel »C:\Program Files\Common Files\Microsoft Shared\office11\ mso.dll« oder »C:\Programme\Gemeinsame Dateien\ Microsoft Shared\office11\ MSO.dll«.

- **Microsoft Visual Basic for Applications Extensibility 5.3 – VBIDE:** In der Bibliothek VBE6Ext.olb sind alle wichtigen Klassen und Routinen vorhanden, die zur Manipulation der VBA-eigenen Entwicklungsumgebung respektive des Visual Basic-Editors (VBE) benötigt werden. Falls Ihr System mit einer älteren VBE-Klassenbibliothek ausgestattet ist, besitzt sie gegebenenfalls einen leicht modifizierten Namen (so heißt zum Beispiel die VBE-Bibliothek von Word/Office 1997 ohne Versionsnummer einfach nur »*Microsoft Visual Basic for Applications Extensibility*« (VBEEXT1.olb). Verwechseln Sie die VBE-Klassenbibliothek der Office-Anwendungen VBE6EXT.olb nicht mit der VBE-Klassenbibliothek der Programmiersprache Visual Basic (VB6EXT.olb). Letztere verfügt über viel mehr Klassen und ist nicht mit der Office-VBE-Klassenbiliothek kompatibel. In VBE6EXT.olb befinden sich zum Beispiel Klassen, Eigenschaften und Methoden ...

VBE6EXT.olb oder VBEEXT1.olb

- Zur Bestimmung, Aktivierung und Deaktivierung von Klassenbibliotheken für Word-/VBA-Projekte
- Zur Verwaltung und Manipulation der Makros, Prozeduren, Module, Klassen, der Quellcodezeilen et cetera von Word-Dokumenten
- Zur Verwendung von VBE-Add-Ins
- Zur Verwendung des VBE-Oberfläche
- ... und so weiter

Die Bibliothek zum Visual Basic-Editor VBE6EXT.OLB finden Sie zumeist in einem speziellen VBA-Versions-Unterordner, der unter dem Programmordner des Systems im gemeinsamen Ordner für Microsoft- und VBA-Dateien liegt, also zum Beispiel »C:\Program Files\Common Files\Microsoft Shared\VBA\VBA6\VBE6EXT.olb« oder »C:\Programme\Gemeinsame Dateien\Microsoft Shared\VBA\VBA6\ VBE6EXT.olb«.

DsoFile.dll
- **OLE Document Properties 1.4 Object Library – DS oder DSOFile**: In der DsoFile.dll ist eine Klasse namens `PropertyReader` vorhanden, mit deren Hilfe man die Dokumentinfos von nativen Word-, Excel-, Visio-, PowerPoint-Dokumenten und anderen OLE-strukturierten Dateien auslesen oder ändern kann. Dies funktioniert sogar ohne die dazugehörigen Programme zu laden oder die Automatisierung zu verwenden. Grundsätzlich kann ein Objekt, das aus der Klasse erzeugt wurde, auch auf die Eigenschaften eines Nicht-OLE-Dokuments zugreifen. Dazu müssen die Nicht-OLE-Dokumente unter einem Windows-Betriebssystem mit NTFS-Dateisystem ausgeführt werden. Bei Drucklegung konnte die DsoFile-Bibliothek unter folgender Web-Adresse heruntergeladen werden: »http://support.microsoft.com/default.aspx?scid=kb;en-us;224351«.[136] Sie können laut Microsoft die Datei »Dsofile.dll« unentgeltlich und nach Belieben verwenden, ändern, reproduzieren und weitergeben.

Klassenbibliotheken von Anwendungen
- **Klassenbibliotheken von anderen Anwendungen**: Die Zusammenarbeit von Word und anderen Anwendungen, die VBA und Automation unterstützen (Excel, Access, PowerPoint und so weiter), bietet interessante Möglichkeiten in der Praxis. Diese Anwendungen stellen eigene Klassenbibliotheken zur Verfügung. Sobald Sie diese über das Menü »Extras« und den Befehl »Verweise« des VB-Editors aktiviert haben, haben Sie Zugriff auf die Schlüsselwörter, Klassen, Methoden, Eigenschaften und so weiter dieser Anwendungen. Zum Beispiel aktivieren Sie für die Verwendung der Access-Klassenbibliothek wahlweise, je nach vorhandener Version:
    - »Microsoft Access 8.0 Object Library« (d.i. Access 1997)
    - »Microsoft Access 9.0 Object Library« (d.i. Access 2000)
    - »Microsoft Access 10.0 Object Library« (d.i. Access 2002)
    - »Microsoft Access 11.0 Object Library« (d.i. Access 2003)

    Die Klassenbibliothek der meisten Microsoft Office-Anwendungen finden Sie im jeweiligen Office-Ordner oder Anwendungs-Ordner, die Ordnerangabe für die Klassenbibliothek von Access 2003 könnte also folgendermaßen lauten: »C:\Office 2003\OFFICE11\MSACC.olb«; für Excel 2003 entsprechend: C:\Office 2003\OFFICE11\Excel.exe und so weiter. Die Klassenbibliotheken von anderen Anwendungen finden Sie entweder in einem dazugehörigen Anwendungsordner oder im Systemordner von Windows (zumeist »\Windows\System32«) oder in einem Unterordner des Ordners »\Programme« (beziehungsweise »\Program Files«).

DAO oder ADO
- **Microsoft DAO 3.6 Object Library** (DAO) oder **Microsoft ActiveX Data Objects 2.7 Library** (ADODB): Wenn Sie programmatisch von Word aus auf die Daten eines Datenbankmanagementprogramms zugreifen wollen, empfiehlt es sich, im Word-Projekt eine Klassenbibliothek für den gemeinsamen Datenzugriff zu aktivieren. Für den Datenzugriff stehen Ihnen grundsätzlich zwei unterschiedliche Klassenbibliotheken zur Verfügung. Sie können sowohl die Klassenbibliothek für die ältere Zugriffsmethode Data

---

136 Hinweis: Sie finden die Bibliothek auch auf der beiliegenden CD-ROM.

Access Object (DAO360.dll) als auch die neuere Zugriffsmethode ActiveX Data Object (MSADO15.dll) aktivieren. Beachten Sie, daß sich verschiedene Versionen der Klassen-/Typbibliotheken für Datenzugriffe auf einem Computersystem befinden können, die sich aber nicht gleichzeitig nutzen lassen.

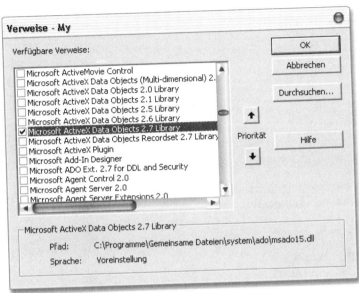

Abbildung 2.11 Versionschaos: Von ADO 2.0 bis ADO 2.7 tummeln sich auf diesem System unterschiedliche ADO-Bibliotheken.

Die Bibliotheken für Datenzugriffe finden Sie zumeist in einem speziellen Unterordner, der unter dem Programmordner des Systems liegt, also zum Beispiel »C:\Program Files\Common Files\system\ado\msado15.dll« oder »C:\Program Files\Common Files\Microsoft Shared\DAO\dao360.dll«.

Wenn Sie die Verweismöglichkeiten Ihres Computersystems durchforsten, werden Sie weitere interessante Klassenbibliotheken entdecken. Da sind zum Beispiel die Bibliotheken ... *Weitere interessante Bibliotheken*

- Microsoft Office XP Web Components (OWC10)
- Microsoft Windows Common Controls-2 6.0 (SP4) – MSComCtl2
- Microsoft Windows Common Controls 6.0 (SP6) – MSComctlLib
- TypeLib Information (TLI)
- ... und, und, und ...

Leider muß aus Platzgründen auf die Begutachtung dieser Bibliotheken und vieler, vieler anderer verzichtet werden.

Bekannte Beispiele für Klassenbibliotheken, die nicht aus der VBA-Welt stammen, sind: *Bekannte Klassenbibliotheken aus anderen Programmierwelten*

- Das NET-Framework, das neben Standardklassen für Zeichenketten, Auflistungen und so weiter auch die herkömmliche Windows-API weitgehend kapselt.

- Die MFC[137], eine von Microsoft entwickelte C++-Klassenbibliothek, mit deren Klassen sich die Entwicklung von COM-Anwendungen vereinfachen und beschleunigen läßt.
- Die ATL[138], welche bereits vordefinierte Lösungen für die meisten Aufgaben zur COM-Programmierung bereitstellt und vergleichsweise smarte COM-Objekte erzeugt.
- ... und so weiter

Dateitypen für Bibliotheken

Bibliotheksdateien besitzen in der Windows-Welt zum Beispiel folgende Dateiformate:

- Typbibliotheken (.olb, .tlb, .dll., zum Teil auch .oca oder .rll)
- Ausführbare Dateien (.exe, .dll)
- ActiveX[139]-Dateien (.ocx)
- Word-Dokumente (.doc, .dot)
- Word-Add-Ins (.dot, .wll, .wiz)
- COM-Add-Ins (.dll)
- ASCII-Dateien mit importierbaren VBA-Klassen (.cls)

In einem strengeren Sinn werden Dokument- und ASCII-Dateien (.doc, .dot, .cls ...) sowie alle Add-Ins nicht zu den Bibliotheken gezählt.

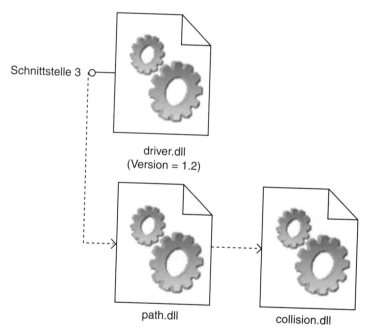

Abbildung 2.12 Bibliotheken in UML-Notation

---

137 Abk. für »microsoft foundation classes«, dt. »Basisklassen von Microsoft«.
138 Abk. für »active template library«.
139 ActiveX ist ein (Marketing-)Name für eine Komponenten-Technologie von Microsoft beziehungsweise ein anderes Wort für eine Architektur für das Zusammenwirken von Software-Komponenten in einem Windows-Computersystem, nämlich für das »Objektmodell für Komponenten« (engl. component object model, COM).

2.8.7 Bibliothek: Notation

Eine Bibliothek wird in der UML als Rechteck im Hochformat dargestellt, dessen rechte obere Ecke wie ein »Eselsohr« nach innen geknickt ist. In dem Rechteck befindet sich zumeist die Abbildung von einem kleinen und einem großen Zahnrad, deren Zähne an einer Stelle ineinander greifen (siehe Abbildung 2.12).

2.9 Schnellkurs: Was ist COM?

2.9.1 COM: Geschichte und Idee

Wenn Sie die Kapitel über die Komponenten- und die Objektorientierung gelesen haben, wissen Sie, daß deren Ideen keine Patente der Firma Microsoft sind. Viele Tausende von Unternehmen und Entwickler haben die Grundgedanken der beiden »Lehren« instrumentalisiert und Visionen und Software-Lösungen damit verwirklicht. Microsoft ist in diesem Zusammenhang nur ein großer Fisch unter vielen großen und unzähligen kleinen. Welche Bedeutung hat das für ein Word-/VBA-Buch?

Nun: Windows, Word und VBA sind bekanntlich Software-Entwicklungen aus dem Hause Microsoft. Und das Unternehmen Microsoft hat in seiner eigenen unverwechselbaren Art seit seiner Gründung die Ideen der Objekt- und der Komponentenorientierung aufgegriffen und adaptiert. Windows, Word und VBA wurden von Microsoft durch eine proprietäre Umsetzung der reinen Komponenten- und Objektorientierung mit dem Namen COM miteinander »verklebt«.

Das in die Jahre gekommene COM hält die Windows-Welt fest zusammen, obwohl der COM-Nachfolger .NET schon einige Zeit aus den Startlöchern raus ist. Eine gute »Zauberformel« zur Beendigung des COM-Treibens muß womöglich ein ganzes Jahrzehnt wiederholt werden, damit sie wirkt. Microsoft geht es da wie dem Zauberlehrling in Goethes berühmter Ballade. Erst zu Ende der Ballade wird diesem klar, daß sich die von ihm herbeigezauberten dienstbaren Geister nicht mehr unter Kontrolle bringen lassen und mehr tun, als sie eigentlich sollten. Da ihm die Zauberformel zur Beendigung dieses Treibens nicht einfällt, seufzt er verzweifelt:

> »Die ich rief, die Geister,
> Werd' ich nun nicht los.«[140]

Oder, um mit einer aktuellen Ausgabe von Deutschlands führender Computerzeitschrift c't, magazin für computertechnik, respektive mit Arne Schäpers und Rudolf Huttary zu reden:

> »COM-Komponenten sind keinesfalls bald aus der Welt, wie viele Entwickler in der ersten .NET-Euphorie gemutmaßt haben.«[141]

Microsoft setzte mit den »COM-Geistern« die Idee um, daß nicht nur Dokumente aus Software-Komponenten zusammengesetzt sein sollten, sondern auch Programme. Darüber hinaus sollten die Windows-Software-Komponenten den Prinzipien der Objektorientierung gegenüber aufgeschlossen sein. Sie sollten untereinander auf eine einheitliche Art

---
140 [GOETH001]: S. 277.
141 [SCHÄP004]: S. 211.

miteinander kommunizieren – und dies unabhängig von einer bestimmten Programmiersprache. COM definiert in diesem Zusammenhang als *Spezifikation* den Aufbau und die Benutzung von Windows-konformen Software-Komponenten und ist als substanzieller Bestandteil (*COM-Implementierung*) in alle 32-Bit-Windowssysteme integriert (und wird wahrscheinlich auch in den zukünftigen 64-Bit-Windowssystemen in der einen oder anderen Form seinen Platz finden).

Der Weg des Komponenten-Objekt-Modells Microsoftscher Bauart dauerte mehr als ein Jahrzehnt, war mit vielen Rückschlägen gepflastert und erwies sich aus der Sicht heutiger .NET-Apologeten und vieler Open-Source-Befürworter als Sackgasse.

1985/1987: Zwischenablage — Die Marschroute zu COM begann mit der *Windows-Zwischenablage*[142]. Sie war schon 1985 Bestandteil von Windows 1.0. Da aber Windows 1.0 kein Multitasking[143] beherrschte (ein Programm wurde angehalten, sobald es in den Hintergrund trat) und die »Fenster« des Betriebssystems gleichen Namens weder skalierbar waren, noch sich überlappen konnten, war die erste Zwischenablage im Grunde irrelevant. Ein Verkaufsargument wurde die Windows-Zwischenablage erst 1987 mit der Veröffentlichung von Windows 2.0, als Microsoft das Betriebssystem mit den Federn des heute allgemein bekannten Schlagwortes vom »Ausschneiden und Einfügen«[144] schmückte. Seit dieser Zeit können mit der Windows-Zwischenablage Daten innerhalb eines Programms beziehungsweise zwischen zwei Programmen kopiert und verschoben werden (zum Beispiel aus einem Excel-Arbeitsblatt in ein Word-Dokument). Das Ausschneiden/Kopieren/Einfügen von Daten von einem Quell- zu einem Zieldokument über die Zwischenablage (*statischer Datenaustausch*) besitzt zwei Nachteile:

1. Im Zieldokument wird der Zugriffspfad zum Quelldokument (Original) nicht gespeichert. Bei späteren Änderungen muß unter Umständen das Quelldokument gesucht werden.

2. Korrekturen am Quelldokument werden nicht automatisch zum Zieldokument übertragen. Nach Änderungen am Quelldokument existieren zwei unterschiedliche Versionen.

1990: DDE — Ein praktischer Versuch, die Übereinstimmung von Quell- und Zieldokument zu sichern, war *DDE*[145]. Diese ziemlich beschränkte Technik wurde mit Windows 3.0 im Jahre 1990 eingeführt[146]. Das Herstellen einer *Verknüpfung* mittels DDE zwischen den Daten im Quelldokument und der Kopie der Daten im Zieldokument beseitigte die Nachteile des statischen Datenaustausches. DDE stellte die *Automatisierung* der Zwischenablage-Technik dar, die seit 1987 den Datenaustausch »per Hand« ermöglichte. Die Benutzeroberflächen DDE-kompatibler Applikationen enthielten neben der Menüoption »Einfügen« die DDE-typische Option »**Inhalte einfügen**«. Außerdem konnten sich zwei oder mehr aktive

---

142 Engl. »clipboard«, d.i. ein besonderer Speicherbereich von Multitasking-Betriebssystemen für einen besonders einfachen Datentausch zwischen Dokumenten und Anwendungen.
143 Von lat. »multi« = »viel« und engl. »task« = »Aufgabe«. In dt. etwa »Mehrprogrammverarbeitung«.
144 Engl. »cut and paste«. Das Cut-And-Paste-Paradigma wurde durch die Betriebssysteme und Anwendungen in den Apple-Rechnern »Lisa« (1981) und »Macintosh« (in 1984) einer breiten Öffentlichkeit bekannt (also lange bevor die Windows-Zwischenablage existierte).
145 Abk. für engl. »dynamic data exchange«, dt. »dynamischer Datenaustausch«.
146 Je nach Quelle wird die Einführung von DDE anders datiert. Microsoft verlegt in [MICRO008] die Einführung von DDE auf den Zeitpunkt der Veröffentlichung von Windows 2.0 in das Jahr 1987. Die meisten Fachpublikationen sind sich darüber einig, daß DDE 1990 mit Windows 3.0 das Licht der Welt erblickte (vgl. zum Beispiel [LAUER001]: S. 11 oder [BROCK001]: S. 230).

Anwendungen zur Laufzeit durch ein vereinbartes Protokoll *dynamisch* miteinander verständigen, ohne daß Benutzeraktionen nötig waren. Die Anwendung, die die Datenanfrage oder genauer gesagt, die DDE-Kommunikation begann, wurde damals wie heute *Client*[147] und ihr Anwendungspartner *Server*[148] genannt. Freilich fehlten DDE ausgefeilte Mechanismen, eingebettete Daten zu ändern und Befehle in anderen Anwendungen auszuführen.

Mit Windows 3.1 führte Microsoft 1992 eine Technologie namens *OLE 1.0*[149] ein, die durch Verknüpfung eine *automatische* Aktualisierung von Verbunddaten und *Verbunddokumenten*[150] erlaubte. Die erste OLE-Technologie verwirklichte bereits die Idee, daß ein Dokument nicht nur wenige ausgesuchte, sondern viele verschiedene Typen von Daten und »Objekten«[151] beinhalten konnte (zum Beispiel Text, Grafik, Datenbankfelder, Audio, Video ...).

1992: OLE 1.0

> »... nach einem Doppelklick auf eines der Objekte konnte dieses bearbeitet werden – unter der Verwendung der assoziierten Anwendung.«[152]

Die Technologie erwies sich als wegweisend für Microsofts *dokumentenzentrierte* Vision, die nicht mehr einzelne Anwendungen, sondern Dokumente in den Mittelpunkt der Arbeit mit dem Computer stellte. Gleichwohl war OLE 1.0 als Verfahren zur Erstellung und Bearbeitung von Verbunddokumenten wenig Erfolg beschieden. Die Technik war seiner Zeit voraus und überforderte schlicht die damalige Hardware der meisten Anwender. Außerdem waren Verbunddokumente nur ein Sonderfall der Komponenten-Architektur. Es ging nicht nur darum, Daten unterschiedlichen Typs in andere Dokumente *einzubetten* oder mit diesen zu *verknüpfen*. Vielmehr drängte sich die Frage auf, ob nicht jede Form von Software aus zusammengepuzzelten, wiederverwendbaren Software-Komponenten aufgebaut sein könnte.

Findige Software-Entwickler hatten die Antwort auf die Frage schon als Chance erkannt, bevor die Frage selber explizit formuliert wurde. Als 1991 Visual Basic 1.0 auf den Markt kam, hatte Microsoft nur als Nebennutzen vorgesehen, daß Drittanbieter Visual Basic und die Programme, die damit erstellt wurden, durch externe Bedienungswerkzeuge[153] wie Schaltknöpfe, Treeviews und dergleichen ergänzten. Diese Randidee entpuppte sich als »Killeridee«. Sozusagen in einer Nacht-und-Nebel-Aktion entstand eine ganze Software-Komponenten-Industrie. Diese verkaufte benutzerdefinierte Steuerelemente in Form von VBX-Dateien[154] an jeden Basic-Entwickler, der komplexe Software unter enormen Zeitdruck erstellen mußte, aber nicht das Rad zweimal erfinden wollte. Rückblickend mutet es wie ein Treppenwitz an, daß ausgerechnet eine nicht-objektorientierte Programmiersprache die Umsetzung der Komponentenorientierung initiierte und COM den Weg ebnete.

1991: VBX-Komponenten

---

147 Dt. »Kunde«, »Klient«. Andere Bezeichnungen für Client sind *Senke*, *Destination*, *Slave* oder *Container*- oder *Controller*-Anwendung.
148 Zu engl. »to serve« und zu lat. »servire«; dt. »dienen«, »servieren«, »Bediener«, »Diener«. Andere geläufige Bezeichnungen für Server sind *Host*, *Quelle*, *Master* oder *Source*-Anwendung.
149 Abk. für engl. »object linking and embedding«, dt. »Verknüpfen und Einbetten von Objekten«.
150 Engl. »compound document«, auch Compound-Dokument oder dt. »zusammengesetztes Dokument« genannt.
151 Hinweis: Mit dem Begriff »Objekt« bezeichnet Microsoft 1992 noch keine Objekte im Sinne der Objektorientierung.
152 [APPLE001]: S. 36.
153 Engl. »custom controls«, dt. »benutzerdefinierte Steuerelemente«.
154 VBX ist eine Abk. für »Visual Basic Custom Control Extension«, dt. etwa »Visual-Basic-Erweiterung für benutzerdefinierte Steuerelemente«.

Schnellkurs: Was ist COM? **101**

Auch wenn es heute nunmehr von historischem Interesse ist, gilt es festzuhalten, daß eine VBX-Komponente *keine* COM-Komponente und erst recht *kein* COM-Objekt ist, aber den Ideen der Komponentenorientierung noch vor COM gerecht wurde.

1993: OLE 2.0 Die VBX-Komponenten hatten zwei gravierende Nachteile: Sie waren nicht objektorientiert und lediglich für die 16-Bit-Welt konzipiert. 1993 begann mit Windows NT 3.x das Zeitalter der 32-Bit-Technologie. Microsoft erweiterte OLE entsprechend und veröffentlichte mit Windows-NT ein ganzes Paket von neuen Technologien, die man OLE 2.0 taufte. Alle Technologien des »neuen« OLE setzten, obwohl sie ansonsten wenig gemeinsam hatten, auf einer gemeinsamen Basis auf, nämlich auf Microsofts Komponentenmodell, das unter dem Akronym COM Softwaregeschichte schrieb. OLE bezeichnete von 1993 bis 1996 nicht nur eine Technologie zur Realisierung von Verbunddokumenten, sondern war eine Bezeichnung für alle Technologien, die COM verwendeten.

COM spezifiziert eine Reihe von Regeln, Mechanismen und Standards, wie Windows-konforme, binäre Objekte, die sogenannten »Komponenten-Objekte« (*component objects*[155], COM-Objekte) aussehen und wie sie interagieren können. OLE 2.0 und COM stehen aber nicht nur als Spezifikationen und COM–Architektur auf Papier, sondern sie sind auf jedem Windows-System als physikalische Implementation in Form von zahlreichen Dateien enthalten (zumeist DLLs[156] wie OLE32.dll, COMPOBJ.dll ... und so weiter). Eine Überblick über die Funktionsweise von COM erhalten Sie im Abschnitt »2.9.5 COM: Beschreibung« auf Seite 113.

1995: OCX-Komponenten Im Hinblick auf die neuen 32-Bit-Betriebssysteme, die neuen Office-Pakete und auf OLE 2.0 wurden die 16-bittigen VBX-Komponenten obsolet. Für sie definierte Microsoft einen neuen Objekttyp, die sogenannten *OLE-Steuerelemente* beziehungsweise *OLE-Komponenten*, die gemäß ihrer Dateinamenserweiterung auch *OCX-Steuerelemente* beziehungsweise *OCX-Komponenten* genannt wurden.[157] Diese sind insofern für Word-Entwickler bis auf den heutigen Tag interessant, weil sie sich als *Komponenten* respektive als *COM-Komponenten* einem VBA-Projekt hinzufügen lassen. Die OCX-Komponenten sind physich im Prinzip eine dynamische Bibliotheksdatei (.dll) mit einer anderen Namenserweiterung (.ocx).

1996: ActiveX und DCOM Anfang 1996 taufte Windows aus Marketing-Gründen nahezu die gesamten OLE-Technologien um. Überall, wo früher OLE stand, setzte Microsoft das Kürzel *ActiveX*[158] ein. Anfänglich wollte Microsoft damit zeigen, daß seine Komponenten-Technologie die bestehende OLE-Technologie *aktiv* um Internet-Tauglichkeit *erweitert*. ActiveX war im Prinzip ein Markenname für internettaugliche OCX-Steuerelemente. Freilich kann man die *Erweiterung* auch als *Abbau* bezeichnen. Denn im Gegensatz zur »älteren« OCX-Spezifikation legte die neuere ActiveX-Spezifikation fest, daß OCX-Steuerelemente bezüglich ihrer

---

155 Wer bei Microsoft auf die Idee gekommen ist, den Begriff »Komponenten-Objekt« einzuführen (»component object«, manchmal auch als »Windows-Objekt« bezeichnet), entzieht sich der Kenntnis des Buchautors. Tatsache ist, daß in diesem Wortungetüm die zwei theoretischen Ansätze der Komponenten- und der Objektorientierung sprachlich in einer völlig inadäquaten Weise verschmolzen wurden. Bis heute werden Sie nur wenige Menschen finden, die vollständig erläutern können, was die Unterschiede zwischen Objektorientierung, Komponentenorientierung und der Microsoftschen »Komponentenobjektorientierung« sind.
156 Abkürzung für engl. **d**ynamic **l**ink **l**ibrary, »dynamisch verbundene Bibliothek«.
157 OCX ist eine Abkürzung für »**o**le **c**ontrol e**x**tension«, dt. etwa »Erweiterung für OLE-Steuerelemente«.
158 Abk. für »**active** e**x**tension, dt. »aktive Erweiterung«.

Schnittstellen »schlanker« konstruiert werden müssen, damit sie leichter über das Internet transportiert werden können.

Die Bedeutung des Begriffs ActiveX weitete sich sukzessive aus, wurde zum Sammelbegriff für COM-Technologien schlechthin. Zeitweise stand er ...

> » ...für eine Strategie, für eine Absichtserklärung, für einen wohlklingenden Marketingnamen, für eine Reihe von (größtenteils schon seit Jahren vorhandenen) Technologien, die Microsoft-Software mit dem Web verbinden sollen, und nicht zuletzt für den Nachfolger der OCX-Steuerelemente ...«[159]

Häufige ActiveX-Begriffe, die hier nicht weiter thematisiert werden sollen, sind zum Beispiel:

- ActiveX Automation
- ActiveX Komponenten
- ActiveX Steuerelemente
- ActiveX Data Objects (ADO)
- ActiveX-Dokumente
- ... und, und, und

Nachdem die ActiveX-Technologien als Ganzes durch diverse Debatten über Sicherheitslücken in den Jahren 1998 und 1999 in Verruf gerieten, vollzog Microsoft im Sprachgebrauch eine Rückbesinnung. Die Zeichenkette »ActiveX« wurde weitestgehend aus dem Sprachschatz gestrichen. Während beispielsweise Microsofts Office 2000 VB-Programmierhandbuch in seinem Index noch einige Verweise zum Stichwort *ActiveX-Steuerelement* kennt, sind diese in Microsofts Entwicklerhandbuch zu Office XP Version 2002 verschwunden. Dabei hat sich am Einsatz von ActiveX-Steuerelementen unter Office XP nichts wesentliches geändert[160]. ActiveX steht heute zumeist »nur« noch für jene COM-basierten Software-Komponenten, die einst OCX-/OLE-Steuerelemente beziehungsweise OCX-/OLE-Komponenten hießen. Microsoft weist zur Zeit in [MICRO009], »Beschreibung von ActiveX-Technologien« explizit nur noch drei ActiveX-Bezeichnungen aus:

- ActiveX-Steuerelemente[161]
- ActiveX-Dokumente[162]
- ActiveX-Scripting[163]

Natürlich ging die Rückwärtsbesinnung im Gebrauch der Begriffe *ActiveX* und *OLE* nicht ohne Ersatzbegriffe vor sich. Bei der Sprachkompensation wurden drei Strategien verwendet:

---

159 [MONAD004]: S. 105.
160 Vgl. [MSPRE003] S. 996 und [MSPRE004] S. 873 ff.
161 Die ActiveX-Steuerelemente werden auch als OLE- oder OCX-Steuerelemente genannt; das vorliegende Buch nennt benutzt die Bezeichnung *COM-Steuerelemente*.
162 ActiveX-Dokumente ermöglichen das Öffnen von Nicht-HTML-Dateien wie Word-Dateien mit einem ActiveX-fähigen Browser; das vorliegende Buch nennt die ActiveX-Dokumente *COM-Dokumente*.
163 ActiveX-Scripting wird verwendet, um Webbrowser mit COM-Steuerelementen zu erweitern.

1. Viele jüngere Fachpublikationen setzen die einschlägigen OLE/ActiveX-Technologiebezeichnungen, die eigentlich nur das Geschehen in der Windows-Welt bestimmen, mit allgemeinen Oberbegriffen (Hyperonymen) gleich. Zum Beispiel sprach man nicht mehr von einem OLE-, OCX- oder einem ActiveX-Control, sondern nur noch von einem *Steuerelement* oder einer *Komponente* und meinte damit kein Steuerelement und keine Komponente per se, sondern ein Windows-konformes, auf COM aufsetzendes Software-Bestandteil, das in anderen Software-Technologien gar keine Rolle spielt.

2. In wenigen Fällen blieb es beim ActiveX oder beim OLE-Sprachgebrauch. Beispielsweise sind die ADOs, mit denen Clientanwendungen über einen OLE DB-Provider auf Daten auf einem Datenbankserver zugreifen und diese bearbeiten können, bis dato »*ActiveX Data Objects*«. Diese Bezeichnung findet sich sogar in der .NET-Welt als ADO.NET wieder. Und auch die Datenbankschnittstelle OLE DB wurde nicht umgetauft, obwohl sie kaum etwas mit dem »Einbetten und Verknüpfen« (»object linking and embedding«) zu tun hat.

3. Der größte Teil der Entwickler-Zunft entschied sich nach dem OLE- und ActiveX-Hype, die Dinge nach der Spezifikation zu benennen, die all den wechselnden Namen und Verfahren zu Grunde lag und irgendwie jenseits der jeweiligen Begriffsmode ihren Namen behielt. Die Rede ist natürlich von COM. So kommt es, daß heute selbst den .NET-Entwicklern die Bezeichnungen COM-Objekt, COM-Komponente, COM-Server, COM-Schnittstelle, COM-Bibliothek ... und so weiter geläufige Begriffe sind, und nur unverbesserliche »Nuancenklemmer« zwischen OLE-, ActiveX- und COM-Technologien unterscheiden.

Die Idee der Internet-Tauglichkeit der OLE-/OCX-/ActiveX-Komponenten bedingte übrigens eine Erweiterung des Komponentenobjektmodells (COM). Microsoft ergänzte die COM-Spezifikation um Passagen, die die Verteilung von Software-Komponenten innerhalb eines Netzwerkes über Prozeß- und Maschinengrenzen hinweg regelten (*Netzwerkfähigkeit*). Das ganze taufte man auf den Namen DCOM[164]. DCOM ist die *Middleware*[165] zu COM. Ein Client-Rechner kann im Rahmen von DCOM über eine Mechanismus, der sich *Marshaling*[166] nennt, bestimmte Software-Bausteine bei Bedarf von einem Server über das Netz herunterladen. DCOM ist seit Windows 95 und Windows NT integraler Bestandteil aller Windows-Betriebssysteme.

---

164 Abk. für »distributed component object model«, dt. »verteiltes Objektmodell für Komponenten«.
165 Mit »Middleware« bezeichnet man Software für den objektorientierten, direkten Datenaustausch zwischen Anwendungsprogrammen, die unter verschiedenen Betriebssystemen oder in heterogenen Netzen arbeiten.
166 »Marshaling« (von engl. to marshal« gleich »rangieren«) läßt sich frei mit »Überstellen, Verpacken« übersetzen. Das »Überstellen« von Objekten zwischen Prozessen unter 32-Bit-Windows-Versionen und verschiedenen Systemen in einem Netzwerk ist ein diffiziler Vorgang. Microsoft verwendet dabei »Stellvertreter/Stummel-Pärchen« (Proxy-/Stub-Pärchen) im Client- und Server-Prozeß. Ein Stellvertreter (proxy) auf der Client-Seite und ein Stummel (stub) auf Server-Seite verwalten das Verpacken (marshaling) und Entpacken (unmarshaling) der Argumente, die an die Methoden einer prozeßexternen Komponente übergeben werden; für den Client bleibt dieser Prozeß vollkommen latent.

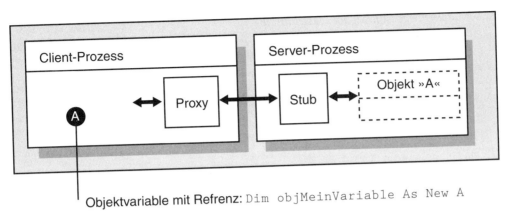

Abbildung 2.13 Marshaling eines Out-of-Process Servers

Mit der Veröffentlichung von Windows 2000 hat Microsoft COM+, eine Weiterentwicklung von COM/DCOM ausgeliefert. COM+ umfaßt neue COM-*Dienste* für die Entwicklung verteilter Anwendungen. Unter anderem kann unter COM+ ein COM-Objekt bei Bedarf über Attribute mitteilen, welche Systemdienste es bei seiner Ausführung nutzen möchte (Stichwort: *attributbasierte Programmierung*). Im Sprachgebrauch wird COM+ manchmal als neuer Oberbegriff für alle COM-basierten Technologien verwendet. Zuweilen bezeichnet man aber mit COM+ nur die neuen COM-Dienste.

1999-2000: COM+

Im Juli 2000 veröffentlichte Microsoft unter dem Namen .NET Framework eine Alpha Version (Technical Preview) einer *einheitlichen Laufzeitumgebung*, die ursprünglich für COM+ geplant war. Daß Microsoft an einem entsprechenden Konzept arbeitete, das zeitweise *COM 3.0* und NGWS[167] hieß, war spätestens seit 1998 bekannt, als die Microsoft-Mitarbeiterin Mary Kirtland diese Idee in der Öffentlichkeit erwähnte.

2000: COM 3.0

Eigentlich gehört COM nach dem Erscheinen der .NET-Technologie im Januar (englische Version) und April (deutsche Version) 2002 zum alten Eisen. Und COM sollte als verdientes und langfristiges Interim für den sprach- und systemübergreifenden Datentausch schon längst in der Rente sein. Aber als Provisorium erfüllt COM – wenn auch mit Handicaps – bis dato weiter seinen Zweck. Im Moment kann man, wie bereits erwähnt, nur darüber spekulieren, wann COM ganz aus der Windows-Welt verschwunden ist: In zwei, in fünf, in zehn ... Jahren? Wer bietet mehr? Bis es soweit ist, sollten VBA-Entwickler zumindest über die Schwachstellen von COM Bescheid wissen. Diese bringen Arne Schäpers und Rudolf Huttary, PC-Programmierer der ersten Stunde, in ihrer bestechenden Art folgendermaßen auf den Punkt:

2002 bis heute: .NET

»*Die Ausführungsgeschwindigkeit läßt zu wünschen übrig, da COM aufwendiges Marshalling[168] betreibt.*

Der Datenaustausch ist umständlich und funktioniert auf der Basis weniger, primitiver Datentypen.

---

167 Abk. für »next generation windows service«, dt etwa »nächste Generation der Windows Dienste«.
168 Siehe Fußnote, Seite: 138.

Die Zählerpflege ist lästig und fehleranfällig.[169]

Die Verteilung (neudeutsch: das Deployment) von COM-Objekten ist schwierig, da die Objekte auf Einträge in der zentralen Registrierung[170] *angewiesen sind.*

Ebenfalls aufgrund der zentralen Registrierungseinträge können COM-Objekte nicht in verschiedenen Versionen koexistieren (Stichwort: DLL-Hölle).

No-Impact-Installationen sind nicht möglich – und das ist ein klares K.-o.-Kriterium für die Verbreitung übers Internet.

COM-Objekte eignen sich aufgrund ihres aufwendigen Mechanismus nur für komplexe Objekte.

Und als ob diese Liste noch nicht lang genug wäre: Die Beschränkung auf Schnittstellenvererbung und die Notwendigkeit der expliziten Delegation/Aggregation steht einer tieferen Verschachtelung von COM-Objekten ordentlich im Weg.«[171]

Zum Drucktermin dieses Buches kann man festhalten, daß der Wechsel von COM zu .NET, trotz vieler Förderprogramme und günstiger Angebote aus dem Hause Microsoft, schleppender vorangeht, als es den Aktionären des Redmonder Unternehmens lieb sein kann. Außerdem dürfte es sich inzwischen rumgesprochen haben, daß die .NET-Technologie mit der CLR zwar ein Ersatz für COM ist, aber nicht für COM+. Für COM+ hat Microsoft im Grunde bloß den Namen ausgetauscht[172] und die »alte« Technologie einfach ».NET Enterprise Services« (alias .NET Component Services) genannt. Wie das Ganze im Detail aussieht, lesen Sie bei Interesse bitte in anderen Büchern nach.

2.9.2 COM: Verwandte und/oder abgeleitete Begriffe

Die babylonische Sprachverwirrung, mit der Jahwe die Menschen von Babel bestrafte, ist nichts im Vergleich zum Sprachgewirr um COM und um alle Technologien, die auf COM beruhen.[173] OLE-/ActiveX-/COM-Begriffe gibt es wie Sand am Meer. Es wird in diesem Buch nur an der Oberfläche in das Begriffschaos ein wenig Ordnung hineingebracht – was Sie aber nicht weiter stören sollte, da die Abläufe, die sich hinter diesen Begriffen verbergen, für VBA-Programmierer größtenteils transparent sind. Der COM-Schnellkurs vermittelt in einer hoffentlich verständlichen Weise eine Einführung in die Funktionsweise und die Begriffswelt von COM, insofern die Themen für VBA-Entwickler relevant sind – mehr nicht. Im allgemeinen können Sie davon ausgehen, daß überall da, wo OLE davorsteht, Sie problemlos auch ActiveX lesen können. Und wo ActiveX steht, können Sie auch COM, DCOM oder COM+ lesen. Natürlich ist diese Gleichsetzung im Detail nicht richtig. So

---

169 Mit »Zählerpflege« ist ein »Zählermechanismus« gemeint, der Aufschluß darüber gibt, ob und wie viele COM-Objekte (COM-Instanzen, Komponenten-Objekte) einer bestimmten COM-Klasse gerade aktiv sind, wann ein COM-Objekt nicht länger gebraucht wird und ob es abgebaut werden kann.
170 Hierüber erfahren Sie mehr in Abschnitt, »2.9.5 COM: Beschreibung«, auf Seite 113 ff.
171 [SCHÄP003]: S. 200 ff.
172 Wie Sie sehen, kann Microsoft bis heute vom Namenaustauschspiel nicht die Finger lassen.
173 Ohne jemanden eine böse Absicht zu unterstellen, kann man anhand der vorhandenen Fachpublikationen mühelos nachweisen, daß sowohl Microsoft als auch viele bekannte Fachexperten gleichwie Informatik-Professoren für das OLE-/ActiveX-/COM-Sprachchaos verantwortlich sind. So gern der Autor des vorliegenden Buches einmal eine Liste erstellen würde, wer welchen Begriffschaos verursacht hat, so wenig ist hier der rechte Platz dafür. Einen kleinen Appell kann sich die Fußnote nicht verkneifen: Bitte, bitte, ihr Jahwes der informellen Revolution – tragt Eure Grabenkämpfe um Begriffe, Standards und Definitionen nicht immer auf den Rücken von uns Laien und Semiprofessionellen aus!

what?[174] Aus Sicht eines VBA-Programmierers können im Zeitalter von .NET alle genannten Lexeme wie eines gelesen werden.[175] Das Buch verwendet nach Möglichkeit immer COM als umfassenden Begriff. Im wesentlichen dreht sich die COM-Spezifikation um folgende fundamentale Begriffe:

- COM-Komponente
- COM-Klasse
- COM-Objekt
- COM-Schnittstelle
- COM-Server
- COM-Client
- COM-Steuerelement

Sie erhalten nachstehend eine kleine Übersicht zum Sprachgebrauch. Diese hat keinerlei Anspruch auf Vollständigkeit. In der Marginalie wird jeweils ein subjektiv ausgewähltes COM-Hauptstichwort (Basisbegriff) zu den COM/OLE/ActiveX-Bezeichnungen aufgelistet. Falls erforderlich, werden danach Begriffe verzeichnet, die nachweislich in Fachpublikationen, bei Microsoft und in der Informatik mit dem Hauptstichwort synonym verwendet wurden und werden, obwohl sie teilweise etwas ganz anderes bedeuten und im Widerspruch zum Gebrauch des Basisbegriffs stehen. Sprachverwendungen, die nach der unmaßgeblichen Meinung des Autors dieses Buches, wenig gelungen sind, werden ebenfalls kurz erwähnt.

- In diesem Buch ist mit *COM-Komponente* ein Softwarebaustein im Sinne der COM-Spezifikation gemeint, der COM-Klassen enthält und zur Laufzeit die Umgebung für die COM-Objekte dieser COM-Klassen bildet. In der Fachliteratur und je nach Kontext werden zum Teil andere Ausdrücke mit dem Begriff *COM-Komponente* synonym verwendet, obwohl sie genaugenommen eigene Bedeutungen besitzen. Diese Ausdrücke lassen sich in drei Gruppen einteilen, nämlich in (1) grundlegend mißverständliche, in (2) synonyme Ausdrücke, die aus einem gewissen Zeitgeist heraus entstanden sind, und in (3) Bezeichnungen, die begrifflich bloß einen bestimmten Aspekt oder einen Teilbereich einer COM-Komponente hervorheben.

  1. Grundlegend mißverständlich sind Ausdrücke, die synonym mit dem Begriff COM-Komponente gebraucht werden, die aber zur Spezifikation des Begriffs gehören, aus einem anderen EDV-Paradigma stammen, manchmal auch einen Ober- oder Unterbegriff zu ihm darstellen. Hierzu zählen beispielsweise *Objekt, Klasse, Komponente, Server, COM-Klasse, COM-Objekt, Bibliothek* ... und so weiter.[176]

Andere Begriffe für COM-Komponente

---

174 Dt. »Na und?«
175 Notabene: Der Autor des Buches hält eine detaillierte, theoretisch-historische Begriffsanalyse zwar für sinnvoll, in der Praxis aber für Liebhaberei. Relativ einfache Sachverhalte werden durch ausufernde Abgrenzungen komplex gemacht. Komplexe Abhandlungen lassen sich aber nur an jene wenigen einzelnen Leser verkaufen, die über soviel Biß und Ausdauer verfügen, daß sie auch ermüdende Materie durchdringen können. Der Autor des vorliegenden Buches ist selbstkritisch genug, um zu bemerken, daß er im vorliegenden Werk an mehr als einer Stelle der genannten Liebhaberei nachgibt. Vielleicht sehen jene Leser, die anders »drauf« sind, dem Autor seine kleine Schwäche nach, wenn sie erfahren, daß das Manuskript vor der Veröffentlichung mehr als den doppelten Umfang besaß.
176 Das Kapitel 2.7, »Schnellkurs: Was ist Komponentenorientierung?«, Seite 67 folgende geht auf einige Unterschiede zwischen diesen Bezeichnungen und dem Begriff COM-Komponente ein.

2. Synonyme, die in einem gewissen Sinne ihre Berechtigung haben, da sie historisch gewachsen sind und den Microsoftschen Sprachgebrauch widerspiegeln, sind zum Beispiel *OLE-Komponente* oder *ActiveX-Komponente*. Allerdings verwendet Microsoft diese Begriffe gleichzeitig auch zur Kennzeichnung eines *COM-Servers* (siehe weiter unten in diesem Kapitel), was zur »Verwässerung« der Begriffe führt und in der Vergangenheit schon viele Entwickler verwirrte. Will man genau sein, muß man sagen, daß mit COM-Server und COM-Client *Ausprägungen* oder *Varianten* von COM-Komponenten (bzw. von OLE- oder ActiveX-Komponenten) gemeint sind. Mit anderen Worten: Je nach Betrachtungsweise kann eine COM-Komponente ein *COM-Client* oder ein *COM-Server* oder beides zugleich sein; je nach Standpunkt und Kontext kann sie aber auch *COM-Container*, *COM-Steuerelement*, *COM-Bibliothek* oder dergleichen sein.

3. Jene Bezeichnungen, die einen Teilbereich einer COM-Komponente hervorheben, die eine Variante einer COM-Komponente bezeichnen und/oder ein Unterbegriff zum Begriff COM-Komponente sind, kann man unter drei Aspekten zusammenfassen[177].

   - Einsatz-Aspekt: *COM-Steuerelement*, *COM-Dokument*, *Code-Komponente* (beziehungsweise *COM-Server*), *COM-Client*, *COM-Container* ... und andere.[178]
   - Entwicklungsergebnis-Aspekt: *DLL*, *EXE*, *OLE-DLL*, *ActiveX-DLL*, *COM-DLL*, *OLE-EXE*, *ActiveX-EXE*, *COM-EXE*, *Klassenbibliothek*, *COM-Server* ... und so weiter.
   - Laufzeiten-Aspekt: *OLE-Objekt*, *ActiveX-Objekt*, *COM-Objekt* ... und so weiter.

Andere Begriffe für COM-Klasse
- Für den Begriff *COM-Klasse*[179] existieren vergleichsweise wenige Synonyme. *OLE-* oder *ActiveX-Klasse* sind **keine** gebräuchlichen Ausdrücke. Verwandte, aber unangemessene Bezeichnungen für eine COM-Klasse sind Oberbegriffe oder Begriffe aus einem anderen Paradigma wie *Objekt*, *Klasse*, *Komponente*, *COM-Objekt*, *COM-Komponente* ... und so weiter.

Andere Begriffe für COM-Objekt
- Ein *COM-Objekt* wird manchmal auch als *Komponenten-Objekt*, *OLE-Objekt*, *OLE-Softwareobjekt*, *ActiveX-Objekt*, *Windows-Objekt* ... oder dergleichen bezeichnet. Grundlegend mißverständlich sind Ausdrücke, die als Synonym für den Begriff COM-Objekt gebraucht werden, im Grunde aber einen Ober- oder verwandten Begriff zu ihm darstellen. Hierzu zählen beispielsweise *Komponente*, *Klasse*, *COM*, *COM-Datei*, *Objekt*, *ActiveX-Komponente*, *OLE-Komponente*, *COM-Komponente* ... und so weiter.

- Es ist oft schwer, den Begriff COM-Objekt von den Begriffen COM-Klasse und COM-Komponente abzugrenzen. Wer sich zum Beispiel auf eine Methode bezieht, kann im Prinzip drei in sich stimmige und korrekte Ausdrücke verwenden:

- »Die Methode des COM-Objekts ...«
- »Die Methode der COM-Klasse ...«
- »Die Methode der COM-Komponente ...«

Besonders verwirrend ist, daß COM-Objekt einerseits als Synonym für eine *COM-Komponente* gebraucht wird, andererseits viele Autoren ein COM-Objekt mit der *COM-Instanz* einer COM-Klasse oder einfach nur mit einem *Objekt* gleichsetzen.

---

177 Auf die drei Aspekte geht der Abschnitt »Komponente: Beispiel«, S. 79 ff. ein.
178 Der Sprachgebrauch für die genannten Bezeichnungen wird nachstehend besprochen.
179 Engl. »component object class« oder »coclass«.

»Welchen Begriff Sie im konkreten Fall verwenden, sollten Sie vom Kontext abhängig machen. Verwenden Sie (COM-)Objekt nur dann, wenn es um das Verhalten einer konkreten Instanz zur Laufzeit geht. Beschreiben Sie jedoch allgemein die bereitgestellten Funktionen, so verwenden Sie besser die (COM-)Klasse als Bezugspunkt.«[180]

▶ In diesem Sinne versucht das Buch, den Begriff COM-Komponente nur dann zu verwenden, wenn es Funktionalitäten in einem allgemeinen Zusammenhang darstellen will; den Begriff COM-Objekt wird es aber nach besten Bemühen dann verwenden, wenn es die *konkrete COM-Instanz* einer COM-Klasse meint (Laufzeiten-Aspekt).[181]

> **Eine kleine Bitte am Rande:** Der geneigte Leser möge es verzeihen, wenn der Autor des Buches sich hin und wieder selber nicht an postulierte Gebrauchweisen von Begriffen hält. Die COM-Technologie und alles, was damit zusammenhängt, läßt sich nach der Meinung des Autors heute nicht mehr in einen konsistenten Sprachgebrauch überführen, zumal die COM-Urheber diesen auch nicht kennen. Stellen Sie sich COM einfach als Ergänzung zu Nietzsches Werk vor. Bekanntlich ist dort jedes zweite Wort ebenfalls doppel- oder sogar mehrdeutig.

▶ Synonyme für den Begriff *COM-Schnittstelle*, die unter anderem in Dokumentationen aus dem Haus Microsoft auftauchen, sind zum Beispiel *OLE-Schnittstelle*, *ActiveX-Schnittstelle*, *OLE-Interface*, *COM-Interface*, *ActiveX-Interface*, *Automations-/Automatisierungsschnittstelle*, englisch auch »*arrays of function pointers*« ... et cetera. Zuweilen findet man in Fachpublikationen die unangemessenen Ausdrücke *Objektschnittstelle* oder *Klassenschnittstelle*. Verwirrend ist der Gebrauch der Oberbegriffe *Softwareschnittstelle*, *Standardschnittstelle*, *Schnittstelle* oder *Interface*. Im allgemeinen steht der Begriff *Schnittstelle* nur für einen Verbindungs- oder Berührungspunkt von Systemen, die miteinander kommunizieren beziehungsweise zusammenarbeiten. In diesem Sinne ist der Begriff COM-Schnittstelle zwar ein Unterbegriff zu Softwareschnittstelle, hat aber beispielsweise nichts mit Hardware- und/oder Benutzerschnittstellen zu tun.

Andere Begriffe für COM-Schnittstelle

▶ Für eine COM-Komponente, die anderen COM-Komponenten *Dienste*[182] und COM-Objekte zur Verfügung stellt, gibt es eine wahre Flut an Bezeichnungen. Das vorliegende Buch verwendet den Ausdruck *COM-Server*.

Andere Begriffe für COM-Server

▶ Landläufige Synonyme für den Begriff COM-Server sind *OLE-Server*, *ActiveX-Server*, *Automationsserver*, *ActiveX-Automationsserver*, *Automatisierungsserver*, *OLE-Automations- und OLE-Automatisierungs-Server*, *Serveranwendung*, *COM-Komponenten-Server* ... und andere.

▶ Microsoft stellte vorübergehend den Einsatz-Aspekt eines COM-Servers in den Vordergrund und prägte für den Begriff COM-Server die Bezeichnung *Code-Komponente*. Software-Praktiker betonen in ihrem Sprachgebrauch häufig, in welcher Form ein COM-Server vorliegt und/oder implementiert ist (Entwicklungsergebnis-Aspekt). Sie verwenden *ActiveX-EXE*, *ActiveX-DLL*, *OLE-EXE*, *OLE-DLL*, *DLL*, *EXE* ... et cetera bedeutungsgleich

---

180 Vgl. [SCHWI001].
181 Dem Autor des Buches ist bekannt, daß andere Autoren in diesem Zusammenhang andere Gebrauchsweisen des Begriffs COM-Objekt favorisieren. Es gibt beispielsweise Werke, die alle Unterschiede zwischen dem Begriff *Komponente* und dem Begriff *COM-Objekt* nivellieren.
182 Als »Dienste« bezeichnet man die von einer COM-Komponenten beziehungsweise einem COM-Objekt veröffentlichten *Methoden*.

mit dem Wort *COM-Server*. Last, but not least gebrauchen viele Fachpublikationen und auch die Microsoft-Dokumentationen vieldeutige Ober- und verwandte Begriffe, wenn sie eigentlich einen COM-Server meinen. Zum Beispiel sprechen sie von einer *Komponente*, einer *COM-Komponente* oder einem *Server* ... obwohl ihre Rede eigentlich nicht auf ein Abstraktum, sondern auf einen spezifischen COM-Server anspielt.

Andere Begriffe für InProc-Server Ein COM-Server kann als prozeßinterne Komponente vorliegen. Gängige Namen und Schreibweisen dafür sind *InProc-Server*, *In-Process-Server*, *In-Prozeß-Server*, *In-Process COM Server*, *ActiveX-DLL* ... und ähnliche.

Andere Begriffe für OutProc-Server Ein COM-Server kann auch als prozeßexterne Komponente realisiert sein. Allgemein bekannte Namen und Schreibweisen dafür sind *OutProc-Server*, *Out-Of-Process-Server*, *ActiveX-EXE* ... und ähnliche. Ableitungsbegriffe für OutProc-Server sind zum Beispiel *Lokaler Server*[183] oder *Remote Server*[184].

Andere Begriffe für COM-Client *COM-Client* nennt man eine COM-Komponente, die ein COM-Objekt oder einen Dienst in Form eines COM-Objektes von einem COM-Server anfordert. Verwandte und/oder abgeleitete Begriffe, die mit dem Begriff COM-Client häufig synonym verwendet werden, sind *OLE-Client*, *ActiveX-Client*, *Controller*, *ActiveX-Automations-* oder *-Automatisierungs-Controller*, *OLE-Controller* ... und so weiter. Mißverständlich ist die Verwendung des Obergriffs *Client* an der Stelle des Begriffs *COM-Client*. Allgemein muß ein Client nämlich kein COM-Programm sein – er kann auch Computer sein, der Dienste von einem anderen Computer anfordert.

Andere Begriffe für COM-Container COM-Komponenten, in denen eingebettete oder verlinkte *COM-Steuerelemente* zusammengefaßt sind, bezeichnet man als *COM-Container*. Verwandte und/oder abgeleitete Begriffe, die mit dem Begriff COM-Container häufig synonym verwendet werden, sind *OLE-Container* und *ActiveX-Container*. Sinnverwandt mit dem Terminus COM-Container sind Termini für COM-Komponenten, die COM-Container implizieren. Hierzu zählen zum Beispiel *Container-Anwendung*, *Container-Programm*, *OLE-Container-Anwendung*, *ActiveX-Container-Anwendung*, *COM-Container-Anwendung* ... und so weiter. Strenggenommen unterscheidet sich aber eine *COM-Container-Anwendung* (wie zum Beispiel Word, VB, VBA, Access, Visual FoxPro, Visual C++ ...) von ihrem implizierten COM-Container (wie zum Beispiel ein VB-/VBA-Formular, eine HTML-Seite oder ein Office-Dokument ...).

Andere Begriffe für COM-Steuerelement
- COM-Komponenten, die nicht eigenständig, sondern nur in einem *COM-Container* ausführbar sind, werden *COM-Steuerelemente* genannt. Verbreitete Synonyme für den Begriff COM-Steuerelement sind *COM-Control*, *OLE-Steuerelement*[185], *ActiveX-Control* und *ActiveX-Steuerelement*. Neben diesen Bezeichnungen gebrauchen viele Fachpublikationen und die Microsoft-Dokumentationen vieldeutige Ober- und verwandte Begriffe, wenn sie eigentlich ein COM-Steuerelement charakterisieren wollen. Zum Beispiel sprechen sie von *Controls*, *User Controls*, *COM-Servern*, *Komponenten*, *Zusatzsteuerelementen*, *Benutzeroberflächenelementen*, *Benutzersteuerelementen*, *Steuerelementen* ... und so weiter. Nach Möglichkeit sollten Sie keinen abstrakten Oberbegriff verwenden, wenn Sie

---

183 Engl. »*local server*«.
184 Dt. etwa »Fernserver«. Allerdings wird Begriff Remote Server selten übersetzt.
185 Verwechseln Sie nicht den Begriff OLE-Steuerelement mit der Bezeichnung *OLE-Container-Steuerelement* oder *OLE-Feld*. Bei diesen Begriffen handelt es sich um ein vorgefertigtes VB-Standardsteuerelement. Es wird verwendet, um Objekte anderer Anwendungen mit einer VB-Anwendung zu verknüpfen und in diese einzubetten.

von einem COM-Steuerelement sprechen. Im allgemeinen umfaßt der Begriff *Steuerelement* nämlich nicht nur COM-Steuerelemente – sondern auch »Kaffeebohnen«[186]. COM-Steuerelemente werden auch unter dem Entwicklungsergebnis-Aspekt oder dem Einsatz-Aspekt typisiert. Beispiele dafür sind die Bezeichnungen *OCX*, *OCX-Datei*, *OCX-Control*, *OCX-Steuerelement* und *VBA-Komponente*, *VB-/VBA-Steuerelement* ... und so weiter.

Die Steuerung fremder COM-Komponenten wird grundsätzlich als COM-Automation bezeichnet. Andere allgemein bekannte Begriffe dafür sind *Automation*, *OLE-Automation*[187], *ActiveX-Automation*, *Automationsschnittstelle*, *Automatisierungsschnittstelle*, *COM-Automation*.

Andere Begriffe für Automation und COM-Automation

> **Anmerkung** Natürlich gibt es noch viel mehr Begriffe rund um die Komponenten-Thematik OLE, ActiveX, COM und .NET. Zum Beispiel vermeidet das vorliegende Buch Ausdrücke wie *Dokumentenobjekt*, *Vor-Ort-Aktivierung*, *Klassenfabrik*, *Remote-Automation*, *Unmanaged Code* ... und so weiter. Diese und andere Begriffe sollen nur am Rande oder gar nicht erwähnt werden, denn dazu gibt es gute Fachliteratur – und dies ist ein Buch zu Word und VBA – nicht zu OLE, ActiveX, COM oder .NET.

2.9.3 COM: Ausprägungen

Der Begriff COM wird im vorliegenden Buch in vier Ausprägungen verwendet:

- Als schriftliche **Spezifikation**, also im weitesten Sinn als eine Norm, die den Aufbau, die Struktur und das Verhalten von *Windows-konformen* Softwarekomponenten und von COM-Diensten beschreibt. Microsoft stellt zur Drucklegung des vorliegenden Buches umfassende Informationen zur schriftlichen COM-Spezifikation auf eigens zu diesem Zweck eingerichteten Internetseiten unter dem Link *http://www.microsoft.com/com/default.asp* zur Verfügung.

- Als **Softwarearchitektur**, die sich nicht nur mit Struktur und Verhalten befaßt, »sondern auch mit Nutzung, Funktionalität, Leistung, Robustheit, Wiederverwendbarkeit, Verständlichkeit, wirtschaftlichen und technischen Bedingungen und Wechselwirkungen sowie mit ästhetischen Überlegungen.«[188]

- Als **Technologie**, also im weitesten Sinn als ein methodisch-rationales Verfahren, das der zielgerichteten Entwicklung, Nutzung Datentransformation von exakt definierten Software-Komponenten (insbesondere auf Windows-Plattformen) dient.

- Als **Implementierung**, die automatisch mit den modernen Windows-Betriebssystemen bei der Installation auf ein Computersystem aufgespielt wird. Die COM-Implementierung besteht aus mehreren unscheinbaren Systemdateien, die man auch als *COM-Bibliothek* bezeichnet. Die wichtigste Datei der COM-Bibliothek nennt sich aus historischen Gründen OLE32.DLL. Zur COM-Implementierung gehört im Grunde auch die Registrierdatenbank respektive die Registry-Dateien eines Windowssystems, weil dort zentrale Informationen über COM-Objekte hinterlegt werden.

---

[186] Kleiner Scherz am Rande: Mit »Kaffeebohnen« sind natürlich die *JavaBeans-Steuerelemente* gemeint.
[187] Engl. »object automation«.
[188] Vgl. [BOOCH001]: S. 34.

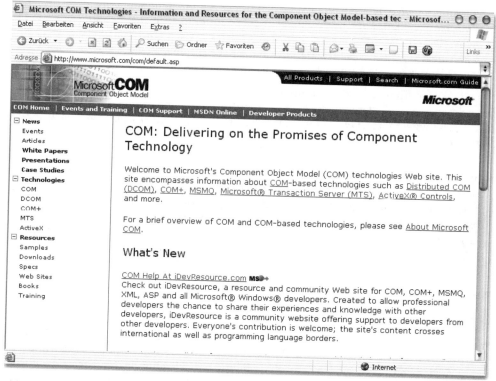

Abbildung 2.14 Webseite von Microsoft zu COM

2.9.4 COM: Definitionsbeispiele

Statt vieler Definitionsbeispiele die Frage eines Kindes: »Papa, was ist eigentlich COM?« Schluck! Einer der Momente, die einem Papa neben den Fragen »Was ist ein Objekt?« und »Kannst Du eigentlich auch ein Computerspiel auf Deinem Computer laufen lassen?« wohl am meisten fürchtet. Wie erklärt man es einem Kind? Da gibt es OLE, ActiveX, die Wiederverwendbarkeit, Bibliotheken und Schnittstellen und die Registry ... nein, nicht gut. Irgendwann war auf der Erde kein Computer, kein DOS-, kein Windows-Betriebssystem, nicht einmal Word oder VBA, da erhob sich Bill Gates, grinste und vertrieb die Primaten aus diesem Paradies. Er forderte sie auf, sich gegenseitig COM-Komponenten um die Ohren zu hauen, bis er .NET vermarkten konnte und dann ... Mist, geht auch nicht. Nun, da war der Urknall und der ... nein, den wollen wir da lieber doch nicht mit reinziehen. Lassen wir also das unsinnige Erklären, hauen dem vorlauten Balg links und rechts eine runter für die dumme Frage und freuen uns einfach, daß es COM noch gibt. – Will sagen: Für das, was COM ist, gibt es so viele Definitionen, wie es selbsternannte Entwickler-Gurus gibt. Stellvertretend für diese hier nun ein paar O-Töne von – zugegeben – sehr kompetenten Autoren, die uns seit Jahrzehnten mit qualifizierten Erklärungen zum Gates-Universum begleiten:

»*Das Component Object Model (COM) ist eine Technologie, die es einer Codekomponente ermöglicht, anderen Anwendungen auf eine exakt spezifizierte Art Dienste zur Verfügung zu stellen und Daten auszutauschen.*«[189]

»*... Originalton von Microsoft:* »*COM is an architecture and supporting infrastructure for building, using and evolving component software in a robust manner.*«[190] *Zu deutsch: COM ist eine Architektur (also etwas, auf dem man Programme aufbauen kann) gleichzeitig aber auch eine Umgebung (also etwas, in dem man konkret programmieren kann) für das Erstellen, Benutzen und Weiterentwickeln von Komponenten auf eine vernünftige und stabile Weise (das wollen wir auch hoffen) ...*«[191]

»*A single sentence can't define COM, because COM is such a monumental and omnipresent set of technologies.*"[192]

2.9.5 COM: Beschreibung

Was macht COM eigentlich so bedeutsam für VBA-Entwickler? Nun, COM ist ein mehr als ein Jahrzehnt altes Technologie-Patchwork zur *Wiederverwendbarkeit von Code*. Und alle existierenden VBA-Anwendungen, alle aktuellen Windows-Versionen, selbst die neutönerischen Implementationen der .NET-Laufzeitumgebung (nicht zuletzt ADO.NET) bauen massiv auf COM auf. Darüber hinaus steht Ihnen, sobald Sie hinter die Ideen von COM geschaut haben, eine gigantische Masse an Codezeilen zur freien Verwendung zur Verfügung. Sie suchen einen kleinen, kompakten Überblick, welche Technologien auf COM basieren? Kein Problem, können Sie haben, aber erschrecken Sie nicht in Anbetracht der vielen Akronyme. Betrachten Sie einfach die nachstehende Auflistung, die bei weitem nicht alles aufzählt, was eigentlich unter COM zu subsumieren ist – und vergessen Sie sie danach wieder:

Was bedeutet COM für VBA?

- Alle OLE-/COM-Anwendungen
- Alle OLE-/COM-Steuerelemente
- OLE-DB
- ADO (activex data objects)
- DAO (data access object)
- DirectX
- Exchange Server
- Exchange Client
- Active Scripting
- Active Desktop
- IIS (internet information server)
- Microsoft Agent
- Microsoft Java SDK
- Microsoft Wallet
- CDO (collaboration data objects)
- MAPI (messaging application programming interface)
- TAPI (telephone application programming interface
- SQL-DMO (structured query language distributed management objects)
- SQL-NS (structured query language notification services)
- Indexing Service
- Fax Services
- MSMQ (microsoft message queuing)
- Broadcast Architecture
- Still Image API RAS (remote access service)
- Synchronization Manager

---

189 [KÜHNE001]: S. 817.
190 Vgl. [MICRO010].
191 [MONAD004]: S. 90.
192 [BAXTE001]: Dt. etwa: »*Ein einzelner Satz kann COM nicht definieren, weil COM ein monumentale und allgegenwärtige Gruppe von Technologien ist.*«

- Microsoft Repository
- Microsoft Multimedia
- NetMeeting
- NetShow
- Active Directory
- Active Accessibility
- Clustering Service
- Structured Storage
- MTS (microsoft transaction server)
- MMC (microsoft management console)
- Windows Shell API
- ...

Sobald Sie gelernt haben, COM-Objekte zu benutzen, erhöht sich Ihre VBA-Produktivität um ein Vielfaches. Trotz zahlreicher Nachteile[193] und vieler Verwünschungen durch Programmierer erleichtert COM die Entwicklung anspruchsvoller Anwendungen. Sie können über COM auf Dienste[194] zugreifen, von denen Sie mit Sicherheit nicht wußten, daß sie sich auf Ihrem Computersystem tummeln. Bei COM geht es zu wie auf der grünen Wiese – nur daß die COM-Supermärkte Ihnen COM-Objekte und damit bestimmte Dienste überwiegend eingepreist offerieren.

Aus Word heraus ordern Sie, was Sie gerade für Ihre aktuelle Arbeit brauchen, ohne daß Sie selbst in großen Aktionismus verfallen: Outlook lassen Sie Adreßdaten für Ihre Worddokumente aufbereiten; eine komplexe Berechnung führt Excel im Hintergrund für Sie durch; Visio, Access, PowerPoint, AutoCad, CorelDraw ... all diese COM-Komponenten lassen sich via Word-VBA beziehungsweise COM-Automation für eigene Zwecke nutzen und steuern. Sogar Betriebssystemfunktionen und Subsysteme wie DirectX (Grafik), OLE DB (Datenbankzugriff) oder Active Directory Service (Dateisystem) stehen Ihnen offen.

> »Bedenkt man, daß die graphische Benutzeroberfläche nahezu aller Windowsanwendungen ActiveX-Steuerelemente enthält, die bekanntermaßen auch COM-Komponenten sind, wird klar, wie tief sich diese Technologie in unseren PC-Alltag eingegraben hat und wie abhängig wir von ihr geworden sind.«[195]

Natürlich können Sie die COM-Komponenten, die sich wechselseitig nutzen lassen, wie die meisten Windows-Anwender links liegen lassen. Aber Sie verschenken dadurch definitiv Arbeitserleichterungen. Das ist etwa so, wie wenn man ein Pferd und ein Auto besitzt – und man immer nur das Pferd benutzt, um von A nach B zu gelangen.

Es soll nicht verschwiegen werden, daß Microsoft viele Ideen der Objektorientierung und der Komponentenorientierung über die COM-Spezifikation sehr *pragmatisch* umsetzt (um es einmal höflich auszudrücken). Von Anfang an entwickelte Microsoft COM nicht aus purem Altruismus oder aus OO-Idealismus, sondern verfolgte mit der Technologie immer eigene Interessen. Hinter Schlagworten wie Wartbarkeit, Wiederverwendbarkeit, Fehlerverringerung, Codeoptimierung verbarg Microsoft das Ausschalten von Konkurrenzprodukten und -Technologien, die oft durchdachter waren die COM-Flickschusterei. Wie dem

---

[193] Die Fachpublikationen verweisen in diesem Zusammenhang in erster Linie auf die sogenannte *DLL-Hölle*. Damit werden Probleme charakterisiert, die auftreten, wenn ein später installiertes Programm einen bereits vorhandenen Software-Baustein (COM-Datei, DLL-Datei) eines älteren Programms überschreibt und die neuere Software-Baustein-Version von dem älteren Programm nicht benutzt werden kann.

[194] Vgl. Fußnote auf Seite 138.

[195] [KÜHNE001]: S. 823.

auch sei, Tatsache ist: Windows und Word und VBA, es wurde schon erwähnt und zieht sich wie ein roter Faden durch das Buch, sind ohne COM und *COM-Komponenten* wie ein Haus ohne Bauplan und Fundament.

COM-Komponente

Die COM-Spezifikation legt fest, daß unter einer *COM-Komponente* ein charakteristischer Software-Baustein zu verstehen ist, der eine oder mehrere *COM-Klassen* enthält und der zur Laufzeit die Umgebung für die *COM-Objekte* (Instanzen) dieser COM-Klasse(n) bildet.

Die gezielte Implementierung einer COM-Komponente ist einem Entwickler selbst überlassen. COM ist sprachunabhängig, so daß ein COM-Komponenten-Entwickler eine COM-Komponente (und damit die COM-Klassen) grundsätzlich in einer prozeduralen oder in einer objektorientierten Programmiersprache seiner Wahl programmieren kann (C++, Java, Visual Basic, Delphi ...). Freilich unterstützen nicht alle Programmiersprachen die Erstellung von COM-Komponenten. VBA ist in diesem Zusammenhang eher als Konsument von fertig entwickelten COM-Komponenten zu nennen. Erst seit Microsoft Word 2000, genauer gesagt erst seit der Office 2000 *Developer Edition*, ist es mittels VBA möglich, eine Art rudimentäre COM-Komponente zu erzeugen, die sogenannten COM-Add-Ins[196]. Allerdings spielt die COM-Add-In-Programmierung – nach der Meinung des Buchautors völlig zu Unrecht – in der VBA-Praxis eine untergeordnete Rolle. Eine COM-Komponente enthält übrigens in der Regel nicht nur eine, sondern mehrere COM-Klassen.

COM-Klasse

Eine COM-Klasse repräsentiert ein statisches Konzept, das zur Entwicklungszeit im Quellcode nach den Vorgaben des COM-Komponenten-Entwicklers festgelegt wird. Die *n* benutzerdefinierten öffentlichen COM-Klassen in einer COM-Komponente, die der Erzeugung von *n* COM-Objekten dienen können, beinhalten *n* COM-Schnittstellen. Mit anderen Worten: Eine einzelne COM-Klasse stellt die unter einem Namen zusammengefaßte Implementierung von einer oder mehreren *COM-Schnittstellen* dar (hierzu gleich mehr).

COM-Klassen-Name und -Kennummer: ProgID und CLSID

Eine COM-Klasse wird einerseits durch einen *vollständigen, eindeutigen Namen* identifizierbar, den man *ProgID* (*Ressource-ID*) nennt. Die ProgID besteht aus dem Namen der COM-Komponente und dem Namen der COM-Klasse. Die ProgID der COM-Klasse `application` in der COM-Komponente `word` lautet demnach beispielsweise `word.application`.

Andererseits wird eine COM-Klasse auch durch eine eindeutige Kennummer identifizierbar, die man *Identifier*[197], *Klassenbezeichner* oder *CLSID*[198] respektive *ClassID* nennt. Bei dieser Nummer handelt es sich um einen global einheitlichen Identifikator (engl. »global unique identifier« oder kurz GUID oder auch engl. »universally unique identifier, kurz UUID), konkret um eine 128-Bit (16-Byte) große Ganzzahl, die mittels einer COM-Systemfunktion erzeugt wird und beispielsweise folgendermaßen aussieht:

---

196 Ein COM-Add-In ist eine dynamische Bibliothek (.dll), die auf besondere Weise registriert ist, so daß sie durch beliebige Office-Anwendungen geladen werden kann.
197 Dt. »Identifikator« oder Bezeichner.
198 Abk. für engl. »class identifier«.

{000204EF-0000-0000-C000-000000000046}

▶ Die Wahrscheinlichkeit, daß die GUID zweimal vergeben wird, geht gegen Null. Sie setzt aus diversen Algorithmen und Informationen wie einem Kompilierdatum, einer Kompilierzeit und der lokalen MAC-Adresse der Netzwerkkarte und/oder der Board-ID des Rechners zusammen.

COM-Schnittstelle

▶ Die COM-Spezifikation definiert eine *COM-Schnittstelle* als einen Satz (Reihe, Menge, Sammlung) öffentlicher, also nicht privater, semantisch zusammenpassender Funktionen (auch »members«[199] genannt), die unter einem Namen zusammengefaßt werden[200].

▶ Technisch betrachtet ist eine (implementierte) COM-Schnittstelle sehr simpel. Sie ist nämlich nur eine C++-ähnliche, *virtuelle (Funktions-)Tabelle* beziehungsweise eine Liste von Funktionsdeklarationen. Mit anderen Worten: Eine COM-Schnittstelle ist ein Zeiger auf eine Tabelle von Zeiger(-funktionen) und deren Aufrufadressen. Die Zeiger(-funktionen) in der Tabelle zeigen ihrerseits wiederum auf einzelne Funktionen (Methoden, Eigenschaften[201]), die von COM-Objekten angeboten werden. Die virtuelle *(Funktions-)Tabelle* ermöglicht einen Datenaustausch über Prozeßgrenzen hinweg und wird kurz als *vTable* (vtable), als *VTBL* oder als *V-Tabelle* bezeichnet.

▶ Die COM-Spezifikation normiert den Aufbau von vTable und einige konkrete COM-Schnittstellen mit bestimmten Funktionalitäten. Darüberhinaus definiert sie sehr penibel, wie eine COM-Schnittstelle grundsätzlich auszusehen hat. Diese »Vorschrift« wird *Vertrag* oder *Schnittstellen-Vertrag*[202] genannt und legt Merkmale für COM-Schnittstellen fest:

▶ Eine eindeutige Schnittstellen-Kennummer (GUID beziehungsweise IID – hierzu gleich mehr) und einen Schnittstellennamen

▶ Eine Reihenfolge (Position) der einzelnen Funktionen innerhalb der Schnittstelle

▶ Die Parameter (Argumente) jeder Funktion der Schnittstelle

▶ Die Rückgabewerte jeder Funktion der Schnittstelle

▶ Die Datentypen der Parameter und der Rückgabewerte

Die COM-Spezifikation beschreibt sogar Namenskonventionen. Zum Beispiel schlägt sie vor, daß die Namen von Standard-COM-Schnittstellen, die allgemein lesbar sind, mit den Buchstaben »I« für Interface (also »Schnittstelle«) beginnen sollen; dafür legt sie aber nicht fest, wie und in welcher Sprache die Schnittstellenfunktionen implementiert werden. Die Syntax von COM-Schnittstellen ist gewöhnlich in Typenbibliotheken beschrieben.[203]

---

199 Dt. »Mitglieder«.
200 Der COM-Schnittstellen-Name hat für die Programmierung eigentlich keine Bedeutung.
201 Unter VB und VBA aber auch unter den .NET-Sprachen verwischen oft die Grenzen zwischen einer *Eigenschaft* und einer *Methode*. Der Grund dafür ist darin zu sehen, daß in der VB-/VBA-/VB.NET-Programmierpraxis das Schreiben der Definitionen für Eigenschaften eines Objektes im wesentlichen wie das Schreiben von Standardfunktionen oder Prozeduren geschieht, mit dem Unterschied einer besonderen Syntax, den sogenannten *Property-Get-* und *Property-Let-Prozeduren* (hierzu später mehr). Diese Sprach-Konvention ist ein Nachbau der internen Routinen der COM-Schnittstellen, die in jedem Fall über einen Property-Get-/Let-Mechanismus die Eigenschaften eines COM-Objekts »nach draußen« anbieten.
202 Im Original engl. »contract«.
203 Vgl. Abschnitt 2.8, »Schnellkurs: Was sind Bibliotheken?«, Seite 81 ff.

Auf COM-Objekte kann ausschließlich über COM-Schnittstellen zugegriffen werden (wer hätte das gedacht) und alle COM-Komponenten »kommunizieren« untereinander ausschließlich über sie. Eine COM-Schnittstelle kapselt folglich ein COM-Objekt und standardisiert gleichzeitig die Art der Kommunikation für alle COM-Objekte. Wie ein COM-Objekt intern implementiert ist, ist für seine Definition völlig egal, es muß nur die definierten COM-Schnittstellen nach außen hin anbieten.

COM-Schnittstellen-Kennummer: IID

COM-Schnittstellen müssen genauso wie COM-Klassen *global eindeutig* identifizierbar sein, damit der Zugriff auf sie mit an Sicherheit grenzender Wahrscheinlichkeit sichergestellt ist. Dazu dienen ebenfalls 128-Bit breite Kennummern (GUIDs), denen man den Namen *Interface Identifier* (kurz IID) und *Schnittstellenbezeichner* verliehen hat. Eine COM-Schnittstelle darf nur einmal mittels einer IID auf einem Computersystem definiert und danach laut COM-Spezifikation nicht mehr geändert werden, um die Kompatibilität mit mehreren COM-Schnittstellen zu gewährleisten.

COM-Schnittstelle IUnknown

Alle COM-Objekte müssen mindestens eine COM-Schnittstelle namens IUnknown[204] besitzen beziehungsweise exportieren. Außerdem stellt IUnknown die Basisschnittstelle für alle anderen COM-Schnittstellen dar. Will sagen: Jede andere COM-Schnittstelle leitet sich von IUnknown ab (*Schnittstellenvererbung*). Die Funktionalität der IUnknown-Schnittstelle ist in der COM-Spezifikation genauestens definiert:

- Referenzzählen für ein COM-Objekt
- Schnittstellen eines COM-Objekts abfragen

Die Funktionalität wird gewährleistet, in dem die IUnknown-Schnittstelle drei Funktionen implementiert, nämlich:

- AddRef[205]: Erhöht den Referenzzähler eines COM-Objektes.
- Release[206]: Erniedrigt den Referenzzähler eines COM-Objektes.
- QueryInterface[207]: Gibt beim Aufruf die Kennummer (IID) der angefragten Schnittstelle zurück.

Die Methoden AddRef und Release bedienen einen sogenannten Referenzzähler (»Lebenszeitverwaltung«), über den jedes COM-Objekt verfügt. Der Referenzzähler gibt an, ob ein COM-Objekt noch benötigt wird – oder ob es aus dem Speicher entfernt werden könnte. Da ein COM-Objekt mehr als einmal und von unterschiedlichen COM-Objekt-Nutzern aus referenziert werden kann, darf dieser Mechanismus nicht losgelöst vom COM-Objekt implementiert sein. Ein COM-Objekt muß selber seine »Lebenszeit« beziehungsweise die Anzahl seiner Referenzen kennen und verwalten.

> *»Mit jeder neuen Instanz und mit jeder zusätzlichen Referenz auf eine bestehende Instanz wird die Methode* Addref *aufgerufen, die den Referenzzähler um 1 erhöht. Mit jeder Freigabe*

---

[204] Dt. etwa »unbekannte Schnittstelle«, wobei das »I« im Namen einer Schnittstelle immer für engl. »interface« steht.
[205] Abk. für engl. »add reference«, im Sinne von »addiere (erhöhe) Referenzzähler« gemeint.
[206] Eigentlich dt. »freilassen«, »loslassen«, »veröffentlichen«, »Veröffentlichung«, »Version«. Hier im Sinne von »verringere Versionszahl (Referenzzähler)« gemeint.
[207] Dt. »Abfrageschnittstelle« oder als dt. Bezeichner formuliert: »FrageSchnittstelleAb«.

einer Referenz wird der Referenzzähler durch Aufruf der Methode `Release` *um denselben Betrag verringert. Steht er auf Null, wird das (COM-)Objekt zerstört und der von ihm beanspruchte Speicher wieder freigegeben.«*[208]

Der Methode `QueryInterface` wird beim Aufruf die Kennummer (IID) einer gesuchten COM-Schnittstelle übergeben. Findet `QueryInterface` die entsprechende COM-Schnittstelle einer COM-Klasse, gibt sie diese als Zeiger zurück. Unterstützt eine COM-Klasse eine gesuchte COM-Schnittstelle nicht, wird eine Fehlermeldung zurückgegeben.

In Abschnitt 2.8.5, »Bibliothek: Beschreibung«, haben Sie bereits erfahren, daß die COM-Schnittstellen der COM-Klassen durch die neutrale Standardsprache IDL beschrieben wird. Die `IUnknown`-Schnittstelle wird in der Sprache IDL folgendermaßen deklariert:

```
interface IUnknown
{
    virtual HRESULT QueryInterface(IID& iid, void** ppv) =0;
    virtual ULONG   AddRef(void) =0;
    virtual ULONG   Release(void) =0;
};
```

Sie sprechen kein IDL und verstehen den Codeschnipsel nicht? Macht nichts. Als VBA-Entwickler werden Sie mit der IDL-Deklaration in der Regel nie konfrontiert. Auch werden Sie weder *namentlich* die Schnittstelle `IUnknown` und deren Funktionen `AddRef`, `Release` und `QueryInterface` aufrufen noch werden Sie auf andere wohldefinierte COM-Funktionen anderer wohldefinierte COM-Schnittstellen *explizit* zugreifen. Freilich werden Sie es *implizit* fortwährend tun, indem Sie Methoden und Eigenschaften nutzen, die Ihnen COM-Objekte zur Entwicklungszeit zur Verfügung stellen. Der Verständlichkeit halber kann man den Sachverhalt auch so formulieren: Als VBA-Entwickler greifen Sie auf die *konkreten* Methoden und Eigenschaften eines COM-Objektes zu, während Ihnen die *abstrakten* COM-Funktionen des COM-Objekts, die eigentlich erst den Zugriff auf die konkreten Methoden und Eigenschaften ermöglichen, Ihnen vorenthalten werden. Ein kleines Code-Fragment zur Schnittstelle `IUnkown` demonstriert, wie das in und mit VBA vonstatten geht.

Hinweis für Einsteiger Es sei noch einmal betont: Die Informationen in diesem Kapitel sind als vorausgreifende »Appetitbrocken« gedacht. Wenn Sie VBA-Einsteiger sind und mit dem nachstehenden Code nichts anfangen können, so ist das nicht weiter schlimm. Ignorieren Sie die Codezeilen einfach. Arbeiten Sie erst die praktischen Kapitel in diesem Buch durch (insbesondere den Abschnitt 20, »Objektorientierte Programmierung mit VBA«, ab Seite 547). Kehren Sie danach noch mal hierher zurück. Mit Sicherheit werden Sie dann ein Aha-Erlebnis haben.

```
Sub BspIUnknown()

'Deklarieren von Objektvariablen.
'Noch existiert kein Objekt im Speicher.
Dim MeinObjekt1 As Object
Dim MeinObjekt2 As Object

'Legt ein neues Objekt der COM-Klasse "Word.Font" an.
'Setzt "MeinObjekt1" als Referenz auf das COM-Objekt.
'Ruft AddRef auf. Der Referenzzähler beträgt nun 1.
```

---

[208] [KÜHNE001]: S. 819.

```
Set MeinObjekt1 = New Word.Font

'Setzt "MeinObjekt2" als Referenz auf das COM-Objekt.
'Ruft AddRef auf. Der Referenzzähler beträgt nun 2.
Set MeinObjekt2 = MeinObjekt1

'Hebt die Verbindung der Objektvariablen "MeinObjekt2"
'zum zugehörigen COM-Objekt auf.
'Ruft Release auf. Der Referenzzähler beträgt nun 1.
Set MeinObjekt2 = Nothing

'Hebt die Verbindung der Objektvariablen "MeinObjekt1"
'zum zugehörigen COM-Objekt auf.
'Ruft Release auf. Der Referenzzähler beträgt nun 0.
'Das Objekt wird freigegeben und seine Terminierungs-
'funktion wird aufgerufen.
Set MeinObjekt1 = Nothing

End Sub
```

COM-Server und COM-Client

Eine COM-Komponente (COM-Anwendung), die COM-Klassen einer anderen COM-Komponente benutzt, um daraus COM-Objekte zu erzeugen, auf deren Methoden und Eigenschaften sie zugreift, wird *COM-Client* genannt.

Eine COM-Komponente wiederum, die über eine oder mehrere COM-Klassen ein oder mehrere COM-Objekte und deren Dienste zur Verfügung stellt, wird *COM-Server* genannt.

COM übernimmt in diesem Zusammenhang das Bibliotheksprinzip, das weiter oben eingehend besprochen wurde.[209] Das Bild von einem COM-Server, der einem COM-Client letztlich COM-Objekte und deren Dienste »ausleiht« wird in Analogie zu dem Bild einer Bibliothek gesehen, die den Bibliotheksnutzern Bücher zum Verleih darbietet. Wie Sie bereits erfahren haben, sind die COM-Server auf Dateiebene meist als Executable (.exe) oder als dynamische Bibliothek (.dll) ausgeführt.

COM-Automation

Die Ausführung von Befehlen einer Anwendung (COM-Client) in einer anderen Anwendung (COM-Server) respektive die Steuerung fremder COM-Komponenten nennt man *Automation* oder *COM-Automation*. Sie ist die wichtigste Neuerung von COM respektive OLE 2.0 gegenüber älteren Technologien wie DDE. Heute wird der Begriff im Prinzip nur noch dann gebraucht, wenn ein eigenständiges COM-Programm (wie Word oder Excel) von »außen« (durch ein anderes COM-Programm) gesteuert wird.

> »Eine Software, die mit COM entwickelt wurde, kann nicht zwangsläufig mit VBA programmiert werden. Wenn eine Anwendung oder ein Dienst allerdings die COM-Technologie, also die Automatisierung unterstützt, dann kann sie den Funktionen ihrer Komponenten Schnittstellen als Objekte offen legen, die dann von VBA ... programmiert werden können.«[210]

---

209 Siehe Abschnitt 2.8, »Schnellkurs: Was sind Bibliotheken?«, ab Seite 81.
210 [MSPRE003]: S. 96.

COM-Objekt

Das vorliegende Buch versteht unter einem COM-Objekt eine Instanz einer COM-Klasse – nicht mehr und nicht weniger. Ähnlich wie in einer COM-Komponente mehrere COM-Klassen gespeichert sein können, lassen sich aus COM-Klassen mehrere COM-Instanzen (COM-Objekte oder nur *Objekte*) ableiten. Diese Auslegungen sind nicht ganz unproblematisch, genügen aber, um eben diese COM-Objekte unter Word und VBA ohne viel Nachdenken einfach zu gebrauchen. Man kann auch sagen, daß ein COM-Objekt ein Teil eines kompilierten Codes ist, der spezifische Dienste dem Rest des Systems unter wohldefinierten Auflagen zur Verfügung stellt.

Ein COM-Objekt bietet seine Funktionen als Methoden und seinen Zustand als les- und setzbare Eigenschaften für COM-Clients über eine oder mehrere COM-Schnittstellen an. COM-Objekte werden demnach nur über Schnittstellenzeiger (COM-Funktionen) angesprochen und immer erst zur Laufzeit gebildet. Damit COM-Objekte unter Windows zusammenarbeiten können, definiert COM, grob formuliert, folgende Komponenten-Objekt-Mechanismen:

- **Schnittstellenmechanismus**: Dieser definiert allgemein das binäre Layout der COM-Objekte und gibt an, wie sie grundsätzlich ihre Dienste zur Verfügung stellen sollen, nämlich über Funktionen, die in Schnittstellen zusammengefaßt sind.
- **Zählermechanismus**: Dieser gibt Aufschluß darüber, ob und wieviele COM-Objekte einer bestimmten COM-Klasse gerade aktiv sind, wann ein COM-Objekt nicht länger gebraucht wird und ob es abgebaut werden kann (Referenzzählungsmechanismus).
- **Fehlerbehandlungsmechanismus**: Dieser definiert einen Satz an Fehlercodes und -werten für COM-Objekte. Diese werden zurückgegeben, wenn während der Arbeit mit einem COM-Objekt ein Fehler auftritt.
- **Lade- und Austauschmechanismus**: Dieser ermöglicht das Starten einer COM-Anwendung (COM-Server) mit COM-Objekten und den Zugriff auf die COM-Objekte durch den COM-Client. Er definiert auch, wie der Austausch binärer Daten mit COM-Objekten prozeß- und systemübergreifend vonstatten geht (Bindemechanismus).
- **Identifikationsmechanismus**: Dieser ermöglicht unter anderem mit Hilfe der zentralen Windows-Registrierdatenbank das system- und netzwerkweite Auffinden der COM-Objekte.

COM-Objektverweis

Der VBA-Zugriff auf eine COM-Klasse über ihren Namen und die »Ausleihe« eines COM-Objektes funktionieren nur, wenn der COM-Client (Bibliotheks-Nutzer) den Namen des COM-Servers (respektive den Namen der COM-spezifischen Klassenbibliothek) kennt. Dies geschieht durch das Erstellen eines Verweises auf einen COM-Server (beziehungsweise auf eine COM-spezifische Klassenbibliothek).

Durch Hinzufügen eines Verweises wird der sogenannte *Namensraum*[211] von VBA oder eines COM-Clients erweitert. Der Namensraum legt fest, welche Klassen von VBA erkannt werden. Der Begriff Namensraum spielt übrigens unter .NET eine wesentlich größere Rolle als unter COM.

---

211 Engl. »namespace«, siehe auch Abschnitt 13.6 »Namensräume« ab Seite 454.

COM-Container und COM-Steuerelement

Von den beiden Begriffen COM-Server und COM-Client sind die Begriffe *COM-Container* und *COM-Steuerelement* zu unterscheiden, obwohl sie den anderen beiden Begriffen sehr ähnlich sind.

Ein COM-Container ist jede COM-Komponente, die eine andere COM-Komponente *in sich aufnehmen kann*. Dies können zum Beispiel VB- oder VBA-Formulare, HTML- oder Office-Dokumente und so weiter sein.

Ein COM-Steuerelement wiederum ist eine COM-Komponente, die *nicht eigenständig lauffähig* ist, sondern in einem COM-Container eingebettet werden muß. Hierzu zählen zum Beispiel jene universellen COM-Komponenten, die in die Werkzeugsammlung des VBA-Editors von Word und anderen Office-Anwendungen eingefügt werden können und danach zum Beispiel für den Einsatz auf einem VBA-Formular (UserForm) zur Verfügung stehen (Listenfelder, Treeviews, Tabellensteuerelemente und so weiter). COM-Steuerelemente, die man auch *abhängige Objekte* nennt ...

> »... enthalten im allgemeinen keine öffentlichen Klassen und können daher nicht programmgesteuert instanziiert werden. Es ist allerdings möglich, .. (COM-Steuerelemente) ... zur Laufzeit der `Controls`-*Auflistung hinzuzufügen* ...«[212]

Die vier Betrachtungweisen eine COM-Komponente – COM-Client, COM-Server, COM-Container und COM-Steuerelement – schließen sich *nicht* per Definition aus. Ein COM-Server, aber auch ein COM-Client können zum Beispiel ein COM-Container oder ein COM-Steuerelement sein; und die Begriffe COM-Container oder COM-Steuerelement sagen, genau genommen, wenig darüber aus, ob eine COM-Komponente gerade COM-Server oder COM-Client ist. Die IDE von VBA versucht, den unterschiedlichen Sichtweisen auf COM-Komponenten gerecht zu werden, indem Sie je nach Version zwei oder drei Verfahren anbietet, einem VBA-Projekt COM-Komponenten bekannt zu machen:

▶ Der Verweis auf COM-Server (aber auch auf andere COM-Konstrukte) erfolgt über das Menü »**Extras**« und den Befehl »**Verweise ...**«.

▶ Die Verweise auf *einzelne* COM-Steuerelemente erfolgen vollständig transparent mit Hilfe einer sogenannten *Werkzeugsammlung* oder über den Befehl »**Zusätzliche Steuerelemente**« im Menü »**Extras**«.

▶ Die Verweise auf vollständige Bibliotheken mit mehreren COM-Steuerelementen werden über das Menü »**Einfügen**« und den Befehl »**Komponenten ...**« zu einem Word-/VBA-Projekt hinzugefügt (allerdings ist dieser Befehl nicht in allen Word/VBA-Entwicklungsumgebungen vorhanden).

Diese Differenzierung ist jedoch eher optischer Natur und ist ein schlechter Kompromiß zwischen den VBA-IDEs und der VB-IDE. Physikalisch werden alle COM-Komponenten binär als *ausführbare* Programme (EXE-Dateien) oder binär in Form von *dynamisch ladbaren Bibliotheken* (DLL-Dateien) gespeichert. Letztere liegen auch als Dateien mit der Namenserweiterung .OCX vor. Die OCX-Komponenten oder COM-Steuerelemente sind physisch im Grunde auch nur eine dynamische Bibliotheksdatei (.dll) mit einer anderen Namenserweiterung (.ocx).

---

212 [MONAD004]: S. 1074.

COM-Server: InProc- und OutProc-Server (Lokaler oder Remote-Server)

Ein COM-Server kann in zwei unterschiedlichen Varianten vorliegen:

▶ *InProc-Server* sind dynamische Bibliotheken (DLL-Datei) oder COM-Steuerelemente (OCX-Datei), die im Prozeß (Speicherbereich, Adreßraum) des COM-Clients geladen und ausgeführt werden. Der InProc-Server gehört zum selben Prozeß wird der COM-Client und kann nur zusammen mit ihm ausgeführt werden. Der Zugriff auf einen InProc-Server beziehungsweise auf die Klassen/Objekte eines InProc-Servers ist vergleichsweise schnell, da Methodenaufrufe nicht verpackt werden müssen, sondern direkt über *Schnittstellenreferenzen* weitergeleitet werden.

▶ Ein *OutProc-Server* eröffnet beim Start einen eigenen, unabhängigen Adreßraum im Speicher, einen eigenen *Thread*[213] und so weiter. OutProc-Server kommen in der Regel in Form einer selbständigen EXE-Datei und mit einer eigenen Benutzeroberfläche daher (im Falle einer OutProc-DLL-Datei muß ein Prozeß-Surrogat [DllHost.exe] vorhanden sein). Sobald ein Client auf Ressourcen des OutProc-Servers zugreift, wird dieser als selbständige COM-Anwendung automatisch gestartet.

Man unterscheidet zwischen *lokalen* OutProc-Servern (lokalen COM-Servern), die auf demselben Rechner wie der COM-Client laufen – und *fernen* OutPro-Servern (*Remote-Servern*, Remote-DCOM-Servern), die auf anderen Rechnern gestartet werden. Remote-Server erweitern im Prinzip nur das Konzept eines OutProc-Servers auf Netzwerkanwendungen.

COM-Klassen und COM-Schnittstellen in der Registry

Der volle Leistungsumfang von COM-Komponenten läßt sich von anderen COM-Komponenten aus nur dann nutzen, wenn zwei zwingend notwendige Anforderungen erfüllt sind. Daneben gibt es noch zwei optionale Beschreibungen, die man COM-Komponenten mitgeben kann, an denen aber leider oft gespart wird:

Notwendig zur Nutzung:	▶ Die COM-Komponente liegt physisch auf dem eigenen System (COM) oder auf einem Netzwerkrechner (DCOM) als Datei vor (Programmcode in einer EXE- oder in einer DLL-Datei, gegebenenfalls in einer entsprechenden Datei mit einer anderen Erweiterung wie zum Beispiel OCX). ▶ *Die COM-Komponente beziehungsweise die COM-Klassen und die COM-Schnittstellen sind in der Konfigurationsdatenbank von Windows (Registry) eingetragen.*
Optional:	▶ Eine *Typbibliothek*[214] beschreibt im Detail, welche COM-Objekte die COM-Komponente veröffentlicht und wie die Eigenschaften und Methoden des COM-Objekts samt zugehörigen Parametern (Argumenten) und Ergebnistypen aussehen (Typinformationen, häufig separat in einer OLB- oder ein TLB-Datei vorliegend). ▶ Eine Hilfedatei informiert die Software-Entwickler, die die COM-Komponente einsetzen wollen, über den Aufbau der nutzbaren COM-Objekte und den Sinn und Zweck der Eigenschaften und Methoden.

---

213 Dt »roter Faden«, »Handlungsfaden«. Ein Thread ist ein »leichgewichtiger« Prozeß, der Teil eines größeren Prozesses (Task) ist.
214 Vergleiche Abschnitt 2.8, »Schnellkurs: Was sind Bibliotheken?«, ab Seite 81 folgende.

Daß Informationen zu den COM-Komponenten und den COM-Schnittstellen an einer zentralen, vordefinierten Lokalität registriert sein müssen, liegt auf der Hand. Wäre dies nicht Fall, müßten COM-Clients, die einen COM-Server nutzen wollen, blindlings im Computersystem oder im Netzwerk nach diesen COM-Komponenten herumsuchen. Wie sich so eine Suche auf die Performance eines Computersystems auswirken würde, können Sie sich sicher vorstellen. Es gehört im übrigen nicht viel Phantasie dazu, der Registry die Rolle des COM-Komponenten-Zentralarchivs zuzuspielen.[215] Die wichtigsten Einträge finden Sie in folgenden Registry-Schlüsseln:

▶ Im Registry-Schlüssel »**HKEY_LOCAL_MACHINE\SOFTWARE\Classes**« (und in der Schlüssel-Spiegelung »**HKEY_CLASSES_ROOT**«) wird unter anderem die ProgID einer COM-Komponente eingetragen (zum Beispiel `Word.Application.11` mit der Zeichenfolge »*Microsoft Word-Anwendung*«). Dieser Schlüssel enthält in der Regel einen Eintrag mit dem Namen der CLSID, der auf die Identifizierungsnummer der COM-Komponenten verweist.

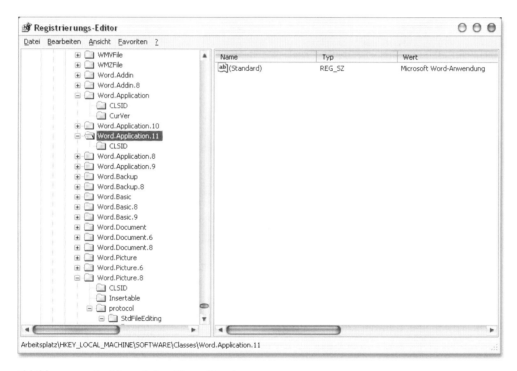

Abbildung 2.15 Registry mit ProgID von Word

▶ Die CLSID einer COM-Komponente wird in dem Registry-Schlüssel »**HKEY_LOCAL_MACHINE\SOFTWARE\Classes\CLSID**« (und in der Schlüssel-Spiegelung »**HKEY_CLASSES_ROOT\CLSID**«) eingetragen. Hier werden alle wichtigen Basisinformationen der COM-Komponenten gespeichert (zum Beispiel Name und Ordner der COM-Kompo-

---

[215] Langjährige Windows-Anwender erinnern sich bestimmt noch an die 16-Bit-Versionen. So wie damals jede Applikation während der Installation ihren »Senf« in die System.Ini und in die Win.Ini hineinschrieb, so wird heutzutage jede mögliche und unmögliche Information in die Registry eingetragen.

nenten-Datei, die Schlüssel-ID der Typenbibliothek, eventuell eine Reihe von Verben, auf die COM-Objekte reagieren, die aus der COM-Klasse abgeleitet werden ... und so weiter). Je nach COM-Komponente unterscheiden sich die Anzahl, die Kategorien und natürlich die Inhalte der Einträge nachhaltig voneinander.

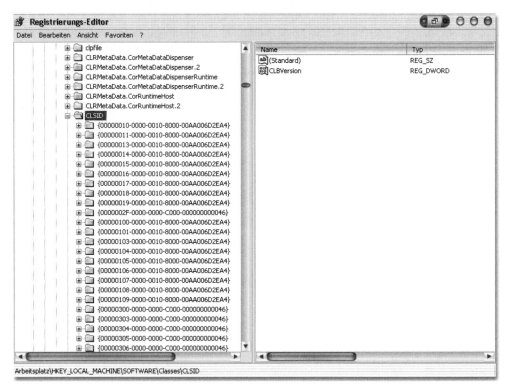

Abbildung 2.16 Registry mit dem Schlüssel CLSID

- Die IIDs der COM-Komponenten werden in dem Registry-Schlüssel »HKEY_LOCAL_ MACHINE\SOFTWARE\Classes\Interface« (und in der Schlüssel-Spiegelung »HKEY_ CLASSES_ROOT\INTERFACE«) abgelegt. Hier werden alle wichtigen Basisinformationen über die COM-Schnittstellen der COM-Komponenten gespeichert (zum Beispiel die Anzahl der unterstützten Methoden et cetera). Je nach COM-Schnittstelle unterscheiden sich die Anzahl, die Kategorien und die Inhalte der Einträge nachhaltig voneinander (siehe Abbildung 2.17).

- Die AppIDs (das sind die Kennummern von DCOM- oder Remote-COM-Komponenten) werden in dem Registry-Schlüssel »HKEY_LOCAL_MACHINE\SOFTWARE\Classes\ AppID« (und in der Schlüssel-Spiegelung »HKEY_CLASSE_ROOT\AppID«) abgelegt. Hier werden alle wichtigen Basisinformationen über die DCOM-Schnittstellen der DCOM-Komponenten gespeichert. Je nach DCOM-Schnittstelle unterscheiden sich die Anzahl, die Kategorien und die Inhalte der Einträge nachhaltig voneinander (siehe Abbildung 2.18).

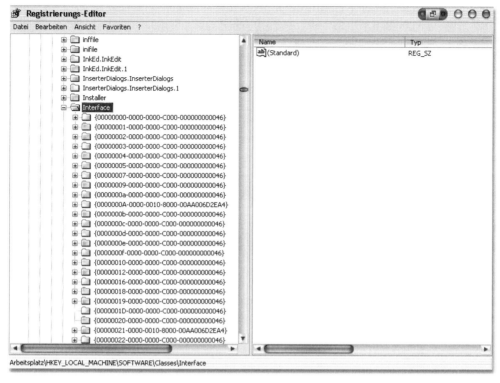

Abbildung 2.17 Registry mit IID

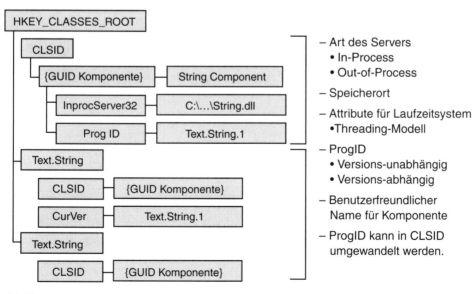

Abbildung 2.18 Einträge in der Windows-Registry

Schnellkurs: Was ist COM? **125**

Üblicherweise schreibt eine COM-Komponente, die auf einem Computersystem installiert wird, alle notwendigen Einträge automatisch selbst in die Registry. Insbesondere während der Entwicklung eines Software-Projektes im Team oder beim Administrieren von verschiedenen Computersystemen in einem Netzwerk (zum Beispiel Entwicklungs- und Zielsystemen) kommt es aber vor, daß man eine COM-Komponente nachträglich registrieren oder deregistrieren muß. Hierfür existieren, wie könnte es anders auf einem Computersystem sein, gleich mehrere Varianten:

- Manuell durch Auswahl einer COM-Komponente in der Entwicklungsumgebung einer Programmiersprache (bei VBA innerhalb des Visual Basic-Editors)
- Mit Hilfe des Microsoft-eigenen Kommandozeilentools RegSvr32.exe oder Kommandzeilen-Parametern wie `/regserver` (am besten über Script-/Batch-Routinen)
- Mit Hilfe von Registrierungs- und COM-Tools von Dritten (zum Beispiel »*COM Explorer*«[216])
- Programmgesteuert über die API-Funktion `DllRegisterServer` der Datei COMCtl32.ocx
- Im Rahmen einer Setup-/Installations-Routine, die gegebenenfalls mehrmals Mal ausgeführt wird.

Das An-/Abmelden von COM-Komponenten sollten Sie nicht durch das manuelle Editieren der Registry erledigen, sondern nach Möglichkeit immer durch ein Hilfsprogramm wie RegSvr32.exe oder durch eine entsprechende programmgesteuerte Routine.

Beispiel 1: Nachdem Sie die »Eingabeaufforderung« (Windows NT/2000/XP/2003) beziehungsweise die MS-DOS-Eingabeaufforderung (Windows 95/98/Me) geöffnet haben, veranlassen Sie das An-/Abmelden einer COM-Komponente durch den Aufruf des Hilfsprogramms RegSvr32.exe mit den entsprechenden Parametern. In der Regel sollten Sie vor dem Aufruf von RegSvr32.exe in jenen Ordner wechseln, in dem sich die COM-Komponente befindet (oder Sie müssen RegSvr32.exe den genauen Pfad zur COM-Komponenten-Datei mitteilen).

Funktion	Kommandozeilen-Beispiele
Registrieren	`RegSvr32 DATEINAME.DLL`
	`RegSvr32 DATEINAME.OCX`
	`RegSvr32 C:\DATEIORDNER\DATEINAME.DLL`
Deregistrieren	`RegSvr32 /u DATEINAME.DLL`
	`RegSvr32 /u DATEINAME.OCX`
	`RegSvr32 /u C:\DATEIORDNER\DATEINAME.DLL`

Wenn die Datei RegSvr32.exe nicht gefunden wird, befindet sie sich nicht im Suchpfad. In diesem Fall müssen Sie erst einmal nachsehen, ob sich das Programm überhaupt auf Ihrem Rechner befindet (zum Beispiel über »**Start-Suchen ...**« und »**Nach Dateien und Ordnern ...**«). Ist es nicht vorhanden, müssen Sie gegebenenfalls nachinstallieren oder von einem anderen Rechner auf Ihr System kopieren.

---

216 Vgl. Fußnote auf Seite 99.

In der Regel befindet sich RegSvr32.exe im *System32*-Ordner von Windows. Ist der Pfad nicht in die Umgebungsvariable Ihres Computersystems eingetragen, sollten Sie dies nachholen oder RegSvr32.exe in den Ordner der COM-Komponente kopieren, die Sie an- oder abmelden wollen. Den Suchpfad können Sie unter anderem über die Path- und die SystemRoot-Variable auf Kommandozeilenebene für eine Sitzung erweitern, also zum Beispiel über:

```
Set Path = %Path%;%SystemRoot%\System32
```

Es empfiehlt sich, falls nicht bereits geschehen, den System32-Ordner *dauerhaft* in die Windows-Umgebungsvariable aufzunehmen. Wie das geht, entnehmen Sie bitte der Windows-Hilfe.

Beispiel 2: Für alle, die es gerne ein bißchen bequemer haben, nachstehend ein VB-Script, mit dem Sie COM-Komponenten-Dateien mit der Erweiterung .dll oder .ocx per Mausklick an-/ oder abmelden.

1. Tippen Sie das Script mit Notepad oder einem Editor Ihrer Wahl ab (oder laden Sie es von der beiliegenden CD herunter).
2. Speichern Sie es unter dem Namen »**RegDLL.vbs**«.

Vorausgesetzt der *Windows Script Host* (WSH)[217] ist auf Ihrem Computersystem installiert und aktiviert, können Sie das VB-Script wie eine normale Anwendung starten. Nach dem ersten Aufruf installiert es sich in den Windows-Ordner und integriert in die Explorer-Kontextmenüs für DLL- und OCX-Dateien zwei neue Einträge mit der Bezeichnung »anmelden« und »abmelden«. Je nachdem, welchen der beiden Menüpunkte Sie ausgewählt haben, wird die entsprechende COM-Komponente dem Tool RegSvr32.exe als Parameter übergeben. RegSvr32.exe meldet dann die COM-Komponente in der Registry an oder ab. Falls Sie das Script nicht mehr brauchen, rufen Sie es ein zweites Mal direkt auf, und es löscht seine Einträge aus der Registry gleichwie seine Kopie im Windows-Ordner. Voraussetzung zur einwandfreien Nutzung des VB-Scripts ist natürlich auch, daß sich die Datei RegSvr32.exe im Suchpfad ihres Rechners befindet.

```
'Objekte erstellen und Objekt-Variablen zuweisen.
Set fso = CreateObject("Scripting.FileSystemObject")
Set myshell = CreateObject("Wscript.Shell")
Set umgebung = myshell.Environment("PROCESS")
Set arg = wscript.Arguments

'Fehlerbehandlung aktivieren
On Error Resume Next

'Parameter: Name der DLL-/OCX-Datei
strCOMDatei = arg(0)
'Parameter: "de"registrieren oder "re"gistrieren
strRegsvr32Mode = arg(1)
```

---

[217] Der WHS ist Bestandteil von Windows 98/98se/Me/NT4 (mit Option Pack)/2000/XP/2003. Wenn Sie unter Windows 95 arbeiten oder den WSH noch nicht installiert haben, können Sie ihn unter »http://msdn.microsoft.com/scripting« kostenlos herunterladen. Das Script funktioniert unter Windows 98 abwärts nur mit DLL-Dateien.

```vb
'Pfad zur Scriptdatei zusammenbauen.
strWinDir = umgebung("windir")
strInstallPfad = strWinDir & "\RegDLL.vbs"

'Kommandozeile zusammenbauen.
strNeu = "wscript.exe " & strWinDir & "\RegDLL.vbs " _
        & Chr(34) & "%1" & Chr(34)

'Wenn das Script ohne Datei-Parameter gestartet wurde:
If strCOMDatei = "" Then

    'Registry-Schlüssel einlesen
    strRegEintrag = myshell.regread( _
    "HKEY_CLASSES_ROOT\dllfile\Shell\anmelden\Command\")

' ... und wenn der Eintrag "anmelden" fehlt, Referenzen
'für das Script in der Registry anlegen ...
    If strRegEintrag = "" Then

    'Script in Windows-Ordner kopieren.
    strScriptPfad = wscript.scriptfullname
    Set objVBSDatei = fso.GetFile(strScriptPfad)
    objVBSDatei.Copy (strInstallPfad)

    'Setzen der notwendigen Registrierungschlüssel:
    myshell.regwrite ( _
"HKEY_CLASSES_ROOT\dllfile\Shell\anmelden\Command\") _
, strNeu & " -re"
    myshell.regwrite ( _
"HKEY_CLASSES_ROOT\dllfile\Shell\abmelden\Command\") _
, strNeu & " -de"
    myshell.regwrite ( _
"HKEY_CLASSES_ROOT\ocxfile\Shell\anmelden\Command\") _
, strNeu & " -re"
    myshell.regwrite ( _
"HKEY_CLASSES_ROOT\ocxfile\Shell\abmelden\Command\") _
, strNeu & " -de"

    'Meldung anzeigen.
    MsgBox "Das Script RegDLL.vbs zum An-/ " & _
        "Abmelden von COM-Komponenten " & _
        "(.DLL/.OCX) wurde installiert.", 64, _
        "RegDLL.VBS installiert"

    'Script beenden.
    wscript.Quit

'... und wenn der Eintrag "anmelden" in der Registry
'vorhanden ist, alle Referenzen auf das Script löschen.
    Else
```

```vbscript
    'Script im Windows-Ordner löschen.
    Weg = fso.DeleteFile(strInstallPfad, True)
    
    'Einträge aus der Registry entfernen.
    myshell.regdelete ( _
    "HKEY_CLASSES_ROOT\dllfile\Shell\anmelden\Command\")
    myshell.regdelete ( _
    "HKEY_CLASSES_ROOT\dllfile\Shell\anmelden\")
    myshell.regdelete ( _
    "HKEY_CLASSES_ROOT\dllfile\Shell\abmelden\Command\")
    myshell.regdelete ( _
    "HKEY_CLASSES_ROOT\dllfile\Shell\abmelden\")
    myshell.regdelete ( _
    "HKEY_CLASSES_ROOT\ocxfile\Shell\anmelden\Command\")
    myshell.regdelete ( _
    "HKEY_CLASSES_ROOT\ocxfile\Shell\anmelden\")
    myshell.regdelete ( _
    "HKEY_CLASSES_ROOT\ocxfile\Shell\abmelden\Command\")
    myshell.regdelete ( _
    "HKEY_CLASSES_ROOT\ocxfile\Shell\abmelden\")
    
    'Meldung anzeigen.
    MsgBox "Das Script RegDLL.vbs zum An-/ " & _
        "Abmelden von COM-Komponenten " & _
        "(.DLL/.OCX) wurde deinstalliert.", 64, _
        "RegDLL.VBS deinstalliert"
    
    'Script verlassen
    wscript.Quit
    
    End If
End If

'Je nach Modus REGSVR32 starten ...
Select Case strRegsvr32Mode
    
    'Wenn "-re", dann COM-Komponente registrieren.
    Case "-re"
    strCOMDatei = """" & strCOMDatei & """"
    myshell.Run ("regsvr32.exe " & strCOMDatei)
    
    'Wenn "-dr", dann COM-Komponente deregistrieren.
    Case "-de"
    strCOMDatei = """" & strCOMDatei & """"
    myshell.Run ("regsvr32.exe /u " & strCOMDatei)

End Select
```

Abbildung 2.19 COM-Komponenten-Dateien mit der Erweiterung .dll oder .ocx per Mausklick an-/ oder abmelden.

Beispiel 3: Wer das nachträgliche (De-)Registrieren von COM-Komponenten noch bequemer gestalten will, dem sei der »COM Explorer«[218] oder ein vergleichbares Tool empfohlen.

2.9.6 COM: Beispiel

Weitere COM-Standard-schnittstellen

Kurze Zusammenfassung dessen, was im vorangehenden Abschnitt 2.9.5, »COM: Beschreibung«, dargestellt wurde: Ein COM-Komponenten-Entwickler implementiert in einer COM-Komponente mindestens die IUnknown-Schnittstelle mit ihren *abstrakten* Funktionen. Er ist auch für den Aufbau der COM-Klassen und der *konkreten* Methoden und Eigenschaften in der COM-Komponente verantwortlich, deren Funktionalität sich letzen Endes in der VBA-Entwicklungsumgebung über COM-Objekte nutzen läßt.

Die COM-Spezifikation normiert neben der *Basisschnittstelle* IUnknown eine ganze Reihe weiterer COM-Schnittstellen für die unterschiedlichsten Verwendungszwecke (zum Beispiel für Speicherverwaltung, für Dateioperationen, für Automation und so weiter). Diese werden von vielen *COM-Standardschnittstellen* genannt. Dem COM-Komponenten-Entwickler steht es frei, eine COM-Standardschnittstelle je nach Bedarf in eine COM-Komponente zu integrieren. Dieser Vorgang ist in den Programmiersprachen, mit denen man COM-Komponenten entwickelt, meist transparent angelegt. Der COM-Komponenten-Entwickler bekommt zuweilen gar nicht mit, daß er einen Satz an COM-Schnittstellen implementiert, wenn er die Verwendungszwecke seiner COM-Komponente bestimmt. Als Word-/VBA-Entwickler haben Sie in der Regel ebenfalls nichts mit kryptischen Schnittstel-

---

218 Hinweise zum Bezug finden Sie in der Fußnote auf Seite 99.

len á la `IUnknown`, `IDispatch`, `IClassFactory`, `IOleControl` ... zu tun, denn auch VBA verbirgt die komplexen COM-spezifischen Vorgänge. Glück gehabt.

Trotzdem stellt sich natürlich die Frage, wie die *konkreten* Eigenschaften und Methoden von COM-Objekten im VBA-Code genutzt werden können und wie sie mit den *abstrakten* COM-Schnittstellen und deren Funktionen zusammenhängen. Es ist wichtig, beim Gebrauch des Begriffs Methodenaufruf (oder Funktionsaufruf) sehr genau zu differenzieren. Offensichtlich sind *konkrete* Eigenschaften[219] und Methoden eines COM-Objekts nicht unmittelbar in der COM-Spezifikation definiert und auch kein definierter Teil der COM-Schnittstellen. Und die COM-Schnittstellen sind bloß Funktionstabellen, bieten aber nur Funktionen an. Wie paßt das zusammen? Nun, des Rätsels Lösung ist, daß mit Funktionen der COM-Schnittstellen beim Aufruf über Parameter (Argumente) festgelegt wird, welche konkrete Eigenschaft eines COM-Objektes gelesen oder gesetzt werden soll, beziehungsweise welche Methode eines COM-Objektes aufgerufen wird.

Damit Sie ein Idee davon erhalten, wie unmerklich COM im Hintergrund eingesetzt wird, wenn Sie VBA-Code verfassen, wird hier die weitaus wichtigste COM-Schnittstelle für VBA-Entwickler, die Automatisierungs-Schnittstelle `IDispatch` vorgestellt.

Die COM-Schnittstelle IDispatch

Um die Interprozeßkommunikation zwischen verschiedenen COM-Anwendungen und die Zugriffsmöglichkeiten auf COM-Objekte zu steigern, führte die COM-Spezifikation eine Standardschnittstelle mit dem Namen `IDispatch`-Schnittstelle[220] ein. Sie wird für den Vorgang der *Automation* verwendet. Ein COM-Objekt, das die `IDispatch`-Schnittstelle implementiert, wird deswegen häufig auch *Automatisierungs-Objekt* genannt. Mit Hilfe der `IDispatch`-Schnittstelle ist es möglich, die Typinformationen von Typbibliotheken erst zur Laufzeit auszuwerten. Diese Vorgehensweise ist bei rein interpretierenden Programmiersprachen wie VBScript, JavaScript und alten VB-Versionen unvermeidlich. Die `IDispatch`-Schnittstelle besitzt folgende abstrakte Funktionen:

▶ `GetTypeInfoCount`: Wird verwendet, um die Anzahl beziehungsweise das Vorhandensein der Type-Informationen für eine COM-Schnittstelle festzustellen. Die Funktion gibt an, ob ein COM-Objekt die Funktion `GetTypeInfo` unterstützt bzw., ob ein Typbibliothek für die COM-Komponente vorhanden ist.

▶ `GetTypeInfo`: Wird verwendet, um eine COM-Objekt zu erhalten, das Type-Informationen zu den Eigenschaften und Methoden des Objekts aufzählen kann. Diese Funktion liefert einen Zeiger auf die Typbibliothek einer COM-Komponente, falls diese existiert.

▶ `GetIDsOfNames`: Wird verwendet, um die Kennungen der Parameter respektive die Identifizierungskennziffer (*Dispatch-ID*, kurz *DispID*) einer Methode (Eigenschaft) zu ermitteln, wenn deren Name vorliegt. Jede konkrete Methode einer COM-Schnittstelle besitzt eine DispID. Die Funktionen zum Setzen und Auslesen einer Eigenschaft teilen sich dagegen eine einzige DispID.

---

219 Vgl. Fußnote auf Seite 138.
220 Dt. etwa »abschickende Schnittstelle«, wobei das »I« im Namen einer Schnittstelle immer für engl. »interface« steht. Wird auch *DispInterface* genannt.

- Invoke[221]: Wird verwendet, um eine Methode mittels ihrer Dispatch-ID aufzurufen oder den Wert einer Eigenschaft zu setzen respektive abzufragen.

Die ersten beiden Funktionen dürfen Sie als VBA-Entwickler getrost vergessen. Sie sind erforderlich, um die Liste der Methoden und Eigenschaften einer COM-Schnittstelle zu durchforsten. Die beiden anderen versetzen einen COM-Client in die Lage, ein COM-Objekt zu nutzen, auch wenn er keine näheren Informationen über die COM-Schnittstelle besitzt. Er kann die notwendigen Informationen zur Laufzeit aufspüren, nachdem ein COM-Objekt bereits erstellt wurde. Dieses Verfahren nennt man *späte Bindung* oder *Binden zur Laufzeit* (engl »late binding«).

Späte Bindung oder Bindung zur Laufzeit (»late binding«)

Wenn im Rahmen von COM eine konkrete Methode oder -Eigenschaft eines COM-Servers durch späte Bindung abgearbeitet wird, geschieht das in mehreren Schritten, die hier nur grob skizziert werden sollen:

1. Als allererstes muß eine Referenz (Objektverweis) auf eine IDispatch-Schnittstelle des COM-Servers geholt werden.
2. Über die erhaltene IDispatch-Schnittstellenadresse wird vor dem Abarbeiten einer konkreten COM-Server-Methode oder dem Setzen/Auslesen einer konkreten COM-Server-Eigenschaft die abstrakte Funktion GetIDsOfNames der COM-Schnittstelle abgearbeitet, um die *DispatchID* zum Namen der gewünschten Methode/-Eigenschaft zu ermitteln. Wird die gewünschte Eigenschaft/Methode nicht durch den COM-Server unterstützt, wird ein Fehlercode zurückgeliefert, anderenfalls die eindeutige Kennummer der gewünschten COM-Server-Eigenschaft/-Methode (DispID).
3. Dann wird ein Variant-Datenfeld[222] zur Aufnahme der Parameter der COM-Server-Methode/-Eigenschaft vorbereitet.
4. Schließlich wird mit dem Variant-Datenfeld als Parameter die abstrakte Invoke-Funktion der COM-Schnittstelle IDispatch abgearbeitet, um die gewünschte COM-Server-Methode auszuführen oder die COM-Server-Eigenschaft zu setzen respektive auszulesen.

Ein kleiner Code-Schnipsel verdeutlicht den Sachverhalt, wie er in der VBA-Welt gekapselt und versteckt ist. Das Beispiel illustriert den Aufruf der COM-Schnittstelle IDispatch der vorgefertigten COM-Komponente *FileSystemObject* (auch *FSO* genannt), die Microsoft mit VBA 6.0 unter anderem als Erweiterung für Script-Sprachen eingeführt hat. Mit Hilfe der COM-Klassen der COM-Komponente FSO können Sie COM-Objekte erzeugen, die Ihnen Methoden und Eigenschaften für den einfachen Umgang mit Dateien, Ordnern und Laufwerken zur Verfügung stellen. Gewöhnlich existiert in Word-/VBA-Dokumenten aber kein Verweis auf die COM-Komponente FSO, so daß eine flexible Bindung zur Laufzeit einer Bindung zur Kompilierungszeit manchmal vorgezogen wird.

Die COM-Komponente *FileSystemObject* oder kurz FSO (ScrRun.dll) fungiert im Beispiel als COM-Server; die Word/VBA-Bibliothek (VBE6.dll) mit der Prozedur BspBindenSpät als COM-Client; COM selber wird physisch durch seine Laufzeitkomponenten in der COM-Bibliothek vertreten (COMPOBJ.dll, OLE32.dll und so weiter). Die COM-Bibliothek und

---

221 Dt. »aufrufen, anrufen«, hier im Sinne von »Methode aufrufen« gemeint.
222 Was ein Datenfeld genau ist, erfahren Sie im Kapitel 18, »Datenfelder (Arrays)«, ab Seite 513.

die Word/VBA-Bibliothek sind bereits initialisiert, wenn Sie im VB-Editor einen Code eingeben und müssen nicht explizit gestartet werden.

```
'Diese Prozedur demonstriert das "späte Binden".
Sub BspBindenSpät()

'Deklaration einer Objektvariablen
Dim objDateiSystem As Object

'Erzeuge ein COM-Objekt (FileSystemObject-Objekt)
'und weise der Objektvariablen das COM-Objekt zu.
Set objDateiSystem = _
    CreateObject("Scripting.FileSystemObject")

'Prüfe mit der COM-Objekt-Methode "DriveExist",
'ob Laufwerk "C:" existiert und zeige Meldung an.
If objDateiSystem.DriveExists("C:") Then
    MsgBox "Laufwerk C: ist vorhanden."
Else
    MsgBox "Laufwerk C: ist nicht vorhanden."
End If

End Sub
```

Als allererstes wird im Beispiel mit der Dim-Anweisung eine Objektvariable mit dem frei erfundenen Namen objDateiSystem mit dem Ausdruck As Object deklariert. Ist eine Variable als As Object deklariert, kann sie jeden *Objekttyp* aufnehmen. VBA verwendet in diesem Fall die Funktion QueryInterface der Schnittstelle IUnknown, um eine Referenz auf die IDispatch-Schnittstelle zu erhalten. Kurz gesagt: Der Datentyp Object ist hier das VBA-Äquivalent für den COM-Schnittstellenzeiger IDispatch.

Der Aufruf der CreateObject-Methode der VBA-Bibliothek mit dem Argument beziehungsweise der ProgID Scripting.FileSystemObject der COM-Komponenten FSO bewirkt, daß die COM-Bibliothek die CLSID von FSO in der Registrierdatenbank von Windows ermittelt (und damit auch den physischen Speicherort der COM-Komponente). Nach dem erfolgreichen Auffinden wird eine neue Instanz (ein neues COM-Objekt) von FSO erzeugt.[223]

Sobald ein COM-Objekt vom Typ FSO erzeugt ist und eine Referenz darauf besteht, kann VBA die öffentlichen Methoden und Eigenschaften des COM-Objekts über deren Namen ansprechen. Es ist wichtig zu verstehen, daß sich beim Late-Binding-Verfahren das Ansprechen auf COM-Ebene jedoch nicht direkt vollzieht. Statt dessen erfolgten jedesmal erst ein Aufruf der GetIDsOfNames-Funktion und anschließend ein Aufruf der Invoke-Funktion der IDispatch-Schnittstelle des COM-Objekts. Erst durch die Invoke-Funktion werden schließlich die konkreten Methoden-Eigenschaften des erzeugten COM-Objektes ausgeführt.

Im Beispiel wird das Ansprechen anhand der konkreten FSO-Methode DriveExist demonstriert, die von einer FSO-Instanz (COM-Objekt vom Typ FSO) zur Verfügung gestellt wird.

---

[223] Der Vorgang des Erzeugens einer COM-Instanz ist in der COM-Spezifikation genauestens festgelegt. Die Details hierzu interessieren in einem Word/VBA-Buch nicht. Vielleicht merken Sie sich nur, daß dabei weitere COM-Funktionen und COM-Schnittstellen beteiligt sind.

Die Methode prüft, ob ein Laufwerk (im Beispiel »C:«) auf einem Computersystem vorhanden ist, oder nicht. Je nach Ergebnis wird im Beispiel eine entsprechende Meldung abgesetzt.

Frühes Binden oder Bindung zur Kompilierungszeit (»early binding«)

Das Pendant zum späten Binden ist das *frühe Binden*, das auch *Binden zur Kompilierungszeit* genannt wird (englisch: *»early binding«*). Dieses Verfahren kann zum Einsatz gelangen, wenn Sie wissen, mit welcher COM-Komponente Sie das COM-Objekt erzeugen können, auf das Sie referenzieren wollen, um dessen konkrete Methode/Eigenschaft zu nutzen. Auf COM-Ebene findet bei der frühen Bindung ein *direkter* Zugriff auf die `vTable` einer COM-Komponente statt. Auf die konkreten Methoden/Eigenschaften eines COM-Objekts kann dann ohne Umwege über die `IDispatch`-Funktionen `GetIDsOfNames` und `Invoke` zugegriffen werden. Das frühe Binden kann allerdings nur erfolgen, wenn zwei Bedingungen erfüllt sind:

1. Die COM-Komponente, aus der Sie ein COM-Objekt via »early binding« erzeugen wollen, muß eine sogenannte *duale COM-Schnittstelle* besitzen. *Dual* wird eine Schnittstelle genannt, wenn sie sowohl über eine `IDispatch`-Schnittstelle als auch über eine Standard-Schnittstelle (`IUknown`) verfügt, die einen direkten `vTable`-Zugriff unterstützt. Eine duale Schnittstelle überläßt dem Enwickler die Wahl, welche Art der Bindung – frühe oder späte – er in seinem Code nutzen will.

2. Für die COM-Komponente muß eine Typbibliothek vorhanden sein, damit eine Programmiersprache wie VBA nach der Deklaration einer Objektvariablen (zum Beispiel über die `Dim`-Anweisung) alle Informationen über die Namen, Datentypen und Parameter der gewünschten Methoden und Eigenschaften erfahren kann.

Das frühe Binden eines Verweises auf eine Klassen-/Typbibliothek vereinfacht das Schreiben von Quellcode-Anweisungen, weil VBA dann von sich aus Klassennamen und die Namen der veröffentlichten Eigenschaften und Methoden der COM-Objekte, die mit der Klassen-/Typbibliothek konstruiert werden sollen, automatisch einblenden kann (Stichwort: *Intellisense*). Sobald ein Verweis durch frühes Binden auf eine Klassen-/Typenbibliothek erstellt wurde, können Sie sich zudem im VBA-Objektkatalog Informationen zu den von der Klassen-/Typbibliothek bereitgestellten COM-Klassen anzeigen lassen. Darüber hinaus werden die Codeanweisungen beim frühen Binden wesentlich schneller ausgeführt, weil die Informationen zu den COM-Objekten bereits zur Entwurfszeit zur Verfügung stehen. Fazit: In der Regel ist eine frühe Bindung gegenüber einer späten vorzuziehen.

> *»Späte Bindung ist nur dann von Vorteil, wenn man ein und derselben Objektvariablen während der Programmausführung unterschiedliche Objekttypen zuweisen möchte.«*[224]

Der kleine nachstehende Code-Schnipsel illustriert, wie frühes Binden in der VBA-Welt vonstatten geht. Die VBA-Prozedur tut im Grunde das gleiche, wie der Quellcode weiter oben im Beispiel zur späten Bindung. Das Beispiel funktioniert freilich nur, wenn VBA die Klassen-/Typbibliothek der COM-Komponente *FileSystemObject* (FSO) finden kann beziehungsweise wenn in der VBA-Entwicklungsumgebung ein entsprechender Verweis auf FSO angelegt ist. Das Referenzieren von Klassen-/Typbibliotheken funktioniert, wie bereits

---

224 [MONAD006]: S. 314.

erwähnt, über den Verweis-Dialog, der nach Auswahl der Befehle »Extras-Verweise ...« beziehungsweise nach der Tastenkombination [Alt]+[x] und dann [v] im VB-Editor angezeigt wird. Kontrollieren Sie, ob in dem Dialog das Kontrollkästchen vor dem Eintrag *Microsoft Scripting Runtime* aktiviert ist. Hinter der Bezeichnung *Microsoft Scripting Runtime* verbirgt sich FSO beziehungsweise die Klassen-/Typbibliothek ScrRun.dll, die unter dem Kurznamen *Scripting* firmiert und sich zumeist im System32-Ordner von Windows befindet.

```
'Diese Prozedur demonstriert das "frühe Binden".
'Hinweis: Damit das Makro funktioniert, muß ein
'Verweis auf die COM-Bibliothek "Microsoft Scripting
'Runtime" (SCRRUN.DLL) im VBA-Projekt vorhanden sein.
'
Sub BspBindenFrüh()

'Deklaration einer Objektvariablen
Dim objDateiSystem As FileSystemObject

'Starte ein neues COM-Objekt (FileSystemObject-Objekt)
'und weise der Objektvariablen das COM-Objekt zu.
Set objDateiSystem = New FileSystemObject

'Prüfe mit der COM-Objekt-Methode "DriveExist",
'ob Laufwerk "C:" existiert und zeige Meldung an.
If objDateiSystem.DriveExists("C:") Then
   MsgBox "Laufwerk C: ist vorhanden."
Else
   MsgBox "Laufwerk C: ist nicht vorhanden."
End If

End Sub
```

Als allererstes wird im Beispiel mit der Dim-Anweisung die Objektvariable mit dem frei erfundenen Namen objDateiSystem mit dem Ausdruck As FileSystemObject deklariert. Es gilt allgemein: Ist in VBA/VB eine Objektvariable als As XYZ-COM-Klasse[225] (und nicht als As Object) deklariert, wird die frühe Bindung verwendet. Die so deklarierte Objektvariable kann in diesem Fall nur ein COM-Objekt vom jeweils spezifizierten Objekttyp aufnehmen. Weist man ihr mit der Set-Anweisung ein COM-Objekt mit einem anderen Objekttyp zu, wird spätestens zur Laufzeit eine Fehlermeldung generiert.

Bei der frühen Bindung kann VBA die Funktion QueryInterface der Schnittstelle IUnknown aufrufen, um eine Referenz auf die duale COM-Automations-Schnittstelle von FileSystemObject zu erhalten. Diese umfaßt sowohl die Schnittstelle IUnknown als aus auch die Schnittstelle IDispatch sowie FileSystemObject-Funktionen, die ohne die Invoke-Funktion auf die implementierten Methoden und Eigenschaften eines FileSystemObject-Objektes zugreifen können.

---

[225] Der Ausdruck XYZ-COM-Klasse steht hier für eine beliebige COM-Klasse, deren Namen bekannt ist und die sich in einer COM-Komponente befindet, die eine duale Schnittstelle anbietet.

Ein tatsächlicher Verweis auf ein `FileSystemObject`-Objekt kommt erst durch Zuweisung mit der `Set`-Anweisung zustande. Wenn Sie einfach nur mit `Set` einer Objektvariablen einen Objektverweis zuordnen, wird keine Kopie eines Objektes erzeugt; verwenden Sie dabei jedoch das Schlüsselwort `New`, so legen Sie dadurch tatsächlich eine neue Instanz von `FileSystemObject` (FSO) an.[226]

Sobald ein COM-Objekt vom Typ FSO erzeugt ist und eine Referenz darauf besteht, kann VBA die öffentlichen Methoden und Eigenschaften des COM-Objekts über deren Namen ansprechen. Es ist wichtig zu verstehen, daß sich beim Early-Binding-Verfahren das Ansprechen auf COM-Ebene direkt vollzieht. VBA kann im Beispiel nun die implementierten Eigenschaften und Methoden von FSO wie `DriveExist` direkt über eine entsprechende Funktion in der vTable aufrufen.

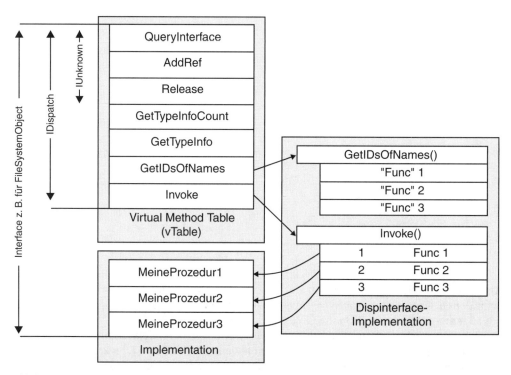

Abbildung 2.20 Interne Funktionsweise eines VBA-Objekts (Automations-Objekt)

Merksatz zu Early und Late Binding

Frühes und spätes Binden

Wenn das Einfügen eines Verweises auf eine Klassen-/Typbibliothek vor den Übersetzungsvorgang der Codeanweisungen erfolgt, so nennt man dies »frühes Binden«; erfolgt die Referenzierung erst zur Laufzeit, wenn der Zugriff auf ein COM-Objekt stattfindet, nennt man dies »spätes Binden«.

---

226 Für Experten: Dieser Vorgang entspricht der COM-Bibliotheksfunktion `CoCreateInstance`.

In VBA lassen sich diese beiden Bindearten leicht auseinanderhalten: Immer, wenn eine Objektvariable mit `As Object` deklariert ist, oder wenn Code auf eine Methode oder Eigenschaft über die VBA-eigene `CallByName`-Anweisung[227] zugreift, liegt eine späte Bindung vor; immer, wenn eine Objektvariable über den Namen einer spezifischen Klasse deklariert ist (zum Beispiel `As Word.Table`, `As MeineKlasse` ...), wird die frühe Bindung verwendet.

2.9.7 COM: Notation

Für Schnittstellen existieren im Rahmen der UML unterschiedliche Notationen.

Zum einen kann der Sachverhalt, daß eine Klasse eine Schnittstelle implementiert, mit den Stereotypen »implement« oder »verfeinert« notiert werden. Diese sogenannte *Verfeinerungsbeziehung* sieht aus wie eine Vererbungsbeziehung zwischen Klassen, die Linie ist jedoch gestrichelt.

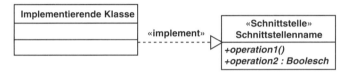

Abbildung 2.21 Variante 1 – Schnittstelle gemäß UML

Zum anderen besteht die Möglichkeit, Schnittstellen durch das »Lolli-Symbol« zu notieren. Das »Lolli-Symbol« ist ein kleiner, nicht ausgefüllter Kreis, der durch eine Linie mit der Klasse verbunden ist, die die Schnittstelle anbietet. Neben dem Lolli-Symbol wird der Name der Schnittstelle genannt; er entspricht in der Regel dem Namen der zugehörigen Schnittstellenklasse.

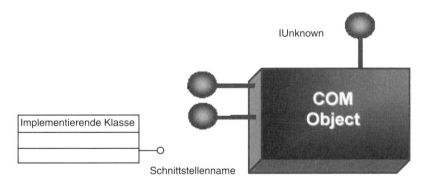

Abbildung 2.22 Variante 2 – Schnittstelle gemäß UML

---

227 Die konkrete `CallByName`-Funktion ermöglicht es, zur Laufzeit eine Eigenschaft einzustellen beziehungsweise zu erhalten oder eine Methode aufzurufen, indem ihr der Name der entsprechenden Eigenschaft/Methode übergeben wird. Dieser Vorgang entspricht der abstrakten `Invoke`-Funktionalität der `IDispatch`-Schnittstelle.

Wenn Komponenten Schnittstellen bereitstellen, gelten für deren Notation die gleichen Konventionen wie bei der Komponenten-Notation. Allerdings wird dann das Komponenten-Rechteck im Querformat pro Schnittstelle ebenfalls mit einem »Lolli-Symbol« und einer entsprechenden Bezeichnung versehen.

3 Was ist VBA?

»Frage: Was ist leicht und was ist schwer?
Antwort: Solche Fragen zu tun ist leicht; sie zu beantworten schwer.«
Georg Christoph Lichtenberg[1]

3.1 VBA – die Programmiersprache für den Anwender

Puh ... in den grundlegenden Schnellkursen in den vorigen Abschnitten haben Sie schon an der einen oder anderen Stelle etwas darüber erfahren, was VBA eigentlich ist. Nach dem Durchlesen der Schnellkurse verfügen Sie jetzt über die notwendigen terminologischen Grundkenntnisse, um noch tiefergehende Informationen zu der Frage »Was ist VBA?« zu erhalten.

Was Word, was ein Textverarbeitungsprogramm ist, sollte jedem, der dieses Buch zur Hand nimmt, klar sein. Was dagegen VBA ist, ist schon nicht mehr ganz so einfach zu beantworten. Will man wissen, was VBA ist, fängt man am besten mit der einfachsten Erklärung an. Diese lautet:

3.1.1 Bestimmung der Bezeichnung VBA

VBA ist eine Bezeichnung für eine Programmiersprache, genauer gesagt für eine Anwendungsprogrammiersprache. Der Name der Programmiersprache VBA löst unmittelbar drei Assoziationen aus:

1. **Visual** deutet an, daß die VBA-Programme nicht ausschließlich durch das Schreiben von Programmcode erstellt werden, sondern auch mit *visuellen* Elementen (wie vorgefertigte Formulare, Steuerelemente, Dialogfelder und so weiter).
2. **Basic** deutet an, daß VBA auf die Programmiersprache Basic zurückgeht und ein Basic-Dialekt ist.
3. **For Application** deutet an, daß VBA primär zur Automatisierung von Abläufen *innerhalb* von Anwendungsprogrammen wie Word, Excel, Access, AutoCad, Visio und so weiter dient.

Mit der Programmiersprache VBA können Programmierer auf die offengelegten Bestandteile (Objekte) von zum Beispiel Word oder Word-Dokumenten zugreifen. Der Zugriff ermöglicht es, Word zu erweitern, seine Bestandteile im Sinne von Branchenlösungen oder benutzerdefinierten Anforderungen zu modifizieren und schnelle, effiziente und maßgeschneiderte Automatismen in die Standard-Applikation und in Dokumente zu integrieren.

3.1.2 Aus welchen Teilen besteht VBA?

Eine Programmiersprache wie VBA besteht nicht nur aus einer Syntax, sondern auch aus einer physikalischen Repräsentation und einer Entwicklungsumgebung. Zur Programmiersprache Word-VBA gehören neben VBA-Engine und VBA-Objektbibliothek viele verschie-

---
[1] [LICHT001]: S. 833, S. 506.

dene Anwendungs-Bibliotheken und -Bestandteile. Die wichtigsten Bibliotheken finden Sie im Abschnitt 2.8.6 »Bibliothek: Beispiel« ab Seite 92 aufgelistet. Sie brauchen hier nicht wiederholt werden.

3.2 Klassifikation

Wer mit einem professionellen Programmiersystem wie Visual Studio .NET arbeitet, neigt dazu, die VBA-Anwendungsprogrammierung als »Kindergeburtstag« abzutun. Dabei wird völlig übersehen, daß in VBA auf mächtigen Applikationen und riesigen Anwendungs-Bibliotheken aufgebaut wird, die sich in ihrer Gesamtheit nicht hinter dem .NET-Framework verstecken müssen. Wo VBA in der Programmierwelt einzuordnen ist, soll in den nachstehenden Kapiteln dargestellt werden.

3.2.1 Ist VBA eine Makrosprache?

Früher bezeichnete man VBA hauptsächlich aus zwei Gründen als reine Makrosprache. Zum einen ersetzte VBA in vielen Anwendungsprogrammen die dort implementierten, unterschiedlichen Makrosprachen[2], was die Interpretation nahelegte, daß VBA »bloß« der allgemeine Nachfolger für die unterschiedlichen Makrosprachen war. Zum anderen lassen sich VBA-Programme im Gegensatz zu Programmen von Hochsprachen nicht unabhängig von einem Anwendungsprogramm starten. Sie werden grundsätzlich interpretiert und in der Regel mit dem Dokument der Anwendung weitergegeben, in dem sie entwickelt wurden[3].

Heute ist jedoch die Abgrenzung zu Hochsprachen wie Visual Basic, VB.NET, C++, C#, Delphi oder Java fließend. Der Leistungs- und Funktionsumfang von VBA steht diesen Sprachen zwar in vielen Punkten nach[4], er übertrifft aber mittlerweile die reine Automatisierung von Vorgängen innerhalb eines Anwendungsprogramms um ein Vielfaches. Performanceverluste, die dadurch entstehen, daß der VBA-Quellcode lediglich mit einem Interpreter in Maschinenbefehle übersetzt wird (und nicht mit einem Compiler), fallen bei der Rechenleistung der heutigen Computer nicht stark ins Gewicht. Insgesamt sind VBA-Engine und VBA-Objektbibliothek sowie die jeweiligen Anwendungs-Bibliotheken derart zweckmäßig und umfangreich aufgebaut, daß jeder mit gesundem Menschenverstand akzeptieren muß, daß mit VBA »richtig« programmiert wird. VBA-Programme mit mittlerer Komplexität (etwa 20.000 Zeilen) sind keine Seltenheit. Sie erfordern ohne Zweifel die Anwendung der Methoden und Werkzeuge für das ingenieurmäßige Entwerfen, Herstellen und Implementieren von Software (Software Engineering).

---

2 Vor VBA hatte jede Microsoft-Office-Anwendung ihre eigene Makrosprache: Word hatte WordBasic, Access hatte sowohl Makros wie AccessBasic und Excel hatte eine spezifische und populäre Tabellenkalkulations-Makrosprache. Das führte zu ständigen Problemen, wenn man aus der einen Anwendung eine andere steuern oder automatisieren wollte.

3 Selten eine Regel ohne Ausnahme: Mit den Developer-Editionen von Microsoft Office (MOD) ab Version 2000 ist es möglich, VBA-Programme als COM-Add-Ins zu »verpacken« (hierzu später mehr). Diese sind nicht notwendigerweise an die Office-Anwendung gebunden, in der sie entwickelt wurden. Vielmehr können sie applikationsneutral mehreren VBA-Anwendungen zur Verfügung stehen (also zum Beispiel sowohl Word als auch Excel und Access).

4 Zum Beispiel fehlen Merkmale von Hochsprachen wie Multithreading, Vererbung und Polymorphismus.

3.2.2 Ist VBA objektorientiert?

Ob VBA eine *objektorientierte* Programmiersprache ist oder nicht, ist eher eine akademische Debatte und wie viele akademischen Debatten relativ müßig. Vergleicht man VBA mit einer klassischen, rein prozeduralen Sprache wie Pascal, ist VBA objektorientiert. Zieht man aber die echten objektorientierten Sprachen wie Smalltalk, Oberon, Eiffel oder Java zum Vergleich heran, dann ist VBA nicht objektorientiert, da charakteristische Merkmale der objektorientierten Programmierung wie Vererbung fehlen. VBA stellt also in diesem Zusammenhang so eine Art Programmiersprachen-Hermaphrodit dar. Tatsache ist, daß Sie, wenn Sie mit VBA programmieren wollen, um Denkansätze aus der OOP nicht drum herum kommen. Außerdem, wie gesagt, nimmt der OO-Anteil von VBA stetig zu.

3.2.3 Ist VBA mehr als eine Programmiersprache?

Wenngleich VBA streng genommen »bloß« eine Programmiersprache ist, bezeichnen viele die Einheit aus Programmiersprache, VBA-Editor, VBA-Entwicklungssystem und den VBA-nahen Klassenbibliotheken als »VBA«. Zudem kennt die Fachliteratur je nach Zusammenhang noch weitere Antworten auf die Frage, was VBA ist. Leider greifen einige der Antworten viel zu kurz oder sind schlichtweg falsch. Besonders pikant: Nicht einmal alle Mitarbeiter von Microsoft scheinen zu wissen, was VBA ist. So kann man im Microsoft-Computer-Lexikon[5] nachlesen, daß VBA ...

> »... eine Version von Visual Basic auf der Basis einer Makrosprache ...(ist).«

Das stellt den korrekten Sachverhalt geradezu auf den Kopf. In Wahrheit sind VBA-Sprachengine und VBA-Klassenbibliothek das Fundament respektive ein Bestandteil von Visual Basic 4.0 bis Visual Basic 6.0. *VBA ist die Programmiersprache in Visual Basic.* Auf welcher Basis VBA genau entstanden ist, wird wohl immer nur den Entwicklern von Microsoft bekannt sein. Mit an Sicherheit grenzender Wahrscheinlichkeit darf man aber annehmen, daß VBA weniger auf Basis einer der damals bekannten Makrosprachen entstanden ist, sondern genau wie Visual Basic 1.0 bis 3.0 auf der Grundlage von Quick Basic. Somit ist VBA allenfalls eine *Version* von Quick Basic und Visual Basic 1.0 bis 3.0, nicht aber von Visual Basic als solches.

3.3 Die aktuell verbreiteten Basic-Dialekte in der Windows-Welt

Zur Zeit werden primär vier Basic-Nachfolger auf der Windows-Plattform in unterschiedlichen Varianten für unterschiedliche Zwecke angewendet. Es handelt sich um:

Name	Abkürzung	1. Erscheinungsjahr
Visual Basic	VB	Seit 1991, seit 1995/96 mit dem VBA-Sprachkern weitgehend identisch, nicht mehr im Handel erhältlich, wird von Microsoft angeblich bis 2008 unterstützt.
Visual Basic for Application	VBA	Seit 1995/96

---

5 [MICRO004]: Unter dem Stichwort »*Visual Basic for Applications*«.

Name	Abkürzung	1. Erscheinungsjahr
Visual Basic Script	VBS	Seit 1995/96
Visual Basic .NET	VB.NET	Seit 2002 erhältlich.

Wenn Sie mit Word-VBA programmieren wollen, fragen Sie sich vielleicht, wie VBA mit VB, VB-Script und VB.NET zusammenhängt. Sie werden sicherlich mit Wohlgefallen zur Kenntnis nehmen, daß die vier Sprachen sehr vieles gemeinsam haben. Wenn Sie eine von den vieren kennen, fühlen Sie sich bei den anderen sehr schnell wie zu Hause. Wenn Sie noch hinzunehmen, daß Sie nach dem Erlernen von Word-VBA selbstredend auch Excel-VBA, Access-VBA und so weiter im Nu erlernen können, eröffnen sich Ihnen gigantische Programmiermöglichkeiten. Es gibt jedoch auch gravierende Unterschiede zwischen den verschiedenen Basic-Varianten. Nachstehend noch ein paar Infos rund um die vier Sprachen, um die Stellung von VBA klarer herauszuarbeiten.

3.3.1 Word-VBA im Vergleich mit VB

An anderer Stelle in diesem Buch wird folgendes erwähnt[6]: VB ist ein unabhängiges Entwicklungswerkzeug, ein professionelles Programmiersystem für die rasche und einfache Erstellung von

- Eigenständig ausführbaren Windows-Programmen (.exe) mit Laufzeitbibliothek
- Datenbank-Anwendungen, die unter anderem die ADO-Technologie nutzen.
- Internet-Anwendungen, die unter anderem mit dynamischen Webseiten (.html) und Active Server Pages (.asp) arbeiten.
- Softwarekomponenten und Bibliotheken, die auf COM/ActiveX/OLE basieren und in Anwendungen wie Word integriert werden können.

Wie Word ist VB seit der Version 4.0 eine Host-Anwendung für VBA. In Programmversionen 4.0 und 5.0 unterscheidet sich der VBA-Sprachkern, der in Visual Basic enthalten ist, nur im Detail von dem VBA-Sprachkern, der in Word integriert ist. So stimmt das VBA 5.0 in Visual Basic 5.0 in etwa bis zu 95 Prozent mit dem VBA 5.0 in Office/Word 1997 überein. Und in der letzten VB-Version gehen die Detail-Unterschiede gegen Null. In Office 2000 und in VB 6.0 ist dieselbe VBA-Variante 6.0 integriert, so daß spätestens seit Word 2000 nahezu jeder Code, der in VB geschrieben wurde, auch in Word-VBA läuft. Neben einem weitgehend identischen VBA-Befehlswortschatz besitzen VB und Word ein in manchen Bereichen kompatibles VBA-Formularmodell für das Erstellen einer Benutzeroberfläche sowie eine ähnliche integrierte VBA-Entwicklungsumgebung (IDE). Darüber hinaus kann man innerhalb der Word-VBA-IDE auf VB-Komponenten referenzieren und innerhalb der VB-Entwicklungsumgebung auf Word-Komponenten.

Die Gemeinsamkeiten hören jedoch auf, wenn VB-spezifische Elemente wie zum Beispiel VB-Formulare und VB-Steuerelemente oder ähnliches in einem VB-Programm benutzt werden. Diese lassen sich nicht (oder nicht ohne weiteres) nach Word-VBA portieren. Umgekehrt gilt natürlich, daß VB nicht automatisch mit dem Word-Objektmodell verdrahtet ist.

---

6 Vgl. 4.4 »Die Geschichte von Basic, VBA, VB und VB.NET« Seite 179 ff.

Der größte Unterschied ist die Eigenständigkeit der entwickelbaren VB-Programme. Mit Word-VBA lassen sich keine selbständig ausführbaren Programme (.exe) schreiben. Zudem ist Word-VBA auf Biegen und Brechen mit Word verheiratet. Die Word-VBA-Entwicklungsumgebung ist zwar ähnlich aufgebaut wie die VB-Entwicklungsumgebung, besitzt aber viel weniger Möglichkeiten als die VB-IDE.

3.3.2 Word-VBA im Vergleich mit VB-Script

VB-Script ist eine »Interpreter«-Skriptingsprache zur Funktionserweiterung von Webseiten. Seit dem Internet Explorer 4 und Windows 1998 ist sie ein fester Bestandteil des Betriebssystems. VB-Script und JScript wurden ursprünglich von Microsoft als plattformübergreifende Entwicklungssprachen und Konkurrenten zu JavaScript eingeführt. Die Sprachsyntax von VBA ist eine Obermenge von VB-Script. Quellcode, der unter VB-Script funktionstüchtig ist, kann mit mehr oder weniger großen Änderungen unter VBA laufen, muß es aber nicht. Wenn Sie in VB-Script geschriebenen Code in VBA portieren, müssen Sie überprüfen, ob in Ihrem Code nicht unterstützte Elemente enthalten sind. Zu den VB-Script-Merkmalen, die nicht zu VBA kompatibel oder nicht in VBA verfügbar sind, gehören zum Beispiel:

- Die `Class`-Anweisung
- Die `Execute`-Anweisung
- Die `Eval`-Funktion
- Das `RegExp`-Objekt
- Diverse Skriptmodul-Funktionen wie `ScriptEngine`, `ScriptEngineBuildVersion`, `ScriptEngineMajorVersion`, `ScriptEngineMinorVersion`

Insgesamt wurde der Sprachschatz von VB-Script von Microsoft aus Sicherheitsgründen wesentlich geringer gehalten als der von VBA. Das Portieren von VBA-Code nach VB-Script erfordert deswegen in der Regel größere Anpassungen. Die wichtigsten Merkmale, anhand derer sich VB-Script von VBA unterscheidet, sind:

- In VB-Script steht nur ein einziger Datentyp zur Verfügung (`Variant`), nicht wie in VBA je nach zählweise einer zwischen 12 und 15.
- VB-Script besitzt keine Funktionen für Finanzberechnungen und den dynamischen Datenaustausch (DDE).
- VB-Script unterstützt keine Typbibliothek.
- VB-Script besitzt keine eigene integrierte Entwicklungsumgebung.
- VB-Script unterstützt die `On-Error-GoTo`-Anweisung nicht.
- VB-Script besitzt keine direkten Anweisungen für den Dateizugriff. Wer mit VB-Script und Dateien arbeiten will, ist auf das `FileSystemObject` (FSO) angewiesen, das unter VBA nur eine Option unter vielen ist.
- VB-Script kennt kein Projekt- beziehungsweise Modulkonzept
- ...

3.3.3 Word-VBA im Vergleich mit VB.NET

Die Programmiersprache VB.NET wurde im Rahmen der Programmierplattform .NET und dem .NET-Framework komplett neu entwickelt und hat mit VBA, wenn man es übertrieben formuliert, nur noch einige Bezeichner für den Befehlssatz gemeinsam. Weder kann VB.NET VBA-Programme ohne weiteres ausführen, noch VBA VB.NET-Programme. Zu den zahllosen Neuerungen gehören:

- Eine riesige Klassenbibliothek, die quasi alle VB-/VBA-Funktionen, die bekannten VB-/VBA-Objekte und auch die VB-/VBA-Steuerelemente und VB-/VBA-Formulare ersetzt.
- Ein anderes Formularmodell und ein anderer Satz an Steuerelementen, die auf den Basisklassen im .NET-Framework basieren und per se nichts mit COM am Hut haben.
- Einen Compiler, der nichts mit dem VB-Compiler und noch weniger als nichts mit dem Word-VBA-»Interpreter« zu tun hat, sondern ausschließlich verwalteten Code generiert, der von der sogenannten Common Language Runtime (CLR) ausgeführt wird.
- Wieder einmal eine neue Datenbankschnittstelle (ADO.NET), die zwar flexibler ist als die Datenbindungen der früheren Formulare und Steuerelemente, aber nicht kompatibel zu diesen ist.
- Ein neues Programmiermodell für Webanwendungen (ASP.NET).
- ... und ... und ... und ...

Das alles hört sich, was die Programmierung anbetrifft, viel schlimmer an, als es ist. Auch wenn VB.NET und VBA nicht kompatibel zueinander sind, so »hören« in VB.NET viele Sprachelemente auf die gleichen Namen, die VBA und VB so beliebt gemacht haben. Die Unterschiede durch den komplett neuen Unterbau (.NET) lassen sich nach einer Eingewöhnungsphase überwinden. Was aber wirklich schlimm wiegt, ist die Tatsache, daß es zwischen .NET- und der VBA-Welt auch nach dem Erscheinen von Visual Studio 2003, Visual Studio-Tools und Office/Word 2003 keine direkte Brücke gibt, sondern nunmehr Interims-Flickwerk.

Info: Die Programmiersprache VB.NET steht zur Drucklegung des Buches im Rahmen des .NET Frameworks SDK kostenlos zur Verfügung – freilich ohne .NET-Entwicklungsumgebung. Von der .NET-Entwicklungsumgebung Visual Studio .NET Professional gibt es allerdings kostenlose Probeversionen, die 60 Tage benutzt werden dürfen.

3.4 Zusammenfassung: Was also ist VBA?

VBA ist ...

- »... eine ursprünglich speziell für die Verwendung innerhalb von Office-Programmen entwickelte Makrosprache.«[7]
- »... ist Teil der Technologiefamilie Visual Basic.«[8]
- »... ist eine integrationsfähige Programmier-Umgebung.«[9]

---

7 [BROCK001]: S. 953.
8 [BECKE001]: S. 32.
9 [BECKE001]: S. 32.

- »...ist eine eigenständige, objektorientierte Programmiersprache für die MS Office-Anwendungen.«
- »... eine Entwicklungstechnologie zum Entwickeln von Clientdesktop-Paketanwendungen und zum Integrieren dieser Anwendungen in vorhandene Daten und Systeme.«[10]
- ... ein Entwicklungssystem für Windows-Applikationen.
- ... eine Programmiersprache.
- ... eine eigene Programmierphilosophie.
- ...

VBA ist nicht ...

- eine vollständig objektorientierte Programmiersprache.
- eine »Spielzeugsprache«.
- ein Programmgenerator.
- ein Werkzeug zur Datenmodellierung.
- ein Werkzeug zum Erstellen plattformunabhängiger Lösungen (wie etwa Java).
- seit der Version 6: ein Entwicklungssystem für 16-Bit-Anwendungen.
- ...

---

10 [MICRO006].

4 Ein wenig Word- und VBA-Geschichte

»Die Geschichte aber erzählt solches, was zu einer Zeit gewesen, zu einer anderen aber verschwunden und durch anderes verdrängt worden ist.«
Georg Wilhelm Friedrich Hegel[1]

»Der heutige Tag ist ein Resultat des gestrigen. Was dieser gewollt hat, müssen wir erforschen, wenn wir zu wissen wünschen, was jener will.«
Heinrich Heine[2]

4.1 Warum Historie?

Die folgenden Abschnitte mögen alle Leser überspringen, die in media res gehen wollen. Die anderen erhalten Informationen zur Geschichte von Word und VBA und über den Verdrängungswettbewerb der Textverarbeitungsprogramme. Mit dem Hintergrundwissen über die Entwicklung von Textverarbeitungen allgemein und über die Programmiersprache BASIC werden Sie im Sinne des Heine-Zitats in der Lage sein, einige »merkwürdige« Verhaltensweisen und Funktionen von Word und VBA besser zu verstehen. Irrtümer aus Unkenntnis der Word-Vergangenheit können so während der VBA-Programmierung vermieden werden.

»Außerdem bietet die Geschichte in jedem Alter und in jeder Lebenslage angenehme Beschäftigung und unterhaltsame Lektüre.«[3]

4.2 Die Geschichte von Programmiersprachen

Die Arbeitsanweisungen für einen Computer wurden bis in die späten 1940er Jahre in Maschinensprache (Binärcode) verfaßt, was heute so gut wie gar nicht mehr vorkommt, unter anderem weil das Schreiben von Binärcode für Menschen sehr mühsam und fehleranfällig ist. Ab den 1950er Jahren gestatteten *maschinenorientierte* Programmiersprachen oder ASSEMBLER-Sprachen eine effizientere Programmierung der Rechner, weil sie Computerbefehle und *Operanden* durch für Menschen leichter verständliche mnemonische[4] Symbole darstellten. Den maschinenorientierten Sprachen folgten Ende der 1950er, Anfang und Mitte der 1960er Jahre die ersten *Hochsprachen* (FORTRAN, COBOL, ALGOL, BASIC ...). Mit den *höheren Programmiersprachen* können die Arbeitsanweisungen für Computer grundsätzlich unabhängig von Hardware- und Prozessoreigenschaften formuliert werden. Syntax und Semantik der Hochsprachen ähneln teilweise den menschlichen Sprachen, so daß die Hochsprachen wesentlich leichter erlern- und anwendbar sind.

---

1 [HEGEL001]: S. 24.
2 [HEINE001]: S. 78299.
3 [KÜHND001]: Johannes Aventinus (1477–1534) in einen Brief an Beatus Rhenanus über den Sinn der Geschichte, S. 540.
4 Von griech. »mneme«, dt. »Gedächtnis«. Die Mnemonik ist allgemein eine Sammelbezeichnung für verschiedene Techniken, mit denen sich die Gedächtnisleistung von Menschen steigern läßt. Im Programmieralltag versteht man darunter primär eine leicht zu merkende Kurzform oder Umschreibung für einen abstrakten oder komplexen Gehalt oder Inhalt (zum Beispiel ein Kurzwort für einen Maschinenbefehl anstelle des entsprechenden binären Werts).

Einen Schub erfuhr die Software-Entwicklung in den und zu Ende der 1960er Jahren nach der »Erfindung« von »Unter-Arbeitsanweisungen« (*Prozeduren*) und der *strukturierten Programmierung*. Das Konzept der strukturierten Programmierung beruht vor allem auf *Deduktion*[5]. Grundlegende Anforderungen an die zu entwickelnde Software und deren allgemeine, umfassende Strukturen werden vor der eigentlichen Programmierung analysiert und definiert. Aus diesen leitet man sukzessive kleinere Lösungsansätze ab, geht zu spezielleren Einzelanforderungen über, bis das gesamte Software-Projekt als Plan erstellt beziehungsweise als fertiges Produkt realisiert und auf die Bestimmungsrechner aufgespielt werden kann (*Top-Down-Methode*[6]). Mit der Top-Down-Methode gelang es ein, zwei Jahrzehnte, größere Fehlentwicklungen bei der Programmierung von Software zu vermeiden. Dank der strukturierten Programmierung konnten verantwortliche Software-Entwickler während der Entwicklungszeit ein Gesamtprojekt im Auge behalten. Sie verloren sich nicht in Details und konnten im Großen und Ganzen gegensteuern, wenn ein Software-Projekt zu scheitern drohte.

In der zweiten Hälfte der 1960er Jahre bis Ende der 1970er Jahre kamen zu den Hochsprachen zahlreiche weitere hinzu (SIMULA, PASCAL, C, PROLOG … und so weiter). Diese Sprachen wurden teilweise für spezielle Anwendungsbereiche entworfen. Beispielsweise sollte Pascal (neben Basic) vor allem zum Einstudieren von Programmiertechniken dienen. Für wissenschaftliches Rechnen war Fortran, für merkantile Zwecke war Cobol vorgesehen. Künstliche Intelligenz (KI) sollte mit Sprachen realisiert werden, die sich stark an Formalismen aus der Logik und Sprachtheorie anlehnten (Lisp, Prolog oder Smalltalk …). Freilich führte das Programmieren mit diesen Sprachen bis heute zu keinem ernsthaften Erfolg in Sachen KI.

Schon Ende der 1960er Jahre stellte man auf Tagungen der NATO fest, daß die Entwicklung von Software das Ergebnis einer *Ingenieurtätigkeit* ist. Man erkannte, daß Software wie jedes industrielle Produkt der *methodischen Planung*, *Entwicklung*, *Herstellung* und *Wartung* bedarf. Trotz dieser Erkenntnisse scheiterten sukzessive immer mehr Software-Entwicklungen an zunehmender *Komplexität*. Weder das Entstehen eines neuen Wissenschaftsgebietes (dem *Software Engineering* beziehungsweise der *Softwaretechnik*) noch das Entstehen »neuer« Programmiersprachen in den 1980er Jahren (ADA, C++, EIFFEL …) konnten den Trend umkehren. Die Top-Down-Methode, ursprünglich »*das*« Verfahren für die Entwicklung von Großprojekten, berücksichtigte nicht, daß Software-Entwicklung vor allem ein kreativer und sozialer Prozeß unter Menschen ist. Sie eignete sich nach wie vor für die Lösung der technischen Aufgaben der Software-Entwicklung. Wenn es aber beispielsweise darum ging, über die Aufgaben und Lösungen bei der Entwicklung von unübersichtlichen Software-Netzwerken oder verzwickten Software-Systemen in den Köpfen der Beteiligten Übereinstimmungen zu erzielen, versagte sie. Der Deduktivismus, der sich hinter der Top-Down-Methode verbirgt, berücksichtigt ganz offensichtlich weder die Beschränktheit der menschlichen Auffassungsgabe noch die Möglichkeiten der menschlichen Kommunikationsmöglichkeiten, geschweige denn die »Grenzen der Vernunft«. Bei komplexen Software-Systemen wie Windows oder Word sind Einzelne schlichtweg nicht mehr in der Lage, das Gesamtprojekt als solches zu überblicken. Eine Software, die aus 100.000 und mehr Anweisungen für den Computer besteht, wächst jedem irgendwann über den Kopf. Die permanente und konsequente Anwendung der Top-Down-Methode

---

5 Zu lat. »deductio«, dt. das »Abführen«, das »Fortführen«, die »Herabführung«.
6 Dt. etwa »Von-Oben-Nach-Unten-Methode«.

führt dazu, daß Entscheidungsträger die Folgen von spezialisierten Veränderungen an Software im Anwendungs- oder Entwicklungsbereich nicht mehr oder völlig falsch abschätzen. Notwendige Entscheidungen, die Fehler oder Defizite bei der Entwicklung verhindern könnten, bleiben aus, werden falsch oder überzogen getroffen. Auch eine Verständigung der Software-Entwickler untereinander darüber, woran sie eigentlich arbeiten und was mit der zu entwickelnden Software bewirkt werden soll, ist bei der strukturierten Programmierung häufig nicht mehr gewährleistet. Eine Konsequenz der zunehmenden Kommunikationsschwierigkeiten war in den 1980er Jahren, daß die damaligen Software-Projekte die vorhandenen Möglichkeiten der Hardware nicht bis zum Anschlag ausschöpften. Als man versuchte, den Problemen der strukturierten Programmierung mit mehr Manpower zu begegnen, explodierten die Kosten für Entwicklung, Schulung, Anwendung und Wartung von Software. Die Folge war eine *Softwarekrise*, die in manchen Unternehmen bis heute anhält.

Eine Antwort auf die Softwarekrise waren *objektorientierte Programmiersprachen*, die der Deduktion die *Induktion*[7] beziehungsweise die *Bottom-Up-Methode*[8] entgegensetzten und seit Ende der 1980er Jahre den Programmieralltag bestimmen. Bei der Bottom-Up-Methode setzen Programmierer eine größere Anweisungsstruktur für den Computer aus kleineren Arbeitsanweisungen (Algorithmen) zusammen. Eine zweite Antwort auf die Softwarekrise war die *Komponentenorientierung*, die sehr einprägsam mit der populären, aber nicht immer schlüssigen Legostein-Metapher umschrieben ist: Wie man aus einem vorgefertigten Satz unterschiedlichster Bausteine nahezu jedes beliebige »Legomodell« bauen kann, so sollten Programmierer in Zukunft Software aus einem vorgefertigten Satz unterschiedlicher Software-Komponenten anfertigen. Die Themen Objektorientierung (OO) und Komponentenorientierung werden im Anschluß noch detaillierter besprochen.

4.3 Die Geschichte von Word

4.3.1 1978 bis 1982 – Die Vorgeschichte von Word

Die Geschichte[9] von Word und von Textverarbeitungsprogrammen fängt im Prinzip mit WORDSTAR an. Es war das erste Programm, mit dem auch Otto-Normal-Anwender digitale Texte für damalige Verhältnisse komfortabel verarbeiten konnten. WordStar 1.0 für das Betriebssystem CP/M[10] basierte auf WORDMASTER, einem simplen CP/M-Texteditor, mit dem das Eingeben, Ändern und Betrachten von Daten möglich war, mehr nicht. Die Firma MicroPro International Co. stellte WordMaster im Jahre 1976 und WordStar im Jahre 1978 fertig. WordStar bot gegenüber WordMaster und anderen Texteditoren eine verhältnismä-

---

7 Zu lat. »inductio«, dt. »das Hineinführen«.
8 Dt. etwa »Von-Unten-Nach-Oben-Methode«.
9 Bei der Recherche zu diesem Abschnitt des Buches zeigte es sich, daß viele Quellen zur Geschichte von Word, VBA und Basic sich inhaltlich widersprechen. Daten und Fakten werden verdreht, nicht korrekt wiedergegeben, verschönt und/oder sogar gefälscht. Eine kritische Sichtung findet nicht einmal in renommierten Lexika, Chronologien und Fachbüchern, geschweige denn im Microsoft Museum statt. Der Autor des vorliegenden Buches ist sich der Tatsache bewußt, daß sein Werk eine entsprechende kritische Würdigung der historischen Aspekte ebenfalls nicht zu leisten vermag. Er klagt diese hiermit ein und fordert alle Betroffenen auf, diese nachzuliefern.
10 Abk. für »control program for microcomputers«, »Steuerprogramm für Mikrocomputer«.

ßig elegante Benutzerführung mit Tastaturkürzeln für Befehle. Die Textverarbeitung wurde 1979 zur WordStar-Version 2.0 für CP/M weiterentwickelt. Diese Version, die nur 38 KByte Hauptspeicher beanspruchte, besaß bereits eine Serienbrieffunktion und eine einfache Rechtschreibkorrektur.

Unabhängig von MicroPro WordStar veröffentlichte die Firma Satellite Software International 1980 eine Textverarbeitung namens WORDPERFECT 1.0 für Data General Computer. Die Textverarbeitung wurde 1981 zur Version 1.1 und 1982 zur Version 2.0 weiterentwickelt. Die erste Version von WordPerfect wurde nur 80 mal lizenziert, die Version 1.1 schon 260 mal, was Satellite 1982 einen Umsatz von 850.000 Dollar bescherte.

Sowohl MicroPro als auch Satellite fertigten bereits 1982 DOS-Versionen ihrer Textverarbeitungen an (nämlich WordStar 3.0 für DOS und WordPerfect 2.2 für DOS zum Preis von 500 Dollar).

4.3.2 1983 – MultiTool Word für DOS und Word 1.0 für DOS

Microsoft hatte die Geburtsjahre der ersten Textverarbeitungen verschlafen. Die Firma stellte ihre erste Textverarbeitung namens MULTI-TOOL WORD für DOS erst 1983 auf der Frühlings-Comdex in Atlanta vor. MultiTool Word war ein einfaches Textverarbeitungsprogramm, das nur achtzehn Zeilen gleichzeitig darstellen konnte. Es wurde noch im gleichen Jahr umbenannt in MICROSOFT WORD 1.0 für DOS und im November zur Version 1.1 weiterentwickelt. Was zeichnete Word zu dieser Zeit vor anderen Textverarbeitungsprogrammen aus? Die Antwort ist einfach: Nichts, außer das es billiger war. Microsoft verkaufte Word 1.0 zu 375 Dollar (beziehungsweise zu 475 Dollar mit der Microsoft Maus), was unter dem Preis von WordPerfect 3.0 lag.

4.3.3 1984 – Word 1.1 und 1.15 für DOS und die erste deutschsprachige Word-Version für DOS

Word 1.1 für DOS erschien in Amerika im April 1984, im September wurde Word für DOS auch auf dem deutschen Markt ausgeliefert und im Oktober war Word 1.15 für DOS fertig. Im Orwell-Jahr wurde Word für DOS durch kostenlose Demoversionen in Zeitschriften zunehmend populärer. Microsoft verkaufte pro Monat bereits 20.000 Stück. Gleichzeitig fing Microsoft an, Word auch für Macintosh-Rechner zu entwickeln. Der erste qualitative Vorteil gegenüber Konkurrenten wurde eine konzeptionell konsistente Menüführung, die für Anfänger leicht zu bedienen war. Trotz der zunehmenden Popularität von Word gesellten sich zu Word und den bereits genannten Textverarbeitungen weitere Textverarbeitungen:

- VisiCorp entwickelte VISIWORD.
- Samna entwickelte SAMNA WORD III von Samna.
- NewStar entwickelte den WordStar-Clone NEWWORD 2.0.
- Satellite Software International entwickelte mehrere reduzierte Versionen von WordPerfect (WordPerfect Jr. und Limited Edition) und WordPerfect 4.0 für DOS.
- ... und andere

4.3.4   1985 – Word 2.0 für DOS und Word 1.0 für Mac OS

Zwei Jahre nach der Einführung von Word veröffentlichte Microsoft im Jahre 1985 die DOS-Version 2.0 der Textverarbeitung. Im selben Jahr wurde auch Word 1.0 für Macintosh-Rechner fertig.

Der Konkurrent Satellite Software lieferte in diesem Jahr WordPerfect 4.1 für den IBM PC aus und stellte erstmals die WordPerfect-Version 1.0 und 1.1 für Apple IIe/IIc vor. Die abgespeckte WordPerfect-Version namens WordPerfect Junior wurde für 200 Dollar vertrieben.

Daneben erschien die erste Version von WORDSTAR 2000 für DOS und für AT&T Unix, einer völligen neuen, menügesteuerten Konzeption des klassischen WordStar-Programms. Letzteres wurde jedoch parallel zur 2000er-Linie weiterentwickelt und kam in den Versionen 3.3, 3.4 und 3.45 auf den Markt. WordStar wurde zudem unter den Namen MICROPRO EASY 1.x, WORDSTAR EXPRESS und WORDSTAR 1512 (für den Armstrad 1512 PC) verkauft.

Samna Word III war jetzt in deutscher Sprache erhältlich.

Etwa zu dieser Zeit setzte sich abseits vom großen Textverarbeitungsmarkt in Lüneburg ein Schüler namens Marco Börries an seinen MS-DOS-PC und programmierte nur für den Eigenbedarf eine kompakte, minimalistische Textverarbeitung. Dieses Programm sollte ein Jahrzehnt später ein ernsthafter Konkurrent für die großen werden. Es wurde später bekannt unter dem Namen STARWRITER.

4.3.5   1986 – Word 3.0 für DOS und Word 2.0 für Mac OS

Word 3.0 für DOS und Word für Macintosh 2.0 wurden von Microsoft ab Juni 1986 ausgeliefert. Das Unternehmen verschärfte zeitweilig seinen Entwicklungsrhythmus, so daß die deutsche Version von Word 3.0 für DOS bereits im Oktober desselben Jahres erschien. Der Kampf um die Vorrangstellung im Markt der Textverarbeitungen war noch lange nicht entschieden. An der Spitze lieferten sich Word, WordStar und WordPerfect Gefechte um die Gunst der Käufer.

Satellite Software International nannte sich nach dem Markterfolg von WordPerfect um und hieß nun wie ihr Produkt. Die WordPerfect Corporation stellte in diesem Jahr eine WordPerfect-Studentenversion (Preis: 75 Dollar), eine Version von WordPerfect 2.0 für den Apple IIgs (Preis: 180 Dollar) und eine Version WordPerfect 4.2 für DOS fertig.

NewWord 3.0, der WordStar-Clone, erschien ebenfalls 1986 mit zahlreichen neuen Features (Makro-Funktionalität, Rechtschreibprüfung während der Eingabe, Laufwerks- und Verzeichnissupport et cetera). Die Presse schrieb, daß NewWord 3.0 eigentlich das Programm war, das WordStar 2000 sein sollte.

4.3.6   1987 – Word 4.0 für DOS und Word 3.0 für Mac OS

Word 4.0 für DOS und Word für Macintosh 3.0 wurden 1987 ausgeliefert. Microsoft brachte damals im Jahresrhythmus neue Versionen seiner Textverarbeitung auf den Markt. Aber auch die Konkurrenz schlief nicht.

WordPerfect lieferte WordPerfect 4.1 für den Commodore Amiga (Preis: 400 Dollar), den Atari (Preis: 400 Dollar) und für DEC VAX/VMS aus.

WordStar 4.0 für CP/M und WordStar 4.0 für DOS wurden den WordStar-Fans präsentiert. Letzteres setzte nicht auf den klassischen 3er-WordStar-Versionen und nicht auf WordStar 2000 auf, sondern auf dem Clone NewWord 3.0, den MicroPro kurzerhand aufgekauft hatte. WordStar 4.0 für DOS war die erste Textverarbeitung, die mit einem Synonym-Lexikon (Thesaurus) daherkam.

4.3.7 1988 – Die erste Windows-basierte Textverarbeitung

1988 nahm sich Microsoft vertriebstechnisch gesehen eine Auszeit und brachte keine neue Version von Word auf den Markt. Dafür waren die Konkurrenten um so fleißiger.

WordPerfect entwickelte die Version 5.0 seiner Textverarbeitung WordPerfect für DOS. Außerdem wurden die WordPerfect-Versionen 4.1.8 und 4.19 für den Amiga, WordPerfect 1.0 bis 1.2 für den Macintosh und zahlreiche WordPerfect-Adaptionen für andere Computer und Betriebssysteme fertiggestellt.[11]

WordStar 5.0 für DOS konnte nicht darüber hinwegtäuschen, daß WordStar bereits in der Krise steckte. Zwar wurde 1987/88 noch WordStar 2000 Release 3 für DOS fertiggestellt. Damit endete aber, wie sich später herausstellte, definitiv die WordStar-2000-Linie, die von den Anwendern nicht angenommen wurde.

Samna Corp. war ein Unternehmen, das sich 1988 mit der Textverarbeitung Samna Word IV für DOS in direkte Konkurrenz zu Word begab. Sieht man einmal von dem minimalistischen Write ab, entwickelte Samna außerdem als erstes Unternehmen überhaupt eine Profi-Textverarbeitung, die speziell für das Betriebssystem Windows zugeschnitten war. Bekannt wurde das Produkt unter dem Namen AMI[12] 1.0 für Windows.

4.3.8 1989 – Word 5.0 für DOS und Word 4.0 für Macintosh

Word 5.0 für DOS und Word 4.0 für Macintosh wurden 1989 nach einem Jahr der Versionsabstinenz auf den Markt gebracht. Microsoft integrierte Word 4.0 für Macintosh in dem ersten Office-Paket seiner Geschichte. Word 5.0 für DOS war ein ausgereiftes Produkt, das auf dem europäischen und besonders dem deutschen Markt viele Anhänger fand. Besonders die Formatierungs-, aber auch die Makromöglichkeiten hatten einen Stand erreicht, den man eine zeitlang für den Standard schlechthin hielt.

> Word 5.0 für DOS enthielt im wesentlichen folgende funktionalen Neuerungen:
> ▶ Synonymlexikon (Thesaurus)
> ▶ Einbinden von kommentierenden Anmerkungen in den Text (zusätzlich zu den Fußnoten)
> ▶ Innerhalb der Makros konnten nun Datenfelder (Arrays) definiert werden.

---

11 So zum Beispiel die Version WordPerfect 4.2 für DEC-VAX/VMS, DEC Untrix, Data General Computer, für SCO Xenix, für Sun 3, für AIX, für AT&T 3B2 Unix ... und so weiter.
12 Aus dem Französischen, dt. »Freund«.

- Einbindung von beliebigen Grafiken gängiger Formate
- Mehrfarbiger Ausdruck bei Benutzung eines Farbdruckers
- OS/2-Kompatibilität, Netzwerkfähigkeit
- Datensicherung nach einstellbaren Intervallen
- Gleichzeitige Sicherungsmöglichkeit von mehreren Texten in verschiedenen Ausschnitten
- Seitenlayoutanzeige von vollständigen Seiten
- Mischungsmöglichkeit von ein-/mehrspaltigem Text auf einer Seite
- Freie Positionierung von Text und Grafiken
- Nummerierungsfunktion für Abbildungen und Tabellen
- Querverweisfunktionen
- Automatischer Seitenumbruch im Hintergrund
- Farbige Kennzeichnung von Schriftformen und Formaten
- Tabulatoren und Einzüge mittels Mausbedienung

Die Veröffentlichung der neuen Word-Versionen wurde von wichtigen Marktgeschehnissen begleitet.

Die WordPerfect Corp. erreichte 1989 den Zenit ihrer Geschichte. Die Firma lieferte WordPerfect 5.1 für DOS aus, das unter anderem über einen Tabelleneditor und über einen mathematisch-technischen Formelsatz verfügte und sehr stabil programmiert war. Aufgrund der niedrigen Hardwareansprüche, eines Preises von 500 Dollar und der Funktionsvielfalt besaß diese Textverarbeitung auf dem amerikanischen Markt die klare Vormachtstellung vor Word und allen anderen Textverarbeitungen.

WordStar befand sich am Anfang seiner dunklen Jahre, als WordPerfect Marktführer wurde. Das Erscheinen von WordStar 5.5 für DOS konnte nicht verhindern, daß die Anwender zunehmend lieber Word, WordPerfect oder eines von etwa 120 anderen mehr oder weniger gleichwertigen Programmen für die tägliche Textverarbeitung nutzten.

StarDivision, die kleine Hamburger Firma, die Ende der 80er in Folge eines ehemaligen Schülerprojekts gegründet wurde (Gründung 1985/86, Startkapital 2.000 DM), hatte sich peu à peu nach oben gearbeitet. 1989 vermarktete sie lokal erfolgreich unter dem Namen StarOffice ein komplettes Office-Paket inklusive der Textverarbeitung StarWriter. In Deutschland wurde StarOffice vor allem wegen seiner ausgeprägten Netzwerkfähigkeiten geschätzt und eingesetzt.

4.3.9 1990 – Word 5.5 für DOS und Word 1.0 für Windows

Word 5.5 für DOS wurde ab 1990 von Microsoft relativ erfolgreich vertrieben – und dies, obwohl die Kritik dem Programm eine proprietäre Benutzerführung attestierte:

> »Im Gegensatz zu den früheren Versionen waren hier zwar bereits die Ansätze einer WYSIWYG-Gestaltung (WYSIWYG) der Dokumente am Bildschirm zu finden, aber es gab immer

noch einige Minuspunkte. Obwohl mehrere Jahre zuvor die SAA-Richtlinien (SAA) [13] *veröffentlicht worden waren, mit denen die Benutzerschnittstellen der Programme vereinheitlicht werden sollten, und obwohl die Macintosh-Version sich bereits weitgehend daran orientierte, hatte die DOS-Version von Word noch ein eigenes Menü, das nicht im Geringsten diesen Richtlinien entsprach.«* [14]

WORD FÜR WINDOWS 1.0, das man in der Übergangphase von DOS zu Windows WINWORD nannte, wurde nahezu parallel zu Word 5.5 für DOS und simultan zum DOS-Betriebssystemaufsatz Windows 3.0 von Microsoft veröffentlicht.

WinWord 1.0 enthält im wesentlichen folgende funktionalen Neuerungen:

- Integration in die Windows-Oberfläche (dadurch zum Beispiel Zusammenarbeit mit anderen Windows-Anwendungen über die Zwischenablage)
- Ein neues Format für Word-Dokumente (*.doc)
- Dokumentvorlagen (*.dot) als Basis von Dokumenten
- Verbesserte WYSIWYG-Fähigkeiten (gegenüber Word für DOS)
- Menüstruktur gemäß SAA-Richtlinien
- Optimierter Formel-Editor
- WordBasic als leistungsfähige Programmiersprache
- Eine Fülle von neuen Text-, Formatier- und Layoutfunktionen, die an Features von Layoutprogrammen wie Ventura Publisher und Pagemaker angelehnt waren.

Mit der Veröffentlichung einer Windows-Version von Word bewegte sich Microsoft einen guten Schritt in Richtung Marktbeherrschung, auch wenn WinWord 1.0 nicht der große Durchbruch gelang. Das lag vor allem daran, daß WinWord 1.0 nach Ressourcen verlangte, die ihm weder Windows 3.0 noch die meisten PCs der damaligen Zeit liefern konnten. Es lief im Vergleich spürbar langsamer als alle zeichenorientierten konventionellen Textverarbeitungsprogramme. So kam es, daß bis 1992 Word 5.0/5.5 für Microsoft-Anwender das wichtigere Textverarbeitungsprogramm blieb.

WordPerfect setzte den Bestrebungen von Microsoft im Jahre 1990 nur ein WordPerfect 4.2 für das IBM System 370 und ein WordPerfect 2.0 für Macintosh entgegen.

MicroPro fand im gleichen Jahr trotz Erscheinen von WordStar 6.0 für DOS keine Strategie, den Verlust verlorener Marktanteile auszugleichen. Auch eine Umtaufung der Firma zur WordStar International brachte nicht den gewünschten Erfolg.

Samna Corp. lieferte im Januar 1990 die deutsche Version AMI PROFESSIONAL (AMIPRO) an den Handel aus. Der Geschäftsführer des Unternehmens, Pim van Oorde, war durch die Veröffentlichung von WinWord im gleichen Jahr nicht beunruhigt:

»*Wir haben bei der Textverarbeitung unter Windows die Nase vorn, weil wir auf diesem Gebiet wertvolle Pionierarbeit geleistet haben. So decken wir heute mit dem quasi einzig lieferbaren Produkt auf diesem Gebiet praktisch 100 Prozent des Marktes ab. Dieser Markt*

---

13 Abk. für »system application architecture«, dt. »Systemanwendungsarchitektur«.
14 [BROCK001]: S. 981.

wird sich prächtig entwickeln, nicht zuletzt dank der Aktivitäten von Microsoft. Wenn wir uns einen voll entwickelten Markt mit anderen teilen, ist das wesentlich interessanter als die 100 Prozent von heute.«[15]

4.3.10 1991 – Word für Windows 1.1 und 2.0 sowie Word 5.0 für Mac

Word 5.0 für Macintosh wurde von Microsoft 1991 veröffentlicht.

Word für Windows 2.0 stand bereits in Amerika zur Verfügung als sich in Deutschland langsam die Version 1.1 von Word für Windows etablierte. Beide Versionen stürzten in der Praxis regelmäßig ab. Dies lag einerseits an der »verkorksten« Windows-Architektur der damaligen Zeit. Andererseits waren alle WinWord-Versionen bis dahin offenkundig mit einer »heißen Nadel« gestrickt oder unsauber programmiert (WinWord 1.1 erschien nur vier Monate nach WinWord 1.0). Die wesentlichen Neuerungen von Word für Windows 1.1 sind in den Schlagworten Aktualisierung der Importfilter, neue Makromöglichkeiten, Verbesserung der Speicherverwaltung und optimierte Feldfunktionen zusammengefaßt. WinWord 2.0 vergrößerte die ohnehin übermächtige Funktionsflut von WinWord 1.0/1.1. Obwohl die Bedienung von WinWord 2.0 spürbar vereinfacht wurde, wußten nur die wenigsten mit den vielen neuen DTP-nahen Funktionen etwas anzufangen:

»Genausowenig wie dem DTP-Profi können es die neuen WYSIWYG-Textprogramme dem Normalanwender recht machen.«[16]

»Heute bringt man Stunden, ja, manchmal mehr als ein halbes Jahr damit zu, die Funktionen einer Textverarbeitung mittelmäßig in den Griff zu bekommen. So »hyperuniversell« und DTP-(un)tauglich ist Bleistift-Software geworden. Und WinWord 2.0 setzt dem Felltroddeln-Trend die Krone auf.«[17]

WinWord 2.0 enthielt im wesentlichen folgende funktionalen Neuerungen:

- ▶ Neue Funktionsleiste und Einbau von kontextsensitiven Befehlen
- ▶ Neue integrierte Zusatzmodule zum Erstellen, Bearbeiten und Einfügen von Grafiken, Geschäftsdiagrammen, Formeln und Spezialeffekten (Draw, Graph, Formeleditor, WordArt)
- ▶ Mehrsprachige Korrekturhilfe
- ▶ Optimierung der Integration von Aufzählungs- und Sonderzeichen in einem Dokument
- ▶ Voransichten von Einstellungsänderungen in den Dialogfeldern
- ▶ Neue Zoom-Funktion
- ▶ Verschieben von Text und Grafiken mit der Maus[18]
- ▶ Positionsrahmen für Text und Grafiken
- ▶ Funktionen zu Erstellung von Umschlägen, Seriendruckdokumenten und mehren Seitenlayouts in einem Dokument

---
15 [COMWO002].
16 [SILLE001]: S. 46.
17 [JANKA002]: S. 57.
18 Engl. »drag-and-drop«, dt. »Ziehen-und-Ablegen«.

> ▶ Neue Verwaltungsfunktionen (Ansicht des Inhalts einer Datei vor dem Öffnen, Unterstützung von OLE 1.0[19], Kennwörter für Dokumente)
> ▶ Online-Hilfe für Makros, Dialog-Editor zum Erstellen von Dialogfeldern, die durch Makros gesteuert werden können.

Andere Funktionen wie die WYSIWYG-Technologie, der Tabellensatz, die Benutzung von TrueType-Schriften und so weiter wurden überarbeitet.

WordPerfect oder seine Verantwortlichen erkannten erst 1991 die Vorteile einer graphischen Oberfläche wie Windows. Zu spät ließen sie ihrerseits eine Windows-Version 5.1 von WordPerfect entwickeln. Diese wies gegenüber WinWord 2.0 zahlreiche Schwächen auf und wurde vom Markt dementsprechend nicht angenommen. Zwar war WordPerfect zu diesem Zeitpunkt noch Marktführer im Bereich Textverarbeitungen, aber seit Erscheinen der WinWord-Versionen nahmen die Marktanteile stetig ab. Mit der Veröffentlichung von WordPerfect 1.0 für NeXT-Computer und WordPerfect 2.0 für Macintosh-Rechner besetzte die Firma lediglich Nischenmärkte für Textverarbeitungsprogramme.

WordStar International beziehungsweise seine Manager erkannten ebenfalls zu spät die Zeichen der Zeit. Als sie die Windows-Textverarbeitung LEGACY von NBI kauften, war es im Prinzip schon zu spät, um größere Marktanteile auf dem Windows-Textverarbeitungsmarkt zu ergattern. In aller Eile wurde aus Legacy das erste WordStar 1.0 für Windows 3.0, dem 1991/92 die Version 1.1 folgte.

> *»Deren DTP-Fähigkeiten wurden von den Kunden jedoch nicht honoriert, so daß weitere Marktsegmente verloren gingen.«*[20]

Die Lotus Development Corporation beteiligte sich an dem Rennen um Marktanteile von Windows-basierten Textverarbeitungsprogrammen. Das Unternehmen hatte im November 1990, um aus einer hausgemachten Krise herauszukommen, die Samna Corp. übernommen (und damit auch die Windows-Textverarbeitungen Ami und AmiPro). Da sowohl Ami als auch AmiPro bei weitem nicht so mächtig waren wie WinWord, mußte sich Lotus etwas einfallen lassen, um ein Stückchen vom Kuchen des Textverarbeitungsmarktes zu ergattern.

> *»Um die Attraktivität von AmiPro zu erhöhen, scheint Lotus – zumindest in den USA – auf den Marketing-Trick verfallen zu sein, Käufern der Version 3.1 von Lotus 1-2-3 eine kostenlose Ami-Pro-Textverarbeitung beizulegen.«*[21]

Lotus stellte Ende des Jahres 1991 bereits die Version 2.0 der Textverarbeitung AmiPro vor.

4.3.11 1992 – Deutsche Version von Word für Windows 2.0

Word für Windows 2.0 wurde als Einzelapplikation und im ersten Office-Paket für PC-Plattformen (Office 3.0) vertrieben. Der große Durchbruch des Programms gelang Micro-

---

19 Abk. für »object linking and embedding«, dt. »Verknüpfen und Einbetten von Objekten«, ursprünglich ein Verfahren zum Austausch von Daten oder Dokumenten (Objekten) zwischen Windows-Programmen, das später ein Teil von ActiveX wurde.
20 [BROCK001]: S. 984.
21 [COMWO001].

soft 1992, als sich Windows 3.1 als Standardoberfläche für IBM- und kompatible PCs durchsetzte. Auf der CEBIT präsentierte Microsoft die deutsche WinWord Version 2.0, was viele deutsche wie zuvor amerikanische Anwender dazu brachte, auf den Word-für-Windows-Zug aufzuspringen.

Abbildung 4.1 Die deutsche Version von WinWord 2.0

Die WordPerfect Corp. arbeitete nach wie vor auf hohem Niveau auf dem Textverarbeitungsmarkt mit, verlor aber stetig an Boden. Die Firma veröffentlichte 1992 WordPerfect 5.1 für Unix und WordPerfect 2.1 und 2.1.2 für Macintosh-Rechner und WordPerfect 5.2 für Windows. Die letztgenannte Version schloß technisch gesehen zu WinWord 2.0 auf, doch viele Neueinsteiger hatten sich bereits für Microsofts Windows-Textverarbeitung entschieden.

WordStar 7.0d war die letzte DOS-Version der Textverarbeitung. Sie wurde nur für den amerikanischen Markt freigegeben und gewann keine Word- und WordPerfect-Kunden zurück. Ein wenig anders erging es WordStar für Windows 1.5, das WordStar für Windows 1.1 ersetzte und auf Windows 3.1 zugeschnitten war. Diese Version unterstützte neben Tabellen, TrueType-Fonts auch OLE und wurde zu einem Dumping-Preis auf den Markt geworfen. Diese Marktstrategie ging insofern auf, da das »billige« WordStar 1.5 kurzfristig Geld in die Kasse spülte. Allerdings gehörten zum neuen WordStar-Kundenkreis weniger Firmenkunden, Vielschreiber und Dauer-Daktylographen, sondern eher Schnäppchenjäger. Damit verlor WordStar endgültig seinen Ruf als qualitätsbewußte Textverarbeitungsschmiede.

Lotus lieferte 1992 die neueste Version der Textverarbeitung Ami Pro 3.0 in Deutschland aus.

4.3.12 1993 – Word 6.0 für DOS

Word 6.0 für DOS wurde von Microsoft 1993 als die letzte Word-Version für das Betriebssystem DOS in den Vertrieb gebracht. Die Funktionalitäten der DOS-Version wurden weitgehend an den Windows-Komfort angenähert.

Word 6.0 für DOS enthielt im wesentlichen folgende funktionalen Neuerungen:
- »Ziehen und Ablegen« (engl. drag-and-drop) von Text
- Nutzung skalierbarer Schriften und Ausbau der Formatleiste
- Schritt-für-Schritt-Serienbriefmanager
- Ausbau der Dateikonvertierungsmöglichkeiten
- Gliederungsansicht
- Stufenloser Zoom in der Seitenansicht

Borland veröffentlichte ein Softwarepaket namens Borland Office für Windows, das WordPerfect 5.2 für Windows beinhaltete. Im gleichen Jahr wurde WordPerfect in neuen Versionen für den Power Macintosh (3.0), für OS/2 (5.2) und für DOS (6.0) herausgegeben. WordPerfect 6.0 besaß als reines DOS-Programm eine vollständige graphische Oberfläche, die den Empfehlungen des SAA-Konsortiums folgte:

> *»Spötter lästern anerkennend, mit WordPerfect 6.0 habe man »Windows« noch einmal erfunden.«*[22]

Das Programm kam mit einer Vielzahl von Funktionen daher, die den meisten anderen Textverarbeitungen völlig unbekannt waren. Dazu gehörten zum Beispiel eine integrierte Tabellenkalkulation, Hypertextfähigkeit, Faxoption, ein Textretrival-System und eine eingebaute Grammatikprüfung. Letztere Funktion war eine herausragende Idee, die aber an der deutschen Sprache scheiterte (so wie alle anderen Grammatikprüfungen bis heute). Im November 1993 kam das Windows-Pendant WordPerfect 6.0 für Windows auf den Markt. In der Version überraschte WordPerfect mit einer unüberschaubaren Menge an Menüs und Untermenüs. Die Presse kritisierte wie bei der DOS-Version die Geschwindigkeit des Programms.

> *»WordPerfect Windows entpuppte sich als Speicherfresser ... Zu einem Lob der Langsamkeit mag man sich schwer durchdringen: Immer wieder erlebt man, daß der Arbeitsbildschirm neu aufgebaut werden muß ...«*[23]

StarDivision veröffentlichte die erste Windows-Version der nur lokal bekannten Textverarbeitung StarWriter.

---

22 [MÖCKE002]: S. 44.
23 [MÖCKE001]: S. 130.

4.3.13 1994 – Word für Windows 6.0 und Word 6.0 für Macintosh

Word 6.0 für Windows und Word 6.0 für den PowerPC kamen als Einzelapplikation und im Office-Paket (Office 4.0, Office 4.2c, Office 4.3) auf dem Markt. Die Büroanwendungspakete mit Word, Excel und so weiter gingen 1994 häufiger über den Ladentisch als die einzelnen Produkte – ein Novum. Nach unbestätigten Gerüchten übersprang Microsoft mit der 16-Bit-Anwendung Word 6.0 die Versionen Word für Windows 3, 4 und 5, um mit der Versionsnummer des Konkurrenten WordPerfect gleichzuziehen. Offiziell begründete Microsoft die hohe Versionsnummer mit dem Gleichziehen der DOS- und der Windows-Version von Word.

> WinWord 6.0 enthielt im wesentlichen folgende funktionalen Neuerungen:
> - Veränderbare Symbol- und Menüleisten
> - Veränderbare Tastenbelegung
> - Erweiterung der internen Fehlerbehandlung
> - Einführung der Autokorrektur
> - Erweiterung von Textbausteinen (die zu »Autotext« umbenannt wurden)
> - Autoformate für Tabellen und Text
> - Erweiterung der Undo-Funktion (100 rücknehmbare Schritte)
> - Automatische Silbentrennung
> - Unterstützung von OLE 2.0
> - Manuelle Grammatikprüfung (nur für Englisch, für Deutsch nicht verfügbar)

Laut Dataquest arbeiteten zu dieser Zeit schon mehr als 10 Millionen Menschen weltweit mit Word. Im ersten Halbjahr 1994 verkaufte Microsoft allein in Deutschland 238.500 Exemplare vom neuen Office-Paket (und damit auch von Word für Windows 6.0).

> »Mehr als drei von vier Paketen, die in Deutschland über die Theken der Fachhändler und die Laderampen der Direktversender rutschen, enthalten laut IDC WinWord ...«[24]

Novell wollte sich der geballten Marktmacht von Word entgegenstellen. Das Unternehmen kaufte die WordPerfect Corporation für 850 Millionen Dollar und brachte WordPerfect Office beziehungsweise PerfectOffice (vorher Borland Office) auf den Markt. Die Übernahme wurde von den meisten WordPerfect-Liebhabern eher kritisch aufgenommen. Kurz vor und nach der Übernahme prasselte eine Flut von WordPerfect-Versionen auf die Kunden nieder, nämlich unter anderem:

- WordPerfect 5.1+ für DOS
- WordPerfect 6.0b für DOS
- WordPerfect 3.1 für Macintosh
- WordPerfect 6.0 für Unix (für SunOS, Solaris und X-Window-Plattformen sowie für SCO Unix, IBM RS/6000, HP 9000, UnixWare, AT&T Unix, SGI IRIX, SNI SINIX)

---

24 [HÜSKE001]: S. 102.

- WordPerfect 5.2+ für Windows
- WordPerfect 6.0 für Windows (im Borland Office 2.0 Paket)
- WordPerfect 6.0a für Windows (engl.-kanad. Release)
- WordPerfect 6.1 für Windows (im Novell Perfect Office Paket)

Abbildung 4.2 Splashscreen von Word für Windows 6.0

Die Versionsflut führte dazu, daß selbst WordPerfect-Liebhaber dem Programm keine Zukunft mehr gaben und viele ins Lager von Microsoft Word wechselten.

WordStar International fusionierte 1994 mit den Firmen Spinnaker Software Corporation und Softkey Software Products Inc. zu einer neuen Firma namens Softkey International Incorporation. Da WordStar für Windows 2.0 bereits im Jahre 1993 zu 90 Prozent fertig programmiert wurde, beschloß der Softkey-Konzern diese WordStar-Version noch zu veröffentlichen. Zusätzliche Finanzen für die Weiterentwicklung von WordStar sollten nicht mehr fließen. WordStar für Windows 2.0 ist damit die letzte offizielle WordStar-Version.

Der Weltmarkt der Windows-Textverarbeitungsprogramme wurde von da ab bis 1996 von drei Programmen dominiert: WordPerfect, Microsoft Word und AmiPro von Lotus (1995 von Lotus/IBM zu WORD PRO umbenannt).

4.3.14 1995 – Word 95 für Windows (Word 7.0)

Word 95 für Windows (auch Word 7.0 genannt) befand sich in zwei Office-Paketen, nämlich in Office 95 Standard und Office 95 Professional. Die Büroanwendungspakete wurden kurz nach der Premiere von Windows 95 respektive zum Jahresende 1995 von Microsoft vorgestellt.

Word 1995 für Windows (7.0) enthielt im wesentlichen folgende funktionalen Neuerungen:

- Word präsentierte sich als echte 32-Bit-Anwendung, die nur unter Windows 95 und Win NT 3.51 lief (für Windows 3.x ließ Microsoft das alte Office 4.3 im Vertrieb).
- Beseitigung erkannter Fehler
- Automatische Rechtschreibprüfung während der Eingabe (Einführung der Unterstreichung mit einer roten Schlangenlinie für vermutlich falsch geschriebene Worte)
- Automatisches Formatieren während der Eingabe (Überschriften, Rahmenlinien, Brüchen, Numerierungen und Aufzählungen)
- Ausnahmenliste für Autokorrektur und automatische Feststelltasten-Korrektur
- Einführung der Intellisense-Technologie[25]
- Neuartige Hilfe (inklusive Hilfe-Assistent, Tip-Assistent)
- Neue Dokumentvorlagen (inklusive Dokumentvorlagen-Assistenten)
- Verwendung von Word als E-Mail-Editor (im Zusammenspiel mit Exchange)
- Ergänzung der manuellen Grammatikprüfung für die deutsche Sprache
- Umgang mit langen Dateinamen (vom Betriebssystem »geerbt«).
- Ergonomischere Dialoge (Öffnen-Dialog zum Beispiel inklusive Dokumentvorschau, -suche und -verwaltung, vom Betriebssystem »geerbt«)

Demgegenüber standen viele nicht realisierte Funktionen, die Microsoft teilweise seit Jahren breits angekündigt hatte: VBA war immer noch nicht in Word 95 integriert, Multithreading (zum Beispiel beim Hintergrunddruck) merkte man so gut wie gar nicht, das Zusammenspiel mit den anderen Office-Anwendungen was unbefriedigend ... und so weiter. Trotzdem spielte Microsoft 1995 seinen Wettbewerbsvorteil als Betriebssystemhersteller im Office-Segment voll aus. Kein anderer Software-Produzent konnte in diesem Zeitraum mit einem 32-Bit-Office-Paket kontern (und damit auch nicht mit einer 32-Bit-Textverarbeitung):

> »Lotus ist mit seiner Alternative gerade mal in den Beta-Test gegangen und nannte sein Paket vorsichtshalber schon mal gleich SmartSuite 96. PerfectOffice dümpelt als 16-Bit-Version für Windows 3.x weiter vor sich hin; ein zeitgemäßes Update ist noch gar nicht in Sicht. Im Gegenteil: Der derzeitige Vater Novell will sein ungeliebtes Kind so schnell wie möglich verstoßen.«[26]

WordPerfect konnte mit den Produkten WordPerfect 3.5 für Macintosh, WordPerfect 6.1 für DOS und Windows sowie WordPerfect 5.2+ für Unix keine abgesprungenen Anwender zurückholen. Das Unternehmen hatte entscheidende Schlachten um die Vormachtstellung auf dem Textverarbeitungsmarkt verloren.

---

25 Von Microsoft geprägtes Kunstwort aus engl. »intelligence« und »sensitivity« (dt. »Intelligenz« und »Sensibilität«). Der Begriff steht für Automatikfunktionen, die Verhaltensweisen des Benutzers analysieren, um daraus Programmaktionen abzuleiten. Word »interpretiert« beispielsweise zur Laufzeit die Schreibtätigkeit des Benutzers und fügt automatisch numerierte Aufzählungen, Strichpunktlisten oder Überschriften in den Text ein, wenn die Schreibtätigkeit einem bestimmten, programmatisch erfaßten Verhaltensmuster entspricht.

26 [WEBER001]: S. 140 ff.

Abbildung 4.3 Splashscreen von Word für Windows 95 (Version 7.0)

Lotus (und damit AmiPro) wurde im Juli von IBM für 3,5 Milliarden akquiriert und Teil des IBM-Konzerns. Im Zuge der Übernahme wurde der Nachfolger von Ami Pro 3.1 beziehungsweise das Release 4 zu WordPro umbenannt. WordPro sollte drei Plattformen bedienen: als 16-Bit-Variante Windows 3.1x (in SmartSuite 4.0) und als 32-Bit-Variante Windows 95 und OS/2 (in SmartSuite 96).

Star Division, die kleine Hamburger Firma, forderte in diesem Jahr den zweihundertmal größeren Softwaregiganten Microsoft heraus. Als direkten Konkurrenten zu Word 95 entwickelte die Firma im Rahmen ihres StarOffice-Paketes die Textverarbeitung STARWRITER 3.0. Der große Vorteil dieser Textverarbeitung: Sie war vergleichsweise billig und lief, bei annähernd gleichem Funktionsumfang, im Gegensatz zu Word auf nahezu allen Plattformen (sowohl auf Windows 3.x, 95 und NT, OS/2, Unix [AIX, Solaris, HP/UX] als auch auf Linux und Power Macintosh).

4.3.15 1996 – Microsoft Pocket Word 1.0

Pocket Word 1.0, eine spezielle und nur mit Basisfunktionalitäten ausgestatte Word-Version für Handheld-PCs, die mit Windows CE 1 ausgeliefert wurde, war die einzige Word-Version, die Microsoft in diesem Jahr verlegte. Nichtsdestotrotz war laut Dataquest der Markt für Office-Pakete und Textverarbeitungen 1995/96 fest in der Hand von Microsoft: Auf dem amerikanischen Markt betrug der Marktanteil 90 Prozent, gegenüber 5,4 Prozent für die (Corel) WordPerfect Suite und 4,6 Prozent für die Lotus/IBM SmartSuite. StarOffice von Star Division spielte zu dieser Zeit auf dem amerikanischen Markt keine Rolle.

Novell gab gleich zu Beginn des Jahres 1996 die Weiterentwicklung von Büroanwendungen wie WordPerfect auf. Die Firma Corel übernahm PerfectOffice mit WordPerfect, Quattro Pro und Paradox von Novell für 180 Millionen Dollar und veröffentlichte im gleichen Jahr die noch primär unter Novells Regie entwickelte WordPerfect 7 Suite und die Suite Corel Office Professional 7 mit zusätzlichen Komponenten (beide für Windows 95). Die erste 32-Bit-Version von Corel-WordPerfect 7.0 konnte gegenüber Word 95 keinen Boden gut machen. Das Produkt WordPerfect 6.0 für Linux, das ebenfalls 1996 erschien, besetzte einstweilen einen Nischenmarkt, für den Microsoft noch keine Ambitionen zeigte.

Lotus/IBM veröffentlichte 1995/96 die wenig innovative SmartSuite 4.0. In der Suite befand sich als 16-Bit-Anwendung WORDPRO (ehemals AmiPro) …

> »… die vor allem dadurch auffiel, das sie gähnend langsam war. Erst die 32-Bit-Variante in der SmartSuite-96 hatte eine entsprechende Performance.«[27]

Rund drei Monate nach dem Erscheinen von Windows 95 brachte Lotus sein Anwendungspaket SmartSuite 96 mit einer 32-Bit-Version von WordPro für das Microsoft-Betriebssystem heraus. Diese lief zwar schneller als die 16-Bit-Version von WordPro, krankte aber immer noch an Gemächlichkeit. Insgesamt glänzten SmartSuite 96 und Word Pro durch die Unterstützung von Workgroup-Funktionen, die in dieser Form noch in keinem Office-Paket realisiert waren (auch nicht in Microsofts Office 1995).

4.3.16 1997 – Word 97 für Windows (8.0) und Pocket Word 2.0

Pocket Word 2.0 wurde ein Jahr nach der Einführung der ersten Pocket-Version von Microsoft mit Windows CE 2 in den Vertrieb gebracht. Genau wie Pocket Word 1.0 war Pocket Word 2.0 eher ein einfacher Texteditor als ein Textverarbeitungsprogramm. Lediglich fünf Schriftarten standen zur Verfügung; Sonderzeichen fehlten bis auf das griechische Alphabet. Auf Positionsrahmen, Fußnoten, Seitennummern, mehrspaltiges Layout und Querverweise mußte der Anwender ebenfalls verzichten. Pocket Word 2.0 arbeitete mit einem anderen Dateiformat als Windows 95, so daß Dokumente vor einer Übertragung konvertiert werden mußten.

Word 97 für Windows (8.0) erschien im gleichen Jahr wie Pocket Word 2.0 in vier verschiedenen Office-Paketen, nämlich in:

- Office 97 Standard
- Office 97 Professional
- Office 97 Small Business Edition
- Office 97 Developer Edition

> Word 1997 für Windows (8.0) enthält im wesentlichen folgende funktionalen Neuerungen gegenüber Word 95 für Windows:
>
> - WordBasic wurde nach langen Jahren der Ankündigungen endlich durch VBA ersetzt (der Irrweg einer lokalisierten beziehungsweise zweisprachigen Makro-/Programmiersprache wurde beendet).
> - »AutoVervollständigen« von Autotext-Einträgen, Datum, Wochentage und so weiter während der Eingabe
> - Automatische Grammatikprüfung während der Eingabe (Unterstreichung mit einer grünen Schlangenlinie für vermutliche Fehler)

---

27 [WEBER002]: S. 124 ff.

- »AutoFormat während der Eingabe« und »AutoFormat« im gesamten Dokument wurden verbessert (neue Optionen für Tabellen, engl. Ordnungszahlen, Konzept- in Formatsymbole, fett und kursiv, Hyperlinks, Listeneinträge wie vorige, Formatvorlagendefinition ...)
- »AutoZusammenfassen« (arbeitet die Schwerpunkte eines Dokumentes heraus).
- Mustererkennung bei Rechtschreibprüfung (zum Beispiel werden Internet- und Dateiadressen als solche erkannt und entsprechend der Einstellungen korrigiert/nicht korrigiert).
- Erweiterung der Einbindungfunktionen von Abbildungen (zusätzliche Darstellungsebenen, Textflußfunktionen, Einführung des Formsatzes ...)
- Neue Zeichenwerkzeuge (komfortablere Bearbeitung von Vektorgrafiken und Office-Art-Objekten).
- Neue Textfelder inklusive Unterstützung für das Fortführen von Text über mehrere miteinander verknüpfte Textfelder (Ergänzung zu den alten Positionsrahmen)
- Einführung eines neuen Dateiformates, das nicht abwärtskompatibel war (ohne Änderung der Namenserweiterungen *.doc und *.dot).
- Verbesserte Tabellenfunktionen (Tabellenzeichenstift, Radiergummi, vertikale Ausrichtung, vertikaler Textverlauf ...)
- Verbesserte und teilweise neue Rahmen, Rahmenformate und Schattierungen (Seiten- und Textrahmen, Textschattierungen)
- Erweiterung der Sprachunterstützungsfunktionen
- Animierte Hilfe-Assistenten (Karl Klammer ...)
- Neue Ansichtsoptionen (Online-Layout-Ansicht, Dokumentenstruktur)
- Erweiterung der E-Mail-Editiermöglichkeiten (im Zusammenspiel mit Exchange und Outlook)
- Zahlreiche neue und verbesserte Funktionen für normale und/oder Webseiten-Dokumente (neue Hintergründe, animierter Text, Hyperlinks, Öffnen von klassischen Internet- oder Intranetseiten direkt von Word 97 aus, Speichern von proprietären Webseiten-Dokumenten, Webseiten-Assistent ...)
- Neue Funktionen für die Zusammenarbeit von Arbeitsgruppen (Versionskontrolle, Zusammenführen von Dokumenten, Kommentare und Quickinfo, Überarbeiten-Symbolleiste)

Microsoft setzte mit Word 97 für Windows durch die Anzahl der neuen Funktionen, durch die gelungene Integration ins Betriebssystem, durch eine gute Dokumentation und durch patente Hilfefunktionen und last, but not least durch VBA einen Standard, an dem die Textverarbeitungskonkurrenz in diesem Zeitraum nicht vorbeikam. Zu den wunden Punkten der 97er Word-Version gehörte die schwache Stabilität. Erst nach Aufspielen der Service Releases 1 und 2, die Microsoft im Laufe der nächsten Monate nachschob, hielten sich die Abstürze von Word 97 in Grenzen. Die Rechtschreibprüfung war praktisch nicht zu gebrauchen, weil sie alte und neue deutsche Schreibweisen als korrekt betrachtete. Die Konkurrenten konnten jedoch die Schwächen von Word 97 nicht in eigene Marktanteile ummünzen.

Abbildung 4.4 Splashscreen von Word für Windows 1997

Corel veröffentlichte 1997 die letzte DOS-Version von WordPerfect mit der Nummer 6.2. Im zweiten Halbjahr legte Corel WordPerfect 8 für Windows auf. In dieser Version wurde die Internet-Fähigkeit, die Corel bereits für WordPerfect 7 proklamiert hatte, endlich eingelöst. Allerdings blieben die Möglichkeiten der Interneteinbindung von WordPerfect 8 insgesamt hinter denen von StarWriter 4.0 für Windows zurück. WordPerfect 8.0 ist die erste Textverarbeitung, bei der der Anwender dort mit der Texteingabe beginnen kann, wo er mit der Maus klickt.[28] Die Markführung von Microsofts Word wurde weder durch WordPerfect 7 noch durch WordPerfect 8 tangiert.

Lotus/IBM vollbrachte mit WordPro 97 in der SmartSuite 97 ein Wunder an Performancesteigerung. Funktional hatte das Programm keine einschneidenden Neuerungen gegenüber der Vorgänger-Version. Gravierendster Nachteil: Das Programm konnte keine Word-97-Dateien lesen.

Star Division lieferte zahlreiche, schnell aufeinanderfolgende Fixes aus, nachdem StarWriter 3.0 von der Presse schlechte Kritiken erhalten hatte, weil das Programm unvollendet veröffentlicht wurde. Die Version 3.1 lief dann einigermaßen stabil. 1997 legte Star Division eine neue Version 4.0 von StarOffice/StarWriter für Windows auf, die trotz gewöhnungsbedürftiger Oberfläche und großer Bedächtigkeit eine gute Presse bekam. Ausschlaggebend dafür waren vor allem die Verfügbarkeit auf allen Plattformen und innovative Funktionen, mit denen der Anwender HTML-Seiten erzeugen und die Dienste des Internet bedienen konnte.

4.3.17 1998 – Word 98 für Macintosh

Word 98 für Macintosh, das mit Word 1997 für Windows vergleichbar war und sogar das gleiche Dokumentenformat besaß, wurde 1998 von Microsoft veröffentlicht. Außer den Neuerungen, die oben schon für Word 97 für Windows erwähnt wurden, bot Word 98 für Macintosh wenige neue, Mac-spezifische Funktionen. Dazu gehörte eine automatische, im Hintergrund laufende »Selbst-Reparatur«[29], die in der Windows-Welt in ersten Ansätzen

---

28 »Klicken-und-Eingeben«: Microsoft baute diese Funktion erst in der Word 2000 ein.
29 Engl. »application recovery manager«, eine ähnliche Funktion besaß StarOffice schon seit Version 4.0. Corel realisierte sie erst mit WordPerfect 2002.

erst in der Version 9.0 (Word 2000) und komplett in der Version 10.0 (Word XP) nachgereicht wurden. Außerdem eine Funktion, mit der ein Mac-Anwender mit den Symbolleisten, Tastenkombinationen et cetera von Word 5.1 arbeiten konnte, während ihm gleichzeitig die neuen Funktionen von Word 98 zur Verfügung standen.

Corel glänzte auf der CeBit 1998 mit der Textverarbeitung WordPerfect 8 Naturally Speaking mit integrierter Spracherkennung. Das Unternehmen war damit der zweite große Hersteller, der in diesem Bereich etwas wagte.[30]

Lotus/IBM ließ 1998 die SmartSuite 98 Millennium Edition mit WordPro vom Stapel. Lotus gab der Software Spracheingabe und verbesserte Internet-Funktionen mit auf den Weg. Die integrierte Sprachsteuerung, die auf der Runtime-Version von IBMs ViaVoice Gold basierte, gestattete sowohl die Steuerung von Word Pro als auch die Texteingabe.

> »Möglicherweise ist es für Computeranwender bald völlig normal, per Headset mit dem PC vernabelt zu sein. Lotus scheint ebenso wie Corel von einer entsprechenden Zukunft auszugehen. Der praktische Nutzen ... ist jedenfalls nicht von der Hand zu weisen.«[31]

Star Division stellte Anfang 1998 jedem Interessierten eine kostenlose Linux-Version von StarOffice/StarWriter 4.0 zum Download zur Verfügung. Die Presse ließ wenig Gutes an dem Produkt, da der Anwender lange Wartezeiten einkalkulieren mußte, wenn er mit dem Paket arbeitete. Mit einem Paukenschlag brachte Star Division Ende des Jahres für die meisten Plattformen StarWriter 5.0 auf den Markt:

> »Drei Tage vor Beginn der Comdex kündigte Geschäftsführer Marco Börries an, StarOffice in der „Personal Edition" für alle von StarOffice unterstützten Plattformen gratis zur Verfügung zu stellen – auch für Windows. Als einzige Bedingung gelte, daß das Paket nicht kommerziell genutzt werde. Darunter fallen Privatanwender, Home-Office-Anwender, Studenten, Lehrer und Professoren. „Es gilt für alle zukünftigen StarOffice-Versionen, sprich: für immer", betonte Börries.«[32]

4.3.18 1999 – Word 2000 für Windows (9.0)

Word 2000 für Windows (9.0) wurde 1999 von Microsoft veröffentlicht. Microsoft hatte mit Word 2000 primär Unternehmen im Visier, in denen die Mitarbeiter gegebenenfalls über Server Dokumente miteinander austauschen. Dementsprechend ist das Programm von Kopf bis Fuß auf Intra-/Internet eingestellt und richtet sich auf Wunsch sogar als Standardbrowser ein – ein mehr als fragwürdiges Angebot. Daneben verfügt Word 2000 über eine Vielzahl von an die eigenen Bedürfnisse anpassbaren Vorlagen.

---

30 Lotus hatte als erster Hersteller IBMs ViaVoice in Word Pro integriert. Diese Variante war aber nur in einer US-Version verfügbar. Microsoft hält sich bis dato mit einer entsprechenden Funktionalität zurück. Und das, obwohl die Fachzeitschrift c't bereits 1998 ermittelte, daß mit ViaVoice und Naturally Speaking nach längerem Einsatz Erkennungsraten von immerhin 96 beziehungsweise fast 98 Prozent zu erreichen sind.
31 [ROJAH001]: S. 180.
32 [BRORS003]: S. 22.

Word 2000 für Windows (9.0) enthielt einige Angleichungen, die durch die Architektur des Office-Gesamtpaketes bedingt waren und in der einen oder anderen Form auch den anderen Office-Anwendungsprogrammen zur Verfügung standen. Zu den Anpassungen zählen unter anderem:

- Verbesserte Installation (Entfernung von früheren Word-Installationen, Übernahme von alten Benutzereinstellungen, nachträgliche Installation/Deinstallation von Word-Komponenten)
- Automatische »Selbst-Reparatur«
- Profil-Assistent für die Benutzerprofil-Verwaltung
- Personalisierte Menüs und Symbolleisten (Anzeigen der häufig verwendeten Befehle, Ausblenden der nicht oder wenig verwendeten)
- Jedes offene Dokument wird wie ein eigener Word-Task behandelt und im Taskmanager angezeigt.
- Verbesserung der Dialoge »Datei öffnen« und »Datei speichern«

Word 2000 für Windows (9.0) enthielt im wesentlichen folgende funktionalen Neuerungen gegenüber Word 97 für Windows:

- Verbesserte »AutoKorrektur« (Verwendung des Hauptwörterbuchs anstelle einer vorgegebenen Liste von Autokorrekturen)
- Verbesserte Korrekturhilfen (Rechtschreibprüfung und Silbentrennung für neue und alte deutsche Rechtschreibung, für über 60 Sprachen, außerdem mehr oder weniger funktionstüchtige automatische Spracherkennung ...)
- Neuer Thesaurus, der von Karl Peltzer und Reinhard von Normann und Ott Verlag & Druck AG entwickelt wurde.
- Vorschau von Schriften und Formatvorlagen in der Menüleiste
- Verbesserungen bei den Formatvorlagen, dem Briefassistenten und den Feldfunktionen
- Automatisches Erstellen von Formatvorlagen, wenn der Anwender eine neue Textformatierung festlegt.
- »Klicken und Eingeben«-Funktion
- Verbesserung des Bilder-Import-Dialoges
- Zwischenablage mit 12 zwischengespeicherten Objekten
- Verbesserte Tabellenfunktionen (Geschachtelte Tabellen, Ziehpunkte zum Verschieben der Tabellen und zum Anpassen der Tabellengröße, Zeilenhöhenanpassung per Maus, Symbolschaltflächen, die sich nach der Ausrichtung des Tabellentextes verändern ...)
- Verbesserte Rahmenfunktionen und Schattierungsfunktionen (etwa 150 neue Rahmenformate, BorderArt-Elemente von Publisher, Anpassen von Seitenrändern ...)
- Erweiterung der E-Mail-Editiermöglichkeiten (Verwenden von Word als E-Mail-Editor)

> - Zahlreiche neue und verbesserte Funktionen für normale und/oder Webseiten-Dokumente (Design-Funktion, Webseitenvorlagen, Webseiten-Assistent, Frameseiten, Weblayoutansicht, Webseitenvorschau, Verwendung von Skripts ...)
> - Funktionen für die Zusammenarbeit von Arbeitsgruppen (Onlinezusammenarbeit, Besprechung beginnen, Meeting ansetzen, Webdiskussion ...)
> - Verbesserung der Mehrsprachfunktionalitäten (Speicherung von codierten Textdateien, asiatische, arabische oder hebräische Dokumente, automatische Spracherkennung, Unterstützung des Euro-Währungszeichen, Unicode-Unterstützung ...)

Neben vielen Verbesserungen verfügte Word 2000 über zahlreiche bekannte Schwachstellen und neue Fehler:

»... Der Ärger mit vom Text umflossenen Bildern in Word ist bekannt: Auch wenn sie mit der entsprechenden Funktion numeriert und beschriftet werden, legt Word ein leeres Abbildungsverzeichnis an – weil es nur in Fließtext und Positionsrahmen sucht. Die Beschriftung ist obendrein nicht mit dem Bild gruppiert; bei Textänderungen wird sie manchmal abgetrennt ... Bilder (ragten – aj) über die Textränder hinaus, waren übereinandergestapelt ... oder verdeckten sogar den Text von Fußnoten, der ... besser um die Bilder herumfließen sollte ... Beim Bearbeiten des langen Dokuments zehrt Word mit der Meldung „Seitenumbruch wird durchgeführt" immer wieder für zwanzig Sekunden an den Nerven des Benutzers ... Hat man im Druckdialog „Verzeichnisse aktualisieren" eingestellt ... durchstöbert Word zeitraubend den Text, um Inhalts-, Stichwort- und Abbildungsverzeichnis zusammenzutragen. Das wäre ein kleineres Problem, wenn Word nicht zwischendurch fragen würde, ob es das jeweilige gesamte Verzeichnis oder nur die Seitenzahlen aktualisieren soll ... Die unter Word-Benutzern berüchtigten „Filialdokumente" zeigten auch mit der 2000er-Version noch ihre Krallen. Nachdem wir das Testdokument in solche Bestandteile zerlegt und diese reichlich hin und her geschoben hatten, spreizte Word beim Ausdruck die Buchstaben. Schon die Bedienung beim Verschieben von Filialdokumenten erweist sich als tückisch: Schnell sind die Dateien ruiniert ...«[33]

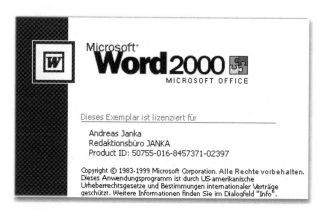

Abbildung 4.5 Splashscreen von Word für Windows 2000

---

33 [BRORS002]: S. 192 ff.

Aber Microsoft befand sich in schlechter Gesellschaft. Auch andere Textverarbeitungs-Hersteller stellten 1999 Programme vor, die nicht ausgereift waren:

> »Sowohl bei Corel als auch bei Lotus scheint die Endkontrolle zu schlafen. Mit Befremden stellten wir fest, dass Bugs ... selbst in der deutschsprachigen Verkaufsversion weiterhin existieren – obwohl Lotus über die Probleme informiert war.«[34]

Corel veröffentlichte sein Office-Paket WordPerfect 2000 (9.0) mit der Textverarbeitung WordPerfect 9.0 für Windows mit zahlreichen Fehlern. Wegen der gravierenden Mängel nahm Corel das Paket kurzfristig vom Markt, um danach ein korrigiertes Paket mit integriertem Servicepack 1 auszuliefern.

Lotus/IBM verlegte die SmartSuite Millennium Edition 9.5 mit Word Pro und dem Spracherkennungspaket ViaVoice. Das Paket zeichnete sich nicht nur durch seine Fehler und die Erweiterungen bei der Spracherkennung aus, sondern auch durch Internet-Funktionen sowie durch Dateikompatibilität mit den Office-Paketen von Microsoft und Corel.

Sun Microsystems kaufte für 73,5 Millionen Dollar die Firma StarDivision auf. StarWriter 5.1a beziehungsweise StarOffice 5.1a war zwar größtenteils unter der Aufsicht von StarDivision entwickelt worden, war aber die erste Version der Software, die unter Suns Namen veröffentlicht wurde. In die Textverarbeitung wurden keine neuen, werbewirksamen Funktionen eingebaut, sondern unzählige Details verbessert. Stabilitätsdefizite traten aber vor allem im Zusammenhang mit den E-Mail-Funktionen auf.

4.3.19 2000 – Pocket Word 3.0 und Word 2001 für Macintosh

Pocket Word 3.0 wurde zusammen mit Windows CE 3 entwickelt. Es war die erste Word-Version, die sich auch auf tastaturlosen Geräten bedienen ließ. Die Pocket-Word-Dokumente konnten Sprachnotizen aufnehmen, die das eingebaute Mikrofon eines Pocket PCs aufzeichnete.

Word 2001 für Macintosh löste mehr als zwei Jahre nach seiner Einführung Word 98 für Macintosh ab. Das Design dieser Version hatte Microsoft an jenes von Mac OS X angelehnt. Im Unterschied zu dem Gespann Word/Outlook für Windows konnte das Mac-Paar Word/Entourage ohne Umstände Adressen und Daten miteinander austauschen. Das Dateiformat dieser Mac-Version blieb zur Vorversion sowie zu Word 97 und Word 2000 für Windows kompatibel. Alles in allem entsprach die Mac-Version 2001 seinem Windows-Pendant Word 2000.

> Word 2001 für Macintosh enthielt, neben den Neuerungen die schon bei Word 2000 für Windows aufgelistet sind, im wesentlichen folgende funktionalen Neuerungen:
> ▶ Seriendruckmanager[35]

---

34 [BRORS001]: S. 94.
35 Der Mac-spezifische Serien-Druckassistent bündelte die wichtigsten Seriendokumentfunktionen. Er erleichterte die Verwaltung und das Zusammenführen von Massendaten und Serienbriefen oder Serien-E-Mails, den Entwurf von Umschlägen und Etiketten et cetera.

- Menüleiste »Kontakte«[36]
- Wortzählung[37]

Corel verband das Erscheinen seiner WordPerfect Office Suite 2000 für Linux inklusive einer Linux-Textverarbeitung mit der Hoffnung, gegen die bürobereichdominante Microsoft-Windows-Umgebung an Boden zu gewinnen. Der Umsatz aus den Linux-Produkten blieb aber hinter den Erwartungen von Corel zurück, so daß Corel zunehmend unter finanziellen Druck geriet. Das Marketing bei Corel kam in dieser Situation auf die Idee, die WordPerfect Suite 8 für Windows »vermeintlich« kostenlos als OEM-Version zu vertreiben. Vermeintlich, weil die Suite unbemerkt einen »Roboter« installierte, der massenweise Reklame aus dem Internet saugte. Corels WordPerfect 2000 für Windows (9.0) bildete mittlerweile, trotz der Service Packs 2 und 3, das Schlußlicht in vielen Vergleichstests von Textverarbeitungen.

»Nicht genug, dass der Textverarbeitungsklassiker Überschriften falsch nummerierte und Einträge nach dem Aktualisieren des Inhaltsverzeichnisses unterdrückte. Unverzeihlich bleibt, daß das Programm auf mehreren Rechnern in unterschiedlichen Dokumenten Formatierungen im gesamten Text verlor. Corel sollte diesen Bug schnellstmöglich beseitigen.«[38]

Lotus veröffentlichte 2000 sein Office-Paket SmartSuite mit WordPro in der »Millenniumsversion« 9.6. WordPro unterstütze jetzt auch Windows 2000, besaß eine vereinfachte Notes-Anbindung und war mit besseren Import- und Konvertierungsfunktionen für Word-Dateien ausgestattet. In der Suite befand sich eine speziell an Word Pro angepasste Version des Spracherkennungsprogramms ViaVoice.

Sun brachte mit StarOffice 5.2 die erste Version des Office-Pakets heraus, die vollständig unter eigener Regie entwickelt wurde. Im Paket befand sich wie gewohnt die Textverarbeitung StarWriter 5.2. Eine Pioniertat des Paketes bildete die neue Bibliographie, um auf einfache Weise Literaturverzeichnisse und Literatureinträge zu erstellen.

»Die Einträge verwaltet StarOffice in einer eigenen Datenbank oder innerhalb des Dokuments, wobei letzteres dafür sorgt, daß alle Einträge auch nach der Weitergabe der Datei erhalten bleiben. An der gewünschten Stelle im Dokument wählt man einfach einen bestehenden Literatureintrag aus oder erzeugt einen neuen. Daraufhin erzeugt StarOffice einen Verweis. Aus diesen Verweisen generiert der Verzeichnisdialog schließlich das Verzeichnis in einem beliebig anpaßbaren Format – beispielsweise für Diplomarbeiten oder Zeitschriftenartikel.«[39]

Anwender von Textverarbeitungen, die dieses Feature benötigten, waren bislang immer auf externe Programme angewiesen. Und geduldige Word-Anwender hatten gut vier Jahre später noch immer das Nachsehen, denn nicht einmal Word 2003 verfügt über eine

---

36 Word 2001 verfügte über eine eigene Menüleiste, mit der der Anwender direkt auf im Adreßbuch von Entourage hinterlegte Adreßinformationen zugreifen konnte. Sie ermöglichte gleichermaßen das Übertragen von Adreßinformationen in das Entourage 2001-Adreßbuch.
37 Mit der »Wortzählung« konnte der Anwender die im Dokument vorhandenen Wörter unmittelbar ermitteln. Wurde ein beliebiger Ausdruck im Dokument markiert, gab Word die Anzahl der enthaltenen Wörter sowie die relative Position des markierten Ausdruckes zurück.
38 [BRORS006]: S. 200 ff.
39 [BRORS004]: S. 78.

entsprechende Funktionalität. Ein weiteres Highlight von StarWriter 5.2 waren Import- und Exportfilter, die den Datentausch mit Word-Dokumenten garantierten. StarWriter übernahm auf Wunsch auch VBA-Makros. Sie wurden beim Import auskommentiert und beim Export wurden die gesetzten Kommentarzeichen wieder entfernt. Der VBA-Code ging dadurch nicht verloren, wenn er auch nicht nach StarBasic konvertiert wurde. Nachdem StarOffice bereits für Privatanwender kostenlos zu erhalten war, folgte im Herbst 2000 ein weiterer Paradigmenwechsel: Sun gab den Quelltext von StarOffice als Open Source frei. Bei dem freigegebenen Code handelte es sich bereits um eine Vorversion von StarOffice 6.0.

»*Trotz der Freigabe des Codes kümmert sich Sun weiterhin um StarOffice. Die Hamburger Entwicklungsabteilung beteiligt sich ebenfalls an dem Projekt und erstellt auf der Grundlage von* OPENOFFICE *die zukünftigen offiziellen StarOffice-Versionen.*«[40]

4.3.20 2001 – Word XP[41] für Windows (2002, 10.0), Pocket Word 2002, Word X für Macintosh OS X (Mac 10.0)

Pocket Word 2002, das mit Pocket PC 2002 (CE 3.0) ausgeliefert wurde, brachte außer einer Rechtschreibprüfung keine nennenswerten Neuigkeiten gegenüber der Vorgängerversion. Das Programm unterstütze nach wie vor nur einen Teil der Funktionen der »ausgewachsenen« Words, was beim Synchronisieren von Dokumenten zu Datenverlust führen konnte.

Word XP für Windows (auch bekannt unter dem Namen Word 2002 für Windows oder Word 10.0) wurde Anfang 2001 als Einzelapplikation und in fünf verschiedenen Office-XP-Paketen auf den Markt lanciert. In der Substanz von Word XP waren – wie schon beim Übergang von Word 97 zu Word 2000 – nur wenige wirkliche Innovationen eingeflossen. Word XP zeichnete sich vor allem durch eine optisch, aber ebenso bedienungstechnisch aufgewertete Benutzeroberfläche aus.

Word XP für Windows (10.0 beziehungsweise 2002) enthielt einige Veränderungen, die nicht Word-spezifisch waren, sondern durch die Architektur des Office-Gesamtpakets bedingt. Sie galten in der einen oder anderen Form auch für die anderen Office-Applikationen. Zu diesen Neuerungen zählen:

▶ Überarbeitetes Erscheinungsbild mit weicheren Farben
▶ Nicht mehr zu Windows 95 kompatibel
▶ Aktivierungszwang
▶ Aufgabenbereich[42]
▶ Hilfe-Listenfeld in der Menüleiste

---

40 [BRORS005]: S. 80.
41 Abkürzung für engl. »experience«, »Erfahrung«.
42 Ein sichtbares Dialogfeld, das rechts neben einem Dokument andockte und häufig auftretende Funktionen in verschiedene Kategorien zusammenfaßte. In Word standen beispielsweise die Kategorien »neues Dokument«, »Zwischenablage«, »Suchen«, »Clipart einfügen«, »Formatvorlagen und Formatierung«, »Formatierung anzeigen«, »Seriendruck« und »Übersetzen« mit entsprechenden Befehlen zur Verfügung.

- Smarttags[43]
- Überarbeiteter Clip Organizer (früher Clip Gallery)
- Diagrammtypen und neuer Zeichnungsbereich
- Sprachbefehlseingabe und Spracheingabe[44]
- Handschrifterkennung[45]
- Überarbeitung der Darstellungstechnologie bei Zeichnungen und Bildern (glattere Umrisse, anpaßbare Transparenzfarben ...)
- Digitale Signaturen für Dateien
- Verbesserungen bei der Verwaltung von und dem Umgang mit Webdokumenten
- Verbesserungen beim Ändern der Spracheinstellungen
- Verbesserungen im Bereich Fehlerprävention und Dokumentenwiederherstellung

Word XP für Windows (10.0 beziehungsweise 2002) enthielt im wesentlichen folgende funktionalen Neuerungen gegenüber Word 2000 für Windows:

- Einfachere Formatierungsfunktionen[46]
- Konsistenzprüfung von Formatierungen
- Formatierungsanzeige von Text im Aufgabenbereich
- Verbesserte Symbolleiste »Überarbeiten«
- Symbolleiste »Wörter zählen«
- Verbesserte Listenformatierung und Bildaufzählungszeichen, neue Listenformatvorlagen
- Drag-and-Drop von Tabellen, verbesserte Tabellenformatierung
- Mehrfachauswahl von nicht zusammenhängenden Dokumentbereichen
- Verbessertes »AutoAusfüllen«
- Vereinfachter Seriendruck mittels Seriendruck-Assistent
- Aus-/Einblenden des Trennbereichs zwischen zwei Seiten
- Verbesserte Wasserzeichen
- Neue Registerkarte »Sicherheit«
- Option »Entfernen von persönlichen Daten«
- Gefiltertes HTML und verbesserte CSS-Unterstützung[47]

---

43 Integrierte Schaltflächen, mit denen man beispielsweise festlegen konnte, wie Informationen oder automatische Änderungen in ein Dokument eingefügt wurden.
44 Nur in den Office-Sprachversionen Vereinfachtes Chinesisch, Englisch (USA) und Japanisch.
45 Nur in den Office-Sprachversionen für Vereinfachtes Chinesisch, Traditionelles Chinesisch, Englisch, Japanisch und Koreanisch.
46 Formatierungen eines Textes konnten im Aufgabenbereich erstellt, anzeigt, auswählt, zugewiesen und wieder gelöscht werden.
47 Abkürzung für engl. »cascading style sheets«, dt. »überlappende Formatvorlagen«.

- Einfache zweisprachige Übersetzungsfunktion
- Unterstützung von zusätzlichen Zeichensätzen
- VBA 6.3

Große Teile der Presse waren sich einig darüber, daß Word XP zwar »neu lackiert« war, aber weiter »alte Macken« mit sich herumschleppte:

> »Altbekannte Fehler, die schon seit vielen Versionen in Word schlummern, finden sich auch im neuen Paket wieder.«[48]

Vor allem wurden folgende Schwachpunkte kritisiert:

- Positionsverluste bei eingebundenen Grafiken
- Fehlerhaftes Einfügen von Grafiken über die Zwischenablage
- Instabilität bei größeren Projekten
- Endlosschleifen nach dem Einfügen von Fußnoten beziehungsweise der Neupaginierung der Seiten
- Fehlende Menüs und Symbolleisten durch zerstörte Registry-Einträge
- Fehlerhafte Listennummerierung
- Fehlerhafte Abschnittswechsel bei Dokumenten mit Fußnoten[49]
- Fehlerhaftes Einfügen von Sonderzeichen
- Probleme mit umfangreichen und komplexen Dokumenten
- ... und so weiter

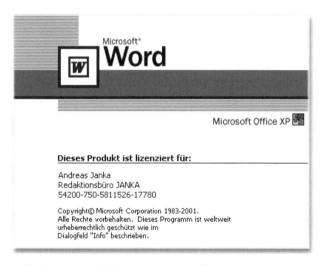

Abbildung 4.6 Splashscreen von Word für Windows XP (2002)

---

48 [BRORS008]: S. 192 ff.
49 [BRORS008]: »Word hat nach wie vor Probleme mit umfangreichen und komplexen Dokumenten – als Richtlinie gilt weiterhin, dass man besser nicht mehr als 30 Seiten in einer Datei speichert und das Dokument in einzelne Kapiteldateien aufteilt.«, S. 201.

Word X für Macintosh, das Ende des Jahres 2001 ausgeliefert wurde, bot nicht viel Neues. Sein Funktionsumfang entsprach fast exakt dem von Word 2001 für Macintosh. Grundsätzlich war Word X für Macintosh jedoch mit Word XP für Windows vergleichbar.

> Word X für Macintosh enthielt neben den Neuerungen, die schon bei Word 2001 für Macintosh und bei Word XP für Windows aufgelistet sind, im wesentlichen folgende funktionalen Neuerungen:
> - Anpassung von Word an die Mac-OS-X-Oberfläche
> - Verbesserung der Mehrfachauswahl[50]
> - Ausbau der Schnittstelle zwischen Word X und Entourage X und dem Office Adreßbuch beziehungsweise der Kontakte-Toolbar
> - Datenmanager für die Integration von Excel- oder Entourage-Daten in Word-X-Dokumente oder als Datenquelle für Dokumente
> - Erweiterung der Webseiten-Funktionalität
> - Überarbeitung der Hilfe-Funktion

Corel stellte 2001 aus Kostengründen die lokalisierten Versionen des Office-Paketes ein und ersetzte sie durch ein englischsprachiges Release, das auch internationalen Ansprüchen gerecht werden sollte. Die Textverarbeitung WordPerfect 2002 (10.0) glänzte weniger durch neue Funktionen, als durch zahlreiche Detailverbesserungen.

> »Dort hilft die neue Funktion »RealTime Preview«, Texte schneller zu formatieren. Bei der Schriftauswahl und beim Einstellen der Fontgröße zeigt das Programm eine Vorschau des markierten Textes in einem eigenen Fenster und im Dokument selbst an. Die Anzeige im Vorschaufenster erscheint ohne Verzögerung ... Variablen dienen als Platzhalter für Texte und erleichtern beim Schreiben eines Dokuments Bezüge auf Begriffe, die sich später eventuell ändern ... Zum Lesen langer Texte ist die AutoScroll-Funktion sehr praktisch, die das Dokument wie auf einem Teleprompter anzeigt ...«[51]

4.3.21 2002 – Sicherheitspatches und Service Pack 1 und 2 für Word XP

Microsoft publizierte 2002 keine neue Word-Version, steckte aber mitten in der Entwicklung von Word/Office 2003, dessen Veröffentlichung für das nächste Jahr geplant war. Mehr und mehr wurden Fehler und Sicherheitslücken von Windows, Office, älteren Word-Versionen, Word X und Word XP bekannt. Microsoft versuchte, diese durch das Bereitstellen von Patches auf seiner Homepage und durch die Veröffentlichung von Service Packs zu stopfen. So mußten die Word-Anwender nur ein Jahr nach dem Erscheinen zwei Service Packs und zig Patches zusätzlich aufspielen, um aus Word XP eine verhältnismäßig sichere, fehlerbereinigte und stabile Textverarbeitung zu machen.

Lotus/IBM hatte 2002 das Büropaket SmartSuite Millenium Edition 9.7 mit WordPro besser in Windows XP integriert. Wie schon in den vorigen Versionen war in dem Paket IBMs

---

50 Engl. »multi selection«. Word X erlaubte nun die Anwendung von Operationen auf die gleichzeitige Auswahl von mehreren Absätzen, Listen, Tabellen und so weiter aus unterschiedlichen Bereichen eines Dokumentes.
51 [BRORS007]: S. 80 ff.

die Spracherkennungssoftware ViaVoice enthalten, mit deren Hilfe man Texte und Zahlenwerte in Word Pro diktieren konnte.

Sun brachte 2002 das kommerzielle StarOffice 6.0 heraus, einen Abkömmling vom kostenlosen OpenOffice 1.0, das ebenfalls in diesem Jahr freigegeben wurde. Eine der wesentlichen Neuerungen in StarOffice/OpenOffice war das XML-Dateiformat für alle Dokumenttypen. Die Idee, XML als Dateiformat einzusetzen, ist ebenso einfach wie genial, so daß sie von Microsoft ein Jahr später in Office 2003 aufgriffen wurde. Wie so häufig erkannte der Mammutkonzern den Nutzen einer Innovation erst, nachdem oder während ein anderer sie in sein Textverarbeitungskonzept integriert hatte.

> *»Der so genannte Stylist stellt komfortablere Gestaltungsmöglichkeiten als Word zur Verfügung. Er dient als zentrales Werkzeug, um Dokumente schnell zu formatieren und enthält sämtliche Vorlagen für Zeichen, Absatz, Rahmen, Seiten und Nummerierungen. Über die Symbolleiste am oberen Rand wählt man die gewünschte Kategorie aus, die der Stylist daraufhin in einer Liste anzeigt. Um beispielsweise einen Absatz zu formatieren, muss man den Cursor nur an eine beliebige Stelle im Absatz positionieren. Ein Doppelklick auf die gewünschte Vorlage genügt, um ihn etwa als Standardtext oder als Überschrift zu formatieren.«*

4.3.22 2003 – Word 2003 für Windows (11.0) und Pocket Word 2003

Pocket Word 2003 wurde zum ersten Mal auf der Mobility Developer Conference in Paris vorgestellt. Microsoft entwickelte Pocket Word 2003 zusammen mit dem PDA-Betriebssystem CE 4 (auch unter Pocket PC 2003 oder »Ozone« bekannt). Dieses sollte nicht mehr wie das bisherige Pocket PC 2002 auf dem CE-Kernel 3.0 basieren, sondern auf dem Windows-CE-Kernel .NET 4.1.

Word 2003 für Windows (Word 11.0) wurde im Herbst 2003 als Einzelapplikation und in sechs verschiedenen Office 2003-Paketen auf den Markt gebracht, nämlich in:

- Office 2003 **Basic Edition** (Word, Excel, Outlook – nur für OEM-Kunden)
- Office 2003 **Standard Edition** (Word, Excel, Outlook, Powerpoint – für Einzelplätze, Kleinunternehmen)
- Office 2003 **Student/Teacher Edition** (Word, Excel, Outlook, Powerpoint – für Schüler, Studenten, Lehrer)
- Office 2003 **Small Business Edition** (Word, Excel, Outlook, Powerpoint, Business Contact Manager, Publisher – für Selbständige, Kleinunternehmen)
- Office 2003 **Professional Edition** (Word, Excel, Outlook, Powerpoint, Business Contact Manager, Publisher, Access – kleinere und mittlere Unternehmen)
- Office 2003 **Enterprise Edition** (Word, Excel, Outlook, Powerpoint, Business Contact Manager, Publisher, Access, Infopath – mittlere und große Unternehmen, nur als Volumenlizenzen ab fünf Systemen)

Zum ersten Mal war Word nicht in allen Office-Paketen gleich. Die Word-Versionen aus der »Professional Edition« und der »Enterprise Edition« stellten zusätzliche Funktionen für den Einsatz im Team bereit und boten erweiterte XML-Unterstützung sowie eine ausgeklügelte Rechteverwaltung für Dokumente. Durch diese Neuerungen waren die Word-Versionen aus den beiden Paketen ein deutlicher Fortschritt für den vernetzten Einsatz in Firmen. Für das »normale« Word für den Einzelplatz gab es jedoch wie in den Vorjahren nur wenige »echte« Innovationen.

> Word 2003 für Windows (11.0) enthielt im wesentlichen folgende funktionalen Neuerungen/Änderungen:
>
> - Keine Unterstützung von Windows 98 (setzt mindestens Windows 2000 SP3 oder Windows XP voraus).
> - Speichern und Öffnen von Dokumenten im XML-Format
> - Speichern in einem »freigebenen Arbeitsbereich« (freigegebene Anlagen)[52]
> - Erweiterte Unterstützung von XML-Dokumenten (individuell definierte Schemas)[53]
> - Ansicht »Lesemoduslayout« mit optimierter Darstellung abhängig von Bildschirmgröße und -auflösung
> - »Miniaturansichten« des Dokuments in einer Navigationsleiste
> - Unterstützung von Freihandgeräten[54]
> - Rechteverwaltung für Dokumente[55]
> - Verbesserter Dokumentschutz (Bearbeitungs- und Formatierungsbeschränkungen)
> - »Nebeneinander Vergleichen« von angezeigten Dokumenten
> - Dokumentarbeitsbereiche[56]
> - Verbesserte internationale Features
> - Aufgabenbereich »Recherchieren«
> - Programmierbare Aufgabenbereiche
> - VBA 6.4

Das Resümee der Presse lautete einhellig:

> »Nie war ein Office-Paket (ein Word – aj) so gezielt für den Einsatz in Unternehmen ausgelegt wie dieses ... dem Privatmann bringt das Paket (Word 2003 – aj) nur wenige Vorteile.«[57]

Corel wollte 2003 nach mehr als einem Jahr der Abstinenz wieder auf dem deutschsprachigen Bürosoftwaremarkt mitmischen und veröffentlichte nicht nur eine angloamerikanische, sondern auch eine entsprechende lokalisierte Version von WordPerfect 11.0. Die meisten Neuerungen von WordPerfect 11.0 waren bereits in der älteren Version 2002 (10.0) enthalten.

---

52 Erfordert Windows SharePoint Services unter Windows Server 2003.
53 Nur in der Professional- oder der Enterprise-Version von Word 2003 vorhanden.
54 Erfordert Tablet PCs o. ä.
55 Engl. »information rights management« (IRM). Das Erstellen von IRM-Dokumenten erfordert einen Windows Server 2003 inklusive Windows Right Management Services (RMS) und ist nur in der Professional- oder der Enterprise-Version von Word 2003 möglich. Das Lesen und Ändern von IRM-Dokumenten auch mit der Standard-Edition.
56 Erfordert Windows SharePoint Services unter Windows Server 2003.
57 [BRORS010]: S. 129.

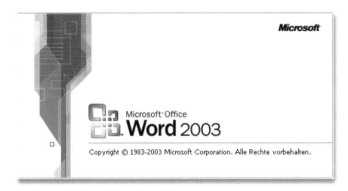

Abbildung 4.7 Splashscreen von Word für Windows 2003

Dazu gehörten beispielsweise Variablen für nicht feststehende Begriffe im Text, PDF-Export, ein Steuerzeichen-Modus, XML als Basis des Dateiformates et cetera. Es war absehbar, daß die Marktanteile von WordPerfect Office 11.0 nicht signifikant wachsen würden, allzumal die Bürosuite in USA schlechte Kritiken bekam. Zu unspektakulär waren die Neuerungen und zu stark war die Konkurrenz von Microsoft Office und dem kostenlosen OpenOffice. In diesen Tagen bringt Corel bereits die Version 12 von WordPerfect heraus. Corel hat in dieser Version vor allem die Kompatibilität zum Microsoft-Produkt verbessert. Dokumente können in WordPerfect 12 nun direkt als Word-Datei gespeichert werden. Darüber hinaus können Textdokumente und Präsentationen als PDF-Dokumente ausgegeben werden.

Lotus veröffentlichte Ende 2002, Anfang 2003 die deutsche Version Ihrer Bürosoftware SmartSuite 9.8 für Windows und für OS/2 Warp mit einem neuen WordPro. Die Neuerungen von WordPro lassen sich in drei Punkten zusammenfassen: Windows-XP-Unterstützung, Erweiterung der Kompatibilität mit anderen Textverarbeitungen (insbesondere mit WordPerfect und Word XP) sowie eine verbesserte Installationsroutine.

Sun brachte 2003 das kommerzielle StarOffice 7.0 heraus, die fast identische Variante vom kostenlosen OpenOffice 1.1, das ebenfalls in diesem Jahr freigegeben wurde. StarOffice verfügte im Gegensatz zu OpenOffice über eine leistungsfähige Rechtschreibprüfung sowie zahlreiche Dokumentvorlagen und Cliparts. Insgesamt boten die beiden Büropakete und die Textverarbeitungen darin wenig Neues:

> »Neue Funktionen wie der PDF- und der Flash-Export, verbesserte Im-/Exportfilter sowie ein Makrorekorder sollen das Paket attraktiver denn je machen. Neben den Versionen für Windows, Linux und Solaris gibt es jetzt auch eine Mac-OS-X-Variante ...«[58]

Die Entwickler hatten an der Oberfläche gefeilt und die Menüstruktur an jene von Microsoft Office angenähert, so daß Word-Benutzer die Arbeit mit der Textverarbeitung Writer genauso gut erledigen konnten, ohne jedoch viel Geld auszugeben.

Neben den genannten Produkten greift inzwischen auch RagTime in den Kampf um Marktanteile ein (von RagTime, Hilden). Diese Textverarbeitung liegt aktuell in der Version 5.6x vor. Sie geht in vielen Textverarbeitungstests vor Word als Layout-Sieger aus dem Rennen.

---

58 [BRORS009]: S. 172 ff.

Wenn »alte DTP-Hasen« RagTime und Word miteinander vergleichen, fühlen Sie sich an die Schlachten erinnert, die PageMaker und Ventura Publisher in grauen Vorzeiten miteinander ausgefochten haben: Auf der einen Seite Eleganz und intuitive Benutzerführung – und auf der anderen das Arbeitstier.

Die Entwickler von Textverarbeitungen, die bis hierher nicht genannt wurden (TextMaker, Papyrus X ... und viele, viele andere), mögen die Nicht-Nennung verzeihen. Es ist in diesem Werk einfach nicht der Platz, um ausführlich auf alle Textverarbeitungen einzugehen.

4.3.23 2004 – Word 2004 für Macintosh

Word 2004 beziehungsweise MS Office 2004 für Mac OS X wird in diesen Tagen ausgeliefert. Die Textverarbeitung und das Office-Paket glänzen mit Schmankerln und Neuerungen, von denen Word-für-Windows-Anwender manchmal träumen, die insgesamt aber nicht spektakulär ausfallen. Zu nennen ist vor allem eine Notizblockansicht, die es erlaubt, in Besprechungen Notizen festzuhalten und übersichtlicher als in der Normaldarstellung zu organisieren. In der Windows-Welt muß man dafür zu Word noch die Software OneNote zusätzlich ordern. Offensichtlich bedienen die Mac-Entwickler von Microsoft Word Ihre Zielgruppe nicht immer nur mit dem, was die Entwickler von Word für Windows für zweckmäßig halten. Wer von den beiden Kandidaten – Word für Windows und Word für Mac OS X – der Protagonist und wer der Traditionalist ist, läßt sich nicht eindeutig beantworten.

4.3.24 ... folgende

Die Geschichte der Textverarbeitungen ist 2004 natürlich nicht zu Ende. Im Gegenteil: Die Verfahren zur Rationalisierung des Formulierens, Diktierens, Schreibens, Vervielfältigens oder ähnliches von Texten sind nach mehr als einem Vierteljahrhundert Forschung und Entwicklung hoffnungslos rückständig. Was Hunderttausende von Programmierern, Ingenieuren und klugen Köpfen in dieser Zeit geleistet haben, soll gewiß nicht klein geredet werden. Doch wer die Ergebnisse kennt, wer Word, WordPerfect und wie sie alle heißen mögen in zahllosen Varianten bedient hat, wer sich mit ihnen mehr als einmal die Finger »wund« getippt und »blutig« geklickt hat und wer nicht wenige Texte durch die Bugs und Unzulänglichkeiten der Textverarbeitungen verloren hat, der darf wohl anmerken, auch wenn der Nutzen der Textverarbeitungen als solcher unbestreitbar ist: das Gelbe vom Ei ist das alles nicht. Jede Textverarbeitung, die uns auch nur eine Sekunde davon ablenkt, *beim Reden allmählich einen Gedanken zu fertigen*[59], ist eine schlechte Textverarbeitung. Und das tun sie alle. Und sie werden es wahrscheinlich noch eine ganze Weile tun. Wir sind noch Generationen von Words davon entfernt, bis wir endlich ein digitales Verfahren besitzen, das uns so leicht und verführerisch zur Hand geht, wie das Schreiben und Lesen auf und von Papier.

---

59 In Anlehnung an Heinrich von Kleists Titel »Über die allmähliche Verfertigung eines Gedankens beim Reden«, in dem die Gewinnung von Erkenntnis auf diskursives Meditieren bezogen wird.

4.4 Die Geschichte von Basic, VBA, VB und VB.NET

4.4.1 1962 bis 1990 – Die Vorgeschichte

VB und VBA haben eine lange Vorgeschichte, die am Dartmouth College in New Hampshire begann. Dort entwickelten 1963 bis 1965 John G. Kemeny (1926–1992) und Thomas E. Kurtz (*1928), zwei Mathematiker, die Programmiersprache »Beginner's All-Purpose Symbolic Instruction Code« oder kurz: BASIC[60]. Diese Sprache verband Elemente aus den Programmiersprachen Algol 60 und Fortran II, war aber bewußt einfacher aufgebaut, denn sie sollte einer kleinen Gruppe von Studenten einen leichten Zugang zur Programmierung bieten.[61] Kemeny und Kurtz definierten acht Prinzipien, auf denen ihre Programmiersprache aufgebaut sein sollte:

1. Basic sollte für Anfänger leicht zu erlernen sein.
2. Basic sollte als Allzweck-Computersprache einsetzbar sein.
3. Basic sollte für Experten erweiterbar sein.
4. Basic sollte interaktiv sein.
5. Basic sollte klare und freundliche Fehlermeldungen bieten.
6. Mit Basic sollte man kleine Programme mit raschen Antwortzeiten erstellen können.
7. Basic sollte an keine konkrete Hardware gebunden sein (Hardware-Unabhängigkeit).
8. Basic sollte den Benutzer vor dem Betriebssystem »schützen« (Betriebssystem-Unabhängigkeit).

Der eigentliche Boom der Basic-Dialekte begann 1975 nach Einführung des legendären Minicomputers Altair 8800[62], dem »Vater« aller PCs. Für diesen Computer entwickelten Dennis Allison und Robert L. Albrecht ein Konzept für eine Basic-Variante, die den Namen TINY-BASIC tragen sollte.

> »Mangels Zeit zur Entwicklung riefen sie die Abonnenten der Zeitschrift People's Computer Company auf, einen Interpreter dafür zu schreiben. Die erste Rückmeldung in Form einer Rohfassung einer Tiny-BASIC-Implementierung kam Ende 1975 und wurde sofort an interessierte Leser weitergeleitet. In Folge trafen noch andere Versionen von Tiny-BASIC ein, so auch ein Interpreter von Tom Pittman, der diesen 1975 für auf Motorolas 68000-Chip basierende Mikrocomputer schrieb.«[63]

Eine breiteren Gruppe von Menschen wurde Tiny-Basic durch diverse Artikel in dem legendären *Dr. Dobb's Journal of Computer Calisthenics & Orthodontia*) bekannt. Etwa zeitgleich mit den Bemühungen von Allison und Albrecht nahmen sich der Harvard-Student Bill Gates, sein Schulfreund Paul Allan und Monte Davidoff ebenfalls der Programmier-

---

[60] Chronologie des Original-Basic: 1. Edition 1964, 2. Edition 1964, 3. Edition 1966, 4. Edition 1967, 5. Edition 1969 und 6. Edition 1971.
[61] Den Zugang erhielten die Studenten über einen Großrechner vom Typ GE 225 (beziehungsweise G.E. 255) mit elf Terminals, auf denen im Herbst 1964 bereits in Basic programmiert werden konnte.
[62] Der Altair 8800 wurde mit dem Intel-8-Bit-Prozessor 8080 und 256 Byte Hauptspeicher als Bausatz für etwa 400 Dollar von MITS vertrieben. MITS verkaufte vom Altair in acht Monaten viertausend Exemplare. Das entsprach mehr als drei Prozent aller Computer, die damals in Amerika ihren Dienst verrichteten.
[63] [SCHUB002].

sprache Basic an. Ihre Basic-Adaption für den Altair tauften sie ALTAIR BASIC. Sie lizenzierten den Basic-Dialekt an den Altair-Hersteller MITS[64], und das Unternehmen vertrieb Altair Basic fortan zusammen mit dem Rechner. Noch im gleichen Jahr gründeten Gates und Allan die Microsoft Corporation und schrieben DISKBASIC sowie einen Basic-Interpreter für den TRS-80 von Tandy. Sie verkauften ihre Mikrocomputer-Programmiersprache auch an die Unternehmen Texas Instruments, Ricoh, General Electric, NCR Corp. und Citibank.

Die Anzahl der Basic-Dialekte verbreitete sich in der Folgezeit wie ein Lauffeuer auf unterschiedlichen Plattformen. Das Original-Basic wurde unterdessen in DARTMOUTH BASIC umgetauft. Da die Sprachelemente von Basic nicht vollständig genormt waren, paßten die Computerhersteller Basic an ihre eigenen Vorstellungen, an die eigenen Softwareanforderungen und an die jeweils zugrunde gelegte Hardware an. Der entsprechend angepaßte Basic-Dialekt wurde häufig in das ROM der PC- und Heimcomputer integriert, so daß die Sprache dem Computerbenutzer direkt nach dem Einschalten eines Rechners zum Programmieren oder zum Aufrufen eines Programms zu Verfügung stand. Zu den bekanntesten Rechnersystemen mit Basic-Dialekten zählten Commodore C-64 und C-128, Commodore Amiga, Atari ST, Apple-Rechner und viele andere und schließlich IBM-PCs und IBM-kompatible PCs. Prominente Basic-Dialekte sind in der nachfolgenden Tabelle[65] grob zusammengefaßt:

System/Plattform	Basic-Dialekt
Basic (Original-Editionen 1. bis 6., offizielle Basic-Dialekte, Kooperationen)	Dartmouth Basic, American National Standard Minimal Basic (ANSI-Basic), CardBasic[66], Mark I Basic
Für Acorn/BBC Micro, RISC OS ...	BBC Basic ...
Für Altair, S-100 ...	Tiny-Basic[67], Altair Basic (Microsofts erster Basic-Dialekt) ...
Für Amstrad CPC, Amstrad PCW ...	Locomotive Basic, Mallard Basic ...
Für Apple, Apple II, Macintosh ...	Apple Business Basic, Applesoft Basic, FutureBasic, Integer Basic, REALBasic, True Basic[68] ...
Für Ataris 8-Bit-Familie, Atari ST ...	Atari Basic, STOS ...
Für Commodore Amiga ...	AMOS, Blitz Basic, GFA Basic, PureBasic ...
Für Commodore C64, C128, PET/CBM, VIC-20 ...	Commodore Basic ...

---

64 Eine andere Schreibweise des Unternehmens ist: M.I.T.S.
65 Die Angaben in der Tabelle erheben keinen Anspruch auf Vollständigkeit und sind ohne Gewähr auf hundertprozentige Richtigkeit aus dem Internet zusammengetragen. Im Einzelfall erforderte es genaue historische Recherchen, um mit Bestimmtheit zu sagen, welcher Basic-Dialekt in welcher Version mit welcher Plattform und auf welchem System lief.
66 Ableger der Basic-Entwicklung.
67 Tiny-Basic gab es für diverse Microcomputer (am häufigsten für die frühen 8080/S-100, aber auch für Minicomputer, die auf dem 68000er-Chip von Motorola basierten).
68 Nachfolger von Dartmouth Basic.

System/Plattform	Basic-Dialekt
Für CP/M ...	Basic-E[69], BBC Basic, CBasic[70], Mallard Basic, MBasic[71] ...
Für GPL	ScriptBasic, SmallBasic, XBasic, YaBasic ...
Für Linux ...	Gambas (gleicht VisualBasic), GNOME Basic (Clone von Visual Basic), HBasic (gleicht VisualBasic), Phoenix Object Basic, PureBasic, ScriptBasic, SmallBasic, XBasic, YaBasic ...
Für Lotus Notes	LotusScript ...
Für Motorola 6809 (8-Bit CPU), 680x0 (16-/32-Bit CPUs), OS9 und OS9 für 68K-Betriebssysteme ...	BASIC09 ...
Für MS ASP, Windows WSH ...	VBScript ...
Für Anwendungen (MS Office für Windows, MS Office für Macintosh, VisualBasic ab Version 4.0, und andere ...)	WordBasic, Access Basic[72], Visual Basic for Applications (VBA) ...
Für MS-DOS, PC-DOS ...	ASIC, BasicA[73], BBC Basic, Blitz Basic, Bywater Basic (bwbasic), CBasic, GW-Basic[74], Turbo Basic[75], PowerBasic[76], QBasic[77], Quick Basic, PDS-Basic[78], Revelation Basic, SmallBasic, True Basic, Northstar Basic[79], FirstBasic, Visual Basic für DOS ...
Für MSX	MSX Basic ...
Für OpenOffice, StarOffice	StarOffice Basic (auch StarBasic) ...
Für Palm OS	SmallBasic ...
Für POSIX ...	Bywater Basic (bwbasic) ...
Für Sam Coupé	SAM Basic ...
Für Sinclair QL	SuperBasic ...

---

69 Ein Public-Domain Basic-Compiler für CP/M, dessen kommerzieller Nachfolger CBasic wurde.
70 Abk. für »compiliertes Basic«.
71 Abk. für »Microsoft Basic«, Nachfolger von Altair Basic, wurde 1980 zu GW-Basic.
72 Access Basic war eine Teilmenge von VBA (etwa 80 Prozent), die explizit auf Access zugeschnitten war.
73 Abk. für »advanced basic«, dt. »verbessertes Basic«. War ursprünglich im ROM von IBM PCs verfügbar, später im Lieferumfang des Betriebssystems PC-DOS enthalten.
74 Abk. für »graphics workshop«. GW-Basic war Nachfolger von MBasic.
75 Nachfolger von BASIC/Z, Vorgänger von Power Basic.
76 Nachfolger von Turbo Basic.
77 Nachfolger von GW-Basic, dessen Sprachschatz auf QuickBasic basierte.
78 Abk. für »professional development system«, eine Produktlinie von Microsoft, die wesentlich mehr Zusatzprogramme und Bibliotheken im Lieferumfang hatte als das kleine Schwesterprodukt QuickBasic.
79 Mit einem DOS-kompatiblen Computer verkauft, später für Northstars eigene Computer und noch später für x86 als Bazic '86.

System/Plattform	Basic-Dialekt
Für Tandy/Radio Shack TRS-80 Color Computer ...	Color Basic, Extended Color Basic, TRS-80 Level I Basic, TRS-80 Level II Basic ...
Für Texas Instruments TI 99/4A	TI Basic, TI Extended BASIC ...
Für Win32, Windows ...	Ethos Basic, IBasic, Liberty Basic, PowerBasic (Nachfolger von Turbo Basic), PureBasic, REALBasic, ScriptBasic, SmallBasic, True Basic, Visual Basic, Visual Basic .NET, XBasic, YaBasic ...
Für Z88 Cambridge ...	BBC Basic ...
Für ZX80, ZX81/TS1000, ZX Spectrum, ZX Spectrum +3 ...	Sinclair Basic, Mallard Basic ...

Ungefähr Mitte der 1980er bis Anfang der 1990er Jahre nahm die Bedeutung von Basic stetig ab, weil die meisten Basic-Dialekte auf Rechnern liefen, die nicht mehr zeitgemäß waren und weil die Programmierer zunehmend modernere und leistungsfähigere Programmiersprachen wie Pascal, C oder C++ bevorzugten. Große Unternehmen wie Microsoft und Borland versuchten den Trend zu stoppen, indem sie verbesserte Basic-Varianten mit mehr Funktionalität entwickelten. Doch weder TURBO BASIC noch die kostenlos mit dem MS-PC/DOS-Betriebssystem ausgelieferten Basic-Dialekte MBASIC, GW-BASIC, BASICA, QUICKBASIC und QBASIC konnten der Tendenz Einhalt gebieten.

1987: Die Idee zu VBA

Während das Marktinteresse für Basic schrumpfte, veröffentliche Bill Gates in der Zeitschrift *Byte Magazine* 1987 das erste Mal seine Vision von anpaßbaren Anwendungen in einem Artikel mit dem Titel »Beyond Macro Processing«[80]:

> »*In diesem Artikel forderte er, daß Produktivitätssoftware mit einer intelligenten und gemeinsam nutzbaren Umgebung ausgestattet werden sollte. Wenn Entwicklungswerkzeuge direkt in Anwendungen integriert würden, könnten Programmierer ihre Kenntnisse nutzen, um Standardsoftwarepakete mit Fähigkeiten auszustatten, die über die Makroverarbeitung hinausgehen, und um auf der Grundlage vorhandener Anwendungsfunktionen leistungsfähige Lösungen zu erstellen.*«[81]

Die Trendwende für Basic kam erst mit der Vermarktung neuer Windows-konformer Basic-Dialekte. Daß man mit den neuen Dialekten für und unter dem Betriebssystem-Aufsatz Windows sehr einfach und schnell Anwendungen entwickeln konnte, verblüffte damals so manchen C-Freund und Pascal-Freak. Zu den ersten neuen Basic-Dialekten zählten WINBASIC, OBJECTSCRIPT-BASIC, GFA-BASIC und last, but not least WORDBASIC und VISUAL BASIC 1.0.

4.4.2 1990 bis 1997 – WordBasic

WordBasic war ein Basic-Dialekt und eine Makrosprache, die zum ersten Mal 1990 in Word für Windows 1.0 und zum letzten Mal in Word für Windows 95 (7.0) eingesetzt wurde. Der Basic-Dialekt war wesentlich leistungsfähiger als alle zuvor in Word eingesetzten Makrosprachen. Im Gegensatz zu diesen, die eine Kombination aus wenigen Word-

---

80 [GATES001]: Auf Deutsch etwa: »Jenseits der Makroverarbeitung«.
81 [MICRO002].

befehlen und einfachen Konstrukten waren, besaß WordBasic darüber hinaus einen Wortschatz aus Basic-Schlüsselwörtern und Basic-Operatoren sowie eine Syntax, mit der auch relativ komplexe Abläufe automatisiert werden konnten. Veränderungen des Dokumentenformates von Word führten bei Versionssprüngen teilweise zu abenteuerlichen Konvertierungen des WordBasic-Codes. Beispielsweise konnte man Makros, die mit Word für Windows 1.0 erstellt wurden, nicht direkt in Word für Windows 6.0 konvertieren, sondern mußte sie zunächst in Word 2.x und dann in Word 6.0 öffnen. Microsoft meinte es eine Zeit lang zu gut und zu inkonsequent mit der Umsetzung von WordBasic in den lokalen Word-Versionen. WordBasic las sich wie Programmierer-Pidgin. Prozedurnamen waren in das Deutsche übersetzt, Abfragen, Schleifen und so weiter nicht. Trotz diverser Erweiterungen blieb WordBasic etwa sieben Jahre lang die offizielle Makrosprache von Word. Erst 1997, mit dem Erscheinen von Word 97 (8.0), wurde WordBasic durch VBA ersetzt. Bis auf ihre gemeinsame Basic-Abstammung, hatten die beiden Basic-Dialekte wenig gemeinsam. WordBasic war im Gegensatz zu VBA nicht als anwendungsübergreifende Makrosprache konzipiert, sondern explizit auf Word zugeschnitten.

Die Differenz zwischen WordBasic und VBA erklärt Microsoft in [VBAWRD8] folgendermaßen:

»Der Hauptunterschied zwischen Visual Basic for Applications und WordBasic ist folgender: Während die Sprache WordBasic eine einheitliche Liste von ungefähr 900 Befehlen umfaßt, besteht Visual Basic aus einer Hierarchie von Objekten, von denen jedes über einen bestimmten Satz von Methoden und Eigenschaften (ähnlich den Anweisungen und Funktionen in WordBasic) verfügt. Während die meisten der WordBasic-Befehle jederzeit ausgeführt werden können, stellt Visual Basic zu einem bestimmten Zeitpunkt nur die Methoden und Eigenschaften der verfügbaren Objekte bereit ... Die Programmieraufgabe, Fettformatierung zuzuweisen, demonstriert die Unterschiede zwischen den zwei Programmiersprachen. Die folgende WordBasic-Anweisung weist der Markierung Fettformatierung zu.

```
Fett 1
```

Das folgende Beispiel ist das Visual Basic-Äquivalent zum Auszeichnen der Markierung mit dem Attribut »fett«.

```
Selection.Font.Bold = True
```

Visual Basic verfügt über keine Anweisung oder Funktion `Bold`*. Statt dessen gibt es eine Eigenschaft namens* `Bold` *...*

... `Bold` *ist eine Eigenschaft des* `Font`*-Objekts. Desgleichen ist* `Font` *eine Eigenschaft des* `Selection`*-Objekts, die ein* `Font`*-Objekt zurückgibt. Wenn Sie die Objekthierarchie beachten, können Sie die Anweisung schreiben, die der Markierung Fettformatierung zuweist. Die* `Bold`*-Eigenschaft ist eine Boolesche Eigenschaft mit Schreib-Lese-Zugriff. Das bedeutet, daß die* `Bold`*-Eigenschaft auf* `True` *oder* `False` *(ein oder aus) gesetzt oder der aktuelle Wert zurückgegeben werden kann. Die folgende WordBasic-Anweisung gibt einen Wert zurück, der anzeigt, ob der Markierung Fettformatierung zugewiesen wurde.*

```
x = Fett()
```

Unterschiede zwischen Word-Basic und VBA

> *Das folgende Beispiel ist das Visual Basic-Äquivalent für die Zurückgabe des Fettformatierungsstatus der Markierung ...«*
>
> ```
> x = Selection.Font.Bold
> ```

Microsoft versuchte, den Übergang von WordBasic zu VBA für die Entwickler leichter zu gestalten, indem das Unternehmen eine Liste veröffentlichte, in der die äquivalenten WordBasic- und VBA-Ausdrücke alphabetisch sortiert aufgelistet wurden. Außerdem verfügte damals und verfügt VBA heute über eine Automatik, die in WordBasic erstellte Makros in VBA konvertiert. Dies geschieht, sobald eine Word 6.x- oder Word 95-Dokumentvorlage mit Word 97 oder höher geöffnet wird oder ein neues Dokument auf der Basis der Vorlage erstellt wird. Zur Konvertierung benutzt VBA zumeist ein Automations-Objekt von VBA namens `WordBasic`, das VBA-Methoden für alle alten WordBasic-Anweisungen besitzt.

4.4.3 1991 – Visual Basic 1.0 (16-Bit)

Visual Basic 1.0 (VB) wurde 1991 auf der Comdex-Frühjahrsmesse und der parallel dazu veranstalteten Windows World in Atlanta der Öffentlichkeit vorgestellt. VB 1.0 beruhte auf einer QuickBasic-Sprach-Engine, die in 16-Bit-Assembler geschrieben war und mit einem Formular-Designer-Paket namens »Ruby« kombiniert wurde. Diese hatte ursprünglich Alan Cooper entwickelt und an Bill Gates verkauft. Die Windows-Programmiersprache leitete die Renaissance von Basic ein und kam zu einem günstigen Zeitpunkt für Microsoft auf den Markt. Ein Jahr nach Einführung von Windows 3.0 waren immer mehr Unternehmen und Anwender bereit, Windows-Programme zu benutzen. Allerdings gab es nur wenige professionelle Programmierumgebungen, mit denen man entsprechende Programme entwickeln konnte. Als VB 1.0 erschien, sprach es sich unter den Entwicklern schnell herum, daß man mit dessen Fähigkeiten die Nachfrage nach Windows-Anwendungen bedienen konnte. Innerhalb weniger Monate verbreitete sich VB 1.0 über die ganze Welt. VB 1.0 trug dem Umstand Rechnung, daß an Windows-Programme ganz andere Anforderungen gestellt wurden als an klassische Single-Task-Programme.

- Windows-Programme arbeiteten fensterorientiert.
- Windows-Programme teilten sich Speicherplatz und Rechenzeit mit anderen Windows-Anwendungen.
- Windows-Programme mußten sich an eine Palette von Bedienungs- und Ausgabe-Standards halten, die durch die Windows-Architektur vorgegeben waren.

VB war im Gegensatz zu allen DOS- und Heimcomputer-Basic-Pendants anders organisiert und konnte entsprechende Lösungen für diese Anforderungen liefern. Es verfügte über die notwendigen Befehle zur Objektverknüpfung und -einbettung (OLE) sowie zum dynamischen Datenaustausch (DDE), wodurch sowohl die Datenübertragung auf andere Windows-Anwendungen als auch die gemeinsame Nutzung von Daten ermöglicht wurden. Kurzum: VB 1.0 verschaffte den Entwicklern die Möglichkeit, in einer für damalige Verhältnisse benutzerfreundlichen, graphischen Umgebung Windows-konforme Anwendungen zu kreieren. Die Anwendungen wurden unter Zuhilfenahme von Klassen, Objekten und objektorientierter Techniken erstellt. An die Stelle der linearen Programmabläufe trat die Steuerung von Ereignissen. Mit dem simplen Verfahren, fertige, *visuelle* Steuerelemente (Dropdown-Listen, Befehlsschaltflächen, Kontrollkästchen und so weiter) auf ein fertiges, leeres Dialogfeld/Formular zu ziehen, konnten sowohl Experten als auch Hobby-Programmierer im Nu elegante Benutzeroberflächen erstellen, wo früher zahlreiche Zeilen Programmcode geschrieben werden mußten. Dadurch stieg die Entwicklungsproduktivität spürbar an.

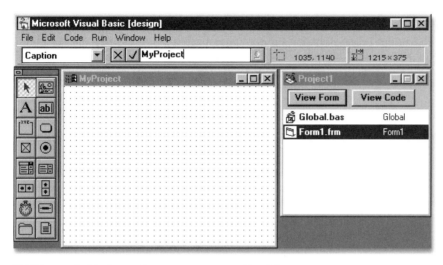

Abbildung 4.8 Die Entwicklungsumgebung von Visual Basis 1.0

Obwohl VB 1.0 bereits 16 relativ komplexe Steuerelemente und einen stattlichen Befehlsumfang von zirka 200 Befehlen besaß, ließen diese sich je nach Erfordernis durch Hinzuladen von maßgeschneiderten zusätzlichen Elementen erweitern. Ein paar findige Köpfe erkannten darin eine Marktnische und begannen, vorhandene Codebibliotheken mit Eigenschaften, Methoden und Ereignissen auszustatten und diese als VB-Komponenten[82] oder als VB-Module zu vertreiben. Dies verhalf Visual Basic zum technologischen Durchbruch.

4.4.4 1992 – VBA in Excel 5.0 und Visual Basic 2.0 (16-Bit)

VBA erblickte 1992 als Ersatz für Excels Makrosprache das Licht der Welt. Dieses Ereignis war der Anfang vom Ende der traditionellen Makrosprachen von Microsoft. Fünf Jahre waren vergangen, seitdem Bill Gates das erste Mal seine Gedanken über das »Jenseits der Makroprogrammierung« vorgestellt hatte. VBA als Programmiersprache war mit den traditionellen Basic-Dialekten QuickBasic, Basic PDS und QBasic sowie mit WordBasic und AccessBasic aus dem Hause Microsoft vergleichbar. Gegenüber den herkömmlichen Basic-Dialekten und den Makrosprachen bot es eine Reihe von bedeutungsvollen Erweiterungen, die sich wie folgt zusammenfassen lassen:

---

82 Bei den damaligen Visual-Basic-Komponenten handelte es sich um sogenannte »custom controls« (dt. »benutzerdefinierte Steuerelemente«) beziehungsweise um Dateien mit der Namenserweiterung .vbx, die nur über eine externe Programmiersprache zu erstellen waren (zumeist C oder C++).

- Die Möglichkeit, mit Ojekten umzugehen.
- Die Möglichkeit, benutzerdefinierte Objekte zu erstellen.
- Die Möglichkeit, den Prozeduren und Funktionen leistungsfähige Argumenten zu übergeben.
- Eine größer Auswahl an Datentypen
- Die Möglichkeit, mit sehr viel leistungsfähigeren Variablen umzugehen.

Durch die Nähe zu der professionellen Programmiersprache VB und durch die Funktionsvielfalt gegenüber den herkömmlichen Makrosprachen wurde VBA schnell von jenen Excel-Entwicklern akzeptiert, die kundenspezifische Lösungen realisierten. Obwohl Microsoft VBA und VB zu diesem Zeitpunkt unabhängig voneinander und in verschiedenen Produkten vermarktete, näherten sich die beiden Sprachen sukzessive aneinander an. Die getrennten Wege der beiden Basic-Dialekte wurden aber erst in der VB-Version 4.0 zusammengeführt. Bis dahin wurde VBA Schritt für Schritt in weitere Büroanwendungen integriert, währen VB Bestandteil der VB-eigenen Entwicklungsumgebung blieb.

Visual Basic 2.0 wurde im November 1992 in einer Standard und einer Professional Edition der Öffentlichkeit vorgestellt. Zuvor hatte Microsoft selber eine Reihe von internen Windows-Anwendungen mit VB 1.0 realisiert und erkannt, daß man für komplexe Projekte eine leistungsfähigere Programmiersprache benötigte.

> Visual Basic 2.0 enthielt im wesentlichen folgende funktionalen Neuerungen/Änderungen:
>
> - Über 150 Spracherweiterungen (laut Microsoft)
> - Überarbeitete Entwicklungsumgebung
> - Variant als Standard-Datentyp
> - Geschwindigkeitsoptimiert
> - Unterstützungsfunktionen für granulares Debuggen
> - Datenbankkonnektivität durch ODBC[83] (ODBC-Treiber für MS-SQL und Oracle-SQL)
> - Einführung neuer Produktivitätswerkzeuge und Steuerelemente
> - Eigenschaftenfenster und Debugger
> - Farbcodierte Syntax
> - Echte Unterstützung für eine Benutzeroberfläche mit mehreren Dokumenten (MDI[84])

4.4.5   1993 – VBA in Project und Visual Basic 3.0 (16-Bit)

Nachdem Excel in das VBA integriert wurde, war 1993 Microsofts Projektmanagement-Programm Project dran. Damals machte das Gerücht die Runde, daß Microsoft durch die frühe Freischaltung von VBA für das Nicht-Office-Produkt Project die hypertrophen Anfor-

---

[83] Abk. für »open database connectivity«, dt. »Vernetzung für offene Datenbanksysteme«, eine standardisierte Anwendungsprogrammierschnittstelle, über die der Zugriff auf Datenbanken im Netzwerk oder lokal möglich ist, unabhängig davon, von welcher Anwendung aus der Zugriff erfolgt.
[84] Abk. für »multiple document interface«, dt. »Schnittstelle für mehrere Dokumente«.

derungen der Manager an das Programm bedienen wollte. Sei dem, wie es will: VBA spielt in Project bis heute eine untergeordnete Rolle.

Visual Basic 3.0 brachte bei seiner Veröffentlichung als wesentliche Neuerung die Integration der Access Jet-Engine 1.1 mit. Die Integration ermöglichte es den VB-Entwicklern, in einem intuitiven visuellen Designer datenbankgebundene Windows-Anwendungen respektive Client/Server-Lösungen zu erstellen. Die Zugriffe auf die Daten einer Datenbank wurden wahlweise mit Hilfe neuer Datenbank-Steuerelemente oder über Datenzugriffsobjekte gesteuert. VB 3.0 ermöglichte über ODBC-Treiber auch den Zugriff auf andere Datenbankformate wie dBase, Btrieve, FoxPro, Paradox, Orcacle, Sybase SQL Server und Microsoft SQL.

Visual Basic 3.0 enthielt im wesentlichen folgende funktionalen Neuerungen/Änderungen:

▶ Integration der Access-Jet-Engine 1.1
▶ Neue datengebundene Steuerelemente
▶ Integration eines VBX-Moduls zur Anzeige von abgerufenen Daten in einer ansprechenden Form (Crystal Report Writer 2.0)
▶ OLE-2-Unterstützung (durch ein spezielles Steuerelement und durch die Möglichkeit, auf OLE-Automationsserver zugreifen zu können)
▶ Datenzugriffsobjekte[85]
▶ Popup-Menüs für benutzerdefinierte Dialogfelder/Formulare
▶ Installationsassistent zum Erstellen von Auslieferungsdisketten für die Programme der Entwickler

4.4.6 1995 – VBA 2.0 und Visual Basic 4.0 (16- und 32-Bit)

VBA 2.0 wurde 1995 von Microsoft zum ersten Mal für Access 95 und VB 4.0 freigegeben. Außerdem wurde die Version 2.0 von VBA in Excel 95 und Projekt 95 integriert. Mit der Integration von VBA in VB 4.0 hob Microsoft die Unterscheidung zwischen den beiden Basic-Dialekten auf beziehungsweise glich sie weitgehend aneinander an. VB 4.0 basierte jetzt auf dem gleichen Sprachkern wie die Office-95-Anwendungen Access 95, Excel 95 und wie Project 95, so daß ein Quellcodetausch zwischen diesen Programmen möglich war.

Visual Basic 4.0, selber nicht mehr in Assembler, sondern in C++ geschrieben, brachte in vielerlei Hinsicht bemerkenswerte Veränderungen gegenüber den vorigen Basic-Versionen. Es wurde in drei Editionen ausgeliefert, nämlich als Standard-, Professional- und als Enterprise-Edition. Alle drei Editionen beinhalteten eine 32-Bit-Version von VB (VB32.exe). In der Pro- und in der Enterprise-Edition war zusätzlich eine 16-Bit-Version enthalten (VB.exe). Mit VB 4.0 wurden Anwendungen für Windows 3.x, für Windows ab Version 95 und für Windows NT (ab Version 3.51) erstellt. Die Entwicklungsumgebung von VB 4.0 war zugleich ein Automationsserver mit einem eigenen Objektmodell und ein Automations-Client, der sich durch Add-Ins erweitern ließ. Die Entwicklungsumgebung

---

85 Engl. »data access objects«, Abk. DAO.

selber wurde überarbeitet und mit einer Farbcodierung und Zeilenfortsetzungszeichen ausgestattet.

> Visual Basic 4.0 enthielt im wesentlichen folgende funktionalen Neuerungen/Änderungen:
>
> ▶ VBA 2.0 als Sprachkern
> ▶ Ersetzung der Access Jet-Engine 1.1 durch die Version 3.0
> ▶ Überarbeitete Datenbankfunktionalitäten
> ▶ Ersetzung des Reportgenerators Crystal Writer 2.0 durch die 32-Bit-Version 3.0x
> ▶ Ersetzung der VBX- durch OCX-Funktionalität, wodurch VB-Programme wahlweise mit 16- oder 32-Bit-Zusatzsteuerelementen erweitert werden konnten.
> ▶ Unterstützung von kontextsensitiven Menüs
> ▶ Objektkatalog
> ▶ Zusätzliche Steuerelemente
> ▶ Ermöglicht die Erstellung von OLE-Automationsserver, nämlich sowohl In-Process-OLE-Server (DLL) als auch in Form von EXE-Programmen.
> ▶ Auslieferung mit SourceSafe, einem Versions- und Konfigurationsmanagement-Tool zur Kontrolle und Verwaltung von Quelltexten und Dateien (nur in der Enterprise-Edition).
> ▶ Remote-Automatisierung und Remote-Datensteuerung (nur in der Enterprise-Edition)

4.4.7 1997 – VBA 5.0 und Visual Basic 5.0 (32-Bit)

VBA 5.0 wurde 1997 in die Office-Anwendungen Access 97, Excel 97, PowerPoint 97 und Word 97 integriert. Mit Ausnahme von Outlook 97, in dem VB-Script (VBS) als Makrosprache integriert war, enthielten nun alle Office-Anwendungen VBA. Microsoft hatte VBA 5.0 gegenüber seinem Vorgänger VBA 2.0[86] in vielen Punkten verbessert und erweitert. Zahlreiche Objekte, Eigenschaften und Methoden wurden ersetzt. Damit Abwärtskompatibilität gewährleistet blieb, hatte Microsoft die meisten ersetzten Komponenten nicht entfernt, sondern lediglich entsprechende Hinweise in der VBA-Entwicklungsumgebung ausgeblendet. Die ersetzten Komponenten tauchten im Objektkatalog nicht mehr standardmäßig auf, konnten aber auf eigenes Risiko weiter verwendet werden. Von VBA 5.0 gab es keine deutschsprachige oder lokalisierte Version mehr. Nach der Veröffentlichung dauerte es bloß ein paar Wochen, bis über 50 führende Unternehmen die Programmiersprache von Microsoft für ihre eigenen Produkte lizenzierten. Beispielsweise lieferte die Münchner Visio GmbH ihr Zeichen-, Diagramm- und Charting-Software »Visio Professional« schon bald mit integriertem VBA 5.0 aus. In geringfügig modifizierter Version war VBA 5.0 auch Bestandteil von VB 5.0.

Visual Basic 5.0 wurde 1997 nicht nur in den Editionen Standard, Professional und so weiter vertrieben, sondern erstmals auch als Bestandteil von Visual Studio. VB 5.0 war aus vielen Gründen, die hier nicht erwähnt werden müssen, ein wichtiges Update in der VB-

---

86 Microsoft übersprang nach außen hin bei der Versionszählung die Versionen VBA 3.0 und VBA 4.0.

Geschichte seit 1991. Die Version richtete sich nicht mehr an Laien, sondern explizit an Programmierprofis. Die Unterschiede von VB gegenüber leistungsfähigen Programmiersprachen wie C, C++, Java oder Delphi waren verschwindend gering geworden.

> Visual Basic 5.0 enthielt im wesentlichen folgende funktionalen Neuerungen/Änderungen:
> - Integration eines Basic-Compilers[87]
> - VBA 5.0 (zu 95% mit Office-97-VBA identisch)
> - Ersetzung der Access Jet-Engine 3.0 durch die Version 3.5
> - Ersetzung der OCX-Bezeichnung durch ActiveX und Programmierbarkeit von ActiveX-Steuerelementen in der VB-Entwicklungsumgebung
> - Umbau der VB-Entwicklungsumgebung
> - Programmgesteuerte Erweiterbarkeit der VB-Entwicklungsumgebung
> - Gleichzeitiges Arbeiten an mehreren Projekten wurde unterstützt.
> - Ermöglichte das bequeme Gruppieren und Verschieben von Steuerelementen auf einem benutzerdefinierten Dialogfeld/Formular.
> - Syntaxhilfe, Quick-Info (Einführung der Intellisense-Technologie für Codezeilen)
> - Benutzerdefinierbare Eigenschaften in Klassen (WithEvents-Variablen)
> - Polymorphismus (Implements-Anweisung ermöglicht die Untersützung mehrerer Schnittstellen).
> - Ergänzung und Verbesserung der Steuerelemente (zum Beispiel zum Einbinden von TCP/IP-Funktionalität)
> - Neuer Datentyp `Decimal`
> - Datenumgebungs-Designer (engl. »user connection«)

4.4.8 1998 – VBA 6.0 und Visual Basic 6.0 (32-Bit)

VBA 6.0, das unter anderem in Office 2000 integriert war, erweiterte gegenüber früheren VBA-Versionen den Einsatzbereich der Programmiersprache. VBA 6.0 verlor seine rein clientseitige Ausrichtung und erhielt Elemente, mit denen sich auch mehrschichtige Projektarchitekturen und serverseitige VBA-Anwendungen realisieren ließen. Die Anwendungsprogrammiersprache ermöglichte jetzt die Entwicklung von COM-Add-Ins und von Multithread-Projekten, wodurch das Leistungs- und Antwortverhalten gesteigert werden konnte. VBA-Entwickler wurden in die Lage versetzt, Programme in einer Anwendung wie zum Beispiel Word 2000 zu schreiben, diese aber zentral und als Serverkomponente für Word 2000, Excel 2000, Access 2000 und so weiter freizugeben. Die Sicherheitsmechanismen wurden verbessert. VBA-Entwickler konnten ihr geistiges Eigentum am VBA-Code besser schützen. VBA 6.0 unterstützte digitale Signaturen, so daß die Anwender die Quelle

---

[87] Der Compiler konnte ein VB-Programm in eine lauffähige EXE-Datei übersetzten, die nicht aus zu interpretierenden P-Code, sondern aus Maschinencode bestand. Allerdings war der kompilierte Maschinencode nicht hundertprozentig »echt«, denn für den einwandfreien Betrieb eines kompilierten VB-Exe-Programms wurde die Laufzeitbibliothek »VBRUN500.DLL« benötigt.

eines VBA-Programms ermitteln konnten. Microsoft reagierte mit dieser Funktionalität auf die zunehmende Bedrohung von Makroviren in VBA-Programmen.

Für Programmierer, die VBA 6.0 in eine Paketanwendung integrierten (die sogenannten ISVs[88]), hielt Microsoft eine ganze Reihe von Neuerungen, Integrationswerkzeuge und Beispielcode parat. So konnten diese die VBA-Entwicklungsumgebung nach eigenem Gutdünken anpassen und erweitern. Anwendungs- und aufgabenspezifische Designtools, Assistenten und Add-Ins ließen sich in die VBA-IDE einbinden. Man kann darüber streiten, wie spektakulär die Neuerungen waren. Tatsache ist, daß mit Corel sogar ein Konkurrenzunternehmen von Microsoft beschloß, VBA zu lizenzieren und in die eigene Produktpalette einzubinden.

Visual Basic 6.0 basierte 1998 ebenfalls auf den Sprachkern von VBA 6.0. Zum ersten Mal stimmte damit das VBA, das in den MS-Office-2000-Produkten integriert war, zu nahezu hundert Prozent mit dem VBA überein, das in VB enthalten war. VB 6.0 war die letzte Version von Visual Basic.[89] Neben vielen Verbesserungen enthielt diese Version gegenüber ihrem Vorgänger über 80, zumeist internet- und datenbankbezogene Neuerungen. Zum Beispiel beendete Microsoft mit VB 6.0 das Verwirrspiel darüber, welche Technologie die Entwickler für den Datenbankzugriff nutzen sollten. Microsoft favorisierte gegenüber DAO, RDO[90] und ODBC jetzt die Version 2.x von ADO[91]. ADOs stellten eine performante Methode dar, mit der VBA- und VB-Entwickler auf OLE DB[92] zugreifen konnten. Enorm verbessert wurde die Integration des Internet Information Servers (IIS) und der Active Server Pages (ASP) sowie von HTML/DHTML. Es würde den Rahmen des Buches sprengen, würde man alle Innovationen von VB 6.0 aufzählen. Aus diesem Grunde erfolgt hier nur ein grober Überblick.

> Visual Basic 6.0 enthielt im wesentlichen folgende funktionalen Neuerungen/Änderungen:
>
> ▶ VBA 6.0 (zu 100% mit Office-2000-VBA identisch)
> ▶ Unterstützung für die Active Data Objects 2.0 (ADO)
> ▶ Datenumgebungs-Designer (interaktive Entwurfszeitumgebung zum Erstellen von ADOs)
> ▶ Verbesserung der Integration von MS SQL-Server und Oracle SQL Server
> ▶ Verbesserung der Integration vom Internet Information Server (IIS) oder dem Personal Web Server (PWS)
> ▶ DHTML-Designer (zur Unterstützung von DHTML-Funktionalität)

---

88 Abkürzung für engl. »independent software vendors«, das sind unabhängige Softwarehersteller.
89 Laut Microsoft wird diese VB-Version noch bis 2008 unterstützt, dann ist endgültig Schluß.
90 Abk. für »remote data object«, Ferndatenobjekt. RDOs bildeten eine Objektschicht über der ODBC-Schnittstelle. Der Zugriff auf RDOs war in der Regel performanter als ein direkter Aufruf der ODBC-Funktionen.
91 Abk. für »activeX data object«, ActiveX-Datenobjekt. Eine Datenbankschnittstelle, die auf OLE-DB basierte und deren Verwendung von Microsoft empfohlen wurde, weil sie unabhängig von einer spezifischen Datenbank, flexibler und performanter als DAO oder RDO war.
92 Abk. für »object linking and embedding database«, »Verknüpfungs- und Einbettungs-Datenbank«, eine COM-basierende Datenbankschnittstelle, mit der VBA- und VBS-Programme letztlich über ADO Datenquellen ansprechen konnten.

- WebClass-Komponenten
- Neue Steuerelemente, neue Stringfunktionen
- Reportgenerator[93] (zum Erzeugen von hierarchisch angeordneten Berichten)
- Visual Component Manager (zum Verwalten von Programmkomponenten in einer Datenbank)

4.4.9 1999 bis 2000 – VBA 6.3

VBA 6.3 wurde 2001 unter anderem mit dem Softwarepaket Office-XP von Microsoft vertrieben. Es enthielt gegenüber der VBA-Version 6.0 nur wenige Änderungen. Dazu gehörten eine Erhöhung der Grenze der erlaubten Projekt-Elemente (project items) von zirka 500 auf zirka 3.500, diverse Bugfixes sowie kleinere Neuerungen.

4.4.10 2001 – Visual Studio for Applications (VSA)

Auf der Visual Studio-Live Entwicklerkonferenz in San Francisco stellte Microsoft Visual Studio for Applications (VSA), einem Ableger von Visual Basic for Applications (VBA), vor. Mit VSA sollten in erster Linie Programme auf Basis von Microsofts ».NET«-Initiative entwickelt werden. Microsoft führte selber aus, daß man mit VSA die mangelnde Flexibilität der bestehenden VBA-Developer-Kits umschiffen wollte. Was aus den Plänen rund um VSA geworden ist, ob und inwiefern diese in die Jahre später erscheinenden »Visual Studio Tools für Office« eingeflossen sind, entzieht sich der Kenntnis des Autors.

4.4.11 2002 – Visual Basic .NET 2002 (7.0), Office XP Web Services Toolkit und SmartTag Enterprise Resource Toolkit

VISUAL BASIC .NET, der Nachfolger von VB, wurde 2002 von Microsoft präsentiert und war eine komplett neue Programmiersprache, bei der lediglich die Befehlsnamen und die Syntaxregeln an das alte VB 6.0 und an VBA erinnern. VB.NET 2002 basiert auf einer neuen Programmierplattform, dem .NET Framework[94] 1.0, das einen radikalen Neuanfang für alle Programmierer darstellte, die mit einer Programmiersprache von Microsoft arbeiten. Die wichtigsten Komponenten von .NET Framework waren eine Laufzeitumgebung[95] sowie eine umfangreiche Klassenbibliothek mit vielen tausend Klassen, die nicht nur VB.NET 2002 zur Verfügung standen, sondern jeder .NET-Programmiersprache. Daneben gab es zahlreiche .NET-Framework-Komponenten, die hier nicht weiter erörtert werden sollen. VB.NET konnte keine VB- und keine VBA-Programme ausführen. Wurde eine »alte« VB-Projektdatei unter VB.NET geladen, versuchte ein Assistent, das VB-Projekt in ein VB.NET-Projekt zu konvertieren. Zwischen VB.NET und dem .NET-Framework auf der einen, und den Office-Anwendungen (Word, Excel und so weiter) mit integriertem VBA auf der anderen Seite, gab es 2002 keine direkten Schnittstellen. Natürlich war dieser Mißstand Microsoft bekannt. Das Unternehmen besaß jedoch keine klare Strategie, wie man ihn beseitigen konnte. Ein erster Versuch war die Freigabe des kostenlosen Office XP Web Services Toolkits.

---

93 Auch Report-Designer oder Datenberichtsdesigner genannt.
94 Dt. »Rahmenwerk«.
95 Engl. »common language runtime«.

Das OFFICE XP WEB SERVICES TOOLKIT war ein Entwicklungswerkzeug, um XML-basierte Webdienste (XML Web Services), die mit .NET entwickelt wurden, durch VBA in Office-XP-Anwendungen zu integrieren. Webdienste waren Programme, die einen Dienst im Internet bereitstellten, den andere Programme in Anspruch nehmen konnten. Mit Hilfe des Toolkits griffen VBA-Routinen auf die Dienste zu und stellten die Daten, die ein Dienst zurückgab, einer Office-XP-Anwendung zur Verfügung. Word konnte so zum Beispiel die aktuellen Notierungen verschiedener Aktien und die neuesten Empfehlungen der Analysten beim Öffnen einer Dokumentvorlage einlesen. Bald nach der Veröffentlichung der Toolkits ließ Microsoft die Entwicklung derselben wieder einschlafen. Zumindest machten 2003 interne Microsoft-Quellen keinen Hehl daraus, daß mit der Programmierung der Toolkits nur zwei Entwickler beschäftigt waren. Was aus dem Office XP Web Services Toolkit wird, ist zur Drucklegung des Buches nicht klar.

Das SMART TAG ENTERPRISE RESOURCE TOOLKIT war ein weiteres kostenloses Werkzeug für die Office-XP/VBA-Entwicklung, das Microsoft 2002 präsentierte. Es vereinfachte mit Hilfsmitteln wie etwa einem systemweiten Smart Tag Explorer das Erstellen komplexer SmartTags.

4.4.12 2003 – VBA 6.4, Visual Basic .NET 2003 (8.0), Visual Studio Tools für Office (VSTO)

VBA 6.4 wurde mit dem Office-Paket 2003 auf dem Markt eingeführt. Es konnte aber auch als Update von den Microsoft-Servern heruntergeladen werden. Die neue VBA-Version schloß einige Sicherheitslücken, besaß aber außer der Erweiterung um XML-Funktionalitäten gegenüber VBA 6.3 keine spektakulären Neuerungen.

Visual Basic .NET 2003 (8.0) wurde gleichzeitig mit dem Windows Server 2003, dem neuen Visual Studio .NET 2003 und dem .NET-Framework 1.1 veröffentlicht.

> VB.NET 2003 und das .NET-Framework 1.1 enthielten gegenüber VB.NET 2002 und dem .NET-Framework 1.0 im wesentlichen folgende funktionalen Neuerungen/Änderungen:
>
> ▶ Integrierte Unterstützung von mehr als 200 mobilen Webgeräten (zum Beispiel PDAs, Mobilfunktelefone ... und so weiter)
> ▶ Neue Projekttypen (»Smart Device Application« und »ASP.NET Mobile Web Application«)
> ▶ Unterstützung des .NET Compact Framework, der Plattformen Windows CE .NET und Pocket PC 2002 mit Debugg-Emulatoren
> ▶ Vereinfachung der Migration durch Erweiterung des Aktualisierungsassistenten
> ▶ Verbesserte und beschleunigte VB.NET-Entwicklungsumgebung
> ▶ Optimierte automatische Formatierung des Codes bei der Eingabe (verbesserte Intellisense-Funktionen)
> ▶ Erweiterung von Objektbrowser, XML-Designer und HTML-Editor
> ▶ Unterstützung des Internet-Protokolls Version 6 (IPV6)
> ▶ Erweiterung der Datenbankschnittstelle ADO.NET
> ▶ Ermöglicht die vereinfachte Weitergabe von VB.NET-Anwendungen

Die VISUAL STUDIO TOOLS FÜR OFFICE, die zeitgleich mit der Einführung von Office 2003 vorgestellt wurden, waren eine Sammlung von Werkzeugen, die die Office-Entwicklung mit .NET-Entwicklung verknüpften. Mit diesen konnten die Programmierer, die Visual Studio .NET 2003 einsetzten[96], die neuen Möglichkeiten von Office 2003 nutzen (umgedreht besaßen die Office-Entwickler durch die Tools einen nativen Zugriff auf das .NET-Framework 1.1). Die Visual Studio Tools traten in gewisser Weise an die Stelle von VBA und ersetzten die Office Developer Editionen. Gleichwohl versicherte Microsoft offiziell, mehrfach und auf unterschiedlichen Veranstaltungen, daß die Visual Studio Tools VBA nicht ersetzen würden:

> »VBA wird weder in der nächsten und noch in der übernächsten Version nach Office 2003 abgeschafft.«[97]

Die Tools integrierten sich nach der Installation in die Entwicklungsumgebung von Visual Studio .NET. Dort stellten sie neue Projektvorlagen (zum Beispiel für Word- oder Excel-Projekte) sowie zahlreiche neue Klassen zur Verfügung. Der VB.NET- oder C#-Programmierer konnten dadurch auf das gesamte Office-Objektmodell zugreifen und gleichzeitig die ohnehin in .NET integrierten Funktionen zum sicheren Ausführen von serverseitigem Code, zum Erzeugen und Lesen von XML-Dokumenten oder zur Anbindung von Web-Services und so weiter nutzen.

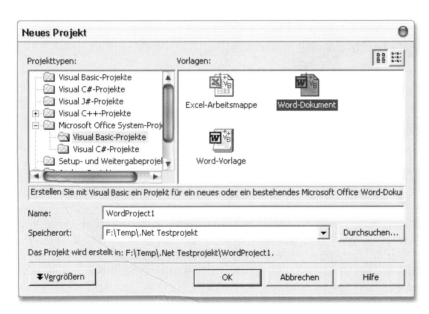

Abbildung 4.9 VSTO-Projektvorlage in Visual Studio.Net

---

96 Die VSTO waren nicht abwärtskompatibel zu Visual Studio .NET 2002.
97 So zum Beispiel die Microsoft-Technologieberater Frank Lange und Jens Häupel auf einer Entwickler-Veranstaltung von Microsoft am 10. Oktober 2003 in Bad Homburg.

War die Entwicklung eines .NET-Office-Projektes abgeschlossen, kompilierte man aus dem Code ein Assembly[98], das aus einer DLL-Datei bestand. Diese speicherte man an einem lokalen oder zentralen Ort. Indem man in den benutzerdefinierten Dokumenteigenschaften eines Excel- oder Word-Dokumentes einen Verweis auf das Assembly hinzufügte (Codebehind-Entwicklung), konnte ein Loader namens OtkLoadr.dll das mit dem Dokument verlinkte Assembly laden.

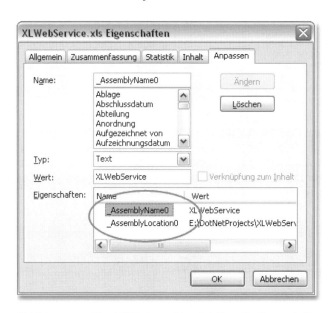

Abbildung 4.10 Eine VSTO Assembly wird über die Eigenschaften mit einem Dokument verlinkt.

4.4.13 2004, 2005 ... – Visual Basic .NET 9.0 (Codename Visual Basic Whidbey), Visual Basic .NET 10.0 (Codename Visual Basic Orcas)

VB ist tot, VBA liegt im Sterben, lange lebe VB.NET – mit diesem Aufruf soll der kleine geschichtliche Rundblick beendet werden. Der Autor des Buches will dem Leser entgegen der zahlreichen Beteuerungen von Microsoft-Mitarbeitern keine Hoffnung machen: VBA wird schon bald keiner mehr kennen. Microsoft hat im Internet auf den MSDN-Seiten die »Microsoft Developer Tools Roadmap 2004 – 2005«[99] veröffentlicht, die keinen anderen Schluß zuläßt. Sind die heutigen Visual Studio Tools für Office (VSTO) bereits der erste Nagel im Sarg von VBA, so wird der Nachfolger von VSTO mit dem Codenamen »Whidbey Visual Studio für Office« (Whidbey VSTO) der VBA-Totengräber sein, und dessen Nachfolger mit dem Codenamen »Orcas Studio für Office« (Orcas VSTO) wird aller Voraussicht nach die VBA-Grabrede halten. Trotzdem macht es heute Sinn, sich mit der VBA-Programmierung zu beschäftigen. Denn bis VBA unter der Erde liegt, *werden noch Jahre ins Land gehen*. Microsoft wird die vielen VBA-Lizenznehmer nicht mit einem plötzlichen VBA-

---

98 Dt. »Versammlung« (von Dateien und Typen). [MONAD005] definiert auf S. 94 ein Assembly folgendermaßen: »Ein Assembly ist eine logische Einheit, in der .NET-Programme ausgeliefert und »versioniert« ... werden. Im einfachsten Fall besteht ein Assembly lediglich aus einer Exe- oder einer DLL-Datei.«
99 [MICRO003].

Ende überraschen, sondern einen schleichenden Tod verschreiben. Zuviel Manpower steckt in den VBA-Entwicklungen. Seien Sie deswegen versichert: Mit den Fähigkeiten, die Sie sich heute bei der VBA-Programmierung erwerben, werden Sie sich in Visual Studio Whidbey und in Visual Studio Orcas gleichwie in Whidbey VSTO und in Orcas VSTO im Nu zurecht finden.

> Nachstehend, kurz zusammengefaßt, ein paar Punkte aus der Roadmap, die die Nachfolgeprogramme von VB.NET 2003, von VBA und von Office 2003 im allgemeinen betreffen. Beurteilen Sie selbst, welche Daseinsberechtigung VBA noch besitzt, wenn Visual Studio Whidbey, Whidbey VSTO und Whidbey Office erst einmal entwickelt sind. Bedenken Sie aber bitte bei Ihrer Beurteilung, daß Microsoft seit 1975 keinen Hehl aus seiner Marketingstrategie macht, große Zukunftsversprechungen gegen existierende, überlegene Technologien zu setzen, um erst viel, viel später oder gar nicht die Versprechungen einzulösen.

- Die kommende Version von Visual Basic .NET (interne Versionsnummer 9.0, Codename »VISUAL BASIC WHIDBEY«) wird von Microsoft radikal verbessert. Zu den Verbesserungszielen gehören: die Verringerung der Codezeilen von über 50 Prozent für allgemeine Programmieraufgaben, die dramatische Reduzierung von Programmfehlern durch die Entwickler zur Designzeit, die Vereinfachung des Datenzuganges und die Verbesserung der schnellen Anwendungsentwicklung[100].

- VB Whidbey soll mit fertigen Code-Vorlagen für allgemeine Codeaufgaben ausgeliefert werden, in denen der Entwickler »nur« noch die leeren Stellen füllen muß. Außerdem kann der Programmierer eigene Code-Snippets kreieren, verwalten und einsetzen.

- Ähnlich wie in Word das Rechtschreib- und das Grammatik-Objekt dem Benutzer während der Texteingabe Korrekturen vorschlägt, soll VB Whidbey dem Programmierer Korrekturvorschläge bei allgemeinen Syntaxfehlern unterbreiten.

- Beim Unterbreiten von Syntaxkorrekturen oder -alternativen soll die bekannte SmartTag-Technologie verwendet werden.

- Damit Entwickler Ausnahmefehler schneller erkennen und beseitigen können, sind in VB Whidbey sogenannte Exception Helpers integriert, die Tips zur Beseitigung des jeweiligen Problems zum Besten geben.

- Die Windows Forms werden Eigenschaften und Steuerelemente besitzen, mit deren Hilfe man aus ihnen aktive Container[101] für Office-Dokumente machen kann.

- Die Whidbey-Version von VSTO wird signifikant erweitert. Whidbey VSTO führt den Paradigmawechsel bei den Office-Dokumentenformaten – weg von den proprietären DOC- und XLS-Formaten, hin zu XML-Dateien und -Schematas – fort. Das Ziel der Entwickler von Whidbey VSTO ist, die eigentlichen »Daten« in einem Office-Dokument von ihrem »Aussehen und Format« zu trennen. Anders gesagt: Die klassischen Excel-Arbeitsmappen und -Tabellenblätter sowie die Word-Dokumente, in denen Texte, Werte, Formeln und deren Präsentation sowie VBA-Routinen zusammen abgespeichert werden, werden über kurz oder lang abgeschafft. Die eigentlichen Daten

---

[100] Engl. »rapid application development« (RAD).
[101] Engl. »active document container« (ADC).

- werden als von ihrem Format unabhängige »XML-Dateninseln«[102] erfaßt, so daß Anwendungsentwickler auf diese direkt zugreifen können, ohne explizit Routinen für die Formatierung der Daten schreiben zu müssen. Typisierten Data Sets werden schemaorientierte Modelle zur Verfügung stehen, um Interaktionen mit den »XML-Dateninseln« zu gewährleisten. Ein Entwickler kann auf dieser Basis beispielsweise Dokumentvorlagen kreieren, die dem Benutzer der Vorlagen Intellisense-Unterstützung bietet. Beim Synchronisieren der XML-Dateninseln und der XML-Schematas, die für die Präsentation der Daten verantwortlich sind, kommen Data-Binding-Verfahren zum Einsatz. Zudem können Dokument-Anwendungsentwickler Datenvalidierungen vornehmen, die unabhängig von der Präsentation und der Formatierung der Dokumente sind.

- Wenn Daten unabhängig von ihrer Darstellung als XML-Dateien, und die Darstellungsanweisungen in offenen Schematas vorliegen, sind Anwendungsentwickler nicht mehr darauf angewiesen, bei der Datenverarbeitung das Objektmodell von Word (oder Excel) zu benutzen oder gar Word (Excel) zu starten, um die Daten und Datenschematas zu verändern.

- Die Whidbey VSTO wird Word (und Excel) direkt in der Whidbey-Entwicklungsumgebung beherbergen. Anwendungsentwickler brauchen nicht zwischen Whidbey VSTO und Word hin und her zu schalten, wenn sie ein Dokument gestalten und/oder mit Dokumentlogik versehen wollen. Auch Windows-Forms-Steuerelemente von Fremdherstellern lassen sich dann in Worddokumente einbinden.

---

102 Engl. »XML data island«.

5 Sicherungsarbeiten

»Wenn Du beim Morgengrauen verdrießlich aufwachst, dann denk daran: ›Ich stehe auf zur Arbeit eines Menschen. Und da bin ich schlechter Laune, wo ich mich anschicke, das zu tun, wozu ich da bin und wozu ich auf die Welt gekommen bin?‹«
Marc Aurel[1]

5.1 Bevor es losgeht: Sichern, sichern und noch mal sichern

Bevor Sie mit den Beispielen aus diesem Buch beginnen, Ihr Word mit VBA-Code anzupassen, sollten Sie Ihre benutzerdefinierten Word-Einstellungen sichern.

Bedenken Sie dabei folgendes: VBA ist eine relativ einfache Programmiersprache und gestattet einen verhältnismäßig mühelosen Zugriff auf Systemressourcen. Mit VBA kann man ohne viel Brimborium Word, im schlimmsten Falle sogar das Computersystem oder ein Netzwerk lahmlegen – und zwar auch dann, wenn eigentlich nichts Ungebräuchliches codiert wird. Diese und ähnliche VBA-Fähigkeiten werden bekanntlich über das Internet sogar zu Viren- und Würmerattacken mißbraucht. Geraten VBA-Aktionen daneben, ist es ein mühsames Unterfangen, ein falsch eingestelltes oder »vermurkstes« Word wieder gerade zu biegen. Es ist empfehlenswert, vorsorglich Kopien von allen benutzerdefinierten »Nervenadern« von Word anzulegen und diese eine Zeit lang aufzubewahren. Darüber hinaus empfiehlt es sich, die Sicherheitskopien in regelmäßigen Abständen zu erneuern. Bewährt hat sich das *Großvater-Vater-Sohn-Prinzip*, bei dem in bestimmten Abständen (zum Beispiel täglich, wöchentlich, monatlich ...) Backups angefertigt werden, und zwar auf drei unterschiedlichen Datenträgern. Erst bei jedem vierten Mal wird nach diesem Prinzip eine Kopie überschrieben, und zwar die älteste, der »Großvater«.

5.1.1 Sichern der Word-Arbeitsumgebung allgemein

Word speichert Einstellungen zu seiner Umgebung und Konfigurationsdaten in der Windows-Registry, in Dokumentvorlagen und in vielen anderen Dateien auf der Festplatte oder im Netzwerk. Die Zusammenhänge sind sehr komplex und werden nicht gerade einfacher durch die Tatsache, daß jeder Word-Anwender sein Word nahezu beliebig anpassen kann. Sie müssen die Registry-Einträge exportieren und alle für Sie relevanten Dateien von unterschiedlichen Speicherorten zusammensuchen. Sie sollten die Mühe aber nicht scheuen. Wer in der Lage ist, für sich eine optimale Word-Arbeitsumgebung aufzubauen, diese zu sichern und bei Bedarf auf einem beliebigen Rechner mit wenigen Arbeitsschritten wieder einzuspielen, gewinnt letztlich an Arbeitsqualität. Ist erst einmal die vollständige persönliche Word-Arbeitsumgebung gesichert, empfiehlt es sich, diese an einem getrennten Ort und auf einem anderen Datenträger aufzubewahren. Die nachstehende

---

[1] [MARCA001]: S. 50.

Liste gibt einen groben Überblick, welche Dateitypen und Einstellungen gegebenenfalls zu sichern sind:

- Alle für die Arbeit benötigten, von Ihnen eventuell bearbeiteten Dokumentvorlagen wie zum Beispiel *Benutzervorlagen, Arbeitsgruppenvorlagen*, von Microsoft *mitgelieferte Vorlagen und Assistentenvorlagen, Add-In-Vorlagen, Internet-Vorlagen* (.dot, .wiz) et cetera.
- Die besondere Dokumentvorlage *Normal.Dot*-Vorlage (.dot)
- Die besondere Dokumentvorlage *Email.Dot*-Vorlage (.dot)
- Alle Dokumente, die wichtige Daten enthalten (.doc)
- Alle (benutzerdefinierten) Mediadaten, also Clipart-, Bilder-, Foto-, Video-, Sound- und andere Multimedia-Dateien (.bmp, .jpg, .png, .wmf, .wav, .mid ... und zahllose andere Erweiterungen)
- Alle Autokorrektur-Dateien (.acl)
- Alle (benutzerdefinierten) Benutzerwörterbücher-Dateien, auch wenn sie sich nicht an die DIC-Namenskonvention halten (.dic).
- Alle (benutzerdefinierten) Ausschlußwörterbücher-Dateien, auch wenn sie sich nicht an die EXC-Namenskonvention halten (.exc).
- Gegebenenfalls diejenigen Teile der Registry, die sich auf Word und/oder auf Benutzereinstellungen von Word beziehen.
- Alle COM-Add-Ins (.dll und andere)

Natürlich liegt es allein in Ihrer Hand, welche der genannten Dateien, Dateiarten und Einstellungen Sie sichern. Nicht alles muß in jedem Fall gesichert werden. Ein unerschrockener und fauler Anwender wird vielleicht nur die allgegenwärtige Dokumentvorlage Normal.Dot sichern, ein vorsichtiger alle genannten Dateien und Einstellungen, ein Adrenalin-Junkie womöglich gar nichts. Grundsätzlich gibt es drei Mechanismen, nach denen Sie Sicherungen vornehmen können:

- Die »Gießkannen«-Sicherung (Backup): Ein Backup wird mit Hilfe eines Backup-Programms vorgenommen und sichert alles, was Sie angeben, ohne Berücksichtigung der Bedeutung der zu sichernden Daten. Im Lieferumfang von Windows ist ein solches Programm enthalten, jedoch arbeiten spezielle, separat angebotene Backup-Programme meist effektiver und schneller. Mit einem Backup können Sie zwar die komplette Word-Arbeitsumgebung sichern, aber ein intelligentes und auf Word zugeschnittenes Zurückspielen der Daten ist nicht möglich.
- Die Assistenten-Sicherung: Hierbei sichert man die Word-Arbeitsumgebung mit Hilfe von Anwendungs-Assistenten. Durch den »Profil-Assistenten« kann man beispielsweise die gesamte Word/Office-Konfiguration in einem einzigen Vorgang speichern und zurückspielen. Allerdings sind die Assistenten oft mit einer »heißen Nadel« gestrickt, laufen instabil (zum Beispiel der Profil-Assistent von Office XP) oder vergessen etwas (zum Beispiel sichert der Profil-Assistent nicht automatisch die persönlichen Outlook-Ordner).
- Die gezielte Sicherung: Dieser Mechanismus ebenso wie das gezielte Zurückspielen ist nur durch Handarbeit zu erreichen. Das gezielte Sichern der Word-Arbeitsumgebung ohne ein allumfassendes Backup-Programm und nur mit ausgesuchten Tools kann Nerven kosten, ist aber die einzige Möglichkeit, die lästige Bevormundung mit automati-

schen Ordnern, Einstellungen und Funktionen loszuwerden. Aus diesem Grunde erfahren Sie in den folgenden Abschnitten mehr Details zu den einzelnen sicherungswürdigen »Nervenadern« von Word.

> **Einfache und zentrale Verwaltung der Word-Arbeitsumgebung?**
>
> Leider gibt es keine zentrale, einfache, vollständige und speziell auf Word-Belange abgestimmte Vorrichtung, mit der die Word-Konfiguration, die Dokumente und die individuelle Word-Arbeitsumgebung gezielt verwaltet und gesichert werden können. Funktionen und Einstellungen, die etwas mit Datensicherung, Word-Verwaltung und persönlicher Arbeitsumgebung zu tun haben, sind in Word an zahlreichen Plätzen verstreut. Ein kleines Beispiel? Bitteschön: Zählen Sie einmal die Plätze, an denen Word Datensicherungsfunktionen und -einstellungen vorhält. Da gibt es etwa:
>
> ▶ die *Versionsverwaltung*
> ▶ die Zusatz-Vorlage *Support.dot*[2]
> ▶ die Speicheroptionen zum Bereich *Sicherungskopien*
> ▶ die *VBA-Quellcodeverwaltung* [3]
> ▶ den *Office/Profil-Assistenten zum Speichern eigener Einstellungen*
> ▶ ...

Alle diese Datensicherungsmechanismen befinden sich an einem anderen Platz, oft nicht einmal als Funktion in Word integriert. Viele Word-Anwender reagieren in Anbetracht der unübersichtlichen Verwaltungs- und Sicherungmöglichkeiten des Textverarbeitungsgiganten mit Resignation. Die ständige Suche mit dem Windows Explorer oder mit der Tastenkombination `WINDOWS-TASTE`+`f` nach irgendwelchen Dokumenten, Vorlagen, Wörterbüchern, Add-Ins, Sicherungsdateien ist den Anwendern regelrecht anerzogen worden. So gut es eben geht, behilft man sich mit den Dialogen »Extras-Optionen ...-Speicherort für Dateien« und »Extras-Vorlagen und Add-Ins ...-Organisieren ...«. Zumindest einige Pfad-Einstellungen bekommt man mit diesen Dialogen in den Griff. Außerdem kann man diverse benutzerdefinierte Elemente und Informationen zwischen unterschiedlichen Dateien austauschen – und das war es dann auch.

5.1.2 Der Profil-Assistent

Der sogenannte Profil-Assistent[4] von Word/Office bietet für viele Laien und semiprofessionelle Anwender schnelle und simple Sicherungsmechanismen. Der Profil-Assistent leistet auch gute Dienste, wenn Sie Ihre gewohnte Konfiguration auf einen anderen Rechner übertragen wollen, dabei aber keine individuelle Symbolleiste, eigene Makros, selbst erstellte Autokorrektur-Listen und dergleichen verlieren wollen.

---

2   Siehe Abschnitt 5.1.11 »Die Word-Schlüssel in der Registry sichern« Seite 225 ff.
3   Hinweis: Sie können das Visual Quellcodeverwaltungstool *Visual SourceSafe* von Microsoft für VBA aus der VBA-IDE heraus benutzen. Dazu muß SourceSafe unabhängig von Word installiert werden und in der VBA-Entwicklungsumgebung als VBA-Add-In registriert und gestartet werden.
4   Engl. »profile wizard«.

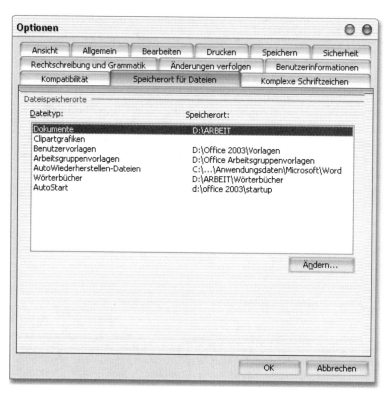

Abbildung 5.1 Der Dialog »Optionen« mit der Registerseite »Speicherort von Dateien«

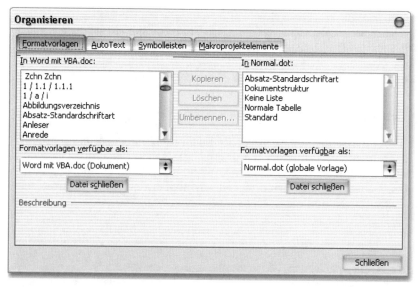

Abbildung 5.2 Der Dialog »Organisieren« mit der Registerseite »Formatvorlagen«

Der Profil-Assistent wurde erstmals von Microsoft mit Word/Office 2000 eingeführt. Allerdings befindet er sich nicht auf den Word/Office-2000-CDs, sondern wird zum Beispiel mit der CD »Microsoft Office 2000 – Die technische Referenz«[5] installiert. Heute können Sie den Assistenten für Word/Office 2000 aus dem Internet nachrüsten. Ab Word/Office 2002 (XP) wird der Assistent mit der Office-Software vertrieben. Anwender von Word/Office 2002 (XP) finden einen Link auf den »Assistenten zum Speichern eigener Einstellungen« im Windows-Startmenü unter »Start-Programme-Microsoft Office Tools«. Je nach Computer, Betriebssystem- und Office/Word-Version weicht diese Angabe aber ab. Anwender von Word/Office 2003 finden womöglich im Startmenü einen Link auf den »Microsoft Office 2003 Assistent zum Speichern eigener Einstellungen« unter »Start-Programme-Microsoft Office Tools«. Wie dem auch sei: Physikalisch besteht der Profil-Assistent primär aus der Datei »Proflwiz.exe«. Diese Datei befindet sich standardmäßig in Ihrem Office-Ordner (also zum Beispiel in »C:\Office 2003\Office11).

Es empfiehlt sich, vor der Benutzung des Assistenten diesen zu aktualisieren, weil er in älteren Versionen (zum Beispiel bei Word/Office 2002) nicht fehlerfrei läuft. Eine Aktualisierung des Assistenten bewirken Sie, wenn Sie die aktuellsten Service Packs zu Ihrer Word/Office-Version aufspielen. Das geht, einen Internet-Zugang vorausgesetzt, relativ einfach, aber unsicher, über die Office-Update-Seite von Microsoft »http://office.microsoft.com//officeupdate« und dem Anklicken des Hyperlinks »Suche nach Updates«.

Die Benutzung des Profil-Assistenten ist selbsterklärend. Im Dialog müssen Sie die Frage beantworten, ob Sie in der aktuellen Sitzung Daten sichern oder zurückspielen wollen.

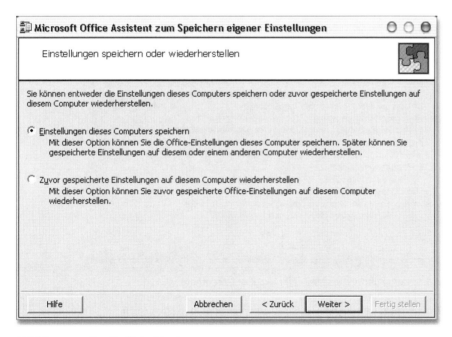

Abbildung 5.3 Der Profil-Assistent

---

5 [MSPRE001].

Außerdem sollen Sie angeben, wo Sie die Daten sichern wollen respektive von wo Sie die Daten zurückspielen:

- Microsoft-Server
- Internet
- Datei

Weitere Auswahlmöglichkeiten existieren nicht. Die Word/Office-Einstellungen werden in einer Profileinstellungsdatei (.ops) gespeichert. Dabei handelt es sich um einen Snapshot, also eine Momentaufnahme der Registrierungseinstellungen und der zugehörigen Dateien für eine Office-Benutzerkonfiguration.

Der Profil-Assistent ist gleichermaßen für Endanwender (»/u«) wie für Administratoren (»/a«) gedacht. Aus diesem Grunde können Sie ihn auch auf Kommandozeilenebene aufrufen und über Kommandozeilen-Parameter und INI-Dateien steuern. Informationen über den gezielten Start des Profil-Assistenten erhalten Sie über die Hilfe oder indem Sie »Proflwiz.exe« mit dem Parameter »/?« in einem DOS-Fenster aufrufen.

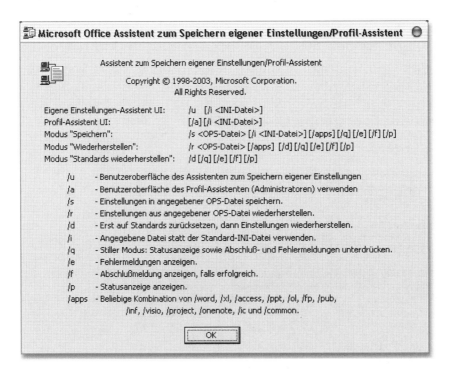

Abbildung 5.4 Die Kommandozeilenparameter des Profil-Assistenten

Wenn Sie zum Beispiel den Profil-Assistenten folgendermaßen starten

```
proflwiz.exe /s f:\Temp\MyWord.ops /q
```

dann wird automatisch und im Hintergrund die Sicherungsdatei MyWord.ops im Ordner f:\temp generiert, ohne daß Anwendereingriffe erforderlich sind. Die OPS-Datei, die von dem jeweiligen Benutzerschnittstellenmodus (Admin oder User) erstellt wird, basiert übrigens auf Kriterien, die in einer INI-Datei angegeben sind und von »Proflwiz.exe« verwendet werden. Es ist hier nicht der Platz, tiefer in die Materie einzusteigen. Nur so viel: Über die INI-Dateien können Sie den Profil-Assistenten so anpassen, daß bei Sicherungs- und Rücksicherungsvorgängen nur die Einstellungen benutzt werden, die Sie für sinnvoll erachten. Eine INI-Datei wie »Proflwiz.ini« läßt sich natürlich mit jedem x-beliebigen Texteditor oder mit Word manipulieren.

5.1.3 Die Dokumentvorlagen sichern

Eine *Dokumentvorlage*[6] ist ursprünglich eine Datei, die als Muster oder Schablone für häufig verwendete Dokumente wie Briefe, Berichte, Formulare und so weiter verwendet werden kann. Diese Verwendungsweise hat sich im Laufe der Geschichte und Anwendung von Word gewandelt. Entgegen den ursprünglichen Ideen der Word-Entwickler benutzen viele Anwender als Muster für ihre Dokumente keine Dokumentvorlage (.dot), sondern ein schon angelegtes Dokument (.doc), das sie unter einem neuen Dokumentnamen, aber mit der gleichen Erweiterung (.doc) abspeichern. Microsoft reagierte auf dieses Benutzerverhalten in jüngerer Zeit und integrierte in den aktuellen Word-Versionen im *Arbeitsbereich* einen entsprechende Funktion (»Neues Dokument – Von bestehendem Dokument«).

Dokumentvorlagen (.dot, .wiz)

Eine Dokumentvorlage ist heute hauptsächlich eine *Initialisierungsdatei* oder eine Art »Behälter« mit Daten und Informationen zu Voreinstellungen für bestimmte, häufig verwendete und mit der Dokumentvorlage verknüpfte Dokumente. Gewöhnlich befinden sich in Dokumentvorlagen dokumentspezifische und fertige Textbausteine, graphische Elemente (zum Beispiel ein Firmenlogo), Formatvorlagen, spezifische Seitenlayout-Einstellungen, VBA-Routinen und spezielle Anpassungen für die Benutzeroberfläche, die in mehreren Dokumenten gleicher Art benutzt werden sollen.

Allerdings setzen Word-Profis Dokumentvorlagen auch noch für andere Zwecke ein (als Add-Ins, Assistenten, Supportmittel ...). Grundsätzlich kann man die Anwendungsmöglichkeiten von Dokumentvorlagen in mehrere Kategorien untergliedern, nämlich in:

▶ Benutzervorlagen
▶ Arbeitsgruppenvorlagen
▶ Von Microsoft gelieferte und installierte Vorlagen (MS-Vorlagen) [7]
▶ Add-In-Dokumentvorlagen
▶ Vorlagen im Internet
▶ Nicht dateibasierte Vorlagen

Benutzervorlagen

Bei den Benutzervorlagen handelt es sich um die *klassischen* Dokumentvorlagen, das heißt, um Vorlagen-Dateien, die als Muster oder Schablone für häufig verwendete Dokumente dienen. Sie werden vom Word-Benutzer selbst oder durch Dritte erstellt und angepaßt und sind mit den Dokumenten lose verknüpft, denen sie als Vorlage dienen.

Benutzervorlagen (benutzerdefinierte Dokumentvorlagen)

---

6 Engl. »template«. Eine Dokumentvorlage wird häufig auch bloß »Vorlage« oder selten »Formatierungsschablone« genannt.
7 Engl. »advertised and installed templates«.

Speicherort und Suchreihenfolge für Benutzervorlagen

Meist befinden sich die Benutzervorlagen in dem Ordner, den die Word-Installationsroutine *automatisch* oder ein Word-Anwender *manuell* im Word-Dialog und der Liste »Extras-Optionen ...-Speicherort für Dateien« für den Eintrag »Benutzervorlagen« festgelegt hat[8].

Aber Achtung: Die Installationsroutinen von Office/Word variieren den Speicherort für Benutzervorlagen je nach Benutzer, Sprache, Windows- und Word-Version (nachstehend in einer Tabelle beschrieben). Microsoft paßt die Default-Werte[9] für Benutzervorlagen-Speicherorte an die Anforderungen von neuen Word- und neuen Windows-Versionen an. Dabei nimmt das Unternehmen wenig Rücksicht auf ältere Vorgabeordner, die es selber definiert hat (frei nach dem Motto »was interessiert mich der Schnee von gestern«)[10]. Beachten Sie, daß es zudem einen Unterschied macht, ob Sie Word nur lokal – oder über ein Netzwerk benutzen; ob Sie Office/Word zum ersten Mal auf einem Computersystem installieren – oder ob Sie eine ältere Word-Version aktualisieren. Die Installationsroutinen berücksichtigen gegebenenfalls die benutzerdefinierten Ordner der bereits installierten Word-Version. Zusammenfassend gesagt: Es gibt für Benutzervorlagen – aber auch für alle anderen Word-Dateien – seit Word 1997 keine immer gleichen Standardordner.

Sobald Word ein Dokument (.doc) öffnet, sucht es nach einer eventuell mit diesem Dokument verbundenen Dokument- oder Benutzervorlage (.dot). **Aber der Benutzervorlagen-Ordner** ist nicht der erste Speicherort, an dem Word nach eben jener verbundenen Vorlage sucht. Vielmehr arbeitet Word eine fest vorgegebene Reihenfolge von Speicherorten ab, um eine entsprechende Benutzervorlage zu finden (unter Umständen durch Zuhilfenahme von Angaben innerhalb des Dokuments). Sollte es mehrere Dokumentvorlagen gleichen Namens auf Ihrem System geben, verwendet Word immer die erste, die gefunden wird. Eine Übersicht über die Suchreihenfolge und den potentiellen Speicherorten für Benutzervorlagen vermittelt die nachstehende Tabelle.

Suchfolge	Suchort für die Dokumentvorlage
• 1.	**Dokumentordner** Der Speicherort eines Dokuments kann natürlich beliebig sein. Word und Windows benutzen als Voreinstellung für die Option »Extras-Optionen ...-Speicherort für Dateien-Dokumente« den Ordner »Eigene Dateien«[11]. Beispiel: ▶ C:\Eigene Dateien[12] ▶ C:\Dokumente und Einstellungen\<Benutzername>\Eigene Dateien

---

8 Word 1997: »Extras-Optionen ...-Dateiablage« und »Benutzer-Vorlagen«.

9 Dt. »Voreinstellungswerte«, »voreingestellte Werte«. Engl. »Default« wird meist mit *Standard* oder *Vorgabe* übersetzt.

10 Die Formulierung geht vermutlich auf die »Ballade des dames du temps jadis« von François Villon (um 1431 bis nach 1463) zurück. Er verfaßt darin als Refrain die wiederkehrende rhetorische Frage »Mais où sont les neiges d'antan?« (dt. »Aber wo ist der Schnee vom vergangenen Jahr?«) – und er zielt damit explizit auf die vergangene Schönheit von weiblichen VIPs aus der Historie und der Mythologie.

11 Siehe hierzu Abschnitt 5.1.10 »Die Dokumente sichern« ab Seite 224.

12 In der englischen Word-Version heißt der Ordner »My Documents«, also zum Beispiel »c:\my documents«.

Suchfolge	Suchort für die Dokumentvorlage
• 2.	**Angabe im Dokument**
	Word sucht die Dokumentvorlage in jenem Ordner, der im Dokument für die verknüpfte Dokumentvorlage angegeben ist. Je nachdem, wie ein Dokument erstellt und abgespeichert wurde, variiert die Angabe der zugeordnete Dokumentvorlage und des zugeordneten Vorlagenordners.
	Mit welcher Dokumentvorlage ein Dokument ursprünglich verknüpft ist, können Sie im Dialog »Eigenschaften« hinter dem Label »Vorlage:« nachlesen. Der Aufruf des Dialoges erfolgt durch »Datei-Eigenschaften-Zusammenfassung«[13]. Eine VBA-Routine kann ebenfalls die zugeordnete Benutzervorlage ermitteln[14].
• 3.	**Benutzervorlagenordner**
	Das Setup von Office/Word definiert einen Benutzervorlagenordner aufgrund unterschiedlicher Kriterien. Gängige Benutzervorlagenordner sind ...
	... *für Windows 2000/XP/2003:* C:\Dokumente und Einstellungen\<Benutzername>\Anwendungsdaten\Microsoft\Vorlagen[15]
	... *für Windows 95/98/ME (ohne Benutzerprofile):* C:\Windows\Anwendungsdaten\Microsoft\Vorlagen[16]
	... *für Windows 95/98/ME/NT (mit Benutzerprofilen):* C:\Windows\Profiles\<Benutzername>\Anwendungsdaten\Microsoft\Vorlagen[17]
• 4.	**Arbeitsgruppenordner**
	Falls ein Arbeitsgruppenordner im Dialog »Optionen«[18] angegeben wurde, sucht Word nach der Abarbeitung der drei zuvor genannten Speicherorte auch an diesem Speicherort nach der Dokumentvorlage.
	Hinweis: Die Installationsroutinen von Word geben keinen Arbeitsgruppenordner explizit vor.
• 5.	**Winword.exe-Ordner**
	Das Setup von Office/Word schlägt je nach Word-Version einen anderen Programmordner für Word vor. Dem Benutzer steht es während der Installation frei, Word auch in einen nicht vorgeschlagenen Ordner zu installieren. Gängige Programmordner von Word sind ...
	C:\Programme\Microsoft Office\Office11
	C:\Programme\Microsoft Office\Office10
	C:\Programme\Microsoft Office\Office
	C:\Programme\Microsoft Office

Hinweis: <Benutzername> steht für den Anmeldenamen des Benutzers. Die Speicherorte auf Ihrem Computersystem weichen möglicherweise von allen genannten Speicherorten ab.

---

[13] Word 1997: »Datei-Eigenschaften-Datei-Info«.
[14] Siehe Abschnitt 25.10.1 »Die einem Dokument zugeordnete Dokumentvorlage ermitteln«, Seite 745.
[15] Beispiel für englischsprachiges Word: C:\Documents and Settings\<Username>\Application Data\Microsoft\Templates
[16] Beispiel für englischsprachiges Word: C:\Windows\Application Data\Microsoft\Templates
[17] Beispiel für englischsprachiges Word: C:\Windows\Profiles\<Username>\Application Data\Microsoft\Templates
[18] Die Option finden Sie nach »Extras-Optionen...-Speichort für Dateien-Arbeitsgruppenvorlagen« oder nach »Extras-Optionen...-Dateiablage-Arbeitsgruppen-Vorlagen« (Word 1997).

Die vielen verschiedenen Speicherorte und das in der Tabelle skizzierte Programmverhalten bei der Suche nach einer Dokumentvorlage verwirrten sowohl »normale« Word-Anwender als auch Word-Profis. Damit Sie die Übersicht behalten, finden Sie weiter hinten im Buch eine VBA-Routine, die alle Details für das jeweils aktuelle Dokument auflistet.[19]

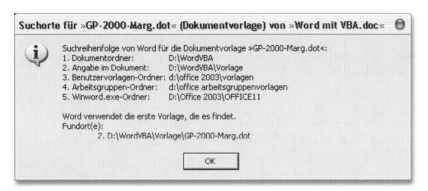

Abbildung 5.5 Die Suchhierarchie von Word

Dialog für Benutzervorlagen

Alle Benutzervorlagen, die Word in dem festgelegten Benutzervorlagen-Ordner findet, werden im Dialogfeld namens »Vorlagen« (früher »Neu«) angezeigt.

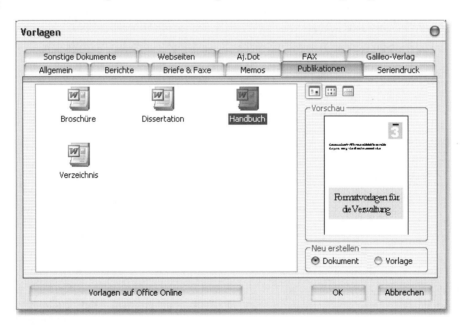

Abbildung 5.6 Der Standard-Dialog »Vorlagen«

---

19 Siehe Abschnitt 25.10.2 »Wie Word den Speicherort für die dem aktuellen Dokument zugordnete Dokumentvorlage ermittelt« ab Seite 745.

Das Dialogfeld kann insgesamt drei Arten von Vorlagen anzeigen:

- Benutzervorlagen
- Von Mirosoft mitgelieferte und installierte Vorlagen (MS-Vorlagen)
- Arbeitsgruppenvorlagen

Es werden aber immer nur jene Vorlagen angezeigt, die sich in den definierten Ordnern für die Dokumentvorlagen-Arten befinden. Das Dialogfeld »Vorlagen« läßt sich in aktuellen Word-Versionen aufrufen, indem Sie im Menü »Datei« auf »Neu« und anschließend im *Aufgabenbereich* »Neues Dokument« auf den Eintrag »Mit Vorlage beginnen-Allgemeine Vorlagen« (Word 2002/XP) oder auf den Eintrag »Vorlage-Auf meinem Computer« (Word 2003) klicken. Bei älteren Word-Versionen genügen die beiden zuerst genannten Mausklicks – aber das war Microsoft wohl zu einfach. Wie Sie in den neueren Word-Versionen zum alten und schnellen Verhalten zurückkehren, zeigt eine VBA-Routine weiter hinten im Buch.[20]

Sie können eigene Vorlagen-Ordner anlegen, die dann im Dialog »Vorlagen« (»Neu«) erscheinen. Dazu legen Sie Ihre Ordner unterhalb der Ebenen der Benutzer- oder Arbeitsgruppenvorlagenordner an.

Arbeitsgruppenvorlagen

Diese Vorlagen unterscheiden sich im Prinzip nicht von den klassischen benutzerdefinierten Dokumentvorlagen. Hinter der Bezeichnung verbirgt sich nicht, wie man vermuten könnte, eine zweite spezifische Dokumentvorlagenart, sondern bloß ein zweiter Speicherort für benutzerdefinierte Dokumentvorlagen. Gedacht ist dieser Speicherort natürlich für wohldefinierte Dokumentvorlagen, die nur bestimmten Benutzergruppen im LAN oder WAN zur Verfügung stehen sollen (also zum Beispiel als Speicherort für Projektvorlagen, Unternehmensvorlagen, Rechnungsvorlagen ...). Meist legt ein Netzwerkadministrator in Absprache mit allen Zugriffsberechtigten den Vorlagenserver und den genauen Netzwerkordner sowie die Zugriffsrechte für die einzelnen Arbeitsgruppenvorlagen fest. Die an diesem Ort hinterlegten Arbeitsgruppenvorlagen sind häufig schreibgeschützt, damit sie nicht versehentlich geändert werden können. Auf dem heimischen PC oder im Heim-Netzwerk steht es Ihnen natürlich frei, die Option eines zweiten Dokumentvorlagen-Ordners für eigene Zwecke zu nutzen oder sie einfach zu ignorieren. Ein sinnvolle Anwendung dieses Speicherortes besteht beispielsweise darin, wenn Sie mehrere Word-Versionen auf Ihrem Rechner haben und diese auf gemeinsame Vorlagen zugreifen sollen.

Benutzerdefinierte Arbeitsgruppenvorlagen

Für Arbeitsgruppenvorlagen definieren die Installationsroutinen von Office/Word keinen Vorgabeordner. Sie können einen Arbeitsgruppenvorlagenorder mit der Option gleichen namens im Word-Dialog »Extras-Optionen ...-Speicherort für Dateien« in der Liste »Dateispeicherorte« nachträglich bestimmen. Natürlich geht dies auch via VBA-Code, wie ein Beispiel weiter unten im Buch zeigt.[21]

Speicherort für Arbeitsgruppenvorlagen

Arbeitsgruppenvorlagen werden genau wie die Benutzervorlagen über das Dialogfeld »Vorlagen« (früher »Neu«) benutzt (siehe oben). Beachten Sie die oben dargestellte Suchreihenfolge für Benutzervorlagen: Wenn sich im Benutzervorlagenordner und im Arbeitsgruppen-

Dialog für Arbeitsgruppenvorlagen

---

20 Siehe Abschnitt 24.1.7, »Beispiel Dialogs II: Den Word-Dialog »Vorlagen« (früher »Neu«) ohne Umwege anzeigen«, ab Seite 641.
21 Siehe Abschnitt 25.10.3, »Den Arbeitsgruppenvorlagenordner festlegen«, Seite 748.

vorlagenordner Dokumentvorlagen mit dem gleichen Namen befinden, so werden im Dialog »Vorlagen« (früher »Neu«) immer nur die Vorlagen aus dem Benutzervorlagenordner aufgelistet! Dieses Programmverhalten von Word ist weder logisch noch einleuchtend. Als gewöhnlicher Anwender erwartet man schließlich, daß eine Dokumentvorlage, die zweimal in unterschiedlichen Ordnern auf der Festplatte vorhanden ist, von Word auch zweimal aufgelistet oder zur Auswahl angeboten wird. Beachten Sie, daß Word sich in diesem Zusammenhang stur an die oben in der Tabelle angeführte Suchhierarchie für Benutzervorlagen hält. Wollen Sie, daß eine Dokumentvorlage aus dem Arbeitsgruppenvorlagenordner in einem Reiter des Dialoges »Vorlage« (früher »Neu«) erscheint, so bleibt Ihnen gar nichts anderes übrig, als die gleichnamige Datei aus dem Benutzervorlagenordner zu entfernen oder diese Dokumentvorlage durch jene aus dem Arbeitsgruppenvorlagenordner zu ersetzen.

Von Microsoft gelieferte und installierte Vorlagen (MS-Vorlagen)

Mitgelieferte, anwendungsspezifische MS-Vorlagen

Wenn Sie Word oder Office installieren, haben Sie die Möglichkeit, bestimmte Mustervorlagen, die Microsoft vorgefertigt hat, auf Ihrem Computersystem zu speichern und anschließend zu nutzen (MS-Vorlagen). Zu den mitgelieferten MS-Vorlagen zählen gewöhnliche MS-Dokumentvorlagen (.dot) und sogenannte *Assistentenvorlagen* (.wiz). Zu den mitgelieferten Assistentenvorlagen gehören beispielsweise der *Brief-Assistent*, der *Memo-Assistent*, der *Lebenslauf-Assistent* und zu den MS-Dokumentvorlagen der *aktuelle Bericht*, ein *elegantes Memo*, ein *Business-Fax* und so weiter.

Die Assistentenvorlagen haben zwar die Erweiterung .wiz, aber sie sind bloß Dokumentvorlagen und lassen sich genauso wie diese öffnen. Der einzige Unterschied zu den anderen mitgelieferten MS-Vorlagen (.dot) besteht darin, daß sich in den Assistentenvorlagen (.wiz) VBA-Code befindet, der dafür sorgt, daß Word-Anwender mit den Assistenten spezifische Dokumente interaktiv erstellen können. Weil sie relativ gut funktionieren, doch manchmal häßliche Ergebnisse produzieren, sind die Assistentenvorlagen weniger für den konkreten Einsatz als für angehende VBA-Entwickler interessant. Sie geben Auskunft darüber, wie Microsoft selber mit VBA umgeht, um Word-Anwendern ein wenig die Arbeit zu erleichtern. Wenn Sie mehr darüber wissen wollen, schauen Sie sich die VBA-Projekte der Assistentenvorlagen einfach im Visual Basic-Editor an.

Speicherort für von Microsoft gelieferte und installierte Vorlagen

Die Installationsroutinen von Word legen die mitgelieferten MS-Vorlagen weder im Ordner für Benutzervorlagen noch im Ordner für Arbeitsgruppenvorlagen ab.

Vielmehr werden die mitgelieferten, anwendungsspezifischen Vorlagen in Word/Office 1997 standardmäßig je nach Vorlagentyp (Berichte, Briefe & Faxe, Memos ...) in gleichnamigen Unterordnern gespeichert.

Ab Word/Office 2000 bevorzugt Microsoft als Speicherorte für die mitgelieferten MS-Vorlagen eine Differenzierung gemäß der eingestellten oder vorgegebenen Sprache eines Computersystems. Die mitgelieferten MS-Vorlagen landen unterhalb eines Unterordners namens »\Template\« je nach Sprachunterstützung in sogenannten Language-ID-Ordnern (also in Ordnern mit einer Sprachkennung als Namen, zum Beispiel 1031 für Deutsch, 1033 für Englisch, 1036 für Französisch, 1040 für Italienisch und so weiter). Eine Übersicht über potentielle Speicherorte für von Microsoft gelieferte und installierte MS-Vorlagen vermittelt die nachstehende Tabelle.

Speicherort für installierte MS-Vorlagen

Das Setup von Office/Word definiert einen Ordner für mitgelieferte MS-Vorlagen aufgrund unterschiedlicher Kriterien. Gängige Ordner für mitgelieferte und installierte MS-Vorlagen sind ...

... *für Windows 95/98/Me/NT/2000/XP/2003 und Word 2000/2002(XP)/2003:*
C:\Programme\Microsoft Office\Templates\<nnnn>[22] oder C:\<Office/Word-Ordner>\Templates\<nnnn>

... *für Windows 95/98/Me/NT/2000/XP/2003 und Word 1997:*
C:\<Office/Word-Ordner>\Vorlagen\<Vorlagentyp>

Hinweis:
<nnnn> steht für die Sprach-ID (bei deutschen Installationen »1031«)
<Office/Word-Ordner> steht für den obersten Ordner einer Office/Word-Installation.
<Vorlagentyp> steht für einen Oberbegriff für bestimmte Arten von Dokumentvorlagen zum Beispiel für »Berichte«, »Briefe & Faxe«, »Memos« und so weiter.
Die Speicherorte auf Ihrem Computersystem weichen möglicherweise von allen genannten Speicherorten ab.

Speicherort für installierte MS-Vorlagen

Wenn Sie mit Word 1997 arbeiten, werden Sie feststellen, daß die Namen der Ordner, in die das Setup MS-Vorlagen installiert mit den Namen der Registerkarten im Dialog »Neu« (später »Vorlagen«) übereinstimmen. Die mitgelieferten Word-1997-Vorlagen befinden sich, nach Dokumentenvorlagen-Art thematisch sortiert, *in mehreren MS-Vorlagen-Ordnern*.

Dialog für von Microsoft gelieferte und installierte Vorlagen

Microsoft hat ab Word 2000 diese Logik geändert. Sämtliche MS-Vorlagen befinden sich nun *in einem einzigen* sprachspezifischen Ordner (wie zum Beispiel »C:\Programme\Mircosoft Office\Templates\1031«), der standardmäßig keine thematisch gegliederten Unterordner besitzt. Gleichwohl erscheinen die MS-Vorlagen im Dialog auf verschiedene Registerkarten aufgeteilt.

Dies ist möglich, weil ein entsprechender »Registerkarten-Algorithmus« sozusagen in Word hineininstalliert wird, wenn ein Benutzer beim Word-Setup entsprechende MS-Vorlagen auswählt.

»Da diese Vorlagen von Microsoft Word installiert werden, »weiß« Word intern, zu welcher Registerkarte jede dieser Vorlagen gehört, und sortiert und platziert die Vorlage auf die richtige Registerkarte, ohne entsprechende Ordner im Ordner "\Templates\1031" zu verwenden.«[23]

Um ungewollte Registerkarten zu löschen, müssen Sie in der »Systemsteuerung/Software« das Setup von Office/Word erneut aufrufen und dort die entsprechenden »Features entfernen«. Dazu stellt man bei den Word-Vorlagen die Option auf »nicht verfügbar«; damit ist auch die zugehörige Registerkarte weg. Es empfiehlt sich, zuvor die mitgelieferten MS-Vorlagen in den Benutzervorlagen-Ordner oder die Unterordner des Benutzervorlagenordners zu transferieren. Dadurch können Sie die mitgelieferten MS-Vorlagen unabhängig von Microsofts »Advertised-and-installed-Schnickschnack« wie früher zu Zeiten von Word 1997 verwalten.

---

22 Beispiel für englischsprachiges Word: C:\Program Files\Microsoft Office\Templates\nnnn
23 [MICRO014].

Hinweis am Rande: Verwerfen Sie die Idee, die MS-Vorlagen ohne Office-/Word-Setup einfach per Hand zu entfernen. Word stellt, trotz möglicher physikalischer Löschung, weiterhin die MS-Vorlagen auf den entsprechenden Registerkarten im Dialog »Vorlagen« dar. Wenn eine MS-Vorlage nicht vorhanden ist und Sie diese im Dialog »Vorlagen« auswählen, weist Word Sie mit einer Meldung an, diese Vorlage zu installieren:

> *»Die Funktion, die Sie verwenden möchten, befindet sich auf einer CD-ROM oder einem entfernbaren Datenträger, der nicht zur Verfügung steht.*
> *Legen Sie den Datenträger 'Microsoft Office Professional' ein, und klicken Sie auf OK.*
> *Feature verwenden: Microsoft Office XP Professional«*

Add-In-Dokumentvorlagen

Add-Ins

Ein Add-In ist allgemein ein Hilfsmittel, das Programmen und Entwicklungsumgebungen wie Word oder VBA neue Funktionen hinzufügt. Im Zusammenhang mit Word ist ein Add-In eine gewöhnliche Dokumentvorlage, die sich meist im sogenannten *AutoStart Ordner*[24] von Word befindet. Sie enthält spezielle Einstellungen und benutzer- beziehungsweise arbeitsgruppendefinierte Word-Funktionalitäten, wie persönliche AutoText-Einträge, optimierte Symbolleisten, Tastaturkürzel, VBA-Code und so weiter und stellt diese bei Bedarf jedem geöffnetem Word-Dokument zu Verfügung.

Alle Dokumentvorlagen, die sich in dem AutoStart-Ordner von Office/Word befinden, werden beim Start von Word automatisch geladen (im Gegensatz zu Add-In-Dokumentvorlagen, die sich an einem anderen Speicherort befinden und manuell nachgeladen werden müssen). Ob eine Add-In-Dokumentvorlage geladen ist oder nicht, können Sie erkennen, wenn Sie vom Word-Hauptmenü den Dialog »Extras-Vorlagen und Add-Ins ...« aufrufen (oder Sie verwenden die weiter unten im Buch vorgestellte VBA-Routine[25]).

Speicherort für Add-In-Dokumentvorlagen

Für Add-In-Dokumentvorlagen existiert kein definitiv festgelegter Speicherort. Unabhängig davon, in welchem Ordner sich ein Add-In befindet, kann es mit Hilfe des Dialoges »Extras-Vorlagen und Add-Ins ...« geladen werden.

Die Setup-Routinen von Office/Word legen aber während des Installationsvorganges den AutoStart-Ordner an oder benutzen den bereits vorhandenen AutoStart-Ordner einer früheren Word-Installation. Typischerweise handelt es sich beim AutoStart-Ordner um einen Unterordner des Programmordners von Office oder Word mit dem Namen »Startup«. Einen Überblick über gängige Ordnerpfade zum Autostart-Ordner finden Sie in der nachstehenden Tabelle.

> **AutoStart-Speicherort für Add-In-Vorlagen**
>
> Das Setup von Office/Word schlägt einen AutoStart-Ordner für Add-In-Vorlagen aufgrund unterschiedlicher Kriterien vor. Gängige Autostart-Pfade für Add-In-Vorlagen sind je nach Computersystem ...

---

24 Da ein AutoStart-Ordner auf der Festplatte den Namen »StartUp« hat, wird er im Deutschen auch »Startup-Ordner« genannt (von engl. »startup folder«).

25 Siehe Abschnitt 30.1 »Auflisten von registrierten (geladenen wie ungeladenen) Add-In-Dokumentvorlagen« 815.

> *... für Windows 95/98/Me (ohne Benutzerprofil):*
> C:\Windows\Anwendungsdaten\Microsoft\Startup
>
> *... für Windows 98/ME/NT (mit aktiviertem Benutzerprofil):*
> C:\Windows\Profiles\<Benutzername>\Anwendungsdaten\Microsoft\Word\Startup
>
> *... für Windows 2000/2002(XP)/2003:*
> C:\Dokumente und Einstellungen\<Benutzername>\Anwendungsdaten\Microsoft\Word\Startup
>
> *... für Word-Installationen über eine frühere Word-Installation (zum Beispiel Word 1997):*
> C:\Programme\Microsoft Office\Office\Startup
>
> Hinweis:
>
> <Benutzername> ist der Anmeldename des lokalen Anwenders.
>
> Die Speicherorte auf Ihrem Computersystem weichen möglicherweise von allen genannten Speicherorten ab.

Sie können über das Dialogfeld »Optionen« und der Registerkarte »Speicherort für Dateien« (früher: »Dateiablage«) selber einen Autostart-Order für automatisch geladene Add-In-Dokumentvorlagen festlegen.

Im Gegensatz zu Benutzervorlagen oder Arbeitsgruppenvorlagen erscheinen Add-In-Dokumentvorlagen definitiv nicht im Dialog »Vorlagen« (früher »Neu«). Add-In-Vorlagen werden statt dessen über den Dialog »Dokumentvorlage und Add-Ins« verwaltet, den Sie über die Word-Menüleiste mit »Extras-Vorlagen und Add-Ins ...« aufrufen können.

Dialoge für Add-In-Dokumentvorlagen

Vorlagen im Internet

In aktuellen Word-Versionen können Sie hier und dort (vor allem aber im *Arbeitsbereich*) Hyperlinks anklicken, die Sie auf Webseiten von Microsoft führen. Voraussetzung dafür ist natürlich eine bestehende Online-Verbindung zum Internet. Von den Microsoft-Webseiten können Sie zahlreiche Vorlagen herunterladen (neudeutsch »downloaden«).

Über die Qualität der Dokumentvorlagen kann man trefflich streiten. Die heruntergeladen Dokumentvorlagen verwalten und sichern Sie am besten genauso wie Ihre anderen Benutzervorlagen (siehe oben).

Nicht dateibasierte Vorlagen

Die nicht dateibasierten Vorlagen existieren nicht als eigenständige Dateien physisch auf der Festplatte, sondern sind Teil der Window.exe. Folglich kann man sie nicht sichern, oder höchstens, indem man Word selbst sichert.

Als Word-Anwender kann man die nicht dateibasierten Vorlagen nicht direkt bearbeiten. Sie werden aber von Word zum Erstellen von neuen Dokumenten verwendet, wie beispielsweise zum Erstellen von neuen Webseiten oder neuen E-Mail-Nachrichten.

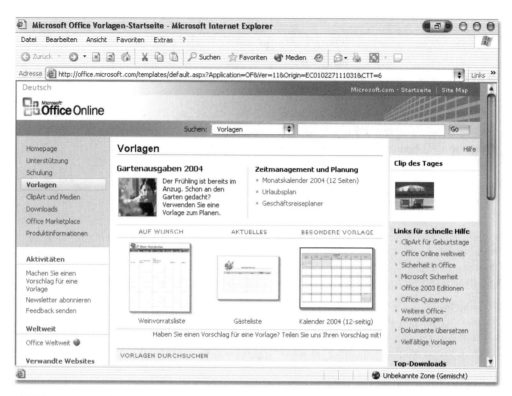

Abbildung 5.7 Aus dem Internet können Sie sich Dokumentvorlagen von Microsoft besorgen, die Sie frei nützen dürfen.

5.1.4 Die Normal.dot sichern

Die Standard-Dokumentvorlage Normal.dot

Die »Normal.dot« ist *die* »globale« Standard-Dokumentvorlage von Word. Sie wird automatisch geladen, wenn Sie Word starten. Die Normal.dot ist *immer da* und *immer global* – und sollte *immer benutzerspezifisch* und *immer exklusiv* sein. Das heißt, pro Benutzer sollte es nach Möglichkeit nur eine Normal.dot geben, für die immer nur ein Benutzer allein Lese- und Schreibzugriffsrechte besitzt.

Nach der Installation von Word scheint die Normal.dot nichts außer eine »leere« Vorlage zu sein. Doch der Schein trügt, denn wie jedes andere Dokument respektive wie jede andere Dokumentvorlage wird die Normal.Dot durch zahlreiche (Vor-)Einstellungen und Eigenschaften bestimmt. Beispielsweise besitzt die Datei als Standardeinstellung eine *Formatvorlage* namens »Standard« mit der Schriftart »Times« und der Schriftgröße »12 Punkt«. Das besondere an der Dokumentvorlage Normal.dot aber ist, daß alle Formatvorlagen, Texte, AutoText-Einträge, Befehlsleisten, VBA-Code-Anweisungen, die in der Vorlage enthalten sind, allen von Word geöffneten Dokumenten zur Verfügung stehen. Dies ist auch dann der Fall, wenn ein Dokument zusätzlich mit einer eigenen, spezifischen Dokumentvorlage verbunden ist. Im Projektexplorer des Visual Basic-Editors wird in jedem Fall auch die Vorlage Normal.dot angezeigt.

Randnotiz: *Formatvorlage*[26]

Eine *Formatvorlage* ist eine Kombination von beliebigen Formatierungseigenschaften, die unter einem gemeinsamen Namen zusammengefaßt sind und bei Bedarf in einem Arbeitsschritt einem Text- oder Dokumententeil zugewiesen werden können. In Word unterscheidet man zwischen *Zeichenformatvorlagen* und *Absatzformatvorlagen*. Letztere weist man, wie es der Name schon sagt, den Absätzen in einem Dokument zu. Soll die Formatierung einzelner Wörter oder Zeichen innerhalb eines derart formatierten Absatzes abweichen, so können diese mit einer separaten Zeichenformatvorlage belegt werden. Grundsätzlich ist es so, daß Zeichenformatvorlagen genau wie die *direkte Formatierung* den Absatzformatvorlagen übergeordnet sind. Hauptzweck von Formatvorlagen ist es, daß gestalterische und typographische Überlegungen konsistent und konsequent in einem Gesamtdokument angewendet werden. Formatvorlagen stellen dazu eine Mechanismus zur Verfügung, mit dem sich Änderungen am Format eines Dokumentes unmittelbar auf sämtliche mit diesem Format belegte Stellen im Dokument auswirken. Durch die benutzerdefinierte Vergabe von Namen für Formatvorlagen (zum Beispiel »Überschrift 1«, »Überschrift 2«, »Marginalie« und so weiter) wird zudem die Gestaltung und die Strukturierung eines Dokumentes erleichtert. Ganz allgemein verwendet man Formatvorlagen für immer wiederkehrende Dokumentelemente wie zum Beispiel für:

- Abbildungen
- Anhänge
- Anleser
- Anrede
- Aufzählungen
- Aufzählungzeichen
- Beschriftungen
- Bildunterschriften
- Blocktexte
- Datum
- Einzüge
- Farben
- Formeln
- Fuß-/Endnoten
- Fuß-/Endnotenzeichen
- Glossar
- Grußformeln
- Hervorhebungen
- Hyperlinks
- Index
- Kapitälchen
- Kommentartexte
- Kopf-/Fußzeilen
- Listen
- Listings
- Makro-/Codetexte
- Marginalien
- Merksätze
- Nummerierungen
- Nummerierungszeichen
- Querverweise
- Schmuckzeilen
- Seitenzahlen
- Tabellen
- Tastaturzeichen
- Titel, Untertitel
- Überschriften
- Unterschriften
- Verzeichnisse
- Zeilennummern
- Zitate
- ... und so weiter

---

[26] Engl. »style sheet«. Eine Formatvorlage wird auch (veraltet) »Druckformatvorlage« oder »Druckformat« genannt, eine vollständige Definition aller Formatvorlagen heißt »style guide«.

Wenn Sie ein *neues* »*leeres*« Dokument erstellen, so basiert das neue Dokument grundsätzlich auf der Dokumentvorlage Normal.dot. Soll ein *neues* Dokument nicht auf der Normal.dot basieren, müssen Sie ausdrücklich für dieses Dokument eine andere Dokumentvorlage auswählen. Ein *neues* Dokument »erbt« sozusagen Verhalten, Aussehen und Funktionalität von der Standardformatvorlage Normal.dot. Wenn Sie zum Beispiel ...

- ... schon immer einmal die Standardschriftart für *neue*, »*leere*« Word-Dokumente nachhaltig ändern wollen ...
- ... die Silbentrennung bleibend für *neue* Dokumente an- oder ausschalten wollen ...
- ... den Zoomfaktor, die Symbolleisten und die Ansicht eines *neuen* Dokuments auf bestimmte Einstellungen konfigurieren wollen ...
- ... oder wenn Sie einfach nur ein Seitenlayout für alle *neuen* Dokumente dauerhaft auf eine Ihnen gemäße Einstellung fixieren wollen ...

... dann ist die Normal.dot der rechte Ort für Ihre Anpassungen. Was Sie in der Normal.dot speichern, wirkt sich unmittelbar beim Anlegen eines neuen, »leeren« Dokuments auf dieses aus.

In der Standard-Dokumentvorlage Normal.dot sind mehrere *persönliche* Einstellungen zum *globalen* Gebrauch enthalten. Die Normal.dot ist jedoch nicht der einzige Speicherort für persönliche Informationen. Die nachstehende Liste vermittelt einen Überblick, welche wichtigen global-persönlichen Einstellungen in der Normal.Dot und welche in anderen Quellen vorhanden sein können: [27]

Einstellung	Speicherort(e)
Formatvorlagen	Normal.dot (global), aber auch in: Dokumentvorlagen (.dot) Dokumenten (.doc)
AutoTexte	Normal.dot (global), aber auch in: Dokumentvorlagen (.dot) Add-In-Dokumentvorlagen (.dot, global)
Formatierte Autokorrektur-Einträge	Normal.dot (global), aber auch in: ACL-Dateien (unformatierte Autokorrektur-Einträge)
Benutzerdefinierte Tastenbelegungen[28]	Normal.dot (global), aber auch in: Dokumentvorlagen (.dot) Dokumenten (.doc) Add-In-Dokumentvorlagen (.dot, global)
VBA-Code-Anweisungen und Makros	Normal.dot (global), aber auch in: Dokumentvorlagen (.dot) Dokumenten (.doc) Add-In-Dokumentvorlagen (.dot, global) COM-Add-Ins (.dll, global)

---

[27] Hinweis: Die Liste stellt ein Auszug mit den wichtigsten Elementen dar, sie ist nicht komplett.
[28] Engl. »shortcuts«.

Einstellung	Speicherort(e)
Befehls-/Symbolleisten	Normal.dot (global), aber auch in: Dokumentvorlagen (.dot) Dokumenten (.doc) Add-In-Dokumentvorlagen (.dot, global) COM-Add-Ins (.dll, global)
Layoutvorgaben	Normal.dot (global), aber auch in: Dokumentvorlagen (.dot) Dokumenten (.doc)

Einstellungen, die definitiv *nicht* in der Normal.dot oder einer benutzerdefinierten Dokumentvorlage (.dot) enthalten sind, sind zum Beispiel:

- Unformartierte, benutzerspezifische Autokorrektur-Einträge
- Einträge für die Benutzerwörterbucher
- Benutzerdefinierte Etiketten
- Globale Einstellungen, die Word betreffen.
- …

Obwohl die Normal.dot eine besondere Dokumentvorlage ist, wird sie von Word standardmäßig im gleichen Ordner wie die Benutzervorlagen gespeichert.

Speicherort für Normal.Dot

> **Speicherort für Normal.Dot**
>
> Das Setup von Office/Word speichert die Normal.Dot gewöhnlich im Benutzervorlagenordner. Den genauen Speicherort des Benutzervorlagenordners definiert das Setup aufgrund unterschiedlicher Kriterien (Betriebssystem, Benutzerprofil et cetera). Gängige Benutzervorlagenordner (Normal.dot-Ordner) sind …
>
> *Windows 2000/XP/2003:* C:\Dokumente und Einstellungen\<Benutzername>\Anwendungsdaten\Microsoft\Vorlagen
>
> *Windows 95/98/ME (ohne Benutzerprofile):* C:\Windows\Anwendungsdaten\Microsoft\Vorlagen
>
> *Windows 95/98/ME/NT (mit Benutzerprofilen):* C:\Windows\Profiles\<Benutzername>\Anwendungsdaten\Microsoft\Vorlagen
>
> Hinweis:
> <Benutzername> steht für den Anmeldenamen des Benutzers.
> Die Speicherorte auf Ihrem Computersystem weichen möglicherweise von allen genannten Speicherorten ab.

Word sucht die Normal.Dot je nach Word-Version in bestimmten Ordnern nach einer fest vorgegebenen Reihenfolge, die von der Suchreihenfolge für Ihre eigenen Benutzervorlagen[29] abweichen kann. Sollte es mehrere Normal.dot auf Ihrem System geben, verwendet Word immer die erste, die gefunden wird. Je nachdem, ob Sie auf Word *lokal* oder *über ein Netzwerk* zugreifen, sucht Word die Normal.dot nach einer anderen Suchordner-Reihen-

Suchreihenfolge für Normal.dot

---

[29] Vgl. oben Abschnitt 5.1.3, »Die Dokumentvorlagen sichern«, ab Seite 203.

folge. Die Suchreihenfolgen, die verwendet werden, wenn Sie *lokal* oder *über ein Netzwerk* auf Word zugreifen, sind in der nachstehenden Tabelle aufgelistet.

Suchfolge	Word 1997 (lokal)[30]	Word 2000/2002(XP)/2003 (lokal)[31]
↓ 1.	Benutzervorlagenordner	Benutzervorlagenordner
↓ 2.	Arbeitsgruppenvorlagenordner	Winword.exe-Ordner
↓ 3.	Word-Programmverzeichnis	Arbeitsgruppenvorlagenordner
↓ 4.	Aktuelles Verzeichnis	
Suchfolge	Word 1997 (Netzwerk)[32]	Word 2000/2002(XP)/2003 (Netzwerk)[33]
↓ 1.	Benutzervorlagenordner	Winword.exe-Ordner (auf dem Server)
↓ 2.	Arbeitsgruppenvorlagenordner	Benutzervorlagenordner (je nach Einstellung auf dem Client oder dem Server)
↓ 3.	Word-Programmverzeichnis	Arbeitsgruppenvorlagenordner (meist auf dem Server, aber je nach Einstellung auch auf dem Client)
↓ 4.	Aktuelles Verzeichnis	

Hinweis
Wenn Word die Datei Normal.Dot in keinem der angegebenen Ordner findet, erstellt Word sie automatisch im Benutzervorlagen-Ordner neu.

5.1.5 Die Email.Dot-Vorlage sichern

Word wird manchmal als E-Mail-Editor für Outlook installiert. Freilich tun dies meist nur optimistische Word-Anwender.

>*»Es gibt gute Gründe, Word nicht als E-Mail-Editor einzusetzen, die wir in diesem Buch allerdings nicht näher diskutieren werden.«*[34]

Falls Sie jedoch Word als E-Mail-Editor einsetzen und die eine oder andere Benutzereinstellung vorgenommen haben, sollten Sie die Datei Email.Dot sichern. Sie – und nicht die Normal.Dot-Vorlage – ist im E-Mail-Modus für die Word-Umgebungseinstellungen verantwortlich. Beispielsweise wird die Rechtschreibprüfung im E-Mail-Modus nicht von der Spracheinstellung in der Normal.Dot-Datei, sondern von der Spracheinstellung in der Dokumentvorlage Email.Dot kontrolliert.

Die Vorlage Email.Dot besitzt eine lange Geschichte. Als Normal.Dot-Pendant wird sie vermutlich erst ab der Word-Version 2000 eingesetzt. Ältere Versionen der Dokumentvorlage (beispielsweise für die Word-Versionen 1997 und 1995) hatten nur den Zweck, eine »normale« Mustervorlage zu sein.

---

30 Vgl. [MICRO011].
31 Vgl. [MICRO013], [MICRO012] und [MEIST001], S. 72.
32 Vgl. [MICRO011].
33 Vgl. [MICRO013] und [MEIST001], S. 72.
34 [MEIST001]: S. 20.

Speicherort für Email.Dot
Das Setup von Office/Word speichert die Email.Dot gewöhnlich im Word/Office-Ordner oder in einem sprachspezifischen Unterordner des Word/Office-Ordners. Der genaue Speicherort hängt von unterschiedlichen Kriterien ab (Wordversion, verwendete Sprachversion et cetera). Gängige Email.dot-Ordner sind ... *Word 1997:* C:\<Office/Word-Ordner>\Office *Word 2000:* C:\<Office/Word-Ordner>\Office\<nnnn> *Word 2002 (XP):* C:\<Office/Word-Ordner>\Office10\<nnnn> *Word 2003:* C:\<Office/Word-Ordner>\Office11\<nnnn>
Hinweis: <Office/Word-Ordner> steht für den obersten Ordner einer Office/Word-Installation. <nnnn> steht für die Sprach-ID (bei deutschen Installationen »1031«).[35] Die Speicherorte auf Ihrem Computersystem weichen möglicherweise von allen genannten Speicherorten ab.

Speicherort für Email.dot

5.1.6 Die Mediadaten sichern

Wenn es in der Fachliteratur um die Sicherung von Word und Word-Dokumenten geht, werden die Mediadaten oft vergessen. Das liegt zum einen daran, daß die von Microsoft als Muster mitgelieferten Mediadaten das hiesige ästhetische Bewußtsein allenfalls gleichgültig, wenn nicht sogar negativ berühren. Zum anderen liegt es daran, daß es wohl kaum jemanden gibt, der die Trägheit und Benutzerunfreundlichkeit der Word/Office-eigenen Clipart-Funktionalität erträgt. Media-Tools von anderen Anbietern sind – auch im Zusammenspiel mit Word – um mehr als den Faktor zehn komfortabler, ergonomischer und schneller. Deswegen werden die Mediadaten in diesem Buch ebenfalls nur der Vollständigkeit halber erwähnt. Wenn Sie tatsächlich irgendwelche Mediadaten bearbeitet und/oder mit Ihren Word-Dokumenten/-Vorlagen verknüpft haben, sollten Sie diese bei einer Sicherung selbstverständlich auch berücksichtigen.

5.1.7 Die Autokorrekturen sichern

Word kommt mit einer Automatik daher, die unvermeidliche Tippfehler schon während der Texteingabe korrigieren kann, die sogenannte *Autokorrektur*. Neben den diversen vordefinierten Korrekturen

▶ Zwei Großbuchstaben am Wortanfang korrigieren
▶ Namen von Tagen mit Großbuchstaben beginnen
▶ Erster Buchstabe eines Satzes groß
▶ ... und so weiter

Autokorrekturen (.acl)

---

35 Vgl. Fußnote auf Seite 228.

unterstützt Word eine Autokorrektur-Liste, in der Sie persönliche Korrekturwünsche eintragen können. Typische Anwendungsbeispiel für persönliche Autokorrekturen sind Buchstabendreher. Angenommen, Sie sind Schnelltipper und geben häufig »wra« anstatt »war« ein. In diesem Fall definieren Sie einfach im Dialog »Extras-Autokorrektur-Optionen ...« einen entsprechenden Autokorrektur-Eintrag – und sobald Sie in Zukunft die `Leertaste` nach der Eingabe von »wra« drücken, wird »war« daraus.

Abbildung 5.8 Der Dialog »Autokorrektur«

Speicherorte für Autokorrekturen

Speicherorte für Autokorrekturen

Autokorrektur-Einträge und -Einstellungen speichert Word an drei unterschiedlichen Speicherplätzen ...

1. Autokorrektur-Einträge, die aus formatierten Text und/oder Grafik bestehen, legt Word in der Normal.Dot-Vorlage ab.[36]
2. Autokorrektur-Einträge, die unformatiert sind und *von allen Office-Anwendungen* genutzt werden können, werden in Dateien mit der Erweiterung .acl gespeichert. Grundsätzlich existieren in diesem Zusammenhang zwei unterschiedliche Autokorrektur-Eintrage, nämlich *benutzerspezifische* sowie *mit Word/Office installierte*.

---

[36] Informationen zum Speicherort der Normal.dot finden Sie im Abschnitt 5.1.4 »Die Normal.dot sichern« ab Seite 212.

> Mit Word/Office installierte Autokorrektur-Dateien haben in den jüngeren Word-Versionen alle die Bezeichnung »Mso.acl« (Word 1997: Mso97.acl) und werden gewöhnlich vom Word/Office-Setup im Word/Office-Ordner oder in einem sprachspezifischen Unterordner dieses Ordners gespeichert. Gängige Mso.acl-Ordner sind ...
>
> *Word 1997:*
> C:\<Windows-Ordner>
> *Word 2000:*
> C:\<Office/Word-Ordner>\Office\<nnnn>
> *Word 2002 (XP):*
> C:\<Office/Word-Ordner>\Office10\<nnnn>
> *Word 2003:*
> C:\<Office/Word-Ordner>\Office11\<nnnn>
>
> Die benutzerdefinierten Autokorrektur-Dateien tragen in Word 1997 die Bezeichnung <Benutzername>.acl und und in Word 2000/2002/2003 Mso<nnnn>.acl. Die Speicherorte der benutzerdefinierten Autokorrektur-Dateien hängen vom verwendeten Betriebssystem und von der Word-Version ab. Gängige Ordner für benutzerdefinierte Autokorrektur-Dateien sind ...
>
> *... für Windows 95/98/Me (ohne Benutzerprofil):*
> C:\Windows\Anwendungsdaten\Microsoft\Office
> *... für Windows 98/ME/NT (mit aktiviertem Benutzerprofil):*
> C:\Windows\Profiles\<Benutzername>\Anwendungsdaten\Microsoft\Word\Office
> *... für Windows 2000/2002(XP)/2003:*
> C:\Dokumente und Einstellungen\<Benutzername>\Anwendungsdaten\Microsoft\Word\Office
> *... für Word-Installationen über eine frühere Word-Installation (zum Beispiel Word 1997):*
> C:\Windows
>
> 3. *Vordefinierte* Autokorrektur-Einstellungen sind in der Registrierung abgelegt. Hierzu zählen Autokorrektur-Einstellungen, die nur von Word verwendet werden können (erster Buchstabe eines Satzes groß, versehentliche Verwendung der Taste `CAPS-LOCK` ...) sowie weitere allgemein definierte Autokorrektur-Einstellungen (zwei Großbuchstaben am Wortanfang, Großschreibung von Wochentagen, Text während der Eingabe ersetzen ...).
>
> Hinweis:
> <Windows-Ordner> steht für den Systemordner von Windows.
> <Office/Word-Ordner> steht für den obersten Ordner einer Office/Word-Installation.
> <nnnn> steht für die Sprach-ID (bei deutschen Installationen »1031«).[37]
> <Benutzername> steht für den Anmeldenamen des Benutzers.
> Die Speicherorte auf Ihrem Computersystem weichen möglicherweise von allen genannten Speicherorten ab.

Mit der Word/Office Zusatz-Formatvorlage *Support.dot* können Sie Ihre benutzerdefinierten Autokorrekturen sichern (siehe Abschnitt 5.1.13 »Support.dot«).

Support.dot zur Sicherung der Autokorrekturen

5.1.8 Die Benutzerwörterbücher sichern

Nach einer normalen Installation erstellt Word nur ein einziges, leeres benutzerdefiniertes Wörterbuch, die Datei »Benutzer.dic«[38]. Diese Datei ist das voreingestellte *Standard-*

Benutzerwörterbücher (.dic)

---
37 Vgl. Fußnote auf Seite 228.
38 In englischen Versionen von Word heißt das Standard-Benutzerwörterbuch »**custom.dic**«.

Benutzerwörterbuch. Mit anderen Worten: Die Datei Benutzer.dic wird von Ihnen mit Begriffen »gefüttert«, wenn Sie während einer Word-Arbeitssitzung mit der Rechtschreibprüfung den Benutzerwörterbüchern neue Wörter hinzufügen. Word unterstützt das Anlegen von weiteren Benutzerwörterbüchern:

1. Klicken Sie dazu in Word 2002 (XP) und 2003 auf »Extras-Optionen ...«
2. Wählen Sie in der Registerkarte »Rechtschreibung und Grammatik« den Schaltknopf »Benutzerwörterbücher ...« (in Word 1997 und 2000 »Wörterbücher«)
3. Im erscheinenden Dialog »Benutzerwörterbücher« müssen Sie nun den Schaltknopf »Neu« anklicken.

Wenn Sie ein Benutzerwörterbuch neu anlegen und dieses zum Standard-Benutzerwörterbuch machen, trägt Word neue Begriffe nicht mehr in die Datei Benutzer.dic ein, sondern in das neue Wörterbuch. Alle Benutzerwörterbücher, die Sie neben dem Standard-Benutzerwörterbuch Benutzer.dic angelegt haben, sollten Sie gegebenenfalls ebenfalls sichern. Beachten Sie, daß die Benutzerwörterbücher nicht an die Namenserweiterung .dic und nicht an den von Microsoft per Voreinstellung definierten Ordner gebunden sind.

Speicherort für Benutzerwörterbücher	Speicherort für Benutzerwörterbücher
	Das Standard-Benutzerwörterbuch Benutzer.dic befindet sich im allgemeinen im Unterordner »\Proof«, der je nach Installationstyp und Windows-Version in einem anderen Pfad liegt. Bekannte Plätze für den Proof-Unterordner sind der Office-Installationspfad, der Pfad für »Gemeinsame Dateien«, manchmal auch der Windows-Pfad, meistens aber der Pfad des jeweiligen Benutzerprofils. Sind mehrere Benutzerkonten eingerichtet, besitzt jeder Anwender seine eigenen Benutzerwörterbücher. Gebräuchliche oder benutzerdefinierte Ordner sind:
	Windows XP/2003 oder höher: C:\Dokumente und Einstellungen\<Benutzername>\Anwendungsdaten\Microsoft\Proof\
	Windows 2000 C:\Programme\Gemeinsame Dateien\Microsoft Shared\Proof\
	Windows 95/98/ME/NT: C:\<Windows-Ordner>\Profiles\<Benutzername>\Anwendungsdaten\Microsoft\Proof\
	Windows 95/98: C:\<Windows-Ordner>\Anwendungsdaten\Microsoft\Proof\
	Word 1997 oder älter:
	C:\<Windows-Ordner>\Proof\
	C:\<Office-Ordner>\Office\
	C:\<Windows-Ordner>\Msapps\Proof\
	Hinweis: <Benutzername> steht für den Anmeldenamen des Benutzers. <Windows-Ordner> steht für den Systemordner von Windows. <Office-Ordner> steht für den obersten Ordner einer Office/Word-Installation. Die Speicherorte auf Ihrem Computersystem weichen möglicherweise von allen genannten Speicherorten ab.

Tip: Editieren von Benutzer- und Ausschlußwörterbüchern

Die Word-Benutzerwörterbücher (.dic) und die Word-Ausschlußwörterbücher (.exc) liegen in einem Standard-Textformat vor und nicht einem proprietären Dokumentenformat. Es ist ein offenes Geheimnis, daß sie mit einem beliebigen Editor oder mit Word erstellt, geöffnet und auch bearbeitet werden können (die Details hierzu entnehmen Sie bitte der Word-Hilfe, Stichwort »Festlegen einer bevorzugten Schreibweise für ein Wort«). Beachten Sie grundsätzlich folgende Regeln:

- Erfassen Sie nur einzelne Wörter (keine Ausdrücke mit Leerzeichen). Wenn sich Einträge mit Leerzeichen in einem Wörterbuch befinden, kann Word mit diesen nichts anfangen.
- Schließen Sie jeden Eintrag mit einem Absatz ab.
- Speichern Sie die Word-Wörterbücher immer im Textformat.
- Tragen Sie am Anfang eines sprachspezifischen Wörterbuchs die Kennummer für die Sprache (#LID-Nummer oder LCID-Nummer[39]) ein, also zum Beispiel #LID 1031 für ein Benutzerwörterbuch in deutscher Sprache, #LID 1036 für ein französisches Benutzerwörterbuch, #LID 1033 für ein englisches Benutzerwörterbuch, #LID 1040 für ein italienisches Benutzerwörterbuch und so weiter.
- Verwenden Sie nicht mehr als 10 benutzerdefinierte Wörterbücher.
- Beachten Sie, daß Word eine Wörterbuch-Datei nur bis zu einer Größe von 65.593 Bytes unterstützt.
- Beachten Sie, daß ein einzelnes Wörterbuch bis zu 5.000 Wörter aufnehmen kann – mehr nicht.
- Achten Sie optional darauf, daß alle Einträge korrekt alphabetisch sortiert sind.

Word sortiert von sich aus Sonderzeichen oder Zahlen vor die Buchstaben a bis z. Es erscheinen erst die Stichwörter mit den Sonderzeichen (».NET«), danach kommen die Einträge mit Zahlen (»**128**-Bit-Technologie«), dann fangen die Einträge mit dem Buchstaben a an (»**A**4-Seiten«).

Einträge mit Umlauten werden nach den Einträgen ohne Umlaute sortiert, also ä, ö und ü nach Sonderzeichen, Zahlen und Buchstaben von a bis z. Achtung: Microsoft sortiert dummerweise physisch (also in einer DIC- oder in einer EXC-Datei) anders, als auf der Benutzeroberfläche. Auf der Oberfläche sind beispielsweise Begriffe wie »Ästhetik«, »Öffentlichkeit« und »Überwachung« in einem Listenfeld nach den einfachen Selbstlauten a, o und u eingeordnet – physisch dagegen befinden sich die drei Begriffe am Ende nach allen anderen Einträgen in der DIC- oder EXC-Datei.

---

[39] Weitere Hinweise zu den »language ID References numbers« (LIDs oder LCID) finden Sie unter dem Stichwort »Gebietsschema-IDs« oder ähnlichem in der Word-Hilfe respektive in Microsofts Knowledge Base im Internet.

Abbildung 5.9 Das Editieren der Einträge eines Benutzerwörterbuchs via Word-Dialog ist mehr als spartanisch ausgefallen.

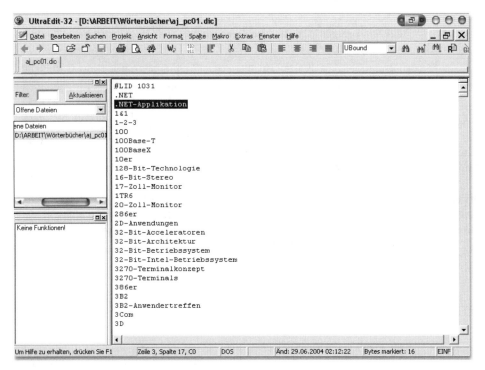

Abbildung 5.10 Mit jedem x-beliebigen Editor lassen sich die Benutzerwörterbücher komfortabler bearbeiten als in den Word-Dialogen.

5.1.9 Die Ausschlußwörterbücher sichern

Neben den Benutzerwörterbüchern (.dic) müssen gegebenenfalls auch benutzerdefinierte Ausschlußwörterbücher (.exc) gesichert werden. Diese enthalten ungewünschte Schreibweisen von Wörtern. Wenn Sie zum Beispiel die Schreibweise »Typographie« anstelle von »Typografie« bevorzugen, nehmen Sie »Typografie« in das Ausschlußwörterbuch auf. Nach einem Neustart von Word wird das Wort »Typografie« zukünftig als »falsch« gekennzeichnet. Ausschlußwörterbücher können wie die »normalen« Benutzerwörterbücher mit einem beliebigen Editor oder mit Word erzeugt werden. Weitere Hinweise zum Erstellen und Editieren von Ausschlußwörterbüchern entnehmen Sie bitte dem Kasten »Editieren von Benutzer- und Ausschlußwörterbüchern«. Der Name eines benutzerdefinierten Ausschlußwörterbuches setzt sich zusammen aus dem Namen eines *Hauptwörterbuches* und der Ausschlußwörterbuch-Erweiterung .exc. Legt man beispielsweise zu den deutschen Hauptwörterbuch-Dateien korrespondierende Ausschlußwörterbuch-Dateien an, so müssen diese »Mssp3gep.exc« für die neue und »Mssp3gea.exc« für die alte deutsche Rechtschreibung heißen.

Ausschlußwörterbücher (.exc)

Hauptwörterbücher sind mit Word ausgelieferte, sprachenspezifische Wörterbücher, die nicht geändert werden können (und meist auch nicht gesichert werden müssen). Sie besitzen die Erweiterung .lex und werden für unterschiedliche Zwecke verwendet (Thesaurus, Rechtschreibung, Grammatik, Silbentrennung). Der Name der Hauptwörterbuch-Datei für die neue deutsche Rechtschreibung lautet in den jüngsten Word-Versionen »Mssp3gep.lex«, für die alte Rechtschreibung »Mssp3gea.lex«; die mitgelieferten Wörterbücher für die Silbentrennung heißen »Mshy3gea.lex« und »Mshy3gep.lex«; die mitgelieferten Thesauri nennen sich »Msth3gea.lex« und »Msth3gep.lex«.

Hauptwörterbücher (.lex)

Speicherort für Ausschlußwörterbücher

Ausschlußwörterbücher werden ab Word 2000 im *Proof-Ordner* gespeichert, der freilich je nach Installationstyp und Windows-Version variiert. Unter Word 1997 müssen sich die Ausschlußwörterbuch-Dateien im gleichen Ordner wie die korrespondierenden LEX-Dateien befinden. Verbreitete Pfade, in denen zu sichernde Ausschlußwörterbücher stehen, sind

Windows XP/2003 oder höher:
C:\Dokumente und Einstellungen\<Benutzername>\Anwendungsdaten\Microsoft\Proof\

Windows 2000:
C:\Programme\Gemeinsame Dateien\Microsoft Shared\Proof\

Windows 98/Me/NT:
C:\<Windows-Ordner>\Profiles\<Benutzername>\Anwendungsdaten\Microsoft\Proof\

Windows 95/98:
C:\<Windows-Ordner>\Anwendungsdaten\Microsoft\Proof\
C:\<Windows-Ordner>\Proof\
C:\<Windows-Ordner>\Msapps\Proof\
C:\<Office-Ordner>\Proof\

Hinweis:
<Benutzername> steht für den Anmeldenamen des Benutzers.
<Windows-Ordner> steht für den Systemordner von Windows.
Die Speicherorte auf Ihrem Computersystem weichen möglicherweise von allen genannten Speicherorten ab.

Speicherort für Ausschlußwörterbücher

> **Fehler in der Word-Hilfe zur Ausschlußwörterbüchern**
>
> Achtung: Die Angaben zu den Ausschlußwörterbüchern in der Word-Hilfe (Version 2000 bis dato) und in der Knowledge-Base (ID D41060) sind in mehrfacher Hinsicht fehlerhaft! Beispielsweise verweist Microsoft in der Hilfe auf eine deutsche Hauptwörterbuch-Datei mit dem Namen »Mssp3ge.lex«. Microsoft liefert die deutschen Word-Versionen jedoch seit der Rechtschreibreform mit zwei deutschen Hauptwörterbuch-Dateien aus, nämlich mit »Mssp3gea.lex«[40] sowie »Mssp3gep.lex«[41] (bei Word 1997 hieß das Hauptwörterbuch ursprünglich noch »Mssp2_ge.lex«; Microsoft stellt im Internet inzwischen Hauptwörterbücher-Dateien für Word 1997 zur Verfügung, die die Regeln der neuen deutschen Rechschreibung beinhalten). Eine Datei namens »Mssp3ge« gibt es ab Word 2000 nur als DLL (Mssp3ge.dll).
>
> Fehlerhaft ist in den Word-Hilfen auch die Angabe, daß eine EXC-Datei im gleichen Ordner stehen müßte wie eine LEX-Datei (gilt nur bis Word 1997). Richtig ist dagegen, daß eine Ausschlußwörterbuch-Datei im *Proof-Ordner* des jeweiligen Benutzers/Computersystems stehen sollte.

5.1.10 Die Dokumente sichern

Daß Sie Ihre persönlichen Word-Dokumente regelmäßig auf einem extern Datenträger sichern, hält der Autor dieses Buches für eine Selbstverständlichkeit. Wer das nicht tut, hat wahrscheinlich keine wichtigen Informationen in seinen Dokumenten oder ist sich nicht darüber im klaren, wie schnell Daten für immer verloren gehen können.

Eigene Dateien

> **Speicherort für Dokumente**
>
> Wo sich Ihre Dokumente auf der Festplatte Ihres Rechners befinden, können eigentlich nur Sie selbst wissen. Alle Windows-Versionen gehen zunächst davon aus, daß Sie alle Ihre Word-Dokumente in Ordnern unter »Eigene Dateien« speichern, also zum Beispiel in ...
>
> ▶ C:\Dokumente und Einstellungen\<Benutzername>\Eigene Dateien\
> ▶ C:\Eigene Dateien
>
> Hinweis:
> <Benutzername> steht für den Anmeldenamen des Benutzers.
> Die Speicherorte auf Ihrem Computersystem weichen möglicherweise von allen genannten Speicherorten ab.

Der Dokumentenordner liegt normalerweise auf der Systempartition Ihrer Festplatte. Und das ist somit der dümmste Speicherort, den man sich vorstellen kann. Jeder erfahrene EDV-Profi weiß, daß man Daten und System gleichwie Programme niemals zusammen auf einer Partition unterbringen sollte. Zu groß ist das Risiko, daß Windows oder irgendwelche Programme die Systempartition »kaputtschießen« und dadurch womöglich einmalige Dokumente und Daten vernichten. Wer das verhindern will, richtet auf seinem Computer eine System-, eine Programm- und eine Datenpartition ein und verschiebt den Ordner »Eigene Dateien« auf die zuletzt genannte Partition.

---

40 Mssp3gea: »Microsoft spelling 3 germany« und »ante-reform spelling rules«.
41 Mssp3gep: »Microsoft spelling 3 germany« und »post-reform spelling rules«.

Beim Verschieben von »Eigene Dateien« gibt es ein paar Details zu beachten. Natürlich können Sie Ihre Dokumente mit einem beliebigen Dateimanager per Hand verschieben. Dann bekommen Sie aber ein Problem mit den Symbolen »Eigene Dateien« auf dem Windows-Desktop und im Windows Explorer. Bei diesen handelt es sich nämlich um eine *Verknüpfung* mit besonderer Funktionsweise. Auf welchen Pfad die Verknüpfung zeigt, können Sie herausfinden, wenn Sie in der Registry nachsehen unter

```
HKEY_CURRENT_USER\Software\Microsoft\Windows\Current Version\Explorer\
User Shell Folders\Personal
```

In der Registry können Sie den hinterlegten Pfad für die Verknüpfung »Eigene Dateien« ändern. Wenn Sie den Standardspeicherort für Ihre Dokumente einrichten wollen, geht das aber auch einfacher.

1. Bewegen Sie den Mauszeiger über dem Desktop-Symbol »Eigene Dateien«, und klicken Sie das Symbol mit der rechten Maustaste an.
2. Wählen Sie anschließend in dem erscheinenden Popup-Menü den Befehl »Eigenschaften«.
3. Auf der Registerkarte »Ziel« können Sie nun einen Ordner wählen, in dem künftig Ihre eigenen Dokumente liegen sollen.
4. Nachdem Sie Ihre Eingabe bestätigt haben, wird der neue Pfad in die Registry geschrieben. Unter Windows ME. 2000, XP und 2003 werden Sie anschließend gefragt, ob alle eigenen Dateien in den neuen Ordner verschoben werden sollen. Unter älteren Windows-Versionen müssen Sie das Verschieben mit einem Dateimanager erledigen.

Vergessen Sie nicht, den »Ordner-Umzug« auch Word explizit mitzuteilen. Dazu tragen Sie in Word den Pfad nach »Extras-Optionen ...« auf der Registerkarte »Speicherort für Dateien« im Listenfeld unter »Dokumente« ein.

5.1.11 Die Word-Schlüssel in der Registry sichern

Wenn Sie in Word eine Option wie »Seitenumbruch im Hintergrund« auf »ja« stellen, was meinen Sie, wo wird diese Information persistent vorgehalten? Richtig vermutet: In der Registry von Windows.

Nur Optionen, die sich auf die Formatierung oder das Erscheinungsbild eines Dokuments oder mehrerer Dokumente auswirken, werden in Vorlagen oder Dokumenten gespeichert. Die meisten Optionen, die sich auf die Art und Weise auswirken, wie Word arbeitet, werden in der Windows-Registrierung gespeichert. Folglich müssen Sie Teile der Registry sichern, wenn Sie Ihre individuellen Word-Einstellungen vor Datenverlust schützen wollen.

Word-Einstellungen in der Registry
Standardmäßig befinden sich die persönlichen Einstellungen des gerade angemeldeten Anwenders in der Registrierungsdatenbank unter ...
`HKEY_CURRENT_USER\Software\Microsoft\Office\<Version>\`
Die meisten Word-Einstellungen befinden sich in dem Teilschlüssel ...
`HKEY_CURRENT_USER\Software\Microsoft\Office\<Version>\Word`
Änderungen an diesem Teilschlüssel werden im folgenden Teilschlüssel wiedergespiegelt ...
`HKEY_USER\.Default\Software\Microsoft\Office\<Version>\Word`

Die beiden Speicherorte unterscheiden sich darin, daß der erste Speicherort nur auf den aktuellen Anwender des Systems zutrifft. Der zweite enthält die Standardeinstellung für alle Benutzer. Die Word-Einträge sind jedoch identisch für beide Standorte, so daß Änderungen an einem Standort automatisch für den anderen Standort reflektiert werden.

Windows NT/2000/XP/2003:

Wenn Benutzerprofile auf einem Rechner eingerichtet sind, besitzt jeder Benutzer des Systems eine eigene Word/Office-Konfiguration in der Registry.

Die Registrierungseinträge sind in folgenden Hauptspeicherorten organisiert:

- `Word`: Im Schlüssel `Word` befinden sich diverse binäre Informationen über die Textverarbeitung Microsoft Word. Vor allem enthält der Schlüssel nachstehende Teilschlüssel.
- `Data`: Im Teilschlüssel `Data` befinden sich binäre Informationen für die Listen der zuletzt verwendeten Elemente, zum Beispiel die Liste der zuletzt verwendeten Dateien und Adreßbücher. Zudem sind die Einstellungen für die Verfolgung von Änderungen und das Bearbeiten darin enthalten. Durch das Löschen des Teilschlüssels werden diverse Optionen auf die Standardeinstellungen zurückgesetzt; so zum Beispiel auch die Liste der zuletzt verwendeten Dateien im Menü »Datei« und viele der Einstellungen, die Sie in den Dialogfeldern mit dem Namen »Optionen« anpassen können. Der Teilschlüssel `Data` wird, falls nicht vorhanden, durch Word beim nächsten Starten des Programms mit den Standardeinstellungen wiederhergestellt.
- `Options`: Im Teilschlüssel `Option` werden, wie es der Name sagt, die Optionen persistent abgelegt, die Sie in Word über den gleichnamigen Dialog oder mittels VBA-Code einstellen.
- `Stationery`: Im Teilschlüssel `Stationery` befinden sich Informationen über den Standardspeicherort für die Vorlage, die für neue E-Mail-Nachrichten verwendet wird, wenn Word als E-Mail-Editor konfiguriert ist.
- `Wizards`: Im Teilschlüssel `Wizards` befinden sich die Standardeinstellungen für die Assistenten.
- `Common`: Im Teilschlüssel `Common` befinden sich Einstellungen, die nicht nur von Word, sondern auch von anderen Microsoft-Anwendungen genutzt werden. Änderungen an diesen Registry-Einträgen spiegeln sich demnach auch in anderen Programmen wider.
- `Shared Tools`: Im Teilschlüssel `Shared Tools` befinden sich Order-Informationen zu den Tools, die als Dienstprogramme in eine Hauptapplikation wie Word integriert sind (also zum Beispiel der Formel-Editor, WordArt, MS Graph und so weiter). Außerdem werden hier die Pfade für Grafikfilter und Textkonvertierungsprogramme gespeichert.
- Neben den genannten Hauptspeicherorten gibt es je nach Word-Version und -Konfiguration weitere Nebenspeicherorte beziehungsweise Teilschlüssel, die eine geringere Bedeutung haben (zum Beispiel `List Gallery Presets`, `Recent Template`, `Resiliency`, `UserInfo`, `Default Save`, `CustomizableAlerts` und so weiter).

Hinweis:

Der Platzhalter »<Version>« steht für die auf Ihrem Computer installierte Word/Office-Version, also zum Beispiel »10.0« für Word/Office 2002 (XP), »11.0« für Word/Office 2003.

Sichern Sie mit dem Registry-Editor (oder einem anderen Registrierungstool Ihrer Wahl) die Word-relevanten Schlüssel über »Registrierung-Registrierungsdatei-Exportieren« (Windows 2000) oder »Datei-Exportieren« (Windows XP/2003) in eine Registrierungsdatei (.reg). Kopieren oder verschieben Sie anschließend die Reg-Datei auf einen sicheren Datenträger. Nach einem System-Gau spielen Sie die Datei zurück, doppelklicken darauf, und Ihre alten Word-Einstellungen sind wieder aktiv.

Achtung   Der Rückspielvorgang funktioniert nur, wenn Word im gleichen Ordner installiert wird wie zuvor. Anderenfalls bleibt Ihnen nicht viel anderes übrig, als nach dem Import per Regedit alle Word-Schlüssel zu finden, die über eine falsche Pfadangabe verfügen und diese zu korrigieren. Oder Sie editieren die Reg-Datei vor dem Import mit einem Editor Ihrer Wahl und passen die Pfade entsprechend an.

Mit der Word/Office Zusatz-Formatvorlage *Support.dot* können Sie die Word-Einstellungen in der Microsoft Windows-Registrierung überprüfen und ändern (siehe den nachstehenden Abschnitt 5.1.13 »Support.dot«). Weitere Infos zum Arbeiten mit der Registry finden Sie in diversen *Knowledge Base Artikeln* von Microsoft, zum Beispiel in den Artikeln[42]:

Support.dot für die Registry

- 820917 – »So wird's gemacht: Ändern von Word-Optionen in der Windows-Registrierung für Word 2003«
- 318796 – »So wird's gemacht: Ändern von Word-Optionen in der Windows-Registrierung für Word 2002«
- 237356 – »So wird's gemacht: Zugriff auf Beispielmakros für Word 2000«
- 181471 – »Benutzeroptionen/Registrierungseinstellungen Zurücksetzen« (Word 1997)

5.1.12 Die COM-Add-In-Umgebung sichern

Moderne Word-Versionen (ab Word 2000) lassen sich durch eigene oder durch COM-Add-Ins von Drittfirmen erweitern. Verweise auf die COM-Add-Ins von Drittfirmen werden meist während der Installation von deren Software angelegt (und bei Deinstallation des »Mutter-/Vaterprogramms« wieder entfernt). Nach dem Start von Word stehen dem Word-Benutzer wie von Geisterhand neue Befehle, Menüs und Symbolleisten et cetera zur Verfügung.

Beispielsweise installieren Sie die Telefon-Software *klickTel* – und nach dem nächsten Start von Word verfügt die Textverarbeitung über eine *klickTel-Befehlsleiste*; oder Sie installieren eine OCR-Software für Ihren Scanner – und im Word-Menü »Datei« befinden sich nun Befehle wie »Texterfassen (OmniPage Pro) ...« oder »Texteinstellungen übernehmen (OmniPage Pro) ...« Auch Microsoft benutzt die COM-Add-In-Möglichkeiten. Word-Tools wie der »Web-Assistent« oder die »Unterstützung für osteuropäische Schriftarten« sind als COM-Add-Ins realisiert.

Zu den häufigsten »Mutter-/Vaterprogrammen«, die sich über COM-Add-Ins in Word einnisten, gehören:

- Fax-Programme
- PDF-Import-/Export-Programme
- Sprach- und Übersetzungsengines
- Foto- und Bildbearbeitungsprogramme
- Scanner- und Dokumentenmanagementprogramme
- Telefonverzeichnis- und Adreßmanagementprogramme
- ... und so weiter

Falls Sie COM-Add-Ins nutzen, sollten Sie sich ein Konzept überlegen, wie Sie Ihre spezifische COM-Add-In-Umgebung sichern, um diese gegebenenfalls ohne größeren Aufwand wieder in Word einzuspielen. Leider gibt es hierfür kein Patentrezept. Weder Microsoft

---

42 Sie finden die Seiten im Internet zum Beispiel über die MSDN-Suchmaschine von Microsoft: http://support.microsoft.com/default.aspx?scid=fh;DE;KBHOWTO.

noch die Drittfirmen bieten eine verläßliche Lösung an, wie man beispielsweise COM-Add-In-Verbindungen inklusive ihrer »Mutter-/Vaterprogramme« restauriert, entfernt, sichert oder neu einspielt.

Der Dialog »COM-Add-Ins ...«, der seit Word 2000 zur Verfügung steht, bietet immerhin einen kleinen Anhaltspunkt, welches COM-Add-In sich wie eine Zecke in Word festgesetzt hat. Leider ist der Dialog standardmäßig in Word durch keinen Befehl erreichbar. Wie Sie auf den Dialog trotzdem zugreifen können, erfahren Sie in Kapitel 32 »COM-Add-Ins« ab Seite 821. Dort erfahren Sie auch, an welchem Speicherort die COM-Add-Ins in der Registry registriert werden und wie man mit VBA-Code auf die COM-Add-Ins zugreift.

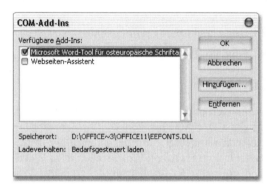

Abbildung 5.11 Der Dialog »COM-Add-Ins« ist nur eingefleischten Word-Fans bekannt.

5.1.13 Support.dot

Es soll an dieser Stelle nicht unerwähnt bleiben, daß mit Word/Office 2002 (XP) und 2003 die Zusatz-Formatvorlage *Support.dot* ausgeliefert wird (Word 1997: Makro80.dot). Sie beinhaltet diverse nützliche Makros, unter anderem zur Sicherung der benutzerdefinierten Autokorrektur-Einträge (`AutoCorrect-Backup`).

Sie können Sie auch verwenden, um die Word-Einstellungen in der Microsoft Windows-Registrierung zu überprüfen und zu ändern. Die Vorlage enthält dazu Funktionen, mit denen sich die Standardordner »AutoSave«, »Doc«, »Tools«, »User-Dot«, »Picture« und so weiter verändern lassen.

Interessant ist die Vorlage natürlich für angehende VBA-Entwickler, denn sie ist vollgepackt mit Code, der zeigt, wie Microsoft Word-Einstellungen mittels VBA ausliest und setzt. Das Makro `RegOptions` ist in diesem Zusammenhang eine Begutachtung wert.

Sie finden sie nur bei einem vollständigen Word-Setup im Ordner »Macros« des Office-Installationsordners. Wenn Sie Word als Update oder nur als *typische* Installation installiert haben oder sich die Dokumentvorlage aus einem andern Grund noch nicht auf Ihrer Festplatte befindet, müssen Sie sie über das Office/Word-Setup nachinstallieren (»Weitere Vorlagen und Makros«). Im Office/Word-2000-Softwarepaket ist die Support.dot nicht vorhanden. Microsoft hat sie aber zur freien Verwendung ins Internet gestellt, so daß Sie sie über die Microsoft-Seite herunterladen können (Macros.exe, 400 KByte). Weitere Hinweise entnehmen Sie bitte diversen *Knowledge Base Artikeln* von Microsoft (Stichwort: »Support.dot«).

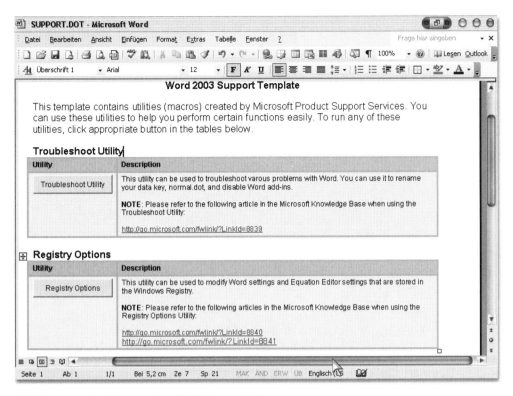

Abbildung 5.12 Die Support.dot, die Word 2003 beiliegt.

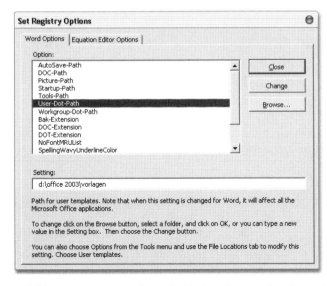

Abbildung 5.13 Die Prozeduren der Vorlage Support.dot eignen sich hervorragend zum Studium darüber, wie Microsoft selber mit VBA umgeht.

Bevor es losgeht: Sichern, sichern und noch mal sichern **229**

6 Übungsumgebung und »Werkzeugkasten« für Makros und VBA-Prozeduren erstellen

»Mehr Leute werden durch Übung tüchtig als durch Anlage.«
Demokrit aus Abdera[1]

6.1 Dokumentenzentrierte Speicherung von Makros und Prozeduren

Word-Makros beziehungsweise VBA-Prozeduren werden als Teil eines Word-Dokuments oder als Teil einer Word-Dokumentvorlage gespeichert. Nun weiß jeder Word-Anwender aus eigener Erfahrung, daß sich auf der Festplatte seines Computers zahlreiche Word-Dokument und -Vorlagen tummeln, daß fortwährend neue hinzukommen und alte gelöscht werden. Wenn Sie beginnen, Ihre Makros und VBA-Programme ohne Plan in Ihre Dokumente und Vorlagen aufzunehmen, vielleicht nicht einmal davor zurückschrecken, VBA-Code in der globalen Dokumentvorlage Normal.dot zu speichern, so werden Sie in null Komma nichts vor einem Chaos stehen. Ständig werden Sie nach Programmroutinen suchen, von denen Sie wissen, daß Sie sie programmiert haben. Nur wo? Sind sie vielleicht aus Versehen mit einer Datei, die Sie nicht mehr benötigten, im Papierkorb gelandet?

Die nachfolgenden Kapitel gehen darauf ein, wie Sie sich eine zentrale Arbeits- und Übungsumgebung für Ihre Makros und VBA-Programme erstellen.

6.2 Der beste Speicherort für Makros und VBA-Prozeduren

Bevor man anfängt mit Word und VBA zu programmieren, sollte man sich die folgenden Fragen stellen: Welches ist der beste Aufbewahrungsort für meine VBA-Prozedur? Wann wird das Makro oder die VBA-Prozedur benötigt? Immer? Nur in einem bestimmten Dokument?

Prinzipiell bieten sich folgende Word-Dateien zur Aufbewahrung von VBA-Quellcode an:

- Aktuelles Dokument (VBA-Prozedur ist nur im aktuellen Dokument nutzbar.)
- Normal.dot (VBA-Prozedur ist in allen Dokumenten und Dokumentvorlagen nutzbar.)
- Lokale Dokumentvorlage (VBA-Prozedur ist in allen Dokumenten nutzbar, die auf der Dokumentvorlage mit dem Code basieren.)
- Globale Add-In-Dokumentvorlage (VBA-Prozedur steht automatisch in einer Word-Arbeitssitzung oder nach manuellem Laden in allen Dokumenten und Dokumentvorlagen zur Verfügung.)

---

[1] [DEMOK001]: S. 109.

6.2.1 Der ungünstigste Platz für VBA-Prozeduren: Dokumente

Der Buchautor kennt keinen zwingenden Grund, Makros oder VBA-Prozeduren in einem Word-Dokument (.doc) zu hinterlegen. Es sei denn, man möchte die Sicherheitsstufen in einem Unternehmen testen und Sicherheitslücken aufdecken, indem man den Mitarbeitern Word-Dokumente mit Viren zum Anklicken unterschiebt. Code ist nach Meinung des Autors grundsätzlich vom Content[2] und damit vom eigentlichen Dokument (.doc) zu trennen, gehört also in eine Dokumentvorlage (.dot). Microsoft sieht das in jüngster Zeit scheinbar ähnlich, zumindest zielen die Bemühungen, Word für XML, .NET und die Codebehind-Technologie zu öffnen, in diese Richtung.

6.2.2 Der zweit ungünstigste Platz für VBA-Prozeduren: Die Normal.dot

Vielleicht denken Sie, daß die Normal.dot ein guter Speicherort für alle Ihre VBA-Makros und VBA-Programme ist. Schließlich nimmt die Datei eine Sonderstellung ein, denn alle in ihr gespeicherten VBA-Prozeduren sind per se global, weil die Normal.dot selber global ist und außerdem ... genau: Und außerdem ist die Normal.dot sehr anfällig für Dateikorruption. Es gibt bis heute so gut wie kein Computersystem und kein Word, wo die Normal.dot nicht irgendwann einmal durch welche Umstände auch immer beschädigt oder zerstört wird. Das ist im allgemeinen nicht weiter tragisch. Word generiert in diesen Fällen einfach eine neue Normal.dot oder repariert sie dank der Auto-Wiederherstellungsmechanismen. Allerdings können persönliche Einstellungen und mühsam aufgebaute VBA-Programme, die Sie in der Normal.dot hinterlegt haben, manchmal nicht vollständig und manchmal gar nicht mehr wiederhergestellt werden. Und wenn Sie nicht über eine aktuelle Datensicherung der Normal.dot verfügen (und wer verfügt darüber schon genau in dem Moment, wenn es passiert), dann sehen Sie nach dem verbreiteten Normal.dot-Gau »alt« aus. Hinzu kommt, daß sich die Normal.dot schlecht auf die Plattform eines anderen Word-Rechners portieren läßt, wenn dort ebenfalls eine oder mehrere Normal.Dots mit kostbaren VBA-Programmen gepflegt werden. Und last, but not least raubt eine mit VBA-Code aufgeblasene Normal.dot, die bekanntlich immer mit Word geladen wird, den Word-Arbeitssitzungen die Performanz.

6.2.3 Makros und VBA-Prozeduren dokumentspezifisch speichern

Code, der für eine bestimmte Dokumentart geschrieben wurde, gehört in die Dokumentvorlage zu diesen Dokumenten – und nirgendwo anders hin.

Haben Sie beispielsweise VBA-Routinen geschrieben, die den Briefkopf von speziellen Rechnungsdokumenten auf Basis von individuellen Meta-Informationen wie Sachbearbeiter, Kunde, Unternehmen, Rechnungssumme oder ähnlichem formatieren, so nützen Ihnen diese Codezeilen für die Formatierung von anderen Word-Dokumenten vermutlich wenig. Aus diesem Grund sollten sie auch nicht in einer globalen Dokumentvorlage (Add-In) oder in der Normal.dot stehen. Oder nehmen Sie das Manuskript zu diesem Buch. Es wurde mit Word auf der Basis einer speziellen Galileo-Verlags-Dokumentvorlage erstellt, die für alle Bücher der Reihe gilt. Die Makros und Prozeduren, die sich in der Verlags-Dokumentvorlage befinden, gehen teilweise so weit, daß sie bestimmte Funktionen von

---

2 Dt. »Inhalt«.

Word überschreiben oder sogar sperren, damit Autoren nicht versehentlich etwas formatieren, was sie gar nicht formatieren sollen. »Falsche« Formatierungen müßten sonst im weiteren Herstellungsprozeß mühevoll wieder entfernt werden. Wenn sich aber derart rigorose Prozeduren in der Normal.dot befinden – dann können Sie mit Ihrem Word nicht wie gewohnt, geschweige denn ökonomisch arbeiten.

Anders verhält sich die Sachlage, wenn Sie beispielsweise eine Prozedur zur Mehrwertsteuerberechnung schreiben. Diese kann man unter Umständen in einem anderen Dokument benötigen. Darum wäre sie möglicherweise ein Kandidat für eine globale Dokumentvorlage. Die Abgrenzung ist in einem solchen Fall fließend, so daß Sie den Speicherort am besten nach Ihren eigenen Ordnungsvorstellungen bestimmen. Grundsätzlich empfiehlt es sich, wie auch immer gearteten doppelten Code zu vermeiden (was ein idealer Anspruch ist, der sich leider konkret nicht immer verwirklichen läßt). Wenn Sie ein und dieselbe VBA-Prozedur in zwei Dokumentvorlagen nutzen, sollten Sie überlegen, ob man den Code nicht mit Hilfe eines Add-Ins generalisieren kann.

6.2.4 Makros und VBA-Prozeduren in globalen Add-In-Dokumentvorlagen

Bevor Sie die Beispiele aus dem vorliegenden Buch ausprobieren und nutzen, empfiehlt es sich dringend, eine neue, globale Add-In-Dokumentvorlage anzulegen, die keine andere Aufgabe besitzt, als alle Ihre Gewohnheits-Prozeduren zu sammeln und bei Bedarf zur Verfügung zu stellen.

Der Vorteil von Add-In-Dokumentvorlagen liegt auf der Hand: Ein Word-Add-In bleibt unabhängig vom Öffnen oder Schließen anderer Dokumente und Dokumentvorlagen während einer Arbeitssitzung mit Word geladen. Dadurch lassen sich die im Add-In gespeicherten Prozeduren immer nutzen, egal welches Dokument Sie gerade bearbeiten.

Word besitzt aber auch die vorzügliche Möglichkeit, ein geladenes Add-In während der Arbeitssitzung kurzfristig »auszuschalten« beziehungsweise zu entladen, um es nach Bedarf auch wieder »einzuschalten« oder zu laden.

Außerdem können Sie ein Word-Add-In ohne viel Aufwand einem Arbeitskollegen zur Verfügung stellen. Alle VBA-Routinen, die in Ihrem Word-Add-In gespeichert sind, stehen Dritten ebenfalls zur Verfügung, sobald Ihr Add-In auf den fremden Rechnern unter Word registriert und geladen ist (eventuell muß man davor die Makro-Sicherheitseinstellungen entsprechend anpassen).

6.3 Legen Sie Ihren eigenen Add-In-Werkzeugkasten an

Stellen Sie sich eine Add-In-Dokumentvorlage mit Ihren eigenen VBA-Routinen als einen persönlichen Word-Werkzeugkasten vor – und Ihre Makros und Prozeduren darin als Werkzeuge. Wenn Sie den »Werkzeugkasten« wie jeder gute VBA-»Mechaniker« auf dem USB-Stick an Ihrem Schlüsselbund speichern, haben Sie Ihre persönlichen Werkzeuge immer dabei. Dadurch können Sie an jedem Word-Arbeitsplatz wie in Ihrer vertrauten Umgebung arbeiten, ohne die fremden Word-Einstellungen gravierend zu manipulieren. Einfach den Stick in den USB-Port des Rechners gesteckt, dann unter Word Ihr Add-In hinzugefügt und los gehts. Nach der Beendigung Ihrer Tätigkeit, entfernen Sie Ihr Word-Add-

In aus Word, ziehen den Stick ab und nehmen Ihren Werkzeugkasten wieder mit nach Hause. So einfach geht das tatsächlich, wenn man seine VBA-Werkzeuge immer schön ordentlich in einer Word-Add-In-Vorlage organisiert.

6.3.1 Add-In-Dokumentvorlage für Ihre VBA-Routinen anlegen

Führen Sie folgende Arbeitsschritte durch, um gleich zu Anfang eine Dokumentvorlage respektive ein Word-Add-In als Ablage für Ihre Makros und Prozeduren anzulegen.

1. Starten Sie Word.
2. Klicken Sie den Word-Menübefehl »Datei-Neu« an.
3. **Word 2002 (XP):** Klicken Sie im Aufgabenbereich »Neues Dokument« unter »Mit Vorlagen beginnen« auf den Eintrag »Allgemeine Vorlagen ...«.

   Word 2003: Klicken Sie im Aufgabenbereich »Neues Dokument« unter »Vorlagen« auf den Eintrag »Auf meinem Computer«.

   Alle Word-Versionen: Wählen Sie im Dialog »Vorlagen« (Word 1997/2000: »Neu«) unter »Neu erstellen« als Dokumentart »Vorlage« aus. Selektieren Sie als Basis ein »leeres Dokument« oder eine Dokumentvorlage, die der zu erstellenden weitestgehend entspricht, und klicken Sie erst dann auf den Schaltknopf »OK«. Nun legt Word eine neue Dokumentvorlage (.dot) an.
4. Es steht Ihnen frei, sofort oder nachträglich Makros oder VBA-Code in die neue Dokumentvorlage aufzunehmen.

   Wann immer Sie aber Code aufnehmen wollen, muß die Dokumentvorlage zuvor geöffnet werden.

   Die Aufnahme von Makros und Prozeduren wird in Abschnitt 7.2, »Wie wird ein Makro aufgezeichnet?«, ab Seite 240 und in Abschnitt 13.2.1, »Das Erstellen von Prozeduren«, ab Seite 433 besprochen. Je nach Bedarf können Sie auch zusätzliche Tastaturkürzel und Symbolleisten mit Schaltflächen zum direkten Aufruf Ihrer VBA-Routinen in der neuen Vorlage hinterlegen.
5. Speichern Sie die neue Dokumentvorlage unter einem Namen Ihrer Wahl (zum Beispiel »MeinWerkzeugkasten.dot«), am besten im *Autostart-Ordner* von Word. Das hat den Vorteil, daß Ihre Dokumentvorlage bei jedem Start von Word automatisch als Add-In geladen wird und dadurch Ihre VBA-Prozeduren/-Makros in jeder Word-Arbeitssitzung genutzt werden können.

   Wenn Sie Ihre neue Dokumentvorlage in einem beliebigen anderen Ordner speichern, müssen Sie sie unter Word noch als Add-In einbinden, sonst bleibt sie eine »normale« Dokumentvorlage.

Das Einbinden einer Add-In-Vorlage wird im nächsten Abschnitt haarklein beschrieben.

6.4 Das Hinzufügen eines Word-Add-Ins

Zum Einbinden eines Add-Ins stellt Word drei unterschiedliche Mechanismen bereit.

- ▶ Über das Dialogfeld »Dokumentvorlagen und Add-Ins«
- ▶ Über den Autostart-Ordner von Word
- ▶ Über VBA-Code

6.4.1 Das Einbinden eines Add-Ins über das Dialogfeld »Dokumentvorlagen und Add-Ins«

Nach Auswahl des Menübefehls »Extras-Vorlagen und Add-Ins ...« erscheint das Dialogfeld »Dokumentvorlagen und Add-Ins«. Ein Mausklick auf die Schaltfläche »Hinzufügen« des Dialogs aktiviert einen Datei-Dialog, mit dem man eine beliebige DOT-Datei in die Liste der globalen Dokumentvorlagen und Add-Ins aufnehmen kann.

Das Laden des Add-Ins gilt in diesem Fall nur für die aktuelle Word-Arbeitssitzung; beim nächsten Start von Word muß das Add-In manuell aktiviert werden. Dies geschieht ebenfalls im Dialog »Dokumentvorlagen und Add-Ins«, indem Sie ein Kontrollkästchen vor dem Namen des Add-Ins ankreuzen.

Abbildung 6.1 Der Dialog »Dokumentvorlagen und Add-Ins«

6.4.2 Das Einbinden eines Add-Ins mit Hilfe des Autostart-Ordners

Wenn Word Ihr Add-In automatisch bei jedem Start laden und aktivieren soll, müssen Sie es in den Startup-Ordner von Word kopieren respektive verschieben. Das Anlegen einer Verknüpfung auf Ihre Add-In-Vorlage im Autostart erfüllt den gleichen Zweck, solange sich die DOT-Datei auf einem lokalen Laufwerk befindet.

Wenn Sie nicht wissen, wo sich der Word-Autostart-Ordner (der übrigens standardmäßig »StartUp« heißt) auf Ihrem Computersystem genau befindet, so können Sie seinen Pfad im Word-Dialog »Optionen« einsehen. In Abschnitt 30.4 »StartUp-Ordner für Add-Ins festlegen« ab Seite 819 können Sie auch nachlesen, wie man den Autostart-Ordner mit VBA einfach durch die Codezeile ausliest. Gewöhnlich findet man den Autostart-Ordner unter Windows 95/98 ohne Benutzerprofile im Verzeichnis »C:\Windows\Anwendungsdaten\Microsoft\Word«; auf Rechnern mit Benutzerprofilen in »C:\Windows\Profile\<Benutzername>\Anwendungsdaten\Microsoft\Word«, wobei <Benutzername> für den Namen des angemeldeten Anwenders steht. Auf Computersystemen mit Windows 2000/XP/2003 weilt der Autostart-Ordner meist unter »C:\Dokumente und Einstellungen\<Benutzername>\Anwendungsdaten\Microsoft\Word«. Weitere Informationen zu Add-Ins und dem Speicherort des Autostart-Ordners finden Sie in Abschnitt 5.1.3 »Die Dokumentvorlagen sichern« erhalten.

Hier noch eine kleine praktische Anleitung, wie Sie den Speicherort für Ihren Autostart-Ordner für Add-Ins festlegen:

1. Wählen Sie dazu im Menü »Extras« den Befehl »Optionen ...«
2. Im erscheinenden Dialogfenster »Optionen« klicken Sie bitte die Registerkarte »Speichort für Dateien« an (die Registerkarte heißt bei Word 1997 »Dateiablage«).
3. Markieren Sie im Listenfeld der Registerkarte den Eintrag »AutoStart«.
4. Klicken Sie den Schaltknopf »Ändern« und wählen Sie anschließend einen Ordnerpfad Ihrer Wahl.
5. Bestätigen Sie zum Schluß Ihre Auswahl mit »OK« oder mit »Schließen«.

6.4.3 Einbinden eines Word-Add-Ins per VBA

Natürlich können Sie ein Word-Add-In auch per VBA einbinden. Wie das geht, erfahren Sie in Abschnitt 30.3 »Laden einer Add-In-Dokumentvorlage« ab Seite 819.

6.5 VBA-Makros und Prozeduren nachträglich in das eigene Add-In aufnehmen

Wie kommen VBA-Prozeduren beziehungsweise VBA-Makros nachträglich in Ihren Add-In-Werkzeugkasten hinein? Nun, grundsätzlich durch die gleichen Verfahren wie bei jedem anderen Dokument und jeder anderen Dokumentvorlage auch, nämlich

- Durch Aufzeichnung eines Makros mit dem Makro-Rekorder (siehe Abschnitt 7.2 »Wie wird ein Makro aufgezeichnet?« ab Seite 240)
- Durch das Schreiben von Code (siehe Abschnitt 13.2.1 »Das Erstellen von Prozeduren« ab Seite 433)

Selbstverständlich muß Ihr Add-In in Word zum Editieren geöffnet sein, wenn Sie nachträglich Prozeduren darin speichern wollen. Die Registrierung des Add-Ins im Dialog »Vorlagen und Add-Ins« allein genügt dafür nicht.

6.6 Test der eigenen Add-In-Werkzeuge (Prozeduren)

In der Praxis hat es sich bewährt, beim Erfassen von neuen, globalen Prozeduren nicht nur das Add-In zu öffnen, in dem die Prozeduren gespeichert werden. Gleichzeitig sollten Sie in Word mindestens ein Dokument (oder eine Dokumentvorlage) öffnen, mit dem Sie die *globale* Funktionstüchtigkeit der neuen Add-In-Prozedur unmittelbar testen. Bedenken Sie:

Eine Prozedur, die funktioniert, wenn das aktive Dokument die Add-In-Vorlage ist, in der die Prozedur gespeichert ist, muß nicht notwendigerweise funktionieren, wenn das aktive Dokument ein beliebiges anderes Dokument ist. Ihre selbstprogrammierten »Werkzeuge« sollten Sie deswegen nicht nur im Kontext Ihres offenen Add-In-Werkzeugkastens testen, sondern immer auch unter möglichst authentischen Alltagsbedingungen, das heißt mindestens einmal mit und aus einem normalen Alltagsdokument heraus. Andernfalls erleben Sie vielleicht einmal eine böse Überraschung (sprich: überflüssige Fehlermeldungen), wenn das Add-In zwar geladen, aber nicht zum Editieren geöffnet ist und Sie auf die Add-In-Prozeduren zugreifen.

6.7 Das Arbeitsmenü

Wenn Ihnen erst einmal Ihr persönlicher Add-In-Werkzeugkasten unentbehrlich geworden ist, wenn Sie wie der Autor des Buches permanent neue nützliche Prozeduren (Werkzeuge) dort hineinlegen wollen – dann benötigen Sie eine schnelle und permanente Möglichkeit, den Werkzeugkasten zu öffnen. Die Auflistung der zuletzt geöffneten Dateien ist dafür nicht geschaffen, weil es schon mal vorkommen kann, daß man längere Zeit nicht an dem Add-In-Werkzeugkasten, aber an anderen Dokumenten »bastelt«, so daß ein potentieller Add-In-Eintrag relativ schnell aus der Liste wieder herausfällt. Zum Glück gibt es in Word für solche Fälle das sogenannte »Arbeitsmenü«.

6.7.1 Arbeitsmenü einrichten

Bevor Sie ein Arbeitsmenü einrichten, stellen Sie sich als erstes die Frage: Welches ist der beste Aufbewahrungsort für mein Arbeitsmenü? Benötigen Sie das Arbeitsmenü immer – dann ist Standardvorlage Normal.dot der geeignete Platz für das Arbeitsmenü. Benötigen Sie das Arbeitsmenü nur in einem bestimmten Dokument, einer bestimmten Dokumentvorlage oder einem bestimmten Add-In – dann müssen Sie die entsprechende Datei vorab öffnen.

So richten Sie ein Arbeitsmenü für Ihre Add-Ins ein:

1. Rufen Sie vom Word-Hauptmenü den Dialog »Extras-Anpassen« auf.
2. Wechseln Sie in dem Dialog auf die Registerseite »Befehle«.
3. Wählen Sie im Feld »Speichern in:« einen Aufbewahrungsort für das Arbeitsmenü aus (in diesem Fall ist es sinnvoll, die Normal.dot zu wählen, damit das Arbeitsmenü in der gesamtem Word-Anwendung zur Verfügung steht).
4. Markieren Sie in der linken Liste »Kategorien« den Eintrag »Integrierte Menüs« (Word 1997/2000: »Eingebaute Menüs«).
5. Suchen Sie in der rechten Liste »Kategorien« nach dem Eintrag »Arbeit«, klicken Sie ihn an und halten Sie die linke Maustaste gedrückt. Bewegen Sie nun den Mauszeiger mit dem Eintrag auf die Menüleiste, und lassen Sie die linke Maustaste los, wenn sie die Position erreicht haben, an der das Arbeitsmenü eingefügt werden soll.
6. Fortan steht Ihnen das Arbeitsmenü zur Verfügung, in das sie Verknüpfungen zu all jenen Dateien hinzufügen, welche Sie sehr oft bearbeiten.

6.7.2 Dateien zum Arbeitsmenü hinzufügen

Um dem Arbeitsmenü Dateien wie das Werkzeugkasten-Add-In hinzuzufügen, verfahren Sie wie folgt:

1. Öffnen Sie zuerst die gewünschte Datei.
2. Wählen Sie dann im Arbeitsmenü den Befehl »Zum Arbeitsmenü hinzufügen«.

6.7.3 Dateien aus dem Arbeitsmenü entfernen

Zwar macht es Microsoft den Anwendern relativ einfach, einen Dateieintrag zum Arbeitsmenü hinzuzufügen (ein entsprechender Befehl befindet sich per Voreinstellung im Arbeitsmenü). Eine Funktion zum Entfernen eines Eintrags sucht man aber erst einmal vergeblich.

Da man mit dem Entfernen-Befehl nicht nur Einträge aus dem Arbeitsmenü »eliminieren« kann, sondern auch andere Menüeinträge, besitzt das Verbergen der Funktion sogar eine gewisse Berechtigung. Der Umgang mit der Funktion verlangt nach einer gewissen Sorgfalt.

Um Einträge aus dem Arbeitsmenü zu löschen, verfahren Sie wie folgt:

1. Drücken Sie die Tastenkombination `Strg`+`Alt`+`-`. Der Mauszeiger verwandelt sich darauf hin in einen dicken waagerechten Balken.
2. Öffnen Sie nun das Arbeitsmenü und klicken Sie mit dem dicken waagrechten Balken auf den Eintrag, den Sie entfernen möchten.
3. Wiederholen Sie diesen Vorgang gegebenenfalls für andere entbehrliche Einträge.
4. Möchten sie diesen Zustand wieder aufheben und den Mauszeiger wieder in seinen »normalen« Zustand verwandeln, dann drücken Sie die Taste `Esc`.

6.7.4 Entfernen- und Hinzufügen-Befehl im Arbeitsmenü zur Verfügung stellen

Es empfiehlt sich, den Entfernen-Befehl gleich als Schaltknopf in das Arbeitsmenü mit aufzunehmen, da man die exotische Tastenkombination `Strg`+`Alt`+`-` sehr leicht wieder vergißt. Dazu verfahren Sie wie folgt:

1. Wählen Sie in Word den Befehl »Anpassen ...« aus dem Menü »Extras«.
2. Aktivieren Sie, sofern das nicht bereits der Fall ist, im erscheinenden Dialogfeld »Anpassen« die Registerkarte »Befehle«.
3. Im Feld »Speichern in:« sollte die Datei ausgewählt sein, die das Arbeitsmenü beherbergt.
4. Suchen Sie in der Liste unter »Kategorien« den Eintrag »Alle Befehle« und klicken Sie diesen einmal an.
5. In der rechten Liste »Befehle« ändert sich nun das Erscheinungsbild (es werden alle Word-Befehle aufgelistet). Suchen Sie in der Liste nach dem Befehl »ExtrasAnpassenShortcutEntfernen«, klicken Sie ihn an und halten Sie die linke Maustaste gedrückt. Bewegen Sie nun den Mauszeiger mit dem Eintrag auf das Arbeitsmenü, und lassen Sie die linke Maustaste los, wenn Sie die Position erreicht haben, an der der Befehl eingefügt werden soll.

Den Vorgang wiederholen Sie mit dem Befehl »ExtrasAnpassenShortcutHinzufügen«.

7 Makros aufzeichnen

»Es ist fast immer besser, ein VBA-Makro neu aufzubauen, als ein vom Makro-Rekorder aufgezeichnetes VBA-Makro nachträglich zu erweitern.«
Peter Monadjemi[1]

7.1 Sinn und Unsinn des Makro-Rekorders

Viele Word-Anwender nähern sich dem Thema VBA über Makros und über den Makro-Rekorder. Letzteren können Sie sich wie einen Kassettenrekorder vorstellen, mit dem Sie jedoch keine Sprachaufnahmen aufnehmen, sondern Arbeitsschritte. Das sieht etwa folgendermaßen aus: Man startet den Makro-Rekorder, führt eine paar Word-Befehle durch, vertippt sich, korrigiert die falsche Eingabe, wiederholt diverse Schritte, weil man einen Befehl vergessen hat und beendet, nachdem man den Überblick darüber verloren hat, was man schon für Befehle aufgenommen hat, den Makro-Rekorder. Der hat alle Arbeitsschritte inklusive der Fehleingaben »treudoof« im Hintergrund aufgezeichnet. Natürlich kann man so eine Aufzeichnung wegwerfen. Also versucht man es noch einmal ... und dann noch mal ... bis die gewünschte Befehlsfolge endlich sitzt und korrekt aufgenommen wird. Korrekt aufgenommen? Schön wäre es.

Wer sich in VBA auskennt und den Makro-Code begutachtet, der auf diese Art entsteht, der ist in der Regel entsetzt. Der Makro-Rekorder überfrachtet Makros (Prozeduren) mit jede Menge überflüssigen »Code-Müll«, der daraus resultiert, daß der Makro-Rekorder nicht feststellen kann, welche Einstellungen bereits gesetzt waren und welche durch den Anwender geändert wurden. Also speichert er sicherheitshalber den Gesamtzustand der Einstellungen ab, die mit einem aufgenommenen Befehl zusammenhängen. Darüber hinaus bedient sich der Makro-Rekorder nicht im geringsten der Möglichkeiten, die VBA zur Verfügung stellt, enthält keine Variablen, keine Entscheidungen, keine Programmschleifen und kann nicht einmal Eingaben entgegennehmen. Manche Autoren empfehlen diese Art der Code-Generierung nichtsdestotrotz:

> *»Diese Aufzeichnung können Sie dann als Ausgangsposition für weiteres Programmieren verwenden.«*[2]

> *»Bis Sie mit VBA einigermaßen gut umgehen können, wird Ihnen der Makro-Rekorder immer wieder eine gute Unterstützung sein, und sei es nur, um zu sehen, wie denn eigentlich der genaue Code lautet, um eine Zelle einzufärben.«*[3]

Wenn man viel Zeit hat, mag es ja noch angehen, daß man in dem generierten Code-Müll herumwühlt, um die Anweisungen zu finden, die man zur Lösung seines Automatisierungsproblems benötigt. Aber welcher Word-Anwender und angehender VBA-Fachmann hat schon Zeit? Geht das Programmieren denn nicht intelligenter?

---

1 [MONAD001]: S. 49.
2 [HELDB004]: S. 42.
3 [KÖRNB001]: S. 33.

Es geht. Lernen Sie, ohne Umwege, mit VBA und VB.NET zu programmieren – und reduzieren Sie den Umgang mit dem Makro-Brimborium auf ein Minimum. Benutzen Sie den Objektkatalog und die umfangreiche VBA-Hilfe, um mehr über die Syntax von VBA-Befehlen herauszubekommen und um nützliche Codeschnipsel zu studieren.

Der Makro-Rekorder gehört, solange er nicht im neuen Jahrtausend angekommen ist und ohne Eigenintelligenz massenweise Code-Ballast absondert, in die Mottenkiste. Bitte verstehen Sie diese Kritik nicht falsch: Sie richtet sich nicht gegen die Idee der Makro-Technologie. Die ist nach wie vor gut. Nur: Das Makro-Drumherum in Word ist ein Produkt aus den 90er Jahren und benötigt dringend ein modernes, intelligentes und ergonomisches Facelifting.

In einem Buch über Word und VBA darf ein Kapitel über die Vorstufe der VBA-Programmierung respektive über das Aufzeichnen von Makros – trotz aller Kritik – dennoch nicht fehlen.

7.2 Wie wird ein Makro aufgezeichnet?

Sie können ein Word-Makro entweder aufzeichnen oder von Hand schreiben. Der Aufzeichnungsvorgang soll hier besprochen werden.[4]

Beim Aufzeichnen eines Makros verfolgt der Makro-Rekorder Ihre Aktionen und Arbeitsschritte in Word, wandelt sie in VBA-Befehle um und fügt die Befehle dann in das Makro, besser gesagt, in eine öffentliche, parameterlose Prozedur ohne Rückgabewerte ein.

Die Schwächen des Makro-Rekorders

Sie werden merken, daß die Funktionsvielfalt des Makro-Rekorders mehr als spartanisch ist. Weder kann man ein Makro während der Aufnahme schrittweise zurück- und wieder vorspulen noch bietet der Makro-Rekorder von sich aus Code-Alternativen und/oder Workflow-Optimierungen an. Immerhin kann man eine Makro-Aufzeichnung unterbrechen, um sich beispielsweise im Visual Basic-Editor anzuschauen, was bisher aufgenommen wurde, oder um den bislang aufgenommenen Code während der Aufnahmepause zu editieren. Bedenken Sie bei jedem Einsatz des Makro-Rekorders, daß er folgendes nicht oder nicht vernünftig und zweckdienlich aufzeichnen kann:

- ▶ Bedingte Verzweigungen
- ▶ Variablenzuweisungen
- ▶ Schleifenstrukturen
- ▶ Benutzerdefinierte Formulare
- ▶ Fehlerbehandlungen
- ▶ Mausbewegungen und Textmarkierungen mit der Maus (Sie müssen Text mit Tastenkombinationen markieren).
- ▶ ... und ähnliches

Wie ein Makro aufgezeichnet wird und wo seine Grenzen liegen, demonstriert man am besten an einem Beispiel.

---

[4] Wie man ein Makro manuell erfaßt, können Sie detailliert in Abschnitt 13.2.1, »Das Erstellen von Prozeduren und Makros«, ab Seite 433 nachlesen.

7.2.1 Beispiel und Aufgabenstellung: Ein-/Aus-Schalter für die Satzspiegel-Markierung

Die Aufgabenstellung für das Beispiel-Makro lautet: Das An-/Ausschalten des Satzspiegels (in Microsoft-Terminologie »Textbegrenzung«), das sich tief im Optionen-Dialog von Word versteckt, soll vereinfacht werden und als ein Schaltmakro zur Verfügung stehen: Abhängig vom gerade aktuellen Zustand soll das Makro die Satzspiegel-Markierung einschalten, wenn sie nicht sichtbar ist; und ausschalten, wenn sie sichtbar ist.

Aufgabenstellung

Bevor Sie ein Makro aufnehmen, sollten Sie generell einmal alle Arbeitsschritte in Word durchgegangen sein, die sie aufnehmen wollen. Der Makro-Rekorder ist unerbittlich. Falls Sie sich während der Aufnahme vertippen, verklicken oder einen Befehl zweimal ausführen, werden diese Schritte ebenfalls vom Makro-Rekorder aufgezeichnet, sobald der Makro-Rekorder sie als Word-Befehle interpretieren kann (leere Schritte wie zum Beispiel »Abbrechen« und sinnlose Mausklicks zeichnet er freilich nicht auf).

Manche Autoren empfehlen, den Ablauf vorab in einem Plan schriftlich niederzuschreiben, um eine reibungslose Aufnahme auch bei komplexen Arbeitsabläufen zu gewährleisten. Und das mit gutem Grund. Die oben genannte Aufgabenstellung illustriert mögliche Fallstricke, die in der Word-Architektur begründet sind, sehr deutlich. Sie ist keineswegs so trivial, wie es auf dem ersten Blick aussieht.

Das Ein-/Ausschalten des Satzspiegels setzt nämlich zwei Dinge voraus: Zum einen muß ein Dokument geladen sein. Zum anderen kann Word Textbegrenzungen nur in der Ansicht »Seitenlayout« darstellen. Der Makro-Rekorder ist damit im Grunde schon überfordert, denn er kennt, wie gesagt, weder Validierungen noch kann er Verzweigungen oder andere nützliche Elemente der Programmiersprache VBA vernünftig und zweckgemäß aufnehmen.

Das Beispiel wurde bewußt gewählt, um Ihnen die Möglichkeiten und die Grenzen des Makro-Rekorders gleichermaßen vor Augen zu führen.

7.2.2 Plan zur Aufzeichnung schmieden

Eine erste Skizze für die Aufzeichnungsschritte könnte folgendermaßen lauten.

1. Dialog »Optionen« öffnen (zum Beispiel über `Alt`+`x` und `o`)
2. Registerkarte »Ansicht« anklicken.
3. Option »Textbegrenzungen« an- oder abklicken.
4. »OK« anklicken.

Guter Plan. Wenn Sie jedoch ein genügsamer Mensch sind und mit Word 1997 arbeiten und in der Ansicht »Normal« Ihre Skizze einmal im Trockentraining ausprobieren, werden Sie ein herbe Enttäuschung erleben: In der Registerkarte »Ansicht« des Dialogs »Optionen« gibt es gar keine Option »Textbegrenzungen«!

»Uuups, Pech gehabt!«, werden Sie vielleicht denken, »muß ich mir halt eine aktuelle Version von Word anschaffen.« Müssen Sie nicht. Sie müssen nur daran denken, daß die Entwickler von Word seit dem ersten Erscheinen manchmal eigenwillige Wege gehen (das macht Word so »menschlich«). Word 1997 verhält sich hier anders als seine Nachfolger.

Die Option »Textbegrenzungen« steht Word 1997 nur dann zur Verfügung, wenn ein Dokument sich gerade in der Ansicht »Seitenlayout« befindet, sonst nicht. Vor der Makroaufzeichnung müssen Sie also sicherstellen, daß die Ansicht »Seitenlayout« aktiviert ist.

Auf- und Abwärtskompatibilität

Das eben geschilderte Programmverhalten macht eines unmittelbar deutlich: Wenn Sie Ihre Anforderungen an ein zu entwickelndes Makro (VBA-Programm) formulieren, sollten Sie dabei immer auch festlegen, mit welchen Word-Versionen das Makro oder das VBA-Programm laufen soll und muß. Dies gilt auch dann, wenn Sie stolzer Besitzer einer aktuelleren Word-Version sind. Schließlich könnte es ja sein, daß Sie (aus welchen Gründen auch immer) in die Verlegenheit kommen, Ihr Makro auf einer älteren Word-Plattform einsetzen zu müssen.

Also, zweite Skizzierung der Arbeitsschritte:

1. Makroaufzeichnung zur Sicherheit (Stichwort: Abwärtskompatibilität zu Word 1997) damit beginnen, daß die Ansicht »Seitenlayout« eingeschaltet wird (zum Beispiel über [Alt]+[Strg]+[1]).
2. Dialog »Optionen« öffnen (zum Beispiel über [Alt]+[x] und [o])
3. Registerkarte »Ansicht« anklicken
4. Option »Textbegrenzungen« an- oder abklicken
5. »OK« anklicken.

7.2.3 Makroaufzeichnung beginnen

Nachdem Sie die Skizze fertiggestellt haben, können Sie die Aufzeichnung beginnen. Verfahren Sie dazu beispielsweise wie folgt:

1. Starten Sie Word.
2. Wichtig: Öffnen und aktivieren Sie vorab in Word, falls noch nicht geschehen, die Datei, in der das Makro (die Prozedur) gespeichert werden soll.

    Empfehlung: Es empfiehlt sich, eine Add-In-Dokumentvorlage für die Übungen aus diesem Buch zu benutzen und zu öffnen (siehe Kapitel 6 »Übungsumgebung und »Werkzeugkasten« für Makros und VBA-Prozeduren erstellen« ab Seite 231 folgende).

    Das Vorab-Öffnen und Vorab–Aktivieren der Zieldatei für Ihre Makros ist sinnvoll, weil Word Ihnen je nach Version im nächsten Schritt in der Liste »Makro speichern« nur maximal drei verschiedene Speicherorte für Ihr Makro anbietet:

    ▶ Die Normal.dot
    ▶ Die aktive Datei
    ▶ Gegebenenfalls die Dokumentvorlage, auf der die aktive Datei basiert.

    Daß man zur Aufzeichnung eines Makros gerne eine beliebige Datei mit dem normalen Dateiauswahldialog aussuchen würde, daran hat Microsoft nicht gedacht.

3. Rufen Sie das Dialogfeld »Makro aufzeichnen« auf, indem Sie den Menübefehl »Extras-Makro-Aufzeichnen ...« anklicken.

    Tip: Schneller geht es, wenn Sie in der Statusleiste von Word auf das Feld »MAK« doppelklicken!

4. Tippen Sie in dem Feld »Makroname« einen Namen für Ihr Makro ein (zum Beispiel »*TextbegrenzungenEinAus*«).

5. Geben Sie im Feld »Makro speichern« die Dokumentvorlage oder das Dokument ein, in dem Sie das Makro speichern möchten.

   Empfehlung: Hier sollten Sie die Add-In-Dokumentvorlage wählen, die Sie für Ihre Makros angelegt und geöffnet haben (siehe Schritt 2).

6. Geben Sie im Feld Beschreibung eine Beschreibung des Makros ein (zum Beispiel »*Makro aufgezeichnet am 06.05.04 von <Ihr Name>: Schaltet den Satzspiegel in einem Dokument ein oder aus.*«)

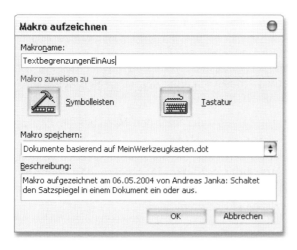

Abbildung 7.1 Der Dialog »Makro aufzeichnen«

7. Falls Sie das Makro später weder über einer Symbol-/Menüleiste noch über eine Schnell-Tastenkombination aufrufen wollen, klicken Sie auf den Schaltknopf »OK«, um die Aufzeichnung des Makros zu starten.

   ▶ Falls Sie das Makro einer Symbol- oder einer Menüleiste zuweisen wollen, klicken Sie auf »Symbolleisten«. Es erscheint der Dialog »Anpassen«. Wählen Sie in diesem Dialog die Registerkarte »Befehle«. Klicken Sie im Feld »Befehle« auf das Makro, das Sie aufzeichnen, und halten Sie die Maustaste gedrückt. Ziehen Sie nun das Makro mit der Maus auf eine Symbol- oder auf eine Menüleiste Ihrer Wahl. Klicken Sie abschließend im Dialog »Anpassen« auf den Schaltknopf »Schließen«, um die Aufzeichnung des Makros zu starten.

   ▶ Falls Sie das Makro einer Tastenkombination zuweisen wollen, klicken Sie auf »Tastatur«. Es erscheint der Dialog »Anpassen« (ältere Word-Versionen: »Tastatur anpassen«). Klicken Sie in diesem Dialog im Feld »Befehle« auf das Makro, das Sie aufzeichnen. Geben Sie im Feld »Neue Tastenkombination« (ältere Word-Versionen: »Neuen Shortcut drücken«) die Tastenfolge ein, und klicken Sie auf den Schaltknopf »Zuordnen«. Klicken Sie anschließend auf den Schaltknopf »Schließen«, um die Aufzeichnung des Makros zu starten.

8. Führen Sie die Aktionen durch, die das Makro umfassen soll. Folgen Sie dabei dem Plan, den Sie oben in Abschnitt 7.2.2, »Plan zu Aufzeichnung schmieden«, angefertigt haben.

9. Sobald Sie eine Makroaufzeichnung erfolgreich gestart haben, erscheint eine kleine Makro-Menüleiste namens »Aufzeichnung beenden« mit zwei Schaltknöpfen: Einer zum Unterbrechen der Makroaufzeichnung, einer zum Beenden der Aufzeichnung. Um die Aufzeichnung eines Makros zu beenden, klicken Sie auf »Aufzeichnung beenden«.

7.2.4 Makros ausführen

Beispielmakro starten

Sie wissen bereits, daß ein Makro immer eine öffentliche, parameterlose Prozedur ohne Rückgabewerte ist. Das Ausführen eines Makros unterscheidet sich folglich nicht vom Starten einer Prozedur. Das Ausführen einer Prozedur wird ausführlich in Abschnitt 13.2.3 »Starten von Prozeduren und Makros« ab Seite 445 besprochen. Bitte lesen Sie dort nach, welche Möglichkeiten es gibt, Prozeduren und aufgenommene Makros zu starten. Hier soll nur kurz die Standard-Möglichkeit für Makros vorgestellt werden, damit Sie wissen, wie Sie Ihre Makro-Aufnahme (und das eventuell von Ihnen aufgenommene Beispiel-Makro) starten können.

1. Öffnen Sie mit der Tastenkombination [Alt]+[F8] (oder über den Menübefehl »Extras« aus dem Menü »Makros-Makros ...«) den Dialog »Makros«.
2. Wählen Sie in dem Dialog den Namen des Makros aus, das Sie ausführen lassen wollen. Achten Sie darauf, welche Datei in der Auswahlliste »Makros in« eingestellt ist, wenn Sie Ihr Makro nicht finden können.
3. Klicken Sie anschließend auf die Schaltfläche »Ausführen«.

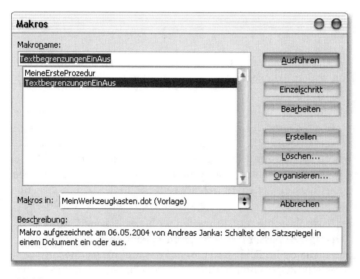

Abbildung 7.2 Mit dem Dialog »Makros« können Sie aufgenommene Makros starten.

7.2.5 Das Scheitern

Wenn Sie bis hierin gekommen sind, werden Sie womöglich einige Versuche hinter sich haben, die Aufgabenstellung mit dem Makro-Rekorder zu lösen. Mit hoher Wahrscheinlichkeit haben Sie es geschafft, ein Makro aufzunehmen, das den Satzspiegel nur einschaltet; oder eines, das den Satzspiegel nur ausschaltet; oder eines, das den Satzspiegel hintereinander weg, ohne Pause, ein- und sofort wieder ausschaltet; oder eines ...

Lassen Sie es jetzt gut sein. Die Lösung der Aufgabenstellung ist mit dem Makro-Rekorder allein nicht zu bewältigen!

Er ist nicht in der Lage, die simple Verzweigung »Wenn sichtbar ... dann aus; wenn nicht sichtbar ... dann ein« zweckmäßig umzusetzen. Dafür braucht man VBA und VBA-Kenntnisse! So einfach ist das. Und wenn Sie bis hierin Zweifel hatten, ob es sich lohnt, VBA zu lernen, dann werden diese Zweifel vielleicht durch die Lösung der Aufgabenstellung ausgeräumt.

7.2.6 Die Lösung

Wenn Sie ein Makro aufzeichnen, so wird der zum Makro gehörende VBA-Code in dem Modul »NewMacros« unter dem Makro-/Prozedur-Namen abgelegt, den Sie definiert haben.

Das Modul »NewMacros«

Haben Sie sich schon angeschaut, wie der Code aussieht, den der Makro-Rekorder aufzeichnet? Nein? Gut, dann werfen Sie bitte einen kurzen Blick auf die Abbildung 7.3. Sie zeigt eine Variante des vom Makro-Rekorder aufgenommen VBA-Codes. Er entsteht, wenn man sich an die obige Aufzeichnungsanleitung hält.

Im Gegensatz zur Abbildung 7.3 zeigt die Abbildung 7.4 eine simple Lösung der Aufgabenstellung.

Man braucht kein Programmier-Guru sein, um zu sehen, daß der Code der zweiten Abbildung kürzer und einfacher ist als der aufgezeichnete Code des Makro-Rekorders. Seien Sie versichert: Wenn man sich erst einmal eine bißchen in die Syntax von VBA und in das Objektmodell von Word eingearbeitet hat, geht das Codieren solcher simplen Prozeduren schneller von der Hand als eine Makro-Aufzeichnung. Im Abschnitt 8 ab Seite 253 werden Sie erfahren, wie Sie den Visual Basic-Editor öffnen, um beispielsweise den Code, den der Makro-Rekorder aufgezeichnet hat, im Sinne einer funktionstüchtigen Lösung zu überarbeiten.

Die folgenden Abschnitte in diesem Kapitel zeigen, wie man nachträglich und unabhängig von der Makro-Aufzeichnung eine Tastenkombination für ein Makro (Prozedur) vorsieht und wie man ein Makro in eine Symbol-/Menüleiste integriert. Beides ermöglicht dem Anwender einen schnelleren Zugriff auf die entsprechende Makro-/Prozedur-Funktionalität.

Abbildung 7.3 Durch Makro-Aufzeichnung generierter VBA-Code: Schaltet unter anderem den Satzspiegel ein, löst aber nicht die Aufgabenstellung.

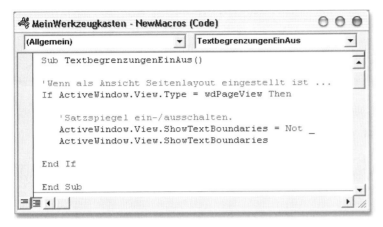

Abbildung 7.4 VBA-Code, der beim Aufruf in der Ansicht »Seitenlayout« den Satzspiegel ein- oder ausschaltet.

7.3 Makros (Prozeduren) nachträglich auf Tastencodes legen

Möchten Sie ein Makro (Prozedur) voraussichtlich häufiger ausführen, so können Sie eine leicht erreichbare Tastenfolge dem Makro zuweisen. Eine neue Tastenkombination läßt sich in Word innerhalb des Dialogfensters »Anpassen« (früher »Tastatur anpassen«) einrichten. Dazu gehen Sie wie folgt vor:

1. Öffnen Sie in Word, falls dies noch nicht geschehen ist, jene Datei (Dokumentvorlage, Dokument, Add-In), der eine Tastenkombination zugeordnet werden soll.
2. Klicken Sie in Word im Menü »Extras« auf den Befehl »Anpassen«.
3. Es erscheint das Dialogfenster »Anpassen«. Ein Klick auf den Schaltknopf »Tastatur« öffnet ein weiteres Dialogfenster namens »Tastatur anpassen« für die nötigen Einstellungen.
4. Klicken Sie im Feld »Speichern in:« auf die Datei (aktueller Dokumentnamen, Dokumentvorlagen, Normal.Dot oder Add-In), in der die Änderungen der Tastenkombinationen gespeichert werden sollen.
5. Klicken sie im Feld »Kategorien« auf die Kategorie »Makros«. Darauf erscheint rechts daneben die Liste mit den zur Verfügung stehenden Makros (es werden nur die direkt startbaren Makros/Prozeduren aufgelistet, keine Funktionen und keine Prozeduren, die Übergabeparameter zum Ausführen benötigen.)
6. Klicken Sie im Feld »Makros« auf den Namen des Makros, dem Sie eine Tastenkombination zuweisen wollen.
7. Geben Sie im Feld »Neue Tastenkombination« (ältere Word-Versionen: »Neuen Shortcut drücken«) die Tastenfolge ein, und klicken Sie auf den Schaltknopf »Zuordnen«.
8. Klicken Sie anschließend auf den Schaltknopf »Schließen«, damit Word die neue Tastenkombination übernimmt.

9. Wichtig: Falls Word beim Schließen der Datei fragt, ob die Änderungen gespeichert werden sollen, bejahen sie dies. Sonst ist Ihre Tastenkombination bei der nächsten Word-Sitzung wieder verschwunden.

Fortan können Sie das Makro ausführen, indem Sie einfach die Tastenfolge drücken (vorausgesetzt, die Datei mit dem Makro ist in der einen oder anderen Form in Word geöffnet).

7.4 Makros (Prozeduren) nachträglich als Schaltflächen in Symbolleisten eintragen

Auf die Dauer ist es umständlich, ein Makro jedes Mal über das Word-Dialogfeld »Makros« aufzurufen. Wenn Sie es als Schaltfläche in eine Symbolleiste legen, läßt es sich komfortabler erreichen. Dazu verfahren Sie wie folgt:

1. Öffnen Sie in Word, falls dies noch nicht geschehen ist, jene Datei (Dokumentvorlage, Dokument, Add-In), die die Symbol-/Menüleiste enthält, der das Makro zugeordnet werden soll.
2. Wählen Sie in Word den Befehl »Anpassen ...« aus dem Menü »Extras«.
3. Aktivieren Sie, sofern das nicht bereits der Fall ist, im erscheinenden Dialogfeld »Anpassen« die Registerkarte »Befehle«.
4. Wichtig: Wählen Sie im Feld »Speichern in:« die Datei (Dokument, Dokumentvorlage, Add-In, Normal-Dot), die den Makro-Schaltknopf beherbergen soll.[5]
5. Suchen Sie in der Liste unter »Kategorien« den Eintrag »Makros« und klicken Sie diesen einmal an.
6. In der rechten Liste »Befehle« ändert sich nun das Erscheinungsbild (es werden nur die direkt startbaren Makros/Prozeduren aufgelistet, keine Funktionen und keine Prozeduren, die Übergabeparameter zum Ausführen benötigen.). Suchen Sie aus dieser Liste das Makro heraus, das auf eine Symbolleiste gelegt werden soll. Klicken Sie es mit der linken Maustaste an, halten Sie die Maustaste fest, und ziehen Sie das Makro in die Symbolleiste Ihrer Wahl.
7. Sobald Sie ein potentielles Ziel erreicht haben, erhält der Mauszeiger einen Zusatz – einen großen, senkrechten Balken, er gleicht einer römischen I. Wenn Sie die Maustaste loslassen, liegt das Makro als Schaltfläche in der Symbolleiste.
8. Das Aussehen der Makro-Schaltfläche können Sie verändern. Direkt nach dem Einbinden wird die Schaltfläche mit dem Makronamen beschrieben. Im Dialogfeld »Anpassen« (das immer noch geöffnet ist) gibt es dazu die Schaltfläche »Auswahl ändern«. Klicken Sie darauf. Es erscheint ein Menü, in dem Sie ein Symbol auswählen können. Bestimmen Sie, ob für Ihr Makro ein Symbol mit oder ohne (zusätzlichen) Text erscheinen soll.
9. Klicken Sie abschließend auf den Schaltknopf »Schließen«, damit Word die Änderungen an der Symbol-/Menüleiste übernimmt.
10. Wichtig: Falls Word beim Schließen der Datei fragt, ob die Änderungen gespeichert werden sollen, bejahen sie dies. Sonst ist Ihre Makro-Schaltfläche bei der nächsten Word-Sitzung wieder verschwunden.

---

5 Beachten Sie die Hinweise aus Abschnitt 6.2.4, »Makros und VBA-Prozeduren in globalen Add-In«, ab Seite 233.

Nun können Sie das Makro ausführen, indem Sie einfach auf die Schaltfläche klicken (vorausgesetzt, die Datei mit dem Makro ist in der einen oder anderen Form in Word geöffnet).

7.5 Makro-Schaltfläche aus einer Symbolleiste entfernen oder verschieben

Sie möchten das Makro doch nicht als Schaltfläche in der Symbolleiste benutzen? So werden Sie die Schaltfläche einfach wieder los:

1. Öffnen Sie in Word, falls dies noch nicht geschehen ist, jene Datei (Dokumentvorlage, Dokument, Add-In), die die Symbol-/Menüleiste enthält, der das Makro zugeordnet ist.
2. Dann wählen Sie in Word den Befehl »Anpassen ...« aus dem Menü »Extras«.
3. Halten Sie die Alt-Taste auf Ihrer Tastatur gedrückt.
4. Klicken Sie das zu entfernende Symbol mit dem Makro mit der linken Maustaste an, halten Sie die Maustaste fest und ziehen es abwärts in den Schreibbereich.
5. Dort lassen Sie die Maustaste los. Das Symbol verschwindet.
6. Wichtig: Falls Word beim Schließen der Datei fragt, ob die Änderungen gespeichert werden sollen, bejahen sie dies. Sonst taucht die Symbol-Schaltfläche mit Ihrem Makro bei der nächsten Word-Sitzung wieder auf.

Auf die gleiche Weise – mit gedrückter Alt-Taste – können Sie das Symbol mit Ihrem Makro auch verschieben. Statt es in den Schreibbereich »fallen« zu lassen, bewegen Sie es an eine beliebige Stelle auf der gleichen Symbolleiste oder an eine beliebige Stelle auf einer anderen Symbolleiste. Einer individuellen Neuordnung Ihrer Symbolleisten steht also nichts mehr im Wege!

7.6 Makro löschen

Das Löschen eines Makros kann auf unterschiedliche Weise geschehen. Nachstehend werden drei Varianten vorgestellt.

7.6.1 Ein Makro löschen (Makro-Dialog)

Für Word-Anwender ist folgende Methode gedacht:

1. Öffnen Sie in Word das Dialogfeld »Makros«, indem Sie die Tastenkombination Alt+F8 drücken (oder indem Sie im Menü »Extras« den Befehl »Makros-Makros ...« anklicken).
2. Im Dialog wählen Sie den Namen des gewünschten Makros aus und klicken auf die Schaltfläche »Löschen«.
3. Es erscheint nun eine Sicherheitsabfrage mit »Ja«, die Sie mit »Ja« bestätigen müssen, wenn Sie das ausgewählte Makro wirklich löschen wollen. Danach löscht Word das Makro aus der Datei.

7.6.2 Alle Makros eines VBA-Moduls löschen (Organisieren-Dialog)

Für jene, die Dokumente und Vorlagen organisieren, und alle Makros eines VBA-Moduls auf einmal löschen wollen, ist der Dialog »Organisieren« vorgesehen.

1. Öffnen Sie in Word das Dialogfeld »Makros«, indem Sie die Tastenkombination [Alt]+[F8] drücken (oder indem Sie im Menü »Extras« den Befehl »Makros-Makros ...« anklicken).
2. Klicken Sie im Dialog »Makro« auf den Schaltknopf »Organisieren«.[6]
3. Wählen Sie im Dialog »Organisieren« die Registerkarte »Makroprojektelemente« (Word 1997: Registerkarter »Makros«).
4. Im Dialog wählen Sie den Namen des VBA-Moduls aus, das die Makros enthält, die Sie löschen wollen. Wenn Sie mehrere Module löschen wollen, müssen Sie die Taste [STRG] beim Anklicken der Modulnamen gedrückt halten.
5. Klicken Sie auf die Schaltfläche »Löschen«.

Falls ein zu löschendes Makro nicht angezeigt wird, müssen Sie gegebenenfalls eine aktuelle Datei kurzfristig mit der Funktion »Datei schließen« aus dem Dialog entfernen und mit »Datei öffnen« die Datei mit dem zu löschenden Makro laden.

7.6.3 Makros im Visual Basic-Editor löschen

VBA-Profis löschen ein Makro direkt im Visual Basic-Editor. Dazu wechselt man mit [Alt]+[F11] aus Word in die VBA-Entwicklungsumgebung und holt sich das VBA-Modul mit dem betreffenden Makronamen ins Codefenster. Anschließend markiert man den gesamten Makrocode, den man löschen will, und drückt die Taste [Entf] oder die Taste [Rücktaste]. Doch greift diese Information vor. Näheres zum Visual Basic-Editor erfahren Sie in Kapitel 8 »Die VBA-Entwicklungsumgebung« ab Seite 253 folgende.

7.7 Makros gezielt bearbeiten

Wenn das aktive Dokument oder die aktive Dokumentvorlage mindestens ein Makro besitzt, können Sie mit Hilfe des Dialogfensters »Makro« gezielt zum Code eines Makros wechseln. Gehen Sie folgendermaßen vor, wenn Sie ein Makro direkt bearbeiten wollen:

1. Öffnen Sie in Word das Dialogfeld »Makros«, indem Sie die Tastenkombination [Alt]+[F8] drücken (oder indem Sie im Menü »Extras« den Befehl »Makros-Makros ...« anklicken).
2. Im Dialog wählen Sie den Namen des gewünschten Makros aus und klicken auf die Schaltfläche »Bearbeiten«.
3. Word öffnet nun den Visual Basic-Editor und im Codefenster erscheinen die Anweisungen des gewünschten Makros. Das Makro und die Makrobefehle können Sie beliebig bearbeiten oder erweitern.

Alternativ zu den eben vorgestellten Arbeitsschritten, haben Sie natürlich die Möglichkeit, den Visual Basic-Editor direkt mit der Tastenkombination [ALT]+[F11] oder über das Word-

---

[6] Hinweis: Sie können den Dialog »Organisieren« auch öffnen, indem Sie im Menü »Extras« auf »Vorlagen und Add-Ins« klicken und im Dialog »Add-Ins« auf den Schaltknopf »Organisieren«.

Menü und den Befehl »Extras-Makro-Visual Basic-Editor ...« zu öffnen. Allerdings »landen« Sie dann nicht automatisch bei einem Makro, welches Sie bearbeiten wollen. Mehr Informationen zum Visual Basic-Editor erfahren Sie im Kapitel 8 »Die VBA-Entwicklungsumgebung« ab Seite 253 folgende.

7.8 Wildgewordenen VBA-Code stoppen

Beim Testen trifft es jeden VBA-Programmierer irgendwann einmal: Eine Endlosschleife oder ein komplexer Rechenvorgang legen das VBA-Programm und die zugehörige Anwendung lahm. Mit einer Tastenkombination können Sie den ungeplanten Rechenvorgängen zur Laufzeit ein Ende bereiten: Drücken Sie gleichzeitig die Tasten `Strg`+`Pause`. Danach unterbricht VBA das gerade laufende Programm und kehrt zur Entwicklungsumgebung zurück. Meist aktiviert VBA dann den *Haltemodus* und setzt die Einfügemarke an jene Codezeile, an der die Unterbrechung geschah (erkennbar an der gelben Hervorhebung der Codezeile). Um komplett in den Entwurfsmodus zurückzukehren und die Ausführung des Projekts zu beenden, müssen Sie in diesem Fall noch den Schaltknopf »Beenden« in der Symbolleiste anklicken oder im Menü »Ausführen« den Befehl »Zurücksetzen« auswählen.

8 Die VBA-Entwicklungsumgebung

»Jede Entwicklung muß eine höhere Verwicklung sein.«
Jean Paul[1]

»Ich weiß, daß es keine Entwicklung gibt.«
Ludwig Rubiner[2]

8.1 Die VBA-IDE und der Visual Basic-Editor (VBE)

Für die komfortable Eingabe und Bearbeitung, für das Testen und Ausführen von Programmcode steht den meisten Programmiersprachen eine integrierte Entwicklungsumgebung, eine sogenannte IDE (Abkürzung für »Integrated Development Environment«) zur Verfügung. Im Rahmen von VBA und allen VBA-Anwendungen ist das der *Visual Basic-Editor*, kurz *VBA-Editor*, *VB-Editor* oder *VBE* genannt.

Der VBE stellt im Grunde ein eigenständiges, von der jeweiligen VBA-Host-Anwendung (hier: Word) unabhängiges Programm dar, das sich aber nicht wie gewöhnliche Programme auf Betriebssystemebene starten läßt. Er kann nur von der jeweiligen VBA-Host-Anwendung oder von einem anderen Programm (zum Beispiel via »Automation«) aufgerufen und instanziiert werden.

Die Hauptfunktionen des Visual Basic-Editors sind:

- Werkzeug zur Eingabe und Bearbeitung von VBA-Programmcode
- Werkzeug zum Ausführen, Testen und Debuggen von VBA-Programmcode
- Werkzeug zur Verwaltung von Projekten
- Werkzeug zum Entwerfen und Gestalten von Benutzerformularen (UserForms)
- Werkzeug zur Aus-/Abwahl von Objekten aus einer anderen Anwendung durch Eintragen/Entfernen eines Verweis auf deren Objektbibliothek
- Werkzeug zum Registrieren, Laden oder Entladen von Add-Ins für den Visual Basic-Editor

8.2 Den Visual Basic-Editor (VBE) starten

In die VBA-Entwicklungsumgebung und damit in den Visual Basic-Editor gelangen Sie von Word aus über mehrere Wege:

- Drücken Sie die Tastenkombination `Alt` + `F11`.
- Oder zeigen Sie im Menü »Extras« auf »Makro«, und klicken Sie dann auf »Visual Basic-Editor«.
- Oder zeigen Sie im Menü »Ansicht« auf »Symbolleisten« und aktivieren Sie die Menüleiste »Visual Basie«. Die Symbolleiste »Visual Basic« verfügt über einen Schaltknopf namens »Visual Basic Editor«, den Sie fortan einfach Anklicken, wenn Sie direkt in den VBE wechseln wollen.

---

[1] [PAULJ001]: Seite 104313.
[2] [RUBIN001]: Seite 143356.

Abbildung 8.1 Die Symbolleiste »Visual Basic« von Word 1997

Abbildung 8.2 Die Symbolleiste »Visual Basic« Word 2003

8.3 Die Fenster des Visual Basic-Editors

Nach dem Start des Visual Basic-Editors sehen Sie in etwa folgendes Bild vor sich:

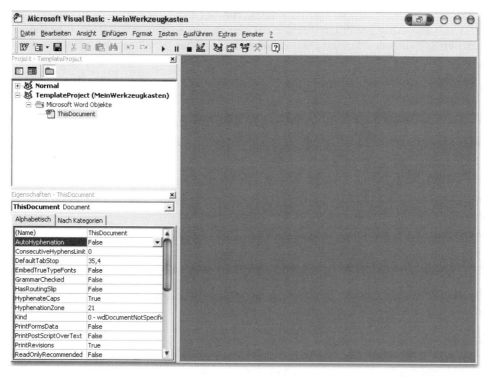

Abbildung 8.3 Der Visual Basic-Editor (Entwicklungsumgebung, IDE) von Word 1997 mit geöffnetem Projekt-Explorer und offenem Eigenschaftsfenster, aber mit geschlossenem Code-Fenster

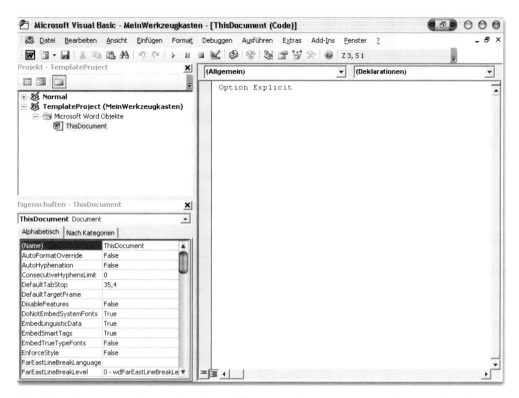

Abbildung 8.4 Der Visual Basic-Editor (Entwicklungsumgebung, IDE) von Word 2003, in dem drei Fenster geöffnet sind: der Projekt-Explorer, das Eigenschaftsfenster und das Code-Fenster.

Auf Ihrem System sieht der Visual Basic-Editor nach dem ersten Start womöglich ein wenig anders aus. Lassen Sie sich davon nicht verwirren. Der Visual Basic-Editor ist, wie sollte es bei einer Windows-Applikation auch anders sein, in Fenstern und Dialogen organisiert. Fenster haben die Eigenschaft, daß sie entweder geöffnet oder geschlossen sind und daß sie je nach Gusto auf dem Bildschirm verteilt sind. Wenn Ihr Visual Basic-Editor anders aussieht, dann liegt es vermutlich daran. Es könnte zum Beispiel sein, daß bei Ihnen kein sogenanntes *Code-Fenster* geöffnet ist. Dann sehen Sie vermutlich wie oben in der Abbildung zum Visual Basic-Editor von Word 1997 im rechten Bildschirmbereich nur eine große graue Fläche. Das Aussehen und die Funktionalität der einzelnen Fenster des Visual Basic-Editors hängen zudem in gewissem Maße davon ab, welche Dokumente Sie in Word geöffnet haben und welches *Projekt* im Visual Basic-Editor ausgewählt ist.

Die meisten VBE-Fenster sind per Voreinstellung abgeblendet. Sie können Sie je nach Bedarf ein- und ausschalten. Grob kann man bei allen Fenstern des VBE unterscheiden zwischen Fenstern zum Editieren und Schreiben von Code (Editier-Modus) sowie Fenstern für die Programmausführung und zum »Entwanzen« (engl. »debuggen«) von Code (Laufzeit- und den Haltemodus)[3]:

---

[3] Außerdem gibt es noch etliche VBA-Dialoge zum Einstellen des Visual Basic-Editors, die das Buch in Abschnitt 8.17, »Interna des VBE«, ab Seite 328 vorstellt.

- Fenster für den Editier-Modus
  - Projekt-Explorer-Fenster
  - Quellcode-Fenster
  - Eigenschaften-Fenster
  - (Direktbereichs-Fenster)
  - Objektkatalog
  - Fenster zum Formularentwurf (UserForm-Fenster)
- Fenster für den Laufzeit- und Haltemodus
  - Überwachungsfenster
  - Lokal-Fenster
  - Aufrufeliste
  - Direktbereichs-Fenster
  - (Quellcode-Fenster)

Wie Sie sehen, eignen sich die Ausführungsmodi nur bedingt als Unterscheidungsmerkmal für die VBE-Fenster. Die Code-Fenster (man kann nicht nur eines, sondern mehrere davon anlegen) und das Direktbereichs-Fenster (kurz *Test-* oder *Direktfenster*) kommen in beiden Gruppen vor, da ihre Leistungsmerkmale in allen drei Modi eine Rolle spielen.

8.3.1 Bedienungstips und Hinweise für den Umgang mit Fenstern

Falls Sie VBA-Einsteiger sind, sollten Sie in Anbetracht der vielen Fenster nicht verzagen. Sie lernen deren Funktionsweise nach und nach besser kennen. Nachstehend wird die Oberfläche des Visual Basic-Editors mit seinen Fenstern, Symbolleisten, Tastaturkombinationen et cetera erläutert. Damit Sie nicht irritiert sind, wenn Ihr Visual Basic-Editor völlig anders aussieht als die Abbildungen im Buch, gleich zu Anfang dieses Kapitels ein paar praktische Bedienungstips und Hinweise:

An-/Ausschalten von Fenstern

- Durch die Befehle des Menüs »Ansicht« im Visual Basic-Editor können alle VBE-Fenster sichtbar gemacht werden. Allerdings müssen manchmal bestimmte Voraussetzungen erfüllt sein, damit ein Ansicht-Befehl aktiv ist. Beispielsweise ist der Befehl »Code-Fenster« nur dann aktiv, wenn im Projekt-Explorer-Fenster ein *Modul* ausgewählt (hierzu gleich mehr).

Das Verankern und Andocken

- Für Anfänger ist es oft irritierend, daß sich die Fenster des Visual Basic-Editor anders verhalten als die Fenster der meisten anderen Windows-Anwendungen. Wenn Sie ein VBE-Fenster auf dem Bildschirm herumschieben, werden Sie merken, daß es irgendwo »andocken« will – und wenn man ungeübt ist, »verankert« es sich leider in einer Art und Weise am VBE-Fensterrand, wie man sie gerade nicht will. Es gibt mehrere Methoden, wie Sie dieses Verhalten unterdrücken können:
  - Sie können beim Positionieren eines VBE-Fensters die Taste [Strg] drücken.
  - Die meisten VBE-Fenster besitzen im jeweiligen Kontextmenü eine Option namens »Verankerbar«. Solange vor dieser Option ein »Häkchen« ist, zeigt dieses Fenster den merkwürdigen »Klebeeffekt«. Wenn Sie das Häkchen entfernen, verhält sich das VBE-Fenster wie das Fenster einer »normalen« Windows-Applikation. Das Kontextmenü

eines VBE-Fensters rufen Sie auf, wenn Sie auf den Inhalt des Fensters mit der *rechten* Maustaste anklicken.

- Wenn Sie das Verhalten grundsätzlich ändern wollen, wählen Sie in der Menüleiste des Visual Basic-Editors erst das Menü »Extra« an, dann den Menübefehl »Optionen« (`Alt`+`x` und `o`). In dem erscheinenden Dialog »Optionen« wechseln Sie bitte auf die Registerkarte »Verankern«. Hier können Sie gezielt das Verhalten der einzelnen VBE-Fenster festlegen.

- Wenn ein VBE-Fenster irgendwo unglücklich verankert ist, können Sie es durch die Windows-typische Funktion »Fenster wiederherstellen« aus seiner Verankerung lösen. Meist genügt hierzu ein Doppelklick auf die Titelleiste des VBE-Fensters oder auf die entsprechende Windows-konforme Schaltfläche.

▶ Wenn Sie mit dem Visual Basic-Editor arbeiten, sollten Sie mit ein, zwei Ausnahmen der Einfachheit halber alle unwichtigen offenen Word-Dokumente schließen. Durch das Schließen sämtlicher momentan irrelevanter Word-Dokumente erreichen Sie, daß der Visual Basic-Editor nicht eine Unzahl an *Projekten* und *Modulen* auflistet (hierzu gleich mehr). So ersparen Sie sich unnötige Suchvorgänge im Visual Basic-Editor. Es empfiehlt sich, eventuell vorhandene Add-Ins ebenfalls kurzfristig zu deaktivieren (und nach der VBA-Arbeitssitzung wieder zu aktivieren). *Anzahl der offenen Projekte verringern*

Ausgenommen vom Schließen ist natürlich jene Word-Datei, in die Sie Ihre Makros und/oder VBA-Prozeduren speichern wollen; die zweite Ausnahme tritt ein, wenn Sie VBA-Programme zur Anwendung bei ganz speziellen Dokumenten oder spezifischen Dokumenttypen schreiben. Zu Testzwecken ist es dann unerläßlich, die betroffenen Word-Dokumente in Word geöffnet vorzuhalten.

▶ Wenn Sie etwas geübter sind, werden Sie über kurz oder lang mit mehreren Code-Fensters gleichzeitig arbeiten. Zentrale Anlaufstelle, um die Übersicht über die geöffneten Code-Fenster zu behalten, ist das Menü »Fenster« des Visual Basic-Editors. *Code-Fenster-Management*

▶ Beachten Sie bitte den Hinweis in Abschnitt 1.10, »Office Developer Editionen und Visual Studio-Tools«, ab Seite 40, falls Sie die eine oder andere Erläuterung zur Oberfläche des Visual Basic-Editors auf Ihrem Word/VBA-System nicht nachvollziehen können. *Nicht nachvollziehbare Beispiele*

▶ Noch einmal sei Ihnen hier das Arbeiten mit einer zentralen Dokumentvorlage empfohlen, die alle Ihre wichtigen VBA-Programme beinhaltet.[4] *Arbeiten mit einer zentralen Vorlage*

▶ Zu Anfang genügt der souveräne Umgang mit vier Fenstern: Mit dem *Projekt-Explorer*, dem *Eigenschaften-Fenster* sowie dem *Code-Fenster* und dem *Direktfenster*. Sie sind für das Schreiben und Testen von VBA-Programmen mit Abstand die wichtigsten. Aus diesem Grund sind diese vier Fenster auch bei vielen VBA-Entwicklern immer sichtbar. *Relevanz der Fenster*

8.4 Der Projekt-Explorer

Das Fenster in der linken oberen Ecke des Visual Basic-Editors, unterhalb der Symbolleiste ist der sogenannte Projekt-Explorer. Er bietet in einer »Baumstruktur«, die der Ordner-Leiste des Windows-Explorers gleicht, einen Überblick über alle aktuellen Projekte und deren Bestandteile.

---

4 Vgl. Abschnitt 6.3.1 ab Seite 234.

8.4.1 Das Öffnen des Projekt-Explorers

Sie können den Projekt-Explorer über mehrere Möglichkeiten öffnen:

- Durch Anklicken des Befehls »Projekt-Explorer« in dem Menü »Ansicht« des Visual Basic-Editors
- Durch Drücken der Tastenkombination ⌈Strg⌉+⌈r⌉
- Durch Anklicken der Symbolschaltfläche »Projekt-Explorer« in der Symbolleiste »Voreinstellung«

8.4.2 Projekte

Der erste Zweig des Projekt-Explorer-Baumes zeigt immer ein *Projekt* an (daher der Name des Fensters). Je nach Word-Arbeitssitzung befinden sich folgende Projekte im ersten Zweig der Projekt-Explorer-Hierarchie:

- Ein Projekt für jedes geöffnete Word-Dokument
- Ein Projekt für jede mit einem Word-Dokument verknüpfte Dokumentvorlage
- Ein Projekt für die Normal.Dot
- Ein Projekt für jede globale Dokumentvorlage beziehungsweise für jedes Add-In, das in Word geladen ist.

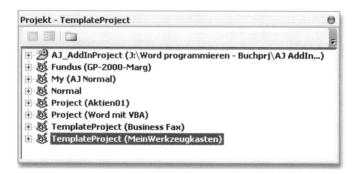

Abbildung 8.5 Der Projekt-Explorer mit diversen geladenen Projekten

 Neben den Projekten, die mit Word-Dokumenten korrelieren, können Sie in den Developer-Editionen von Word/Office im Visual Basic-Editor auch mit Projekten (VBA-Dateien) arbeiten, die sich in DLLs umwandeln lassen (Stichwort COM-Add-Ins). Diese Projekte besitzen teilweise andere Bestandteile als allgemeine Word-/VBA-Projekte.

Syntax für Projekte — Jedes Projekt hat einen Namen, den Sie gegebenenfalls ändern können. Grundsätzlich lautet die Syntax eines Projekts:

ProjektName (DokumentName)

- »ProjektName« steht für den Bezeichner eines Projekts in einem Dokument. Wenn Sie den Projektnamen nicht ändern, verwendet der Visual Basic-Editor als Voreinstellung den Bezeichner Project.

- »DokumentName« steht für den Namen der Dokumentdatei. Falls Sie eine um Entwicklerwerkzeuge erweiterte Microsoft Office Developer Edition (MOD) einsetzen, steht »Dokumentname« zusätzlich auch für den Pfad zu einer Projektdatei (.vba).

Für in Word geöffnete Dokumentvorlagen und für mit einem Dokument verbundene Dokumentvorlagen sowie für Add-Ins lautet die Syntax:

Syntax für Dokumentvorlagen

DokumentvorlagenProjekt (DokumentvorlagenName)

- »DokumentvorlagenProjekt« steht hier für den Bezeichner eines Projekts in einer Dokumentvorlage. Wenn Sie den Projektnamen nicht ändern, verwendet der Visual Basic-Editor als Voreinstellung den Bezeichner `TemplateProject`.
- »DokumentvorlagenName« steht für den Namen einer Dokumentvorlagen-Datei.

Die oben dargestellte Abbildung zeigt beispielhaft mehrere mögliche Varianten für Projektbezeichnungen, nämlich:

- Eine geöffnete VBA-Projektdatei (*AJ AddInProject1.vba*) mit Pfad und Dateiangabe, die den benutzerdefinierten Projektnamen »AJ_AddInProject« trägt.
- Eine Dokumentvorlagen-Datei (*GP-2000-Marg.dot*), die mit der geöffneten Dokumentdatei (*Word mit VBA.doc*) verknüpft, aber selber in Word nicht geöffnet ist. Sie trägt den benutzerdefinierten Projektnamen »Fundus«.
- Eine Add-In-Datei (*AJ Normal.dot*), die zwar geladen, aber nicht explizit in Word geöffnet ist, und den benutzerdefinierten Projektnamen »My« trägt.
- Die *Normal.dot*, die im Projekt-Explorer nur »Normal« heißt.
- Eine geöffnete Dokumentdatei (*Aktien01.doc*) mit dem Standard-Projektnamen »Project«.
- Eine geöffnete Dokumentdatei (*Word mit VBA.doc*) mit dem Standard-Projektnamen »Project«.
- Eine Dokumentvorlage (*Business Fax.dot*), die mit der geöffneten Dokumentdatei (*Aktien01.doc*) verknüpft, aber selber in Word nicht geöffnet ist. Sie trägt den Standard-Projektnamen »TemplateProject«.
- Eine geöffnete Dokumentvorlage (*MeinWerkzeugkasten.dot*), die den Standard-Projektnamen »TemplateProject« trägt.

Wichtig: Damit Sie auf die Elemente eines Projekts zugreifen können, muß die dazugehörige Dokumentdatei in der Regel in Word explizit *geöffnet* sein. Außerdem müssen Sie gegebenenfalls das Recht besitzen, das Projekt bearbeiten zu dürfen und/oder das Kennwort des Projekts kennen. Der Visual Basic-Editor verweigert sonst mit einer Fehlermeldung die Anzeige der Module eines Projekts. Daß beispielsweise ein Add-In geladen ist, führt zwar dazu, daß es im Projekt-Explorer aufgelistet wird, solange es aber nicht definitiv in Word geöffnet ist, können Sie auch nicht auf seine Bestandteile zugreifen.

8.4.3 Ändern des Projektnamens

Wenn Sie den Namen eines Projekts ändern wollen, dann verfahren Sie bitte wie folgt:

1. Markieren Sie im Projekt-Explorer das Projekt, das Sie umbennen wollen, indem Sie den Mauszeiger über den alten Namen des Projekts führen und diesen einmal mit der linken Maustaste anklicken.

2. Klicken Sie anschließend in der Symbolleiste »Voreinstellung« auf das Symbol »Eigenschaftsfenster« oder drücken Sie die Taste [F4].

3. Im Eigenschaftsfenster ändern Sie den Wert »Name« auf einen Projektnamen Ihrer Wahl.

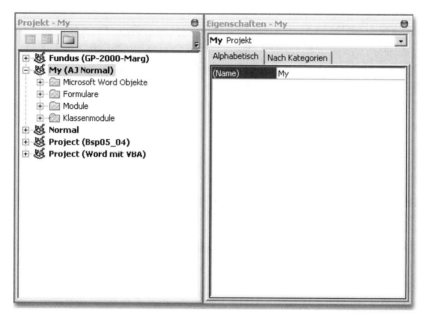

Abbildung 8.6 Ändern des Projeknamens über das Fenster »Eigenschaften«

Alternativ können Sie auch folgendermaßen vorgehen:

1. Markieren Sie im Projekt-Explorer das Projekt, das Sie umbennen wollen, indem Sie den Mauszeiger über den alten Namen des Projekts führen und diesen einmal mit der *rechten* Maustaste anklicken.

2. Es erscheint ein Kontextmenü, in dem Sie bitte den Eintrag »Eigenschaften von <Name altes Projekt>« mit der linken Maustaste anklicken, wobei <Name altes Projekt> für den alten Projektbezeichner steht.

3. Tragen Sie nun in dem Eingabefeld »Name« des Dialogs »<Name altes Projekt> Projekteigeschaften« den neue Namen ein und bestätigen Sie Ihre Eingabe mit »OK«.

8.4.4 Ein-/Ausblenden von Projekt-Unterzweigen

Grundsätzlich stellt ein Projekt einen Rahmen für unterschiedliche Modultypen und Verweise dar. Welche Module und Verweise ein Projekt besitzt, können Sie in der Baumstruktur im Projekt-Explorer begutachten. Dazu klicken Sie, falls noch nicht geschehen, das Plus- oder Kreuz-Symbol (»+«-Symbol) links vor der jeweiligen Kategorie an. Natürlich können Sie die Hierarchiestruktur auch wieder zuklappen. Dazu klicken Sie auf das Minus-Symbol (»-«-Symbol) links vor einer Kategorie. Die Bedienung entspricht der der gewöhnlichen TreeView-Steuerelemente zum Anzeigen von Hierarchien.

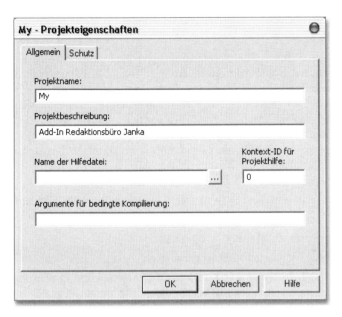

Abbildung 8.7 Ändern des Projeknamens über den Dialog »Projekteigenschaften«

8.4.5 Die Bestandteile eines Projekts: Module und Referenzen

Wenn Sie den Schnellkurs 2.5 ab Seite 48 durchgelesen haben, wissen Sie bereits, daß Sie sich Module anschaulich als »Behälter« für Code und/oder Objekte vorstellen können. Sie wissen auch, daß Module in erster Linie den Rahmen für Prozeduren und für modulweite Datentypen, Datendeklarationen und Datendefinitionen bilden. Außerdem sollten Sie inzwischen damit vertraut sind, daß Module besondere Bereiche innerhalb von VBA-Dateien (Word-Dokument, Excel-Arbeitsmappe ...) charakterisieren. Von den Modulen zu unterscheiden, sind die Verweise eines Projekts, die meist von Word automatisch angelegt werden, um beispielsweise die Verknüpfung eines Dokuments mit einer Dokumentvorlage zu gewährleisten.

Werfen Sie nun einen vertiefenden Blick auf die Bestandteile eines Projekt-Unterzweigs.

- Dokumentmodul

    Besitzt eine Code- und eine visuelle Darstellung (user interface).

    (.doc)
    (.dot)

    Im Projekt-Explorer befindet sich unter jedem Eintrag mit der Bezeichnung »*Microsoft Word Objekte*« (engl. »microsoft word objects«) ein Modul namens `ThisDocument`, das Ereignis-Prozeduren (`Open`, `Close`, `New`, `Sync`, `XMLAfterInsert`, `XMLBeforeDelete`) und allgemeinen Code aufnehmen kann. Ein Modul dieses Modultyps repräsentiert ein Dokument oder eine Dokumentvorlage. Dokumentmodule können nicht direkt oder über den Visual Basic-Editor hinzugefügt oder entfernt werden. Es empfiehlt sich, in Dokumentmodule nur Ereignis-Code aufzunehmen, der das spezielle Dokument betrifft und immer dann ausgelöst wird, wenn eines der genannten Ereignisse »feuert« (ausgelöst wird).

(.bas)

▶ **Standardmodul** (Präfix: `mod...`)

Besitzt nur eine Code-Darstellung.

Im Projekt-Explorer befinden sich unter jedem Eintrag mit der Bezeichnung »*Module*« (engl. »*modules*«) ein oder mehrere »Standardmodule« für ein Projekt. Ein Standardmodul beinhaltet normalerweise allgemeine Prozeduren (`Sub`- und/oder `Function`-Routinen), die nicht nur einem speziellen Dokument zugewiesen werden. Es empfiehlt sich, in einem Standardmodul Code aufzunehmen, der vom Anwender oder anderen Prozeduren genutzt wird. Sie können nahezu beliebig viele Standardmodule einem Projekt hinzufügen, sollten diese aber nach inhaltlichen Gesichtspunkten untergliedern (zum Beispiel ein Modul für API-Deklarationen, ein Modul für Konstanten, ein Modul für die Fehlerbehandlung und so weiter).

Ein besonderes Standardmodul ist `NewMacros`. Es wird angelegt, wenn Sie ein Makro aufnehmen. Word benutzt es normalerweise zur Ablage von neu aufgezeichneten Makros.

(.frm)

▶ **Benutzerformularmodul, UserForm** (Präfix: `frm...` oder `usr...`)

Besitzt eine Code- und eine visuelle Darstellung (user interface).

Im Projekt-Explorer befinden sich unter jedem Eintrag mit der Bezeichnung »*Formulare*« (engl. »*forms*«) ein oder mehrere »Benutzerformulare« für ein Projekt. Diese Modultyp ermöglicht es Ihnen, eigene Dialogfelder mit verschiedenen Steuerelementen eigener Wahl zu kreieren und deren Programmverhalten festzulegen. Die Benutzerformulare werden gewöhnlich in unterschiedlichen Arbeitsvorgängen erstellt. Einerseits gestaltet der Software-Entwickler die visuelle Komponente des Benutzerformulars, plaziert Steuerelemente darauf, paßt die Eigenschaften aller verwendeten visuellen Objekte an et cetera. Andererseits codiert er das Verhalten der Steuerelemente und des Benutzerformulars in der Code-Ansicht des Moduls. Zum Beispiel legt er dort fest, was passieren soll, wenn ein Schaltknopf ein Click-Ereignis »feuert« (auslöst) respektive ein Anwender auf den Schaltknopf klickt.

(.cls)

▶ **Klassenmodul** (Präfix: `cls...` oder `c...`)

Besitzt nur eine Code-Darstellung.

Im Projekt-Explorer befinden sich unter jedem Eintrag mit der Bezeichnung »*Klassenmodule*« (engl. »*class modules*«) ein oder mehrere »Klassen« für ein Projekt. Klassenmodule sind Code-Module, in denen Sie den Code für Ihre benutzerdefinierte Klassen niederschreiben. Ihre benutzerdefinierten Klassen bilden die Grundlage für die Verwendung von eigenen Objekten in Ihren sonstigen Prozeduren.

(.dsr)

▶ **COM/ActiveX/OLE-Designer**

Besitzt eine Code- und eine visuelle Darstellung (user interface).

Im Projekt-Explorer befinden sich unter jedem Eintrag mit der Bezeichnung »*Designer*« ein oder mehrere Designer-Module für ein Projekt.

Hinweis Diese Modultyp ist nicht in allen Versionen des Visual Basic-Editors und nicht in allen Projekten verfügbar, sondern nur in den Developer-Editionen von Office/Word (und nur in allgemeinen VBA-Projekten, aber nicht VBA-Projekten, die auf einem Word-Dokument basieren)!

Ein Designermodul steht für ein Fenster, mit dem man bestimmte Entwicklungsarbeiten interaktiv und/oder visuell erledigen (»designen«) kann. Beispielsweise ist das im Visual Basic-Editor fest installierte Benutzerformularmodul ein Designer.

Andere Desiegner werden von Microsoft oder andern Anbietern in besonderen Software-Kits zu Verfügung gestellt. Es gibt zum Beispiel Designer für

- Die Ausgabe von Datenberichten (Datenreports)
- Die Anbindung von Datenbanken an Projekte
- Das Erstellen einer DHTML-Anwendung
- Die Entwicklung von COM-Add-Ins
- ... und so weiter

Designer-Module können nicht direkt in ein VBA-Projekt hinzugefügt oder aus diesem entfernt werden. Vorab muß ein Designer über das vom Anbieter mitgelieferte Setup-Programm installiert werden und dem Visual Basic-Editor bekannt gemacht werden Dies geschieht normalerweise mit dem VBE-Dialog »Komponenten«, der nicht in allen VBA-Entwicklungsumgebungen zur Verfügung steht (Menübefehl »Einfügen-Komponenten« Registerkarte »Designer«). Erst danach läßt sich – wohlgemerkt nur in bestimmten Projekten – ein Designer wie ein Standard-Modul einfügen und entfernen.

- **Verweise**
  Besitzt weder eine Code- und noch eine visuelle Darstellung.

  Ob ein Projekt auch mit den öffentlichen Prozeduren und Konstanten eines anderen Projekts und mit welchen Projekt es zusammenarbeiten kann, erkennen Sie an der Auflistung von Verweisen in einem Projektzweig.

  Beachten Sie: Wenn Sie in Word ein Dokument mit seiner Dokumentvorlage verknüpfen, besitzt das Dokument-Projekt automatisch im Projekt-Explorer einen Verweis-Eintrag auf das Dokumentvorlagen-Projekt. Jedes Projekt kann aber ohne Probleme auf mehrere andere Projekte referenzieren – und damit beispielsweise auch auf die Prozeduren und Objekte von zwei, drei oder mehr Dokumentvorlagen. Setzen Sie dazu mit dem Befehl »Verweise« aus dem Menü »Extras« einfach Verweise auf die entsprechenden Dokumentvorlagen (.dot) Ihrer Wahl.

8.4.6 Die drei Ansicht-Schaltflächen des Projekt-Explorers

Der Projekt-Explorer besitzt in seiner Symbolleiste drei Schaltflächen, mit denen die Ansicht gewechselt werden kann.

- **Code anzeigen:** Wenn im Projekt-Explorer ein Modul markiert ist, gelangen Sie durch Mausklick auf die aktive Schaltfläche »Code anzeigen« in das Codefenster des Moduls. Dort können Sie Code für das ausgewählte Modul niederschreiben oder bearbeiten. Die Schaltfläche ist deaktiviert, sofern kein Modul oder ein Modul ohne Codierungsmöglichkeit markiert ist.

- **Objekt anzeigen:** Wenn im Projekt-Explorer ein Modul markiert ist, das auch eine visuelle Darstellung besitzt (Dokumentmodul, Benutzervorlagen ...), gelangen Sie durch Mausklick auf die aktive Schaltfläche »Objekt anzeigen« zu einem entsprechenden graphischen Objekt. Je nach Modul handelt es sich dabei um eine andere Objektoberfläche. Die Palette reicht vom einfachen Dialog (COM-Add-In-Modul) über das bekannte Benutzervorlagenfenster (UserForm-Modul) bis hin zum Dokument (Dokumentmodul). Je nach visuellen Objekt stehen Ihnen anschließend andere Funktionalitäten zur Verfügung: Mit dem COM-Add-In-Dialog können Sie Basiseinstellungen für ein COM-Add-In festlegen; mit dem Benutzervorlagenfenster designen Sie eigene Dialoge und was Sie alles mit einem Dokument machen können, braucht dieses Buch nicht zu beschreiben. Die Schaltfläche ist deaktiviert, sofern kein Modul oder ein Modul ohne entsprechende visuelle Oberfläche markiert ist.

▶ **Ordner umschalten:** Mit der Schaltfläche »Ordner umschalten« können Sie die Anzeigeart des Projekt-Explorers verändern. Wenn Ihnen die Gliederung nach Modularten mißfällt, können Sie die Ordnerstruktur durch Mausklick auf die Schaltfläche ausblenden. Alle Module eines Projekts werden dann alphabetisch sortiert unter dem Projektzweig angezeigt. Wollen Sie zur alten Ansicht zurückkehren, klicken Sie den Schaltknopf einfach noch einmal an.

8.4.7 Das Einfügen von Modulen

Wenn Sie einem Projekt ein neues Modul (Standardmodul, Klasse, UserForm) hinzufügen wollen, verfahren Sie bitte wie folgt:

1. Öffnen Sie, falls noch nicht geschehen, den Projekt-Explorer
2. Klicken Sie mit der *rechten* Maustaste das Projekt an, dem Sie ein Modul hinzufügen wollen.
3. Im erscheinenden Kontextmenü klicken Sie mit der linken Maustaste auf den Befehl »Einfügen«. In dem Kontextmenü wird dann ein Untermenü mit den Modulen geöffnet, die sich in Ihr Projekt einfügen lassen.
4. Klicken Sie das Modul Ihrer Wahl an.

Der Visual Basic-Editor fügt danach das betreffende Modul mit einem Standardnamen in Ihr Projekt ein.

Alternativ können Sie ein Modul auch über das Menü »Einfügen« in ein Projekt übernehmen oder durch eine der folgenden Tastenkombinationen:

▶ Standardmodul: `Alt`+`e` und `m`
▶ Klassenmodul: `Alt`+`e` und `k`
▶ UserForm-Modul: `Alt`+`e` und `u`

8.4.8 Die Entfernung eines Moduls

Module, die Sie selber in ein Projekt eingefügt haben, können Sie auch wieder aus diesem entfernen. Andere Module dagegen, die automatisch als Teil eines Projekts eingefügt wurden (zum Beispiel das Dokumentmodul `ThisDocument`), können nicht aus einem Projekt entfernt werden.

Wenn Sie ein Modul (Standardmodul, Klasse, UserForm) aus einem Projekt entfernen wollen, verfahren Sie bitte wie folgt:

1. Klicken Sie das zu entfernende Modul mit der *rechten* Maustaste im Projekt-Explorer an.
2. Im erscheinenden Kontextmenü klicken Sie mit der linken Maustaste auf den Befehl »Entfernen von <Modulname>«, wobei <Modulname> für den Modulbezeichner steht.

Vor dem Entfernen des Moduls erscheint eine Sicherheitsabfrage.

Abbildung 8.8 Sicherheitsabfrage vor dem Entfernen eines Moduls

Wenn Sie die Sicherheitsabfrage mit »Ja« bestätigen, können Sie das Modul vor dem Entfernen in eine Datei mit dem Format .bas, .frm oder .cls sichern. Wenn Sie die Sicherheitsabfrage verneinen, wird das Modul aus Ihrem Projekt entfernt.

8.4.9 Das Ändern von Modulnamen

Ihr Modul können Sie in der gleichen Weise umbenennen, wie Sie ein Projekt umbenennen (vgl. Abschnitt 8.4.3 »Ändern des Projektnamens«, Seite 259).

8.5 Das Eigenschaftsfenster

Das Eigenschaftsfenster listet alle Einstellungen und Default-Werte des aktuell markierten VBE-Elements im Editiermodus auf. Dementsprechend können Sie die in diesem Fenster aufgelisteten Eigenschaften ändern. Zum Editieren stehen Ihnen die üblichen Tastenkombinationen zur Verfügung.

Andere Eigenschaften, die sich nur zur Laufzeit oder überhaupt nicht ändern lassen (schreibgeschützte Eigenschaften), werden in dem Fenster nicht angezeigt.

Das Eigenschaftsfenster ist kein Universalwerkzeug für x-beliebige VBA-Objekte. In dem Fenster werden nur die Eigenschaften weniger auserwählter VBE-Elemente aufgelistet, nämlich die Eigenschaften von:

- Projekten
- Dokumentmodulen
- Standardmodulen
- Klassenmodulen
- Benutzerformularmodulen (UserForms)
- Steuerelementen eines Benutzerformularen

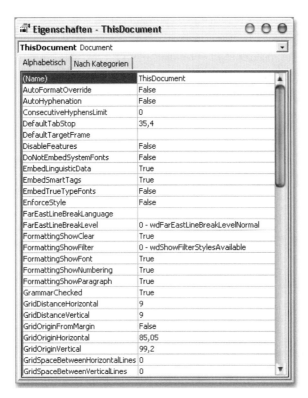

Abbildung 8.9 Das Eigenschaftsfenster zeigt die Einstellungen eines VBE-Elements im Editiermodus an (hier: die Eigenschaften von ThisDocument).

Die Anzahl der aufgelisteten Eigenschaften ist abhängig vom markierten VBE-Element. Wenn zum Beispiel ein Standardmodul markiert wird, zeigt das Eigenschaftsfenster lediglich eine Eigenschaft zum Editieren an: den Namen des Moduls. Wird jedoch ein Steuerelement oder ein ThisDocument-Modul ausgewählt, so werden in dem Fenster zig Eigenschaften aufgelistet.

Sollten Sie einmal mehrere VBE-Elemente (zum Beispiel mehrere Steuerelemente) gleichzeitig ausgewählt haben, werden im Eigenschaftsfenster diejenigen Eigenschaften angezeigt, die alle ausgewählten VBE-Elemente gemeinsam aufweisen (basierend auf dem zuerst markierten Element).

8.5.1 Öffnen des Eigenschaftsfensters

Sie können das Eigenschaftsfenster über mehrere Möglichkeiten aufrufen:

- Durch Drücken der F4 -Taste
- Durch Auswählen des Befehls »Eigenschaftsfenster« im Menü »Ansicht« des Visual Basic-Editor
- Durch die Symbolschaltfläche »Eigenschaftsfenster« in der Symbolleiste »Voreinstellung«

8.5.2 Sortierung der Eigenschaften

Das Eigenschaftsfenster kennt zwei Darstellungsweisen: Entweder es listet die Eigenschaften des markierten VBE-Elements in alphabetischer Reihenfolge oder nach Kategorien unterteilt auf. Welche Darstellungsweise Sie bevorzugen, bleibt Ihnen überlassen.

8.6 Die Code-Fenster

Ein Code-Fenster (auch *Quellcode-Fenster* oder *Programmcode-Fenster* genannt) ist der Bereich, in dem das eigentliche Niederschreiben, Anzeigen, Editieren und Bearbeiten von VBA-Code stattfindet.

Es zeigt immer VBA-Code eines assoiierten Moduls an, das im Projekt-Explorer just markiert ist. Verweilen Sie einen Moment bei der Bedeutung des vorigen Satzes: Wenn jedes Modul mit einem Code-Fenster assoziiert ist, dann gibt es »*das*« eine Code-Fenster überhaupt nicht, sondern jedes Modul besitzt sein eigenes Code-Fenster mit jeweils modultypischen Möglichkeiten. Es ist wichtig, daß Sie sich der Tragweite dieser Aussage bewußt sind. Es macht einen Unterschied, ob Sie gerade das Code-Fenster eines Benutzerformularmoduls, eines Klassen- oder eines Standardmoduls vor sich auf dem Bildschirm sehen. Je nachdem, werden Ihnen beispielsweise andere Objekte und Ereignisse offeriert, die Sie beim Codieren nutzen können. Sie können nahezu beliebig viele Code-Fenster öffnen. Code kann dadurch auf einfache Weise zwischen verschiedenen Modulen und Projekten getauscht werden.

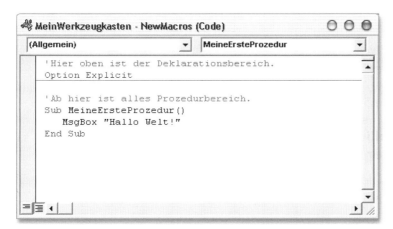

Abbildung 8.10 Das Code-Fenster mit einer Prozedur im Prozedurbereich und einer Anweisung im Deklarationsbereich

Zum Glück sind aber der Aufbau und die Bedienung aller Code-Fenster gleich. Ein Code-Fenster besitzt neben den üblichen, Windows-konformen Elementen folgende Bestandteile:

- Eine Auswahlliste »Objekt«
- Eine Auswahlliste »Prozedur«
- Ein Allgemeinbereich, der sich Deklarations- und Prozedurbereich untergliedert.

- Zwei Ansicht-Schaltflächen
- Einen Fensterteiler
- Eine Kennzeichenleiste

Alle diese Bestandteile werden in diesem Kapitel gewürdigt. Zuvor noch ein kurzes Wort zu den Eingabemöglichkeiten und zum Öffnen eines Code-Fensters.

8.6.1 Die Eingabe- und Editiermöglichkeiten eines Code-Fensters

Die Eingabe und das Editieren von Code unterscheiden sich kaum von der Eingabe eines Textes in Word. Viele Editier-, Markierungs- und Bewegungstasten entsprechen jenen, die Sie aus Word kennen. Sie werden in Abschnitt 8.18, »Die wichtigsten Tastenbelegungen für schnelle Code-Bearbeitung«, ab Seite 348 in einer Tabelle aufgelistet und brauchen an dieser Stelle nicht weiter besprochen werden.

8.6.2 Das Öffnen eines Code-Fensters

Voraussetzung Bevor Sie ein Code-Fenster öffnen können, muß im Projekt-Explorer ein Modul markiert sein.[5] Ist ein Modul markiert, können Sie das Code-Fenster auf verschiedene Weise öffnen:

- Durch Anklicken des Befehls »Code« in dem Menü »Ansicht« des Visual Basic-Editors
- Durch Drücken der Taste F7
- Durch Klick auf den Befehl »Code anzeigen« in diversen Kontextmenüs
- Durch Klick auf die aktive Schaltfläche »Code anzeigen« in der Symbolleiste des Projekt-Explorers
- Durch Doppelklicken in einem Benutzerformular-Fenster auf ein Steuerelement oder auf das Formular (UserForm)

Tip: Am schnellsten geht das Öffnen (ohne vorangehende Markierung) durch Doppelklick auf ein Standard- oder ein Klassenmodul im Projekt-Explorer.

8.6.3 Die Auswahllisten »Objekt« und »Prozedur« in einem Code-Fenster

In jedem Code-Fenster sehen Sie im oberen Bereich, unmittelbar unter der Titelleiste, zwei Auswahllisten: Die Objekt-Auswahlliste (links) und die Prozedur-Auswahlliste (rechts).

Die Objekt-Auswahlliste

Die Objekt-Auswahlliste hat zwei Aufgaben:

- Sie zeigt eine Liste der mit dem Modul aktuell assoziierten Objekte an.
- Sie stellt die Prozedur-Auswahlliste neu zusammen, wenn der Anwender einen anderen Objekt-Eintrag auswählt.

---

5 Wie Sie ein neues Modul einfügen, können Sie in Abschnitt 8.4.7, »Das Einfügen von Modulen«, ab Seite 264 nachlesen.

Was in der Objekt-Auswahlliste angezeigt wird, ist abhängig vom assoziierten Modultyp und von den Objekten, die in einem benutzerdefinierten Modul aktuell eingesetzt werden. Haben Sie beispielsweise das Code-Fenster eines Standardmoduls geöffnet, so zeigt die Objekt-Auswahlliste nur den Eintrag »(Allgemein)« an. Haben Sie dagegen das Codefenster eines Benutzerformularmoduls geöffnet, so zeigt die Liste neben dem Eintrag »(Allgemein)« mindestens noch »UserForm« und gegebenenfalls noch weitere Einträge an. Eine kleine, nicht vollständige Übersicht über mögliche Einträge in der Objekt-Auswahlliste zeigt die nachstehende Tabelle

Modultyp	Mögliche Einträge in der Objekt-Auswahlliste
Dokumentmodul	(Allgemein) Document ... und andere, zum Beispiel COM/ActiveX/OLE-Objekte, die in das Word-Dokument eingefügt wurden.
Standardmodul	(Allgemein)
Benutzerformularmodul	(Allgemein) UserForm ... und andere, zum Beispiel Steuerelement-Objekte, die auf dem Benutzerformular plaziert wurden.
Klassenmodul	(Allgemein) Class ... und andere, zum Beispiel Objekte mit Ereignissen, die innerhalb einer Klasse im Deklarationsbereich deklariert und während der Initialisierung eines Objekts der Klasse selber initialisiert werden.
Designermodul	(Allgemein) ... und andere, zum Beispiel Objekte mit Ereignissen, die von den Entwicklern des Designermoduls festgelegt wurden.

Auffällig ist, daß jede Objekt-Auswahlliste über einen Eintrag »(Allgemein)« verfügt. Dieser steht für den Allgemeinbereich des jeweiligen Code-Fensters, der sich in den Deklarations- und den Prozedurbereich untergliedert. Der Deklarationsbereich wird normalerweise dazu verwendet, um Variablen, Konstanten und ähnliches anzumelden, die im gesamten Modul (oder sogar für alle Module) gültig sind. Den Prozedurbereich nutzt man zur Erfassung der diversen Unterprogramme eines Moduls.

Weil es wichtig, sei es noch einmal wiederholt: Mit der Objekt-Auswahlliste steuern Sie, was in der Prozedur-Auswahlliste angezeigt wird. Je nachdem, welchen Eintrag Sie in der Objekt-Auswahlliste einstellen, ändert sich alle Einträge der Prozedur-Auswahlliste.

Die Prozedur-Auswahlliste

Die Prozedur-Auswahlliste hat folgende Aufgaben:
▶ Sie zeigt entweder eine alphabetische Liste aller Prozeduren des Allgemeinbereichs des offenen Code-Fensters an (ohne Ereignisprozeduren) – oder Sie zeigt die möglichen

sowie die im Code-Fenster verwendeten Ereignisprozeduren des Objekts an, das in der Objekt-Auswahlliste aktuell ausgewählt ist.

▶ Sie navigiert die Einfügemarke im Code-Fenster zu jener Prozedur, die der Anwender auswählt – oder, falls der Eintrag »(Deklarationen)« ausgewählt wird, in den Deklarationsbereich des Code-Fensters.

▶ Sie erstellt im Code-Fenster einen Ereignisprozedur-Rahmen, wenn der Anwender in ihr eine Ereignisprozedur auswählt, die im Code-Fenster noch nicht eingesetzt wird.

Der Nutzen der Prozedur-Auswahlliste wird oft unterschätzt. Sie bietet jedoch für alle Entwickler, die häufig mit Ereignisprozeduren das Verhalten von Objekten steuern, eine unerlässliche Hilfe, da man nicht immer die Ereignisse von allen Objekten im Kopf hat. Die nachstehende Tabelle zeigt ein paar Beispiele, wie unterschiedlich die Einträge in der Prozedur-Auswahlliste sein können:

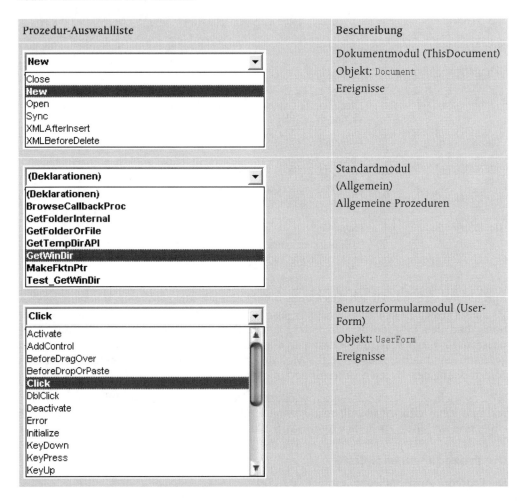

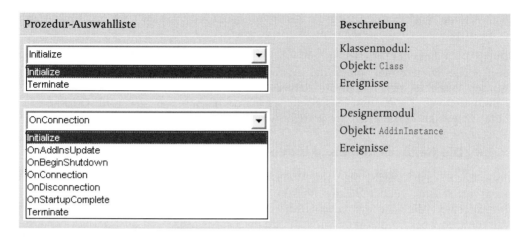

Prozedur-Auswahlliste	Beschreibung
	Klassenmodul:
	Objekt: Class
	Ereignisse
	Designermodul
	Objekt: AddinInstance
	Ereignisse

In der obigen Tabelle werden in den meisten Prozedur-Auswahllisten Ereignisse aufgelistet. Für das automatische Einfügen eines Ereignisprozedur-Rahmens in das Code-Fenster genügt ein Mausklick. Wählen Sie beispielsweise für das Objekt Document den Eintrag Open, so können Sie anschließend zwischen den folgenden zwei Zeilen beliebige VBA-Anweisungen eintragen, die ausgeführt werden, wenn das assoziierte Word-Dokument geöffnet wird:

Einfügen eines Ereignisprozedur-Rahmens

```
Private Sub Document_Open()

End Sub
```

8.6.4 Die Ansicht-Schaltflächen des Code-Fenster

Jedes Code-Fenster kennt zwei unterschiedliche Ansichten:

- **Modulansicht:** Das Code-Fenster zeigt in dieser Ansicht alle Prozeduren und Funktionen eines Moduls. Die einzelnen Linien sind durch horizontale Linien voneinander getrennt. Dies ist die Voreinstellung.
- **Prozeduransicht:** In dieser Ansicht begrenzen Sie die Anzeige im Code-Fenster auf eine einzige Prozedur. Sie benötigen dann die beiden Auswahllisten ob oberen Rand eines Code-Fensters, um innerhalb des Moduls zu navigieren. Ist die Einfügemarke am Anfang oder am Ende einer Prozedur angelangt, können Sie auch mit den Tasten BildAuf oder BildAb zur vorigen beziehungsweise nächsten Prozedur wechseln.

Über die beiden Schaltflächen »Vollständige Modulansicht« und »Prozeduransicht« am linken unteren Rand eines Code-Fensters haben Sie die Möglichkeit, zwischen den Ansichten zu wechseln.

8.6.5 Der Fensterteiler im Code-Fenster

Wie in Word steht Ihnen in einem Code-Fenster oberhalb der vertikalen Bildlaufleiste ein Fensterteiler zu Verfügung. Durch Ziehen des Fensterteilers nach unten wird das Code-Fenster in zwei Bereiche unterteilt, in denen separate Bildläufe durchgeführt werden können. Alternativ können Sie auch die Tastenkombination [Alt]+[f] und [t] drücken, um den Fensterteiler zu aktivieren oder zu deaktivieren.

Durch die Teilung des Fensters ist es möglich, unterschiedliche Teile des Codes gleichzeitig anzuzeigen. Die Einträge, die in den Auswahllisten »Objekt« und »Prozedur« aufgelistet werden, beziehen sich immer auf dem Fensterbereich, in dem sich die Einfügemarke befindet. Durch Ziehen des Fensterteilers ganz nach oben oder unten im Fenster oder durch Doppelklicken auf den Fensterteiler wird die Fensterteilung deaktiviert.

8.6.6 Die Kennzeichenleiste im Code-Fenster

Jedes Code-Fenster verfügt über eine *Kennzeichenleiste*, das ist ein grauer Bereich am linken Rand des Fensters (Randindikatorenleiste). In der Leiste werden unter Umständen Symbole angezeigt, die man auch *Randindikatoren* oder *Kennzeichen* nennt. Die Symbole geben Auskunft über bestimmte Aktionen während der Bearbeitung von Code im Halte- oder im Editiermodus. Die nachstehende Tabelle enthält eine Übersicht über die verwendeten Kennzeichen.

Kennzeichen	Name	Befehl	Beschreibung
●	Haltepunkt	✋ [F9]	Wird angezeigt, wenn Sie einen Haltepunkt gesetzt haben (zum Beispiel mit dem Befehl »Haltepunkt ein/aus« im Menü »Fehlersuche«). Sie können einen Haltepunkt am bequemsten ein- oder ausschalten, indem Sie den Mauszeiger in die Kennzeichenliste bewegen und diese mit der linken Maustaste anklicken. Ist das Setzen eines Haltepunkts an einer bestimmten Codestelle nicht möglich, passiert nichts.
⇨	Aktuelle Ausführungszeile	(Immer, wenn der Haltemodus aktiviert wird.)	Markiert die Codezeile, die als nächste ausgeführt wird. Sie können dieses Kennzeichen mit der Maus im Haltemodus an eine andere Stelle innerhalb des Codes ziehen. Dies ist beispielsweise sinnvoll, um Programmablauf zu wiederholen. Wenn Sie das Kennzeichen für die aktuelle Ausführungszeile in einen Bereich ziehen, der nicht ausgeführt werden kann, kehrt das Kennzeichen automatisch zu seiner Ausgangsposition zurück.
▭	Lesezeichen	✏ [Alt]+[b] und [c] und [l]	Markiert die Position eines Lesezeichens. Das Symbol wird automatisch eingefügt. Ein Lesezeichen setzen Sie zum Beispiel mit dem Befehl »Lesezeichen ein/aus« im Menü »Bearbeiten« an die Stelle im Code, an der sich die Einfügemarke gerade befindet.
▶	Aufruflisten-Markierung	📑 [Strg]+[l]	Markiert jene Prozedur, die Sie im Dialog Aufrufliste ausgewählt haben. Das Aufruflisten-Kennzeichen wird nur im Haltemodus angezeigt.

8.7 Das Direktfenster

Das Direktfenster (manchmal auch *Testfenster*, *Befehlsfenster*, *Debugfenster* oder *Direktbereich* genannt) stellen Sie sich anschaulich als eine Kombination aus formlosen Taschenrechner, Editor und Befehlsinterpreter vor. Sie können im Direktfenster VBA-Befehle, Anweisungen und Ausdrücke eingeben, die unmittelbar nach dem Drücken der Eingabetaste (Eingabetaste) ausgeführt werden. Technisch gesehen wechselt VBA nach dem Drücken der Eingabetaste in den Laufzeitmodus, verbleibt dort, um die Anweisung auszuführen, und kehrt anschließend in den Haltemodus zurück. Wenn durch die Ausführung der Anweisungen Ergebnisse zurückgeliefert werden, so zeigt VBA diese im Direktfenster an.

8.7.1 Das Öffnen des Direktfensters

Sie können das Direktfenster über mehrere Möglichkeiten öffnen:

- Über Menüpunkt »Ansicht-Direktfenster«
- Über die Schaltfläche »Direktfenster« in der Symbolleiste »Debuggen«
- Über die Tastenkombination STRG + G

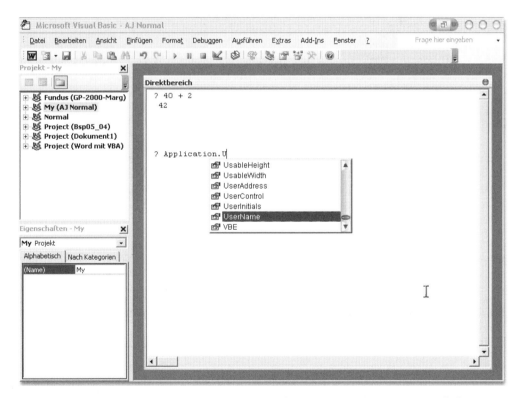

Abbildung 8.11 Der Direktbereich ermöglicht das Durchführen von Berechnungen, das Aufrufen von Prozeduren, das Abfragen von Eigenschaften und ähnlich direkte Programmierfunktionen.

8.7.2 Die Arbeit mit dem Direktfenster

Die wichtigsten Aufgaben, die Sie mit dem Direktfenster erledigen können sind:

- Durchführen von Berechnungen: Wenn Sie beispielsweise im Direktfenster folgende Codezeile eingeben

```
? 40 + 2
```

und die Zeile mit der `Eingabetaste`-Taste »abschicken«, so wird im Direktfenster das Ergebnis »42« angezeigt.

- Gezieltes Aufrufen von Prozeduren: Wenn Sie beispielsweise im Direktfenster die folgende Codezeile eintippen

```
MsgBox("Hallo Welt!")
```

und die Zeile mit der `Eingabetaste`-Taste bestätigen, wird die `MsgBox`-Funktion von VBA aufgerufen, die die Meldung »Hallo Welt« auf dem Bildschirm anzeigt.

- Abfragen oder Ändern eines Eigenschaftswerts (insbesondere während der Ausführung einer Anwendung): Wenn Sie beispielsweise im Direktfenster die folgende Codezeile eingeben

```
? ActiveDocument.Name
```

und die Zeile mit der `Eingabetaste`-Taste abschließen, so fragen Sie dadurch den Wert der `Name`-Eigenschaft des aktiven Dokuments ab, der daraufhin im Direktfenster angezeigt wird.

- Abfragen oder Ändern von Variablenwerten (insbesondere während der Ausführung einer Anwendung): Wenn Sie beispielsweise im Direktfenster die folgenden Codezeilen eingeben

```
x = "Hallo "
y = "Welt!"
? x & y
```

und jede der Zeilen mit der `Eingabetaste`-Taste abschließen, so weisen Sie dadurch erst der Variablen `x` den Wert »Hallo «, dann der Variablen `y` den Wert »Welt!«. Anschließend verknüpfen Sie die beiden Variablen mit dem Verknüpfungsoperator `&`, und drucken mit dem Fragezeichen »?« (Print-Methode) das Ergebnis der Verknüpfung im Direktfenster aus (nämlich »Hallo Welt!«).

Darüber hinaus wird das Direktfenster vor allem zum Testen von neu erstelltem Code verwendet. Sie können beispielsweise Daten von problematischen Codeblöcken im Direktfenster ausgeben, während Ihr Programm ausgeführt wird.[6] Oder Sie weisen den Variablen versuchsweise neue Werte zu, während die Ausführung Ihres Programms unterbrochen ist.

Beachten Sie, daß die Syntaxhilfe und andere nützliche Programmierwerkzeuge auch im Direktfenster funktionieren. Wenn Sie also beispielsweise `STRG`+`Leertaste` im Direktfenster drücken, können Sie dadurch auch im Direktfenster ein Wort vervollständigen.

Obwohl das Direktfenster ein wunderbares Hilfsmittel ist, dessen Vorteile alle professionellen VBA-Programmierer nutzen, sollen seine Nachteile hier nicht verschwiegen werden:

---

[6] Weitere Informationen diesbezüglich finden Sie im Abschnitt 14.2, »Ausgaben im Direktfenster (Debug.Print)«, ab Seite 457.

»Natürlich hat das Direktfenster auch seine Grenzen. Sie können hier z. B. keine Variablen deklarieren, Prozeduren definieren und einige wenige Anweisungen nicht ausführen (...) Auch muß sich ein VBA-Befehl im Direktfenster auf eine Zeile beschränken.«[7]

Achtung: Im Direktfenster hat das Eintippen der Zeilen-/Absatzschaltung mit der ⌈Eingabe⌉-Taste nicht die gleiche Bedeutung wie in Word. Statt einen normalen Absatz einzufügen, wird der Befehl der Zeile ausgeführt, in der sich die Einfügemarke befindet. Wenn Sie mehrere Befehle auf einmal ausführen lassen wollen, setzen Sie diese in eine einzige Zeile, trennen die einzelnen Befehle aber durch Leerzeichen-Doppelpunkt-Leerzeichen » : « voneinander ab.[8] Beispielsweise ist die folgende For-Schleife im Direktfenster gültig und gibt eine Zahlenreihe von 2 bis 20 in Zweierschritten im Direktfenster aus:

```
For Zähler = 1 To 10 : Print Zähler * 2 : Next Zähler
```

8.8 Der Objektkatalog

In dem Objektkatalog werden grundsätzlich Informationen aufgelistet, die sich auf das gerade aktive Projekt beziehen. Die Informationen des Objektkatalogs gliedern sich in zwei Gruppen:

- Informationen zu Bibliotheken, auf die Verweise im aktiven Projekt vorhanden sind.
- Informationen zu Ihrem Code

In beiden Fällen liefert der Objektkatalog eine Übersicht über alle zur Verfügung stehenden Klassen, Methoden, Eigenschaften, Ereignisse, vordefinierte Konstanten, Module und so weiter.

Der Objektkatalog ist für Einsteiger vermutlich ein entbehrliches Werkzeug. Mit zunehmenden Programmierkenntnissen wächst jedoch seine Bedeutung. Ohne die Hilfe einer sinnvoll strukturierten Darstellung der zur Verfügung stehenden Codeelemente verliert man schnell die Übersicht im »Objektdschungel«. Die VBA-Hilfe reicht nicht aus, um einen Weg aus dem Dschungel zu finden. Ihre Grenzen beginnen spätestens dort, wo ein Projekt auf die Objektbibliothek eines Fremdanbieters ohne VBA-Hilfe referenziert.

8.8.1 Öffnen des Objektkatalogs

Sie können den Objektkatalog über mehrere Möglichkeiten öffnen:

- Über den Menüpunkt »Ansicht-Objektkatalog«
- Über den Befehl »Objektkatalog« in der Symbolleiste »Voreinstellung«
- Über das Kontextmenü des Code-Fensters (klicken Sie dazu das Code-Fenster mit der rechten Maustaste an, und wählen Sie den Befehl »Objektkatalog«).
- Über die Taste ⌈F2⌉

---

7 [MONAD001]: S. 115.
8 Siehe auch Abschnitt 10.1.5 »Mehrere Anweisungen in einer Zeile (Zusammenfassungszeilen)« auf Seite 369.

Abbildung 8.12 Objektkatalog mit der Ergebnisliste nach einer Suche

8.8.2 Die Standard-Bereiche und -Listen des Objektkatalogs

Da der Objektkatalog auf den ersten Blick eine wenig verwirrend aussieht, folgt nun eine kurze Beschreibung der wichtigsten Bereiche und Listen, die sich im Objektkatalog befinden.

Die Bibliotheksliste — Das erste Kombinationsfeld im linken oberen Bereich des Objektkatalogs ist die sogenannte *Bibliotheksliste* oder das Feld »Projekt/Bibliothek«. Es listet alle referenzierten Bibliotheken des aktiven Projekts auf. Durch Auswahl eines Eintrags in der Liste können Sie steuern, zu welcher Bibliothek der Objektkatalog Informationen anzeigt. Der Eintrag »<Alle Bibliotheken>« ermöglicht die parallele Anzeige von Informationen aus allen verknüpften Bibliotheken.

Die Klassenliste — Der Objektkatalog zeigt in der linken Liste namens »Klassen« hauptsächlich die verfügbaren Klassen und Module an, aber auch benutzerdefinierte Datentypen, Aufzählungen und so weiter. Die Liste beginnt stets mit <global>, das heißt mit einer Liste der öffentlichen, für alle Module des Projekts verfügbaren Elemente. Aus welcher Bibliothek die Einträge stammen, können Sie über die Bibliotheksliste steuern (siehe oben). Wenn für einen Eintrag der Klassenliste Code vorhanden ist, wird dieser fett hervorgehoben.

Die Elementeliste — In der rechten Liste »Elemente von …« werden die Elemente des in der Klassenliste ausgewählten Eintrags nach Gruppen und anschließend alphabetisch innerhalb der Gruppen sortiert angezeigt. Bei den Code-Elementen handelt es sich um Konstanten, (Standard-)Methoden, (Standard-)Eigenschaften, Ereignisse und dergleichen. Elemente, für die Code vorhanden ist, werden fett hervorgehoben. Die Reihenfolge der Einträge der Elementeliste kann über den Befehl »Elemente gruppieren« im Kontextmenü des Objektkatalogs geändert werden.

Im unteren Abschnitt des Objektkatalogs befindet sich der Detailbereich. Er zeigt unter anderem die Definition des Elements an, das in der Klassen- oder in der Elementliste ausgewählt ist.

Der Detailbereich

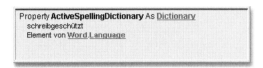

Abbildung 8.13 Der Detailbereich des Objektkatalogs

Im Detailbereich besitzt die grüne Angabe hinter dem Text »Element von« eine besondere Bedeutung. Sie stellt so eine Art Hyperlink zum übergeordneten Klasse oder zur übergeordneten Bibliothek dar. Wenn Sie den Eintrag anklicken, können Sie sich in der Objekt-Hierarchie nach oben hangeln. Zum untergeordneten Element gelangen Sie über den Schaltknopf »Zurück« mit dem nach links zeigenden Dreieck zurück. Eine weitere Besonderheit: Der Text aus dem Detailbereich kann in ein Code-Fenster kopiert oder gezogen werden.

8.8.3 Schaltflächen im Objektkatalog

Im Objektkatalog befinden sich folgende Schaltflächen:

Button	Beschreibung
◀	Zurück: Klicken Sie auf diese Schaltfläche, um wieder zur vorherigen Auswahl in der Klassenliste und/oder der Elementeliste zu gelangen.
▶	Vor: Klicken Sie auf diese Schaltfläche, um Ihre ursprünglichen Auswahlmöglichkeiten in der Klassen- und/oder Elementliste zu wiederholen, bis die letzte Auswahl erreicht ist.
🗐	In Zwischenablage kopieren: Klicken Sie auf diese Schaltfläche, um die aktuelle Auswahl in der Elementeliste oder den Text des Detailsbereichs in die Zwischenablage zu kopieren. Danach können Sie den Inhalte der Zwischenablage in Ihren Code einfügen.
	Definition anzeigen: Klicken Sie auf diese Schaltfläche, um die Einfügemarke an der Stelle im Code-Fenster zu positionieren, an der die Auswahl in der Elementeliste oder in der Klassenliste definiert ist.
❓	Hilfe: Klicken Sie auf diese Schaltfläche, um das Hilfethema für das ausgewählte Element der Klassenliste oder der Elementeliste anzuzeigen. Die Hilfetaste F1 erfüllt dieselbe Funktion.
Hinweis: Die Schaltflächen »Suchen« und »Suchergebnisse anzeigen/ausblenden« werden nachstehend besprochen.	

8.8.4 Suche im Objektkatalog

Der Objektkatalog verfügt über eine Suchfunktion, die jener von Word ähnelt. Mit ihr können Sie nach beliebigen Code-Elementen (Objekten, Auflistungen, Eigenschaften, Methoden, Ereignissen, Konstanten und so weiter) suchen. Den Suchbegriff müssen Sie im Objektkatalog in das Kombinationsfeld unter der Bibliotheksliste eingeben. Bei der Eingabe können Sie den vollständigen Namen eines Elements oder nur einen Teilbegriff eingeben.

Abbildung 8.14 Um eine Suche durchzuführen, müssen Sie den Suchbegriff vorab in ein Kombinationsfeld eintragen.

Nach der Bestätigung Ihrer Eingabe durch die Taste ⌈Eingabetaste⌉ oder durch Anklicken des Schaltknopfes »Suchen« wird der Suchvorgang ausgelöst. Das Suchergebnis wird mitten im Objektkatalog in einem neuen Bereich angezeigt.

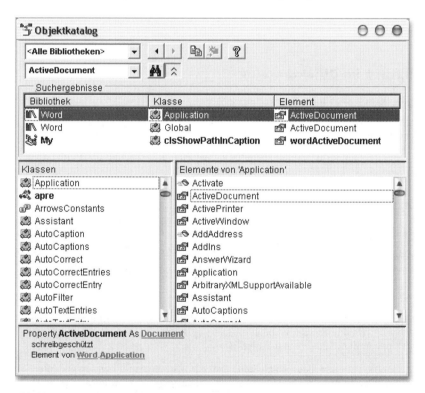

Abbildung 8.15 Der Objektkatalog mit der Ergebnisliste nach einer Suche

Der Schaltknopf »Suchergebnisse anzeigen/ausblenden« ist ein Ein-/Ausschalter. Wenn Sie ich anklicken, können Sie die Anzeige des Suchergebnisses jederzeit aus- oder einblenden.

8.8.5 Symbole im Objektkatalog

Der Objektkatalog (Taste `F2`) und die Editor-Funktion »Wort vervollständigten« des Code-Fensters (Taste `F7`, dann `STRG`+`Leertaste` drücken) enthalten mehrere Symbole zur Darstellung von Klassen und Elementen.

Die folgende Tabelle bildet eine Liste der Symbole und ihrer Bedeutung ab.

Symbol	Beschreibung
	Eigenschaft
	Standardeigenschaft
	Methode
	Standardmethode
	Ereignis
	Konstante
	Modul
	Klasse
	Benutzerdefinierter Typ
	Global
	Bibliothek
	Projekt
	Integrierte Schlüsselwörter und Typen
	Aufzählung (Enum)

8.8.6 Verborgene Elemente anzeigen

Undokumentierte Funktionen und versteckte Objekte

Es gibt einen Bereich in VBA, in den dringen nur versierte Programmierer vor. Es ist das Gebiet der undokumentierten Funktionen und der versteckten Objekte. Sie bekommt man normalerweise nicht zu Gesicht. In der VBA-Online-Hilfe werden Sie mit keiner Zeile erwähnt. Nur mit Hilfe eines oft vergessenen Schaltknopfs des Objektkatalogs kommt man sie heran.

▶ Um die Anzeige der versteckten Objekte zu aktivieren, klicken Sie den Objektkatalog mit der *rechten* Maustaste an. Es erscheint das Kontextmenü des Objektkatalogs.

▶ Aktivieren Sie in dem Kontextmenü den Befehl »Verborgene Elemente anzeigen«.

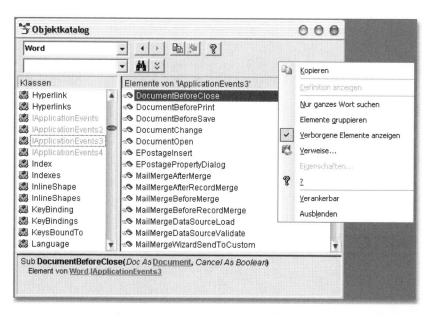

Abbildung 8.16 Der Objektkatalog kann auch von Microsoft verborgene VBA-Konstrukte anzeigen.

Sobald Sie diesen Schalter aktiviert haben, zeigt der Objektkatalog nicht nur die für VBA-Anwender favorisierten Elemente an, sondern – optisch leicht abgegraut – auch versteckte Elemente.

Auf diese Elemente wird in dem vorliegenden Buch aus Platzgründen inhaltlich nicht eingegangen. Trotzdem seien Sie darüber informiert, daß man hier den einen oder anderen »Schatz« heben kann. Beispielsweise versteckt Microsoft vor den Augen der VBA-Entwickler die Funktionen `VarPtr`, `VarPtrArray`, `VarPtrStringArray`, `StrPtr` und `ObjPtr`. Mit diesen kommen Sie selbst als VBA-Entwickler an Low-Level-Informationen wie die Speicheradresse von Variablen heran (wird für manche API-Funktionen benötigt). Bleibt übrig zu erwähnen, daß Microsoft explizit vor dem Einsatz der verborgenen Elemente warnt.[9]

---

[9] In [MICRO015] heißt es zum Beispiel: »*WARNING: One or more of the following functions are discussed in this article; VarPtr, VarPtrArray, VarPtrStringArray, StrPtr, ObjPtr. These functions are not supported by Microsoft Technical Support. They are not documented in the Visual Basic documentation and are provided in this Knowledge Base article „as is." Microsoft does not guarantee that they will be available in future releases of Visual Basic.*«

8.9 Das UserForm-Fenster zum Entwerfen von Benutzerformularen

Das UserForm-Fenster dient zum interaktiven Entwerfen, Gestalten und Zeichnen von Benutzerformularen. Die Größe eines UserForm-Fensters und des Benutzerformulars darin können Sie beliebig anpassen.

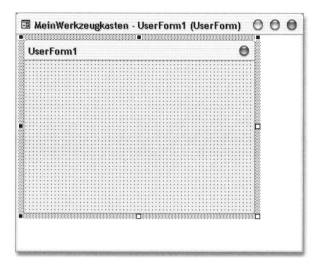

Abbildung 8.17 Das UserForm-Fenster mit einem leeren Benutzerformular

8.9.1 Das Anlegen eines neuen Benutzerformulars

Ein neues Benutzerformular erstellen Sie, indem Sie ein UserForm-Modul einfügen (zum Beispiel über die Tastenfolge [Alt]+[e] und [u] oder über den Menübefehl »Einfügen-UserForm«). Der Vorgang unterscheidet sich nicht vom Einfügen anderer Module und wurde oben bereits beschrieben. Aus diesem Grund wird er hier nicht weiter thematisiert.[10]

8.9.2 Das Öffnen eines vorhandenen UserForm-Fensters

Bevor Sie ein UserForm-Fenster öffnen können, muß im Projekt-Explorer ein User-Form-Modul markiert sein. Ist ein User-Form-Modul markiert, können Sie das UserForm-Fenster auf verschiedene Weise öffnen:

Voraussetzung

- Durch Anklicken des Befehls »Objekt« in dem Menü »Ansicht« des Visual Basic-Editors
- Durch Drücken der Tasten [Umschalt]+[F7]
- Durch Doppelklick
- Durch Klick auf den Befehl »Objekt anzeigen« in diversen Kontextmenüs
- Durch Klick auf die aktive Schaltfläche »Objekt anzeigen« in der Symbolleiste des Projekt-Explorers

---

10 Siehe Abschnitt 8.4.7, »Das Einfügen von Modulen«, ab Seite 264.

Tip: Am schnellsten geht das Öffnen (ohne vorangehende Markierung) durch Doppelklick auf ein UserForm-Modul im Projekt-Explorer.

8.9.3 Das Starten eines Benutzerformulars

Wenn Sie während der Gestaltung einmal sehen wollen, wie sich das Benutzerformular zur Laufzeit dem Anwender präsentiert, müssen Sie es starten. Dies geschieht am einfachsten aus dem Visual Basic-Editor heraus über die F5 -Taste. Zum Editiermodus gelangen Sie zurück, indem Sie das Schließen-Feld des Benutzerformulars anklicken. Oder Sie klicken in der Symbolleiste »Voreinstellung« des Visual Basic-Editors das Symbol »Zurücksetzen« an.

8.9.4 Die Werkzeugsammlung

Zum UserForm-Fenster gehört eine besondere Symbolleiste namens *Werkzeugsammlung*. Sie beinhaltet alle Steuerelemente, die in ein Benutzerformular interaktiv eingefügt werden können. Da Sie nur im Zusammenhang mit einem Benutzerformular eine Bedeutung besitzt, wird sie automatisch ausgeblendet, wenn Sie beispielsweise zu einem Code-Fenster wechseln.

Abbildung 8.18 Die Werkzeugsammlung mit den Steuerelementen, die man auf ein Benutzerformular ziehen und fallenlassen kann.

Hinzufügen eines Steuerelements zu einem Benutzerformular

Um ein Steuerelement auf einem Benutzerformular zu plazieren, gibt es drei Möglichkeiten:

▶ Klicken Sie den Schaltknopf des gewünschten Steuerelements an. Sobald der Schaltknopf optisch niedergedrückt ist, bewegen Sie den Mauszeiger über das Benutzerformular. Sie werden feststellen, daß der Mauszeiger über dem Benutzerformular eine andere Form annimmt, die meist dem gewählten Steuerelement ähnelt. Klicken Sie nun auf dem Benutzerformular jene Position an, wo sich Ihrer Meinung nach die linke obere Ecke des gewünschten Steuerelements befinden sollte, und ziehen Sie dann die Maus mit gedrückter linker Maustaste zur diagonal entgegengesetzten Ecke. Sobald Sie die Maustaste nach dem Ziehen loslassen, wird das Steuerelement *in der gewählten Größe* auf dem Benutzerformular eingefügt.

▶ Klicken Sie den Schaltknopf des gewünschten Steuerelements an, und halten Sie die linke Maustaste gedrückt. Ziehen Sie nun mit gedrückter Maustaste das gewählte Steuerelement aus der Werkzeugsammlung in das Formular. Das Steuerelement wird in seiner *Standardgröße* eingefügt, sobald Sie die Maustaste loslassen.

▶ Doppelklicken Sie zuerst auf den Schaltknopf des gewünschten Steuerelements in der Werkzeugsammlung. Danach klicken Sie im Benutzerformular einmal für jedes Steuerelement, das sie erstellen wollen. Wenn Sie beispielsweise zweiundvierzig Textfelder einfügen möchten, müssen Sie zuerst auf den Schaltknopf für das Textfeld-Steuerelement (TextBox) in der Werkzeugsammlung doppelklicken. Anschließend klicken Sie zweiundvierzig Mal auf das Benutzerformular.

Wechsel zwischen UserForm-Fenster und assoziiertem Code-Fenster

Sobald Sie ein Steuerelement in ein Benutzerformular einfügen, stehen Ihnen im assoziierten Code-Fenster die Ereignisprozeduren des jeweiligen Steuerelements zur Bearbeitung zur Verfügung. Mit der Taste [F7] gelangen Sie direkt vom UserForm-Fenster zum assoziierten Code-Fenster. Beachten Sie: Wenn Sie vor dem Wechsel ein Steuerelement markiert haben, dann fügt der Visual Basic-Editor automatisch einen Ereignisprozedur-Rahmen zu diesem Steuerelement in das Code-Fenster ein (zumeist handelt es sich dabei um das Click-Event). Mit der Tastenkombination [Umschalt]+[F7] gelangen Sie zum UserForm-Fenster zurück.

8.9.5 Der Dialog »Weitere Steuerelemente«

Zu einem VBA-Projekt und zu den vorinstallierten Standard-Steuerelementen der Werkzeugsammlung können Sie weitere hinzufügen. Dies geschieht mit Hilfe des Dialogs »Weitere Steuerelemente«.

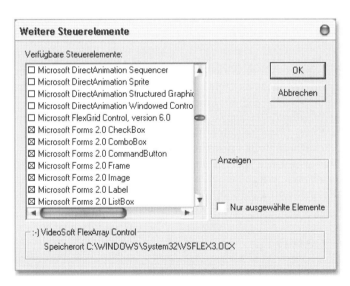

Abbildung 8.19 Der Dialog »Weitere Steuerelemente« kann über den Befehl »Zusätzliche Steuerelemente« geöffnet werden.

Beachten Sie aber, daß nicht alle Steuerelemente, die Sie der Werkzeugsammlung hinzufügen können, mit den VBA-Benutzerformularen (UserForm) kompatibel sind. Sie werden zwar in die Werkzeugsammlung aufgenommen, lassen sich aber nicht aktiv verwenden.

Öffnen des Dialogs »Zusätzliche Steuerelemente«

Diesen Dialog können Sie nur öffnen, wenn Sie im Projekt-Explorer ein Benutzerformular (ein UserForm-Modul) ausgewählt haben. Zum Öffnen des Dialogs stehen Ihnen zwei unterschiedliche Verfahren zur Verfügung:

▶ Wählen Sie im Menü »Extras« des Visual Basic-Editors den Befehl »Zusätzliche Steuerelemente« aus (Alt+x und z).

▶ Oder klicken Sie mit der rechten Maustaste auf die »Werkzeugsammlung«. In dem erscheinenden Kontextmenü wählen Sie dann den Befehl »Zusätzliche Steuerelemente« aus.

In dem Dialog werden alle registrierten COM/ActiveX/OLE-Steuerelemente Ihres Computersystems aufgelistet. Klicken Sie das Kontrollkästchen des gewünschten Steuerelements an, und bestätigen Sie Ihre Auswahl mit »OK«. Anschließend steht Ihnen das neue Steuerelement in der Werkzeugsammlung zur Verfügung. Steuerelemente lassen sich auch über den Dialog »Komponente« einfügen.[11] Allerdings ist dieser Dialog nicht in allen Word/VBA-Entwicklungsumgebungen vorhanden.

8.10 Das Lokal-Fenster

Das Lokal-Fenster zeigt im Editiermodus nichts an; im Haltemodus aber listet es die Namen aller deklarierten Variablen, der Eigenschaften und anderer Ausdrücke für die aktuelle Prozedur an der aktuellen Ablaufposition auf. Neben dem Namen führt das Lokal-Fenster die aktuellen Werte und Datentypen des jeweiligen VBA-Ausdrucks an. Das Lokal-Fenster ist damit eines der wichtigsten VBA-Hilfsmittel, um Programmfehlern auf die Spur zu kommen. Sie sehen unmittelbar, welche Variablen eventuell einen falschen Datentyp besitzen, welche Werte falsch zugewiesen wurden, welche Objekte nicht instanziiert wurden ... et cetera.

Zugegeben, die Informationsflut des Lokal-Fensters ist erdrückend, beispielsweise wenn ein Objekt wie Application ein untergeordnetes Objekt namens Selection beinhaltet, das seinerseits ein Unterobjekt namens Application mit einem Unterobjekt namens Selection beinhaltet, das seinerseits ... hier werden offenkundig die Möglichkeiten der Objektorientierung ins Unendliche übertrieben. Weniger unendlich-konsistente Verschachtelungsmöglichkeiten wären hier mit Sicherheit mehr Information gewesen. Doch scheiden sich bei dem Thema die Geister, und das Buch erspart es Ihnen und sich, die Argumente für oder gegen eine unendliche Verschachtelungstiefe aufzuzeigen. Tatsache ist: Hat man erst einmal an die eigentümliche Informationsdarstellung gewöhnt, will man nicht mehr ohne Lokal-Fenster oder einem ähnlichen Werkzeug programmieren.

8.10.1 Öffnen des Lokal-Fensters

Sie können das Lokalfenster über mehrere Möglichkeiten aufrufen:

▶ Über den Menüpunkt »Ansicht-Lokalfenster«
▶ Über die Schaltfläche »Lokalfenster« in der Symbolleiste »Debuggen«
▶ Über die Tastenkombination Alt+a und l

---

11 Siehe Abschnitt »Der Dialog »Komponenten«« ab Seite 313.

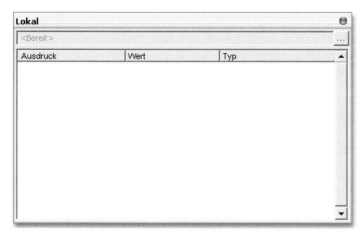

Abbildung 8.20 Im Lokal-Fenster befinden sich im Editiermodus keine Angaben.

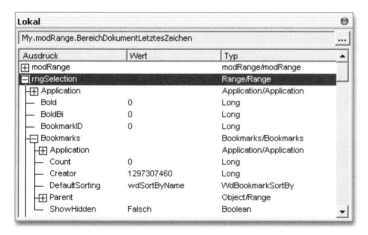

Abbildung 8.21 Im Haltemodus listet das Lokal-Fenster unter anderem für die aktuelle Prozedur alle deklarierten Variablen, deren Werte und Datentypen auf.

8.10.2 Schließen des Lokal-Fensters

Sie können das Lokal-Fenster über mehrere Möglichkeiten schließen:

▶ Klicken Sie auf das »Schließen-Feld« in der rechten oberen Ecke des Lokal-Fensters.

▶ Sollte das »Schließen-Feld« nicht sichtbar sein, dann ist das Lokal-Fenster irgendwo im Visual Basic-Editor angedockt. Doppelklicken Sie in diesem Fall auf die Titelleiste des Lokal-Fensters, um es »abzudocken«, und klicken Sie anschließend auf das »Schließen-Feld«.

▶ Klicken Sie das Lokal-Fenster mit der *rechten* Maustaste an, und wählen Sie in dem erscheinden PopUp-Menü den Befehl »Abblenden«.

8.10.3 Ein-/Ausblenden von Untervariablen

Beachten Sie: In der Spalte »Ausdruck« werden nicht nur einfache Variablen mit nur einem Wert aufgelistet, sondern auch komplexe wie Auflistungs-, Objekt- oder Datenfeldvariablen, die meist über eine Vielzahl an untergeordneten Mitgliedern, Eigenschaften und Variablen verfügen. Sie können die untergeordneten Variablen ein- oder ausblenden, indem Sie das Plus- oder Minus-Symbol (»+«-Symbol respektive »-«-Symbol) links vor dem Bezeichner der komplexen Variable in der Spalte »Ausdruck« anklicken.

8.10.4 Die Modulvariable im Lokal-Fenster

Der erste Eintrag in der Spalte »Ausdruck« im Lokal-Fenster ist eine spezielle Modulvariable. Sie lautet ...

- <Name des aktuellen Moduls> (Standardmodul)
- <Me> (Klassenmodul)
- <Me> (Benutzerformular, UserForm-Modul)
- <Me> (ThisDocument-Modul)

Der Eintrag kann durch Anklicken des Plus-Symbols vor dem Modul-Bezeichner erweitert werden, damit alle Variablen auf Modulebene des aktuellen Moduls angezeigt werden. Wenn im Deklarationsbereich des aktuellen Moduls keine Variablen definiert und deklariert sind, enthält der Eintrag die lapidare Meldung »*<Keine Variablen>*«.

Globale Variablen und Variablen aus anderen Projekten sind über das Lokal-Fenster nicht verfügbar.

8.10.5 Werte im Lokal-Fenster bearbeiten

Während Sie die Daten in den Spalten »Ausdruck« und »Typ« nicht bearbeiten können, lassen sich die einzelnen Werte der gleichnamigen Spalte im Lokal-Fenster durchaus editieren. Dadurch erhalten Sie die Möglichkeit, die Auswirkungen von Extremwerten auf Ihren Code zu testen.

8.10.6 Aktualisierung des Lokal-Fensters

Die Angaben im Lokal-Fenster werden automatisch bei jedem Wechsel von Laufzeit- zu Haltemodus aktualisiert. Das ist zum Beispiel der Fall, wenn Sie mit der F8-Taste Ihren Code im Einzelschrittmodus durchwandern.

Eine Aktualisierung des Lokal-Fensters findet auch statt, wenn Sie im Haltemodus mit der *Aufrufliste* eine andere, noch nicht fertig abgearbeitete Prozedur auswählen (siehe nachstehend).

8.11 Die Aufrufliste

Die Aufrufliste zeigt im Haltemodus eine Liste aller aktiven Prozeduren an, die noch nicht abgearbeitet sind. Die Begutachtung dieser Information ist immer dann nützlich, wenn man in einem komplexen Programmablauf den Faden verloren hat, welche Prozedur durch welche aufgerufen wurde und welche Prozeduren bereits beendet sind.

Außerdem bietet die Aufrufliste eine bequeme Möglichkeit, im Haltemodus von einer Prozedur zur nächsten zu springen, da man nach dem Doppelklick auf einen Eintrag der Liste direkt mit der Einfügemarke in der entsprechenden Prozedur landet.

Abbildung 8.22 Der Dialog »Aufrufliste«

8.11.1 Öffnen der Aufrufliste

Sie können die Aufrufliste über mehrere Möglichkeiten öffnen:

▶ Über die Schaltfläche »Aufrufliste« in der Symbolleiste »Debuggen«
▶ Über die Tastenkombination ⌈Strg⌉+⌈l⌉
▶ Über Schaltfläche »Aufrufeliste« in der rechten oberen Ecke des Lokalfensters

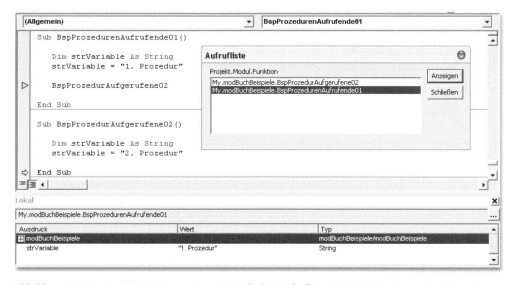

Abbildung 8.23 Im Lokal-Fenster werden mit Hilfe der Aufrufliste die Variablen der ersten Prozedur angezeigt, obwohl VBA gerade die zweite Prozedur abarbeitet.

8.12 Das Überwachungsfenster

Das Überwachungsfenster wird standardmäßig nicht angezeigt, kann aber jederzeit geöffnet werden. Mit seiner Hilfe können Sie im Haltemodus unterschiedliche Ausdrücke beobachten, die sie selber festlegen (Variablen, Prozeduraufrufe, Eigenschaften, Objektreferenzen oder einen anderen gültigen VBA-Ausdruck). Wird es im Editiermodus geöffnet, so ist sein Inhalt entweder leer oder die eventuell hinzugefügten Ausdrücke sind leer (»*empty*«) respektive besitzen negative Informationen (»*<Außerhalb des Kontextes>*«, »*<Ausdruck in Kontext nicht definiert>*« ...).

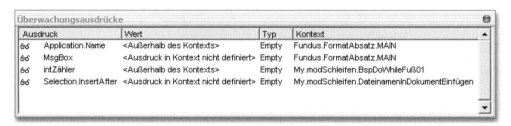

Abbildung 8.24 Im Überwachungsfenster befinden sich im Editiermodus keine nützlichen Angaben oder nur »sinnleere« Angaben.

Im Gegensatz zum Lokal-Fenster, das immer den Gesamtzustand zu einem bestimmten Halt im Programmablauf abbildet, können Sie im Überwachungsfenster gezielt jene Ausdrücke beobachten, die Sie dem Fenster hinzugefügt haben. Neben den Informationen, die Sie aus dem Lokal-Fenster schon kennen (Name, Wert, Datentyp) zeigt das Überwachungsfenster auch den *Kontext* des Überwachungsausdrucks an. Der Kontext gibt an, in welchen *Gültigkeitsbereich* der Ausdruck überwacht wird (die Überwachung kann sich zum Beispiel für eine bestimmte Prozedur, für ein bestimmtes Modul oder für alle Module des Projekts gelten).

8.12.1 Öffnen des Überwachungsfensters

Sie können das Überwachungsfenster über mehrere Möglichkeiten aufrufen:

▶ Über den Menüpunkt »Ansicht-Überwachungsfenster«
▶ Über die Schaltfläche »Überwachungsfenster« in der Symbolleiste »Debuggen«
▶ Über die Tastenkombination Alt + a und b

8.12.2 Die Bedienung des Überwachungsfensters

Die Bedienung des Überwachungsfensters stimmt weitgehend mit der Bedienung des Lokal-Fensters überein. Folgende Themen sind bei beiden Fenstern identisch und werden hier nicht noch einmal wiederholt:

▶ Das Schließen des Überwachungsfensters[12]
▶ Das Ein-/Ausblenden von Untervariablen im Überwachungsfenster[13]

---

12 Siehe Abschnitt 8.10.2 »Schließen des Lokal-Fensters«, S. 285.
13 Siehe Abschnitt 8.10.3 »Ein-/Ausblenden von Untervariablen«, S. 286.

- Das Bearbeiten von Werten im Überwachungsfenster[14]
- Die Aktualisierung des Überwachungsfensters[15]

Nachstehend werden nur die Themen besprochen, die zwar für das Lokal-Fenster irrelevant sind, aber für das Überwachungsfenster durchaus eine Rolle spielen.

8.12.3 Hinzufügen eines Überwachungsausdrucks

Es gibt mehrere Möglichkeiten, wie Sie in das Überwachungsfenster einen Überwachungsausdruck einfügen können.

- **Über Drag and Drop** (»Ziehen und Ablegen«, die einfachste Möglichkeit): Markieren Sie im Code-Fenster einen Ausdruck, und halten Sie die linke Maustaste gedrückt. Ziehen Sie anschließend den Ausdruck in das Überwachungsfenster, und lassen Sie dort die Maustaste los.

- **Über den Dialog »Aktuellen Wert anzeigen«**: Markieren Sie im Code-Fenster einen Ausdruck. Wählen Sie anschließend in der Symbolleiste »Debuggen« den Befehl »Aktuellen Wert anzeigen«, oder drücken Sie die Tastenkombination [Umschalt]+[F9]. Daraufhin öffnet sich der Dialog »Aktuellen Wert anzeigen«. Wenn Sie in diesem Dialog den Schaltknopf »Hinzufügen« anklicken, wird der Ausdruck in das Überwachungsfenster eingefügt.

Abbildung 8.25 Über den Dialog »Aktuellen Wert anzeigen« können Sie einen Überwachungsausruck in das Überwachungsfenster einfügen.

- **Über den Dialog »Überwachung hinzufügen«**: Auch mit Unterstützung des Dialogs »Überwachung hinzufügen« können Sie dem Überwachungsfenster einen Ausdruck übergeben. Allerdings bietet der Dialog wesentlich mehr Einstellungen und Aufrufmöglichkeiten als die beiden zuvor genannten Verfahren. Nachdem ein Ausdruck im Code-Fenster markiert ist, können Sie den Dialog folgendermaßen öffnen:
    - Klicken Sie im Menü »Debuggen« den Befehl »Überwachung hinzufügen ...« an.
    - Oder klicken Sie mit der rechten Maustaste in das Überwachungsfenster. Es erscheint das Kontextmenü des Überwachungsfensters. Wählen Sie in dem Menü den Befehl »Überwachung hinzufügen«.

---

14 Siehe Abschnitt 8.10.5, »Werte im Lokal-Fenster bearbeiten«, S. 286.
15 Siehe Abschnitt 8.10.6, »Aktualisierung des Lokal-Fensters«, S. 286.

▶ Oder klicken Sie im Code-Fenster mit der rechten Maustaste den markierten Ausdruck an. Es erscheint das Kontextmenü des Code-Fensters. Wählen Sie in dem Menü den Befehl »Überwachung hinzufügen« an.

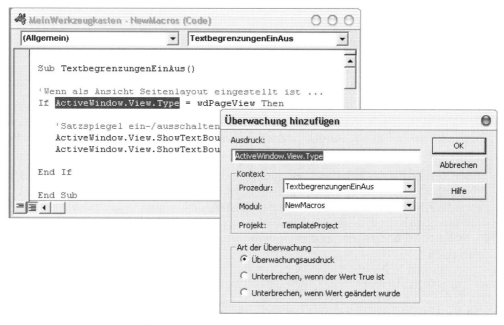

Abbildung 8.26 Der Dialog »Überwachung hinzufügen«, mit dem Sie den Kontext und die Überwachungsart eines Überwachungsausdrucks festlegen.

Der Dialog »Überwachung hinzufügen«

Durch den Dialog »Überwachung hinzufügen« erhalten Sie die Möglichkeit, den Kontext und die Überwachungsart für einen Überwachungsausdruck festzulegen.

Der Kontext Durch die Angabe eines Kontexts können Sie bestimmen, in welchem *Gültigkeitsbereich* der zu überprüfende Ausdruck ausgewertet werden soll. Voreingestellt ist, daß der zu prüfende Ausdruck nur im aktiven Projekt und nur in dem Modul und in jener Prozedur ausgewertet werden soll, in denen er niedergeschrieben ist. Die Überwachung kann aber auch im Rahmen ein und desselben Projekts für einen anderen Kontext gelten, nämlich für:

▶ alle Prozeduren in allen Modulen
▶ alle Prozeduren in einem anderen Modul
▶ alle Prozeduren im gleichen Modul
▶ eine andere Prozedur in einem anderen Modul
▶ eine andere Prozedur im gleichen Modul

Beachten Sie: Je größer Sie den Bereich festlegen, in dem der Überwachungsausdruck ausgewertet werden soll, um so geringer wird die Ausführungsgeschwindigkeit Ihres VBA-Programms ausfallen.

Durch die Wahl einer Überwachungsart können Sie bestimmen, wie VBA auf den Überwachungsausdruck reagiert. Es stehen drei Optionen zur Verfügung:

Überwachungsart

- **Überwachungsausdruck:** Wenn diese Option akiviert ist, wird im Überwachungsfenster der Überwachungsausdruck und dessen Wert angezeigt. Bei Aktivierung des Haltemodus wird der Wert des Überwachungsausdrucks automatisch auf den neusten Stand gebracht.

- **Unterbrechen, wenn der Wert** `True` **ist:** Wenn diese Option aktiviert ist, wechselt die Ausführung automatisch in den Haltemodus, sobald der Ausdruck als »Wahr« oder als beliebiger Wert ungleich `Null` ausgewertet wird. Im Zusammenhang mit Zeichenfolgenausdrücken ist die Option nicht erlaubt.

- **Unterbrechen, wenn Wert geändert wurde:** Wenn diese Option aktiviert ist, wechselt die Ausführung automatisch in den Haltemodus, sobald sich der Wert des Ausdrucks innerhalb des angegeben Kontextes ändert.

8.12.4 Entfernen eines Überwachungsausdrucks aus dem Überwachungsfenster

Sie haben mehrere Möglichkeiten, um einen Überwachungsausdruck aus dem Überwachungsfenster zu entfernen:

- Markieren Sie den fraglichen Ausdruck, indem Sie ihn anklicken. Drücken Sie anschließend die Taste `Entf`.
- Positionieren Sie den Mauszeiger über den fraglichen Ausdruck, und Klicken Sie dann mit der rechten Maustaste. Es erscheint das Kontextmenü des Überwachungsfensters. Wählen Sie in dem Menü den Befehl »Überwachung entfernen«.
- Öffnen Sie das Dialogfeld »Überwachung bearbeiten« (zum Beispiel indem Sie im Menü »Debuggen« den Befehl »Überwachung bearbeiten« anklicken oder die Tastenkombination [Strg]+[w] drücken). Wählen Sie in dem Dialogfenster den Überwachungsausdruck aus, den Sie löschen wollen, und klicken Sie anschließend den Schaltknopf »Löschen« an.

8.12.5 Bearbeiten eines Überwachungsausdrucks

Sie können einen bereits bestehenden Überwachungsausdruck auf zwei verschiedene Weisen bearbeiten.

- Entweder Sie doppelklicken im Überwachungsfenster auf den Überwachungsausdruck, den Sie bearbeiten möchten. Dadurch wird die Einfügemarke direkt in das Eingabefeld gesetzt, in dem der Überwachungsausdruck steht, und Sie können diesen unmittelbar im Überwachungsfenster editieren. Sobald Sie die Einfügemarke aus dem Eingabefeld wieder heraus bewegen, werden Ihre Änderungen übernommen.
- Oder Sie wählen den Überwachungsausdruck aus, den Sie bearbeiten möchten, und klicken im Menü »Debuggen« (»Testen«) auf den Befehl »Überwachung« bearbeiten. Daraufhin wird der Dialog »Überwachung bearbeiten« angezeigt. Bis auf die Titelleiste und die zusätzliche Schaltfläche »Löschen« ist der Dialog mit dem Dialogfeld »Überwachung hinzufügen« identisch, und braucht hier nicht noch einmal erläutert werden.

Nehmen Sie die gewünschten Änderungen am Ausdruck, am Gültigkeitsbereich der zu überwachenden Variablen oder an der Überwachungsart vor, und klicken Sie anschließend den Schaltknopf »OK« an.

8.13 Die Symbolleisten des VBE

Die Symbolleisten des Visual Basic-Editors (VBE) unterscheiden sich nicht von den Symbolleisten, die Sie aus anderen Windows-Anwendungen kennen. Sie können genauso wie diese angepaßt werden. Und falls Sie es wünschen, können Sie zu den vier VBE-Symbolleisten auch eigene hinzufügen.

Alle Befehle in den Symbolleisten sind alternativ über Schnelltaste oder über einen Befehl in der Menüleiste des Visual Basic-Editors erreichbar.

Im folgenden werden kurz die einzelnen VBE-Symbolleisten beschrieben. Bitte beachten Sie, daß in der Marginalienspalte jeweils die Schaltknöpfe von Word 2003 und Word 1997 bis 2002 dargestellt werden.

Genauere Informationen zu den Funktionen der Schaltknöpfe entnehmen Sie bitte der Online-Hilfe von Word und vom Visual Basic-Editor.

8.13.1 Die Symbolleiste »Voreinstellung«

Die Symbolleiste »Voreinstellung« ist die Standard-Symbolleiste des Visual Basic-Editors. Sie enthält Schaltflächen für häufig verwendete VBA-Befehle.

Abbildung 8.27 Symbolleiste »Voreinstellung« von Word 1997

Abbildung 8.28 Symbolleiste »Voreinstellung« von Word 2003

Ansicht <Host-Anwendung>: Schaltet zum Word-Fenster (Host-Anwendung) zurück beziehungsweise bringt es in den Vordergrund.

Alternative Schnelltaste: [Alt]+[F11]

Alternativer Menübefehl: »Ansicht-Microsoft Word«

Einfügen <UserForm>, <Modul>, <Klassenmodul> oder <Prozedur>: Die Schaltfläche wandelt sich, je nachdem, welches Codeelement Sie zuletzt über die Schaltfläche eingefügt haben. Der Modultyp »Formular« (UserForm) ist die Standardeinstellung. Außerdem können Sie noch ein Standardmodul, ein Klassenmodul oder einen Prozedurrahmen mit Hilfe der Schaltfläche einfügen. Durch Anklicken des schwarzen, nach unten zeigenden Pfeils in der rechten Schaltfläche öffnet ein Menü, in dem Sie das einzufügende Codeelement auswählen können.

Alternative Schnelltasten und Menübefehle für das Einfügen:

- Prozedur: `Alt`+`e` und `p` beziehungsweise »Einfügen-Prozedur...«
- UserForm: `Alt`+`e` und `u` beziehungsweise »Einfügen-UserForm«
- Modul: `Alt`+`e` und `m` beziehungsweise »Einfügen-Modul«
- Klassenmodul: `Alt`+`e` und `k` beziehungsweise »Einfügen-Klassenmodul«

Speichern: Speichert das aktuelle Projekt mit allen Makros, Prozeduren, Formularen und Modulen und dadurch auch das gerade aktive Word-Dokument, in dem sich diese VBA-Elemente befinden.

Alternative Schnelltaste: `Strg`+`s`

Alternativer Menübefehl: »Datei-<Dateinamen> speichern«

Ausschneiden, Kopieren und Einfügen: Die drei Schaltflächen gehören zum Standard-Repertoire jeder Windows-Anwendung. Mit »Ausschneiden« entfernen Sie markierte Steuerelemente oder markierten Text (Code) und speichern das Entfernte in der Zwischenablage. Mit »Kopieren« kopieren Sie markierte Steuerelemente oder den markierten Text in die Zwischenablage, ohne dabei etwas zu entfernen. Mit »Einfügen« fügen Sie den Inhalt der Zwischenablage an der aktuellen Position der Einfügemarke ein.

Alternative Schnelltasten und Menübefehle:

- Ausschneiden: `Strg`+`x` beziehungsweise »Bearbeiten-Ausschneiden«
- Kopieren: `Strg`+`c` beziehungsweise »Bearbeiten-Kopieren«
- Einfügen: `Strg`+`v` beziehungsweise »Bearbeiten-Einfügen«

Suchen: Mit der Schaltfläche »Suchen« öffnen Sie ein gleichnamiges Dialogfeld. Es ist ähnlich aufgebaut wie der Suchen-Dialog in Word.

Alternative Schnelltaste: `Strg`+`f`

Alternativer Menübefehl: »Bearbeiten-Suchen ...«

Der Dialog »Suchen«

Mit dem Dialog »Suchen« können Sie im Code nach einem bestimmten Ausdruck, einem Zeichen, einem Wort oder dergleichen suchen.

Abbildung 8.29 Der Dialog »Suchen«

Sehr praktisch ist es, daß im Feld »Suchen nach« des Dialogs jene Suchzeichenfolge angezeigt wird, auf der sich die Einfügemarke bei der Aktivierung des Befehls befindet.

Beachten Sie im Dialog »Suchen« die Optionen in dem Bereich »Suchen in«. Mit ihnen legen Sie den Suchbereich fest.

- **Aktueller Prozedur:** Sucht nur in der aktuellen Prozedur.
- **Aktuellem Modul:** Sucht nur im aktuellen Modul.
- **Aktuellem Projekt:** Sucht in allen Modulen des Projekts.
- **Markiertem Text:** Sucht in einem bestimmten Code-Bereich des Projekts.
- Ansonsten finden Sie in dem Dialog alles, was Sie aus »normalen« Suchdialogen von anderen Anwendungen kennen:
- Eine Option, mit der Sie die Suchrichtung bestimmen können (»Aufwärts«, »Abwärts« oder »Alle«).
- Eine Option, mit der Sie festlegen, ob nur nach ganzen Wörtern und nicht nach Bestandteilen von längeren Wörtern gesucht werden soll.
- Eine Option, mit der Sie definieren, ob bei der Suche exakt die gleiche Groß- und Kleinschreibung wie bei der Suchzeichenfolge berücksichtigt werden soll.
- Eine Option, mit der Sie bestimmen, ob die Suchvorgänge unter Verwendung von Mustervergleichszeichen durchführt werden sollen.
- Diverse Schaltknöpfe (»Weitersuchen«, »Abbrechen«, »Ersetzen« und »Hilfe«), mit denen Sie gezielt eine gewünschte Aktion ausführen können.

Rückgängig und **Wiederholen:** Auch diese beiden Schaltflächen sollten Ihnen aus der Anwendung von Word vertraut sein. Sie erlauben es, den oder die letzten Bearbeitungsvorgänge rückgängig zu machen; oder die letzten Bearbeitungsvorgänge zu wiederholen, die zuvor rückgängig gemacht wurden.

Alternative Schnelltasten und Menübefehle:

- `Strg`+`z` oder »Bearbeiten-Rückgängig <Bearbeitungsschritt>«
- `Strg`+`b` und `w` oder »Bearbeiten-Wiederholen<Bearbeitungsschritt>«

Sub/UserForm ausführen oder **Makro ausführen** oder **Ausführung fortsetzen:** Eine wichtige Schaltfläche! Mit ihrer Hilfe können Sie Ihre Prozeduren und UserForms starten und testen. Je nachdem, wo sich die Einfügemarke befindet, führt das Anklicken der Schaltfläche zu einer anderen Reaktion:

- Falls sich die Einfügemarke in einer Prozedur befindet, wird die aktuelle Prozedur ausgeführt.
- Falls eine UserForm aktiv ist, wird das Formular ausgeführt.
- Falls weder Code-Fenster noch UserForm aktiv sind, wird der Makro-Dialog geöffnet.

Die Funktionalität der Schaltfläche verändert sich, wenn sich Ihr Programm im Haltemodus befindet. Der Schaltknopf heißt dann »Fortsetzen«, und durch Anklicken wechseln Sie wieder in den Laufzeitmodus. Eine unterbrochene Programmausführung wird dann fortgeführt.

Alternative Schnelltaste: F5

Alternativer Menübefehl: »Ausführen-Sub/UserForm ausführen«

Unterbrechen: Hält die Ausführung eines Programms an. Mit anderen Worten: Nach dem Anklicken des Schaltknopfs wechselt VBA in den Haltemodus. Im Haltemodus haben Sie die Möglichkeit, bestimmte Änderungen vorzunehmen oder die Werte von Variablen zu überprüfen. Sobald Sie damit fertig sind, können Sie den Programmablauf fortsetzen (siehe vorigen Absatz).

Alternative Schnelltaste: Strg + Unterbrechen

Alternativer Menübefehl: »Ausführen-Unterbrechen«

Beenden oder Zurücksetzen: Eine wichtige Schaltfläche! Wenn sich Ihr Programm irgendwo zwischen Halte- und Laufzeitmodus befindet, Ihnen aber justament einfällt, daß Ihr Code noch eine kleine Ergänzung benötigt, um ordnungsgemäß zu laufen – dann ist das der richtige Schaltknopf. Klickt man ihn an, so wird die laufende Prozedur oder der gehaltene Zustand beendet. Alle sich potentiell in der Aufrufeliste befindenden Routinen und alle Variablen werden aus dem Arbeitsspeicher entfernt.

Alternative Schnelltaste: Alt + u und r

Alternativer Menübefehl: »Ausführen-Zurücksetzen«

Entwurfsmodus: Aktiviert und deaktiviert den Entwurfsmodus.

Alternative Schnelltaste: Alt + u und e

Alternativer Menübefehl: »Ausführen-Entwurfsmodus«

Projekt-Explorer: Öffnet den Projekt-Explorer oder bewegt die Einfügemarke in das Projekt-Explorer-Fenster. Im Projekt-Explorer sind alle aktiven VBA-Projekte und deren Inhalt in einer »Baumansicht« (treeview) hierarchisch aufgelistet und geordnet.

Alternative Schnelltaste: Strg + r

Alternativer Menübefehl: »Ansicht-Projekt-Explorer«

Eigenschaftenfenster: Öffnet das Eigenschaftenfenster oder bewegt die Einfügemarke in das Fenster. Es listet die Eigenschaften für das aktuell markierte Objekt (Steuerelement, Formular, Klasse ...) auf.

Alternative Schnelltaste: F4

Alternativer Menübefehl: »Ansicht-Eigenschaftenfenster«

Objektkatalog: Öffnet den Objektkatalog oder bewegt die Einfügemarke zum Objektkatalog. Im Objektkatalog werden die Objekt-/Klassenbibliotheken, die Klassen, Methoden, Eigenschaften, Ereignisse und Konstanten für die Verwendung im Code sowie die für das Projekt definierten Module und Prozeduren aufgelistet.

Alternative Schnelltaste: F2

Alternativer Menübefehl: »Ansicht-Objektkatalog«

Werkzeugsammlung: Öffnet beziehungsweise schließt die Symbolleiste »Werkzeugsammlung«. Die Werkzeugsammlung enthält jene Steuerelemente und einfügbaren Objekte, die für die Entwicklung eines VBA-Formulars (UserForm) relevant sind. Diese Schaltfläche ist nur verfügbar, wenn ein Benutzerformular aktiv ist.

Alternative Schnelltaste: Alt + a und w

Alternativer Menübefehl: »Ansicht-Werkzeugsammlung«

 Aufgabenbereich/Office-Assistent: Grundsätzlich erhalten Sie durch das Anklicken des Schaltknopfs die Möglichkeit, Hilfstexte für den aktiven Befehl, das aktive Dialogfeld oder das aktive Fenster einzublenden

▶ In älteren Word-Versionen wird dazu der »Office-Assistent« gestartet.

▶ In den neueren Word-Versionen wird der sogenannte »Aufgabenbereich« geladen.

Alternative Schnelltaste: F1

Alternativer Menübefehl: »?-Microsoft Visual Basic-Hilfe«

8.13.2 Die Symbolleiste »Bearbeiten«

In der Symbolleiste »Bearbeiten«, die standardmäßig nicht eingeblendet ist, finden Sie wichtige Funktionen für die Eingabe und das Editieren von Code. Sie können Sie jederzeit einblenden (zum Beispiel über den Menübefehl »Bearbeiten« im Menü »Ansicht-Symbolleisten«).

Abbildung 8.30 Symbolleiste »Bearbeiten« von Word 1997

Abbildung 8.31 Symbolleiste »Bearbeiten« von Word 2003

 Eigenschaften/Methoden anzeigen: Falls sich die Einfügemarke im Code-Fenster befindet, öffnen Sie durch das Anklicken des Schaltknopfs im Code-Fenster eine Liste mit allen an dieser Position einfügbaren Objekten, Konstanten, Variablen und so weiter. Durch einfaches Auswählen eines Eintrages wird er in den Code übernommen. Schreiben Sie gerade eine Objekt-Anweisung im Code, zeigt die Liste alle Eigenschaften und Methoden, die für das Objekt vor dem Punkt ».« verfügbar sind.

Alternative Schnelltaste: Strg + j

Alternativer Menübefehl: »Bearbeiten-Eigenschaften/Methoden anzeigen«

  Konstanten anzeigen: Um die Schaltflächenfunktion nutzen zu können, muß sich die Einfügemarke im Code-Fenster rechts von einem Gleichheitszeichen »=« befinden und vor dem Gleichheitszeichen muß eine Eigenschaft niedergeschrieben sein, also zum Beispiel rechts von

```
ActiveWindow.Visible =
```

Ist dies der Fall, öffnet das Anklicken des Schaltknopfes eine Liste mit den Konstanten, die für die Eigenschaft zur Verfügung stehen (im Beispiel ein Feld mit den Konstanten True und False). Durch einfaches Auswählen eines Eintrages wird er in den Code übernommen.

Alternative Schnelltaste: [Strg]+[Umschalt]+[j]

Alternativer Menübefehl: »Bearbeiten-Konstanten anzeigen«

QuickInfo: Um die Schaltflächenfunktion nutzen zu können, muß sich die Einfügemarke im Code-Fenster auf oder im Namen eines öffentlichen Code-Konstrukts (Variable, Funktion, Methode, Prozedur, Objekt ...) befinden. Ist dies der Fall, stellt das Anklicken des Schaltknopfes Ihnen Informationen zur Syntax des aktuellen Code-Konstrukts zur Verfügung. Der aktuelle Parameter oder eine aktuelle Informationen wird in dem Quick-Info-Fensterchen fett formatiert.

Alternative Schnelltaste: [Strg]+[i]

Alternativer Menübefehl: »Bearbeiten-QuickInfo«

Parameterinfo: Um die Schaltflächenfunktion nutzen zu können, muß sich die Einfügemarke im Code-Fenster auf oder im Namen eines öffentlichen Code-Konstrukts befinden, das über Parameter (Argumente) verfügt (wie zum Beispiel eine Funktion). Ist dies der Fall, zeigt das Anklicken des Schaltknopfes im Code-Fenster ein Popup-Fenster mit Informationen zu den Parametern des Code-Konstrukts. Sehr hilfreich, wenn sich nicht ganz sicher ist, über welche Parameter eine Funktion verfügt.

Alternative Schnelltaste: [Strg]+[Umschalt]+[i]

Alternativer Menübefehl: »Bearbeiten-Parameterinfo«

Wort vervollständigen: Mit Hilfe dieses Schaltknopfes können Sie den Rest eines Namens automatisch ergänzen, sobald genügend Zeichen für ein Code-Konstrukt eingegeben wurden und es durch den Visual Basic-Editor identifiziert werden kann. Ist eine Identifizierung nicht möglich, öffnet der VBE eine Liste mit alternativen Code-Konstrukten. Durch einfaches Auswählen eines Eintrages wird er in den Code übernommen.

Alternative Schnelltaste: [Strg]+[Leerstelle]

Alternativer Menübefehl: »Bearbeiten-Wort vervollständigen«

Einzug vergrößern und **Einzug verkleinern:** Verschiebt eine oder alle Codezeilen des markierten Bereichs bis zum nächsten oder bis zum vorigen Tabstop. Diese Funktionalitäten dürften Ihnen aus Word vertraut sein.

Alternative Schnelltasten und Menübefehle:

[Tab] »Bearbeiten-Einzug vergrößern«

[Umschalt]+[Tab] beziehungsweise »Bearbeiten-Einzug verkleinern«

Haltepunkt ein/aus: Falls sich die Einfügemarke im Code-Fenster befindet, setzt das Anklicken des Schaltknopfs in die aktuelle Codezeile einen Haltepunkt ein. Dies bewirkt, daß die Ausführung einer Prozedur an dieser Stelle unterbrochen wird und der Haltemodus aktiviert wird. Wird dieser Befehl auf eine Codezeile angewendet, auf der bereits ein Haltepunkt existiert, so wird die Haltepunkt-Markierung wieder entfernt.

Alternative Schnelltaste: [F9]

Alternativer Menübefehl: »Debuggen-Haltepunkt ein/aus« (bei älteren Word-Versionen: »Testen-Haltepunkt ein/aus«)

Block auskommentieren und **Auskommentierung des Blocks aufheben**: Falls sich die Einfügemarke im Code-Fenster befindet, wird durch das Anklicken des Schaltknopfes »Block auskommentieren« ein VBA-Kommentarzeichen »'« am Anfang jeder markierten Codezeile gesetzt; durch das Anklicken des Schaltknopfes »Auskommentierung des Blocks aufheben« werden, falls vorhanden, die Kommentarzeichen vom Anfang der markierten Codezeilen wieder entfernt.

Alternative Schnelltaste und alternativer Menübefehl: Für die nützlichen Schaltknöpfe existieren leider keine äquivalenten Menü- und Tastenbefehle.

Lesezeichen setzen/zurücksetzen: Falls sich die Einfügemarke im Code-Fenster befindet, setzt das Anklicken des Schaltknopfs in die aktuelle Codezeile ein Lesezeichen ein – oder entfernt ein bereits vorhandenes. Durch Lesezeichen können Sie während einer Arbeitssitzung bestimmte Programmteile oder Codezeilen schnell wiederfinden.

Alternative Schnelltaste: [Alt]+[b] und [c] und [1]

Alternativer Menübefehl: »Bearbeiten-Lesezeichen-Lesezeichen setzen/zurücksetzen«

Nächstes Lesezeichen: Falls Sie mehrere Lesezeichen in Ihrem Code eingefügt haben, verschiebt das Anklicken des Schaltknopfes die Einfügemarke auf das nächste Lesezeichen im Code-Fenster.

Alternative Schnelltaste: [Alt]+[b] und [c] und [n]

Alternativer Menübefehl: »Bearbeiten-Lesezeichen-Nächstes Lesezeichen«

Voriges Lesezeichen: Falls Sie mehrere Lesezeichen in Ihrem Code eingefügt haben, verschiebt das Anklicken des Schaltknopfes die Einfügemarke auf das vorherige Lesezeichen im Code-Fenster.

Alternative Schnelltaste: [Alt]+[b] und [c] und [v]

Alternativer Menübefehl: »Bearbeiten-Lesezeichen-Vorheriges Lesezeichen«

Alle Lesezeichen löschen: Falls Sie ein oder mehrere Lesezeichen in Ihrem Code eingefügt haben, entfernt das Anklicken des Schaltknopfes alle Lesezeichen aus allen Modulen.

Alternative Schnelltaste: [Alt]+[b] und [c] und [a]

Alternativer Menübefehl: »Bearbeiten-Lesezeichen-Alle Lesezeichen löschen«

8.13.3 Die Symbolleiste »Debuggen« beziehungsweise »Testen«

In der Symbolleiste »Debuggen« (früher »Testen«), die standardmäßig nicht eingeblendet ist, finden Sie wichtige Funktionen zum Testen Ihrer Prozeduren ebenso wie zum Aufspüren von Programmfehlern. Sie können Sie jederzeit einblenden (zum Beispiel über den Menübefehl »Debuggen« im Menü »Ansicht-Symbolleisten«).

Sie enthält unter anderem die Schaltflächen »Entwurfsmodus«, »Sub/UserForm ausführen«, »Unterbrechen«, »Beenden« und »Haltepunkt ein/aus«, die oben bereits beschrieben wurden. Hier werden nur noch jene Schaltknöpfe vorgestellt, die noch nicht erwähnt wurden.

Abbildung 8.32 Symbolleiste »Testen« von Word 1997

Abbildung 8.33 Symbolleiste »Debuggen« von Word 2003

Einzelschritt: Beim Testen von Codes ist es meist erforderlich, schrittweise den Ablauf des Programms nachzuvollziehen. Ist der Haltemodus aktiviert und befindet sich die Einfügemarke im Code-Fenster, so wird durch das Anklicken des Schaltknopfes »Einzelschritt« nur die nächste Anweisung im Code ausgeführt, dann hält das Programm erneut an (Haltemodus); ist dagegen der Editiermodus aktiviert, so wird durch das Anklicken des Schaltknopfes »Einzelschritt« die erste Anweisung der Prozedur ausgeführt, in der sich die Einfügemarke befindet, dann hält das Programm an (Haltemodus). In beiden Fällen können Sie überprüfen, ob die gewünschte Aktion ausgeführt wurde. Die nächste auszuführende Anweisung wird unterdessen im Code-Fenster durch einen gelben Pfeil und eine gelbe Markierung hervorgehoben.

Alternative Schnelltaste: `F8`

Alternativer Menübefehl: »Debuggen-Einzelschritt« (bei älteren Word-Versionen: »Testen-Einzelschritt«)

Prozedurschritt: Der im vorigen Absatz vorgestellte Einzelschrittmodus ist sehr mühevoll, wenn während eines Programmablaufs bereits ausgetestete Prozeduren und Unterprozeduren ausgeführt werden. Eine Alternative zum Einzelschritt besteht im Prozedurschritt. Befindet sich die Einfügemarke im Code-Fenster auf einer Prozedur, so wird durch das Anklicken des Schaltknopfes »Prozedurschritt« diese Prozedur ohne Unterbrechung (also nicht schrittweise) im Laufzeitmodus abgearbeitet. VBA wechselt erst wieder in den Haltemodus, wenn die ausgetestete und funktionstüchtige Prozedur durchlaufen ist. Dann können Sie bei der Anweisung hinter dem Prozeduraufruf erneut entscheiden, ob Sie sie schrittweise durchlaufen wollen, oder ob Sie diese wieder mit einem Prozedurschritt in einem Zug abarbeiten ... und so fort.

Hinweis: Wenn Sie einen Prozedurschritt auf eine Anweisung anwenden, die keine Prozedur darstellt, so verhält sich der Prozedurschritt wie ein Einzelschritt.

Alternative Schnelltaste: `Umschalt` + `F8`

Alternativer Menübefehl: »Debuggen-Prozedurschritt« (bei älteren Word-Versionen: »Testen-Prozedurschritt«)

Prozedur abschließen: Wurde durch welche Umstände auch immer die Ausführung einer Prozedur unterbrochen (zum Beispiel durch einen Haltepunkt), so führt ein Klick auf den

Schaltknopf »Prozedur abschließen« alle restlichen Anweisungen der Prozedur im Laufzeitmodus aus (also ohne Unterbrechung). Nachdem diese abgearbeitet sind, unterbricht VBA erst am Ende der Prozedur den weiteren Programmablauf und wechselt erneut in den Haltemodus.

Alternative Schnelltaste: Strg + Umschalt + F8

Alternativer Menübefehl: »Debuggen-Prozedur abschließen« (bei älteren Word-Versionen: »Testen-Prozedur abschließen«)

Lokal-Fenster: Standardmäßig wird das Lokal-Fenster, das im Haltemodus eine Momentaufnahme der Werte aller im aktuellen Gültigkeitsbereich liegenden Variablen, Konstanten, Objekte und Objekteigenschaften liefert, nicht angezeigt. Durch Anklicken des Schaltknopfes »Lokal-Fenster« wird es im Visual Basic-Editor geöffnet. Ist es bereits sichtbar, bewirkt das Anklicken des Schaltknopfes, daß sich die Einfügemarke zum Lokal-Fenster bewegt und das Lokal-Fenster aktiviert wird.

Alternative Schnelltaste: Alt + a und l

Alternativer Menübefehl: »Ansicht-Lokal-Fenster«

Direktfenster: Standardmäßig wird das Direktfenster, mit dem man im Haltemodus unter anderem Variablenwerte testen und ändern kann, nicht angezeigt. Durch Anklicken des Schaltknopfes »Direktfenster« wird es im Visual Basic-Editor geöffnet. Ist es bereits sichtbar, bewirkt das Anklicken des Schaltknopfes, daß sich die Einfügemarke zum Direktfenster bewegt und das Direktfenster aktiviert wird.

Alternative Schnelltaste: Strg + g

Alternativer Menübefehl: »Ansicht-Direktfenster«

Überwachungsfenster: Standardmäßig wird das Überwachungsfenster, in dem definierte Überwachungsausdrücke aufgelistet werden können, nicht angezeigt. Durch Anklicken des Schaltknopfes »Überwachungsfenster« wird es geöffnet. Ist es bereits sichtbar, bewirkt das Anklicken des Schaltknopfes, daß sich die Einfügemarke zum Überwachungsfenster bewegt und das Überwachungsfenster dadurch aktiviert wird.

Alternative Schnelltaste: Alt + a und b

Alternativer Menübefehl: »Ansicht-Überwachungsfenster«

Aktuellen Wert anzeigen: Ist der Haltemodus aktiviert und befindet sich die Einfügemarke im Code-Fenster auf einer Variablen, einer Eigenschaft oder einem sonstigen Ausdruck, so wird durch das Anklicken des Schaltknopfes »Aktuellen Wert anzeigen« ein Dialogfeld mit dem aktuellen Wert des Codekonstrukts angezeigt. Sie können nun wählen, ob Sie den Ausdruck dem Überwachungsfenster hinzufügen, oder nicht.

Alternative Schnelltaste: Umschalt + F9

Alternativer Menübefehl: »Debuggen-Aktuellen Wert anzeigen« (früher »Testen-Aktuellen Wert anzeigen«)

Aufrufeliste: Ist der Haltemodus aktiviert und befindet sich die Einfügemarke im Code-Fenster, so wird durch das Anklicken des Schaltknopfes »Aufrufeliste« ein gleichnamiges

Dialogfeld angezeigt. In diesem werden die aktiven Prozeduraufrufe (Prozeduren im aktiven Projekt, die gestartet, aber nicht abgeschlossen wurden) aufgelistet.

Alternative Schnelltaste: [Strg]+[l]

Alternativer Menübefehl: »Ansicht-Aufrufeliste ...«

8.13.4 Die Symbolleiste »UserForm«

In der Symbolleiste »UserForm«, die standardmäßig nicht eingeblendet ist, finden Sie wichtige Funktionen, die das Anlegen und Gestalten von Benutzerformularen und Dialogfeldern sowie die Positionierung von Steuerelementen auf einem Benutzerformular erleichtern. Sie können Sie jederzeit einblenden (zum Beispiel über den Menübefehl »UserForm« im Menü »Ansicht-Symbolleisten«).

Achtung: Die meisten Schaltknöpfe dieser Leiste sind kontextsensitiv. Sie sind solange deaktiviert, bis ein oder mehrere Objekte/Steuerelemente auf einem Benutzerformular (UserForm) markiert sind, auf die die jeweilige Funktion eines Schaltknopfes angewendet werden kann.

Abbildung 8.34 Symbolleiste »UserForm« von Word 1997

Abbildung 8.35 Symbolleiste »UserForm« von Word 2003

Reihenfolge – In den Vordergrund und **In den Hintergrund**: Legt die ausgewählten Objekte und Steuerelemente vor respektive hinter alle anderen Objekte und Steuerelemente eines Benutzerformulars. Beachten Sie, daß bei den Menübefehlen weitere Befehle zum Ändern der Reihenfolge besprochen sind.

Alternative Schnelltasten und Menübefehle:

In den Vordergrund: [Strg]+[j] beziehungsweise »Format-Reihenfolge-In den Vordergrund«

In den Hintergrund: [Strg]+[k] beziehungsweise »Format-Reihenfolge-In den Hintergrund«

Gruppieren und **Gruppierung aufheben**: Wenn Sie mehrere Steuerelemente auf einem Benutzerformular auf einmal markiert haben, können Sie durch Anklicken des Schaltknopfs »Gruppierung« eine Gruppe erstellen. Diese Gruppe wird dann wie ein einziges Objekt/Steuerelement behandelt. Mit dem Schaltknopf »Gruppierung aufheben« können Sie die Gruppierung eines Gruppen-Steuerelements/Objekts wieder aufheben.

Alternative Schnelltasten und Menübefehle[16]:

`Alt`+`t` und `g` beziehungsweise »Format-Gruppieren«

`Alt`+`t` und `p` beziehungsweise »Format-Gruppierung aufheben«

Ausrichten Links, Zentriert, Rechts, Oben, Mitte, Unten oder Am Raster: Die Schaltfläche wandelt sich, je nachdem, welche Ausrichtung Sie zuletzt für mehrere Steuerelemente auf einem Benutzerformular angewendet haben. Der Modultyp »Links ausrichten« ist die Standardeinstellung.

- **Links:** Richtet die *horizontale* Position der ausgewählten Steuerelemente (Markierung mit schwarzen Quadraten) anhand der äußersten linken Kanten des mit weißen Quadraten markierten Steuerelements aus.

- **Zentriert:** Richtet die *horizontale* Position der ausgewählten Steuerelemente (Markierung mit schwarzen Quadraten) anhand der Mitte des mit weißen Quadraten markierten Steuerelements aus.

- **Rechts:** Richtet die *horizontale* Position der ausgewählten Steuerelemente (Markierung mit schwarzen Quadraten) anhand der äußersten rechten Kanten des mit weißen Quadraten markierten Steuerelements aus.

- **Oben:** Richtet die *vertikale* Position der ausgewählten Steuerelemente (Markierung mit schwarzen Quadraten) anhand der oberen Kanten des mit weißen Quadraten markierten Steuerelements aus.

- **Mitte:** Richtet die *vertikale* Position der ausgewählten Steuerelemente (Markierung mit schwarzen Quadraten) anhand der Mitte des mit weißen Quadraten markierten Steuerelements aus.

- **Unten:** Richtet die *vertikale* Position der ausgewählten Steuerelemente (Markierung mit schwarzen Quadraten) anhand der unteren Kanten des mit weißen Quadraten markierten Steuerelements aus.

- **Am Raster:** Richtet die obere linke Ecke des ausgewählten Steuerelements am nächsten Raster aus. Die Größe des Steuerelements wird nicht verändert.

Alternative Schnelltasten und Menübefehle zum Ausrichten[17]:

- Links: `Alt`+`t` und `a` und `l` oder »Format-Ausrichten-Links«
- Zentriert: `Alt`+`t` und `a` und `z` oder »Format-Ausrichten-Zentriert«
- Rechts: `Alt`+`t` und `a` und `r` oder »Format-Ausrichten-Rechts«
- Oben: `Alt`+`t` und `a` und `o` oder »Format-Ausrichten-Oben«
- Mitte: `Alt`+`t` und `a` und `m` oder »Format-Ausrichten-Mitte«
- Unten: `Alt`+`t` und `a` und `u` oder »Format-Ausrichten-Unten«
- Am Raster: `Alt`+`t` und `a` und `a` oder »Format-Ausrichten-Am Raster«

---

16 Bitte beachten Sie: In älteren Word-Versionen lautet die anfängliche Tastenkombination nicht <Alt>+<t>, sondern <Alt>+<o>.
17 Dito.

Zentrieren Horizontal oder Vertikal: Die Schaltfläche wandelt sich, je nachdem, welche Ausrichtung Sie zuletzt für markierte Steuerelemente auf einem Benutzerformular angewendet haben.

▶ **Horizontal:** Zentriert die ausgewählten Steuerelemente waagrecht in der Mitte des Benutzerformulars.

▶ **Vertikal:** Zentriert die ausgewählten Objekte senkrecht in der Mitte des Benutzerformulars.

Alternative Schnelltasten und Menübefehle zum Zentrieren[18]:

Horizontal: [Alt]+[t] und [z] und [h] oder »Format-Im Formular zentrieren-horizontal«

Vertikal: [Alt]+[t] und [z] und [v] oder »Format-Im Formular zentrieren-vertikal«

Größe angleichen Breite, Höhe oder beides: Die Schaltfläche wandelt sich, je nachdem, welche Anpassung Sie zuletzt für markierte Steuerelemente auf einem Benutzerformular angewendet haben.

▶ **Breite:** Paßt die Breite aller markierten Steuerelemente (Markierung mit schwarzen Quadraten) anhand der Breite eines anderen markierten Steuerelements (Markierung mit weißen Quadraten) an. Alle Steuerelemente haben danach dieselbe Breite.

▶ **Höhe:** Paßt die Höhe aller markierten Steuerelemente (Markierung mit schwarzen Quadraten) anhand der Höhe eines anderen markierten Steuerelements (Markierung mit weißen Quadraten) an. Alle Steuerelemente haben danach dieselbe Höhe.

▶ **Beides:** Paßt die Breite und die Höhe aller markierten Steuerelemente (Markierung mit schwarzen Quadraten) anhand der Breite und Höhe eines anderen markierten Steuerelements (Markierung mit weißen Quadraten) an. Alle Steuerelemente haben danach dieselbe Höhe und Breite.

Alternative Schnelltasten und Menübefehle zum Angleichen der Größe:

▶ Breite: [Alt]+[z] und [t] und [b] (in älteren Word-Versionen [Alt]+[o] und [l] und [r]) oder »Format-Größe angleichen-Breite«

▶ Höhe: [Alt]+[z] und [t] und [h] (in älteren Word-Versionen [Alt]+[o] und [l] und [h]) oder »Format-Größe angleichen-Höhe«

▶ Beides: [Alt]+[z] und [t] und [e] (in älteren Word-Versionen [Alt]+[o] und [l] und [b]) oder »Format-Größe angleichen-Beides«

Zoom: Verkleinert oder vergrößert alle Steuerelemente auf einem Benutzerformular (UserForm). Es ist ein Vergrößerungsfaktor zwischen 10 und 400 Prozent verfügbar. Die Größe des Benutzerformulars wird davon nicht tangiert.

Alternative Schnelltaste und alternativer Menübefehl: Für dieses Kombinationsfeld existiert keine äquivalentes Feld in der Menüleiste und keine adäquate Tastenkombination.

---

[18] Bitte beachten Sie: In älteren Word-Versionen lautet die einleitende Tastenkombination nicht <Alt>+<t> und <z>, sondern <Alt>+<o> und <i>.

8.14 Die VBE-Menüs

Die Menüs des Visual Basic-Editor beinhalten zahlreiche Befehle, die bereits im vorigen Abschnitt 8.13 »Die Symbolleisten des VBE« ab Seite 292 vorgestellt wurden. Sie werden hier nicht noch einmal beschrieben. Statt dessen gibt der vorliegende Abschnitt eine Übersicht über jene Menübefehle, die standardmäßig nicht in die Symbolleisten repräsentiert sind. Natürlich steht es Ihnen frei, diese Menübefehle nachträglich in eine Symbolleiste aufzunehmen oder eine eigene Symbolleiste Ihrer Wahl mit benötigten Befehlen anzulegen.

8.14.1 Das Menü »Datei«

Dieses Menü beinhaltet die wesentlichen Befehle, um Dateien zu laden, zu speichern, zu ex- und importieren, zu drucken und so weiter.

 Datei importieren ...: Mit diesem Menübefehl können Sie Ihrem Projekt vorhandene Module und Formulare hinzufügen. Das Dialogfeld »Datei importieren«, das nach der Wahl des Menübefehls erscheint, gleicht einem »normalen« Windows-Dateiauswahldialog und ist entsprechend zu bedienen.

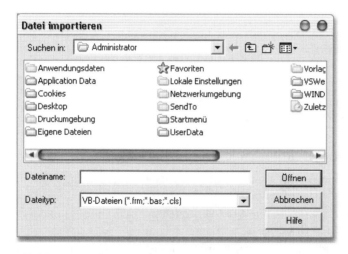

Abbildung 8.36 Der Dialog zum Importieren von VBA-Code und -Komponenten aus einer Datei

Sobald Sie in diesem eine VBA-Moduldatei (Format: .frm, .cls oder .bas) ausgewählt, und mit »OK« Ihre Wahl bestätigt haben, wird eine Kopie der gewählten Datei Ihrem VBA-Projekt hinzugefügt; die Originaldatei wird bei diesem Vorgang nicht verändert. Beim Importieren einer Formular- oder Modul-Datei mit einem bereits verwendeten Modul-Namen hängt der Visual Basic-Editor dem Modul- bzw. Dateinamenbezeichner eine Zahl an.

Alternative Schnelltasten: [Strg]+[m]

 Datei exportieren ...: Mit diesem Menübefehl können Sie Module oder Formulare aus Ihrem Projekt als separate Datei abspeichern. Das Dialogfeld »Datei exportieren«, das nach der Wahl des Menübefehls erscheint, gleicht einem »normalen« Windows-Dateiauswahldialog und ist entsprechend zu bedienen. Je nachdem, welches Modul Sie im Projekt-Explorer ausgewählt haben, stellt der Dialog folgenden Dateityp zum Export zur Auswahl:

- Formular-Modul: VBA-Formulardateien (*.frm)
- Standard-Modul: VBA-Dateien (*.bas)
- Klassen-Modul: VBA-Klassendateien (*.cls)

Alternative Schnelltasten: [Strg]+[e]

Entfernen von ...: Vorsicht – mit diesem Menübefehl können Sie das aktive Formular oder ein Modul mit all seinen Prozeduren unwiderruflich aus dem Projekt löschen. Dieser Vorgang kann nicht rückgängig gemacht werden! Der Befehl ist nicht verfügbar, wenn im Projekt-Explorer kein Element ausgewählt ist. Kontrollieren Sie vor Aktivierung des Befehls die Interdependenzen des Codes, den Sie entfernen wollen. Stellen Sie sicher, daß der restliche Code nicht auf Code aus dem zu löschenden Modul verweist. Zur Sicherheit werden Sie vor dem Löschen eines Moduls gefragt, ob es als Datei exportiert werden soll. Wenn Sie in dem Meldungsfeld auf »Ja« klicken, wird das Dialogfeld »Datei exportieren« eingeblendet. Wenn Sie »Nein« auswählen, wird das ausgewählte Modul gelöscht.

Alternative Schnelltasten: keine

Drucken: Mit diesem Menübefehl können Sie Formulare und Code auf dem Drucker ausgeben, der in der Windows-Systemsteuerung angegeben ist. Das Dialogfeld »Drucken«, das nach der Wahl des Menübefehls erscheint, gleicht einem »normalen« Windows-Dateiauswahldialog und ist entsprechend zu bedienen.

Abbildung 8.37 Der Dialog »Drucken«

Im Gegensatz zu den herkömmlichen Druckdialogen bietet der VBA-Druckdialog folgende Optionen:

- **»Druckbereich«:** Legt den zu druckenden Bereich fest.
  - Auswahl: Druckt den momentan ausgewählten Code.
  - Aktuelles Modul: Druckt die Formulare und/oder den Code für das momentan ausgewählte Modul.
  - Aktuelles Projekt: Druckt die Formulare und/oder den Code für das ganze Projekt.

- **»Drucken von«**: Bestimmt, was gedruckt wird. Je nach gewähltem Druckbereich können Sie unterschiedliche Optionen (Kontrollkästchen) aktivieren.
  - Formulardarstellung: Druckt das Formular.
  - Code: Druckt den Code für den ausgewählten Bereich.

Alle anderen Optionen gleichen bekannten Druckmöglichkeiten und brauchen hier nicht weiter erörtert werden.

Alternative Schnelltaste: [Strg]+[p]

Schließen und zurück zu Microsoft Word: Mit diesem Menübefehl können Sie die VBA-Entwicklungsumgebung schließen, und zu Word wechseln. Der Visual Basic-Editor wird ausgeblendet.

Alternative Schnelltaste: [Strg]+[q]

> **Zusätzliche Befehle im Menü »Datei«**
>
> Je nach installierter Word-Version und/oder installierter Developer-Edition stehen die nachstehenden Befehle im Menü »Datei« des Visual Basic-Editors möglicherweise auf Ihrem System zur Verfügung – oder aber nicht:
>
> **Neues Projekt**: Mit diesem Menübefehl können Sie den Dialog »Neues Projekt« öffnen, in dem Sie den Projekttyp auswählen, den Sie erstellen möchten.

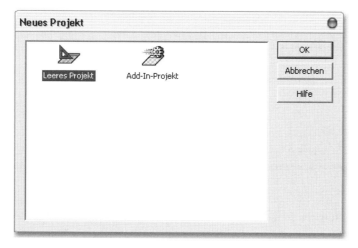

Abbildung 8.38 Der Dialog »Neues Projekt«

> Wenn beim Öffnen eines neuen Projekts bereits ein anderes Projekt geöffnet ist, werden Sie gegebenenfalls aufgefordert, Ihre Arbeit zu speichern. Der Befehl ist nur zur Entwurfszeit verfügbar.
>
> Alternative Schnelltaste: [Alt]+[d] und [n]

Projekt öffnen ...: Mit diesem Menübefehl können Sie eins geladenes, aktuelles Projekt (.vba) oder Gruppenprojekt schließen, und parallel ein bestehendes Projekt oder eine bestehende Gruppe von Projekten öffnen. Das Dialogfeld gleicht einem »normalen« Windows-Dateiauswahldialog und ist entsprechend zu bedienen.

Alternative Schnelltasten und Menübefehle:

- `Alt`+`d` und `f`
- `Strg`+`o`

Speichern unter ...: Mit diesem Menübefehl können Sie ein VBA-Standalone-Projekt (mit allen zugehörigen Modulen und Formularen) unabhängig von einem Word-Dokument in einer Datei mit dem Format .vba sichern.

Alternative Schnelltaste: `Alt`+`d` und `u`

Projekt schließen: Mit diesem Menübefehl können Sie das aktuelle VBA-Projekt beenden und aus dem Visual Basic-Editor entfernen. Wenn das Projekt ungespeicherte Änderungen enthält, werden Sie aufgefordert, das Projekt vor dem Schließen zu speichern.

Alternative Schnelltaste: `Alt`+`d` und `c`

<Projekt.dll> erstellen: Mit diesem Menübefehl können Sie den Dialog »Projekt erstellen« öffnen. Dieser ermöglicht es Ihnen, aus Ihrem Word-/VBA-Projekt eine DLL-Datei zu erstellen, die sich auch in anderen COM-fähigen Anwendungen nutzen läßt.

Beachten Sie, daß dieser im Gegensatz zu ähnlichen Erstellen-Dialogen über eine Schaltfläche namens »Optionen« verfügt. Das Anklicken dieser Schaltfläche öffnet den Dialog »Projekteigenschaften«, mit dem Sie Meta-Angaben zu Ihrem DLL-Projekt festlegen können.[19]

Alternative Schnelltaste: `Alt`+`d` und `l`

8.14.2 Das Menü »Bearbeiten«

Dieses Menü beinhaltet die wesentlichen Befehle, um Ihren Code im Code-Fenster zu editieren.

Entfernen und Löschen: Mit diesem Menübefehl können Sie ausgewählte Steuerelemente, ausgewählten Code oder Überwachungsausdrucke aus Ihrem Projekt entfernen. Falls Sie etwas versehentlich aus dem Code-Fenster oder aus einem Formular-Modul entfernt haben, können Sie den Lösch-Vorgang mit dem Befehl »Rückgängig« annullieren.

Alternative Schnelltaste: `Entf`

Alles auswählen: Mit diesem Menübefehl können Sie den gesamten Code im aktiven Code-Fenster oder alle Steuerelemente in einem Formular-Modul auswählen. Die Funktionalität des Befehls gleicht jener des gleichnamigen Word-Befehls.

Alternative Schnelltaste: `Strg`+`a`

---

19 Siehe »Die Registerkarte »Erstellen« von Projekteigenschaften« ab Seite 336.

Weitersuchen: Mit diesem Menübefehl suchen und markieren Sie das nächste Vorkommen des im Dialogfeld »Suchen« im Feld »Suchen nach« eingegebenen Textes. Befindet sich in dem Dialog keine Such-Zeichenfolge erscheint eine Fehlermeldung.

Alternative Schnelltasten:

Weitersuchen: F3

Nächstes Vorkommen suchen: Umschalt + F4

Vorheriges Vorkommen suchen: Umschalt + F3

Ersetzen ...: Mit diesem Menübefehl öffnen Sie ein gleichnamiges Dialogfeld. Es ist ähnlich aufgebaut wie der Ersetzen-Dialog in Word.

Alternative Schnelltaste: Strg + h

Der Dialog »Ersetzen«

Mit dem Dialog »Ersetzen« können Sie den Code Ihres Projekts nach einem bestimmten Ausdruck, einem Zeichen, einem Wort oder dergleichen durchsuchen. Wenn die Suchzeichenfolge gefunden wird, haben Sie die Option, diese durch eine andere Zeichenfolge zu ersetzen, die Sie im gleichen Dialog im Eingabefeld »Ersetzen durch« eingeben können.

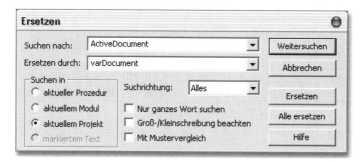

Abbildung 8.39 Der Dialog »Ersetzen«

Tip: Wenn Sie den Ausdruck im Feld »Suchen nach« im Codefenster des Visual Basic-Editors löschen möchten, nehmen Sie im Feld »Ersetzen durch« keine Eingabe vor.

Beachten Sie im Dialog »Ersetzen« die Optionen in dem Bereich »Suchen in«. Mit ihnen legen Sie den Such- und Ersetzen-Bereich fest.

▶ **Aktueller Prozedur:** Sucht und ersetzt nur in der aktuellen Prozedur.

▶ **Aktuellem Modul:** Sucht und ersetzt nur im aktuellen Modul.

▶ **Aktuellem Projekt:** Sucht und ersetzt in allen Modulen des Projekts.

▶ **Markiertem Text:** Sucht und ersetzt in einem bestimmten Code-Bereich des Projekts.

Ansonsten finden Sie in dem Dialog alles, was Sie aus den gewöhnlichen Suchen-und-Ersetzen-Dialogen anderer Applikationen kennen:

▶ Eine Option, mit der Sie die Suchrichtung bestimmen (»Aufwärts«, »Abwärts« oder »Alle«).

- Eine Option, mit der Sie festlegen, ob nur nach ganzen Wörtern und nicht nach Bestandteilen von längeren Wörtern gesucht werden soll.
- Eine Option, mit der Sie definieren, ob bei der Suche exakt die gleiche Groß- und Kleinschreibung wie bei der Suchzeichenfolge berücksichtigt werden soll.
- Eine Option, mit der Sie bestimmen, ob die Suchvorgänge unter Verwendung von Mustervergleichszeichen durchgeführt werden sollen.
- Diverse Schaltknöpfe (»Weitersuchen«, »Abbrechen«, »Ersetzen«, »Alles Ersetzen« und »Hilfe«), mit denen Sie gezielt eine gewünschte Aktion ausführen können.

8.14.3 Das Menü »Ansicht«

Dieses Menü beinhaltet die wesentlichen Befehle, mit denen Sie die Ansicht des Visual Basic-Editor manipulieren können.

Code: Mit diesem Menübefehl aktivieren oder zeigen Sie das Code-Fenster für das aktuell im Projekt-Explorer ausgewählte Objekt an.

Alternative Schnelltaste: `F7`

Objekt: Dieser Menübefehl ist meistens deaktiviert. Er wird aktiv, wenn zum Beispiel im Projekt-Explorer ein Objekt markiert ist, das sowohl über einen Codeteil als auch über eine optische Repräsentation verfügt (ein Steuerelement, ein Formular, eine Anwendungskomponente oder ähnliches). Wenn er aktiv ist und Sie ihn anklicken, zeigt der Befehl die optische Repräsentation des ausgewählten Objekts an.

Alternative Schnelltaste: `Umschalt` + `F7`

Definition: Dieser Menübefehl wird, womöglich weil Microsoft für ihn bis heute kein Symbol spendiert hat, häufig übersehen. Dabei ist er für ein professionellen Entwickler, der regelmäßig mit tausenden von Codezeilen zu kämpfen hat, unentbehrlich! Mit seiner Hilfe können Sie aus einem beliebigen Code-Fenster heraus zur Definition einer Variable oder zur Definition einer Prozedur springen – und das unabhängig davon, ob sich die Definition im gleichen Code-Fenster befindet oder in einem anderen Modul. Für sich allein gesehen, ist der Befehl schon sehr benutzerfreundlich. Richtig Sinn macht er jedoch in Kombination mit dem Befehl »Letzte Position« (siehe nachstehend). Beide Befehle zusammen ermöglichen das Hin- und Herspringen zwischen Definition und Anwendung eines Code-Konstrukts und gewährleisten dadurch auch in komplexen Projekten das mühelose Editieren und Ändern von Codezeilen.

Einfügemarke zur Definition eines Codekonstrukts bewegen

Beachten Sie: Wenn Sie den Befehl auf ein Codekonstrukt anwenden, dessen Definition nicht benutzerdefiniert ist, sondern sich in einer Bibliothek befindet, auf die ein gültiger Verweis existiert, so wird der Objektkatalog angezeigt. Innerhalb des Objektkatalogs wird automatisch die entsprechende Definition selektiert. Dadurch ersehen Sie im Nu, welches Codekonstrukt sich in welcher Bibliothek befindet.

Alternative Schnelltaste: `Umschalt` + `F2`

Letzte Position: Dieser Menübefehl wird womöglich aus dem gleichen Grund wie der Befehl »Definition« häufig übersehen: Er besitzt kein Symbol. Nichtsdestotrotz ist er unersetzlich für die tägliche Codierungsarbeit. Er ermöglicht es Ihnen, die Einfügemarke schnell zur vorherigen Bearbeitungsposition im Code zu bewegen. Er ist nur dann verfügbar, wenn Code bearbeitet oder mit dem Befehl »Definition« ein Aufruf ausgeführt wurde und das Code-Fenster angezeigt wird. Leider ist seine Reichweite beschränkt, so daß Sie nur auf die letzten acht Positionen, die Sie bearbeitet oder auf die Sie zugegriffen haben, zurückspringen können. Aber immerhin, besser als gar nichts.

Alternative Schnelltaste: [Strg]+[Umschalt]+[F2]

Aktivierreihenfolge: Dieser Befehl wird nur aktiv, wenn Sie ein Formular (UserForm) auswählen. Ist der Befehl aktiv und klicken Sie ihn an, so wird das Dialogfeld »Aktivierreihenfolge« für das aktive Formular eingeblendet.

Alternative Schnelltasten: [Alt]+[a] und [t]

Der Dialog »Aktivierreihenfolge«

Die *Aktivierreihenfolge* ist die Abfolge, in der die Einfügemarke durch das Betätigen der Taste [Tab] in einem Dialog respektive auf einem Formular von einem Steuerelement zum nächsten bewegt wird.[20] Jedes Formular (UserForm) besitzt seine eigene Aktivierreihenfolge. Gewöhnlich deckt sich die Aktivierreihenfolge mit der Reihenfolge, in der Sie Objekte wie Steuerelemente auf einem Formular (UserForm) erstellt haben. Das Dialogfeld »Aktivierreihenfolge« zeigt einerseits die Aktivierreihenfolge an, andererseits ermöglicht es durch die Schaltknöpfe »Nach oben« und »Nach unten« die Änderung der Reihenfolge.

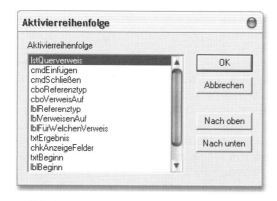

Abbildung 8.40 Der Dialog »Aktivierreihenfolge«

Symbolleisten: Dieser Untermenü »Symbolleisten« listet in Form von Menübefehlen die Symbolleisten auf, die im Visual Basic-Editor fest integriert sind. Das sind »Debuggen« (in älteren Word-Versionen »Testen«), »Voreinstellung«, »UserForm«, »Bearbeiten« und nur in neueren Word-Versionen »Aufgabenbereich«. Das Anklicken eines dieser Befehle blendet die entsprechenden Menüleiste ein- oder aus.

Zudem besitzt das Untermenü »Symbolleisten« einen Befehl namens »Anpassen«. Wenn Sie ihn Anklicken, wird das Dialogfeld »Anpassen« geöffnet.

Alternative Schnelltasten: [Alt]+[a] und [s]

---

20 Früher auch als »Tabulatorreihenfolge« bezeichnet.

Der Dialog »Anpassen«

Das Dialogfeld »Anpassen« ermöglicht die individuelle Anpassung der Symbolleisten und Menüs des Visual Basic-Editors. Es besitzt drei Registerkarten:

▶ **Symbolleisten:** Die Befehle dieser Registerkarte ermöglichen Ihnen das Erstellen, Umbenennen, Löschen und Zurücksetzen der Symbolleisten.

Abbildung 8.41 Der Dialog »Anpassen« mit der Registerkarte »Symbolleisten«

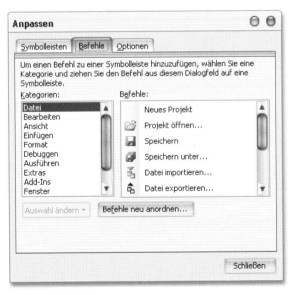

Abbildung 8.42 Der Dialog »Anpassen« mit der Registerkarte »Befehle«

- **Befehle:** Die Befehle dieser Registerkarte ermöglichen Ihnen, das Ziehen der VBA-Befehle auf die Menüs und Symbolleisten des Visual Basic-Editors.
- **Optionen:** Ermöglicht die Größenänderung der Schaltflächen auf der Symbolleiste, das Anzeigen von QuickInfos und Tastenkombinationen und das Hinzufügen von Animationen zu den Menüs.

Abbildung 8.43 Der Dialog »Anpassen« mit der Registerkarte »Optionen« in Word 1997

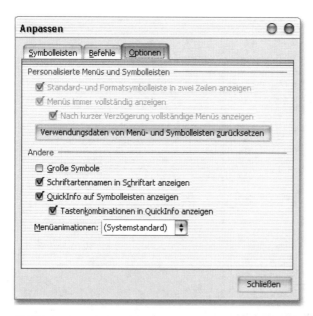

Abbildung 8.44 Der Dialog »Anpassen« mit der Registerkarte »Optionen« in Word 2003

Alle Befehle dieser drei Registerkarten ähneln den gleichnamigen oder ähnlich lautenden Befehlen zur Anpassung von Symbolleisten und Menüs von Word und anderen Windows-Anwendungen. Das vorliegende Buch geht davon aus, daß Sie mit der Adaption von Symbol- und/oder Menüleisten und der Integration respektive Desintegration von Leistenbefehlen vertraut sind. Auf eine tiefergehende Betrachtung des Dialogs »Anpassen« wird aus diesem Grund hier verzichtet.

8.14.4 Das Menü »Einfügen«

Dieses Menü beinhaltet die wesentlichen Befehle, um Elemente und Module in ein Projekt einzufügen.

Komponenten: Mit diesem Menübefehl zeigen Sie das Dialogfeld »Komponenten« an, in dem Sie Komponenten (Steuerelemente oder ähnliches) und Designer zu Ihrem Projekt hinzufügen können.

Hinweis: Dieser Befehl ist nicht in allen Word- respektive in allen VBA-Versionen verfügbar.

Alternative Schnelltaste: [Strg]+[T] oder [Alt]+[e] und [p]

Der Dialog »Komponenten«

Grundsätzlich ermöglicht Ihnen der Dialog »Komponenten« das Hinzufügen von COM-/OLE-/AktiveX-Komponenten (Steuerelemente, Designer ...) zur Ihrem Projekt oder zu Werkzeugsammlung Ihres Projekts. Das Hinzufügen ist jedoch nicht immer über diesen Dialog möglich: Einerseits steht das Dialogfeld nicht in allen Word-/VBA-Versionen zur Verfügung, andererseits besitzt der Dialog je nach installierter Software und Development Kit zwei oder nur eine Registerkarte. Und zum Dritten lassen sich viele Komponenten wie zum Beispiel diverse Designer zwar zu einem allgemeinen VBA-Projekt hinzufügen (.vba), aber nicht in einem Word-/VBA-Projekt nutzen, das auf einem Word-Dokument basiert.

Alternative Schnelltasten: [Alt]+[e] und [d]

8.14.5 Das Menü »Format«

Dieses Menü beinhaltet Befehle, mit denen ein Benutzerformular optisch ansprechend gestaltet werden kann. Im wesentlichen handelt es sich um Werkzeuge zum Ausrichten, Gruppieren und Formatieren von Steuerelementen auf dem Benutzerformular.

Größe anpassen: Mit diesem Menübefehl können Sie die Höhe und Breite eines Objekts (Steuerelement) ändern, um es seinem Inhalt anzupassen.

Alternative Schnelltasten: [Alt]+[t] und [n]

Größe an Raster anpassen: Mit diesem Menübefehl können Sie die Höhe und die Breite des ausgewählten Objekts an die nächsten Rasterlinien des Formulars (UserForm) anpassen. Die Größe der Rastereinheiten kann auf der Registerkarte »Allgemein« des Dialogfelds »Optionen« eingestellt werden.

Alternative Schnelltasten: [Alt]+[t] und [r]

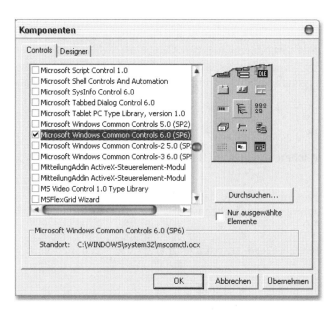

Abbildung 8.45 Das Dialogfeld »Komponenten« in Word 2003: Mit der Registerkarte »Steuerelemente« (in anderen Word-Versionen »Controls«) können Sie Steuerelemente zu Ihrer Werkzeugsammlung hinzufügen.

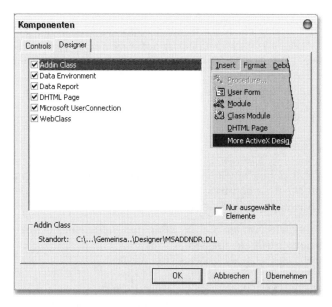

Abbildung 8.46 Das Dialogfeld »Komponenten« in Word 2003: Mit der Registerkarte »Designer« können Sie Designer-Komponenten zu einem allgemeinen VBA-Projekt hinzufügen.

Horizontaler Abstand Angleichen (Word 1997 »Ausgleichen«), Vergrößern, Vermindern und Entfernen: Mit diesem Menübefehl können Sie den horizontalen (waagrechten) Abstand zwischen mehreren ausgewählten Objekten auf verschiedene Weise manipulieren.

Dabei gilt immer: Das Objekt, das den Fokus besitzt, hat weiße Ziehpunkte an den Rändern seiner Markierung, die anderen schwarze. Das Objekt mit dem Fokus wird nicht verschoben oder manipuliert. Nur die anderen Objekte um dieses Objekt herum werden gegebenenfalls verschoben oder beeinflußt.

Weiße Ziehpunkte = Fokus (wird nicht manipuliert)

Die Größe der Rastereinheiten, die gegebenenfalls für die horizontale Positionierung eines Objekts eine Rolle spielen, können Sie beliebig einstellen. Wählen Sie dazu im Menü »Extras« den Befehl »Optionen«, und im erscheinenden Dialogfeld »Optionen« die Registerkarte »Allgemein« aus. Dort können Sie die »Einstellungen für Formular-Raster« festlegen.

▶ **Angleichen** (Ausgleichen): Nach Anklicken dieses Befehls werden die ausgewählten Objekte horizontal verschoben, so daß zwischen den Objekten ein gleichmäßiger Abstand entsteht, wobei die äußersten Objekte als Endpunkte verwendet werden. Die äußersten Objekte werden nicht verschoben.

▶ **Vergrößern**: Nach Anklicken dieses Befehls wird der horizontale Abstand auf der Grundlage des Objekts mit dem Fokus um eine Rastereinheit erhöht.

▶ **Vermindern**: Nach Anklicken dieses Befehls wird der horizontale Abstand auf der Grundlage des Objekts mit dem Fokus um eine Rastereinheit verringert.

▶ **Entfernen**: Nach Anklicken dieses Befehls wird der horizontale Abstand entfernt. Das Objekt mit dem Fokus bildet den Ausgangspunkt, und alle weiteren Objekte werden so ausgerichtet, daß sie sich an den Kanten berühren.

Alternative Schnelltasten für horizontalen Abstand:

▶ Angleichen: `Alt`+`t` und `h` und `a`
▶ Vergrößern: `Alt`+`t` und `h` und `g`
▶ Vermindern: `Alt`+`t` und `h` und `m`
▶ Entfernen: `Alt`+`t` und `h` und `e`

Vertikaler Abstand Angleichen (Word 1997 »Ausgleichen«), Vergrößern, Vermindern und Entfernen: Mit diesem Menübefehl können Sie den vertikalen (senkrechten) Abstand zwischen mehreren ausgewählten Objekten auf verschiedene Weise manipulieren.

Dabei gilt immer: Das Objekt, das den Fokus besitzt, hat weiße Ziehpunkte an den Rändern seiner Markierung, die anderen schwarze. Das Objekt mit dem Fokus wird nicht verschoben oder manipuliert. Nur die anderen Objekte um dieses Objekt herum werden gegebenenfalls verschoben oder beeinflußt.

Weiße Ziehpunkte = Fokus (wird nicht manipuliert)

Die Größe der Rastereinheiten, die gegebenenfalls für die horizontale Positionierung eines Objekts eine Rolle spielen, können Sie beliebig einstellen. Wählen Sie dazu im Menü »Extras« den Befehl »Optionen«, und im erscheinenden Dialogfeld »Optionen« die Registerkarte »Allgemein« aus. Dort können Sie die »Einstellungen für Formular-Raster« festlegen.

- **Angleichen** (Ausgleichen): Nach Anklicken dieses Befehls werden die ausgewählten Objekte vertikal verschoben, so daß zwischen den Objekten ein gleichmäßiger Abstand entsteht, wobei die äußersten Objekte als Endpunkte verwendet werden. Die äußersten Objekte werden nicht verschoben.
- **Vergrößern**: Nach Anklicken dieses Befehls wird der vertikale Abstand auf der Grundlage des Objekts mit dem Fokus um eine Rastereinheit erhöht.
- **Vermindern**: Nach Anklicken dieses Befehls wird der vertikale Abstand auf der Grundlage des Objekts mit dem Fokus um eine Rastereinheit verringert.
- **Entfernen**: Nach Anklicken dieses Befehls wird der vertikale Abstand entfernt. Das Objekt mit dem Fokus bildet den Ausgangspunkt, und alle weiteren Objekte werden so ausgerichtet, daß sie sich an den Kanten berühren.

Alternative Schnelltasten für vertikalen Abstand:

- Angleichen: Alt+t und v und a
- Vergrößern: Alt+t und v und g
- Vermindern: Alt+t und v und m
- Entfernen: Alt+t und v und e

Schaltflächen ausrichten Unten, Rechts: Mit diesen Menübefehlen können Sie ausgewählte Befehlsschaltflächen (Buttons) mit einem gleichmäßigen Abstand zwischen den Schaltflächen am unteren, linken oder am seitlichen, rechten Rand eines Formulars ausrichten.

Alternative Schnelltasten für das Ausrichten von Schaltflächen:

- Unten: Alt+t und s und u
- Rechts: Alt+t und s und r

Reihenfolge Ebene nach vorne und Ebene nach hinten: Mit diesen Menübefehlen können Sie das ausgewählte Objekt um einen Schritt nach oben oder nach hinten in der *Z-Reihenfolge* verschieben. Die Z-Reihenfolge ist die visuelle Anordnung von Steuerelementen in einem Formular entlang der Tiefe (Z-Achse) des Formulars. Sie bestimmt, welche Steuerelemente vor anderen Steuerelementen liegen. Beachten Sie, daß bei den Symbolleisten weitere Befehle zum Verschieben der Reihenfolge besprochen sind.

Alternative Schnelltasten:

- Ebene nach vorne: Alt+t und f und e
- Ebene nach hinten: Alt+t und f und b

8.14.6 Das Menü »Debuggen« (früher »Testen«)

Dieses Menü beinhaltet die wesentlichen Befehle, um VBA-Prozeduren und -Programme zu testen, auszuführen und zu überwachen.

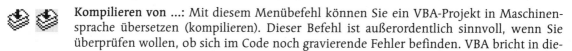

Kompilieren von ...: Mit diesem Menübefehl können Sie ein VBA-Projekt in Maschinensprache übersetzen (kompilieren). Dieser Befehl ist außerordentlich sinnvoll, wenn Sie überprüfen wollen, ob sich im Code noch gravierende Fehler befinden. VBA bricht in diesen Fällen den Kompiliervorgang ab und bewegt die Einfügemarke an jene Stelle, an der etwas nicht in Ordnung ist.

Alternative Schnelltasten: [Alt]+[g] und [k]

Ausführen bis Cursor-Position: Wenn Sie an einer bestimmten Stelle in Ihrem Code einen Fehler vermuten, müssen Sie nicht mit dem Einzelschritt- beziehungsweise mit dem Prozedurschritt-Modus oder mit Haltepunkten arbeiten. Statt dessen können Sie auch mit dem Menübefehl »Ausführen bis Cursor-Position« den Programmablauf in einer bestimmten Anweisungszeile zum Testen unterbrechen. Sinnvoll ist der Befehl immer dann, wenn man umfangreiche Schleifen, verschachtelte Prozeduraufrufe oder ähnliches nicht step by step beim Testen durchlaufen will. Verwenden Sie den Befehl folgendermaßen:

- Markieren Sie die gewünschte Anweisungszeile.
- Wählen Sie anschließend im Menü »Debuggen« (früher »Testen«) den Befehl »Ausführen bis Cursor-Position« aus.

Alternative Schnelltaste: [Strg]+[F8]

Überwachung hinzufügen ...: Mit diesem Menübefehl können Sie das den Dialog »Überwachung hinzufügen« öffnen.[21]

Alternative Schnelltasten: [Alt]+[g] und [h]

Überwachung bearbeiten ...: Wenn mindesten ein Überwachsausdruck festgelegt ist, können Sie mit dem Menübefehl »Überwachung bearbeiten« das Dialogfeld »Überwachung bearbeiten« öffnen.[22]

Alternative Schnelltaste: [Strg]+[w]

Alle Haltepunkte löschen: Mit diesem Menübefehl können Sie alle Haltepunkte aus Ihrem Projekt entfernen. Dieser Befehl kann nicht rückgängig gemacht werden.

Alternative Schnelltaste: [Strg]+[Umschalt]+[F9]

Nächste Anweisung festlegen: Mit diesem Menübefehl können Sie bestimmen, daß bei der Fehlersuche oder beim Testen einer Anwendung ein Code-Abschnitt *übersprungen* und nicht abgearbeitet wird (zum Beispiel ein Code-Teil mit einem bekannten Fehler oder gerade irrelevante Unterroutinen et cetera). Der Befehl ermöglicht es Ihnen aber auch, Anweisungen, die bereits abgearbeitet wurden, erneut auszuführen (zum Beispiel um einen Codeteil mit anderen Werten für Eigenschaften oder Variablen erneut zu testen). Leider kann der Befehl, der nur im Haltemodus verfügbar ist, lediglich innerhalb einer Prozedur angewendet werden. Grundsätzlich definieren Sie die nächste auszuführende Anweisung folgendermaßen:

1. Positionieren Sie *im Haltemodus* die Einfügemarke auf die Anweisung, die als nächstes abgearbeitet werden soll.
2. Wählen Sie den Befehl »Nächste Anweisung festlegen« im Menü aus oder drücken Sie die nachstehende Tastenkombination.

---

21 Siehe »Der Dialog »Überwachung hinzufügen«« ab Seite 290.
22 Siehe Abschnitt 8.12.5 »Bearbeiten eines Überwachungausdrucks« ab Seite 291.

3. Klicken Sie zum Fortsetzen der Programmausführung im Menü »Ausführen« auf »Fortsetzen«; oder klicken Sie im Menü »Debuggen« auf »Ausführung bis Cursor-Position«, »Einzelschritt«, »Prozedurschritt« oder »Prozedur abschließen«.

Alternative Schnelltaste: [Strg]+[F9]

Nächste Anweisung anzeigen: Mit diesem Menübefehl, der nur im Haltemodus verfügbar ist, können Sie die Einfügemarke in die Zeile setzen, die als nächste ausgeführt wird. Dies ist beispielsweise praktisch, wenn das Programm durch einen Fehler in eine Fehlerbehandlungsroutine verzweigt ist und Sie sich nicht sicher sind, an welcher Anweisung der das Programm wieder aufgenommen wird.

Alternative Schnelltasten: [Alt]+[g] und [g]

Tip: Im Haltemodus können Sie den gelben Pfeil in der Kennzeichenleiste des Code-Fensters mit der Maus zu einer anderen Anweisung im Code ziehen.

8.14.7 Das Menü »Ausführen«

Dieses Menü beinhaltet die wesentlichen Befehle, um eine Prozedur oder ein Makro zu starten, den Programmablauf zu unterbrechen, die Ausführung abzuschließen oder den Editiermodus zu aktivieren.

Projekt ausführen: Dieser Befehl steht im Visual Basic-Editor nur dann zur Verfügung, wenn Sie eine Developer Edition erfolgreich installiert haben (was meist nicht der Fall sein dürfte). Er gleich dem Befehl »Makro ausführen«, nur daß er kein »normales« Word-Projekt in den Ausführungsmodus bringt, sondern COM-Add-In-Projekte. Der Befehl öffnet nur beim ersten Start eines COM-Add-In-Projekts das Dialogfeld »<Name des COM-Add-In-Projekts> Projekteigenschaften«, welches Sie in der Regel lediglich bestätigen müssen.[23]

Alternative Schnelltasten: [Alt]+[u] und [p]

8.14.8 Das Menü »Extras«

Dieses Menü beinhaltet Befehle, um die grundlegenden Einstellungen des Visual Basic-Editors und des aktiven VBA-Projekts festzulegen.

Verweise: Mit diesem Menübefehl, der nur im Editiermodus verfügbar ist, können Sie den Dialog »Verweise« öffnen.[24]

Alternative Schnelltasten: [Alt]+[x] und [v]

Zusätzliche Steuerelemente ...: Mit diesem Menübefehl, der in älteren Word-Versionen »Weitere Steuerelemente« genannt wird, können Sie das Dialogfeld »Weitere Steuerelemente« einblenden. In dem Dialog können Sie zusätzliche Steuerelemente oder einfügbare Objekte (auch Word-Dokumente) der Werkzeugsammlung hinzufügen. Der Befehl ist nur aktivierbar, wenn sich die Einfügemarke in einem Formular befindet beziehungsweise ein UserForm-Fenster den Fokus besitzt.[25]

---

23 Siehe »Die Registerkarte »Debuggen« von Projekteigenschaften« ab Seite 337.
24 Siehe Abschnitt 21.4 »Verweise auf Objektbibliotheken erstellen« ab Seite 583
25 Siehe Abschnitt 8.9.4 »Die Werkzeugsammlung« ab Seite 282 und Abschnitt 8.9.5 »Der Dialog »Weitere Steuerelemente«« ab Seite 283.

Alternative Schnelltasten: [Alt]+[x] und [z]

Alternative Schnelltasten (Word 1997): [Alt]+[x] und [w]

Makros ...: Mit diesem Menübefehl können Sie das Dialogfeld »Makro« einblenden, mit dessen Hilfe Makros erstellt, ausgeführt, bearbeitet oder gelöscht werden.

Alternative Schnelltasten: [Alt]+[x] und [m]

Optionen ...: Mit diesem Menübefehl können Sie den Dialog »Optionen« einblenden, in dem Sie verschiedene Registerkarten wählen können, um die Attribute der VBA-Entwicklungsumgebung festzulegen.[26]

Alternative Schnelltasten: [Alt]+[x] und [o]

Eigenschaften von ... <Projektname>: Mit diesem Menübefehl können Sie den Dialog »Projekteigenschaften« einblenden, in dem Sie Ihr Projekt schützen und spezifische Optionen für ein Projekt festlegen.[27]

Alternative Schnelltasten: [Alt]+[x] und [i]

Digitale Signatur ...: Mit diesem Menübefehl können Sie den Dialog »Digitale Signatur« einblenden, in dem Sie das Zertifikat der digitalen Signatur für Ihr Projekt festlegen können (in Word 1997 nicht vorhanden).[28]

Alternative Schnelltasten: [Alt]+[x] und [d]

8.14.9 Das Menü »Add-Ins«

Das Menü enthält seit Word 2000 normalerweise nur einen Befehl zum Start des »Add-In-Managers ...« (in Word 1997 gibt es kein vergleichbares Menü). Sobald sie Add-Ins für die VBA-Umgebung laden, stehen Ihnen die ausgewählten Erweiterungen als Menübefehle in dem Add-Ins-Menü zur Verfügung.

Add-In-Manager: Mit diesem Menübefehl können Sie den Dialog »Add-In-Manager« einblenden. Seine Funktion besteht darin, Add-Ins für den Visual Basic-Editor zu laden oder entladen, um dadurch die VBA-Entwicklungsumgebung zu erweitern oder zu reduzieren.[29]

Alternative Schnelltasten: [Alt]+[i] und [i]

8.14.10 Das Menü »Fenster«

Dieses Menü beinhaltet die wesentlichen Befehle, um die Anordnung der Fenster des Visual Basic-Editor zu verwalten und zwischen mehreren geöffneten Fenstern zu wechseln.

---

26 Siehe Abschnitt 8.17.1 »Der Dialog »Optionen«« ab Seite 328.
27 Siehe Abschnitt 8.17.2 »Der Dialog »Projekteigenschaften«« ab Seite 334.
28 Siehe Abschnitt 8.17.3 »Der Dialog »Digitale Signatur«« ab Seite 338
29 Siehe Abschnitt 8.17.4 »Add-Ins für die VBA-Entwicklungsumgebung festlegen« ab Seite 344.

Teilen: Mit diesem Menübefehl können Sie das Code-Fenster vertikal teilen. Dadurch ist es möglich, zwei unterschiedliche Codeausschnitte eines Moduls beim Editieren und bei der Ausführung im Auge zu behalten.

Alternative Schnelltasten: [Alt]+[f] und [t]

Untereinander: Mit diesem Menübefehl können Sie die geöffneten Fenster (Code-Fenster wie UserForm-Fenster) untereinander im Visual Basic-Editor anordnen.

Alternative Schnelltasten: [Alt]+[f] und [u]

Überlappend: Mit diesem Menübefehl können Sie die geöffneten Fenster (Code-Fenster wie UserForm-Fenster) überlappend im Visual Basic-Editor anordnen.

Alternative Schnelltasten: [Alt]+[f] und [b]

Symbole anordnen: Mit diesem Menübefehl können Sie die Symbole verkleinerter Fenster in der linken unteren Ecke im Visual Basic-Editor anordnen.

Alternative Schnelltasten: [Alt]+[f] und [s]

8.14.11 Das Menü »?« (Hilfe)

Dieses Menü offeriert Befehle, mit denen sich lokale Hilfsdateien oder Microsofts Hilfeseiten im Internet aufrufen lassen. Je nach Word/Office-Version variieren die Befehle in diesem Menü. Einige setzen eine bestehende Verbindung zum Internet voraus. Wichtige Informationen zu dem Menü finden Sie gleich nachstehend.

8.15 VBA-Hilfe im Visual Basic-Editor

Der Visual Basic-Editor ist wie die meisten Windows-Anwendung mit einer Hilfe ausgestattet. Sie liegt unter anderem in Form von kompilierten HTML-Dateien mit der Dateiendung .chm vor.[30]

Tip: Legen Sie sich unter Windows einen Ordner (gegebenenfalls mit mehreren Unterordnern) für Datei-Verknüpfungen an. Durchforsten Sie anschließend Ihr Computersystem und die Word/Office CDs nach den Dateien mit der Namenserweiterung .chm und begutachten Sie deren Inhalt. Zweifellos werden Sie die eine oder andere zusätzliche Information zu VBA und Word finden. Fertigen Sie Verknüpfungen zu den CHM-Dateien an, die für Sie wichtige Informationen enthalten, und speichern Sie die Verknüpfung in dem zuvor angelegten Ordner. Dadurch bauen Sie gewissermaßen eine Zentrale für die CHM-Dateien auf, die normalerweise auf einem Computersystem weit verstreut sind.

Es ist ein offenes Geheimnis, daß die Word-/VBA-Hilfe von jedem VBA-Software-Entwickler (auch von den erlesensten VBA-Gurus) immer wieder in Anspruch genommen wird. Sie ist zwar unter typographischen und didaktischen Gesichtspunkten an vielen Stellen der blanke Horror, aber sie ist unentbehrlich, wenn man wissen will, welche Objekte, Methoden, Eigenschaften, Sprachelemente und so weiter VBA überhaupt besitzt. Es wird Ihnen dringend empfohlen, von der VBA-Hilfe ausgiebig Gebrauch zu machen. Das vorliegende Buch ist kein Ersatz für sie, sondern allenfalls ein Kommentar zu ihr.

---

30 Eine Übersicht zu den CHM-Dateien finden Sie im Abschnitt 33.11 »Die VBA-Dateien« ab Seite 856.

Tip: Verwenden Sie die Codebeispiele aus der Hilfe für Ihre eigenen Programmideen. Sie lassen sich problemlos über die Zwischenablage in das Code-Fenster des Visual Basic-Editors kopieren.

Beachten Sie: Die Erscheinungsbild der Hilfe hat sich Word-Version zu Word-Version, und von Windows zu Windows-Version geändert. Trotz unterschiedlicher Hilfe-Oberflächen sind die Bedienung der Hilfe und deren Inhalt in weiten Teilen seit 1997 gleich geblieben.

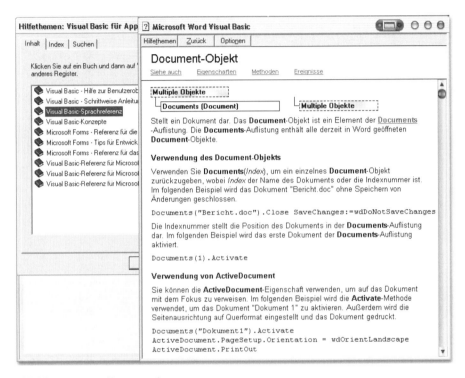

Abbildung 8.47 Hilfe in Word 1997

8.15.1 Hilfe aufrufen

Es gibt zig Wege, die Hilfe zu starten. Hier seien nur landläufige kurz vorgestellt. Welchen Sie favorisieren, müssen Sie selber herausfinden:

- Die VBA-Hilfe ist kontextsensitiv, also unmittelbar auf ein bestimmtes Objekt, einen (markierten) Codeteil, ein VBA-Schlüsselwort, ein Steuerelement oder ähnliches im aktiven Fenster bezogen. Markieren Sie deshalb in der VBE-Oberfläche, was auch immer Sie Hilfe benötigen, und drücken Sie anschließend die Taste [F1].
- In neueren Word-Versionen: Greifen Sie über das Feld »Frage hier eingeben« in der VBE-Menüleiste unmittelbar auf die Hilfe zu. Wenn Sie in das Feld eine Frage, ein Suchwort oder einen Ausdruck eingeben, erhalten Sie, falls vorhanden, die benötigte Hilfeinformation.

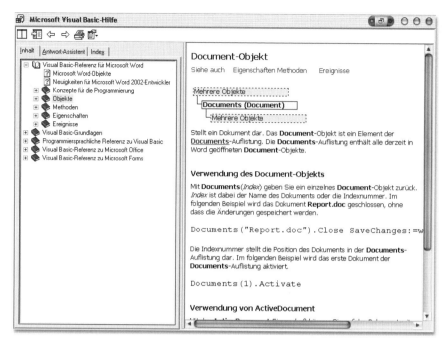

Abbildung 8.48 Hilfe in Word 2002 (XP)

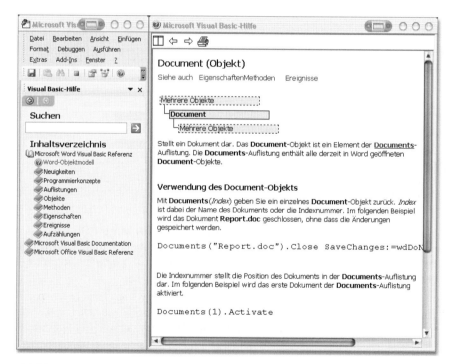

Abbildung 8.49 Hilfe in Word 2003

Abbildung 8.50 Das Eingabefeld »Frage hier eingeben« in der der Menüleiste des Visual Basic-Editor (erst ab Word 2002/XP)

▶ Wählen Sie im Visual Basic-Editor im Hilfe-Menü »?« (Fragezeichen) den Befehl »Microsoft Visual Basic Hilfe«. Je nach installierter Word-Version und gewählter Hilfe-Option erscheint nun der »Aufgabenbereich«, der »Antwort-Assistent«, der Dialog »Hilfethemen«, der »Office-Assistent« oder dergleichen.

Abbildung 8.51 Hilfe-Assistent aus Word/VBA 1997

Abbildung 8.52 Hilfethemen-Dialog zu Word/VBA 1997

Abbildung 8.53 Antwort-Assistent von Word/VBA 2002 (XP)

Abbildung 8.54 Hilfe-Inhaltsverzeichnis (Aufgabenbereich) inklusive Eingabefeld für ein Suchwort in Word/VBA 2003

▶ Was auch immer nach dem Anklicken des Befehls »Microsoft Visual Basic Hilfe« oder dem Tastendruck F1 auf dem Bildschirm erscheint, in der Regel können Sie nun mindestens eine der folgenden Aktionen durchführen:

▶ In einem *Inhaltsverzeichnis* nach dem gewünschten Hilfethema suchen.

▶ In einer *Suche*, einem Antwortassistenten oder einem Eingabefeld eine Frage oder ein Stichwort zu einem gesuchten Hilfethema eingeben.

▶ In einem (alphabetischen) Index aus einer Stichwortliste nach bestimmten Wörtern oder Ausdrücken suchen.

Nach der Bestätigung der Aktion erhalten Sie entweder direkt eine passende Hilfe-Seite, eine Liste mit möglichen Antworten (nach Relevanz geordnet, wobei die wahrscheinlichste Antwort ganz oben angezeigt wird oder einen Hinweis, daß keine Hilfe zum gewünschten Thema zur Verfügung steht.

8.15.2 Wenn die VBA-Offline-Hilfe nicht »funzt«

Bei einigen Office-/Word-Installationsroutinen werden manche VBA-/Word-Hilfsdateien standardmäßig nicht mit installiert. In diesen Fällen müssen Sie das Setup-Programm von Word/Office erneut starten und im entsprechenden Dialog die gewünschten VBA-/Word-Hilfe-Dateien« auswählen und nachinstallieren.

Wahrscheinlich aufgrund der vielen CHM-Dateien und der unterschiedlichen Pfade gerät die Hilfe unter Umständen nach dem Aktivieren aus dem Ruder. Zumindest wird auf vielen Systemen nicht die richtige Hilfedatei angezeigt. Zuweilen werden auch die in die CHM-Dateien hineinkompilierten Bitmaps nicht korrekt dargestellt. Und der auch der Hilfeassistent verweigert manchmal seinen Dienst. Dem Autor des Buches ist keine andere Abhilfe bekannt, als Word und den Visual Basic-Editor in solchen Fällen zu schließen und neu zu starten. Im schlimmsten Fall muß sogar eine Word-Version deinstalliert und neu aufgespielt werden. Sollten Sie mehrere Word-Versionen auf Ihrem System installieren wollen, beachten Sie bitte immer die *historische* Reihenfolge. Wenn Sie zuerst Word 2003, dann Word 2002, dann Word 2000 und zuletzt Word 1997 installieren, können Sie mit Sicherheit davon ausgehen, daß etwas nicht funktioniert. Umgedreht wird ein Schuh draus.

8.15.3 Die MSDN-Hilfe

Die mit Abstand wichtigste Hilfe für einen VBA-Entwickler ist neben der Offline-Hilfe das Microsoft Developer Network (MSDN). Dahinter verbirgt sich das Support-Programm, das Microsoft *allen* Software-Entwicklern (also nicht nur VBA-Entwicklern) zur Verfügung stellt. Wenn Sie in Ihren Projekten an irgend einer Stelle nicht weiterkommen, ist nach der Word/VBA-Offline-Hilfe das MSDN die erste Anlaufstelle. Hier finden Sie eine kaum überschaubare Menge von Lösungen, wobei das angloamerikanische MSDN dem deutschsprachigen quantitativ und qualitativ weit voraus ist.

Das MSDN bietet seine Leistungen in verschiedenen Varianten an, was zuweilen zu Mißverständnissen führt:

▶ **MSDN-Offline-Hilfe:** Die MSDN-Offline-Hilfe wird mit den meisten Software-Entwicklungsumgebungen von Microsoft in Form von mehreren CDs oder in Form von anderen Datenträgern ausgeliefert. Sie befindet sich also zum Beispiel gleichermaßen in den Software-Paketen Visual Studio 6.0, Office Developer, Visual Studio .NET und so weiter. Achtung: Die einzelnen MSDN-Offline-Hilfen sind nicht identisch. Zum einen sind sie inhaltlich zugeschnitten auf das jeweils zugrundeliegende Entwieklungspaket. In der MSDN-Offline-Hilfe des Office-Developer-Pakets finden Sie beispielsweise Texte zu Office-Problemen, die Sie in der MSDN-.NET-Hilfe nicht finden. Außerdem spiegeln die Texte immer nur einen bestimmten Zeithorizont wieder. In der MSDN-.NET-Hilfe finden Sie also im Zweifelsfalle zum gleichen Problem ein aktuellere Lösung, als in einer älteren MSDN-Offline-Hilfe. Daneben unterscheidet sich die Art und Weise wie eine MSDN-Offline-Hilfe jeweils die Informationen optisch präsentiert.

- **MSDN-Internet:** Das MSDN gibt es auch im Internet unter zahllosen Seiten in unterschiedlichen Sprachen, zum Beispiel unter:
  - MSDN-international: http://msdn.microsoft.com
  - MSDN-Deutschland: http://www.microsoft.com/germany/msdn
- **MSDN-Abo:** Last, not least bietet Microsoft zahlungskräftigen Kunden ein kostenpflichtiges MSDN-Abo-Angebot an, was unter Umständen die regelmäßige Belieferung mit den neuesten Informationen sowie Service-Packs, Beta-Versionen et cetera beinhaltet. Es ist hier nicht der Platz, auf die vielen unterschiedlichen Tarife und Leistungen einzugehen, die Microsoft mit einem MSDN-Abonnement verknüpft. Weitere Informationen zum dem Thema finden Sie im Internet unter:

  http://www.microsoft.com/germany/ms/entwicklerprodukte/abo/

8.15.4 Spezielle Hilfsfunktionen des Visual Basic-Editor

Der Visual Basic-Editor besitzt neben der Offline-Hilfe ein paar Hilfefunktionen, die zweifellos die Arbeit eines VBA-Entwicklers extrem erleichtern. Hierzu zählen vor allem:

- **Auswahllisten für Eigenschaften, Methoden, Objekten und andere Codekonstrukte:** Diese Listen zeigen alle Objekte, Eigenschaften, Methoden und Ereignisse eines zuvor im Code-Fenster des Visual Basic-Editors niedergeschriebenen Objekts an. Die Auswahllisten verhindern das Vertippen und Verwechseln von Codekonstrukten während der Eingabe, weil man einen Listeneintrag direkt in den eigenen Code übernehmen kann. Eine Auswahlliste wird im Code-Fenster des Visual Basic-Editors als PopUp-Menü angezeigt, wenn Sie nach einem Objektnamen einen Punkt ».« eintippen. Oder Sie bewegen die Einfügemarke in einen gültigen Objektausdruck und drücken anschließend die Tastenkombination [Strg]+[j].

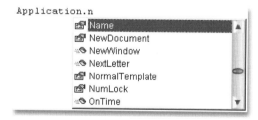

Abbildung 8.55 Auswahlliste für Eigenschaften und Methoden (hier nach Eingabe von »Application.n«

- **Quickinfo:** Eine QuickInfo ist eine kurze Beschreibung, meist nur wenige Worte, die normalerweise angezeigt wird, wenn der Benutzer den Mauszeiger kurz über ein Steuerelement, einen Codeteil oder einen anderen Teil der Benutzeroberfläche hält. Im Code-Fenster des Visual Basic-Editors leistet die Quickinfo gute Dienste, wenn man die Klassen eines Objektausdrucks herausbekommen will. Dazu markieren Sie den Ausdruck und drücken die Tastenkombination [Strg]+[i].

```
ActiveDocument.Content.Sentences (1)
              Item(Index As Long) As Range
```

Abbildung 8.56 Quickinfo zum ersten Satz im aktiven Dokument. Die Klasse, aus der ein Satz-Item abgeleitet wird, ist vom Typ »Range«.

▶ **Parameterinfo:** Eine Parameterinfo ist eine Informationen zu den Parametern (Argumenten) der zugehörigen Funktion, Methode oder Anweisung. Sie wird normalerweise angezeigt, wenn Sie den gültigen Namen einer Funktion oder eine Methode im Code-Fenster niederschreiben und danach die Taste [Leertaste] oder den linken Klammernteil [(] eintippen. Oder Sie bewegen die Einfügemarke in den gültigen Parameterausdruck einer Funktion oder Methode, und drücken anschließend die Tastenkombination [Strg]+[Umschalt]+[i].

```
MsgBox "Hier wird gerade das Argument »Prompt« eingegeben
   MsgBox(Prompt, [Buttons As VbMsgBoxStyle = vbOKOnly], [Title], [HelpFile], [Context])
   As VbMsgBoxResult
```

Abbildung 8.57 Die Parameterinfo der MsgBox-Anweisung

▶ **Konstanten anzeigen (Konstantenliste):** Eine Konstantenliste zeigt alle gültigen Konstanten für eine Eigenschaft an, deren Name auf der linken Seite vor einem Gleichheitszeichen »=« steht. Die Konstantenliste kann auch für Funktionen (Methoden) mit Argumenten auf dem Bildschirm angezeigt werden, wenn für ein Argument Konstanten definiert wurden. Eine Konstantenliste wird im Code-Fenster des Visual Basic-Editors als PopUp-Menü entweder automatisch angezeigt, sobald VBA einen Zusammenhang zwischen dem niedergeschriebenen Code und den veröffentlichten Konstanten ermittelt; oder Sie drücken in einer entsprechenden Codezeile die Tastenkombination [Strg]+[Umschalt]+[j].

```
ActiveWindow.View.Type =
                        wdMasterView
                        wdNormalView
                        wdOutlineView
                        wdPrintPreview
                        wdPrintView
                        wdReadingView
                        wdWebView
```

Abbildung 8.58 Ein Konstantenliste zeigt alle möglichen »Ansichten« von Word an, mit denen der VBA-Entwickler die aktuelle Fensteransicht festlegen kann.

▶ **Wort vervollständigen:** Immer, wenn Sie nicht ganz sicher sind, wie die Schreibweise eines Codeausdrucks exakt abgeschlossen werden muß, können Sie sich vom Visual Basic-Editor Vorschläge unterbreiten lassen. Drücken Sie dazu im Code-Fenster des Visual Basic-Editors einfach die Tastenkombination [Strg]+[Leertaste].

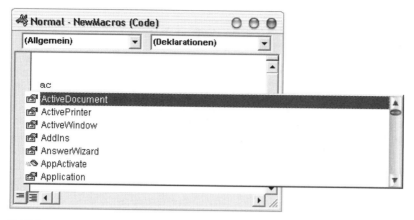

Abbildung 8.59 Die Liste »Wort vervollständigen« erlaubt nach der Eingabe von »ac« bereits die schnelle Übernahme des Ausdrucks »ActiveDocument« in ein Code-Fenster.

8.16 Die Kontextmenüs

Die VBA-Entwicklungsumgebung verfügt wie die meisten Windows-Applikationen über eine größere Anzahl kontextbezogener Menüs, bei denen die einzelnen Menübefehle abhängig vom Zusammenhang und der aktuellen Markierung entweder angeboten oder gesperrt werden. Wie gewohnt lassen sich die Kontextmenüs über einen Klick auf die rechte Maustaste öffnen. Alle Befehle, die die Kontextmenüs in Abhängigkeit vom Zusammenhang beinhalten, sind entweder in einer Symbolleiste oder in den »normalen« Menüs des Visual Basic-Editor oder in beiden zugleich ebenfalls enthalten. Und da alle diese Befehle bereits besprochen sind, wird an dieser Stelle nicht weiter auf Kontextmenüs und deren Befehle eingegangen.

8.17 Interna des VBE und der VBA-Entwicklungsumgebung

Der Visual Basic-Editor und die VBA-Entwicklungsumgebung insgesamt besitzen eine Reihe von Einstellungsmöglichkeiten, mit denen Sie das allgemeine Verhalten der IDE festlegen und die grundsätzlichen Eigenschaften von VBA/Word-Projekten definieren können. Mit diesen Optionen steuern Sie beispielsweise, welche Objektbibliotheken und Steuerelemente Ihres Computersystems in die Word/VBA-Projekte eingebunden werden – und welche nicht. Unterschätzen Sie diese Einstellungen nicht. Unter Umständen hängt von ihnen die Lauffähigkeit Ihrer Programme ab! Die meisten Einstellmöglichkeiten erreichen Sie über das Menü »Extras«, einige über das Menü »Add-Ins«, andere über das Menü »Einfügen« oder über eine andere Möglichkeit. In den folgenden Unterkapiteln werden die wichtigsten VBE-Interna vorgestellt.

8.17.1 Der Dialog »Optionen«

Der Dialog »Optionen« ermöglicht das Festlegen und Ändern von Standardeinstellungen für die VBA-Entwicklungsumgebung. Er wird über den Befehl »Optionen« im Menü »Extras« des Visual Basic-Editors geöffnet und enthält vier Registerkarten:

- Editor
- Editorformat
- Allgemein
- Verankern

Registerkarte »Editor«

In dieser Registerkarte können Sie die Optionen zur Bearbeitung des Codes und zur Anzeige festlegen. Es empfiehlt sich, alle Optionen dieser Registerkarte zu aktivieren.

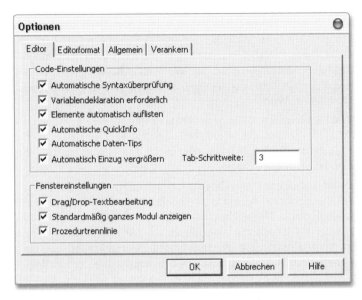

Abbildung 8.60 Die Registerkarte »Editor« des Dialogs »Optionen«

- **Automatische Syntaxüberprüfung:** Gemäß der Bezeichnung der Option soll man mit ihr eigentlich festlegen können, ob VBA nach der Eingabe einer Code-Zeile automatisch die Syntax überprüft, oder nicht. Das Deaktivieren oder Aktivieren der Option besitzt aber mitnichten diese Bedeutung. Es findet immer eine Syntaxprüfung statt, auch wenn Sie die Option deaktivieren (sic!). Allerdings unterläßt VBA beim Deaktivieren der Option nach Eingabe einer fehlerhaften Codezeile die lästigen Fehlermeldungen vom Typ »*Fehler beim Kompilieren: [...]*«. Alle Eingaben werden aber immer ihre auf ihre Syntax überprüft und im Fehlerfall rot eingefärbt.
- **Variablendeklaration erforderlich:** Mit dieser Option können Sie festlegen, ob explizite Variablendeklarationen in den Modulen erforderlich sind. Es empfiehlt sich sehr, diese Option zu aktivieren! Durch Aktivieren wird die `Option Explicit`-Anweisung in den Deklarationsbereichen von allen Modulen hinzugefügt, die Sie neu anlegen.[31]
- **Elemente automatisch auflisten:** Mit dieser Option können Sie festlegen, ob VBA bei der Eingabe Informationen zum Komplettieren einer Anweisung anzeigt, oder nicht.

---

31 Mehr dazu im Abschnitt 28.2 »Option Explicit« ab Seite 797.

- **Automatische QuickInfo:** Mit dieser Option können Sie festlegen, ob VBA bei der Eingabe Informationen zu Funktionen und deren Parametern anzeigt, oder nicht.
- **Automatische Daten-Tips:** Mit dieser Option können Sie festlegen, ob VBA im Haltemodus in einem QuickInfo-Fenster den Wert der Variablen einblendet, wenn sich der Mauszeiger über der Variablen befindet.
- **Automatisch Einzug vergrößern:** Mit dieser Option können Sie festlegen, ob VBA einen automatischen Zeileneinzug unterstützt, oder nicht. Wenn der automatische Zeileneinzug aktiviert ist, wird jede Zeile automatisch so weit eingerückt, daß sie mit der vorhergehenden Zeile auf gleicher Höhe steht. Der Einzug wird durch Einfügen von Tabulatoren (Taste `Tab`) in das Code-Fenster bewerkstelligt.
- **Tab-Schrittweite:** Mit dieser Option können Sie festlegen, um wie viele Leerzeichen nach einem Tabulatorschritt mit der Taste `Tab` die Einfügemarke nach rechts springen soll. Erlaubt ist ein Wert zwischen 1 und 32 Leerzeichen (die Standardeinstellung ist 4 Leerzeichen). Häufig wird im Programmieralltag der Wert auf 3 herabgesetzt. In größeren Projekten sollten Sie sich mit Ihren Kollegen abstimmen, welche Schrittweite sinnvoll ist und einen einheitlichen Wert bestimmen.
- **Drag-und-Drop bei der Textbearbeitung:** Mit dieser Option können Sie festlegen, ob das Ziehen und Ablegen von Elementen im aktuellen Code und vom Code-Fenster in das Direkt- oder Überwachungsfenster möglich ist, oder nicht. Ein Grund, diese Funktion zu deaktivieren, ist dem Autor nicht bekannt.
- **Standardmäßig ganzes Modul anzeigen:** Diese Option ist eine Reminiszenz an die Vergangenheit, als viele Entwickler Programme mit nur wenigen, sehr langen Prozeduren schrieben. In jenen Tagen schien es der Übersichtlichkeit zu dienen, wenn im Code-Fenster immer nur eine der langen Prozeduren angezeigt wird. Die Objektorientierung bringt es mit sich, daß man heute Programme eher mit vielen kleinen Prozeduren realisiert. Daher gibt es so gut wie keinen VBA-Programmierer mehr, der die Option deaktiviert. Ein Codefenster pro Mini-Prozedur macht schlicht kein Sinn, es sei denn man will sich dumm und dusselig klicken.
- **Prozedurtrennlinie:** Mit dieser Option können Sie festlegen, ob am Ende der einzelnen Prozeduren im Code-Fenster eine Prozedurtrennlinie angezeigt wird, oder nicht.

Registerkarte »Editorformat«

In dieser Registerkarte können Sie Optionen festlegen, mit denen Sie die Darstellung des VBA-Codes im Code-Fenster beeinflussen.

Da der Dialog im Prinzip selbsterklärend ist und alle Word-Benutzer mit Optionen wie Schriftart, Schriftfarbe, Schriftgröße und so weiter im allgemeinen vertraut sind, erübrigen sich in diesem Buch tiefergehende Erklärungen zu diesem Dialog. Apropos: Es gibt nur wenige Gründe, die Einstellungen in diesem Dialog zu ändern. Im Gegenteil: Inzwischen finden Sie im Internet zunehmend Code-Beispiele, die Typographie und Farbgebung der Standard-Einstellungen dieser Registerkarte nachahmen (was den Wiedererkennungswert erhöht). Wenn Sie jedoch ein Entwickler sind, der gleichzeitig mit vielen unterschiedlichen Entwicklungsumgebungen arbeitet (.NET, FoxPro, Java ...), spricht alles dafür, daß Sie die Einstellungen aller benutzen IDEs aufeinander abstimmen. Das Codieren wird Ihnen dadurch automatisch leichter fallen.

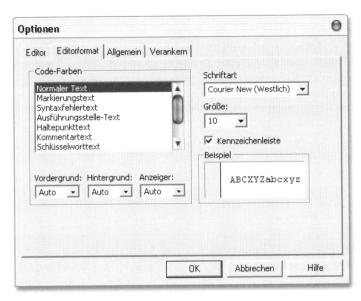

Abbildung 8.61 Die Registerkarte »Editorformat« des Dialogs »Optionen«

Registerkarte »Allgemein«

In dieser Registerkarte können Sie generelle VBA-Optionen festlegen, die beispielsweise das Formular-Raster, die Fehlerbehandlung oder die Kompilierungseinstellungen der betreffen. Die Registerkarte ist in mehrere, thematisch zusammenhängende Bereiche gegliedert, die gleich nachstehend erläutert werden.

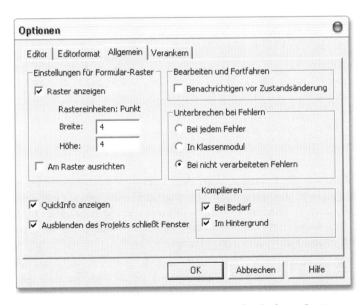

Abbildung 8.62 Die Registerkarte »Allgemein« des Dialogs »Optionen«

Interna des VBE und der VBA-Entwicklungsumgebung **331**

- **Einstellungen für Formularraster:** In diesem Bereich können Sie festlegen, ob auf den UserForms respektive Formularen beim Entwerfen der benutzerdefinierten Dialoge ein Hilfsraster mit Linien angezeigt wird, oder nicht. Unabhängig von der Anzeige der Rasters können Sie bestimmen, ob die äußeren Begrenzungen von Steuerelementen automatisch an den Rasterlinien ausgerichtet werden, wenn Sie diese auf den User-Forms plazieren. Außerdem definieren Sie in diesem Dialog unabhängig voneinander die Breite und die Höhe der Rasterzellen in der Einheit Punkt. Werte zwischen 2 und 60 Punkten sind erlaubt.

- **Bearbeiten und Fortfahren:** Die Option »*Benachrichtigung vor Zustandsänderung*« und ihr Hilftext sind seit Word 1997 schlicht falsch. Sowohl bei *deaktivierter* als auch bei *aktivierter* (sic!) Option erscheint eine Hinweismeldung, wenn Sie im Haltemodus im Code eine Bearbeitung durchführen, die die Fortsetzung der Ausführung verhindert (zum Beispiel die Neu-Deklaration einer Variablen). Das Setzen/Nichtsetzen der Option bewirkt lediglich, daß auch im Editiermodus unter sehr seltenen Umständen eine Hinweismeldung erscheint, wenn der (Ausführungs-)Zustand verloren geht (wohlgemerkt: mit Editiermodus ist *nicht der Entwurfsmodus* gemeint). Der Mißstand rührt daher, daß Microsoft einen großen Teil der Hilfstexte und der Bezeichnungen der VBA-Entwicklungsumgebung aus der Entwicklungsumgebung von »Visual Basic 5.0« einfach übernommen hat, ohne auf die Besonderheiten von VBA in Anwendungen wie Word Rücksicht zu nehmen.

- **Unterbrechen bei Fehlern:** Mit diesem Bereichs steuern Sie, wie Fehler in der VBA-Entwicklungsumgebung behandelt werden. Sie können eine von drei Optionen für Ihr Projekt auswählen.

  - Wenn Sie die Option »*Unterbrechen bei jedem Fehler*« auswählen, wird bei jedem Fehler im Projekt der Haltemodus aktiviert, unabhängig davon, ob im Code eine Fehlerbehandlungsroutine aktiviert ist oder der Code sich in einem Klassenmodul befindet.

  - Wenn Sie die Option »*Unterbrechen bei Fehlern in Klassenmodul*« auswählen, wird bei jedem Fehler in einem Klassenmodul in der Codezeile, die die fehlerhafte Prozedur für die Klasse aufgerufen hat, der Haltemodus aktiviert.

  - Wenn Sie die Option »*Unterbrechen bei nicht verarbeiteten Fehlern*« wählen, wird bei einem Fehler nur dann der Haltemodus aktiviert, wenn keine Fehlerbehandlungsroutine existiert. Wenn eine Fehlerbehandlungsroutine im Code vorhanden ist, wird der Fehler gemäß dieser Routine behandelt, ohne den Haltemodus zu aktivieren. Diese Option ist die Default-Einstellung von Word-VBA.

- **Kompilieren:** Mit den Optionen dieses Bereichs steuern Sie, wie VBA ein Projekt in Maschinencode übersetzt.

Wenn Sie die Option »*Bei Bedarf*« deaktivieren, wird ein Projekt vor dem Ausführen in toto kompiliert. In diesem Fall wird die Option »Im Hintergrund kompilieren« gesperrt. Ist die Option »Bei Bedarf« aktiviert, wird Ihr Code erst mit den zum Start benötigt Codteilen kompiliert. Zur Laufzeit werden die anderen Codteile, falls benötigt, nachkompiliert. Dadurch werden VBA-Programme schneller gestartet.

Mit der Option »*Im Hintergrund kompilieren*« legen Sie fest, ob Leerlaufzeit während der Laufzeit für die Kompilierung des Projekts im Hintergrund verwendet werden soll. Diese Option kann die Ausführungsgeschwindigkeit während der Laufzeit verbessern und ist nur verfügbar, wenn auch die Option »Kompilieren bei Bedarf« aktiviert ist.

▶ **Sonstige:** Mit dem Kontrollkästchen »*Quickinfo anzeigen*« können Sie die QuickInfo-Funktion für Symbolleistenschaltflächen ein- beziehungsweise ausschalten.

Das Kontrollkästchen »*Ausblenden des Projekts schließt Fenster*« definieren Sie, ob die Projekt-, UserForm-, Objekt- oder Modulfenster automatisch geschlossen werden, wenn ein Projekt im Projekt-Explorer ausgeblendet wird.

Registerkarte »Verankern«

Wie Sie bereits wissen, lassen sich die Fenster des Visual Basic-Editors an bestimmten Positionen verankern. In der Registerkarte »Verankern« können Sie bestimmen, welche Fenster des Visual Basic-Editors verankerbar sein sollen.

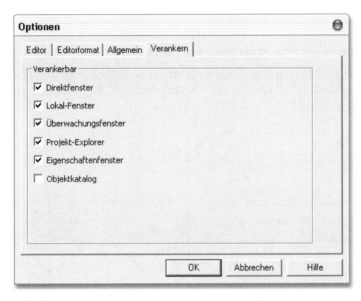

Abbildung 8.63 Die Registerkarte »Verankern« des Dialogs »Optionen«

Grundsätzlich gilt ein Fenster als verankert, wenn es mit der Kante eines anderen verankerbaren Fensters oder eines Anwendungsfensters »zusammengeklebt« wird, so daß die beiden Kanten zu einer Einheit verschmelzen. Ein *verankerbares* Fenster wird beim Verschieben automatisch ausgerichtet und reagiert auf potentielle Andockkanten mit einer Veränderung seines Fensterrahmens. Wenn ein Fenster *nicht verankerbar* ist, kann es an eine beliebige Position auf dem Bildschirm verschoben werden und behält diese Position bei. Legen Sie mit Hilfe der zur Verfügung stehenden Kontrollkästchen fest, welche Fenster in Ihrer VBA-Entwicklungsumgebung verankerbar sein sollen, welche nicht.

Weiter Hinweise zum Verankern und Andocken von Fenstern haben Sie bereits weiter vorne in diesem Buch erhalten.[32]

---

32 Siehe Abschnitt 8.3.1 »Bedienungstips und Hinweise für den Umgang mit Fenstern« ab Seite 256

8.17.2 Der Dialog »Projekteigenschaften«

Der Dialog »Projekteigenschaften« ermöglicht das Festlegen von Projekteinstellungen und -Zugriffsschutzeinstellungen. Er wird über den Befehl »Eigenschaften von nnnn« im Menü »Extras« des Visual Basic-Editors geöffnet (wobei »nnnn« für den aktuellen Projektnamen steht, der standardmäßig »Project« lautet). Der Dialog enthält zwei bis vier Registerkarten (je nachdem, ob Sie mit einer normalen Word-Dokument-Projekt arbeiten oder mit einem anderen Projekt-Typ):

- Allgemein
- Schutz
- Erstellen (nur in COM-Add-In-Projekten oder ähnlichen)
- Debuggen (nur in COM-Add-In-Projeken oder ähnlichen)

Die Registerkarte »Allgemein« von Projekteigenschaften

In dieser Registerkarte können Sie generelle Einstellungen für Ihr aktuell im Projekt-Explorer markiertes VBA-Projekt festlegen. Die Registerkarte besitzt mehrere Eingabefelder, die gleich nachstehend erläutert werden.

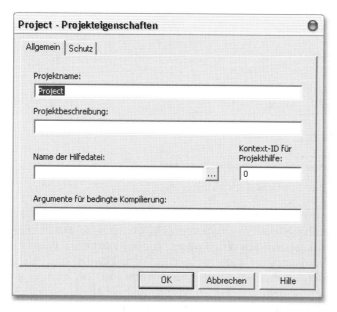

Abbildung 8.64 Die Registerkarte »Allgemein« des Dialogs »Projekteigenschaften <Projektname>«

- **Projektname:** Mit diesem Eingabefeld können Sie Ihrem Projekt einen Namen geben. Dieser *sollte* nach Möglichkeit eindeutig sein, *muß* es aber entgegen anderslautender Meinungen der Fachliteratur bei einem Word/VBA-Projekt nicht notwendigerweise sein. Solange Sie von keinem anderen Projekt und keiner anderen Anwendung auf das Word/VBA-Projekt referenzieren, spielt es keine Rolle, wie der Name Ihres Word-Projekts lautet. Wenn Sie allerdings mit der VBA-Entwicklungsumgebung von Word ein

COM-Add-In-Projekt entwickeln, sieht das ganz anders aus: COM-Add-Ins werden mit Hilfe der Windows-Registrierung identifiziert und in diesem Falle ist ein eindeutiger Projektname mehr als sinnvoll.

Langer Rede, kuzer Sinn: Es empfiehlt sich grundsätzlich, einen Projektnamen zu vergeben und ihn möglichst eindeutig zu formulieren.

Wenn Sie einen Projektnamen vergeben haben, wird er an vielen Stellen innerhalb des Visual Basic-Editors angezeigt (im Objektkatalog, im Projektfenster, im Titel des Dialogs, im Menü »Extras«, im Eigenschaftsfenster …). Er dient auch zur näheren Angabe der Bezeichnungen der Klassen des Projekts.

▶ **Projektbeschreibung:** Mit diesem Eingabefeld können Sie einen Beschreibungstext für Ihr Projekt definieren, der im Teilfenster »Beschreibung« im unteren Bereich des Objektkatalogs angezeigt wird.

Abbildung 8.65 Im Teilfenster des Objektkatalogs können auch benutzerdefinierte Projektbeschreibungen angezeigt werden.

▶ **Name der Hilfedateien:** Mit diesem Eingabefeld können Sie eine Hilfdatei (.chm oder .hlp) mit Ihrem Projekt verknüpfen, indem Sie Ordner und Name der Datei in das Feld eingeben.

▶ **Kontext-ID für Projekthilfe:** Mit diesem Eingabefeld können Sie den Hilfetext aus der Hilfedatei bestimmen, der angezeigt wird, wenn im Objektkatalog Ihr Projekt ausgewählt ist und der Anwender auf Schaltfläche Fragezeichen »?« klickt. Tippen Sie in das Feld nur eine Nummer ein, die tatsächlich in der Hilfedatei als Kontext-ID definiert wurde.

▶ **Argumente für bedingte Kompilierung:** In das Eingabefeld »Argumente für bedingte Kompilierung« können Sie Konstanten beziehungsweise Konstantendeklarationen eingeben, die für die bedingte Kompilierung des Projekts verwendet werden.

Die Registerkarte »Schutz« von Projekteigenschaften

Mit diese Registerkarte können Sie in gewissem Maße die Zugriffsmöglichkeiten von Dritten auf Ihr Projekt und Ihre Codezeilen beschränken. Machen Sie sich jedoch keine Illusionen: Experten können auf die eine oder andere Weise an Ihren Code herankommen, wenn Sie es denn wollen (unter anderem gibt es mehrere Tools, mit denen die Kennwörter von Word/VBA-Projekten geknackt werden können). Laien und Fortgeschrittene hindern die Schutzmechanismen durchaus daran, Copyright-Verletzungen zu begehen.

▶ **Projekt für die Anzeige sperren:** Mit dieser Option können Sie festlegen, daß das aktuelles Projekt durch Dritte nicht angezeigt oder verändert werden kann. Wenn Sie die Option aktivieren, müssen Sie in die Eingabefelder »Kennwort« und »Kennwort bestätigen« ein Kennwort hinterlegen.

Abbildung 8.66 Die Registerkarte »Schutz« des Dialogs »Projekteigenschaften <Projektname>«

▶ **Kennwort:** Mit diesem Eingabefeld können Sie das Kennwort für ein Projekt definieren. Wenn Sie das Kontrollkästchen »Projekt« für die Anzeige sperren *nicht* aktivieren, jedoch ein Kennwort festlegen, müssen Sie beim nächsten Öffnen des Projekts zum Aufrufen des Eigenschaftenfensters ein Kennwort eingeben. Wenn Sie ein Kennwort hinterlegen, müssen Sie im Eingabefeld »Kennwort bestätigen« das gleiche Kennwort hinterlegen.

▶ **Kennwort bestätigen:** Mit diesem Eingabefeld müssen Sie das Kennwort in der exakt gleichen Schreibweise wiederholen, das Sie im Feld »Kennwort« eingegeben haben.

Die Registerkarte »Erstellen« von Projekteigenschaften

Diese Registerkarte ist nicht in allen Word/VBA-Entwicklungsumgebungen vorhanden. Sie ist nur aufrufbar, wenn im Projekt-Explorer ein *ausführbares* Projekt (COM-Add-In) markiert ist. Mit ihr können Sie die Versionsinformationen für ein von Ihnen erstelltes ausführbares Projekt festlegen.

▶ **Versionsnummer:** Mit den Eingabefeldern dieses Bereichs können Sie die Versionsnummer für Ihr Projekt definieren. Sowohl die »Haupt-« als auch die »Neben-« wie die »Revisionsnummer« dürfen zwischen 0 und 9.999 liegen. Praktisch ist die Option »Automatisch erhöhen«. Mit Ihr können Sie festlegen, daß die »Revisionsnummer« bei jedem Ausführen des Befehls »Projekt erstellen« für dieses Projekt um eins erhöht wird.

▶ **Versionsinformation:** Mit den Feldern dieses Bereichs können spezifische Informationen über Ihr Projekts angeben. Wählen Sie zuerst den »*Typ*« der Information aus (Firmenname, Dateibeschreibung, Copyright, Marke, Produktnamen, Kommentar). Anschließend geben Sie in das Feld »*Wert*« Ihren Text ein.

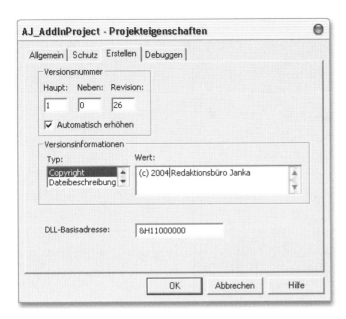

Abbildung 8.67 Die Registerkarte »Erstellen« des Dialogs »Projekteigenschaften <Projektname>«

- **DLL-Basisadresse:** Mit dieser Option können Sie eine Basisadresse für das ausführbare Projekt (COM-Add-In) festlegen, wobei die voreingestellte Basisadresse einer DLL-Datei &H11000000 ist (285.212.672 Byte). Der von Ihrem ausführbaren Projekt belegte Speicherbereich beginnt bei der Basisadresse. Seine Größe entspricht der Größe der kompilierten Datei, aufgerundet auf das nächste Vielfache von 64 KiloByte. Windows versucht zuerst, eine DLL-Datei an der angegebenen oder voreingestellten Adresse zu laden. Ist nicht genügend Speicher vorhanden, bestimmt das System die Basisadresse neu. Wenn Sie diesen Wert nicht ändern, wird DLL-Projekt mit anderen prozeßinternen Komponenten in Konflikt geraten, die ebenfalls mit dem Standardwert kompiliert wurden. Es empfiehlt sich, diese Adresse zu vermeiden. Wählen Sie statt dessen eine Basisadresse zwischen 16 MegaByte (16.777.216 Byte oder &H1000000) und 2 GigByte (2.147.483.648 Byte oder &H80000000) aus. Die Basisadresse *muß* ein Vielfaches von 64 KiloByte sein.

Die Registerkarte »Debuggen« von Projekteigenschaften

Diese Registerkarte ist nicht in allen Word/VBA-Entwicklungsumgebungen vorhanden. Sie ist nur aufrufbar, wenn im Projekt-Explorer ein *ausführbares* Projekt (COM-Add-In) markiert ist. Mit ihr können Sie zusätzliche Startaktionen festlegen, die ausgeführt werden sollen, wenn ein Clientprogramm (wie zum Beispiel der Internet Explorer, Word, Excel, Visio, Visual Basic, Outlook, FrontPage ...) auf Ihr Programm zugreift.

- **Warten bis Komponente erstellt ist:** Mit dieser Option legen Sie fest, daß beim Starten Ihres COM-Add-Ins respektive beim Zugriff eines Clients auf Ihr Programm nichts besonderes passieren soll (was in der Regel der Fall ist).

Abbildung 8.68 Die Registerkarte »Debuggen« des Dialogs »Projekteigenschaften <Projektname>«

▶ **Komponente starten:** Mit dieser Option legen Sie fest, daß beim Starten Ihres COM-Add-Ins respektive beim Zugriff eines Clients auf Ihr Programm eine im Projekt integrierte Komponente (zum Beispiel der DHTML-Designer, der Web-Klassen-Designer, ein besonderes Benutzersteuerelement ...) entscheidet, was zum normalen Ablauf zusätzlich passieren soll. Die Option ist erst verfügbar, wenn sich eine entsprechende Komponente in Ihrem COM-Add-In-Projekt befindet. Die Auswahl einer Startkomponente in der Registerkarte hat keinen Einfluß auf die Anwendung, die das COM-Add-In ausführen soll.

▶ **Programm starten:** Mit dieser Option legen Sie fest, daß beim Starten Ihres COM-Add-Ins respektive beim Zugriff eines Clients auf Ihr Programm zusätzlich eine weitere Anwendung gestartet werden soll.

▶ **Browser starten mit URL:** Mit dieser Option legen Sie fest, daß beim Starten Ihres COM-Add-Ins respektive beim Zugriff eines Clients auf Ihr Programm zusätzlich der Browser zu einer bestimmten URL navigieren soll.

▶ **Bestehenden Browser verwenden:** Mit dieser Option legen Sie fest, ob eine eventuell vorhanden Instanz des Browsers verwendet werden soll, oder ob eine neue Instanz des Browsers geöffnet werden soll, wenn zu einer URL navigiert wird.

8.17.3 Der Dialog »Digitale Signatur«

Der Dialog »Digitale Signatur« ermöglicht die digitale Signierung von VBA-Code beziehungsweise eines Projekts durch Zuweisen eines Zertifikats. Er wird seit Word 2000 über den Befehl »Digitale Signatur ...« im Menü »Extras« des Visual Basic-Editors geöffnet:

Abbildung 8.69 Der Dialog »Digitale Signatur«

Der Dialog ist weitestgehend selbsterklärend. Im Bereich »*VBA-Projekt ist im Augenblick signiert als*« wird der der Namen des derzeit dem Projekt zugewiesenen Zertifikats angezeigt; im Bereich »*Signiert als*« wird das voreingestellte Zertifikat angezeigt. Der Schaltknopf »Entfernen« ist nur aktiv, wenn ein VBA-Projekt tatsächlich zertifiziert ist. Mit dem Schaltknopf »Wählen« können Sie das Dialogfeld »Zertifikat auswählen« anzeigen lassen.

Abbildung 8.70 Der Dialog »Zertifikat auswählen« ist leer, wenn auf Ihrem Computersystem unter Ihrem Benutzerkonto noch nie ein Zertifikat eingerichtet wurde.

Bevor Sie ein Zertifikat auswählen können, müssen Sie erst eines erstellen. Da das Thema Sicherheit auch bei der VBA-Programmierung eine zunehmend größere Rolle spielt, werden nachstehend in kleineren Exkursen die Schritte zum Erstellen eines Zertifikats und zum digitalen Signieren eines VBA-Makroprojekts in Word beschrieben und erläutert.

Interna des VBE und der VBA-Entwicklungsumgebung

Der Sinn eines Zertifikats

Daß VBA extrem leistungsfähig und flexibel ist, sollten Sie inzwischen wissen. Es ist so leistungsfähig, daß Sicherheitsmaßnahmen notwendig sind, um die Beschädigung von Dokumenten, Daten und Computereinstellungen durch bösartige VBA-Makros zu verhindern. Microsoft empfiehlt daher nachdrücklich, die Sicherheitsstufe für alle Office-Applikationen auf »Hoch« festzulegen und das Kontrollkästchen »Allen installierten Add-Ins und Vorlagen vertrauen« zu deaktivieren (»Extras-Makro-Sicherheit...-Sicherheitsstufe«).

Wenn Sie dies tun, haben Sie das Problem, daß nicht nur fremde, sondern auch Ihre eigenen VBA-Prozeduren vor dem Ausführen abgeblockt werden. Word führt in Dokumentvorlagen enthaltene VBA-Prozeduren nur aus, wenn die Makrosicherheitsstufe auf »Mittel« oder »Niedrig« eingestellt ist. Es besteht jedoch kein Zweifel, daß Microsofts Empfehlung richtig ist: Wenn Sie auf Ihrem Computersystem nicht nur mit selbst erstellten Dokumenten zu tun haben, sollten Sie die Sicherheitsstufe auf »Hoch« belassen. Was also tun? Sie müssen in diesem Fall allen eigenen VBA-Projekten eine digitale »Unbedenklichkeitsbescheinigung«, ein Zertifikat ausstellen. Word kann dann auf der Sicherheitsstufe »Hoch« durchaus Ihre signierten und vertrauenswürdigen VBA-Projekte ohne Rückfrage ausführen, während unsignierte (und somit nicht vertrauenswürdige) VBA-Makroprojekt nach wie vor automatisch deaktiviert werden.

Damit Sie Ihr VBA-Projekt digital signieren können, müssen Sie sich zunächst entscheiden, welches Zertifikat benutzt werden soll. Entweder Sie erstellen ihr eigenes Zertifikat, oder Sie beziehen ein Zertifikat von einer *Stammzertifizierungsstelle* (CA). Nach Microsoft hat jeder dieser beiden Ansätze seine Vor- und Nachteile:

> *»Selbstausgestellte (oder genauer: selbstsignierte) Zertifikate sind einfach auszustellen. Mit Office steht Ihnen das Tool SelfCert.exe zur Verfügung, mit dem Sie leicht selbstsignierte Zertifikate ausstellen können. Makros und VBA-Projekte, die Sie mit solchen Zertifikaten signieren, können auf Ihrem Computer geladen und ausgeführt werden. Wenn Sie allerdings ein mit einem von SelfCert.exe erstellten Zertifikat signiertes Objekt auf einen anderen Computer übertragen, wird die Einstellung Hohe Sicherheit von Office verhindern, dass das Objekt geladen wird. Die signierende Stelle ist nicht in der Liste der vertrauenswürdigen Quellen dieses Computers enthalten. Das bedeutet, dass eine Selbstsignierung nur dann nützlich ist, wenn damit Objekte signiert werden, die nur auf einem Computer funktionieren sollen.*
>
> *Die Zertifizierungsstelle Ihrer Organisation oder eine Stammzertifizierungsstelle eines Drittanbieters (... wie zum Beispiel www.telekom.de oder www.verisign.com ... aj) kann Zertifikate zur Signierung von Programmcode ausstellen. Zertifikate einer CA geben Ihnen die Möglichkeit, signierte Objekte auf mehreren Computern auszuführen. Allerdings nur, wenn die CA in der Liste der vertrauenswürdigen Quellen auf diesen Computern enthalten ist. Office XP ermöglicht es Ihnen, während der Installation eine Liste der vertrauenswürdigen Quellen zu erstellen ...«*[33]

Die Zertifizierung über Drittanbieter ist nur für Unternehmen oder für VBA-Entwickler interessant, die Ihre VBA-Projekte vermarkten wollen. Sie müssen diese Zertifikate teuer einkaufen, wobei es unterschiedliche Zertifikatklassen gibt, die teilweise einige hundert Euro kosten. Außerdem müssen derartige Zertifikate jedes Jahr, alle zwei Jahre oder in

---

33 [MICRO016].

einem anderen Turnus erneuert werden. In diesem Buch ist nur Platz, auf die erste Variante einzugehen

Installieren von SelfCert.exe

Die Angaben darüber, ob und mit welcher Installation SelfCert.exe installiert wird, schwanken je nach Quelle. Grundsätzlich ist davon auszugehen, daß bei neueren Word/Office-Versionen SelfCert.exe standardmäßig installiert wird. Wenn Sie jedoch Word 2000 verwenden oder sich durch andere Umstände kein SelfCert-Programm auf Ihrer Festplatte befindet, müssen Sie es im Office-Setup nachinstallieren (Word-1997-Anwender bleiben bei der digitalen Signierung draußen vor). Führen Sie dazu folgende Schritte durch (wohlgemerkt, je nach Word/Office variieren eventuell die Bezeichnungen und Arbeitsschritte):

1. Führen Sie das Setup von Word/Office von CD oder von einem Datenträger erneut aus. Klicken Sie im Dialogfeld »Microsoft Office Setup« auf die Option »Features hinzufügen/entfernen«, und dann auf auf »Weiter«.
2. Erweitern Sie den Knoten »Gemeinsam genutzte Office-Features«, indem Sie auf das Pluszeichen »+« klicken.
3. Klicken Sie auf »Digitale Signatur für VBA-Projekte«, und auf »Vom Arbeitsplatz« starten.
4. Klicken Sie auf »Aktualisieren«, um das Programm SelfCert.exe zu installieren, und nach Abschluß der Installation auf »OK«.

Generieren eines Zertifikats

Starten Sie nach der Installation das Tool SelfCert.exe (Standardordner: »<Laufwerk>:\Programme\Microsoft Office\Office« oder »<Laufwerk>:\Programme\Microsoft Office\Office nn«, wobei »nn« für die Office-Versionsnummer steht). Das Einzige, was Sie nun tun müssen, ist einen Zertifikats-Namen anzugeben. Nachdem Sie auf »OK« geklickt haben, erstellt Windows das Zertifikat und legt es im Zertifikatsspeicher des lokalen Computers ab.

Abbildung 8.71 SelfCert.exe im Einsatz

Signieren eines VBA-Projekts

Kehren Sie anschließend zu Word beziehungsweise zum Visual Basic-Editor zurück (es wird vorausgesetzt, daß Sie die Sicherheitsstufe noch nicht auf »Hoch« gestellt haben respektive eine potentiell lästige Sicherheitsstufenmeldung mit »Makros aktivieren« bestätigt haben).

Markieren Sie im Projekt-Explorer des Visual Basic-Editors Ihr Projekt, und wählen Sie »Extras-Digitale Signatur«. Das Dialogfeld »Digitale Signatur« wird angezeigt. Wenn Sie jetzt auf den Schaltknopf »Wählen« klicken, wird das Dialogfeld »Zertifikat auswählen« (engl. »select certificate«) nicht leer, sondern mit dem Zertifikat angezeigt, daß Sie zuvor mit SelfCert erstellt haben.

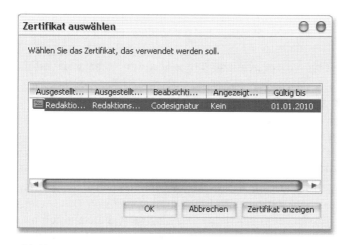

Abbildung 8.72 Der Dialog »Zertifikat auswählen« nach dem Erstellen eines Zertifikats

Wählen Sie das Zertifikat aus, das Sie zuvor generiert haben. Klicken Sie zweimal auf »OK«, speichern Sie Ihr Projekt. Stellen Sie nun in Word, falls noch nicht geschehen, Ihre Sicherheitsstufe auf »Hoch« und starten Sie anschließend Word neu. Öffnen Sie in Word die Datei mit Ihrem Projekt noch einmal. Es erscheint der Dialog »Sicherheitswarnung«.

Wichtig: Markieren Sie in dem Dialog »Sicherheitswarnung« das Kontrollkästchen »Makros aus dieser Quelle immer vertrauen«, und wählen Sie dann »Makros aktivieren«. Fertig. Jetzt müssen Sie nur noch jede neue beziehungsweise jede mit der »nervenden« Sicherheitsabfrage aufstartende Datei, die Sie selber aus einer vertrauenswürdigen Quelle erhalten haben, mit Ihrer Signatur versehen.

Verwalten und Löschen der Zertifikate

Wenn man Zertifikate erstellen kann, stellt sich natürlich auch die Frage, wie man Zertifikate wieder löschen oder verwalten kann. Hierfür eignet sich die Management-Konsole von Windows. Falls auf Ihrem Computersystem keine Konsole mit Zertifikats-Snap-Ins angelegt wurde, können Sie das mit folgenden Schritten nachholen (die Schritt-für-Schritt-Anleitung setzt Windows XP voraus, funktioniert aber unter anderen Windows-Plattformen ähnlich oder genauso):

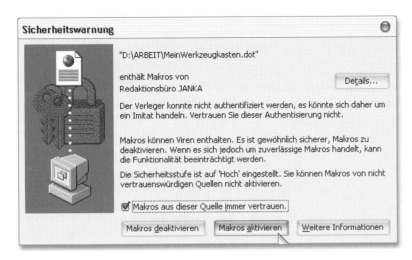

Abbildung 8.73 Der Dialog »Sicherheitswarnung«

1. Melden Sie sich als Administrator am Computersystem an. Klicken Sie in Windows auf »Start« und dann auf »Ausführen«. Es erscheint der Aussführen-Dialog. Geben Sie in dessen Eingabezeile hinter »Öffnen«

   mmc

   ein, und klicken Sie anschließend auf »OK«. Es erscheint dann die *Mangement-Konsole* von Windows.

2. Klicken Sie im Menü »Datei« der Management-Konsole auf den Befehl »Snap-In hinzufügen/entfernen«. Es erscheint der Dialog »Snap-In hinzufügen/entfernen«.

3. Klicken Sie in diesem Dialog auf »Hinzufügen«. Es erscheint der Dialog »Eigenständiges Snap-In hinzufügen«. Markieren Sie in der Snap-In-Auswahlliste den Eintrag »Zertifikate«, und klicken Sie den Schaltknopf »Hinzufügen« an.

4. Es erscheint der Dialog »Zertifikats-Snap-In«. Wählen Sie »Eigenes Benutzerkonto« aus, und klicken Sie dann auf »Fertig stellen«.

5. Wählen Sie im Dialog Markieren Sie in der Snap-In-Auswahlliste des Dialogs »Eigenständiges Snap-In hinzufügen« noch einmal den Eintrag »Zertifikate«, und klicken Sie abermals auf den Schaltknopf »Hinzufügen«.

6. Im Dialog »Zertifikats-Snap-In« wählen Sie diesmal »Computerkonto« aus, und klicken auf den Schaltknopf »Weiter«.

7. Im Dialog »Computer auswählen« führen Sie eine der folgenden Aktionen aus:
   - Um Zertifikate für den lokalen Computer zu verwalten, klicken Sie auf »Lokaler Computer« und dann auf »Fertig stellen«.
   - Um Zertifikate für einen Remotecomputer zu verwalten, klicken Sie auf »Anderen Computer«, geben den Computernamen ein oder wählen ihn durch Klicken auf »Durchsuchen« aus und klicken dann auf »Fertig stellen«.

8. Klicken Sie im Dialog »Eigenständiges Snap-In hinzufügen« auf »Schließen«. Die neuen Einträge werden in der Liste der ausgewählten Snap-Ins für die neue Konsole angezeigt. Wenn Sie zur Konsole keine weiteren Snap-Ins hinzufügen möchten, klicken Sie auf »OK«.

Es wird eine neue Konsole mit zwei Snap-Ins angezeigt, mit denen Sie die Zertifikate verwalten und löschen können. Wenn Sie die neue Konsole praktisch finden und sie länger behalten wollen, speichern Sie sie einfach ab. Dazu klicken Sie im Menü »Datei« auf den Befehl »Speichern«.

Zertifikat, ja aber ...

Erst einmal ein dickes Lob: Wer die Zertifikatsexkurse bis hierin durchgelesen hat, hat Ausdauer bewiesen. Microsoft hat sich echt Mühe gegeben, das Thema Signierung und Zertifizierung so »esoterisch« und »unergonomisch« wie möglich zu gestalten. Unverkennbar wurde dabei der deutsche Amtsschimmel mit seinen zahllosen beglaubigten Bescheinigungen, Normen, Qualitätsstandards nahezu exakt kopiert. Leider hat das ganze Verfahren einen entscheidenden Nachteil: Eine Signatur schützt im Grunde nicht vor Viren, Würmern und ähnlichem Ungeziefer, sondern filtert nur »vorgeblich« nichtvertrauenswürdige Quellen heraus. Inzwischen leben wir aber in einer Zeit, da die meisten angeblich vertrauenswürdigen Quellen überhaupt keine Ahnung davon haben, ob Sie einen Virus, einen Wurm oder ähnliches mit sich herumtragen, oder nicht. Viele Unternehmen und Privatanwender sind Überträger, weil sie weit davon entfernt sind, VirenScanner, Firewall, Microsoft-Security-Updates, Dialup-Tools und so weiter fortwährend auf dem Laufenden zu halten. Will sagen: Signierte Dateien sind genauso gefährlich, wie nicht signierte Dateien, wenn die vertrauenswürdige Quelle nicht weiß, was sie tut (was die Regel ist). Sie können einem Zertifikat vertrauen, aber Sie tun es immer auf eigenem Risiko!

8.17.4 Add-Ins für die VBA-Entwicklungsumgebung festlegen

Add-Ins für die VBA-Entwicklungsumgebung können aus verschiedenen Quellen stammen. Einerseits gibt es ganze Reihe von Add-Ins, die mit den Developer Editionen von Word/Office ausgeliefert werden, andererseits existieren auch eine Reihe von VBE-Add-Ins von Drittanbietern. Es steht Ihnen auch frei, mit VB eigene Add-Ins für VBA-Entwicklungsumgebung von Word zu erstellen.

Bevor Sie ein Add-Ins für den Visual Basic-Editor verwenden können, müssen Sie das Add-In in die VBA-Entwicklungsumgebung laden. Verfahren dazu wird folgt:

1. Klicken Sie im Visual Basic-Editor im Menü »Add-Ins« auf den Befehl »Add-In-Manager«. Es erscheint der Dialog »Add-In-Manager«, der alle auf Ihrem System vorhandenen Add-Ins für die VBA-IDE auflistet.

2. Doppelklicken Sie auf ein gewünschtes Add-In, um es zu laden. Doppelklicken Sie erneut, um das Add-In aus dem Speicher zu entfernen. Dadurch wird die Option »Geladen/Entladen« für das Add-In umgeschaltet.

3. Es empfiehlt sich, die Option »Beim Start laden« zu aktivieren. Dadurch wird bei jedem Ausführen des Visual Basic-Editors das Add-In automatisch geladen und in dem Menü »Add-Ins« des Visual Basic-Editors angezeigt.

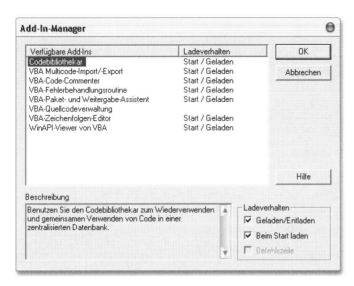

Abbildung 8.74 Der Dialog »Add-In-Manager mit den Add-Ins der Developer-Version von Word/Office für die VBA-Entwicklungsumgebung

Sobald ein Add-In im Menü »Add-Ins« des Visual Basic-Editors als Menübefehl angezeigt wird, steht zur Verwendung bereit. Sie starten ein Add-In, indem Sie es im Menü Add-Ins auswählen.

Aus Platzgründen kann das Thema Add-Ins für die VBA-Umgebung hier leider nicht weiter besprochen werden. Damit Sie trotzdem einen Eindruck von der möglichen Arbeitserleichterung durch VBE-Add-Ins erhalten, nachstehend ein paar knappe Informationen und Bildschirmbilder von nützlichen Add-Ins einer Word/Office Developer Edition:

Add-In für die VBA-IDE	Beschreibung
Code Librarian (»Codebibliothekar«)	Der Code Librarian enthält eine umfangreiche Starterdatenbank mit vorgefertigtem Code für Standardroutinen in Office, VBA und dem Visual Studio-Entwicklungssystem. Sie können der vorhandenen Code Librarian-Datenbank eigenen Code hinzufügen, oder Sie erstellen neue Codedatenbanken. Code aus der Datenbank kann bequem in die eigenen Projekte einfügt werden.
Multi-Code-Import/-Export	Das Multi-Code-Import/-Export-Add-In bietet eine einfache Möglichkeit, mit der VBA-Objekte mit anderen Entwicklern gemeinsam genutzt werden können. Mehrere Codemodule können Sie in einem einzigen Vorgang in ein Projekt übertragen beziehungsweise aus dem Projekt herausziehen.
VBA-Zeichenfolgeneditor	Sie können das VBA-Zeichenfolgeneditor-Add-In bei der Formatierung von Zeichenfolgen verwenden, die in VBA-Code eingebunden werden sollen. Komplexe Zeichenfolgen wie SQL-Anweisungen können als einfacher Text eingegeben werden; der Zeichenfolgeneditor formatiert die Zeichenfolge bei Bedarf mit den entsprechenden Anführungszeichen und weiteren Symbolen und fügt sie in Ihren Code ein.

Add-In für die VBA-IDE	Beschreibung
VBA-Code-Commenter	Sie können das VBA-Code-Commenter-Add-In verwenden, um einen auskommentierten Code zu erstellen, der leicht gepflegt werden kann, indem Sie über änderbare Vorlagen (.eht-Dateien) Prozeduren automatisch mit Kommentaren und Headern versehen.
VBA-Fehlerbehandlungsroutine	Sie können das VBA-Fehlerbehandlungsroutinen-Add-In verwenden, um das Erstellen eines standardisierten Fehlerbehandlungsroutinen-Codes zu vereinfachen und zu automatisieren. Das Add-In erstellt Codeanweisungen, die professionell und einfach zu debuggen sind. Die VBA-Fehlerbehandlungsroutine verwendet Eingabedialogfelder, die grundlegende Informationen aufnehmen, und fügt über eine änderbare Vorlage (.eht-Datei) einen standardisierten Fehlerbehandlungscode ein.
VBA-Add-In zur Quellcodeverwaltung	Das VBA-Add-In zur Quellcodeverwaltung, stellt eine Schnittstelle zu SourceSafe dar, das viele professionelle Entwickler aus Ihrer täglichen Arbeit kennen dürften. SourceSafe bietet dank des Add-Ins auch für die VBA-Umgebung Funktionen wie Einchecken/Auschecken, Versionsüberprüfung, Verlauf und andere wichtige Quellcode-Verwaltungsfunktionen.
WinAPI-Viewer	Mit dem WinAPI-Viewer-Add-In können Sie sich Informationen zur Deklaration von API-Anweisungen, Konstanten und Typen anzeigen lassen. Einträge können in die Zwischenablage kopiert und anschließend in Ihren VBA-Code eingefügt werden.

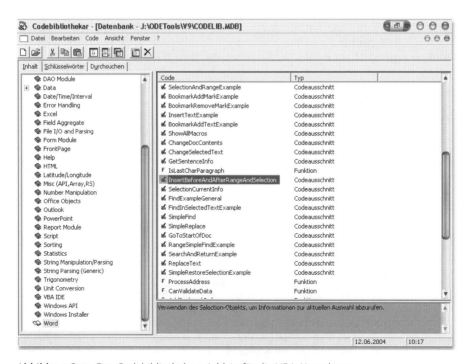

Abbildung 8.75 Das Codebibliothekars-Add-In für die VBA-Umgebung

Abbildung 8.76 Das Zeichenfolgen-Editor-Add-In für die VBA-Umgebung

Abbildung 8.77 Das Fehlerbehandlungs-Add-In für die VBA-Umgebung

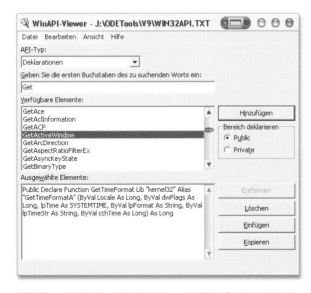

Abbildung 8.78 Das WinAPIViewer-Add-In für die VBA-Umgebung

8.18 Die wichtigsten Tastenbelegungen für schnelle Code-Bearbeitung

Shortcut	Wirkung
STRG + x	Markierten Code in die Zwischenablage ausschneiden.
STRG + y	Codezeile in die Zwischenablage ausschneiden (löschen).
STRG + c	Markierten Code in die Zwischenablage kopieren.
STRG + v	Zwischenablage-Inhalt an der Position der Einfügemarke in den Code einfügen.
STRG + z	Letzten Bearbeitungsvorgang in der aktuellen Zeile rückgängigmachen.
STRG + a	Den gesamten Code eines Moduls markieren.
STRG + f	Suchen-Dialog öffnen.
STRG + h	Ersetzen-Dialog öffnen.
F3	Weitersuchen (nach unten)
UMSCHALT + F3	Weitersuchen (nach oben)
ENTF oder RÜCKTASTE	Markierten Code löschen.
STRG + ENTF	Code bis zum Wortende löschen.
STRG + RÜCKTASTE	Markierten Code bis zum Wortanfang löschen.
TAB	Einzug vergrößern.
UMSCHALT + TAB	Einzug verkleinern.
STRG + j	Eigenschaften, Methoden, Objekte et cetera anzeigen.
STRG + UMSCHALT + j	Konstanten in einer Dropdown-Liste anzeigen.**
STRG + i	Quickinfo zu Codeteilen anzeigen.*
STRG + UMSCHALT + i	Parameterinfo zu Prozeduren, Funktionen und Anweisungen anzeigen.*
STRG + LEERTASTE	Codewort vervollständigen.
STRG + NACH-UNTEN	Zur nächsten Prozedur bewegen.
STRG + NACH-OBEN	Zur vorigen Prozedur bewegen.
STRG + BILD-AB	Einen Bildschirm nach unten blättern.
STRG + BILD-AUF	Einen Bildschirm nach oben blättern.
STRG + POS1	Zum Anfang des Moduls bewegen.

Shortcut	Wirkung
STRG + ENDE	Zum Ende des Moduls bewegen.
STRG + NACH-RECHTS	Ein Codewort nach rechts bewegen.
STRG + NACH-LINKS	Ein Codewort nach links bewegen.
ENDE	Zum Codezeilenende bewegen.
POS1	Zum Codezeilenanfang bewegen.
UMSCHALT + F2	Zur Definition eines Codeteils bewegen.*
STRG - UMSCHALT + F2	Zur letzten Position im Code zurückbewegen.
F1	Hilfe öffnen.***
F2	Objektkatalog***
STRG + g	Direktfenster***
STRG + r	Projekt-Explorer***
F4	Eigenschaftsfenster***
F7	Codefenster***
STRG + t	Komponenten-Dialog öffnen.
SHIFT + F10	Kontextmenü anzeigen
STRG + m	Datei mit Code (.frm, .bas., .cls) importieren.
STRG + e	Datei mit Code (.frm, .bas., .cls) exportieren.
STRG + s	Codedatei speichern.
STRG + p	Code drucken.
ALT + q	Visual Basic-Editor schließen und zu Word zurückkehren.

Hinweise

* Die Einfügemarke muß sich in der entsprechenden Code-Zeichenkette befinden.

** Nur wenn Sie einer Eigenschaft einen Wert zuweisen und die Einfügemarke sich hinter dem Gleichheitszeichen »=« befindet.

*** Anzeigen oder Einfügemarke zum jeweiligen Objekt bewegen.

8.19 Die wichtigsten Tastenbelegungen für schnelles Ausführen und Debuggen von VBA-Programmen

Shortcut	Wirkung
F5	1) VBA-Prozedur ausführen.* 2) Benutzerformular (UserForm) starten.* 3) Nach einer Unterbrechung die Programmausführung fortsetzen.
F8	VBA-Code zeilenweises ausführen (Einzelschritt).
UMSCHALT + F8	Einen `javascript:hhobj_4.Click()` Prozeduraufruf während der Ausführung im Einzelschritt in einem Schritt und nicht Befehl für Befehl ausführen (Prozedurschritt).
STRG + F8	VBA-Code bis zur Position der Einfügemarke ausführen.
STRG + UMSCHALT + F8	Prozedur abschließen.
STRG + PAUSE	VBA-Programm-Ausführung unterbrechen.
UMSCHALT + F9	Aktuellen Wert eines ausgewählten Ausdrucks anzeigen.*
F9	Haltepunkt ein-/ausschalten.
STRG + UMSCHALT + F9	Alle Haltepunkte löschen.
STRG + F9	Nächste Anweisung festlegen.
STRG + w	Überwachung bearbeiten (nur wenn ein Überwachungsausdruck vorhanden ist).
STRG + l	Aufrufliste der Prozeduren anzeigen (nur während des Debuggens, zum Schnellen Navigieren zwischen den Prozeduren).

Hinweise

* Die Einfügemarke muß sich im gewünschten Codeteil befinden oder das entsprechende Bildschirmobjekt muß markiert sein.

8.20 Die wichtigsten Tastenbelegungen für schnelles Arbeiten im UserForm-Fenster

Tastenkombination	Zweck
UMSCHALT + STRG + (Alphanumerisches Zeichen)	Auswählen einer Eigenschaft in der Eigenschaftenliste des Fensters Eigenschaften.
(Alphanumerische Zeichen)	Eingeben eines Werts für die ausgewählte Eigenschaft im Fenster Eigenschaften.
F7	Öffnen des Code-Fensters für das ausgewählte Objekt.
ENTF oder RÜCKSCHRITTASTE	Entfernen der ausgewählten Steuerelemente, ohne sie in der Zwischenablage zu speichern.

Tastenkombination	Zweck
STRG + Z	Macht ein Entfernen von Steuerelementen rückgängig.
TAB	Vorwärtsbewegen durch Steuerelemente in Aktivierreihenfolge.
UMSCHALT + TAB	Rückwärtsbewegen durch Steuerelemente in Aktivierreihenfolge.
STRG + Linke Maustaste klicken	Auswählen mehrerer Steuerelemente beziehungsweise Hinzufügen/Entfernen eines Steuerelements zur oder aus der Auswahl.
Linke Maustaste klicken+ziehen	Auswählen mehrerer Steuerelemente.
STRG + Linke Maustaste klicken+ziehen	Hinzufügen oder Entfernen von Steuerelementen zu/aus der aktuellen Auswahl.
F6	Anzeigen des Fensters Eigenschaften (nur zur Entwurfszeit).
UMSCHALT + F10	Einblenden der Tastenkombination.
STRG + j	In den Vordergrund (betrifft nur sich überschneidende Steuerelemente zur Entwurfszeit).
STRG + k	In den Hintergrund (betrifft nur sich überschneidende Steuerelementen zur Entwurfszeit).

# Teil 2 – Grundlagen

9 Allgemeine Anmerkungen

*»... Wirr sind meine Gedanken, und doch
liebe ich dieses Wirre, dieses Unklare ...«
Conny Raab*

9.1 VBA-Sprachbereiche

VBA läßt sich wie viele andere moderne Programmiersprachen grob in drei Bereiche einteilen:

- In den fundamentalen VBA-Sprachbereich
- In den objektorientierten Sprachbereich
- In den benutzerdefinierten Sprachbereich

Der fundamentale VBA-Sprachbereich umfaßt Anweisungen (Kommandos, Befehle), Variablen, Datentypen und Konstanten, Operatoren, Prozeduren, Funktionen, Schleifen, Verzweigungen und so weiter. Er wird direkt im Teil 2 des Buches besprochen und unterscheidet sich im wesentlichen nicht von dem fundamentalen Sprachbereich von anderen Programmiersprachen. Im Grunde fallen nur das *Befehlsvokabular* und die *Satz-* und *Sonderzeichen* für den VBA-Code anders aus als in anderen Programmiersprachen, wohingegen die prinzipielle Anwendung von Programmiersprachkonstrukten gleich ist. Wenn-dann-Verzweigungen, Schleifen, Unterroutinen und ähnliches gibt es in jeder modernen Programmiersprache. Kennt man erst einmal eine Programmiersprache, fällt es nicht schwer, sich in eine andere einzuarbeiten. In einer modernen Informationsgesellschaft gehören die Grundprinzipien einer Programmiersprache ohnehin zur Allgemeinbildung – zumindest sollten sie das, oder?

Der objektorientierte Sprachbereich umfaßt verschiedene Objektmodelle und Objektbibliotheken wie zum Beispiel die Office-, die Word- und die VBA-Objektbibliothek. Dieser Bereich wird weiter hinten im Buch in eigenen Kapiteln und getrennt vom fundamentalen VBA-Sprachbereich vorgestellt. Dadurch werden jene Leser, die sich zum ersten Mal mit VBA beschäftigen, nicht gleichzeitig mit zwei verschiedenen Aspekten der Programmiersprache konfrontiert. Die Aufteilung erleichtert VBA-Laien den Einstieg und VBA-Profis das Überspringen von Kapiteln, die für sie wenig essentiell Neues bringen. Natürlich ist die Teilung in objektorientierte und fundamentale Buchkapitel nicht überall hundertprozentig durchzuhalten – denn ohne den einen oder anderen flüchtigen Blick in die Word- und VBA-Objektbibliothek macht fundamentale Anwendungsprogrammierung nur wenig Freude.

Kenntnisse in den beiden erst genannten Bereichen sind die Voraussetzung, um im dritten, im Rahmen der eigenen VBA-Projekte erfolgreich zu agieren. Eine eigene VBA-Codebibliothek und komplexe VBA-Anwendungen lassen sich nur dann verwirklichen, wenn man die fundamentalen und die objektorientierten VBA-Sprachelemente kennt und versteht.

9.2 Speicher, Adresse und Name

Damit sie vom Computer verarbeitet werden können, müssen elektronische Daten – unabhängig davon, wie sie erstellt und wann sie gebraucht werden – irgendwo (zwischen)gespeichert sein. Außerdem benötigen sie einen Namen, mit dem man sie gegebenenfalls von anderen elektronischen Daten unterscheidet und im Speicher adressieren kann. Das betrifft Dateien, Makros, Formulare, Steuerelemente und Prozeduren genauso wie Variablen, Konstanten, Klassen und andere Formen von elektronisch verarbeitbaren Informationen und Objekten.

Ein Name steht folglich für eine Adresse, die wiederum ein Kennzeichen zur Identifizierung eines Speicherbereichs im Speicher einer Hardware-Komponente darstellt (zum Beispiel im Hauptspeicher des Rechners, auf einem Massenspeicher, im Grafikartenspeicher et cetera).

Anschaulich werden die Begriffe Speicher, Adresse und Name, wenn man sich die Speicherbereiche einer Hardware-Komponente als einzelne Schachteln, die alle mit einer fortlaufenden Nummer versehen sind, vorstellt. Will man eine Information aus einer der Schachteln anfordern oder eine hineinlegen, so wird diese Schachtel über ihre Nummer, die Adresse, angesprochen. Wenn man nun jeder Nummer einen eindeutigen, allgemeinverständlichen Namen gibt, so kann man eine Schachtel nicht nur über ihre Nummer, sondern auch über ihren Namen gezielt ansprechen.

In etlichen Fällen reicht zur Identifizierung elektronischer Daten ein möglichst anschaulicher Name aus. In anderen ist es aber notwendig, den Namen eindeutig zu bestimmen und anzuwenden.

9.3 Bezeichner (Identifizierer)

Die eindeutige Angabe eines Namens zur Identifizierung eines Programmteils oder einen anderen elektronisch verarbeitbaren Information wird *Bezeichner* genannt. Bezeichner sind demnach allgemein Namen für zum Beispiel Steuerelemente, Dialogfelder, Module, Klassen, Prozeduren, Namensbereiche und andere Objekte und Programmelemente, unabhängig davon, wer sie bereitstellt oder festgelegt hat.

In diesem Buch wird der Begriff aber meist eingeschränkt verwendet und umfaßt lediglich eindeutige Namen, die der Programmierer im Rahmen eines zu entwickelnden Programms definiert, zum Beispiel Namen für:

- ▶ Variablen
- ▶ Konstanten
- ▶ Benutzerdefinierte Datentypen
- ▶ Prozeduren
- ▶ Argumente
- ▶ Klassen, Objekte, Auflistungen
- ▶ Methoden
- ▶ Eigenschaften

- Ereignisse
- ... und so weiter

Die Bezeichner dieser Codeteile sind nicht durch den Wortschatz und die Grammatik (Syntax) von VBA unumstößlich festgelegt, wie das bei den VBA-Schlüsselwörtern und den anderen unveränderlichen Bestandteilen der formalen Programmiersprache der Fall ist. Sie werden auch nicht vom Objektmodell der VBA-Host-Anwendung bereitgestellt. Vielmehr obliegt es der Obhut des Programmierers, den Namen eines Codeteils möglichst vor dem ersten Aufruf oder vor der ersten *Wertzuweisung*[1] im Quellcode klar, aussagekräftig und konsistent zu vergeben.

9.3.1 Definition des Begriffs »Definition« in VBA

Die Festlegung eines Namens für die genannten Codeteile (Variable, Konstante, Prozedur ...) wird in VBA *Definition*[2] genannt. Der Begriff »Definition« steht in VBA nicht für die Zuweisung eines Inhalts oder einer Information an ein benanntes Codeelement, auch nicht für eine genaue Bestimmung des Codeelements, sondern nur für den Vorgang der Benennung selbst. Die Bedeutung des Begriffs »Definition« ist im Zusammenhang mit VBA also sehr viel eingeschränkter als im allgemeinen Sprachgebrauch oder in der Philosophie.

> **Vergeben Sie eindeutige Namen!**
>
> Angenommen, auf einem Benutzerformular[3] mit dem Namen frmTest01 und auf einem zweiten Benutzerformular mit dem Namen frmTest02 befindet sich jeweils ein Bezeichnungsfeld. Und angenommen, die beiden Bezeichnungsfelder besitzen den gleichen Namen lblLabel01. Wenn Sie sich im Programmcode auf die Bezeichnungsfelder beziehen wollen, um zur Laufzeit der Caption-Eigenschaft des einen Labels die Zeichenfolge »Überschrift« und der Caption-Eigenschaft des anderen die Zeichenfolge »Headline« zuzuweisen, so kann VBA mit den folgenden Anweisungen nur innerhalb des jeweiligen UserForm-Codes etwas anfangen:
>
> ```
> 'Funktioniert nur im Code des Benutzerformulars frmTest01
> lblLabel01.Caption = "Überschrift"
> 'Funktioniert nur im Code des Benutzerformulars frmTest02
> lblLabel01.Caption = "Headline"
> ```
>
> Der Bezug auf die Bezeichnungsfelder aus einem anderen Modul heraus ist, weil nicht eindeutig, so nicht möglich. Statt einfach nur den Namen der Labels zu verwenden, müssen Sie auch die *Namen der UserForms* angeben, auf denen sich die Bezeichnungsfelder befinden, damit VBA sie eindeutig identifizieren kann. Genauer sind beispielsweise folgende Anweisungen:
>
> ```
> frmTest01.lblLabel01.Caption = »Überschrift«
> frmTest02.lblLabel01.Caption = »Headline«
> ```

Beispiel für Inkonsistenz

---

[1] Die erste Wertzuweisung wird *Initialisierung* genannt. Durch Sie wird bei diversen Codeelementen (Konstanten, Variablen) zur Laufzeit der endgültige Speicherplatz festgelegt.
[2] Lat. »definitio«, »Abgrenzung«, »Bestimmung«.
[3] In VBA-Sprache »UserForm«.

9.3.2 Deklaration

Allein durch das Eintippen eines Namens im Codefenster des VB-Editors und durch das »Erfinden« oder die Definition eines Bezeichners ist dessen tatsächliche Bedeutung und sein Inhalt für ein Programm zur Programmlaufzeit nicht eo ipso bestimmt. Ein Bezeichner allein sagt beispielsweise nichts darüber aus, von welcher »Codesorte« er ist oder was genau er bezeichnet (Variable? Konstante? Prozedur? ...). Er sagt auch nichts darüber aus, für welche anderen Codeteile er sichtbar ist, wie lange und wieviel Speicherplatz für ihn im Arbeitsspeicher reserviert werden soll und so weiter. Kurzum: VBA benötigt neben einem Namen zusätzliche Angaben, damit ein ordentlicher Programmablauf gewährleistet ist und eine ordentliche Übersetzung in Maschinencode vonstatten gehen kann.

Deklaration Die Bekanntgabe von Meta-Angaben zu Bezeichnern vor der ersten Wertzuweisung, das Reservieren von Speicherplatz im Arbeitsspeicher in Abhängigkeit von diesen Meta-Angaben, wird im allgemeinen *Deklaration* oder *Deklarierung* genannt.

Die Syntax einer Programmiersprache legt fest, wie eine Deklaration für ein Codekonstrukt formuliert werden muß. Je nach Codekonstrukt fällt die Formulierung der Deklaration unterschiedlich aus. Beispielsweise werden bei der Deklaration und dem Aufruf von Prozeduren, Konstanten, Variablen oder Objekten teilweise völlig andere, teilweise aber auch gleiche Schlüsselwörter mit anderer Bedeutung benutzt.

Dieser Abschnitt führt zunächst nur in die grundlegende Sprachsyntax ein. Die Details zu den unterschiedlichen Deklarationen werden bei denen jeweiligen Codekonstrukten beschrieben.

Je nachdem, ob VBA die Meta-Angaben selber ergänzt oder im Code entsprechende Angaben durch den Entwickler niedergeschrieben sind, kann man zwei Deklarationsarten in VBA unterscheiden:

▶ Implizite Deklaration

▶ Explizite Deklaration

Die implizite Deklaration

In VBA können ausdrückliche Deklarationen für bestimmte Codeteile unter Umständen entfallen. Die Meta-Angaben werden dann von VBA *implizit* gesetzt. Im Rahmen des Kontexts, in dem ein Bezeichner im Code niedergeschrieben ist, nimmt VBA die Setzung der Angaben automatisch vor.

Auf den ersten Blick sieht dieser Automatismus wie eine Arbeitserleichterung aus. Frei erfundene Namen stehen sofort im Code zur Weiterverarbeitung zur Verfügung. VBA kümmert sich selber um die Beschaffung der Meta-Angaben und sorgt dafür, daß während des Programmablaufs die Bezeichner im Prinzip für das stehen, für das sie der Software-Entwickler beim Codieren vorgesehen hatte.

In der Praxis hat dieses Verfahren aber viele Nachteile. Zu den gravierenden gehören:

▶ Durch die implizite Deklaration wird die Übersichtlichkeit von Programmcode beeinträchtigt, weil Bezeichner für Codeteile wie Variablen, Konstanten und Prozeduren dezentral im Code organisiert werden.

▶ VBA geht bei der impliziten Deklaration nicht intelligent vor. Da VBA nicht feststellen kann, welche Bedeutung ein benutzerdefiniertes, aber nicht explizit deklariertes Codekonstrukt konkret besitzt, legt VBA die Bedeutung des Codeteils in seiner allgemeinsten Form aus. Beispielsweise wird eine Variable bei diesem Verfahren automatisch als allgemeiner Platzhalter für 16- oder 22-Byte-große Werte deklariert (Datentyp Variant). Und dies geschieht auch dann, wenn die Werte, die während des gesamten Programmablaufs der Variablen zugewiesen werden, im Grunde nie mehr als 1 Byte Speicher benötigen (Datentype Byte). Der Speicherplatzbedarf bei Programmen mit impliziten Deklarationen ist aus diesem Grunde unangemessen hoch.

▶ Durch die implizite Deklaration werden Schreibfehler bei der Eingabe von Namen nicht mehr eindeutig vom VB-Editor reklamiert. Es schleichen sich sehr schnell Programmfehler ein. Es genügt ein kleiner Vertipper beim Niederschreiben des Codes, wodurch automatisch ein zusätzliches Codekonstrukt deklariert wird. Und beim Programmablauf reserviert VBA für diesen Speicher, was in der Folge womöglich zu einem ungewolltem Programmverhalten oder einem unerwünschtem Ergebnis führt.

> **Resümee: Implizite Deklaration – that's a no-no**
>
> Die implizite Deklaration sollte grundsätzlich für kein Codekonstrukt angewendet werden! Es empfiehlt sich, alle deklarierbaren Codekonstrukte (Variablen, Konstanten ...) explizit zu deklarieren. Dadurch sparen Sie Speicherplatz und der Programmablauf wird sicherer. In jedem VBA-Modul sollte ganz am Anfang, das heißt im Deklarationsteil, vor jeder Prozedur die Anweisung Option Explicit stehen. Sie bewirkt, daß die Deklaration von bestimmten Codeteilen (Variablen) Pflicht wird. Ohne diese Anweisung ist eine Deklaration dieser Codeteile nicht zwingend erforderlich.[4]

Explizite Deklaration

Zweckmäßiger ist es, bei der Benennung (*Definition*) eines Bezeichners auch dessen Bedeutung in einem Deklarationsausdruck ausführlich und differenziert anzugeben (*explizite Deklaration*).

Ganz allgemein sieht die Syntax für eine explizite Deklaration von diversen Codekonstrukten (Variablen, Konstanten ...) folgendermaßen aus (in eckige Klammern gesetzte Codeelemente sind optional): *— Allgemeine Syntax für die Deklaration von Codekonstrukten*

```
[Zugriffsmodifizierer] [Sonstige Angaben] Bezeichner _
                    [As Datentyp] [Sonstige Angaben]
```

▶ **Zugriffsmodifizierer:** Darunter versteht man ein oder mehrere Schlüsselwörter von VBA (Dim, Static, Private, Public, Const ...), mit denen die *Lebensdauer* und die *Gültigkeitsbereich* und die *Art* des Codekonstrukts »Bezeichner« festgelegt und gesteuert werden können.[5] *— Zugriffsmodifizierer*

▶ Die *Lebensdauer* gibt an, wie lange ein Codekonstrukt während des Programmablaufs einen definierten Speicherplatz innehat und seinen Inhalt beibehält (zum Beispiel *— Lebensdauer*

---

4 Mehr dazu im Abschnitt 28.2, »Option Explicit«, ab Seite 797.
5 Mehr dazu im Abschnitt 11.2, »Die Zugriffsmodifizierer und der Gültigkeitsbereich für Variablen«, ab Seite 380.

nur solange, bis eine Prozedur beendet wird; oder solange, bis das gesamte Programm beendet wird ...).

Gültigkeits-
bereich
▸ Der *Gültigkeitsbereich* bestimmt, von welchen Stellen aus auf ein benutzerdefiniertes Codekonstrukt zugegriffen werden kann. [6]

Art
▸ Die *Art* legt fest, für welches Codekonstrukt (Variable, Konstante, Prozedur ...) während des Programmablaufs Speicher reserviert werden muß.

Kontext
Manche der Schlüsselwörter kennzeichnen ein Codekonstrukt in einem ganz bestimmten *Kontext* und sind in keinem anderen erlaubt. Zum Beispiel charakterisiert das Schlüsselwort `Dim` nur die Deklaration einer Variablen und eines Datenfeldes; und `Const` wird nur für die Deklaration einer Konstanten verwendet. VBA erlaubt die Verwendung der beiden Wörter in keinem anderen Kontext.

Andere Schlüsselwörter, die man insbesondere zur Modifizierung der Lebensdauer und der Sichtbarkeit verwendet, sind jedoch in unterschiedlichen Zusammenhängen erlaubt. So erlaubt VBA die Verwendung der Schlüsselwörter `Public` und `Private` beispielsweise sowohl bei der Deklaration von Variablen als auch bei der Deklaration von Konstanten, Prozeduren, Aufzählungen, benutzerdefinierten Ereignissen und benutzerdefinierten Datentypen.[7]

Bezeichner
(Name)
▸ **Bezeichner:** Das ist der benutzerdefinierte Name des jeweiligen Codekonstrukts, das man verwenden will (also zum Beispiel der Name der Variablen, der Name der Konstante, der Name der Prozedur ...).

Datentyp (Wertebereich)
▸ **Datentyp:** Der Datentyp legt für das mit »Bezeichner« benannte und verwendete Codeelement fest, wie groß sein *Wertebereich* ist, wieviel Speicherplatz während des Programmablaufs reserviert werden muß und letzlich auch, welche Bedeutung das Codeelement besitzt beziehungsweise wie es interpretiert werden muß. In VBA wird der Datentyp mit dem Schlüsselwort `As` festgelegt, gefolgt von einem weiteren Schlüsselwort, das den Typ genauer charakterisiert (...`As Integer`, ...`As String`, ...`As Boolean` ... und so weiter).[8]

▸ **Sonstige Angaben:** Gegebenenfalls weitere Schlüsselwörter, Klammernpaare, Anzahl, Name und Typ etwaiger Argumente sowie des zurückgegebenen Werts et cetera.

Wie genau eine Deklaration im Code niedergeschrieben wird, welche Angaben für welches Codekonstrukt erlaubt und in VBA vordefiniert sind, das regelt die Syntax zum jeweiligen Codekonstrukt.

Für eine Konstante lautet die Syntax zum Beispiel:

```
[Public|Private] Const Konstantenname _
[As Datentyp] = Ausdruck
```

Für eine Variable lautet eine mögliche Syntax in einer einfachen Form dagegen:

```
Dim Variablenname [As Datentyp]
```

---

6 Mehr dazu in Abschnitt 11.2.1, »Der Gültigkeitsbereich von Variablen«, ab Seite 381 und in Abschnitt 13.5, »Gültigkeitsbereich von Prozeduren«, ab Seite 453.
7 Eine Übersicht, welches elementare Schlüsselwort in welchem Kontext verwendet wird, gibt die Tabelle in Abschnitt 33.2, »VBA-Schlüsselwörter: Kontext und Lesart«, ab Seite 10.
8 Datentypen werden in Abschnitt 11.3, »Datentypen«, ab Seite 385 besprochen.

Und in einer komplexen Form, die auch optionale Deklarations-Sonderfälle abdeckt:

```
Dim [WithEvents] Variablenname[([Indizes])]
                [As [New] Typ] [, _
    [WithEvents] Variablenname [([Indizes])] _
                [As [New] Typ]]
    ...
```

9.3.3 Einfluß der Codeposition auf die Deklaration

Beachten Sie: Die Bedeutung eines Codekonstrukts, seine Lebensdauer und Gültigkeitsbereich et cetera wird entscheidend dadurch beeinflußt, in welchem Teil des Codes es definiert und deklariert ist! Beispielsweise wird im Deklarationsbereich eines VBA-Moduls die Deklaration einer Variable oder einer Konstante völlig anders von VBA interpretiert als innerhalb eines Prozedurrahmens.

9.3.4 Benennung von Bezeichnern gemäß VBA-Spezifikation

Unabhängig davon, welchen Codeteil man benennt, ist man bei der Namensvergabe weitgehend frei. Dennoch können Sie nicht beliebige Bezeichner zur Benennung verwenden. Es gibt Namensregeln, die befolgt werden müssen, weil sie Teil der Sprache und der VBA-Spezifikation sind (sonst meldet VBA zur Entwurfs-, zur Kompilierungs- oder zur Laufzeit Fehler). Beispielsweise *darf* man Schlüsselwörter von VBA nicht als Bezeichner gebrauchen. Und Schlüsselwörter von anderen Programmiersprachen wie VB.NET, C/C++/C# oder Java *sollte* man nicht als Bezeichner verwenden.[9] Die wichtigsten Muß-Regeln für die Benennung von Bezeichnern finden Sie nach dem nächsten Absatz in Abschnitt 9.5, »Verbindliche Namensregeln gemäß VBA-Spezifikation«, ab Seite 362 aufgelistet.

9.3.5 Benennung von Bezeichnern gemäß unverbindlicher Konventionen

Daneben gibt es Richtlinien, die sogenannten »Namenskonventionen« wie die *Ungarische Notation* und andere, deren Verwendung optional ist und eher aus pragmatischen Überlegungen heraus Folge geleistet wird. Sie gelten als unverbindliche Benennungsregeln und werden teilweise für die aktuellen Programmiersprachen überarbeitet und erweitert. Sie gliedern sich einerseits in *allgemein* unverbindliche Konventionen, deren Urheber die Hersteller einer Programmiersprache oder unabhängige Programmiersprachenexperten sind. Andererseits werden für viele größere Softwarevorhaben *projektspezifische* Konventionen ausgearbeitet, die mit den allgemeinen übereinstimmen können, aber nicht müssen. Einen Überblick über die unverbindlichen Konventionen finden Sie im Anhang im Abschnitt 35 »VBA-Namenskonventionen« ab Seite 887.

---

9 Ganz wie im richtigen Leben, wo nur nach den Grundsätzen des deutschen Rechts Eltern in der Wahl des Vornamens nur frei sind. Sie dürfen ihr Kind zwar Ada, Karla oder Zoe nennen, aber »Schlüsselwörter« wie Pfeil, Feder, Klug und Judas, Satan, Bierstübl sind von Namensgebung ausgeschlossen.

9.4 Benennung von Bezeichnern allgemein

Ein Name »bezeichnet« im buchstäblichen Sinne etwas: Er repräsentiert einen ganz bestimmten Code und leiht ihm sein(e) Zeichen. Schon durch diesen schlichten Vorgang werden Assoziationen erzeugt, denn Zeichen erzählen uns Geschichten darüber, was sich hinter ihnen verbergen könnte: Ob ein Codeteil durch ein einziges Zeichen (`i`), durch ein Zeichen mit Präfix (`intI`), durch einen Begriff in Deutsch (`Zähler`) oder in Englisch (`Counter`), durch eine Mischung aus Präfix, Begriff und Suffix (`intZählerMax`, `intCounterMax`), durch ein Substantiv und ein Verb (`ZählerVerwenden`, `VerwendeZähler`) oder durch eine mehrsprachige Zeichenfolge (`ZählenCounterRunter`), durch Klein- oder Großbuchstaben (`intcounter`, `intCounter`, `INTCOUNTER`, `intCOUNTER`) repräsentiert wird, macht offensichtlich für die Beziehung des Codeteils zu seinen Benutzern einen Unterschied.[10]

9.5 Verbindliche Namensregeln gemäß VBA-Spezifikation

Hier ein kurzer Überblick, welche Regeln Sie beachten *müssen*, wenn Sie Prozeduren, Konstanten, Variablen, Klassen, Objekte, Argumente et cetera in VBA benennen.

- In VBA muß sich ein Bezeichner aus mindestens einem Buchstaben zusammensetzen (zum Beispiel sind die Namen `i` oder `X` erlaubt, auch wenn sie nicht eindeutig erkennen lassen, wofür sie stehen).
- Das erste Zeichen eines Bezeichners muß ein Buchstabe des (lateinischen) Alphabets sein.
- Durch Hintereinanderschreibung mehrerer Buchstaben können längere Namen geschaffen werden (zum Beispiel: `rgb`, `DRIVECDROM`, `LaufwerkTypBestimmen`).
- Ein Bezeichner darf nicht länger als 255 Zeichen sein.
- Einerseits darf das Erstzeichen eines Bezeichners keine Ziffer sein, weil dieser sonst als Anfang einer Zahl interpretiert werden könnte. Andererseits dürfen die Restzeichen eines Namens durchaus aus Ziffern bestehen (falsch ist also beispielsweise `4you`, richtig dagegen `you4` oder `A4`).
- Bei der Vergabe eines Namens spielen Groß- und Kleinschreibung keine Rolle.[11] Sie sind insignifikant (beispielsweise bezeichnen die Namen `strFile`, `STRFILE`, `strfile` und so weiter immer das gleiche). VBA behält im Code die Schreibweise der Anweisung bei, mit der ein Name deklariert wurde.
- Leerzeichen, Punkte (.), Ausrufzeichen (!) und Sonderzeichen wie (%), (@), (&), ($), (#) oder VBA-Operatoren wie (:), (/), (\), (*), (^), (+), (-) dürfen im Bezeichner nicht verwendet werden.
- Als Ersatz für ein Leerzeichen darf innerhalb eines Bezeichners der Grundstrich (_) verwendet werden (zum Beispiel: `DRIVE_CDROM`, `din_A4` oder `strPath_File`).

---

10 Wer sich tiefer in die Thematik einarbeiten will, sei auf die semiotische Zeichentheorie von C.W. Morris verwiesen. Dieser unterscheidet zwischen der Beziehung eines Zeichens zu seinen Benutzern (Pragmatik), der Beziehung eines Zeichens zu anderen Zeichen (Syntax) und der Beziehung eines Zeichens zu dem, wofür es steht (Semantik).

11 Da aber in anderen Programmiersprachen wie zum Beispiel in C/C++/C# und Java Groß-/Kleinschreibung durchaus eine Rolle spielen, sollten Sie es sich angewöhnen, auf diese auch in VBA zu achten.

- Gemeinhin darf man keine Bezeichner benutzen, die bereits durch Schlüsselwörter, Funktionen, Anweisungen, Methoden, Objekte oder durch irgendwelche andere Sprachelemente in VBA reserviert sind, da auf diese Weise die Funktionalität eines VBA-Programms beeinträchtigt werden kann (zum Beispiel »mag« es VBA gar nicht gerne, wenn man die reservierten Wörter Name oder Tab als Bezeichner verwendet).[12]
- Ein Bezeichner muß innerhalb eines Gültigkeitsbereichs eindeutig sein (zum Beispiel können Sie nicht zwei Variablen mit dem Namen strFile innerhalb der gleichen Prozedur deklarieren).

In der nachstehenden Tabelle finden Sie Beispiele für die Anwendung der verbindlichen Namensregeln gemäß VBA-Spezifikation.

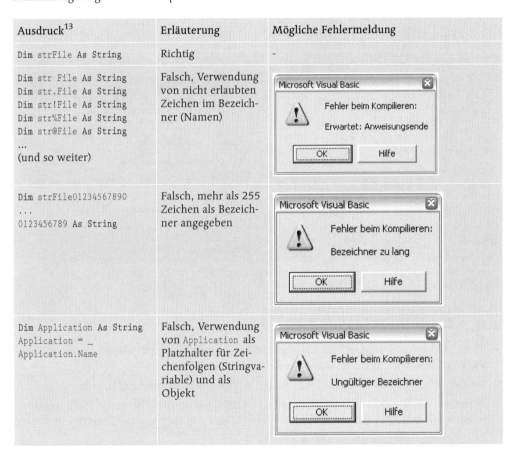

Ausdruck[13]	Erläuterung	Mögliche Fehlermeldung
`Dim strFile As String`	Richtig	-

`Dim str File As String`
`Dim str.File As String`
`Dim str!File As String`
`Dim str%File As String`
`Dim str@File As String`
...
(und so weiter)
	Falsch, Verwendung von nicht erlaubten Zeichen im Bezeichner (Namen)	Fehler beim Kompilieren:
		Erwartet: Anweisungsende

`Dim strFile01234567890`
...
`0123456789 As String`
	Falsch, mehr als 255 Zeichen als Bezeichner angegeben	Fehler beim Kompilieren:
		Bezeichner zu lang

`Dim Application As String`
`Application = _`
`Application.Name`
	Falsch, Verwendung von Application als Platzhalter für Zeichenfolgen (Stringvariable) und als Objekt	Fehler beim Kompilieren:
		Ungültiger Bezeichner

---

12 [MARTI001]: »*Der wohl häufigste Fehler bei schon vergebenen Schlüsselwörtern ist der Variablenname* Name *... auch* Tab *sollte nicht verwendet werden.*«, S. 143/144.

13 Was ein Ausdruck ist, erfahren Sie in Abschnitt 10.2, »Ausdruck«, ab Seite 372.

Ausdruck[13]	Erläuterung	Mögliche Fehlermeldung
`Dim if As String`	Falsch, Verwendung eines Schlüsselwortes für den Bezeichner (Namen)	
`Dim 1strFile As String`	Falsch, an erster Stelle darf keine Ziffer stehen.	
`Dim strFile As String` `Dim strFile As String`	Falsch, doppelte Deklaration desselben Codekonstrukts	

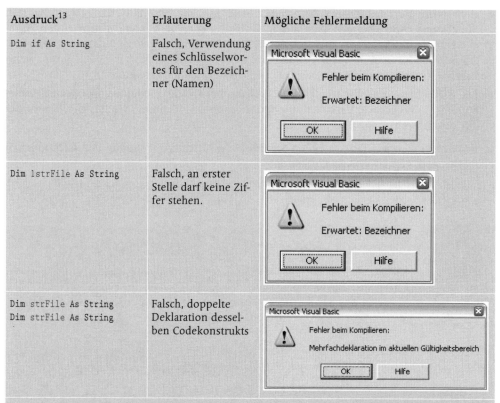

Hinweis

Der Zugriffsmodifizierer `Dim` und die Schlüsselwörter `As` und `String` sind kein Bestandteil des Bezeichners (Namens), sondern dienen der Deklaration des Bezeichners. Ihre Bedeutung wird weiter hinten im Buch genauer erklärt.

9.6 Zusammenfassung

▶ VBA-Code besteht in der Regel aus vordefinierten und benutzerdefinierten Codekonstrukten unterschiedlichen Art.

▶ Grundsätzlich besitzt jedes Codekonstrukt in VBA einen Bezeicher (Namen).

▶ Während die Bezeichner für vordefinierte VBA-Codekonstrukte meist nicht geändert werden können, steht es dem Software-Entwickler frei, für alle benutzerdefinierbaren VBA-Elemente Bezeichner eigener Wahl zu vergeben.

▶ Die Vergabe eines Bezeichners (Namens) wird in VBA *Definition* genannt.

▶ Bezeichner (Namen) dürfen vom Software-Entwickler nur gemäß der VBA-Namensspezifikation vergeben werden, sonst kann VBA die Bedeutung des Bezeichners nicht interpretieren.

▶ Die Definition eines Bezeichners allein reicht für die meisten benutzerdefinierbaren VBA-Konstrukte (Variablen, Konstanten, Prozeduren, Objekte ...) nicht aus. Je nach Konstrukt müssen dem Bezeichner Meta-Angaben wie Lebensdauer, Datentyp, Gütigkeitsbereich et cetera zur Seite gestellt werden. Nur durch diese Meta-Angaben ist VBA in der Lage, die Bedeutung des Konstrukts richtig interpretieren zu können.

- Die Angabe von Meta-Informationen zu einem Bezeichner wird *Deklaration* genannt und kann explizit durch eine entsprechende Anweisung im Code geschehen oder implizit durch VBA.
- Eine implizite Deklaration sollte nach Möglichkeit vermieden werden.
- Erst nachdem ein Bezeichner definiert und deklariert wurde, kann er gegebenenfalls durch Zuweisung eines Wertes initialisiert werden.
- Bei die Formulierung eines benutzerdefinierten Codekonstrukts (Variable, Konstante, Prozedur ...) spielen also folgende, grundsätzlich unterschiedliche Maßnahmen eine Rolle:
  - Definition (Vergabe eines Namens)
  - Deklaration (Bekanntgabe von spezifischen Meta-Angaben)
  - Initialisierung (Zuweisung von Werten)

10 Anweisungen, Ausdrücke und Kommentare

»Was sich überhaupt sagen läßt, läßt sich klar sagen; und wovon man nicht reden kann, darüber muß man schweigen.«
Ludwig Wittgenstein[1]

10.1 Anweisungen

Anweisungen[2] sind allgemein Befehle an den Computer, eine bestimmte Operation (zum Beispiel das Laden, Verschieben und Löschen von Daten) auszuführen. Computeranweisungen stellt man sich anschaulich als exakte Schritt-für-Schritt-Vorschriften vor, die einem Wegsuchenden gegeben werden, wenn er einen bestimmten Ort erreichen will. Oft vergleicht man die Anweisungen im Quellcode für den Computer bildlich mit den Anweisungen in einem Kochbuch, durch die ein Mensch ein bestimmtes Gericht zubereiten kann. Die Anweisung

```
Füge 200 Gramm Butter hinzu
```

ist zwar für ein Computerprogramm nicht geeignet, weil Rechner im allgemeinen die Bedeutungen von Kochbuchanweisungen nicht interpretieren können. Sie veranschaulicht aber, daß Computer durchaus in der Lage sind, für sie speziell zugeschnittene Anweisungen abzuarbeiten. Würden die Entwickler einer Programmiersprache die Anweisung »`Füge 200 Gramm Butter hinzu`« in den Sprachschatz der Programmiersprache mit aufnehmen, so könnte der Computer diese Programmanweisung auch entsprechend der Vorgaben der Entwickler verarbeiten.

Anweisungen legen die Struktur eines Computerprogramms fest und werden nicht bei der Eingabe, sondern erst zur Laufzeit des Programms ausgeführt. Sie sind im Rahmen einer Computersprache syntaktisch vollständige, logische Einheiten eines Programms, die eine Aktion, Deklaration oder Definition ausdrücken. Meist werden sie durch ein (englischsprachiges) *Kommandowort* (Befehlswort) oder durch eine (englischsprachige) Abkürzung repräsentiert. Beispielsweise ist in VBA

Dim

die Anweisung zum Reservieren von Speicher und zum Deklarieren einer benannten Speicherposition[3]; wohingegen das VBA-Schlüsselwort

Sub

den Beginn eines (benannten) Unterabschnittes in einem Quellcode oder in einem Programm kennzeichnet[4]. In dem Unterabschnitt wiederum können sich weitere Anweisungen befinden, die als Einheit ausgeführt werden sollen.

---

[1] [WITTG001]: S. 7.
[2] Engl. »statement«, »instruction« oder »direction«, manchmal im Deutschen auch »Ausdruck«, »Kommando« oder »Befehl« genannt.
[3] »Dim« ist die engl. Abk. für »dimension«, frei übersetzt etwa »Dimensionierung«, »dimensioniere«, »reserviere Speicherplatz«.

10.1.1 Anweisungsende

VBA interpretiert einen Zeilenumbruch (Zeilenwechsel) als Ende einer Anweisung. Einen Zeilenumbruch fügen Sie, wie aus anderen Anwendungen gewöhnt, mit der Taste ⌈Eingabetaste⌉ nach einer Anweisung ein. Sie werden feststellen, daß in den meisten Editoren und auch im Visual Basic-Editor (VBE) ein VBA-Anweisungsende beziehungsweise ein Zeilenumbruch nicht explizit mit einem Sonderzeichen wie »¶« dargestellt wird. Gleichwohl befindet sich ein nicht-sichtbares Zeilenumbruchszeichen im VBA-Code. Und wenn Sie einen VBA-Code womöglich einmal mit einem Hex-Editor begutachten, werden Sie entsprechende Hex-Werte für den Zeilenumbruch auch finden. VBA unterscheidet sich in diesem Zusammenhang von anderen Programmiersprachen. Diese schreiben teilweise ein explizit sichtbares Zeichen zur Kennzeichnung des Endes einer Anweisung vor (zum Beispiel wird in C/C++, Java oder Pascal das Anweisungsende durch ein Semikolon »;« gekennzeichnet).

10.1.2 Anweisungen in Kombination mit anderen Sprachelementen

Das Kommandowort einer Anweisung kann nach wohldefinierten Programmiersprachenvorgaben mit Schlüsselwörtern, Operatoren, Variablen, Konstanten, Zeichenfolgen, anderen Anweisungen und so weiter kombiniert werden. So wird in VBA beispielsweise das Ende eines Unterabschnittes im Quellcode nicht nur mit der Anweisung End, sondern mit zwei Kommandowörtern charakterisiert, nämlich mit

End Sub

Befinden sich wie im Beispiel in einer VBA-Anweisungszeile mehrere Sprachelemente, die einen Wert ergeben, so bilden sie alle zusammen einen *Ausdruck*.[5]

VBA-Anweisungen lassen sich nicht nur mit namentlich definierten VBA-Anweisungen zu einem Ausdruck kombinieren. Oft schreibt das VBA-Regelwerk vor, daß ein syntaktisch wohlgeformter Ausdruck aus einem Kommandowort und aus einem oder mehreren (frei erfundenen) Wörtern bestehen muß. So genügt es beispielsweise nicht, in einer Quellcode-Zeile nur das Kommandowort Sub für den Beginn eines Unterabschnittes zu schreiben. Statt dessen erwartet VBA, daß Sie hinter dem Wort Sub auch einen Namen für den Unterabschnitt schreiben, den Sie mehr oder weniger beliebig erfinden dürfen, also zum Beispiel ...

Sub MeinNameFürEinenProgrammunterabschnitt

oder ...

Sub MeinUnterabschnitt

oder ...

Sub Makro1

... und so weiter.

---

[4] »Sub« ist eine aus dem Lat. stammende Vorsilbe mit den Bedeutung »unter«, »unterhalb«, »von unten heran«, »nahebei«; im Englischen bedeutet »Sub« unter anderem auch soviel wie »Lokalität, »Wirkungsbereich«. Übersetzt man die Basic-Anweisung Sub mit »unterer Wirkungsbereich«, »unterer (Code-) Bereich«, »Unterabschnit«, »Unterprogramm« ... so gibt man im gewissen Sinn ein Wortspiel wieder, was das Lat. und das Engl. zu einer dritten Bedeutung zusammenfaßt.

[5] Mehr dazu in Abschnitt 10.2, »Ausdruck«, ab Seite 372.

10.1.3 Automatische Ergänzungen von Anweisungen

Wenn Sie im Visual Basic-Editor (VBE) eine wohlgeformte Anweisung geschrieben und mit der Taste `Eingabetaste` bestätigt haben, formatiert der VBE Ihre Zeile gegebenenfalls in eine VBA-konforme Schreibweise um und ergänzt sie durch notwendige Codezeilen. Wenn Sie beispielsweise nur `Sub Makro1` schreiben und das Geschriebene durch das Drücken der Eingabetaste bestätigen, so macht der VBE daraus automatisch

```
Sub Makro1()

End Sub
```

Der VBE ergänzt in diesem Fall also Ihre Eingabe um das Klammernpaar »()«, um eine Leerzeile (für die Anweisungen des Codeabschnittes `Makro1`) sowie um die Schlußzeile des Unterabschnittes »`End Sub`«.

10.1.4 Fehlerhafte Anweisungen (automatische Syntaxüberprüfung)

Wenn Sie im VBE die Taste `Eingabetaste` direkt nach der Eingabe von `Sub` drücken, ohne einen Namen für den Unterabschnitt zu definieren, wird die Zeile rot angezeigt. Die rote Farbe bedeutet immer, daß in der entsprechenden Zeile eine syntaktisch nicht korrekte Anweisung vorliegt. In Beispiel werden Sie darüber hinaus vom VBE durch eine Fehlermeldung noch auf die fehlerhafte Anweisung aufmerksam gemacht. Solange Sie den Fehler in Ihrer Anweisung nicht ermitteln und korrigieren, ist Ihr Programm nicht korrekt ablauffähig.

10.1.5 Mehrere Anweisungen in einer Zeile (Zusammenfassungszeilen)

Eine Anweisung belegt normalerweise im VBA-Quellcode eine einzelne Zeile. In VBA lassen sich jedoch, getrennt durch Doppelpunkte »:«, mehrere (logisch zusammenhängende) Anweisungen in einer Zeile schreiben. Der folgende Ausdruck mit zwei Anweisungen in einer Codezeile ist demnach syntaktisch korrekt

```
Sub Makro1 : End Sub
```

Derartige Zusammenfassungen sind bis auf wenige Ausnahmen nicht zu empfehlen, weil VBA-Code dadurch möglicherweise schwerer lesbar wird.

10.1.6 Lange Anweisungszeilen (Fortsetzungszeilen, Folgezeilen)

Ein automatischer Umbruch einer langen Anweisungszeile, wie Sie das von Word bei langen Textzeilen kennen, findet im VBE erst nach 1024 Zeichen statt. Folglich können Sie sehr lange Zeilen schreiben, etwa wenn Sie mit der Anweisung `MkDir` und einer Zeichenkette einen neuen Ordner anlegen wollen, der sich in der Verzeichnis-Hierarchie sehr weit »unten« befindet:

MkDir `"C:\WINDOWS\system32\spool\drivers\color\Mein Verzeichnis für Farbprofile\PhotoshopCMYK"`

Im Buch wird die Beispielanweisung natürlich auf mehrere Zeilen umbrochen, weil der Satzspiegel nicht ausreicht, um die 94 Zeichen in einer einzigen Buchzeile unterzubringen.

Im Visual Basic-Editor können Sie die ganzen 94 Zeichen in einer einzigen Codezeile ohne Umbruch hintereinander eintippen. Solange Sie keinen Zeilenumbruch einfügen, fließen die Zeichen einer Anweisung immer weiter nach rechts und übersteigen irgendwann die VBE-Fensterbreite. Der Nachteil einer überlangen Codezeile ist offensichtlich: Zum einen ist das dann notwendige Scrollen mit dem horizontalen Rollbalken sehr mühsam. Zum anderen ist eine überlange Zeile schwer lesbar. Das Auge muß über eine breite Fläche und wieder zurück wandern, um den Inhalt sachlich nahestehender Informationen aufzunehmen.

Auf die Lesbarkeit von zu langen Zeilen können Sie selber Einfluß nehmen, indem Sie manuelle Umbrüche organisieren. VBA erlaubt es, eine einzelne überlange Anweisung in einer zweiten, dritten und so weiter kurzen Zeile fortzuführen. Dazu muß der Anweisung an der gewünschten Umbruchstelle ein Leerzeichen gefolgt von einem Unterstrich »_« (Zeilenfortsetzungszeichen) hinzugefügt werden. Folgende Regeln sind zu beachten:

1. Vor dem Zeilenfortsetzungszeichen »_« muß ein Leerzeichen stehen.
2. Eine Anweisung darf maximal in 10 Zeilen durch Zeilenfortsetzungszeichen fortgeführt werden.
3. Der Unterstrich darf nicht innerhalb von Zeichenketten stehen (dies würde im Visual Basic-Editor zu einer roten Fehlermarkierung der entsprechenden Zeile und zu einer Fehlermeldung führen).

Schön und gut, werden Sie sagen, also nützt das Zeilenfortsetzungszeichen »_« nicht viel. Und womöglich werden Sie dabei an die oben genannte `MkDir`-Anweisung mit der langen Zeichenkette denken, die gemäß der Regel 3 nicht umbrochen werden darf. Doch hier hilft ein Trick weiter, der ein wenig vorgreift, aber trotzdem an dieser Stelle des Buches bereits vorgestellt werden soll. In VBA können Sie Zeichenketten mit dem Operator »&«, also dem kaufmännischen »Und«, miteinander verknüpfen. Syntaktisch korrekt könnte demnach die obige Codezeile folgendermaßen im VBE umbrochen werden:

```
MkDir "C:\WINDOWS\system32\spool\drivers\color\" & _
    "Mein Verzeichnis für Farbprofile\PhotoshopCMYK"
```

> **Anmerkung** Eine Zeichenkette wird in VBA durch Anführungszeichen eingeschlossen. Beachten Sie, daß Operatoren wie das kaufmännische »&« und das Zeilenfortsetzungszeichen »_« nicht direkt vor oder nach dem Anführungszeichen für eine Zeichenkette stehen sollten – sondern immer durch ein Leerzeichen vom Anführungszeichen getrennt.

Das Aufsplitten von Anweisungen über mehrere Zeilen ist grundsätzlich zu empfehlen, wenn Anweisungen mehr als 72 Zeichen je Anweisungszeile besitzen (Leerzeichen sind dabei mitzuzählen). Viele Programmierer optimieren ihren Code auf einen Bereich zwischen 30 und 60 Zeichen pro Zeile. Letztlich bleibt das aber jedem selbst überlassen, es sei denn, er folgt bestimmten Projektvorgaben.

10.1.7 Anweisungskategorien

Gemäß Ihrer Funktion kann man Anweisungen in drei Arten untergliedern:

- Deklarations-Anweisungen: So werden gewöhnlich Codezeilen bezeichnet, in denen eine Variable, eine Konstante, eine Prozedur oder dergleichen zum ersten Mal (meist inklusive einer Datentyp-Angabe) im Code genannt wird, wodurch zur Laufzeit Speicher für das Sprachelement reserviert wird.
- Zuweisungs-Anweisungen: So werden Codezeilen bezeichnet, in denen einer Variablen oder einer Konstanten ein Wert oder ein Ausdruck zugewiesen wird.
- Ausführungs-Anweisungen: So werden Codezeilen bezeichnet, die zur Laufzeit Aktionen auslösen. Diese Anweisungen führen beispielsweise Methoden oder Prozeduren aus, können Code-Blöcke in einer Schleife oder in einer Verzweigung bearbeiten und beinhalten meist mathematische Operatoren oder Bedingungsoperatoren.

10.1.8 Die wichtigsten VBA-Anweisungen im Überblick

Die nachstehende Tabelle faßt VBA-Anweisungen zusammen, die regelmäßig in VBA-Projekten benötigt werden. Die Auswahl ist rein subjektiv und soll nur als Einstieg und grobe Übersicht dienen. Die meisten der angesprochenen Anweisungen werden weiter hinten Buch ausführlich erläutert. Falls Sie etwas vermissen, seien Sie auf die VBA-Offline-Hilfe[6] verwiesen, die für alle, die regelmäßig mit VBA programmieren, eine unabdingbare Arbeitserleichterung darstellt. Das vorliegende Buch will diese in keiner Form überflüssig machen oder ersetzen.

Anweisung	Beschreibung
Case	Prüft einen Zweig einer Select-Case-Anweisung (im Fall, daß ...).
Const	Deklariert eine Konstante und reserviert Speicherplatz dafür.
Dim	Deklariert eine Variable und reserviert Speicherplatz dafür.
Do	Leitet eine Do-Loop-Schleife ein, die einen Anweisungsblock solange wiederholt, bis eine Abbruchbedingung »Wahr« ist (tue/manche ...).
Each	Bestandteil einer For-Each-Schleife (jeder/jede/jedes ...).
Else	Leitet den Alternativ- oder »Sonst«-Zweig einer If-Then-Anweisung ein (... sonst ...)
End Enum	Beendet die Deklaration eines benutzerdefinierten Aufzählungstyps.
End Function	Beendet eine Funktion.
End If	Beendet den mehrzeiligen Zweig einer If-Then-Anweisung.
End Select	Beendet eine Select-Case-Anweisung (Ende der Fallunterscheidung).
End Sub	Beendet eine Prozedur.
Enum	Deklariert einen benutzerdefinierten Aufzählungstyp für Konstanten.

---

6 In die VBA-Offline-Hilfe gelangen Sie, wenn Sie im Visual Basic-Editor das Menü »?« und den Menübefehl »Microsoft Visual Basic Hilfe« anklicken oder die Taste F1 drücken.

Anweisung	Beschreibung
Exit	Verläßt eine Do-Schleife oder For-Schleife gleichwie eine Sub-, Function- oder Property-Prozedur.
For	Leitet eine For-Next-Schleife ein, die einen Anweisungsblock für eine bestimmte Anzahl wiederholt druchläuft, oder eine For-Each-Schleife, eine Anweisungsblock für alle Elemente einer Objektauflistung durchläuft.
Function	Leitet eine Funktionsdefinition ein.
GoTo	Führt einen Sprung innerhalb einer Prozedur oder Funktion durch (gehe zu ...).
If	Leitet eine If-Then-Anweisung ein (wenn ...).
Next	Bestandteil einer For-Next-Schleife.
On Error GoTo	Initialisiert eine Routine zum Abfangen von Laufzeitfehlern.
Private	Deklariert eine Variable als privat (lokal).
Public	Deklariert eine Variable als öffentlich (global).
ReDim	Ändert die Anzahl der Felder in einem dynamischen Datenfeld.
Select	Leitet eine Mehrfach-Entscheidung über eine Select-Case-Anweisung ein.
Static	Deklariert eine Prozedurvariable als statisch.
Step	Legt die Schrittweite bei einer For-Next-Schleife fest.
Sub	Leitet eine Prozedurdefinition ein.
Then	Bestandteil einer If-Then-Anweisung (dann ...).
Until	Legt die Abbruchbedingung einer Do-Loop-Schleife fest (bis ...).
While	Legt die Abbruchbedingung einer DoLoop-Schleife fest (solange ...).

10.2 Ausdruck

Ein Ausdruck ist im Rahmen der Informatik neben der Anweisung die kleinste ausführbare Einheit eines Programms. Als Ausdruck bezeichnet man im allgemeinen eine Operation, die während der Programmausführung einen eindeutigen Wert mit einem bestimmten Datentyp ergibt. Folglich kann ein Ausdruck eine einfache Zahl (Numeral), eine Zeichenkette, ein Funktionsaufruf oder eine komplexe Formel oder dergleichen sein, also zum Beispiel:

```
1
```

oder

```
"Dies ist eine Zeichenkette."
```

oder

```
MsgBox ("Hallo Welt!")       'Ergibt einen Integer-Wert
```

oder

```
E=m*c2
```

In der Regel wird ein Ausdruck aber wie im letzten Beispiel aus einem oder mehreren *Operanden* und einem oder mehreren *Operatoren*[7] gebildet.

10.2.1 Operator

Ein Operator verbindet Ausdrücke zu einem neuen Ausdruck, den man als *Operatorausdruck* bezeichnet. Ein Operator ist sowohl das Funktionszeichen oder Symbol, das angibt, wie Ausdrücke zu einem neuen Ausdruck verändert, berechnet oder miteinander verknüpft werden sollen. Ein Operator ist aber auch das, wofür das Operator-Symbol steht, nämlich die eigentliche *Rechen-, Veränderungs- und/oder Verknüpfungsvorschrift*. Die Durchführung einer Vorschrift selbst wiederum bezeichnet man als *Operation*.

Gewöhnlich und auch in VBA symbolisiert man die Operatoren in Form eines Namens oder eines vertrauten Kurz-/Sonderzeichens beziehungsweise eines anderen Sinnbilds. Symbole für Operatoren sind demnach zum Beispiel »Or« oder »=«.

10.2.2 Operand

Die Teile eines mathematischen, logischen oder computertechnischen Ausdrucks, die durch einen Operator verknüpft werden, nennt man *Teilausdrücke* oder *Operanden*. Für sich genommen ist ein Operand nichts anderes als ein Ausdruck (also zum Beispiel ein Variablenwert, ein Numeral, eine Zeichenkette oder dergleichen). Ein einfacher Operatorenausdruck wie ...

```
2 + 3
```

besteht demnach aus drei Ausdrücken (einen Gesamtausdruck und zwei Teilausdrücken). Neben dem gesamten Ausdruck sind auch noch die beiden Numerale jeweils ein Ausdruck. Andere Teile des Ausdruckes wie etwa der Operator »+« sind keine Ausdrücke, weil sie keinen Wert haben. Der Gesamtausdruck im Beispiel besitzt die Bedeutung, daß die beiden Operanden (Numerale, Werte) 2 und 3 addiert werden, wobei der Operator beziehungsweise das Zeichen »+« die Verknüpfungsvorschrift »Addiere« definiert.

Operanden symbolisiert man meistens durch numerische oder wohldefinierte alphanumerische Zeichen einer traditionellen Schrift.

10.2.3 Arität

Selbst eine negative Zahl wie »-42« (in Worten »minus Zweiundvierzig«) kann man als Ausdruck bezeichnen, wobei das Vorzeichen »-« als Operator und die Zahl »42« als Operand anzusehen ist. Einen Operator, der wie im Beispiel nur einen Operanden hat, bezeichnet man als *unären* Operator. Einen Operator, der zwei Operanden besitzt (wie in dem Beispiel »2+3«), nennt man einen *binären* Operator, einen Operator mit drei Operanden *ternären*

---

[7] Mehr dazu in Kapitel 12, »Operatoren«, ab Seite 409.

Operator und so weiter. In diesem Zusammenhang redet man auch davon, daß ein unärer Operator die *Arität Eins* (Einstelligkeit), eine binärer die Arität Zwei (Zweistelligkeit) und so weiter besitzt.

10.2.4 Konstanten und Variablen in Ausdrücken

In Ausdrücken werden sowohl feste, unveränderliche Größen und Werte (*Konstanten*) verwendet als auch veränderliche (*Variablen*). In dem einfachen Ausdruck

```
intZähler = 1
```

ist das Gleichheitszeichen »=« der Operator und als Operanden gelten sowohl die Konstante »1« als auch die Variable `intZähler`, der in diesem Fall der Wert »1« zugewiesen wird. Wichtig ist, daß die Datentypen der in dem Ausdruck enthaltenen Teilausdrücke zusammenpassen. Passen die Datentypen einmal nicht zusammen, generiert VBA eine Fehlermeldung oder paßt die Datentypen intern gemäß des größten gemeinsamen Nenners aneinander an.

Merken sollten Sie sich, daß in VBA nahezu alle Operatoren zwei Operanden benötigen, um einen gültigen Ausdruck zu definieren. Die nachstehende Tabelle enthält eine Reihe echter und weniger echter Ausdrücke:

Ausdruck	Beschreibung
`i`	Diese einfache Variable mit den Namen »i« ist trotz der kurzen Schreibweise ein vollständiger Ausdruck.
`"i"`	Auch das simple, durch Anführungszeichen eingefaßte Zeichen »"i"« ist ein Ausdruck.
`"Hallo Welt!"`	Eine Zeichenkette ist ebenfalls ein Ausdruck.
`2+3*42.42`	Ein einfacher Rechenausdruck, wie man ihn aus dem täglichen Leben kennt.
`True`	Selbst ein konstanter boolscher Wahrheitswert ist ein Ausdruck.
`intZähler = intZähler + 1`	In diesem Ausdruck wird der Wert einer numerischen Variable vom Typ `Integer` mit einer Zahl addiert und der neue Wert dann der gleichen Variable wieder zugewiesen.
`strAnrede & " Mustermann"`	In diesem Ausdruck wird der Wert einer Zeichenketten-Variablen vom Typ `String` mit einer anderen Zeichenkette verknüpft.
`strAnrede == "Mustermann"`	Dieser Ausdruck ist zwar in FoxPro, C, C# und gegebenenfalls in anderen Programmiersprachen erlaubt, aber in VBA nicht. VBA kennt keinen Operator für den *exakten* Vergleich »==« von Zeichenfolgen, sondern nur den =-Operator.

10.3 Kommentare

Kommentare sind das A und O der Lesbarkeit von Code. Es mag einige Auserwählte geben, die undokumentierten Code wie ein normales Buch lesen können. Die meisten Sterblichen verstehen nach drei Wochen Programmierabstinenz ihren eigenen Code nicht mehr. Was macht dieses Objekt eigentlich ... und was verbirgt sich noch gleich hinter jener Prozedur – wer kennt diese Fragen nicht? Ersparen Sie sich und gegebenenfalls Ihren Kollegen überflüssiges Debuggen – schreiben Sie Kommentare zu Ihrem Code!

10.3.1 Das Hochkomma für Kommentarzeilen

Kommentare können im VBA-Code an vielen Stellen eingefügt werden. Sie werden mit einem Hochkomma »'« (Apostroph) eingeleitet und werden standardmäßig im VBE durch grüne Farbe dargestellt. Alle Zeichen, die sich hinter dem Apostroph befinden, gelten als Code-Kommentar. Es empfiehlt sich, Kommentar und Code nicht in einer Zeile zusammen zu schreiben und den Kommentar über der zu dokumentieren Codezeile zu setzen, also lieber so:

```
'Meldung anzeigen (dies ist die Kommentarzeile).
MsgBox "Dies ist die Codezeile ..."
```

und nach Möglichkeit nicht so ...

```
MsgBox "Codezeile mit Kommentar ..." 'Meldung anzeigen.
```

und auch nicht so ...

```
MsgBox "Dies ist die Codezeile ..."
'Meldung anzeigen (Kommentarzeile unter der Codezeile).
```

Als Word- und Textbearbeitungsprofi tippen Sie vielleicht VBA-Kommentarzeilen nicht nur im Visual Basic-Editor, sondern auch direkt in Word oder in einem anderen Editor. Dann müssen Sie »höllisch« aufpassen, daß Kommentarzeilen wirklich mit dem Apostroph (Hochkomma) »'« eingeleitet werden (ASCII-Code 0039, der Apostroph sitzt auf einer deutschen Tastatur über dem Zahlenzeichen »#«). Die Betonungszeichen Accent aigu »´« (Akut) und Accent grave »`« (Gravis), die auf der deutschen Tastatur auf derselben Taste sitzen, erzeugen im VBA-Code keine Kommentarzeile. Textverarbeitungs-Automatiken, die einen Apostroph in ein anderes typographisches Zeichen umwandeln, sollten Sie tunlichst ausschalten.

10.3.2 Rem

Natürlich können Sie eine Kommentarzeile auch mit der etwas in die Jahre gekommen Abkürzung `Rem`[8] kennzeichnen.

```
Rem Meldung anzeigen (dies ist die Kommentarzeile).
MsgBox "Dies ist eine Codezeile ..."
```

---

[8] Abk. für engl. »remark«, dt. »Bemerkung«.

10.3.3 Blockkommentare

Ein- und ausleitende Kommentarzeichen wie in anderen Programmiersprachen (zum Beispiel »/*« für Blockkommentar ein und »*/« für Blockkommentar aus in C, C++, C#, PHP, JavaScript und so weiter), gibt es in VBA nicht. Sie kommen nicht umhin, vor jeder Kommentarzeile eine Kommentarblockes das Hochkoma explizit zu setzen:

```
'Dies ist ein Blockkommentar und
'dies ist ein Blockkommentar und
'dies ist ein Blockkommentar
```

Oder aber Sie verwenden zur Kennzeichnung eines Kommentarblockes das Zeilenfortsetzungszeichen »_« am Ende einer Kommentarzeile:

```
'Dies ist ein Blockkommentar und _
 dies ist ein Blockkommentar und _
 die ist eine Blockkommentar
```

 Um die Arbeit mit Blockkommentaren nicht allzu schwer zu gestalten, bietet der VBE in der Symbolleiste »Bearbeiten« die Befehle »Block auskommentieren« und »Auskommentierung des Blocks aufheben« an.

Abbildung 10.1 Die Symbolleiste »Bearbeiten« mit den zwei Befehlen »Block auskommentieren« und »Auskommentierung des Blocks aufheben«

Der Befehl »Block auskommentieren« ermöglicht das Einschalten von Kommentarzeichen für einen markierten Codeblock. Der Befehl »Auskommentierung des Blocks aufheben« macht das Gegenteil, das heißt, er schaltet die Kommentarzeichen aus beziehungsweise entfernt zuvor gesetzte Hochkommata.

11 Variablen, Datentypen und Konstanten

»Ohne Erinnerung gibt es (...) keine Identität und keine Rekonstruktion.«
Anja Tippner[1]

11.1 Variablen

Eine Variable[2] ist reservierter, benannter Speicherplatz, der Daten (Werte) enthält, die während einer Programmausführung veränderbar oder unterschiedlich sind. Anschaulich wird eine Variable als ein »Behälter« oder als ein »Fach« vorgestellt, auf dessen Etikett Sie einen Namen und ein Verfallsdatum schreiben. In dem »Behälter« befindet sich während der Programmausführung als Inhalt ein Wert; dieser Wert kann zur Weiterbearbeitung im Programm benutzt werden und/oder gegen einen anderen ausgetauscht werden. Der Inhalt des Behälters mag sich ändern, doch der Name des Behälters bleibt, solange das Verfallsdatum noch nicht erreicht ist. Ist das Verfallsdatum erreicht, werden der Behälter und sein Inhalt einfach aus dem Speicher entfernt.

VBA-Variablen lassen sich in Gruppen (Arten) einteilen, nämlich in:

- Automatisch deklarierte Einzelvariablen
- Benutzerdeklarierte Einzelvariablen
- Benutzerdeklarierte Variablenfelder (Datenfelder, Arrays)[3]
- Objektvariablen

Variablen wurden schon an vielen Stellen des Buches angesprochen, so daß sich allgemeine Erläuterungen hier weitgehend erübrigen. Im folgenden wird darauf eingegangen, welche Schreibweisen für Variablen im Code verwendet können und welche Deklarationsmöglichkeiten für die unterschiedlichen Variablentypen bestehen.

11.1.1 Automatisch deklarierte Einzelvariablen mit impliziter Variablendeklaration

VBA gestattet es, Variablen ohne explizite Deklaration zu benutzen. Es genügt, eine Variable innerhalb des VBA-Codes an der Stelle zu benennen, an der sie benötigt wird (*implizite Deklaration*), und ihr gleichzeitig einen Wert zuzuweisen, also zum Beispiel:

```
Wert1 = 2
Firmenname = "Redaktionsbüro JANKA"
Geburtsdatum = #9/3/1999#
```

VBA initialisiert im Beispiel die drei Variablen `Wert1`, `Firmenname` und `Geburtsdatum` beim Programmstart unmittelbar mit einem *leeren* Wert vom Datentyp `Variant/Empty`. Erst wenn die Programmausführung an die entsprechende Code-Zeile gelangt, weist VBA den Variablen

---

[1] [TIPPN001]: Seite 73.
[2] Dt. »Platzhalter«, »Leerstelle«.
[3] Datenfelder werden in Abschnitt 18, »Datenfelder (Arrays)«, ab Seite 513 besprochen.

den jeweiligen Wert zu, und aus dem Datentyp Variant/Empty wird Variant/Integer, Variant/String und Variant/Date (mehr zu der Rolle der Datentypen im Abschnitt 11.3 »Datentypen« ab Seite 385).

Implizites Deklarieren nur ohne Option Explicit

Das funktioniert aber nur unter der Bedingung, daß im Deklarationsbereich eines Modul keine Option Explicit-Anweisung zum Einsatz kommt.

Nach der impliziten Deklaration kann man mit den Variablen im Code unmittelbar weiter arbeiten, wie das folgende Beispiel sind die Variablen und das Ergebnis implizit:

```
Sub BspImpliziteDeklaration()
    Wert1 = 2
    Wert2 = 40
    Ergebnis = Wert1 + Wert2
End Sub
```

Den verwendeten Variablen Wert1 und Wert2 wird ein Wert zugewiesen und schon stehen sie zur Weiterverarbeitung zur Verfügung. Im Beispiel werden Sie addiert und das Ergebnis der Addition wird einer dritten implizit deklarierten Variablen namens Ergebnis zugewiesen.

Dieses Verfahren hat, wie oben gesagt[4], viele Nachteile, *so daß man generell auf die implizite Deklaration verzichten sollte!*

11.1.2 Explizite Deklaration von Einzelvariablen, Datenfeldern und Objektvariablen

Was eine explizite Deklaration im allgemeinen ist, haben Sie bereits im Abschnitt »Explizite Deklaration« auf Seite 359 erfahren. Auf Variablen angewendet bedeutet es: Wenn Sie Variablen explizit deklarieren, sollten Sie VBA drei Informationen übermitteln:

▶ Den Gültigkeitsbereich der Variablen (via Zugriffsmodifizierer und Position im Code)[5]

▶ Den Bezeichner (Namen) der Variablen[6]

▶ Den Datentyp der Variablen[7]

Einfache Syntax für die Deklaration einer Variablen

Dementsprechend lautet eine einfache Syntax für die Deklaration einer Variablen:

`<Zugriffsmodifizierer> <Bezeichner> [As <Datentyp>]`

Wenn Sie über den Zugriffsmodifizierer einem Bezeichner mit der As-Klausel einen bestimmten Datentyp zuordnen, so deklarieren Sie damit eine Variable. Die Angabe des Datentyps ist optional (was durch die eckigen Klammern in der allgemeinen Syntax symbolisiert wird). Es ist jedoch guter Programmierstil, den Datentyp, so weit im voraus bekannt, mit anzugeben. Die Beispiele aus dem vorangehenden Abschnitt explizit deklariert, werden beispielsweise folgendermaßen niedergeschrieben (wobei die Dim-Anwei-

---

4 Siehe »Die implizite Deklaration« ab Seite 358.
5 Wird in Abschnitt 11.2.1, »Der Gültigkeitsbereich von Variablen«, ab Seite 381 besprochen.
6 Wird in Abschnitt 9.5, »Verbindliche Namensregeln gemäß VBA-Spezifikation«, ab Seite 362 besprochen.
7 Wird in Abschnitt 11.3, »Datentypen«, ab Seite 385 besprochen.

sung als Zugriffsmodifizierer und als Datentyp »Ganzzahl« [Integer], »Zeichenfolge« [String] und »Datum« [Date] verwendet wird):

```
Dim Wert1          As Integer
Dim Firmenname     As String
Dim Geburtsdatum   As Date
```

Uups, werden Sie sagen, da fehlt doch was. Stimmt, die Variablen besitzen noch keine Werte. In VBA können Sie eine Variable nicht explizit deklarieren und ihr gleichzeitig einen Wert zuweisen (das geht erst unter VB.NET). Sie müssen eine Wertzuweisung im Anschluß an die Deklaration irgendwo in Ihrem Code vornehmen. Das Beispiel müßte also folgendermaßen vervollständigt werden:

```
Dim Wert1          As Integer
Dim Firmenname     As String
Dim Geburtsdatum   As Date

Wert1 = 2
Firmenname = "Redaktionsbüro JANKA"
Geburtsdatum = #9/3/1999#
```

Das ganze sieht nach mehr Schreibarbeit als bei der impliziten Deklaration aus – und ist es auch. Aber Ihr Code wird dadurch übersichtlicher, bietet den Vorteil, daß sämtlichen Variablen im Vorfeld Speicherplatz und Datentyp zugewiesen wird und die doppelte Vergabe von Variablennamen verhindert wird.

Die ausführliche Syntax für Variablen ist relativ komplex, da sie gleichermaßen die Deklaration von Einzelvariablen, Datenfeldern und Objektvariablen und sehr unterschiedliche Zugriffsmodifizierer abdeckt:

Ausführliche Syntax für die Deklaration einer Variablen

```
<ZM> [WithEvents] VarName[([Indizes])] [As [New] Typ] _
  [, [WithEvents] VarName[([Indizes])] [As [New] Typ]]
  ...
```

- »ZM« steht für den Zugriffsmodifizierer der zu deklarierenden Variable. Mögliche Zugriffsmodifizierer sind die Anweisungen Dim, Private, Public, Static (hierzu gleich mehr) und nur im Zusammenhang mit Variablen für Datenfelder ReDim.

- »WithEvents« kann nur im Zusammenhang mit Objektvariablen verwendet werden und ist nur in Klassenmodulen gültig. Das Schlüsselwort gibt an, ob die Objektvariable auf Ereignisse, die vom referenzierten Objekt ausgelöst werden, reagieren kann, oder nicht. Es ist möglich, mit dem WithEvents-Schlüsselwort beliebig viele Variablen zu deklarieren. Sie können WithEvents nicht zusammen mit New verwenden. Außerdem schließt WithEvents die Erstellung eines Datenfelds aus.

- »VarName« steht für den Bezeichner einer Einzelvariablen, eines Datenfeldes oder Objektvariablen. Den Namen der jeweiligen Variable legt ein VBA-Programmierer selbst fest. Er muß immer gemäß der Standardkonventionen gebildet werden[8] und ist eine notwendige Angabe für die Definition einer Variable.

---

8 Siehe Abschnitt 9.5 »Verbindliche Namensregeln gemäß VBA-Spezifikation«, Seite 362.

- »Indizes« wird nur im Zusammenhang mit Datenfeldern verwendet. Es steht für den Indexbereich beziehungsweise die Dimensionen eines Datenfeldes. Es gibt den oberen gegebenenfalls auch unteren Index des Datenfeldes an.[9]
- »New« kann nur im Zusammenhang mit Objektvariablen verwendet werden. Das Schlüsselwort ermöglicht das Anlegen einer neuen Instanz eines Objekts. Die Set-Anweisung erübrigt sich in diesem Fall. Sie können New nicht zur Deklaration von Variablen eines integrierten Datentyps oder zur Deklaration von Instanzen abhängiger Objekte benutzen. New kann außerdem nicht zusammen mit WithEvents angewendet werden.
- »Typ« steht für den Datentyp der Variablen. Sie können folgende Datentypen optional angeben: Byte, Boolean, Integer, Long, Currency, Single, Double, Date, String (für Zeichenfolgen variabler Länge), String * Länge (für Zeichenfolgen fester Länge), Object, Variant, ein *benutzerdefinierter Datentyp* oder ein *Objekttyp*. Verwenden Sie für jede deklarierte Variable einen separaten As-Abschnitt.

11.1.3 Deklaration von Variablenlisten

Sie können mehrere Variablen in einer einzigen Anweisung deklarieren (Variablenliste). Wenn die Variablen in der Variablenliste einen bestimmten Datentyp besitzen sollen, müssen Sie den Datentyp für jede einzelne Variable angeben. In der folgenden Anweisung wird die Variable x als Ganzzahl (Datentyp Integer) und die Variablen strName und strOrt als Zeichenfolgen (Datentyp String) deklariert.

```
Dim x As Integer, strName As String, strOrt As String
```

Aber Achtung: VBA erlaubt zwar eine Variablenliste wie

```
Dim x As Integer, strName, strOrt As String
```

aber die Variable strName wird in diesem Fall nicht, wie man vermuten könnte, explizit für Zeichenfolgenwerte deklariert (Datentyp String), sondern für Variant-Werte. Grundsätzlich gilt: Wenn Sie keinen Daten- oder Objekttyp für eine Variable bei der Deklaration angeben[10], so erhält die Variable automatisch den besonderen »Universal«-Datentyp Variant, der Zeichenfolgen, Datums-, Zeit-, boolesche oder numerische Werte enthalten kann (hierzu weiter unten mehr). Im nachstehenden Beispiel sind alle Variablen vom Datentyp Variant:

```
Dim x, strName, strOrt
```

11.2 Die Zugriffsmodifizierer und der Gültigkeitsbereich für Variablen

Sowohl für die Deklaration von Einzelvariablen als auch für die Deklaration von Datenfeldern und Objektvariablen können Sie die gleichen vier Zugriffsmodifizierer verwenden (Dim, Private, Public und Static). Ausschließlich für die implizite Deklaration eines Datenfeldes besitzt VBA in seinem Repertoire zusätzlich die RedDim-Anweisung.

---

9 Detaillierte Informationen zu den »Indizes« finden Sie ab Abschnitt 18.3.1, »Syntax für die Deklaration eines Datumfeldes«, Seite 514 folgende.
10 Und auch keine DefTyp-Anweisung im jeweiligen Modul verwendet wird.

Den Zugriffsmodifizierer und die Deklarationen von Variablen (aber auch die Deklaration von Konstanten) werden grundsätzlich entweder im Deklarationsbereich oder im Prozedurbereich eines VBA-Moduls niedergeschrieben.

Die Entwickler von VBA haben festgelegt, welcher Zugriffsmodifizierer in welchem Modul nutzbar ist und für welche Modul-Bereiche innerhalb eines Moduls die Zugriffsmodifizierer geeignet sind. Wenn Sie eine Variable deklarieren, beeinflussen Sie durch die drei Faktoren

- Modultyp (Standardmodul, Klassenmodul, UserForm-Modul ...)
- Modulbereich (Deklarationsbereich, Prozedurbereich)
- Zugriffsmodifizierer (Dim, Private, Public, Static, ReDim).

den sogenannten *Gültigkeitsbereich* der Variablen.

11.2.1 Der Gültigkeitsbereich von Variablen

Der Gültigkeitsbereich, der oft auch als *Sichtbarkeit*, *Geltungsbereich*, *Gültigkeitsebene* oder *Scope* bezeichnet wird, kennzeichnet die Verfügbarkeit von Variablen (aber auch von Konstanten und Prozeduren) zur Verwendung durch andere Codekonstrukte (wie zum Beispiel Prozeduren). Man unterscheidet im Prinzip vier Gültigkeitsbereiche:

- **Prozedurbereich:** Variablen sind nur innerhalb der Prozedur (prozedurweit) sichtbar und verfügbar, also nur *lokal* gültig. Nur die Prozedur, die die Variablendeklaration enthält, kann diese Variable verwenden.
- **Modulbereich:** Variablen sind innerhalb eines Moduls (modulweit) für alle Prozeduren sichtbar und verfügbar, also nur *privat* gültig (Private).
- **Projektbereich:** Variablen sind innerhalb eines Projekts (projektweit) für alle Prozeduren in allen Modulen sichtbar und verfügbar, also *öffentlich, aber nicht global* gültig (Public mit gesetzter Option Private Module-Anweisung).
- **Referenzbereich:** Variablen sind innerhalb eines Projekts und innerhalb aller Projekte, die auf das vorliegende Projekt referenzieren (referenzweit), für alle Prozeduren sichtbar und verfügbar, also *öffentlich und global* gültig (Public ohne Option Private Module-Anweisung).

Die nachstehende Tabelle zeigt eine Übersicht, welchen Zugriffsmodifizierer Sie in welchem Modul-Bereich verwenden können, um eine Variable zu deklarieren.

	Deklaration im Deklarationsbereich des Moduls	Deklaration im Prozedurbereich des Moduls
Dim	Sichtbar für alle Prozeduren innerhalb des Moduls (modulweit)	Sichtbar für die Prozedur (prozedurweit)
Public (ohne Option Private Modul)	In Standard-, Klassen- und Dokumentmodulen: Sichtbar für alle Prozeduren in allen Modulen in allen Projekten (referenzweit) In privat definierten Modulen (UserForm-, Berichtsmodule ...): Sichtbar für alle Prozeduren innerhalb des Projekts (projektweit)	▶ nicht zulässig

	Deklaration im Deklarationsbereich des Moduls	Deklaration im Prozedurbereich des Moduls
`Public` (mit `Option Private Modul`)	Sichtbar für alle Prozeduren innerhalb des Projekts (projektweit)	▶ nicht zulässig
`Private`	Sichtbar für alle Prozeduren innerhalb des Moduls (modulweit)	▶ nicht zulässig
`Static`	▶ nicht zulässig	Sichtbar für die Prozedur (prozedurweit)
`ReDim`	▶ nicht zulässig	Sichtbar für die Prozedur (prozedurweit)

Es empfiehlt sich, einer Variablen immer nur den Gültigkeitsbereich zuzuweisen, der tatsächlich in einem Projekt benötigt wird. Dadurch sollen unkontrollierte Manipulationen vermieden werden. Außerdem schonen Sie dadurch Speicherressourcen.

Anmerkungen und Hinweise

1. Der Begriff »Prozedurbereich« besitzt zwei Bedeutungen. Einerseits wird er zur Kennzeichung eines Bereichs im Modul beziehungsweise im Code-Fenster verwendet, um diesen Bereich vom Deklarationsbereich abzugrenzen. Andererseits gebraucht man ihn, um anzudeuten, daß ein Codeelement (Variable, Konstante ...) nur innerhalb einer Prozedur gültig ist.
2. Meist wird in der Fachliteratur nicht zwischen »Projektbereich« und »Referenzbereich« unterschieden. In Host-Applikationen wie Word und Excel, die Verweise über mehrere Projekte ermöglichen, macht die Differenzierung aber durchaus Sinn. Die `Option Private Module`-Anweisung ermöglicht es Ihnen, den Gültigkeitsbereich der öffentlichen Elemente (Variablen, Prozeduren, Objekte ...) gezielt einzuschränken oder durch Nicht-Anwenden (Voreinstellung) auszudehnen.
3. Wenn Sie in einem Projekt A ein öffentliches Codeelement (Variable, Konstante, Prozedur ...) nutzen wollen, das in einem Projekt B deklariert ist, dann müssen Sie zuerst im Projekt A einen *Verweis* zum Projekt B herstellen (Menü »Extras-Verweise« im Visual Basic-Editor).
4. Beachten Sie, daß Sie im Visual Basic-Editor nicht nur Verweise auf Klassenbibliotheken, ausführbare Dateien und COM/OLE/ActiveX-Steuerelemente herstellen können, sondern auch Verweise auf Word-Dokumente. Wenn Sie in einem Word-Dokument A die öffentlichen Elemente (Variablen, Konstanten, Prozeduren ...) der Word-Dokumente C, D, E ... und so weiter nutzen wollen, so ist dies problemlos möglich.

11.2.2 Die Dim-Anweisung

Der gebräuchlichste Zugriffsmodifizierer für Variablen ist die `Dim`-Anweisung[11]. Sie ist sozusagen das »Allroundgenie« unter den Zugriffsmodifizierern und kann als einziger

---

[11] Dim ist eine Abkürzung für »Dimension«.

Variablen-Zugriffsmodifizierer sowohl im Deklarations- als auch im Prozedurbereich eines Projekts eingesetzt werden.

Wenn Sie die `Dim`-Anweisung innerhalb eines Prozedur-Rahmens verwenden, so ist die Gültigkeit der so deklarierten Variable auf diese Prozedur beschränkt. Sie können von einer anderen Prozedur aus auf diese Variable nicht zugreifen. Die Variable bleibt in diesem Fall nur so lange bestehen, bis die Prozedur beendet ist;

Verwenden Sie dagegen die `Dim`-Anweisung im Deklarationsbereich eines Code-Fensters, so ist die deklarierte Variable für alle Prozeduren innerhalb des Moduls sichtbar.

Beispiel:

In dem folgenden Beispiel wird eine Variable `strMldg1` mit der `Dim`-Anweisung im Deklarationsbereich erstellt und als Datentyp `String` angegeben. Sie ist für alle Prozeduren innerhalb des Moduls sichtbar. Eine zweite Variable namens `strMldg2` wird mit der `Dim`-Anweisung im Prozedurbereich deklariert. Sie ist nur innerhalb des Prozedurrahmens der Prozedur `BspVariablen02()` sichtbar.

```
Option Explicit
'Deklarationsbereich: Modulweite Deklaration
Dim strMldg1 As String

Sub BspVariablen02()
   'Prozedurbereich: Prozedurweite Deklaration
   Dim strMldg2 As String

   'Wertzuweisungen
   strMldg1 = "Private (modulweit) Variable mit Dim"
   strMldg2 = "Lokale (prozedurweit) Variable mit Dim"

   MsgBox strMldg1
   MsgBox strMldg2
End Sub
```

11.2.3 Die Public-Anweisung

Wenn eine Variable für alle Prozeduren des Projekts verfügbar sein soll, müssen Sie diese mit der `Public`-Anweisung im Deklarationsbereich eines Moduls deklarieren.

Sobald eine Variable in einem Standardmodul, in einem Dokumentmodul oder in einem Klassenmodul via `Public`-Anweisung veröffentlicht wird, kann sie grundsätzlich auch in jenen Projekten verwendet werden, die einen Verweis auf das Projekt mit der Variablen aktiviert haben. Dieses Verhalten gilt nicht, wenn die Variable in einem *privaten* Modul wie zum Beispiel einem UserForm-Modul deklariert wird. In diesem Fall kann die Variable nur von Prozeduren innerhalb des Projekts verwendet werden. Andere Projekte, die auf das Projekt verweisen, können diese Variable nicht nutzen.

Beispiel:

In dem folgenden Beispiel wird eine Variable `strMldg3` mit der `Public`-Anweisung im Deklarationsbereich eines Standardmoduls erstellt und als Datentyp `String` angegeben. Sie ist für alle Prozeduren innerhalb des Projekts und auch für alle Projekte, die auf dieses Projekt verweisen, sichtbar. Im Beispiel greifen zwei Prozeduren erfolgreich auf Variable zu. Die Prozeduren selber könnten sich ohne weiteres in verschiedenen Modulen befinden.

```
'Deklarationsbereich: Projektweite Deklaration
Public strMldg3 As String

Sub BspVariablen03()
    strMldg3 = "Öffentliche Variable mit Public"
    MsgBox strMldg3
End Sub

Sub BspVariablen04()
    MsgBox strMldg3
End Sub
```

Falls die Nutzung einer öffentlichen Variable aus einem anderen Modul oder einem anderen Projekt Schwierigkeiten bereitet, versuchen Sie, den Modul- und Variablen-Bezeichner so genau wie möglich anzugeben. Geben Sie also nicht nur `strMldg3` für den Variablennamen ein, sondern bestimmen Sie auch das Modul und/oder das Projekt. Greifen Sie beispielsweise aus einem Standardmodul auf eine öffentliche Variable eines Benutzerformulars (UserForm-Modul) namens `UserForm1` folgenderweise zu:

```
MsgBox UserForm1.strMldg3
```

Wenn Sie aus einem anderen Projekt auf eine öffentliche Variable zugreifen, kann es notwendig sein, auch den Namen des Verweises anzugeben. Im nächsten Beispiel wird auf eine öffentliche `String`-Variable zugegriffen, die im Dokumentenmodul `ThisDocument` eines anderen Projekts deklariert ist (wobei `<VerweiseName>` für das referenzierte Objekt steht):

```
MsgBox <VerweisName>.ThisDocument.strMldg3
```

11.2.4 Die Private-Anweisung

Wenn eine Variable für alle Prozeduren eines Moduls verfügbar sein soll, können Sie diese mit der `Private`-Anweisung im Deklarationsbereich eines Moduls deklarieren. Die Private-Anweisung hat dieselbe Wirkung wie die Dim-Anweisung. Welchen Zugriffsmodifizierer Sie wählen, um die Sichtbarkeit einer Variablen auf ein Modul einzuschränken, bleibt Ihnen überlassen (die Fachliteratur empfiehlt aus Gründen der Lesbarkeit meist die `Private`-Anweisung).

Beispiel:

```
'Deklarationsbereich: Modulweite Deklaration
Private strMldg1 As String
```

11.2.5 Die Static-Anweisung

Wenn Sie in einer Variable innerhalb einer Prozedur mit der Dim-Anweisung deklarieren, ist deren *Lebensdauer* festgeschrieben. Nach dem Verlassen der Prozedur mit der End-Sub-Anweisung werden alle lokalen Variablen zerstört und der von ihnen reservierte Speicher wieder freigegeben. Zuweilen ist es jedoch wünschenswert, daß der Wert einer lokale

Variablen nicht nach dem Abarbeiten verloren geht (zum Beispiel wenn man wissen will, wie oft eine Prozedur ausgeführt wurde). VBA löst das Problem mit dem Zugriffsmodifizierer `Static`. Der Wert statischer Variablen gehen nach dem Verlassen einer Prozedur nicht verloren, sondern bleiben erhalten. Am Gültigkeitsbereich ändert sich im Vergleich zu einer mit der Dim-Anweisung deklarierten lokalen Variablen nichts. Nur die Lebensdauer ändert sich und wird auf die gesamte Laufzeit des Programms ausgedehnt.

Beispiel:

Die nachfolgende Prozedur zeigt in einer Meldung an, wie häufig Sie schon während der Laufzeit durch andere Programme aufgerufen wurde:

```
Sub BspVariablen05()
    Static intZähler As Integer
    intZähler = intZähler + 1
    MsgBox "Diese Prozedur wurde schon " & _
        intZähler & " mal aufgerufen."
End Sub
```

11.2.6 Die ReDim-Anweisung für Datenfelder

Die `ReDim`-Anweisung wird nur im Zusammenhang mit Datenfeldern benötigt. Alles Wichtige dazu können Sie in Kapitel 18, »Datenfelder (Arrays)«, ab Seite 513 nachlesen.

11.3 Datentypen

Datentypen spezifizieren – allgemein gesprochen – die Art und den *Wertebereich* der Daten, die in einem Programmablauf verwendet werden. Beispielsweise geben Sie in Ihrem Code an, daß in einer bestimmten Variablen nur Werte gespeichert werden dürfen, die zwischen -32.768 und +32.767 liegen (`Integer`). Oder Sie legen für eine Konstante fest, daß der Wert, den sie ihr zuordnen werden, eine Zahl zwischen 0 und 255 sein wird (`Byte`). Oder Sie bestimmen, daß eine Funktion, die sie im Code niederschreiben, eine beliebige Zeichenfolge zurückliefert (`String`). Oder sie schreiben vor, daß eine Prozedur nur dann verwendet werden kann, wenn ihr beim Aufruf eine beliebige oder eine bestimmte Objektreferenz übergeben wird (`Object` oder ein bestimmter Objektreferenz wie `Document`, `Range`, `CommandBar` und so weiter).

Wertebereich

Datentypen beschreiben wie groß der Wertebereich für Daten sein soll, und implizit dadurch auch welche Operationen mit den Daten ausführbar sind, welches Speicherformat und wieviel Speicherbedarf die Daten besitzen. Grob gesagt, kann VBA erst durch die Kenntnis des Datentyps die Daten bei der Programmausführung geeignet manipulieren.

Grundsätzlich empfiehlt es sich, immer den kleinsten möglichen Datentyp für das Codeelement zu wählen, dem Sie einen Datentyp zuweisen müssen. Dahinter verbirgt sich der Gedanke, möglichst speicherschonend zu programmieren. Diese Regel ist aber in Zeiten, wo die Speicherbestückung eines Computersystems kaum einen Kostenfaktor darstellt, kein gewichtiges Argument. Auch Empfehlungen wie jene, die die Verwendung von `Integer`-Variablen (16-Bit-Operation) gegenüber `Long`-Variablen (32-Bit-Operation) wegen angeblicher Leistungsvorteile favorisieren, sind längst überholt. Nicht nur, daß die heutige Hardware besser mit 32-Bit-Operationen umgehen kann, darüber hinaus konvertiert VBA in jüngeren Versionen intern sowieso alle Integer-Variablen in Long-Variablen um, so daß sofortige Long-Deklaration ohne Konvertierungsvorgang im Zweifelsfalle sogar performanter ist.

In VBA unterscheidet man grob folgende Arten von Datentypen[12].

11.3.1 Numerische Datentypen

▶ Numerische Datentypen werden als Zahlenwert interpretiert. Man gliedert die numerischen Datentypen in zwei Gruppen.

▶ **Ganze Zahlen:** Sie werden auch als Ganz- oder Integer-Zahlen, also als Zahlen ohne Nachkommastellen, bezeichnet. In VBA zählen zu den Ganzen Zahlen die Datentypen Byte, Integer und Long.

Die Datentypen Integer und Long können beide sowohl positive als auch negative Werte enthalten. Der Unterschied besteht in ihrer Größe: Integer-Variablen können Werte zwischen -32.768 und 32.767 enthalten, während Long-Variablen Werte zwischen -2.147.483.648 und 2.147.483.647 enthalten können. Der Datentyp Wertebereich des Datentyps Byte enthält nur positive Werte und reicht von 0 bis 255. Eine Byte-Variable ist sehr effizient, weil für sie nur 1 Byte Speicher reserviert wird. Verwenden Sie den Byte-Datentyp, um einen Integer-Wert zu speichern, wenn Sie im voraus wissen, daß das Codeelement, dem Sie den Wertebereich zuweisen nie einen Wert größer als 255 benutzen wird.

Durch ihre Eigenschaft, eine Ganzzahl zu sein, werden Rechenoperationen mit den Ganzzahlen schneller durchgeführt als mit den Datentypen für »Gebrochene Zahlen«.

Setzen Sie diese Datentypen immer dann ein, wenn Sie keinen Nachkommaanteil benötigen.

▶ **Gebrochene Zahlen:** Sie sind digitale Näherungen für reele Zahlen mit einem Nachkommaanteil, wobei allgemein zwischen Festkommazahlen und Gleitkomma- beziehungsweise Fließkommazahlen differenziert wird.

In VBA müssen Sie übrigens bei der Zuweisung von gebrochenen Zahlen im Code darauf achten, daß Sie anstatt des (deutschen) Dezimalkommas den Dezimalpunkt ».« verwenden. Das Komma verursacht einen Laufzeitfehler.

Zu den Festkommazahlen zählt man normalerweise den Datentyp Currency. Da er aber intern als Ganzzahl gespeichert und meist zur formatierten Ausgabe von Währungen verwendet wird, wird der Datentyp in diesem Buch weiter unten besprochen.

Zu den gebrochenen Zahlen mit Gleitkomma zählen in VBA die Datentypen Single, Double und Decimal. Sie unterscheiden sich hauptsächlich in ihrem Wertebereich, der in der Tabelle weiter unten in diesem Kapitel angegeben ist.

Decimal   Beachten Sie folgende Besonderheit: Mit dem Datentyp Decimal ist es zwar möglich, Zahlen mit bis zu 28 Nachkommastellen zu verwalten. Codeelementen wie Variablen können Sie diesen Datentyp aber nicht direkt zuweisen, da er nur ein Untertyp zum Datentyp Variant ist. Will sagen: Wenn Sie ein Codeelement als Decimal deklarieren wol-

---

12 Hinweis: Dem Autor des Buches ist bekannt, daß die Untergliederung nicht zwingend ist. Sie dient hier nur zur besseren Übersicht.

len, müssen Sie es als Variant deklarieren! Erst danach können Sie es über die Konvertierungsfunktion CDec() in ein Element vom Typ Decimal überführen.

```
Sub BspDatentypDecimal01()
    Dim decVariant As Variant
    decVariant = CDec(1E-28)
    Debug.Print decVariant
End Sub
```

11.3.2 Zeichenfolgendatentyp

Zeichenfolgedatentypen werden au

ch als *alphanumerischer Datentypen*, *Zeichenkettendatentypen* oder als Strings mit *fester* oder *variabler* Zeichenlänge bezeichnet. Kurzum: Der Datentyp String steht in VBA für die Verwaltung von Zeichenfolgen zur Verfügung (also für Zeichen wie Buchstaben, Zahlen, Interpunktionen, Spatien und so weiter). VBA unterscheidet grundsätzlich zwischen Zeichenfolgen mit variabler Länge und Zeichenfolgen mit fester Länge.

Bei Zeichenfolgen variabler Länge gleicht VBA den Speicherbedarf von Codeelementen, die als String deklariert sind, automatisch an die Länge der zugewiesenen Zeichenfolgen an. Je länger eine Zeichenfolge, desto mehr Speicher braucht das jeweilige Codeelement. Die Obergrenze liegt bei zirka 2 Milliarden Zeichen.

Bei Codeelementen, die Zeichenfolgen mit fester Länge enthalten sollen, geben Sie bei der Deklaration die maximale Anzahl Zeichen an. Bei der Initialisierung füllt VBA dann das Codeelement automatisch mit soviel Leerzeichen an, wie Sie deklariert haben. Weisen Sie dem Codeelement Werte zu, so werden, falls notwendig, überzählige Zeichen von VBA abgeschnitten und zu kurze Wertzuweisungen mit Leerzeichen aufgefüllt. Codeelemente, die als Zeichen mit fester Länge deklariert sind, enthalten also immer die gleiche Anzahl Zeichen. In dieser Form können Sie maximal 65.535 Zeichen deklarieren.

```
Sub BspVariablen07()

'Deklaration mit variabler Länge
Dim strVariabel    As String

'Deklaration mit fester Länge
Dim strFest        As String * 20

'Wertzuweisung
strVariabel = "Beliebig viel Zeichen ... bla, bla bla"
strFest = "20 Zeichen werden gespeichert ... bla, bla"

End Sub
```

11.3.3 Objekt-Datentypen

Objekt-Datentypen werden als Objekte interpretiert. Man gliedert die Objekt-Datentypen in zwei Gruppen:

- **Unspezifischer Objekt-Datentyp:** Der unspezifische Objekt-Datentyp wird durch das Schlüsselwort `Object` gekennzeichnet. Zuweilen nennt man den Datentyp auch *allgemeinen* Objekt-Datentyp. Bei der Deklaration eines Codeelements mit `Object` wird VBA zwar bekanntgegeben, daß es Speicher für Objekt reservieren soll, aber VBA erfährt nicht, um welches Objekt es sich genau handelt. Kenntnis darüber erhält VBA erst bei der Objekt-Zuweisung.

  Unspezifische Objekt-Variablen deklariert man im Prinzip wie gewöhnliche Variablen, nur das hinter `As` das Schlüsselwort `Object` steht:

  ```
  Dim    objUnspezifisch1     As Object
  Public objUnspezifisch2     As Object
  Static objUnspezifisch3     As Object
  ...
  ```

- **Spezifischer Objekt-Datentyp:** Zu den spezifischen Objekt-Datentypen zählen alle Objekttypen, die in VBA in einer wohldefinierten Form offengelegt sind. VBA »kennt« die Objekttypen zum Beispiel durch

  - die Einbindung von Objektbibliotheken über den Befehl »Extras-Verweise« im Visual Basic-Editor
  - die Automatisierung von Anwendungen im Rahmen von benutzerdefinierten Programmausführungen
  - die Erstellung öffentlicher benutzerdefinierter Klassen mit Hilfe der Klassenmodule
  - ...

  Als Word/VBA-Entwickler werden Sie zum überwiegenden Teil die spezifischen Objekt-Datentypen von Windows, VBA und Word verwenden. Der Umgang mit spezifischen Objekt-Datentypen, Objektvariablen und Objekten wird in einem späteren Kapitel besprochen.[13] Damit Sie ein Gefühl für die Opjekttypen kommen, seien hier stellvertretend für die vielen Objekttypen wenige, aber wichtige namentlich angeführt.

  - `Application`
  - `Window`
  - `Document`
  - `ActiveDocument`
  - `Template`
  - `Selection`
  - `Range`
  - `Table`, `Cell`, `Row` und `Column`
  - `ParagraphFormat`, `Style`, `Font`

  Die spezifischen Objektvariablen deklariert man im Prinzip wie gewöhnlich Variablen, nur das hinter `As` der Bezeichner des Objekttyps steht:

  ```
  Dim     docMeinDokument         As Document
  Private selMeineMarkierung      As Selection
  Static  rngMeinBereich          As Range
  ```

---

[13] Siehe Kapitel 20, »Objektorientierte Programmierung«, ab Seite 547, insbesondere Abschnitt 20.9, »Objektvariablen«, ab Seite 570.

...
Eine vollständige Auflistung aller für das aktuelle Projekt verfügbaren Objekte (Objekt-Datentypen) finden Sie im Objektkatalog.

Neben der unspezifischen und der spezifischen Art, den Objekt-Datentyp für ein Codeelement festzulegen, gibt es noch eine dritte Art, nämlich über einen *veränderbaren Datentyp* (`Variant:<Unterdatentyp>`). Bei diesem Verfahren ist der jeweilige spezifische Objekt-Datentyp ein Untertyp des veränderbaren Datentyps. Das Verfahren wird selten angewendet und wird auch nicht empfohlen.

11.3.4 Veränderbare Datentypen

Hierunter versteht man Datentypen, die Daten verschiedener Art (zum Beispiel ganze Zahlen, Textzeichenfolgen, Datum und Uhrzeit, Objektreferenzen ...) in einem internen Datenuntertyp speichern können. Dies ermöglicht einen flexiblen Umgang mit unterschiedlichen Daten, da diese, falls notwendig, automatisch untereinander konvertiert werden können. In VBA zählt man zu den veränderbaren Datentypen den Datentyp `Variant`.

`Variant` kommt nolens volens zum Einsatz, wenn Sie bei der Deklarierung eines Codeelements keinen Datentyp zuweisen. Codeelemente, die mit dem Datentyp deklariert sind, ändern gegebenenfalls zur Laufzeit die interne Datendarstellung und führen automatisch eine Datentypkonvertierung durch. Beispielsweise ist VBA in der Lage, mit folgendem Codeschnipsel korrekt umzugehen, obwohl das Beispiel scheinbar eine Zeichenfolge von einem Zahlenwert abzieht:

```
Sub BspDatentypVariant01()
    Dim var          As Variant
    Dim str          As String
    Dim intErgebnis  As Integer

    var = 142
    str = "100"
    intErgebnis = var - str

    Debug.Print intErgebnis
End Sub
```

`Variant`-Datentypen sind demnach extrem flexibel und gerade für VBA-Anfänger einfach zu verwenden. Der Nachteil des Datentyps `Variant` ist: Dieser Datentyp benötigt viel Speicherplatz. Es empfiehlt sich, diesen Datentyp nur dann zu verwenden, wenn es wirklich notwendig ist. Ein generelles Tabu ist aber nicht angesagt. Im Gegenteil: Vor allem im Kontext von Auflistungen, API-Deklarationen, optionalen Parametern und Parameter-Datenfeldern ist `Variant` in VBA unverzichtbar (auch wenn der Datentyp in VB.NET zugunsten von `Object` abgeschafft wurde).

11.3.5 Formatierende Datentypen

Codeelemente können auch mit Datentypen deklariert werden, die von außen gesehen die Daten formatieren. Intern werden die mit diesen Datentypen deklarierten Codeelemente selbstverständlich genauso verarbeitet wie Codeeinheiten mit anderen Datentypen. Nur nach außen repräsentieren sich als etwa anderes. Zu diesen Datentypen zählen:

Datumsdatentyp

In VBA existiert für das Programmieren mit Datums- und Zeit-Wertebereichen der Datentyp `Date`. Dieser ermöglicht einerseits das Deklarieren von Datumsvariablen, denen ein Datum zwischen dem 01.01.100 und dem 31.12.9999 zugewiesen werden; andererseits man mit ihm »Zeitvariablen« deklarieren, die mit einer Zeitangabe zwischen 00:00:00 und 23:59:59 Uhr initialisiert werden. Zeiten werden in der Form `hh:mm` oder `hh:mm:ss` angegeben; Daten in der Form `mm/tt/jj` oder `mm/tt/jjjj`. Eine Kombination beider Angaben ist möglich. Die im deutschen Sprachraum übliche Schreibweise `tt.mm.jjjj` ist aus Portabilitätsgründen nicht möglich. Allenfalls bei bestimmten Daten ist die Form `tt/mm/jjjj` erlaubt (wenn sich Monat und Tag eindeutig identifizieren lassen), sollte aber nicht verwendet werden, weil fast immer zu Verwirrungen führt. Was nach außen für den Entwickler und den Anwender wie ein Datum oder eine Uhrzeit aussieht, wird intern übrigens als Festkommazahl gespeichert. Wenn Sie mit deutschen Datumsangaben arbeiten wollen, sind Sie auf Konvertierungs-Funktionen wie `DateValue()` oder ähnliche angewiesen.

Datums- und Zeitwerte werden bei der Zuweisung in Anführungszeichen»"«oder besser zwischen zwei »Doppelkreuz«-Zeichen »#« gestellt (Datumsliteral). Nachstehend ein paar Beispiele.

```
Sub BspDatentypDate01()

Dim strText       As Variant
Dim datDatumZeit  As Date

'Zuweisen von Sytemdatum/-zeit
datDatumZeit = Date & vbCr & Time
strText = datDatumZeit & vbCr

'Zuweisen eines bestimmten Datums mit Hochkomma
datDatumZeit = "03.09.1999"
strText = strText & datDatumZeit & vbCr

'Zuweisen eines bestimmten Datums mit Doppelkreuz
datDatumZeit = #9/3/1999#
strText = strText & datDatumZeit & vbCr

'Zuweisen einer bestimmten Uhrzeit mit Hochkomma
datDatumZeit = "20:15:00"
strText = strText & datDatumZeit & vbCr

'Zuweisen einer bestimmten Uhrzeit mit Doppelkreuz
datDatumZeit = #8:15:00 PM#
strText = strText & datDatumZeit & vbCr

'Zuweisen von Datum und Zeit
datDatumZeit = "03.09.1999 20:15:00"
```

```
strText = strText & datDatumZeit & vbCr

'Deutsches Datum mit DateValue I
datDatumZeit = DateValue("03.09.1999")
strText = strText & datDatumZeit & vbCr

'Deutsches Datum mit DateValue II
datDatumZeit = DateValue("03. Sep 99")
strText = strText & datDatumZeit & vbCr

'Deutsches Datum mit DateValue III
datDatumZeit = DateValue("03 September")
strText = strText & datDatumZeit

Debug.Print strText
End Sub
```

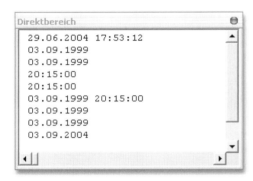

Abbildung 11.1 Ausgabe von Datums- und Zeitwerten in das Direktfenster

Sie können in VBA mit Datums- und Zeitwerten Berechnungen durchführen. Beispielsweise können Sie VBA anweisen, die Tage zu berechnen, die Sie bereits auf der Erde weilen:

```
Sub BspDatentypDate02()
Dim datDatum          As Date
Dim datGeburtsdatum   As Date
Dim lngZeitraum       As Long

'Systemdatum zuweisen.
datDatum = Date

'Festes Datum zuweisen.
datGeburtsdatum = #9/3/1999#

'Dauer ermitteln.
lngZeitraum = datDatum - datGeburtsdatum

MsgBox "Heute ist der " & lngZeitraum & _
```

"te Tag in Ihrem Leben."

End Sub

Währungsdatentyp

Der Datentyp Currency, der intern als Ganzzahl gespeichert wird, eignet sich speziell für Rechenoperationen mit Währungen oder bei Festkommaberechnungen mit großen ganzen Zahlen (Milliarden und Billionen), bei denen Genauigkeit besonders wichtig ist. Codeelemente, die mit diesem Datentyp deklariert wurden, haben immer vier Nachkommastellen. Wenn Sie einem mit Currency deklarierten Codeelement einen Wert mit mehr als vier Stellen hinter dem Komma zuweisen, so rundet VBA automatisch auf vier Nachkommastellen auf. Das folgende Beispiel demonstriert das Verhalten. Einer Currency-Variablen wird im Beispiel ein Wert mit fünf Nachkommastellen zugewiesen. Die Ausgabe im Direktfenster zeigt im Anschluß nur vier Nachkommastellen an:

```
Sub BspDatentypCurrency01()
Dim curGeldbetrag As Currency
    curGeldbetrag = 123456.12345
    Debug.Print curGeldbetrag
End Sub
```

Boolean-Datentyp

Auch den VBA-Datentyp Boolean kann man in diese Gruppe einordnen, weil Daten von diesem Typ intern als 16-Bit-Zahlen gespeichert werden, die Werte nach außen aber bloß die logischen Zustände True oder False respektive die Ziffern 0 und 1 repräsentieren (wobei 0 dem Wert False und 1 dem Wert True entspricht).

```
Sub BspDatentypBoolean01()
    Dim bolWahr     As Boolean
    Dim bolFalsch   As Boolean

    'Variable mit "wahr" initialisieren.
    bolWahr = True
    'Variable auf "falsch" setzen.
    bolWahr = 0

    'Variable mit "falsch" initialisieren.
    bolFalsch = False
    'Variable auf "wahr" setzen.
    bolFalsch = 1

    Debug.Print bolWahr
    Debug.Print bolFalsch
End Sub
```

11.3.6 Datentypen-Übersicht

Die nachstehende Tabelle enthält eine Übersicht über die in VBA verfügbaren Datentypen.

Datentyp	Speicherbedarf (Byte)	Typ	Beschreibung
Byte	1		Ganzzahl zwischen 0 bis 255
Boolean	2		True oder False
Integer	2	%	-32.768 bis 32.767
Long (lange Ganzzahl)	4	&	-2.147.483.648 bis 2.147.483.647
Single (Gleitkommazahl mit einfacher Genauigkeit)	4	!	-3,402823E38 bis -1,401298E-45 für negative Werte; 1,401298E-45 bis 3,402823E38 für positive Werte.
Double (Gleitkommazahl mit doppelter Genauigkeit)	8	#	-1,79769313486232E308 bis -4,94065645841247E-324 für negative Werte; 4,94065645841247E-324 bis 1,79769313486232E308 für positive Werte.
Currency (skalierte Ganzzahl)	8	@	-922.337.203.685.477,5808 bis 922.337.203.685.477,5807
Decimal	14		+/-79.228.162.514.264.337.593.543.950.335 ohne Dezimalzeichen; +/-7,9228162514264337593543950335 mit 28 Nachkommastellen; die kleinste Zahl ungleich Null ist +/-0,0000000000000000000000000001.
Date	8		1. Januar 100 bis 31. Dezember 9999.
Object	4		Beliebiger Verweis auf ein Objekt vom Typ Object.
String (variable Länge)	10 plus Zeichenfolgenlänge	$	0 bis ca. 2 Milliarden.
String (feste Länge)	Zeichenfolgenlänge		1 bis ca. 65.400
Variant (mit Zahlen)	16		Numerische Werte im Bereich des Datentyps Double.
Variant (mit Zeichen)	22 plus Zeichenfolgenlänge		Wie bei String mit variabler Länge.
Benutzerdefiniert (mit Type)	Zahl ist von Elementen abhängig		Der Bereich für jedes Element entspricht dem Bereich des zugehörigen Datentyps.

11.3.7 Festlegen des Datentyps

Unter VBA wird der Datentyp auf eine der folgenden Arten festgelegt:

- Implizit durch Zuweisung eines Wertes
- Explizit durch Zuweisen eines Datentyps mit der Anweisung As und dem Schlüsselwort für den jeweiligen Datentyp, also zum Beispiel As Integer, As String, As Object ...
- Explizit durch Zuweisen eines Datentyps mit der DefType-Anweisung für eine Gruppe von Codeelementen.
- Explizit durch Zuweisen eines Typdeklarationszeichens an den Bezeichner eines Codeelements

11.3.8 Ermitteln des Datentyps

In manchen Fällen kann es notwendig sein, den Datentyp einer Variablen zu ermitteln. VBA stellt dafür die Funktion TypeName() zur Verfügung. Sie wird im Zusammenhang mit den Objektvariablen besprochen.[14]

11.3.9 Die DefType-Anweisung

Wenn Sie eine größere Anzahl von Codeelementen des gleichen Datentyps deklarieren wollen, können Sie den Vorgang vereinfachen. VBA stellt dafür die DefType-Anweisung zur Verfügung. Diese Funktion legt im Deklarationsbereich eines Moduls den Standard-Datentyp für folgende Codeelemente fest

- Variablen
- an Prozeduren übergebene Argumente
- den Rückgabetyp für Function- und Property Get-Prozeduren

Die Festlegung erfolgt unter Angabe eines Buchstabens oder eines Buchstabenbereichs. Alle nicht explizit deklarierten Variablen, deren Namen mit den angegebenen Zeichen beginnen, erhalten dann automatisch den entsprechenden Datentyp zugewiesen. Zum Beispiel deklariert folgende Anweisung alle ursprünglich implizit deklarierten Codeelemente, die mit den Buchstaben a bis d beginnen, unabhängig von Groß- und Kleinschreibung, nun explizit als Long:

```
DefLng a-d
```

Dadurch sind im Quellcode folgende Zuweisungen möglich:

```
Alter = 4
d = 42
```

Für jeden Datentyp existieren eigene Anweisungen:

---

[14] Siehe Abschnitt 20.3.3, »Die TypeName-Funktion oder wie man die Klasse eines Objekts ermittelt«, ab Seite 552.

Anweisung	Datentyp	Beschreibung
`DefBool`	Boolean	Legt den logischen Datentyp Boolean als Standard-Datentyp fest.
`DefByte`	Byte	Legt ganze Zahlen Byte als Standard-Datentyp fest.
`DefInt`	Integer	Legt ganze Zahlen Integer als Standard-Datentyp fest.
`DefLng`	Long	Legt ganze Zahlen Long als Standard-Datentyp Long fest.
`DefCur`	Currency	Legt den Währungs-Datentyp Currency als Standard-Datentyp fest.
`DefSng`	Single	Legt den Gleitkomma-Zahlentyp Single als Standard-Datentyp fest.
`DefDbl`	Double	Legt den Gleitkomma-Zahlentyp Double als Standard-Datentyp fest.
`DefDec`	(Decimal)	(Wird zur Zeit nicht unterstützt.)
`DefDate`	Date	Legt den Datums-Datentyp Date als Standard-Datentyp fest.
`DefStr`	String	Legt Zeichenfolgen-Datentyp String als Standard-Datentyp fest.
`DefObj`	Object	Legt den Objekt-Datentyp Object als Standard-Datentyp fest.
`DefVar`	Variant	Legt den veränderbaren Datentyp Variant als Standard-Datentyp fest.

Beachten Sie, daß `DefType`-Anweisungen durch explizite Deklarationen »überschrieben« werden. Beispielsweise deklarieren die folgenden Anweisungen alle oben genannten Codeelemente, die mit a bis d beginnen, als Stringtypen. Einzige Ausnahme ist die Variable `ada`:

```
DefStr a-d
Dim ada As Integer
```

11.3.10 Umwandlungsfunktionen

Im Zusammenhang mit veränderbaren Datentypen stellt VBA jede Menge Test- und Umwandlungsfunktionen zur Verfügung, die hier nur kurz erwähnt werden sollen (für tiefergehende Informationen bemühen Sie bitte die Online-Hilfe):

Anweisung	Rückgabe-Datentyp	Beschreibung
`Asc(Zeichenfolge)`	Integer	Gibt einen Wert vom Typ Integer zurück, der den Zeichencode entsprechend dem ersten Buchstaben in einer Zeichenfolge darstellt.
`CBool(Ausdruck)`	Boolean	Eine gültige Zeichenfolge oder ein gültiger numerischer Ausdruck.
`CByte(Ausdruck)`	Byte	0 bis 255.
`CCur(Ausdruck)`	Currency	-922.337.203.685.477,5808 bis 922.337.203.685.477,5807.

Anweisung	Rückgabe-Datentyp	Beschreibung
CDate(Ausdruck)	Date	Ein beliebiger gültiger Datumsausdruck.
CDec(Ausdruck)	Decimal	+/-79.228.162.514.264.337.593.543.950.335 für skalierte Ganzzahlen, d.h. Zahlen ohne Dezimalstellen. Für Zahlen mit 28 Dezimalstellen gilt der Bereich +/-7,9228162514264337593543950335. Die kleinste mögliche Zahl ungleich Null ist 0,0000000000000000000000000001.
CDbl(Ausdruck)	Double	-1,79769313486231E308 bis -4,94065645841247E-324 für negative Werte; 4,94065645841247E-324 bis 1,79769313486232E308 für positive Werte.
Chr(Zeichencode)	String	Gibt einen Wert vom Typ String zurück, der das Zeichen enthält, das dem angegebenen Zeichen-Code zugeordnet ist.
CInt(Ausdruck)	Integer	-32.768 bis 32.767; Nachkommastellen werden gerundet.
CLng(Ausdruck)	Long	-2.147.483.648 bis 2.147.483.647; Nachkommastellen werden gerundet.
CSng(Ausdruck)	Single	-3,402823E38 bis -1,401298E-45 für negative Werte; 1,401298E-45 bis 3,402823E38 für positive Werte.
CStr(Ausdruck)	String	Rückgabe für CStr hängt vom Argument Ausdruck ab.
CVar(Ausdruck)	Variant	Numerische Werte im Bereich des Typs Double. Nichtnumerische Werte im Bereich des Typs String.
CVErr(Fehlernummer)	Variant mit Error	Gibt einen Wert vom Typ Variant mit dem Untertyp Error zurück, der eine vom Benutzer festgelegte Fehlernummer enthält.
Format(Ausdruck[, Format[, firstdayofweek[, firstweekofyear]]])	Variant mit String	Gibt einen Wert vom Typ Variant (String) zurück, der einen entsprechend den Anweisungen in einem Formatausdruck formatierten Ausdruck enthält.
Hex(Zahl)	String	Gibt einen Wert vom Typ String zurück, der den Hexadezimalwert einer Zahl angibt.
Oct(Zahl)	Variant mit String	Gibt eine Zeichenfolge vom Typ Variant (String) zurück, die den Oktalwert einer Zahl darstellt.
Str(Zahl)	Variant mit String	Gibt einen Wert vom Typ Variant (String) zurück, der eine Zahl darstellt.
Val(Zeichenfolge)	(geeigneter Typ)	Gibt die in einer Zeichenfolge enthaltenen Zahlen als einen numerischen Wert eines geeigneten Typs zurück.

Hinweis

Ausdruck steht für einen Zeichenfolgenausdruck oder einen numerischern Ausdruck.

11.3.11 Überprüfen der Inhalte

Um Fehler bei der Konvertierung von Datentypen abzufangen, können Sie vor der Umwandlung prüfen, ob ein Wert in einen gewünschten Datentyp umgewandelt werden kann. VBA bietet dafür zahlreiche Funktionen.

Validierungen spielen immer dann eine Rolle, wenn Ihr Code eine Eingabe vom Anwender erwartet. Soll der Benutzer beispielsweise eine Zahl eingeben, können Sie mit der `IsNumeric`-Funktion überprüfen, ob der eingegebene Wert als Zahl interpretiert werden kann. Die Funktion liefert `True` zurück, wenn der Wert entsprechend umgewandelt werden könnte, und `False`, wenn der Wert nicht in diesem Sinne umgewandelt werden kann.

Anweisung	Rückgabe-Datentyp	Beschreibung
`IsArray(Variable)`	Boolean	Gibt einen Wert vom Typ `Boolean` zurück, der angibt, ob eine Variable ein Datenfeld ist.
`IsDate(Ausdruck)`	Boolean	Diese Funktion testet, ob der Inhalt einer `Variant`-Variablen ein Datum oder eine Zeit enthält respektive eine Zeichenfolge diesem Format entspricht (zum Beispiel `"23:45"`).
`IsEmpty(Ausdruck)`	Boolean	Gibt einen Wert vom Typ `Boolean` zurück, der angibt, ob eine Variable initialisiert wurde.
`IsError(Ausdruck)`	Boolean	Gibt einen Wert vom Typ `Boolean` zurück, der angibt, ob ein Ausdruck ein Fehlerwert ist.
`IsMissing(Argument)`	Boolean	Gibt einen Wert vom Typ `Boolean` zurück, der angibt, ob einer Prozedur ein optionales Argument vom Typ Variant übergeben wurde.
`IsNull(Ausdruck)`	Boolean	Diese Funktion testet, ob der Inhalt einer `Variant`-Variablen keine gültigen Daten enthält (also den Wert *Null* besitzt).
`IsNumeric(Ausdruck)`	Boolean	Diese Funktion testet, ob der Inhalt einer `Variant`-Variablen in eine Zahl konvertiert werden kann (dies gilt auch für Zeichenfolgen wie `"12345.6"`).
`IsObject(Objektvariable)`	Boolean	Gibt einen Wert vom Typ `Boolean` zurück, der angibt, ob ein Bezeichner eine Objekt-Variable darstellt.
`VarType(Variable)`	Integer	Gibt einen Wert vom Typ `Integer` zurück, der den Untertyp einer Variablen anzeigt.
`TypeName(Variable)`	String	Gibt eine Zeichenfolge zurück, die Informationen über eine Variable enthält.

11.3.12 Initialisierung von Variablen

Wenn eine Prozedur ausgeführt wird, werden automatisch alle lokalen Variablen der Prozedur initialisiert, das heißt mit einem voreingestellten Wert versehen. Es gilt als guter Programmierstil, die Initialisierung (Wertzuweisung) nicht der VBA-Automatik zu überlassen, sondern den lokalen Variablen in der Nähe ihrer Deklarationen explizit Startwerte zuzuordnen. Dies kann zum Beispiel folgendermaßen geschehen:

```
Sub BspVariablen06()
    Dim strVorname          As String
    Dim datFerien           As Date
    Dim intZähler           As Integer
    Dim sngHöhe             As Single
    Dim curGeld             As Currency
    Dim docMeinDokument     As Document

    strVorname = "Ada"
    datFerien = #5/26/2006#
    intZähler = 1
    sngHöhe = 4.89898
    curGeld = 123456.12345
    Set docMeinDokument = ActiveDocument

    'Hier weitere Anweisungen ...
End Sub
```

11.3.13 Spezielle Werte

Wenn einem Codeelement noch kein »normaler« Wert zugewiesen wurde, besitzt dieses häufig einen speziellen Wert wie Empty, Error, Nothing oder Null.

- **Empty:** Der Wert Empty charakterisiert meist eine nicht initialisierte Variable (das heißt, eine Variable, der noch kein Wert zugewiesen wurde). Im Kontext mit Zahlenoperationen entspricht Empty dem Wert 0, bei Zeichenfolgenoperationen dem Leerstring »""«. Ob ein Codeelement den Wert Empty hat, kann mit der IsEmpty-Funktion getestet werden.

- **Error:** Der Wert Error charakterisiert im Zusammenhang mit der Deklaration von (Variant-)Variablen Fehlerzustände in einer Prozedur. Es findet dabei keine »normale« Fehlerbehandlung statt. Ob ein Codeelement den Wert Error hat, kann mit der IsError-Funktion getestet werden.

- **Nothing:** Das Schlüsselwort Nothing hat verschiedene Bedeutungen, die Sie noch im Verlaufe des Buches kennenlernen werden. Zum einen kann es die Referenz auf ein Objekt »zerstören«. Andererseits wird es als Rückgabewert für Function-Prozeduren benutzt. Und im allgemeinen ist es ein Kennzeichen dafür, daß ein Operation schiefgegangen ist. Letztlich wird es aber auch dazu benutzt, den »nichtigen« Startwert einer Objektvariablen zu charakterisieren. Ob ein Codeelement den Wert Nothing hat, kann unter Umständen mit den beiden Schlüsselwörtern Is Nothing getestet werden

- **Null:** Der Wert Null charakterisiert meist, daß eine Variable absichtlich keine gültigen Daten enthält. Null sollte nicht mit der Zahl Null »0« oder mit Empty verwechselt werden. Ob ein Codeelement den Wert Null hat, kann mit der IsNull-Funktion getestet werden.

VBA geht bei der Initialisierung im allgemeinen folgendermaßen vor:

- Numerische Variablen (`Integer`, `Long`, `Single`, `Double` und `Currency`) werden mit `Null` initialisiert.
- Zeichenfolgen-Variablen mit variabler Länge werden mit einer Null-Zeichenfolge (`Empty`) initialisiert.
- Zeichenfolgen-Variablen mit fester Länge werden mit der Zeichenfolge für das ASCII-Zeichen »0« oder `Chr(0)` initialisiert.
- Variant-Variablen werden als `Empty` initialisiert.
- Objektvariablen werden als `Nothing` initialisiert.

11.4 Konstanten

In VBA ist eine Konstante ein Codeelement, dessen Wert, Name oder physikalische Adresse im Arbeitsspeicher nach erfolgter Festlegung während der gesamten Programmlaufzeit nicht verändert wird.

VBA-Konstanten lassen sich in Gruppen (Arten) einteilen, nämlich in:

- Literale Konstanten
- Symbolische Konstanten
    - Benutzerdefinierte Konstanten, die mit der `Const`-Anweisung deklariert werden.
    - Integrierte Konstanten, die durch VBA, eine Host-Anwendung oder eine referenzierte Bibliothek zur Verfügung gestellt werden.
    - Bedingte Kompilierung-Konstanten, die mit der `#Const`-Anweisung deklariert werden.
    - Aufzählungskonstanten (Enumerationen)

11.4.1 Literale Konstanten

Eine literale Konstante (manchmal auch nur als *Literal* oder Konstante bezeichnet) ist nicht mehr und nicht weniger als ein Wert, der für sich selbst steht und den Sie im Quellcode wörtlich oder buchstäblich (literal) niederschreiben. Literale Konstanten kommen demnach ohne explizite Deklaration vor. Die Bedeutung einer literalen Konstante wird qua negationis (durch Negation) deutlich:

- Eine literale Konstante ist in ihrem Inhalt nicht durch eine Bereichsdefinition festgelegt.
- Eine literale Konstante hat keinen Konstantennamen.
- Eine literale Konstante ist nicht der Wert einer Variablen oder das Ergebnis eines Ausdrucks.
- Eine literale Konstante wird nicht durch eine Anweisung wie `Const` oder `#Const` deklariert.

Beispiel für literale Konstanten sind die Zahlen »`42`« und »`17.1`«, das Zeichen »`a`«, der String »`Hello`« und der boolesche Wert »`True`«.

Im Code verwenden Sie literale Konstanten in der Regel, um sie den Variablen, symbolischen Konstanten, Parametern, Funktionen und so weiter zuzuweisen.

Im Code von professionellen VBA-Programmen sollten Sie weitgehend auf die Verwendung von Literalen verzichten beziehungsweise die Literale in einer eigenen Datenschicht vorhalten (unabhängig zum Beispiel vom Geschäftslogik-Code und vom Oberflächen-Code).

11.4.2 Verwenden der Const-Anweisung für benutzerdefinierte Konstanten

Wenn Sie beim Codieren bemerken, daß bestimmte Werte immer wieder von Ihnen verwendet werden, oder daß Sie mit literalen Konstanten keine Bedeutung assoziieren, obwohl eine solche vorliegt, sollten Sie die Verwendung von benutzerdefinierten Konstanten mit sprechenden Namen für Ihren Code in Betracht ziehen. Wenn Sie in Ihrem Code statt nichtssagender literaler Konstanten sprechende Konstantennamen verwenden, verbessern Sie dadurch womöglich die Lesbarkeit und Wartbarkeit Ihres Codes. Beispiele:

Anstelle des Literals ...	... eine symbolische Konstante verwenden, wie zum Beispiel:
3.14	PI
42	ANWORT_AUF_DIE_GROSSE_FRAGE[15]
C:\Dokumente und Einstellungen\Benutzername\Anwendungsdaten\Microsoft\Vorlagen	gMEIN_BENUTZERORDNER
&H80070006	pHANDLE

Benutzerdefinierte Konstanten müssen in VBA mit der Const-Anweisung deklariert werden.

Syntax für die Const-Anweisung

Die allgemeine Syntax der Const-Anweisung lautet (in eckige Klammern gesetzte Codeelemente sind optional):

```
[Public|Private] Const Konstantenname _
                 [As Datentyp] = Ausdruck
```

Const
- »Const«: Konstanten beginnen im einfachsten Fall einfach mit dem Schlüsselwort Const, gefolgt von einem Leerzeichen, dem benutzerdefinierten Konstantennamen, einem Gleichheitszeichen und dem Wert, den die Konstante besitzen soll:

  Const PI = 3.14159

  Je nachdem, ob eine Konstante im Deklarationsteil eines Moduls oder innerhalb eines Prozedurrahmens wie Sub..End Sub oder Function..End Function definiert wurde, können Sie entweder aus allen Prozeduren des Moduls oder nur innerhalb der Prozedur auf die Konstante zugreifen.

- »Konstantename« steht für den Bezeichner einer Konstanten. Den Namen einer Konstanten legt ein VBA-Programmierer selbst fest. Er muß gemäß der Standardkonventionen gebildet werden[16] und ist eine notwendige Angabe für die Definition einer Konstanten.

---
15 [ADAMS001]: S. 164.

- »Public« oder »Private«: Die optionalen Konstantenattribute `Private` und `Public` dienen auf Modulebene (im Deklarationsbereich) der Festlegung des Gültigkeitsbereichs der Konstante. Sie sind beide innerhalb von Prozeduren nicht gültig.

  Entweder eine Konstante ist nur innerhalb eines Moduls gültig (das heißt, nur Prozeduren innerhalb des Moduls können diese Konstante aufrufen) oder global im gesamten Projekt (das heißt, aus allen vorhandenen Modulen kann auf die Konstante zugegriffen werden). `Public` definiert eine Konstante modulübergreifend (öffentlich), `Private` dagegen modulimmanent (privat). Beide Attribute schließen sich gegenseitig aus, so daß nur `Public` oder `Private` vor `Const` stehen kann:

  `Private Const ANWORT_AUF_DIE_GROSSE_FRAGE = 42`

  Standardmäßig, also ohne Angabe von `Public` oder `Private`, ist eine Konstante als `Private` deklariert; innerhalb von Prozeduren sind Konstanten immer `Private`.

- »Datentyp« spezifiziert, welchen Datentyp eine Konstante hat. Erlaubte Datentypen sind `Byte`, `Boolean`, `Integer`, `Long`, `Currency`, `Single`, `Double`, `Date`, `String` oder `Variant`. Verwenden Sie für jede deklarierte Konstante nach Möglichkeit eine separate `As`-Anweisung.

11.4.3 Integrierte Konstanten

Integrierte oder systemdefinierte Konstanten werden von einer Anwendung respektive von einer Objektbibliothek oder eine COM-Komponente bereitgestellt, wenn ein Verweis auf die entsprechende Datei im Visual Basic-Editor eingerichtet und aktiviert ist.

Grundsätzlich gilt, daß Sie auf die integrierten Konstanten über zwei Kennzeichnungen zugreifen können (vorausgesetzt, eine gültiger und aktivierter Verweis auf die entsprechende Bibliotheks-/Komponenten-Datei existiert):

- Über einen wohldefinierten Konstantennamen mit spezifischer Präfix
- Über einen Bibliotheksverweis

Die integrierten Konstanten besitzen normalerweise einen sprechenden Konstantennamen, der sich aus Groß- und Kleinbuchstaben mit einem Präfix aus zwei oder mehr Zeichen zusammensetzt. Das Präfix stellt meist ein Akronym für die Host-Anwendung dar, oder es lehnt sich sprachlich an der zugrunde liegenden Bibliothek an. Beispielsweise heißt das Präfix der Word-Konstanten »wd«, das der VBA-Konstanten »vb«. Der Zugriff auf die Word-Konstante `wdWindowStateMinimize`, mit der ein Fenster minimiert werden kann, sieht demnach etwa folgendermaßen aus:

Der wohldefinierte Name integrierter Konstanten

```
'Anwendungsfenster von Word minimieren.
Application.WindowState = wdWindowStateMinimize
```

Die Namen der integrierten Konstanten und ihre Bibliothekszugehörigkeit können Sie mit dem Objektkatalog des Visual Basic-Editors begutachten. Wählen Sie nach dem Öffnen des Objektkatalogs im Visual Basic-Editor mit der Taste [F2] die entsprechende Klassenbibliothek aus dem Feld »Projekt/Bibliothek« aus. Geben Sie das entsprechende Präfix der Konstante im Feld »Suchtext« ein, und klicken Sie anschließend in der Symbolleiste »Objektkatalog« auf »Suchen«. Die nachfolgende Tabelle listet einige Standard-Präfixe auf.

---

16 Siehe Abschnitt 9.5, »Verbindliche Namensregeln gemäß VBA-Spezifikation«, Seite 362.

Anwendung, Objektbibliothek, COM-Komponente	Präfix für Konstanten
Access	ac
Excel	xl
FrontPage	fp
Office	mso
OfficeBinder	bind
Outlook	ol
PowerPoint	pp
Word	wd
Visual Basic und VBA	vb
Visual Basic-Editor	vbext
Data-Access-Objektbibliothek (DAO)	db
ADO	ad

Da Sie integrierte Konstanten nicht deaktivieren können, ist es nicht möglich, benutzerdefinierte Konstanten mit demselben Namen zu erstellen.

11.4.4 Konstanten für die bedingte Kompilierung

Konstanten für die bedingte Kompilierung werden mit der #Const-Anweisung deklariert. Erläuterungen zu den Konstanten für die bedingte Kompilierung finden Sie in Abschnitt 27.3.1, »Benutzerdefinierte Kompilierungskonstanten (Compiler-Konstanten)«, ab Seite 785, so daß an dieser Stelle weitere Auslegungen überflüssig sind.

11.4.5 Enum-Auflistungen (Enumerationen)

Enum-Auflistungen, die manchmal auch »Aufzählungskonstanten«, »Enums«, »Aufzählvariablen« oder »Enum-Auflistung« genannt werden, sind eine Sammlung von Konstanten, die zur Laufzeit nicht geändert werden können. Alle in der Sammlung enthaltenen Konstanten sind in VBA vom Datentyp Long (in VB.NET können Sie auch vom Typ Byte, Short oder Integer sein). Innerhalb des Enum-Rahmens können Sie beliebig vielen Elementen einen konstanten Wert zuweisen. Der Zugriff auf die einzelnen Elemente und deren Wert geschieht über den Bezeichner der Enum-Anweisung, einem Punkt ».« als Trennzeichen und über den Bezeichner des Elements.

Der Nutzen von Aufzählungskonstanten liegt darin, daß sie eine Gruppe von abstrakten Werten unter einem Bezeichner zusammenfassen und den einzelnen Werten sprechende Namen geben können. Die sprechenden Namen stehen Ihnen dann bei der Deklaration von Variablen, Parametern und Funktionsergebnissen zur Verfügung. Wenn Sie sie einsetzen, wird Ihr Code sowohl sicherer als auch übersichtlicher.

Word und VBA verwenden Hunderte von Enumerationen. Einige haben sie schon unter dem Stichwort »integrierte Konstanten« kennengelernt und eventuell in mehreren Programmzeilen eingesetzt. Zum Beispiel sind `vbOKCancel` (für Eins), `vbYesNo` (für Vier) und `vbInformation` (für 64) Enumerationen von VBA, die man regelmäßig bei der Verwendung der `MsgBox`-Anweisung einsetzt; `wdWindowStateMaximize` (für Eins), `wdWindowStateMinimize` (für Zwei) und `wdWindowStateNormal` (für Null) sind dagegen Word-Enumerationen, die man im Zusammenhang mit dem Fensterstatus von Word verwendet.

`Enums` können nur auf Modulebene deklariert und definiert werden. In der Regel wird man eine Enumeration für alle Module eines Projekts verfügbar machen (`Public`). Daher empfiehlt es sich, im Projekt den Enumerationen ein eigenes Modul zu spendieren, in dem kein anderes Codekonstrukt niedergeschrieben wird.

Die Syntax der `Enum`-Anweisung lautet:

Syntax für die Enum-Anweisung

```
[Public | Private] Enum EnumName
   Elementname [= Konstantenausdruck]
   Elementname [= Konstantenausdruck]
   ...
End Enum
```

- »Enum«: Die `Enum`-Anweisungen beginnen im simpelsten Fall einfach mit dem Schlüsselwort `Enum`, gefolgt von einem Leerzeichen und dem Namen der Aufzählung:

  Enum

  `Enum MeinEnum`

- »Public« und »Private«: Die optionalen Enumattribute `Private` und `Public` dienen der Festlegung des Gültigkeitsbereichs der Enum-Auflistung. Wenn Sie die `Enum`-Auflistung mit `Private` deklarieren, ist sie nur innerhalb des Moduls gültig, in dem sie niedergeschrieben wurde. Wenn Sie die `Enum`-Auflistung mit `Public` deklarieren (Voreinstellung), dann ist sie innhalb des gesamten Projekts gültig.

- »EnumName« steht für den Bezeichner einer `Enum`-Auflistung. Den Namen einer Enumeration legt ein VBA-Programmierer selbst fest. Er muß gemäß der Standardkonventionen gebildet werden und ist eine notwendige Angabe für die Definition einer `Enums`.

- »Elementname« steht für einen erlaubten VBA-Bezeichner, der den Namen angibt, der für ein Element der `Enum`-Auflistung verwendet werden soll. Den Namen des Elements legt ein VBA-Programmierer selbst fest. Er muß gemäß der Standardkonventionen gebildet werden und ist eine notwendige Angabe für die Definition einer `Enum`.

- »Konstantenausdruck« steht für einen `Long`-Wert, der dem Element mit dem Gleichheitszeichen zugewiesen wird. Wenn Sie den Konstantenausdruck bei der Deklaration nicht angeben, wird dem Element entweder der Wert Null (falls es das erste Element ist) oder der Wert des unmittelbar vorangehenden Elements plus 1 zugewiesen.

- »End Enum«: VBA erkennt das Ende einer Enum-Auflistung anhand der zwei Schlüsselwörter `End Enum`.

  End Enum

Beispiel Enum: Definition einer Enum-Auflistung ohne Wertzuweisung

Bei der Definition eine Enum-Auflistung müssen Sie den einzelnen Elementen keinen Wert zuordnen. VBA verteilt die Werte automatisch gemäß der Reihenfolge der Konstantenausdrücke in der Aufzählung. Die automatische Wertzuweisung beginnt mit Null und erhöht sich mit jeder Konstanten um eins. Folgende Enum-Anweisung ist demnach völlig in Ordnung:

```
Public Enum enumPfadtyp
    DRIVE_ONLY
    DRIVE_WITH_BACKSLASH
    DRIVE_WITH_PATH
    PATH_ONLY
    FILE_ONLY
    FILE_WITH_EXT
    DOT_WITH_EXT
    EXT_ONLY
End Enum
```

Wenn Sie diese Enumeration im Deklarationsteil eines Moduls definiert haben, steht Ihrem Projekt fortan ein neuer Enumerationstyp namens enumPfadTyp zur Verfügung.

Die Verwendung der eigenen Enumeration im Code

Die Elemente des neuen Typs können im simpelsten Fall als Wert sofort eingesetzt werden, also zum Beispiel:

```
Debug.Print enumPfadtyp.DRIVE_WITH_BACKSLASH
```

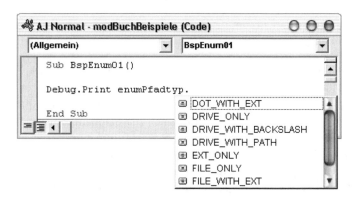

Abbildung 11.2 Enums sind in erster Linie Eingabehilfen.

Im Beispiel wird ohne Umschweife der konstante Wert »1« im Direktfenster ausgegeben. Sie können Enumeration aber auch als eine Art Datentyp für eine Variablen einsetzen:

```
Sub BspEnum02()
Dim Pfadtyp As enumPfadtyp
    Pfadtyp = DRIVE_WITH_BACKSLASH
End Sub
```

Immer wenn Sie einer mit einer Enumeration deklarierten Variable einen Wert zuweisen, wird Ihnen bei der Zuweisung nach Setzen des Gleichheitszeichens »=« vom Visual Basic-Editor eine Auswahlliste angeboten.

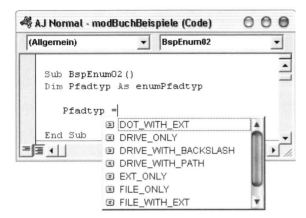

Abbildung 11.3 Praktisch sind Enumerationen vor allem im Umgang mit Variablen.

Beachten Sie jedoch: Sie können einer mit einer Enumeration deklarierten Variable auch einen Long-Wert zuweisen, der nicht in der Enumeration enthalten ist. VBA kümmert das wenig. Im Beispiel »meckert« VBA nicht, wenn man beispielsweise folgendes codiert:

```
Pfadtyp = 27
```

Beim Einsatz von Enumerationen müssen Sie also gegebenenfalls selber für die Überprüfung des Wertebereichs sorgen.

Auch die Verwendung von Enumerationen im Zusammenhang mit Prozeduren macht Sinn. Betrachten Sie das nachstehende simple Beispiel, das einen Parameter vom Enumerationstyp enumPfadtyp deklariert. Wenn die Prozedur aufgerufen wird, macht sie nichts weiter, als in einer Meldung das übergebene Argument anzuzeigen.

```
Sub BspEnum03(lngPfadtyp As enumPfadtyp)
    MsgBox lngPfadtyp
End Sub
```

Eine Arbeitserleichterung stellt das scheinbar noch nicht dar. Wenn Sie jedoch die Prozedur aus einer anderen Prozedur heraus aufrufen, wird Ihnen ebenso wie oben die Auswahlliste bei der Eingabe des Arguments zur Verfügung gestellt. Je nachdem, wie häufig Sie die Prozedur mit einem Enumerations-Argument einsetzen müssen, stellt das eine gewaltige Eingabehilfe dar, die man schon nur kurzer Zeit nicht mehr missen möchte.

Definition einer Enum-Auflistung mit Wertzuweisung

Es steht Ihnen frei, den Elementen Ihrer benutzerdefinierten Enumeration eigene ganzzahlige Werte zuzuordnen. Die obige Enumeration könnte demnach auch folgendermaßen verfaßt sein:

```
Public Enum enumPfadtyp
    DRIVE_ONLY = -1
    DRIVE_WITH_BACKSLASH = 0
    DRIVE_WITH_PATH = 1
    PATH_ONLY = 2
```

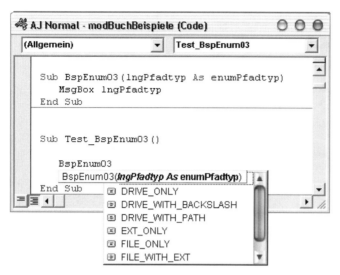

Abbildung 11.4 Der Einsatz von Enumerationen lohnt sich auch im Kontext von Prozeduren.

```
    FILE_ONLY = 4
    FILE_WITH_EXT = 8
    DOT_WITH_EXT = 16
    EXT_ONLY = 32
End Enum
```

Sie können sowohl positive als auch negative Werte für die verwenden. Und wenn Sie die Position im Code berücksichtigen, können Sie auch ein Element einer Enumeration einem Element einer anderen Enumeration zuordnen oder die kryptischen Enumerationen von Microsoft für eigene Belange handhabbar machen:

```
Public Enum enumBefehlsleistentyp
    ALLE_LEISTEN = -1
    SYMBOLLEISTE = msoBarTypeNormal
    MENÜLEISTE = msoBarTypeMenuBar
    POPUPLEISTE = msoBarTypePopup
End Enum
```

Dabei sollten Sie jedoch keine *Zirkelbezüge* codieren.

11.4.6 Vermeiden von Zirkelbezügen

Achten Sie beim Zuweisen von Konstanten an Konstanten darauf, daß Sie keinen Zirkelbezug erstellen. Ein Zirkelbezug entsteht, wenn zwei oder mehr öffentliche Konstanten jeweils durch die andere Konstante definiert werden. Beispiel:

```
'In Modul 1: Verfügbar in der ganzen Anwendung
Public Const conA = conB

'In Modul 2: Verfügbar in der ganzen Anwendung
Public Const conB = conA
```

Wenn ein Zirkelbezug auftritt, zeigt Visual Basic eine Fehlermeldung an, sobald Sie versuchen, die Anwendung zu starten oder zu kompilieren. Sie können Ihren Code erst ausführen, wenn Sie alle Zirkelbezüge beseitigt haben. Zirkelbezüge vermeidet man am besten, wenn man den Überblick über die benutzerdefinierten Konstanten behält. Und den Überblick über seine Konstanten behält man am besten, wenn man alle öffentlichen Konstanten auf ein einzelnes Modul oder auf einige wenige Module beschränkt.

12 Operatoren

»Die Erweiterung über alle Zahlbegriffe rührt, und setzt die Seele durch eine gewisse Verlegenheit in Erstaunen.«
Immanuel Kant[1]

Entsprechend ihrer Funktionsweise lassen sich die VBA-Operatoren[2] in verschiedene Kategorien aufteilen.

- Arithmetische Operatoren (für mathematische Berechnungen)
- Relationale Operatoren (für Vergleiche)
- Logische Operatoren (für logische Vergleiche)
- Bitoperatoren (zum binären Vergleichen)
- Zuweisungsoperatoren (zum Zuweisen)
- Verkettungsoperatoren (zum Verknüpfen von Zeichen)
- Sonstige

Grundsätzlich muß man beim Programmieren mit VBA darauf achten, daß die Operanden zu anderen Operanden und alle zusammen zu den Operatoren passen. Werden in einem Ausdruck Operanden mit nicht miteinander vereinbaren Datentypen über einen Operator in Beziehung gebracht, so reagiert VBA mit einer Fehlermeldung oder führt eine implizite Datentyp-Anpassung durch. Wenn Sie zum Beispiel Äpfel mit Birnen vergleichen beziehungsweise einen numerischen Operanden mit einer Zeichenkette, dann ist das eine ungültige Operation. Der triviale Ausdruck

```
1 = "Dies ist eine Zeichenkette und keine Zahl."
```

führt demnach schon nach der Bestätigung bei der Eingabe zur Fehlermeldung:

Abbildung 12.1 Wenn man Äpfel (Zahlen) mit Birnen (Zeichenfolgen) gleichsetzt, »spuckt« VBA eine relativ unverständliche Fehlermeldung aus.

---

1 [KANTI003]: S. 23439.
2 Zur Definition des Begriffs »Operator« siehe Abschnitt 10.2, »Ausdruck«, ab Seite 372.

Wenn Sie im Direktfenster mit

```
? 1 = "Dies ist eine Zeichenkette und keine Zahl."
```

ermitteln wollen, was an dem Ausdruck falsch ist, erhalten Sie eine verständlichere Fehlermeldung:

Abbildung 12.2 Diese Fehlermeldung nach dem Gleichsetzen von Zahlen und Zeichenfolgen ist schon verständlicher, obwohl Einsteiger mit dem knappen Text auch nicht viel anfangen können.

Fast immer ist es angeraten, für zwei miteinander zu verknüpfende Operanden den gleichen Datentyp zu verwenden.

12.1 Arithmetische Operatoren

Die arithmetischen Operatoren (auch mathematischen Operatoren oder Berechnungsoperatoren genannt) umfassen allgemein die vier Grundrechenarten:

- Addition
- Subtraktion
- Multiplikation
- Division (mit Nachkommateil)

VBA kennt darüber hinaus arithmetische Operatoren zum:

- Potenzieren
- Wiedergabe des Rests aus einer Division
- Division (nur mit Ganzzahlteil)
- Zum Negativieren eines Operanden (negatives Vorzeichen)

Die folgende Tabelle gibt einen allgemeinen Überblick:

Arithmetische Operatoren			
	Beispiel	Ergebnis	Beschreibung
+	4 + 2 4.3 + 2.3 -5 + 3	6 6,6 -2	Addition zweier Operanden (Zahlen)
-	4 - 2 4.3 - 2.3 -5 - 3	2 2 -8	Subtraktion zweier Zahlen (Differenz)

Arithmetische Operatoren

	Beispiel	Ergebnis	Beschreibung
-	-2	-2	Negatives Vorzeichen (einstelliger Präfix-Operator)
*	4 * 2 4.3 * 2.3 -5 * 3	8 9,98 15	Multiplikation zweier Zahlen
/	4 / 2 4.3 / 2.3 -5 / 3	2 1,8695652173913 1,66666666666667	Division zweier Zahlen, Fließkomma-Ergebnis zurückgeben
\	4 / 2 4.3 / 2.3 -5 / 3	2 2 -1	Division zweier Zahlen, ganzzahliges Ergebnis zurückgeben
^	4 ^ 2 4.3 ^ 2.3 -5 ^ 3	16 28,6402924192278 -125	Potenzieren einer Zahl mit einem Exponenten
Mod	4 Mod 2 liefert 0 4.3 Mod 2.3 -5 Mod 3	0 1 -2	Rest einer ganzzahligen Division zweier Zahlen zurückgeben

Beachten Sie bitte, daß arithmetische Ausdrücke für sich allein genommen unter VBA immer zu einer Syntax-Fehlermeldung führen, weil VBA nicht weiß, was mit dem Operationsergebnis geschehen soll. Der Ausdruck

```
4 + 2
```

ist demnach ungültig.

Gültig wird der Ausdruck, wenn Sie das Ergebnis mit dem Debug-Objekt und der Print-Methode im Direktfenster »ausdrucken« lassen:

```
Debug.Print 4 + 2
```

Oder wenn Sie das Ergebnis einer Variablen oder Eigenschaft zuweisen, also zum Beispiel

```
intErgebnis = 4 + 2
```

Der Code für ein vollständiges VBA-Programm, das das Ergebnis der Rechenoperation als Meldung auf dem Bildschirm ausgibt, könnte folgendermaßen lauten:

```
Sub BspOperator01()
Dim intErgebnis As Integer

intErgebnis = 4 + 2
MsgBox intErgebnis

End Sub
```

Die einfachste Möglichkeit, das Ergebnis eines Ausdrucks zu überprüfen, besteht darin, im Direktfenster dem Ausdruck ein Fragezeichen »?« voranzustellen und nach der Eingabe des Ausdrucks die ⌊Eingabetaste⌋ zu drücken. Das Ergebnis des Ausdrucks wird dann in die nächste Zeile geschrieben. Der Direktbereich verhält sich in diesem Fall wie ein einfacher Taschenrechner.

Abbildung 12.3 Geben Sie im Direktbereich »? 4+2« ein, und nach dem Drücken der Eingabetaste erhalten Sie das Ergebnis »6«.

12.2 Relationale Operatoren

Relationale Operatoren dienen dazu, Beziehungen zwischen den Operanden festzustellen, etwa, ob der erste Operand kleiner ist als der zweite. Sie vergleichen zwei Ausdrücke miteinander und das Ergebnis des Vergleichs dient als Entscheidung für den weiteren Ablauf eines VBA-Programms. Aus diesem Grund werden relationale Operatoren meist in Schleifenstrukturen als Abbruchbedingung oder in Verzweigungen als Verzweigungsbedingung verwendet.

Der Rückgabewert der Vergleichsoperatoren ist bei einem gültigen Vergleich immer ein Boolean, entweder »wahr« (True) oder »falsch« (False); wenn einer der Operanden keine gültigen Daten enthält (anders gesagt ein Ausdruck des Vergleichs den Wert Null hat), so ist das Ergebnis der Vergleichsoperation insgesamt Null.

Die folgende Tabelle zeigt die verschiedenen relationalen Operatoren, die VBA zur Verfügung stellt:

Relationale Operatoren / Vergleichsoperatoren			
	Beispiel	Ergebnis	Beschreibung
=	a = b 4 = 2	1. Beispiel: True, wenn der Wert der Variablen a gleich dem Wert der Variablen b ist, sonst False. 2. Beispiel: True, wenn die Zahl 4 gleich der Zahl 2 ist, sonst False.	Gleichheit (engl. »equal«): Prüft, ob der erste Ausdruck gleich dem zweiten Ausdruck ist.
<>	a <> b 4 <> 2	1. Beispiel: True, wenn der Wert der Variablen a (der Zahl 4) ungleich dem Wert der Variablen b ist, sonst False. 2. Beispiel: True, wenn die Zahl 4 ungleich der Zahl 2 ist, sonst False.	Ungleichheit (engl. »not equal«): Ungleichheit: Prüft, ob der erste Ausdruck ungleich dem zweiten Ausdruck ist.

Relationale Operatoren / Vergleichsoperatoren

	Beispiel	Ergebnis	Beschreibung
>	a > b 4 > 2	1. Beispiel: True, wenn der Wert der Variablen a größer als der Wert der Variablen b ist, sonst False. 2. Beispiel: True, wenn die Zahl 4 größer also die Zahl 2 ist, sonst False.	Größer als (engl. »greater than«): Prüft, ob der erste Ausdruck größer dem Ausdruck zweiten ist.
<	a < b 4 < 2	1. Beispiel: True, wenn der Wert der Variablen a kleiner als der Werte der Variablen b ist, sonst False. 2. Beispiel: True, wenn die Zahl 4 kleiner als die Zahl 2 ist, sonst False.	Kleiner als (engl. »lower than«): Prüft, ob der erste Ausdruck kleiner als der zweite Ausdruck ist.
>=	a >= b 4 >= 2	1. Beispiel: True, wenn der Wert der Variablen a größer oder gleich dem Wert Wert der Variablen b ist, sonst False. 2. Beispiel: True, wenn die Zahl 4 größer oder gleich der Zahl 2 ist, sonst False.	Größer oder gleich als (engl. »greater equal«): Prüft, ob der erste Ausdruck größer oder gleich dem zweiten Ausdruck ist.
<=	a <= b 4 <= 2	1. 1. Beispiel: True, wenn der Wert der Variablen a kleiner oder gleich dem Wert der Variablen b ist. 2. 2. Beispiel: True, wenn die Zahl 4 kleiner oder gleich der Zahl 2 ist, sonst false.	Kleiner oder gleich als« (engl. »lower equal«): Prüft, ob der erste Ausdruck kleiner oder gleich dem zweiten Ausdruck ist.
Is	objekt1 Is objekt2	True, wenn die Objektvariable objekt1 auf dasselbe Objekt verweist, wie die Objektvariable objekt2, sonst False.	Objektvergleich (engl. »is«): Prüft, ob die erste Objektvariable eine Referenz auf das gleiche Objekt enthält wie die zweite Objektvariable. Das ist zum Beispiel nach Set objekt1 = objekt2 oder nach Set objekt1 = objekt3 Set objekt2 = objekt3 der Fall.
Like	»a« Like »b«	True, wenn das Zeichenfolgenmuster »b« in der Zeichenfolge »a« enthalten ist oder mit ihr übereinstimmt, sonst False.	Mustervergleich zwischen Zeichenketten (engl. »like«): Prüft, ob ein Muster und eine Zeichenfolge übereinstimmen.

12.2.1 »Echte« Vergleichsoperatoren

Die »echten« Vergleichsoperatoren entsprechen den aus der Arithmetik bekannten Korrelationen Gleichheit, Ungleichheit, Größer-/Kleinerbeziehung und so weiter. Neben dem trivialen Vergleich von numerischen Werten können mit den »echten« Vergleichsoperatoren auch Zeichenfolgen miteinander verglichen werden. So liefert das folgende Beispiel zur Laufzeit auf dem Bildschirm in einer Meldung das Ergebnis »Wahr« (beziehungsweise True), weil standardmäßig für VBA "A" »kleiner/kürzer« ist als "B":

```
Sub BspOperator02()

Dim bolErgebnis As Boolean
    bolErgebnis = "A" < "B"
    MsgBox bolErgebnis
End Sub
```

Beachten Sie, daß VBA beim Zeichenfolgenvergleich auch die Anzahl der Zeichen berücksichtigt. Im nachfolgenden Beispiel ist das erste Ergebnis »wahr«, weil beide Zeichenfolgen identisch sind und über die exakt gleiche Anzahl an Zeichen verfügen; das Ergebnis des zweiten Vergleichs hingegen ist »falsch«, weil die beiden Zeichenfolgen des Ausdrucks zwar über identische Zeichen verfügen, aber nicht über eine identische Zeichenanzahl (in der zweiten Zeichenfolge befinden sich mehrere zusätzliche Leerzeichen).

```
Sub BspOperator03()

Dim strErgebnis1 As String
Dim strErgebnis2 As String

strErgebnis1 = "ABC" = "ABC"        'True
strErgebnis2 = "ABC" = "ABC    "    'False

MsgBox "Ergebnis 1: " & strErgebnis1 & vbCrLf & _
       "Ergebnis 2: " & strErgebnis2

End Sub
```

Wenn VBA einen Zeichenvergleich durchführt, wird jede Zeichenfolge Zeichen für Zeichen von links nach rechts mit der anderen verglichen.

> *»Im Grunde führt VBA also einen lexikographischen Vergleich durch, indem jedes Zeichen darauf geprüft wird, ob es im Alphabet vor oder nach dem zu vergleichenden Zeichen steht und so „kleiner" oder „größer" als das Vergleichszeichen ist (...) Wenn die Länge zweier ansonsten identischer Zeichenfolgen unterschiedlich ist, ist die kürzere Zeichenfolge die „kleinere".«*[3]

Ein lexikographischer Vergleich im herkömmlichen Sinn wird jedoch nur dann durchgeführt, wenn Sie das Verfahren für den Textvergleich mit der Option Compare-Anweisung und dem Schlüsselwort Text explizit festlegen (siehe nachstehenden Kasten).

Option Compare-Anweisung

VBA-Verfahren für den Zeichenfolgenvergleich mit der Option Compare-Anweisung festlegen

VBA vergleicht standardmäßig in allen VBA-Modulen zwei Zeichenfolgen auf *binärer* Basis, differenziert also zwischen der Groß- und Kleinschreibung (*Binärvergleich*). Bei diesem Verfahren sortiert VBA nicht nach dem dargestellten Buchstabenzeichen, son-

---

3 [HARRI001]: S. 202.

dern nach dem internen *Zahlen-*, *Binär-* oder *Zeichencode*[4], der für das Buchstabenzeichen festgelegt ist. Beim binären Zeichenfolgenvergleich ist beispielsweise der Großbuchstabe »A« kleiner als der Kleinbuchstabe »a«, weil der Zeichencode für »A« (Hexadezimal: 41, Dezimal: 65, Oktal: 101, Dual: 01000010) kleiner ist, als der Zeichencode für »a« (Hexadezimal: 61, Dezimal: 97, Oktal: 141, Dual: 01100001).

VBA kann Zeichenfolgen aber auch auf *textueller* Basis miteinander vergleichen (*Textvergleich*). In diesem Fall wird die im Gebietsschema des Systems festgelegte Sortierreihenfolge für Zeichen verwendet. Dabei bleiben die Unterschiede in der Groß- oder Kleinschreibung außen vor; der Großbuchstabe »A« und der Kleinbuchstabe »a« sind also beim textuellen Zeichenfolgenvergleich identisch.

Die Standardeinstellung für den Zeichenfolgenvergleich kann in VBA über den Optionsschalter (`Option Compare ...`) derart verändert werden, daß in bestimmten Modulen das eine, in anderen das andere Verfahren zum Vergleich von Zeichenfolgen herangezogen wird. Dazu muß im betreffenden Modul die `Option Compare`-Anweisung vor jeder Prozedur, genauer gesagt, im Deklarationsbereich des Moduls stehen., also entweder

```
'Textvergleich: »AAA« und »aaa« sind gleich
Option Compare Text
```

oder

```
'Binärvergleich: »AAA« ist kleiner als »aaa«
Option Compare Binary
```

Mit dem Schlüsselwort `Text` hinter der Option Compare-Anweisung legen Sie fest, daß ein Textvergleich durchgeführt werden soll mit dem Schlüsselwort `Binary`, daß eine Binärvergleich durchgeführt werden soll.

Hinweis: In VBA haben Sie leider keinen Schalter, der sich anwendungsweit für das Verhalten beim Vergleich von Zeichenfolgen auswirkt. So etwas hat Microsoft VB.NET vorbehalten, wo ein entsprechender Schalter im Projekteigenschaftsfenster unter »Erstellen« gesetzt werden kann.

Wenn Sie eine Zeichenfolge mit einem numerischen Wert vergleichen, löst dies den Fehler

Laufzeitfehler '13', Typen unverträglich«

aus, weil ein Vergleich zwischen den beiden Datentypen nicht möglich ist. Die Fehlermeldung können Sie vermeiden, wenn Sie sich vergegenwärtigen, wann Ausdrücke als numerische Werte und wann als Zeichenfolgen miteinander verglichen werden.

Laufzeitfehler 13

Einen numerischen Vergleich führt VBA durch, wenn ...

Numerischer Vergleich

▶ Es sich bei beiden zu vergleichenden Ausdrücken um numerische Werte handelt (also um Ausdrücke vom Datentyp `Byte`, `Boolean`, `Integer`, `Long`, `Single`, `Double`, `Date`, `Currency` oder `Decimal`); oder beide Ausdrücke vom Datentyp `Variant` mit numerischen Untertyp sind.

---

4 Im Laufe der Computergeschichte etablierten sich mehrere Zeichencodes, bei denen immer jedem Zeichen eine Zahl zugeordnet wird. Weit verbreitet und verwendet sind der ASCII-Code, der ANSI-Code und der Unicode.

- Einer der zu vergleichenden Ausdrücke einen numerischen Datentyp besitzt und der andere Ausdruck den Datentyp Variant mit numerischem Untertyp (folglich einen numerischen Wert besitzt beziehungsweise dessen Wert als numerisch interpretiert wird).
- Einer der zu vergleichenden Ausdrücke einen numerischen Datentyp besitzt und der zweite Ausdruck den Wert Empty hat (mit Empty ist in diesem Fall der numerische Wert »0« gemeint).

Zeichenfolgen-vergleich

Einen Zeichenfolgenvergleich führt VBA durch, wenn ...

- Es sich bei beiden zu vergleichenden Ausdrücken um Zeichenfolgen handelt (also um Ausdrücke vom Datentyp String); oder beide Ausdrücke vom Datentyp Variant mit dem String-Untertyp sind.
- Einer der zu vergleichenden Ausdrücke eine Zeichenfolge ist (Datentyp String) und der andere Ausdruck vom Datentyp Variant (außer Null) ist beziehungsweise einen Variant-Wert mit dem Untertyp String besitzt.
- Einer der zu vergleichenden Ausdrücke eine Zeichenfolge (Datentyp String) ist und der andere den Wert Empty besitzt (mit Empty ist in diesem Fall eine Null-Zeichenfolge ("") gemeint).

Besonderheiten beim numerischen Vergleich

- Beim numerischen Vergleich gibt es einige Sonderregelungen zu beachten, wenn zwei unterschiedliche numerische Ausdrücke aufeinandertreffen.
- Wenn ein Wert vom Typ Single mit einem Wert vom Typ Double verglichen wird, wird der der letztere auf die Genauigkeit des Typs Single gerundet.
- Wenn ein Wert vom Typ Currency mit einem Wert vom Typ Single oder Double verglichen wird, wird der Typ Single oder Double in den Typ Currency umgewandelt.
- Wenn ein Wert vom Typ Decimal mit einem Wert vom Typ Single oder Double verglichen wird, der Typ Single oder Double in den Typ Decimal umgewandelt.
- Wenn ein Wert vom Typ Currency aus einer Umwandlung entstanden ist oder irgendwie umgewandelt beziehungsweise auf-/abgerundet wird, können unter Umständen Nachkommastellen, die kleiner als .0001 sind, verlorengehen. Dadurch werden gegebenenfalls Wertes als gleich interpretiert, obwohl sie es an und für sich nicht sind.
- Wenn ein Wert vom Typ Decimal aus einer Umwandlung entstanden ist oder irgendwie umgewandelt beziehungsweise auf-/abgerundet wird, können Nachkommastellen, die kleiner als 1E-28 sind, verloren gehen. Dadurch werden gegebenenfalls Werte als gleich interpretiert, obwohl sie es an und für sich nicht sind, oder es kann ein Überlauffehler auftreten.

12.2.2 Der Operator »Like«

Für speziellere Zeichenfolgen-Vergleiche stellt VBA den Operator Like zur Verfügung.

Syntax für Like-Operator

Die Syntax des Like-Operators lautet:

```
Ergebnis = Zeichenfolge Like Muster
```

- »Zeichenfolge« kann ein beliebiger Ausdruck vom Datenyp String sein sein.
- »Muster« steht ebenfalls für einen beliebigen Zeichenfolgenausdruck, dessen Wert als gültiges Vergleichsmuster genutzt wird.

- »Ergebnis« steht stellvertretend für eine beliebige numerische Variable, in der das Resultat des Vergleichs aufgenommen wird.

Das folgende Beispiel mit dem `Boolean`-Datentyp für die Ergebnisvariable verdeutlicht den Sachverhalt: Es zeigt auf dem Bildschirm eine Meldung mit dem Ergebnis »Falsch« (beziehungsweise `False`) an, weil sich für VBA die beiden Zeichenfolgen "A" und "B" voneinander unterscheiden:

```
Sub BspOperator04()

Dim bolErgebnis As Boolean

bolErgebnis = "A" Like "B"
MsgBox bolErgebnis

End Sub
```

Wenn Sie einen anderen numerischen Datentyp für die Rückgabe auswählen, wird anstelle von »Wahr« oder »Falsch« ein vergleichbarer Wert wie »-1« oder »0« für `True` oder `False` als Ergebnis zurückgeliefert. Der folgende Code-Schnipsel, der sich nur durch einen anderen Datentyp für die Ergebnisvariable vom vorigen unterscheidet, zeigt auf dem Bildschirm demnach nicht »Falsch«, sondern »-1« an:

```
Sub BspOperator04()

Dim intErgebnis As Integer

intErgebnis = "A" Like "B"
MsgBox intErgebnis

End Sub
```

Die »echten« Vergleichsoperatoren eignen sich zwar zur Durchführung von Zeichenfolgenvergleichen, aber der Operator `Like` geht in seinen Möglichkeiten weit über deren hinaus: `Like` kann eine Zeichenfolge nicht nur mit einer Zeichenfolge vergleichen, sondern auch mit einem sogenannten *Zeichenfolgenmuster*. In einem definierten `Muster` können Sie Platzhalter, Zeichenlisten und Zeichenbereiche in vielfältiger Weise kombinieren und zum Vergleich heranziehen. Welche Platzhalterzeichen verwendet werden können und wofür diese jeweils stehen, ist der folgenden Tabelle zu entnehmen:

Zeichenfolgemuster

Zeichen	Beschreibung
?	Dient als Platzhalter für genau ein beliebiges Zeichen in einer Zeichenfolge.
*	Dient als Platzhalter für ein oder mehrere beliebige Zeichen in einer Zeichenfolge.
#	Dient als Platzhalter für eine beliebige einzelne Ziffer zwischen 0 und 9.
[ZeichenListe]	Formuliert einen Bereich von beliebigen einzelnen Zeichen, innerhalb dessen das gesuchte Zeichen vorkommen muß.
[!ZeichenListe]	Formuliert eine ausschließlichen Bereich von beliebigen einzelnen Zeichen, innerhalb dessen das gesuchte Zeichen nicht vorkommen darf.

Hierzu eine paar Beispiele:

```
Sub BspOperator06()

Dim bolErgebnis

'Die folgenden Ausdrücke liefern alle "False".
bolErgebnis = "System32" Like "S?32"
bolErgebnis = "System32" Like "*.*"
bolErgebnis = "System32" Like "System#"
bolErgebnis = "g" Like "[A-Z]"
bolErgebnis = "G" Like "[!A-Z]"
bolErgebnis = ".NET" Like "S[x-z]?[!A-Z]*#"

'Die folgenden Ausdrücke liefern alle "True".
bolErgebnis = "System32" Like "S?stem32"
bolErgebnis = "System32" Like "S*32"
bolErgebnis = "System32" Like "System##"
bolErgebnis = "G" Like "[A-Z]"
bolErgebnis = "g" Like "[!A-Z]"
bolErgebnis = "System32" Like "S[x-z]?[!A-Z]*#"

End Sub
```

Der Umgang mit Platzhalterzeichen (auch Jokerzeichen oder Wildcards genannt) gehört im Zeitalter der Internet-Suchmaschinen zum Standard-Repertoire eines jeden Computeranwenders. Aus diesem Grunde soll aus dem obigen Beispiel nur die letzte Zeile vor dem Ende der Prozedur genauer analysiert werden. Das Zeichenfolgenmuster des rechten Operanden verlangt nach dem Großbuchstaben »S« durch [x-z] an der zweiten Position ein Zeichen im Bereich zwischen den Kleinbuchstaben »x« und »z«. Diese Bedingung wird erfüllt, denn der zweite Buchstabe von »System32« ist »y«. An dritter Position darf ein beliebiges Zeichen stehen – hier befindet sich im Vergleichsstring der Buchstabe »s«. Das vierte Zeichen wiederum darf dank [!A-Z] kein Zeichen zwischen den Großbuchstaben »A« bis »Z« sein, was stimmt, weil der vierte Buchstabe der Vergleichszeichenfolge ein kleines »t« ist. Der Rest der Zeichenfolge kann in jeder Hinsicht bis auf das letzte Zeichen beliebig sein. Dieses muß eine Ziffer sein, was auch stimmt. Damit steht fest, die Zeichenfolge »System32« erfüllt die Auflagen des Zeichenfolgenmusters, so daß ein True zurückgegeben wird.

Besonderheiten beim Like-Operator

Nachstehend ein paar wichtige Regeln, die Sie beim Mustervergleich mit Like beachten sollten:

▶ Wollen Sie Sonderzeichen beim Vergleich heranziehen, die vom Like-Operator normalerweise als Platzerhalter-Zeichen interpretiert werden (zum Beispiel linke eckige Klammer »[«, das Fragezeichen »?«, Sternchen »*«, das Zeichen »#« und so weiter), so müssen Sie diese in eckige Klammern setzen.

▶ Ein Ausrufezeichen »!« besitzt nur innerhalb der eckigen Klammern seine ausschließende Bedeutung für das Vergleichsmuster. Wird das Ausrufezeichen außerhalb der eckigen Klammern verwendet, dient es als Platzhalterzeichen für sich selbst.

▶ Der Bindestrich »-« kann entweder am Anfang (nach einem Ausrufezeichen, sofern vorhanden) oder am Ende des Vergleichsmusters erscheinen, um als Platzhalterzeichen für

sich selbst zu stehen. In anderen Positionen dient der Bindestrich der Kennzeichnung eines Bereichs von ANSI-Zeichen.
- Wenn ein Zeichenbereich festgelegt wird, dann müssen die Zeichen in aufsteigender Sortierreihenfolge (vom niedrigsten zum höchsten) definiert werden. [z-a] ist folglich kein zulässiges Muster, [a-z] dagegen schon.
- Ein leeres eckiges Klammernpaar [] wird ignoriert respektive als leere Zeichenfolge ausgelegt.
- Die Einstellung der Option Compare-Anweisung, die weiter oben erschöpfend besprochen ist, gilt auch beim Zeichenfolgenvergleich mit Like.

12.2.3 Der Operator »Is«

Der Is-Operator dient zum Vergleich zweier Objektvariablen, Variablen mit Verweisen auf Objekte.

Die generelle Syntax des Is-Operators lautet:

Syntax für Is-Operator

```
Ergebnis = Objekt1 Is Objekt2
```

»Objekt1« und »Objekt2« müssen bei diesem Vergleich jeweils auf gültige Objekte verweisen. Wenn sowohl die Objektvariable »Objekt1« als auch die Objektvariable »Objekt2« auf dasselbe Objekt im Speicher verweisen, ist das Ergebnis True (*referenzielle Gleichheit*); andernfalls ist Ergebnis des Ausdrucks False. Wohlgemerkt: Sobald »Objekt1« und »Objekt2« auf zwei verschiedene Objekte verweisen, auch wenn deren Zustand – also die Werte der Eigenschaften – gleich ist (*identische Objektreferenzen*), liefert der Ausdruck False zurück. Das nachfolgende Beispiel illustriert den Unterschied:

```
Sub BspOperatoren07()

Dim obj1 As Object
Dim obj2 As Object
Dim obj3 As Object

Dim bolErgebnis1, bolErgebnis2 As Boolean

'Objektverweis zuweisen ...
Set obj1 = ActiveDocument     'auf aktuelles Dokument.
Set obj2 = obj1               'auf aktuelles Dokument.
Set obj3 = obj1.CommandBars   'auf Befehlsleiste.

bolErgebnis1 = obj1 Is obj2   'Liefert True.
bolErgebnis2 = obj1 Is obj3   'Liefert False.

MsgBox "Ergebnis 1: " & bolErgebnis1 & vbCrLf & _
       "Ergebnis 2: " & bolErgebnis2

End Sub
```

12.3 Logische Operatoren und Bitoperatoren

In VBA werden leider für *logische* Operationen die gleichen Schlüsselwörter verwendet wie für *bitweise* Operationen. Beispielsweise kann man mit dem Operator And einerseits zwei Ausdrücke logisch miteinander verknüpfen; man kann mit And aber auch einen bitweisen Vergleich gleich positionierter Bits in zwei numerischen Ausdrücken durchführen. Grundsätzlich ist ein bitweiser Vergleich natürlich etwas anderes als eine logische Verknüpfung.

Lassen Sie sich von der doppelten Bedeutung der Schlüsselwörter nicht verwirren. Wenn Sie fremden Code lesen, ergibt es sich meist aus dem Kontext, wie ein Schlüsselwort gerade verwendet wird.

12.3.1 Logische Operatoren

Logische Operatoren (auch *boolsche Operatoren* genannt) dienen dazu, die Ergebnisse einzelner relationaler Operationen logisch miteinander zu verbinden, um daraus einen neuen gültigen Wahrheitswert zu ermitteln. Beispielsweise werden mit der Wenn-Dann-Anweisung (If-Then-Anweisung)

```
If x > 10 And x < 100 Then
    'Hier können Anweisungen stehen, die ausgeführt
    'werden, wenn x eine Zahl zwischen 11 und 99 ist.
End If
```

zwei relationale Operationen auf x > 10 und auf x < 100 durchgeführt, die beide einen Wert True oder False liefern können. Darauf werden die Ergebnisse mit dem logischen Operator And[5] verbunden. Nur wenn beide Ergebnisse zutreffen (x liegt im Bereich zwischen 11 und 99), werden jene Anweisungen ausgeführt, die möglicherweise zwischen der If-Then-Anweisung und der End-If-Anweisung stehen[6]. Logische Operatoren werden aber nicht nur bei Verzweigungen eingesetzt, sondern auch bei Schleifen (also für die Definition von Bedingungen, bei deren Auftreten bestimmte Programmroutinen wiederholt werden sollen).

Operand für eine logische Operation kann jeder Ausdruck sein, der ein Ergebnis des Datentyps Boolean besitzt (etwa aus einer relationalen Operation), oder ein Wert, den VBA in einen booleschen konvertieren kann. VBA identifiziert die Zahl 0 normalerweise als den boolschen Wert False und jede andere Zahl (wie zum Beispiel 1 oder -1) als Wert True.

Die folgende Tabelle zeigt die verschiedenen logischen Operatoren, die VBA zur Verfügung stellt:

Logische Operatoren		
	Ausdruck	Beschreibung
And	x = a And b	Konjunktion: Das Ergebnis x der Operation ist nur dann True, wenn beide Operanden (a und b) True sind. Beide am Vergleich beteiligten Operanden werden geprüft.

---

5 Dt. »und«.
6 Die If-Then-Anweisung wird in Abschnitt 15.3, »If ... Then-Verzweigung«, ab Seite 478 vorgestellt.

Logische Operatoren		
	Ausdruck	Beschreibung
Or	x = a Or b	Disjunktion: Das Ergebnis x der Operation ist genau dann True, wenn einer der beiden Operanden (a oder b) True ist. Beide am Vergleich beteiligten Operanden werden geprüft.
Not	x = Not y	Negation: Das Ergebnis x der Operation ist nur dann True, wenn der Operand y False ist. Kehrt den Wahrheitswert des Operanden um (Nicht y).
Xor	x = a Xor b	Exklusion: Das Ergebnis x ist nur dann True, wenn genau einer der Operanden (a oder b) True ist, der andere dagegen nicht. Mit anderen Worten: Die beiden Operanden müssen unterschiedliche Wahrheitswerte haben.
Eqv	x = a Eqv b	Äquivalenz: Das Ergebnis x der Operation ist nur dann True, wenn beide Operanden (a und b) denselben Wahrheitswert (beide True oder beide False) besitzen.
Imp	x = a Imp b	Implikation: Das Ergebnis x der Operation ist nur dann True, wenn der Wahrheitswert von a den Wahrheitswert von b impliziert, das heißt, wenn der zweite Operand nicht im Widerspruch zum ersten steht.

12.3.2 Bitweise Operatoren

Mit Hilfe von bitweisen Operatoren lassen sich Werte auf der niedrigsten (maschinennahsten) Ebene um ein oder mehrere Bits ändern. Bitweise Operatoren werden bei großen Software-Projekten eingesetzt, um die Leistung des Programms zu verbessern oder um die Speicherressourcen zu schonen. Der Programmierer gelangt mit ihnen »unter die Motorhaube« des Rechners. Sie dienen der Maschinensteuerung und werden in Lowlevel-Programmen wie Gerätetreibern oder Grafikprogrammen auf Pixelebene eingesetzt. In der VBA-Programmierung spielen sie kaum eine Rolle und werden in diesem Buch deswegen weitestgehend vernachlässigt.

12.3.3 Wahrheitstabellen

Wie zwei logische Ausdrücke zu einem Gesamtausdruck verknüpft werden und auf welche Weise entsprechende Bits zu einem Ergebnis-Bit verbunden werden, läßt sich leicht aus sogenannten *Wahrheitswerttabellen* ermitteln.

Wahrheitswerttabelle für logische Operationen

In der nachstehenden Wahrheitswerttabelle können Sie in der Spalte des jeweiligen logischen Operators ablesen, welchen Wert der Gesamtausdruck nach der Verknüpfungsregel des Operators annimmt, wenn die Werte von Ausdruck1 und Ausdruck2 für sich entweder True oder False oder Null sind.

Ausdr1	Ausdr2	And	Or	Xor	Eqv	Imp
Wahr	Wahr	Wahr	Wahr	Falsch	Wahr	Wahr
Wahr	Falsch	Falsch	Wahr	Wahr	Falsch	Falsch
Falsch	Wahr	Falsch	Wahr	Wahr	Falsch	Wahr
Falsch	Falsch	Falsch	Falsch	Falsch	Wahr	Wahr
Wahr	Null	Null	Wahr	Null	Null	Null
Falsch	Null	Falsch	Null	Null	Null	True
Null	Wahr	Null	Wahr	Null	Null	True
Null	Falsch	Falsch	Null	Null	Null	Null
Null	Null	Null	Null	Null	Null	Null

Wahrheitstabelle für bitweise Operationen

In der nachstehenden Wahrheitswerttabelle können Sie in der Spalte des jeweiligen Bit-Operators ablesen, welchen Wert der Gesamtausdruck nach der Verknüpfungsregel des Operators annimmt, wenn die Werte von Ausdruck1 und Ausdruck2 für sich entweder 0 oder 1 sind.

Ausdr1	Ausdr2	And	Or	Xor	Eqv	Imp
0	0	0	0	0	1	1
0	1	0	1	1	0	1
1	0	0	1	1	0	0
1	1	1	1	0	1	1

12.3.4 Der And-Operator (Und-Operator)

Der And-Operator dient einerseits zur logischen Konjunktion zwischen zwei Ausdrücken. Mit anderen Worten: Er führt eine Verknüpfung durch.

Syntax für And-Operator

Die allgemeine Syntax für den And-Operator lautet:

Ergebnis = Ausdruck1 And Ausdruck2

- »Ergebnis« steht für eine beliebige numerische Variable.
- »Ausdruck1« und »Ausdruck2« stehen für beliebige zu verknüpfende Ausdrücke.

```
'Logisches And
'Variablen deklarieren.
Dim A, B, C, D
'Variablen initialisieren.
A = 10: B = 8: C = 6: D = Null
```

```
Debug.Print A > B And B > C     'Liefert True.
Debug.Print B > A And B > C     'Liefert False.
Debug.Print A > B And B > D     'Liefert Null.
```

Andererseits können Sie mit dem `And`-Operator einen bitweisen Vergleich gleich positionierter Bits in zwei numerischen Ausdrücken durchführen. Das zugehörige Bit wird in diesem Fall an »Ergebnis« geliefert (im nachfolgenden Beispiel an das Direktfenster).

```
'Bitweises And
Debug.Print "0 And 0 ist: ", 0 And 0
Debug.Print "0 And 1 ist: ", 0 And 1
Debug.Print "1 And 0 ist: ", 1 And 0
Debug.Print "1 And 2 ist: ", 1 And 2
```

12.3.5 Der Or-Operator (Oder-Operator)

Der `Or`-Operator dient einerseits zur logischen Disjunktion von zwei Ausdrücken.

Die allgemeine Syntax für den `Or`-Operator lautet:

Syntax für Or-Operator

```
Ergebnis = Ausdruck1 Or Ausdruck2
```

▶ »Ergebnis« steht für eine beliebige numerische Variable.
▶ »Ausdruck1« und »Ausdruck2« stehen für beliebige zu verknüpfende Ausdrücke.

```
'Logisches Or
'Variablen deklarieren.
Dim A, B, C, D
'Variablen initialisieren.
A = 10: B = 8: C = 6: D = Null
Debug.Print A > B Or B > C      'Liefert True.
Debug.Print B > A Or B > C      'Liefert True.
Debug.Print A > B Or B > D      'Liefert True.
Debug.Print B > D Or B > A      'Liefert Null.
```

Andererseits können Sie mit dem `Or`-Operator einen bitweisen Vergleich gleich positionierter Bits in zwei numerischen Ausdrücken durchführen. Das zugehörige Bit wird in diesem Fall an »Ergebnis« geliefert (im nachfolgenden Beispiel an das Direktfenster).

```
'Bitweises Or
Debug.Print "0 Or 0 ist: ", 0 Or 0     'Liefert 0
Debug.Print "0 Or 1 ist: ", 0 Or 1     'Liefert 1
Debug.Print "1 Or 0 ist: ", 1 Or 0     'Liefert 1
Debug.Print "1 Or 1 ist: ", 1 Or 1     'Liefert 1
Debug.Print "1 Or 2 ist: ", 1 Or 2     'Liefert 3
```

12.3.6 Der Not-Operator (Nicht-Operator)

Der `Not`-Operator dient zur Negation eines Ausdrucks. Mit anderen Worten: Er kehrt einen Ausdruck in sein Gegenteil um.

Syntax für Not-Operator

Die allgemeine Syntax für den Not-Operator lautet:

```
Ergebnis = Not Ausdruck
```

- »Ergebnis« steht für eine beliebige numerische Variable.
- »Ausdruck steht für einen beliebigen Ausdruck.

```
'Logisches Not
'Variablen deklarieren.
Dim A, B, C, D
'Variablen initialisieren.
A = 10: B = 8: C = 6: D = Null
Debug.Print Not (A > B)     'Liefert False.
Debug.Print Not (B > A)     'Liefert True.
Debug.Print Not (C > D)     'Liefert Null.
```

Außerdem invertiert der Operator Not die Bit-Werte einer beliebigen Variablen und liefert das zugehörige Bit als Ergebnis zurück.

12.3.7 Der Xor-Operator Xor (Entweder-Oder-Operator)

Der Xor-Operator dient einerseits zur logischen Exklusion von zwei Ausdrücken.

Syntax für Xor-Operator

Die allgemeine Syntax für den Xor-Operator lautet:

```
Ergebnis = Ausdruck1 Xor Ausdruck2
```

- »Ergebnis« steht für eine beliebige numerische Variable.
- »Ausdruck1« und »Ausdruck2« stehen für beliebige zu verknüpfende Ausdrücke.

```
'Logisches Xor
'Variablen deklarieren.
Dim A, B, C, D
'Variablen initialisieren.
A = 10: B = 8: C = 6: D = Null
Debug.Print A > B Xor B > C     'Liefert False.
Debug.Print B > A Xor B > C     'Liefert True.
Debug.Print B > A Xor C > B     'Liefert False.
Debug.Print B > D Xor A > B     'Liefert Null.
```

Andererseits können Sie mit dem Xor-Operator einen bitweisen Vergleich gleich positionierter Bits in zwei numerischen Ausdrücken durchführen. Das zugehörige Bit wird in diesem Fall an »Ergebnis« geliefert (im nachfolgenden Beispiel an das Direktfenster).

```
'Bitweises Xor
Debug.Print "0 Xor 0 ist: ", 0 Xor 0     'Liefert 0
Debug.Print "0 Xor 1 ist: ", 0 Xor 1     'Liefert 1
Debug.Print "1 Xor 0 ist: ", 1 Xor 0     'Liefert 1
Debug.Print "1 Xor 1 ist: ", 1 Xor 1     'Liefert 1
Debug.Print "1 Xor 2 ist: ", 1 Xor 2     'Liefert 3
```

12.3.8 Der Eqv-Operator Eqv (Äquivalenz-Operator) und der Imp-Operator (Implikations-Operator)

Für die logischen Operatoren `Eqv` und `Imp` gibt es in der VB.NET-Welt keine gleichnamigen Äquivalente mehr[7]. Da sie auch im VB-/VBA-Universum nur eine untergeordnete Rolle spielen, werden sie in diesem Buch nicht weiter besprochen. Falls Sie dennoch weitere Informationen zu diesen beiden logischen Operatoren benötigen, finden Sie diese in der VBA-Offline-Hilfe.

12.3.9 Vergleich zwischen logischen und binären Operator

Bitoperatoren (auch *Bitmanipulationsoperatoren* genannt) vergleichen zwei binäre Operanden Bit für Bit oder verändern einzelne Bits innerhalb eines Operanden. Ein Beispiel, in dem der `Not`-Operator einmal bitweise und einmal logisch verwendet wird, demonstriert die unterschiedliche Gebrauchsweisen:

```
Sub BspOperatoren08()

Dim varErgebnis1 As Integer
Dim varErgebnis2 As Integer

varErgebnis1 = Not (42 = 42)    'Liefert: False
varErgebnis2 = Not 42           'Liefert: -3

MsgBox "Ergebnis 1: " & varErgebnis1 & vbCrLf & _
       "Ergebnis 2: " & varErgebnis2

End Sub
```

Im Beispiel liefert der Teilausdruck `42 = 42` den Wert »Wahr« respektive »-1« zurück. Wendet man den `Not`-Operator auf diesen Ausdruck an, so tritt dieser als *logischer* Operator auf und kehrt gemäß seiner Definition den Wahrheitswert des Teilausdrucks um. Aus »Wahr« wird »Falsch« und folglich wird der Variable `varErgebnis1` der Wert »0« respektive »Falsch« zugewiesen.

Wie kommt es aber zu jener seltsamen -43, die der Ausdruck `Not 42` zurückliefert? Nun, um es kurz zu machen: VBA führt in diesem Fall keine logische, sondern eine Bitoperation durch, eine Negierung der Zahl 42 – und zwar Bit für Bit. Das bedeutet, aus jedem Bit mit dem Wert 0 wird ein Bit mit dem Wert 1 und aus jedem Bit mit dem Wert 1 wird ein Bit mit dem Wert 0.

Um den kompletten Vorgang zu verstehen, muß man als erstes die Zahl 42 als Bit-Wert betrachten. Der Bit-Wert für die Zahl 42 kann man folgendermaßen ermitteln: 42 ist gleich 1x32 und 0x16 und 1x8 und 0x4 und 1x2 und 0x1, also:

...	32	16	8	4	2	1
...	1	0	1	0	1	0

---

[7] Dafür kennt VB.Net die nützlichen logischen Operatoren `AndAlso` und `OrElse`.

Oder komplett ausgeschrieben:

0000 0000 0010 1010

Nach der Anwendung des Bit-Operators Not wird aus jeder 1 in der Binärziffer eine 0; und aus jeder 0 eine 1, also:

1111 1111 1101 0101

Der binäre Wert 1111 1111 1101 0101 entspricht in einem 16-Bit-Wertebereich, der nur aus positiven Zahlen besteht, der Zahl 65.493. Der positive Zahlenbereich von Integer reicht aber nur bis 32.767. Folglich muß die 16-Bit-Ziffer des Beispiels eine negative Zahl von Integer sein. Die negativen Zahlen berechnen sich in VBA gemäß der Zweierkomplement-Darstellung (siehe nachstehend »Bit und Byte«). Will man die absolute Zahl der Binärziffer im Beispiel ermitteln, muß man von der durch die Not-Negation entstandene Binärziffer 1 abziehen, ergibt:

1111 1111 1101 0100

Und anschließend alle Bits wieder negieren:

0000 0000 0010 1011

Wenn Sie die Binärziffer umrechnen (1x1 und 1x2 und 0x4 und 1x8 und 0x16 und 1x32) dann ergibt das 43, dann noch das Minuszeichen davor und schon wissen Sie wie VBA zu der merkwürdigen -43 gekommen ist – und warum man logische mit bitweisen Operatoren nicht verwechseln sollte.

> **Bit und Byte**
>
> Ein Bit ist eine *kleinstmögliche Informationsheit*. Es läßt zwei mögliche Werte auf eine Frage zu, zum Beispiel »Ja« oder »Nein«, »Wahr« oder »Falsch«, »Links« oder »Rechts« oder die beiden Werte 0 und 1. Technisch werden die beiden Werte durch elektrische Ladungen (0 = ungeladen, 1 = geladen), elektrische Spannungen (0 = 0 Volt, 1 = 5 Volt) oder Magnetisierungen dargestellt. Falls mehr als zwei Werte dargestellt werden sollen, werden *Bitfolgen* benötigt. Eine Bitfolge der Länge 8 nennt man *Byte*. Zur Darstellung eines Wertebereichs wie Integer, der ganze Zahlen von -32.768 bis 32.767 umfaßt, wird in VBA eine 16-Bitfolge verwendet. Dabei werden die *positiven* Zahlen immer durch ihre Darstellung im Binärsystem codiert. Die VBA-Väter und -Mütter haben festgelegt, daß die *negativen* Zahlen durch das sogenannte *Zweierkomplement* dargestellt werden. Während beim Einerkomplement jede Binärziffer negiert wird, wird beim Zweierkomplement jede Binärziffer negiert und anschließend eine 1 addiert.

12.4 Zuweisungsoperatoren

Der Zuweisungsoperator weist einer Variablen oder einer Eigenschaft einen Wert zu und wird als Gleichheitszeichen »=« geschrieben.

Syntax für Zuweisungsoperator

Die Syntax des Zuweisungsoperators lautet:

```
Variablename = Wert
```

- »Variablename« steht in der Syntax für eine beliebige Variable oder eine Eigenschaft.
- Wert steht für eine numerische Literale, eine Zeichenfolgenliterale, eine Konstante oder einen anderen Ausdruck.

Wenn Sie beispielsweise der Variablen `intZähler` den Wert 1 zuweisen wollen, müssen Sie folgende Codezeile niederschreiben:

```
intZähler = 1
```

Beachten Sie, daß der zugewiesene Wert immer auf der rechten Seite des Zuweisungsoperators steht. Folgende Zuweisung führt deswegen unweigerlich zu einer Fehlermeldung:

```
1 = intZähler
```

12.5 Verkettungsoperatoren (Zeichenverknüpfungsoperatoren)

Beim Programmieren müssen häufig mehrere Zeichen und Zeichenfolgen respektive mehrere Textblöcke oder Textvariablen miteinander verknüpft werden. Für die Verknüpfung von Zeichen (Konkatenation) stehen in VBA zwei Operatoren zu Verfügung:

Operator	Syntax	Beschreibung
+	String1 + String2 + ...	Pluszeichen
&	String1 & String2 & ...	Kaufmännisches Pluszeichen
Hinweis		
Die zu verknüpfenden Codeelemente müssen vom Datentyp `String` sein. `Variant`-Element werden gegebenenfalls in Strings umgewandelt.		

Wenn Sie die Zeichenfolge »Kinder« und »garten« miteinander im Code verknüpfen wollen, müssen Sie folgende Codezeile niederschreiben:

```
"Kinder" & "garten"        'Ergibt: "Kindergarten"
```

Beispiel für die Verknüpfung einer Zeichenfolge

Wenn Sie den +-Operator verwenden, können Sie nicht immer bestimmen, ob eine Addition oder eine Zeichenverkettung erfolgt. Aus diesem Grund sollte der +-Operator nicht zur Verknüpfung zweier Zeichenfolgen verwendet werden, sondern nur zur Addition zweier Zahlen.

12.6 Operationsprioritäten (Operator-Rangfolge)

Operatoren besitzen eine Rangfolge (Operator-Rangfolge), die angibt, in welcher Reihenfolge die Berechnungen durchgeführt werden, wenn mehrere Operatoren in einem Ausdruck vorkommen. Ähnlich wie das aus der Mathematik bekannte »Punkt vor Strich«, also Multiplikation und Division vor Addition und Subtraktion, werden auch in der Programmierung die Operationen entsprechend der Rangfolge der Operatoren abgehandelt. Um die Reihenfolge von Operationen in Ausdrücken zu ändern, setzt man Klammern.

- Eingeklammerte Ausdrücke und entsprechend die eingeschlossenen Operationen werden zuallererst ausgewertet.
- Gefolgt von den unären Operatoren
- Gefolgt von den mathematischen Operatoren
- Gefolgt von den den logischen Operatoren

In VBA gilt folgende Operatorenpriorität:

Operator	Beschreibung
	Höchste Priorität
Sub, Function, ()	Prozeduraufrufe, Klammern
^	Potenzierung
–	Negation
* und /	Multiplikation und Division (gleichrangig, Auswertung im Ausdruck von links nach rechts)
\	Ganzzahldivision
Mod	Restwert
+ und –	Addition und Subtraktion (gleichrangig, Auswertung im Ausdruck von links nach rechts)
&	Zeichenverkettung
=, <>, <, >, <=, >=, Like, Is	Gleich, Ungleich, Kleiner als, Größer als, Kleiner oder gleich, Größer oder gleich
Not, And, Or, Xor, Eqv, Imp	Logische Operatoren
	Niedrigste Priorität

12.7 Überladung von Operatoren

Mit Sicherheit ist Ihnen aufgefallen oder wird es noch auffallen, daß Operatoren in VBA *überladen* sein können. Überladung meint in diesem Kontext, daß ein und derselbe Operator für verschiedene Funktionsweisen steht.

Das Symbol »=« wird beispielsweise sowohl als Vergleichsoperator als auch als Zuweisungsoperator verwendet. Im zweiten Fall kennzeichnet man mit dem Symbol die Zuweisung eines Wertes an eine Variable, Konstante oder Eigenschaft; im ersten Fall dient das Symbol dagegen dazu, zwei Ausdrücke miteinander zu vergleichen. Oder nehmen Sie das Symbol »-« (Minuszeichen), das als Subtraktionsoperator und als Vorzeichenoperator in VBA verwendet wird.

In der Praxis führt die Überladung von Operatoren gerade für Programmierlaien immer wieder zur Verwirrung und zu fehlerhaftem Code. Ein wenig kann es helfen, wenn man sich vor der eigentlichen Codierung die Frage stellt, was man mit dem Operator eigentlich »tun« will: Vergleichen? Verketten? Rechnen? Logische Operationen durchführen?

13 Prozeduren

> »Im »normalen« Programmiererhirn triggert ein doppelt eingetippter Sourcecode sofort den Wunsch nach einem Unterprogramm, das das Thema ein für alle Mal erledigt.«
> Alf Borrmann[1]

13.1 Prozedurarten

Word/VBA-Programmierung ist ereignis- und prozedurorientierte Programmierung. Es gibt keine Hauptschleife, die den gesamten Programmablauf steuert, kein zentrales Programm, das über die korrekte Abarbeitung aller Anweisungen wacht. Aus diesem Grunde kommt der Begriff »Programm« im Visual Basic-Editor auch nicht vor. Statt dessen wird der VBA-Quellcode in kleinen, voneinander getrennten Programmteilen (Prozeduren) vorgehalten, die sich gegenseitig aufrufen können und durch Ereignisse gesteuert werden. Mitunter werden dabei Parameter (Argumente) übergeben und Werte zurückgeliefert. Ausgelöst werden die Ereignisse letztlich vom Anwender, genauer: durch die Interaktion zwischen Anwender, Word und Betriebssystem.

Wie bereits angedeutet, ist der Begriff »Prozedur« in VBA ein Oberbegriff für unterschiedliche Arten von Prozeduren. Zu den Prozeduren zählt man in VBA

- `Sub`-Prozeduren (Unterprozeduren)
- `Function`-Prozeduren (Funktionsprozeduren)
- `Property`-Prozeduren (Eigenschaftsprozeduren)
- Ereignisprozeduren[2]

13.2 Die Sub-Prozedur

Der Abschnitt 2.5.2 »VBA-Prozeduren« ab Seite 49 führt in die grundlegende Bedeutung von `Sub`-Prozeduren ein. Blicken Sie kurz auf eine Zusammenfassung des Abschnitts:

- `Sub`-Prozeduren besitzen in VBA einen wohldefinierten Aufbau, deren Anfang und Ende durch die Schlüsselworte `Sub` und `End Sub` gekennzeichnet sind.
- `Sub`-Prozeduren benötigen einen Namen, den Sie ihnen nach gewissen Standardkonventionen geben müssen.
- `Sub`-Prozeduren können öffentlich (`Public`) oder nicht öffentlich (`Private`) sein.
- `Sub`-Prozeduren bilden einen Rahmen für die Anweisungen (Befehle), die Sie gerne vom Computer und von Word ausführen lassen möchten.
- `Sub`-Prozeduren (ohne Parameter/Argumente) können Sie im Visual Basic-Editor unter anderem durch F5 starten.

---

[1] [BORRM001]: S. 26.
[2] Die Eigenschafts- und die Ereignisprozeduren werden weiter hinten im Buch behandelt (siehe Abschnitt 22.5.1 ab Seite 613 und Abschnitt 23, »Ereignisse und Ereignisprozeduren in der Word-Programmierung«, ab Seite 617).

- Sub-Prozeduren befinden sich immer in einem von drei VBA-Betriebsarten: entweder im Halte- oder im Laufzeit- oder im Entwurfsmodus.
- Ein einfache Sub-Prozedur sieht folgendermaßen aus:

```
Sub NameMeinerErstenProzedur()
    MsgBox "Hallo Welt!"
End Sub
```

- Es spielt keine Rolle, wieviele Leerzeilen/-absätze zwischen Sub und End Sub stehen. VBA ignoriert im Prozedurrahmen überzählige Leerzeilen.
- Innerhalb von Prozeduren kann keine weitere Prozedur definiert werden.

In diesem Abschnitt soll das bereits Beschriebene vertieft werden.

Syntax für Sub-Prozedur

Die Syntax einer Sub-Prozedur sieht wie folgt aus (in eckige Klammern gesetzte Codeelemente sind optional):

```
[Private|Public][Static] Sub Prozedurname ([Parameter])
    [Konstantendeklarationen]
    [Variablendeklarationen]

    [Anweisungen]
    [Exit Sub]
    [Anweisungen]
End Sub
```

Sub
- »Sub«: Die Sub-Prozeduren beginnen im simpelsten Fall einfach mit dem Schlüsselwort Sub, gefolgt von einem Leerzeichen, dem Prozedurnamen und einem Klammernpaar:

  Sub MeineProzedur()

- »Prozedurname« steht für den Bezeichner einer Sub-Prozedur. Den Namen der Sub-Prozedur legt ein VBA-Programmierer selbst fest. Er wird immer im Prozedurbereich eines Code-Fensters gemäß der Standardkonventionen gebildet werden[3] und ist eine notwendige Angabe für die Definition einer Prozedur.

Das Klammernpaar »()« und die Parameter
- Das Klammernpaar »()« und potentielle »Parameter« hinter einer Sub-Prozedur deuten an, daß der Prozedur je nach Festlegung durch den VBA-Programmnierer optional Argumente beim Aufruf übergeben werden können.[4] Das Klammernpaar wird übrigens vom Visual Basic-Editor automatisch eingefügt, wenn Sie es nicht selber eintippen.
- »Public« und »Private«: Die optionalen Prozedurattribute Private und Public dienen der Festlegung des Gültigkeitsbereichs der Prozedur.[5]

Static
- »Static«: Das optionale Prozedurattribut Static legt fest, ob die lokalen Variablen der Sub-Prozedur zwischen Aufrufen erhalten bleiben, oder nicht. Wird Static nicht angegeben, so bleiben die Werte lokaler Variablen zwischen den Aufrufen nicht erhalten. Es empfiehlt es sich, mit dem Prozedurattribut Static vorsichtig umzugehen. Der Erhalt von lokalen Variablen im Speicher Ihres Computers kann zum Stapelüberlauf (also zur »Lähmung« des Rechners) führen, wenn sich eine Sub-Prozedur rekursiv aufruft.

---

[3] Siehe Abschnitt 9.5, »Verbindliche Namensregeln gemäß VBA-Spezifikation«, Seite 362.
[4] Die Syntax der Parameter wird nachstehend im Abschnitt 13.2.2, »Parameter und Argumente von Prozeduren«, besprochen.
[5] Siehe Abschnitt 13.5, »Gültigkeitsbereich von Prozeduren«, ab Seite 453.

- »Konstanten- und Variablendeklarationen«: Die Deklaration von Konstanten und Variablen innerhalb einer `Sub`-Prozeduren (lokal) ist kein Muß. `Sub`-Prozeduren können auch auf öffentliche, modulübergreifende Variablen und Konstanten zugreifen. Der Vorteil von lokalen gegenüber globalen Variablen ist, daß sie nicht wertvollen Speicherplatz auf dem Stapelspeicher belegen, sondern nach dem Durchlaufen einer Prozedur automatisch aus dem Speicher gelöscht werden.[6]

- »Anweisungen« steht für eine Gruppe von Befehlen, die in der Prozedur ausgeführt werden sollen.

- »End Sub«: VBA erkennt das Ende einer `Sub`-Prozedur anhand der zwei Schlüsselwörter `End Sub`. Beachten Sie, daß nach dem Abarbeiten der `End-Sub`-Anweisung alle Variablen der Prozedur ihre Gültigkeit verlieren.

- »Exit Sub«: Eine Prozedur muß nicht vollständig bis zur `End-Sub`-Anweisung durchlaufen werden. Sie kann über die Anweisung `Exit Sub` innerhalb des Prozedurcodes vorzeitig verlassen werden. Der vorzeitige Abbruch ist immer dann angemessen, wenn eine Umstand eingetreten ist, der den weiteren Ablauf der Prozedur überflüssig macht. Da das vorzeitige Verlassen von definierten Code-Blöcken nicht nur beim Abarbeiten von Prozeduren benötigt wird, kann man die `Exit`-Anweisung auch in anderen Zusammenhängen und mit anderen Schlüsselwörtern verwenden, zum Beispiel mit

```
Exit Do
Exit For
Exit Function
Exit Property
Exit Sub
```

13.2.1 Das Erstellen von Prozeduren und Makros

Prozeduren und Makros lassen sich auf mehrere Arten erstellen, von denen drei hier vorgestellt werden sollen:

- Durch Niederschreiben von Code im Code-Fenster des VBE
- Im VBE über den Dialog »Prozedur hinzufügen«
- Über den Word-Dialog »Makros«

Alle nachstehenden Schritt-für-Schritt-Anleitungen gehen davon aus, daß Sie in Word jene Datei geöffnet und in den Vordergrund geholt haben, in der Ihre Prozedur erstellt werden soll (unabhängig davon, ob der Dateityp dieser Datei ein Dokument, eine Dokumentvorlage oder ein Add-In ist).

Alternative I: So erstellen Sie eine einfache Prozedur durch das Schreiben von Code im Code-Fenster

1. Wechseln Sie, falls noch nicht geschehen, aus Word in den Visual Basic-Editor (zum Beispiel mit der Tastenkombination [Alt]+[F11]).
2. Aktivieren Sie, falls noch nicht geschehen, im VBE mit Hilfe des Projekt-Explorers jenes Projekt und jenes Modul, in die Sie die Prozedur schreiben wollen.

---

6 Die Deklaration von öffentlichen Variablen und Konstanten ist vor allem im Zusammenhang mit API-Deklarationen, Aufzählungen und benutzerdefinierten Datentypen sinnvoll.

Achtung: Legen Sie eine allgemeine Prozedur nicht in das spezielle Modul *ThisDocument*. Falls in Ihrem Projekt kein passendes Modul für Ihre Prozedur vorhanden ist, fügen Sie besser mit dem Menübefehl »Modul« aus dem Menü »Einfügen« ein neues ein.

3. Bewegen Sie, falls noch nicht geschehen, die Einfügemarke in den Codierungsbereich des Code-Fensters.
4. Geben Sie den Prozedurrahmen ein, und beginnen Sie damit, sich zu überlegen, ob Ihre Prozedur nur in diesem Modul (`Private`) oder öffentlich (`Public`) sichtbar sein soll. Je nach Wahl tippen Sie das entsprechende Schlüsselwort ein (`Public` können Sie zur Not auch weglassen, da dies die Voreinstellung für eine Prozedur ist).
5. Nach der Eingabe eines optionalen Prozedurattributs tippen Sie ein Leerzeichen und dann das Prozedur-Schlüsselwort ein.
    - Wenn Ihre Prozedur direkt durch einen Anwender startbar sein soll, geben Sie das Schlüsselwort `Sub` ein.
    - Wenn Ihre Prozedur einen Wert zurückliefern und nur durch anderen Code aufrufbar sein soll, geben Sie als Schlüsselwort `Function` ein.[7]
6. Tippen Sie gemäß der VBA-Standardkonventionen einen Bezeichner (Namen) für Ihre Prozedur ein (zum Beispiel `NameMeinerErstenProzedur`, `MeineErsteProzedur`, `MeineProzedur` ... et cetera). Bestätigen Sie Ihre Eingabe mit der Taste Enter.
7. VBA erkennt die Art der Prozedur, die Sie eingeben, und fügt automatisch die geeignete `End`-Anweisung ein (also zum Beispiel `End Sub`, `End Function`- oder `End Property`).
8. Geben sie nun in den Prozedurrahmen die Befehle (Anweisungen) ein, die Ihre Prozedur abarbeiten soll, also zum Beispiel:

    ```
    MsgBox "Hallo Welt!"
    ```

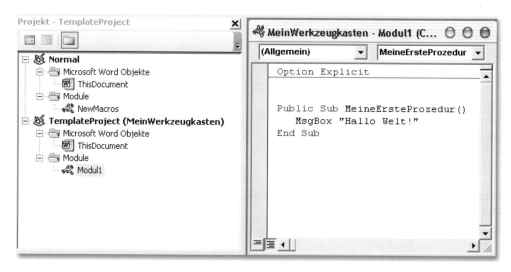

Abbildung 13.1 Die fertig erstellte Prozedur »MeineErsteProzedur()« im Code-Fenster

---

7 Vgl. Fußnote auf Seite 455.

Alternative II: So erstellen Sie eine einfache Prozedur über das Dialogfeld »Prozedur einfügen«

1. Wiederholen Sie die Schritte 1 bis 3 aus der vorigen Schritt-für-Schritt-Anweisung.
2. Klicken Sie im Menü »Einfügen« des Visual Basic-Editors auf den Menübefehl »Prozedur«.
3. Es erscheint der Dialog »Prozedur hinzufügen« (siehe Abbildung 13.2).

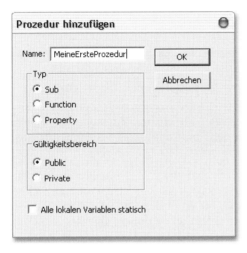

Abbildung 13.2 Mit Hilfe des Dialogs »Prozedur hinzufügen« können Sie einen Prozedurrahmen dialoggesteuert erstellen.

Geben Sie gemäß der VBA-Standardkonventionen in dem Dialogfeld »Name« den Bezeichner für die Prozedur an.

4. Wählen Sie den Typ der zu erstellenden Prozedur: Sub oder Function:[8]
   - Wenn Ihre Prozedur direkt durch einen Anwender startbar sein soll, verwenden Sie die Sub-Anweisung.
   - Wenn Ihre Prozedur einen Wert zurückliefern und nur durch anderen Code aufrufbar sein soll, verwenden Sie die Function-Anweisung.
5. Stellen Sie den Gültigkeitsbereich der Prozedur entweder auf »öffentlich« (Public) oder »privat« (Private) ein.
6. Verwenden Sie die Option »Alle lokalen Variablen statisch« nur, wenn die Variablen Ihrer Prozedur ihren Wert solange behalten sollen, wie der Code ausgeführt wird (was eher selten vorkommt).
7. Klicken Sie auf den Schaltknopf »OK«. VBA fügt nun automatisch den gewählten Prozedurrahmen in das Code-Fenster ein. In den Rahmen können Sie die Befehle (Anweisungen) eintragen, die Ihre Prozedur abarbeiten soll.

---

8 »Property« wird später besprochen, vgl. Fußnote auf Seite 455.

Alternative III: So erstellen Sie eine einfache Prozedur über den Word-Dialog »Makros«

VBA-Profis verzichten meist auf die Aufnahme mit dem Makro-Rekorder. Statt dessen erstellen diese, wie in den beiden vorigen Alternativen dargestellt, eine Makro oder eine Prozedur direkt im Visual Basic Editor. Sie können für die manuelle Eingabe von Code auch über Word in den Visual Basic Editor verzweigen. Das geht zum Beispiel wie folgt:

1. Öffnen Sie in Word das Dialogfeld »Makros«, indem Sie die Tastenkombination [Alt]+[F8] drücken (oder indem Sie im Menü »Extras« den Befehl »Makros-Makros ...« anklicken).
2. Tippen Sie gemäß der VBA-Standardkonventionen in das Texteingabefeld »Makroname« den Namen für eine neues Makro ein.
3. Bestätigen Sie Ihre Eingabe durch das Anklicken des Schaltknopfes »Erstellen«.
4. Word öffnet nun den Visual Basic-Editor mit dem Code-Fenster und legt eine neue Prozedur (das neue Makro) mit dem betreffenden Namen in einem VBA-Modul an. Tippen Sie anschließend innerhalb des Prozedur-Rahmens im Code-Fenster die gewünschten Makrobefehle ein.

Vorsicht Achtung: Wenn Sie wie eben beschrieben verfahren, aber einen Makronamen auswählen, der bereits existiert, und Sie nichtsdestotrotz »Erstellen« anklicken, erscheint eine Sicherheitsabfrage. Wenn Sie diese mit »Ja« quittieren, löscht Word den Code des alten Makros. Sie können dann zwar neue Befehle unter dem alten Namen eintippen, aber der alte Code ist »futsch«.

13.2.2 Parameter und Argumente von Prozeduren

In der Syntax zu einer Sub-Prozedur (aber auch in der Syntax von anderen Prozeduren) befindet sich hinter dem Prozedurnamen ein sogenannter *Aufrufoperator*, nämlich das Klammernpaar »()«. Damit wird angedeutet, daß Sie für die Prozedur *Parameter* definieren können beziehungsweise daß einer Prozedur mit Parametern grundsätzlich beim Aufruf *Argumente* übergeben werden können. Strenggenommen wird also unterschieden zwischen

- *Parameter* (auch als »Formalparameter«, »formaler Parameter« oder »formal parameter« bezeichnet) – *das sind die in der Deklaration einer Prozedur angegebenen Variablen-Namen.*
- *Argumente* (auch als »tatsächlicher Parameter«, »actual parameter« oder, falsch übersetzt, als Aktualparameter respektive »aktueller Parameter« bezeichnet) – *das sind Ausdrücke, die bei dem Aufruf einer Prozedur tatsächlich angegeben werden, um die Werte an die Prozedur zu übergeben.*[9]

---

[9] Die Fachliteratur ist sich leider nicht einig darüber, welche Bedeutung zu welchem Begriff gehört. Die in diesem Buch vorgeschlagene Gebrauchsweise gilt für den überwiegenden Teil der Fachwelt und entspricht jener, die renommierte Fachlexika wie [BROCK001] geben. Demgegenüber besitzen bekannte Autoren wie Monadjemi eine diametral entgegengesetzte Ansicht, zum Beispiel in [MONAD001], S. 260: *»Beim Aufruf einer Prozedur (bzw. Funktion) können Werte übergeben werden. Diese Werte werden beim Aufruf als* **Parameter** *bezeichnet. Damit eine Prozedur überhaupt in der Lage ist, Parameter zu empfangen, müssen diese bei der Deklaration im Prozedurkopf angegeben werden (in diesem Zusammenhang werden sie auch als* **Argumente** *bezeichnet ...«*

Im allgemeinen Sprachgebrauch und auch in diesem Buch wird dieser strenge Unterschied geflissentlich ignoriert. Überall wo Sie Parameter lesen, dürfen Sie auch Argument interpretieren und umgedreht.

Eine Syntax für Parameter sieht wie folgt aus (in eckige Klammern gesetzte Codeelemente sind optional):

Syntax für Parameter in einer Prozedur

```
[Optional] [ByVal | ByRef] [ParamArray] _
   ParameterName[( )] [As Datentyp] [= Standardwert]
```

- »Optional« steht für ein Schlüsselwort, welches angibt, ob ein Argument beim Aufruf der Prozedur erforderlich ist, oder nicht.[10]
- »ByVal« und »ByRef« legen optional fest, ob ein Argument als Wert (`ByVal`) oder als Referenz auf die Adresse einer Speicherstelle (`ByRef`) an die Prozedur übergeben wird. Die Verwendung eines der Schlüsselwörter schließt die Verwendung des anderen aus.
- »ParamArray« legt fest, daß einer Prozedur eine variable Anzahl an Variant-Argumenten übergeben wird.
- »ParameterName« steht meist für den Namen einer Variablen. Diesen legt ein VBA-Programmierer selbst fest. Er muß gemäß der Standardkonventionen gebildet werden[11] und ist eine notwendige Angabe.
- »Datentyp« spezifiziert, welchen *Datentyp* ein Parameter hat. Das für den Parameter angegebene Argument muß dann entweder vom selben Datentyp oder wenigstens von einem verträglichen Datentyp sein. Erlaubte Datenypen sind: `Byte`, `Boolean`, `Integer`, `Long`, `Currency`, `Single`, `Double`, `Date`, `String` (nur Zeichenfolgen variabler Länge), `Object` und `Variant`. Wenn ein Parameter verbindlich ist (also nicht vom Typ `Optional`), kann auch ein benutzerdefinierter Datentyp oder ein Objekttyp angegeben werden.
- »Standardwert« steht für eine Konstante oder einen Konstantenausdruck, der als Voreinstellung verwendet werden kann, wenn beim Aufruf einer Prozedur ein optionales Argument nicht angegeben wurde.

Betrachten Sie die folgende kleine Prozedur, die nichts anderes tut als eine Meldung auf dem Bildschirm auszugeben, wenn man ihr beim Aufruf einen Namen übergibt:

Beispiel

```
Sub BspArgument04(strName As String)
   MsgBox "Der Name lautet " & strName
End Sub
```

Um die Prozedur aus eine anderen heraus zu nutzen und ihr einen Personennamen zu übergeben, genügt zum Beispiel folgende Codezeile:

```
BspArgument04  "Ada"
```

oder:

```
BspArgument04  "Muni"
```

oder:

```
Call BspArgument04("Ada")
```

---

10 Siehe »Optionale Argumente« ab Seite 441.
11 Siehe Abschnitt 9.5 »Verbindliche Namensregeln gemäß VBA-Spezifikation«, Seite 362.

Die Zeichenfolgen-Variable `strName` in der Deklaration der Prozedur ist in diesem Fall der *Parameter*; die beim Aufruf übergebenen Personennamen »Ada« und »Muni« bezeichnet man dagegen als *Argumente*.

Parameterliste

Eine Prozedur kann mehr als nur einen Parameter haben. Die für die Parameter angegebenen Argumente werden in der Deklaration und im Aufruf meist durch Kommata voneinander getrennt.

Syntax für Parameterliste

Die vereinfachte Syntax lautet (wobei die in eckigen Klammern gesetzen Elemente optional sind):

```
Sub ([Parameter [As Datentyp][, _
      Parameter [As Datentype]][, _
      ...]])
```

oder

```
Function ([Parameter [As Datentyp][, _
          Parameter [As Datentype]][, _
          ...]]) [As Datentyp]
```

Optional können Sie für jeden Parameter in der Parameterliste den Datentyp angeben. Die einzelnen Parameter und Argumente werden durch ihre Position in der gegebenen Reihenfolge bezeichnet. Die Zuordnung erfolgt beim Aufruf durch die Reihenfolge: Das erste angegebene Argument legt also den Wert für den ersten Parameter fest, das zweite angegebene Argument den Wert für den zweiten Parameter und so weiter. Eine simple Prozedur mit zwei Parametern, die eine Summe berechnet, kann beispielsweise folgendermaßen niedergeschrieben werden:

```
Sub BerechneSumme(lngEingaben, lngAusgaben)
    MsgBox "Summe = " & (lngEingaben + lngAusgaben)
End Sub
```

Beim Aufruf der Prozedur müssen gemäß der Deklaration exakt *zwei* Argumente übergeben werden (nicht mehr und nicht weniger, sonst »meckert« VBA und zeigt eine Fehlermeldung):

```
Sub Test_BerechneSumme()
    BerechneSumme 3000, 42
End Sub
```

In dem vorigen Beispiel haben die beiden Parameter/Argumente im Prinzip eine ähnliche Bedeutung. Sie dienen beide der Berechnung einer Gesamtsumme. Einzelne Parameter können jedoch auch grundverschiedene Bedeutungen besitzen. Der folgende Codeschnipsel zeigt beispielsweise wie eine komplexe Parameterliste deklariert wird, in der die einzelnen Parameter die verschiedenartigsten Modalitäten, Datentypen und Bedeutungen besitzen.

```
Sub DlgListbox(Prompt As String, _
        arListe() As Variant, _
        InDokBlaettern As Boolean, _
        Optional AnzeigeWert As Integer, _
```

```
                Optional MarkierterEintrag As Variant, _
                Optional Sortiert As Variant, _
                Optional MehrfachAuswahl As Variant, _
                Optional Titel As Variant, _
                Optional GebundeneSpalte As Byte, _
                Optional SpaltenAnzahlAnzeigen As Long, _
                Optional PositionVert As String, _
                Optional PositionHoriz As String)
```

Fehler bei der Übergabe eines Arguments

Die Angabe eines Parameters ist optional. Es ist nicht notwendig, irgendwelche Parameter beim Niederschreiben einer Prozedur zu definieren. Sind jedoch Parameter für eine Prozedur als verbindlich definiert, so interpretiert VBA den Aufruf der Prozedur ohne Argument oder mit einer nicht korrekten Anzahl an Argumenten als Fehler. Auch der Aufruf mit einem unzulässigen Argumentwert oder mit einem Argument, das nicht vom richtigen Datentyp ist, wird mit einer Fehlermeldung quittiert.

Abbildung 13.3 Fehlermeldung, wenn einer Prozedur mit Parametern beim Aufruf zu wenige oder gar keine Argumente übergeben werden.

Argument-Verantwortung

Es ist die Aufgabe des Entwicklers, bei der Verwendung von Prozeduren mit Argumenten, dafür zu sorgen, daß der Datentyp und der Wert eines Arguments im vorgesehenen Bereich liegt. Wenn Sie in Ihrem Code einer Prozedur Argumente übergeben wollen, müssen Sie sich zunächst über den Datentyp und die Bedeutung der Parameter informieren und die zulässigen Argumentwerte ermitteln. Es ist sicherzustellen, daß das verwendete Argument von einem verträglichen Datentyp ist. Last, not least müssen Sie dafür sorgen, daß der Wert des Arguments in der Menge der zulässigen Werte enthalten ist.

Die Verwendung benannter Argumente

Wenn Sie beim Aufruf einer Prozedur mit Argumenten diese nicht in der Reihenfolge übergeben möchten, in der sie in der aufzurufenden Prozedur definiert sind, dann können Sie diese beim Aufruf benennen. Benannte Argumente sind auch sinnvoll, wenn Sie eine Prozedur aufrufen, die über optionale Argumente verfügt. Wenn Sie benannte Argumente verwenden, müssen Sie keine Kommata für fehlende Argumente angeben. Außerdem wird Ihr Code mit benannten Argumenten lesbarer, denn durch die Nennung der Argumente kann jeder leicht nachvollziehen, welche Argumente beim Aufruf übergeben werden und welche nicht. Die Nachteile der benannten Argumente sind die vermehrte Schreibarbeit und die »aufgeplustert« und unästhetisch anmutenden Codezeilen.

Ein benanntes Argument enthält den Namen des Parameters, dann einen Doppelpunkt mit Gleichheitszeichen »:=« und zum Schluß den Argumentwert. VBA sortiert bei mehreren benannten übergebenen Argumenten automatisch gemäß der richtigen Parameter-Reihenfolge. Ein Beispiel zeigt, was gemeint ist.

Die MsgBox-Prozedur besitzt gemäß ihrer Definition fünf Parameter, von denen einer erforderlich ist (»prompt«) und vier optional (»buttons«, »title«, »helpfile«, »context«).

Syntax für MsgBox

Also in vereinfachter Syntax:

```
MsgBox prompt[, buttons, title, helpfile, context]
```

Klassisch mit genau abgezählten Kommata und unter Beachtung der Argument-Reihenfolge müssen Sie gegebenenfalls auch leer gelassene Argumentplätze beim Aufruf von MsgBox übergeben, sonst ordnet VBA die übergebenen Argumente falsch zu. Rufen Sie MsgBox beispielsweise in klassischer Schreibweise nur mit dem prompt- und dem title-Argument auf, so müssen Sie auch einen Leerplatz für das buttons-Argument übergeben:

```
MsgBox "Meldungstext", , "Das ist der Titel"
```

Statt dessen können Sie aber die Argumente über den Namen und ungeachtet der Position bereitstellen:

```
MsgBox Title:="Das ist der Titel.", _
       Prompt:="Meldungstext"
```

Das gleiche geht natürlich auch mit benutzerdefinierten Parametern. Die folgende Sub-Prozedur erwartet bei Ihrem Aufruf die Übergabe von drei Argumenten:

```
Sub BspArgument01(strBuchtitel As String, _
                  strISBN As String, _
                  datTermin As Date)

MsgBox "Titel: " & strBuchtitel & vbCr & _
       "ISBN: " & strISBN & vbCr & _
       "Erscheinungstermin: " & datTermin
End Sub
```

Sie können diese Prozedur aufrufen, indem Sie ihre Argumente an der korrekten Position, jeweils getrennt durch ein Komma, angeben. Sie können sie aber auch über die Angabe von benannten Argumenten aufrufen, ebenfalls getrennt durch ein Komma, wie folgende Beispielaufrufe zeigen:

```
Sub Test_BspArgument01()

'Aufruf mit Kommmata und Berücksichtung der Position
BspArgument01 "Word mit VBA", "3898424693", #6/30/2004#

'Aufruf mit benannten Argumenten und Kommata
BspArgument01 datTermin:=#6/30/2004#, _
              strISBN:="3898424693", _
              strBuchtitel:="Word mit VBA"
End Sub
```

Optionale Argumente

In der vorigen Beispielprozedur BspArgument01() waren alle Parameter so definiert, daß beim Aufruf der Prozedur immer drei Argumentwerte übergeben werden müssen. Sie können Sub-Prozeduren (aber auch Function-Prozeduren) auch so definieren, daß einige Parameter optional sind. Optionalen Parametern geht das Schlüsselwort Optional in der Prozedurdefinition voraus. Also zum Beispiel:

```
Sub BspArgument02(strBuchtitel As String, _
            Optional strISBN As String, _
            Optional datTermin As Date)
```

Sie können ebenso einen Standardwert für das optionale Argument in der Prozedurdefinition angeben.

```
Sub BspArgument03(strBuchtitel As String, _
         Optional strISBN As String = "3898424693", _
         Optional datTermin As Date = #6/30/2004#)
```

Wenn Sie eine Prozedur mit einem optionalen Argument aufrufen, können Sie wählen, ob Sie das optionale Argument angeben möchten oder nicht. Wenn Sie ein optionales Argument beim Aufruf der Prozedur übergeben, so wird der Wert des Arguments übernommen, unabhängig davon, ob ein Standardwert für das optionale Argument vorhanden ist, oder nicht. Geben Sie das optionale Argument nicht an, so wird, falls vorhanden, der definierte Standardwert verwendet.

Ob ein optionaler Argumentwert übergeben wurde oder nicht, können Sie mit der IsMissing-Funktion überprüfen, wenn Sie als Datentyp des Parameters Variant definieren. Das folgende, leicht abgewandelte Beispiel von oben überprüft, ob eine ISBN übergeben wurde:

IsMissing

```
Sub BspArgument02(strBuchtitel As String, _
            Optional varISBN As Variant, _
            Optional datTermin As Date)

If IsMissing(varISBN) = True Then
   MsgBox "Titel: " & strBuchtitel & vbCr & _
      "ISBN ist nicht bekannt!"
Else
   MsgBox "Titel: " & strBuchtitel & vbCr & _
      "ISBN: " & varISBN & vbCr & _
      "Erscheinungstermin: " & datTermin
End If
End Sub
```

Zwei wichtige Hinweise zum Abschluß der Erläuterungen von Optional:

▶ Wenn Sie einen Parameter in einer Prozedur als nicht verbindlich (Optional) definieren, müssen alle im Anschluß an diesen Parameter gegebenenfalls definierten Parameter ebenfalls fakultativ sein.

▶ Beachten Sie bitte auch, daß Sie das Schlüsselwort Optional nicht verwenden können, wenn Sie mit ParamArray ein Datenfeld als Parameter für eine Prozedur definieren.

Die Übergabe eines Arguments als Wert (ByVal) oder als Referenz (ByRef)

Argumente können in zwei verschiedenen Formen übergeben werden:

- `ByRef` (engl. Abkürzung für »call **by** reference«, dt. »Übergabe als Referenz«, *Referenzübergabe* beziehungsweise »Übergabe als Adresse«)
- `ByVal` (engl. Abkürzung für »call **by** value«, dt. »Übergabe als Wert«, *Wertübergabe*)

Der Unterschied zwischen einer Referenz- und einer Wertangabe ist wichtig. Er besteht darin, daß Prozeduren bei der Verwendung der Wertübergabe (`ByVal`) eine Kopie des Argumentwertes übergeben wird. Wenn Sie statt dessen die Referenzübergabe (`ByRef`) verwenden, wird an eine Prozedur die Speicheradresse der Variablen übergeben. Dies ermöglicht es, den Wert der Variablen in der Prozedur zu ändern. Und diese Änderungen wirken sich unter Umständen auf alle noch nicht abgearbeiteten, rufenden Prozeduren aus.

Ein kleines Beispiel verdeutlicht die Unterschiede. Formulieren Sie als erstes eine Prozedur mit dem Schlüsselwort `ByVal`, die einen übergebenen Wert mit »0.16« multipliziert:

```
Sub BspArgument05(ByVal lngWert As Long)
    lngWert = lngWert * 0.16
End Sub
```

Verfassen Sie nun eine Prozedur, die die oben genannte aufruft, zum Beispiel:

```
Sub Test_BspArgument05()
Dim lngÜbergabe As Long

'Wertzuweisung
lngÜbergabe = 42

'Gib im Direktfenster aus, was übergeben wurde.
Debug.Print "Übergeben wird: " & lngÜbergabe

'Ruf die Prozedur "BspArgument05" und übergib "42".
BspArgument05 lngÜbergabe

'Gib im Direktfenster aus, welchen Wert die
'Variable nun besitzt.
Debug.Print "Nach Abarbeitung: " & lngÜbergabe

End Sub
```

Wenn Sie alles korrekt eingegeben haben, so wird im Direktfenster nach dem Start von `Test_BspArgument05()` völlig unspektakulär die Zahl 42 ausgegeben.

```
Übergeben wird: 42
Nach Abarbeitung: 42
```

Da VBA dank dem Schlüsselwort `ByVal` eine Kopie des Wertes von `lngÜbergabe` an die Prozedur `BspArgument05()` übergeben hat und keine Referenz auf die Speicheradresse der Variablen `lngÜbergabe` besteht, verändert sich auch der ursprünglich Wert von `lngÜbergabe` nicht.

Ein anderes Ergebnis erhalten Sie in der Deklaration der Prozedur BspArgument05(), wenn Sie das Schlüsselwort ByVal durch ByRef austauschen. Schreiben Sie also

```
Sub BspArgument05(ByRef lngWert As Long)
   lngWert = lngWert * 0.16
End Sub
```

und führen Sie die Prozedur Test_BspArgument05() erneut aus. Nun erhalten Sie folgendes Ergebnis im Direktfenster:

```
Übergeben wird: 42
Nach Abarbeitung: 7
```

Was ist passiert? Nun, offenkundig hat VBA den Wert der Variablen lngÜbergabe manipuliert. Die aufrufende Prozedur Test_BspArgument05() übergibt hier keine Kopie des Wertes an die Prozedur BspArgument05(), sondern eine Referenz auf die Variable lngÜbergabe. Innerhalb der Prozedur BspArgument05() wird die Variable mit 0,16 multipliziert, und der geänderte Wert wird in der Variablen lngÜbergabe gespeichert. Deshalb gibt die Debug.Print-Anweisung den gerundeten Wert 7 aus.

Bitte beachten Sie: Standardmäßig, das heißt ohne Angabe von ByVal oder ByRef, übergibt VBA Argumente durch einen Verweis auf die Speicheradresse (ByRef). Wenn Sie sich nicht sicher sind, welches der beiden Schlüsselwörter Sie verwenden sollen, orientieren Sie sich an den folgenden Auswahlkriterien.

ByVal- und ByRef-Auswahlkriterien

- Verwenden Sie ByVal, wenn eine Variable nicht von einer Prozedur geändert werden soll, an die sie als Argument übergeben wird.
- Verwenden Sie ByVal bei der Deklaration von Function-Prozeduren, da diese normalerweise nur einen Wert zurückgeben – und nicht irgendwelche Variablen ändern.
- Verwenden Sie ByRef, wenn eine Variable von der Prozedur geändert werden soll, an die sie als Argument übergeben wird.
- Verwenden Sie ByRef, wenn Sie performant und speicherschonend programmieren wollen. Da Argumente, die als Referenz übergeben werden, unabhängig vom Datentyp des Arguments immer in derselben Zeit übergeben werden und immer die gleiche Menge Speicherplatz (4 Bytes) innerhalb einer Prozedur benötigen, sind sie effizienter als ByVal-Argumente. Anschaulich wird der Unterschied, wenn Sie folgendes (wohlgemerkt fiktives) Gedankenspiel machen. Stellen Sie sich vor, daß Sie in Word ein Dokument verfaßt haben, daß 160-Gbyte groß ist. Und stellen Sie sich weiter vor, daß Sie dieses Dokument einer Prozedur als Argument übergeben wollen. ByVal muß davon erst einmal eine Kopie im Speicher anfertigen – und das dauert dann eine Weile. ByRef benötigt dafür, wie gesagt, »läppische« 4 Byte und los geht's.
- Aus zwei Gründen sollten Sie entgegen der Voreinstellung im Zweifelsfall ByVal verwenden: Einerseits gewöhnen Sie sich dadurch einen Programmierstil an, der in VB.NET Usus ist. Andererseits vermeiden Sie dadurch subtile Nebenwirkungen, die sich bei der Verwendung von ByRef einstellen können, wenn eine Prozedur unbeabsichtigt den Wert einer ByRef-Variablen ändert, die an einer anderen Stelle im Code benötigt wird.

Variable Parameterzahl (Parameter-Arrays)

An diese Stelle des Buches wird ein Thema eingeschoben, daß vorgreift auf spätere Kapitel. Es geht um die Übergabe von *Datenfeldern* als Argument.[12] Außerdem werden in dem Beispiel bereits ein Schleifenkonstrukt und eine Verzweigung verwendet.[13] Falls Sie mit dem Umgang mit Datenfeldern, Verzweigungen und Schleifen noch nicht vertraut sind, sollten Sie den kleinen Einschub vielleicht überspringen. Kehren Sie wieder hierher zurück, wenn Sie sich die Kenntnisse der späteren Kapitel angeeignet haben.

Wenn Sie optionale Parameter für eine Prozedur deklarieren, besitzen diese den Nachteil, daß ihre Anzahl zur Laufzeit nicht veränderbar ist. Wenn Sie eine Prozedur codieren wollen, an die beliebig viele Argumente übergeben werden können, müssen Sie diese Prozedur mit dem Schlüsselwort `ParamArray` und einem Datenfeld vom Datentyp `Variant` deklarieren. Die Anzahl der Parameter für eine derart deklarierte Prozedur wird erst zur Laufzeit durch die Anzahl der übergebenen Argumente definiert.

Beachten Sie aber beim Deklarieren einer solchen Prozedur, daß `ParamArray` nicht in Kombination mit den Schlüsselwörtern `ByVal`, `ByRef` oder `Optional` benutzt werden kann. Sie müssen sich entscheiden: Entweder optionale Parameter – oder eine variable Parameteranzahl. Notabene sind alle `ParamArray`-Parameter gemäß Definition Werteparameter (`ByVal`), was Veränderungen an den ursprünglichen Variablen ausschließt. Beachten Sie außerdem, daß für eine Prozedur nur ein `ParamArray`-Parameter deklariert werden darf. Dieses muß immer der letzte Parameter in einer potentiellen Parameterliste sein

Das nachstehende Beispiel zeigt die Prozedur `ErmittleKleinstenWert()`, die alle übergebenen Argumente auswertet und den mathematisch kleinsten in einer Meldung am Bildschirm anzeigt:

```
Sub ErmittleKleinstenWert(ParamArray arrDatenfeld())
Dim lngZähler  As Variant
Dim Min        As Double

Min = 1E+230

'Für jedes übergebene Feldelement im Datenfeld ...
For Each lngZähler In arrDatenfeld()

    'Wenn der Wert kleiner als "Min" ist, dann ...
    If lngZähler < Min Then Min = lngZähler

Next lngZähler

MsgBox "Der kleinste Wert ist: " & Min

End Sub
```

▶ Aufrufen können Sie die Prozedur mit einer beliebigen Zahlenreihe, zum Beispiel mit

```
ErmittleKleinstenWert 3, 1, 2
```

---

12 Datenfelder werden in Abschnitt 18, »Datenfelder (Arrays)«, ab Seite 513 besprochen.
13 Schleifen werden in Abschnitt 16, »Schleifen«, ab Seite 489 besprochen.

▶ oder mit

```
ErmittleKleinstenWert -3, 78, 3454, 0, 45
```

13.2.3 Starten von Prozeduren und Makros

Zum Starten einer `Sub`-Prozedur oder eines Makros gibt es viele Möglichkeiten. Nachstehend werden die wichtigsten aufgelistet.

Damit ein Makro respektive eine Prozedur in Word ausgeführt werden kann, muß übrigens die Datei, in der sich das Makro befindet, geladen, geöffnet und/oder im Zugriff von Word sein. Außerdem müssen die Word-Sicherheitsstufen entsprechend freizügig eingestellt sind, sonst verhindert Word unter Umständen das Starten eines Makros.

▶ Start durch den Anwender aus Word heraus:
  ▶ Öffnen Sie mit der Tastenkombination [Alt]+[F8] (oder über den Menübefehl »Extras« aus dem Menü »Makros-Makros ...«) den Dialog »Makros«. Wählen Sie in dem Dialog den Namen der Prozedur aus, die Sie ausführen lassen wollen. Achten Sie darauf, welche Datei in der Auswahlliste »Makros in« eingestellt ist. Klicken Sie anschließend auf die Schaltfläche »Ausführen«.
  ▶ Falls Sie Ihre Prozedur oder Ihr Makro in eine Symbol- oder Menüleiste eingefügt haben, klicken Sie auf entsprechenden Menübefehl oder auf das entsprechende Symbol der jeweiligen Leiste.[14]
  ▶ Falls Sie Ihrer Prozedur oder Ihrem Makro eine Tastenkombination zugewiesen haben, drücken Sie diese Tastenkombination.[15]

▶ Start durch den Anwender aus dem Visual Basic-Editor heraus:
  ▶ Wenn sich die Einfügemarke im Codefenster des Visual Basic-Editors in einer beliebigen Zeile der Prozedur befindet, können Sie eine Prozedur über die [F5]-Taste starten.
  ▶ Den Dialog »Makros« können Sie nicht nur aus Word (siehe »Start aus Word heraus«), sondern auch aus dem Visual Basic-Editor heraus starten. Klicken Sie dazu das Symbol »Sub/UserForm ausführen« (»Makro ausführen« in Word 1997) in der Symbolleiste »Voreinstellung« des Visual Basic-Editors an. Oder wählen Sie im Menü »Ausführen« den Befehl »Sub/UserForm ausführen«. Anschließend verfahren Sie wie zuvor beschrieben.

▶ Start durch Aktionen mit Steuerelementen, Formularfeldern oder Feldfunktionen, die sich in einer Word-Datei befinden:
  ▶ Wenn sich in Ihrer Word-Datei eine *Feldfunktion* befindet und diese auf eine Prozedur referenziert, die in der Vorlage des aktiven Dokuments oder in einer globalen Vorlage verfügbar ist – so kann eine Benutzeraktion gegebenenfalls den Aufruf einer Prozedur auslösen. Befindet sich beispielsweise die Feldfunktionen {MACROBUTTON} mit einem gültigen Verweis auf eine Prozedur in Ihrer Word-Datei – dann wird die Prozedur durch ein Doppelklick auf das Feld ausgeführt.

---

14 Siehe unter anderem Abschnitt 7.4, »Makros (Prozeduren) nachträglich als Schaltflächen in Symbolleisten eintragen«, ab Seite 248
15 Siehe unter anderem Abschnitt 7.3, »Makros (Prozeduren) nachträglich auf Tastencodes legen«, ab Seite 247.

- Wenn sich in Ihrer Word-Datei ein *Formularfeld* (zum Beispiel {Formtext}, {Formcheckbox} oder {Formdropdown}) befindet, und dem Feld eine Prozedur oder ein Makro zugewiesen ist – dann wird diese Prozedur durch das Setzen der Einfügemarke in oder aus dem Formularfeld ausgeführt.

- In einer Word-Datei kann sich ein COM/ActiveX/OLE-Steuerelement befinden (zum Beispiel eine Schaltfläche {CONTROL Forms.CommandButton.1 \s}). Ereignisprozeduren von eingefügten COM/ActiveX/OLE-Steuerelementen werden normalerweise im *ThisDocument*-Modul aufgelistet (zum Beispiel könnte sich dort eine Ereignisprozedur namens CommandButton1_Click() befinden). Die einzelnen Ereignisprozeduren COM/ActiveX/OLE-Steuerelements starten womöglich die Abarbeitung eine benutzerdefinierten, aber öffentlichen Prozedur. Kurzum: Auch durch das Eintreten eines COM/ActiveX/OLE-Steuerelement-Ereignisses innerhalb einer Word-Datei kann eine allgemeine VBA-Prozedur gestartet werden.

▶ Start durch Kommandozeilenparameter:

- Sie können Word über den Kommandozeilenparameter /m dazu veranlassen, automatisch beim Start eine Prozedur oder ein Makro zu starten. Dazu müssen Sie den Namen der Datei, in der sich das Makro befindet, und hinter dem Kommandozeilenparameter den Namen der Prozedur angeben. Rufen Sie Word beispielsweise folgendermaßen auf, um das Makro MeineProzedur() aus der Datei »D:\MeinWerkzeugkasten.dot« automatisch beim Start von Word auszuführen:

winword.exe d:\MeinWerkzeugkasten.dot /mMeineProzedur

▶ Start durch Ereignisprozeduren und/oder AutoExec-Makros[16]

- Wenn ein Anwender mit Word arbeitet, treten kontinuierlich Ereignisse auf. Mit den Ereignissen verbunden sind Ereignisprozeduren In diese können Sie Aufrufe von eigenen Prozeduren hineincodieren, so daß Ihre Prozeduren gestartet werden, wenn ein bestimmtes Ereignis in Word auftritt. Wenn Sie den Aufruf einer eigenen Prozedur in eine Ereignisprozedur des Application-Objekts hineinprogrammieren (also zum Beispiel in DocumentOpen oder in NewDocument oder in DocumentChange ...), dann gilt der Aufruf Ihrer Prozedur beim Eintreten des jeweiligen Ereignisses für alle Word-Dokumente gemeinsam.

- Was für die Ereignisse des Application-Objekts allgemein gilt, gilt auch auf Dokumentebene beziehungsweise für die Ereignisse des Document-Objekts. Auch in die Document-Ereignisprozeduren (Open, Close, New ...) können Sie Aufrufe von eigenen Prozeduren hineincodieren, so daß Ihre Prozeduren gestartet werden, wenn bei einem einzelnen Dokument ein bestimmtes Ereignis eintritt.

- Zusätzlich zu den eventuell vorhandenen Ereignisprozeduren kann der Aufruf einer Prozedur auch aus den sogenannten Auto-Makros der Word-Dateien getriggert (»ausgelöst«) werden.

▶ Last, not least kann eine Prozedur natürlich von einer anderen »normalen« Prozedur gestartet oder aufgerufen werden. Manchmal verwendet man dabei die Call-Anweisung, die nun behandelt wird.

---

[16] Siehe Kapitel 23, »Ereignisse und Ereignisprozeduren in der Word-Programmierung«, ab Seite 617.

13.2.4 Die Call-Anweisung: Aufruf einer Prozedur durch eine andere Prozedur

Der Aufruf einer `Sub`- oder einer `Function`-Prozedur (die weiter unten besprochen wird) erfolgt meist durch Angabe des Prozedurnamens inklusive, falls notwendig, der Übergabe von Parametern (Argumenten), die für die aufgerufene Prozedur definiert sind. Es empfiehlt sich aber, das Befehlswort `Call` vor den Prozedurnamen zu setzen. Das Schlüsselwort `Call` übergibt die Steuerung an eine `Sub`-Prozedur, eine `Function`-Prozedur oder eine Prozedur in einer Dynamic-Link Library (DLL). Es muß nicht unbedingt beim Aufrufen einer Prozedur verwendet werden, doch erhöht sich bei seiner Verwendung die Lesbarkeit des Codes. Sie sehen dann unmittelbar, daß eine Prozedur und nicht ein VBA-Objekt oder ähnliches aufgerufen wird.

Bei der Verwendung der `Call`-Anweisung, sollten Sie auf ein paar Feinheiten achten:

- Falls Sie mit `Call` eine Prozedur aufrufen, die Argumente erfordert, müssen Sie um die Werte, die Sie als Parameter übergeben, ein Klammernpaar setzen.
- Falls Sie `Call` verwenden, um eine integrierte oder benutzerdefinierte Funktion (`Function`-Prozedur) aufrufen, wird der Rückgabewert der Funktion verworfen. Sie können den Rückgabewert keinem anderen Codekonstrukt zuweisen.

Die Syntax für die `Call`-Anweisung lautet:

Syntax für Call-Anweisung

`[Call] Prozedurname [Parameterliste]`

Im nachfolgenden Beispiel ruft die `Sub`-Prozedur `BspProzedurenAufrufende()` mit der `Call`-Anweisung die Prozedur `BspProzedurAufgerufene()` auf. Beim Aufruf wird der aufgerufenen Prozedur die Zeichenfolge »Hallo Welt!« übergeben. Die Prozedur `BspProzedurAufgerufene()` schreibt die übergebene Zeichenfolge in das Direktfenster und wird anschließend beendet. Danach kehrt VBA in die Prozedur `BspProzedurenAufrufende()` zurück und beendet diese ebenfalls.

```
Sub BspProzedurenAufrufende()
   Call BspProzedurAufgerufene("Hallo Welt!")
End Sub

Sub BspProzedurAufgerufene(strText As String)
   Debug.Print strText
End Sub
```

13.2.5 Unterbrechen von Prozedurausführungen

Die Ausführung einer Prozedur können Sie sie unterbrechen, wenn Sie im Quellcode an jener Stelle, an der Sie in den Haltemodus wechseln wollen, eine `Stop`-Anweisung einfügen. Wenn Sie die nachfolgende Prozedur starten, wird als erstes eine Zeichenfolge in das Direktfenster geschrieben, dann wird im Code das Schlüsselwort `Stop` markiert und der Haltemodus aktiviert. Sie können anschließend zum Beispiel wählen, ob Sie die Ausführung der Prozedur beenden (Schaltknopf »Zurücksetzen« anklicken) oder im Einzelschrittmodus (Taste F8) oder insgesamt fortsetzen (Taste F5).

```
Sub BspStopAnweisung()
    Debug.Print "Satz 1 in das Direktfenster schreiben."
    'Programmausführung unterbrechen.
Stop
    Debug.Print "Satz 2 in das Direktfenster schreiben."
End Sub
```

13.3 Die Function-Prozedur

Der Abschnitt 2.5.2 »VBA-Prozeduren« ab Seite 49 führt in die grundlegende Bedeutung von Function-Prozeduren ein. Blicken Sie kurz auf eine Zusammenfassung des Abschnitts:

- Eine Function-Prozedur oder Funktion ist eine Prozedur, die Argumente (Parameter) erhalten, eine Reihe von Anweisungen ausführen und die Werte der übergebenen Argumente ändern kann. Im Gegensatz zu einer Sub-Prozedur kann eine Function-Prozedur einen Wert zurückgeben.

- Der *Rückgabewert* einer Funktion wird durch Zuweisung an den Namen der Funktion innerhalb des Funktionsrahmens bereitgestellt. Dabei steht der Funktionsname auf der *linken* Seite eines Ausdrucks mit Gleichheitszeichen »=« und der Wert, den die Funktion zurückgeben soll, auf der rechten Seite.

- Im Gegensatz zu einem Makro oder einer argumentlosen Sub-Prozedur kann eine VBA-Funktion niemals *direkt* gestartet werden. Sie wird immer nur *indirekt*, will heißen: durch andere Prozeduren aufgerufen. Es ist beispielsweise möglich, in ein Word-Dokument einen Schaltknopf (oder eine anderes ActiveX-Steuerelement) zu plazieren, dessen Click-Event-Prozedur dann dafür sorgt, daß eine Funktion aufgerufen wird.

- Im Gegensatz zu den Sub-Prozeduren können Funktionen auf der *rechten* Seite eines Ausdrucks mit Gleichheitszeichen »=« verwendet werden. Dadurch wird der Wert der Funktion an die aufrufende Anweisung auf der linken Seite des Gleichheitszeichens zurückgeben.

- Funktionen werden nicht von Sub und End Sub-Anweisungen eingeschlossen, sondern von Function- und End Function-Anweisungen.

Wenn Sie die einzelnen Punkte begutachten, werden Sie feststellen, daß eine Function-Prozedur einer Sub-Prozedur bis auf wenige Details ähnelt. Hauptunterschied ist, daß eine Function-Prozedur stets einen Wert zurückgibt. Daher kann sie in Ausdrücken auf die gleiche Weise verwendet werden wie eine Variable! Der Wert, den eine Function-Prozedur zurückgibt, besitzt natürlich einen bestimmten Datentyp, den Sie optional bei der Deklaration einer Function-Prozedur bereits bestimmen können.

Da sich, abgesehen von den genannten Unterschieden, Sub-Prozeduren und Function-Prozeduren weitestgehend identisch verhalten, wird im weiteren Verlauf dieses Abschnitts, wenn überhaupt, nur auf Besonderheiten der Function-Prozedur eingegangen. Bitte lesen Sie alles wesentliche in Abschnitt 13.2, »Die Sub-Prozedur«, ab Seite 431 nach – und setzen Sie einfach beim Lesen in Ihren Gedanken überall Function ein, wo Sub steht.

Die Syntax eine `Function`-Prozedur lautet grundsätzlich (in eckige Klammern gesetzte Codeelemente sind optional):

```
[Private | Public | Friend] [Static] Function _
            Funktionsname [(Parameter)] [As Datentyp]
   [Konstantendeklarationen]
   [Variablendeklarationen]

   [Anweisungen]
   [Funktionsname = Ausdruck]
   [Exit Function]
   [Anweisungen]
   [Funktionsname = Ausdruck]
End Function
```

Syntax für Function-Prozedur

▶ »Function«: Die `Function`-Prozeduren beginnen im simpelsten Fall einfach mit dem Schlüsselwort `Function`, gefolgt von einem Leerzeichen, dem Funktionsnamen und einem Klammernpaar:

Function

```
Function MeineProzedur()
```

▶ »Funktionsname« steht für den Bezeichner einer `Function`-Prozedur. Den Namen der `Function`-Prozedur legt ein VBA-Programmierer selbst fest. Er wird immer Prozedurbereich eines Code-Fensters gemäß der Standardkonventionen gebildet werden[17] und ist eine notwendige Angabe für die Definition einer Prozedur.

▶ Das Klammernpaar »()« und potentielle »Parameter« hinter einer `Function`-Prozedur deuten an, daß der Prozedur je nach Festlegung durch den VBA-Programmierer optional Argumente beim Aufruf übergeben werden können.[18]

Das Klammernpaar »()« und die Parameter

▶ »Public«, »Private« und »Friend«: Die optionalen Prozedurattribute `Private` und `Public` und `Friend` dienen der Festlegung des Gültigkeitsbereichs der Prozedur.[19]

▶ »Datentyp« steht für den Wertebereich des Rückgabewertes der Funktion. Zulässige Typen sind `Byte`, `Boolean`, `Integer`, `Long`, `Currency`, `Single`, `Double`, `Date`, `String` (ausgenommen Strings mit fester Länge), `Object`, `Variant` und benutzerdefinierte Typen.

▶ »Static»: Das optionale Prozedurattribut `Static` legt fest, ob die lokalen Variablen der `Function`-Prozedur zwischen Aufrufen erhalten bleiben, oder nicht. Wird `Static` nicht angegeben, so bleiben die Werte lokaler Variablen zwischen den Aufrufen nicht erhalten. Es empfiehlt sich, mit dem Prozedurattribut `Static` vorsichtig umzugehen. Der Erhalt von lokalen Variablen im Speicher Ihres Computers kann zum Stapelüberlauf (also zur »Lähmung« des Rechners) führen, wenn sich eine `Function`-Prozedur rekursiv aufruft.

Static

▶ »Konstanten-« und »Variablendeklarationen«: Die Deklaration von Konstanten und Variablen innerhalb einer `Function`-Prozedur (lokal) ist kein Muß. `Function`-Prozeduren können auch auf öffentliche, modulübergreifende Variablen und Konstanten zugreifen. Der Vorteil von lokalen gegenüber globalen Variablen ist, daß sie nicht wertvollen Spei-

---

17 Siehe Abschnitt 9.5, »Verbindliche Namensregeln gemäß VBA-Spezifikation«, Seite 362.
18 Die Syntax der Parameter wird im Abschnitt 14.2.2, »Parameter und Argumente von Prozeduren«, besprochen.
19 Siehe Abschnitt 13.5, »Gültigkeitsbereich von Prozeduren«, ab Seite 453.

cherplatz auf dem Stapelspeicher belegen, sondern nach dem Durchlaufen einer Prozedur automatisch aus dem Speicher gelöscht werden.[20]

- »Anweisungen« steht für eine Gruppe von Befehlen, die in der Funktion ausgeführt werden sollen.

End Function
- »End Function«: VBA erkennt das Ende einer Function-Prozedur anhand der zwei Schlüsselwörter End Function. Beachten Sie, daß nach dem Abarbeiten der End-Function-Anweisung alle Variablen der Prozedur ihre Gültigkeit verlieren.

Exit Function
- »Exit Function«: Eine Prozedur muß nicht vollständig bis zur End-Function-Anweisung durchlaufen werden. Sie kann über die Anweisung Exit Function innerhalb des Prozedurcodes vorzeitig verlassen werden. Der vorzeitige Abbruch ist immer dann angemessen, wenn eine Umstand eingetreten ist, der den weiteren Ablauf der Prozedur überflüssig macht.

Rückgabewert
- »Ausdruck« steht für den optionalen Rückgabewert der Funktion.

13.3.1 Ergebnisfestlegung

Der Wert einer Funktion wird durch eine in der Funktion vorkommende *Ergebnisfestlegung* präskriptiv. In der Ergebnisfestlegung, die meist am Schluß einer Funktion steht, wird ein Wert an die Funktion übergeben, so daß der Funktionsname für den Rückgabewert stehen kann. Die nachfolgende Function-Prozedur gibt beispielsweise den Zeichenfolgen-Wert »Hallo Welt!« an die Prozedur zurück, die die Funktion aufruft.

```
Function NameMeinerErstenFunktion()
    NameMeinerErstenFunktion = "Hallo Welt!"
End Function
```

13.3.2 Aufruf einer Funktion

Der Aufruf ein Function-Prozedur kann unter anderem durch eine Sub- oder eine Function-Prozedur erfolgen.

Wenn die nachfolgende Sub-Prozedur namens RufMeineErsteFunktionAuf() ausgeführt wird, ruft sie beispielsweise die Function-Prozedur mit dem Namen NameMeinerErstenFunktion() auf. Wenn diese gefunden wird, wird sie abgearbeitet; wird sie von VBA nicht gefunden, wird eine Fehlermeldung angezeigt.

```
Sub RufMeineErsteFunktionAuf()
    MsgBox NameMeinerErstenFunktion
End Sub
```

Liefert die aufgerufene Function-Prozedur einen Wert zurück, mit dem der MsgBox-Befehl etwas anfangen kann, so zeigt dieser den Wert der Funktion auf dem Bildschirm an. Eine Funktion mit einem gültigen Rückgabewert könnte beispielsweise folgendermaßen codiert sein:

---

[20] Die Deklaration von öffentlichen Variablen und Konstanten ist vor allem im Zusammenhang mit API-Deklarationen, Aufzählungen und benutzerdefinierten Datentypen sinnvoll.

```
Function NameMeinerErstenFunktion()
   NameMeinerErstenFunktion = "Hallo Welt!"
End Function
```

Weglassen des Aufrufoperators

Der Aufruf einer Funktion wird meist durch einen Funktionsnamen und einem folgenden Paar runder Klammern »()« notiert. In einigen Fällen kann ein Aufruf in VBA auch ohne den Aufrufoperator, also ohne die runden Klammern, nur durch den Funktionsnamen geschrieben werden. Beispielsweise können Sie die `Rnd`-Funktion, die als Ergebnis eines Aufrufs eine Pseudozufallszahl vom Datentyp `Single` liefert, mit und ohne Klammern aufrufen. Sie können also im Direktbereich sowohl

`? Rnd()`

eingeben (und einen Single-Wert wie 0,7055475 geliefert bekommen) als auch

`? Rnd`

und eine andere Pseudozufallszahl erhalten.

13.4 Rekursion

Eine Prozedur kann nicht nur andere Prozeduren aufrufen, sie kann auch sich selbst aufrufen. Dieser Vorgang wird *Rekursion*[21] genannt. Durch dieses Verfahren kann man einerseits bestimmt Programmierprobleme bei der Bearbeitung komplexer Datenstrukturen elegant lösen. Andererseits birgt eine Rekursion immer die Gefahr einer Endlosschleife, wenn man den Vorgang nicht sauber auf eine bestimmte Anzahl von Zyklen beschränkt oder eine Abbruchbedingung vorgibt.

13.4.1 Rekursion-Beispiel I: Text und Zeichenfolgen mit einem beliebigen Zeichen sperren lassen

Im Word-Umfeld kann man die Rekursion beispielsweise benutzen, um einen beliebigen Text mit einem beliebigen Zeichen sperren zu lassen. Hinweis: Das nachstehende Beispiel verwendet bereits Code-Konstrukte, die erst weiter unten ausführlich erläutert werden. Da der Code aber relativ einfach zu verstehen ist und mit aussagekräftigen Kommentaren versehen wurde, dürfte es Ihnen nicht schwerfallen, das Prinzip der Rekursion trotzdem zu erkennen.

Ad rem: Die Funktion ruft sich solange auf, bis zu allen Zeichen, die ihr in der Zeichenkette der Variablen `strTempErgebnisText` übergeben wurden, ein beliebiges Sperrungszeichen hinzugefügt wurde. Die Variable `strTempErgebnisText` stellt eine Arbeitsvariable für die Rekursion dar. Sie sollte beim ersten Aufruf *nicht* als Argument übergeben werden. Demgegenüber steht es Ihnen frei, beim ersten Aufruf ein Sperrungszeichen zu bestimmen, indem Sie dem Argument `strSperrzeichen` einen Wert übergeben. Wenn Sie keinen Wert übergeben, wird der zu sperrende Text mit einem Leerzeichen gesperrt.

---

21 Spätlat. »das Zurücklaufen«.

```
Function SperreText(strSperrText As String, _
        Optional strSperrZeichen As String = " ", _
        Optional strTempErgebnisText As String = "") _
        As String
Dim strRestText         As String
Dim lngTextlänge        As Long

'Länge des übergebenen Strings ermitteln.
lngTextlänge = Len(strSperrText)

Select Case lngTextlänge
    'Solange Zeichen vorhanden sind,
    'ist die Rekursion durchzuführen.
    Case Is <> 0

        'Zeichenfolge für die Rückgabe zusammenbauen.
        strTempErgebnisText = strTempErgebnisText & _
                            Left(strSperrText, 1) & _
                            strSperrZeichen

        'Zerlegen der Zeichenkette in den Resttext, mit
        'dem die Funktion noch einmal aufgerufen wird.
        strRestText = Mid(strSperrText, 2)

        'Rekursiver Aufruf der Funktion mit dem Teil
        'des Textes, der noch nicht gesperrt wurde,
        'und jenem Teilstring, der am Schluß
        'zurückgegeben werden soll.
        Call SperreText(strSperrText:=strRestText, _
            strSperrZeichen:=strSperrZeichen, _
            strTempErgebnisText:=strTempErgebnisText)

    'Der Vorgang der Rekursion ist beendet, wenn
    'sich zu jedem Zeichen ein Sperrzeichen gesellt.
    Case Else
        'Meldet das Ende der Rekursion.
        StatusBar = "Ende der rekursiven Aufrufe " & _
                    "der Funktion »TextSperren«."
End Select

'Gesperrten Text zurückgeben.
SperreText = strTempErgebnisText
End Function
```

Wenn Sie die Prozedur verwenden wollen, müssen Sie der Prozedur eine Zeichenfolge für den zu sperrenden Text übergeben, also zum Beispiel:

```
SperreText(strSperrText:="Testtext für Sperrung.")
```

Optional können Sie eine Zeichenfolge übergeben, mit der der Text gesperrt werden soll. Nachstehend wird beispielsweise als Sperrungszeichen ein *Doppelkreuz*[22] übergeben:

```
SperreText(strSperrText:="Testtext für Sperrung.", _
        strSperrZeichen:="#"))
```

Eine vollständige Prozedur, die beide Varianten benutzt, um zwei Meldungen auf dem Bildschirm anzuzeigen, sieht folgendermaßen aus:

```
Sub Test_SperreText()
Dim strTestString     As String
Dim strSpeerzeichen   As String

'Anfang Anpassbare Werte
strTestString = "Testtext für Sperrung."
strSpeerzeichen = "#"
'Ende anpassbare Werte

'Text wird mit Leerzeichen gesperrt.
MsgBox "Originaltext: " & vbCr & strTestString & _
       vbCr & vbCr & "Ergebnis der Sperrung: " & _
       vbCr & SperreText(strSperrText:=strTestString)

'Sperrung mit dem oben definierten Zeichen.
MsgBox "Originaltext: " & vbCr & strTestString & _
       vbCr & vbCr & "Ergebnis der Sperrung: " & _
       vbCr & SperreText(strSperrText:=strTestString, _
                 strSperrZeichen:=strSpeerzeichen)
End Sub
```

Abbildung 13.4 Ohne explizite Übergabe eines Sperrungszeichens verwendet die Funktion »Sperre-Text()« Leerzeichen, um die übergebene Zeichenfolge zu sperren.

13.5 Gültigkeitsbereich von Prozeduren

Für Prozeduren gibt es im allgemeinen nur zwei Gültigkeitsbereiche: Entweder eine Prozedur ist nur innerhalb eines Moduls gültig (das heißt, nur Prozeduren innerhalb des Moduls können diese Prozedur aufrufen) oder öffentlich im gesamten Projekt (das heißt, aus allen vorhandenen Modulen des Projekts kann auf die Prozedur zugegriffen werden).

---

22 Das Doppelkreuz wird auch *Gartenzaun*, *Nummernzeichen*, *Raute* oder *Schweinegatter* (engl. »mesh«, »number sign«) genannt.

Abbildung 13.5 In diesem Fall wurde der Funktion »SperreText()« als Sperrungszeichen ein Doppelkreuz »#« übergeben.

- `Public` definiert eine Prozedur modulübergreifend (öffentlich).
- `Private` definiert einer Prozedur modulimmanent (lokal).

Beide Attribute schließen sich gegenseitig aus, so daß nur `Public` oder `Private` vor `Sub` oder `Function` stehen kann:

```
Private Sub MeineProzedur()                    'Richtig
Public Function MeineFunktion() As String      'Richtig
Private Public Sub MeineProzedur()             'Falsch
```

Standardmäßig, also ohne Angabe von `Public` oder `Private`, sind `Sub`-und `Function`-Prozeduren öffentlich.

13.5.1 Friend für Function-Prozeduren im Klassenmodul

Neben den beiden genannten Zugriffsmodifizierern für Prozeduren gibt es für `Function`-Prozeduren in einem Klassenmodul noch `Friend`. Mit Hilfe von `Friend` können Sie festlegen, daß die `Function`-Prozedur für die Nutzer der Klasse im gesamten Projekt sichtbar ist, aber nicht außerhalb. Mit anderen Worten: Eine `Friend`-Prozedur wird weder in der Typenbibliothek ihrer übergeordneten Klasse angezeigt, noch steht sie zur Automatisierung bereit, geschweige denn, daß sie spät gebunden werden könnte.

13.6 Namensräume

Codeelemente wie Prozeduren und Objekte können in VBA zu einer bestimmten Klasse gehören, die wiederum einer bestimmten Bibliothek angehört. Im Prinzip bilden der Klassenname und der Bibliotheksname zusammen den *Namensraum*[23] für den Elementnamen. Durch den Namensraum ist eine exakte Identifikation eines Elements gewährleistet.

Syntax für Namensraum Die Syntax lautet (wobei ein Punkt als Trennzeichen zwischen den einzelnen Elementen dient):

```
[Bibliotheksname].[Klassenname].Elementenname
```

---

[23] Verwechseln Sie einen VBA-*Namensraum* nicht mit einem *Namensbereich* (engl. »namespace«), wie er in .NET verwendet wird. Die .NET-Namespaces sind eine logische Organisationsstruktur, die völlig unabhängig von der Klassenhierachie eine Klasse einem bestimmten thematischen Gebiet zuordnet.

Beispielsweise gehört die `Rnd`-Funktion zur Klasse `Math`, die wiederum zur VBA-Standardbibliothek `VBA` gehört. Daher bezeichnet die folgende Schreibweise den Namen der Funktion eindeutig (bitte im Direktbereich ausführen):

`? VBA.Math.Rnd()`

Wenn in der vorgegebenen VBA-Konfiguration der Bezeichner `Rnd` nur einmal vorkommt, ist die Angabe des vollständigen Namensraums (`VBA.Math.Rnd`) nicht notwendig. Solange ein Bezeichner eindeutig ist – also nicht in mehreren verwendeten Bibliotheken parallel definiert ist – kann auf die Angabe langer Namensräume verzichtet werden. Es ist in VBA möglich, einen Namen einfach nur teilweise oder gar nicht eingegrenzt zu verwenden. Die nachstehenden Anweisungen werden deswegen unter der genannten Voraussetzung alle vier im Direktbereich problemlos ausgeführt:

```
? VBA.Math.Rnd()
? Math.Rnd()
? VBA.Rnd()
? Rnd()
```

Beachten Sie, daß sich die Projekte und Module eines Word-Dokuments wie Bibliotheken und Klassen verhalten (sie sind im Prinzip auch nichts anderes). Diese können innerhalb eines Word-Dokuments ebenfalls einen Namensraum bilden.

Voraussetzung dafür ist, daß ein Word-Dokument im Visual Basic-Editor einen gültigen Verweis (eine Referenz) auf ein anderes Word-Dokument (sprich: Word-Projekt) besitzt.

Die Syntax lautet dann:

`[Projekt].[Modul].Elementenname`

Syntax für die Prozedur eines referenzierten Dokuments

Beispielsweise könnte Ihr aktuelles Dokument einen Verweis auf die Datei »MeinWerkzeugkasten.Dot« besitzen. Haben Sie in der Datei »MeinWerkzeugkasten.Dot« im Modul `NewMacros` eine Prozedur namens `Test()` erstellt, so bezeichnet im Codefenster des aktuellen Dokuments die folgende Schreibweise den Namen der Funktion eindeutig:

`TemplateProject.NewMacros.Test`

14 Standard-Anweisungen für die Ein- und Ausgabe

> »Es gibt keine unmittelbare Kommunikation zwischen den Muskeln des Magens und denen der Arme und Beine, welche ihn, selbst wenn er von Nahrungsmitteln umgeben wäre, dazu bewegen könnte, auch nur einen Schritt zu tun (...)«
> Jean-Jacques Rousseau[1]

14.1 Interaktion

Das Maß für ein gutes Anwendungsprogramm ist aus dem Mißlingen und dem Gelingen der Interaktion zwischen Mensch und Maschine zu entnehmen. Was nützen die schönsten Codezeilen, wenn keine Informationen auf dem Bildschirm ausgegeben werden, der Anwender keine Daten eingeben und der Programmier seinen Code nicht überprüfen kann? Nachstehend werden drei primitive Ein-/Ausgabeanweisungen vorgestellt, die VBA von Haus aus mitbringt und die bei der Entwicklung von VBA-Programmen meist unentbehrlich sind.

14.2 Ausgaben im Direktfenster (Debug.Print)

In Abschnitt 8.7, »Das Direktfenster«, auf Seite 273 haben Sie das Direktfenster kennengelernt. Dort wird beschrieben, daß man mit Hilfe des Fragezeichens »?« Informationen im Direktfenster ausdrucken kann. Das Fragezeichen ist in diesem Fall nicht mehr und nicht weniger als eine Abkürzung für die Print-Methode des Debug-Objekts. Das Debug-Objekt hat folgende zentrale Aufgabe[2]: Es sendet während der Abarbeitung einer Prozedur je nach Bedarf die in einem Ausdruck angegebenen Daten in das Direktfenster und repräsentiert somit das Direktfenster.

Die Syntax der Anweisung lautet allgemein:

```
Debug.Print [Ausdruck]
```

Syntax für Debug.Print

Eine einfache Prozedur, die einen Text in das Direktfenster schreibt, sieht folgendermaßen aus:

```
Sub BspDirektFenster01()
    Debug.Print "Hallo Welt!"
End Sub
```

Häufig wird die Debug.Print-Anweisung in der Entwurfsphase eines Projekts dazu genutzt, die Werte von Variablen und Ausdrücken zu überprüfen, die innerhalb einer Prozedur eine zentrale Bedeutung besitzen. Die im Ausdruck angegebenen Daten werden auch dann in das Direktfenster ausgegeben, wenn es nicht sichtbar beziehungsweise gerade geschlossen

---

[1] [ROUSS001]: S. 21441.
[2] Seit Office/Word 2000 unterstützt das Debug-Objekt auch noch die Assert-Methode. Diese löst eine Programmunterbrechung aus, wenn eine Bedingung wie x < 42 zutrifft.

ist. Aus diesem Grunde sollten alle Codezeilen mit dem `Debug`-Objekt nach Fertigstellung Ihrer Prozeduren wieder aus diesen entfernen.

Die Daten, die `Print`-Methode in das Direktfenster übermittelt, werden im allgemeinen mit einem Zeilenumbruch abgeschlossen. Folglich geben die nachfolgenden beiden Codezeilen

```
Debug.Print "Hallo "
Debug.Print "Welt"
```

die Wörter »Hallo « und »Welt« nicht neben-, sondern untereinander im Direktfenster aus. Wollen Sie zwei Ausdrücke nebeneinander im Direktfenster ausgeben, können Sie mit einem Semikolon »;« den Zeilenumbruch verhindern und im Ausdruck die Einfügemarke unmittelbar hinter das letzte angezeigte Zeichen zu setzen. Die folgenden beiden Codezeilen

```
Debug.Print "Hallo ";
Debug.Print "Welt"
```

werden im Direktfenster in einer Zeile als »Hallo Welt« ausgedruckt. In dem Beispiel können Sie aber die Codezeile mit der zweiten `Print`-Methode einsparen, da die VBA-Syntax eine beliebig lange Aneinanderreihung von Ausdrücken gestattet. Die nachfolgende Codezeile wird deswegen ebenfalls im Direktfenster mit »Hallo Welt« ausgegeben:

```
Debug.Print "Hallo "; "Welt"
```

Wenn Sie das Komma »,« in einem Ausdruck mit der `Print`-Methode verwenden, wird im Direktfenster anstelle des Zeilenvorschubs ein Leerzeichenvorschub verwendet. Die Codezeilen

```
Debug.Print "Hallo ",
Debug.Print "Welt"
```

werden im Direktfenster also etwa folgendermaßen formatiert:

```
Hallo        Welt
```

Optional können Sie im Zusammenhang mit der `Print`-Methode die VBA-Funktion `Tab()` verwenden, um die Einfügemarke im Direktfenster zu positionieren (beispielsweise um die Datenausgaben auf Spalte zu stellen). Oder Sie führen mit der Funktion `Spc()` einen Leerzeichenausgleich im Direktfenster durch. Beispielsweise gibt die Codezeile

```
Debug.Print Tab(20); "Hallo "; Tab(20); "Welt"
```

die Wörter »Hallo « und »Welt« untereinander ab der absoluten Spaltennummer »20« im Direktfenster aus.

14.3 Aus- und Eingaben mit MsgBox

Jeder, der mit einem Windows-Rechner zu tun hat, kennt die immer ähnlich aussehenden Meldungen von Windows und Windows-Anwendungen, die häufig etwas völlig unverständliches verkündigen:

Abbildung 14.1 Kein Witz, sondern Original-Microsoft-Philosophie.

Oder sie treiben einem den Schweiß auf die Stirn, weil man beim besten Willen nicht weiß, was passieren wird, wenn man die Meldung abbricht oder bestätigt:

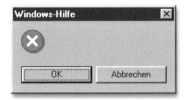

Abbildung 14.2 Original-Meldung der Windows-Hilfe

Diese Meldungen lassen sich mit Hilfe von VBA ebenso leicht produzieren wie mit Hilfe von anderen Windows-Programmiersprachen. In VBA verwenden Sie die MsgBox-Funktion[3] aus der Bibliothek VBE6.dll, um den Standarddialog anzuzeigen. In Wahrheit stellt die MsgBox-Funktion von VBA eine Art *Wrapper*[4] für eine API-Funktion des Windows-Kerns dar.

Die allgemeine Syntax der MsgBox-Funktion lautet (die in eckige Klammern gesetzten Parameter sind optional):

```
MsgBox (Meldung[, Schaltflächen] _
        [, Titel] _
        [, Hilfedatei, Kontext])
```

Syntax für MsgBox-Funktion

Oder wie im Visual Basic-Editor englischsprachig:

```
MsgBox (Prompt[, Buttons] _
        [, Title] _
        [, Helpfile, Context])
```

- »Meldung/Prompt« steht für eine beliebigen Text oder einen Ausdruck, der im MsgBox-Dialog angezeigt wird. Im Gegensatz zu den anderen Argumenten ist das Prompt-Argument nicht optional. Sie müssen der MsgBox-Funktion einen Meldungstext übergeben (und sei es ein Leerstring, gekennzeichnet durch zwei Anführungszeichen ""), sonst reklamiert VBA Ihre Codierung.
- »Schaltflächen/Buttons« steht für einen kombinierten Wert, der bestimmt, welche Schaltflächen, Symbole, Voreinstellungen und Eigenschaften der MsgBox-Dialog besitzt (Standard ist 0).

---

3 Abk. für engl. »messagebox«, dt. »Meldungsbox«, »Nachrichtenbox«, »Textbox« oder nur »Meldung«.
4 Dt. etwa »Hülle«, »Verpackung«.

- »Titel/Title« steht für einen beliebigen Text oder einen Ausdruck, der anstelle des Titels »Microsoft Word« in der Titelzeile des MsgBox-Dialogs erscheinen kann (Standard: »Microsoft Word«).
- »Hilfedatei/Helpfile« steht für eine Datei, die einen kontextbezogenen Hilfstext beinhalten kann. Wenn das Argument verwendet wird (was selten der Fall ist), muß auch das Argument »Context« definiert werden.
- »Kontex/Context« steht für einen numerischen Ausdruck, dem ein Hilfethema in der Hilfedatei zugeordnet ist, die mit »Helpfile« festgelegt wurde.

Eine einfache Meldung

Der MsgBox-Dialog wird gewöhnlich für Meldungen, Warnungen, Informationen, einfache Ja/Nein-Auswahlentscheidungen et cetera verwendet. Eine der einfachsten Meldungen, in der nur der Meldungstext »Hallo Welt!« und der Schaltknopf »OK« auf dem Bildschirm anzeigt wird, können Sie folgendermaßen als lauffähige Prozedur niederschreiben:

```
Sub BspMsgBox01()
    MsgBox ("Hallo Welt!")
End Sub
```

Abbildung 14.3 »Hallo Welt« ist eine traditionelle Meldung, die am Anfang fast jedes Programmierkurses zu den meisten Programmiersprache programmiert wird. Die Tradition beruht auf einem Beispielprogramm in dem Buch »The C Programming Language« von Brian Kernighan und Dennis Ritchie, das zu den unvergeßlichen Werken der Computerbuchliteratur gehört.

Beachten Sie, daß die MsgBox-Funktion im Beispiel den Wert »1« zurückliefert (steht für »Benutzer hat OK angeklickt«), diese Rückgabe aber nicht für weitere Aktionen verwendet wird. Sie können MsgBox auch als Anweisung, das heißt ohne Rückgabewert (sic!), verwenden, wenn die Antwort des Benutzers für den weiteren Programmablauf »schnuppe« ist. Die alternative Codezeile lautet dann noch einfacher (ohne Klammernpaar):

```
MsgBox "Hallo Welt!"
```

Weitere Argumente können Sie in einer Anweisung kommasepariert übergeben. Wenn Sie beispielsweise einen Titel ergänzen wollen, tippen Sie folgendes ein:

```
MsgBox "Hallo Welt!", , "Titelgruß an alle"
```

Alternativ können Sie natürlich auch mit benannten Argumenten arbeiten, wie Sie es von anderen VBA-Funktionen gewohnt sind. Die Reihenfolge der Argumente läßt sich dadurch beliebig tauschen. Der alternative Code, der genau das gleiche wie der vorige tut, lautet dann:

```
MsgBox Prompt:="Hallo Welt!", _
       Title:="Titelgruß an alle"
```

14.3.1 MsgBox-Beispiel I: Ja/Nein-Dialog um den Assistenten ein-/auszuschalten

In der folgenden Prozedur wird zur Laufzeit als erstes der Office-Assistent eingeschaltet. Anschließend kann der Benutzer in einem Ja/Nein-Dialog entscheiden, ob der Assistent wieder ausgeschaltet werden soll (»Ja«) oder eingeschaltet bleibt (»Nein«). Wählt der Anwender »Nein« meldet sich der Assistent zu Wort und weist darauf hin, daß er im Prinzip auch eine Art `MsgBox`-Dialog ist.

Damit das Ganze funktioniert, wird der `MsgBox`-Funktion im Quellcode eine VBA-Konstante übergeben (`vbYesNo`), die festlegt, daß die Ja/Nein-Schaltflächen erscheinen. VBA kennt eine ganze Reihe solcher Konstanten. Sie werden gleich im Anschluß an den Code in mehreren Tabellen aufgelistet. Eine Wenn-Dann-Sonst-Anweisung (`If-Then-Else`-Anweisung) wertet die Eingabe des Anwenders aus[5]. Bleibt noch zu erwähnen, daß im Beispiel der `MsgBox`-Funktion der Name des Assistenten übergeben wird. Zur Laufzeit wird er dann in der Titelzeile des `MsgBox`-Dialoges angezeigt.

```
Sub BspMsgBox02()
Dim lngRückgabe As Long

'Sicherheitshalber den Assistenten erst einschalten.
Assistant.On = True
Assistant.Visible = True

'Meldung anzeigen.
lngRückgabe = MsgBox("Assistenten ausschalten?", _
            vbYesNo, Assistant.Name)

'Rückgabewert auswerten: Wenn »ja«, dann ...
If lngRückgabe = vbYes Then
  'Assistenten ausschalten.
    Assistant.On = False

'... anderenfalls Assistenten zu Wort kommen lassen.
Else
    With Assistant.NewBalloon
        .Text = "Ich habe mehr drauf als jede MsgBox!"
        .Show
    End With
End If
End Sub
```

---

[5] Zur Funktionsweise der If-Then-Else-Anweisung siehe Abschnitt 15.3.2, »If ... Then ... Else«, ab Seite 480.

14.3.2 MsgBox-Konstanten

Beachten Sie, daß Sie beim Addieren der Zahlen zu einem Gesamtwert für das Buttons-Argument der MsgBox-Funktion meist nur eine Zahl aus jeder der nachstehenden Tabellen verwenden sollte.

Wenn Sie sich innerhalb des Visual Basic-Editors einen Überblick über die Konstanten von MsgBox verschaffen wollen, setzen Sie im Quellcode die Einfügemarke auf den VBA-Bezeichner MsgBox und drücken die Tastenkombination [UMSCHALT]+[F2]. Daraufhin wird der Objektkatalog geöffnet und die Einfügemarke auf die MsgBox-Funktion positioniert. Wenn Sie jetzt im unteren Info-Abschnitt des Objektkatalogs auf zum Beispiel vbMsgStyle klicken, zeigt der Objektkatalog die einzelnen Werte an.

Schaltflächen Mit den Werten 0 bis 5 wird die Anzahl und Art der Schaltflächen beschrieben, die im MsgBox-Dialog zur Laufzeit angezeigt werden sollen.

Schaltflächen-Konstanten	Wert	Beschreibung
vbOKOnly	0	Nur Schaltfläche »OK« anzeigen (Voreinstellung).
vbOKCancel	1	Schaltflächen »OK« und »Abbrechen« anzeigen.
vbAbortRetryIgnore	2	Schaltflächen »Abbrechen«, »Wiederholen« und »Ignorieren« anzeigen.
vbYesNoCancel	3	Schaltflächen »Ja«, »Nein« und »Abbrechen« anzeigen.
vbYesNo	4	Schaltflächen »Ja« und »Nein« anzeigen.
vbRetryCancel	5	Schaltflächen »Wiederholen« und »Abbrechen« anzeigen.

Symbole Die Werte 0, 16, 32, 48 und 64 beschreiben die Art des Symbols, das im MsgBox-Dialog zur Laufzeit angezeigt werden soll.

Symbol	Konstante	Wert	Beschreibung
		0	Kein Symbol anzeigen (Voreinstellung).
❌ 🛑	vbCritical	16	Stop-Symbol (für kritischen Fehler)
❓ ❓	vbQuestion	32	Fragezeichen-Symbol (Warnungen mit Abfrage)
⚠️ ❗	vbExclamation	48	Ausrufezeichen-Symbol (Warnmeldung)
ℹ️ ℹ️	vbInformation	64	Informations-Symbol (Informationsmeldung)

Die Werte 0, 256, 512 und 768 legen die Standardschaltfläche fest, auf die die Einfügemarke zur Laufzeit positioniert wird.

Standardschaltfläche

Voreinstellungs-Konstanten	Wert	Beschreibung
vbDefaultButton1	0	Erste Schaltfläche ist Voreinstellung (Voreinstellung).
vbDefaultButton2	256	Zweite Schaltfläche ist Voreinstellung.
vbDefaultButton3	512	Dritte Schaltfläche ist Voreinstellung.
vbDefaultButton4	768	Vierte Schaltfläche ist Voreinstellung (diese Konstante besitzt in VBA keiner Bedeutung, weil ein MsgBox-Dialog maximal 3 Schaltflächen aufweist; die Help-Schaltfläche wird über den Wert 16384 angesprochen).

Die Werte 0 und 4096 legen fest, wie sich der Meldungs-Dialog zur Laufzeit verhält:

Verhalten

Modal-Konstanten	Wert	Beschreibung
vbApplicationModal	0	An die Anwendung gebundenes Meldungsfeld (Voreinstellung); der Anwender muß auf das Meldungsfeld reagieren, bevor er seine Arbeit mit der Word fortsetzen kann.
vbSystemModal	4096	An das System gebundenes Meldungsfeld; alle Anwendungen werden unterbrochen, bis der Benutzer auf das Meldungsfeld reagiert.

Die Werte in der nachstehenden Tabelle fügen eine Hilfsschaltfläche hinzu, bestimmen die Richtung und Ausrichtung des Textes im Meldungsfenster und legen fest, ob es das Vordergrundfenster sein soll.

Sonstige Meldungs-Konstanten

Sonstige Konstanten	Wert	Beschreibung
vbMsgBoxHelpButton	16384	Fügt eine Hilfeschaltfläche zum Meldungsfeld hinzu.
VbMsgBoxSetForeground	65536	Legt das Meldungsfeld als Vordergrundfenster fest.
vbMsgBoxRight	524288	Der Text der Meldung wird rechtsbündig ausgerichtet.
vbMsgBoxRtlReading	1048576	Legt fest, daß der Text von rechts nach links dargestellt wird, für hebräische und arabische Systeme.

14.3.3 MsgBox-Beispiel II: Die gängigsten MsgBox-Dialoge

Der nachstehende Code zeigt ein paar Beispiele für das Addieren der MsgBox-Konstanten:

```
Sub BspMsgBox04()
Dim intRückgabe As Integer

MsgBox Prompt:="Schaltknopf: Abbrechen, Wiederholen," _
       & " Ignorieren (Ignorieren Voreinstellung)", _
```

Aus- und Eingaben mit MsgBox

```
            Buttons:=vbAbortRetryIgnore + vbDefaultButton3
MsgBox Prompt:="Nur Symbol: Stopp", _
        Buttons:=vbCritical
MsgBox Prompt:="Nur Symbol: Ausrufezeichen", _
        Buttons:=vbExclamation
MsgBox Prompt:="Nur Symbol: Information", _
        Buttons:=vbInformation
MsgBox Prompt:="Nur Symbol: Fragezeichen", _
        Buttons:=vbQuestion
MsgBox Prompt:="Schaltflächen: OK und Abbrechen", _
        Buttons:=vbOKCancel
MsgBox Prompt:="Schaltflächen:Wiederholen/Abbrechen", _
        Buttons:=vbRetryCancel
MsgBox Prompt:="Schaltflächen: Ja/Nein", _
        Buttons:=vbYesNo
MsgBox Prompt:="Schaltflächen: Ja/Nein mit " & _
        "Symbol: Information", _
        Buttons:=vbYesNo + vbInformation
MsgBox Prompt:="Schaltflächen: Ja/Nein mit " & _
        "Symbol: Stopp und Hilfe-Schaltfläche", _
        Buttons:=vbYesNo + vbCritical + _
            vbMsgBoxHelpButton
MsgBox Prompt:="Ein langer Text wird" & vbCrLf & _
        "rechtsbündig umbrochen.", _
        Buttons:=vbMsgBoxRight

'Ermittelt, welcher Schaltknopf ausgewählt wurde.
intRückgabe = MsgBox(Prompt:="Klicken Sie Ja oder " & _
        "Nein an!", Buttons:=vbYesNo + vbCritical)

If intRückgabe = vbYes Then
    MsgBox Prompt:="Sie haben Ja angeklickt."
ElseIf intRückgabe = vbNo Then
    MsgBox Prompt:="Sie haben Nein angeklickt."
Else
    MsgBox "Sie haben weder Ja noch Nein angeklickt!"
End If

End Sub
```

14.3.4 MsgBox-Beispiel III: Gestaltung und Textformatierung des MsgBox-Dialogs

Der MsgBox-Dialog kann mit maximal drei Schaltflächen (plus einer Hilfeschaltfläche) ausgestattet sein. An weiteren Gestaltungsmöglichkeiten ist er auf das wesentlichste reduziert, kann nur eines von vier Symbolen anzeigen und Text nur links- oder rechtsbündig ausgeben. Weder die Größe noch die Position des Dialogs sind benutzerdefinierbar. Die Schriftart des Mitteilungsdialogs kann lediglich allgemein über die Systemsteuerung von Windows festgelegt werden.

Der Text, der als Meldung im `MsgBox`-Dialogfeld erscheint, kann etwa 1024 Zeichen lang sein (je nach Breite der verwendeten Zeichen). Ist ein Text zu lang, wird er automatisch umbrochen.

Wenn der Test aus mehreren Zeilen bestehen soll, können Sie die Zeilen benutzerdefiniert durch

- ein Wagenrücklaufzeichen (`Chr(13)` oder `vbCr`)
- ein Zeilenvorschubzeichen (`Chr(10)` oder `vbLf`)
- eine Kombination aus Wagenrücklauf und Zeilenvorschub (`Chr(13) & Chr(10)` oder `vbCrLf`)

zwischen jeder Zeile trennen. Die folgende Prozedur zeigt die Verwendung der `Chr`-Funktion und der genannten VBA-Konstanten für die Manipulation von Zeichenfolgen:

```
Sub BspMsgBox03()
MsgBox ("1. Absatz" & Chr(13) & "2. Absatz")
MsgBox ("1. Absatz" & vbCr & "2. Absatz")
MsgBox ("1. Zeile" & Chr(10) & "2. Zeile")
MsgBox ("1. Zeile" & vbLf & "2. Zeile")
MsgBox ("1. Absatz/Zeile" & vbCrLf & "2. Absatz/Zeile")
End Sub
```

14.3.5 Vordefinierte VBA-Konstanten für Zeichenketten

Neben `vbCr`, `vbLf` und `vbCrLf` verfügt VBA über einer große Anzahl vordefinierter, sprechender Konstanten, die man stellvertretend für nichtssagende Zahlen im Quellcode einsetzen kann. Im Zusammenhang mit Zeichenfolgen-Manipulationen sind vor allem folgende Konstanten sehr nützlich, die man überall im Code einsetzen kann:

Konstante	Äquivalent	Beschreibung
vbCrLf	Chr(13) + Chr(10)	Kombination aus Wagenrücklauf und Zeilenvorschub
vbCr	Chr(13)	Wagenrücklaufzeichen
vbLf	Chr(10)	Zeilenvorschubzeichen
vbNewLine	Chr(13) + Chr(10) (auf dem Macintosh Chr(13))	Plattformspezifisches Zeilenumbruchzeichen; je nachdem, welches für die aktuelle Plattform geeignet ist
vbNullChar	Chr(0)	Zeichen mit dem Wert 0
vbNullString	Zeichenfolge mit dem Wert 0	Nicht identisch mit der Null-Zeichenfolge (»«); wird verwendet, um externe Prozeduren aufzurufen.
vbObjectError	-2147221504	Benutzerdefinierte Fehlernummern sollten größer als dieser Wert sein. Zum Beispiel: `Err.Raise Number = vbObjectError + 1000`

Konstante	Äquivalent	Beschreibung
vbTab	Chr(9)	Tabulatorzeichen
vbBack	Chr(8)	Rückschrittzeichen
vbFormFeed	Chr(12)	Nicht sinnvoll unter Microsoft Windows oder auf dem Macintosh
vbVerticalTab	Chr(11)	Nicht sinnvoll unter Microsoft Windows oder auf dem Macintosh

14.3.6 MsgBox-Rückgabewerte

Die `MsgBox`-Funktion (Schreibweise mit Klammernpaar) übergibt im Gegensatz zur `MsgBox`-Anweisung (Schreibweise ohne Klammernpaar) nach dem Schließen der Meldung einen der Werte, die in der nachstehenden Tabelle aufgelistet sind.

Konstante	Wert	Beschreibung
vbOK	1	OK
vbCancel	2	Abbrechen (auch nach Esc)
vbAbort	3	Abbruch (auch nach Esc)
vbRetry	4	Wiederholen
vbIgnore	5	Ignorieren
vbYes	6	Ja
vbNo	7	Nein

14.3.7 MsgBox-Beispiel IV: Markierten Text aus dem Dokument in MsgBox-Dialoge überführen

Der `MsgBox`-Funktion können Sie natürlich auch Daten aus einem Word-Dokument übergeben. In dem nachfolgenden Beispiel wird der in einem Word-Dokument markierte Text in einer `MsgBox`-Meldung angezeigt. Der Code verwendet dazu die `Text`-Eigenschaft des `Selection`-Objekts. Wenn nichts markiert ist, wird das Zeichen angezeigt, das auf die Einfügemarke folgt. Das Beispiel berücksichtigt die Tatsache, daß ein `MsgBox`-Dialog bestimmte Zeichen nicht darstellen kann und bei einer Anzahl von mehr als 1.024 Zeichen aus allen Nähten platzt. Dazu wird mit der `Len`-Funktion die Länge des markierten Textes ermittelt und mit der `Asc`-Funktion der Code des ersten Zeichens des Textes. Eine Wenn-Dann-SonstWenn-Anweisung (`If-Then-ElseIf`-Anweisung) verzweigt je nach Zeichenfolge[6]:

▶ Wenn der Text nur 1 Zeichen lang ist und Code dieses Zeichens kleiner als 32 ist, wird der Zeichencode im `MsgBox`-Dialog ausgegeben.

---

6 Siehe Abschnitt 15.3.5, »If ... Then ... ElseIf«, ab Seite 482.

- Wenn die Anzahl der Zeichen im markierten Text unter 1.024 ist, wird der gesamte markierte Text ausgegeben.
- In allen anderen Fällen erscheint ein kleiner Hinweistext.

```
Sub BspMsgBox05()
Dim strMarkierterText    As String
Dim lngAnzahlZeichen     As Long
Dim lngCode              As Long

'Text aus aktueller Markierung holen.
strMarkierterText = Selection.Text

'Länge des Textes ermitteln.
lngAnzahlZeichen = Len(strMarkierterText)

'Code des ersten Zeichens im Text ermitteln.
lngCode = Asc(strMarkierterText)

'Wenn der Text ein Codezeichen ist ...
If lngAnzahlZeichen <= 1 And lngCode < 32 Then
   MsgBox "Markierter Zeichencode: " & lngCode

'Wenn der Text weniger als 1024 Zeichen lang ist ...
ElseIf lngAnzahlZeichen < 1024 Then
   MsgBox strMarkierterText

'Sonst folgende Meldung ausgeben ...
Else
   MsgBox "Kein oder zu viel Text für MsgBox markiert."
End If

End Sub
```

14.4 Eingaben über die InputBox-Funktion

Mit der `InputBox`-Funktion können Sie zur Laufzeit einen simplen Dialog mit einem vordefinierten Eingabefeld auf dem Bildschirm anzeigen. Während die `MsgBox`-Funktion primär für die *Ausgabe* von Mittelungen zuständig ist, wartet der `InputBox`-Dialog auf die *Eingabe* von Text oder die Auswahl einer Schaltfläche durch den Anwender. Im Quellcode können Sie mit dem potentiell vom Anwender eingegebenen Text weiterarbeiten, indem Sie ihn einer Variablen zuweisen. Mit anderen Worten: Die so definierte Variable ist in Ihrer Prozedur ein Platzhalter für die Texteingabe des Anwenders.

Die allgemeine Syntax der `InputBox`-Funktion lautet (die in eckige Klammern gesetzten Parameter sind optional):

Syntax für Input-Funktion

```
InputBox (Meldung[, Titel] _
              [, Voreinstellung] _
              [, HorizontalePosition]
```

```
           [, VertikalePosition
           [, Hilfedatei, Kontext])
```

Oder englischsprachig:

```
InputBox (Prompt[, Title] _
          [, Default] _
          [, xPos] _
          [, yPos] _
          [, Helpfile, Context])
```

Die meisten Argumente der `InputBox`-Funktion entsprechen denen der `MsgBox`-Funktion:

- »Meldung/Prompt« steht für eine beliebigen Text oder einen Ausdruck, der im `InputBox`-Dialog angezeigt wird. Im Gegensatz zu den anderen Argumenten ist das `Prompt`-Argument nicht optional. Sie müssen der `InputBox`-Funktion einen Meldungstext übergeben (und sei es ein Leerstring, gekennzeichnet durch zwei Anführungszeichen ""), sonst reklamiert VBA Ihre Codierung.

- »Titel/Title« steht für einen beliebigen Text oder einen Ausdruck, der anstelle des Titels »Microsoft Word« in der Titelzeile des `InputBox`-Dialogs erscheinen kann (Standard: »Microsoft Word«).

- »Voreinstellung/Default« steht für eine Zeichenfolge oder einen Ausdruck, der als Voreinstellung im Textfeld des `InputBox`-Dialogs angezeigt wird, wenn der Dialog ausgeführt wird. Wenn Sie dieses Argument nicht angeben, wird das Textfeld ohne Text angezeigt (Voreinstellung).

- »HorizontalePosition/xPos« steht für einen numerischen Ausdruck, der den horizontalen Abstand (in *Twips*[7]) des linken Rands des `InputBox`-Dialoges vom linken Rand des Bildschirms festlegt. Wenn Sie das Argument nicht angeben, wird der Dialog horizontal zentriert.

- »VertikalePosition/yPos« steht für einen numerischen Ausdruck, der den vertikalen Abstand (in Twips) des oberen Rands des `InputBox`-Dialoges vom oberen Rand des Bildschirms festlegt. Wenn Sie das Argument nicht angeben, wird das Dialogfeld etwa ein Drittel unterhalb des oberen Bildschirmrands (bezogen auf die gesamte Bildschirmhöhe) angezeigt.

- »Hilfedatei/Helpfile« und »Kontex/Context« entsprechen den gleichnamigen Argumenten der `MsgBox`-Funktion (siehe dort).

Eine einfache Eingabeaufforderung

Im nachstehenden Beispiel wird der Zeichenfolgen-Variablen `strRückgabe` jener Wert zugewiesen, den die `InputBox`-Funktion zurückliefert. Wenn der Anwender im Dialog auf »Abbrechen« klickt, wird ein Leerstring zurückgegeben (Zeichenfolge mit 0-Länge, also ""). Ein Leerstring wird natürlich auch zurückgegeben, wenn der Anwender das Textfeld des Dialogs leer läßt und trotzdem »OK« anklickt. Nach der Zuweisung wird der Wert der Variablen `strRückgabe` mit einer `MsgBox`-Anweisung wieder auf dem Bildschirm ausgegeben.

---

[7] Twips ist eine verrufene Maßeinheit von Visual Basic: 1 Twips ist 1/567 Zentimeter oder 1/1440 Zoll; damit entsprechen 1000 Twips 67 Pixel und eine Bildschirmeinheit von Delphi oder CA-Visual Objects entspricht 15 Twips. Beschäftigen Sie sich nicht allzu sehr mit dieser Einheit. In .NET gibt es sie nicht mehr, sondern wird nur noch über Kompatibilitätsklassen unterstützt. Dort erfolgen, was auch Sinn macht, alle Längen- und Positionsangaben in Pixeln.

```
Sub BspInputBox01()
   Dim strRückgabe As String
   strRückgabe = InputBox("Geben Sie einen Text ein:")
   MsgBox strRückgabe
End Sub
```

Abbildung 14.4 Den Rückgabewert von »InputBox« kann man im Code weiterverwenden, zum Beispiel um den Wert mit MsgBox in einer Meldung auf dem Bildschirm anzuzeigen.

14.4.1 InputBox-Beispiel I: Zeichenfolge des Anwendungsordners in ein Dokument übertragen

Sie können den Wert, den Sie im InputBox-Dialog eingeben, auch an der Position der Einfügemarke in das aktuelle Dokument einfügen. Im folgenden Beispiel wird genau dies getan. Mit Hilfe einer If-Then-Verzweigung wird geprüft, welche der beiden InputBox-Schaltflächen der Anwender verwendet:

▶ Wenn »Abbrechen« angeklickt wird, soll die Prozedur verlassen werden.
▶ Wenn »OK« angeklickt wird, soll die Zeichenfolge in das aktuelle Dokument eingefügt werden. Dies geschieht über die Text-Eigenschaft des Selection-Objekts.

Der Code verwendet darüber hinaus die Path-Eigenschaft des Application-Objekts, um einen entsprechenden Wert im InputBox-Eingabefeld voreinzustellen. Die Position des Eingabedialogs wird auf die Koordinaten »0:0« gesetzt (das ist die linke obere Ecke des Bildschirms). Der InputBox-Dialog erhält dieses Mal auch einen kleinen Titel.

```
Sub BspInputBox02()
Dim strRückgabe As String

strRückgabe = InputBox("Soll die Zeichenfoge des " & _
            "Anwendungsordners in das Dokument " & _
            "eingefügt werden?", "Jetzt gehts los", _
            Application.Path, 0, 0)

If strRückgabe = "" Then
   Exit Sub
Else
   Selection.Text = strRückgabe
End If

End Sub
```

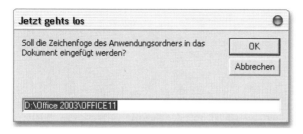

Abbildung 14.5 Wenn Sie diesen Dialog mit »OK« bestätigen, wird der eingegebene Text in das aktive Dokument eingefügt.

14.4.2 InputBox-Beispiel II: Validierung der Eingabe

Die `InputBox`-Funktion ermöglich eine Validierung der Übergabewerte gleich nach der Eingabe. Dadurch können Sie den Anwender dazu bringen, einen bestimmten Wert einzugeben oder eine bestimmte Schreibweise einzuhalten.

Im nachfolgenden Beispiel wird die `Do-Loop-Until`-Schleife nicht eher verlassen, bis der Anwender eine Zahl eingegeben hat oder »Abbrechen« angeklickt hat. Für die Validierung wird die Funktion `IsNumeric` von VBA benutzt, die »Wahr« (`True`) zurückgibt, wenn der übergebene Ausdruck eine Zahl ist, anderenfalls »Falsch« (`False`).

```
Sub BspInputBox03()

Dim strMldg        As String
Dim strTitel       As String
Dim strRückgabe    As String

strMldg = "Bitte geben Sie eine Zahl ein:"
strTitel = "Beispiel für InputBox-Validierung"

Do
   strRückgabe = InputBox(strMldg, strTitel)
   strMldg = "Versuchen Sie noch einmal, eine Zahl" & _
             " einzugeben." & vbCr & "Beispiel: 42"

Loop Until IsNumeric(strRückgabe) = True Or _
           strRückgabe = ""
End Sub
```

Wenn man den Anwender wie im Beispiel in einer Schleife herumführt, versteht es sich von selbst, daß man ihm eine Hilfestellung gibt, wenn irgend etwas nicht klappt. Im vorliegenden Fall wird nach einer Falscheingabe dem Anwender ein neuer Text vorgelegt, der nun ein konkretes Eingabebeispiel beschreibt. Außerdem wird in der Abbruchbedingung der `Do-Loop-Until`-Schleife durch

```
strRückgabe = ""
```

festgelegt, daß der Schaltknopf »Abbrechen« aktiv ist, so daß der Benutzer eine offensichtliche Möglichkeit besitzt, den Dialog wieder zu verlassen. Eine weitere Hilfestellung besteht darin, die InputBox-Funktion anzuweisen, einen Hilfe-Schaltknopf im Dialog anzubieten, also zum Beispiel:

```
strRückgabe = InputBox(strMldg, strTitel, _
            HelpFile:="C:\Beispiel.hlp", context:=42)
```

In diesem Fall müßte man allerdings erst einmal eine Hilfedatei mit einem Hilfstext und der Kontextnummer »42« anlegen.

14.5 Ausgaben in der Statusleiste der Anwendung

Wenn eine Prozedur komplexere Anweisungen abarbeitet, ist es sinnvoll, den Benutzer über den aktuellen Stand der Dinge zu informieren. Zu diesem Zweck besitzen alle Office-Programme inklusive Word die Statusleiste. Sie wird manchmal anstatt eines `MsgBox`-Dialogs zur Anzeige von Meldungen verwendet, mit dem Unterschied, daß die Meldungen in einer Statusleiste vom Anwender nicht explizit bestätigt werden müssen. In VBA entspricht der Statusleiste der Eigenschaft `StatusBar` des `Application`-Objekts.

Die allgemeine Syntax lautet:

Syntax für Statusbar-Eigenschaft

```
Ausdruck.StatusBar
```

»Ausdruck« steht für ein `Application`-Objekt wie Word und kann im Code im allgemeinen weggelassen werden, da das `Application`-Objekt von Word automatisch instanziiert wird. Eine vollständige Prozedur, die nichts weiter macht, als in der Statuszeile die Meldung »Bitte warten ...« anzuzeigen, sieht folgendermaßen aus:

```
Sub BspStatusBar01()
    StatusBar = "Bitte warten ..."
End Sub
```

Natürlich gibt es jede Menge weitere sinnvolle Anwendungen der Statusleiste. Nachfolgend finden Sie einige Beispiele, die Ihnen die Verwendung näher bringen sollen.

14.5.1 Statuszeilen-Beispiel I: Verknüpfte Dokumentvorlage anzeigen

Nach dem Ausführen dieser Prozedur wird in der Statusleiste der Pfad und der Name der Vorlage angezeigt, die mit dem aktiven Dokument verbunden ist.

```
Sub StatusBarVerknüpfteVorlageAnzeigen()
    Dim strName As String
    With ActiveDocument
        strName = .AttachedTemplate.Path & "\" & _
                  .AttachedTemplate.Name
    End With
    StatusBar = "Verknüpfte Dokumentvorlage: " & strName
End Sub
```

14.5.2 Statuszeilen-Beispiel II: Version des aktuellen Dokuments anzeigen

Das nächste Beispiel zeigt die Versionsnummer des aktuellen Dokuments in der Statusleiste an.

```
Sub StatusBarDokumentVersionAnzeigen()
   StatusBar = "Dokumentversion: " & _
      ActiveDocument.BuiltInDocumentProperties(8).Value
End Sub
```

14.5.3 Statuszeilen-Beispiel III: Start- und End-Koordinate der aktuellen Markierung anzeigen

Verwenden Sie folgende Prozedur, wenn Sie herausbekommen möchten, wie die Anfangs- und die Endposition der aktuellen Markierung lauten:

```
Sub StatusBarSelectionStartEndAnzeigen()
With Selection
StatusBar = "Koordinaten der Markierung - " & vbTab & _
            "Start: " & .Start & vbTab & _
            "Ende: " & .End
End With
End Sub
```

14.5.4 Statuszeilen-Beispiel IV: Uhrzeit für eine festgelegte Zeit in der Statuszeile anzeigen

In diesem Beispiel wird die `Timer`-Funktion verwendet, um in der Statuszeile eine fortlaufende Uhrzeit für eine bestimmte Dauer (hier 10 Sekunden) anzuzeigen. Sie können den Wert die Dauer der Anzeige nach Ihren Wünschen abändern.

```
Sub StatusBarUhrzeitAnzeigen()
Dim sngStart            As Single
Dim intDauerInSekunden  As Integer
Dim varGesamtdauer      As Variant

'Gibt an, wie lange die Uhrzeit aktualisiert wird.
intDauerInSekunden = 10

'Anfangszeit setzen.
sngStart = Timer

'Uhrzeit in Statuazeile anzeigen und aktualisieren.
Do While Timer < sngStart + intDauerInSekunden
   varGesamtdauer = VBA.Time
   StatusBar = "Uhrzeit " & intDauerInSekunden & _
               " Sekunden anzeigen: " & varGesamtdauer
Loop
End Sub
```

14.5.5 Statuszeilen-Beispiel V: Anzahl der Schleifendurchläufe in der Statuszeile aufwärts mitzählen

Oft möchte man dem Anwender darüber Kenntnis setzen, wie weit die Abarbeitung von Anweisungen in einer Schleife fortgeschritten ist. Weisen Sie dazu innerhalb der Schleife den Schleifenzähler der StatusBar-Eigenschaft des Application-Objekts zu:

```
Sub StatuszeileCountUpAnzeigen()
Dim lngZaehler As Long
Dim lngStart   As Long
Dim lngEnde    As Long

'Start-/Ende-Wert für das Aufwärtszählen setzen.
lngStart = 0
lngEnde = 50000

'In der Statuszeile aufwärts mitzählen ...
For lngZaehler = lngStart To lngEnde
    StatusBar = "Bitte warten: " & lngZaehler
Next lngZaehler
StatusBar = "Success!"
End Sub
```

14.5.6 Statuszeilen-Beispiel VI: Anzahl der Schleifendurchläufe in der Statuszeile abwärts mitzählen

Natürlich können Sie sich in der Statuszeile nicht nur den Stand der Abarbeitung von Zählerschleifen anzeigen lassen (wie im vorigen Beispiel). Bedingungs-Schleifen eignen sich gleichfalls dafür. Im nachfolgenden Beispiel wird zur Abwechslung mal rückwärts gezählt (Countdown).

```
Sub StatuszeileCountDownAnzeigen()
Dim lngStart As Long
Dim lngEnde  As Long

'Start-/Ende-Wert für die Schleife setzen.
lngStart = 50000
lngEnde = 0

'In der Statuszeile abwärts mitzählen ...
Do While lngStart > lngEnde
    lngStart = lngStart - 1
    StatusBar = "Bitte warten: " & lngStart
Loop
StatusBar = "Success!"
End Sub
```

14.6 Ton ausgeben

Manchmal möchte man einer Prozedur einen Signalton mitgeben. Sie können hierzu die `Beep`-Anweisung verwenden.

Syntax für Beep-Anweisung

Die Syntax der Anweisung lautet:

Beep

Da Frequenz und Länge und Lautstärke und Tonhöhe des Signaltons von der benutzten Hardware und System-Software abhängig sind, können eigentlich nur Informatiker aus dem Fraunhofer Institut mit Hilfe von hochkomplizierten Algorithmen, die tief in das System eingreifen, ein »Piep« auf allen Rechnern gleich klingen lassen. Wer die Anweisung benutzt, muß sich über die Konsequenzen seines Handels im klaren sein: `Beep` wird nur in wenigen Ausnahmefällen ein »Piep« von sich geben. Und Microsoft bietet mal wieder keine Unterstützung an, wie man das Problem lösen kann.[8]

---

8   Hinweis: Der Absatz ist natürlich nicht ganz Ernst zu nehmen.

15 Sprünge, Verzweigungen, Fallentscheidungen

> »Ja Kleine
> spring weiter
> eins und zwei über die Quadrate des Bodens
> hops rechts
> hüpf links
> nach deiner eigenen Regel entscheide (...)«
> Christian Brandt[1]

> »Sodann gibt es einige Regeln zur Manipulation von Fäden, vermittels derer man komplexere Fadenfiguren herstellen kann. Insbesondere ist es Ihnen erlaubt, den Faden mit gewissen fundamentalen Handbewegungen abzuändern. Zum Beispiel können Sie hier hinüberreichen – und dann so ziehen – und dann so drehen (..) wenn Sie den Vorgang betrachten, werden Sie sehen, daß einige dieser Regeln den Faden komplexer machen und andere ihn vereinfachen.«
> Douglas R. Hofstadter[2]

15.1 Allgemeines zu Sprüngen, Verzweigungen und Entscheidungen

Je nach Anforderung sollen, dürfen und müssen Programmabläufe nicht immer linear und nicht immer gleich ausgeführt werden. Das sequentielle Abarbeiten von Programmanweisungen, von rechts nach links, von oben nach unten eignet sich vortrefflich, um einfache Lösungen für allgemeine Anforderungen zu realisieren. Bei komplexeren Problemen versagt diese Vorgehensweise.

> »Es genügt nicht, einfach den Code zu schreiben, der die geforderten Aufgaben ausführt – Sie müssen steuern, welcher Code ausgeführt werden soll, wann er ausgeführt werden soll und wie oft er ausgeführt werden soll.«[3]

Ein Programm muß häufig zur Laufzeit in Abhängigkeit vom aktuellen Zustand, vom Wert einer Variablen, dem Ergebnis einer Berechnung oder den Anwendereingaben verschieden reagieren können. Dazu enthält VBA einige Anweisungen, die man in zwei verschiedene Bereiche (Grundtypen) einteilen kann. Zum einen handelt es sich um Schleifenkonstrukte, die einen Teil des Programmcodes mehrfach wiederholen und im Anschluß an dieses Kapitel besprochen werden (*Schleifenstrukturen*, *Wiederholungsstrukturen*)[4]; zum anderen handelt es sich um *Sprung-*, *Verzweigungs-* und *Entscheidungsstrukturen*, die Sie in diesem Kapitel genauer kennenlernen werden.

Der wesentliche Unterschied zwischen einer Sprungstruktur und einer Verzweigungs- oder Entscheidungsstruktur besteht darin, daß ein Programm durch Sprünge nur an *einer*

---

1 [BRAND001]: S. 36.
2 [HOFST001]: S. 259.
3 [AITKE001]: S. 128.
4 Siehe Kapitel 16, »Schleifen«, ab Seite 489.

anderen Stelle als der gerade aktuellen fortgeführt wird; bei Verzweigungen oder Entscheidungen kann jedoch ein Programm an einer von *mindestens zwei* unterschiedlichen Stellen als der gerade aktuellen fortgesetzt werden.

Früher unterschied man eine Verzweigungsstruktur von einer Entscheidungsstruktur dadurch, daß bei einer Verzweigung (If..Then..Else) *nur eine* Bedingung abgefragt wird, die entweder erfüllt oder nicht erfüllt ist, während bei einer Entscheidung (Select..Case) *beliebig viele* Bedingungen abgearbeitet werden. In VBA ist diese Unterscheidung mehr oder weniger hinfällig, weil es mit der ElseIf-Anweisung eine Möglichkeit kennt, auch in einer If-Then-Else-Konstruktion beliebig viele Bedingungen abzuarbeiten. Doch der Reihe nach.

15.2 GoTo-Anweisung

Die einfachste und »anrüchigste« Basic-Kontrollstruktur ist das »Gehe zu«, die GoTo-Anweisung. Sie bewirkt einen bedingungslosen Sprung zu einem bestimmten Sprungziel innerhalb einer Prozedur.

Sie wird von nahezu allen Programmierern anderer Programmiersprachen, aber auch von vielen Basic-Programmierern zumeist aus historischen Gründen abgelehnt. Dazu muß man wissen, daß die GoTo-Anweisung in alten Basic-Dialekten aus Mangel an Kontrollstruktur-Alternativen reichlich zu Vor- und Rückwärtssprüngen im Quellcode eingesetzt wurde. Dies beschert Basic-Code bis heute den Ruf, er sei verdreht und verwurstelt wie Spaghettis auf einem Teller.

Wenn man die programmierideologische Brille einmal abzieht, bleibt in VBA nicht mehr viel übrig von den ehemaligen Vorwürfen. Zum einen ist die Reichweite der GoTo-Anweisung in VBA auf eine Prozedur beschränkt, wodurch wilde Sprünge über Prozedur-, Modul- und Projektgrenzen hinweg gar nicht möglich sind. Zum zweiten sind im Rahmen der Objektorientierung lange Code-Sequenzen eh passé oder ein Zeichen von schlechtem Programmdesign. Zum Dritten kann die häufige Verwendung der GoTo-Anweisung zu unübersichtlichem Code führen – stimmt, ja, doch dies gilt für jedes Element einer Programmiersprache, das man zu häufig einsetzt, mit Sicherheit aber auch für die übermäßige Verwendung von anderen Kontrollstrukturen! Wenn Sie im Programmcode 100 For-Schleifen ineinander verschachteln oder 100 Objekte in einer einzigen Prozedur instanziieren, so ist dieser Quellcode bestimmt nicht viel weniger oder mehr unübersichtlich als die Verwendung von 100 GoTos und einem Sprungziel oder einem GoTo und 100 Sprungzielen. Die zu häufige Verwendung eines Sprachelements rechtfertigt in keinem Fall die Empfehlung der »grundsätzlichen Vermeidung« desselben, wie man es gelegentlich bei Autorenkollegen lesen kann[5].

Syntax für GoTo-Anweisung

Die Syntax der GoTo-Anweisung lautet ganz einfach:

GoTo Sprungziel

▶ »Sprungziel« steht in dieser Syntax für eine *Zeilennummer* im Quellcode oder eine beliebige *Sprungmarke*.

---

5 Vgl. zum Beispiel [GREVE001] S. 149 u. a.

Eine Sprungmarke kann eine beliebige Zeichenkombination sein, die mit einem Buchstaben beginnt und mit einem Doppelpunkt »:« endet, zum Beispiel:

```
Exit:
Err_DokumenteÖffnen:
```

Sprungmarken sind von der Groß-/Kleinschreibung unabhängig und müssen in der ersten Spalte beginnen.

Eine Zeilennummer kann eine beliebige Ziffernkombination sein, die jedoch in der betroffenen Prozedur nur einmal verwendet werden darf. Zeilennummern müssen in der ersten Spalte beginnen, zum Beispiel:

```
1           'Zeile nach der Zeilennummer 1
346         'Zeile mit der Zeilennummer 346
```

15.2.1 GoTo-Beispiel: Mehrfach verschachtelte Kontrollstruktur verlassen

Nützlich ist die GoTo-Anweisung zum Beispiel, wenn aus einer mehrfach verschachtelten Kontrollstruktur ein »Ausweg« benötigt wird.

```
Sub BspGoTo01()
Dim bolBahnhof As Boolean
bolBahnhof = True

Do
   Do
      Do
         If bolBahnhof = True Then
            GoTo IchWillHierRaus
         End If
      Loop
   Loop
Loop

IchWillHierRaus:

End Sub
```

15.2.2 GoTo in anderen Zusammenhängen

In VBA besitzt das Schlüsselwort GoTo neben seiner Verwendung in der klassischen »GeheZu-Anweisung« noch andere Bedeutungen. Es wird zum Beispiel genutzt:

▶ Mit ähnlicher Funktionalität in On-Error-Anweisungen wie bei der klassischen GoTo-Anweisung im Rahmen von Fehlerbehandlungroutinen (»Gehe zu Zeilennummer/Zeilenmarke ...«)[6]:

---

6 Siehe Kapitel 28, »Fehlerbehandlung in VBA-Projekten«, ab Seite 797.

```
'Fehlerbehandlung aktivieren, die im Sprungziel beginnt.
On Error GoTo Sprungziel
'Fehlerbehandlung deaktivieren.
On Error GoTo 0
```

- Als Methode bei den Word-Objekten `Document`, `Range` und `Selection`, mit der man unter anderem die Einfügemarke in einem Dokument mittels VBA-Code verschieben kann, also zum Beispiel:

```
'Markierung zur 1. Überschrift im Dokument verschieben.
Selection.GoTo What:=wdGoToHeading, Which:=wdGoToFirst
```

15.2.3 GoSub-Return, On-GoSub, On-GoTo

Die Anweisungen `GoSub-Return`, `On-GoSub` und `On-GoTo` sind überflüssige Relikte aus der Vergangenheit und sollten nicht verwendet werden. Sie werden hier nur erwähnt, weil Microsoft sie noch nicht aus dem VBA-Sprachschatz entfernt hat. In VB.NET sind sie nicht mehr vorhanden.

15.3 If ... Then-Verzweigung

Auf den vorigen Seiten sind Sie vielleicht schon an einigen Stellen über eine Anweisung gestolpert, die nicht weiter erklärt wurde. Gemeint ist die Wenn-Dann-Verzweigung, besser bekannt unter der Bezeichnung `If-Then`-Anweisung. Wenn-dann-Konstruktionen sind für uns Menschen so selbstverständlich wie Muttermilch, daß jede Erklärung darüber im Grunde überflüssig ist. Wer kennt es nicht, das ständige *Wenn-dann*, das uns von der Wiege bis zum Tod begleitet:

- »Wenn Du schreist, dann kriegst Du Milch.«
- »Wenn Du nicht ins Bett gehst, dann gibt es keine Gutenachtgeschichte.«
- »Wenn die Könige bauen, dann haben die Kärrner zu tun.«[7]
- »Wenn die Waffen sprechen, dann schweigen die Gesetze.«[8]
- »Wenn A oder B, dann C ...«
- ...

Nicht weiter verwunderlich, daß sich diese allzumenschliche Denkstruktur in allen Programmiersprachen und so auch in VBA wiederfindet.

Die Wenn-Dann-Konstruktion wird in VBA durch die Schlüsselwörter `If`, `Then`, `Else`, `ElseIf` und `End` realisiert und zwar in unterschiedlicher Syntax, die nachstehend kurz vorgestellt und anschließend anhand von Beispielen genauer bestimmt wird.

Syntax für If-Then-Anweisung

Die allgemeine Syntax für *einzeilige* `If-Then`-Anweisungen lautet (die in eckige Klammern gesetzten Parameter sind optional):

---

[7] Schiller in den im »Musenalmanach für das Jahr 1797« abgedruckten »Xenien« über den Philosophen Immanuel Kant und seine »Ausleger«.
[8] Cicero m Jahre 52 in seiner Verteidigungsrede für den Volkstribun Milo, der wegen Mordes an seinem Gegenspieler, dem Volkstribun Clodius, angeklagt worden war: »Silent leges inter arma.«

```
If Bedingung Then Anweisungen
'-- oder --
If Bedingung Then [Anweisungen] [Else Else-Anweisungen]
```

Die allgemeine Syntax für *mehrzeilige* If-Then-Anweisungen lautet:

```
If Bedingung Then
   [Anweisungen]
[Else]
   [Else-Anweisungen]
End If
```

Die allgemeine Syntax für *mehrzeilige* If-Then-*Anweisungen mit* ElseIf-*Mehrfachunterscheidungen* (Block-Syntax) lautet (die Auslassungspunkte in eckigen Klammern stehen für optionale n-Anweisungen der direkt zuvor genannten Anweisungen):

```
If Bedingung Then
   [Anweisungen]
[ElseIf Bedingung Then
   [ElseIf-Anweisungen]
[...]
   [...]
[Else
   [Else-Anweisungen]]
End If
```

- »Bedingung« steht für einen numerischen Ausdruck oder einen Zeichenfolgenausdruck, der True oder False ergibt. Wenn die Bedingung den Wert Null hat, wird die Bedingung als False interpretiert.

- »Anweisungen« steht für keine, einen oder mehrere Befehle des Anweisungsblocks der If-Then-Verzweigung, die ausgeführt werden, wenn »Bedingung« den Wert True hat.

  In der einzeiligen Syntax ist »Anweisungen« notwendig, wenn sie keine Else-Verzweigung beinhaltet.

  In der einzeiligen Syntax sind mehrere »Anweisungen« durch Doppelpunkte »:« voneinander abzutrennen.

- »ElseIf-Anweisungen« steht für keine, eine oder mehrere Befehle des Anweisungsblocks, die ausgeführt werden, wenn die zugehörige Bedingung der jeweiligen ElseIf-Anweisung True ergibt.

- »Else-Anweisungen« steht für keine, eine oder mehrere Befehle des Anweisungsblocks, die ausgeführt werden, wenn keine der »Bedingungen« True ergibt (alle Bedingungen liefern False).

15.3.1 If..Then

Freilich wird die Wenn-Dann-Konstruktion im Rahmen einer Programmiersprache für die Maschinen binärgerecht aufbereitet.

True und False in der If-Then-Anweisung

Es wird ein logischer Zustand abgefragt, der nur zwei Varianten kennt:

- »Falsch« (False): Dies entspricht dem Zustand/Wert »0«.

- »Wahr« (True): Dies entspricht dem Zustand/Wert »ungleich 0« (zum Beispiel -1 oder 1 oder was auch immer).

»Wenn wahr (oder falsch), dann ...« – das ist der Grundgedanke der If-Then-Anweisung. Die Anweisung prüft zur Laufzeit zunächst, ob eine Ausdruck, der im Code vorgegeben wird, True oder False ist. Der Ausdruck ist meist eine Bedingung, bei der ein Vergleichsoperator verwendet wird, zum Beispiel:

If ... Bedingungsausdruck ... Then	Bedeutung
If x = 0 Then ...	Wenn x gleich y dann ...
If 4 > 2 Then ...	Wenn 4 größer als 2 dann ...
If strDatei Like("*doc") Then ...	Wenn strDatei wie *doc dann ...

Der Bedingungsausdruck kann sich auch anders zusammensetzen. Beispielsweise genügt es, der If-Then-Anweisung lediglich eine Zahl wie »1« zur Prüfung zu übergeben, was außer bei Null in jedem Fall den Wert True ergibt:

```
'Bedingunsausdruck liefert True.
If 1 Then Debug.Print "Hier wird etwas ausgeführt."
```

Ist das Ergebnis der Prüfung des Bedingungsausdrucks ungleich Null (was im Beispiel ja der Fall ist, da 1 ungleich 0 ist), dann gilt der Ausdruck als »wahr« (True) und die Anweisungen des If-Then-Rumpfes werden ausgeführt. Im Beispiel wird deswegen die Zeichenfolge *»Hier wird etwas ausgeführt.«* im Direktfenster des Visual Basic-Editors ausgegeben.

Ist dagegen das Ergebnis der Prüfung gleich Null (also 0) dann gilt der Bedingungsausdruck als »falsch« (False) und alle Anweisungen des If-Then-Rumpfes werden nicht ausgeführt. Im nachstehenden Beispiel wird deswegen die Zeichenfolge *»Hier wird nichts ausgeführt.«* NICHT im Direktfenster des Visual Basic-Editors ausgegeben.

```
'Bedingunsausdruck liefert False.
If 0 Then Debug.Print "Hier wird nichts ausgeführt."
```

15.3.2 If ... Then ... Else

Else-Anweisung für False-Zweig

Alle If-Anweisungen können mit einer Sonst-Befehl, besser bekannt unter der Bezeichnung Else-Anweisung, ergänzt werden. Alle Anweisungen, die im Else-Zweig einer If-Then-Else-Verzweigung stehen, werden ausgeführt, wenn die Prüfung des Bedingungsausdrucks False liefert. Im nachstehenden Beispiel wird deswegen die Zeichenfolge »False« im Direktfenster des Visual Basic-Editors ausgegeben, weil der Bedingungsausdruck 0 ist:

```
'Bedingungausdruck liefert False.
If 0 Then Debug.Print "True" Else Debug.Print "False"
```

15.3.3 Mehrzeilige If-Then-Anweisung

Die bisherigen Beispiele zeigen komprimierte If-Then-Anweisungen: Die Schlüsselwörter If und Then und Else, der Bedingungsausdrücke und die auszuführenden Anweisungen, alle stehen sie in einer einzigen Zeile. Eine abschließende End-If-Anweisung gibt es nicht. So komprimiert diese Syntax ist, so unflexibel und unübersichtlich ist sie bei längeren Angaben. Ist eine auszuführende Anweisung zu lang, muß man eventuell horizontal scrollen, und weitere auszuführende Anweisungen können nur durch Doppelpunkte »:« in die einzeilige If-Then-Verzweigung integriert werden, was nicht eben zur Übersichtlichkeit beiträgt.

```
'Einzeilige If-Then-Anweisung mit mehreren Befehlen.
If 0 Then TuWas() : TuNochWas() Else TuWasAnderes()
```

Aus diesem Grunde steht Ihnen in VBA auch eine *mehrzeilige* Variante zur Verfügung, mit deren Hilfe mehrere auszuführende Anweisungen pro True- und False-Zweig definiert werden können. Der Ablauf der mehrzeiligen Variante ist mit dem der einzeiligen im Grunde identisch. Beachten Sie aber: Die mehrzeilige If-Then-Anweisung muß mit der End-If-Anweisung abgeschlossen werden.

```
If 0 Then
   Debug.Print "1. Anweisung im True-Zweig"
   Debug.Print "2. Anweisung im True-Zweig"
Else
   Debug.Print "1. Anweisung im False-Zweig"
   Debug.Print "2. Anweisung im False-Zweig"
End If
```

15.3.4 Verschachtelte If-Then-Anweisungen

Natürlich ist es möglich, mehrere If-Then-Anweisungen ineinander zu verschachteln. Es empfiehlt sich dringend, in diesem Fall im Code mit Einrückungen zu arbeiten, da man sonst schnell die Übersicht verliert, was in welcher If-Then-Anweisung geprüft und abgearbeitet wird. Grundsätzlich sollten Sie nie mehr als drei If-Then-Anweisungen ineinander verschachteln. Spätestens bei einer vierten Verschachtelung sollten Sie über eine bessere Lösung mit anderen Kontrollstrukturen nachdenken.

Der nachfolgende Codeschnipsel demonstriert das Prinzip der If-Then-Verschachtelung. Der Code besorgt sich mit Hilfe der Funktionen Hour() und Time() die aktuelle Stunden-Uhrzeit des Computersystems. Die erste If-Then-Verzweigung prüft, ob die aktuelle Systemzeit vor 12 Uhr liegt; wenn ja, wird in das Direktfenster die Begrüßung »Guten Morgen« geschrieben. Bei »Nein« verzweigt das Progamm zur Laufzeit in den False-Zweig der ersten If-Then-Verzweigung. Dort prüft eine zweite If-Then-Verzweigung, ob es noch Tag ist (True: Systemzeit zwischen 12 und 18 Uhr) oder bereits abend (False: aktuelle Systemzeit nach 18 Uhr) und schreibt einen entsprechenden Begrüßungstext in das Direktfenster.

```
Dim intStunde As Integer
intStunde = Hour(Time)

If intStunde < 12 Then
   Debug.Print "Guten Morgen!"
Else
   If intStunde >= 12 And intStunde < 18 Then
      Debug.Print "Guten Tag!"
```

```
        Else
            Debug.Print "Guten Abend"
        End If
    End If
```

15.3.5 If ... Then ... ElseIf

ElseIf-Anweisung

Verschachtelungen sollte man nach Möglichkeit vermeiden, auch wenn das nicht immer möglich ist, weil nicht verschachtelter Code leichter lesbar ist. VBA bietet zur Vermeidung von Verschachtelungen und zur Überprüfung alternativer Bedingungen im Rahmen des `If-Then`-Konstrukts eine weitere Anweisung: Die `ElseIf`-Anweisung. Sie kann unter anderem immer dann eingesetzt werden, wenn auf eine `Else`-Anweisung gleich wieder eine `If`-Anweisung folgt. Das ist im vorigen Beispiel der Fall. Der nachstehende Code zeigt, wie man mit der `ElseIf`-Anweisung das Beispiel eleganter und leichter lesbar codiert, und dabei immerhin zwei Zeilen Code einspart.

```
Dim intStunde As Integer
intStunde = Hour(Time)

If intStunde < 12 Then
    Debug.Print "Guten Morgen!"
ElseIf intStunde >= 12 And intStunde < 18 Then
    Debug.Print "Guten Tag!"
Else
    Debug.Print "Guten Abend"
End If
```

15.3.6 If-Then-Anweisung: Neuerungen in VB.NET

In VB.NET wurde die gesamte `If-Then-Else-ElseIf` und `End-If`-Syntax übernommen. Es gibt lediglich zwei kleinere Neuerungen:

- VB.NET verfügt gegenüber VBA über zwei neue Möglichkeiten, verschiedene logische Ausdrücke zu kombinieren, nämlich über die Operatoren `AndAlso` und `ElseAlso`.
- Der Schleifenrumpf zwischen einem `If` und einem `Else` respektive einer `End-If`-Anweisung definiert in VB.NET einen eigenen Gültigkeitsbereich.

15.4 Select ... Case

Mit der `If-Then-ElseIf`-Verzweigung können durchaus Bedingungen auf der Grundlage verschiedener Vergleichsoperatoren, die in keinem direkten Zusammenhang stehen, oder auf der Basis des gleichen Operators untersucht werden. Letzteres ist in der Praxis weitaus häufiger der Fall und sollte mit der sogenannten `Select-Case`-Anweisung (dt. etwa »Wähle-Fall-Anweisung«) gelöst werden. Das `Select-Case`-Konstrukt ist wesentlich übersichtlicher als die `If-Then-ElseIf`-Anweisung.

Mit der `Select-Case`-Anweisung wird ein zu testender Ausdruck (meist eine Variable, die einen numerischen Wert oder eine Zeichenfolge liefert) in mehreren »Fällen« nacheinander auf einen anderen Ausdruck hin überprüft. In Abhängigkeit vom Ergebnis der Überprüfung kann ein Anweisungsblock abgearbeitet werden, der sich in einem von mehreren `Case`-Zweigen befindet. Anschaulich formuliert:

- *Fall1: Wenn der Testausdruck mit dem Fallausdruck1 übereinstimmt ... dann nimm Anweisungsblock1, arbeite ihn ab und ignoriere alle anderen Fälle.*
- *Fall 2: Wenn der Testausdruck mit dem Fallausdruck2 übereinstimmt ... dann nimm Anweisungsblock2, arbeite ihn ab und ignoriere alle anderen Fälle.*
- *und so weiter*

Nachdem ein `Case`-Zweig abgearbeitet wurde, ist die `Select-Case`-Anweisung beendet. Weitere Fälle werden nicht mehr überprüft. Eine Prozedur fährt dann mit der auf das `Select-Case`-Konstrukt folgenden Codezeile fort.

Die `Select-Case`-Anweisung wird in VBA durch die Schlüsselwörter `Select`, `Case`, `Else` und `End` realisiert. Die allgemeine Syntax der `Select-Case`-Anweisung lautet:

Syntax für Select-Case-Anweisung

```
Select Case Testausdruck
    [Case Ausdruck1
        [Anweisungen1]
    [Case Ausdruck2
        [Anweisungen2]
    [...]
        [...]
    [Case Else
        [Else-Anweisungen]]
End Select
```

- »Testausdruck« steht für einen beliebigen numerischen Ausdruck oder einen Zeichenfolgenausdruck.
- »Ausdruck1«, »Ausdruck2« und so weiter stehen für einen Ausdruck oder für eine Ausdrucksliste, die auf Übereinstimmung mit dem »Testausdruck« geprüft werden. Die Ausdrucksliste umfaßt mehrere zu prüfende Ausdrücke, die durch Kommata voneinander getrennt werden. Für die Auswertung in den einzelnen `Case`-Zweigen stehen verschiedene Vergleiche zur Verfügung, zum Beispiel:
  - Liste von Werten (`Case Wert1, Case Wert2, Case Wert3` ...)
  - Bereiche von Werten (`Case Wert1 To Wert2` ...)
  - Vergleiche (`Case Is > | < | >= | <= Wert1` ...)
  - Komplexe Kombinationen (`Case Wert1, Wert2 To Wert3, Is > Wert4` ...)
- »Anweisungen1« steht für keine, einen oder mehrere Befehle des ersten Anweisungsblocks. Sie werden ausgeführt, wenn der »Testausdruck« mit dem »Ausdruck1« übereinstimmt.

»Anweisungen2« steht für keine, einen oder mehrere Befehle des zweiten Anweisungsblocks. Sie werden ausgeführt, wenn der »Testausdruck« mit dem »Ausdruck2« übereinstimmt.

Und so weiter für alle potentiell vorhandenen `Case`-Zweige.

▶ »Else-Anweisung« steht für keine, einen oder mehrere Befehle des Anweisungsblocks, die ausgeführt werden, wenn der Testausdruck mit keinem der Case-Ausdrücke übereinstimmt.

Für das Select-Case-Konstrukt stehen, wie gesagt, zahllose Auswertungsmöglichkeiten zur Verfügung. Im weiteren Text werden ein paar einführende Beispiele vorgestellt.

15.4.1 Select-Case-Beispiel I: Einzelne Werte (Schulnoten) überprüfen

Die nachstehende Prozedur überprüft, ob diverse einzelne Werte mit der Note 5 übereinstimmen. Da dies im Beispiel nicht der Fall ist, wird der Anweisungsblock der Case-Else-Anweisung abgearbeitet und ein Text in das Direktfenster geschrieben.

```
Sub BspSelectCase01()
Dim bytNote As Byte
bytNote = 5

Select Case bytNote
    Case 1
        Debug.Print "Sehr gut"
    Case 2
        Debug.Print "Gut"
    Case 3
        Debug.Print "Befriedigend"
    Case Else
        Debug.Print "Unter aller Sau."
End Select

End Sub
```

15.4.2 Select-Case-Beispiel II: Jahreszeit mit Hilfe von Ausdruckslisten ermitteln

Mehrere Werte in einem Case-Zweig überprüfen Sie, indem Sie ein Komma und ein Leerzeichen zwischen die zu prüfenden Werten setzen. Die folgende Routine wertet den aktuellen Monat Ihres Systems aus und zeigt in einer Meldung an, welche Jahreszeit auf Ihrem System herrscht.

```
Sub BspSelectCase02()
Dim intMonat As Integer
intMonat = Month(Date)

Select Case intMonat
    Case 3, 4, 5
        MsgBox "Frühling, yippee!"
    Case 6, 7, 8
        MsgBox "Sommer!"
    Case 9, 10, 11
        MsgBox "Herbst"
    Case 12, 1, 2
```

```
    MsgBox "Winter"
  Case Else
    MsgBox "Kein gültiger Monat!"
End Select

End Sub
```

Beachten Sie, daß in einer Liste von zu prüfenden Werten nur einer mit dem Wert des Testausdrucks (im Beispiel mit dem Wert der Variablen `intMonat`) übereinstimmen muß, damit der Programmablauf zum Anweisungsblock des entsprechenden `Case`-Zweigs verzweigt.

15.4.3 Select-Case-Beispiel III: Die Verwendung des Schlüsselworts To in Verbindung mit einem Error-Handler

Häufig wird in `Select-Case`-Verzweigungen mit dem Schlüsselwort `To` zur Formulierung von *Bereichsgrenzen* gearbeitet. Bei diesem Schlüsselwort muß der kleinere Wert immer links von `To` stehen. Das in diesem Abschnitt nachstehend vorgestellte Beispiel demonstriert die Verwendung mit `To`. Es stellt zudem einen kleinen `Error`-Handler (dt. etwa »Fehler-Handhaber«) dar, das ist ein Routine zu benutzerdefinierten Handhabung von VBA-Fehlern.

Bei der Prozedur wird mit Anweisungen gearbeitet, die Sie eventuell noch nicht kennen. Ist dies der Fall, behandeln Sie diese hier als Blackbox. Konzentrieren Sie sich auf das `Select-Case`-Konstrukt. Falls ein Fehler auftritt, erhält es zunächst als zu testenden Ausdruck über die Eigenschaft `Number` des `Err`-Objekts den aktuellen Fehlercode. Dieser wird in den `Case`-Zweigen auf Übereinstimmung mit Fehlerbereichen überprüft, die in VBA definiert sind. Der Wert 0 stellt keinen Fehler dar, die Fehlernummern 1 bis 512 werden von VBA für Systemfehler benutzt. Der Bereich von 513 bis 65535 kann für Ihre eigenen, benutzerdefinierte Fehlermeldungen genutzt werden.

Befindet sich eine Fehlernummer außerhalb des Bereichs von 0 bis 65535, dann könnte es sich bei dem Fehler um einen Automatisierungs- oder Objektfehler handeln. Um einen potentiellen Objektfehler abzufangen, muß man vorher von der Fehlernummer eine sogenannte *Objektfehlerkonstante*, die Microsoft definiert hat, abziehen. Ist das Ergebnis nach der Subtraktion im Bereich zwischen 0 und 65535, dann handelt es sich tatsächlich um einen Objektfehler.

So weit das `Select-Case`-Konstrukt. Zum Ablauf der Prozedur gibt es folgendes zu sagen: Nach der Deklaration einer Hilfsvariablen wird die VBA-Fehlerbehandlung angeschaltet. Anschließend wird mit der `Err-Raise`-Methode testweise ein Fehler ausgelöst. Die Fehlerbehandlung reagiert sofort, und veranlaßt einen definierten Codesprung zur Sprungmarke `ErrorHandler:`. Dort sorgt die `Select-Case`-Anweisung dafür, daß die »richtigen« Fehlermeldungen auf dem Bildschirm erscheinen.

```
Sub BspSelectCase03()
Dim lngObjFehler As Long

'Fehlerbehandlung anschalten.
On Error GoTo ErrorHandler
```

```
'Fehler auslösen.
Err.Raise 6553 + vbObjectError

'Sprungmarke für den Error-Handler
ErrorHandler:

'Fehler auswerten.
Select Case Err.Number

    Case 0
        MsgBox "Yippee, kein Fehler!"
        Exit Sub

    Case 1 To 512
        MsgBox "Systemfehler: " & _
            str(Err.Number)

    Case 513 To 65535
        MsgBox "Benutzerdefinierter Fehler: " & _
            str(Err.Number)

    Case Else
        lngObjFehler = Err.Number - vbObjectError

        If lngObjFehler > 0 Or lngObjFehler < 65535 Then
            MsgBox "Objektfehler: " & _
                str(lngObjFehler)
        End If
End Select

End Sub
```

15.4.4 Select-Case-Beispiel IV: Zeichenfolgen prüfen

Mit dem `Select-Case`-Konstrukt können Sie auch Zeichenfolgen bzw. alphanumerische Zeichen überprüfen. Schauen Sie sich folgende kleine Prozedur an:

```
Sub BspSelectCase04(strText As String)
Select Case strText

    Case "0", "Path", "Pfad", "Ordner", "Directory", _
            "Dir", "Folder", "Verzeichnis", "Dirname"
        MsgBox ActiveDocument.Path

    Case "1", "File", "Datei", "Dateiname", _
            "Filename", "Name"
        MsgBox ActiveDocument.Name

    Case Else
        MsgBox "Unbekannte Zeichenfolge"
```

```
End Select
End Sub
```

Die Prozedur erwartet, daß ihr beim Aufruf eine Zeichenfolge übergeben wird. Die übergebene Zeichenfolge wird ausgewertet und je nachdem, welche Zeichenfolge übergeben wurde, wird entweder der Ordner oder der Name des aktuellen Dokuments in einer Meldung angezeigt. Ist der Prozedur die übergebene Zeichenfolge nicht bekannt, wird diese ebenfalls in einer Meldung angezeigt. Mit folgender kleinen Prozedur können Sie ausprobieren, ob das Select-Case-Konstrukt der vorigen Prozedur funktioniert:

```
Sub Test_BspSeletCase05()
    BspSelectCase04 ("Ordner")
    BspSelectCase04 ("Dateiname")
    BspSelectCase04 ("Plumpaquatsch")
End Sub
```

> **Groß- und Kleinbuchstaben**
>
> Die Beispiel-Prozedur BspSelectCase05() unterscheidet zwischen Groß- und Kleinschreibung. Nur wenn die Prozedur mit der korrekten Schreibweise aufgerufen wird, erfolgt eine erfolgreiche Ausführung der Case-Anweisungsblöcke. Wenn Sie erwirken wollen, daß auch Schreib-Varianten wie zum Beispiel »ordNER«, »ordner« und »ORDNER« korrekt ausgewertet werden, müssen Sie die Prozedur um diese Schreibweisen ergänzen.
>
> Eleganter geht das aber mit der VBA-Funktion UCase(), die Kleinbuchstaben automatisch in Großbuchstaben umwandelt oder mit seinem Funktions-Pendant LCase(), das Großbuchstaben in Kleinbuchstaben umwandelt. Beispielsweise könnten Sie den Testausdruck folgendermaßen verfassen:
>
> ```
> Select Case UCase(strText)
> ```

15.4.5 Select-Case-Beispiel V: Die Verwendung des Schlüsselworts Is und der Anfangsbuchstabe eines Wortes im Word-Dokument

Vorab ein Rat: Verwechseln Sie den Vergleichsoperator Is nicht mit dem Is-Schlüsselwort, das in der Select-Case-Anweisung Verwendung findet (Sie kennen das: ein Wort, zwei Bedeutungen, also ein »Teekessel«). Das Is-Schlüsselwort der Select-Case-Anweisung wird zwar im Zusammenhang mit Vergleichsoperatoren angewendet, aber mit den Vergleichsoperatoren Is und Like darf es nicht verwendet werden. Wenn Sie das Schlüsselwort Is nicht angeben, wird es automatisch eingefügt.

Das nachstehende Beispiel zeigt, wie man mit dem Is-Schlüsselwort die Gültigkeit des Anfangsbuchstabens des aktuell markierten Wortes eines Word-Dokumentes überprüft. Gleichzeitig zeigt es, wie eine Prozedur bei einem ungültigen Wert abgebrochen werden kann, so daß bestimmte Codezeilen nicht abgearbeitet werden.

```
Sub BspSelectCase05()

'Wort im Dokument markieren.
Selection.Words(1).Select
```

```
Select Case Left(UCase(Selection.Text), 1)

    Case Is = "A", "B"
        MsgBox "Das ausgewählte Wort fängt mit »A« " & _
            " oder mit »B« an."

    Case Is > "S"
        MsgBox "Das ausgewählte Wort fängt mit " & _
            "einem Buchstaben größer als »S« an."

    Case Else
        MsgBox "Falsches Wort. Programmabruch!"
        Exit Sub

End Select

MsgBox "Dieser Text wird nur angezeigt, wenn der " & _
    "erste Buchstabe eine Wortes validiert wurde!"

End Sub
```

15.4.6 Grenzen der Select-Case-Anweisung

Beachten Sie: Die Select-Case-Anweisung eignet für alle Fälle, in denen Sie nur eine einzige Variable testen wollen und daran interessiert sind, welchen von verschiedenen vorgegebenen Werten sie enthält oder in welchem wohldefinierten Zahlenbereich sich der Variablenwert befindet. Da sich jeder Case-Zweig auf die Anfangsvariable bezieht, sind komplexe If-Anweisungen mit mehreren Variablen nicht mit dem Select-Case-Konstrukt auswertbar. Für die gleichzeitige Überprüfung mehrerer Variablen wie im folgenden Beispiel kommen nur If-Then-Anweisungen in Frage:

```
If x > 42 And y > 42 Then
    Debug.Print »x und y sind größer als 42!"
End If
```

16 Schleifen

»Wer aber nicht begreift, daß das Leben eine Wiederholung ist, und daß dies des Lebens Schönheit ist, der hat sich selbst gerichtet und verdient nichts Besseres, als daß er umkommt (...)
Er wollte ja die Wiederholung, darum bekam er sie, und die Wiederholung schlug ihn zu Tode.«
Sören Kierkegaard[1]

16.1 Die Schleifentypen in VBA

Wenn es etwas gibt, was der Computer uns abnehmen kann, dann sind das Wiederholungen, genauer: Wiederholungen von gleichartigen Anweisungen. Den Rechenknechten macht es wenig aus, etwas immer wieder auszuführen. Die andauernde Abarbeitung von einer oder mehreren sich wiederholenden Anweisungen wird *Endlosschleife* genannt. Wiederholt sich die Abarbeitung nur bis zur Erreichung eines definierten Ziels (etwa einer bestimmten Anzahl von Wiederholungen), so nennt man diese Konstruktion *Programmschleife* oder einfach nur *Schleife*. Das definierte Ziel einer Schleife respektive ein Kriterium, mit dem die Wiederholung der Schleife kontrolliert beendet wird, nennt man *Abbruchbedingung*.

VBA kennt drei Typen von Schleifen, die verschiedene Ausprägungen besitzen:

▶ `Do-Loop`-Schleifen (Bedingungsschleifen): Schleifen dieses Typs werden meist eingesetzt, wenn die Anzahl der Durchläufe nicht feststeht. Der Abbruch der Schleife hängt in diesem Fall von einer Bedingung ab (die zum Beispiel »solange die Zahl x kleiner als die Zahl y ist, addiere 2 zu x« oder »bis die Zahl x kleiner als die Zahl y ist, addiere 2 zu x« lautet).

▶ `For-Next`-Schleifen (Zählschleifen): Schleifen dieses Typs werden in der Regel eingesetzt, wenn die Anzahl der Durchläufe im voraus bekannt ist. Ein *Zähler* (auch *Laufvariable*, *Schleifenzähler* oder engl. »counter« genannt) bestimmt bei diesem Typ die Anzahl der Schleifendurchläufe (zum Beispiel 42 Durchläufe), indem er während jeder Wiederholung erhöht oder verringert wird.

▶ `While-Wend`-Schleifen: Schleifen dieses Typs unterscheiden sich im Prinzip nicht von den `Do-Loop`-Schleifen. Sie sind eine Reminiszenz an die ersten Basic-Dialekte und aus Kompatibilitätsgründen in VBA vorhanden. Nach Möglichkeit sollte man sie nicht mehr verwenden. Gleichwohl halten viele Basic-Programmierer an ihnen fest. Selbst in der .NET existiert ein `While-Wend`-Pendant, das sich in der Syntax aber vom Original unterscheidet (die sogenannten `While-End-While`-Schleifen).

Allgemein kann man festhalten: Eine Schleife besteht aus einem *Abbruchbedingung*, die die Informationen für die Anzahl der Schleifendurchläufe enthält, und dem *Schleifenrumpf*, in dem sich die zu wiederholenden Anweisungen befinden.

Für jedes Schleifenkonstrukt, das Sie im Code verwenden, müssen Sie sicherstellen, daß die Schleife über die *gültige* Abbruchbedingung verfügt. Anderenfalls wird der Anweisungsblock der Schleife ad infinitum durchlaufen.

---
1 [KIERK001]: S. 4 und S. 49.

Zuweilen ist es notwendig, eine Schleife außerplanmäßig und vorzeitig, das heißt, unabhängig von der eigentlichen Abbruchbedingung und dem »normalen« Schleifendurchlauf zu verlassen (zum Beispiel wenn eine bestimmte *Austrittsbedingung* auftritt). VBA berücksichtigt dies und stellt für den vorzeitigen Austritt das Schlüsselwort Exit zur Verfügung. Es kann mit dem Schlüsselwort der jeweiligen Schleife (Do oder For) an einer gewünschten Stelle im Schleifenrumpf den Abbruch des Schleifendurchlaufs veranlassen.

VBA gestattet die Verschachtelung von Schleifen, wodurch sich auch komplexe Programmierprobleme (meist auf Kosten der Übersichtlichkeit von Quellcode) lösen lassen.

Endlosschleifen unterbrechen

> **Wichtiger Hinweis**
>
> An anderer Stelle wurde bereits darauf hingewiesen, es muß aber gerade bei der Schleifenprogrammierung noch einmal erwähnt werden: Geraten Sie nicht in Panik, wenn ein VBA-Programm oder eine Schleife endlos weiterläuft. VBA-Prozeduren lassen sich zur Laufzeit durch die Tastenkombination STRG + PAUSE unterbrechen (siehe auch Abschnitt 7.8, »Wildgewordenen VBA-Code stoppen«, auf Seite 251).

16.2 Do-Loop-Schleifen

Grundsätzliches

In ihrer elementarsten Form kann man sich die Do-Loop-Schleife als eine Katze vorstellen, die sich selber in den Schwanz beißt. Mit der Schleife weist man den Computer an, bestimmte Befehle endlos zu wiederholen.

Syntax für Do-Loop

Die elementare Syntax des Do-Loop-Schleifenkonstrukts lautet:

```
Do
    Auszuführende Anweisungen
Loop
```

Für die endlose Wiederholung sorgt das Schlüsselwort Loop, das die Abarbeitung nachstehender Codebefehle verhindert und den Computer zwingt, die Rechenvorgänge beim voranstehenden Do[2] erneut aufzunehmen – und so immer weiter im Kreis herum.

Das endlose Kreislaufen kann unterbrochen werden, da das Do-Loop-Schleifenkonstrukt zwei Schlüsselwörter für die Angabe von Abbruchbedingungen unterstützt. Wenn Sie eine Do-Loop-Schleife programmieren, müssen Sie sich vorab fragen, ob die auszuführenden Anweisungen wiederholt abgearbeitet werden sollen ...

▶ ... *solange* eine Abbruchbedingung »Wahr« ist (in diesem Fall verwenden Sie das Schlüsselwort While).

– oder –

▶ ... *bis* eine Abbruchbedingung »Wahr« wird (in diesem Fall verwenden Sie das Schlüsselwort Until).

Grundsätzlich ist es übrigens egal, für welche Variante Sie sich entscheiden. Sie können nämlich zwischen den beiden Optionen wechseln, indem Sie einfach den booleschen Ausdruck der Abbruchbedingung negieren. Ob Sie

---

[2] Dt. »tue«, »mache«.

```
Do While WertMeinerVariablen = 42
```

codieren, oder

```
Do Until WertMeinerVariablen <> 42
```

bleibt Jacke wie Hose, ist beides aus dem gleichen »Stoff« geschneidert. Viele Programmierer können jedoch eher mit einem positiven Ausdruck (»ist gleich«) als mit einem negativen (»ist nicht« oder »ist ungleich«) umgehen. Daher ist dieser jenem vorzuziehen, denn grundsätzlich gilt: im Code und für Projekte mit mehreren Mitarbeitern ist »allgemeinverständlicher« meist auch »besser«.

Was den »Stoff« anbetrifft macht es einen Unterschied, ob Sie die Schlüsselwörter `While` und `Until` am Beginn der Schleife oder am Schluß derselben verwenden. Man spricht im zweiten Fall von einer *fußgesteuerten* Schleife (Abbruchbedingung hinter `Loop`) und im ersten von einer *kopfgesteuerten* Schleife (Abbruchbedingung hinter `Do`). Je nach Position können selbst bei gleichem Inhalt im Schleifenrumpf die `Do-Loop`-Schleifen dann unterschiedlich wirken.

Bei der kopfgesteuerten Schleife hängt die erste Schleifenausführung von dem Ergebnis der Bedingungsprüfung ab. Wenn das Ergebnis unmittelbar `True` sein sollte, wird die kopfgesteuerte Schleife *kein einziges Mal* durchlaufen.

Anders bei der fußgesteuerten Schleife: Sie wird in jedem Fall *mindestens einmal* durchlaufen und damit der Anweisungsblock mindestens einmal abgearbeitet, unabhängig davon, wie das Ergebnis der Bedingungsprüfung lautet.

Insgesamt lassen sich also zwei Hauptgruppen und vier Varianten der `Do-Loop`-Schleifen unterscheiden:

Hauptgruppe	Variante
1. Kopfgesteuert	A) `Do While ... Loop`
	B) `Do Until ... Loop`
2. Fußgesteuert	C) `Do ... Loop While`
	D) `Do ... Loop Until`

Beachten Sie, daß das `Do-Loop`-Schleifenkonstrukt keine Zählvariable kennt, deren Wert automatisch initialisiert und erhöht oder erniedrigt wird (wie das bei der `For-Next`-Schleife zum Beispiel der Fall ist, siehe nachstehenden Abschnitt über die `For-Next`-Schleife). Statt dessen müssen Sie im Schleifenrumpf zwischen `Do` und `Loop` Anweisungen einfügen, die diese Schritte für Sie übernehmen. Für die beiden Beispiele oben können Sie beispielsweise im Schleifenrumpf eine Anweisung formulieren wie

```
WertMeinerVariablen = WertMeinerVariablen + 1
```

wodurch sich bei jedem Schleifendurchlauf der Wert der Variablen verändert und die jeweilige Abbruchbedingung mit einem anderen Wert erneut auf `True` oder `False` geprüft werden kann.

Syntax Do-Loop-Schleife

Für die `Do-Loop`-Schleifen wird die Syntax meist zwei Mal angegeben, da die Abbruchbedingung sowohl zu Beginn der Schleife als auch zum Schluß geprüft werden kann.

Die allgemeine Syntax der fußgesteuerten Schleife lautet (die in eckige Klammern gesetzten Parameter sind optional):

```
Do
    [Anweisungen]
    [Exit Do]
    [Anweisungen]
Loop [While | Until Abbruchbedingung]
```

Die allgemeine Syntax der kopfgesteuerten Schleife lautet:

```
Do [While | Until Abbruchbedingung]
    [Anweisungen]
    [Exit Do]
    [Anweisungen]
Loop
```

- »Abbruchbedingung« stellt einen numerischen Ausdruck oder Zeichenfolgen-Ausdruck dar, entweder `True` oder `False` ist. Hat ein Abbruchbedingung den Wert `Null`, so interpretiert VBA die Bedingung als `False`.

- »Anweisungen« steht für keine, eine oder mehrere Befehle des Anweisungsblocks der Schleife, die wiederholt werden, während für (`While`) beziehungsweise bis (`Until`) die Abbruchbedingung `True` ist.

Manche Autoren notieren für jede Do-Loop-Varianten eine eigene Syntax (also insgesamt vier); andere formulieren nur eine einzige allgemeine Syntax für alle `Do-Loop`-Schleifen. Die letztgenannte Syntax-Variante, die im übrigen für Einsteiger oft verwirrend ist, lautet in englischer Sprache:

```
Do [While | Until condition]
    [statements]
    [Exit Do]
    [statements]
Loop [While | Until condition]
```

16.2.1 Do While ... Loop-Beispiel: Kopfgesteuerte While-Schleifendurchläufe zählen und anzeigen

Das folgende Beispiel verdeutlicht die Verwendung der Anweisung `Do While ... Loop`. In der Prozedur `BspDoWhileKopf01` wird die Bedingung im Schleifenkopf geprüft, bevor die Ausführung der Schleife begonnen wird. Wenn `intZähler` versuchsweise auf »10« anstatt auf »12« festgelegt wird, werden die Anweisungen innerhalb der Schleife niemals ausgeführt, denn zehn ist je nicht größer als zehn, sondern gleich. Im Beispiel wird die Schleife aber zweimal durchlaufen, weil 12 um zwei größer ist als 10.

```
Sub BspDoWhileKopf01()
Dim intAnzahlDurchläufe    As Integer
Dim intZähler              As Integer
```

```
'Hilfsvariable für Meldungstext initialisieren.
intAnzahlDurchläufe = 0

'Steuervariable initialisieren.
intZähler = 12

'Durchlaufe die Schleife, solange
'"intZähler größer als 10" wahr ist ...
Do While intZähler > 10
    'Steuervariable ändern: Ziehe 1 ab.
    intZähler = intZähler - 1
    'Zähle, wie oft die Schleife durchlaufen wird.
    intAnzahlDurchläufe = intAnzahlDurchläufe + 1
Loop        'Wiederhole

'Meldung anzeigen.
MsgBox "Die Schleife wurde " & intAnzahlDurchläufe & _
        " mal durchlaufen."
End Sub
```

16.2.2 Do Until ... Loop-Beispiel: Kopfgesteuerte Until-Schleifendurchläufe zählen und anzeigen

Im nachfolgenden Beispiel wird die Schleife vom Typ `Do Until ... Loop` kein einziges Mal durchlaufen, weil die Abbruchbedingung von Anfang an `True` ist (für `intZähler` wird im Code »10« festgelegt und da bekanntlich zehn gleich zehn ist, werden die Befehle innerhalb der Schleife erst gar nicht abgearbeitet). Wenn Sie versuchsweise einen Wert kleiner als »10« für `intZähler` festlegen, erzeugen Sie dadurch scheinbar eine Endlosschleife (der Wert von `intZähler` mit dem Ausgangswert 10 wird ja bei jedem Schleifendurchlauf um »1« verringert, kann somit niemals gleich »10« werden). VBA bricht die Endlosschleife aber in diesem Fall automatisch mit einer Fehlermeldung ab, weil die Begrenzung auf den `Integer`-Datentyp zum Speicherüberlauf führt. Nur wenn Sie im Bereich des `Integer`-Datentyps für `intZähler` einen Wert größer als »10« einsetzen, erfolgen tatsächlich ohne Speicherüberlauf ein oder mehrere Schleifendurchläufe.

```
Sub BspDoUntilKopf01()
Dim intAnzahlDurchläufe     As Integer
Dim intZähler               As Integer

'Hilfsvariable für Meldungstext initialisieren.
intAnzahlDurchläufe = 0

'Steuervariable initialisieren.
intZähler = 10

'Durchlaufe die Schleife, bis
'"intZähler gleich 10" wahr ist ...
Do Until intZähler = 10
    'Steuervariable ändern: Ziehe 1 ab.
```

```
        intZähler = intZähler - 1
        'Zähle, wie oft die Schleife durchlaufen wird.
        intAnzahlDurchläufe = intAnzahlDurchläufe + 1
Loop

'Meldung anzeigen.
MsgBox "Die Schleife wurde " & intAnzahlDurchläufe & _
        " mal durchlaufen."
End Sub
```

16.2.3 Do ... Loop While-Beispiel: Fußgesteuerte While-Schleifendurchläufe zählen und anzeigen

In der nachstehenden Prozedur vom Typ `Do ... Loop While` werden die Anweisungen innerhalb der Schleife mindestens einmal durchlaufen, unabhängig davon, wie klein Sie den Wert für die Variable `intZähler` im negativen Bereich des `Integer`-Datentyps versuchsweise festlegen. Erst wenn Sie `intZähler` auf den Wert »12« oder größer festlegen, wird die Schleife nicht nur ein, sondern mehrmals durchlaufen (und zwar immer so häufig wie der Wert von `intZähler` größer als zehn ist, also bei »12« zweimal, bei »13« dreimal und so weiter). Wenn Sie für `intZähler` testhalber einen Wert außerhalb des `Integer`-Bereichs wählen (zum Beispiel »-64000« oder »55555«), so erfolgt ein Programmüberlauf, und VBA unterbricht die Abarbeitung der Prozedur mit einer Fehlermeldung.

```
Sub BspDoWhileFuß01()
Dim intAnzahlDurchläufe    As Integer
Dim intZähler              As Integer

'Hilfsvariable für Meldungstext initialisieren.
intAnzahlDurchläufe = 0

'Steuervariable initialisieren.
intZähler = -32767

'Durchlaufe die Schleife ...
Do
    'Steuerwert ändern: Ziehe 1 ab.
    intZähler = intZähler - 1

    'Zähle, wie oft die Schleife durchlaufen wird.
    intAnzahlDurchläufe = intAnzahlDurchläufe + 1

'Durchlaufe die Schleife noch mal, solange
'"intZähler größer als 10" wahr ist ...
Loop While intZähler > 10

'Meldung anzeigen.
MsgBox "Die Schleife wurde " & intAnzahlDurchläufe & _
        " mal durchlaufen."
End Sub
```

16.2.4 Do ... Loop Until-Beispiel: Fußgesteuerte Until-Schleifendurchläufe zählen und anzeigen

Im nächsten Beispiel wird die `Do-Loop`-Schleife solange durchlaufen, bis `intZähler` gleich »10« ist (im Beispiel also nur einmal). Da die Abbruchbedingung am Schluß der Schleife steht, wird die Schleife in jedem Fall mindestens einmal durchlaufen. Sollten Sie testhalber für `intZähler` den Wert »10« oder größer eintragen, so erfolgt ein Programmüberlauf, weil die Abbruchbedingung hinter `Loop` durch keinen der sich wiederholenden Schleifendurchläufe `True` wird. VBA bricht die scheinbare Endlosschleife in diesem Fall automatisch mit einer Fehlermeldung ab, weil die Begrenzung auf den `Integer`-Datentyp zum Speicherüberlauf führt. Wenn Sie den Wert für `intZähler` testweise kleiner als »9« wählen, erhöht sich dadurch logischerweise die Anzahl der Schleifendurchläufe, bis `intZähler` gleich »10« ist.

```
Sub BspDoUntilFuß01()
Dim intAnzahlDurchläufe    As Integer
Dim intZähler              As Integer

'Hilfsvariable für Meldungstext initialisieren.
intAnzahlDurchläufe = 0
'Steuervariable initialisieren.
intZähler = 9

'Durchlaufe die Schleife ...
Do
    'Steuervariable ändern: Addiere 1.
    intZähler = intZähler + 1

    'Zähle, wie oft die Schleife durchlaufen wird.
    intAnzahlDurchläufe = intAnzahlDurchläufe + 1

'Durchlaufe die Schleife erneut, bis
'"intZähler gleich 10" wahr ist ...
Loop Until intZähler = 10

'Meldung anzeigen.
MsgBox "Die Schleife wurde " & intAnzahlDurchläufe & _
       " mal durchlaufen."
End Sub
```

16.2.5 Do-Loop-Schleife-Beispiel: Dateinamen eines bestimmten Ordners in das aktuelle Dokument einfügen

Nach den eher theoretischen Beispielen demonstriert die nachstehende Prozedur, wie man ein `Do-Loop`-Schleifenkonstrukt im Word-Alltag einsetzen kann. Sie ermittelt alle Dateinamen eines Ordners (im Beispiel des Root-Ordners »C:\«) und fügt diese getrennt durch einen Absatz am Ende des aktuellen Word-Dokuments ein. Dabei wird die `Dir`-Funktion verwendet, um das Vorhandensein *aller* Dateien zu überprüfen (gemäß der allgemeinen Datei-Filtereinstellung »*.*«). Wenn Sie nur bestimmte Dateinamen eines Verzeichnisses in das aktuelle Dokument einfügen wollen, können Sie die Filtereinstellung im Code entsprechend anpassen (zum Beispiel »*.doc«, falls Sie die Namen aller Word-Dokumente im Ordner »C:\« erfassen möchten).

```vba
Sub DateinamenInDokumentEinfügen()
Dim strPfad        As String
Dim strDateiFilter As String
Dim strDateiname   As String

strPfad = "C:\"
strDateiFilter = "*.*"

'Einfügemarke an das Ende des Dokuments bewegen.
Selection.EndOf Unit:=wdStory, Extend:=wdMove

'Ermittelt gemäß Pfad und Filter den ersten Dateinamen.
strDateiname = Dir$(strPfad & strDateiFilter)

'Solange ein Dateiname gefunden wird ...
Do While strDateiname <> ""

    'Dateinamen und Absatz in das Dokument einfügen.
    Selection.InsertAfter strDateiname & vbCr

    'Durch erneutes Aufrufen von "Dir" ohne Argumente
    'nächsten Dateinamen erhalten.
    strDateiname = Dir

Loop
End Sub
```

16.3 For ... Next

Im Gegensatz zu Do-Loop-Schleifen werden For-Next-Schleifen verwendet, wenn im voraus bekannt ist, wie oft die Anweisungen innerhalb der Schleife abgearbeitet werden müssen. Das ist zum Beispiel der Fall, wenn der Lautsprecher des Computers 10 Pieptöne von sich geben soll, wenn Sie 20 Absätze fett formatiert wollen oder wenn man exakt 17 Zeilen im aktuellen Dokument löschen will.

Das For-Next-Schleifenkonstrukt zählt selbständig eine Variable (den Schleifenzähler) hoch- oder runter und bricht die Schleifendurchläufe ab, wenn die im Code angegebene Anzahl für die Schleifendurchläufe erreicht ist.

Syntax für For-Next-Schleife Die allgemeine Syntax der For-Next-Schleife lautet (die in eckige Klammern gesetzten Parameter sind optional):

```vba
For Zähler = Anfangswert To Endwert [Step Schrittweite]
    [Anweisungen]
    [Exit For]
    [Anweisungen]
Next [Zähler]
```

Oder in englischer Sprache:

```
For Counter = Start To End [Step Step]
   [Statements]
   [Exit For]
   [Statements]
Next [Counter]
```

- »Zähler/Counter« steht für eine notwendige numerische Schleifenvariable beziehungsweise für den Schleifenzähler. Diese Variable zählt den jeweiligen Schleifendurchlauf und wird, wenn nicht anders angegeben, bei jedem neuen Durchlauf automatisch erhöht.
- »Anfangswert/Start« steht für einen erforderlichen Startwert des Schleifenzählers, gewöhnlich 0 oder 1.
- »Endwert/End« steht für den erforderlichen Endwert des Schleifenzählers und prüft, ob die Anweisungen im Schleifenrumpf in der gewünschten Häufigkeit bereits abgearbeitet sind.
- »Schrittweite/Step« steht für einen optionalen Wert, um den der Schleifenzähler bei jedem Schleifendurchlauf verändert wird. Falls keine Schrittweite explizit angegeben wird, ist die Voreinstellung für »Schrittweite/Step« der Wert 1.
- »Anweisungen« steht für keine, eine oder mehrere Befehle des Anweisungsblocks der Schleife, die wiederholt werden sollen.

16.3.1 For-Next-Beispiel I: Zehn Zahlen im Direktfenster ausgeben

Das folgende Beispiel, das die Zahlen 1 bis 10 mit Hilfe der Anweisung Debug.Print in das Direktfenster ausgibt, verdeutlicht die Verwendung der For-Next-Anweisung.

```
Sub BspForNext01()
   'Schleifenzählervariable deklarieren.
   Dim lngZähler As Long
   'Schleifendurchlauf starten.
   For lngZähler = 1 To 10
      Debug.Print lngZähler
   Next
End Sub
```

In diesem Fall ist die Variable lngZähler der Schleifenzähler. Die For-Anweisung weist ihm zunächst den Wert 1 zu. Als nächstes wird geprüft, ob der Wert des Schleifenzählers kleiner oder gleich 10 ist (Endwert beziehungsweise Abbruchbedingung der Schleife). Ist dies der Fall, führt die Prozedur die nächste Anweisung innerhalb des Schleifenrumpfes aus. Dies ist in diesem Fall die Anweisung Debug.Print. Diese schreibt den gerade aktuellen Wert der Variablen lngZähler in das Direktfenster (intern findet dabei eine Datentypumwandlung statt, was hier aber nicht weiter interessiert). Nach der Ausführung von Debug.Print sorgt das Schlüsselwort Next für den Rücksprung zur For-Anweisung. Die For-Anweisung addiert zum Schleifenzähler erneut 1 (so daß dieser nun den Wert 2 besitzt) und prüft abermals die Abbruchbedingung. Das Ganze Procedere geht von vorne los und läuft bis der Schleifenzähler den Wert 11 besitzt. Danach kommt die For-Anweisung zu dem Ergebnis, daß der Wert des Schleifenzählers nicht länger kleiner oder gleich 10 ist, folglich die Schleifendurchläufe beendet werden müssen. Nach der Beendigung einer For-Schleife wird eine Prozedur an der Stelle fortgesetzt, die dem Schlüsselwort Next unmittelbar folgt.

Beachten Sie, daß Sie Anfangs- und Endwert einer For-Next-Anweisung in einem vernünftigen Größer-/Kleiner- oder Kleiner/Größer-Verhältnis angeben, um reibungslose Schleifendurchläufe zu gewährleisten. Wenn Sie im obigen Beispiel Anfangs- und End-Wert miteinander vertauschen, werden im Direktfenster keine Werte angezeigt:

```
Sub BspForNext01Unsinn()
    'Schleifenzählervariable deklarieren.
    Dim lngZähler As Long
    'Schleifendurchlauf starten.
    For lngZähler = 10 To 1
        Debug.Print lngZähler
    Next
End Sub
```

Die Erklärung für dieses Verhalten ist einfach: Dem Schleifenzähler wird als Anfangswert 10 zugewiesen, die For-Anweisung »sattelt« automatisch beim ersten Aufruf den Wert 1 drauf und kommt zu dem Ergebnis, daß der Schleifenzähler mit dem Wert 11 bereits die Abbruchbedingung (den Wert 1) überschritten hat, so daß die Prozedur mit der ersten Anweisung nach dem Schlüsselwort Next fortgesetzt wird und die Schleife kein einziges Mal durchlaufen wird.

16.3.2 For-Next-Beispiel II: Steuern der Schrittweite

In Abhängigkeit von Ihrem Programm kann es notwendig sein, einen Schleifenzähler nicht um den Wert 1 zu erhöhen. VBA ermöglicht es Ihnen deswegen, den Schleifenzähler in einer For-Next-Schleife um einen beliebigen Wert (»step«, »Schritt«) zu erhöhen. Die folgende For-Next-Anweisung erhöht beispielsweise den Schleifenzähler lngZähler bei jeder Wiederholung der Schleife um 5. Durch die Ausführung der Prozedur, wird im Direktfenster eine Zahlenreihe von 0 bis 50 in 5er Schritten ausgegeben:

```
Sub BspForNext02()
    Dim lngZähler As Long
    For lngZähler = 0 To 50 Step 5
        Debug.Print lngZähler;
    Next
End Sub
```

16.3.3 For-Next-Beispiel III: Verringerung des Schleifenzählers

In allen bisherigen Beispielen zur For-Next-Schleife erhöhte sich der Schleifenzähler (von 1 bis 5, von 0 bis 50 und so weiter). Natürlich können sich die Werte des Schleifenzählers sukzessive auch verringern (»countdown«). Die folgende Prozedur durchläuft die For-Next-Schleife wie bei einem Raketenstart von 10 bis 1, gibt im Direktfenster eine Zahlenreihe von 10 bis 1 aus und verkündet im Anschluß daran im Direktfenster das glückliche »Liftoff«:

```
Sub BspForNext03()
   Dim lngZähler As Long
   For lngZähler = 10 To 1 Step -1
      Debug.Print lngZähler
   Next
   Debug.Print "Lift-off!"
End Sub
```

16.3.4 For-Next-Beispiel IV: Schleifenzähler mit Fließkommawerten

Es versteht sich nahezu von selbst, daß man bei der `For-Next`-Programmierung nicht auf Ganzzahlen angewiesen ist. Man kann auch Fließkommawerte verwenden. Die nachstehende Prozedur erhöht den Schleifenzähler beispielsweise bei jedem Durchlauf um 0,5. Im Direktfenster erhalten Sie nach dem Ausführen eine Zahlenreihe von 0 bis 10 in 0,5-Schritten:

```
Sub BspForNext04()
   Dim sngZähler As Single
   For sngZähler = 0 To 10 Step 0.5
      Debug.Print sngZähler
   Next
End Sub
```

Wenn Sie bis hierin gelesen haben, ist der Moment gekommen, Ihren Glauben an die Rechengenauigkeit von Programmiersprachen ein wenig zu erschüttern. Tauschen Sie probehalber einmal in der obigen Prozedur den Wert `0.5` durch `0.2` aus, und führen Sie anschließend die Prozedur erneut aus. Wenn Sie anschließend das Zahlenreihen-Ergebnis im Direktfenster begutachten, werden Sie sich vermutlich die Augen reiben. Neben völlig integren Werten wie »0,2«, »0,4«, »0,6« und so weiter befinden sich in der Zahlenreihe Werte wie 6,599998, 7,199997, 9,199996 und so weiter. Und die größte Ungenauigkeit: Der Abbruch der Schleife erfolgt nicht etwa wie in der Abbruchbedingung definiert bei dem Wert »10«, sondern bei 9,999995 (was bekanntlich nicht exakt zehn ist, sondern weniger).

Der Grund für die Ungenauigkeit basiert auf der Tatsache, daß eine Fließkommazahl nur eine digitale Näherung für eine reele Zahl ist. Fließkommazahlen werden in Programmiersprachen wie VBA als Folgen von 32 Bit (»einfache Genauigkeit«) oder 64 Bit (»doppelte Genauigkeit«) dargestellt, so daß Ungenauigkeiten sich gar nicht vermeiden lassen. Normalerweise stellt die Ungenauigkeit auch kein Problem dar. Wer einen sehr genauen Schleifenzähler benötigt, nimmt eben einfach den `Double`-Datentyp an Stelle des `Single`-Datentyps oder weicht sogar auf den `Variant`-Datentyp mit dem Untertyp `Decimal` aus.

Ein Problem wird die Ungenauigkeit unter Umständen, wenn man zur Laufzeit eine Fließkommazahl mit einer Ganzzahl vergleicht oder den Schleifenzähler für weitere Berechnungen nutzt, bei denen exakte Werte benötigt werden – und keine Näherungen.

16.3.5 For-Next-Beispiel V: For-Next-Schleifen verschachteln

Selbstverständlich können Sie For-Next-Schleifen auch ineinander verschachteln. Das ist insbesondere dann sinnvoll, wenn eine bestimmte Aktivität mehrfach in unterschiedlichen Zusammenhängen wiederholt werden muß.

Die folgende, nicht ganz ernst gemeinte Prozedur zeigt, wie man Zeichenketten in eine graphische Darstellung umwandeln kann. In einer äußeren For-Next-Schleife wird jede der acht darzustellenden Ausgabezeilen separat behandelt. In der äußeren Schleife eingebettet sind zwei innere For-Next-Schleifen, die jede für sich vorab vollständig ausgeführt wird. Die erste der inneren For-Next-Schleifen baut eine bestimmte Anzahl Leerzeichen zu einer Zeichenfolge zusammen; die zweite fügt dieser Zeichenfolge eine bestimmte Anzahl jener Zeichenfolge hinzu, die in der Variable strZeichenfolge zu Anfang der Prozedur definiert ist (im Beispiel das Euro-Symbol »€«). Der so aufgebauten Zeichenfolge wird noch ein Absatz hinzugefügt, dann wird die nächste Zeile durch die äußere Schleife behandelt. Sind in dieser Art acht Schleifendurchläufe vollzogen, zeigt eine Meldung das Gesamtergebnis an.

```
Sub BspForNext05()
Dim intZeilenAnzahl    As Integer
Dim intZeileAktuell    As Integer
Dim intZählerInnen     As Integer
Dim strAnzeige         As String
Dim strZeichenfolge    As String
Dim strGesamtbild      As String

intZeilenAnzahl = 8
strZeichenfolge = "_"

For intZeileAktuell = 1 To intZeilenAnzahl

    'Leerzeichen schreiben.
    For intZählerInnen = 1 To intZeilenAnzahl _
                         - intZeileAktuell
        strGesamtbild = strGesamtbild & " "
    Next

    'Zeichenfolge schreiben.
    For intZählerInnen = 1 To intZeileAktuell * 2 - 1
        strGesamtbild = strGesamtbild & strZeichenfolge
    Next

    'Umbruch einfügen.
    strGesamtbild = strGesamtbild & vbCr

Next intZeileAktuell
MsgBox strGesamtbild
End Sub
```

Abbildung 16.1 Programmierte Spielerei mit Textzeichen

16.4 For Each ... Next

Wenn es eine Statistik über die Beliebtheit der Schleifenkonstrukte unter den Anwendungs-Entwicklern gäbe, wäre mit Sicherheit die For-Each-Schleife ganz oben anzusiedeln. Sie ist eine Variante der For-Next-Schleife und speziell für

- Datenfelder (Arrays)

  – und für –

- Auflistungen (engl. »collections«, auch Auflistungsobjekte oder Objektauflistungen genannt)

gedacht. Sowohl Datenfelder als auch Auflistungen stellen im Grunde *Sammlungen* dar und fassen gleichartige Entitäten unter einem gemeinsamen Namen zusammen (wobei Datenfelder gleichartige Daten, die alle denselben Datentyp besitzen zusammenfassen und Auflistungsobjekte andere gleichartige Objekte).

Über Datenfelder erfahren Sie gleich im Anschluß an dieses Kapitel etwas[3]. Insofern greifen Informationen über die For-Each-Schleife vor. Trotzdem wird an dieser Stelle auf das gebräuchliche Schleifenkonstrukt für Anwendungentwicklung eingegangen, weil es dem Inhalt nach zu den Schleifen gehört.

Die For-Each-Schleife wird für jedes Element eines Datenfelds oder einer Auflistung durchlaufen. Im Gegensatz zur For-Next-Schleife benötigt die For-Each-Schleife keinen Schleifenzähler und keine Abbruchbedingung im herkömmlichen Sinn und sind dadurch weniger fehleranfällig.

> *»Statt dessen wird die* For-Each..Next*-Schleife so oft ausgeführt, wie Elemente in einer festgelegten Gruppe vorhanden sind – wie in einer Auflistung von Objekten oder einem Array.«*[4]

In den Fällen, in denen man sowohl eine For-Next-Schleife als auch eine For-Each-Schleife einsetzen könnte, empfiehlt es sich, auf letztere zurückzugreifen. Die For-Each-Schleifen sind in der Regel schneller als ihre For-Next-Pendants. Allerdings gibt es Fälle, in denen For-Each-Schleifenkonstrukte nicht greifen. Wenn Sie beispielsweise nur eine bestimmte Anzahl an Elementen einer Auflistung benötigen (die ersten zwanzig oder jedes zweites, das siebte und das 44te oder so ähnlich), sollten Sie die For-Next-Schleife nutzen.

---

3 Siehe Abschnitt 18, »Datenfelder (Arrays)«, ab Seite 513.
4 [HARRI001]: S. 444.

Syntax für For-Each-Schleife

Die allgemeine Syntax der `For-Each`-Schleife lautet (die in eckige Klammern gesetzten Parameter sind optional):

```
For Each Element In Gruppe
    [Anweisungen]
    [Exit For]
    [Anweisungen]
Next [Element]
```

- »Element« steht für eine erforderliche Schleifenvariable und ist entweder eine Objekt- oder eine Datenfeldvariable zum Durchlauf durch die Elemente eines Auflistungsobjekts oder eines Datenfelds.

    - Bei Datenfeldern ist für »Element« nur eine Variable vom Typ `Variant` zulässig.
    - Bei Auflistungen ist für »Element« eine Variable vom Typ `Variant`, eine allgemeine Objektvariable (Datentyp `Object`) oder eine beliebige spezielle Objektvariable (wie `Document`, `Range` und so weiter) erlaubt.

- »Gruppe« steht für ein zu durchlaufendes Auflistungsobjekt oder für ein zu durchlaufendes Datenfeld (Datenfelder mit benutzerdefinierten Datentypen sind vom `For-Each`-Syntax explizit ausgenommen).

- »Anweisungen« steht für keine, eine oder mehrere Befehle des Anweisungsblocks der Schleife, die für jedes Element in »Gruppe« ausgeführt werden.

`For-Each`-Schleifen passen von Ihrer Grundidee her zur Objektorientierung und eignen sich hervorragend zur Arbeit mit Auflistungen und Objekten. Setzt man sie ein, ist es nicht notwendig die genaue Anzahl der Objekte einer Auflistung zu kennen oder abzufragen. Es genügt, die in Frage kommende Auflistung zu kennen und im Schleifenrumpf optionale Anweisungen zu codieren, die bei allen Objekten der Auflistung wiederholt werden sollen.

Geben Sie beispielsweise im `For-Each`-Schleifenkonstrukt als Gruppe die Auflistung `Documents` vor, ist damit die Auflistung aller Dokumente gemeint und folglich sollte die Elementvariable vom Objekttyp `Document` sein; geben Sie dagegen `Templates` als Gruppe an, so beziehen Sie sich damit auf alle Vorlagen und logischerweise sollte in diesem Fall die Elementvariable vom Typ `Template` sein.

Gerade VBA-Einsteigern fällt es nicht immer leicht, sich durch die umfangreichen Objektmodelle und Objekthierarchien von Word, VBA und Windows zu wühlen. Aus diesem Grunde können Sie im Zweifelsfalle für die Elementvariable auf den generischen Typ `Object` zurückgreifen (oder sogar auf `Variant`).

16.4.1 For-Each-Beispiel (Datenfeld) I: Daten auslesen

Wenn Sie die `For-Each`-Schleife in Zusammenhang mit einem Datenfeld benutzen wollen, müssen die Elemente des Datenfelds und das Datenfeld selbst vom Typ `Variant` sein. Ob die Datentypfestlegung explizit oder implizit durch VBA erfolgt, ob das Datenfeld dynamisch oder statisch ist, spielt für die Funktionstüchtigkeit des `For-Each`-Schleifenkonstrukts dagegen keine Rolle.

Im folgenden Beispiel wird ein statisches Variant-Datenfeld mit drei Elementen deklariert und den Elementen die Zeichenfolgen »rot«, »grün« und »blau« (RGB) zugewiesen. Die anschließende `For-Each`-Schleife liest die Zeichenfolgen jedes Elementes des Datenfelds nacheinander für einen Meldungstext wieder aus, ohne daß ein Element explizit über seinen Index angesteuert werden muß.

```
Sub BspForEach01()
Dim arFarbe(1 To 3)  As Variant
Dim strElement       As Variant
Dim strMldg          As String

'Meldungstetx festlegen.
strMldg = "Das Datenfeld enthält die Werte: " & vbCr

'Datenfeld mit Daten füllen.
arFarbe(1) = "rot"
arFarbe(2) = "grün"
arFarbe(3) = "blau"

'Die Werte der einzelnen Datenfeldelemente mit einer
'Schleife auslesen und dem Meldungstext hinzufügen.
For Each strElement In arFarbe
   strMldg = strMldg & strElement & vbCrLf
Next
Debug.Print strMldg
End Sub
```

Das gleiche Beispiel mit Hilfe der `Array`-Funktion, wesentlich kompakter, ohne statische Deklaration der Datenfeldgrenzen:

```
Sub BspForEach01Variante()
Dim arrFarbe
Dim varElement       As Variant
Dim strMldg          As String

'Meldungstetx festlegen.
strMldg = "Das Datenfeld enthält die Werte: " & vbCr

'Datenfeld mit Daten füllen.
arrFarbe = Array("rot", "grün", "blau")

For Each varElement In arrFarbe
   strMldg = strMldg & varElement & vbCrLf
Next
Debug.Print strMldg
End Sub
```

16.4.2 For-Each-Beispiel (Datenfeld) II: Hinzufügen der Mehrwertsteuer

Nachstehend ein Beispiel, bei dem sowohl die `For-Next`- als auch die `For-Each`-Schleife verwendet wird. Als erstes werden in dem Beispiel die acht Elemente eines Datenfelds mit

Hilfe der For-Next-Schleife mit unterschiedlichen Werten gefüllt. Die For-Each-Schleife sorgt danach dafür, daß jedem Element des Datenfeldes die Mehrwertsteur hinzugefügt wird. Beide For-Schleifenkonstrukte ersparen Ihnen die Arbeit, sich um die Indizes der Datenfeldelemente kümmern zu müssen. Bei der For-Next-Schleife verwenden Sie den Schleifenzähler intZähler, um eine Datenfeldelement gezielt anzusteuern, und bei der For-Each-Schleife werden automatisch alle Elemente des Datenfelds angesprochen.

```
Sub BspForEach02()
Dim arrGesamt(1 To 8)    As Variant
Dim intZähler            As Integer
Dim varPosten            As Variant
Dim sngMwSt              As Single

sngMwSt = 1.16

'Den acht Elementen eines Datenfelds die
'Werte 100 bis 800 zuweisen.
For intZähler = 1 To 8
   arrGesamt(intZähler) = 100 * intZähler
Next

'Für jedes Element des Datenfeldes ...
For Each varPosten In arrGesamt

   'Nettobetrag ins Direktfenster schreiben.
   Debug.Print "Netto: " & vbTab & varPosten

   'Wert eines Elements mit MwSt-Satz multiplizieren.
   varPosten = varPosten * sngMwSt

   'Bruttobetrag ins Direktfenster schreiben.
   Debug.Print "Brutto: " & vbTab & varPosten & vbCr
Next
End Sub
```

16.4.3 For-Each-Beispiel (Auflistung) III: Namen der offenen Word-Fenster anzeigen

Eine simple Prozedur verdeutlicht, wie Sie über die For-Each-Schleife auf eine Auflistung aus dem Word-Objektmodell zugreifen können. Im Beispiel werden mit Hilfe der Caption-Eigenschaft eines Window-Elements der Windows-Auflistung die Namen der geöffneten Word-Fenster ermittelt. Die ermittelten Namen werden einer Zeichenfolge übergeben, bis alle Elemente der Windows-Auflistung die Schleife durchlaufen haben. Danach zeigt die MsgBox-Anweisung, welche Dokumente in Word gleichzeitig geöffnet sind.

```
Sub BspForEach03()
Dim objFenster           As Object
Dim strFensterName       As String

'Für jedes offene Word-Fenster ...
```

```
For Each objFenster In Application.Windows

    'Namen des Fenster einer Zeichenfolge hinzufügen.
    strFensterName = strFensterName & _
                    objFenster.Caption & vbCr
Next

'Zeichenfolge anzeigen.
MsgBox strFensterName

End Sub
```

Abbildung 16.2 Meldung mit allen während einer Word-Sitzung geöffneten Fenstern. Wenn ein Doppelpunkt mit einer Ziffer hinter einem Dokumentnamen erscheint, so bedeutet dies, daß diese Dokument in mehreren Fenstern gleichzeitig geöffnet ist.

16.4.4 For-Each-Beispiel (Auflistung) IV: Schalter für Texthervorhebung

Die nachstehend vorgestellte Prozedur ist ein wenig komplexer als das vorige Beispiel. Es soll eine Art Schalter mit zwei Zuständen programmiert werden: Sind die in Word selektierten Wörter unter der Einfügemarke nicht farblich hervorgehoben, dann sollen sie »gelb« markiert werden; sind sie jedoch gelb oder andersfarbig hervorgehoben, dann soll die Hervorhebungsfarbe entfernt werden. Der Zugriff auf jedes einzelne Wort der Markierung erfolgt, wie gehabt, über eine For-Each-Schleife.

Diesmal wird aber die Elementvariable nicht wie im vorigen Beispiel generisch deklariert (Datentyp Object), sondern über den spezifischen Objekttyp der Words-Auflistung des Selection-Objekts. Das Beispiel macht Sie darauf aufmerksam, daß Logik und Logik zweierlei ist. Will sagen: Die gesunde Menschenvernunft würde nach allem, was sie bis hier im vorliegenden Buch gelesen hat, urteilen, daß die Words-Auflistung einzelne Wörter vom Objekttyp Word umfaßt. Das ist logisch, kein Zweifel: Eine Words-Auflistung beinhaltet Word-Objekte. So logisch, so inkompatibel zur Logik der Word-Entwickler: In deren »Denklehre« ist ein Wort ein »Bereich« (engl. »range«) – spezifische Word-Objekte werden Sie im Word-Objektmodell vergebens suchen. Hat man sich tiefer in das Objektmodell eingearbeitet, kann man dem »Range«-Ansatz seine ebenfalls logische Berechtigung nicht absprechen. Kurzum: Für das Beispiel muß die Elementvariable als Range-Objekt deklariert werden, um einen reibungslosen Ablauf der Prozedur zu gewährleisten:

```
Sub BspForEach04()
Dim objWort As Range

For Each objWort In Selection.Words
    If objWort.HighlightColorIndex = wdNoHighlight Then
        objWort.HighlightColorIndex = wdYellow
    Else
        objWort.HighlightColorIndex = wdNoHighlight
    End If
Next objWort

Selection.Collapse

End Sub
```

16.5 While ... Wend-Schleifen

Das `While-Wend`-Schleifenkonstrukt ist, wie bereits angedeutet, überflüssig. Es bietet keinerlei andere, strukturiertere und/oder flexiblere Möglichkeiten zur Implementierung von Schleifen wie das kopfgesteuerte `Do-While`-Konstrukt. Aus diesem Grund wird im vorliegenden Buch auf eine weitergehende Darstellung des Konstrukts verzichtet. Nur soviel ...

Syntax für While-Wend-Schleife

Die allgemeine Syntax der `While-Wend`-Schleife lautet (die in eckige Klammern gesetzten Parameter sind optional):

```
While Abbruchbedingung
    [Anweisungen]
Wend
```

Der folgende Code verdeutlicht die Verwendung der `While-Wend`-Schleife. Die Prozedur potenziert eine Basis (im Beispiel 2) mit einem Exponenten solange, bis das Ergebnis größer als ein definierter Maximalwert (im Beispiel 65.537) ist. Der gesamte Rechenvorgang wird in einem `MsgBox`-Dialog angezeigt.

```
Sub BspWhileWend01()
Dim bytBasis       As Byte
Dim bytPotenz      As Byte
Dim lngMaxWert     As Long
Dim strErgebnis    As String

bytBasis = 2
bytPotenz = 0
lngMaxWert = 65537

While bytBasis ^ bytPotenz < lngMaxWert
    strErgebnis = strErgebnis & bytBasis & "^" & _
        bytPotenz & " = " & (bytBasis ^ bytPotenz) & vbCr
    
    bytPotenz = bytBasis + bytPotenz
Wend
```

```
MsgBox strErgebnis

End Sub
```

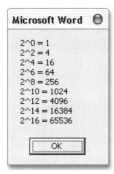

Abbildung 16.3 VBA eignet sich natürlich für viele Arten von Berechnungen.

17 Sonstige Kontrollstrukturen

> *»Den Moment kurz davor*
> *den würd ich so gern halten*
> *mit brennender Geduld*
> *die Zeit anhalten*
> *den Moment kurz davor*
> *dieses atemlose Schweben*
> *auskosten, aushalten*
> *tiefer erleben*
> *den Moment kurz davor*
> *den Moment .«*
> *Nanette Scriba*[1]

17.1 Einzeilige Kontrollstrukturen

Es gibt Code-Minimalisten, die die Eleganz eines Codes nach der Anzahl der verwendeten Codezeilen bemessen – und die schwören auf die stark komprimierte Schreibweise von Code, auch auf die reduzierte Schreibweise von Funktionen. VBA bietet vor allem drei Funktionen an, um die Anzahl der Codezeilen von Funktionen zu verringern: `Iif()`, `Switch()` und `Choose()`.

17.2 Iif-Funktion

Die `Iif`-Funktion gibt einen von zwei Teilen zurück, abhängig von der Auswertung eines Ausdrucks. Sie ist ein einzeiliges Äquivalent zu der `If-Then-Else`-Anweisung und kommt als Formel oder ähnliches auch in Anwendungen wie Excel oder FoxPro vor. In der Praxis wird Sie vergleichsweise selten eingesetzt, weil sie in Abhängigkeit von den verwendeten Argumenten meist schwer lesbar wird und nachträglich nur schlecht erweitert werden kann. Ein weiterer Nachteil ist, daß während die Ausführung immer alle Teile der Funktion ausgewertet werden (das heißt auch jene Teile, die für die Rückgabe keine Rolle spielen). Daher kann es zu unerwünschten Nebeneffekten kommen (nämlich wenn ein Fehler in dem Teil der Funktion auftritt, der eigentlich für den weiteren Programmablauf irrelevant ist).

Die allgemeine Syntax der `Iif`-Funktion lautet:

`Iif (Ausdruck, Wahr-Teil, Falsch-Teil)`

Syntax für Iif-Funktion

- »Ausdruck« verkörpert einen beliebigen auszuwertenden Ausdruck.
- »Wahr-Teil« steht für einen Wert, der geliefert wird, wenn der auszuwertende »Ausdruck« `True` ist.
- »Falsch-Teil« steht für einen Wert, der geliefert wird, wenn der auszuwertende »Ausdruck« `False` ist.

---

[1] [SCRIBA001].

17.2.1 Iif-Beispiel I: Ist die Markierung eine Zahl oder ein Text?

Das nachfolgende Beispiel schreibt im aktiven Dokument hinter die Einfügemarke, ob es sich bei der aktuellen Markierung um einen Text oder eine Zahl handelt. Um das korrekte auszugeben, wird innerhalb der Iif-Funktion die IsNumeric-Funktion eingesetzt. Diese wertet den Inhalt der Markierung (Selection.Text) aus und gibt True zurück, wenn der Inhalt der Markierung als Zahl ausgewertet werden kann; False, wenn nicht. Die Iif-Funktion liefert dementsprechend den Wert Ihres True- oder False-Zweigs an die Methode InsertAfter zurück, die dafür sorgt, daß dieser Wert hinter der aktiven Markierung in das Dokument eingefügt wird.

```
Sub BspIifFunktion01()
Selection.InsertAfter IIf(IsNumeric(Selection.Text), _
                       " Numerisch", " Alphanumerisch")
End Sub
```

Das nächste Codeschnipsel zeigt die gebräuchlichere Variante mit der If-Else-Anweisung:

```
Sub BspIifFunktion02()
   If IsNumeric(Selection.Text) Then
      Selection.InsertAfter " Numerisch"
   Else
      Selection.InsertAfter " Alphanumerisch"
   End If
End Sub
```

17.3 Choose-Funktion

Die Choose-Funktion ist ein einzeiliges Äquivalent für bestimmte Select-Case-Anweisungen. Ihr wird eine Liste von beliebig vielen Argumenten übergeben. Abhängig vom Wert des ersten Arguments (dem Indexwert) gibt die Choose-Funktion den Wert eines der nachfolgenden Argumente zurück (nämlich jenen, dessen Index mit dem Indexwert des ersten Arguments übereinstimmt). Wenn der Indexwert kleiner als 1 oder größer als der größtmögliche Index der Argumentliste ist, liefert die Choose-Funktion Null zurück. Bei gebrochenen Zahlen (Fließkomma- oder Festkommazahlen) werden die Nachkommastellen ignoriert.

Syntax für Choose-Funktion

Die allgemeine Syntax der Choose-Funktion lautet:

```
Choose(Index, Auswahl-1[, Auswahl-n] ...)
```

- »Index« steht für einen numerischen Ausdruck, der einen Wert von 1 bis zur Anzahl der möglichen Auswahlwerte ergibt (es kann auch ein Datenfeld verwendet werden).
- »Auswahl-1« und »Auswahl-n« stehen für Ausdrücke vom Datentyp Variant. Jeder einzelne Ausdruck stellt einen Auswahlwert der indizierten Argumentliste dar.

17.3.1 Choose-Beispiel I: Preiscode anzeigen

Die nachfolgende Prozedur fordert den Anwender zur Eingabe eines Preiscodes auf (Zahl zwischen 1 und 6). Anschließend wird die Zeichenfolge-Eingabe mit der Val-Funktion in eine Zahl umgewandelt und der Variable intPreisCode zugewiesen. Eine If-Then-Verzweigung prüft, ob der Anwender einen gültigen Preiscode eingegeben hat. Wenn ja, so wertet die Choose-Funktion den Preiscode aus und es wird eine Meldung mit einem entsprechenden Preiscode-Hinweis angezeigt.

```
Sub BspChooseFunktion01()
Dim strRückgabe    As String
Dim intPreisCode   As Integer

'Eingabeaufforderung
strRückgabe = InputBox("Wählen Sie einen Preiscode" & _
                      " (Zahl zwischen 1 und 6):")

'Umwandlung der Eingabe in eine Zahl
intPreisCode = Val(strRückgabe)

'Prüfen, ob eine Zahl von 1 bis 6 eingeben wurde.
If intPreisCode > 0 And intPreisCode < 6 Then

   'Je nach Preiscode eine Meldung anzeigen.
   MsgBox Choose(intPreisCode, _
                "Voller Preis", _
                "2% Skonto", _
                "5% Rabatt", _
                "35% Rabatt", _
                "Internetbestellung")
Else
   MsgBox "Falscher Preiscode!"
End If
End Sub
```

Beachten Sie: Die Argumente der Choose-Funktion sind hier nur aus layouttechnischen Gründen umbrochen. Im Code können Sie die Unterstriche »_« auch weglassen und alle Argumente in eine einzige Code-Zeile schreiben.

17.4 Switch-Funktion

Die Switch-Funktion ist wie die Choose-Funktion ein einzeiliges Äquivalent für bestimmte Select-Case-Anweisungen. Allerdings wertet diese Auswahlentscheidung keinen Indexwert aus einer Liste von Argumenten aus, sondern Ausdrücke. Die Argumentliste der Switch-Funktion enthält Paare von Ausdrücken und Werten. Die Ausdrücke werden in der Folge ihres Auftretens in der Liste von links nach rechts ausgewertet. In Switch wird geprüft, ob ein Ausdruck der Argumentliste mit dem ersten Ausdruck der Liste übereinstimmt (True ergibt). Ist dies der Fall, dann wird der Wert dieses Ausdrucks zurückgegeben. Aber Achtung: Die Switch-Funktion wertet – aus welchen Gründen auch immer – alle Ausdrücke aus, auch wenn nur ein Wert zurückgegeben wird. Es kann zu unerwünschten Nebeneffekten kommen, wenn die Berechnung eines Ausdrucks zu einem Fehler führt. Auch wenn die Teile nicht richtig paarweise angegeben werden, tritt ein Laufzeitfehler auf. Wenn keiner der Ausdrücke True ergibt, liefert die Switch-Funktion Null zurück (auch wenn der zugeordnete Wert für den ersten Ausdruck Null ist, wird Null zurückgegeben).

Syntax für Switch-Funktion Die allgemeine Syntax der Switch-Funktion lautet:

```
Switch(Ausdruck-1, Wert-1[, Ausdruck-n, Wert-n] ...)
```

- »Wert-1« und »Wert-n« stehen für Werte oder Ausdrücke, die zurückgeliefert werden sollen, wenn der korrespondierende Ausdruck True ergibt.
- »Ausdruck-1« und »Ausdruck-n« stehen für Ausdrücke vom Datentyp Variant, die ausgewertet werden sollen.

17.4.1 Switch-Beispiel I: Aus einer Anrede die Sprache ermitteln

Der nachstehenden Function-Prozedur muß beim Aufruf eine Zeichenfolge mit einer Anrede übergeben werden. Zu der Anrede ermittelt die Switch-Funktion innerhalb der Function-Prozedur die Sprache und gibt ein Adjektiv zurück, das die Sprache der Anrede charakterisiert.

```
Function BspSwitch01(strAnrede As String) As String
BspSwitch01 = Switch(strAnrede = "Frau", "deutsch", _
            strAnrede = "Herr", "deutsch", _
            strAnrede = "Mr.", "englisch", _
            strAnrede = "Mrs.", "englisch", _
            strAnrede = "Señor", "spanisch", _
            strAnrede = "Monsieur", "französisch")
End Function
```

Testen können Sie die Funktion zum Beispiel mit folgender Prozedur:

```
Sub Test_BspSwitch01()
Dim strAnrede As String

strAnrede = "Monsieur"

MsgBox "In dem Dokument wird " & _
       BspSwitch01(strAnrede) & " gesprochen."

End Sub
```

18 Datenfelder (Arrays)

»Die Realität entzieht sich der Sehnsucht nach Eindeutigkeit.«
Manfred Sapper[1]

18.1 Allgemeines zu Datenfeldern

Immer wenn mehrere gleichartige Daten (eine Liste mit Namen, eine Liste mit Wochentagen, eine Liste von Textmarken, eine Liste von Links, eine Liste von Befehlsleisten ...) gespeichert oder bearbeitet werden sollen, lohnt sich der Einsatz von Datenfeldern (Arrays).

Ein Datenfeld ist eine Sammlung einer beliebigen Anzahl von gleichartigen Daten (Variablen), die alle denselben Datentyp besitzen und die alle unter einem gemeinsamen Namen zusammengefaßt werden. Oder, um mit Microsoft zu sprechen:

Datenfeld

»Ein Datenfeld ist eine einzelne Variable mit mehreren Feldern, in denen Werte gespeichert werden, während eine typische Variable nur über ein Speicherfeld verfügt, in dem nur ein Wert gespeichert werden kann. Sie können auf das Datenfeld als Ganzes verweisen, wenn Sie auf alle darin befindlichen Werte verweisen möchten, oder auf die einzelnen Elemente.«[2]

Die einzelnen Variablen in dem Datenfeld sind eindeutig durchnumeriert. Auf sie kann mit Hilfe der entsprechenden Lauf- oder Platznummer (das ist *Index*, der die Position der Variablen innerhalb des Datenfeldes definiert) zugegriffen werden. Damit erspart man es sich, jede Variable des Datenfeldes einzeln zu deklarieren. So könnte zum Beispiel in einem Datenfeld namens `arField`, dessen Untergrenze mit 1 beginnt, die erste Variable, automatisch mit dem Indexwert 1 gekennzeichnet sein, die zweite mit dem Wert 2, die dritte mit 3 und so weiter. Der Zugriff auf den Inhalt beziehungsweise den Wert einer Variablen könnte in diesem Fall einfach durch die Angabe des Datenfeldnamens und des jeweiligen Indexwertes in Klammern erfolgen, also durch `arField(1)`, `arField(2)`, `arField(3)` und so weiter. Gekennzeichnet ist Datenfeld durch die Einschränkung, daß entweder alle Werte des Datenfeldes den gleichen Datentyp besitzen müssen (zum Beispiel eine Sammlung aus lauter `Integer`-Werten) oder daß das Datenfeld selber vom Universal-Datentyp `Variant` sein muß.

18.2 Ein- und mehrdimensionale Datenfelder

Ein Datenfeld mit nur einem Index wird als *eindimensionales* Datenfeld (oder als »Vektor«) bezeichnet; Datenfelder, die aus zwei oder mehreren Indizes bestehen, als *zwei-* oder *mehrdimensional* (beziehungsweise als »Matrizen«).

Ein eindimensionales Datenfeld stellt man sich anschaulich als eine lange Reihe von Schachteln vor, in denen gleichartige Informationen liegen (zum Beispiel liegt in der ersten Schachtel ein Zettel mit dem `String`-Wert »Hallo Welt«; in der zweiten ein Zettel mit dem `String`-Wert »Wie geht es dir?«). Die Schachteln unterscheiden sich durch eine eindeutige Num-

---

1 [SAPPE001]: S. 4.
2 [VBAWRD8] bis [VBAWD11].

mer, die auf jeder Schachtel klebt, einem einstufigen Index. Will man jemanden auffordern, einen Zettel aus einer Schachtel zu holen, sagt man zu ihm: »Hole mir bitte den Zettel aus der schachtel(1)«, »bringe mir bitte den Zettel aus der schachtel(2)« und so weiter.

Ein zweidimensionales Datenfeld läßt sich als Tabelle mit senkrechten Spalten und waagerechten Zeilen verstehen, die sich in Zellen kreuzen. In jeder Zelle liegt wie oben im Schachtelbeispiel eine gleichartige Information. Die Zellen werden durch die Angabe der Zeilen- und Spaltennummern, den Tabellenkoordinaten, kurz: einem zweistufigen Index eindeutig unterschieden. Will man jemanden auffordern, die eindeutige Information aus einer Zelle zu lesen, sagt man zu ihm: »Lies mir bitte die Information aus zelle(0, 0) vor«, »teile mir bitte mit, was in der zelle(0, 1) steht« und so weiter.

Ein drei- oder mehrdimensionales Datenfeld läßt sich entsprechend als Verknüpfung von drei- oder mehreren Tabellen verstehen, deren Zellen sich durch drei- oder mehrdimensionale Indizes unterscheiden (also zelle(0, 0, 0), zelle(0, 0, 1) und so weiter). In VBA können sich Datenfelder auf bis zu 60 Dimensionen ausdehnen. Das Arbeiten mit mehr als zwei Dimensionen wird aber schnell unübersichtlich.

18.3 Deklaration eines Datenfeldes

Die Deklaration eines Datenfeldes erfolgt in der Regel mit Hilfe der Anweisung Dim, das diesem Fall zur Dimensionierung des Datenfeldes verwendet wird. Nach dem Schlüsselwort wird gemäß den VBA-Namenskonventionen ein beliebiger, benutzerdefinierter Datenfeldname wie zum Beispiel arrField oder arrFeld oder arrAnrede angegeben. Darauf folgt in der einfachsten Form in Klammern »()« die gewünschte Obergrenze eines Indexes. Der Datentyp des Datenfeldes wird mit dem Schlüsselwort As und einem entsprechenden Datentyp-Schlüsselwort (Integer, String, Double et cetera) charakterisiert. Im Großen und Ganzen wird eine Datenfeldvariable wie eine normale Variable deklariert.[3]

18.3.1 Syntax für die Deklaration eines Datenfeldes

Syntax für die Deklaration eines Arrays

Die generelle Syntax für die Deklaration eines Datenfeldes lautet demnach:

<ZM> VarName([Indizes]) [As Typ]

- »ZM« steht für den Zugriffsmodifizierer der zu deklarierenden Datenfeldvariable. Mögliche Zugriffsmodifizierer sind die Anweisungen Dim, Private, Public, Static und ReDim.[4]

- »VarName« steht hier für ein Datenfeld. Den Namen der jeweiligen Datenfeldvariable legt ein VBA-Programmierer selbst fest. Er muß immer gemäß der Standardkonventionen gebildet werden[5] und ist eine notwendige Angabe für die Definition einer Datenfeldvariable.

---

3 Informationen zur Deklaration von Variablen entnehmen Sie bitte dem Abschnitt 11.1.2, »Explizite Deklaration von Einzelvariablen, Datenfeldern und Objektvariablen«, ab Seite 378.
4 ReDim wird gleich nachstehend im Abschnitt 18.7, »Die ReDim-Anweisung«, ab Seite 521 besprochen. Die Funktionsweise der anderen Zugriffsmodifizierer wurde bereits ausführlich im Abschnitt 11.2, »Die Zugriffsmodifizierer und der Gültigkeitsbereich für Variablen«, ab Seite 380 erläutert.
5 Siehe Abschnitt 9.5, »Verbindliche Namensregeln gemäß VBA-Spezifikation«, Seite 362.

- »Indizes« wird nur im Zusammenhang mit Datenfeldern verwendet. Es steht für den Indexbereich beziehungsweise die Dimension(en) eines Datenfeldes. Es gibt den oberen gegebenenfalls auch unteren Index einer oder mehrerer Dimensionen des Datenfeldes an. Die genaue Syntax für »Indizes« wird gleich nachstehend besprochen.

- »Typ« steht für den Datentyp des Datenfeldes. Jedes Element in dem Datenfeld wird den Datentyp haben, den Sie bei der Deklaration spezifizieren. Sie können folgende Datentypen optional angeben: `Byte`, `Boolean`, `Integer`, `Long`, `Currency`, `Single`, `Double`, `Date`, `String` (für Zeichenfolgen variabler Länge), `String * Länge` (für Zeichenfolgen fester Länge), `Object`, `Variant`, einen *benutzerdefinierten Datentyp* oder ein *Objekttyp*. Wenn Sie keinen Datentyp angeben, sind alle Elemente vom Datentyp `Variant`. VBA initialisiert ein numerisches Datenfeld mit Nullen und die Elemente eine Zeichenfolgen-Datenfeldes mit leeren Zeichenfolgen. Verwenden Sie für jede deklarierte Variable einen separaten `As`-Abschnitt.

In der generellen Syntax zur Deklaration eines Datenfeldes taucht der Eintrag »Indizes« auf. Er bestimmt implizit die Anzahl der Dimensionen eines Datenfeldes und steht für die Ober- oder die Ober- und Untergrenze der deklartierten Dimensionen eines Datenfeldes:

Syntax für Indizes-Klausel

```
[Untergrenze To] Obergrenze [,
[Untergrenze To] Obergrenze]
...
```

- »Untergrenze« steht für die untere Grenze der gültigen Indizierung für das Datenfeld.
- »Obergrenze« steht für die obere Grenze für den Datenfeld-Index.

Grundsätzlich wird nur die obere Grenze benötigt, um ein Datenfeld zu deklarieren. Wenn die Untergrenze nicht explizit angegeben wird, wird die untere Grenze eines Datenfeldes durch die allgemeine Einstellung der `Option Base`-Anweisung bestimmt. Ist keine `Option Base`-Anweisung vorhanden, dann ist die untere Grenze »0« (Null).[6]

Option Base

Es empfiehlt sich, die Untergrenze bei Deklarierung eines Datenfeldes anzugeben. Ihr Code wird dadurch lesbarer und Fehler bei der Dimensionierung des Datenfeldes werden schneller offenbar. Unerläßlich ist die Angabe der Untergrenze, wenn Sie einen anderen Startindex als 0 oder 1 spezifizieren wollen.

Datenfelder, die eine feste Ober- oder eine bestimmte Ober- und Untergrenze besitzen, werden *statische Datenfelder* genannt.

18.3.2 Deklaration von statischen Datenfeldern

Häufig arbeiten VBA-Entwickler mit sogenannten *statischen* Datenfeldern. Bei statischen Datenfeldern wird die Anzahl der Variablen, die sich zur Laufzeit eines Programms nicht mehr ändern kann, bei der Datenfeld-Deklaration definitiv bestimmt (etwa 100 `Integer`-Variablen, 10 `String`-Variablen und so weiter). Dies geschieht, indem man entweder nur die Obergrenze oder sowohl die Unter- als auch die Obergrenze des Indexes vorgibt.

---

[6] Siehe Abschnitt 18.6, »Option Base«, ab Seite 521.

Zum Beispiel gibt als Obergrenze eines Datenfelds 10 an:

`Dim arrMeinDatenfeld (10) As String`

Oder als Untergrenze 1 und als Obergrenze 10, und im Quellcode kann es dann heißen:

`Dim arrMeinDatenfeld (1 To 10) As String`

18.3.3 Deklaration von dynamischen Datenfeldern

Von den statischen Datenfeldern unterscheidet man die *dynamischen* Datenfelder, die immer dann eingesetzt, wenn die maximale Anzahl der Elemente eines Datenfeldes im voraus nicht bekannt ist. Sie können zur Laufzeit eines Programms deren Variablenanzahl vergrößern oder verkleinern. Anders gesagt: Erst während des Programmablaufs wird den einzelnen Variablen des Datenfeldes Speicherplatz zugewiesen. Man deklariert dynamische Datenfelder im Quellcode durch das Anhängen eines leeren Klammernpaares »()« an den Datenfeldnamen:

`Dim arrMeinDatenfeld() As String`

Oder beispielsweise im Deklarationsteil eines Moduls als öffentliches Datenfeld mit dem Datentyp `Variant`:

`Public gBSP_DATENFELD()`

Syntax eines dynamischen Datenfelds

Die Syntax zur Deklaration eines dynamischen Datenfelds lautet ganz einfach:

`<ZM> VarName() [As Typ]`

- »ZM« steht für den Zugriffsmodifizierer des dynamischen Datenfelds. Mögliche Zugriffsmodifizierer sind die Anweisungen `Dim`, `Private`, `Public`, `Static`.
- »VarName« steht für den Bezeichner des dynamischen Datenfeldes. Den Namen der jeweiligen Datenfelds legt ein VBA-Programmierer selbst fest. Er muß immer gemäß der Standardkonventionen gebildet werden[7] und ist eine notwendige Angabe für die Definition eines dynamischen Datenfeldes.
- »Typ« steht für den Datentyp des dynamischen Datenfelds. Sie können die üblichen Datentypen optional angeben.

Die Größe des Datenfeldes wird bei dynamischen Datenfeldern mit Hilfe des Schlüsselwortes `ReDim` an einer anderen Stelle im Code festgelegt. Die `ReDim`-Anweisung wird weiter unten in diesem Kapitel erklärt.[8]

18.3.4 Änderung des Datentyps eines Datenfeldes

Beachten Sie, daß der Datentyp eines Datenfeldes nachträglich (also nach der Deklaration) nicht geändert werden kann. Einzige Ausnahme: Es liegt ein dynamischen Datenfeld vor, für das der Datentyp `Variant` festgelegt wurde. In diesem Fall können Sie den Datentyp der Elemente mit einem `As`-Datentyp-Abschnitt ändern, bis Sie das `Preserve`-Schlüsselwort ver-

---

[7] Siehe Abschnitt 9.5, »Verbindliche Namensregeln gemäß VBA-Spezifikation«, Seite 362.
[8] Siehe Abschnitt 18.7, »Die ReDim-Anweisung«, ab Seite 521.

wenden, das keine Änderungen der Datentypen mehr zuläßt. Hierzu erhalten Sie weiter unten mehr Informationen.

18.4 Beispiele für gültige Datenfeld-Deklarationen

Es gibt so viele Möglichkeiten, ein Datenfeld zu deklarieren, daß gerade VBA-Einsteiger schnell den Überblick verlieren, mit welcher Deklaration man VBA welches Datenfeld bekannt macht. Aus diesem Grunde führen die nachstehenden Codeschnipsel zur Orientierung ein paar gültige Datenfeld-Deklarationen an:

```
'Deklarationsbeispiele für Arrays
'===============================

'Eindimensionales String-Array mit
'Unter- und Obergrenze
Dim arrJanuar(1 To 31) As String

'Eindimensionales String-Array mit
'Option-Base-Untergrenze (0 oder 1)
Dim arrJanuar(31) As String

'Eindimensionales, dynamisches Array ohne Unter- und
'Obergrenze mit einem benutzerdefinierten Datentyp
Dim arrBücher() As LITERATURANGABE_TYP

'Eindimensionales, dynamisches Array ohne Unter- und
'Obergrenze mit dem Datentyp Variant
Dim arrLookupTabelle()

'Zweidimensionales Variant-Array mit Option-Base-
'Untergrenzen (0 oder 1) und Obergrenzen (2 bzw. 10)
Dim arrKosten(2, 10)

'Zweidimensionales String-Array mit festen Untergrenzen
'(5 bzw. -7) und festen Obergrenzen (10 bzw. 0)
Dim arrMitglieder(5 To 10, -7 To 0) As String

'Dreidimensionales Variant-Array mit festen
'Untergrenzen (jeweils 1) und festen Obergrenzen
'(2, 4 und 8)
Dim arrMitglieder(1 To 2, 1 To 4, 1 To 8)
```

18.5 Wertzuweisung und Zugriff auf Datenfeldelemente

Nach der Deklaration eines Datenfelds können Sie dessen Elemente (Variablen) im Prinzip genauso durch eine Zuweisung initialisieren, wie Sie es von »normalen« Variablen gewohnt sind. Auch der Zugriff auf eine Datenfeldvariable unterscheidet sich nur wenig vom Zugriff auf eine »normale« Variable. Maßgeblicher Unterschied: Datenfeldvariablen werden immer über einen eindeutigen Index angesprochen.

18.5.1 Initialisierung eines Datenfeldelements

Jedes Element des Datenfelds müssen Sie einzeln über seinen Index initialisieren. Geben Sie dazu den Namen des Datenfeldes an, gefolgt von den in Klammern »()« eingeschlossenen Index. Anschließend weisen Sie nach einem Gleichheitszeichen den gewünschten Wert zu.

Syntax für die Initialisierung eines Datenfeldelements

Die generelle Syntax für die Initialisierung der Elemente eines Datenfeldes lautet:

```
VarName(Index1[, Index2] ...) = Ausdruck
```

- »VarName« repräsentiert den Namen des Datenfelds.
- »Index1« repräsentiert einen gültigen Index für die erste Dimension des Datenfelds.
- »Index2« repräsentiert einen gültigen Index für die zweite Dimension des Datenfelds.

Die nachfolgenden Anweisungen initialisieren beispielsweise fünf Elemente eines Datenfelds namens `arrMeinDatenfeld` vom Datentyp `Integer` mit den Ganzzahl-Werten 10, 20, 25, 30, 40 und 50:

```
'Deklaration des Datenfeldes
Dim arrMeinDatenfeld(4) As Integer

'Wertzuweisung
arrMeinDatenfeld(0) = 10
arrMeinDatenfeld(1) = 20
arrMeinDatenfeld(2) = 25
arrMeinDatenfeld(3) = 30
arrMeinDatenfeld(4) = 40
```

Wenn Sie einem Datenfeld Werte zuweisen, muß der Indexwert, mit dem Sie gezielt ein Element des Datenfeldes spezifizieren, innerhalb des Indexbereichs des Datenfeldes liegen und eindeutig sein. Ist dies nicht der Fall, generiert VBA einen Fehler. Der Wert selber muß vom gleichen Datentyp sein wie die Datenfeldvariable. Wenn einem Element (einer Variablen) eines Datenfeldes ein Wert zugewiesen wird, bleiben die Werte der anderen Elemente (Variablen) davon unbeeinflußt.

18.5.2 Zugriff auf ein Datenfeldelement

Um auf ein Datenfeldelement zuzugreifen, geben Sie den Namen des Datenfelds und den gewünschten »umklammerten« Index an.

Syntax für den Zugriff auf ein Datenfeldelement

Die generelle Syntax für den Zugriff auf ein Element eines Datenfeldes lautet:

```
VarName(Index1[, Index2] ...)
```

- »VarName« repräsentiert den Namen des Datenfelds.
- »Index1« repräsentiert einen gültigen Index für die erste Dimension des Datenfelds.
- »Index2« repräsentiert einen gültigen Index für die zweite Dimension des Datenfelds.

Der folgende Codeschnipsel verwendet Debug.Print, um auf die Elemente eines Datenfelds namens arrMeinDatenfeld zuzugreifen und deren Werte im Direktfenster auszugeben:

```
Debug.Print arrMeinDatenfeld(0)
Debug.Print arrMeinDatenfeld(1)
Debug.Pring arrMeinDatenfeld(2)
Debug.Print arrMeinDatenfeld(3)
Debug.Print arrMeinDatenfeld(4)
```

18.5.3 Datenfeld-Beispiel I: Wertzuweisung und Zugriff ohne Schleifenkonstrukt

Wollte man sieben verschiedenen Anreden eines Datenfeldes einen Namen zuweisen und anschließend darauf zugreifen, so geschieht dies ohne Schleife folgendermaßen:

```
Sub BspDatenfeldAnrede1()
    Dim arAnrede(6) As String    'Datenfeld deklarieren
    Dim strName As String        'Zeichenkette deklarieren

    'Den Arrayelementen Werte zuweisen (Initialisierung)
    arAnrede(0) = "Frau"
    arAnrede(1) = "Herr"
    arAnrede(2) = "Herrn"
    arAnrede(3) = "Mr."
    arAnrede(4) = "Mrs."
    arAnrede(5) = "Monsieur"
    arAnrede(6) = "Señor"

    strName = " Mustername"

    'Zugriff auf die Array-Elemente (Datenfeldvariablen)
    MsgBox Prompt:=arAnrede(0) & strName & vbCrLf & _
        arAnrede(1) & strName & vbCrLf & _
        arAnrede(2) & strName & vbCrLf & _
        arAnrede(3) & strName & vbCrLf & _
        arAnrede(4) & strName & vbCrLf & _
        arAnrede(5) & strName & vbCrLf & _
        arAnrede(6) & strName & vbCrLf, _
        Title:="Anrede"
End Sub
```

Die Programmierung von Datenfeldern ohne Zuhilfenahme von Schleifen eignet sich nur für kleine Datenfelder. Bei der professionellen VBA-Programmierung wird diese Form der Array-Programmierung, wenn überhaupt, nur bei Prototypen angewendet (oder wenn man »mal eben etwa schnell ausprobieren will«). Grundsätzlich gilt sie als schlechter Programmierstil und sollte aus Produktivcode entfernt werden.

18.5.4 Datenfeld-Beispiel: Wertzuweisung und Zugriff über ein Schleifenkonstrukt

Da der Index eines Datenfeldes auch eine Variable sein darf (zum Beispiel ein Indexzählvariable), können Datenfelder und eine große Anzahl von Daten sehr leicht in Schleifen verarbeitet werden. Bei der Zuweisung von Daten an ein Datenfeld sind die Schleifen For ... Next oder For ... Each gang und gäbe. Das ist, neben der Reduzierung der Gesamtzahl von unterschiedlichen Variablennamen auf einen Datenfeldvariablennamen, der größte Vorteil eines Datenfeldes gegenüber der Verwendung von für sich stehenden Variablen.

Das obige Beispiel unter Verwendung einer Schleife verringert die Codezeilen und sieht folgendermaßen aus:

```
Sub BspDatenfeldAnrede2()
Dim arAnrede(6) As String    'Datenfeld deklarieren
Dim strName     As String    'Zeichenkette deklarieren
Dim intZähler   As Integer   'Integer-Variable

    arAnrede(0) = "Frau"
    arAnrede(1) = "Herr"
    arAnrede(2) = "Herrn"
    arAnrede(3) = "Mr."
    arAnrede(4) = "Mrs."
    arAnrede(5) = "Monsieur"
    arAnrede(6) = "Señor"

    For intZähler = 0 To 6
        strName = strName & arAnrede(intZähler) & _
                " Mustername" & vbCrLf
    Next
    MsgBox Prompt:=strName, Title:="Anrede"
End Sub
```

Eine weitere Reduzierung der Codezeilen können Sie in diesem Beispiel erreichen, wenn Sie die Funktion Array verwenden (dazu weiter unten mehr).

18.5.5 Hinweis für Profis

Als VBA-Profi sollten Sie es vermeiden, ein Datenfeld mit Literalen innerhalb des Codes zu »füttern«. Sehen Sie von Anfang an vor, daß die Daten für Ihr VBA-Projekt grundsätzlich getrennt vom eigentlichen Programmcode in einer eigenen Datenschicht vorgehalten werden. Überhaupt: Es gibt im professionellen Rahmen nur noch wenige Gründe, mit Datenfeldern zu hantieren. Versuchen Sie statt dessen, alle Datenfeld-Konstrukte auf die OO-Welt zu übertragen, die weitaus elegantere Mechanismen anbietet, um mehrere gleichartige Daten zu speichern, zu verwalten und zu bearbeiten.

18.6 Option Base

Ist ein Datenfeld folgendermaßen deklariert:

`Dim arField(10) As String`

besitzt es in der Regel elf (!) Zeichenfolgenwerte – und nicht etwa 10, wie man vermuten könnte. Beachten Sie, daß ohne Angabe einer Untergrenze und ohne Angabe von `Option Base` die Variablen (Elemente) des Datenfelds von 0 bis 10 durchnumeriert sind. Insgesamt gibt es also elf Variablen vom Typ `String`, die Werte aufnehmen können. Diese Art des Zählsystems wird *nullbasiertes* Zählen genannt, ist im Programmieralltag keine Seltenheit, führte und führt leider aber schon zu vielen Programmierfehlern. VBA verwendet das nullbasierte Zählen, weil es der Art entspricht, wie Datenfelder im Speicher organisiert sind (der Datenfeld-Index bezieht sich auf den Offset-Wert einer Speicheradresse). Wenn Sie erreichen wollen, daß die Numerierung bei 1 (und nicht bei 0) anfängt und das Datenfeld tatsächlich nur zehn Variablen besitzt, können Sie das Datenfeld alternativ mit Unter- und Obergrenze deklarieren:

`Dim arField(1 To 10) As String`

Oder Sie plazieren vor der Deklaration des Datenfeldes und vor irgendeiner Variablen, Konstanten oder Prozedur im Deklarationsteil eines Moduls die `Option-Base`-Anweisung, um die Standarduntergrenze respektive den Beginn der Index-Numerierung für die Datenfeldvariablen des Moduls auf 1 festzulegen:

```
Option Base 1            'Die Indexierung beginnt mit 1
Dim arField(10) As String
```

Grundsätzlich empfiehlt es sich, die `Option-Base`-Anweisung so zu benutzen, wie Sie Ihnen die Programmierung vereinfacht. Arbeiten Sie in einem Team, müssen Sie sich natürlich mit den anderen Teammitgliedern abstimmen. Eine explizite `Option-Base`-Anweisung in jedem Modul, zeigt Dritten auf einen Blick, welches Numerierungsschema in dem Modul für Datenfelder verwendet wird.

18.7 Die ReDim-Anweisung

Wie Sie gelernt haben, kann man ein Datenfeld auch dimensionslos, ohne Angabe von Ober- und Untergrenze, das heißt *dynamisch* deklarieren. Ein dynamisches Datenfeld können Sie beispielsweise im Deklarationsteil eines Moduls als öffentliches Datenfeld mit dem Datentyp `Variant` folgendermaßen deklarieren:

```
'Öffentliches, undimensioniertes Beispiel-Datenfeld
Public gBSP_DATENFELD()
```

Dieses dynamische Datenfeld können Sie in jedem beliebigen Modul und in jeder beliebigen Prozedur Ihres Projekts nutzen. So weit, so gut. Aber wie wird die Größe oder die Dimension eines Datenfelds zur Laufzeit geändert? Nun, dafür gibt es in VBA die `ReDim`-Anweisung. Sie können sie auf Prozedurebene ähnlich wie die anderen Zugriffsmodifizierer verwenden, um Speicherplatz für dynamische Datenfeldvariablen zu reservieren.

Mit der nachstehenden Prozedur wird beispielsweise bestimmt, daß das globale Datenfeld gBSP_DATENFELD während des Programmablaufs der Prozedur BspDatenfeld03() eine Dimension mit maximal 5 Elementen enthalten soll (vorausgesetzt Option Base besitzt den Wert 0):

```
Sub BspDatenfeld03()
    'Globales Datenfeld mit 5 Elementen dimensionieren
    '(vorausgesetzt Option Base = 0).
    ReDim gBSP_DATENFELD(4)

    'Dem globalen Datenfeld Werte zuweisen.
    gBSP_DATENFELD(0) = "erstes"
    gBSP_DATENFELD(1) = "zweites"
    gBSP_DATENFELD(2) = "drittes"
    gBSP_DATENFELD(3) = "viertes"
    gBSP_DATENFELD(4) = "fünftes"
End Sub
```

Die ReDim-Anweisung können Sie mehrfach verwenden. Wenn Sie dies tun, werden alle vorigen Werte und Dimensionen eines Datenfelds gelöscht. Wenn Sie beispielsweise das voranstehende öffentliche Datenfeld in der gleichen (oder in einer anderen) Prozedur durch eine zweite ReDim-Anweisung auf insgesamt 7 Elemente vergrößern, so werden die alten Dimension und Werte dabei aus dem Speicher entfernt:

```
Sub BspDatenfeld04()
    'Globales Datenfeld mit 4 Elementen dimensionieren.
    ReDim gBSP_DATENFELD(4)

    'Dem globalen Datenfeld Werte zuweisen.
    gBSP_DATENFELD(0) = "erstes"
    gBSP_DATENFELD(1) = "zweites"
    gBSP_DATENFELD(2) = "drittes"
    gBSP_DATENFELD(3) = "viertes"
    gBSP_DATENFELD(4) = "fünftes"

    'Löschen des alten Arrays und Neu-Initialisierung
    ReDim gBSP_DATENFELD(6)

End Sub
```

Die zweite ReDim-Anweisung sorgt im Beispiel dafür, daß die bisherigen Werte aller Datenfeldelemente gelöscht werden und daß ein *größeres* Datenfeld neu initialisiert wird. Natürlich besteht auch die Möglichkeit, daß Datenfeld zu *verkleinern* (geben Sie dazu einfach mit der ReDim-Anweisung eine kleinere Obergrenze ein).

Vorsicht I: Wenn Sie ein dynamisches Datenfeld als Argument von Prozedur zur Prozedur als Referenz weiterreichen (ByRef - das ist in VBA die Voreinstellung), so können Sie diesem Datenfeld innerhalb der Prozedur keine neuen Dimensionen zuweisen. Übergeben Sie ein Datenfeld als Wert (ByVal), wenn Sie es in einer anderen Prozedur neu dimensionieren wollen.

Vorsicht II: Wenn Sie ein Datenfeld auf Modulebene oder Prozedurebene noch nicht als dynamisches Datenfeld deklariert haben, verhält sich die ReDim-Anweisung wie ein deklarierender Zugriffsmodifizierer (Dim, Public ...). Sollten Sie parallel eine andere Variable mit dem gleichen Namen erstellen, überdies in einem größeren Gültigkeitsbereich, so kann es zu Verweiskonflikten kommen. Diese verursachen nicht notwendig einen Kompilierungsfehler, auch wenn Option Explicit wirksam ist, haben aber im Programmablauf eventuell katastrophale Auswirkungen. Kurzum: Vermeiden Sie es, ReDim als eine deklarierende Anweisung zu verwenden. Verwenden Sie die Anweisung statt dessen immer nur zur Änderung der Größe und/oder der Anzahl der Dimensionen eines bereits deklarierten Datenfelds.

18.7.1 Der Einsatz von Preserve

Kann man die mühsam initialisierten Werte eines Datenfeldes trotz Neu-Dimensionierung erhalten? Kurze Antwort: Ja, aber nur unter bestimmten Voraussetzungen. Vor allem müssen Sie das Schlüsselwort Preserve zur ReDim-Anweisung hinzufügen. Es verhindert das Löschen der Werte der einzelnen Datenfeldelemente.

Das vorige Beispiel könnten Sie folgendermaßen ergänzen:

```
Sub BspDatenfeld05()
    'Globales Datenfeld mit 4 Elementen dimensionieren.
    ReDim gBSP_DATENFELD(4)

    'Dem globalen Datenfeld Werte zuweisen.
    gBSP_DATENFELD(0) = "erstes"
    gBSP_DATENFELD(1) = "zweites"
    gBSP_DATENFELD(2) = "drittes"
    gBSP_DATENFELD(3) = "viertes"
    gBSP_DATENFELD(4) = "fünftes"

    'Neu-Initialisierung des Arrays, alte Werte
    'dabei erhalten.
    ReDim Preserve gBSP_DATENFELD(6)

    'Dem globalen Datenfeld weitere Werte zuweisen.
    gBSP_DATENFELD(5) = "sechstes"
    gBSP_DATENFELD(6) = "siebtes"

End Sub
```

Dank der Verwendung von Preserve wird im Beispiel das Datenfeld um zwei Elemente vergrößert, ohne daß die bestehenden Werte »erstens«, »zweitens« und so weiter der bestehenden Elemente dabei verloren gehen.

Was aber, wenn Sie ein Datenfeld verkleinern? Müssen dann nicht notwendigerweise zugewiesene Werte gelöscht werden, selbst wenn Preserve eingesetzt wird? Richtig. Wenn Sie ein Datenfeld verkleinern und dabei das Schlüsselwort Preserve verwenden, erhält VBA nur die Daten, die noch in das verkleinerte Datenfeld passen. Alle anderen Werte gehen verloren.

Vorsicht: Wenn Sie das Schlüsselwort Preserve einsetzen, können Sie *nur die Größe der letzten* Datenfelddimension ändern, nicht die Anzahl der Datenfelddimensionen! Versuchen Sie es trotzdem, quittiert VBA Ihren Versuch mit einer Fehlermeldung. Im obigen Beispiel können Sie die Größe der Datenfelddimension ändern, weil diese Dimension die letzte und einzige ist. Wenn ein Datenfeld aber mehr als eine Dimension besitzt, so können Sie lediglich die Größe der letzten Dimension ändern, ohne daß der Inhalt der Elemente dieser Dimension gelöscht wird. Sie müssen also gegebenenfalls bei der mehrfachen Redimensionierung mehrdimensionaler Datenfelder sehr sorgfältig darauf achten, welche Dimension Sie als letzte deklarieren.

Und Preserve besitzt ein weiteres Handicap: Bei seiner Verwendung können Sie nur die Größe des Datenfelds nur durch Änderung der oberen Grenze verändern – den Versuch, die untere Grenze zu verändern, quittiert VBA ebenfalls mit einer Fehlermeldung.

Syntax der ReDim-Anweisung

Die ReDim-Anweisung hat folgende Syntax:

```
ReDim [Preserve] VarName(Indizes) [As Typ][, _
                VarName(Indizes) [As Typ]]
        ...
```

- »ReDim« respäsentiert einen Zugriffsmodifizierer, der nur bei der Deklaration eines Datenfeldes verwendet werden darf.
- »Preserve« repräsentiert ein Schlüsselwort, das bei der Veränderung der Dimensionsgröße eines Datenfelds zum Erhalt der bestehenden Daten optional verwendet wird (gilt nur für die letzte Dimension eines Datenfelds).
- »Indizes« repräsentieren die Dimensionen eines Datenfeldes (Ober-/Untergrenze).[9]
- »Typ« steht für den Datentyp des redimensionierten Datenfelds. Sie können die üblichen Datentypen optional angeben.

18.8 Array-Funktion

Die Array-Funktion dient dazu, ein Datenfeld mit einer überschaubaren Menge von Elementen mit Werten zu füllen. Sie nimmt dem Anwender die Arbeit ab, jeder Datenfeldvariablen mühsam einzeln einen Wert zuzuweisen, gilt aber nur für Variant-Datenfelder.

Syntax der Array-Funktion

Die Syntax der Array-Funktion lautet:

```
Array(ArgumentenListe)
```

- »ArgumentenListe« ist bei der Verwendung der Funktion erforderlich und steht für eine durch Kommata getrennte Liste von Werten, die den Elementen des Datenfeldes zugewiesen werden. Wenn keine Argumentliste angegeben wird, so erstellt die Array-Funktion ein Null-Datenfeld.

Die Array-Funktion funktioniert folgendermaßen: Sie übergeben der Funktion die Liste der Werte, die in das Datenfeld aufgenommen werden sollen, und sie gibt ein Variant zurück, das das Datenfeld enthält. Ein Beispiel:

---

[9] Weiter Informationen zu den »Indizes« finden Sie im Abschnitt 18.3.1, »Syntax für die Deklaration eines Datenfeldes«, ab Seite 514.

```
Sub BspArrayFunktion01()
Dim arrMeinDatenfeld As Variant
Dim varWochentag    As Variant

'Datenfeld initialisieren.
arrMeinDatenfeld = Array("Montag", "Dienstag", _
            "Mittwoch", "Donnerstag", "Freitag", _
            "Samstag", "Sonntag")

'Über einer For-Each-Schleife die Werte
'der Datenfeldelemente auslesen und in das
'Direktfenster schreiben.
For Each varWochentag In arrMeinDatenfeld
    Debug.Print varWochentag
Next
End Sub
```

18.9 IsArray-Funktion

Mit Hilfe der `IsArray`-Funktion können Sie ermitteln, ob eine Variable ein Datenfeld ist. `IsArray` gibt den Wert `True` zurück, wenn die Variable ein Datenfeld ist, anderenfalls wird `False` zurückgegeben.

```
'Überprüfen, ob ein Datenfeld übergeben wurde.
If Not IsArray(arDatenfeld) Then
    Exit Function
End If
```

18.10 LBound- und UBound-Funktion

Die Funktionen `LBound` respektive `UBound` liefern zur Laufzeit die Unter- beziehungsweise Obergrenze eines Datenfelds zurück.

Die Syntaxen der Funktionen lauten:

Syntax von LBound und UBound

```
LBound(VarName[, Dimension])
UBound(VarName[, Dimension])
```

- »VarName« steht für den Bezeichner des Datenfelds, gemäß der Standardkonventionen für Namen von Variablen.[10]
- »Dimension« repräsentiert einen Wert vom Datentyp `Variant` beziehungsweise eine ganze Zahl (`Long`), die bei der Verwendung von LBound angibt, für welche Dimension die untere (`LBound`) oder die obere Grenze (`UBound`) zurückgegeben werden soll. Verwenden Sie für die erste Dimension den Wert 1, für die zweite Dimension 2 und so weiter. Wenn Sie keine Dimension angeben, so geht VBA davon aus, daß das übergebene Datenfeld nur eine Dimension besitzt.

---

10 Siehe Abschnitt 9.5, »Verbindliche Namensregeln gemäß VBA-Spezifikation«, Seite 362.

Im nachstehenden Beispiel werden die LBound- und die UBound-Funktion verwendet, um den kleinsten beziehungsweise größten verfügbaren Index für die angegebenen Dimensionen von zwei Datenfeldern zu bestimmen.

```
Sub BspLBoundUBound01()
Dim Untergrenze     As Long
Dim Obergrenze      As Long

'Datenfeldvariablen deklarieren.
Dim arrFeld01(1 To 10, 5 To 15, 10 To 20)
Dim arrFeld02(10)

Untergrenze = LBound(arrFeld01, 1)      'Liefert 1.
Untergrenze = LBound(arrFeld01, 2)      'Liefert 5.
Untergrenze = LBound(arrFeld01, 3)      'Liefert 10.
Untergrenze = LBound(arrFeld02)         'Liefert 0 oder 1,
                                        '(wie Option Base).
Obergrenze = UBound(arrFeld01, 1)       'Liefert 10.
Obergrenze = UBound(arrFeld01, 2)       'Liefert 15.
Obergrenze = UBound(arrFeld01, 3)       'Liefert 20.
Obergrenze = UBound(arrFeld02)          'Liefert 10.

End Sub
```

18.10.1 LBound-/UBound-Beispiel: Datenfeld mit Werte füllen, wenn die Größe des Datenfelds unbekannt ist

Die Funktionen LBound und UBound sind vor allem praktisch, wenn die genauen Größen eines Datenfelds während des Programmablaufs nicht bekannt sind, das Datenfeld aber dennoch mit Werten initialisiert werden soll. In diesem Fall fragen Sie erst einmal die Ober- und die Untergrenze ab, und füllen das Datenfeld mit Hilfe einer Schleife, die sich automatisch auf die Größe des Datenfelds einstellt. Im nachstehenden Beispiel wird auf diese Weise jedem Element eines Datenfelds ein unterschiedlicher Wert von 1 bis 100 zugewiesen.

```
Sub BspLBoundUBound02()
'Datenfelds deklarieren.
Dim arrFeld01(1 To 100) As Integer
'Zählervariable deklarieren.
Dim intZähler       As Integer

'Datenfeld mit Werten von 1 bis 100 füllen, wobei
'die Ober-/Untergrenze erst ermittelt wird.
For intZähler = LBound(arrFeld01) To _
           UBound(arrFeld01)
    arrFeld01(intZähler) = intZähler
Next
End Sub
```

18.10.2 LBound-/UBound-Beispiel: Die Anzahl der Datenfeldelemente ermitteln

Datenfelder besitzen keine Eigenschaften, mithin auch keine `Count`-Eigenschaft, mit der man die Anzahl der Elemente eines Datenfeldes (Arrays) bestimmen könnte. Benutzen Sie die Funktion `LBound` und `UBound`, um die Anzahl der Elemente gemäß der Formel »*Obergrenze minus Untergrenze plus 1*« zu ermitteln:

```
FeldAnzahl = UBound(ArrayName) - LBound(ArrayName) + 1
```

18.10.3 LBound-/UBound-Beispiel: Maximalen Speicherbedarf eines Datenfelds ermitteln

Die Speichermenge, die ein Datenfeld benötigt, ist abhängig vom Datentyp des Datenfeldes. Zum Beispiel benötigt ein Datenfeld mit 100 Elementen vom Typ `Integer` 100 mal 2 Bytes, also 200 Bytes Speicherplatz; ein Datenfeld mit 100 Elementen vom Typ `Object` würde jedoch 400 Bytes Speicher benötigen (100 mal 4 Bytes). Datenfelder mit variablen Datentypen (zum Beispiel `String` mit variabler Länge) reservieren den Speicher dynamisch. Wollen Sie die maximale Anzahl an Bytes bestimmen, so können Sie dies in der Regel gemäß der Formel: »*Anzahl der Datenfelder mal Größe eines Datenfeldes*«.

Die nachstehende Prozedur deklariert zwei Datenfelder mit 100 Elementen (eines vom Datentyp Integer, eines vom Typ Object). Anschließend werden dem ersten Datenfeld 100 Ganzzahlen zugewiesen und dem zweiten nur zu Demonstrationszwecken 100 Objektreferenzen auf das aktive Dokument (Achtung: so was macht in der Praxis keinen Sinn). Im weiteren Ablauf wird jeweils die obige Formel angewendet und das Ergebnis in eine String-Variable eingelesen. Der Wert der String-Variablen wird zum Schluß mit `MsgBox` angezeigt.

```
Sub BspLBoundUBound03()

'Datenfelder-Variablen deklarieren.
Dim arrFeld01(1 To 100) As Integer
Dim arrFeld02(1 To 100) As Object

'Variablen deklarieren.
Dim lngSpeicher       As Long
Dim strMldg           As String
Dim intZähler         As Integer

'Array 1 mit Werten füllen.
For intZähler = LBound(arrFeld01) To UBound(arrFeld01)
   arrFeld01(intZähler) = intZähler
Next

'Array 2 mit Objektreferenzen füllen
'(hier mit Verweisen auf "ActiveDocument").
For intZähler = LBound(arrFeld02) To UBound(arrFeld02)
   Set arrFeld02(intZähler) = ActiveDocument
Next
```

```
'Speicherbedarf des ersten Arrays ermitteln.
lngSpeicher = (UBound(arrFeld01) - LBound(arrFeld01) _
            + 1) * LenB(arrFeld01(LBound(arrFeld01)))

'Ersten Teil des Meldungstextes zusammenbauen.
strMldg = "Speicherbedarf Array01: " & _
        str(lngSpeicher) & " Byte"

'Speicherbedarf des zweiten Arrays ermitteln.
lngSpeicher = (UBound(arrFeld02) _
            - LBound(arrFeld02) + 1) * 4

'Zweiten Teil des Meldungstextes zusammenbauen.
strMldg = strMldg & vbCr & "Speicherbedarf " & _
        "Array02: " & str(lngSpeicher) & " Byte"

'Meldung ausgeben.
MsgBox strMldg

End Sub
```

Die Funktion LenB()

Beachten Sie: Beim ersten Datenfeld wird zur Ermittlung des maximal benötigten Speichers die Größe des ersten Elementes vorgeblich etwas unnötig mit der Funktion LenB() eruiert. Dies hat jedoch den Vorteil, daß Sie en passant eine neue Funktion kennenlernen. LenB() gibt normalerweise die Anzahl der Bytes, die zur Darstellung einer Zeichenfolge verwendet wird, oder bei anderen Datentypen die Größe im Speicher zurück. Allerdings liefert Sie im Zusammenhang mit Objekten respektive Objektreferenzen nicht die tatsächlich zum Speichern benötigten Bytes. Deswegen wird beim zweiten Datenfeld direkt die Konstante »4« (für 4 Byte pro Element) verwendet, um den maximal benötigten Speicher für das zweite Datenfeld zu ermitteln.

18.11 Löschen von Datenfeldern

Es kann zuweilen notwendig sein, ein Datenfeld neu zu initialisieren. Es ist dabei nicht notwendig, alle einzelnen Elemente des Datenfelds mit einer Schleife sukzessive auf »0«, auf eine leere Zeichenfolge »""« oder ähnliches zu setzen (obwohl dem eigentlich nichts entgegenspricht). Einfacher geht es mit der Erase-Anweisung.

Syntax der Erase-Anweisung

Die allgemeine Syntax der Erase-Anweisung lautet:

Erase VarName1[, VarName2] ...

▶ »VarName1« und »VarName2« repräsentieren eine oder mehrere durch Kommata getrennte Datenfeldvariable(n), die gelöscht werden sollen.

Erase verhält sich unterschiedlich, je nachdem, ob ein *statisches* Datenfeld (Normalfall) oder ein *dynamisches* gelöscht werden soll. Bei statischen Datenfeldern gibt die Erase-Anweisung keinen Speicher frei. Statt dessen initialisiert sie die Elemente des Datenfelds mit folgenden Grundwerten:

Typ des statischen Datenfelds	Wert der Elemente nach der Verwendung von Erase
Statisches numerisches Datenfeld	Setzt jedes Element auf Null (»0«).
Statisches String-Datenfeld (variabler Länge)	Setzt jedes Element auf eine leere Zeichenfolge ("").
Statisches String-Datenfeld (fester Länge)	Setzt jedes Element auf Null beziehungsweise füllt es mit der definierten Anzahl an Leerzeichen.
Statisches Variant-Datenfeld	Setzt jedes Element auf Empty.
Datenfeld von benutzerdefinierten Typen	Setzt jede Variable in dem benutzerdefinierten Typ separat: Numerische Werte auf 0, String auf eine leere Zeichenfolge "", Variant auf Empty, Object auf Nothing.
Datenfeld von Objekten	Setzt jedes Element auf den Spezialwert Nothing.

Wenn Sie ein dynamisches Datenfeld nach der Verwendung der Erase-Anweisung wieder gebrauchen wollen, müssen Sie vorab mit der ReDim-Anweisung die Größe des Datenfeldes neu bestimmen. Es empfiehlt sich, initialisierte dynamische Datenfelder, die für den weiteren Programmablauf nicht mehr benötigt werden, zu löschen (da in der Regel für Datenfelder viel Speiche reserviert wird).

18.11.1 Erase-Beispiel: Anzeigen und Löschen der Quadrate von 1 bis 10 in einem Datenfeld

Der nachstehende Code zeigt ein Anwendungsbeispiel der Erase-Anweisung bei einem statischen Datenfeld. Die Prozedur zeigt erst in einer Meldung die Quadrate der Zahlen 1 bis 10 an, dann wird das Datenfeld reinitialisiert und die neuen Werte der Datenfeldelemente angezeigt:

```
Sub BspErase()
'Deklaration von Mehrzweck-Variablen
Dim varZähler          As Variant
Dim strMldg            As String

'Deklaration ein statischen Datenfelds
Dim ArrSingle(1 To 10)    As Single

'Füllt das Datenfeld mit Quadratwerten des Index.
For varZähler = LBound(ArrSingle) To UBound(ArrSingle)
   ArrSingle(varZähler) = varZähler * varZähler
Next varZähler

'Zusammenbauen von Text aus den Werten im Datenfeld.
For varZähler = LBound(ArrSingle) To UBound(ArrSingle)
   strMldg = strMldg & "Das Quadrat von " & _
           varZähler & " ist " & _
```

```
                ArrSingle(varZähler) & "." & vbCr
Next varZähler

'Anzeige der Werte vor Anwendung von Erase
MsgBox strMldg, vbInformation, "Vor Erase ..."

'Reinitialisierung des Meldungstext mit Leerstring
strMldg = ""

'Reinitialisierung des Datenfelds
Erase ArrSingle

'Zusammenbauen von Text aus den Werten im Datenfeld.
For varZähler = LBound(ArrSingle) To UBound(ArrSingle)
    strMldg = strMldg & "Wert von Element " & _
              varZähler & ": " & ArrSingle(varZähler) _
              & vbCr  'zeigt Null
Next varZähler

'Anzeige der Werte nach Anwendung von Erase
MsgBox strMldg, vbInformation, "Nach Erase ..."

End Sub
```

18.12 Feststellen, ob ein Datenfeld dimensioniert ist beziehungsweise Elemente enthält

VBA bietet keine Funktion, mit der man feststellen kann, ob ein (dynamisches) Datenfeld bereits dimensioniert ist, oder nicht. Wenn versucht wird, auf ein nicht-dimensioniertes Datenfeld zuzugreifen, wird zur Laufzeit ein Fehler erzeugt. Genau diesen Umstand nützt die folgende Prozedur, um die fehlende Funktionalität zu ergänzen. Sie gibt den Wert True zurück, wenn ein übergebenes Datenfeld eine oder mehrere Dimensionen besitzt und False, wenn nicht.

```
Function IsArrayDim(arDatenfeld As Variant) As Boolean
    Dim lngIndex As Long

    'Einschalten der Fehlerbehandlung.
    On Error Resume Next
    lngIndex = LBound(arDatenfeld)
    IsArrayDim = Not CBool(Err.Number)
End Function
```

Nach dem Einschalten der Fehlerbehandlung mit On Error Resume Next versucht die Routine mit der LBound-Funktion auf den kleinsten verfügbaren Index des übergebenen Datenfeldes arDatenfeld zuzugreifen. Nun gibt es zwei Möglichkeiten: Entweder, es existiert mindestens eine Dimension für den Index, dann wird kein Fehler erzeugt (Error.Number liefert den Fehlerwert »0«). Oder es wurde noch keine Dimension für das Datenfeld deklariert, so daß ein Laufzeitfehler die Folge ist (Error.Number liefert einen Wert größer als »0«). CBool wandelt die Fehlernummer in einen Wahrheitswert um (wenn Error.Number gleich

»0« in `False`, wenn `Error.Number` größer als »0« ist in `True`). Es bleibt nur noch übrig, mit `Not` den Ausdruck zu negieren, weil die Funktion als Ergebnis ja das Gegenteil zurückgeben soll: `False`, wenn das Datenfeld nicht dimensioniert – und `True`, wenn es dimensioniert ist. Testen können Sie die Funktion folgendermaßen:

```
Sub Test_IsArrayDim()

    Dim bolErgebnis As Boolean

    'Deklarieren eines Datenfeldes mit Dimension(en).
    Dim intDatenfeld(10, 10) As Integer

    'Deklarieren eines Datenfeldes ohne Dimension(en).
    Dim sngDatenfeld() As Single

    bolErgebnis = IsArrayDim(intDatenfeld)
    MsgBox "Statisches Datenfeld dimensioniert?" & _
        vbCrLf & "Antwort: " & CStr(bolErgebnis)

    bolErgebnis = IsArrayDim(sngDatenfeld)
    MsgBox "Dynamisches Datenfeld dimensioniert?" & _
        vbCrLf & "Antwort: " & CStr(bolErgebnis)

End Sub
```

18.12.1 Anzahl der Dimensionen eines Datenfeldes ermitteln

VBA besitzt keine Funktion, mit der man die Anzahl der Dimensionen eines Datenfeldes ermitteln könnte. Nachstehend finden Sie zwei Lösungen für eine solche Funktion.[11]

Array-Dimensionen mit VBA ermitteln

Die erste Lösung ist einfach, mehr oder weniger langsam, relativ ungefährlich und wird vermutlich auch mit den nächsten VBA-Versionen funktionieren. Sie basiert darauf, daß man mit Hilfe eines Versuch-und-Fehler-Verfahrens die Dimensionsgrenze sucht. Es wird in einem Aufruf der VBA-Funktion `LBound` (oder der Funktion `UBound`) solange eine Dimension angegeben, bis die VBA-Funktion einen Fehler zurückgibt, weil eine entsprechende Datenfelddimension nicht existiert. Da in VBA die maximale Anzahl der Datenfelddimensionen 60 beträgt, wird die Schleife gegebenenfalls von 1 bis 61 durchlaufen, bevor sie einen Fehler auslöst. Am Schluß wird die Anzahl der Dimensionen des Datenfeldes als `Integer` zurückgegeben (oder -1, wenn ein Fehler auftritt).

```
Public Function ArrayDimCountVBA _
            (arDatenfeld As Variant) As Integer
Dim lngIndexMin As Long

If Not IsArray(arDatenfeld) Then
    ArrayDimCountVBA = -1
```

---

11 Vgl. [SCHIF001] und [SCHIF002].

```
      Exit Function
End If

On Error Resume Next
For ArrayDimCountVBA = 1 To 61

   lngIndexMin = LBound(arDatenfeld, ArrayDimCountVBA)
   If Err.Number <> 0 Then
      Exit For
   End If

Next
ArrayDimCountVBA = ArrayDimCountVBA - 1
End Function
```

Array-Dimension mit API-Funktionen ermitteln

Die zweite, schnellere und elegantere Variante ist etwas für Hardcore-Programmierer und Entwickler mit Mut zum Risiko. Sie greift auf undokumentierte API-Funktionen[12] zurück und wird nicht von Microsoft unterstützt. Wer diese Alternative wählt, um die Anzahl der Dimensionen eines Datenfeldes zu ermitteln, riskiert, daß sein Code in zukünftigen Versionen von VBA nicht funktioniert[13]. Sie wird hier dennoch vorgestellt, weil sie zeigt, daß sich hinter den VBA-Kulissen häufig etwas verbirgt, was man vor ihnen eigentlich dringend benötigt.

Zur Realisierung der Lösung wird aus der Kernel32-Bibliothek (Kernel32.DLL) von Windows die API-Prozedur CopyMemory benötigt, die auch unter dem Aliasnamen RtlMoveMemory bekannt ist. Legen Sie als erstes, falls noch nicht geschehen, ein eigenes Modul nur für API-Deklarationen an und schreiben Sie in den Deklarationsbereich des Moduls folgenden Code:

```
Public Declare Sub CopyMemory Lib "kernel32" _
       Alias "RtlMoveMemory" (Destination As Any, _
       Source As Any, ByVal Length As Long)
```

Die API-Funktion CopyMemory steht danach allen VBA-Prozeduren in allen Modulen zur Verfügung. Mit ihr kann der erfahrene Entwickler Speicherbereiche verschieben oder kopieren. Allerdings setzt das ein tiefergehendes Wissen um die physikalischen Speicherorte der Variablen und ihrer Werte voraus. Dieses Wissen benötigt ein VBA-Programmierer »normalerweise« nicht, weil Windows und VBA sich um die Adressierung und um Speicherorte von Variablen selber kümmern. Hier nur soviel: VBA speichert Datenfelder im OLE-Typ SAFEARRAY, der folgende Struktur aufweist:[14]

```
typedef struct FARSTRUCT tagSAFEARRAY {
   // Anzahl der Dimensionen eines Datenfeldes
   unsigned short cDims;
```

---

12 API-Funktionen und -Prozeduren werden erschöpfend in Abschnitt 27.1, »Windows API und DLLs allgemein«, besprochen.
13 Microsoft hat angekündigt, daß in dem zukünftigen Windows namens »Longhorn«, das 2006 erscheinen soll, die Win32-API komplett auf »managed code« umgestellt wird. Angeblich wird man Win32-API parallel auch weiterhin nativ nutzen können.
14 Hinweis: Das ist C-Code. Geben Sie ihn nicht in ein VBA-Modul ein.

```
    // Beschreibung einiger Details eines Datenfeldes
    unsigned short fFeatures;
    // Größe eines Array-Elements
    // (bei Pointern nur die Größe des Pointers)
    unsigned long cbElements;
    // Lock-Zähler
    unsigned long cLocks;
    // Zeiger auf Array-Inhalt
    void HUGEP* pvData;
    // Grenzen einer Dimension
    SAFEARRAYBOUND rgsabound[n];
} SAFEARRAY;
```

Mit:

```
struct SAFEARRAYBOUND {
    DWORD cElements;    // Anzahl der Elemente
    LONG  lLbound;      // Nr. des ersten Elements
};
```

Die genaue Struktur des OLE-Typs interessiert nur am Rande. Wichtig ist die Information, die in den ersten zwei Bytes steckt: cDims enthält die Anzahl der Dimensionen eines Datenfeldes. Mit der API-Funktion CopyMemory und der undokumentierten VBA-Funktion VarPtr ist es möglich, erst die Adresse des SAFEARRAY-Deskriptors eines Datenfeldes, dann die Adresse der SAFEARRAY-Struktur zu holen, um letztlich die zwei Bytes von cDims auszulesen. Geben Sie folgenden Code in ein beliebiges VBA-Modul ein:

```
Public Function ArrayDimCountAPI( _
                arDatenfeld As Variant) As Integer

Dim lpSADescriptor   As Long
Dim lpSafeArray      As Long

If Not IsArray(arDatenfeld) Then
   ArrayDimCountAPI = -1
   Exit Function
End If

'Adresse eines SAFEARRAY-Deskriptors holen.
CopyMemory lpSADescriptor, _
           ByVal VarPtr(arDatenfeld) + 8, 4

'Adresse einer SAFEARRAY-Struktur holen.
CopyMemory lpSafeArray, ByVal lpSADescriptor, 4

If lpSafeArray <> 0 Then
   'Anzahl der Dimensionen aus den ersten 2 Bytes:
   CopyMemory ArrayDimCountAPI, ByVal lpSafeArray, 2
End If

End Function
```

Die Funktion `ArrayDimCountAPI` erklärt sich im Großen und Ganzen von selbst: Nach der Deklaration von zwei Long-Variablen wird mit `IsArray` geprüft, ob der Funktion überhaupt ein Datenfeld beim Aufruf übergeben wurde. Wenn nein, wird die Funktion `ArrayDimCountAPI` beendet. Sie gibt dann -1 zurück. Wenn ein Datenfeld übergeben wurde, wird die Anzahl der Dimensionen des Datenfeldes ermittelt und der Funktion `ArrayDimCountAPI` als Rückgabewert zugewiesen. Interessant ist die undokumentierte Funktion `VarPtr`, die die Startadresse des Speicherbereichs liefert, in dem eine Variable (nicht ihr Wert) gespeichert wird. Sie wird im Abschnitt »Adressen von Variablen ermitteln« vorgestellt.

18.13 Datenfelder sortieren

Wenn Sie mit Datenfeldern arbeiten, kommen Sie nicht umhin, irgendwann diese in der einen oder anderen Form sortieren zu lassen. In VBA existieren jedoch bis dato keine entsprechenden Funktionen. Zu Sortierung eines Datenfeldes gibt es verschiedene Algorithmen, die alle ihre Vor- und Nachteile besitzen. Weit verbreitet sind vor allem:

- **Das Bubble Sort-Verfahren:** Einfach, aber nicht sehr effizient. Eignet sich für Arrays mit 30 Elementen oder weniger.
- **Auswahlsortierung:** Einfach, aber nicht sehr effizient. Eignet sich wie das Bubble Sort-Verfahren maximal für Datenfelder mit 30 Elementen.
- **Das Shell Sort-Verfahren:** Ist nach seinem Entwickler Donald Shell benannt und arbeitet durch Vergleich der Datenfeldelemente, die durch eine bestimmte Lücke voneinander getrennt sind, bis die Elemente an den Enden der aktuellen Lücke sich in entweder auf- oder absteigender Abfolge befinden. Dann wird die »Lücke« durch Zwei dividiert und der Programmablauf fortgeführt. Der Prozeß wiederholt sich solange, bis die Lücke »1« ist und keine Änderungen mehr auftreten.
- **Das Quick Sort-Verfahren:** Ist eins der schnellsten Sortiertechniken. Das Quick Sort-Verfahren geht davon aus, das Ihr Datenfeld eine Liste von Werten darstellt. Wenn die Sortierung beginnt, wird der mittlere Wert des Datenfeldes als »Listentrenner« bestimmt. Das Quick Sort-Verfahren unterteilt dann das Datenfeld in zwei »Listen«, eine mit Werten die kleiner sind als der »Listentenner«, und eine zweite Liste mit Werten, die größer oder gleich dem »Listentrenner« sind. Das Ganze wird rekursiv wiederholt, bis das Datenfeld sortiert ist.

Beispiel für Quick Sort-Verfahren

In diesem Buch genügt es, nur für das letztgenannte Verfahren ein Beispiel anzugeben. Das Quick Sort-Verfahren deckt im allgemeinen die meisten Anforderungen ab, die ein Word-Entwickler an die Sortierung eines Datenfeldes stellt. Das Beispiel veranschaulicht, wie das Quick Sort-Verfahren funktioniert. Die Beispielfunktion erwartet die Übergabe eines zu sortierenden Datenfeldes. Optional ist anzugeben, innerhalb welcher Bereichsgrenzen sortiert werden soll. Beachten Sie: Die Funktion ist darauf ausgerichtet ein- und zweidimensionale Arrays zu sortieren. Sie verwendet die oben vorgestellte Funktion `ArrayDimCountVBA`, um zu Anzahl der Dimensionen eines Datenfeldes zu ermitteln. Wenn Sie drei- oder mehrdimensionale Datenfelder sortieren wollen (was erfahrungsgemäß selten vorkommt), müssen Sie den Code entsprechend ergänzen.

```vba
Public Sub ArrayQuickSort(vSort() As Variant, _
            Optional ByVal lngStart As Variant, _
            Optional ByVal lngEnd As Variant)

'Wird die Bereichsgrenze nicht angegeben,
'so wird das gesamte Array sortiert.
If IsMissing(lngStart) Then lngStart = LBound(vSort)
If IsMissing(lngEnd) Then lngEnd = UBound(vSort)

Dim intDimension  As Integer
Dim i             As Long
Dim j             As Long
Dim h             As Variant
Dim x             As Variant

'Array-Dimensionen ermitteln.
intDimension = ArrayDimCountVBA(vSort)

i = lngStart
j = lngEnd

'Bei einem eindimensionalem Array ...
If intDimension = 1 Then
   x = vSort((lngStart + lngEnd) / 2)

   'Array aufteilen.
   Do
      While (vSort(i) < x): i = i + 1: Wend
      While (vSort(j) > x): j = j - 1: Wend

      If (i <= j) Then
         'Wertepaare miteinander tauschen.
         h = vSort(i)
         vSort(i) = vSort(j)
         vSort(j) = h
         i = i + 1: j = j - 1
      End If
   Loop Until (i > j)

'Bei einem zweidimensionalem Array ...
ElseIf intDimension = 2 Then
   x = vSort((lngStart + lngEnd) / 2, 1)

   'Array aufteilen
   Do
      While (vSort(i, 1) < x): i = i + 1: Wend
      While (vSort(j, 1) > x): j = j - 1: Wend

      If (i <= j) Then
         'Wertepaare miteinander tauschen.
```

```
            h = vSort(i, 1)
            vSort(i, 1) = vSort(j, 1)
            vSort(j, 1) = h
            i = i + 1: j = j - 1
         End If
   Loop Until (i > j)

Else
   MsgBox "Array kann nicht sortiert werden.", _
          vbInformation + vbOKOnly, _
          "Zu viele Dimensionen"
   Exit Sub
End If

'Rekursion: Funktion ruft sich selbst auf.
If (lngStart < j) Then
   ArrayQuickSort vSort, lngStart, j
End If
If (i < lngEnd) Then
   ArrayQuickSort vSort, i, lngEnd
End If
End Sub
```

Mit folgender Prozedur können Sie die Sortier-Funktion testen:

```
Sub Test_QuickSort()
    Dim strErgebnis    As String
    Dim intZähler      As Integer

    'Dimensioniertes Beispiel-Datenfeld
    Dim arDatenfeld(0 To 4) As Variant

    'Unsortierte Einträge in das Datenfeld einfügen
    arDatenfeld(0) = "Z Test"
    arDatenfeld(1) = "B Test"
    arDatenfeld(2) = "A Test"
    arDatenfeld(3) = "E Test"
    arDatenfeld(4) = "F Test"

    'Datenfeld sortieren lassen.
    ArrayQuickSort arDatenfeld()

    'Nach der Sortierung:
    For intZähler = 0 To UBound(arDatenfeld)
        Debug.Print arDatenfeld(intZähler)
    Next
End Sub
```

18.14 Maximalwert im Datenfeld suchen

Die nachstehende Funktion ermittelt in einem eindimensionalen Datenfeld den größten Wert eines Datenfelds, das ihr beim Aufruf übergeben wird. Dabei spielt es keine Rolle, von welchem Datentyp das Datenfeld ist, da es explizit `ByRef` übergeben wird. Die Funktion setzt natürlich voraus, daß sich die Werte des Datenfeldes angemessen miteinander vergleichen lassen.

```
Public Function ArrayWertMaxFinden( _
            ByRef arrValues()) As Variant
Dim intZähler  As Integer
Dim varFound   As Variant

   If UBound(arrValues) >= 0 Then
      varFound = arrValues(0)

      For intZähler = 0 To UBound(arrValues) - 1
         If arrValues(intZähler) > varFound Then
            varFound = arrValues(intZähler)
         End If
      Next intZähler

   End If
ArrayWertMaxFinden = varFound
End Function
```

Die Funktion können Sie beispielsweise folgendermaßen testen:

```
Public Function Test_ArrayWertMaxFinden()
   Dim arr(6) As Variant

   arr(0) = "Deutschland"
   arr(1) = "Atlantis"
   arr(2) = "D"
   arr(3) = "GB"
   arr(4) = "England"
   arr(5) = "Frankreich"

   Debug.Print ArrayWertMaxFinden(arr)
End Function
```

18.15 Minimalwert im Datenfeld suchen

Wenn man in einem Datenfeld nach dem größten Wert suchen kann, kann man sich natürlich auch den kleinsten Wert liefern lassen. Die nachstehende Funktion erledigt das und funktioniert im Grunde wie die Funktion `ArrayWertMaxFinden` – nur umgekehrt.

```
Public Function ArrayWertMinFinden( _
            ByRef arrValues()) As Variant
Dim intZähler As Integer
Dim varFound  As Variant
```

```
    If UBound(arrValues) >= 0 Then
        varFound = arrValues(0)

        For intZähler = 0 To UBound(arrValues) - 1
            If arrValues(intZähler) < varFound Then
                varFound = arrValues(intZähler)
            End If
        Next intZähler

    End If
ArrayWertMinFinden = varFound
End Function
```

18.16 Daten aus einer Word-Tabelle in ein Array einlesen

Häufig will man als Word-Entwickler die Daten aus einem Word-Dokument mit Hilfe von VBA-Code manipulieren. Dabei ist es nicht immer zweckmäßig, auf die im Word-Dokument vorliegenden Daten *direkt* loszugehen. Effizienter ist es, wenn Sie die Daten in ein Datenfeld laden (oder die Möglichkeiten von `Range`-Objekten nutzen), dann die Daten bearbeiten und sie gegebenenfalls in das Word-Dokument zurückschreiben. Voraussetzung für die nachstehenden Beispiele ist, daß ein Word-Dokument mit einer Tabelle im Hauptteil des Word-Dokuments vorliegt (was zum Beispiel häufig bei Rechnungsformularen oder Fragebögen der Fall ist). Besprochen werden zwei Fälle:

▶ Einlesen der Daten einer Word-Tabelle in ein eindimensionales Datenfeld
▶ Einlesen der Daten einer Word-Tabelle in ein zweidimensionales Datenfeld

18.16.1 Einlesen von Daten aus einer Word-Tabelle in ein eindimensionales Datenfeld

Im nachstehenden Beispiel wird eine Word-Tabelle in eindimensionales Datenfeld geladen. Das Auslesen der Daten beginnt in der Zeile 1 beziehungsweise in der Zelle A1 der Tabelle, dann werden die weiteren Zellen der Zeile 1 sukzessive ausgelesen (also zum Beispiel B1, C1, ... bis n1). Sobald keine weitere Zelle in der Zeile 1 vorkommt, springt die Routine in die nächste Zeile 2 der Tabelle und setzt das Auslesen mit der Zelle A2, B2 ... und so weiter fort.

```
Sub ArrayMitTabellenDatenFüllen01()
Dim aTabellenfeld()   As String
Dim oTabelle          As Table
Dim oZelle            As Cell
Dim intZähler         As Integer
Dim strText           As String

'Routine beenden, wenn keine Tabelle vorhanden ist.
If ActiveDocument.Tables.Count = 0 Then
    MsgBox "Keine Tabelle im Dokument gefunden. " & _
        "Vorgang wird abgebrochen.", vbInformation
```

```
        Exit Sub
End If

'Die erste Tabelle im Dokument auslesen.
Set oTabelle = ActiveDocument.Tables(1)

'Das Datenfeld neu dimensionieren.
ReDim aTabellenfeld(1 To oTabelle.Range.Cells.Count)

'Oder auch -1, wenn der Array bei "0" beginnen soll.
intZähler = 0

'Werte der Tabelle auslesen und in das Array laden.
For Each oZelle In oTabelle.Range.Cells
    intZähler = intZähler + 1
    strText = oZelle.Range.Text
    aTabellenfeld(intZähler) = Left(strText, _
                               Len(strText) - 2)
Next oZelle
End Sub
```

18.16.2 Einlesen von Daten aus einer Word-Tabelle in ein zweidimensionales Datenfeld

Ein eindimensionales Datenfeld ist ja schon ganz nett. Aber in der Regel will man die zweidimensionale Word-Tabelle in ein zweidimensionales Datenfeld überführen (drei- oder mehrdimensionale Tabellen kennt Word nicht). Im nachstehenden Beispiel repräsentiert eine Zeile die erste Dimension des Datenfeldes und eine Spalte die zweite Dimension.

```
Sub ArrayMitTabellenDatenFüllen02()
Dim aTabellenfeld()  As String
Dim oTable           As Table
Dim oZeile           As Row
Dim oZelle           As Cell
Dim intZähler1       As Integer
Dim intZähler2       As Integer
Dim strText          As String

'Routine beenden, wenn keine Tabelle vorhanden ist.
If ActiveDocument.Tables.Count = 0 Then
    MsgBox "Keine Tabelle im Dokument gefunden. " & _
           "Vorgang wird abgebrochen.", vbInformation
    Exit Sub
End If

'Die erste Tabelle im Dokument auslesen.
Set oTable = ActiveDocument.Tables(1)

'Das Datenfeld neu dimensionieren.
ReDim aTabellenfeld(1 To oTable.Rows.Count, _
```

```
            1 To oTable.Columns.Count)

    'Oder auch -1, wenn der Array bei "0" beginnen soll.
    intZähler1 = 0

    'Werte der Tabelle auslesen und in das Array laden.
    For Each oZeile In oTable.Rows
        intZähler1 = intZähler1 + 1

        'Oder auch -1, wenn Array bei "0" beginnen soll.
        intZähler2 = 0

        For Each oZelle In oZeile.Cells

            intZähler2 = intZähler2 + 1
            strText = oZelle.Range.Text
            aTabellenfeld(intZähler1, intZähler2) = _
                    Left(strText, Len(strText) - 2)
        Next oZelle
    Next oZeile
End Sub
```

19 Benutzerdefinierte Datentypen

»*Sobald sich Krisen und Zweifel einstellen, verfallen alle Protagonisten in unversöhnliche Klagen ...*«
Matthias Grimm[1]

19.1 Allgemeines zu benutzerdefinierten Datentypen

Aus den elementaren Datentypen, die VBA zur Verfügung stellt, aus Klassennamen und selbst aus benutzerdefinierten Datentypen können Sie eigene benutzerdefinierte Datentypen ableiten[2].

> »*Ein benutzerdefinierter Typ ist ähnlich aufgebaut wie eine Kommode. Jede Schublade dieser Kommode kann die verschiedensten Gegenstände enthalten, doch zusammengenommen bilden sie eine Kommode mit verwandten Gegenständen. Dabei kann aus jeder Schublade ein Gegenstand herausgenommen werden, ohne daß sich dies auf die Gegenstände in den anderen Schubladen auswirkt.*«[3]

Benutzerdefinierte Datentypen werden meist zur Verwaltung von Informationen (Daten) verwendet, die logisch verwandt oder inhaltlich zusammenhängend sind, sich vom Typ her aber unterscheiden. Sie gibt es unter anderem Namen auch in anderen Programmiersprachen:

Sprache	Schlüsselwort	Sprachgebrauch
Visual Basic	`Type`	Benutzerdefinierte Datentypen
C/C++/C#	`Struct`	Strukturen
Pascal	`Record`	Aufzählungsdatentypen

Der Vorteil von benutzerdefinierten Datentypen ist schnell erklärt. Statt eine Vielzahl von Variablen mit unterschiedlichem Datentyp im Code zu definieren, greift man auf die unterschiedlichen Daten mittels einer *Strukturvariablen* zu, die nur einen einzigen, benutzerdefinierten Datentyp besitzt und deren Struktur aus mehreren »Untervariablen« besteht. Das Zusammenfassen komplexer Datenstrukturen erleichtert das Programmieren, da die zusammenhängenden Informationen über einen einzigen Variablennamen angesprochen werden können. Ein zwingendes Argument für die Verwendung von benutzerdefinierten Datentypen ist das aber nicht.

Im allgemeinen ist heute die Programmierung mit benutzerdefinierten Datentypen ein bißchen aus der Mode gekommen, denn es gibt mit XML oder mit Klassen flexible Alternativen zu ihnen. Freilich verschwinden die Vorteile der Klassen mit abnehmender Größe der Objekte, die aus ihnen erstellt werden können. Wenn verschiedene Daten eine Einheit

---

[1] [GRIMM001]: S. 99.
[2] Engl. »user defined data types«, kurz UDT.
[3] [MSPRE003]: S. 482.

bilden sollen, die man gemeinsam bearbeiten kann, der Aufwand zur Modellierung und Entwicklung einer Klasse aber zu groß ist, haben benutzerdefinierte Datentypen mit Sicherheit eine Daseinsberechtigung.

Die Programmierung von benutzerdefinierten Datentypen besteht in VBA aus mehreren Schritten:

1. Festlegen einer Struktur über die Type-Anweisung (im Deklarationsbereich eines VBA-Moduls)
2. Definieren eine Variable für den benutzerdefinierten Datentyp (im Code-Bereich eines VBA-Moduls respektive im Rahmen eines »normalen« VBA-Programms)
3. Zuweisen von Werten an die Strukturvariable (und ihre »Untervariablen«) beziehungsweise Abrufen von Werten aus der Strukturvariablen (im Code-Bereich eines VBA-Moduls respektive im Rahmen eines »normalen« VBA-Programms)

Das Ganze hört sich komplizierter an, als es ist. Stellen Sie sich vor, Sie wollen Word mit VBA-Mitteln das Bibliographieren beibringen. In diesem Fall werden Sie nicht umhin kommen, die bibliographischen Daten irgendwie zu organisieren.

19.2 Beispiel für den Umgang mit einem benutzerdefinierten Datentyp

Deklarieren Sie hierzu im Modulbereich über die Type-Anweisung (Type, Private Type oder Public Type) zunächst einen neuen Strukturdatentyp namens LITERATURANGABE_TYPE, der mehrere Einträge für Titel, Autor, Erscheinungsjahr und so weiter enthält (Schritt 1):

Typendeklaration
```
Type LITERATURANGABE_TYP
    Titel           As String * 30
    Autor           As String * 20
    Erscheinungsjahr As Date
    Auflage         As Integer
End Type
```

Hinweis: Bei den »Untervariablen« vom Typ String wird durch »* 30« und »* 20« am Zeilenende eine feste Länge von 30 respektive von 20 Zeichen für die später aufzunehmenden Werte vereinbart. Wie Sie noch sehen werden, erleichtert eine feste Länge das Speichern der Daten in Random-Dateien. Wenn Sie diese Angaben weglassen, können den entsprechenden »Untervariablen« Werte mit variabler Länge zugewiesen werden.

Im Beispiel definiert die Type-Anweisung keine Variable, sondern sie legt lediglich die Struktur des Datentyps LITERATURANGABE_TYPE fest. Um eine Variable mit dem Datentyp LITERATURANGABE_TYPE zu definieren, legen Sie im Codebereich eines VBA-Moduls eine neue Prozedur an und benutzen, wie gewohnt die Dim-Anweisung (Schritt 2):

Codebereich
```
Sub Bsp_TypLiteraturangabe01()
    Dim Buch As LITERATURANGABE_TYP
End Sub
```

Sobald Sie die Prozedur Bsp_TypLiteraturangabe01 ausführen, reserviert VBA für die Variable Buch gemäß des benutzerdefinierten Datentyps LITERATURANGABE_TYP Speicher.

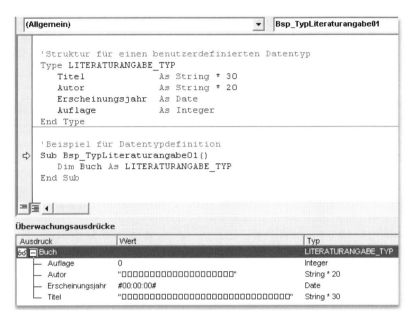

Abbildung 19.1 Beispiel für einen benutzerdefinierten Datentyp (Haltemodus): Aus der aktivierten Überwachung ist ersichtlich, daß die Variable »Buch« zwar mit dem Typ deklariert wurde, aber daß sie noch keine sinnvollen Werte besitzt.

Allerdings besitzt die Variable Buch im Beispiel noch keinen Wert. Dazu ergänzen Sie den Code beispielsweise um folgende Wertzuweisungen (Schritt 3):

```
Sub Bsp_TypLiteraturangabe01()

    Dim Buch As LITERATURANGABE_TYP

    'Zuweisen von Werten an "Buch".
    With Buch
       .Titel = "Philosophische Brocken"
       .Autor = "Kierkegaard, Sören"
       .Erscheinungsjahr = "01.01.1952"
       .Auflage = 2
    End With

    'Auslesen von Werten aus "Buch".
    MsgBox "Quelle: " & Trim(Buch.Autor) & ": " _
       & Trim(Buch.Titel) & ", " & Buch.Auflage & _
       ". Auflage. " & Year(Buch.Erscheinungsjahr) _
       & ".", vbInformation, "Literaturangabe"

End Sub
```

Beachten Sie bitte, daß jede »Untervariable« der Strukturvariable Buch durch eine gesonderte Wertzuweisung einen Wert erhält. Der Punkt ».« bei jeder Zuweisung und beim Auslesen der Werte hat eine ähnliche Funktion wie der Punkt, mit dem man Objekte von einer Methode oder einer Eigenschaft trennt (auch wenn er grundsätzlich etwas anderes ist).

19.3 Strukturdatenfeldvariablen

Sie können nicht nur eine »normale« Variable mit einem benutzerdefinierten Datentyp definieren, sondern auch ein Datenfeld. Man spricht in diesem Zusammenhang nicht von einer Strukturvariable, sondern von einer *Strukturdatenfeldvariable* (auch Strukturfeldvariable genannt). Die Kombination eines Datenfelds mit einem benutzerdefiniertem Datentyp ist deswegen reizvoll, weil sie im Grunde einer einfachen Datenbanktabelle entspricht. Die Dimensionierung des Datenfeldes erfolgt genau wie bei den elementaren Datentypen – mit dem kleinen Unterschied, daß Sie das Datenfeld nicht mit Variant, String oder dergleichen dimensionieren, sondern mit Ihrem eigenen Datentyp, also zum Beispiel, wie oben beschrieben, mit einer Struktur namens LITERATURANGABE_TYP:

```
Dim arBuch(1 To 10) As LITERATURANGABE_TYP
```

Nach dem Ausführen dieser Dimensionierung verfügt ein VBA-Programm über 10 Variablen vom Typ LITERATURANGABE_TYP, denen Sie zum Beispiel in einer For-Next-Schleife Werte zuweisen können. Im nachfolgenden Beispiel werden mit Hilfe einer For-Next-Schleife erst Blinddaten in eine Strukturdatenfeldvariable eingelesen. Anschließend werden diese Daten mit einer zweiten For-Next-Schleife wieder ausgelesen und im Direktfenster angezeigt.

```
Sub Bsp_TypLiteraturangabe02()

Dim arBuch(1 To 10)   As LITERATURANGABE_TYP
Dim intZähler         As Integer

'Blinddaten in Strukturdatenfeldvariable einlesen.
For intZähler = 1 To UBound(arBuch)
   With arBuch(intZähler)
      .Titel = str(intZähler) & "-Titel"
      .Autor = "Autorname" & str(intZähler) & ", Name"
      .Auflage = intZähler + 1
      .Erscheinungsjahr = _
           DateAdd("yyyy", intZähler, "01-Jan-1900")
   End With
Next intZähler
'Anzeigen der Daten im Direktfenster.
For intZähler = 1 To UBound(arBuch)
   With arBuch(intZähler)
      Debug.Print Trim(.Autor) & ": " _
            ; Trim(.Titel) & ". " & _
            str(.Auflage) & ". Auflage " _
            ; .Erscheinungsjahr
   End With
Next intZähler
End Sub
```

19.4 Type-Daten in Random-Datei schreiben

Interessant wird der Umgang mit benutzerdefinierten Datentypen, wenn man die Daten einer Strukturvariablen physikalisch in eine Datei oder in eine Datenbank wegschreibt, damit man sie problemlos verwalten kann. Gewöhnlich geschieht das in der Office-Programmierung über die Jet-Engine Access, die regelrecht eine Erweiterung von VBA darstellt und die Sie über ADO-Objekte (früher auch über DAO-Objekte) benutzen können.

Es gibt jedoch noch einen anderen Mechanismus, der aus den Urzeiten von Basic stammt, als es noch keine Datenbankmanagementsysteme mit offenen Schnittstellen gab. Es handelt sich um einen besonderen Dateimodus, den sogenannten *Random-Modus*, der das komplette Speichern von Datensätzen in *Random*-Dateien ermöglicht. »Random« heißt in diesem Zusammenhang auf Deutsch »wahlweise« und deutet an, daß nach dem Öffnen einer Random-Datei mit der `Open`-Anweisung die Datensätze alternativ in die Datei geschrieben (`Put`) oder aus der Datei gelesen (`Get`) werden können.

Open, Put, Get

Im Prinzip ist dieser Mechanismus ein Anachronismus. Er wird hier dennoch vorgestellt, weil er ein paar Vorteile besitzt. Random-Dateien sind

- leicht zu programmieren
- portabel (Konflikte mit irgendwelchen unterschiedlichen Datenbankmangement-Versionen auf anderen Systemen entfallen)
- speicherschonend (zum Lesen und Schreiben der Datensätze muß keine speicherfressendes Datenbankmanagementsystem in den Arbeitsspeicher geladen werden)

Alles in allem ein simpler Mechanismus, wenn man zum Beispiel auf die Schnelle ein paar Datensätze wegschreiben und einem Kollegen über Systemgrenzen hinweg zur Weiterbearbeitung in die Hand drücken will.

Das folgende Beispiel speichert den Inhalt der Variablen `Buch` mit dem benutzerdefinierten Typ `LITERATURANGABE_TYP` in einer Datei mit den Namen test.dat in den Temp-Ordner des Computersystems. Der Temp-Ordner wird durch das Objekt `FileSystemObject` ermittelt. Folglich setzt das Beispiel voraus, daß Sie die »Microsoft Scripting Runtime« (scrrun.dll) über den Befehl »Extras-Verweise ...« in Ihr Projekt eingebunden haben. Vor dem Öffnen der Random-Datei werden in die Variable `Buch` diverse Blinddaten eingelesen (damit das Beispiel anschaulicher ist). Beim Öffnen der Random-Datei über die `Open`-Anweisung muß dieser die Länge eines einzelnen Datensatzes mitgeteilt werden. Dies geschieht im Beispiel über den Ausdruck `Buch(0)`. Beachten Sie, daß in dem Beispiel eine Fehlerbehandlung aktiviert wird, was zur Sicherheit beim Schreiben/Lesen von Datensätzen in und aus einer Datei immer geschehen sollte.

```
Sub Bsp_TypLiteraturangabe03()

'Fehlerbehandlungsroutine aktivieren.
On Error GoTo Bsp_TypLiteraturangabe02_Error

Dim strDatei        As String
Dim Buch(0 To 99)   As LITERATURANGABE_TYP
Dim intZähler       As Integer
Dim intAnzahl       As Integer
```

```
'Deklarieren einer Variablen vom Typ "FileSystemObject"
Dim oFSO As New FileSystemObject

'Temp-Ordner und Dateiname einer Variablen zuweisen.
strDatei = oFSO.GetSpecialFolder(2) & "\" & "test.dat"

'Deklarieren und definieren der
'nächsten freien Dateinummer.
Dim intDateiNr    As Integer
intDateiNr = FreeFile

'Struktur mit Blinddaten füllen.
For intAnzahl = 0 To 99
   With Buch(intAnzahl)
      .Titel = "Titel " & str(intAnzahl)
      .Autor = "Autor " & str(intAnzahl)
      .Erscheinungsjahr = "01.01.1981"
      .Auflage = intAnzahl
   End With
Next intAnzahl

'Datei mit wahlfreiem Zugriff öffnen.
Open strDatei For Random As intDateiNr _
                          Len = Len(Buch(0))

'Datensätze über ein Schleife in Datei schreiben.
For intZähler = 1 To UBound(Buch)
   Put #intDateiNr, intZähler, Buch(intZähler)
Next intZähler

'Datei schließen.
Close intDateiNr

'Prozedur beenden.
Exit Sub

'Fehlerbehandlung
Bsp_TypLiteraturangabe02_Error:
If Err.Number <> 0 Then
   MsgBox Err.Description & " (" & Err.Number & ")", _
        vbExclamation, "Laufzeitfehler"
End If
Resume
End Sub
```

20 Objektorientierte Programmierung mit VBA

»Im Zuge der Marketingschlacht wurden die Begriffe Objektorientierung und Komponententechnologie so verwaschen, daß sich niemand mehr etwas Konkretes darunter vorzustellen vermochte.«
Torben Weis[1]

20.1 Einteilung der Objekte nach Nutzungsart

Wenn Sie den Abschnitt 2, »Schnellkurse: Worauf beruht VBA?«, ab Seite 43 durchgearbeitet haben – insbesondere die Abschnitte über *Objektorientierung*, *Bibliotheken* und *COM* – werden Ihnen die nächsten Seiten wie ein Kinderspiel vorkommen. Sie werden verwundert feststellen, daß das Arbeiten mit OO-Techniken und der COM-Technologie in VBA wesentlich einfacher und transparenter vonstatten geht, als die Aneignung der Theorie in den Schnellkursen. Alles, was Sie dort stark komprimiert und grundlagenorientiert erfahren haben, wird hier VBA-spezifisch angewendet. Kleinere Wiederholungen und thematische Überschneidungen sind dabei nicht vollständig zu vermeiden. Erklärungen zum allgemeinen OO-Vokabular werden nicht noch einmal aufgeführt, sondern nun als gegeben vorausgesetzt.

Wenn Sie mit VBA, dem Visual Basic-Editor und mit Word arbeiten, bekommen Sie es mit einer ganzen Palette unterschiedlicher Objekte zu tun. Einzelne Zeichen, Wörter, Sätze, Textabsätze, Abschnitte, Tabellen, Grafiken, Textmarken, Dokumente, Word, der Visual Basic-Editor selbst ... alles dies läßt sich in VBA als Objekt (genauer: als *COM-Objekt*) abbilden. Aus der Fülle der Objekte und den Möglichkeiten der OO-Programmierung entstehen für VBA-Entwickler unterschiedliche Arbeitsvorgänge. Diese können grob gegliedert werden in:

- Arbeiten mit Objekten aus der Anwendung
    - Objekte aus den *erforderlichen* Word-, VBA- und VBE-Bibliotheken
    - Objekte aus *optionalen* Word-, VBA- und VBE-Bibliotheken
- Arbeiten mit Objekten aus anderen Anwendungen
    - Objekte aus optionalen (fremden) Bibliotheken und/oder Projekten
    - Objekte, die via Automation angesprochen werden.
- Arbeiten mit eigenen Objekten
    - Objekte die über selbsterschaffene Klassen angesprochen werden (Stichwort: Einfügen eigener Klassenmodule).

Zur Erledigung der skizzierten Arbeiten in VBA benötigen Sie die nachfolgenden OO-Informationen.

---

[1] [WEIS0001]: S. 152.

20.2 Objekt

Daß dieses Buch den Begriff »Objekt« nur in seinen Ausprägungen verwendet, aber keine reduzierende Definition des Begriffs gibt, wurde oben in den Schnellkursen ausreichend erörtert.[2] Aus diesem Grund werden Word- und VBA-Objekte (genauer: COM-Objekte) in vielen der voranstehenden Kapiteln bereits stillschweigend und ohne lamentierende Erläuterungen benutzt.

Das *direkte* Arbeiten mit den integrierten Word-/VBA-Objekten, ihren Eigenschaften und Methoden, die unmittelbar zur Codierung zur Verfügung stehen, geht meist flüssig von der Hand: Objektname niederschreiben, Punkt setzen, eventuell weitere Eigenschaftsnamen mit weiteren Punkten anführen und zum Schluß die gewünschte Methode oder Eigenschaft ergänzen – fertig, Manchmal geht das Erstellen von VBA-Code jedoch nicht so einfach vor sich.

Es gibt zwar viele Objekte, die Sie direkt ansprechen können, es gibt aber auch viele, die Sie *indirekt* über den Umweg einer Objektvariablen ansprechen sollten. Und wenn VBA-Einsteiger auf ein in der Objekthierarchie weit »unten« stehendes Objekt zugreifen wollen, tendieren sie dazu, sich im *Objektausdruck* irgendwo zu verhaspeln. Grund genug, einmal vertiefend darauf einzugehen, was ein Objektausdruck eigentlich ist.

20.3 Objektausdrücke

Ein Objektausdruck ist eine Verarbeitungsvorschrift, dessen Ausführung als Ergebnis *eine einzelne* Objektreferenz (einen Objektverweis oder genauer: einen COM-Objektverweis) liefert, die als Platzhalter für ein Objekt fungiert. In den Schnellkursen konnten Sie bereits lesen, daß ein Objektausdruck zum Ansprechen eines Objekts notwendig ist. Sie wissen inzwischen auch, daß ein Objektausdruck in der Regel aus einem Objektnamen und einem Methodennamen oder einem Eigenschaftennamen gebildet wird, und daß die einzelnen Bestandteile eines Objektausdruck durch einen Punkt miteinander verknüpft werden.

Syntax für einen Objektausdruck

Die allgemeine Syntax eines Objektausdrucks, der eine Objektreferenz liefert, lautet (wobei eckige Klammern optionale Angaben umschließen):

```
Objektname[.n-Eigenschaften][.Methode | Eigenschaft]
```

- »Objektname« steht für ein beliebiges Objekt. Beachten Sie: Das mit Objektname charakterisierte Objekt *kann* mit jenem Objekt, auf das eine Objektreferenz geliefert wird, identisch sein – *muß* es aber nicht. Beispielsweise ist es möglich, daß das namentlich erwähnte Objekt eine Eigenschaft besitzt, die einen Objektverweis auf ein ganz anderes Objekt als Referenz zurückgibt.

- »n-Eigenschaften« steht für ein oder mehrere Eigenschaften, die gegebenenfalls einen Objektverweis zurückliefern (und daher anstelle eines Objekts eingesetzt werden können).

- »Methode« oder »Eigenschaft« steht für eine Methode respektive eine Eigenschaft, die gegebenenfalls einen Objektverweis zurückliefern (und daher anstelle eines Objekts eingesetzt werden können).

---

2 Vgl. Abschnitt 2.6.5, »Objekt: Beschreibung«, ab Seite 62

Die Syntax verdeutlicht, daß ein Objektausdruck aus einem simplen Objektnamen oder aus einer Objektmethode oder aus einer Objekteigenschaft oder aus einer Objektvariable bestehen kann (letztere Möglichkeit wird in diesem Abschnitt weiter unten besprochen).

Gültige Objektausdrücke sind zum Beispiel:

Objektausdruck	Objektkonstrukt	Beschreibung
`Application`	Objekt	Liefert eine Objektreferenz auf Word (`Application`-Objekt).
`Application.ActiveDocument`	Eigenschaft	Liefert über die Objekteigenschaft `ActiveDocument` des `Application`-Objekts eine Objektreferenz auf das aktive Dokument (`Document`-Objekt).
`Application.Documents.item(1)`	Methode	Liefert über die Standardobjektmethode `Item()` der `Documents`-Auflistung eine Objektreferenz auf das erste Dokument der Auflistung (`Document`-Objekt).
`objMeinDokument`	Variable	Beispiel für eine Objektvariable, die nach einer Wertzuweisung durch die `Set`-Anweisung ein Objekt zurückliefert – hierzu weiter unten mehr.

Ein Objektausdruck liefert immer nur eine einzige Objektreferenz zurück. Das ist wichtig und die einzige Aufgabe eines Objektausdrucks.

Richten Sie Ihr Augenmerk darauf, daß in einem langen Objektausdruck nur scheinbar mehrere »Objekte« (?) durch Punkte miteinander verknüpft werden. In Wahrheit ist nur der erste Teil des Ausdrucks ein »wirkliches« Objekt. Alle anderen durch einen Punkt verknüpften Konstrukte sind Eigenschaften, die *einen Verweis auf ein Objekt* liefern.

Sogar ein in der Objekthierarchie weit oben stehendes »Objekt« wie `Application` kann unter Umständen eine Eigenschaft sein. Beispielsweise ist `Application` im nachstehenden Objektausdruck kein »wirkliches« Objekt, sondern eine Eigenschaft des `CommandBars`-Auflistungsobjekts; und die Eigenschaft gibt eine Referenz auf das `Application`-Objekt zurück:

```
CommandBars("Standard").Application
```

20.3.1 Standardmethoden und Standardeigenschaften

Wenn Sie die Codezeile im Direktfenster mit »?« ausführen, also

```
? CommandBars("Standard").Application
```

erscheint im Direktfenster der Name der Anwendung, in der die Befehlsleiste »Standard« erstellt wurde (hier: »Microsoft Word«). Bitte lassen Sie sich von dieser Anzeige nicht irreführen. Daß eine Zeichenfolge im Direktfenster ausgedruckt wird, bedeutet nicht, daß eine gewöhnliche Variable einen Wert vom Datentyp `String` liefert. Vielmehr haben im Beispiel die Entwickler der `Application`-Klasse festgelegt, daß beim Zugriff auf ein Objekt der Klasse die `Name`-Eigenschaft des Objekts ihren Wert liefert, wenn der Objektzugriff ohne explizite Angabe einer Objektmethode oder Objekteigenschaft erfolgt. Mit anderen Worten: Die `Name`-Eigenschaft wurde hier als Standardeigenschaft festgelegt, so daß die beiden folgenden Objektausdrücke identisch sind:

```
? CommandBars("Standard").Application
? CommandBars("Standard").Application.Name
```

In »Wirklichkeit« wurde also nicht der erste Objektausdruck ausgeführt, sondern der zweite. Es obliegt immer dem Entwickler einer Klasse zu definieren, ob eine Standardmethode und/oder Standardeigenschaft abgearbeitet wird, wenn beim Zugriff auf ein referenziertes Objekt keine Objekteigenschaft/-methode explizit angegeben wird.

20.3.2 OO in der Alltagssprache

Im täglichen Umgang sagt man, daß ein Objekt andere Objekte *beinhaltet* oder *enthält*. Strenggenommen ist das nicht richtig, da Objekte keine physisch realen Gegenstände sind, die sich in ebenso realen Behälterobjekten befinden würden. Statt dessen besitzt ein Objekt, das ein anderes *enthält* oder *beinhaltet*, eine Speicheradresse, die auf das angeblich enthaltene Objekt bloß *verweist* oder *referenziert*.

Man spricht im Alltag auch davon, daß *ein und dasselbe Objekt* nicht nur in einem Objekt (oder nur in einer Auflistung) enthalten sein muß, sondern *in vielen* enthalten sein kann. Betrachten Sie in diesem Zusammenhang noch einmal das obige Beispiel. Dort sieht es so aus, als ob das `Application`-Objekt in mehr als in einem anderen Objekt enthalten ist: Einmal als `Application`-Objekt per se und einmal als `Application`-Objekt in der `CommandBars`-Auflistung. Und wenn Sie mit dem Objektkatalog einen Blick auf das Objektmodell von Word werfen, werden Sie feststellen, daß das `Application`-Objekt scheinbar in jeder Klasse *enthalten* ist. Auch wenn dies die im allgemeinen Sprachgebrauch übliche Ausdrucksweise ist, strenggenommen ist sie falsch. Das `Application`-Objekt wird bei jedem Start von Word nur einmal instanziiert. Alle anderen Objekte besitzen jeweils eine `Application`-Eigenschaft, die einen Verweis auf das eine `Application`-Objekt liefert (also eine Speicheradresse, die auf das »wirkliche« `Application`-Objekt verweist). Wenn Sie den Task-Manager von Windows nutzen, erscheint es Ihnen vielleicht so, als ob zuweilen mehrere Word-Sitzungen, sprich: mehrere Word-`Application`-Objekte existieren. Aber das ist ein Trugschluß (siehe den Exkurs »Die Einzeldokument- und die Mehrfachdokument-Oberfläche von Word«).

Aus Vereinfachungsgründen und weil es nun einmal allgemein üblich ist, wird sich das vorliegende Buch den oben geschilderten Sprachgebräuchen anschließen.

Die Einzeldokument- und die Mehrfachdokument-Oberfläche von Word (SDI und MDI)

Die älteren Windows-Versionen von Word sind ausschließlich mit einer Mehrfachdokument-Oberfläche (MDI[3]) ausgestattet (bis Word 1997). Das Word-Anwendungsfenster ist bei dieser Schnittstellen-Technik immer genau einmal in der Taskleiste von Windows präsent. Word kann aber 0 bis n Dokumente in Word-eigenen Fenstern managen.

Mit Word 2000 hat Microsoft diese Schnittstellen-Technik ohne Vorankündigung zugunsten einer Einzeldokument-Oberfläche (SDI[4]) aufgegeben. Weil bei der Verwendung dieser Technik jedes Word-Dokument einen Eintrag in der Taskleiste hinterläßt, entsteht der Eindruck, daß Word mehrmals aufgestartet wird. Dem ist aber nicht so. In Wirklichkeit startet Word nach wie vor nur ein einziges Mal (beachten Sie, daß im Taskmanager von aktuellen Windows-Versionen oder in anderen Prozeß-Viewern zwar mehrere Word-Tasks angezeigt werden, aber nur ein Word-Prozeß).

Die abrupte Einführung eines neuen Oberflächen-Konzeptes führte bei vielen Word-Anwendern zu heftiger Kritik. Sie mußten jahrelang praktizierte Arbeitsschritte umlernen und die Rückwärtskompatibilität von VBA-/Makrolösungen war nicht mehr in allen Fällen gewährleistet. Die Adaption der Word-2000-Oberfläche (SDI) in eine Mehrfachdokument-Oberfläche (MDI), mag zwar prinzipiell möglich sein, ist aber aus ökonomischen Gründen schlichtweg absurd.

Microsoft nahm sich die Kritik zu Herzen und seit Word 2002 (XP) hat der Benutzer die Wahlfreiheit zwischen der Mehrfachdokument- und der Einzeldokument-Oberfläche von Word (MDI und SDI). Die Verhaltensweise der Word-Oberfläche beeinflußen Sie vom Word-Hauptmenü aus mit: »Extras-Optionen...-Ansicht-Anzeigen-Fenster in Taskleiste«.

Die SDI-Technik erleichtert den Wechsel zwischen den Fenstern mit verschiedenen Word-Dokumenten über die üblichen Fenster-/Task-Mechanismen des Betriebssystems. Zu den Veränderungen, die mit SDI einhergehen, zählt unter anderem, daß oben rechts im Dokumentenfenster nicht mehr die Auswahl »Minimieren«, »Maximieren« und »Schließen«, sondern nur noch die Schaltfläche »Schließen« erscheint. Der Nachteil von SDI besteht in einer unübersichtlichen Überhäufung von Einträgen in der Taskleiste. Seit Windows XP ist es jedoch möglich, ähnliche Elemente in der Taskleiste zu gruppieren. Dadurch wird die Überhäufung ohne Einbußen bei der Benutzerfreundlichkeit vermindert, so daß immer mehr Word-Anwender die Einzeldokument-Oberfläche zu schätzen beginnen.

Wichtig: Wenn Word 1997 für jedes Dokument eine neue Word-Instanz startet, dann handelt es sich nicht um das sogenannte SDI (Word 1997 kennt diese Schnittstellen-Technik nicht), sondern um ein Fehlverhalten. Auch neue Word-Versionen (ab Word 2000) sind nicht davor gefeit, mehr als einmal als separater Prozeß gestartet zu werden. Dieses Verhalten wird entweder durch fehlerhafte Einträge in der Registrierdatenbank

---

[3] Engl. Abkürzung für »multi document interface, dt. »Schnittstelle für mehrere Dokumente«, »Mehrfachdokument-Oberfläche«.

[4] Engl Abkürzung für »single document interface, dt. »Schnittstelle für ein einzelnes Dokument«, »Einzeldokument-Oberfläche«.

verursacht oder durch *Automation* (eine andere Anwendung instanziiert Word ein zweites Mal oder sogar noch häufiger, obwohl es bereits geöffnet ist). Daß sich mehrere Instanzen von Word im Speicher ausbreiten, ist einerseits durch einen hohen Speicherbedarf ersichtlich, andererseits durch möglicherweise instabiles Verhalten. Es wird dringend empfohlen, immer nur eine Instanz (einen *Prozeß*) der gleichen Word-Version im Speicher zu belassen. Das parallele Starten von mehreren unterschiedlichen Word-Versionen (etwa Word 1997 zusammen mit Word 2000, Word 2002 und Word 2003) führt im übrigen zu weitaus weniger Wechselwirkungen, als das mehrfache Aufstarten ein und derselben Wordversion. Tritt jedoch ein Problem, sollten alle überzähligen Word-Prozesse ebenfalls beendet werden, bis sich nur noch eine Word-Instanz im Speicher befindet. Falls die Probleme durch fehlerhafte Einträge in der Registry herrühren, müssen Sie Word gegebenenfalls neu registrieren.

20.3.3 Die TypeName-Funktion oder wie man die Klasse eines Objekts ermittelt

Sie wissen bereits, daß jedes Objekt auf einer Klasse (Objekttyp) beruht. In VBA ist es aber in vielen Fällen gar nicht so einfach, hinter den Namen der Klasse zu kommen, auf der ein Objekt basiert. Sie können sich bei den Namen der Objekte und der Objekt-Auflistungen nicht darauf verlassen, daß das, was auf der Verpackung als Objektname drauf steht, auch in der Verpackung drin ist. Beispielsweise stellt das Word-Objektmodell Objekt-Auflistungen für Zeichen, Wörter und Sätze zur Verfügung (nämlich `Characters`, `Words` und `Sentences`). Mit den Auflistungen werden aber mitnichten »echte« Objekte dieser Art verwaltet, sondern Bereichs-Objekte (`Range`-Objekte) mit entsprechenden Elementen. Normalerweise sollten Sie den Objektkatalog und die VBA-Hilfe bemühen, um sich Klarheit über das zu verschaffen, was in der »Objekt-Verpackung« eigentlich drin ist. In Zweifelsfällen und wenn Sie mit diesen Hilfsmitteln nicht eruieren können, von welcher Klasse ein Objekt abstammt, können Sie die `TypeName`-Funktion bemühen. Sie gibt allgemein eine Zeichenfolge zurück, die Informationen über eine Variable enthält. Übergibt man der Funktion als Argument eine Referenz auf ein Objekt, gibt sie den Klassennamen des Objekts zurück.

Syntax der TypeName-Funktion

Die Syntax der `TypeName`-Funktion lautet:

`TypeName(Variablenname)`

▶ »Variablenname« steht für eine beliebige Variable, mit Ausnahme von Variablen eines benutzerdefinierten Datentyps.

TypeName-Beispiel: Die Klasse zu jenem Objekt ermitteln, das den ersten Satz im aktiven Dokument darstellt

Daß es in VBA kein `Sentence`-Objekt (aber auch kein `Character`- und kein `Word`-Objekt) gibt, wird ersichtlich, wenn Sie im Direktfenster folgende Zeile eintippen:

`? TypeName(ActiveDocument.Sentences(1))`

Als Rückgabe erhalten Sie die Zeichenfolge »Range«, was darauf hinweist, das jedes Element in der `Sentence`-Auflistung beziehungsweise jeder Satz in einem Dokument durch ein `Range`-Objekt repräsentiert wird. Sie benötigen diese Information, wenn Sie beispielsweise eine Objektvariable deklarieren wollen (hierzu weiter unten in diesem Abschnitt mehr).

Übersicht über die Rückgaben der TypeName-Funktion

Die TypeName-Funktion ist aber nicht nur im OO-Bereich von VBA ein praktisches Hilfsmittel. Sie können mit ihr zudem bei anderen Variablen den Datentyp ermitteln. Je nachdem, welche Variable Sie der Funktion als Argument übergeben, liefert sie eine entsprechende Information zurück:

Die übergebene Variable ist ein(e) ...	Rückgabezeichenfolge
Objekt respektive eine Objektrefenz	»Objekttyp« (Klassenname)
Byte-Wert	»Byte«
Ganzzahl (Integer)	»Integer«
Ganzzahl (Long)	»Long«
Fließkommazahl einfacher Genauigkeit	»Single«
Fließkommazahl doppelter Genauigkeit	»Double«
Währungsbetrag (Currency)	»Currency«
Dezimalwert	»Decimal«
Datumswert (Date)	»Date«
Zeichenfolge (String)	»String«
Boolescher Wert	»Boolean«
Fehlerwert	»Error«
Ist nicht initialisiert	»Empty«
Hat keine gültigen Daten	»Null«
Objekt	»Object«
Objekt mit unbekanntem Typ	»Unknown«
Objektvariable, die auf kein Objekt verweist	»Nothing«

20.3.4 Die Parent-Eigenschaft

Die Tatsache, daß über einen Objektausdruck auf ein anderes Objekt referenziert werden kann, prägte das Bild vom *Eltern-* und vom *Kind-*Objekt. Leider gibt es auch in diesem Zusammenhang in der Fachliteratur keine Übereinstimmung darüber, wann ein Objekt das Kind-Objekt eines anderen Objekts sein soll. Meist wird angegeben, daß eine Eltern-/Kind-Beziehung besteht, *wenn eine Methode oder eine Eigenschaft eine Referenz auf ein Objekt zurückliefert* – das bedeutet aber, daß ein Kind-Objekt beliebig viele Eltern-Objekte haben kann und ein Eltern-Objekt beliebig viele Kind-Objekte (was nicht unbedingt eine erhellende Erkenntnis darstellt). Das Buch erspart Ihnen die Details der Fachdiskussionen. VBA-Praxis ist es, daß mit Ausnahme des Application-Objektes, das an der Spitze der Objekthierarchie steht, jedes Objekt eine sogenannte Parent-Eigenschaft besitzt.[5] Sie gibt,

---
5 Engl. »parent«, dt. »Eltern«, Elternteil«.

bezogen auf die Objekthierarchie, das »übergeordnete« Objekt zurück, ob man dieses nun *Elternteil* nennt, oder nicht. Betrachten Sie in diesem Zusammenhang den nachstehenden Codeschnipsel, der in einer Meldung den *Elternteil* des aktiven Dokuments nennt:

```
Sub DokumentElternteilErmitteln()
MsgBox "Mein Name: " & ActiveDocument.Name & vbCr & _
       "Elternteil(Parent): " & ActiveDocument.Parent
End Sub
```

20.3.5 Welche Objektarten »enthält« ein Objekt?

Jedes Objekt *enthält* meist ein oder mehrere Objekte und/oder Auflistungen, die durchaus von unterschiedlicher Art sein können. So enthält zum Beispiel das Document-Objekt, das nach dem Application-Objekt zweit wichtigste Objekt im Word-Objektmodell, unter anderem so unterschiedliche Objekte und Auflistungen wie Bookmarks, Characters, Endnotes, Footnotes, Sentences, PageSetup, MailMerge und so weiter. Nicht immer ist es möglich, vom Namen auf den Inhalt eines Objekts zu schließen. Es obliegt allein den Objekt-Entwicklern, welche Objektreferenzen sie welchem Objekt mitgeben.

20.3.6 Kurze Codezeilen und äquivalente Objektausdrücke

Objektausdrücke können teilweise sehr lang werden. Betrachten Sie zum Beispiel folgenden Objektausdruck, der den Text des ersten Satzes im ersten Absatz des aktiven Dokuments liefert (das Fragezeichen »?« ist nur im Direktfenster einzugeben, im Code-Fenster schreiben Sie statt dessen Debug.Print):

```
? Application.ActiveDocument.Paragraphs.Item(1). _
  Range.Sentences.Item(1).Text
```

Daß derartige Ausdrücke viel zu lang sind, um damit vernünftig zu arbeiten, fiel natürlich auch den Word- und VBA-Entwicklern auf. Aus diesem Grund integrierten sie in VBA Instrumente, die so lange Codezeilen überflüssig machen. Im wesentlichen stehen drei Kürzungsmittel zur Verfügung:

▶ Einsatz von Objektvariablen
▶ Einsatz der With-Anweisung
▶ Weglassen von redundanten Bezeichnern

Die beiden erstgenannten Verfahren werden weiter unten in diesem Kapitel besprochen. Das Weglassen von redundanten Bezeichnern soll beispielhaft und in mehreren Schritten anhand der obigen langen Codezeile demonstriert werden:

1. **Bei globalen Konstrukten den Application-Objektbezeichner weglassen:** Viele Eigenschaften und Methoden können ohne den Application-Objektbezeichner verwendet werden, da sie häufig benötigte Objekte der Benutzerschnittstelle zurückgeben. Sie gelten als *global* (um die globalen Eigenschaften und Methoden im Objektkatalog anzuzeigen, klicken Sie oben in der Liste im Feld »Klassen« auf »<Global>«). An Stelle des obigen Objektausdrucks können Sie also auch schreiben:

```
? ActiveDocument.Paragraphs.Item(1). _
  Range.Sentences.Item(1).Text
```

2. **Bei Auflistungen die `Item`-Bezeichner weglassen:** Auflistungen, die Sie am englischen Plural-**s** erkennen, besitzen als Standardrückgabe meist die `Item`-Eigenschaft (oder -Methode, hierzu weiter unten mehr). Die Ausdrücke `Auflistung.Item(n)` und `Auflistung(n)` sind daher äquivalent (wobei »n« für denselben numerischen Wert steht). An Stelle des obigen Objektausdrucks können Sie also auch kürzer schreiben:

   `? ActiveDocument.Paragraphs(1).Range.Sentences(1).Text`

3. **Standardbezeichner der letzten Eigenschaft im Objektausdruck weglassen:** Neben der `Item`-Eigenschaft (oder -Methode) besitzen Objekte zuweilen auch andere *Standardrückgaben*, die man nicht notwendigerweise angeben muß. Im Beispiel referenziert die `Sentence`-Eigenschaft eigentlich auf ein `Range`-Objekt, das die *Standardeigenschaft* `Text` liefert. Folglich können Sie an Stelle des obigen Objektausdrucks auch kürzer schreiben:

   `? ActiveDocument.Paragraphs(1).Range.Sentences(1)`

4. **Sonstige Bezeichner weglassen:** Auch Objektbezeichner, die im Objektausdruck weder am Anfang noch am Ende stehen, sind zuweilen überflüssig. Im Beispiel ist es nicht notwendig, `Paragraphs(1).Range` anzugeben, weil VBA beim Gebrauch der `Sentence`-Eigenschaft ohne explizite Angabe eine Absatzebereichs automatisch davon ausgeht, daß der erste Absatz gemeint ist. Folglich kann der obige Objektausdruck auch folgendermaßen notiert werden:

   `? ActiveDocument.Sentences(1)`

Sie haben eben fünf verschiedene Objektausdrücke kennengelernt, die im Grunde identisch sind. Welchen Ausdruck Sie verwenden, bleibt Ihnen überlassen. Alle besitzen Vor- und Nachteile. Der längste ist zwar mit viel Schreibarbeit verbunden und ist auf dem Bildschirm eine mittlere typographische Katastrophe, aber dafür hat man immer die Objekthierarchie vor Augen. Fehlerhafte Objektreferenzen lassen sich schnell eruieren. Beim kürzesten Objektausdruck verhält es sich umgekehrt: Durch das Weglassen von Teilbezeichnern des Gesamtausdrucks fehlt der genaue Kontext. Wenn ein Fehler auftritt, ist es manchmal schwer nachzuvollziehen, welcher Bezug nicht korrekt gesetzt ist. Dafür ist ein kurzer Objektausdruck ohne Zweifel eleganter und mit weniger Tipparbeit verbunden.

20.4 Objekteigenschaften

In der vorigen Lektion lernten Sie Objekteigenschaften kennen, die eine Objektreferenz auf ein Objekt lieferten. Das ist bereits ein relativ »ausgefuchster« Inhalt für eine Objekteigenschaft. Im allgemeinen charakterisieren Eigenschaften des Verhalten und Aussehen eines Objekts über simple numerische Werte, Zeichenfolgen und Werte vom Typ `Boolean`. Beispielsweise gehören zu den wesentlichen Eigenschaften eines Word-Dokuments dessen Dateiformat (numerischer Wert), dessen Name (Zeichenfolgen-Wert) und dessen Speicherstatus (`Boolean`-Wert).

Grundsätzlich lassen sich Objekteigenschaften auf zwei Arten nutzen: Sie können den Wert einer Eigenschaft *auslesen* oder ihn *setzen*. Allerdings lassen sich nicht immer alle Eigenschaften eines Objekts setzen oder auslesen. Man unterscheidet drei Zustände oder drei Typen von Eigenschaften: *Schreib-Lese*-Eigenschaften, *Nur-Lese*-Eigenschaften und *Nur-Schreib*-Eigenschaften. Der VBA-Hilfstext zu einer Eigenschaft enthält Informationen darüber, von welchem Typ eine Eigenschaft ist.

20.4.1 Das Setzen einer Eigenschaft

Syntax für das Setzen einer Eigenschaft

Die Syntax für das Setzen einer Eigenschaft lautet allgemein:

`Objekt.Eigenschaft = Ausdruck`

- »Objekt« steht für einen gültigen Objektverweis.
- »Eigenschaft« steht für irgendeinen gültigen Eigenschaftsnamen des referenzierten Objekts.
- »Ausdruck« steht für irgendeine VBA-Operation, die einen Wert liefert, dessen Datentyp mit dem Datentyp der Eigenschaft kompatibel ist.

Geben Sie nach dem Verweis auf ein Objekt einen Punkt, den Eigenschaftsnamen, ein Gleichheitszeichen »=« und den neuen Eigenschaftswert an, um den Wert einer Eigenschaft festzulegen.

20.4.2 Beispiel Eigenschaften I: Text in der Statuszeile von Word ausgeben

Das folgende Beispiel weist der Eigenschaft `StatusBar` des `Application`-Objekts (das ist die Statuszeile von Word) eine neue Zeichenfolge als Wert zu:[6]

`Application.StatusBar = "Setzen einer Eigenschaft."`

20.4.3 Beispiel Eigenschaften II: Schriftfarbe und Schriftgröße im letzten Absatz eines Dokuments ändern

Objekteigenschaften »verstecken« sich meist in »verschachtelten« Objektausdrücken. Das nächste Beispiel ändert mit einer Word-Konstanten die Eigenschaft »Farbe« der Schrift des letzten Absatzes des aktuellen Dokuments in Schweinchenrosa. Und anschließend wird die Textgröße auf 32 Punkt gesetzt:

```
Application.ActiveDocument.Paragraphs.Last.Range. _
                        Font.ColorIndex = wdPink
Application.ActiveDocument.Paragraphs.Last.Range. _
                        Font.Size = 32
```

Wie Sie unschwer erkennen können, wird im Beispiel ein komplexe Objektreferenz-Hierarchie aufgebaut:

- `Application` liefert Word.
- `ActiveDocument` liefert das aktive Dokument in Word.
- `Paragraphs` liefert eine Auflistung der Absätze im aktiven Dokument in Word.
- `Last` liefert den letzten Absatz aus der Absatzauflistung im aktiven Dokument in Word.
- `Range` liefert als Bereich den letzten Absatz der Absatzauflistung im aktiven Dokument in Word.

---

[6] Tiefergehende Informationen zur Statuszeile finden Sie im Abschnitt 14.5, »Ausgaben in der Statusleiste der Anwendung«, ab Seite 471.

- `Font` liefert einen Bezug zur Schrift in dem Bereich mit dem letzten Absatz der Absatzauflistung im aktiven Dokument in Word.
- Den Eigenschaften Schriftfarbe (`ColorIndex`) und Schriftgröße (`Size`) der Schrift des referenzierten Bereichs werden schließlich die gewünschten Werte zugewiesen.

Auf VBA-Einsteiger wirkt eine derartige Objektreferenz-Hierarchie unverständlich und entmutigend zugleich. »Wer hat sich denn so etwas ausgedacht?« fragen diese dann öfters. Und das ist eine gute Frage, denn ausgedacht wurde die Hierarchie von Menschen wie Du und Ich. Also können Menschen wie Du und Ich auch mit ihr arbeiten. Eine gewisse Logik kann der Hierarchie ja nicht abgesprochen werden. Wenn Sie auf der Suche nach einem Objekt, einer Eigenschaft oder einer Methode sind, ist das der beste Einstieg der, sich vorzustellen, man selber wäre Programmierer von Word und VBA und müßte in den komplexen Objektmodellen das gewünschte Objekt, die gesuchte Eigenschaft oder Methode unterbringen – und zwar so, daß die »dummen« Anwender es möglichst schnell finden und die »blöden« Kritiker nicht wieder über die seltsame Logik von Microsoft-Entwicklern herziehen. Wenn Sie dieses Gedankenspiel durchspielen, werden Sie bemerken, daß es nur wenige Schritte braucht, um das passende Objekt mit seinen Eigenschaften und Methoden zu finden. Probieren Sie es aus. Denken Sie sich in die Schädel von Bill Gates und Steve Ballmer hinein.[7]

20.4.4 Das Auslesen einer Eigenschaft

Die Syntax für das Auslesen einer Objekteigenschaft lautet:

`Objekt.Eigenschaft`

- »Objekt« steht hier für einen gültigen Objektverweis.
- »Eigenschaft« steht für irgendeinen gültigen Eigenschaftsnamen des referenzierten Objekts.

Syntax für das Auslesen einer Eigenschaft

20.4.5 Beispiel Eigenschaften III: Name des aktiven Dokuments in einer Meldung anzeigen

In Ihrem Code können Sie den Wert, den eine Eigenschaft liefert, wie andere Werte auch verwenden. Zum Beispiel können Sie ihn einer Variablen zuweisen. Im nachstehenden Beispiel wird die Zeichenfolge, die in der Eigenschaft `Name` des aktiven Word-Dokuments gespeichert ist, der Variablen `strName` zugewiesen. Anschließend wird der Wert der Variablen in einer Meldung angezeigt:

Objekteigenschaft einer Variablen zuweisen

```
Sub BspObjektEigenschaften02()
Dim strName As String

'Auslesen und Zuweisung einer Eigenschaft.
strName = Application.ActiveDocument.Name
MsgBox strName

End Sub
```

---

7 Das Gedankenspiel ist wie jedes Spiel natürlich nicht ganz ernst gemeint.

20.4.6 Beispiel Eigenschaften IV: Name des aktiven Dokuments in Großbuchstaben in einer Meldung anzeigen

Objekteigenschaft als Ausdruck und Argument

Sie können eine Eigenschaft auch in einem Ausdruck oder als Argument einer Prozedur verwenden. Nachstehend ist die Eigenschaft `Name` des `Application`-Objekts ein Teilausdruck, der zusammen mit einem zweiten Teilausdruck zu einer Gesamt-Zeichenfolge verknüpft wird. Im zweiten Fall wird der Wert der Eigenschaft `Name` der Funktion `UCase` als Argument übergeben. Diese wandelt den Wert in Großbuchstaben um.

```
Sub BspObjektEigenschaften03()

'Eigenschaft als Teil eines Gesamtausdrucks
MsgBox "Name der Anwendung: " & Application.Name

'Eigenschaft als Argument in einer Funktion
MsgBox UCase(Application.Name)

End Sub
```

20.4.7 Beispiel Eigenschaften V: Überprüfen, ob in Word ein Dokument geöffnet ist

Objekteigenschaft in Bedingungen

Es ist möglich, Objekteigenschaften und deren Werte in Bedingungen einzusetzen. Die nachstehende Funktion überprüft, ob irgendein Dokument in Word geöffnet ist. Sie gibt `True` zurück, wenn mindestens ein Dokument in Word geladen ist; wenn kein Dokument geladen ist, liefert Sie `False` zurück. Während der Ausführung wertet die Routine den Wert der Eigenschaft `Count` der `Documents`-Auflistung in einer `If`-Anweisung aus.

IsDocumentOpen()

```
Public Function IsDocumentOpen() As Boolean

'Sicherheitshalber Funktion mit False initialisieren.
IsDocumentOpen = False

'Anzahl geöffneter Dokumente auswerten.
If Application.Documents.Count > 0 Then
   StatusBar = "Aktuelles Dokument: " & _
               ActiveDocument.Name
   IsDocumentOpen = True
Else
   StatusBar = "Kein Dokument geöffnet ..."
End If

End Function
```

Die Ausführung der Funktion können Sie folgendermaßen testen:

```
Sub Test_IsDocumentOpen()
If IsDocumentOpen = True Then
   Debug.Print "Hier Anweisungen eintragen, die " & _
               "geöffnete Dokumente voraussetzen."
Else
```

```
        Debug.Print "Hier ist Platz für alle anderen " & _
                   "Anweisungen."
End If
End Sub
```

> **IsDocumentOpen()**
>
> Die Funktion `IsDocumentOpen()` wird im vorliegenden Buch in vielen weiteren Beispielen verwendet. Da fast jedes Word-Makro eine offenes Dokument voraussetzt, machen die meisten Prozeduren eine »Bauchlandung«, wenn kein Dokument in Word geöffnet ist und sie trotzdem ausgeführt werden. Es ist guter Programmierstil, den Anwender vor solchen überflüssigen »Bruchlandungen« zu bewahren. Wer vorhat, seine Word-Makros professionell einzusetzen, kommt um diese oder eine ähnliche Funktion nicht drum herum.

20.5 Objektmethoden

Wie Sie bereits wissen, verfügen Objekte nicht nur über Eigenschaften, sondern auch über Methoden. Und nun zur guten Nachricht: Eine Methode ist nicht mehr und nicht weniger als eine Prozedur, die zu einem bestimmen Objekt gehört und nur durch den Zugriff über das Objekt benutzt werden kann. Mehr nicht. Das meiste, was Sie bislang über Prozeduren wissen, können Sie getrost auf Methoden übertragen – immer eingedenk der Tatsache, daß Methoden fest mit einem Objekt verknüpft sind und daher nur auf bestimmten Typen angewendet werden können. Ansonsten bleibt aber vieles gleich: Sie können Methoden wie `Function`-Prozeduren Argumente übergeben. Sie können sich von Methoden wie von `Function`-Prozeduren Werte liefern lassen (in diesem Fall müssen die der Methode übergebenen Argumente in runde Klammern »()« gesetzt werden und der Methodenaufruf muß in einer Zuweisungsanweisung oder in einem anderen Ausdruck eingefügt sein). Sie können den Rückgabewert der Methoden ignorieren, in der gleichen Weise, wie Sie den Rückgabewert von `Function`-Prozeduren absichtlich nicht beachten können (in diesem Fall müssen Sie die Methode *ohne* runde Klammern »()« um die Argumente herum aufrufen – wie Sie es bei einer Prozedur tun, die keinen Wert zurückgibt).

Bedingt durch die Zugehörigkeit zu einem Objekt, unterscheidet sich die Syntax für den Aufruf einer Methode freilich ein wenig von der Syntax einer Prozedur. Sie lautet ganz allgemein;

Syntax für Methoden

`Objekt.Methode [(Parameter)]`

- »Objekt« steht hier für einen gültigen Objektverweis.
- »Methode« repräsentiert den Namen irgendeiner Methode des referenzierten Objekts.
- Das Klammernpaar »()« und potentielle »Parameter« hinter einer Methode deuten an, daß der Methode je nach Festlegung durch den VBA-Programmierer optional Argumente beim Aufruf übergeben werden können.[8]

---

8 Die Syntax der Parameter wird im Abschnitt 14.2.2, »Parameter und Argumente von Prozeduren«, besprochen.

20.5.1 Beispiel Methoden I: Ein Dokument schließen

Das folgende einfache Beispiel zeigt, wie man mit der Methode `Close` das aktive Dokument in Word schließen kann:

```
Sub DokumentAktivesSchließen()
   Application.ActiveDocument.Close
End Sub
```

In der gleichen Art und Weise können Sie zahlreiche Methoden wie `Activate` (aktivieren,), `PrintOut` (ausdrucken), `Open` (öffnen) ... auf ein einzelnes Dokument – aber auch auf andere Objekte – anwenden.

20.5.2 Beispiel Methoden II: Das zuletzt verwendete Dokument öffnen

Wollen Sie beispielsweise die zuletzt bearbeitete Datei öffnen und der `Documents`-Auflistung hinzufügen, so benutzen Sie die `Open`-Methode der `RecentFiles`-Auflistung (Hinweis: Objektauflistungen werden in diesem Kapitel weiter unten besprochen). Die `RecentFiles`-Auflistung ist eine Sammlung von `RecentFile`-Objekten, die die mit Word zuletzt benutzten Dateien darstellen. Einige der `RecentFile`-Objekte werden bekanntlich in Word im Menü »Datei« mit ihrem Namen, ihrem Speicherort sowie einer Indexnummer aufgelistet (die Anzahl der angezeigten `RecentFile`-Objekte können Sie im Dialog »Optionen« oder über die Eigenschaft `RecentFiles.Maximum` festlegen). Damit VBA »weiß«, welche Datei mit der Methode `Open` geöffnet werden soll, fügen Sie an den Auflistungs-Bezeichner `RecentFiles` ein Klammernpaar »()« an und tragen zwischen die Klammern die gewünschte Indexnummer ein.

```
Sub DokumentZuletztBearbeitetÖffnen()
   Application.RecentFiles(1).Open
End Sub
```

20.5.3 Beispiel Methoden III: Einfügemarke zu einer bestimmten Seite verschieben

Genau wie Prozeduren können Sie Methoden ein oder mehrere Argumente übergeben, die näher bestimmen, wie die Ausführung der Methode vonstatten geht. Im nachstehenden Beispiel wird die Markierung zur vierten Seite des aktiven Dokuments verschoben. Durch Komma voneinander getrennt, werden der `GoTo`-Methode eine `WdGoToItem`-Konstante und eine `WdGoToDirection`-Konstante sowie eine Seitenzahl übergeben (bitte verwechseln Sie die `GoTo`-Methode nicht mit der `GoTo`-Anweisung).

```
Sub BspMethoden03()
   ActiveDocument.GoTo wdGoToPage, wdGoToAbsolute, 4
End Sub
```

20.5.4 Beispiel Methoden IV: Ausdruck bestimmter Seiten des aktiven Dokuments

Falls mehrere Argumente an eine Methode übergeben werden, ist die Kommaschreibweise erlaubt. Sie können einer Methode aber auch Argumente unter Angabe des Parameternamens übergeben. In der nachstehenden Prozedur veranlaßt die Methode `PrintOut` den Ausdruck der Seiten 1 bis 3 des aktiven Dokuments auf den Standarddrucker. Im Code werden die Methoden-Parameter `From` und `To` namentlich angegeben. Die Zuweisung eine Wertes erfolgt nach Doppelpunkt-Gleichheitszeichen »:=«. Auch bei der Verwendung von Parameternamen wird zwischen den einzelnen Übergaben ein Komma gesetzt:

```
Sub BspMethoden04()
    ActiveDocument.PrintOut From:=1, To:=3
End Sub
```

20.6 Objekthierarchie und Informationen zu Objekten, Eigenschaften und Methoden

Die größte Schwierigkeit beim Arbeiten mit Objekten, Eigenschaften und Methoden besteht darin, die verfügbaren Objekte überhaupt zu kennen und sich in der Objekthierarchie zurecht zu finden. Um zu ermitteln, welche Objekte, Eigenschaften und Methoden VBA unterstützt, gibt es drei Werkzeuge:

- Die Eingabehilfe des Visual Basic-Editor (Stichwort: Intellisense)
- Den Objektkatalog
- Die VBA-Hilfe

Die *VBA-Hilfe* eignet sich immer dann, wenn Sie überhaupt nicht wissen, wie ein benötigtes OO-Element heißt. Sie können die Hilfe nach einem Stichwort durchsuchen oder eventuell über das Inhaltsverzeichnis zur gesuchten Information gelangen. Eine gute Einstiegsseite ist die Hilfe-Seite »Word-Objektmodell« (früher »Microsoft Word-Objekte«). Die auf dieser Seite angezeigten Objekte und Auflistungen sind Hyperlinks. Ein Mausklick auf eine Angabe genügt, um sich durch das Objektmodell zu hangeln und um Informationen zu den einzelnen Objekten zu erhalten.

Die VBA-Hilfe unterstützt Sie auch, wenn Ihnen ein OO-Element zwar namentlich bekannt ist, aber die Funktionsweise des Konstrukts im Moment nicht präsent ist oder Sie mehr Informationen dazu benötigen. Markieren Sie das fragliche Element im Code-Fenster und drücken Sie anschließend die Tastenkombination [F1]. Wenn die VBA-Hilfe mit dem Inhalt der Markierung etwas anfangen kann, verzweigt sie automatisch zur entsprechenden Hilfeseite.

Im *Objektkatalog*, der schon mehrfach angesprochen wurde, finden Sie am schnellsten eine Information zu einem OO-Element, wenn Sie das fragliche Element im Code-Fenster markieren und anschließend die Tastenkombination [Umschalt]+[F2] drücken. Darauf wird der Objektkatalog geöffnet und das gewünschte OO-Element bereits aufgelistet.[9]

Sinnvoll ist auch die *Eingabehilfe* des Visual Basic-Editors. Geben Sie irgendwo im Code-Fenster des Visual Basic-Editors die Tastenkombination [Strg]+[J] ein, so erscheint eine Auswahlliste mit allen in Frage kommenden OO-Konstrukten. Um welches Konstrukt es sich jeweils handelt, erkennen Sie am vorangestellten Symbol.[10] Die Auswahlliste erscheint übrigens auch, wenn Sie direkt hinter einem OO-Konstrukt einen Punkt ».« set-

---

[9] Mehr Informationen zum Objektkatalog finden Sie in Abschnitt 8.8, »Der Objektkatalog«, ab Seite 275.
[10] Eine Symbol-Übersicht finden Sie in Abschnitt 8.8.5, »Symbole im Objektkatalog«, ab Seite 279.

zen und in der Objekthierarchie weitere OO-Konstrukte folgen. Auch die Tastenkombination `Strg`+`Leertaste`, mit der man einen Ausdruck vervollständigen kann, ist äußerst praktisch und erspart einem viel Tipparbeit und die Suche nach öffentlichen Codekonstrukten.

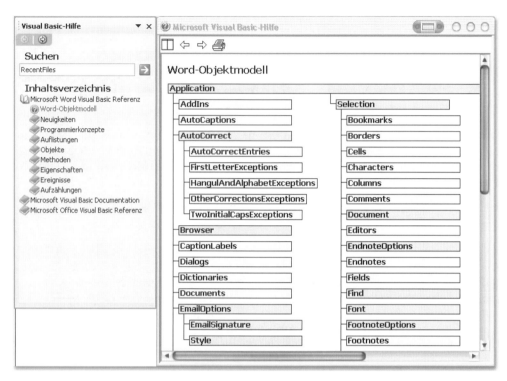

Abbildung 20.1 Die VBA-Hilfe mit der Seite »Word-Objektmodell« von Word 2003 vermittelt einen guten Überblick über die Hierarchie der Word-Objekte.

20.7 Objektauflistungen

In den meisten Objektmodellen, so auch im Word- und im Office-Objektmodell, gibt es zahlreiche Objektauflistungen, die auch *Auflistungs-Objekte*, *Objektcontainer*, *Container*, *Objektsammlungen*, *Aufzählungs-Objekte*, *Objektbehälter*, *Collections* oder kurz: *Auflistungen* genannt werden.

Eine Auflistung ist ein spezielles Objekt mit einem symbolischen Namen, der für eine Gruppe irgendwie zusammenhängender, gleichartiger Objekte steht (also zum Beispiel für semantisch, logisch oder formell ... gleichartige Objekte). Auf die einzelnen Objekte kann mit der Auflistung einzeln oder auch als Einheit Bezug genommen werden. Man nennt die einzelnen Objekte, auf die über eine Auflistung Bezug genommen wird, in diesem Zusammenhang auch *Elemente* der Auflistung.

Auf die vorgegebenen Word- und Office-Auflistungen werden Sie als angehender VBA-Entwickler über kurz oder lang ständig zugreifen. VBA ermöglicht es Ihnen aber auch, eigene Auflistungen zu kreieren. Grundsätzlich unterscheiden sich die benutzerdefinierten

Auflistungen nicht von den vordefinierten (außer dadurch, daß Sie die Klassen, die Ihren eigenen Auflistungen zu Grunde liegen, ändern können – die Klassen der vordefinierten Auflistungen aber definitiv nicht manipulierbar sind). Das vorliegende Buch verwendet im weiteren immer den Begriff »Auflistung«, wenn eine von Microsoft oder anderen Unternehmen *vorgegebene Sammlung von Objekten* gemeint ist. Die englischen Begriffe »collection« oder »dictionary« werden dagegen verwendet, wenn von einer *benutzerdefinierten Sammlung von Objekten* die Rede ist. Grundsätzlich sind die Begriffe aber durchaus synonym zu verwenden.

20.7.1 Die Bedeutung von Auflistungen

Die Bedeutung von Auflistungen wird schnell deutlich, wenn Sie sich folgendes klarmachen: Wenn Sie in Word ein Dokument öffnen, so ist jeder Absatz, jedes Zeichen, jedes Wort, jeder Satz, jede Symbolleiste, jeder Schaltknopf und so weiter ein Objekt. Es existieren während der Programmausführung Tausende Objekte gleichzeitig. Ohne spezielle Objekte, mit denen sich die Verwaltung dieser einzelnen Objekte steuern läßt, wäre Programmierung einer Sisyphusarbeit (die sie ohnedies manchmal ist). Deswegen gibt es in Word zu sehr vielen Objektarten auch eine Auflistung, die über spezielle Methoden und Eigenschaften verfügt, mit denen die Elemente der Auflistung verwaltet werden können.

Auflistungen verkörpern meist eine Sammlung *von Objekten einer einzigen Art*. Zum Beispiel hat das Objektmodell von Word eine Auflistung namens `Characters` die eine Sammlung *von allen Zeichen* in einer Auswahl, in einem Bereich oder einem Dokument darstellt (abhängig vom übergeordneten Objekt) – die aber keine Sammlung *von allen Zeichen und allen Sätzen* verkörpert und auch keine Sammlung *von allen Zeichen und allen Wörtern und allen Absätzen* oder ähnliches.

20.7.2 Benennungsempfehlungen bei Auflistungen

Eine Auflistung können Sie in der Regel am englischen Plural-s erkennen. Auflistungs-Objekte sind beispielsweise `Documents`, `Paragraphs`, `Tables` ... und so weiter. Allerdings nimmt es Microsoft mit der Benennungsrichtlinie nicht immer so genau. So kennzeichnet das Unternehmen teilweise auch »gewöhnliche« Auflistungen mit dem Plural-s, die keine Objekte, sondern »nur« Zeichenketten verwalten (vergleiche `FontNames` und andere).

20.8 Die gemeinsamen Methoden und Eigenschaften von Auflistungen (collections)

Auflistungen (collections) sind, wie gesagt, spezielle Objekte. Was haben Auflistungen, was andere Objekte nicht haben? Nun, sie haben eine Reihe von Methoden und Eigenschaften, die speziell konstruiert wurden, um ein Auflistung zu managen. Zu ihnen zählen:

- Die `Count`-Eigenschaft
- Die `Add`-Methode
- Die `Remove`-Methode (oder `Close`-Methode oder ähnliches)
- Die `Item`-Eigenschaft oder -Methode

Die genannten Methoden und Eigenschaften sind gewöhnlich in einem Auflistungs-Objekt vorhanden, müssen aber nicht zwangsläufig vorhanden sein. Ob eine der genannten Auflistungs-Methoden in einer Auflistung vorhanden ist, hängt von der Bedeutung der in der Auflistung verwalteten Elemente ab.

Zum Beispiel besitzen die `Characters`-, `Words`-, `Sentence`-, `Templates`-Auflistungen ebenso wie andere keine `Add`-Methode. Das Hinzufügen einzelner Elemente zu den Auflistungen ohne `Add`-Methode geschieht meist durch den Anwender respektive durch Word. Beispielsweise werden Zeichen, Wörter, Sätze, Absätze und andere Objekte von einem Anwender *direkt* in ein Word-Dokument eingegeben. Sobald neue Objekte existieren, werden diese durch Word automatisch zu der jeweiligen Auflistung (`Characters`, `Words`, `Sentences`, `Paragraphs` ...) hinzugefügt. Word erhöht in diesen Fällen ebenfalls selbständig die `Count`-Eigenschaft der jeweiligen Auflistung um 1. Eine `Add`-Methode ist also bei diesen Objekten überflüssig.

Ähnliche Gründe gibt es, wenn in einer Auflistung eine der anderen Auflistungsmethoden und -Eigenschaften nicht vorhanden sind.

20.8.1 Count-Eigenschaft

Die `Count`-Eigenschaft liefert die Anzahl der vorhandenen Elemente einer Auflistung (collection). Sie ist eine Nur-Lese-Eigenschaft gibt meist eine Ganzzahl vom Typ `Long` zurück.

Syntax der Count-Eigenschaft

Die allgemeine Syntax für die `Count`-Eigenschaft lautet:

`Objekt.Count`

▶ »Objekt« steht in dieser Syntax allgemein für ein gültiges Objekt, insbesondere aber für ein gültiges Auflistungsobjekt (beziehungsweise für eine gültige Objektreferenz).

Count-Beispiel: Anzahl der geöffneten Dokumente anzeigen

Im nachfolgenden Beispiel liefert die `Count`-Eigenschaft der `Documents`-Auflistung die Anzahl der gerade in Word geöffneten Dokumente. Das Ergebnis wird in einer Meldung am Bildschirm angezeigt.

```
Sub DokumentenAnzahlErmitteln()
    MsgBox "Anzahl der offenen Dokumente: " & _
        Application.Documents.Count
End Sub
```

20.8.2 Add-Methode

Auflistungen verfügen meist über eine `Add`-Methode (oder über eine ähnlich benannte Methode respektive einen vergleichbaren Mechanismus). Mit dieser Methode können Sie einer Auflistung neue Elemente (Objekte) hinzufügen. Einige `Add`-Methoden erlauben die Übergabe von Argumenten, mit denen beispielsweise Anfangswerte oder Bedingungen für die Eigenschaften des hinzugefügten Objekts festgelegt werden. Ist eine `Add`-Methode in einer Auflistung vorhanden, liefert diese oft das zur Auflistung hinzugefügte Objekt zurück.

Die allgemeine Syntax, mit der einer Auflistung (collection) ein Element hinzugefügt werden kann, lautet:

Syntax der Add-Methode

```
Objekt.Add (Element[, Schlüssel][, _
                    PosVorher|PosNachher])
```

- »Objekt« steht für ein Codekonstrukt, das ein neues Element aufnehmen soll, respektive für eine gültige Auflistung/Collection oder einen gültigen Objektausdruck.
- »Element« steht für einen Ausdruck eines beliebigen Typs, der das Item angibt, das der Auflistung/Collection (dem »Objekt«) hinzugefügt werden soll.
- »Schlüssel« steht für einen *eindeutigen* Zeichenfolgenausdruck (String), der eine Schlüsselzeichenfolge angibt, die an Stelle eines Positionsindexes verwendet werden kann, um auf ein Element der Auflistung zuzugreifen.
- »PosVorher« beziehungsweise »PosNachher« stehen für optionale Ausdrücke, die eine relative Position in der Auflistung angeben. Das Element, das hinzugefügt werden soll, wird in der Auflistung *vor* (oder *nach*) dem Element positioniert, das als PosVorher-Argument (oder als PosNachher-Argument) übergeben wird.

Wenn ein numerischer Ausdruck übergeben wird, muß PosVorher (PosNachher) eine Zahl von 1 bis zum Wert der Count-Eigenschaft der Auflistung sein. Wenn ein Zeichenfolgenausdruck übergeben wird, muß PosVorher (PosNachher) mit dem Wert Schlüssel übereinstimmen, der für das referenzierte Element angegeben wurde, als dieses zur Auflistung hinzugefügt wurde.

Sie können als Positionsargument entweder PosVorher oder PosNachher angeben, aber nicht beide zugleich.

Add-Beispiel: Der Documents-Auflistung ein Dokument-Objekt hinzufügen

Die Add-Methode der Documents-Auflistung liefert ein Document-Objekt zurück, das ein neues, leeres Dokument repräsentiert, das zu der Auflistung der geöffneten Dokumente hinzugefügt wurde. Sie hat vier Parameter (Template, NewTemplate, DocumentType und Visible), die weiter hinten im Buch tiefergehend besprochen werden. Ein neues Dokument auf der Basis der Vorlage »Normal.Dot« wird ganz einfach ohne Übergabe irgendwelcher Argumente erstellt und geöffnet:

```
Documents.Add
```

Die Add-Methode der Documents-Auflistung erlaubt die Angabe von Ordnern und anderen Vorlagen als Basis eines neuen Dokuments. Im nächsten Beispiel wird ein neues Dokument auf der Grundlage der Vorlage »Vorlage.dot« erstellt und geöffnet, die sich im Ordner »C:\Eigene Dateien« befindet:

```
Documents.Add Template:="C:\Eigene Dateien\Vorlage.dot"
```

Die Syntaxen der Add-Methode

Beachten Sie: Die vordefinierten Auflistungen bringen jeweils ihre eigene Syntax mit, die stark von der allgemeinen Syntax für Collections abweichen kann. Nachstehend die jeweilige Syntax der Add-Methoden für unterschiedliche Auflistungen:

Auflistung	»Ausdruck« muß je nach Auflistung immer ein gültiges Auflistungsobjekt zurückgeben:
AddIns	`Ausdruck.Add(FileName, Install)`
AutoCorrectEntries	`Ausdruck.Add(Name, Value)`
AutoTextEntries	`Ausdruck.Add(Name, Range)`
Bookmarks	`Ausdruck.Add(Name, Range)`
CaptionLabels	`Ausdruck.Add(Name)`
Cells	`Ausdruck.Add(BeforeCell)`
Columns	`Ausdruck.Add(BeforeColumn)`
Comments	`Ausdruck.Add(Range, Text)`
CustomLabels	`Ausdruck.Add(Name, DotMatrix)`
CustomProperties	`Ausdruck.Add(Name, Value)`
Dictionaries	`Ausdruck.Add(FileName)`
Documents	`Ausdruck.Add(Template, NewTemplate, DocumentType, Visible)`
Editors	`Ausdruck.Add(EditorID)`
EmailSignatureEntries	`Ausdruck.Add(Name, Range)`
Endnotes	`Ausdruck.Add(Range, Reference, Text)`
Fields	`Ausdruck.Add(Range, Type, Text, PreserveFormatting)`
FirstLetterExceptions	`Ausdruck.Add(Name)`
Footnotes	`Ausdruck.Add(Range, Reference, Text)`
FormFields	`Ausdruck.Add(Range, Type)`
Frames	`Ausdruck.Add(Range)`
HeadingStyles	`Ausdruck.Add(Style, Level)`
HTMLDivisions	`Ausdruck.Add(Range)`
Hyperlinks	`Ausdruck.Add(Anchor, Address, SubAddress, ScreenTip, TextToDisplay, Target)`
Indexes	`Ausdruck.Add(Range, HeadingSeparator, RightAlignPageNumbers, Type, NumberOfColumns, AccentedLetters, SortBy, IndexLanguage)`
KeyBindings	`Ausdruck.Add(KeyCategory, Command, KeyCode, KeyCode2, CommandParameter)`
ListEntries	`Ausdruck.Add(Name, Index)`
ListGalleries	
ListTemplates	`Ausdruck.Add(OutlineNumbered, Name)`

Auflistung	»Ausdruck« muß je nach Auflistung immer ein gültiges Auflistungsobjekt zurückgeben:
MailMergFields	Ausdruck.Add(Range, Name)
OtherCorrectionsExceptions	Ausdruck.Add(Name)
PageNumbers	Ausdruck.Add(PageNumberAlignment, FirstPage)
Panes	Ausdruck.Add(SplitVertical)
Paragraphs	Ausdruck.Add(Range)
RecentFiles	Ausdruck.Add(Document, ReadOnly)
Rows	Ausdruck.Add(BeforeRow)
Sections	Ausdruck.Add(Range, Start)
SmartTags	Ausdruck.Add(Name, Range, Properties)
Styles	Ausdruck.Add(Name, Type)
StyleSheets	Ausdruck.Add(FileName, LinkType, Title, Precedence)
Tables	Ausdruck.Add(Range, NumRows, NumColumns, DefaultTableBehavior, AutoFitBehavior)
TablesOfAuthorities	Ausdruck.Add(Range, Category, Bookmark, Passim, KeepEntryFormatting, Separator, IncludeSequenceName, EntrySeparator, PageRangeSeparator, IncludeCategoryHeader, PageNumberSeparator)
TablesOfContents	Ausdruck.Add(Range, UseHeadingStyles, UpperHeadingLevel, LowerHeadingLevel, UseFields, TableID, RightAlignPageNumbers, IncludePageNumbers, AddedStyles, UseHyperlinks, HidePageNumbersInWeb, UseOutlineLevels)
TablesOfFigures	Ausdruck.Add(Range, Caption, IncludeLabel, UseHeadingStyles, UpperHeadingLevel, LowerHeadingLevel, UseFields, TableID, RightAlignPageNumbers, IncludePageNumbers, AddedStyles, UseHyperlinks, HidePageNumbersInWeb)
TabStops	Ausdruck.Add(Position, Alignment, Leader)
TextColumns	Ausdruck.Add(Width, Spacing, EvenlySpaced)
TwoInitialCapsExceptions	Ausdruck.Add(Name)
Variables	Ausdruck.Add(Name, Value)
Windows	Ausdruck.Add(Window)
XMLNamespaces	Ausdruck.Add(Path, NamespaceURI, Alias, InstallForAllUsers)
XMLNodes	Ausdruck.Add(Name, Namespace, Range)
XMLSchemaReferences	Ausdruck.Add(NamespaceURI, Alias, FileName, InstallForAllUsers)
XSLTransforms	Ausdruck.Add(Location, Alias, InstallForAllUsers)

20.8.3 Remove-/Close-Methode

Auflistungen verfügen manchmal über eine Remove-Methode, mit der man aus einer Auflistung Elemente (Objekte) entfernen kann. Allerdings ist das eher selten der Fall, weil die Elemente einer Auflistung meist *direkt* vom Anwender entfernt werden (zum Beispiel in dem ein Zeichen, ein Wort, ein Satz, ein Absatz ... gelöscht wird). Dem VBA-Programmierer stehen in der Regel andere, ähnliche benannte Methoden (wie die Close-Methode) oder vergleichbare Mechanismen zur Verfügung, um eine Element aus einer Auflistung zu entfernen.

Syntax der Remove-Methode

Die allgemeine Syntax lautet:

Objekt.Remove (Index)

- »Objekt« steht für eine gültige Auflistung/Collection oder einen gültigen Objektausdruck.
- »Index« steht für einen numerischen Ausdruck, der *das Element* angibt, das aus der Auflistung entfernt werden soll, oder für einen *eindeutigen* »Schlüssel« beziehungsweise Zeichenfolgenausdruck (String), der an Stelle des Indexes verwendet werden kann, um das Element aus der Auflistung zu entfernen.

Remove-Beispiel: Entfernen der Suchkriterien einer Dateisuche

Die Auflistung PropertyTests stellt alle Suchkriterien einer Dateisuche dar. Der korrespondierende Dialog »Dateisuche« wird folgendermaßen angezeigt: Menü »Datei«, Befehl »Öffnen«, Menü »Extras«, Schaltfläche »Suchen«. Um das erste Suchkriterium aus der Suchkriterium-Auflistung mittels VBA zu entfernen, können Sie folgendes Codefragment verwenden:

Application.FileSearch.PropertyTests.Remove(1)

Close-Beispiel: Ein Document aus der Documents-Auflistung entfernen

Ein Dokument kann mit der Close-Methode geschlossen und damit aus der Documents-Auflistung entfernt werden. Sie hat drei Parameter (SaveChanges, OriginalFormat und RouteDocument), die an gegebener Stelle tiefergehend besprochen werden. Im nachfolgenden Beispiel wird der Anwender aufgefordert, das aktive Dokument zu speichern, bevor es geschlossen wird. Wenn der Anwender auf »Abbrechen« klickt, wird der Fehler 4198 (»Befehl mißlungen«) abgefangen und eine Meldung angezeigt:

```
Sub DokumentSchließen()
On Error GoTo Fehler_Handler

'Aktives Dokument aus Documents-Auflistung entfernen?
ActiveDocument.Close _
    SaveChanges:=wdPromptToSaveChanges, _
    OriginalFormat:=wdPromptUser

Fehler_Handler:
If Err = 4198 Then
```

```
    MsgBox "Dokument wurde nicht geschlossen."
End If
End Sub
```

20.8.4 Item-Eigenschaft oder Item-Methode

Eine `Item`-Eigenschaft oder `Item`-Methode[11] erlaubt dem VBA-Entwickler den Zugriff auf ein einzelnes Element einer Auflistung (collection).

Je nach Art der Auflistung kann der Zugriff alternativ über einen Index (meist ein ganzzahliger Wert) oder einen Elementbezeichner (häufig ein eindeutige Zeichenfolge) erfolgen, der als eindeutiger Schlüssel beim Hinzufügen eines Elements zur Auflistung implizit oder explizit angegeben wurde.

Der Index der Auflistungselemente beginnt normalerweise mit 1, in wenigen Fällen auch mit 0. Wenn der als Index angegebene Wert auf kein bereits existierendes Element der Auflistung referenziert, tritt ein Fehler auf.

Die allgemeine Syntax lautet:

Syntax der Item-Eigenschaft(-Methode)

```
Objekt.Item (Index)
```

- »Objekt« steht für eine gültige Auflistung/Collection oder einen gültigen Objektausdruck.
- »Index« steht für einen Ausdruck eines beliebigen Typs, der *das einzelne Element* angibt, das aus der Auflistung zurückgegeben werden soll (in der Regels handelt es sich um einen `Variant`- oder `Long`-Wert).

Item-Eigenschaft (Methode) als Standard-Rückgabe

Die `Item`-Funktionalität ist meist die Standard-Funktionalität einer Auflistung. Aus diesem Grunde kann beim Zugriff auf einzelnes Element einer Auflistung der Bezeichner »Item« auch weggelassen werden. Die folgenden beiden Codezeilen, die man im Direktfenster ausführen kann, sind demnach äquivalent:

```
? Documents(1).Name
? Documents.Item(1).Name
```

Vordefinierte Indexwerte

Viele Auflistungen besitzen vordefinierte Indexwerte, die man zur Zurückgabe einzelner Objekte verwenden kann. Jeder vordefinierte Indexwert wird durch eine Word-Konstante dargestellt.

Beispielsweise können Sie der `Item`-Methode der `HeaderFooters`-Auflistung als Argument eine `wdHeaderFooterIndex`-Konstante übergeben (die `HeaderFooters`-Auflistung stellt die Kopf- oder Fußzeilen im angegebenen Abschnitt eines Dokuments dar). Im Beispiel erleichtern drei sprechende Konstanten die Eingabe:

---

11 Der lateinische Begriff »Item«, der aus dem englischen Sprachraum als »Einzelangabe«, »Element«, »einzelne Aufgabe« wieder ins Deutsche gelangt ist, hat nur wenig mit lat. »item« oder »Item« zu tun, das im Deutschen für (veraltet) »ebenso«, »desgleichen«, »ferner« beziehungsweise für »das Fernere, Weitere« steht.

- `wdHeaderFooterEvenPages`:
  Gibt eine gerade Kopf- oder Fußzeile zurück.
- `wdHeaderFooterFirstPage`:
  Gibt die Kopf- oder Fußzeile der ersten Seite zurück.
- `wdHeaderFooterPrimary`:
  Gibt eine ungerade Kopf- oder Fußzeile zurück.

Ein gültiger Objektausdruck mit einem vordefinierten Indexwert lautet in diesem Zusammenhang beispielsweise:

```
Sections(1).Headers.Item(wdHeaderFooterFirstPage)
```

Je nachdem, welche Konstante Sie gewählt haben, erhalten Sie eine entsprechende Rückgabe.

20.9 Objektvariablen

Bislang wurden Objektausdrücke meist *direkt* formuliert. Beim direkten Zugriff auf eine Methode oder eine Eigenschaft schreibt man sich im Code quasi durch die gesamte Objekthierarchie hindurch, bis man bei der gewünschten Zieleigenschaft/-Methode ankommt. Wenn Sie beispielsweise die Schrift im ersten Absatz im aktiven Dokument mittels VBA kursiv setzen wollen, so können Sie eine Codezeile folgendermaßen verfassen:

```
ActiveDocument.Paragraphs(1).Range.Font.Italic = True
```

Wollen Sie weitere Eigenschaften der Schrift in diesem Absatz verändern, so wiederholen Sie die Angabe der kompletten Objekthierarchie und geben die weiteren Objekteigenschaften an:

```
ActiveDocument.Paragraphs(1).Range.Font.Italic = True
ActiveDocument.Paragraphs(1).Range.Font.Size = 24
ActiveDocument.Paragraphs(1).Range.Font.Name = "Arial"
ActiveDocument.Paragraphs(1).Range.Font.Bold = False
...
```

Es ist offensichtlich, daß diese Codezeilen mit viel Tipparbeit verbunden sind und die Übersichtlichkeit eines Quellcodes negativ beeinflussen. Außerdem ist derartiger Code nicht performant. In jeder Codezeile muß VBA die Referenzen zu den unterschiedlichen Word-Objekten `ActiveDocument`, `Paragraphs(1)`, `Range` und `Font` aufbauen und wieder lösen. Mit anderen Worten: VBA muß viermal das Word-Objektmodell »nach unten wandern«. Das braucht Zeit, die sich in einem größeren Projekt mit Tausenden von ähnlichen Objektreferenzen durchaus bemerkbar machen kann. Zum Glück können Sie einen Objektausdruck aber auch *indirekt*, mittels einer *Objektvariablen* formulieren und dadurch die Anzahl der Quellcodezeichen nicht nur reduzieren, sondern auch die Ausführung von VBA-Programmen beschleunigen.

20.9.1 Was unterscheidet eine Variable von einer Objektvariablen?

Bevor gezeigt wird, wie Sie das Codebeispiel indirekt mit einer Objektvariablen niederschreiben können, bedenken Sie bitte folgendes: Eine Objektvariable ist im Grunde eine konventionelle Variable. Sie wird deklariert wie eine Variable und besitzt einen benutzerdefinierten Variablennamen sowie einen Gültigkeitsbereich wie eine Variable. Die meisten der Informationen, die Sie in Abschnitt 11.1, »Variablen«, ab Seite 377 erhalten haben, können Sie auch auf Objektvariablen übertragen. Die wenigen Abweichungen lassen sich folgendermaßen zusammenfassen:

- Im Unterschied zu einer konventionellen Variable stellt eine Objektvariable keinen Platzhalter für einen Wert dar, sondern einen Platzhalter für einen Verweis (eine Referenz) auf ein Objekt.
- Sie können eine Objektvariable *nicht* mit einem Wertebereich oder einem »normalen« Datentyp wie Integer, String, Boolean et cetera deklarieren. Statt dessen kann die Deklaration einer Objektvariablen auf zwei Weisen erfolgen:
  - Mit einem *unspezifischen* Objekt-Datentyp (Datentyp Object – oder selten Variant). Die Verbindung eines Objekts mit einer Objektvariablen, die mit dem Datentyp Object deklariert wurde, erfolgt immer zur Laufzeit (Binden zur Laufzeit, späte Bindung, *late binding*).
  - Mit einem *spezifischen* Objekt-Datentyp beziehungsweise mit dem Namen einer Klasse (also zum Beispiel mit einem Klassenbezeichner für Steuerelemente wie TextBox, ListBox ... oder mit einem für typische Word-Klassen wie Font, Document, Application, Range ... und so weiter).[12] Durch die Deklarierung einer Objektvariablen mit einer Klasse erzwingen Sie eine frühe Bindung (Binden zur Kompilierungszeit, *early binding*).[13]
- Im Unterschied zu einer konventionellen Variable geschieht die Zuweisung eines Wertes (hier der Objektreferenz) nicht nur über den Variablennamen und ein Gleichheitszeichen »=«, sondern *muß* über eine spezielle Anweisung, die Set-Anweisung und einem Gleichheitszeichen erfolgen.
- Zur Deklaration von Objektvariablen stehen Ihnen dieselben Zugriffsmodifizierer zur Verfügung, die sie bereits von den »normalen« Variablen her kennen (Dim, Public, Private oder Static). Je nachdem, mit welchem Zugriffsmodifizierer Sie eine Objektvariable deklarieren, besitzt sie den entsprechenden Gültigkeitsbereich.
- Im Unterschied zu einer konventionellen Variable kennt die Syntax der Objektvariablen-Deklaration noch das Schlüsselwort New, dessen Bedeutung weiter unten in diesem Kapitel beschrieben wird. Demnach lautet die allgemeines Syntax für die Deklaration einer Objektvariablen:

<ZM> ObjektVar As [New] Klasse

Syntax einer Objektvariablen

- »ZM« steht für den Zugriffsmodifizierer der zu deklarierenden Objektvariable. Mögliche Zugriffsmodifizierer sind die Anweisungen Dim, Private, Public, Static.
- »ObjektVar« steht hier für den Bezeichner einer Objektvariablen. Den Namen der jeweiligen Objektvariable legt ein VBA-Programmierer selbst fest. Er muß immer gemäß der Standardkonventionen gebildet werden[14] und ist eine notwendige Angabe für die Definition einer Objektvariable.

---

12 Vgl. Abschnitt 11.3.3, »Objekt-Datentypen«, ab Seite 387.
13 Vgl. »Frühes Binden oder Bindung zur Kompilierungszeit (»early binding«)«, ab Seite 134 und »Späte Bindung oder Bindung zur Laufzeit (»late binding«)«, ab Seite 132.
14 Siehe Abschnitt 9.5, »Verbindliche Namensregeln gemäß VBA-Spezifikation«, Seite 362.

- »New« kann nur mit einer Objektvariablen verwendet werden. Das Schlüsselwort ermöglicht das Anlegen einer neuen Instanz eines Objekts. Seine Bedeutung wird weiter unten in diesem Kapitel beschrieben.
- »Klasse« steht, wie oben bereits erwähnt, für einen spezifischen oder unspezifischen Objekttyp beziehungsweise für die Klasse, auf der das durch die Objektvariable referenzierte Objekt basiert.

So weit, so gut sind nun alle Informationen beisammen, um den obigen Codeauszug abzuändern. Dazu müssen Sie ...

1. Einen Zugriffsmodifizierer wählen und einen Variablennamen wie fntAbsatz oder ähnlich gemäß der VBA-Namenskonventionen erfinden. Nach dem Variablennamen das VBA-Schlüsselwort As einfügen und als Objekttyp Font deklarieren (mit anderen Worten: die Variable fntAbsatz auf der Klasse Font basieren lassen), also zum Beispiel:

   ```
   Dim fntAbsatz As Font
   ```

2. Der neuen Objektvariablen mit der Set-Anweisung eine Referenz auf das gewünschte Font-Objekt zuweisen, also:

   ```
   Set fntAbsatz = ActiveDocument.Paragraphs(1).Range.Font
   ```

3. Anschließend können Sie überall in Ihrem Code die kurze Objektvariable fntAbsatz anstelle des langen, direkten Objektausdrucks verwenden (natürlich nur innerhalb des Gültigkeitsbereichs des Objektvariablen).

Der obige Codeschnipsel sieht in *indirekter* Schreibweise demnach folgendermaßen aus:

```
'1. Deklaration der Objektvariablen
Dim fntAbsatz As Font

'2. Zuweisung der Objektreferenz an die Objektvariable
Set fntAbsatz = ActiveDocument.Paragraphs(1).Range.Font

'3. Zuweisen von Werten an die Objekteigenschaften
fntAbsatz.Italic = True
fntAbsatz.Size = 24
fntAbsatz.Name = "Arial"
fntAbsatz.Bold = False
```

20.9.2 Objektvariablen sind Verweise, keine Objekte

Objektvariablen werden auch *Objektverweise*, *Objektreferenzen*, *Objektzeiger*, *Zeiger* oder nur *Objekt* genannt, wobei die zuletzt genannte Bezeichnung genaugenommen nicht richtig ist. Eine Objektvariable verweist auf ein Objekt, ist aber im Grunde nicht das Objekt selbst. Im Sprachgebrauch wird dieser Unterschied meist ignoriert, weil die Handhabung eines Objekts über eine Objektvariable transparent vor sich geht. Das Buch schließt sich dem allgemeinen Sprachgebrauch an und behandelt ein Objektvariable sprachlich genauso wie das Objekt, auf das sie verweist. Beim Programmieren muß man jedoch sehr genau auf den Unterschied zwischen Objekt und Objektvariable achten.

Betrachten Sie in diesem Zusammenhang folgenden Codeschnipsel:

```
Dim senSatz01 As Sentences
Dim senSatz02 As Sentences

Set senSatz01 = ActiveDocument.Sentences
Set senSatz02 = senSatz01
```

In dem Beispiel werden *zwei* unterschiedliche Objektvariablen deklariert (senSatz01 und senSatz02). Sie verweisen beide auf *ein und dasselbe* Objekt (nämlich auf die Objektauflistung ActiveDocument.Sentences) – und *nicht*, wie man denken könnte, auf zwei Objekte. Das bedeutet, sie können sowohl die Objektvariable senSatz01 als auch die Objektvariable senSatz02 verwenden, um das eine Objekt zu manipulieren, auf das beide Variablen »zeigen«.

Grundsätzlich ist es ein schlechter Programmierstil, mit mehr als einer Objektvariablen auf ein und dasselbe Objekt zu verweisen. Warum es ein schlechter Programmierstil ist, ist schnell erklärt: Wird in einem Codeteil über die Objektvariable 1 das referenzierte Objekt manipuliert, so kann dies im weiteren Programmablauf leicht zu einem Fehler führen. Ein Fehler tritt zum Beispiel auf, wenn der Codeteil, der mit der Objektvariable 2 arbeitet, ein unmanipuliertes Objekt voraussetzt.

20.9.3 Set-Anweisung

Wie bereits ausgeführt, wird ein Objekt einer Objektvariablen mit der Set-Anweisung zugewiesen.

Die generelle Syntax der Set-Anweisung lautet:

Syntax der Set-Anweisung

```
Set ObjektVar = {[New] ObjektAusdruck | Nothing}
```

- »ObjektVar« steht für Namen der Objektvariablen oder Eigenschaft. Die Objektvariable muß zuvor deklariert sein. Außerdem ist »ObjektVar« nur gültig, wenn der zugehörige Objekttyp mit dem Typ des zugewiesenen Objekts identisch ist.
- »New« ermöglicht, wenn Sie das Schlüsselwort zusammen mit Set verwenden, das implizite Erstellen eine neue Instanz der Klasse. Seine Bedeutung wird weiter unten in diesem Kapitel beschrieben.
- »ObjektAusdruck« steht für den Namen eines Objekts, einer anderen deklarierten Variablen desselben Objekttyps oder einer Funktion beziehungsweise Methode, die ein Objekt desselben Typs zurückgibt.
- »Nothing« ermöglicht es, die Referenz der Objektvariablen »ObjektVar« zu einem bestimmten Objekt aufzuheben.

Zumeist werden zur Erklärung der Set-Anweisung folgende, einfachere Syntax-Varianten herangezogen:

```
Set ObjektVar = ObjektAusdruck
Set ObjektVar = New ObjektAusdruck
Set ObjektVar = Nothing
```

Für die erste, einfache Syntax wurden schon viele Beispiele gegeben. Die Bedeutungen der anderen zwei werden nachstehend in eigenen Unterabschnitten erläutert.

20.9.4 Ein neues Objekt via Code erzeugen

Es gibt in VBA drei (eigentlich vier) Verfahren, mit denen Sie via Code neue Objekte (Instanzen von Klassen) erstellen können:

- Objektvariable mit `As New`
- `Set`-Anweisung mit `New`-Operator
- `Set`-Anweisung mit `CreateObject`-Funktion
- (Bedingt auch: `Set`-Anweisung mit `GetObject`-Funktion, wenn `GetObject` einen Verweis auf ein Objekt aus einer Datei zurückgibt, deren zugehörige Anwendung noch nicht geladen ist, und `GetObject` ohne Fehler die Anwendung starten kann.)

Alle drei (vier) Verfahren verwenden die Objekterstellungsdienste von COM. Sie unterscheiden sich nicht voneinander, wenn Sie Objekte aus Klassen erstellen, die von anderen Komponenten oder den anwendungsspezifischen bereitgestellt werden. Wenn Sie jedoch den Operator `New` oder eine als `As New` deklarierte Variable verwenden, um eine Instanz einer eigenen, *benutzerdefinierten* Klasse zu erstellen (hierzu später mehr), die Bestandteil Ihres Projekts ist, verwendet VBA eine interne, sehr effiziente Implementierung der COM-Objekterstellung. In diesem Fall sollten Sie auf die Verwendung `CreateObject`-Funktion verzichten. Apropos: Die `CreateObject`-Funktion wird ohnehin überwiegend im Zusammenhang mit Automation und der Erstellung von extern bereitgestellten Objekten verwendet. Aus diesem Grund wird Sie auch in einem anderen Abschnitt besprochen und soll hier nicht weiter erwähnt werden.[15]

20.9.5 Die Bedeutung des Schlüsselworts New

Das Schlüsselwort `New` wird in zwei Varianten verwendet:

1. Mit der `Set`-Anweisung respektive als `New`-Operator, also zum Beispiel:

   ```
   Dim fntSchrift As Font
   Set fntSchrift = New Font
   fntSchrift.Size = 12
   ```

2. Mit den Zugriffsmodifizierern (`Dim`, `Private`, `Public` und `Static`) für eine Objektvariable respektive als eine `As New` deklarierte Variable, also beispielsweise:

   ```
   Dim fntSchrift As New Font
   fntSchrift.Size = 12
   ```

Die beiden Codeschnipsel machen dasselbe. In beiden Fällen wird eine neue Instanz aus der Klasse `Font` erzeugt und der Objektvariablen `fntSchrift` als Referenz zugewiesen. Der Eigenschaft `Size` der neuen Schrift-Instanz wird anschließend über die Objektreferenz in beiden Fällen die Schriftgröße 12 Punkt übergeben. Sonst passiert in den Beispielen nichts. Beachten Sie jedoch: In der zweiten Variante erübrigt sich die `Set`-Anweisung, die in der ersten Variante unabdingbar ist.

---

15 Siehe Abschnitt 21.7, »Die CreateObject-Funktion«, ab Seite 591.

Wann nimmt man New, wann nicht?

Unabhängig davon, welche Variante Sie einsetzen, New *wird immer nur dann verwendet, wenn ein neues Objekt angelegt werden soll* und dies von der zugrunde liegenden Klasse unterstützt wird (zur Erinnerung: es gibt auch *abstrakte* Klassen, die zwar deklariert werden können, aus denen sich aber kein Objekt direkt instanziieren läßt).

Sobald ein Objekt bereits existiert (1.), oder ein Objekt durch eine Methode eines bereits vorhandenen Objekts instanziiert werden kann (2.), sollten Sie auf den Einsatz des New-Schlüsselworts – egal in welcher Variante – verzichten.

1. Beispielsweise müssen Sie wie nachstehend einer Objektvariablen mit der Set-Anweisung das aktive Dokument *immer ohne* New zuweisen. Da immer ein aktives Dokument existiert, wenn Sie im Visual Basic-Editor Codezeilen niederschreiben, können Sie auf ActiveDocument in jedem Fall referenzieren. New ist in diesem Zusammenhang überflüssig:

   ```
   'Richtig:
   Dim docMeinAktivesDok As Document
   Set docMeinAktivesDok = Application.ActiveDocument

   'Falsch:
   Dim docMeinAktivesDok As Document
   Set docMeinAktivesDok = New Application.ActiveDocument
   ```

2. Beispielsweise sollten Sie darauf verzichten, mit der Set-Anweisung und dem Schlüsselwort New ein neues Dokument anzulegen (obwohl dies prinzipiell möglich ist). Denn für das Anlegen neuer Dokumente respektive neuer Document-Objekte existiert die Add-Methode der Documents-Auflistung. Die nachstehenden Zeilen kommen demnach für einen guten Entwickler nicht infrage:

   ```
   'Schlecht:
   Dim docMeinNeuesDokument As Document
   Set docMeinNeuesDokument = New Document

   'Besser ist beispielsweise:
   Documents.Add
   ```

   Hinweis: Wenn die Objektvariable docMeinNeuesDokument in einer Prozedur deklariert ist, wird sie »zerstört«, sobald die Prozedur abgearbeitet ist – und mit ihr wird ohne Vorwarnung das Dokument »zerstört«, wenn Sie es nicht zuvor abspeichern. Ein Grund mehr, sich der Add-Methode der Documents-Auflistung und anderen vorgefertigten VBA-Methoden und -Eigenschaften zu bedienen.

Wann verwendet man den New-Operator, wann eine als As New deklarierte Variable?

In der Fachliteratur geht das Gerücht um, daß in Verbindung mit der Set-Anweisung der Code zur Erstellung von neuen Objekten schneller ausgeführt wird als bei einer als As New deklarierten Objektvariablen. Der Autor des Buches hat darüber keinerlei empirische Erkenntnisse. Tatsache ist, daß die Set-Variante in der Fachliteratur Usus ist (und auch vom Autor des Buches favorisiert wird), und die Objektvariablen-Variante vorwiegend von Refaktorierungsfetischisten bevorzugt wird, die am liebsten jedes Programm nur aus einer einzigen Codezeile bestehen lassen würden.[16]

---

16 Der Satz ist natürlich nicht ganz ernst gemeint.

In welchen Zusammenhängen wird New verwendet?

Allgemein wird das `New`-Schlüsselwort dazu verwendet, um ein neues Objekt (neue Instanz) implizit aus einer *bestimmten* Klasse zu erstellen, wobei die Art der Klasse weitgehend gleichgültig ist. Sie können `New` zum Beispiel einsetzten in Zusammenhang mit …

- internen, Word-spezifischen Klassen
- eigenen, benutzerdefinierten Klassen
- Klassen von Komponenten, die von anderen Programmen ansprechbar sind (COM-Server)[17]

Nachstehend eine kleine Liste von wordspezifischen Klassen, die im Zusammenhang mit `New` nachweislich häufig eingesetzt werden. Achtung: Die Liste sagt nichts darüber aus, ob es guter Programmierstil ist, Objekte aus den genannten Klassen mit `New` zu erzeugen. Wie Sie bereits wissen, ist es beispielsweise kein guter Programmierstil, mittels `New` ein neues Dokument-Objekt zu instanziieren. Trotzdem enthält die Liste die `Document`-Klasse, weil selbst namhafte Autoren häufig auf diese Art ein Dokument zur `Documents`-Auflistung hinzufügen.

Klasse	New-Ergebnis
Application	Neue Word-Instanz
Font	Neue Schrift
FileSystemObject	Neues Dateisystem-Objekt
ParagraphFormat	Neue Absatzformatierung
Document	Neues Dokument
DataObject	Neuer Zwischenspeicher zum Ablegen von formatierten Textdaten
LetterContent	Neuer Inhalt eines Briefs, der vom Brief-Assistenten erstellt wurde.

Einschränkungen des Schlüsselworts New

Da VBA-Einsteiger erfahrungsgemäß mit dem Schlüsselwort `New` gewisse Verständnisschwierigkeiten verbinden, werden in der folgenden Tabelle die wichtigsten Operationen zusammengefaßt, die mit dem Schlüsselwort `New` *nicht* zulässig sind.

Unzulässiger Code (Beispiel)	Beschreibung:

`Dim x As New Integer`
`Dim x As New String`
`Dim x As New Object`
	Das Schlüsselwort `New` kann nicht zur Erstellung neuer Instanzen von integrierten (grundlegenden) Datentypen verwendet werden.

---

17 Siehe Abschnitt 21.6, »Die Rolle von New«, ab Seite 587.

Unzulässiger Code (Beispiel)	Beschreibung:
`Dim WithEvents x As New ...`	`New` kann nicht zusammen mit `WithEvents` angewendet werden.
`Dim x As New Label` `Dim x As New TextBox`	Sie können `New` nicht zur Deklaration von Instanzen *abhängiger* beziehungsweise *spezifischer Objekte* benutzen. Ein abhängiges Objekt ist ein Objekt, das in einem anderen Objekt enthalten oder eingebettet wird (zum Beispiel ein Steuerelement).

20.9.6 Die Bedeutung von Nothing

Wenn eine Objektvariable keine Referenz auf ein Objekt besitzt, besitzt sie nicht den Wert »0« und auch nicht den Wert leere Zeichenkette »«, sondern sie hat den Wert *Nothing*. Sie können einer Objektvariablen diesen Wert mit der Set-Anweisung zuweisen:

```
Set objMeinObjektvariable = Nothing
```

Wenn die Objektvariable `objMeinObjektvariable` eine Referenz auf ein Objekt enthielt, wird diese Referenz durch die Zuweisung von *Nothing* aufgehoben und die Variable verweist anschließend auf kein aktuelles Objekt mehr.

Wenn mehrere Objektvariablen auf dasselbe Objekt verweisen, werden die Speicher- und Systemressourcen, die für das Objekt reserviert wurden, auf das die Variablen verweisen, erst freigegeben, nachdem alle Objektvariablen auf *Nothing* gesetzt wurden. Dies kann entweder explizit mit `Set` oder implizit geschehen, nachdem die letzte Objektvariable den Gültigkeitsbereich verläßt und automatisch auf *Nothing* gesetzt wird.[18]

Test auf Nothing

Ob eine Objektvariable den Wert *Nothing* besitzt, also keine gültige Referenz auf ein Objekt, können Sie beispielsweise über den `Is`-Operator und einer `If`-Verzweigung ermitteln. Im nachstehenden Beispiel wird der Wert der Objektvariablen `objMeinObjektvariable` nur dann auf *Nothing* gesetzt, wenn die Objektvariable noch eine gültige Referenz auf ein Objekt besitzt:

```
If objMeinObjektvariable Is Nothing = False Then
    Set objMeinObjektvariable = Nothing
End If
```

20.9.7 Mit Is vergleichen, ob zwei Objektvariablen auf dasselbe Objekt verweisen

Zwei Objektvariablen werden als gleich betrachtet, wenn Sie auf die gleiche Instanz eines Objekts verweisen. Diese Form der Gleichheit überprüft der `Is`-Operator. Der `Is`-Operator überprüft *nicht*, ob die Objektvariablen den gleichen Objekttyp besitzen beziehungsweise sich aus der gleichen Klasse ableiten.

Das folgende Beispiel geht davon aus, daß Sie in Ihr VBA-Projekt ein Klassenmodul (eine Klasse) namens `clsTest` eingefügt haben, deren Inhalt vollständig leer sein kann. Es dekla-

---

[18] Beachten Sie in diesem Zusammenhang auch Abschnitt 21.12, »Das Schließen eines Objekts im allgemeinen«, ab Seite 604.

riert zwei Objektvariablen von dieser Klasse und eine mit dem Typ `Object`. Anschließend werden der ersten und der zweiten Objektvariablen jeweils eine Referenz auf eine neue Instanz der Klasse zugewiesen. Die dritte Objektvariable erhält durch die `Set`-Anweisung einen Verweis auf die gleiche Instanz, wie die erste Objektvariable:

```
Sub BspIsOperator()
Dim Objekt1      As clsTest
Dim Objekt2      As clsTest
Dim objAllgemein As Object

'Objektverweise zuweisen.
Set Objekt1 = New clsTest
Set Objekt2 = New clsTest
Set objAllgemein = Objekt1

MsgBox "Der Vergleich von Objekt1 und Objekt2 " & _
       "ergibt: " & str(Objekt1 Is Objekt2)

MsgBox "Der Vergleich von Objekt1 und objAllgemein " & _
       "ergibt: " & str(Objekt1 Is objAllgemein)

End Sub
```

Erwartungsgemäß liefert ein Vergleich mit dem `Is`-Operator zwischen den Objektvariablen `Objekt1` und `Objekt2` den Wert `False` zurück (`Objekt1` und `Objekt2` besitzen zwar den gleichen Objekttyp `clsTest`, sie verweisen aber nach der Verwendung von `New` auf unterschiedliche Instanzen). Dagegen liefert ein Vergleich mit dem `Is`-Operator zwischen den Objektvariablen `Objekt1` und `objAllgemein` den Wert `True` zurück (weil beide Variablen gemäß der dritten `Set`-Zuweisung auf die gleiche Instanz verweisen).

20.9.8 Mit IsObject prüfen, ob eine Variable eine Objektvariable ist

Wenn Sie viel mit `Variant`-Datentypen arbeiten, kann es zuweilen notwendig sein zu prüfen, ob eine Variable vom Datentyp `Variant` den Unterdatentyp `Object` besitzt. Dies können Sie mit der `IsObject`-Funktion checken. Sie gibt »Wahr« zurück, wenn eine Variable eine Objektvariable ist, und »Falsch«, wenn sie es nicht ist.

```
Dim varMeinVariant As Variant
Set varMeinVariant = ActiveDocument
MsgBox IsObject(varMeinVariant)
```

20.10 With-Anweisung

Oft greift man in einer Prozedur mehrfach auf die Eigenschaften und Methoden des immer gleichen Objekts zu. Dabei wird der Name des Objekts möglicherweise zigmal wiederholt. Auch bei der Verwendung von benutzerdefinierten Datentypen kommt es vor, daß man häufiger auf ein und denselben Variablennamen referenziert.

Um das ständige »Wiederkäuen« eines Variablen- oder Objektnamens zu vermeiden, hat Microsoft den VBA-Anwendern die `With`-Anweisung spendiert. Sie führt eine Reihe von

Anweisungen für ein einzelnes Objekt oder einen benutzerdefinierten Typ aus, ohne den Namen des Objekts/des Typs mehrmals angeben zu müssen.

Die Syntax der `With`-Anweisung lautet (in eckige Klammern gesetzte Einträge sind optional):

Syntax der With-Anweisung

```
With Objekt
    [Anweisungen]
End With
```

- »Objekt« steht für den Namen eines Objekts oder für den Namen eines benutzerdefinierten Datentyps.
- »Anweisungen« steht für keine, eine oder mehrere Anweisungen, die für »Objekt« ausgeführt werden sollen.

Das folgende Beispiel veranschaulicht die Verwendung der With-Anweisung. Statt...

```
frmMeinFormular.CommandButton1.Caption = "Abbruch"
frmMeinFormular.CommandButton1.Enabled = False
frmMeinFormular.CommandButton1.Width = 42
frmMeinFormular.CommandButton1.Height = 20
```

zu schreiben, setzt man die `With`-Anweisung ein und schreibt wesentlich kürzer:

```
With frmMeinFormular.CommandButton1
    .Caption = "Abbruch"
    .Enabled = False
    .Width = 42
    .Height = 20
End With
```

Die kürzere Schreibweise und die übersichtliche Formatierung des Codes sind aber nicht der einzigen Vorteile. Darüber hinaus erhöht sich im Schnitt die Ausführgeschwindigkeit (auch, wenn das bei den Leistungsmerkmalen der aktuellen Hardware kaum noch eine Rolle spielt).

Die Verwendung einer `With`-Anweisung schließt die Verwendung einer Objektvariablen *nicht* aus. Sie hätten den obigen Code also beispielsweise auch über Objektvariable namens `cmdMeinButton` folgendermaßen verfassen können:

```
Dim cmdMeinButton As CommandButton
Set cmdMeinButton = frmMeinFormular.CommandButton1

With cmdMeinButton
    .Caption = "Abbruch"
    .Enabled = False
    .Width = 42
    .Height = 20
End With
```

21 Die Arbeit mit Objekten aus anderen Anwendungen

> *»Das Ich ist allerdings Objekt, aber nur für sich selbst, es ist also nicht ursprünglich in der Welt der Objekte, es wird erst zum Objekt, dadurch daß es sich selbst zum Objekt macht, und es wird Objekt nicht für etwas Äußeres, sondern immer nur für sich selbst.«*
> *Friedrich Wilhelm Joseph Schelling*[1]

21.1 Einleitung zur anwendungsübergreifenden Word-Programmierung

Wie Sie aus den Schnellkursen wissen, unterstützt Word Automation auf Basis von COM. Dadurch können Sie auf alle Objekte der Office-Familie (Excel, Access, Outlook ...) und auf alle Objekte, die von COM-Servern angeboten werden, mit VBA-Code zugreifen. Der Umgang mit Automationsobjekten unterscheidet sich im Grunde nur unwesentlich von der Programmierung von Word-spezifischen Objekten: Sobald Sie einer Objektvariablen das Objekt einer anderen Anwendung zugewiesen haben, können Sie die Methoden und Eigenschaften des Objekts der »fremden« Anwendung ähnlich einfach verwenden wie die eines Word/VBA-Objekts.

Leider gibt es bei der Automatisierung einige Techniken, Schlüsselwörter und Funktionen gegeneinander zu wägen, um für eine gegebene Automatisierungsanforderung die optimale Lösung zu finden. Und so leicht der Umgang mit den einmal erstellten Referenzen auf anwendungsübergreifende Objekte ist, so verwickelt ist es, einem Laien zu vermitteln, warum man in dem einen VBA-Code eine bestimmte Technik einsetzt – und in dem anderen Code eine andere. Die Erklärungsnot hat unter anderem damit zu tun, daß bei der Automatisierung mehrere Sachverhalte ineinander greifen. Es ist sinnvoll, vorab die distinguierenden Sachverhalte kurz vorzustellen, die bei der Automatisierung eine Rolle spielen, bevor Sie Zusammenspiel im Detail und anhand von Codebeispielen genauer erläutert wird.

21.2 Vorstellung der Grundbegriffe bei der Automatisierung

Die Automatisierung baut vorwiegend auf folgenden Leitgedanken auf:

- **Zwei COM-Protagonisten:** Wenn Sie anwendungsübergreifend programmieren, haben Sie es stets mit zwei Software-Komponenten zu tun:
  - Dem (Automatisierungs-)Client oder COM-Client, der im vorliegenden Buch meist Word ist, von dem aus Sie auf eine andere Anwendung zugreifen wollen.
  - Und die andere Anwendung, dem (Automatisierungs-)Server oder COM-Server, der das Objekt oder die Objekte enthält, das oder die Sie nutzen wollen (zum Beispiel Excel, Access, Visio, Outlook ...).

COM-Client und COM-Server

---

[1] [SCHEL001]: S. 36631.

- **Zwei Verweis-Techniken:** Möchten Sie die Objekte eines COM-Servers nutzen, muß Ihr Projekt irgendwie an Informationen über den COM-Server und dessen öffentlichen Objekte herankommen. Dafür gibt es zwei Wege:

    Verweis auf eine Objektbibliothek eintragen
    - Sie können bei der Automatisierung mit einem Verweis auf die Objektbibliothek eines COM-Servers arbeiten, indem Sie diesen über den Menübefehl »Extras-Verweise« im Visual Basic-Editor definieren.
    Im Rahmen von Word und VBA sind die Verweise stets projekt- und dokumentbezogen, das heißt, sie werden in den Dokumenten gespeichert. Gegebenenfalls müssen sie in anderen Projekten/Dokumenten ebenfalls eingebunden werden, um das reibungslose Ausführen von Code zu gewährleisten.
    Sie müssen einen Verweis auf eine Objektbibliothek nicht »per Maus« definieren, Sie können ihn auch durch VBA-Code nachträglich hinzufügen (hierzu später mehr).

    Verweis durch Rückgabe von Funktionen
    - Bei Bedarf können Sie über die Objekte einer COM-Server-Anwendung auch verfügen, indem Sie vordefinierte VBA-Funktionen verwenden (`CreateObject`, `GetObject`). Diese geben einen Verweis auf eine Instanz eines COM-Servers zurück, so daß es Ihnen in diesem Fall frei steht, zusätzlich einen Verweis auf eine entsprechende Objektbibliothek in Ihr Projekt einzugeben, oder nicht.

- **Zwei Bindungsarten:** Mit der Art, wie sich einen Verweis auf einen COM-Server liefern lassen (also mit oder ohne Verweis auf eine Objektbibliothek) hängt die Bindungsart zusammen:

    late binding
    - Wenn Sie in VBA keinen Verweis auf eine Objektbibliothek vorab festlegen, müssen Sie beim Deklarieren der Objekte, auf die Sie zugreifen wollen, den unspezifischen Typ `Object` angeben. Diese Art des Bindens nennt man, wie Sie aus den Schnellkursen wissen, *spätes Binden* oder *late binding*.

    early binding
    - Die Alternative, *frühes Binden* oder *early binding*, besteht darin, der Objektvariablen einen speziellen Objekttyp zuzuweisen, wie zum Beispiel `Excel.Application`. Dies setzt allerdings voraus, daß Sie arbeitstechnisch in Ihrem Projekt vorab einen Verweis auf die Objektbibliothek der COM-Server-Anwendung erstellt haben, dessen Objekte Sie nutzen wollen.

    CreateObject, GetObject und New
- **Drei VBA-Schlüsselwörtern:** VBA stellt alternativ drei Schlüsselwörter zur Verfügung, mit denen Sie die Automatisierung initiieren können. Je nach Anforderung haben alle drei Vor- und Nachteile, die mit der Bindungsart und der Verweis-Technik zusammenhängen:

    - `CreateObject`: Mit dieser Funktion können Sie eine neue Instanz einer Klasse erzeugen und sich diese als Referenz zurückgeben lassen.
    - `GetObject`: Mit diese Funktion können Sie sich einen Verweis auf ein Objekt aus einer bereits bestehenden Instanz oder aus einer Datei liefern lassen.
    - `New`: Die Bedeutung des Schlüsselworts `New` wurde bereits ausführlich im Zusammenhang mit Word-spezifischen Objekten und Klassen erläutert[2] In den nachstehenden Kapiteln werden die Erläuterungen ergänzt und der Einsatz von `New` im Zusammenhang mit der Automatisierung vorgestellt.

---

[2] Siehe auch Abschnitt 20.9.5, »Die Bedeutung des Schlüsselworts New«, ab Seite 574.

21.3 Fundamentale Arbeitsschritte bei der Automatisierung

Wenn Sie mit Word als Client und mit VBA-Code auf einen anderen COM-Server zugreifen wollen, sind folgende Schritte grundsätzlich zu erledigen:

1. Erstellen Sie in Ihrem Word-Projekt einen Verweis auf die Objektbibliothek der Anwendung, die Sie als COM-Server nutzen wollen beziehungsweise auf dessen Objekte Sie zugreifen wollen. Dieser Schritt ist nur notwendig, wenn Sie ein Objekt *früh* binden wollen, das heißt bereits beim Kompilieren des Codes den Objekttyp festlegen wollen (early binding). Wenn Sie statt dessen das Objekt erst zur Laufzeit binden wollen, ist ein Verweis auf die Objektbibliothek nicht notwendig (late binding).

2. Erzeugen Sie eine neue Instanz einer Klasse des gewünschten Objekts, und weisen Sie diese einer Objektvariablen zu. Dazu stehen Ihnen je nach Anforderung die Funktionen `CreateObject` und `GetObject` sowie das Schlüsselwort `New` zur Verfügung. Existiert bereits eine Instanz des »fremden« Objekts, können Sie diese mit `GetObject` Ihrer Objektvariablen zuweisen.

3. Benutzen Sie die Objektvariable mit der Referenz auf das neue Objekt, indem Sie die Eigenschaften des Objekts einstellen oder lesen und/oder seine Methoden anwenden.

4. Entfernen Sie das Objekt, sobald Sie es im Code nicht mehr benötigen, aus dem Speicher. Dazu steht Ihnen das Schlüsselwort *Nothing* und gegebenenfalls die Methode `Quit` und/oder `Close` zur Verfügung.

5. Nachstehend werden Hintergrundinformationen zu den fundamentalen Schritten vorgestellt.

21.4 Verweise auf Objektbibliotheken erstellen

Wenn es etwas gibt, was VBA-Anwendungsentwickler beim Codieren nicht aus den Augen verlieren dürfen, dann sind das die *Verweise* auf die verfügbaren Objektbibliotheken und die Verweisprioritäten für ein Word/VBA-Projekt. Die aktivierten Verweise bestimmen, welche Funktionen, Eigenschaften, Methoden, Objekte und so weiter beim Codieren zur Verfügung stehen. Solange Sie Word/VBA-Projekte im Rahmen der Word-Funktionalitäten realisieren, sind die Verweise für Sie völlig uninteressant. Per Voreinstellung sind die wichtigsten Verweise für Word und VBA gesetzt, so daß Sie gar nicht in die Verlegenheit kommen, über Wechselbeziehungen von Objektbibliotheken nachzudenken. Anders liegt der Fall, wenn Sie mit Objekten aus anderen Anwendungen arbeiten wollen. Obgleich es nicht zwingend erforderlich ist, ist es sinnvoll, daß Sie auf die Objektbibliotheken jener Anwendungen, die Sie nutzen wollen, einen Verweis erstellen. Sie handeln sich dadurch eine Reihe von Vorteilen ein, die weiter unten in diesem Kapitel skizziert werden. Im folgenden wird zuvor gezeigt, wie Sie einen Verweis auf eine Objektbibliothek konkret erstellen. Dazu dient Word als COM-Client und Excel als COM-Server, auf dessen Objektbibliothek ein Verweis erstellt werden soll.

21.4.1 Verweis auf die Objektbibliothek von Excel setzen

Um für ein Word-Projekt/Dokument einen Verweis auf die Excel-Objektbibliothek einzurichten, gehen Sie wie folgt vor:

1. Starten Sie, falls noch nicht geschehen, Word. Öffnen Sie über das Menü »Datei« mit dem Menübefehl »Öffnen ...« das Dokument oder die Dokumentvorlage, in der sich VBA-Code befindet, der auf Excel-Objekte referenzieren soll.

2. Wechseln Sie, falls noch nicht geschehen, mit der Tastenkombination [Alt]+[F11] in die VBA-Entwicklungsumgebung.

3. Markieren Sie, falls noch nicht geschehen, im Projekt-Explorer das VBA-Projekt, für das Sie den Zugriff auf Excel-Objekte ermöglichen wollen. Klicken Sie anschließend im Menü »Extras« des Visual Basic-Editors den Befehl »Verweise ...« an. Es erscheint der Dialog »Verweise ...«, in dem alle auf Ihrem Computersystem in der Windows-Registrierdatenbank registrierten Objektbibliotheken aufgelistet werden. Alle in Ihrem Projekt bereits eingebundenen Objektbibliotheken sind »angekreuzt«. Bis auf einige wenige »festverbundene« Objektbibliotheken könnten Sie an dieser Stelle auch nicht mehr benötigte abwählen oder eine andere Priorität bestimmen.

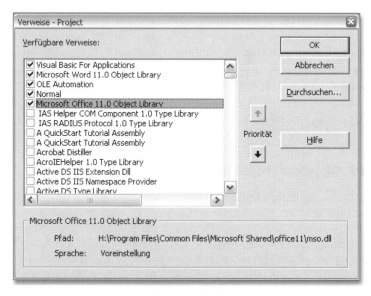

Abbildung 21.1 Über den Befehl »Extras-Verweise ...« können Sie einen Verweis auf die Objektbibliothek von Excel festlegen.

4. Suchen Sie in der Liste (die alphabetisch sortiert ist, wobei die bereits eingebundenen Bibliotheken zuerst genannt werden) nach der Objektbibliothek mit einer der nachstehenden Bezeichnungen:
   - »Microsoft Excel Object Library 8.0« (das ist Excel 1997)
   - »Microsoft Excel Object Library 9.0« (das ist Excel 2000)
   - »Microsoft Excel Object Library 10.0« (das ist Excel 2002/XP)
   - »Microsoft Excel Object Library 11.0« (das ist Excel 2003)
   - ...

   Klicken Sie das Kontrollkästchen vor der Bezeichnung an, so daß dort ein Häkchen erscheint, und bestätigen Sie Ihre Wahl durch Anklicken der OK-Schaltfläche.

Falls die Objektbibliothek, für die Sie einen Verweise einbinden wollen, nicht in der Liste des Dialogfelds »Verweise« angezeigt wird, können Sie auf die Schaltfläche »Durchsuchen« klicken, um in einem Standard-Datei-Dialog selbst nach ihr zu suchen.

5. Sie haben nun den Namensraum Ihres VBA-Projekts um den Inhalt der Excel-Objektbibliothek erweitert. Speichern Sie Ihr Dokument respektive Ihre Dokumentvorlage, um die Erweiterung in Ihrem Projekt persistent zu machen.

In der gleichen Art und Weise können Sie bei Bedarf jedes Ihrer VBA-Projekte mit Verweisen auf all jene Objektbibliotheken ausstatten, deren Objekte Sie für ihre Projekte benötigen.

Um zu überprüfen, ob der Verweis auf die Objektbibliothek tatsächlich eingerichtet wurde, genügt es, den Objektkatalog mit der Taste F2 zu öffnen. Im Objektkatalog sollte nun in der Auswahlliste ein Eintrag namens »Excel« auftauchen, so daß Sie sich über die Objekte, Methode, Eigenschaften und so weiter von Excel informieren können.

Für welche Objektbibliotheken häufig Verweise in Projekten erstellt werden, entnehmen Sie bitte der Übersicht im Abschnitt 2.8.6, »Bibliothek: Beispiel«, ab Seite 92.

21.4.2 Priorität der Verweise

Wenn Sie in Ihrem Code auf ein Objekt referenzieren, sucht VBA nach jeder referenzierten Bibliothek, die im Dialogfeld »Verweise« ausgewählt ist – und zwar in der Reihenfolge, in der die Bibliotheken angezeigt werden. Sollten zwei referenzierte Bibliotheken Objekte mit demselben Namen enthalten, so verwendet VBA die Definition derjenigen Bibliothek, die im Feld »Verfügbare Verweise« weiter oben in der Liste angezeigt wird.

Arbeiten Sie beispielsweise in einem Word-Projekt sowohl mit der Objektbibliothek von Word als auch mit der Objektbibliothek von Excel, sollten Sie eine Deklaration in der Form

```
'Schlecht:
Dim appWord As Application
Dim appExcel As Application
```

vermeiden. In diesem Fall besitzen nämlich sowohl die Variable `appWord` als auch die Variable `appExcel` den Typ `Word.Application`. Um Ambiguitäten beim Ableiten von Objekten aus Klassen (Typen) aus unterschiedlichen Objektbibliotheken aus dem Weg zu gehen, sollten Sie beim Deklarieren einem Klassen/Typnamen immer den Namen der Bibliothek voranstellen. Folgende Schreibweise des obigen Code-Schnipsels ist demnach vorteilhafter:

```
'Besser:
Dim appWord As Word.Application
Dim appExcel As Excel.Application
```

21.4.3 Vorsicht beim Deaktivieren oder Umstellen von Verweisen

Die meisten Fachautoren erwähnen gewöhnlich in Ihren Büchern, daß ein VBA-Entwickler in seinen Projekten nur Verweise auf die Objektbibliotheken (Anwendungen) erstellen soll, deren Objekte im Projekt genutzt werden. Gekoppelt wird dieser Hinweis mit der Erläuterung, daß sich durch unnötige Verweise die Kompilierungszeit erhöht, der Ladevorgang eines Projekts länger dauert und überflüssig viel Speicherplatz belegt wird. Ganz richtig. Der Autor des Buches teilt diese Meinung. Gehen Sie aber beim Deaktivieren oder

Umstellen von Verweisen mit äußerster Umsicht vor! Wenn Sie einen Verweis auf eine Objektbibliothek löschen, deren Objekte im Projekt durch frühes Binden verwendet werden, tritt beim nächsten Versuch, das Objekt auszuführen, ein Fehler auf. Selbst wenn Sie nur die Reihenfolge der Objektbibliotheken im Dialog »Verweise« ändern, kann es zu Konflikten kommen. Im Zweifelsfalle ist es besser, einen überflüssigen Verweis in seinem Projekt zu belassen, als einen notwendigen zu löschen.

> **Übernahme von Code aus den Medien**
>
> Angenommen, Ihnen liegt aus einer Fachzeitung oder dem Internet ein Makro-Code vor, der ein Word-Problem löst, welches Sie immer schon genervt hat. Der Code sieht einfach aus. Sie legen also los und geben den Code exakt so in den Visual Basic-Editor ein, wie er in der Zeitung (im Internet) steht. Doch was ist das? Bei der Ausführung des Codes »meckert« VBA in einer Tour über etwas, was angeblich »nicht vorhanden« ist.
>
> Nun, der Fehler liegt vielleicht nicht auf Ihrer Seite. Sie haben perfekt nachvollzogen, was die Autoren beschrieben haben. Leider haben diese vergessen zu erwähnen, daß das Makro nur dann läuft, wenn Sie einen Verweis auf die Bibliothek XY eingerichtet haben. Oder die Autoren haben vergessen, zu erwähnen, welche Priorität die vorausgesetzte Bibliothek im Rahmen der anderen Verweise mindestens besitzen sollte, damit der Makro-Code einwandfrei ausgeführt wird. Oder sie haben vergessen ... Sie denken vielleicht, daß so etwas in der Praxis gar nicht passiert – da irren Sie. Die Medien sind voll mit Codeschnipseln, die aktive Verweise auf Objektbibliotheken in einer bestimmten Reihenfolge voraussetzen, die standardmäßig nicht in einem Word-Projekt eingebunden sind. Sei's drum, überprüfen Sie bei jeder Anwendung von Codebeispielen in Ihren eigenen Projekten immer, ob alle Verweise auf Objektbibliotheken korrekt eingebunden sind.

21.5 Tip: Benutzen Sie den Task-Manager

Wenn Sie mit der Automatisierung noch nicht vertraut sind und Code aus den folgenden Abschnitten ausprobieren wollen, dann empfiehlt es sich, den Task-Manager von Windows oder einen anderen Prozeßviewer griffbereit zu haben. Die Automatisierung versetzt Sie nämlich in die Lage, mehrere (unsichtbare) Instanzen einer Anwendung zu öffnen, was unter seltenen Umständen den Betrieb von Windows stören oder lähmen kann. Den Task-Manager öffnen Sie bekanntlich am einfachsten mit der Tastenkombination `Strg`+`Umschalt`+`Esc`.

Im Task-Manger ist vor allem die Reiterkarte »Prozesse« interessant. Wenn in der Liste der Prozesse eine COM-Server-Anwendung wie »WinWord.Exe« oder »Excel.Exe« und so weiter mehrfach auftaucht, ist dies selten eine gute Idee. Wenn diese Prozesse keinen Bezug zu einer sichtbaren Instanz des COM-Servers haben, und der Code, der zur Erzeugung eines zusätzlichen Prozesses führte, bereits abgelaufen ist, handelt es sich bei diesen Prozessen womöglich um »Speicherleichen«. In diesem Fall bleibt Ihnen meist nichts anderes übrig, als diese Prozesse mit dem Task-Manager zu beenden. Aber Achtung: Bei der Beendigung eines Prozesses müssen Sie äußerst behutsam und sorgfältig vorgehen, weil Sie durch diese Funktion die Stabilität der geöffneten Anwendungen und von Windows gefährden können. Wenn Sie sich nicht sicher sind, ob Sie mit »Prozeß beenden« wirklich den gewünschten Prozeß schließen, sollten Sie im Zweifelsfalle alle laufenden Anwendungen ordnungsgemäß schließen und Windows neu starten.

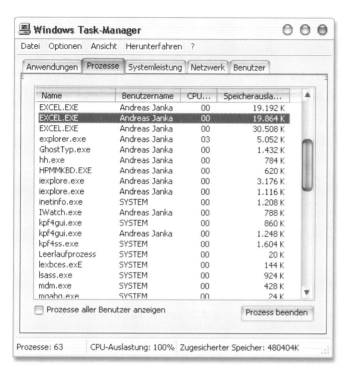

Abbildung 21.2 Task-Manager mit drei »Excel.Exe«-Prozessen (einem sichtbaren und zwei unsichtbaren), was grundsätzlich vermieden werden sollte.

21.6 Die Rolle von New bei der Automatisierung

Wenn Sie nur einen Verweis auf eine Objektbibliothek in Ihr Word/VBA-Projekt einfügen, ist nicht viel gewonnen. Was aussteht, ist das Deklarieren der Objektvariablen, die konkrete Nutzung der Objekte, die Ihnen die »fremde« Objektbibliothek offeriert. Excel soll nachstehend bei den Erklärungen zur Rolle von New bei der Automatisierung als COM-Server dienen. Es sei noch einmal betont, daß Excel hier nur als Muster für alle möglichen potentiellen COM-Server (Access, Outlook, Visio ...) auftritt – und Word nur als Muster für einen von vielen potentiellen COM-Clients. Vergessen Sie nicht, daß in VBA viele COM-Anwendungen in beiden Rollen auftreten können, als COM-Server oder als COM-Client. Wie dem auch sei, wenn Sie den Verweis auf die Objektbibliothek eines COM-Servers nutzen wollen, müssen Sie sich als erstes die Gretchenfrage vorlegen:

»Nun sag, wie hast du's mit der Existenz des COM-Servers?«

Falls ein COM-Server wie Excel bereits läuft, wollen Sie womöglich nicht unnötig eine zweite Instanz von Excel öffnen (weil das viel Zeit und Performance kostet). In diesem Fall sollten Sie unbedingt mit der Funktion GetObject arbeiten (siehe hierzu die Erläuterungen weiter unten). Wenn sich aber im Arbeitsspeicher des Rechners keine Instanz des COM-Servers befindet, dessen Objekte Sie mit dem angelegten Verweis in Ihrem Projekt nutzen wollen, dann stehen Ihnen im Prinzip nur zwei Wege offen: Entweder Sie »ziehen« eine Instanz des COM-Servers mit der Funktion CreateObject »hoch« – oder Sie favorisieren für den gleichen Zweck das Schlüsselwort New.

Grundsätzlich sollten Sie, insofern dies möglich ist, eine neue Instanz auf ein Objekt über das Schlüsselwort New erstellen. Diese Art der Erzeugung eines neuen Objekts ist einfach, effektiv und performant. VBA erzeugt nach der Verwendung von New eine neue Instanz von der angegebenen Klasse und gibt eine Referenz auf diese Instanz zurück. Übrig bleibt, diese Rückgabe einer Objektvariablen zuzuweisen. Vorausgesetzt, Sie haben einen Verweis auf die Excel-Objektbibliothek erstellt, erzeugen die folgenden Codezeilen eine neue (gegebenenfalls unsichtbare) Instanz der Anwendung Excel und weisen diese der Objektvariablen appExcel zu.

```
Dim appExcel As Excel.Application
Set appExcel = New Excel.Application
```

Achten Sie aber auf die Schreibweise: Wenn Sie in den zwei Codezeilen das kleine Wörtchen New weglassen, formulieren Sie gültige Anweisungen, die davon ausgehen, daß Excel bereits gestartet wurde:

```
Dim appExcel As Excel.Application
Set appExcel = Excel.Application
```

21.6.1 Beispiel Automatisierung I: Excel mit leerem Tabellenblatt starten

Die nachstehende Beispiel-Prozedur startet Excel mit einer leeren Arbeitsmappe. Das Beispiel berücksichtigt folgende Beschaffenheiten:

- COM-Client: Word; COM-Server: Excel
- Verweis auf »Microsoft Excel Object Library« ist im Word/VBA-Projekt vorhanden.
- Verwendete Bindungsart: early binding
- Eingesetzes Schlüsselwort: New mit Set-Anweisung

```
Sub BspAutomation01()

'Objektvariable deklarieren.
Dim appExcel As Excel.Application

'Objekt der Variablen zuordnen.
'Erzeugen einer neuen Excel-Instanz.
Set appExcel = New Excel.Application

'Mache Excel-Instanz sichtbar.
appExcel.Visible = True

'Stelle das Excel-Fenster in normaler Ansicht dar.
appExcel.WindowState = xlNormal
```

```
'Erzeugen einer leeren Arbeitsmappe.
appExcel.Workbooks.Add

'Aktiviere das Excel-Fenster ...
'Alternativ, je nach Fenstertechnik: appExcel.Activate
appExcel.Windows(1).Activate

' ... Optional: Weitere Anweisungen
' ... Optional: Excel beenden: appExcel.Quit

'Optional: Objektvariable freigeben.
Set appExcel = Nothing

End Sub
```

Wenn Sie das Beispiel in Ihr Projekt eintippen, werden Sie feststellen, daß der Visual Basic-Editor in gewohnter Weise Eigenschafts- und Argumentlisten für das referenzierte Excel-Objekt anbietet. Beispielsweise offeriert er nach der Eingabe der `WindowState`-Eigenschaft und des Gleichheitszeichens »=« die Excel-Konstanten `xlNormal`, `xlMazimized` und `xlMinimized` zur Übernahme in Ihren Code, obwohl sie im VBA- und Word-Objektmodell unbekannt sind. Dies ist möglich, weil durch den Verweis auf die Excel-Objektbibliothek der Objektvariablen bei der Deklaration ein *bestimmtes* Objekt (`Excel.Application`) übergeben werden kann. Dessen Eigenschaften und Methoden sind dadurch unmittelbar offengelegt (early binding). Der Code funktioniert zwar auch, wenn Sie bei der Deklaration der Objektvariablen einen *unbestimmten* Datentyp angeben (late bindung), also statt

```
Dim appExcel As Excel.Application
```

die Zeile

```
Dim appExcel As Object
```

schreiben, aber dann liefert Ihnen der Visual Basic-Editor beim Eintippen keine anschaulichen Eingabehilfen. In diesem Fall müssen Sie die Excel-Konstanten (`xlNormal`, `xlMazimized`, `xlMinimized`) auswendig kennen oder in der Offline-Hilfe nachschlagen. Falls Sie das späte Binden in Ihrem Code verwenden wollen, empfiehlt es sich übrigens, nicht mit den Excel-spezifischen Konstanten zu arbeiten, sondern lieber gleich mit den entsprechenden literalen Konstanten (für die `WindowState`-Eigenschaft im Beispiel sind das: -4134, -4137 und -4140).

21.6.2 Untergeordnete Objekte

Sie können `New` bei der Automatisierung nicht verwenden, um *direkt* auf ein abhängiges Objekt, das sich weiter unten in der Objekthierarchie befindet, zuzugreifen. Meist erzeugen Sie bei der Automatisierung Objektvariablen, die auf das Objekt auf der obersten Ebene verweisen (also auf das `Application`-Objekt von Word, Excel, Visio und so weiter). Nachdem Sie den Verweis auf das `Application`-Objekt erstellt haben, benötigen Sie zusätzliche Verweise auf die untergeordneten Objekte, um zu dem gewünschten Objekt, dessen Eigenschaften oder Methoden zu gelangen. Beim Erstellen der zusätzlichen Verweise verwenden Sie die jeweils zuvor definierte Objektvariable des höheren Objekts mit der Set-Anweisung.

Es ist beispielsweise nicht möglich, direkt auf ein neues Button-Objekt von Excel zu referenzieren. Das nachstehende Code-Fragment ist demnach fehlerhaft:

```
'Falsch:
Dim xlButton As Excel.Button
Set xlButton = New Excel.Button
```

Statt dessen können Sie den folgenden Code verwenden, um eine Referenz auf ein neues Button-Objekt zu erhalten:

```
Dim appExcel As Excel.Application
Dim xlBook   As Excel.Workbook
Dim xlSheet  As Excel.Worksheet
Dim xlButton As Excel.Button

Set appExcel = New Excel.Application
Set xlBook = appExcel.Workbooks.Add
Set xlSheet = xlBook.Worksheets.Add
Set xlButton = xlSheet.Buttons.Add(44, 100, 100, 44)

'Jetzt haben Sie das Button-Objekt im Zugriff und 'können beispielsweise eine Eigen-
schaft ändern.
xlButton.Caption = "ErsteSchaltfläche"
```

21.6.3 Vorteile von Verweisen und von early binding

Hier noch einmal kurz zusammengefaßt, welche Vorteile early binding und das Einfügen eines Verweises auf eine Objektbibliothek gegenüber dem späten Binden haben:

▶ Sie können Objekte nun mit sprechenden Bezeichnern deklarieren. Statt Objekte unbestimmt via late binding in der Form

```
Dim appExcel As Object
Dim xlMappe As Object
```

in ein VBA/Word-Projekt einzufügen, zeigt Ihr Code nun von Anfang an, welches Objekt hier deklariert wird:

```
Dim appExcel As New Excel.Application
Dim xlMappe As Excel.Workbook
```

Dadurch werden Verwechslungen schon frühzeitig vermieden und der Code wird für Dritte lesbarer.

▶ Alle anwendungsspezifischen Konstanten des COM-Servers stehen Ihnen im Zusammenhang mit der frühen Bindung auch in der Client-Anwendung als sprechende Bezeichner zur Verfügung. Will sagen: Statt mit nichtssagenden literalen Konstanten wie -4137 zu arbeiten, ermöglicht ein Verweis auf eine »fremde« Objektbibliothek den Einsatz von sprechenden Konstanten wie xlMaximized und so weiter.

▶ Beim Editieren und der Eingabe Ihres Codes stehen Ihnen für alle Objekte, Eigenschaften und Methoden der COM-Server-Anwendung die gewohnten Funktionen des Visual

Basic-Editors zur Verfügung (Quick Info-Feature, AutoVervollständigung ...). Ohne Verweis auf die Objektbibliothek des COM-Servers sind Sie bei der Eingabe von Code ganz auf sich gestellt (was erfahrungsgemäß die Häufigkeit von überflüssigen Tippfehlern erhöht).

▸ Die potentiellen Fehlermeldungen, die die COM-Server-Anwendung zurückgeliefert, sind meist aussagekräftiger, als jene, die beim late binding zurückgeliefert werden.

▸ Ihre Automations-Projekte sind in einigen Fällen performanter, weil der Code bereits »früh« kompiliert werden kann.

21.6.4 Die Eigenarten von New

Bei der Verwendung des Schlüsselworts New im Rahmen der Automatisierung müssen Sie auf ein paar Eigenarten achten.

▸ New kann nur im Zusammenhang mit der frühen Bindung eingesetzt werden (CreateObject dagegen sowohl bei der frühen als auch bei der späten Bindung).

▸ Es kann vorkommen, daß Objekte in der Registrierdatenbank von Windows angemeldet sind, diese Objekte jedoch nicht in einer Objektbibliothek enthalten sind. In diesem Fall kann New nicht eingesetzt werden, um diese Objekte einer Objektvariablen zuzuweisen. New funktioniert nur in Zusammenhang mit einer Objektbibliothek respektive nur bei jenen Softwarekomponenten (COM-Servern), in denen die Unterstützung des Schlüsselworts implementiert ist.

21.7 Die CreateObject-Funktion

Verwenden Sie die Set-Anweisung mit der CreateObject-Funktion immer dann, wenn Sie mit New nicht weiterkommen, um eine Objektvariable der obersten Ebene neu zu erstellen, die eine Automatisierungs-Anwendung darstellt. Die Anweisungen

CreateObject mit early binding

```
Dim appExcel As Excel.Application
Set appExcel = CreateObject("Excel.Application")
```

sind eine direkte Alternative zu den Anweisungen

```
Dim appExcel As Excel.Application
Set appExcel = New Excel.Application
```

Beide Codefragmente starten Excel und weisen Excel.Application der Objektvariablen zu. Wichtig: Beide Varianten setzen early binding und einen Verweis auf die Objektbibliothek von Excel voraus. Die CreateObject-Funktion kann aber im Gegensatz zu Anweisungen mit dem Schlüsselwort New nicht nur mit early, sondern auch mit late binding umgehen.

CreateObject mit late binding

Wenn Sie in Ihrem Projekt *keinen* Verweis auf die Excel-Objektbibliothek eingerichtet haben und mit dem späten Binden arbeiten, müssen Sie die Objektvariable mit dem Typ Object deklarieren. Die nachstehenden Codezeilen sorgen ebenfalls dafür, daß Excel gestartet wird. Zur Laufzeit weist die Set-Anweisung die in der Registrierungsdatenbank von Windows hinterlegte *ProgID* von Excel (also: Excel.Application) der Objektvariablen zu.[3]

---

3 Vgl. »COM-Klassen-Name und -Kennummer: ProgID und CLSID«, ab Seite 115.

```
Dim appExcel As Object
Set appExcel = CreateObject("Excel.Application")
```

Wenn auf Ihrem Rechner mehr als eine Version derselben Applikation installiert ist, können Sie übrigens auch mit der ProgId die Versionsnummer der Anwendung übergeben, deren Objekte Sie verwenden wollen. Das nachfolgende Beispiel unterscheidet sich vom vorigen nur insofern, daß es gezielt Excel, Version 2003 startet (und nicht etwa Excel, Version 1997, 2000 oder 2002/XP):

```
Dim appExcel As Object
Set appExcel = CreateObject("Excel.Application.11")
```

Beachten Sie eine weitere Besonderheit beim späten Binden: Da der COM-Client, also die aufrufende Anwendung (in allen bisherigen Beispielen Word), keine Konstanten des COM-Servers (in den Beispielen Excel) kennt, können Sie diese hier nicht in Ihrem Code verwenden. Wenn Sie nichtsdestotrotz Server-Konstanten wie xlNormal, xlMazimized und xlMinimized einsetzen, wird unter Umständen ein leerer Wert (oder bei einer numerischen Konstante eine Null) an die Serveranwendung geschickt, was zweifellos zu Programmfehlern oder sogar zum Programmabsturz führen kann. Beim späten Binden müssen Sie mit literalen Konstanten arbeiten (also zum Beispiel mit: -4134, -4137 und -4140).

Syntax von CreateObject

Die Syntax der CreateObject-Funktion besteht allgemein aus folgenden Teilen:

```
Set Objektvariable = CreateObject(Klasse,[Servername])
```

- »Objektvariable« steht entweder für eine Variable mit dem spezifischen Objektyp eines Objekts, auf das Sie eine Referenz benötigen (early binding, falls ein Verweis zur Objektbibliothek des Objekttyps besteht); oder für eine Variable vom unspezifischen Objekttyp Object (late binding).

- »Klasse« steht für eine Zeichenfolge mit dem Namen der Anwendung und der Klasse (Typ) des zu erstellenden Objekts. Beispiele sind:

```
'Word
Set MyObject = CreateObject("Word.Application")
Set MyObject = CreateObject("Word.Document")
Set MyObject = CreateObject("Word.Template")
Set MyObject = CreateObject("Word.Global")

'Excel
Set MyObject = CreateObject("Excel.Application")
Set MyObject = CreateObject("Excel.Sheet")
Set MyObject = CreateObject("Excel.Chart")
Set MyObject = CreateObject("Excel.AddIn")

'Access
Set MyObject = CreateObject("Access.Application")
Set MyObject = CreateObject("Access.CodeData")
Set MyObject = CreateObject("Access.CurrentData")
Set MyObject = CreateObject("Access.CodeProject")
Set MyObject = CreateObject("Access.CurrentProject")
Set MyObject = CreateObject("Access.DefaultWebOptions")
```

```vb
'Outlook
Set MyObject = CreateObject("Outlook.Application")

'PowerPoint
Set MyObject = CreateObject("PowerPoint.Application")

'Graph
Set MyObject = CreateObject("MSGraph.Application")
Set MyObject = CreateObject("MSGraph.Chart")

'Office Web Components
Set MyObject = CreateObject("OWC10.Chart")
Set MyObject = CreateObject("OWC10.DataSourceControl")
Set MyObject = CreateObject("OWC10.ExpandControl")
Set MyObject = CreateObject("OWC10.PivotTable")
Set MyObject = CreateObject("OWC10.Spreadsheet")
Set MyObject = CreateObject(_
                    "OWC10.RecordNavigationControl")

'COM/OLE/ActiveX-Steuerelemente
Set MyObject = CreateObject("Forms.CheckBox.1")
Set MyObject = CreateObject("Forms.ComboBox.1")
Set MyObject = CreateObject("Forms.CommandButton.1")
Set MyObject = CreateObject("Forms.Frame.1")
Set MyObject = CreateObject("Forms.Image.1")
Set MyObject = CreateObject("Forms.Label.1")
Set MyObject = CreateObject("Forms.ListBox.1")
Set MyObject = CreateObject("Forms.MultiPage.1")
Set MyObject = CreateObject("Forms.OptionButton.1")
Set MyObject = CreateObject("Forms.ScrollBar.1")
Set MyObject = CreateObject("Forms.SpinButton.1")
Set MyObject = CreateObject("Forms.TabStrip.1")
Set MyObject = CreateObject("Forms.TextBox.1")
Set MyObject = CreateObject("Forms.ToggleButton.1")

'Sonstige
Set MyObject = CreateObject("MAPI.Session")
Set MyObject = CreateObject( _
                    "InternetExplorer.Application")
```
und so weiter

▶ »Servername« steht für eine Zeichenfolge mit dem Namen des Netzwerkservers, auf dem sich die »Klasse« befndet.

21.7.1 Beispiel Automatisierung II: Excel mit leerem Tabellenblatt starten

Die nachstehende Beispiel-Prozedur macht exakt dasselbe wie das vorige Beispiel, es startet Excel mit einer leeren Arbeitsmappe. Allerdings basiert es auf ganz anderen Beschaffenheiten, nämlich:

- COM-Client: Word; COM-Server: Excel
- Kein (!) Verweis auf »Microsoft Excel Object Library«
- Verwendete Bindungsart: late binding
- Eingesetzes Schlüsselwort: `CreateObject` mit `Set`-Anweisung

```
Sub BspAutomation02()

'Objektvariable deklarieren.
Dim appExcel As Object

'Objekt der Variablen zuordnen.
'Erzeugen einer neuen Excel-Instanz.
Set appExcel = CreateObject("Excel.Application")

'Mache Excel-Instanz sichtbar.
appExcel.Visible = True

'Stelle das Excel-Fenster in normaler Ansicht dar.
appExcel.WindowState = -4137

'Erzeugen einer leeren Arbeitsmappe.
appExcel.Workbooks.Add

'Aktiviere das Excel-Fenster ...
'Alternativ, je nach Fenstertechnik: appExcel.Activate
appExcel.Windows(1).Activate

' ... Optional: Weitere Anweisungen
' ... Optional: Excel beenden: appExcel.Quit

'Optional: Objektvariable freigeben.
Set appExcel = Nothing

End Sub
```

21.7.2 Die Eigenarten von CreateObject

CreateObject im Netzwerk Abgesehen davon, daß man `CreateObject` im Gegensatz zu `New` für das späte Binden einsetzen kann, spielt `CreateObject` seine Vorteile vor allem dann aus, wenn eine Anwendung, für den Sie ein `Application`-Objekt erstellen möchten, nicht auf dem lokalen Computer verfügbar ist, dafür aber auf einem anderen vernetzten Computer. Ist Excel auf einem Netzwerkserver installiert, können Sie ein `Excel.Application`-Objekt erzeugen, das auf dem Server ausgeführt wird, indem Sie den Namen des Servers im optionalen Servername-Argument der `CreateObject`-Funktion angeben:

```
Dim appExcel As Object
Set appExcel = CreateObject("Excel.Application", _
                            "ArbeitsgrupppenServer")
Debug.Print appExcel.Version
```

Das Servername-Argument der `CreateObject`-Funktion entspricht dem Computernamensteil eines Freigabenamens. Dementsprechend ist »ArbeitsgrupppenServer« das Servername-Argument für den Freigabenamen »\\ArbeitsgrupppenServer\Öffentlich« beziehungsweise »\\ArbeitsgrupppenServer\Public«. Falls der Netzwerkserver nicht bereit ist oder nicht existiert, tritt ein Laufzeitfehler auf.

Die mit `CreateObject` erzeugten Objekte können Sie bei Bedarf an benutzerdefinierte `Sub`- oder `Function`-Prozeduren übergeben, die als Argument ein Objekt erwarten. Die nachstehende Prozedur erwartet bei Ihrem Aufruf die Übergabe eines unspezifischen Objekts:

Objekt an Funktion zurückgeben

```
Sub BspErwarteObjekt(appExcel As Object)
    MsgBox "Excel-Version: " & appExcel.Version
    appExcel.Visible = True
End Sub
```

Diese Prozedur könnten Sie beispielsweise folgendermaßen aufrufen, wobei Sie mit `CreateObject` zuvor eine Excel-Instanz starten und diese als Argument übergeben:

```
Sub BspAutomation03()
    BspErwarteObjekt (CreateObject("Excel.Application"))
End Sub
```

21.8 Die GetObject-Funktion

Die Leistungsfähigkeit der `GetObject`-Funktion ist größer als die von `CreateObject` oder `New`, weil man mit ihr nicht nur eine neue Instanz eines Objekts erzeugen kann, sondern darüber hinaus zwei weitere Möglichkeiten besitzt:

▶ `GetObject` ermöglicht das Instanziieren von Objekten aus einer gespeicherten Datei, welche mit einer instanziierungsfähigen Anwendung geöffnet wurde beziehungsweise potentiell geöffnet werden kann. Die nachstehende Prozedur erzeugt mittels `GetObject` ein Instanz von Excel und weist der Objektvariablen `xlMappe` eine Referenz auf das Objekt `Aktien01.xls` des Typs »Object/Workbook« zu:

```
Sub BspAutomation04()

    'Objektvariable deklarieren.
    Dim xlMappe As Object

    'Erzeuge das Objekt Aktien01.xls vom Typ Object/Workbook
    'Diese Zeile müssen Sie für Ihre Anforderung anpassen.
    Set xlMappe = GetObject("D:\ARBEIT\Aktien01.xls")

    'Excel und Workbook sichtbar machen ...
    xlMappe.Parent.Visible = True
    xlMappe.Windows(1).Visible = True

End Sub
```

Das vorige Beispiel funktioniert nur dann, wenn in der Registrierung von Windows die Dateinamenserweiterung .xls mit Excel verknüpft ist. Denn die Anwendung Excel ist es letztlich, die ein Workbook-Objekt zur Verfügung stellen kann.

- GetObject ermöglicht das Instanziieren von Objekten in einer bereits im Arbeitsspeicher laufenden Anwendung. Ist Excel beispielsweise auf Ihrem Rechner gestartet, stellt der nachstehende Code eine Verbindung zu dieser Instanz von Excel her und läßt sich Name und Version dieser Instanz liefern. Sollte Excel auf Ihrem Computersystem noch nicht gestartet sein, erfolgt allerdings eine Fehlermeldung (auf die Fehlermeldung 429 wird weiter unten eingegangen) und keine Aktion:

```
Sub BspAutomation05()

'Objektvariable deklarieren.
Dim appExcel As Object

'Weise der Objektvariablen eine Referenz auf die
'gestartete Excel-Instanz zu (sonst Fehler 429).
Set appExcel = GetObject(, "Excel.Application")

'Meldung ausgeben ...
MsgBox appExcel.Name & " " & appExcel.Version

End Sub
```

Es wurde schon betont, soll aber an dieser Stelle ein letztes Mal wiederholt werden: Diese Art auf einen COM-Server zuzugreifen, bringt große Performancevorteile mit sich, da der komplette Startvorgang des COM-Servers entfällt.

Syntax von GetObject

Die Syntax der GetObject-Funktion besteht allgemein aus folgenden Teilen:

```
Set Objektvariable = GetObject([Ordnername] [,Klasse])
```

- »Objektvariable« steht entweder für eine Variable mit dem spezifischen Objekttyp eines Objekts, auf das Sie eine Referenz benötigen (early binding, falls ein Verweis zur Objektbibliothek des Objekttyps besteht); oder für eine Variable vom unspezifischen Objekttyp Object (late binding).
- »Ordnername« steht für einen Pfad zu einer vorhandenen Datei (inklusive Dateinamen) beziehungsweise für eine leere Zeichenfolge oder für »gar nix«. Wird »Ordnername« nicht angegeben, so ist das Argument »Klasse« erforderlich. Geben Sie die leere Zeichenfolge "" an, erzeugt die GetObject-Funktion eine Instanz der Klasse Application für die zu »Klasse« angegebene Komponente.
- »Klasse« steht für eine Zeichenfolge mit dem Namen der Anwendung und der Klasse (Typ) des zu erstellenden Objekts. Beispiele sind:

```
Set MyObject = GetObject("", "Excel.Application")
Set MyObject = GetObject("", "Access.Application")
Set MyObject = GetObject("", "Outlook.Application")
Set MyObject = GetObject("", "PowerPoint.Application")
```

und so weiter

Die Syntax der GetObject-Funktion ist verwirrend und bietet etliche Kombinationsmöglichkeiten. Aus diesem Grunde nachstehend eine kleine Übersicht über gültige und ungültige Anweisungen und ihre Bedeutungen:

1. Der nachfolgende Code weist der Objektvariablen `appExcel` eine bereits gestartete Instanz von Excel zu. Wenn Excel nicht läuft, wird ein Fehler zurückgegeben.

   ```
   Dim appExcel As Excel.Application
   Set appExcel = GetObject(, "Excel.Application")
   ```

2. Der nachfolgende Code startet eine unsichtbare Instanz von Excel und weist diese der Objektvariablen `appExcel` zu.

   ```
   Dim appExcel As Excel.Application
   Set appExcel = GetObject("", "Excel.Application")
   ```

3. Der nachfolgende Code startet eine unsichtbare Instanz von Excel und weist der Objektvariablen `wbkMappe` ein Objekt des Typs `Workbook` zu.

   ```
   Dim wbkMappe As Excel.Workbook
   Set wbkMappe = GetObject("", "Excel.Sheet")
   ```

4. Der nachfolgende Code erzeugt einen Fehler, unabhängig davon, ob Excel gestartet ist, oder nicht.

   ```
   Dim wbkMappe As Excel.Workbook
   Set wbkMappe = GetObject(, "Excel.Sheet")
   ```

5. Der nachfolgende Code startet eine unsichtbare Instanz von Excel und weist der Objektvariablen `wbkMappe` das Objekt `Aktien01.xls` des Typs `Workbook` zu. In diesem Beispiel erkennt das Betriebssystem aufgrund der Dateinamenerweiterung die zugehörige Anwendung (Klasse) und startet diese oder benutzt für den weiteren Programmablauf eine Instanz der Anwendung, die sich bereits im Arbeitsspeicher befindet.

   ```
   Dim wbkMappe As Excel.Workbook
   Set wbkMappe = GetObject("D:\ARBEIT\Aktien01.xls")
   ```

21.9 SingleUse-Anwendungen oder MultiUse-Anwendungen

Ob der Aufruf von `New`, `CreateObject` und `GetObject` eine neue Instanz einer Anwendung startet oder eine vorhandene Instanz zurückgibt, hängt auch davon ab, ob es sich bei der Anwendung standardmäßig um eine SingleUse- oder um eine MultiUse-Anwendung handelt. Bei einer SingleUse-Anwendung wird eine neue Instanz der Anwendung immer dann erzeugt, wenn eine Objektvariable in einem beliebigen COM-Client instanziiert wird. Excel ist beispielsweise eine SingleUse-Anwendung, so daß durch die folgende Codeanweisung unabhängig von der Anzahl der Excel-Instanzen, die möglicherweise bereits ausgeführt werden, eine neue Instanz von Excel erzeugt wird:

SingleUse

```
Dim appExcel As Excel.Application
Set appExcel = New Excel.Application
```

Durch eine MultiUse-Anwendung können COM-Clients eine Instanz der Anwendung gemeinsam nutzen. Wenn Sie zum Beispiel aus Word heraus Outlook starten, zeigt die Objektvariable auf die aktuell ausgeführte Instanz, wenn die Codeanweisung ausgeführt wird, während Outlook bereits aktiv ist, weil Outlook eine MultiUse-Anwendung ist. Betrachten Sie hierzu den folgenden Codeschnipsel. Im Beispiel wird eine neue Instanz von Outlook nur dann gestartet, wenn Outlook sich bei Ausführung der Codeanweisung nicht bereits im Arbeitsspeicher befindet.

MultiUse

```
Dim appOutlook As Outlook.Application
Set appOutlook = New Outlook.Application
```

Die folgende Tabelle zeigt das SingleUse/MultiUse-Verhalten der gebräuchlichen Office-Anwendungen von Microsoft (Hinweis: Die Klassennamen spielen weiter unten in diesem Kapitel noch eine Rolle).

Anwendung	Sichtbar	Verhalten	Hat UserControl	Hat Quit	Klassennamen
Excel 97, 2000, 2002, 2003	Nein	SingleUse	Ja	Ja	XlMain XLMain XLMAIN
Word 97, 2000, 2002, 2003	Nein	SingleUse	Ja	Ja	OpusApp
PowerPoint 97, 2000, 2002, 2003	Nein	MultiUse	Nein	Ja	PP97FrameClass PP9FrameClass PP10FrameClass PP11FrameClass
Access 97	Ja	SingleUse	Ja	Ja	OMain
Access 2000, 2002, 2003	Nein	SingleUse	Ja	Ja	OMain
Project 98, 2000	Nein	MultiUse	Ja	Ja	JWinproj-Whimper-MainClass
Outlook 97, 98, 2000, XP	Nein	MultiUse	Nein	Ja	rctrl_renwnd32

Werden MultiUse-Anwendungen wie Outlook und PowerPoint ausgeführt, dann geben sowohl New als auch CreateObject und GetObject einen Verweis auf die aktuell ausgeführte Instanz zurück.

Ist zum Beispiel Outlook bereits gestartet, dann liefern die folgenden Codeschnipsel eine Referenz auf dieselbe Outlook-Instanz:

```
Dim AppOutlook1 As Outlook.Application
Dim AppOutlook2 As Outlook.Application
Dim AppOutlook3 As Outlook.Application

Set AppOutlook1 = New Outlook.Application
Set AppOutlook2 = CreateObject("Outlook.Application")
Set AppOutlook3 = GetObject(, "Outlook.Application")
```

21.10 Mehrfaches Instanziieren verhindern I

Eine der häufigsten Mißstände bei der Automatisierung ist das mehrfache Starten einer SingleUse-Anwendung, was schnell dazu führt, daß der Arbeitsspeicher nicht mehr ausreicht. Um das mehrfache Instanziieren via New oder CreateObject durch eigene Coderoutinen zu verhindern, empfiehlt es sich im ersten Ansatz, vor der Verwendung von CreateObject und New eine Abfrage durchzuführen. In dem nachstehenden Beispiel wird Excel nur dann instanziiert, wenn die Objektvariable noch keinen Wert besitzt:

```
If appExcel Is Nothing Then
    Set appExcel = New Excel.Application
End If
```

21.11 Mehrfaches Instanziieren verhindern II

Um unnötiges, mehrfaches Instanziieren einer gewünschten Anwendung zu verhindern, genügt es aber nicht, wie eben dargestellt, eine Objektvariable nur darauf zu prüfen, ob die Variable irgendeine Objektreferenz besitzt. Falls es sich nicht sicher aus dem Kontext ergibt, ist es vielmehr notwendig zu überprüfen, ob die Instanz der Klasse, auf die Sie zugreifen wollen, bereits im Arbeitsspeicher existiert oder nicht. Dafür stehen Ihnen grundsätzlich zwei Wege offen:

▶ Anzahl der Anwendungsfenster mit API-Funktionen ermitteln
▶ Automatisierung Laufzeitfehler 429 abfangen

21.11.1 Laufzeitfehler 429

Es ist ein probates Mittel, einen Laufzeitfehler bewußt in Kauf zu nehmen, um damit das Vorhandensein einer Instanz eines COM-Servers im Arbeitsspeicher zu überprüfen. Das Verfahren ist relativ einfach: Sie »schicken« im Code eine Anweisung los, die eine laufende Anwendung voraussetzt. Wenn sich die gewünschte Anwendung nicht im Arbeitsspeicher befindet, tritt der wenig oder nichts aussagende Laufzeitfehler 429 auf (»Objekterstellung durch ActiveX-Steuerelement nicht möglich«).

Abbildung 21.3 Der berüchtigte Laufzeitfehler 429, wie er sich einem Anwender präsentiert.

Den Fehler 429 fangen Sie in Ihrem Code auf und reagieren, wie es Ihnen beliebt. Im nachstehenden Beispiel wird dieses Verfahren gleich zweimal angewendet. Einmal wird versucht, über `GetObject` eine Referenz auf eine laufende Excel-Anwendung zu holen. Geht das schief, wird probiert, mit `CreateObject` eine neue Instanz von Excel zu erstellen. Geht auch das nicht, ist Excel auf dem Computersystem vermutlich nicht vorhanden und alle weiteren Versuche, irgendwie an eine Excel-Instanz heranzukommen, kann man sich getrost sparen.

```vba
Sub BspAutomation06()
Dim appExcel    As Object

    'Fehlerbehandlung anschalten.
    On Error Resume Next

    'Versuch, eine gestartete Excel-Instanz zu nutzen.
    Set appExcel = GetObject(, "Excel.Application")

    'Wenn der Versuch (bzw. GetObject) schiefgeht ...
    If Err.Number = 429 Then

        'Fehlernummer zurücksetzen.
        Err.Clear

        'Versuch, eine neue Excel-Instanz zu starten.
        Set appExcel = CreateObject("Excel.Application")

        'Wenn auch CreateObject schiefgeht ...
        If Err.Number = 429 Then
            MsgBox "Excel ist nicht gestartet und " & _
                    "konnte nicht instanziiert werden.", _
                    vbCritical, "Programmabbruch"

            Exit Sub
        End If
    End If

    'Excel sichtbar machen.
    appExcel.Visible = True

    'Normalansicht
    appExcel.WindowState = -4137

    'Wenn keine Arbeitsmappe offen ist, eine neue anlegen.
    If appExcel.Workbooks.Count = 0 Then
        appExcel.Workbooks.Add
    End If

    Set appExcel = Nothing

End Sub
```

Der Laufzeitfehler 429 tritt vorwiegend in folgenden Zusammenhängen auf:

- Wenn die ProgID, die als Argument den Funtionen `CreateObject` oder `GetObject` übergeben wird, falsch geschrieben ist.
- Wenn eine falsche Versionsnummer als Argument den Funtionen `CreateObject` oder `GetObject` übergeben wird.
- Wenn der gewünschte COM-Server (zum Beispiel eine Office-Anwendung) auf dem System nicht oder nicht vollständig installiert ist.
- Wenn die zuständigen Einträge in der Registrierdatenbank von Windows nicht oder falsch gespeichert sind.
- Wenn der COM-Server aus irgendeinem anderen Grund nicht gestartet werden kann.

21.11.2 Anzahl der Anwendungsfenster mit API-Funktionen ermitteln

Da der Laufzeitfehler 429 in vielen Kontexten verwendet wird, ist nicht immer sicher vorauszusehen, ob mit ihm tatsächlich ein mehrfaches Instanziieren verhindert wird. Es ist nicht auszuschließen, daß der Fehler durch eine andere fehlgeschlagene Aktion zurückgegeben wird. Besser ist es, direkt mit API-Funktionen von Windows die Anzahl der offenen Anwendungsfenster zu ermitteln. Zur Realisierung der Lösung werden aus der User32-Bibliothek (User32.DLL) von Windows die folgenden API-Funktionen benötigt

- `GetDesktopWindow`: Gibt das *Handle*[4] vom Windows-Desktop-Window zurück.
- `GetWindow`: Sucht nach bestimmten Fenstern, die in Beziehung zu einem Fenster stehen. Rückgabe: Das Handle des Fensters, auf daß das Suchkriterium paßt.
- `GetClassName`: Liefert den Namen der Klasse, mit der ein Fenster erzeugt wurde.

Legen Sie als erstes, falls noch nicht geschehen, ein eigenes Modul nur für API-Deklarationen in Ihrem Projekt an und schreiben Sie in den Deklarationsbereich des Moduls folgenden Code:

```
Public Declare Function GetDesktopWindow _
    Lib "User32" () As Long

Public Declare Function GetWindow _
    Lib "User32" ( _
    ByVal hwnd As Long, _
    ByVal wCmd As Long) As Long

Public Declare Function GetClassName _
    Lib "User32" Alias "GetClassNameA" ( _
    ByVal hwnd As Long, _
    ByVal lpClassName As String, _
    ByVal nMaxCount As Long) As Long
```

---

4 Das Händel (dt. »Handgriff«, »Henkel«) kennzeichnet allgemein ein bestimmtes Objekt in einem System eindeutig und erlaubt den Zugriff auf dieses Objekt, ohne seine genaue Lage und direkte Speicheradresse zu kennen. Windows führt beispielsweise in einem Handle die Speicheradressen von im Speicher verschobenen Objekten nach und ermöglicht dadurch die indirekte Adressierung dieser Objekte, selbst wenn sich deren Adresse im Lauf der Zeit ändert. Mit anderen Worten: Anwendungsprogramm können über Handles auf Fenster, Menüs, Icons und so weiter zugreifen, ohne daß die Änderungen der entsprechenden Adressen dem Programm mitgeteilt werden müssen.

Als zweites schreiben Sie in einem Modul Ihrer Wahl die folgende Funktion, die über die *Windows-Klassennamen* der Anwendungen ermittelt, wie viele Instanzen einer Anwendung sich im Arbeitsspeicher befinden.

```
Public Function HolAnzahlApplication( _
            strClass As String) As Long
Const GW_CHILD = 5
Const GW_HWNDNEXT = 2

Dim hwnd           As Long
Dim TBuf           As String
Dim RetVal         As Long
Dim lngZähler      As Long
Dim lngAnzFenster  As Long

'Handle vom Windows-Desktop ermitteln.
hwnd = GetDesktopWindow()

'Handle vom fünften "Kindfenster" ermitteln.
hwnd = GetWindow(hwnd, GW_CHILD)

'Zähler initialisieren.
lngZähler = 0
lngAnzFenster = 0

'Schleife über 1000 Kind-Fenster ...
Do While hwnd <> 0 And lngZähler < 1000
   TBuf = String(255, 0)

   'Ermittle Namen der Klasse, mit der
   'ein Fenster erzeugt wurde.
   RetVal = GetClassName(hwnd, TBuf, Len(TBuf))

   'Wenn der übergeben Klassenname mit dem
   'ermittelten Namen übereinstimmt, dann ...
   If Mid(TBuf, 1, RetVal) = strClass Then
      lngAnzFenster = lngAnzFenster + 1
   End If

   'Handle auf nächstes Kindfenster setzen
   hwnd = GetWindow(hwnd, GW_HWNDNEXT)
   lngZähler = lngZähler + 1
Loop

'Anzahl Fenster zurückgeben.
HolAnzahlApplication = lngAnzFenster
End Function
```

Beim Aufruf der Funktion müssen Sie den Klassennamen der Anwendung übergeben, die Sie überprüfen wollen. Achten Sie bei der Übergabe auf die Groß-/Kleinschreibung des Klassennamens. Einige Klassennamen für die Office-Produkte haben Sie oben im Abschnitt über SingleUse-/MultiUse-Anwendungen bereits kennengelernt. Weitere gebräuchliche listet die nachstehende Tabelle auf.

Anwendung	Klassenname
FrontPage 97, 2000	FrontPageExplorerWindow40
Visual Basic Editor	wndclass_desked_gsk
Notepad	Notepad
WordPad	WordPadClass
Internet Explorer	IEFrame
Paintbrush	pbParent
Windows Explorer	ExploreWClass
MS-DOS Eingabefenster	tty
Desktop	Progman
Startmenü	Button
Zeichentabelle	MyDlgClass

Ermitteln können Sie einen Klassennamen mit einem Tool wie »Spy++«, das Visual Studio, Visual Studio .NET, den Developer Editionen von Word/Office und so weiter beiliegt.

Rufen Sie die Funktion `HolAnzahlApplication` beispielsweise mit folgender Prozedur auf:

```
Sub BspAutomation07()
Dim appExcel      As Object
Dim lngInstanzAnz As Long

'Anzahl der offenen Fenster von Excel ermitteln.
lngInstanzAnz = HolAnzahlApplication("XLMAIN")

'Statustext anzeugen und Excel starten/laden.
If lngInstanzAnz < 1 Then
   StatusBar = "Excel läuft nicht, wird nun gestartet!"
   Set appExcel = CreateObject("Excel.Application")
Else
   StatusBar = "Anzahl der gefunden Excel-" & _
               "Instanzen: " & str(lngInstanzAnz)
   Set appExcel = GetObject(, "Excel.Application")
End If
```

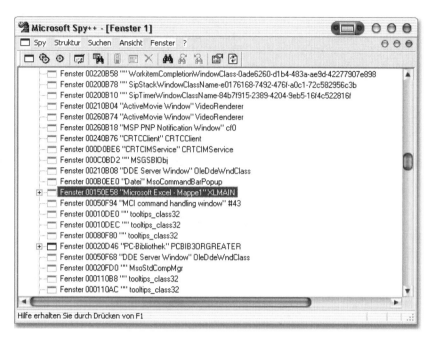

Abbildung 21.4 Spy++ hilft bei der Bestimmung von Klassennamen von Windows-Applikationen.

```
'Excel sichtbar machen.
appExcel.Visible = True

'Normalansicht
appExcel.WindowState = -4137

'Wenn keine Arbeitsmappe offen ist, eine neue anlegen.
If appExcel.Workbooks.Count = 0 Then
   appExcel.Workbooks.Add
End If

Set appExcel = Nothing
End Sub
```

21.12 Das Schließen eines Objekts im allgemeinen

Objekte können nicht nur mit Hilfe des Schlüsselworts *Nothing* aus dem Arbeitsspeicher entfernt werden, um Systemressourcen zu schonen. Insgesamt gibt es drei Verfahren:

- **Schlüsselwort** Nothing: Wurde bereits vorgestellt, so daß sich an dieser Stelle weitere Erklärungen erübrigen.[5]
- **Die Lebensdauer der Objektvariablen erlischt:** Wie bei den konventionellen Variablen ist die Lebensdauer eine Objektvariablen beschränkt. Wenn Sie eine Objektvariable zum Beispiel auf Prozedurebene deklarieren, so ist ihre Lebensdauer auf den Zeitraum

---

5 Siehe Abschnitt 20.9.6, »Die Bedeutung von Nothing«, ab Seite 577.

beschränkt, in dem die Prozedur abgearbeitet wird. Danach wird die Objektvariable automatisch aus dem Speicher entfernt und das zugehörige Objekt geschlossen (wenn keine weitere Referenz auf das Objekt besteht). Im Großen und Ganzen arbeitet dieser Mechanismus problemlos. Es ist jedoch aus einer Mischung aus Ordnungswahn, Wunderglaube und freundlichem Programmierstil üblich, eine Objektreferenz immer explizit zu lösen (also zum Beispiel auch dann das Schlüsselwort *Nothing* zu verwenden, wenn es nicht zwingend notwendig ist).

▶ **Objektspezifische Methode:** Meist hat Microsoft den »größeren« Klassen wie zum Beispiel `Application`, `Document`, `Windows` eine Methode wie `Close` oder `Quit` spendiert, mit der eine Instanz (Objekt) dieser Klasse geschlossen werden kann.

21.12.1 Beispiel Automatisierung: Excel über die Quit-Methode schließen

Bevor Sie eine objektspezifische Methode wie `Close` oder `Quit` anwenden, um ein Objekt zu schließen, sollten Sie immer validieren, daß das entsprechende Objekt überhaupt noch aktiv ist. Schließlich finden findige Anwender häufig einen Weg, zwischenzeitlich etwas aus dem Arbeitsspeicher zu entfernen, was eigentlich noch im Arbeitsspeicher sein sollte. Die nachstehende Prozedur startet als erstes Excel und macht die Anwendung sichtbar. Danach beendet sie die Excel-Instanz mit Hilfe der `Quit`-Methode des Objekts `Excel.Application`, vorausgesetzt die Instanz ist überhaupt noch aktiv.

```
Sub BspExcelSchließen()
Dim appExcel As Object
Set appExcel = CreateObject("Excel.Application")
appExcel.Visible = True

'Überprüfe vor dem Schließen, ob die
'Excel-Instanz überhaupt noch aktiv ist.
If Not appExcel Is Nothing Then
   If appExcel.Visible = False Then
      appExcel.Quit
      StatusBar = "Excel-Instanz wurde geschlossen."
   Else
      If MsgBox(Prompt:="Excel-Instanz schließen?", _
         Buttons:=vbYesNo + vbQuestion) = vbYes Then
         appExcel.Quit
      End If
   End If
End If

'Objektvariable freigeben.
Set appExcel = Nothing
End Sub
```

21.13 Word im Zusammenspiel mit Access

Wenn Sie die Umgebung von Access aus Word heraus manipulieren wollen (obwohl dies selten der Fall sein wird), können Sie, wie gehabt, mit den Funktionen `GetObject` oder `CreateObject` auf `Access.Application` zugreifen. Falls es jedoch darum geht, Datensätze von Access nach Word oder von Word nach Access zu übertragen, geschieht dies über Daten-Zugriffsmechanismen, ihm Rahmen von VBA meist über:

- DAO (Data Access Object)
- oder ADO (ActiveX Data Object)

ADO ist moderner und offener als DAO und sollte nach Möglichkeit verwendet werden.

Die Voraussetzung für den Transfer von Daten zwischen Word und Access ist natürlich eine bestehende Access-Datenbank. Alle nachfolgenden Beispiele beziehen sich auf die Datei »Nordwind.mdb«; das ist eine Datenbank, die als Muster nahezu jedem Software-Paket von Microsoft beiliegt. Vorwiegend wird in den Beispielen mit der Tabelle »Bestellungen« der Datenbank gearbeitet, die auch bei anderen Autoren meist favorisiert wird, um das Zusammenspiel von Access und anderen Office-Anwendungen zu erläutern. Die Tabelle beinhaltet etwa 800 Datensätze.

Ein Beispiel, wie man die Datenzugriffsmechanismen einsetzt, mag in diesem Buch genügen. Hier näher auf ADO oder DAO einzugehen, würde zu weit führen. Zur Realisierung des Beispiels verfahren Sie bitte wie folgt:

1. Besorgen Sie sich die Access-Datenbank »Nordwind.mdb« und installieren Sie sie, falls noch nicht geschehen, auf Ihrem Computersystem. Meist wird Datenbank »Nordwind.mdb« mit den Office- oder die Visual Studio-Produkten mitgeliefert.
2. Starten Sie Word, wählen Sie jenes Dokument aus, mit dem Sie im Rahmen dieses Beispiel arbeiten wollen, und wechseln Sie, wie gewohnt, mit der Tastenkombination [Alt]+[F11] in die VBA-Umgebung.
3. Wählen Sie im Menü »Extras« des Visual Basic-Editors den Dialog »Verweise...«
4. In der erscheinenden Liste aktivieren Sie den Verweis auf die Objektbibliothek mit dem Namen »*Microsoft ActiveX Data Objects x.x Object Library*«. Sollte die Liste mehrere Versionen von ADO anzeigen, wählen Sie die neuere, sprich höhere Version.

Legen Sie ein neues Modul in Ihrem Projekt an, und geben Sie in das Modul den nachstehenden Code ein. Achten Sie darauf, daß die Konstante mit der Ordnerangabe zur Datenbank »Nordwind.mdb« gemäß des Speicherortes auf Ihrer Festplatte angepaßt werden muß.

```
Sub BspDatenAusAccessInWordDoc()
Const ORDNER_DB = "D:\OFFICE11\SAMPLES\Nordwind.mdb"
Dim oDoc     As Word.Document
Dim oRange   As Word.Range
Dim oConn    As ADODB.Connection
Dim oRS      As ADODB.Recordset
Dim sTemp    As String

'Neues Dokument anlegen.
```

```vba
Set oDoc = Documents.Add

'Bereich im neuen Dokument festlegen.
Set oRange = oDoc.Range

'Erzeugen einer neuen ADODB-Instanz.
'Alternativ:
'Set oConn = CreateObject("ADODB.Connection")
Set oConn = New ADODB.Connection

'Datenbank über den OLEDB-Jet-Provider öffnen.
oConn.Open "Provider=Microsoft.Jet.OLEDB.4.0;" & _
           "Data Source=" & ORDNER_DB & ";" & _
           "Persist Security Info=False"

'Führe SQL-Abfrage aus, und gib das
'Ergebnis in eine Datensatzgruppe.
Set oRS = oConn.Execute( _
    "SELECT Lieferdatum, Empfänger, Ort," & _
    " Bestimmungsland FROM Bestellungen")

'Hole wohldefinierte Zeichenfolge aus Recordset.
sTemp = oRS.GetString(adClipString, -1, vbTab)

'Tabellenkopf hinzufügen.
sTemp = "Lieferdatum" & vbTab & "Empfänger" & vbTab & _
    "Ort" & vbTab & "Bestimmungsland" & vbCrLf & sTemp

'Zeichenfolge in Word-Bereich schreiben.
oRange.Text = sTemp

'Zeichenfolge in Word-Tabelle umwandeln.
oRange.ConvertToTable Separator:=vbTab, _
                      Format:=wdTableFormatColorful2

'Automatische Rechtschreibprüfung unterbinden.
oRange.LanguageID = wdNoProofing

'Objekte schließen.
oRS.Close
oConn.Close

'Objektreferenzen löschen.
Set oRS = Nothing
Set oConn = Nothing
Set oDoc = Nothing
Set oRange = Nothing

End Sub
```

21.14 Tips für die Automatisierung

Es gibt mehrere Verfahren, auf ein Objekt aus einer anderen Anwendungen zu referenzieren (wer hätte das gedacht). Aus der Sicht eines Entwicklers sind jedoch nicht alle diese Möglichkeiten gleich »gut«. Obwohl Sie bei der Programmierung der unterschiedlichen Möglichkeiten prinzipiell auf die gleiche Weise vorgehen müssen, gibt es so etwas wie eine Priorität des einen Verfahrens vor dem anderen. Orientieren Sie sich in diesem Zusammenhang an folgenden grundsätzlichen Tips:

- **Besser ein vorhandenes Objekt nutzen als ein neues zu erzeugen:** Wann immer es möglich ist, sollten Sie mit der Funktion `GetObject` auf eine im Arbeitsspeicher des Rechner bereits bestehende Instanz zugreifen, statt ein neues Objekt mit `CreateObject`, `GetObject` oder `New` zu erzeugen. Diese Vorgehensweise hat immense Performancevorteile. Angenommen, Sie wollen in Word mittels VBA auf Funktionen von Excel zugreifen. Dann muß sich so oder so eine Instanz des `Application`-Objekts von Excel im Arbeitsspeicher befinden. Wenn Sie viel mit Excel arbeiten, wissen Sie, wie lange es dauert, bis eine Instanz von Excel komplett gestartet ist. Wenn Excel aber bereits läuft, und Sie mit `GetObject` direkt auf das `Application`-Objekt von Excel zugreifen, fällt die gesamte Startzeit weg. Die auszuführenden Funktionen werden von Excel in der Regel zügig ausgeführt.

- **Besser frühe Bindung als späte Bindung:** Wann immer es möglich ist, sollten Sie eine Objektvariable mit einem speziellen Objekttyp deklarieren (frühe Bindung, early binding) und nicht mit Object (späte Bindung, late binding), was zu schnellerer Programmausführung führt.

- **Besser `New` mit der `Set`-Anweisung als mit der Deklaration einer Variablen:** Wann immer Sie das Schlüsselwort `New` verwenden, sollten Sie es mit der `Set`-Anweisung einsetzen, und nicht während der Deklaration der Objektvariablen. Die Variablen-Variante scheint zwar eine Codezeile einzusparen (nämlich jene mit der `Set`-Anweisung), aber sie produziert erfahrungsgemäß Nebeneffekte, die in richtige Programmierfehler münden können. Problematisch ist vor allem, daß Sie bei der Variablen-Variante nicht flexibel steuern können, wann die Objektvariable erzeugt wird. Problematisch ist auch, daß ein Objekt in jedem Fall erzeugt wird, ob es nun gebraucht wird, oder nicht. Mit der `Set`-Anweisung können Sie dagegen ein Objekt gezielt an der Stelle instanziieren, an der Sie das Objekt verwenden wollen.

```
'Schlecht:
Dim appOutlook As New Outlook.Application

'Besser:
Dim appOutlook As Outlook.Application
'... Andere Anweisungen ...
Set appOutlook = New Outlook.Application
```

- **Bei benutzerdefinierten Klassen besser `New` als `CreateObject` verwenden:** VBA verwendet eine interne, sehr effiziente Implementierung der COM-Objekterstellung, wenn Sie `New` zur Erstellung einer Instanz auf Basis einer eigenen, benutzerdefinierten Klasse verwenden. In diesem Fall sollten Sie auf die Verwendung der `CreateObject`-Funktion verzichten, da sie einen Algorithmus zur Objekterstellung benutzt, der noch aus den frühen Entwicklungsstadien des Automatisierungskonzepts stammt.

22 Kleiner Spaziergang durch die Welt der benutzerdefinierten Klassen und Objekte

»Denn indem man das Objekt erkennen wollte, würde es immerfort ein andres werden, also vermöchten wir es nie zu erkennen, wie beschaffen es eigentlich ist oder wie es sich mit ihm verhält.«
Paul Natorp[1]

Es ist ein offenes Geheimnis, daß in der VBA-Programmierung der Umgang mit benutzerdefinierten Klassen und Objekten in der Regel vernachlässigbar ist. Benutzerdefinierte Klassen und Objekte fügen keine neuen Leistungsmerkmale zu Ihrem Code hinzu und gewöhnlich kann man allen Anforderungen an die Word/VBA-Programmierung auch ohne benutzerdefinierte Objekte und Klassen gerecht werden.

In Anbetracht von .NET und den Visual Studio Tools gibt es jedoch kein Zweifel, wohin Microsoft die VBA-Programmierung lenken wird: Aus VBA-Codierern werden langfristig VBA-Objekt-Modellierer und VBA-Objekt-Designer. Es ist also ratsam, schon jetzt einen kleinen Blick in die diese Welt zu werfen.

Benutzerdefinierte Objekte können die Darstellung komplexer Vorgänge einfacher machen. Anspruchsvolle Word/VBA-Anwendungen werden durch benutzerdefinierte Objektmodelle selbsterklärend und besser verwaltbar. Es gibt schon jetzt Objekt-Modellierungs-Software und CASE-Tools, mit denen aus Modellen und UML-Diagrammen brauchbarer Basic- und VBA-Code generiert werden kann (Forward-Engineering), und die es erlauben, Basic- und VBA-Code wieder in die Objektmodelle zurückzuführen (Reverse-Engineering). Für »normale« Word-Anwender wäre es natürlich das Größte, wenn sie VBA-Programme nach Ihren eigenen Vorstellungen »modellieren« und »zeichnen« könnten, ohne auch nur eine einzige Codezeile zu verfassen, geschweige den VBA lernen zu müssen. Bis Word so etwas von sich aus anbietet, ist es noch ein langer Weg. Aber dieser Weg führt an benutzerdefinierten Objekten und Klassen vorbei.

22.1 Ein neues Klassenmodul anlegen

Im Gegensatz zu ausgewachsenen OO-Programmiersprachen kennt VBA keine »Class«-Anweisung zum Definieren einer Klasse. Das Hinzufügen erledigt der Visual Basic-Editor.

1. Legen Sie ein neues Projekt an, indem Sie Word starten und ein beliebiges Dokument oder eine beliebige Dokumentvorlage öffnen.
2. Schalten Sie mit der Tastenkombination Alt + F11 auf den Visual Basic-Editor um. Aktivieren Sie im Projekt-Explorer Ihr Projekt, indem sie den entsprechenden Projektnamen einmal anklicken.
3. Fügen Sie anschließend mit dem Menübefehl »Einfügen-Klassenmodul« ein neues Klassenmodul in Ihr Projekt ein,

---

[1] [NATOR001]: S. 60840.

4. Die neue Klasse erhält vom Visual Basic-Editor standardmäßig den Namen »Klasse1«. Ändern Sie diesen Namen. Dazu selektieren Sie im Projekt-Explorer die neue Klasse und drücken die Taste F4, um das Eigenschaftsfenster zu öffnen. Im Eigenschaftsfenster können Sie anstelle von »Klasse1« einen Namen wie `clsTest` eingeben.

Achtung: Der Name der Klasse ist wichtig. Mit ihm werden Sie später in einem normalen Modul weiterarbeiten.

22.2 Eine Methode für eine benutzerdefinierte Klasse für »designen«

Eine Klasse ist, wie Sie wissen, eine Art Muster für alle Objekte, die aus ihr instanziiert werden. Wenn Sie eine (öffentliche) Methode in die Klasse codieren, wird diese allen Objekten der Klasse zur Verfügung stehen. Schreiben Sie nun in das Klassenmodul `clsTest` eine Methode, die eine simple Meldung erzeugt und deren Funktionsweise später erläutert wird (sie dient hier lediglich als Muster).[2]

```
'Klassenmodul
Sub DokInfo()

Dim proDoc As DocumentProperty
Dim strMldg As String

With ActiveDocument

'Alle Dok-Eigenschaften zusammensuchen.
For Each proDoc In .BuiltInDocumentProperties
   On Error Resume Next
   strMldg = strMldg & proDoc.Name & _
            "= " & proDoc.Value & vbCr
Next
End With

'Meldung mit allen Eigenschaften anzeigen.
MsgBox strMldg

End Sub
```

Wenn Sie versuchen, diese scheinbare Prozedur mit der Taste F5 zu starten, werden Sie feststellen, daß das nicht geht. Das ist auch ganz logisch. Es ist nämlich keine Prozedur, sondern eine Methode. Und eine Methode kann nur dann ausgeführt werden, wenn vorher ein Objekt aus der Klasse erzeugt wurde. Und das wird im nächsten Abschnitt einmal versuchsweise durchgeführt.

---

[2] Siehe Abschnitt 27.4.3, »Beispiel BuiltInDocumentProperties: Die integrierten Dokumenteigenschaften am Ende des aktiven Dokuments auflisten«, ab Seite 794.

22.3 Erster Test einer benutzerdefinierten Klasse

Wenn Sie eine benutzerdefinierte Klasse und eine Methode wie oben beschrieben angelegt haben, können Sie auf diese wie auf jedes andere Objekt zugreifen. Die Sache ist relativ trivial.

Fügen Sie als nächstes in Ihr Projekt ein Standardmodul ein. In dem Standardmodul legen Sie eine Prozedur an (beispielsweise mit dem Namen `Test_MeineKlasse`), also etwa so:

```
'Standardmodul
Sub Test_MeineKlasse()

End Sub
```

Deklarieren Sie in der Prozedur als erstes eine Objektvariable mit Ihrer benutzerdefinierten Klasse als Objekttyp:

```
'Standardmodul
Sub Test_MeineKlasse()

    'Objektvariable mit benutzerdefierte Klasse als Typ.
    Dim objVariable As clsTest

End Sub
```

Nach der Deklaration besitzt die Objektvariable noch keinen Wert (beziehungsweise nur den Spezialwert `Nothing`). Legen Sie deswegen mit der `Set`-Anweisung und dem Schlüsselwort `New` ein neues Objekt (eine neue Instanz) auf der Basis Ihre benutzerdefinierte Klasse an, und weisen sie diese Instanz im gleichen Schritt der Objektvariablen zu. Nebenbei: Wenn Sie das Schlüsselwort `New` beim Deklarieren einer Objektvariablen nicht verwenden, muß der Objektvariablen mit der `Set`-Anweisung ein existierendes Objekt zugewiesen werden. Sie haben aber im Beispiel noch keine existierende Instanz Ihrer Klasse. Ergo: `New` muß verwendet werden.

```
'Standardmodul
Sub Test_MeineKlasse()

    'Objektvariable mit benutzerdefierte Klasse als Typ.
    Dim objVariable As clsTest

    'Neue Instanz d. benutzerdefinierten Klasse erzeugen
    Set objVariable = New clsTest

End Sub
```

Jetzt ist das Objekt einsatzfähig, und Sie können über die Objektvariable auf die potentiellen Methoden und Eigenschaften des Objekts zugreifen. Nachstehend wird einfach die Methode aufgerufen, die Sie in der Klasse selbst definiert haben (siehe oben):

```
'Standardmodul
Sub Test_MeineKlasse()

    'Objektvariable mit benutzerdefierte Klasse als Typ.
    Dim objVariable As clsTest

    'Neue Instanz d. benutzerdefinierten Klasse erzeugen
    Set objVariable = New clsTest

    objVariable.DokInfo

End Sub
```

Wenn Sie die Prozedur `Test_MeinKlasse` starten, wird eine Meldung auf dem Bildschirm angezeigt, die alle Eigenschaften des aktiven Dokuments auflistet.

22.4 Parameter bei benutzerdefinierten Methoden

Für benutzerdefinierte Methoden können Sie natürlich Parameter definieren. Prozeduren, die die Methode aufrufen, müssen dann der Methode entsprechende Argumente übergeben.

Ändern Sie beispielsweise dazu den Code der Methode `DokInfo` aus der Klasse `clsTest` ab. Schreiben Sie anstelle von

```
'Klassenmodul
Sub DokInfo()
```

die Codezeile

```
'Klassenmodul
Sub DokInfo(strTitel As String)
```

Und weiter unten in der Methode schreiben Sie anstelle von

```
'Klassenmodul
MsgBox strMldg
```

die Codezeile

```
'Klassenmodul
MsgBox strMldg, Title:=strTitel
```

Im Standardmodul mit der Prozedur `Test_MeineKlasse` können Sie nun der Methode ein Titel als Argument übergeben, der dann in der Meldung angezeigt wird.

```
'Standardmodul
Sub Test_MeineKlasse()
   Dim objVariable As clsTest
   Set objVariable = New clsTest
   objVariable.DokInfo ("Mein Dokument")
End Sub
```

22.5 Eine Eigenschaft für eine benutzerdefinierte Klasse »designen«

Eigenschaften für benutzerdefinierte Klassen können Sie auf unterschiedliche Weise erstellen. Die einfachste Möglichkeit besteht darin, im Deklarationsbereich der Klasse unterhalb der `Option-Explicit`-Anweisung eine globale Variable zu deklarieren, also zum Beispiel:

```
'Klassenmodul
Option Explicit
Public Dateiname As String

Sub M_DokInfo(strTitel As String)
'...
```

Im Standardmodul beziehungsweise in der Beispielfunktion `Test_MeineKlasse` können Sie der Eigenschaft bei Bedarf einen Wert zuweisen und ihn wieder auslesen:

```
'Standardmodul
Sub Test_MeineKlasse()

    Dim objVariable As clsTest
    Set objVariable = New clsTest

    objVariable.Dateinname = ActiveDocument.Name
    MsgBox "Aktives Dokument: " & objVariable.Dateinname

End Sub
```

22.5.1 Eigenschaftsprozeduren

Auf den ersten Blick ist die Möglichkeit mit der globalen Variable als benutzerdefinierte Eigenschaft eine einfache und bequeme Sache. Man erhält unmittelbar Schreib- und Leserechte. Aber genau das ist auch ein Pferdefuß dieser Lösung. Bei dieser Variante ist es nicht ohne weiteres möglich, die ganze Palette möglicher Eigenschaften zu kreieren, nämlich:

- Eigenschaften, auf die nur lesend zugegriffen werden kann.
- Eigenschaften, auf die nur schreibend zugegriffen werden kann.
- Eigenschaften, auf die sowohl schreibend als auch lesend zugriffen werden kann.
- *Abstrakte* Eigenschaften, auf die überhaupt nicht von außen zugegriffen werden kann.

Außerdem besteht bei dieser Variante ein Problem darin, daß die Klasse von der Veränderung eine Eigenschaft nichts »weiß«. Die Manipulation der Eigenschaft kann in diesem Fall kein Programmcode auslösen, der automatisch ausgeführt wird und sich um potentielle Folgen der Manipulation kümmert. Für viele Objekte mag das nicht weiter tragisch sein. Meist ist es in der Objektorientierung aber so, daß bei der Veränderung einer Eigenschaft sofort Code ausgeführt werden soll. Wenn Sie beispielsweise die Schriftstärke von normal auf fett ändern, sollte tatsächlich der Fettgrad neu eingestellt werden. Die Speicherung der neuen Schriftstärke in einer Variablen ist zuwenig. Selbst beim Lesen einer Eigenschaft kann die Abarbeitung von bestimmtem Code zweckmäßig sein, zum Beispiel wenn der Inhalt einer Eigenschaft im Objekt erst eruiert werden muß.

VBA stellt aus diesen Gründen sogenannte Eigenschaftsprozeduren zur Verfügung. Für jede einzelne Eigenschaft existieren *zwei* (sic!) wohldefinierte Eigenschaftsprozeduren, die *denselben* (sic!) Namen erhalten müssen, aber mit anderen Schlüsselwörtern eingeleitet werden. Eine wird mit `Property Get` eingeleitet und ist für das Lesen einer Eigenschaft beziehungsweise für die Rückgabe eines Wertes gedacht; die andere wird mit `Property Let` eingeleitet und wird zum Schreiben eines (neuen) Werts für eine Eigenschaft verwendet. Die Begriffe `Let` und `Get` sind also nicht aus der Perspektive einer Klasse zu verstehen, sondern aus der Sicht der Prozedur, die ein Objekt der Klasse benutzt.

Es ist wichtig, zu wissen, daß die beiden Prozeduren nicht notwendig paarweise auftreten müssen. Jede kann auch alleine für sich stehen. Aber wenn Sie paarweise eingesetzt werden, dann müssen auch die Datentypen der Eigenschaftsprozeduren zusammenpassen.

22.5.2 Beispiel Eigenschaftsprozeduren: Mehrwertsteuerberechung

Um das Beispiel nachzuvollziehen, sollten Sie als erstes ein neues Klassenmodul, Pardon, eine neue benutzerdefinierte Klasse in Ihr Projekt einfügen. Nennen Sie die Klasse `clsMwSt`.

1. Als erstes soll die Eigenschaft Nettobetrag über die Anweisung `Property` implementiert werden. Fügen Sie in die Klasse folgende Anweisungen ein:

```
'Klassenmodul clsMwSt
Private m_Netto As Variant

Public Property Let Nettobetrag(ByVal varWert As Variant)
    'Schreiben
    m_Netto = varWert
End Property
```

Die `Property-Let`-Anweisung definiert die Eigenschaft `Nettobetrag`. Bislang kann in diese Eigenschaft nur ein Wert hineingeschrieben werden. Probieren Sie es aus.

2. Benutzen Sie die Klasse, indem Sie einer Objektvariablen ein Objekt der Klasse in der gewohnten Weise zuweisen. Geben Sie also beispielsweise in einem Standardmodul folgende Prozedur ein:

```
'Standardmodul
Sub Test_MeineKlasse03()
    Dim objVariable As clsMwSt
    Set objVariable = New clsMwSt
    
    objVariable.Nettobetrag = 42
End Sub
```

3. Wenn Sie die Prozedur starten, werden Sie denken, daß nichts passiert. Das ist aber nicht der Fall. Tatsächlich erhält die Eigenschaft `Nettobetrag` den Wert 42, nur wird dieser weder weiterverarbeitet noch erfolgt irgend eine Anzeige. Die Zuweisung

```
objVariable.Nettobetrag = 42
```

bewirkt, daß die `Property-Let`-Prozedur im Klassenmodul aufgerufen wird. Der dabei zugewiesene Wert »42« wird für den Parameter `varWert` (der Name ist willkürlich ausgewählt) beim Aufruf der `Property`-Prozedur übergeben. Damit dieser Wert später wieder abrufbar ist, wird er in der Variablen `m_Netto` gespeichert, die gekapselt, Pardon, `Private`, ist und nur im Klassenmodul angesprochen werden kann.

4. Die bisher vorhandene `Property-Let`-Prozedur ermöglicht nur die Zuweisung an die Eigenschaft `Nettobetrag`. Um die Eigenschaft abfragen respektive lesen zu können, wird eine `Property-Get`-Prozedur benötigt, die den gleichen Namen und den gleichen Datentyp haben muß, wie die `Property-Let`-Prozedur. Fügen Sie daher in das Klassenmodul die folgenden Anweisungen ein:

```
'Klassenmodul
Public Property Get Nettobetrag() As Variant
    'Lesen
    Nettobetrag = m_Netto
End Property
```

Die `Property-Get`-Prozedur macht nicht anderes, als den Wert der Variablen `m_Netto` zurückzugeben. Ergänzen Sie nun im Standardmodul die Test-Prozedur, um einen `MsgBox`-Befehl, damit Sie prüfen können, ob alles klappt:

```
'Standardmodul
Sub Test_MeineKlasse03()
    Dim objVariable As clsMwSt
    Set objVariable = New clsMwSt
    
    objVariable.Nettobetrag = 42
    MsgBox "Netto: " & objVariable.Nettobetrag
End Sub
```

5. Zum Abschluß soll der Klasse noch eine weitere Eigenschaft hinzugefügt werden, die von »außen« nur lesbar ist. Daß in der Eigenschaft ein Wert steht, dafür soll die Klasse selber sorgen. Ergänzen Sie das Klassenmodul um die `Property-Get`-Eigenschaft Mehrwertsteuer, um die lokale Variable `m_MwSt` und fügen Sie in der `Property-Let`-Prozedur eine kleine zusätzliche Berechnung ein. Der gesamte Code der Klasse soll folgendermaßen aussehen:

```
'Klassenmodul clsMwSt
Private m_Netto As Variant
Private m_MwSt As Variant

Public Property Get Nettobetrag() As Variant
    'Lesen
    Nettobetrag = m_Netto
End Property

Public Property Let Nettobetrag(ByVal varWert As Variant)
    'Schreiben
    m_Netto = varWert
    m_MwSt = (m_Netto * 16) / 100
End Property

Public Property Get Mehrwertsteuer() As Variant
    'Lesen
    Mehrwertsteuer = m_MwSt
End Property
```

6. Nach den Korrekturen steht Ihnen eine neue Eigenschaft names `Mehrwertsteuer` zur Verfügung, die immer den Mehrwertsteuerbetrag des Nettobetrages bereihält, der zuletzt der Eigenschaft `Nettobetrag` zugewiesen wurde. Sie können die Funktionalität beispielsweise mit folgendem Code überprüfen:

```
'Standardmodul
Sub Test_MeineKlasse03()

    Dim objVariable As clsMwSt
    Set objVariable = New clsMwSt

    objVariable.Nettobetrag = 42

    With objVariable
       MsgBox "Netto: " & .Nettobetrag & vbCr & _
              "MwSt: " & .Mehrwertsteuer
    End With

End Sub
```

22.5.3 Eigenschaftsprozeduren für Objekte

Der Vollständigkeit halber sei noch erwähnt, daß die obigen Beispiele in den obigen Eigenschaftsprozedur-Beispielen nur Werte und Zeichenketten gespeichert werden, nicht aber Objekte respektive Objektverweise. Wenn eine Eigenschaft mit Objekten zurechtkommen soll, müssen Sie statt `Property Let` die gleichartige Eigenschaftsprozedur `Property Set` verwenden. Zum Lesen der Eigenschaft wird nach wie vor `Property Get` verwendet, allerdings müssen Sie die Zuweisung an die Variable innerhalb der Prozedur dann mit der Set-Anweisung durchführen. Es hier leider nicht der Platz, um tiefer auf das Thema einzugehen. Es sei aber angedeutet, daß die Kunst der Objektorientierung und das Modellieren von Objektmodellen erst in diesem Zusammenhang anfängt, richtig Spaß zu machen.

23 Ereignisse und Ereignisprozeduren in der Word-Programmierung

> *»Fragen wir: wird dieses bestimmte Ereignis eintreten oder nicht? so ist die Antwort doch wohl: es wird eintreten, falls ein bestimmtes anderes eintreten sollte, und nicht, wenn dieses ausbleibt. Das aber hängt wieder von anderem ab.«*
> *Aristoteles*[1]

Wenn Sie mit Word arbeiten, treten permanent Ereignisse ein. Ereignisse sind mit Signalen, Mitteilungen oder Nachrichten vergleichbar, die eine Anwendung wie Word und alle zur Anwendung gehörenden Programmeinheiten (wie zum Beispiel VBA und VBA-Module) darüber informieren, daß etwas geschehen ist. Ein Geschehen ist zum Beispiel eine Zustandsänderung oder eine Benutzer-/Programmaktionen wie »Benutzer klickt auf Befehlsschaltfläche«, »Word-Anwendung startet«, »Dokument wird geöffnet«, »Dokument wird gespeichert« oder »Dokument wird gedruckt«. Diese Geschehnisse oder Ereignisse (besser gesagt: die Objekte, mit denen etwas geschieht) rufen jeweils eine Prozedur auf, die sogenannte Ereignisprozedur, die das Ereignis behandelt. So löst eine Befehlsschaltfläche nach »*Benutzer hat mich angeklickt*« ein Click-Ereignis aus und ruft die zugehörige Ereignisprozedur `CommandButton_Click()` auf. Wenn in der Prozedur nun Anweisungen stehen, so würden diese abgearbeitet werden. Mit anderen Worten: In die jeweilige Ereignisprozedur können Sie irgendwelche Befehle »hineinschreiben« und damit auf das Ereignis reagieren. Alle Ereignisse in der Word/VBA-Programmierung sind klar definiert und immer mit einem Objekt verbunden. Und alle diese Ereignisse führen zum Aufruf von wohldefinierten Ereignisprozeduren. Leider unterstützen im Word-Objektmodell nur wenige Objekte Ereignisse. Sie lassen sich wie folgt kategorisieren:

▶ **Dokumentereignisse** (Ereignisse des `Document`-Objekts): Diese Ereignisse werden für geöffnete Dokumente und in einigen Fällen auch für ihre Objekte durchgeführt.

▶ **Anwendungsereignisse** (Ereignisse des `Application`-Objekts): Diese Ereignisse treten auf der Anwendungsebene auf und gelten beispielsweise für alle Word-Dokumente gemeinsam.

▶ **Ereignisse von Steuerelementen und Benutzerformularen** (diverse Objekte)

Letztere werden in einem eigenen Kapitel ausführlich behandelt.[2] Nachstehend geht es um Dokumentereignisse und um Anwendungsereignisse. Bevor in die Tiefen der Ereignisse eingestiegen wird, sollen zwei Fragen geklärt werden: Was unterscheidet Ereignisprozeduren von »normalen« Prozeduren? Und: Wo befinden sich eigentlich die Ereignisprozeduren?

---

1 [ARIST001]: S. 4254.
2 Siehe Abschnitt 24.2, »Arbeiten mit UserForm«, ab Seite 643 und Abschnitt 24.3, »Das Prinzip der Steuerelemente und ihre wichtigsten Eigenschaften«, ab Seite 648.

23.1 Was ist das besondere an Ereignisprozeduren?

Im Prinzip sind Ereignisprozeduren »normale« Sub-Prozeduren. Genau wie diese werden Sie mit der Sub-Anweisung eingeleitet und enden mit der End-Sub-Anweisung. In zwei Merkmalen weichen »normale« Sub-Prozeduren aber von Ereignisprozeduren ab:

▶ Gewöhnlich werden Ereignisprozeduren nicht wie ein Makro durch den Anwender oder durch irgendwelche benutzerdefinierten VBA-Prozeduren aufgerufen. Statt dessen führen bestimmte Ereignisse dazu, daß eine Anwendung wie Word automatisch eine entsprechende Ereignisprozedur aufruft. Nur in seltenen Ausnahmefällen ist es sinnvoll, eine Ereignisprozedur direkt durch eigenen Code aufzurufen (beispielsweise, wenn man ein Steuerelement in einem längeren Programmablauf auf seine ursprünglichen Initialisierungswerte mit der Initialize-Ereignisprozedur zurücksetzen will).

▶ Anders als bei normalen Prozeduren ist der Prozedurrahmen einer Ereignisprozedur festgelegt und wird nicht von Hand eingetippt (auch wenn dies prinzipiell möglich ist). Vielmehr gibt es zwei Möglichkeiten, wie VBA den Prozedurrahmen einer Ereignisprozedur anlegt:

  ▷ Automatisch gemäß Standarddefinition: Wenn Sie zum Beispiel auf eine neu eingefügte UserForm doppelklicken, legt VBA automatisch die Ereignisprozedur UserForm_Click() an.

  ▷ Durch Auswahl eines Eintrags in der Prozedurauswahlliste, die sich im rechten oberen Bereich eines Code-Fensters befindet.

Lassen Sie sich den Prozedurrahmen für ein Ereignis nach Möglichkeit immer durch eine der beiden Varianten generieren. Viele Ereignisprozeduren besitzen ein oder mehrere Parameter, die sich nicht immer ohne weiteres erschließen. Beim Aufruf erhalten die Ereignisprozeduren von VBA die entsprechenden Argumente zur Weiterverarbeitung. Meist können Sie die übergebenen Argumente in der Ereignisprozedur gemäß Ihrer eigenen Vorstellungen nutzen oder abändern. Halten Sie sich dabei allerdings an das Format der Argumente. Argumente, die innerhalb der Ereignisprozedur manipuliert werden können, erkennen Sie daran, daß ihnen im Ereignis-Prozedurkopf *kein* ByVal vorausgeht).

23.2 Wo befinden sich Ereignisprozeduren?

Im Grunde wurde es schon gesagt: Ereignisprozeduren unterscheiden sich nicht großartig von »normalen« Prozeduren und folglich werden sie wie die anderen Prozeduren im Code-Fenster zu einem Modul erfaßt. Achtung: Der Code für Ereignisse muß zwingend in einem Klassenmodul erstellt werden! Hierzu zählen aber nicht nur die Klassen-Module als solche, sondern auch die UserForm-Module und beispielsweise das ThisDocument-Modul (*nicht* dazu zählt ein allgemeines Modul, weil es keinen Ereignisempfang kennt). Der Weg zu einer Ereignisprozedur ist gewöhnungsbedürftig und wird von Einsteigern häufig übersehen. Um einen ersten Blick auf eine Ereignisprozedur zu werfen, verfahren Sie wie folgt:

1. Öffnen Sie ein Dokument und dann den Visual Basic-Editor.
2. Doppelklicken Sie im Projektexplorer in Ihrem Projekt auf den Eintrag »ThisDocument«, um das ThisDocument-Modul zu öffnen.

3. Wählen Sie anschließend im Code-Fenster im linken oberen Bereich aus der »Objektauswahlliste« den Eintrag »Document« aus.

Wenn Sie alles richtig gemacht haben, trägt der Visual Basic-Editor in das Code-Fenster automatisch den (leeren) Prozedurrahmen der `Document_New`-Ereignisprozedur ein:

```
Private Sub Document_New()

End Sub
```

In diesen Rahmen könnten Sie nun Befehle eintragen, die abgearbeitet werden sollen, wenn das Dokumentereignis `Document_New()` eintritt. Hier interessiert jedoch erst einmal das Prinzip, wie auch andere (leere) Prozedurrahmen von Ereignisprozeduren in das Code-Fenster eingefügt werden können.

Und das Prinzip ist immer gleich, ob Sie nun eine Dokumentereignisprozedur oder eine Ereignisprozedur für ein Steuerelement einfügen wollen: In der *linken Objektauswahlliste* des Code-Fensters wählen Sie einfach das Objekt aus, das über Ereignisprozeduren verfügt (zum Beispiel `Document`, `UserForm`, `CommandButton` ...). Wenn links ein Objekt mit Ereignisprozeduren ausgewählt wurde, können Sie in der *rechten Prozedurauswahlliste* des Code-Fensters die einzelnen Ereignisse des Objekts auswählen (zum Beispiel `Close`, `New`, `Open`, `Sync` und so weiter). Die Auswahl eines Eintrags hat zur Folge, daß der Visual Basic-Editor den (leeren) Prozedurrahmen der gewünschten Ereignisprozedur in das Code-Fenster einfügt.

Rahmen für Ereignisprozeduren einfügen

Abbildung 23.1 Der leere Prozedurrahmen der Ereignisprozedur »Document_New«. In der rechten Auswahlliste finden Sie weitere Ereignisprozeduren des Objekts »Document«.

Etwas verwirrend ist für Einsteiger, daß beim sorglosen Arbeiten der Visual Basic-Editor irgendwelche leeren Ereignisprozedur-Rahmen in das Code-Fenster einfügt. Das ist nicht weiter tragisch. Ein leerer Ereignisprozedurrahmen hat keine Auswirkungen auf Ihre Arbeitssitzung oder auf den Ablauf Ihrer Prozeduren. Aus code-ergonomischen Gründen und um Verwechslungen vorzubeugen, sollten Sie jedoch die leeren Prozedurrahmen löschen.

23.3 Tabellarische Übersicht zu den Ereignisprozeduren

Ereignisse sind für die derzeitige Word/VBA-Entwicklung bereits interessant, aber ihre Bedeutung wird mit der Annäherung von Word an .NET und mit den Visual Studio-Tools dramatisch zunehmen. Aus diesem Grund tun Sie gut daran, sich in der folgenden alphabetisch sortierten Liste schon einmal einen Überblick über die Ereignisse im Objektmodell von Word zu verschaffen:

Neues Ereignis	Objekt	seit	Beschreibung
Close	Document	1997	Tritt ein, wenn ein Dokument geschlossen wird.
DocumentBeforeClose	Application	2000	Tritt unmittelbar vor dem Schließen eines geöffneten Dokuments ein.
DocumentBeforePrint	Application	2000	Tritt ein, bevor ein Dokument gedruckt wird.
DocumentBeforeSave	Application	2000	Tritt ein, bevor ein geöffnetes Dokument gespeichert wird.
DocumentChange	Application	1997	Tritt ein, wenn ein neues Dokument erstellt, ein vorhandenes Dokument geöffnet oder ein anderes Dokument aktiviert wird.
DocumentOpen	Application	2000	Tritt ein, wenn ein Dokument geöffnet wird.
DocumentSync	Application	2003	Tritt ein, wenn die lokale Kopie eines Dokuments, das Teil eines Dokumentarbeitsbereichs ist, mit der Kopie auf dem Server synchronisiert wird.
EPostageInsert	Application	2002	Ein solches Ereignis liegt vor, wenn ein Benutzer elektronisches Porto in ein Dokument einfügt.
EPostageInsertEx	Application	2003	Ein solches Ereignis liegt vor, wenn ein Benutzer elektronisches Porto in ein Dokument einfügt.
EpostagePropertyDialog	Application	2002	Dieses Ereignis liegt vor, wenn ein Benutzer auf die Schaltfläche E-Porto-Eigenschaften (Dialogfeld Aufkleber und Umschläge) oder die Schaltfläche Elektronisches Porto drucken auf der Symbolleiste klickt. Es kann von Software eines Drittherstellers zur Anzeige ihres Eigenschaftsdialogfelds unterbrochen werden.
MailMergeAfterMerge	Application	2002	Tritt ein, nachdem alle Datensätze in einem Seriendruck erfolgreich zusammengeführt wurden.
MailMergeAfterRecordMerge	Application	2002	Tritt ein, nachdem alle Datensätze in der Datenquelle erfolgreich in einem Seriendruck zusammengeführt wurden.

Neues Ereignis	Objekt	seit	Beschreibung
MailMergeBeforeMerge	Application	2002	Tritt ein, wenn eine Zusammenführung vor dem Zusammenführen von Datensätzen ausgeführt wird.
MailMergeBeforeRecordMerge	Application	2002	Tritt ein, während eine Zusammenführung für die einzelnen Datensätze in einem Seriendruck ausgeführt wird.
MailMergeDataSourceLoad	Application	2002	Tritt ein, wenn die Datenquelle für einen Seriendruck geladen wird.
MailMergeDataSourceValidate	Application	2002	Tritt ein, wenn die Benutzer die Adreßüberprüfung durch Klicken auf Gültigkeit im Dialogfeld Seriendruckempfänger durchführen.
MailMergeWizardSendToCustom	Application	2002	Tritt ein, wenn in Schritt 6 des Seriendruck-Assistenten auf die benutzerdefinierte Schaltfläche geklickt wird.
MailMergeWizardStateChange	Application	2002	Tritt ein, wenn ein Benutzer von einem festgelegten Schritt zu einem festgelegten Schritt im Seriendruck-Assistenten wechselt.
New	Document	1997	Tritt ein, wenn ein Dokument auf Grundlage einer Dokumentvorlage erstellt wird. Eine Prozedur für das New-Ereignis wird nur aufgerufen, wenn sie in einer Dokumentvorlage gespeichert ist.
NewDocument	Application	2000	Tritt ein, wenn ein Dokument erstellt wird.
Quit	Application	1997	Tritt ein, wenn der Benutzer Word beendet.
Open	Document	1997	Tritt ein, wenn ein Dokument geöffnet wird.
Sync	Document	2003	Gibt ein Sync-Objekt zurück, das den Zugriff auf die Methoden und Eigenschaften für Dokumente ermöglicht, die Teil eines Dokumentarbeitsbereichs sind.
WindowActivate	Application	2000	Tritt ein, wenn ein Dokumentfenster aktiviert wird.
WindowBeforeDoubleClick	Application	2000	Tritt beim Doppelklicken in den Arbeitsbereich eines Dokumentfensters ein, bevor der durch das Doppelklicken standardmäßig aktivierte Vorgang gestartet wird.
WindowBeforeRightClick	Application	2000	Tritt beim Klicken mit der rechten Maustaste in den Arbeitsbereich eines Dokumentfensters ein, bevor der hierdurch standardmäßig aktivierte Vorgang gestartet wird.
WindowDeactivate	Application	2000	Tritt ein, wenn ein Dokumentfenster deaktiviert wird.

Neues Ereignis	Objekt	seit	Beschreibung
WindowSelectionChange	Application	2000	Tritt ein, wenn die Markierung im aktiven Dokumentfenster geändert wird.
WindowSize	Application	2002	Tritt ein, wenn die Größe des Anwendungsfensters geändert wird.
XMLAfterInsert	Document	2003	Tritt ein, wenn ein Benutzer ein neues XML-Element zu einem Dokument hinzufügt. Wenn mehrere Elemente gleichzeitig zu einem Dokument hinzugefügt werden (zum Beispiel beim Ausschneiden und Einfügen von XML), wird das Ereignis für jedes eingefügte Element ausgelöst.
XMLBeforeDelete	Document	2003	Tritt ein, wenn ein Benutzer ein XML-Element aus einem Dokument löscht. Wenn mehrere Elemente gleichzeitig aus einem Dokument gelöscht werden (zum Beispiel beim Ausschneiden und Einfügen von XML), wird das Ereignis für jedes gelöschte Element ausgelöst.
XMLSelectionChange	Application	2003	Tritt ein, wenn der übergeordnete XML-Knoten der aktuellen Markierung geändert wird.
XMLValidationError	Application	2003	Tritt ein, wenn ein Gültigkeitsprüfungsfehler im Dokument vorliegt.

23.4 Ereignisse für Dokumente

Oben haben Sie bereits gelesen, wie eine Dokumentereignisprozedur grundsätzlich erstellt wird. Nun soll ein konkretes Beispiel folgen. Angenommen, Sie arbeiten mit einem Dokument über mehrere Monate. Zu jedem Monatsende würden Sie gerne eine Kopie des aktuellen Dokumentenstands sichern. Um dies zu erreichen, gibt es viele Möglichkeiten. Hier soll aber der Einsatz des Ereignisses `Document_Close` anhand der Aufgabenstellung demonstriert werden. Die Sicherung der Datei soll also automatisch am Monatsende nach der letzten Arbeitssitzung durch das Schließen des Dokuments respektive durch das Dokument selbst ausgelöst werden. Um diese Anforderung zu verwirklichen, benötigen Sie eine kleine Hilfsfunktion, die den letzten Tag des Monats ermittelt. Verfahren Sie der Reihe nach:

1. Öffnen Sie zuerst in Word das Dokument, das am Monatsende nach einer Arbeitssitzung selbständig eine Kopie von sich in einem bestimmten Ordner ablegen soll.
2. Wechseln Sie mit der Tastenkombination [Alt]+[F11] zum Visual Basic-Editor.
3. Drücken Sie dort die Tastenkombination [Strg]+[R], um den Projekt-Explorer anzuzeigen. Im Projektexplorer doppelklicken Sie bitte in Ihrem Projekt auf den Eintrag »ThisDocument«, um das `ThisDocument`-Modul zu öffnen.

4. Tippen Sie die nachstehende kleine Hilfsfunktion in das `ThisDocument`-Codefenster ein. Die Funktion gibt den letzten Tag des Monats zurück, wenn man ihr als Argument das aktuelle Datum übergibt:

```
Function DayLast(datEingabedatum As Date) As Date
DayLast = DateSerial(Year(datEingabedatum), _
         Month(datEingabedatum) + 1, 0)
End Function
```

5. Wählen Sie anschließend im Code-Fenster im linken oberen Bereich aus der »Objektauswahlliste« den Eintrag »Document« aus. Der Visual Basic-Editor erstellt nun automatisch das Gerüst für das `Document_New`-Ereignis, das hier aber nicht weiter interessiert. Sie können es löschen oder stehen lassen, ganz wie es Ihnen beliebt.

6. Wählen Sie in der rechten Prozedurauswahlliste (der Ereignisliste) `Close` für das Close-Ereignis aus. Der Visual Basic-Editor erstellt nun automatisch das Gerüst (Prozedurrahmen) für das `Document_Close`-Ereignis. Dies ist die gewünschte Ereignisprozedur.

7. In die Ereignisprozedur tragen Sie die nachstehenden Anweisungen ein, die in Zukunft immer ausgeführt werden, wenn Sie das Dokument schließen:

```
Private Sub Document_Close()
'Folgende Angaben müssen für Ihr System angepaßt werden.
Dim strPfad As String
strPfad = "F:\Sicher\" & _
         Month(Date) & _
         ThisDocument.Name

If DayLast(Date) = Date Then
   On Error Resume Next
   ThisDocument.SaveAs FileName:=strPfad
End If
End Sub
```

Fertig. Damit haben Sie einen sogenannten *Ereignishandler* geschrieben. Beachten Sie, daß im Beispiel den Namen der Sicherungsdateien die numerische Angabe des Monats vorangestellt wird, so daß nach einem Jahr 12 Kopien den jeweiligen Arbeitsstand pro Monat dokumentieren.

Nach diesem Muster können Sie für die anderen Ereignisse des `Document`-Objekts (`New`, `Open`, `Sync`, `XMLAfterInsert` und `XMLBeforeDelete`) ebenfalls Ereignisprozeduren erstellen. Wichtig ist, daß Sie sich immer überlegen, wann ein Ereignis ausgelöst wird und ob es überhaupt sinnvoll ist, an das Ereignis eine Automatik zu koppeln.

Um Ereignisprozeduren zu testen, brauchen Sie das entsprechende Ereignis nicht durch das Öffnen, Schließen und so weiter eines Dokuments prüfen. Ereignisprozeduren können wie »normale« Prozeduren im Visual Basic-Editor ausgeführt werden. Bewegen Sie dazu die Einfügemarke in die zu testende Ereignisprozedur und betätigen Sie danach zum Beispiel die Taste [F5] oder die Taste [F8] (Einzelschritt).

Test-Hinweis

23.4.1 Beispiel Document_Open: Beim Öffnen eines Dokuments den letzten Bearbeiter anzeigen

Wenn Sie schon beim Öffnen eines Dokuments sehen wollen, wer die letzten Änderungen an dem Dokument vorgenommen hat, hilft das Open-Ereignis des Document-Objekts weiter. Verfahren Sie wie zuvor beschrieben. Wählen Sie aber bei Punkt 6 in der rechten Prozedurauswahlliste dieses Mal nicht Close, sondern Open für das Open-Ereignis aus. Der Visual Basic-Editor erstellt dann automatisch den Prozedurrahmen für das Document_Open-Ereignis, in den Sie folgende Codezeilen eintragen:

```
Private Sub Document_Open()
MsgBox "Dokument wurde zuletzt geändert von: " & _
       BuiltInDocumentProperties("Last Author").Value
End Sub
```

23.4.2 Beispiel Document_Close: Dokument ohne Rückfrage schließen

Sobald Sie Änderungen an einem Dokument vorgenommen haben, werden Sie automatisch beim Schließen des Dokuments von Word gefragt, ob Sie die Änderungen speichern wollen. Leider wird die Abfrage nach dem Document_Close-Ereignis getriggert, so daß man sich die Abfrage nicht ohne weiteres schenken kann. In der Praxis haben sich drei Wege durchgesetzt, die Rückfrage zu umgehen:

- Variante 1: Man redet Word ein, daß alle Änderungen im Dokument bereits gesichert wurden (auch wenn das nicht stimmt). Danach unterläßt Word die quälende Rückfrage – aber alle Änderungen seit dem letzten ausdrücklichen Speichern gehen dabei verloren (diese Variante wird vor allem bei der Automation benutzt, wo entsprechende Routinen dafür sorgen, daß ein Word-Dokument immer ordnungsgemäß gesichert wird).

- Variante 2: Man sorgt im Document_Close-Ereignis dafür, daß das Dokument in jedem Fall gespeichert wird. Allerdings führt diese Lösung dazu, daß selbst versehentliche Eingaben immer abgespeichert werden und das Originaldokument immer überschrieben wird.

- Variante 3: Last, not least sorgt man codetechnisch dafür, daß das Dokument, falls es schon einmal gespeichert wurde, vor dem Schließen ohne Rückfrage an den Anwender gespeichert wird (mit den gleichen Konsequenzen wie in Variante 2). Falls das Dokument aber noch nie gespeichert wurde, dann sichert man das Dokument unter einem temporären Namen im Standarddokumentverzeichnis des Benutzers.

Variante 1
```
Private Sub Document_Close()
    ActiveDocument.Saved = True
End Sub
```

Variante 2
```
Private Sub Document_Close()
    ActiveDocument.Save
End Sub
```

Variante 3
```
Private Sub BspDocument_Close()
Dim strDatei As String
ActiveDocument.Saved = True
```

```
If ActiveDocument.Path = "" Then
With Dialogs(wdDialogToolsOptionsFileLocations)
    'Pfad und Dateiname generieren.
    strDatei = .Setting & "\" & "Tmp" & _
               Format(Date, "yyyymmdd") & _
               Format(Time, "hhmmss")

    'Datei sichern.
    ActiveDocument.SaveAs FileName:=strDatei

    'Meldung ausgeben.
    MsgBox "Die Datei wurde unter dem Namen " & _
           strDatei & " gespeichert."
End With

Else
    ActiveDocument.Saved = False
    ActiveDocument.Save
End If
End Sub
```

23.5 Die Ereignisse des Word-Application-Objekts

Anwendungsereignisse zeichnen sich vor allem dadurch aus, daß sie für alle Dokumente von Word gemeinsam gelten können, aber nicht müssen. Folglich sollten Sie vor dem Codieren einer Anwendungs-Ereignisprozedur eine Entscheidung fällen, ob die zu erstellenden Anweisungen, die nach bestimmten Ereignissen ausgeführt werden, für alle Dokumente gelten sollen (global, Normal.dot) – oder nur für Dokumente, die auf einer Dokumentvorlage mit integrierten Ereignisprozeduren basieren. In globalen Ereignisprozeduren Dokumentvorlagen können Sie jedoch abfragen, welche spezielle Dokumentvorlage oder welches spezifisches Dokument aktiv ist, um im weiteren Programmablauf selektiv darauf zu reagieren.

Die Implementierung von Anwendungsereignissen ist mit ein bißchen Aufwand verbunden. Für simple Ereignis-Automatismen, die nur für bestimmte Dokumente gelten sollen, reichen mit Sicherheit die Dokumentereignisse oder die Auto-Makros (die weiter unten vorgestellt werden) aus. Grundsätzlich müssen Sie die folgenden drei Dinge erledigen, um eine Ereignisroutine für ein Ereignis des `Application`-Objekts zu erstellen:

1. Deklarieren Sie eine Objektvariable in einem Klassenmodul, um auf die Ereignisse zu reagieren.
2. Schreiben Sie die spezifischen Ereignisprozeduren.
3. Initialisieren Sie das deklarierte Objekt aus einem anderen Modul.

23.5.1 WithEvents in Ereignisprozeduren

Eines muß noch gesagt werden, bevor ein Beispiel zeigt, wie man die Ereignisse des `Application`-Objekts für eigene Zwecke nützt: Wenn Sie Ereignisprozeduren für das `Application`-Objekt schreiben wollen, müssen Sie eine Objektvariable vom Typ `Application` mit dem

WithEvents-Schlüsselwort deklarieren. Und diese Deklaration muß notwendigerweise im Deklarationsbereich eines Klassenmoduls erfolgen, weil für das Application-Objekt keine eigene Modulart existiert und WithEvents per definitionem nur in Klassenmodulen verwendet werden kann (wobei mit Klassenmodul in diesem Fall nicht nur die eigentlichen Klassen-Module als solche gemeint sind, sondern auch die UserForm-Module und die ThisDocument-Module et cetera). Lediglich die allgemeinen Standardmodule, in die Sie normalerweise Ihre Makros und Prozeduren schreiben, besitzen keine »Antennen für Ereignisnachrichten«, können also nicht auf Ereignisse reagieren. Wenn Sie versuchen, in den Standardmodulen einen Ereignishandler für das Application-Objekt aufzunehmen, so klappt das nicht.

23.5.2 Beispiel Anwendungsereignis: Dauer der Bearbeitung eines Dokuments anzeigen

Beim folgendem Beispiel wird im Hintergrund aufgezeichnet, wie lange Sie an einem Dokument arbeiten, das auf einer zu erstellenden Dokumentvorlage basiert. Dazu nützen Sie die Dokumentereignisse Document_Open und Document_End, um die Startzeit festzulegen, und das Applikationsereignis DocumentBeforeClose, um beim Schließen die Startzeit mit der dann aktuellen Zeit zu vergleichen und die Differenz auszugeben.

Gehen Sie wie folgt vor, um die Ereignisprozeduren zu benutzen.

1. Starten Sie Word. Erstellen Sie eine neue Dokumentvorlage (zum Beispiel »MeineEreignisse.dot«), die Sie beliebig benennen, oder öffnen Sie eine schon vorhandene (grundsätzlich können Sie globale Application-Ereignisse auch in der Normal.dot einfügen).

2. Wechseln Sie mit der Tastenkombination [Alt]+[F11] zum Visual Basic-Editor.

3. Üblicherweise müssen sich nun entscheiden, in welchem Klassenmodul die zu erstellenden Anwendungsereignisse deklariert werden sollen. Grundsätzlich können die Anwendungsereignisse in einem ThisDocument-Modul oder einem (neuen) UserForm-Modul oder in den sogenannten Klassenmodulen enthalten sein.

   Das Beispiel geht der Einfachheit halber davon aus, daß sich zu erstellende Ereignishandler im Klassenmodul ThisDocument befinden sollen. In komplexeren Projekten empfiehlt es sich aber, über den Menübefehl »Einfügen-Klassenmodul« ein neues Klassenmodul anzulegen, und die Anwendungsereignisse in die »richtigen« Klassenmodule einzufügen. Dabei gibt es ein paar »Nickligkeiten« zu beachten, auf die in diesem Buch leider aus Platzgründen nicht weiter eingegangen wird.

4. Drücken Sie bitte die Tastenkombination [Strg]+[R], um den Projekt-Explorer anzuzeigen. Im Projekt-Explorer wählen Sie Ihr Projekt aus. Doppelklicken Sie anschließend auf das Klassenmodul ThisDocument, um das ThisDocument-Code-Fenster zu öffnen.

5. Geben Sie im Deklarationsbereich die folgende Anweisung ein (also außerhalb einer Prozedur und unterhalb von Option Explicit, falls die Option-Explicit-Anweisung im Code-Fenster steht).

   `Private WithEvents appMeinWord As Application`
   Der Name, den Sie für die Objektvariable wählen (im Beispiel appMeinWord), ist frei wählbar. Wichtig ist, daß Sie die Objektvariable mit dem Objekttyp Application deklarieren, denn im Beispiel sollen ja die Anwendungsereignisse des Application-Objekts genutzt

werden (gleichwohl könnten Sie an dieser Stelle auch andere Objekte deklarieren, deren Ereignisse sie nutzen wollen).

6. Deklarieren Sie nun unterhalb der eben erfaßten Zeile eine Variable, der beim Öffnen von Dokumenten auf Basis der Dokumentvorlage die aktuelle Uhrzeit zugewiesen wird. Im Deklarationsbereich des Code-Fenster sollte jetzt folgendes stehen:

```
Option Explicit
Public WithEvents appMeinWord As Application
Private datStartzeit As Date
```

7. Wählen Sie anschließend im Code-Fenster im linken oberen Bereich aus der »Objektauswahlliste« den Eintrag »appMeinWord« aus (beziehungsweise den Namen der Objektvariablen, den Sie im letzten Schritt vergeben haben). Dieser Bezeichner ist fortan quasi der Stellvertreter für das Application-Objekt. Der Visual Basic-Editor erstellt nun automatisch das Gerüst für die Quit-Ereignisprozedur, die hier aber nicht weiter interessiert. Sie können das Gerüst löschen oder stehen lassen, ganz wie es Ihnen beliebt.

8. Wählen Sie in der rechten Prozedurauswahlliste (der Ereignisliste) DocumentBeforeClose für das DocumentBeforeClose-Ereignis aus. Der Visual Basic-Editor erstellt danach automatisch das Gerüst (Prozedurrahmen) für das DocumentBeforeClose-Ereignis. Dieses Ereignis wird ausgelöst, unmittelbar bevor ein Dokument geschlossen wird, das auf der Dokumentvorlage basiert. Im Beispiel wird das Applikationsereignis dazu verwendet, um die Meldung mit den »Arbeitszeiten« anzuzeigen. Fügen Sie in die Prozedur die folgenden Anweisungen ein:

```
Private Sub appMeinWord_DocumentBeforeClose( _
            ByVal Doc As Document, Cancel As Boolean)
Dim datEndzeit As Date
Dim datDiffZeit As Date

datEndzeit = Format(Now, "dd.mm.yy h:mm:ss")
datDiffZeit = (datEndzeit - datStartzeit)

MsgBox "Beginn der Arbeitssitzung: " & _
        vbTab & datStartzeit & vbCr & _
        "Ende der Arbeitssitzung: " & _
        vbTab & datEndzeit & vbCr & _
        "Dauer der Arbeitssitzung: " & _
        vbTab & datDiffZeit
End Sub
```

9. Fertig. Sie haben damit einen Ereignishandler programmiert, der auf das Application-Objekt referenziert. Fehlt noch was? Ja, richtig: Der Ereignishandler ist gar nicht »scharf« gemacht. Mit anderen Worten: Die Objektvariable appMeinWord und die Variable datStartzeit wurden zwar deklariert, aber ihnen wurden nirgendwo Werte zugewiesen. Der Vergleich zwischen Startzeit und Endzeit im Anwendungs-Ereignishandler würde ins Leere laufen. Um dem Ereignishandler von diesem Schicksal zu bewahren, greifen Sie am einfachsten auf die Dokumentereignisse zurück. Wählen Sie dazu in der linken Objektauswahlliste des Code-Fensters den Eintrag »Document« aus und anschließend aus der rechten Prozedurauswahlliste den Eintrag »Open«. Es wird nun der Ereignisprozedurrahmen Document_Open eingefügt. Fügen Sie in den Rahmen folgende Anweisung ein, um den Anwendungs-Ereignishandler beim Öffnen eines Dokuments zu aktivieren:

```
Private Sub Document_Open()

    'Aktuelle Instanz von Application der Variablen zuweisen.
    If appMeinWord Is Nothing Then
        Set appMeinWord = ThisDocument.Application
    End If

    'Die Startzeit-Variable mit Datum/Zeit initialisieren.
    datStartzeit = Format(Now, "dd.mm.yy h:mm:ss")

End Sub
```

10. Wiederholen Sie den letzten Schritt mit der kleinen Änderung, daß Sie in der rechten Prozedurauswahlliste diesmal »New« auswählen, damit die Gesamtzeit auch berechnet wird, wenn Sie ein neues Dokument auf der Basis der Dokumentvorlage erstellen.
11. Speichern Sie zum Schluß die Dokumentvorlage ab und schließen Sie sie.

Legen Sie nun ein neues Dokument auf der Basis der Dokumentvorlage an oder öffnen Sie ein bereits gespeichertes, das ebenfalls auf der Dokumentvorlage beruht. Wenn Sie diese Dokument wieder schließen, wird Ihnen die Dauer der Bearbeitung dieser Dokumente angezeigt.

Abbildung 23.2 Beim Schließen eines Dokuments zeigt das Dokument dank Ereignisprogrammierung automatisch an, wie lange es bearbeitet wurde.

23.6 Die Auto-Makros in Word

Seit vielen Word-Versionen stehen einem Word-Entwickler die Auto-Makros zur Beeinflussung von automatischen Vorgängen zur Verfügung. Bei den Auto-Makros handelt es sich um Prozeduren, die einen bestimmten Namen haben müssen, damit Word/VBA sie erkennt und damit sie nach dem Start von Word oder dem Öffnen eines Dokuments automatisch ausgeführt werden. Für die Auto-Makros sind die Bezeichner Autoxxxx reserviert, wobei xxxx für ein Suffix wie Exec, New, Open und so weiter steht. Die Makros stellen eine alte Alternative zu Ereignissen dar. Sie stammen aus jener Zeit, in der es in Word noch keine Objekte und keine Ereignisse gab. Die Funktionsweise der Makros ist relativ simpel: Enthält ein allgemeines Modul eine Prozedur mit dem Namen Autoxxxx oder heißt ein allgemeines Modul selber Autoxxxx und besitzt eine Prozedur mit dem Namen Main, so wird diese Prozedur automatisch gemäß ihrer Definition ausgeführt. Folgende Auto-Makros sind mit jeder Word-Version seit 1997 kompatibel:

▶ **AutoExec:** Wird automatisch ausgeführt, wenn Word startet oder eine globale Vorlage (AddIn) geladen wird.

- **AutoNew:** Wird automatisch ausgeführt, wenn ein neues Dokument erstellt wird.
- **AutoOpen:** Wird automatisch beim Öffnen eines bestehenden Dokuments ausgeführt (oder beim Öffnen einer Dokumentvorlage als Dokument).
- **AutoClose:** Wird automatisch beim Schließen eines Dokuments ausgeführt (oder beim Schließen eine Dokumentvorlage, die als zuvor als Dokument geöffnet wurde).
- **AutoExit:** Wird automatisch beim Beenden von Word ausgeführt oder wenn eine globale Vorlage (AddIn) entladen wird.

Nun kann man trefflich darüber streiten, ob die Auto-Makros heute, im Zeitalter der Ereignisorientierung, noch eingesetzt werden sollen. Microsoft und jene, die immer die neueste Version von Word auf dem Rechner installiert haben, raten davon ab. Tatsache ist jedoch, daß die Auto-Makro-Programmierung *wesentlich einfacher* von der Hand geht, als alles, was mit Dokument- und Anwendungsereignissen zu tun hat. Tatsache ist auch, daß die Auto-Makros bis Word 1997 *abwärtskompatibel* sind, was man von den Dokument- und Anwendungsereignissen nicht sagen kann, bei denen man genau darauf achten muß, mit welcher Word-Version sie eingeführt wurden. Zwei gute Gründe, um nachfolgend einfache Beispiele vorzustellen, welche den Auto-Makro-Ansatz demonstrieren. Zuvor noch zwei Hinweise.

Hinweis eins: Häufig werden Auto-Makros in der Normal.dot gespeichert, obwohl sie in einem beliebigen Dokument enthalten sein können. Es sei Ihnen hiermit noch einmal dringend geraten: Speichern Sie nach Möglichkeit keine Informationen oder Prozeduren – nicht einmal Auto-Makros – in der Normal.dot! Die Auto-Makros gehören, wie alle anderen Makros, in eine Vorlage! Vergessen Sie nicht, daß sich jede Vorlage global über den Dialog »Vorlagen und Add-Ins« laden oder entladen läßt. Wenn die Auto-Makros aber immer mit dem Start von Word ausgeführt werden sollen, dann gehören Sie in eine globale Add-In-Vorlage, die im StartUp-Ordner abgelegt ist.

Hinweis zwei: Auto-Makros werden zusätzlich zu potentiell vorhandenen Dokument- und Anwendungsereignissen abgearbeitet. Zudem können sich in mehreren Dokumenten und Dokumentvorlagen gleichzeitig Auto-Makros mit ein und denselben Namen befinden. Konflikte bei der Abarbeitung der Auto-Makros sind also nicht immer vermeidbar. Im Einzelfall müssen Sie sehr genau überprüfen, in welcher Reihenfolge welches Ereignis und welches Auto-Makro getriggert wird. Dabei hilft Ihnen die `Stop`-Anweisung, mit der Sie die Programmausführung unterbrechen können. Oder Sie schreiben in die Auto-Makros und in die Dokument- und Anwendungs-Ereignisprozeduren Anweisungen, die eine eindeutige Zeichenkette in das Direktfenster schreiben, wodurch die Reihenfolge der Abarbeitung schnell ersichtlich wird.

23.6.1 AutoExec-Prozedur

Eine `AutoExec`-Prozedur bezieht sich nicht auf ein spezielles Dokument oder auf eine besondere Dokumentvorlage. Daher macht die Verwendung der Prozedur nur Sinn, wenn sie in einem globalen Add-In gespeichert ist (oder in der Normal.dot, wovon aber, wie gesagt, in diesem Buch abgeraten wird).

```
Sub AutoExec()
  MsgBox "Hallo, Word ist soeben gestartet."
End Sub
```

23.6.2 Die AutoNew-Prozedur

Die `AutoNew`-Prozedur wird zweckmäßigerweise in speziellen Dokumentvorlagen eingesetzt. Die Anweisungen, die Sie in die `AutoNew`-Prozedur einer speziellen Dokumentvorlage schreiben, werden explizit nur dann ausgeführt, wenn der Anwender ein neues Dokument auf Basis dieser Vorlage generiert. Sollten Sie, allen Unkenrufen zum Trotz, die `AutoNew`-Prozedur in der Normal.dot speichern, dann werden die Anweisungen der `AutoNew`-Prozedur immer dann ausgeführt, wenn der Anwender für ein neues Dokument keine spezielle Dokumentvorlage vorgibt.

```
Sub AutoNew()
    Dim strMldg As String
    strMldg = "Ein neues Dokument auf Basis der " _
            "Dokumentvorlage mit dem Namen " & _
            ActiveDocument.AttachedTemplate.Name & _
            " wurde soeben erstellt."
    MsgBox strMldg
End Sub
```

Alternativ zur `AutoNew`-Prozedur können Sie das Dokumentereignis `New` oder die Anwendungsereignisse `NewDocument` und `DocumentChange` verwenden.

23.6.3 Die AutoOpen-Prozedur

Die `AutoOpen`-Prozedur betrifft sowohl das Öffnen von Dokumenten als auch das Öffnen von Dokumentvorlagen. Da Dokumente bekanntlich auf Dokumentvorlagen basieren, sind verschiedene Szenarien denkbar, wann die `AutoOpen`-Prozedur ausgeführt wird, und wann nicht:

- Wenn sich die `AutoOpen`-Prozedur in einem Dokument befindet und dieses geöffnet wird, dann werden die Anweisungen in der `AutoOpen`-Prozedur ausgeführt.
- Wenn sich die `AutoOpen`-Prozedur in einer Dokumentvorlage befindet und Dokument geöffnet wird, das auf dieser Vorlage basiert, dann werden die Anweisungen in der `AutoOpen`-Prozedur ausgeführt.
- Wenn sich die `AutoOpen`-Prozedur in einer Dokumentvorlage befindet, und ein neues Dokument auf Basis dieser Vorlage erstellt wird, dann werden die Anweisungen in der `AutoOpen`-Prozedur *nicht* ausgeführt. Verwenden Sie in diesem Fall die `AutoNew`-Prozedur.
- Wenn sich die `AutoOpen`-Prozedur in einer Dokumentvorlage befindet, und diese Dokumentvorlage explizit über den Menübefehl »Datei-Öffnen« geöffnet wird, dann werden die Anweisungen in der `AutoOpen`-Prozedur ausgeführt.

```
Sub AutoOpen()
    Dim strMldg As String
    strMldg = "Anzahl vorhandener Wörter: " & _
    ActiveDocument.ComputeStatistics(wdStatisticWords)
    MsgBox strMldg
End Sub
```

Alternativ zur `AutoOpen`-Prozedur können Sie das Dokumentereignis `Open` oder die Anwendungsereignisse `DocumentOpen` und `DocumentChange` verwenden.

23.6.4 Das AutoClose-Prozedur

Die Szenarien, die bei den Erläuterungen zur AutoOpen-Prozedur durchgespielt wurden, gelten umgekehrt auch bei Schließvorgängen von Dokumenten respektive Dokumentvorlagen. Sie brauchen hier nicht wiederholt werden.

```
Sub AutoClose()
  MsgBox "Tschüß!"
End Sub
```

Alternativ zur `AutoClose`-Prozedur können Sie das Dokumentereignis `Close` oder das Anwendungsereignis `DocumentBeforeClose` verwenden.

23.6.5 Das AutoExit-Prozedur

Für die `AutoExit`-Prozedur gelten die gleichen Erläuterungen wie für die `AutoExec`-Prozedur.

```
Sub AutoExit()
  MsgBox "Word wird beendet."
End Sub
```

Alternativ zur `AutoExit`-Prozedur können Sie das Anwendungsereignis `Quit` verwenden.

23.6.6 Beispiel AutoOpen-Makro: Entscheiden, ob ein Dokument auf der Basis einer Dokumentvorlage oder die Dokumentvorlage selber geöffnet wird

Zuweilen sollen bestimmte Anweisungen in der Auto-Prozedur einer Dokumentvorlage nur dann ausgeführt werden, wenn die Dokumentvorlage selber als Dokument geöffnet wird. Wenn aber ein Dokument, das auf der Dokumentvorlage beruht, geöffnet wird, sollen andere Anweisungen abgearbeitet werden. Sie erreichen dies durch eine Art Selbstreferenz in der `AutoOpen`-Prozedur.

```
Sub AutoOpen()
Dim strMldg As String
If ActiveDocument = ThisDocument Then
    StatusBar = "Die Vorlage " & ThisDocument & _
                " wird geöffnet."
Else
    StatusBar = "Öffnen eines Dokuments auf der " & _
                "Basis der Vorlage " & ThisDocument
End If
End Sub
```

23.7 Die integrierten Word-Befehle verbessern

Neben Ereignisprozeduren auf der einen und Automakros auf der anderen Seite existiert noch ein dritter Weg, Word ein Verhalten aufzuzwingen, welches nicht zum Word-Standardrepertoire gehört. Sie können die Funktionsweise von Word anpassen, indem Sie eigene VBA-Prozeduren anstelle der integrierten Prozeduren ausführen lassen. Das ist nicht ganz ungefährlich, ist aber ziemlich einfach und hat sich in der Praxis durchaus bewährt.

Es existiert keine Restriktion in bezug auf die Möglichkeiten und Änderungen am integriertem Word-Verhalten. Sie können beispielsweise die Menübefehle »Datei-Neu«, »Datei-Speichern« und »Datei-SpeichernUnter« derart abfangen, daß die Dialoge immer mit eigenen Default-Werten und -Verzeichnissen anstelle der Word-Vorgaben geöffnet werden. Weiter ist es Ihnen gestattet, integrierte Word-Befehle ausführen zu lassen, um anschließend zu überprüfen, ob und welche Auswahl ein Anwender in einem Word-Dialogfeld getroffen hat. Es gibt zwei Verfahren, wie Sie integrierte Word-Befehle durch Ihre eigenen Prozeduren ersetzen:

- Codieren Sie in einem Standardmodul eine VBA-Prozedur, die *den gleichen Namen wie der zu ersetzende Word-Befehl* hat. Wenn Sie zum Beispiel eine Prozedur mit dem Namen `FileSaveAs` (»DateiSpeichernUnter«) oder `FileSave` (»DateiSpeichern«) erstellen, führt Word Ihre Prozedur anstelle des integrierten Word-Befehls aus.

- Codieren Sie ein Modul und benennen Sie es derart um, daß es den Namen des zu ersetzenden integrierten Word-Befehls erhält. Fügen Sie anschließend dem umbenannten Modul eine Prozedur namens `Main()` hinzu. In diese Prozedur können Sie die Anweisungen schreiben, die anstelle des integrierten Word-Befehls ausgeführt werden sollen.

23.7.1 Beispiel: Übersteuerung des integrierte Word-Befehls »FileSaveAs« durch eine benutzerdefinierte Prozedur

Die folgende Prozedur gibt einen Ordner vor, der beim Dialog »SpeichernUnter« bei zukünftigen Arbeitssitzungen immer geöffnet wird.

```
Sub FileSaveAs()
Dim strPfad As String

'Hier können Sie den Ordner einstellen,
'den Sie bevorzugen, zum Beispiel:
'strPfad = "F:\TEMP"
strPfad = Options.DefaultFilePath( _
            wdWorkgroupTemplatesPath)

With Dialogs(wdDialogFileSaveAs)
   .Name = strPfad & "\" & ActiveDocument.Name
   .Show
End With

End Sub
```

Teil 3 – Allgemeine Programmiertechniken

24 Standard-Programmiertechniken

»Manchmal jedenfalls möchte man Microsoft einfach nur zurufen:
„Schuster, bleib bei deinen Leisten (...)"«
Peter-Michael Ziegler[1]

24.1 In Word integrierte Dialogfelder

Eines der spannendsten Kapitel in Word-VBA ist das programmatische Anzeigen und Ausführen der Word-eigenen Dialogfelder wie zum Beispiel »Datei-Öffnen« oder »Format-Absatz«. Spannend ist es nicht nur, weil man auf eine vorhandene Technologie aufsetzt und ohne eigene Benutzerformulare kreieren zu müssen, schnell vertraute Dialoge für seine eigenen Programme benutzen kann. Spannend ist es vor allem deshalb, weil sich hinter den Dialogfeldern auch Funktionalitäten verbergen, die sonst nicht in VBA vorhanden sind oder nur sehr umständlich programmiert werden können. Sie stammen zum Teil auch noch aus vertrauten WordBasic-Zeiten (Word 2.0, 6.0/95) und gelten als unzuverlässig, was nicht zuletzt die Folge einer stiefmütterlichen Pflege durch Microsoft ist. Die Firma würde dieses Kapitel wohl am liebsten schließen oder alles, was damit zu tun hat, auf einen Schlag komplett erneuern. Doch selbst Microsoft entwickelt nicht von heute auf morgen ein völlig neues Word. Und so lohnt sich ein Blick nicht nur auf die Dialogfeld-Bühne, die Microsoft wohlwollend unterstützt, sondern auch hinter die Kulissen, wo verborgene Befehle und vergessene Argumente für integrierte Dialogfelder herumliegen und unentdeckte Dialogfeld-Juwelen verkommen. Doch der Reihe nach.

Die vordefinierten Word-Dialogfelder (`Dialog`-Objekte) wie »Drucken«, »Öffnen«, »Speichern«, »Optionen« ... lassen sich über die `Dialogs`-Auflistung des `Application`-Objekts anzeigen. Im simpelsten Fall geht das über den Aufruf der `Display`- oder der `Show`-Methode, wobei der Dialogs-Auflistung als Argument ein Index übergeben wird, der für das gewünschte `Dialog`-Objekt steht. Das `Dialog`-Objekt beinhaltet übrigens Hunderte von `Dialog`-Objekten, die alle ein in Word integriertes Dialogfeld darstellen.

24.1.1 Allgemeine Syntax für in Word integrierte Dialogfelder

Die allgemeine Syntax eines Verweises auf ein in Word integriertes Dialogfeld lautet:

`Dialogs(Index)`

oder

`Dialogs(wdWordDialog-Konstante)`

- »Dialogs« ist eine Auflistung, die alle in Word eingebundenen Dialoge (`Dialog`-Objekte) enthält.
- »Index« beziehungsweise »wdWordDialog-Konstante« bezeichnen ein integriertes Dialogfeld von Word (`Dialog`-Objekte). Jeder Index entspricht genau einem Dialogfeld. Bei-

---

[1] [ZIEGL001]: S. 3.

spielsweise steht der Index »80« beziehungsweise die wdWordDialog-Konstante wdDialog-FileOpen für den Dialog »Öffnen« von Word.

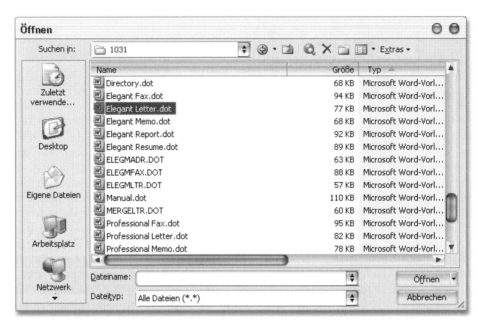

Abbildung 24.1 Den Dialog »Öffnen« können Sie über die Dialogs-Auflistung mit dem Indexwert »80« oder mit der wdWordDialog-Konstante »wdDialogFileOpen« aktivieren.

24.1.2 Die wdDialog-Konstanten

Namensbildung bei wdWordDialog-Konstanten

Die wdWordDialog-Konstanten (auch kurz wdDialog-Konstanten genannt) werden aus dem Präfix wdDialog und dem englischen Namen des Menüs und des Dialogfeldes gebildet. Die Konstante für das Dialogfeld »Seite einrichten« (engl. »page setup) aus dem Menü Datei (engl. file) lautet demnach wdDialogFilePageSetup, und die Konstante für das Dialogfeld »Neu« (engl. »new«) aus dem Menü Datei lautet wdDialogFileNew. Die existierenden wdDialog-Konstanten werden mit den anderen wd-Konstanten in einer Datei auf der Begleit-CD aufgelistet.

24.1.3 Anzahl der verfügbaren, integrierten Word-Konstanten

Die Anzahl der wdWordDialog-Konstanten läßt sich leider nicht exakt angeben, weil sie von Word-Version zu Word-Version variiert, sich je nach Zählmethode ändert und vermutlich auch von den geöffneten Dokumenten respektive von den aktivierten Verweisen auf Objektbibliotheken abhängig ist. Letzteres läßt sich sehr leicht demonstrieren, wenn Sie im Direktbereich des VB-Editors

```
? Dialogs.Count
```

ausführen lassen. Wenn kein Dokument geöffnet ist, wird in Word 2002 (XP) anschließend die Anzahl 37 aufgelistet. Ist nur ein leeres Dokument geöffnet, gibt Count auf dem System des Autors dagegen 223 zurück. Und wenn eine Word-Vorlage mit umfangreichen Objektbibliotheksverweisen geöffnet ist, erhöht sich die Anzahl, die von Count zurückgegeben wird, auf 227.[2] Ob dieses Count-Verhalten gewollt ist und was der Hintergrund dieser Zählweise ist, weiß Microsoft. Grundsätzlich gibt es drei Arten, die Anzahl der wdWordDialog-Konstanten zu ermitteln:

1. Mit der Methode Count der Dialogs-Auflistung
2. Durch den Objektkatalog des VB-Editors
3. Durch programmatisches Nachzählen mit benutzerdefinierten Prozeduren

Einen groben Richtwert, wie viele wdWordDialog-Konstanten in Word existieren, vermittelt die nachstehende Tabelle.

	1997	2000	2002	2003
Count (ohne Dokument)	34	36	37	36
Count (leeres Dokument)	197	211	223	227

24.1.4 Methoden für integrierte Dialogfelder

Im Zusammenhang mit dem Öffnen, Laden, Starten und den Default-Werten der integrierten Dialogfelder von Word sind vier Methoden von Bedeutung:

- Show: Ist die gewöhnliche Methode für das Anzeigen eines integrierten Dialogfeldes. Zum Beispiel öffnet die nachstehende Codezeile den Dialog »Neu«:

Show

```
Dialogs(wdDialogFileNew).Show
```

Die Show-Methode zeigt aber nicht nur ein Dialogfeld an, sondern es führt auch die Aktionen aus, die dem Dialogfeld zugeordnet sind.

- Display: Ist die Methode, um ein Word-Dialogfeld solange anzuzeigen, bis dieses entweder vom Benutzer geschlossen wird oder eine zugewiesene Zeitspanne (Timeoutwert) verstrichen ist.

Display

Im folgenden Beispiel wird die Display-Methode mit einem optionalen Timeout-Wert verwendet, um das Dialogfeld »Benutzerinformationen« für etwa zwei Sekunden anzuzeigen. Wenn der Anwender das Dialogfeld nicht schließt, wird es automatisch geschlossen:

```
Dialogs(wdDialogToolsOptionsUserInfo).Display (2000)
```

---

[2] Cindy Meister gibt sogar 229 an – vgl. Meister, Cindy et al.: Microsoft Word – Das Profibuch. Professionielles Know-how für Word 2000 und Word 2002. 1. Aufl. Unterschleißheim: Microsoft Press 2003, S. 585.

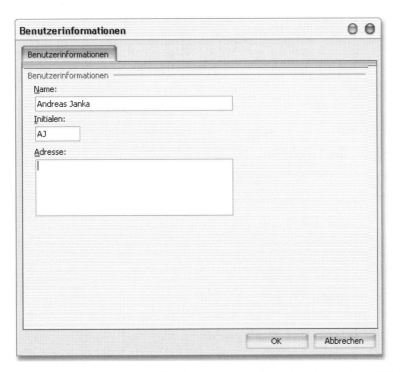

Abbildung 24.2 Auch der Word-Dialog »Benutzerinformation« kann mittels VBA-Code angezeigt werden.

Die `Display`-Methode führt im Gegensatz zu `Show` und zu `Execute` keine der Aktionen aus, die gewöhnlich mit dem jeweiligen Dialogfeld erledigt werden. Wenn Sie beispielsweise mit `Display` den Dialog zum Öffnen einer Datei starten, eine Datei auswählen und »OK« anklicken, so wird diese Aktion nicht ausgeführt und die Datei mitnichten in Word geöffnet. Und wenn Sie ein Dialogfeld mit `Display` öffnen und anschließend in den Steuerelementen des Dialogs Änderungen vornehmen, so werden die Korrekturen nicht dauerhaft gespeichert (auch dann nicht, wenn Sie »OK« anklicken). Wenn Sie das nächste Mal das Dialogfeld starten, besitzen alle Steuerelemente trotz potentieller Änderungen wieder die alten Einstellungen und Werte.

Wenn Sie Änderungen in den Steuerelementen eines Dialogs dauerhaft setzen wollen (zum Beispiel soll ein vordem deaktiviertes Kontrollkästchen im Gegensatz zu vorher auch bei zukünftigen Arbeitssitzungen immer aktiv sein), so müssen Sie nach dem Aufruf der `Display`-Methode die `Execute`-Methode verwenden.

Execute
- `Execute`: Ist die Methode, mit der die Einstellungen der Steuerelemente eines Dialogfeldes festgelegt und geändert werden können, ohne das Dialogfeld anzuzeigen.

Im folgenden Beispiel ist das Dialogfeld »Benutzerinformation« *nicht sichtbar*. Trotzdem wird durch die `Execute`-Methode der Wert des Steuerelements »Adresse« (`Address`) im Dialog dauerhaft geändert. Wie auch immer der alte Wert im `Address`-Steuerelement lautete – nach dem Ausführen des Beispielcodes ist der Wert fortan »Test«.

```
With Dialogs(wdDialogToolsOptionsUserInfo)
   .Address = "Test"
   .Execute
End With
```

`Execute` kommt aber auch bei sichtbaren Dialogfeldern zum Einsatz. Wenn Sie zum Beispiel ein Dialogfeld mit `Display` gestartet haben, werden gewöhnlich alle Aktionen des Anwenders in dem Dialogfeld ignoriert. Wenn Sie aber dem `Display` ein `Execute` folgen lassen und der Anwender seine Änderungswünsche mit »OK« bestätigt hat, dann werden die Abänderungen und Aktionen ausgeführt.

Im folgenden Beispielcode werden trotz `Display` die potentiellen Aktionen des Anwenders (editieren, Löschen ...) im Dialogfeld »Benutzerinformationen« ausgeführt:

```
With Dialogs(wdDialogToolsOptionsUserInfo)
   .Display
   .Execute
End With
```

- `Update`: Ist die Methode, um sicherstellen, daß in einem Dialogfeld korrekte Werte angezeigt werden. Da Sie die Inhalte eines Dialogfelds im Code ändern können, kann es notwendig sein, den Inhalt des Dialogfelds vor dem Anzeigen zu aktualisieren. In der Praxis wird diese Methode selten verwendet.

Update

Rückgabewerte der Display- und Show-Methode

Sie können ermitteln, auf welche Schaltfläche der Anwender zum Schließen eines Dialogfeldes geklickt hat, indem Sie sich das Ergebnis der `Display`- oder der `Show`-Methode in einer `Integer`-Variablen zurückgeben lassen. Vom Rückgabewert können Sie den weiteren Programmverlauf abhängig machen. Beispielsweise verzweigt die nachstehende Anweisung nur dann in den `If`-Teil des potentiell folgenden Codes, wenn der Anwender im Dialog »Manueller Umbruch« die Schaltfläche »OK« angeklickt hat:

```
If Dialogs(wdDialogInsertBreak).Display = -1 Then
```

Die möglichen Rückgabewerte sind in der folgenden Tabelle aufgelistet:

Wert	Schaltfläche
-2	Schließen
-1	OK
0 (Null)	Abbrechen
> 0 (Null)	Eine Befehlsschaltfläche: 1 steht für die erste Schaltfläche, 2 für die zweite Schaltfläche und so weiter.

Der folgende Code zeigt exemplarisch anhand des Dialoges »Speicherort für Dateien«, wie man den Rückgabewert mit einem `Select-Case`-Konstrukt auswerten kann:

```
With Dialogs(wdDialogToolsOptionsFileLocations)
Select Case .Show      'oder .Display
Case -2
   MsgBox "Schließen gedrückt oder angeklickt."
```

```
Case -1
    MsgBox "OK gedrückt oder angeklickt."
Case 0
    MsgBox "Abbrechen gedrückt oder angeklickt."
Case 1
    MsgBox "Erste Schaltfläche gedrückt der angeklickt."
Case 2
    MsgBox "Zweite Schaltfläche gedrückt der angeklickt."
Case Else
    MsgBox "Irgendeine Schaltfläche gedrückt."
End Select
End With
```

24.1.5 Argumente für integrierte Dialogfelder

In einem der vorigen Beispiele wurde über das *Argument* Address gezielt der Wert eines Dialog-Steuerelements durch Code geändert, der normalerweise durch den Benutzer an der Oberfläche eingestellt wird. Das gezielte Manipulieren der Werte der Steuerelemente über die *Argumente für integrierte Dialogfelder* ist eine extrem nützliche Sache. Es eröffnet dem VBA-Entwickler gewissermaßen im Kleinen die Möglichkeit, aus einem von Microsoft wohldefinierten, integrierten Dialog einen benutzerdefinierten zu machen. Die meisten integrierten Dialogfelder verfügen über eine staatliche Anzahl an Steuerelementen (Eingabefelder, Kombinationsfelder, Listenfelder und so weiter), deren Verhalten und Werte sich auf diese Weise festlegen lassen. Wenn Sie einem Argument *vor* einer Standardmethode (Show, Display oder Execute) einen Wert zuweisen, wird dem entsprechenden Dialog-Steuerelement der Wert übergeben.

Das folgende Beispiel zeigt das Dialogfeld »Autokorrektur« an, wobei der Text der aktuellen Markierung im Word-Dokument in das Dialog-Bearbeitungsfeld »Ersetzen« dank dem Argument Replace gleich eingetragen wird – und nicht mehr, wie es das Standardverhalten des wohldefinierten Dialogs vorsieht, mühevoll durch den Anwender eingetippt werden muß:

```
With Dialogs(wdDialogToolsAutoCorrect)
    .Replace = Selection.Text
    .Show
End With
```

Natürlich können Sie die Werte der Argumente nicht nur setzen, Sie können sie auch auslesen. Der folgende Beispielcode gibt ein Dialog-Objekt zurück, das sich auf das Dialogfeld »Absatz« bezieht. Nachdem die Objektvariable dlgAbsatz dank der Set-Anweisung eine Referenz auf das Dialog-Objekt besitzt, wird über das Dialog-Argument RightIndent der Wert des rechten Einzugs geholt und in einer Meldung angezeigt.

```
Dim dlgAbsatz As Word.dialog
Set dlgAbsatz = Dialogs(wdDialogFormatParagraph)
MsgBox "Rechter Einzug = " & dlgAbsatz.RightIndent
```

Grundsätzlich sollten Sie diese Verfahrensweise aber nicht anwenden. Das VBA-Objektmodell verfügt über genügend Objekte, mit denen Sie ohne den Umweg über ein Dialog-Objekt auf entsprechende Einstellungen zugreifen können. Das Verfahren empfiehlt sich nur dann, wenn man auf die Schnelle in dem unübersichtlichen Objektmodell ein bestimmtes Objekt, eine Eigenschaft oder Methode nicht finden kann, mit der man die Einstellung direkt manipulieren könnte. Wenn Sie mit einem Dialog-Objekt ein Argument auslesen, sollten Sie aber Ihrem Code einen kleinen Kommentar beifügen, daß die Codestelle bei Gelegenheit noch refaktoriert werden muß.

Eine Übersicht über die Argumente finden Sie in einer Datei auf der Begleit-CD. Dort erfahren Sie auch, daß es zu den Argumenten keine Hilfe und Unterstützung von Microsoft gibt, so daß Sie Verhalten, Datentyp ... et cetera der Argumente selbst herausfinden müssen. Wenn Sie Glück haben, finden Sie antiquarisch noch Fachliteratur zu dem Thema (Stichworte: »WordBasic« [sic!], »Word 6.0« und »Word 95 für Windows«, »Word Developer's Kit«).

24.1.6 Beispiel Dialogs I: Den Word-Dialog »Öffnen« anzeigen

Das folgende Beispiel zeigt, wie das Word-Dialogfeld »Öffnen« angezeigt wird:

```
Sub dlgÖffnenAnzeigen()
   With Dialogs(wdDialogFileOpen)
      .Display
   End With
End Sub
```

24.1.7 Beispiel Dialogs II: Den Word-Dialog »Vorlagen« (früher »Neu«) ohne Umwege anzeigen

Durch den direkten Aufruf von Word-Dialogen lassen sich Arbeitsschritte verkürzen. Beispielsweise öffnen die jüngeren Word-Versionen nach »Datei-Neu« erst einmal den sogenannten *Arbeitsbereich*. Über diesen kann man dann durch Anklicken der Zeile »*Auf meinem Computer ...*« den Dialog »Vorlagen« öffnen (der Dialog heißt in älteren Word-Versionen noch »Neu«). Wer es von älteren Word-Versionen her gewohnt ist, nach Auswahl des Befehls »Neu« sofort in einem Dialog für Dokumentvorlagen zu landen, findet den Zwischenschritt über den Arbeitsbereich umständlich. Eine kleine Prozedur, die man als Makro in eine Befehlsleiste integrieren kann, schafft Abhilfe.

```
Sub dlgDateiNeuAnzeigen()
   With Dialogs(wdDialogFileNew)
      .Display
   End With
End Sub
```

> **Kleiner Exkurs in die .NET-Welt**
>
> Selbst in der .NET- und Visual Studio-Tools-Welt »leben« die aus WordBasic-Zeiten stammenden Dialoge weiter. Allerdings ist die Syntax zur Verwendung der Dialog-Objekte ein wenig umständlicher als in VBA. Im folgenden wird kurz beschrieben, wie Sie unter .NET auf ein Dialog-Objekt zugreifen. Das Beispiel setzt voraus, daß Sie mindestens .NET 2003 und die Visual Studio-Tools installiert haben und in der .NET-IDE ein Word-Projekt angelegt wurde. Zuerst müssen Sie eine Variable mit dem Typ `Word.Dialog` deklarieren.

```
Dim dlg As Word.Dialog
```

Die Variable initialisieren Sie mit dem gewünschten Word-Dialogfeld, in dem Sie unter Beachtung der .NET-Besonderheiten die wdWordDialog-Konstante der Dialogs-Auflistung übergeben:

```
dlg = ThisApplication.Dialogs.Item( _
            Word.WdWordDialog.wdDialogFileNew)
```

Erst nach diesen beiden Codierungsschritten können Sie Ihre Methoden einsetzen. Eine komplette VB-Prozedur unter .NET, mit der das Dialogfeld »Neue Datei« angezeigt wird, könnte demnach lauten:

```
Friend Sub FileNewDialog()
    Dim dlg As Word.Dialog
    dlg = ThisApplication.Dialogs.Item( _
        Word.WdWordDialog.wdDialogFileNew)
    dlg.Show()
End Sub
```

24.1.8 Registerkarten eines integrierten Dialogfeldes anzeigen

DefaultTab Wenn ein Dialogfeld mehrere Registerkarten umfaßt, können diese mit Hilfe der Eigenschaft .DefaultTab eines Dialog-Objektes gezielt angezeigt werden. Dazu weist man der Eigenschaft den spezifischen Konstantenwert (Index) oder das reservierte Konstantenschlüsselwort (wdDialog-Konstante) für die gewünschte Registerkarte zu. Das nachstehende Beispiel zeigt zuerst das Dialogfeld »Rahmen und Schattierung« mit der Registerkarte »Rahmen« an. Wenn der Benutzer den Dialog geschlossen hat, wird er ein zweites Mal mit der Registerkarte »Schattierung« angezeigt.

```
Sub BspDialogRegisterAnzeigen01()

'Anzeigen des Dialogfeldes "Rahmen und Schattierung"
With Dialogs(wdDialogFormatBordersAndShading)

'Mit dem Register "Rahmen" ...
.DefaultTab =wdDialogFormatBordersAndShadingTabBorders
.Display

'Mit dem Register "Schattierung" ...
.DefaultTab =wdDialogFormatBordersAndShadingTabShading
.Display

End With
End Sub
```

Die gleiche Routine mit Hilfe des Konstantenwertes:

```
Sub BspDialogRegisterAnzeigen01()

'Anzeigen des Dialogfeldes "Rahmen und Schattierung"
```

```
With Dialogs(189)

    'Mit dem Register "Rahmen" ...
    .DefaultTab = 700000
    .Display

    'Mit dem Register "Schattierung" ...
    .DefaultTab = 700002
    .Display

End With
End Sub
```

24.2 Arbeiten mit UserForm

Obwohl der Dialog mit dem Anwender eine der häufigsten Anforderungen für die Anwendungsprogrammierung ist, bietet VBA kaum Befehle dafür. Von MsgBox und InputBox einmal abgesehen, gibt es keine vorgefertigten ergonomischen Dialogfelder. Der Leistungsumfang von MsgBox und InputBox ist jedoch überschaubar und im Grunde sehr eingeschränkt. InputBox liefert beispielsweise keine reine aus Zahlen bestehenden und in der Länge beschränkten Rückgaben und kennt keine verdeckten Kennwortabfragen. Auch existiert in VBA kein frei konfigurierbarer, allgemeiner Listenfeld-Dialog, in den man beispielsweise Datenfelder einlesen kann. Frei beschriftbare Schaltflächen sind bei MsgBox genauso wenig vorgesehen wie der Einsatz von vier oder mehr Schaltflächen oder die Integration von beliebigen Symbolen. In diesen Fällen bleibt nichts anderes übrig, als entsprechende Dialoge nachzubauen oder sich frei zugängliche COM/OLE/ActiveX-Dialoge zu besorgen, die man in die eigenen Projekte einbindet.

24.2.1 UserForms selbst entwerfen und erstellen

Um ein eigenes Benutzerformular zu entwerfen, klicken Sie im Projekt-Explorer des Visual Basic-Editor zuerst auf das gewünschte Projekt. Anschließend wählen Sie im Menü »Einfügen« den Befehl »UserForm« aus. Danach erstellt VBA unmittelbar ein »leeres«, neues Benutzerformular (UserForm). Das Aussehen des Benutzerformulars können Sie über seine Eigenschaften im Eigenschaftsfenster beeinflussen. Um ein Benutzerformular zu vergrößern oder zu verkleinern, positionieren Sie den Mauszeiger an einem der Eckpunkte, drücken die linke Maustaste und ziehen es mit gedrückter Maustaste durch das Verschieben des Mauszeigers in die gewünschte Größe. Außerdem können Sie das Benutzerformular mit beliebigen Steuerelementen »dekorieren«, die Sie in der VBA-Werkzeugsammlung finden.[3]

24.2.2 UserForm programmgesteuert starten

Sobald Sie ein Benutzerformular, wie eben beschrieben, erstellt haben, können Sie es starten. Aus früheren Kapiteln wissen Sie, daß es genügt, mit der linken Maustaste einmal auf die UserForm zu klicken und danach die Taste F5 zu drücken. Aber wie können Sie das

Show

---

[3] Weitergehende Informationen finden Sie im Abschnitt 8.9, »Das UserForm-Fenster zum Entwerfen von Benutzerformularen«, ab Seite 281.

Benutzerformular programmgesteuert, das heißt durch eigenen VBA-Code starten? Nun, ganz einfach: Fügen Sie dazu ein neues Standardmodul in Ihr Projekt ein. Geben Sie in das neue Modul folgende Prozedur ein:

```
Sub MeineUserFormAnzeigen()
    UserForm1.Show
End Sub
```

Die Prozedur setzt voraus, daß in Ihrem Projekt ein Benutzerformular (UserForm) mit dem Namen »UserForm1« existiert. Sobald Sie die Prozedur ausführen (zum Beispiel über das Menü »Ausführen« und dem Befehl »Makro ausführen«), ruft die Prozedur `MeineUserForm-Anzeigen` mit Hilfe der `Show`-Methode das Benutzerformular auf. Das Benutzerformular verhält sich wie ein ganz normaler Dialog. Wenn Sie die Ausführung des Benutzerformulars beenden wollen, brauchen Sie nur auf die Schließen-Schaltfläche in der rechten oberen Ecke des Benutzerformulars klicken.

Seit Word 2000 ist es möglich, Benutzerformulare auch *modal* (gebunden) oder *ungebunden* aufzurufen. Wenn ein Benutzerformular ungebunden gestartet wird, können Sie in Word mit anderen Arbeiten fortfahren, während das Benutzerformular geöffnet bleibt. Ein modal gestartetes Benutzerformular muß erst beendet werden, bevor Sie in Word weiterarbeiten können.

```
'UserForm ist gebunden ("1"). Standard.
UserForm1.Show vbModal

'UserForm ist ungebunden ("0").
UserForm1.Show vbModeless
```

Load Mit der `Load`-Anweisung steht Ihnen übrigens ein weiteres VBA-Konstrukt zur Verfügung, mit dem Sie ein Benutzerformular starten können. Allerdings lädt `Load` ein Benutzerformular nur in den Speicher, sichtbar wird es dadurch noch nicht. Solange ein Objekt nicht sichtbar ist, kann zwar der Anwender mit ihm nicht interagieren, aber programmgesteuert kann es bereits initialisiert werden. Diese Anweisung wird häufig verwendet, wenn es darum geht, umfangreiche vorbereitende Datenverarbeitungen für ein Benutzerformular im Hintergrund vorab durchzuführen (zum Beispiel das Übertragen von vielen Formularinformationen in mehrere Listenfelder), um bei Bedarf sehr schnell auf das Benutzerformular umschalten zu können.

```
Sub MeineUserFormAnzeigen()
    Load UserForm1
    '...
    '... Hier umfangreiche Arbeiten erledigen.
    '...
    UserForm1.Show
End Sub
```

Fazit: Sie haben jetzt eine Prozedur codiert, die ein Benutzerformular startet. Für diese Prozedur können Sie wie für alle anderen Prozeduren eine Symbolschaltfläche in einer Word-Symbolleiste hinzufügen. Anschließend brauchen Sie nicht mehr in den Visual Basic-Editor zu wechseln, um Ihr Benutzerformular zu starten. Es genügt ein Klick auf den Schaltknopf mit der Prozedur `MeineUserFormAnzeigen` in der Symbolleiste des Word-Dokuments, um das

Benutzerformular anzuzeigen. Natürlich können Sie auch einen Hotkey für die Prozedur definieren. Wichtig ist, daß Sie nicht vergessen, Ihr Dokument oder Ihre Dokumentvorlage mit dem neuen Benutzerformular und der neuen Prozedur zu speichern. Sonst ist das Benutzerformular beim nächsten Start des Word-Dokuments nämlich einfach nicht mehr vorhanden.

24.2.3 Beispiel CommandButton I: UserForm programmgesteuert mit einem Abbruch-Schaltknopf schließen

Es ist üblich, dem Anwender neben der normalen Fenster-Schließen-Funktion einen weiteren Schaltknopf anzubieten, mit dem er den Dialog verlassen oder beenden kann. Dazu müssen Sie als kleine Vorbereitungsarbeit ein Steuerelement auf das Benutzerformular einfügen:

1. Wechseln Sie, falls noch nicht geschehen, zunächst zum Visual Basic-Editor und wählen Sie das Benutzerformular (UserForm) aus, mit dem Sie arbeiten wollen (zum Beispiel indem Sie im Projekt-Explorer auf das gewünschte UserForm-Modul doppelklicken).
2. Klicken Sie anschließen in der Symbolleiste »Werkzeugsammlung« auf das Symbol »Befehlsschaltfläche« (CommandButton).
3. Wenn Sie anschließend einmal in das Benutzerformular klicken, plaziert VBA eine Befehlsschaltfläche auf das Benutzerformular.[4]

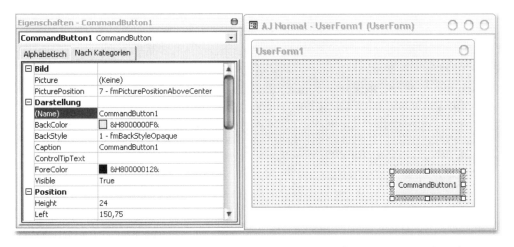

Abbildung 24.3 Benutzerformular (UserForm) mit einer Befehlsschaltfläche und Standardangaben

4. Die Befehlsschaltfläche trägt noch den Namen »CommandButton1« und ist auch so beschriftet. Ändern Sie die Beschriftung, indem Sie in das Eigenschafts-Eingabefeld namens Caption im Eigenschaftsfenster die Beschriftung »Abbruch« anstelle von »CommandButton1« eintragen. Ändern Sie im Eigenschaftsfenster auch die Eigenschaft Name, indem Sie in das Eigenschafts-Eingabefeld Name den Bezeichner »cmdCancel« eintragen.

---
4 Der Vorgang ist ausführlich beschrieben unter »Hinzufügen eines Steuerelements zu einem Benutzerformular« ab Seite 282.

5. Wenn der Schaltknopf auch über eine Tastenkombination bedienbar sein soll, dann geben Sie im Eigenschaftsfenster unter der Rubrik Accelerator den gewünschten Buchstaben ein, der in Kombination mit der Taste [Alt] die Befehlsschaltfläche automatisch auslösen soll.

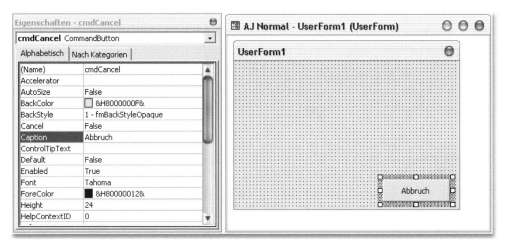

Abbildung 24.4 Benutzerformular mit einer Befehlsschaltfläche, für die die Standvorgaben der Eigenschaften »Name« und »Caption« geändert wurden.

Unload Me

Nach dieser kleinen Vorarbeit teilen Sie dem Schaltknopf mit dem neuen Namen »cmdCancel« über eine Ereignisprozedur mit, was passieren soll, wenn ein Anwender auf die Befehlsschaltfläche klickt.

1. Klicken Sie auf dem Benutzerformular die Befehlsschaltfläche »cmdCancel« doppelt an. Es öffnet sich das Code-Fenster für das Benutzerformular.

2. In dem Code-Fenster finden Sie einen fertigen Ereignisprozedur-Rahmen mit dem Bezeichner cmdCancel_Click() vor. Ergänzen Sie diesen um eine Anweisung, die dafür sorgt, daß das Benutzeformular aus dem Speicher entfernt wird:

```
Private Sub cmdCancel_Click()
   Unload Me
End Sub
```

Fertig. Wenn ein Anwender das Benutzerformular startet, steht ihm fortan der Schaltknopf »Abbruch« zur Verfügung, mit dem er es beenden kann, ohne daß sonst noch irgend etwas passiert.

Hide-Methode

VBA bietet Ihnen noch eine zweite Möglichkeit an, ein Benutzerformular wieder zu schließen. Wenn Sie anstelle von Unload Me die Hide-Methode des Benutzerformulars verwenden, erreichen Sie im Prinzip dasselbe:

```
Private Sub cmdCancel_Click()
   UserForm1.Hide
End Sub
```

Oder:

```
Private Sub cmdCancel_Click()
   Me.Hide
End Sub
```

Allerdings blendet `Hide` die UserForm nur aus. Sie steht damit noch für weitere Aktionen im Arbeitsspeicher bereit.

24.2.4 UserForms zur Laufzeit (dynamisch) generieren

Die Machart der VBA-UserForms ist im Vergleich zu den Benutzerformularen von anderen Programmiersprachen erbärmlich. Menüleisten, MDI, Größenänderungen ... das und vieles anderes sind Funktionalitäten, die man gar nicht oder nur mit sehr viel Aufwand den UserForms beibringen kann. Microsoft verfolgt in diesem Zusammenhang offenkundig die Devise »weniger ist mehr« – nur das sie an dieser Stelle schon lange nicht mehr angebracht ist. Auch das dynamische Laden von UserForms (Benutzerformularen) zur Laufzeit ist nur sehr eingeschränkt möglich. Es funktioniert nur, wenn zuvor in der Entwurfszeit einmal eine UserForm-Klasse erstellt wurde. Aus dieser können Sie zur Laufzeit eine neue Instanz erstellen. Ein kleiner Beispielcode verdeutlicht den Sachverhalt.

```
Sub UserFormAddDynamic()
Dim frmTemp As Object

'Aus dem bestehenden Formular "UserForm1"
'zur Laufzeit ein neues Formular erzeugen.
Set frmTemp = UserForms.Add("UserForm1")

With frmTemp
   .Caption = "Dynamisch erzeugtes Formular"

   'Eine Combobox dynamisch hinzufügen.
   With .Controls.Add("Forms.Combobox.1", "cbo")
     .Left = 30
     .top = 30
     .Width = 90
     .ListWidth = 90
     .AddItem "Listenwert 1"
     .AddItem "Listenwert 2"
     .ListIndex = 0
   End With

   'UserForm mit Combobox anzeigen.
   .Show

End With
End Sub
```

Der Code erzeugt zur Laufzeit aus einer bestehenden Formular-Klasse beziehungsweise aus einem bereits angelegten Benutzerformular `UserForm1` des aktuellen Projekts eine Formularinstanz namens `frmTemp`. Wenn kein Formular `UserForm1` im aktuellen Projekt vorhanden ist und die Prozedur trotzdem ausgeführt wird, »knallt« es natürlich (»Fehler ... blablabla ...«). Dem dynamisch generierten Benutzerformular frmTemp wird eine Combobox namens cbo mit zwei Einträgen (»Listenwert 1« und »Listenwert 2«) hinzugefügt. Anschließend wird das »neue« Formular angezeigt. Es kann über den Schaltknopf »Schließen« rechts oben in der Formularleiste wieder geschlossen werden.

Leider ist es nicht ohne weiteres möglich, die Ereignisse von frmTemp oder die Ereignisse der Steuerelemente auf dem Benutzerformular zu nutzen. Indirekt kann man darauf jedoch Einfluß nehmen, indem man in der Basisklasse UserForm1 entsprechenden Code hinterlegt. Beachten Sie, daß das Initialize-Ereignis von UserForm1 bei der Set-Anweisung eintritt.

24.3 Das Prinzip der Steuerelemente und ihre wichtigsten Eigenschaften

Die Steuerelemente (engl. »controls«) in der Werkzeugsammlung stellen meist sichtbare Klassen dar, die man auf ein Benutzerformular plazieren kann. Ein Objekt, das man normalerweise als Steuerelement bezeichnet, wird erst dann aus der entsprechenden Klasse instanziiert, wenn es auf einem Benutzerformular angeordnet ist.[5] Beim Erstellen eines Steuerelements erzeugt VBA eine Instanz der Klasse des Steuerelements, die wie jedes Objekt über Eigenschaften und Methoden und Ereignisse verfügt. Diese Instanz der Klasse ist zur Editierzeit ein Art Stellvertreter-Objekt, das Ihnen das visuelle Arbeiten mit dem Objekt ermöglicht. Codetechnisch können Sie sowohl durch eigene Prozeduren auf die Methoden und Eigenschaften des Steuerelement-Objekts zugreifen als auf spezielle Ereignisprozeduren des Steuerelements einwirken. Die Ereignisprozeduren lassen sich im Codeteil des Benutzerformulars manipulieren. Zur Laufzeit werden Ihre Anweisungen in den Ereignisprozeduren abgearbeitet, wenn eine Aktion oder einer Eingabe des Anwenders das entsprechende Ereignis ausgelöst hat.

Eine Schaltfläche verfügt beispielsweise über ein Click-Ereignis, das immer dann ausgelöst wird, wenn der Anwender mit der Maus auf die Schaltfläche klickt. Wird ein Click-Ereignis durch den Anwender ausgelöst, so hat dies zur Folge, daß die dazugehörige Click-Ereignisprozedur damit gegebenenfalls Ihr Code abgearbeitet wird. Notabene entsprechen die Instanz der Klasse des Benutzerformulars und der Steuerelemente, mit denen Sie zur Editierzeit umgehen, nicht hundertprozentig jenen, die sich zur Laufzeit im Arbeitsspeicher befinden. Bei den Laufzeit-Instanzen fallen alle überzähligen, editiertechnischen Merkmale weg.

24.3.1 Das Einstellen der Eigenschaften eines Steuerelements

Direkt nach dem Ziehen-und-Fallenlassen und nach der Instanziierung eines Steuerelements, ist das jeweilige Objekt eine 1-zu-1-Kopie der wohldefinierten Steuerelement-Klasse mit lauter voreingestellten Eigenschaften, Methoden und Ereignissen. Diese lassen sich nach der Instanziierung des Steuerelements nicht nur im Code-Fenster des Benutzerformulars individuell anpassen, sondern auch im Eigenschaftsfenster. Klicken Sie dazu, falls noch nicht geschehen, das Steuerelement einmal an, um es zu markieren, und wechseln Sie anschließend in das Eigenschaftsfenster. Dort finden Sie alle aktuelle gesetzten Eigenschaften des markierten Steuerelements aufgelistet.

---

5 Das Anordnen eines Steuerelements auf einem Benutzerformular (UserForm) wird in Abschnitt 8.9.4, »Die Werkzeugsammlung«, ab Seite 282 erläutert.

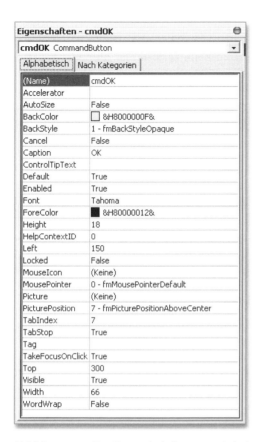

Abbildung 24.5 Das Eigenschaftsfenster enthält die zur Editierzeit einstellbaren Eigenschaften eines Steuerelements, hier eines CommandButtons.

Wenn Sie zum Beispiel in ein Benutzerformular zwei Schaltknöpfe ziehen, ist jeder der Schaltflächenobjekte eine Instanz der Klasse CommandButton. Beide Schaltknöpfe haben per Voreinstellung eigene Namen (CommandButton1 und CommandButton2). Beide Schaltknöpfe können separat aktiviert und deaktiviert, an einer anderen Position im Formular abgelegt, vergrößert und verkleinert werden und so weiter. Codierungstechnisch wird einem Steuerelement ein neuer Eigenschaftswert in der charakteristischen Objektschreibweise zugewiesen. Insofern unterscheidet sich ein Steuerelement nicht von einem »normalen« Objekt. Durch den nachstehenden Befehl erhält beispielsweise die Caption-Eigenschaft des Steuerelements CommandButton1 einen neuen Wert.

```
CommandButton1.Caption = "OK"
```

24.3.2 Die wichtigsten Eigenschaften

Viele Eigenschaften der Steuerelemente sind belanglos. Zu den wichtigsten, auf die Sie als VBA-Entwickler immer wieder zugreifen, zählen:

Name-Eigenschaft
- `Name`: Ohne daß der Eigenschaft Name ein (eindeutiger) Bezeichner für ein Steuerelement zugewiesen wird, läßt es sich erst gar nicht benutzen. VBA vergibt daher immer eine Namen für ein Steuerelement, sobald es im Benutzerformular plaziert wird. Der Name ist meist nicht gerade aussagekräftig. Sie sollten ihn nach Möglichkeit als erstes gemäß der verbindlichen und unverbindlichen Namenskonventionen abändern.

Caption-Eigenschaft
- `Caption`: Diese Eigenschaft finden Sie – mit einigen Ausnahmen – bei den meisten Steuerelementen, also zum Beispiel bei Bezeichnungsfeldern, Schaltknöpfen, Optionsfeldern und so weiter. »Caption« heißt wörtlich übersetzt »Überschrift« und meint im Zusammenhang mit Steuerelementen eine Beschriftung des jeweiligen Steuerelements, die zur Laufzeit angezeigt wird. Da die Default-Werte für die Caption-Eigenschaften nicht verwendbar sind (wer benötigt beispielsweise einen Schaltknopf, auf dem »CommandButton1« steht?), müssen Software-Entwickler die Eigenschaft üblicherweise ändern.

Text-Eigenschaft
- `Text`: Diese Eigenschaft wird unter anderem in Text-, Listen- und Kombinationsfeldern verwendet. Der Wert in dem Feld repräsentiert den Inhalte des jeweiligen Steuerelements. Bei Listen- und Kombinationsfeldern entspricht der Wert der Eigenschaft dem Text des gerade selektierten Listeneintrags.

Value-Eigenschaft
- `Value`: Die Value-Eigenschaft ähnelt der Text-Eigenschaft (tatsächlich stehen die beiden Eigenschaften manchmal sogar in Wechselwirkung, so daß die Änderung der Text-Eigenschaft zuweilen eine Änderung der Werts in der Value-Eigenschaft bedingt). Die Value-Eigenschaft gibt normalerweise den Zustand oder den Inhalt eines angegebenen Steuerelements an. Je nach Steuerelement kommen als Wertausprägungen nur logische Werte (-1 und 0) oder ganze Zahlen in Betracht.

Weitere Eigenschaften werden nachstehend bei der Beschreibung der Steuerelemente vorgestellt.

24.3.3 Die wichtigsten Stileigenschaften

Das Erscheinungsbild der meisten Steuerelemente auf einem Benutzerformular können Sie mit entsprechenden Eigenschaften festlegen. Zu den wichtigsten Stileigenschaften zählen:

AutoSize-Eigenschaft
- `AutoSize`-Eigenschaft: Der Wert `AutoSize`-Eigenschaft gibt an, ob ein Steuerelement seine Größe automatisch ändert, um den gesamten Inhalt anzuzeigen. Weisen Sie der `AutoSize`-Eigenschaft eines Textffeldes den Wert `True` zu, dann bestimmt der Wert in der `Text`-Eigenschaft die Breite des Textfeldes auf dem Benutzerformular.

  ```
  TextBox1.AutoSize = True
  ```

BackColor-Eigenschaft
- `BackColor`-Eigenschaft: Der Wert der `BackColor`-Eigenschaft gibt die Hintergrundfarbe des jeweiligen Steuerelements an. Sie können der Eigenschaft eine beliebige Ganzzahl als Wert zuweisen, die eine gültige Farbe darstellt (zum Beispiel entspricht die Farbe »Seegrün« der Ganzzahl 4966415). Sie können den Wert der Farbe aber auch anhand der RGB-Funktion mit Rot-, Grün- und Blaukomponenten bestimmen. In diesem Fall muß der Wert jeder einzelnen Farbkomponente eine Ganzzahl im Bereich von 0 bis 255 sein.

  ```
  TextBox1.BackColor = RGB(0, 128, 64)
  ```

- BorderColor-Eigenschaft: Der Wert der BorderColor-Eigenschaft gibt die Farbe eines Objektrahmens an. Das Zuweisen einer Farbe funktioniert genauso wie bei der BackColor-Eigenschaft erläutert. Sie können die BorderColor-Eigenschaft nur verwenden, wenn die BorderStyle-Eigenschaft auf einen anderen Wert als fmBorderStyleNone (»0«) festgelegt ist.

```
TextBox1.BorderStyle = fmBorderStyleSingle
TextBox1.BorderColor = RGB(255, 255, 128)
```

- BorderStyle-Eigenschaft: Der Wert der BorderStyle-Eigenschaft gibt den Typ des Rahmens an, der von einem Steuerelement oder einem Formular verwendet wird. Sie können sowohl BorderStyle als auch SpecialEffect benutzen, um den Rahmen für ein Steuerelement anzugeben. Die beiden Eigenschaften schließen sich jedoch wechselseitig aus. Wenn Sie einen Wert ungleich »0« für eine dieser Eigenschaften angeben, legt das System den Wert der jeweils anderen Eigenschaft auf »0« fest. Wenn Sie beispielsweise BorderStyle den Wert fmBorderStyleSingle (also »1«) zuweisen, setzt VBA den Wert von SpecialEffect auf »0« (also auf »flach«). Wenn Sie einen von »0« abweichenden Wert für SpecialEffect angeben, setzt VBA BorderStyle auf »0«.

- Font-Objekt: Jedes Steuerelement verfügt über ein eigenes Font-Objekt, so daß die Textmerkmale (Schriftgröße, Schriftart und so weiter) individuell und unabhängig von anderen Steuerelementen und dem Benutzerformular eingestellt werden können.

- ForeColor-Eigenschaft: Der Wert der ForeColor-Eigenschaft gibt die Vordergrundfarbe eines Steuerelements an. Das Zuweisen einer Farbe funktioniert genauso wie bei der BackColor-Eigenschaft erläutert.

- SpecialEffekt-Eigenschaft: Der Wert der SpecialEffekt-Eigenschaft gibt die Art der Darstellung eines Steuerelements an (vertieft, reliefartig, eingemeißelt, eingelassen, flach).

24.3.4 Der Aufruf von den Methoden eines Steuerelements

Die Methoden eines Steuerelement-Objekts verhalten sich ebenfalls wie jene von »normalen« Objekten. Sie sind dazu da, während der Programmausführung wohldefinierte Befehle auszuführen. So besitzt ein Schaltknopf eine SetFocus-Methode, die den Fokus auf die angegebene Objektinstanz setzt. Um die entsprechende Methode aufzurufen, genügt folgende Anweisung:

```
CommandButton1.SetFocus
```

24.4 Die Steuerelemente im Detail

Nachstehend eine Übersicht zur Werkzeugsammlung und den von Microsoft mitgelieferten Steuerelementen, die für den Anfang mit Sicherheit zur Gestaltung von Benutzerformularen ausreichen. Außerdem können Sie, wie bereits wissen, eine kaum überschaubare Menge von Steuerelementen von Drittanbietern nutzen.

24.4.1 Objekte auswählen

Wenn Sie diesen Schaltknopf in der Werkzeugsammlung anklicken, können Sie mit der Maus einzelne oder mehrere Steuerelemente, die sich auf einem Benutzerformular befinden, auswählen, verschieben, vergrößern, verkleinern und so weiter.

24.4.2 Label

Ähnliche Begriffe: Bezeichnungsfeld, Beschriftungsfeld, »Bezeichner«, »Etikett«, Anhängezettel, Marke, Sprungmarke, Sprungziel, Verzweigungsmarke, Verzweigungsziel

Die primäre Aufgabe eines Bezeichnungsfelds ist es, andere Steuerelemente zu beschreiben oder zu bezeichnen respektive die Bedienung des aktuellen Benutzerformulars zu beschreiben. Mit der Caption-Eigenschaft des Bezeichnungsfelds legen Sie dessen Inhalt fest. Manchmal wird das Label auch dazu verwendet, Informationen über den Status des Programmablaufs, Tips oder ähnliches dynamisch einzublenden. Außerdem wird es für Überschriften zur Gliederung des Benutzerformulars eingesetzt. Es kommt schon mal vor, daß ein Label mit einer Textbox verwechselt wird, obwohl es nur zur Textanzeige dient (und nicht zur Texteingabe).

Wichtige Ereignisse:

▶ Click-Ereignis: Das Click-Ereignis ist das Standard-Ereignis eines Labels. Es tritt ein, wenn der Anwender mit der Maus auf das Label klickt.

Wichtige Methoden und Eigenschaften des Labels sind:

▶ Caption-Eigenschaft: Steht für den Inhalt des Labels, also für den anzuzeigenden Text (Standardeigenschaft).

▶ BorderStyle-Eigenschaft: Definiert, ob das Label einen Rahmen besitzt oder nicht.

▶ Font-Eigenschaft: Definiert die Textattribute des angezeigten Textes.

▶ TextAlign-Eigenschaft: Mit der TextAlign-Eigenschaft können Sie die Ausrichtung eines Labels festlegen.

Beispiel Label: Die Eigenschaften eines Bezeichnungsfelds beim Starten einer UserForm einstellen

Natürlich können Sie im Eigenschaftsfenster die Eigenschaften eines Bezeichnungsfeldes einstellen. Wenn Sie aber mehr Erfahrung haben, werden Sie zunehmend die Eigenschaften programmgesteuert setzen, da Ihnen das mehr Kontrolle über den Status quo eines beliebigen Steuerelements zur Laufzeit erlaubt. Eine erste Übung auf dem Weg zu dynamischen Benutzerformularen besteht darin, die Eigenschaften eines Bezeichnungsfeldes in der Initialisierungsprozedur eines Benutzerformulars anzupassen. Gehen Sie dazu wie folgt vor:

1. Wechseln Sie, falls noch nicht geschehen, zunächst zum Visual Basic-Editor und wählen Sie das Benutzerformular (UserForm) aus, mit dem Sie arbeiten wollen.

2. Klicken Sie anschließen in der Symbolleiste »Werkzeugsammlung« auf das Symbol »Bezeichnungsfeld« (Label).

3. Wenn Sie anschließend einmal in das Benutzerformular klicken, plaziert VBA ein Label auf das Benutzerformular.[6]
4. Klicken Sie nun einmal auf das Benutzerformular, so daß es markiert ist und drücken Sie anschließend die Taste F7. Dadurch öffnen Sie das Code-Fenster des Benutzerformulars.
5. Wählen Sie in der linken Objekt-Auswahlliste des Code-Fensters, falls noch nicht geschehen, den Eintrag »UserForm« und in der rechten Prozedur-Auswahlliste das Ereignis »Initialize« aus. Der Visual Basic-Editor fügt darauf die »leere« Ereignisprozedur `UserForm_Initialize` in das Code-Fenster ein, deren Anweisungen beim Starten des Benutzerformulars abgearbeitet werden.
6. Fügen Sie nun in Initialisierungsprozedur beliebige Anweisungen ein, die das Label manipulieren, und starten Sie anschließend das Benutzerformular zur Kontrolle, ob auch alles geklappt hat. Die Anweisungen könnten beispielsweise folgendermaßen aussehen:

```
'Start-Prozedur einer UserForm.
Private Sub UserForm_Initialize()

'Eigenschaften des Labels setzen.
With Label1

    .AutoSize = True              'Größenanpassung
    .WordWrap = False             'Umbruch verbieten.
    .Caption = Application.username  'Anzuzeigender Text.
    .FontSize = 14                'Schriftgröße
    .Font.Bold = True             'Fettschrift
    .ForeColor = RGB(0, 128, 64)  'Schriftfarbe

End With
End Sub
```

24.4.3 TextBox

Ähnliche Begriffe: Textfeld, Eingabefeld

Das Textfeld ist eine optisch hervorgehobene Fläche, in die Daten (Text, Zahlen ...) eingegeben werden können. Es kann einzeilig oder mehrzeilig sein (was Sie über die `MultiLine`-Eigenschaft festlegen). Auf die potentielle Eingabe in das Textfeld, können Sie mit der `Text`-Eigenschaft zugreifen. Um den Inhalt in eine Variable einzulesen, genügt eine Codezeile wie

```
strMeineVariable = TextBox1.Text
```

Das geht natürlich auch umgedreht, das heißt, Sie können zur Laufzeit ermittelte Werte in das Textfeld »hineinschreiben«:

```
Dim strMeineVariable As String
strMeineVariable = "Diesen Text in Textfeld schreiben."
TextBox1.Text = strMeineVariable
```

---

[6] Der Vorgang ist ausführlich beschrieben unter »Hinzufügen eines Steuerelements zu einem Benutzerformular« ab Seite 282.

Nur wenige wissen, daß man das Textfeld über die `ScrollBars`-Eigenschaft bei Bedarf auch mit Bildlaufleisten versehen kann. Darüber hinaus ist es möglich, ein Textfeld mit der Anweisung

```
TextBox1.Locked = True
```

zu sperren, so daß es nicht mehr durch den Anwender editierbar ist.

Wichtige Ereignisse:

- `Change`-Ereignis: Das `Change`-Ereignis ist das Standard-Ereignis eines Textfeldes. Es tritt immer dann auf, wenn der Anwender im Textfeld etwas ändert, zum Beispiel ein Zeichen oder eine Zahl eintippt oder löscht. Beachten Sie, daß das Ereignis bei jeder Veränderung eintritt und dadurch kaum zum Triggern von Meldungen oder nur in Ausnahmefällen zum Validieren der Eingabe geeignet ist.
- `Exit`-Ereignis: Verwenden Sie zur Überprüfung der Benutzereingaben das `Exit`-Ereignis des Textfeldes. Dieses Ereignis tritt ein, wenn das Feld den Fokus verliert, also wenn der Anwender mit der Tabulatortaste [Tabulatortaste] oder durch Mausklick das Eingabefeld verläßt.

Wichtige Methoden und Eigenschaften:

- `Text`-Eigenschaft: Steht für den Textinhalt des Textfeldes. Wenn Sie dieser Eigenschaft einen Wert zuweisen, so wird dieser gleichzeitig auch der `Value`-Eigenschaft des Textfeldes zugewiesen.
- `ScrollBars`-Eigenschaft: Legt fest, ob das Textfeld bei `MultiLine = True` über vertikal und/oder horizontale Bildlaufleisten verfügt.
- `MultiLine`-Eigenschaft: Ermöglicht mehrzeilige Eingaben.
- `Locked`-Eigenschaft: Verhindert, daß der Inhalt eines Textfeldes verändert werden kann.
- `MaxLength`-Eigenschaft: Beschränkung auf eine bestimmte Anzahl von Zeichen für die Eingabe.
- `WordWrap`-Eigenschaft: Es wird ein automatischer Zeilenumbruch durchgeführt. Die Zuweisung eine Wertes ist nur dann wirksam, wenn die `MultiLine`-Eigenschaft den Wert `True` besitzt.
- `PasswordChar`-Eigenschaft: Definiert ein Zeichen, das anstelle des eingegebenen Textes angezeigt wird. Diese Eigenschaft ist wichtig, wenn Sie eine Textfeld zur Eingabe eines Kennwortes verwenden.
- `Value`-Eigenschaft: Gibt den Text im Bearbeitungsbereich des Textfeldes an (Standardeigenschaft).

24.4.4 ListBox

Ähnliche Begriffe: Listenfeld

Das Listenfeld wird manchmal mit dem Kombinationsfeld verwechselt. Die Eigenschaften, Methoden und Ereignisse eines Listenfeldes unterscheiden sich nur im Detail von denen eines Kombinationsfeldes. Ein Listenfeld kann jedoch kein *DropDown* erzeugen (auf gut Deutsch: es ist nicht aufklappbar). Es zeigt eine Liste mit Werten an, aus der der Anwender einen oder mehrere auswählen kann. Falls mehr Einträge in dem Listenfeld vorhanden sind, als auf dem zur Verfügung stehenden Platz auf einmal angezeigt werden können, kann der Anwender über eine Bildlaufleiste zu den »unsichtbaren« Werten blättern.

Ein Listenfeld sollte zur Laufzeit durch bestimmte Aktionen des Anwenders, meist aber vor der Anzeige eines Benutzerformulars mit Einträgen gefüllt werden. Häufig wird dazu das `UserForm_Initialize`-Ereignis des Benutzerformular genutzt, welches vorbereitende Datenverarbeitungen vor dem Anzeigen der UserForm ermöglicht. Daten und Informationen können über zwei verschiedene Wege in das Listenfeld einfließen:

Daten einem Listenfeld hinzufügen

1. Über die `AddItem`-Methode: Mit der `AddItem`-Methode können Sie dem Listenfeld jeweils einen Eintrag hinzufügen. Sie verfügt über den optionalen Parameter `Index`, der festlegt, an welcher Stelle der Eintrag in der Liste stehen soll. Wenn Sie `Index` weglassen, fügt die Methode die neue Zeile am Ende der Liste an.

   Die Syntax der AddItem-Eigenschaft

   Die allgemeine Syntax lautet:

   ```
   ListBoxObjekt.AddItem [ item [, varIndex]]
   ```

   Im Code könnte beispielsweise folgendes niedergeschrieben werden:

   ```
   ListBox1.AddItem("Ein neuer Eintrag an Position 4", 4)
   ```

2. Über die `List`-Eigenschaft: Über die List-Eigenschaft können Sie ein vorhandenes Datenfeld (Array) in eine Listenfeld einfügen. Jedes Element in dem Datenfeld wird als einzelner Eintrag im Listenfeld eingefügt.

   ```
   ListBox1.List() = arrMeinDatenfeld
   ```

   Wenn Sie ein mehrdimensionales Datenfeld einlesen wollen, müssen Sie vorher über die `ColumnCount`-Eigenschaft die Anzahl der Spalten des Listenfeldes an die Anzahl der Dimensionen des Datenfeldes anpassen. Liegt beispielsweise ein zweidimendionales Datenfeld vor, so müssen Sie folgende Anweisung codieren:

   ```
   ListBox1.ColumnCount = 2
   ```

Wichtige Methoden und Eigenschaften:

- `AddItem`-Methode: Fügt ein neues Element zur Liste hinzu.
- `BoundColumn`-Eigenschaft: Definiert bei einem mehrspaltigen Listenfeld oder in einem mehrspaltigen Kombinationsfeld die Nummer der Spalte, die für den Wert der `Value`-Eigenschaft des Listen-/Kombinationsfeldes steht. Bei `BoundColumn = 0` wird für `Value` der Wert der `ListIndex`-Eigenschaft verwendet.
- `BoundValue`-Eigenschaft: Beinhaltet den Wert des Listenfelds, also den Wert der `Value`-Eigenschaft, wenn das Listenfeld den Fokus erhält. Sie können diese Eigenschaft im Rahmen von Listenfeldern »vergessen«, allzumal die Eigenschaft bei mehrspaltigen Listenfeldern erst gar nicht angewendet werden kann.
- `Column`-Eigenschaft: Gibt ein oder mehrere Elemente in einem Listenfeld- oder einem Kombinationsfeld-Steuerelement zurück, welche über einen Zeilen/Spalten-Index angesprochen werden können.
- `Clear`-Methode: Löscht alle Einträge des Listenfeldes oder des Kombinationsfeldes.
- `ColumnCount`-Eigenschaft: Liefert die Anzahl der Spalten, die in einem Listenfeld oder in einem Kombinationsfeld angezeigt werden sollen.
- `List`-Eigenschaft: Liefert die Listeneinträge eines Listenfeldes oder eines Kombinationsfeldes – oder legt diese fest.

Die Steuerelemente im Detail **655**

- `ListCount`-Eigenschaft: Gibt die Anzahl der Listeneinträge in einem Listen- oder Kombinationsfeld zurück.
- `ListIndex`-Eigenschaft: Repräsentiert die aktuelle Zeile respektive den Index des aktuell ausgewählten Eintrags eines Listenfeld-Steuerelements oder eines Kombinationsfeldes. Besitzt den Wert »-1«, wenn kein Eintrag markiert ist. Wenn Sie die `MultiSelect`-Eigenschaft verwenden, um ein Listenfeld mit Mehrfachauswahl zu erstellen, gibt die `Selected`-Eigenschaft des Listenfeldes (anstatt der `ListIndex`-Eigenschaft) die ausgewählten Zeilen an.
- `Selected`-Eigenschaft: Gibt bei Listenfeldern mit Mehrfachauswahl an, ob der entsprechende Eintrag ausgewählt ist oder nicht.
- `ListStyle`-Eigenschaft: Definiert die Darstellungsart respektive das Aussehen der Einträge in einem Listenfeld (ListBox) oder Kombinationsfeld (ComboBox). Der Wert »0« (`fmListStylePlain`) für die Eigenschaft stellt jeden Wert wie gewohnt dar. Bei ListStyle = 1 (das ist `fmListStyleOption`) werden den einzelnen Einträgen der Liste Optionsfelder oder Kontrollkästchen vorangestellt. Ob ein Optionsfeld oder ein Kontrollkästchen angezeigt wird, hängt von der Einstellung der `MultiSelect`-Eigenschaft ab. Ist `MultiSelect` = `True` (also *Multi* oder *Extended* beziehungsweise »1« oder »2«), dann wird ein Kontrollkästchen dargestellt.
- `MultiSelect`-Eigenschaft: Zeigt an, ob das Listenfeld (Kombinationsfeld) eine Mehrfachauswahl zuläßt. Ist der Wert `True` (`fmMultiSelectMulti` beziehungsweise »1«), können in der Liste mehrere Einträge ausgewählt werden. Diese stehen über die `Selected`-Eigenschaft inklusive »Index« zum Gebrauch bereit.
- `RemoveItem`-Methode: Entfernt ein Element aus der Liste.
- `Text`-Eigenschaft: Der Wert dieser Eigenschaft selektiert in einem Listenfeld oder in einem Kombinationsfeld einen Eintrag. Die Eigenschaft kann nicht verwendet werden, um den Wert einer Eingabe im jeweiligen Steuerelement zu ändern. Für diesen Zweck müssen Sie die `Column`- oder die `List`-Eigenschaft verwenden.

  Wenn der Wert der `Text`-Eigenschaft mit einem vorhandenen Eintrag übereinstimmt, wird der Wert der `ListIndex`-Eigenschaft auf die Zeile gesetzt, die mit der Text-Eigenschaft übereinstimmt. Wenn die `Text`-Eigenschaft einen Wert erhält, der mit keiner Zeile übereinstimmt, wird der Wert der `ListIndex`-Eigenschaft auf -1 gesetzt. Bei einem Listenfeld muß der Wert mit einem in der Liste vorhandenen identisch sein, sonst wird eine Fehlermeldung verursacht. Bei einem Kombinationsfeld wird über die Text-Eigenschaft der Inhalt des anteiligen Textfeldes bestimmt respektive aktualisiert.
- `TextColumn`-Eigenschaft: Gibt in einem mehrspaltigen Kombinationsfeld oder in einem mehrspaltigen Listenfeld die Nummer der Spalte an, die dem Anwender angezeigt werden soll. Der `TextColumn`-Wert für die erste Spalte ist 1, der Wert für die zweite Spalte ist 2 und so weiter. Wenn `TextColumn` -1 ist, wird die erste Spalte angezeigt, deren `ColumnWidths`-Wert größer als 0 ist.

  Wird `TextColumn` auf 0 gesetzt, dann werden die `ListIndex`-Werte angezeigt!

Beispiel Listenfeld I: Alle Word-Symbolleisten in einem Listenfeld auflisten

Es ist sehr mühsam, ein Listenfeld über die `AddItem`-Methode einzeln mit Daten zu füllen. Normalerweise sollten Sie dafür eine Schleifenkonstruktion einsetzen. Möchten Sie in einem Benutzerformular ein Listenfeld verwenden, um die Namen aller Symbolleisten von

Word einzulesen, fügen Sie auf einem neuen Benutzerformular (UserForm) aus der Symbolleiste »Werkzeugsammlung« ein Listenfeld ein. Danach führen Sie einen Doppelklick auf das eingefügte Listenfeld aus. Im Code-Fenster des Benutzerformulars erfassen Sie die nachstehenden Ereignisprozeduren:

```
Private Sub UserForm_Initialize()
Dim oLeiste As CommandBar

'Namen aller Symbolleisten dem Listenfeld hinzufügen.
For Each oLeiste In Application.CommandBars
    ListBox1.AddItem oLeiste.Name
Next oLeiste

End Sub
```

Nachdem ein Listenfeld mit Werten gefüllt wurde (hier mit den Namen von allen Word-Symbolleisten), will man es natürlich auch sinnvoll einsetzen. Dazu können Sie die Ereignisprozeduren des Listenfeldes verwenden. Setzen Sie zum Beispiel die Doppelklick-Ereignisprozedur ein, um eine Anweisung zu codieren. Diese sorgt dafür, daß nach einem Doppelklick auf einen Listeneintrag die entsprechende Symbolleiste ein- beziehungsweise wieder ausgeschaltet wird. Beachten Sie, daß durch das Anschalten der Fehlerbehandlung `On Error Resume Next` die Fälle übersprungen werden, wo eine Befehlsleiste nicht angezeigt werden kann.

```
Private Sub ListBox1_DblClick( _
         ByVal Cancel As MSForms.ReturnBoolean)
On Error Resume Next
With CommandBars(ListBox1.Value)
    .Visible = Not .Visible
End With
End Sub
```

Beispiel Listenfeld II: Einzelne Einträge aus einem Listenfeld löschen

Um einzelne Einträge aus einem Listenfeld zu entfernen, können Sie die `Remove`-Methode verwenden. Fügen Sie zum vorigen Beispiel eine Befehlsschaltfläche hinzu, und schreiben Sie in die Click-Ereignisprozedur der Befehlsschaltfläche die `Remove`-Methode. Der nachfolgende Code prüft, ob das Listenfeld über Einträge verfügt und ob ein Eintrag markiert ist. Ist dies der Fall, dann wird der Eintrag ohne Rückfrage aus der Liste entfernt. Anderenfalls wird eine Meldung angezeigt.

Remove-Methode

```
Private Sub CommandButton1_Click()
With ListBox1
If .ListCount >= 1 Then
   If .ListIndex > -1 Then
      .RemoveItem (.ListIndex)
   Else
      MsgBox "Kein Eintrag zum Löschen markiert."
   End If
End If
End With
End Sub
```

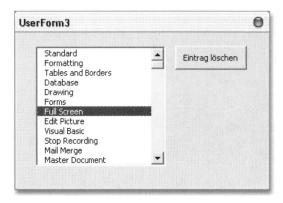

Abbildung 24.6 *Listenfeld mit den Namen aller Word-Symbolleisten. Der markierte Eintrag kann gelöscht werden.*

Beispiel Listenfeld III: Listenfeld komplett löschen

Clear-Methode

Zum Löschen eines kompletten Listenfeldes benötigen Sie weder eine Schleife, noch müssen einen Eintrag nach dem anderen zu Fuß löschen. VBA bietet hierfür die Clear-Methode. Fügen Sie zum vorigen Beispiel eine weitere Befehlsschaltfläche hinzu. In die Click-Ereignisprozedur der neuen Befehlsschaltfläche tragen Sie folgenden Code ein:

```
Private Sub CommandButton2_Click()
    ListBox1.Clear
End Sub
```

Initialize-Ereignisprozedur aufrufen

Nach versehentlichen Löschvorgängen ist es manchmal angebracht, den Originalzustand des Benutzerformulars und der Liste wiederherzustellen. Da eine Ereignisprozedur wie jede andere Prozedur aufgerufen werden kann, genügt es, zum vorigen Beispiel eine weitere Befehlsschaltfläche hinzuzufügen und die Click-Ereignisprozedur der neuen Befehlsschaltfläche die Initialize-Ereignisprozedur des Benutzerformulars aufzurufen:

```
Private Sub CommandButton3_Click()
    UserForm_Initialize
End Sub
```

Beispiel Listenfeld V: Listenfeld-Einträge markieren

Mit Hilfe der ListIndex-Eigenschaft können Sie einzelne Einträge eines Listenfeldes gezielt markieren. Beachten Sie aber, daß die Zählung der Einträge eines Listenfeldes bei 0 beginnt. Wollen Sie den ersten Eintrag markieren, müssen Sie also den ListIndex auf 0 setzen (und nicht etwa auf 1); wollen Sie den letzten Eintrag markieren, müssen Sie von der Gesamtzahl der Einträge (ListCount) noch 1 abziehen. Fügen Sie dem obigen Beispiel noch zwei Schaltknöpfe hinzu, und ergänzen Sie folgenden Code:

```
Private Sub CommandButton4_Click()
    ListBox1.ListIndex = 0
End Sub
```

```
Private Sub CommandButton5_Click()
    ListBox1.ListIndex = ListBox1.ListCount - 1
End Sub
```

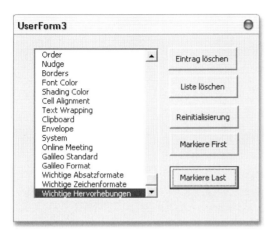

Abbildung 24.7 Das Listenfeld-Beispiel mit allen Word-Symbolleisten, ergänzt um inzwischen fünf Befehlsschaltflächen.

Beispiel Listenfeld VI: Listenfeld-Einträge entmarkieren

Um markierte Listenfeld-Einträge zu entmarkieren, können Sie die `Selected`-Eigenschaft verwenden. Es genügt, sie auf `False` zu setzen.

```
Private Sub CommandButton6_Click()
On Error Resume Next
    With ListBox1
        .Selected(.ListIndex) = False
    End With
End Sub
```

Beispiel Listenfeld VII: Mehrzeiliges Listenfeld

Wenn Sie Excel-Entwickler sind, haben Sie leichtes Spiel, um ein mehrzeiliges Listenfeld zu erstellen. Ihnen stehen dann nämlich die »datenbankspezifischen« Eigenschaften `ControlSource` und `RowSource` zur Verfügung, mit denen Sie einen Bereich eines Tabellenblattes mit den Spalten eines Listenfeldes verbinden können. Wenn Sie die `ColumnCount`-Eigenschaft eines Listenfeldes entsprechend der Anzahl der verbundenen Spalten des Tabellenblattes setzen, sind Sie schnell dabei, ein mehrzeiliges Listenfeld zu erstellen. Word-Entwickler haben diesen Luxus nicht. `ControlSource` und `RowSource` sind in Word (offenbar) bedeutungslos, obwohl nahezu jedes Steuerelement über diese Eigenschaften verfügt. Was also tun, um ein mehrzeiliges Listenfeld zu erstellen?

ControlSource und RowSource

Ein Datenfeld muß her! Sobald Ihre Daten in einem Datenfeld organisiert sind, können Sie den gesamten Datenfeldinhalt mit einer einzigen Zuweisung an die `List`-Eigenschaft des Listenfeldes in das nämliche übertragen. Passen Sie das vorige Beispiel folgendermaßen an, um ein mehrzeiliges Listenfeld zu füllen:

```
Private Sub UserForm_Initialize()
Dim oLeiste         As CommandBar
Dim lngAnzahlCmdBars As Long
Dim ar_strListe()   As String

lngAnzahlCmdBars = Application.CommandBars.Count

'Array-Grenze mit der Anzahl
'der Befehlsleisten dimensionieren.
ReDim ar_strListe(1 To lngAnzahlCmdBars, 1 To 3)

'Array mit Werten füllen.
For Each oLeiste In Application.CommandBars
   With oLeiste
      ar_strListe(.Index, 1) = Trim(.Name)
      ar_strListe(.Index, 2) = Trim(.NameLocal)
      ar_strListe(.Index, 3) = Trim(str(.Index))
   End With
Next

'Array an Listbox übertragen.
With ListBox1
   .ColumnCount = 3
   .BoundColumn = 1
   .ColumnWidths = "84;84;4"
   .List = ar_strListe
End With
End Sub
```

24.4.5 ComboBox

Ähnliche Begriffe: Kombinationsfeld, Kombinationsfeld-Steuerelement, Kombinationslistenfeld, DropDown-Listenfeld, Pull-Down-Listenfeld

Dieses Steuerelement ist ein Platz sparendes Bedienelement, das vier andere Steuerelemente miteinander kombiniert:

▶ Ein einzeiliges Textfeld
▶ Ein aufklappbares Listenfeld (Liste)
▶ Einen Schaltknopf
▶ Eine Bildlaufleiste

Erst wenn der Benutzer auf die Schaltfläche neben dem einzeiligen Listenfeld der Combo-Box klickt, wird die ganze Liste aufgeklappt und bleibt so lange aufgeklappt, bis ein Element des Kombinationsfeldes ausgewählt wird oder die Auswahl durch eine andere Aktivität explizit geschlossen wird. Stellen Sie dieses Steuerelement dem Anwender zur Verfügung, wenn er zum einen aus einer Liste von Werten einen auswählen soll, zum anderen aber die Option besitzen soll, einen Wert einzugeben, der nicht bereits in der Liste ist. Bei Bedarf können Sie die Wahl des Anwenders darauf einschränken, daß er nur Werte aus dem Kombinationsfeld benutzen kann.

Das Kombinationsfeld hat in etwa die gleichen Methoden, Eigenschaften und Ereignisse wie das Listenfeld (siehe oben). Auf einer Wiederholung der Erläuterungen der Funktionsmerkmale wird hier verzichtet. Zu den Eigenschaften und Methoden, die ein Kombinationsfeld zusätzlich besitzt, gibt es folgendes zu bemerken:

Wichtige Methoden und Eigenschaften:

- `ListRows`-Eigenschaft: Mit der `ListRow`-Eigenschaft können Sie die Anzahl der in der geöffneten Liste angezeigten Zeilen bestimmen (Standardwert ist 8). Sind mehr Zeilen vorhanden, als gleichzeitig angezeigt werden können, wird am rechten Rand des Liste eines Kombinationsfelds eine Bildlaufleiste angezeigt.
- `ListWidth`-Eigenschaft: Mit der `ListWidth`-Eigenschaft können Sie die Anzeigenbreite der Liste des Kombinationsfeldes in Punkten bestimmen. Ein Punkt entspricht 1/72 Zoll. Die ListWidth-Eigenschaft hat nichts mit der `Width`-Eigenschaft zu tun. Die `Width`-Eigenschaft wird benutzt, um die Breite des geschlossenen Kombinationsfeldes festzulegen.
- `Style`-Eigenschaft: Mit der `Style`-Eigenschaft können Sie definieren, ob das Kombinationsfeld nur wie ein Listenfeld verwendet werden kann (`Style = fmStyleDropDownList` beziehungsweise »2«), oder ob auch ein Eingabe möglich ist (`Style = fmStyleDropDownCombo` beziehungsweise »0«).

24.4.6 CheckBox

Ähnliche Begriffe: Kontrollkästchen, Kontrollfeld, Auswahlschalter, Markierungsfeld

Dieses Steuerelement ist ein quadratisches Feld, das zum Aktivieren oder Deaktivieren einer Einstellung dient. Die Aktivierung wird durch ein Kreuz oder ein Häkchen angezeigt. Im Unterschied zu Optionsfeldern können mehrere Kontrollfelder gleichzeitig aktiviert sein beziehungsweise sind alle Kontrollkästchen voneinander unabhängig. Verwenden Sie Kontrollkästchen für Anwender-Selektionen, die aus zwei Einstellungen bestehen (ein/aus, wahr/falsch, Groß-/Kleinschreibung und so weiter).

Wichtige Ereignisse:

- `Click`-Ereignis: Das `Click`-Ereignis ist zwar das Standardereignis eines Kontrollkästchens, da aber ein Kontrollkästchen seinen internen Zustand automatisch verwaltet, müssen Sie innerhalb der `Click`-Ereignisprozedur nicht notwendig Code angeben.
- `Change`-Ereignis: Das `Change`-Ereignis tritt, wenn ein Klicken auf Kontrollkästchen erfolgt und damit die `Value`-Eigenschaft des Kontrollkästchens verändert wird.

Wichtige Methoden und Eigenschaften:

- `TripleState`-Eigenschaft: Wenn die `TripleState`-Eigenschaft den Wert `True` besitzt, dann kann die `Value`-Eigenschaft des Kontrollkästchens auch den Wert `Null` annehmen. In diesem Fall wird das Kontrollkästchen schattiert hinterlegt.
- `Value`-Eigenschaft: Gibt den Zustand des Kontrollkästchens wieder (Standardeigenschaft): `True` = angehakt, `False` = nicht angehakt. Wenn `TripleState` gleich `True` ist, dann kann `Value` auch Null sein.

Beispiel Checkbox I: Mehrere Kontrollkästchen auf deren Wert überprüfen

Wenn Sie ein Benutzerformular angelegt haben, auf dem sich mehrere Kontrollkästchen befinden, können Sie deren Werte am schnellsten innerhalb einer `For-Each-Next`-Schleife überprüfen.

Für das nachstehende Beispiel brauchen Sie ein Benutzerformular mit zwei Kontrollkästchen. Doppelklicken Sie auf das Benutzerformular, damit sich das Code-Fenster des Benutzerformulars öffnet. In dem Code-Fenster geben Sie bitte folgende Prozedur ein:

```
Sub CheckBoxesPrüfen()
Dim chkControl As Control
Dim strMsg     As String

For Each chkControl In UserForm1.Controls
With chkControl
    If TypeOf chkControl Is MSForms.CheckBox Then
        strMsg = strMsg & .Name & " " & .Value & vbCr
    End If
End With
Next chkControl

MsgBox strMsg
End Sub
```

Innerhalb der Schleife prüft diese Prozedur, jedes Steuerelement auf dem Benutzerformular, ob es eine Checkbox ist. Wenn ja, wird ein Meldungstext zusammengebaut, der den Namen und den Wert des Kontrollkästchens anzeigt. Bitte beachten Sie, daß es eine Check-Box eine weitverbreitete »Art« ist. Es gibt CheckBoxes, die Office-Dokumente eingebunden werden, und CheckBoxes, die für Benutzerformulare bestimmt sind ... und, und, und. Vermeiden Sie Konflikte, indem Sie bei der Deklaration immer die Objektbibliothek mit angeben (im Beispiel ist das `MSForms`, die alle Standardelemente enthält, die in einem Benutzerformular genutzt werden).

Zur Überprüfung der Prozedur `CheckBoxesPrüfen` rufen Sie diese am einfachsten in den `Change`-Ereignisprozeduren der Kontrollkästchen auf.

```
Private Sub CheckBox1_Change()
    CheckBoxesPrüfen
End Sub
Private Sub CheckBox2_Change()
    CheckBoxesPrüfen
End Sub
```

Wenn Sie jetzt das Benutzerformular starten und ein Kontrollkästchen anklicken, werden Sie immer über den Status der Kontrollkästchen informiert.

Beispiel Checkbox II: Systeminfos anzeigen

Für das nächste Beispiel benötigen Sie ein Benutzerformular mit drei Kontrollkästchen und drei Bezeichnungsfeldern (Label). Plazieren Sie die genannten Steuerelemente, wie gewohnt, auf einem Benutzerformular. Ändern Sie im Eigenschaftsfenster die voreingestellten Caption-Einträge der Kontrollkästchen (»CheckBox1«, »CheckBox2« und »CheckBox3«) ab. Schreiben Sie statt dessen »Datum«, »Uhrzeit« und »Pfad«. Schreiben Sie als erstes im Code-Fenster des Benutzerformulars eine Initialize-Ereignisprozedur für das Benutzerformular, die dafür sorgt, daß die drei Labels keinen Text anzeigen:

```
Private Sub UserForm_Initialize()
    Label1.Caption = ""
    Label2.Caption = ""
    Label3.Caption = ""
End Sub
```

Hinterlegen Sie nun die drei Kontrollkästchen mit Change-Ereignisprozeduren, die dafür sorgen, daß bestimmte Angaben auf dem Benutzerformular sichtbar beziehungsweise unsichtbar sind:

```
Private Sub CheckBox1_Change()
    If CheckBox1.Value = True Then
        Label1.Caption = Date
    Else
        Label1.Caption = ""
    End If
End Sub

Private Sub CheckBox2_Change()
    If CheckBox2.Value = True Then
        Label2.Caption = Time
    Else
        Label2.Caption = ""
    End If
End Sub

Private Sub CheckBox3_Change()
    If CheckBox3.Value = True Then
        Label3.Caption = Application.Path
    Else
        Label3.Caption = ""
    End If
End Sub
```

Abbildung 24.8 System-Infos in einem Benutzerformular anzeigen.

24.4.7 OptionButton

Ähnliche Begriffe: Optionsfeld, engl. auch option field, radio button; aber ebenso Radioknopf, Radio-Button, Optionsschaltfläche

Dieses Steuerelement wird durch ein rundes Feld dargestellt (ein Kreis, der mit einem schwarzen Punkt gefüllt wird, wenn das Steuerelement ausgewählt sein soll). Mit der Optionsschaltfläche kann man eine bestimmte Option beziehungsweise Einstellung aktivieren. Werden mehrere Optionen zu einem Sachverhalt angeboten (eine Gruppe von Wahlmöglichkeiten), kann *nur eine* aktiviert sein (eine Option besitzt den Wert True, alle anderen werden automatisch auf False gestellt). Stellen Sie dem Anwender ein Optionsfeld für Anwender-Selektionen zur Verfügung, die sich nicht nur aus zwei Zuständen (ein/aus oder wahr/falsch) zusammensetzen, sondern die sich gegenseitig ausschließen.

Wichtige Methoden und Eigenschaften:

- GroupeName-Eigenschaft: Sie können eine Gruppe von sich gegenseitig ausschließenden Optionsfeldern erstellen, indem Sie die Optionsfelder in einem Rahmen (Frame) auf Ihrem Benutzerformular positionieren oder die GroupName-Eigenschaft verwenden. Grundsätzlich sollten Sie die GroupName-Eigenschaft vorziehen, weil Sie dadurch unter anderem die Anzahl der Steuerelemente auf Ihrem Benutzerformular reduzieren. Durch jedes Steuerelement, daß Sie einsparen, wird Ihr Benutzerformular performanter und benötigt weniger Speicher. Außerdem ist es dank GroupName-Eigenschaft möglich, daß sich die einzelnen Optionsfelder einer Optionsgruppe an einem beliebigen Platz auf dem Benutzerformular befinden – und nicht nur innerhalb eines wie auch immer gearteten Rahmens. Last, not least ermöglicht die GroupName-Eigenschaft das Erstellen von Optionsfeldern mit transparentem Hintergrund (das Rahmen-Steuerelement ist kein transparentes Steuerelement).
- TripleState-Eigenschaft: Wenn die TripleState-Eigenschaft den Wert True besitzt, dann kann die Value-Eigenschaft des Optionsfelds auch den Wert Null annehmen. In diesem Fall wird das Optionsfeld schattiert hinterlegt.
- Value-Eigenschaft: Gibt den Zustand des Optionsfeldes wieder (Standardeigenschaft): True = ausgewählt, False = nicht ausgewählt. Wenn TripleState gleich True ist, dann kann Value auch Null sein.

Beispiel Optionsfelder I: Hintergrundfarbe des Benutzerformulars einstellen

Die Anforderung für das folgende Beispiel lautet, die Hintergrundfarbe eines Benutzerformulars wahlweise in einer von neun Farben darzustellen. Für das Beispiel brauchen Sie ein neues Benutzerformular mit neun Optionsfeldern. Doppelklicken Sie, nachdem Sie die Optionsfelder auf das Benutzerformular plaziert haben, auf das Benutzerformular, damit sich das Code-Fenster des Benutzerformulars öffnet. In dem Code-Fenster geben Sie bitte folgende Prozedur ein:

```
Sub frmHintergrundfarbeEinstellen()
With Me
If .OptionButton1 = True Then        'Grün
   .BackColor = RGB(0, 255, 0)
ElseIf .OptionButton2 = True Then    'Blau
   .BackColor = RGB(0, 0, 55)
```

```
    ElseIf .OptionButton3 = True Then      'Gelb
        .BackColor = RGB(255, 255, 0)
    ElseIf .OptionButton4 = True Then      'Cyan
        .BackColor = RGB(0, 255, 255)
    ElseIf .OptionButton5 = True Then      'Magenta
        .BackColor = RGB(255, 0, 255)
    ElseIf .OptionButton6 = True Then      'Schwarz
        .BackColor = RGB(0, 0, 0)
    ElseIf .OptionButton7 = True Then      'Weiß
        .BackColor = RGB(255, 255, 255)
    ElseIf .OptionButton8 = True Then      'Rot
        .BackColor = RGB(255, 0, 0)
    ElseIf .OptionButton9 = True Then      'Grau
        .BackColor = RGB(232, 232, 232)
    End If
    End With
End Sub
```

Die Hilfsprozedur verwaltet die Hintergrundfarbe des Benutzerformulars für alle Optionsfelder. Damit nach dem Einstellen einer Option der korrekte Farbwert gesetzt wird, weisen Sie in den `Click`-Ereignisprozeduren den Aufruf der eben erstellten Prozedur `frmHintergrundfarbeEinstellen` hinzu, also zum Beispiel:

```
Private Sub OptionButton1_Click()
    frmHintergrundfarbeEinstellen
End Sub
Private Sub OptionButton2_Click()
    frmHintergrundfarbeEinstellen
End Sub
Private Sub OptionButton3_Click()
    frmHintergrundfarbeEinstellen
End Sub
'... und so weiter
'...
```

Da es relativ umständlich ist, jedes einzelne Optionsfeld anzuklicken und seinen Titel im Eigenschaftsfenster zu ändern, sollten Sie besser die `Initialize`-Methode nutzen, um den Feldern einen sprechenden Text zu verpassen:

```
Private Sub UserForm_Initialize()
With Me
    .OptionButton1.Caption = "Grün"
    .OptionButton2.Caption = "Blau"
    .OptionButton3.Caption = "Gelb"
    .OptionButton4.Caption = "Cyan"
    .OptionButton5.Caption = "Magenta"
    .OptionButton6.Caption = "Schwarz"
    .OptionButton7.Caption = "Weiß"
    .OptionButton8.Caption = "Rot"
    .OptionButton9.Caption = "Grau"
End With
End Sub
```

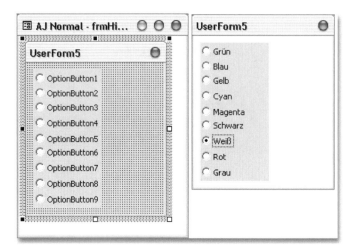

Abbildung 24.9 Benutzerformular mit Optionsfeldern: Links zur Editierzeit, rechts zur Laufzeit, wobei die Option »Weiß« gewählt wurde, wodurch der Hintergrund des Formulars mit Weiß eingefärbt wurde..

24.4.8 ToggleButton

Ähnliche Begriffe: Umschaltfläche

Dieses Steuerelement ähnelt einem Schaltknopf oder einem Schalter, allerdings zeigt es den Schaltzustand entweder in einer »gedrückt« oder »nicht gedrückt« Position an. Umschaltflächen haben im Prinzip den gleichen Zweck wie Kontrollkästchen. Sie dienen der Anzeige einer Einstellung, die aus zwei Zuständen besteht (wie ein/aus oder wahr/falsch). Eine beliebte Verwendung der Umschaltfläche ist das Ein/Ausschalten und Sichtbar/Unsichtbar-Schalten von anderen Steuerelementen.

Wichtige Methoden und Eigenschaften:

- Value-Eigenschaft: Über die Value-Eigenschaft kann der Zustand des Steuerelements abgefragt werden. In gedrücktem Zustand hat die Eigenschaft den Wert True, anderenfalls False.
- TripleState-Eigenschaft: Wenn die TripleState-Eigenschaft den Wert True besitzt, dann kann die Value-Eigenschaft der Umschaltfläche den Wert Null annehmen. In diesem Fall wird die Umschaltfläche schattiert hinterlegt.

Beispiel Umschaltfläche I: Standard-Symbolleiste von Word ein- und ausschalten

Die Anforderung für das folgende Beispiel lautet, die Standard-Symbolleiste von Word einbeziehungsweise auszuschalten. Für das Beispiel benötigen Sie ein Benutzerformular mit einem Label und einem Umschaltknopf. Doppelklicken Sie, nachdem Sie die beiden Steuerelemente auf dem Benutzerformular positioniert haben, auf den ToggleButton, damit sich das Code-Fenster mit der Click-Prozedur des Schaltknopfes öffnet. In dem Code-Fenster geben Sie bitte folgendes ein:

```
Private Sub ToggleButton1_Click()
With Me.ToggleButton1

    If .Value = True Then
        CommandBars("Standard").Visible = True
        With Me.Label1
            .BackColor = vbRed
            .SpecialEffect = fmSpecialEffectSunken
        End With
        .Caption = "Standardbefehlsleiste ist " & _
                "eingeschaltet. Ausschalten?"

    ElseIf .Value = False Then
        CommandBars("Standard").Visible = False
        With Me.Label1
            .BackColor = RGB(232, 232, 232)
            .SpecialEffect = 0
        End With
        .Caption = "Standardbefehlsleiste ist " & _
                "ausgeschaltet. Einschalten?"
    End If
End With
End Sub
```

Der Code nimmt in Abhängigkeit vom Status des Umschaltknopfes drei Einstellungen vor. Einerseits ändert er, wie gefordert, die Sichtbarkeit der Symbolleiste »Standard«. Andererseits werden die Aufschrift auf dem Umschaltknopf sowie die Farbe und ein Spezialeffekt für das Label geändert.

Abbildung 24.10 Benutzerformular mit Umschaltfläche: Oben zur Editierzeit, unten zur Laufzeit.

Die Steuerelemente im Detail

24.4.9 Frame

Ähnliche Begriffe: Rahmen

Dieses Steuerelement können Sie nutzen, um andere Steuerelemente (Kontrollkästchen, Optionsfelder, Toggle-Felder) funktionell und optisch zu Gruppen zusammenzufassen. Gleichzeitig ist der Rahmen ein optisches Gliederungselement, mit dem man dem Anwender zeigen kann, welche Steuerelemente inhaltlich auf einem Benutzerformular zusammengehören. Beim Editieren hat ein Rahmen den Vorteil, daß alle sich im Rahmen befindlichen Steuerelemente auf einmal verschoben werden können.

Wenn Sie mit einem Rahmen Steuerelement gruppieren wollen, sollten Sie vor den zu gruppierenden Steuerelementen den Rahmen in das Benutzerformular einbetten. Wenn Sie einen Rahmen über bestehende Steuerelemente ziehen, so werden diese in den Hintergrund gestellt. Damit Steuerelemente über einen Rahmen zu einer Gruppe verbunden werden, ist es notwendig, die Steuerelemente per Ziehen-und-Fallenlassen (Drag & Drop) nachträglich in den Rahmen einzubetten. Beachten Sie: Wenn Sie einen Rahmen löschen, löschen Sie damit auch alle Steuerelemente die sich im Rahmen befinden.

Wichtige Methoden und Eigenschaften:

▶ Caption-Eigenschaft: Gibt oder setzt den angezeigten Titel des Rahmens.

Beispiel Rahmen I: Probe von Schriftauszeichnungen direkt am markierten Originaltext

Ärgert es Sie auch, daß Microsoft seit Jahrzehnten keine benutzerfreundlichen Schriftauszeichnungs-Dialoge vorlegt? Nicht nur, daß viele wichtigen Formatierungsbefehle in schwer zugänglichen und gewöhnungsbedürftigen Dialogen vergraben sind, sondern Word verweigert auch die Anzeige von Formatierungsänderungen direkt am Originaltext. Bei welcher Zeichenformatierung auch immer, der Anwender muß in irgendwelche klitzekleinen Muster-Textfelder starren, um zu erahnen, wie sich die Änderung der Schriftauszeichnung auf seinen Originaltext auswirkt. Das muß nicht so sein! Die Anforderung für das folgende Beispiel lautet: In einem Benutzerformular soll ein Rahmen mit fünf Optionen für Schriftauszeichnungen vorhanden sein, deren gestalterische Auswirkungen direkt am markierten Originaltext durchgeführt werden. Eine gewählte Auszeichnung soll sich per »OK« übernehmen lassen oder durch »Abbrechen« wieder rückgängig machen lassen. Für das Beispiel benötigen Sie ein Benutzerformular mit einem Rahmen, fünf Optionsfelder und zwei Schaltknöpfe. Zur Editierzeit sollte das Benutzerformular in etwa folgendermaßen aussehen (siehe Abbildung 24.11).

Wechseln Sie nach dem Einfügen des Formulars und dem Positionieren der Steuerelemente in das Code-Fenster der UserForm. In dem Deklarationsbereich des Benutzerformular-Code-Fensters geben Sie bitte als erstes folgende Codezeile ein:

```
Private rngBereich As Word.Range
```

Sie Deklarieren damit eine Objektvariable vom Typ Range (dt. »Bereich«), die von jeder Prozedur innerhalb des Formular-Moduls genutzt werden kann. Die Objektvariable wird jenen Textbereich disponibel halten, den ein Anwender im Dokument markiert und für den Schriftauszeichnungen exemplarisch durchgeführt werden sollen.

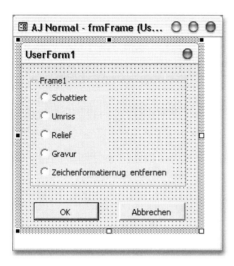

Abbildung 24.11 Ein Benutzerformular zur Editierzeit mit einem Rahmen zur thematischen Ordnung von Optionsfeldern

Geben Sie als nächstes die `Initialize`-Prozedur ein, also jene Prozedur, die den definierten Anfangszustand für das Benutzerformular festlegt:

```
Private Sub UserForm_Initialize()
'Benutzerformular in die linke, obere Ecke setzen.
frmFrame.StartUpPosition = 3

With Selection

    'Markierungsobjekt in die Zwischenablage
    'kopieren, um eine Rekonstruktion der
    'Originalformatierung zu ermöglichen.
    .Copy

    'Wenn nichts markiert, Meldung und raus ...
    If .Type <> wdSelectionNormal Then
       MsgBox Prompt:="Kein Text markiert.", _
              Title:=Me.Caption
           End
    End If

    'Position der Markierung für Range festlegen.
    Set rngBereich = ActiveDocument.Range( _
                    Start:=.Range.Start, _
                    End:=.Range.End)
    End With
End Sub
```

Mit der `Initialize`-Prozedur allein ist es noch nicht getan. Was fehlt sind jene UserForm-Ereignisprozeduren, die dafür sorgen, daß eine Auswahl im Benutzerformular sich unmittelbar auf den Originaltext auswirkt. Bitte verwenden Sie den nachstehenden Code, um das Beispiel nachzuvollziehen. Beachten Sie, daß die einzelnen Optionen im Eigenschaftsfenster sprechende Namen erhalten haben. Die Optionsfelder – und damit ihre Ereignisprozeduren – heißen nicht `OptionButton1`, `OptionButton2` und so weiter, sondern `optGravur`, `optSchattiert` und so weiter.

```
Private Sub optSchattiert_Click()
    With rngBereich.Font
        .Reset
        .Shadow = True
        .Color = wdColorAutomatic
        Selection.Collapse
    End With
End Sub

Private Sub optUmriss_Click()
    With rngBereich.Font
        .Reset
        .Outline = True
        .Color = wdColorAutomatic
        Selection.Collapse
    End With
End Sub

Private Sub optRelief_Click()
    With rngBereich.Font
        .Reset
        .Emboss = True
        .Color = 12910591
        Selection.Collapse
    End With
End Sub

Private Sub optGravur_Click()
    With rngBereich.Font
        .Reset
        .Engrave = True
        .Color = RGB(256, 256, 256)
        Selection.Collapse
    End With
End Sub

Private Sub optOhneZeichenformatierung_Click()
    With rngBereich.Font
        .Reset
        .Color = wdColorAutomatic
        Selection.Collapse
    End With
End Sub
```

Was jetzt noch fehlt, sind zwei `Click`-Ereignisprozeduren für die Schaltknöpfe

```
Private Sub cmdOK_Click()
   Unload Me
End Sub

Private Sub cmdAbbrechen_Click()
'Text mit Änderungen im Bereich verwerfen.
rngBereich.Text = ""

'Original-Text und -Auszeichnung wieder einsetzen.
Selection.Paste

Unload Me
End Sub
```

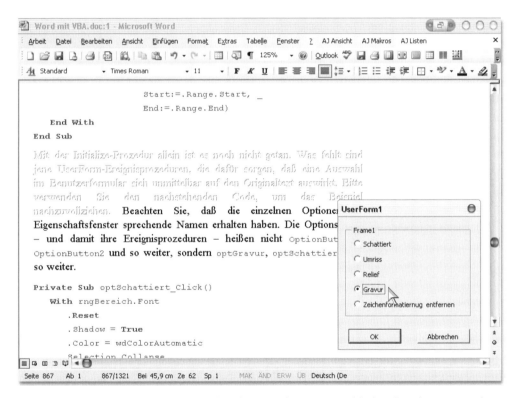

Abbildung 24.12 Es gibt heute, bei der vorhandenen Rechner-Power schlechterdings keinen Grund mehr, die Auswirkungen von Textformatierungen nicht direkt am Originaltext musterhaft anzuzeigen.

Das Beispiel läßt sich beliebig erweitern. Sie können beispielsweise dem Benutzerformular ein Listenfeld namens `lstSchriftgrade` hinzufügen. Im Code müssen Sie dann die Ereignisprozedur `UserForm_Initialize()` um folgende Codezeilen ergänzen, um das Listenfeld mit Daten zu füllen:

```
'Listenfeld "Schriftgrad" mit Gradangaben füllen.
With lstSchriftgrade
   For intFontSize = 6 To 72
      .AddItem Trim(intFontSize)
      If Selection.Font.Size = intFontSize Then
         .ListIndex = .ListCount - 1
      End If
   Next
End With
```

Außerdem müssen natürlich angeben, was passiert, wenn ein Anwender einen Eintrag aus dem Listenfeld wählt. Dies geschieht über eine entsprechende `Click`-Prozedur für das Steuerelement:

```
Private Sub lstSchriftgrade_Click()
With rngBereich.Font
   .Size = lstSchriftgrade.ListIndex + 6
   Selection.Collapse
End With
End Sub
```

Um nur eine Zusatzfunktionalität erweitert, könnte der neue Dialog folgendermaßen aussehen:

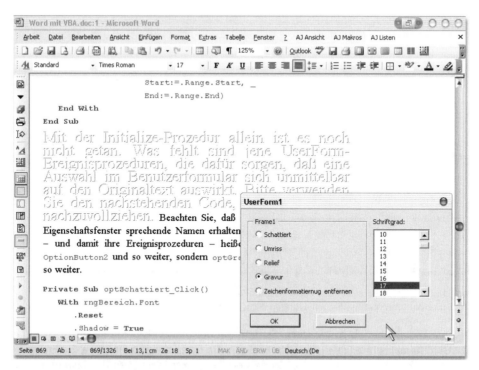

Abbildung 24.13 Erweiterung des Benutzerformulars, mit dem nun auch der Schriftgrad zur Laufzeit anhand des Originaltextes dargestellt werden kann.

24.4.10 CommandButton

Ähnliche Begriffe: Befehlsschaltfläche, engl. auch »button« oder »push button«; dt. »Knopf«, Schaltfläche, Schaltflächensteuerelement, Schalter, Schaltknopf

Eine Befehlsschaltfläche ist primär dazu da, eine oder mehrere Aktionen auszulösen, wenn sein Click-Ereignis eintritt. Sie ist meist rechteckig und oft grau unterlegt und kann allgemein in einem Fenster, einer Dialogbox, einer Symbolleiste oder einem Benutzerformular angeordnet sein. Oft sind Befehlsschaltflächen beschriftet (zum Beispiel. mit »OK« oder »Abbrechen«). Die Beschriftung wird über die Caption-Eigenschaft des Steuerelements festgelegt. Zeigt die Befehlsschaltfläche ein Symbol, spricht man auch von einer *Symbolschaltfläche*. Durch Anklicken einer Schaltfläche mit der Maus wird zur Laufzeit die zugehörige VBA-Click-Ereignisprozedur ausgeführt.

Wichtige Ereignisse:

▶ Click-Ereignis: Die Anweisungen, die der Ereignisprozedur (Click-Ereignis) der Befehlsschaltfläche (CommandButton) zugeordnet sind, legen das Verhalten der Befehlsschaltfläche fest (Standardereignis).

Wichtige Methoden und Eigenschaften:

▶ Caption-Eigenschaft: Legt den Text der Befehlsschaltfläche fest.
▶ Click-Ereignis: Wird beim Anklicken ausgelöst.
▶ Cancel-Eigenschaft: Definiert, ob das Click-Ereignis auch durch das Betätigen der Taste `Esc` getriggert wird.
▶ Default-Eigenschaft: Definiert, ob diese Schaltfläche die Standardschaltfläche ist und damit, ob das Click-Ereignis durch das Betätigen der Eingabetaste `Eingabetaste` ausgelöst wird.

Beispiel CommandButton II: Inhalt eines Textfeldes im Benutzerformular markieren

In Abschnitt 24.2.3 auf Seite 645 und in anderen Beispielen haben Sie bereits Befehlsschaltflächen erstellt. Für das folgende einfache Beispiel benötigen Sie ebenfalls ein Benutzerformular, eine Befehlsschaltfläche und zusätzlich eine Textfeld. In dem Beispiel soll ein Klick auf den Schaltknopf dazu führen, daß der erfaßte Inhalt des Textfeldes markiert wird (wenn kein Text in dem Textfeld vorhanden ist, wird der Fokus nichtsdestotrotz in das Textfeld gesetzt). Geben Sie dieses Mal in die Click-Ereignisprozedur Ihrer Befehlsschaltfläche folgenden Code ein:

```
Private Sub CommandButton1_Click()
With TextBox1
    .SetFocus
    .SelStart = 0
    .SelLength = Len(.Text)
End With
End Sub
```

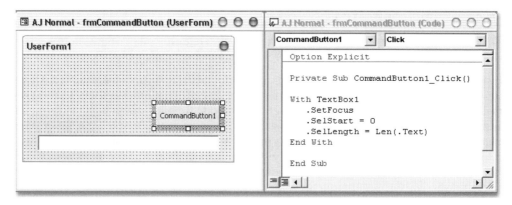

Abbildung 24.14 Ein simples Beispiel für eine Schaltfläche im Editiermodus: Wenn der Anwender auf den Schaltknopf klickt, wird die Einfügemarke in die Textbox bewegt und der gesamte Text im Eingabefeld zur Weiterbearbeitung markiert.

Die SetFocus-Methode sorgt als erstes dafür, daß die Einfügemarke zum Textfeld »wandert«. Mit der SelStart-Eigenschaft wird die Anfangsposition der zu markierenden Zeichenfolge bestimmt. Die SelLength-Eigenschaft definiert schließlich die Anzahl der zu markierenden Zeichen (im Beispiel wird durch die Len-Funktion die gesamte Zeichenfolge markiert).

Beispiel CommandButton III: Die Ausmaße des Benutzerformulars auf die Ausmaße von Word setzen

Durch den nachstehenden Code kann der Anwender, wenn er den Schaltknopf namens »CommandButton1« anklickt, die Größe des Benutzerformulars genauso breit und hoch einstellen, wie Word gerade auf dem Bildschirm dargestellt wird.

```
Private Sub CommandButton1_Click()
    'UserForm auf Word-Größe setzen.
    With Me
       .Height = Application.Height
       .Width = Application.Width
    End With
End Sub
```

24.4.11 MultiPage

Ähnliche Begriffe: Multiseiten

Ein MultiPage-Steuerelement besteht aus mehreren Registerseiten (Registerkarten), die unterschiedliche Steuerelemente aufnehmen können. Eine einzelne Registerseite wird über die Registerzunge ausgewählt, die sich meist am oberen Rand des MultiPage-Steuerelements befindet.

Hinzufügen einer neuen Registerseite

Standardmäßig enthält ein MultiPage-Steuerelement zwei Registerseiten. Sie können im Editiermodus die Anzahl vergrößern, indem Sie den Mauszeiger über eine Registerzunge positionieren und mit der rechten Maustaste klicken. Im erscheinenden Kontextmenü wählen Sie dann den Befehl »Neue Seite« aus. Außerdem können Sie mit dem Kontextmenü vorhandene Seiten löschen, umbenennen oder verschieben. Alle diese Aktionen können aber auch programmgesteuert respektive zur Laufzeit durchgeführt werden.

Verwenden Sie ein MultiPage-Steuerelement, wenn viele unterschiedliche Informationen und Daten auf kleinem Raum mit verschiedenen Steuerelementen in einem Formular angezeigt werden müssen.

Wichtige Ereignisse:

- Change-Ereignis: Über das Change-Ereignis erhalten Sie die Information, daß eine neue Registerseite ausgewählt wurde (Standard-Ereignis). Im Anschluß an das Ereignis könnten Sie beispielsweise überprüfen, welche Registerseite aktiv ist, und die entsprechenden Werte in den gewünschten Steuerelementen der aktiven Registerseite initialisieren.

Wichtige Methoden und Eigenschaften:

- Cycle-Eigenschaft: Mit dieser Eigenschaft können Sie festlegen, wie sich der Fokus bei den »Behälter«-Steuerelementen verhalten soll (TabStrip, MultiPage und Frame), wenn das letzte eingebettete Steuerelement innerhalb des Behälter-Steuerelements verlassen wird. Bei »2« bleibt der Fokus solange im jeweiligen Behälter-Steuerelement, bis er explizit auf ein Steuerelement außerhalb des Behälter-Steuerelements gesetzt wird. Die Einstellung »0« setzt den Fokus auf das erste Steuerelement des nächsten Behälter-Steuerelements in dem Formular, wenn der Anwender beim letzten Steuerelement in der Aktivierreihenfolge die Taste Tab drückt.
- Picture-Eigenschaft: Mit dieser Eigenschaft bestimmen Sie, welches Bild (Bitmap) auf dem Steuerelement als Hintergrund angezeigt werden soll.
- PictureAligment-Eigenschaft: Mit der PictureAligment-Eigenschaft bestimmen Sie die Position, an der ein Bild im Steuerelement ausgerichtet werden soll.
- ScrollBars-Eigenschaft: Mit der ScrollBars-Eigenschaft legen Sie fest, ob das Steuerelement vertikale Bildlaufleisten, horizontale Bildlaufleisten oder beides besitzt.
- TransistionEffect-Eigenschaft: Mit dieser Eigenschaft können Sie den optischen Übergangseffekt angeben, der verwendet werden sollen, wenn von einer Register-Seite zur nächsten gewechselt wird.
- TabOrientation-Eigenschaft: Mit dieser Eigenschaft können Sie bestimmen, an welcher Seite in einem Multiseiten-Steuerelement oder Register-Steuerelement die Registerreiter angezeigt werden (0 = oben, 1 = unten, 2 = links, 3 = rechts).
- Value-Eigenschaft (Standard-Eigenschaft): Enthält den Index der aktiven Seite. Achtung: Der Index beginnt mit »0«, das heißt, die erste Seite des Steuerelements wird *nicht* mit »1«, sondern mit »0« angesprochen; die zweite *nicht* mit »2«, sondern mit »1« und so weiter.

Beispiel MultiPage I: Probe von Schriftauszeichnungen direkt am markierten Originaltext – Die Zweite

Um die Funktionsweise eines MultiPage-Steuerelements zu demonstrieren, wird das obige Beispiel zum Frame-Steuerelement aufgegriffen und erweitert. Schließlich gibt es zig Möglichkeiten, Schrift auszuzeichnen. Das Beispiel wirkt insgesamt komplexer, aber die zugrunde liegenden Prozeduren sind nicht wirklich kompliziert. Es ist mehr eine Fleißarbeit.

Wichtig ist folgende Vorabinformation: Bislang spielte es in den Beispielen keine Rolle, ob ein Benutzerformular modal (gebunden) oder ungebunden ist. Daher waren alle Beispiele bis zu Word 1997 abwärtskompatibel. Einige wenige Funktionalitäten im folgenden Beispiel setzen jedoch zwingend ein ungebundenes Benutzerformular voraus. Word 1997 Benutzer müssen beim Nachvollziehen des Beispiels ausprobieren, was geht und was nicht. Ab Word 2000 können Sie das Benutzerformular mit

```
'UserForm ist ungebunden ("0").
UserForm1.Show vbModeless
```

starten. Besser ist es, wenn Sie neues Benutzerformular anlegen und im Eigenschaftsfenster die Benutzerformular-Eigenschaft ShowModal explizit auf False setzen. Positionieren Sie auf dem Formular folgende Steuerelemente:

- MultiPage-Steuerelement: Name=Multipage1
- CommandButton: Name=cmdOK, Caption=OK
- CommandButton: Name=cmdAbrechen, Caption=Abbrechen
- CommandButton: Name=cmdReset, Caption=Alle zurücksetzen

Ändern Sie den Titel der ersten Seite des MultiPage-Steuerelements ab (Page1: Caption=Art, Grad, Schnitt) und plazieren Sie bitte folgende Steuerelemente auf der Seite:

- ListBox: Name= lstSchriftarten
- ListBox: Name=lstSchriftgrade
- CheckBox: Name=chkFett
- CheckBox: Name=chkKursiv

Das ganze sollte im Editiermodus etwa wie in Abbildung 24.15 aussehen.

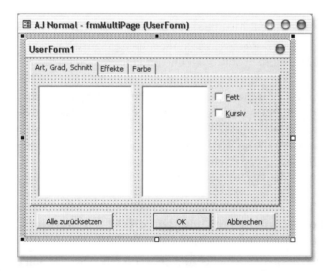

Abbildung 24.15 Ein MultiPage-Steuerelement, auf dessen erste Seite zwei Listenfelder und zwei Checkboxen plaziert wurden. Unter der MultiPage befinden sich drei Schaltknöpfe, die auch dann zu sehen sind, wenn man eine andere Seite des MultiPage-Steuerelements öffnet.

Wechseln Sie nun zur zweiten Seite des MultiPage-Steuerelements. Ändern Sie den Titel der zweiten Seite ab (Page2: Caption=Effekte), und fügen Sie der zweiten Seite folgende Steuerelemente hinzu:

- Frame: Name=Frame1, Caption=Dekoration mit fünf Optionsfeldern
  - Optionsfeld: Name=optFrame1Normal, Caption=Normal
  - Optionsfeld: Name=optSchattiert, Caption=Schattiert
  - Optionsfeld: Name=optUmriss, Caption=Umriss
  - Optionsfeld: Name=optRelief, Caption=Relief
  - Optionsfeld: Name=optGravur, Caption=Gravur
- Frame: Name=Frame2, Caption=Stellung
  - Optionsfeld: Name=optFrame2Normal, Caption=Normal
  - Optionsfeld: Name=optHochgestellt, Caption=Hochgestellt
  - Optionsfeld: Name=optTiefGestellt, Caption=Tiefgestellt
- Frame: Name=Frame3, Caption=Großbuchstaben
  - Optionsfeld: Name=optFrame3Normal, Caption=Normal
  - Optionsfeld: Name=optKapitälchen, Caption=Kapitälchen
  - Optionsfeld: Name=optGroßbuchstaben, Caption=Versalien

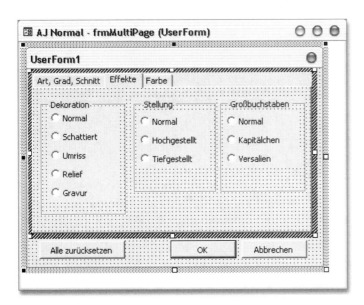

Abbildung 24.16 Die zweite Seite des MultiPage-Steuerelements

Legen Sie, wie weiter oben beschrieben, eine neue Seite (Registerseite) für das MultiPage-Steuerelement an. Ändern Sie den Titel der dritten Seite ab (Page3: Caption=Farbe), und fügen Sie der dritten Seite folgende Steuerelemente hinzu:

- ▶ Frame: Name=Frame4, Caption=Hervorhebung
  - ▶ Optionsfeld: Name=optFrame4Normal, Caption=Normal
  - ▶ Optionsfeld: Name=optHGRot, Caption=Rot
  - ▶ Optionsfeld: Name=optHGGrün, Caption=Grün
  - ▶ Optionsfeld: Name=optHGBlau, Caption=Blau
  - ▶ Optionsfeld: Name=optHGGelb, Caption=Gelb
- ▶ Frame: Name=Frame5, Caption=Hervorhebung
  - ▶ Optionsfeld: Name=optFrame5Normal, Caption=Normal
  - ▶ Optionsfeld: Name=optRot, Caption=Rot
  - ▶ Optionsfeld: Name=optGrün, Caption=Grün
  - ▶ Optionsfeld: Name=optBlau, Caption=Blau
  - ▶ Optionsfeld: Name=optGelb, Caption=Gelb

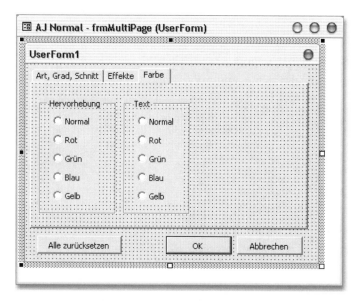

Abbildung 24.17 Die dritte Seite des MultiPage-Steuerelements im Editiermodus

1. Wechseln Sie nun in das Code-Fenster des Benutzerformulars. Dort sollten Sie als allererstes im Deklarationsbereich die modulweite Variable rngBereich eintippen, weil ihr Wert von allen folgenden Prozeduren benötigt wird:

```
Option Explicit
Private rngBereich As Word.Range
```

2. Geben Sie anschließend die Ereignisprozedur für das Benutzerformular ein, die für die Initialisierung der Steuerelemente verantwortlich ist:

```
Private Sub UserForm_Initialize()
Dim intFontSize As Integer
Dim vntFontName As Variant
```

```vb
'Benutzerformular in die linke, obere Ecke setzen.
Me.StartUpPosition = 3

With Selection

    'Wenn nichts markiert, Meldung und raus ...
    If .Type <> wdSelectionNormal Then
        MsgBox Prompt:="Kein Text markiert.", _
               Title:=Me.Caption
        End
        Exit Sub
    End If

    'Markierungs-Objekt in die Zwischenablage
    'kopieren, um eine Rekonstruktion der
    'Originalformatierung zu ermöglichen.
    .Copy

    'Position der Markierung für Range festlegen.
    Set rngBereich = ActiveDocument.Range( _
                     Start:=.Range.Start, _
                     End:=.Range.End)
End With

    'Listenfeld "Schriftgrad" mit Gradangaben füllen
    With lstSchriftgrade
        For intFontSize = 6 To 72
            .AddItem Trim(intFontSize)
            If Selection.Font.Size = intFontSize Then
                .ListIndex = .ListCount - 1
            End If
        Next
    End With

    'Listenfeld "Schriftart" mit auf dem
    'System installierten Schriftnamen füllen
    With lstSchriftarten
        For Each vntFontName In Application.FontNames
            .AddItem vntFontName
            If Selection.Font.Name = vntFontName Then
                .ListIndex = .ListCount - 1
            End If
        Next
    End With

End Sub
```

3. Jetzt sind die Schaltknöpfe dran. Codieren Sie für diese folgende drei Ereignisprozeduren:

```
Private Sub cmdOK_Click()
    Unload Me
End Sub

Private Sub cmdReset_Click()
    rngBereich.Font.Reset
End Sub

Private Sub cmdAbbrechen_Click()
    'Text mit Änderungen im Bereich verwerfen.
    rngBereich.Text = ""

    'Original-Text und -Auszeichnung wieder einsetzen.
    Selection.Paste
    Unload Me
End Sub
```

4. Auf der ersten Seite des MultiPage-Steuerelements befinden sich keine Frames und keine Optionsfelder, so daß die Ereignisprozeduren für die vier Steuerelemente dieser Seite relativ knapp ausfallen:

```
Private Sub lstSchriftarten_Click()
With rngBereich.Font
    .Name = lstSchriftarten.Text
    Selection.Collapse
End With
End Sub

Private Sub lstSchriftgrade_Click()
With rngBereich.Font
    .Size = lstSchriftgrade.ListIndex + 6
    Selection.Collapse
End With
End Sub

Private Sub chkFett_Click()
    rngBereich.Font.Bold = chkFett.Value
End Sub

Private Sub chkKursiv_Click()
    rngBereich.Font.Italic = chkKursiv.Value
End Sub
```

5. Auf der Seite zwei und drei des MultiPage-Steuerelements befinden sich insgesamt fünf Frames und 21 verschiedene Optionsfelder, die sich teilweise wechselweise beeinflussen. Es ist sinnvoll, für jede Optionsgruppe nur eine Prozedur zu schreiben. Diese kann letztlich von jeder Click-Ereignisprozedur benutzt werden, um eine gewünschte Aktion auszuführen. Geben Sie also der Reihe nach folgende Codezeilen ein.

Hilfsprozedur für »Dekoration« (Frame1):

```
Private Sub Frame1Einstellen()
With rngBereich.Font
    'Default
    .Outline = False
    .Emboss = False
    .Shadow = False
    .Engrave = False

    If optUmriss.Value = True Then
        .Outline = True
        .Color = wdColorAutomatic
    ElseIf optRelief.Value = True Then
        .Emboss = True
        .Color = RGB(0, 0, 0)
    ElseIf optSchattiert.Value = True Then
        .Shadow = True
        .Color = wdColorAutomatic
    ElseIf optGravur.Value = True Then
        .Engrave = True
        .Color = RGB(256, 256, 256)
    Else
        .Color = wdColorAutomatic
    End If
    Selection.Collapse
End With
End Sub
```

Hilfsprozedur für »Stellung« (Frame2):

```
Private Sub Frame2Einstellen()
With rngBereich.Font
    'Default
    .Superscript = False
    .Subscript = False

    If optHochgestellt = True Then
        .Superscript = True
    ElseIf optTiefGestellt = True Then
        .Subscript = True
    End If
End With
End Sub
```

Hilfsprozedur für »Großbuchstaben« (Frame3):

```
Private Sub Frame3Einstellen()
With rngBereich.Font
    .SmallCaps = False
    .AllCaps = False

    If optKapitälchen = True Then
```

```vba
        .SmallCaps = True
    ElseIf optGroßbuchstaben = True Then
        .AllCaps = True
    End If
End With
End Sub
```

Hilfsprozedur für »Hervorhebung« (Frame4):

```vba
Sub Frame4Einstellen()
With rngBereich
    'Default
    .HighlightColorIndex = wdNoHighlight

    If optHGRot = True Then
        .HighlightColorIndex = wdRed
    ElseIf optHGGruen = True Then
        .HighlightColorIndex = wdGreen
    ElseIf optHGBlau = True Then
        .HighlightColorIndex = wdBlue
    ElseIf optHGGelb = True Then
        .HighlightColorIndex = wdYellow
    End If
End With
End Sub
```

Hilfsprozedur für »Text« (Frame5):

```vba
Sub Frame5Einstellen()
With rngBereich.Font
    'Default
    .Color = wdColorAutomatic

    If optRot = True Then
        .Color = wdColorRed
    ElseIf optGruen = True Then
        .Color = wdColorGreen
    ElseIf optBlau = True Then
        .Color = wdColorBlue
    ElseIf optGelb = True Then
        .Color = wdColorYellow
    End If
End With
End Sub
```

6. Übrig bleibt, allen 21 `Click`-Ereignisprozeduren die richtige Hilfsprozedur zuzuweisen:

```vba
Private Sub optFrame1Normal_Click()
    Frame1Einstellen
End Sub
Private Sub optSchattiert_Click()
        Frame1Einstellen
End Sub
Private Sub optUmriss_Click()
```

```
        Frame1Einstellen
End Sub
Private Sub optRelief_Click()
    Frame1Einstellen
End Sub
Private Sub optGravur_Click()
    Frame1Einstellen
End Sub
Private Sub optTiefGestellt_Click()
    Frame2Einstellen
End Sub
Private Sub optHochgestellt_Click()
    Frame2Einstellen
End Sub
Private Sub optFrame2Normal_Click()
    Frame2Einstellen
End Sub
Private Sub optFrame3Normal_Click()
    Frame3Einstellen
End Sub
Private Sub optGroßbuchstaben_Click()
    Frame3Einstellen
End Sub
Private Sub optKapitälchen_Click()
    Frame3Einstellen
End Sub
Private Sub optFrame4Normal_Click()
    Frame4Einstellen
End Sub
Private Sub optHGBlau_Click()
    Frame4Einstellen
End Sub
Private Sub optHGGelb_Click()
    Frame4Einstellen
End Sub
Private Sub optHGGruen_Click()
    Frame4Einstellen
End Sub
Private Sub optHGRot_Click()
    Frame4Einstellen
End Sub
Private Sub optBlau_Click()
    Frame5Einstellen
End Sub
Private Sub optGruen_Click()
    Frame5Einstellen
End Sub
Private Sub optGelb_Click()
    Frame5Einstellen
End Sub
```

```
Private Sub OptionFrame5Normal_Click()
    Frame5Einstellen
End Sub
Private Sub optRot_Click()
    Frame5Einstellen
End Sub
```

Wenn Sie alles richtig nachvollzogen haben, verfügen Sie am Ende über ein Benutzerformular, mit dem Sie schon relativ komfortabel am Originaltext Auszeichnungen ausprobieren können, was der Gestaltung eines Schriftstückes unter ästhetischen Ansprüchen entgegenkommen kann. Natürlich steht es Ihnen frei, das Benutzerformular beliebig zu erweitern.

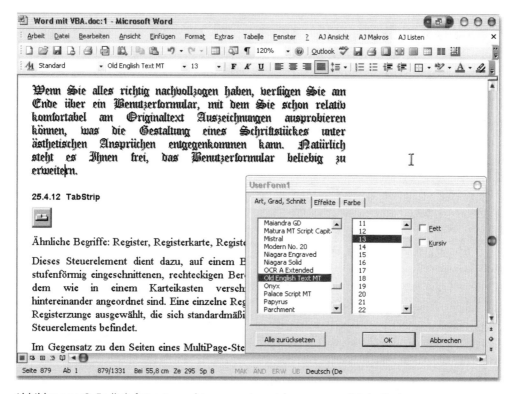

Abbildung 24.18 Endlich freies Ausprobieren von Auszeichnungen am Originaltext.

24.4.12 TabStrip

Ähnliche Begriffe: Register, Registerkarte, Registerseite

Dieses Steuerelement dient dazu, auf einem Benutzerformular einen stufenförmig eingeschnittenen, rechteckigen Bereich zu reservieren, in dem wie in einem Karteikasten verschiedene Registerseiten hintereinander angeordnet sind. Eine einzelne Registerseite wird über die Registerzunge ausgewählt, die sich standardmäßig am oberen Rand des Steuerelements befindet.

Im Gegensatz zu den Seiten eines MultiPage-Steuerelements handelt es sich bei den Registerseiten nicht um einen Container, in dem unterschiedliche Steuerelemente gegliedert werden können. Statt dessen präsentiert jede Registerseite des TabStrip-Steuerelements vorderhand den gleichen Inhalt. Der Seiteninhalt muß beim Umschalten auf eine neue Seite durch Code angepaßt werden beziehungsweise durch das Sichtbar/Unsichtbar-Machen einzelner Steuerelemente geschehen. Die auf einer Seite plazierten Steuerelemente gehören zum Benutzerformular (nicht zum TabStrip-Element) und werden beim Verschieben einer Registerseite nicht automatisch mit verschoben. Die Anzahl der Registerseiten ist frei einstellbar. Das Steuerelement wird meist dazu verwendet, um Benutzerformulare zu erstellen, die die gleichen Daten in unterschiedlichen Ansichten präsentieren.

Wichtige Methoden und Eigenschaften:

Es stehen Ihnen grundsätzlich die gleichen Eigenschaften zur Verfügung wie beim MultiPage-Element (siehe dort).

24.4.13 ScrollBar

Ähnliche Begriffe: Bildlaufleiste, Rollbalken

Dieses Bedienelement ermöglicht einen bequemen Bildlauf. Es wird gewöhnlich *automatisch* angezeigt, wenn der Inhalt eines Steuerelements nicht komplett in dessen Abmessungen dargestellt werden kann. Der Rollbalken befindet sich in diesem Fall am rechten Rand (vertikale Bildlaufleiste) oder am unteren Rand (horizontale Bildlaufleiste) des jeweiligen Steuerelements oder Fensters. An beiden Enden der Leiste befindet sich ein *Bildlaufpfeil* und dazwischen ein Schieberegler (das *Bildlauffeld*). Durch Anklicken der Bildlaufpfeile kann das Bild langsam, durch Verschieben des Bildlauffelds (bei gedrückter Maustaste) schnell in die gewünschte Richtung verschoben werden. Die automatischen ScrollBars werden in der Regel *nicht* codetechnisch beeinflußt.

Sie können jedoch *separate* Bildlaufleisten zu Ihrem Benutzerformular hinzufügen, um dem Anwender die Eingabe von Werten zu erleichtern. So ist es zuweilen sinnvoll, Prozentangaben oder komplexe, lineare Zahlenwerte für Berechnungen optional über eine Bildlaufleiste eingeben zu können. Die Bildlaufleisten können so eingestellt werden, daß nur ein bestimmter Zahlenbereich abgedeckt wird, wodurch die Eingabe von falschen Werten verhindert wird.

Wichtige Ereignisse:

- `Change`-Ereignis: Das Change-Ereignis tritt ein, wenn der Werte (Value) der Bildlaufleiste geändert wird (Standardereignis) und der Anwender die Maustaste wieder losläßt. Es kann dazu verwendet werden, die aktuelle Position in ein Textfeld oder in eine Bezeichnungsfeld einzutragen.
- `Scroll`-Ereignis: Das Scroll-Ereignis verhält sich im Prinzip ähnlich, wie das Change-Ereignis. Allerdings wird der Wert während des Blätterns (Scrollens) permanent aktualisiert, wodurch auch bei gedrückter Maustaste die Positionsangabe zur Weiterbearbeitung zur Verfügung steht.

Wichtige Methoden und Eigenschaften:

- ControlSource-Eigenschaft: Gibt die Datenposition an, mit der die Value-Eigenschaft der Bildlaufleiste festgesetzt oder gespeichert wird (nebenbei: Die ControlSource-Eigenschaft akzeptiert auch Tabellenblattbereiche aus Excel).
- LargeChange-Eigenschaft: Gibt an, wie weit sich das Bildlauffeld weiterbewegt, wenn der Anwender auf den Bereich der Bildlaufleiste zwischen dem Bildlauffeld und dem Bildlaufpfeil klickt.
- Min-Eigenschaft: Gibt den minimalen Wert an, den die Bildlaufleiste annehmen kann.
- Max-Eigenschaft: Gibt den maximalen Wert an, den die Bildlaufleiste annehmen kann.
- SmallChange-Eigenschaft: Gibt die Schrittweite an, wenn der Benutzer auf einen Bildlaufpfeil klickt.
- Value-Eigenschaft: Enthält den aktuellen Wert.

Beispiel ScrollBar I: Position eines Bildlauffeldes in der Titelleiste eines Benutzerformulars anzeigen

Durch den nachstehenden Code wird beim Scrollen mit einer Bildlaufleiste die Position des Bildlauffeldes in der Titelleiste eines Benutzerformular fortwährend angezeigt (vorausgesetzt, die ScrollBar befindet sich auf dem Benutzerformular und die Ereignisprozedur ist im Code-Fenster des Benutzerformulars niedergeschrieben):

```
Private Sub ScrollBar1_Scroll()
    UserForm2.Caption = ScrollBar1.Value
End Sub
```

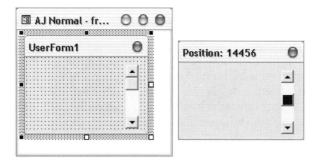

Abbildung 24.19 Ein ScrollBar-Steuerelement: links im Editiermodus, rechts zur Laufzeit.

24.4.14 SpinButton

Ähnliche Begriffe: Drehfeld, rotating field, SpinnerBox

SpinButtons sind eine Sonderform von Bildlaufleisten. Sie verwenden Spinner-Boxen typischerweise dazu, um numerische Werte, Daten oder andere aufeinanderfolgende Werte einzugeben, die in einen speziellen Bereich fallen. Durch Anklicken des Nach-oben-Pfeils auf dem Spinner-Steuerelement wird der Wert in der Box erhöht, durch Anklicken des Nach-unten-Pfeils wird der Wert in der Box vermindert.

Wichtige Ereignisse, Methoden und Eigenschaften:

Es stehen Ihnen grundsätzlich die gleichen Eigenschaften zur Verfügung wie beim Scroll-Bar-Element (siehe dort).

24.4.15 Image

Ähnliche Begriffe: »Bildnis«, »Bild«, Anzeige

Das Image-Steuerelement ermöglicht es Ihnen, eine Grafik auf einem Anwender-Formular anzuzeigen. Folgende Bildformate lassen sich nutzen: *.BMP, *.CUR, *.GIF, *.ICO, *.JPG oder *.WMF. Sie können eine Grafik beschneiden, anpassen oder vergrößern, um sie an das Image-Steuerelement anzupassen, aber Sie können ein Image-Steuerelement nicht dazu verwenden, um die Grafik zu bearbeiten. Sie können jedoch nach dem Anklicken des Image-Steuerelements eine spezielle VBA-Prozedur ausführen lassen.

Wichtige Methoden und Eigenschaften:

- Picture-Eigenschaft: Mit dieser Eigenschaft können Sie die Bitmap auswählen, die mit Hilfe des Image-Steuerelements angezeigt werden kann.
- PictureAlignment-Eigenschaft: Mit Hilfe dieser Eigenschaft können Sie das Bild im Benutzerformular ausrichten:
  - fmPictureAlignmentTopLeft (»0«): Richtet das Bild in der oberen linken Ecke aus.
  - fmPictureAlignmentTopRight (»1«): Richtet das Bild in der oberen rechten Ecke aus.
  - fmPictureAlignmentCenter (»2«): Richtet das Bild in der Mitte aus.
  - fmPictureAlignmentBottomLeft (»3«): Richtet das Bild in der unteren linken Ecke aus.
  - fmPictureAlignmentBottomRight (»4«): Richtet das Bild in der unteren rechten Ecke aus.
- PictureSizeMode-Eigenschaft: Mit dieser Eigenschaft bestimmen Sie, wie das Hintergrundbild in einem Steuerelement, Formular oder auf einer Seite angezeigt wird.
- PictureTiling-Eigenschaft: Ermöglicht es Ihnen, das Bild »gekachelt« darzustellen, das heißt mehrfach auf der gesamten zur Verfügung stehenden Fläche neben- und untereinander.

Abbildung 24.20 In diesem Beispiel wurde ein Foto als Hintergrundbild für ein Benutzerformular benutzt.

Teil 4 – Das Word-Objektmodell

25 Die wichtigsten Word-Objekte

»*Objekt aber ist das, in dessen Begriff das Mannigfaltige einer gegebenen Anschauung vereinigt ist.*«
Immanuel Kant[1]

25.1 Grundsätzliches zum Word-Objektmodell

Wer das gesamte Word-Objektmodell im Detail studieren will, muß viel von der »reinen Anschauungsform« Zeit[2] mitbringen. Es ist gewaltig, besitzt Hunderte von Aufzählungen, Objekten und Auflistungs-Objekten[3], nahezu Tausend Methoden, Tausende von Konstanten und Abertausende von Eigenschaften. Es ist besitzt mehr Objekte als jedes andere Mitglied der Office/VBA-Familie (nur Excel nennt ähnlich viele Objekte sein eigen). Selbst gestandene VBA-Profis kommen nicht umhin, immer wieder spezielle Referenz-Literatur zu bemühen. Die Hauptarbeit beim Codieren von VBA-Programmen besteht nicht etwa darin, Anweisungen für ein Programm niederzuschreiben. Viel mehr Zeit verbringen VBA-Entwickler mit der Recherche. Immer wieder müssen sie sich durch die Objektmodelle von Word, Office und angrenzenden Anwendungen und durch die Syntax der Methoden, Eigenschaften und Ereignisse »wühlen«, um die geeigneten Codekonstrukte zu finden.

Das Erfinden, technische Realisieren und Niederlegen von komplizierten Algorithmen, die Frage nach dem *Wie* ein Code welche Aufgabe ressourcenschonend erfüllen kann – das ist lange vorbei. VBA-Programmierung konzentriert sich in erster Linie auf das Designen eines Anforderungsmodells, auf die Auswahl der passenden Objekte und deren sinnvolle Verbindung und beantwortet die Frage: *Was* für ein Objekt welche Aufgabe erledigen soll. In diesem Sinne ist der typische VBA-Entwickler ein Teamspieler, Modellierer, Designer, Detektiv und Journalist mit Sozial-Intelligenz – kein Spund mit Kassenbrille und autistisch-genialen Zügen.

Wenn es darum geht, hinter die Geheimnisse des Word-Objektmodells zu kommen, ist es ein großer Vorteil, wenn man Word sehr gut kennt oder mit Typografie vertraut ist. Alles, was einem bei der täglichen Arbeit und beim Vielschreiben begegnet, besitzt in VBA ein korrespondierendes Objekt, eine übereinstimmende Methode, ein entsprechendes Ereignis, eine kongruente Eigenschaft oder dergleichen. Auf den Inhalt eines »Dokuments« kann man beispielsweise über ein `Document`-Objekt zugreifen, bestimmte »Bereiche« des Dokuments lassen sich mit dem `Range`-Objekt ansprechen, »Schriftformatierungen« befinden sich in `Font`-Objekt und so weiter. Der Word-Kenner wird viele Aha-Erlebnisse haben nach dem Motto »Ach was, so ist das also realisiert!« Dem VBA-Programmierer, der Word nicht kennt, wird das Word-Objektmodell dagegen zuerst wie ein Buch mit sieben Siegeln vorkommen. Er sollte sich erst die Grundbegriffe jeder Textverarbeitung aneignen, bevor er sich die Bedeutung der einzelnen Word-VBA-Objekte erschließt. Wer nicht weiß, was

---

[1] [KANTI002]: S. 139.
[2] Nach Kant ist die Zeit eine reine Form der sinnlichen Anschauung, die »Form des inneren Sinnes«, »die formale Bedingung a priori aller Erscheinungen überhaupt«.
[3] Engl. »collection objects«.

»Hurenkinder« und »Schusterjungen« sind und warum man sie vermeiden sollte, dem wird sich schwerlich den Sinn der Eigenschaft .WidowControl des Paragraphs-Objekts erschließen, mit der man »Witwen und Waisen« im Seitenumbruch verhindern oder zulassen kann.

Das vorliegende Buch stellt in keiner Form eine Referenz mit detaillierten Erklärungen zum Word-Objekmodell dar. Es verzichtet wie die meisten VBA-Fachbücher auf die Darstellung *aller* Word-Objekte und konzentriert sich auf Darlegungen einiger weniger Word-Objekte. Eine Beschreibung der koreanischen Hangul- und Alphabet-AutoKorrektur-Ausnahmen (HangulAndAlphabetExceptions-Objekte) ist beispielsweise für den deutschen Sprachraum nahezu überflüssig, obwohl dieses Objekt Bestandteil des Word-Objekmodells ist. Leser, die exotische Word-Objekte kennenlernen wollen, seien auf die ausführliche VBA-Offline-Hilfe[4] von Word, auf MSDN und/oder auf [MACKE001] verwiesen.

Mit den ausgesuchten Objekten können sie viele Probleme in Zusammenhang mit der Word-Programmierung lösen. Wenn Sie mit den wenigen, zentralen Objekten vertraut sind, wird es Ihnen leicht fallen, sich auch den anderen, die eher selten eingesetzt werden, bei Bedarf zu nähern. Hier erst einmal eine Übersicht über die wichtigen Word-Objekte:

Objekt(e)	Beschreibung
Application	Stellt die Word-Anwendung dar.
Global	Enthält Eigenschaften und Methoden der obersten Ebene, denen nicht die Application-Eigenschaft vorausgehen muß.
Options	Stellt Anwendungs- und Dokumentoptionen dar.
Documents, Document	Stellt eine Auflistung von Dokumenten bzw. ein Dokument dar.
Templates, Template	Stellt eine Auflistung von Dokumentvorlagen beziehungsweise eine Dokumentvorlage dar.
Sections, Section	Stellt eine Auflistung mit Abschnitten beziehungsweise einen einzelnen Abschnitt in einer Markierung, einem Bereich oder einem Dokument dar.
Selection	Stellt die aktuelle Markierung/Einfügemarke in einem Fenster oder einem Fensterausschnitt dar.
Range	Stellt einen fortlaufenden Bereich in einem Dokument dar.
Paragraphs, Paragraph	Stellt eine Auflistung von Absätzen beziehungsweise einen einzelnen Absatz in einer Markierung, einem Bereich oder einem Dokument dar.
Sentences	Stellt eine Auflistung von Range-Objekten dar, die alle Sätze in einer Auswahl, einem Bereich oder einem Dokument beinhaltet.
Words	Stellt eine Auflistung mit Wörtern in einer Markierung, einem Bereich oder Dokument dar.

---

4 In Word 97 handelt es sich um [VBAWRD8], in Word 2000 um [VBAWD09], in Word XP 2002 um [VBAWD10] und in Word 2003 um [VBAWD11].

Objekt(e)	Beschreibung
Characters	Stellt eine Auflistung von Zeichen in einer Auswahl, einem Bereich oder einem Dokument dar.
HeadersFooters, HeaderFooter	Stellt ein Auflistung von Kopf-/Fußzeilen oder eine einzelne Kopf-/Fußzeile in einem Abschnitt eines Dokuments dar.
Formfields, Formfield	Stellt alle Formularfelder oder ein einzelnes Formularfeld in einer Markierung, einem Bereich oder einem Dokument dar.
Tables, Table	Stellt eine Auflistung von Tabellen beziehungsweise eine einzelne Tabelle dar.

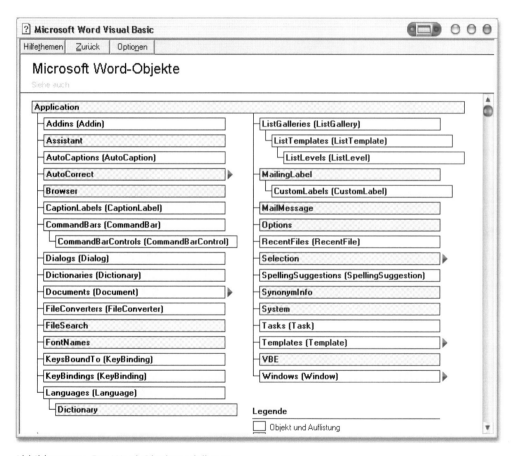

Abbildung 25.1 Das Word-Objektmodell 1997

Grundsätzliches zum Word-Objektmodell

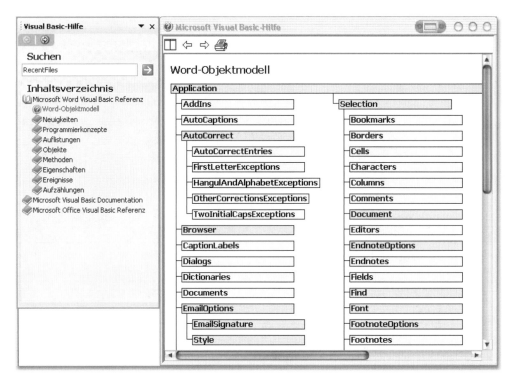

Abbildung 25.2 Das Word-Objektmodell 2003

25.2 Application-Objekt

Ein wichtiges Objekt in jedem VBA-Objektmodell ist das ganz oben in der Hierarchie stehende Application-Objekt. Sie haben es in diesem Buch bereits an vielen Stellen kennengelernt. Es repräsentiert allgemein die jeweilige Anwendung, in die VBA eingebettet ist, zum Beispiel stellt es in Excel die gesamte Tabellenkalkulation dar (Excel.Application), in Access das Datenbankmanagementsystem (Access.Application) und in Word die komplette Textverarbeitung (Word.Application). Alle anderen Objekte der jeweiligen Anwendung leiten sich vom Application-Objekt ab. So verhält es sich auch in Word. Dementsprechend müssen alle Objektverweise auf Word-Objekte über das Application-Objekt von Word deklariert werden (einige Objekte sind zwar als *global* kennzeichnet und kommen ohne Application-Bezeichner aus, aber sie sind nichtsdestotrotz dem Application-Objekt untergeordnet – hierzu weiter unten mehr).

Das Application-Objekt von Word enthält auf der obersten Ebene eine Reihe von Methoden und Eigenschaften, die Sie in Ihrem Code zum Steuern von Word verwenden können. Die meisten Mitglieder auf dieser Hierarchieebene des Application-Objekts beziehen sich weniger auf den Inhalt einzelner Dokumente als auf *globale Einstellungen der Word-Umgebung*. In diesem Sinne verwendet man das Application-Objekt im Code üblicherweise um ...

- Den Zugang zu allen anderen Objekten des Word-Objektmodells zu ermöglichen.
- Die Standardeinstellungen von Word wie Benutzername und Benutzerinitialien festzulegen.

- Die aktuellen Installations-Einstellungen der Word-Umgebung zu überprüfen oder zu setzen.
- Die Erscheinungsweise (Größe, Sichtbarkeit, Status, Position ...) des Word-Fensters zu manipulieren.

Dazu stehen Ihnen zahllose `Application`-Eigenschaften zur Verfügung, zum Beispiel: `Height`, `Width`, `Visible`, `WindowState` und so weiter. Bei vielen Eigenschaften des `Application`-Objekts genügt eine einzige Zeile zum Abfragen oder Festlegen, wohingegen andere Eigenschaften komplexer sind. Nachstehend ein paar Codebeispiele.

Activate
AddAddress
AutomaticChange
BuildKeyCode
CentimetersToPoints
ChangeFileOpenDirectory
CheckGrammar
CheckSpelling
CleanString
DDEExecute
DDEInitiate
DDEPoke
DDERequest
DDETerminate
DDETerminateAll
DefaultWebOptions
GetAddress
GetDefaultTheme
GetSpellingSuggestions
GoBack
GoForward
Help
HelpTool
InchesToPoints
Keyboard
KeyboardBidi
KeyboardLatin
KeyString
LinesToPoints
ListCommands
LookupNameProperties
MillimetersToPoints
MountVolume
Move
NewWindow
NextLetter
OnTime
OrganizerCopy
OrganizerDelete
OrganizerRename
PicasToPoints
PixelsToPoints
PointsToCentimeters
PointsToInches
PointsToLines
PointsToMillimeters
PointsToPicas
PointsToPixels
PrintOut
ProductCode
PutFocusInMailHeader
Quit
Repeat
ResetIgnoreAll
Resize
Run
ScreenRefresh
SendFax
SetDefaultTheme
ShowClipboard
ShowMe
SubstituteFont
ToggleKeyboard

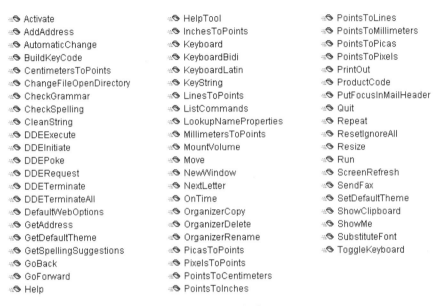

Abbildung 25.3 Die Methoden des Application-Objekts

ActiveDocument
ActivePrinter
ActiveWindow
AddIns
AnswerWizard
Application
ArbitraryXMLSupportAvailable
Assistant
AutoCaptions
AutoCorrect
AutoCorrectEmail
AutomationSecurity
BackgroundPrintingStatus
BackgroundSavingStatus
BrowseExtraFileTypes
Browser
Build
CapsLock
Caption
CaptionLabels
CheckLanguage
COMAddIns
CommandBars
Creator
CustomDictionaries
CustomizationContext
DefaultLegalBlackline
DefaultSaveFormat
DefaultTableSeparator
Dialogs
DisplayAlerts
DisplayAutoCompleteTips
DisplayRecentFiles
DisplayScreenTips
DisplayScrollBars
DisplayStatusBar
Documents
EmailOptions
EmailTemplate
EnableCancelKey
FeatureInstall
FileConverters
FileDialog
FileSearch
FindKey
FocusInMailHeader
FontNames
HangulHanjaDictionaries
Height
International
IsObjectValid

Abbildung 25.4 Die Eigenschaften des Application-Objekts – 1ter Teil

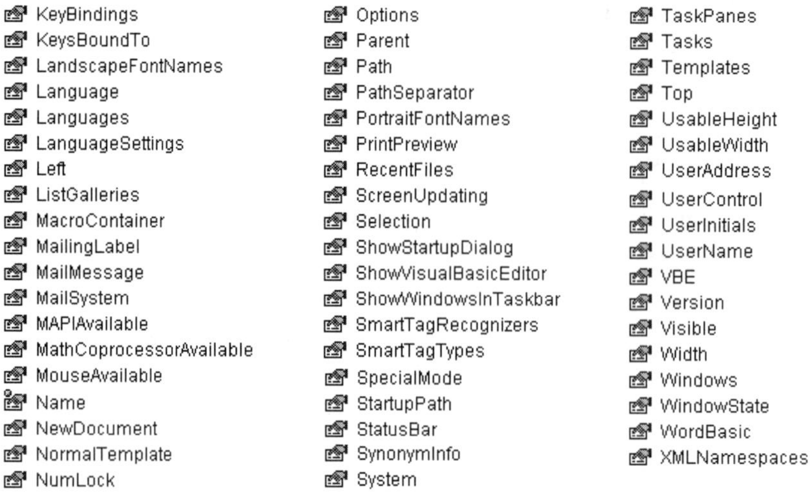

KeyBindings	Options	TaskPanes
KeysBoundTo	Parent	Tasks
LandscapeFontNames	Path	Templates
Language	PathSeparator	Top
Languages	PortraitFontNames	UsableHeight
LanguageSettings	PrintPreview	UsableWidth
Left	RecentFiles	UserAddress
ListGalleries	ScreenUpdating	UserControl
MacroContainer	Selection	UserInitials
MailingLabel	ShowStartupDialog	UserName
MailMessage	ShowVisualBasicEditor	VBE
MailSystem	ShowWindowsInTaskbar	Version
MAPIAvailable	SmartTagRecognizers	Visible
MathCoprocessorAvailable	SmartTagTypes	Width
MouseAvailable	SpecialMode	Windows
Name	StartupPath	WindowState
NewDocument	StatusBar	WordBasic
NormalTemplate	SynonymInfo	XMLNamespaces
NumLock	System	

Abbildung 25.5 Die Eigenschaften des Application-Objekts – 2ter Teil

25.2.1 Beispiel Application I: Eigenschaften des Application-Objekts auflisten

Der Zugriff auf das Application-Objekt dürfte für Sie inzwischen eine gewohnte Sache sein. Die folgende Prozedur listet zur Information einige Eigenschaften des Application-Objekts in einer Meldung auf:

```
Public Sub ApplicationEigenschaften()
Dim strMldg As String

With Application
strMldg = "Default: " & vbTab & .Application & vbCr
strMldg = strMldg & "Name: " & vbTab & .Name & vbCr
strMldg = strMldg & "Pfad: " & vbTab & .Path & vbCr
strMldg = strMldg & "Startpfad: " & .StartupPath & vbCr
strMldg = strMldg & "Version " & vbTab & .Build & vbCr
strMldg = strMldg & "Titel: " & vbTab & .Caption & vbCr
strMldg = strMldg & "Benutzer: " & .username & vbCr
strMldg = strMldg & "Dokum.: " & .ActiveDocument & vbCr
strMldg = strMldg & "Drucker: " & .ActivePrinter & vbCr
strMldg = strMldg & "Build: " & vbTab & .Build & vbCr
strMldg = strMldg & "Capslock: " & .CapsLock & vbCr
strMldg = strMldg & "SprachId: " & .Language & vbCr
strMldg = strMldg & "Creator: " & vbTab & .Creator
End With

MsgBox strMldg
End Sub
```

25.2.2 Beispiel Application II: Word-Titelzeile mit persönlicher Anrede

Die Titelzeile von Word ändern Sie mit der Caption-Eigenschaft des Application-Objekts ab. Nachstehend wird der Titelzeile eine persönliche Anrede hinzugefügt, die in diesem Fall der Username-Eigenschaft des Application-Objekts entnommen wird:

```
Sub WordFensterTitelzeileÄndern()
   Application.Caption = "Hallo " & Application.username
End Sub
```

Durch die Übergabe von Empty an die Caption-Eigenschaft setzen Sie die Titelzeile wieder auf den Standardwert zurück:

```
Sub WordFensterTitelzeileZurücksetzen()
   Application.Caption = Empty
End Sub
```

25.2.3 Beispiel Application III: Word-Titelzeile mit vollständigem Pfad des aktiven Dokuments

Leider zeigt Word von Haus nicht den gesamten Pfad des aktiven Dokuments in der Titelzeile des Word-Fensters an. Auch das kann man ändern:

```
Sub WordFensterTitelzeilePfadAktiveDoc()
   Application.Caption = ActiveDocument.FullName
End Sub
```

25.2.4 Beispiel Application IV: Höhe des Word-Fensters ändern

Der nachstehende Beispielcode demonstriert, wie man mit VBA die Höhe des Word-Fensters ändern kann:

```
Sub WordFensterHöheÄndern()
Dim varAntwort As Variant
With Application
   varAntwort = InputBox("Derzeitige Fensterhöhe: " & _
                .Height, "Fensterhöhe ändern?")
   If varAntwort <> "" Then
      .Height = varAntwort
   End If
End With
End Sub
```

25.2.5 Beispiel Application V: Breite des Word-Fensters ändern

Der nachstehende Beispielcode demonstriert, wie man mit VBA die Breite des Word-Fensters ändern kann:

```
Sub WordFensterBreiteÄndern()
Dim varAntwort As Variant
With Application
```

```
    varAntwort = InputBox("Derzeitige Fensterbreite: " & _
                .Width, "Fensterbreite ändern?")
    If varAntwort <> "" Then
        .Width = varAntwort
    End If
End With
End Sub
```

25.2.6 Beispiel Application VI: Position des Word-Fensters ändern

Die Position eines Fensters wird bekanntlich durch zwei Werte für die linke, obere Ecke des Fensters definiert. Üblicherweise ändert man die Position in zwei voneinander getrennten Vorgängen. Das ist auf Dauer jedoch mühsam. Die folgende Prozedur erlaubt die Übergabe von zwei Argumenten bei einem einzigen Aufruf:

```
Sub WordFensterPositionÄndern( _
                    intLinkePosition As Integer, _
                    intObenPosition As Integer)
Dim lngErgebnis   As Long
Dim strMldg       As String

With Application
    strMldg = "Position ändern?" & vbCr & vbCr & _
            "Alte Position: " & .Left & ", " & .top & _
            vbCr & "Neue Position: " & _
            intLinkePosition & ", " & intObenPosition
lngErgebnis = MsgBox(strMldg, vbYesNo, "Word-Fenster")

If lngErgebnis = vbYes Then
    .Left = intLinkePosition
    .top = intObenPosition
End If
End With
End Sub
```

Wenn Sie die Position des Word-Fensters in einem Rutsch (left and top) ändern wollen, können Sie dies mit einer Prozedur wie der folgenden erledigen:

```
Sub Test_WordFensterPositionÄndern()
    WordFensterPositionÄndern 100, 100
End Sub
```

25.3 Global-Objekt

Wie schon erwähnt, gibt es im Word-Objektmodell einige Eigenschaften, Methoden und Konstanten des Application-Objekts, die Sie ohne den Application-Objektbezeichner im Code verwenden können. Sie werden »globale Mitglieder« oder »globale »Elemente« genannt. Beispielsweise ist die ActiveDocument-Eigenschaft ein globales Mitglied, so daß Sie anstatt

```
Application.ActiveDocument.Name
```

auch schreiben können:

```
ActiveDocument.Name
```

Um die globalen Mitglieder anzusehen, öffnen Sie mit der Taste [F2] den Objektkatalog, wählen dort im obersten Eingabefeld die Objektbibliothek von Word aus (»Word« beziehungsweise »MsWord.olb«), und klicken oben in der Liste im Feld »Klassen« auf »<Global>«.

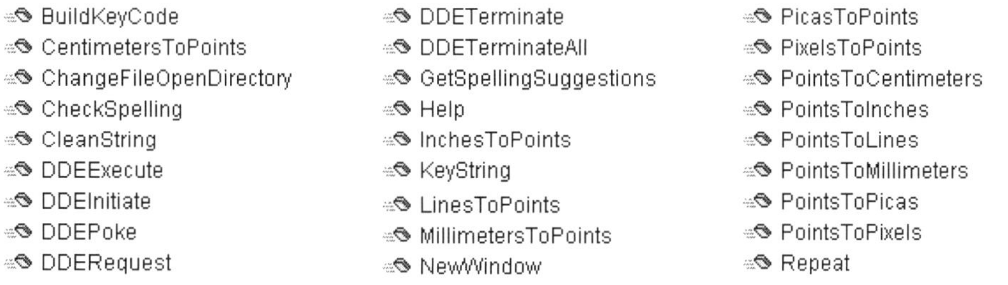

- BuildKeyCode
- CentimetersToPoints
- ChangeFileOpenDirectory
- CheckSpelling
- CleanString
- DDEExecute
- DDEInitiate
- DDEPoke
- DDERequest
- DDETerminate
- DDETerminateAll
- GetSpellingSuggestions
- Help
- InchesToPoints
- KeyString
- LinesToPoints
- MillimetersToPoints
- NewWindow
- PicasToPoints
- PixelsToPoints
- PointsToCentimeters
- PointsToInches
- PointsToLines
- PointsToMillimeters
- PointsToPicas
- PointsToPixels
- Repeat

Abbildung 25.6 Die Methoden des Global-Objekts

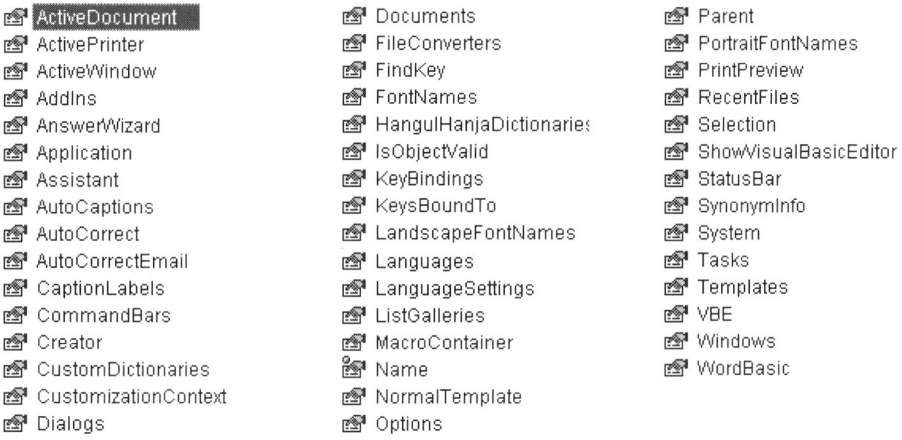

- ActiveDocument
- ActivePrinter
- ActiveWindow
- AddIns
- AnswerWizard
- Application
- Assistant
- AutoCaptions
- AutoCorrect
- AutoCorrectEmail
- CaptionLabels
- CommandBars
- Creator
- CustomDictionaries
- CustomizationContext
- Dialogs
- Documents
- FileConverters
- FindKey
- FontNames
- HangulHanjaDictionaries
- IsObjectValid
- KeyBindings
- KeysBoundTo
- LandscapeFontNames
- Languages
- LanguageSettings
- ListGalleries
- MacroContainer
- Name
- NormalTemplate
- Options
- Parent
- PortraitFontNames
- PrintPreview
- RecentFiles
- Selection
- ShowVisualBasicEditor
- StatusBar
- SynonymInfo
- System
- Tasks
- Templates
- VBE
- Windows
- WordBasic

Abbildung 25.7 Die Eigenschaften des Global-Objekts

25.4 Documents-Auflistung und Document-Objekt

Nach dem `Application`-Objekt ist das `Document`-Objekt das wichtigste im Objektmodell von Word. Beide haben viele ähnliche Methoden und Eigenschaften, da Dokumentoperationen sowohl auf Anwendungsebene als auch auf Dokumentebene durchgeführt werden können. Immer wenn Sie in Word ein Dokument öffnen oder ein neues Dokument erstellen, wird automatisch ein `Document`-Objekt erstellt. Das `Document`-Objekt spiegelt mit seinen Auflistungen, Eigenschaften und Methoden den Aufbau eines Word-Dokuments wieder. Sie wissen aus dem Umgang mit Word, daß ein Dokument sich aus Zeichen zusammensetzt, die Wörter bilden. Die Wörter sind in Sätzen angeordnet. Sätze werden in Absätzen gegliedert, die wiederum in unterschiedlichen Abschnitten angeordnet werden. Jeder Abschnitt in einem Dokument kann eigene Kopf- und Fußzeilen enthalten. Kopf- und Fußzeilen und alle anderen Abschnitte eines Dokuments können Textfelder besitzen, in den Zeichen stehen können ... und so weiter, und so fort. All diese Merkmale finden Sie im `Document`-Objekt wieder. Ihm untergeordnet sind Auflistungen mit entsprechenden Objekttypen:

- Zeichen: `Characters`
- Wörter: `Words`
- Sätze: `Sentences`
- Absätze: `Paragraphs`
- Abschnitte: `Sections`
- Kopf-/Fußzeilen: `HeadersFooters`
- ... und andere

Während Sie über das `Document`-Objekt mit einem einzelnen Dokument arbeiten, ermöglicht die `Documents`-Auflistung den Zugriff auf alle geöffneten Dokumente. Jedes Dokument, das Sie in Word öffnen oder nach dem Erstellen in Word geöffnet lassen, wird automatisch der `Documents`-Auflistung in Word hinzugefügt. Das Dokument, das den Fokus besitzt, wird als *aktives Dokument* bezeichnet. Wenn Sie auf das aktive Dokument Bezug nehmen wollen, können Sie dies über die `ActiveDocument`-Eigenschaft des `Application`-Objekts.

AcceptAllRevisions	FitToPages	Route
AcceptAllRevisionsShown	FollowHyperlink	RunAutoMacro
Activate	ForwardMailer	RunLetterWizard
AddToFavorites	GetCrossReferenceItems	Save
ApplyTheme	GetLetterContent	SaveAs
AutoFormat	GoTo	Select
AutoSummarize	MakeCompatibilityDefault	SelectAllEditableRanges
CanCheckin	ManualHyphenation	SelectNodes
CheckConsistency	Merge	SelectSingleNode
CheckGrammar	Post	SendFax
CheckIn	PresentIt	SendFaxOverInternet
CheckNewSmartTags	PrintOut	SendForReview
CheckSpelling	PrintPreview	SendMail
Close	Protect	SendMailer
ClosePrintPreview	Range	SetDefaultTableStyle
Compare	RecheckSmartTags	SetLetterContent
ComputeStatistics	Redo	SetPasswordEncryptionOptions
ConvertNumbersToText	RejectAllRevisions	ToggleFormsDesign
ConvertVietDoc	RejectAllRevisionsShown	TransformDocument
CopyStylesFromTemplate	Reload	Undo
CountNumberedItems	ReloadAs	UndoClear
CreateLetterContent	RemoveLockedStyles	Unprotect
DataForm	RemoveNumbers	UpdateStyles
DeleteAllComments	RemoveSmartTags	UpdateSummaryProperties
DeleteAllCommentsShown	RemoveTheme	ViewCode
DeleteAllEditableRanges	Repaginate	ViewPropertyBrowser
DeleteAllInkAnnotations	Reply	WebPagePreview
DetectLanguage	ReplyAll	
EditionOptions	ReplyWithChanges	
EndReview	ResetFormFields	

Abbildung 25.8 Die Methoden des Document-Objekts

ActiveTheme	EmbedSmartTags	HTMLProject
ActiveThemeDisplayName	EmbedTrueTypeFonts	Hyperlinks
ActiveWindow	Endnotes	HyphenateCaps
ActiveWritingStyle	EnforceStyle	HyphenationZone
Application	Envelope	Indexes
AttachedTemplate	FarEastLineBreakLanguage	InlineShapes
AutoFormatOverride	FarEastLineBreakLevel	IsMasterDocument
AutoHyphenation	Fields	IsSubdocument
Background	Footnotes	JustificationMode
Bookmarks	FormattingShowClear	KerningByAlgorithm
BuiltInDocumentProperties	FormattingShowFilter	Kind
Characters	FormattingShowFont	LanguageDetected
ChildNodeSuggestions	FormattingShowNumbering	ListParagraphs
ClickAndTypeParagraphStyle	FormattingShowParagraph	Lists
CodeName	FormFields	ListTemplates
CommandBars	FormsDesign	MailEnvelope
Comments	Frames	Mailer
Compatibility	Frameset	MailMerge
ConsecutiveHyphensLimit	FullName	Name
Container	GrammarChecked	NoLineBreakAfter
Content	GrammaticalErrors	NoLineBreakBefore
Creator	GridDistanceHorizontal	OpenEncoding
CustomDocumentProperties	GridDistanceVertical	OptimizeForWord97
DefaultTableStyle	GridOriginFromMargin	PageSetup
DefaultTabStop	GridOriginHorizontal	
DefaultTargetFrame	GridOriginVertical	
DisableFeatures	GridSpaceBetweenHorizontalLines	
DisableFeaturesIntroducedAfter	GridSpaceBetweenVerticalLines	
DocumentLibraryVersions	HasMailer	
DoNotEmbedSystemFonts	HasPassword	
Email	HasRoutingSlip	
EmbedLinguisticData	HTMLDivisions	

Abbildung 25.9 Die Eigenschaften des Document-Objekts – 1-ter Teil

25.4.1 Erstellen neuer Dokumente

Die Documents-Auflistung ist eine Sammlung jener Dokumente, die aktuell in Word geöffnet sind. Ein neues Dokument fügen Sie dieser Sammlung hinzu, indem Sie Add-Methode der Documents-Auflistung verwenden. Mit der folgenden Anweisung wird ein neues, leeres Dokument erstellt:

```
Documents.Add
```

Sie können ein neues Dokument programmiertechnisch auch erstellen, indem Sie den Rückgabewert von Documents.Add einer Objektvariablen zuweisen. Nach einer derartigen Zuweisung können Sie unmittelbar die Eigenschaften und Methoden des neuen Dokument mittels VBA-Code definieren.

```
Sub NeuesBeispielDok()
   Dim dokNeu As Document
   Set dokNeu = Documents.Add
   With dokNeu
      .Content.Font.Name = "Times"
      .SaveAs FileName:="Beispiel.doc"
   End With
End Sub
```

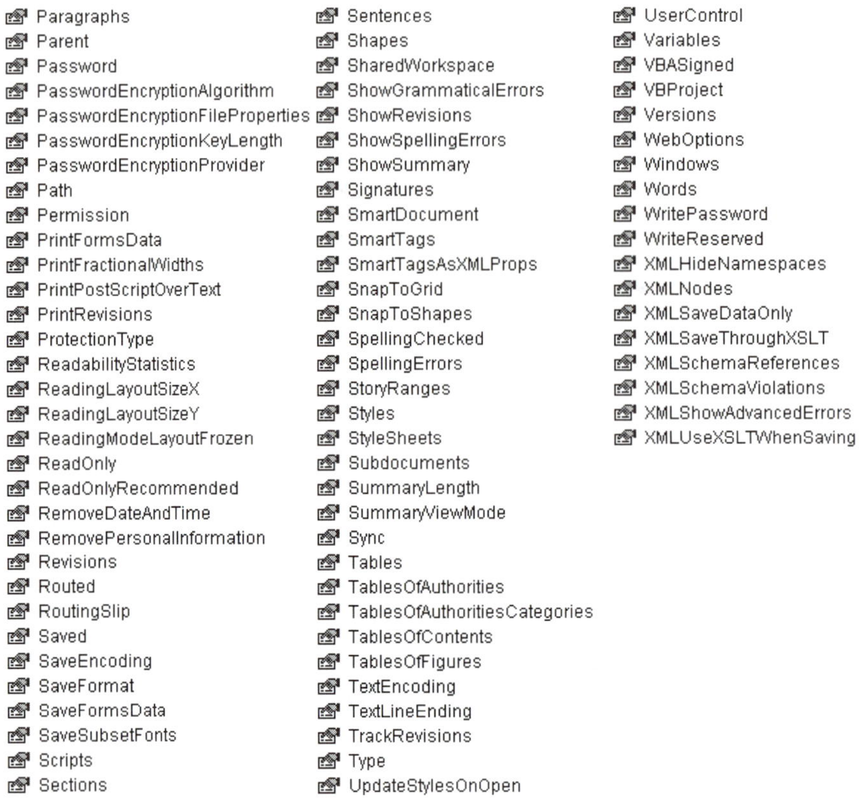

Paragraphs	Sentences	UserControl
Parent	Shapes	Variables
Password	SharedWorkspace	VBASigned
PasswordEncryptionAlgorithm	ShowGrammaticalErrors	VBProject
PasswordEncryptionFileProperties	ShowRevisions	Versions
PasswordEncryptionKeyLength	ShowSpellingErrors	WebOptions
PasswordEncryptionProvider	ShowSummary	Windows
Path	Signatures	Words
Permission	SmartDocument	WritePassword
PrintFormsData	SmartTags	WriteReserved
PrintFractionalWidths	SmartTagsAsXMLProps	XMLHideNamespaces
PrintPostScriptOverText	SnapToGrid	XMLNodes
PrintRevisions	SnapToShapes	XMLSaveDataOnly
ProtectionType	SpellingChecked	XMLSaveThroughXSLT
ReadabilityStatistics	SpellingErrors	XMLSchemaReferences
ReadingLayoutSizeX	StoryRanges	XMLSchemaViolations
ReadingLayoutSizeY	Styles	XMLShowAdvancedErrors
ReadingModeLayoutFrozen	StyleSheets	XMLUseXSLTWhenSaving
ReadOnly	Subdocuments	
ReadOnlyRecommended	SummaryLength	
RemoveDateAndTime	SummaryViewMode	
RemovePersonalInformation	Sync	
Revisions	Tables	
Routed	TablesOfAuthorities	
RoutingSlip	TablesOfAuthoritiesCategories	
Saved	TablesOfContents	
SaveEncoding	TablesOfFigures	
SaveFormat	TextEncoding	
SaveFormsData	TextLineEnding	
SaveSubsetFonts	TrackRevisions	
Scripts	Type	
Sections	UpdateStylesOnOpen	

Abbildung 25.10 Die Eigenschaften des Document-Objekts – 2-ter Teil

25.4.2 Öffnen eines vorhandenen Dokuments

Zum Öffnen eines vorhandenen Dokuments können Sie die Open-Methode der Documents-Auflistung verwenden. Mit der folgenden Prozedur wird das Dokument »Test.doc« aus dem Ordner »Arbeit« geöffnet:

```
Sub BspDokumentÖffnen01()
    Documents.Open FileName:="C:\Arbeit\Test.doc"
End Sub
```

Wenn Sie mit dem Dokument unmittelbar im VBA-Code weiterarbeiten wollen, empfiehlt es sich, das Dokument einer Objektvariablen zuzuweisen.

```
Sub BspDokumentÖffnen02()
Dim oDoc As Document
On Error Resume Next
Set oDoc = Documents.Open( _
        FileName:="C:\Arbeit\Test.doc")
'...
'Ab hier haben Sie das Dokument in »oDoc« im Griff und
```

```
'können mit ihm etwas anstellen.
'...
End Sub
```

Wenn sich das Dokument nicht in dem Ordner befindet, verursacht dies den Laufzeitfehler 5174. Sie können derartige Fehler über die Anweisungen `On Error Resume Next` und `If Err.Number <> 0` abfangen. Die `Open`-Methode besitzt eine Reihe von Parametern, mit denen Sie den Öffnungsvorgang steuern können:

- `ConfirmConversions`: Ein `True`-Wert als Argument hat zur Folge, daß das Dialogfeld »Datei konvertieren« angezeigt wird, wenn die Datei nicht im Word-Format vorliegt.
- `ReadOnly`: Ein `True`-Wert als Argument hat zur Folge, daß das gewünschte Dokument schreibgeschützt geöffnet wird.
- `AddToRecentFiles`: Ein `True`-Wert als Argument hat zur Folge, daß der Dateiname in die Liste der zuletzt geöffneten Dateien im Menü »Datei« aufgenommen wird.
- `PasswordTemplate`: Das Kennwort zum Öffnen des Dokuments (falls eines vergeben wurde).
- `Revert`: Mit diesem Argument legen Sie fest, was passiert, wenn das Dokument bereits geöffnet ist respektive wenn Name und Pfad des übergebenen Dokuments mit einem geladenen übereinstimmen. Ein `True`-Wert hat zur Folge, daß das geöffnete Dokument gleichen Namens ohne Rückfrage geschlossen und die gewünschte Datei statt dessen geöffnet wird. Bei False wird das bereits geöffnete Dokument aktiviert.
- `WritePasswordDocument`: Mit diesem Argument legen Sie das zum Speichern *von Änderungen* am Dokument erforderliche Kennwort fest.
- `WritePasswordTemplate`: Mit diesem Argument legen Sie das Kennwort zum Speichern von Änderungen an der Vorlage fest.
- `Format`: Mit diesem Argument legen Sie das zum Öffnen des Dokuments zu verwendende Dateikonvertierungsprogramm fest. Es kann sich um eine der folgenden `WdOpenFormat`-Konstanten handeln:
  - wdOpenFormatAllWord
  - wdOpenFormatAuto (Standardwert)
  - wdOpenFormatDocument
  - wdOpenFormatEncodedText
  - wdOpenFormatRTF
  - wdOpenFormatTemplate
  - wdOpenFormatText
  - wdOpenFormatUnicodeText
  - wdOpenFormatWebPages

  Wenn ein Dokument mit einem externen Dateiformat oder einem nicht mehr unterstützten Dateiformat geöffnet werden soll, müssen Sie der `OpenFormat`-Eigenschaft ein `FileConverter`-Objekt zuweisen.
- `Encoding`: Über das `Encoding`-Argument können Sie die bei der Anzeige des gespeicherten Dokuments von Word zu verwendende Dokumentkodierung (Codepage oder Zeichen-

satz) festlegen. Dabei können Sie auf MsoEncoding-Konstanten zurückgreifen. Eine Liste der gültigen MsoEncoding-Konstanten finden Sie im Objektkatalog des Visual Basic-Editors. Der Standardwert ist die Codepage des Systems.

- Visible: Ein True-Wert als Argument hat zur Folge, daß das Dokument in einem sichtbaren Fenster geöffnet wird (Standardwert).
- OpenConflictDocument: Mit diesem Argument bestimmen Sie, ob anstelle eines Dokuments mit einem Offlinekonflikt eine Konfliktdatei in Word geöffnet werden soll.
- OpenAndRepair: Ein True-Wert als Argument hat zur Folge, daß das Dokument beim Öffnen repariert wird, und so dessen Beschädigung auf ein Minimum reduziert wird.
- DocumentDirection: Mit diesem Argument können Sie den horizontalen Textfluß in einem Dokument festlegen (von links nach rechts oder von rechts nach links). Dabei können Sie eine der folgenden WdDocumentDirection-Konstanten verwenden:
  - wdLeftToRight (Standardwert)
  - wdRightToLeft
- NoEncodingDialog: Ein True-Wert als Argument hat zur Folge, daß die Anzeige des Dialogfeldes »Codierung« übergangen wird. Word zeigt dieses Feld gewöhnlich an, wenn die Textcodierung nicht erkannt wird. Der Standardwert ist False.

25.4.3 Speichern von Dokumenten

Zum Speichern eines einzelnen Dokuments können Sie die Save- oder die SaveAs-Methode des Document-Objekts verwenden. Das hängt ganz davon ob, ob das Dokument bereits existiert (Save), oder ob ein neu angelegtes Dokument gespeichert werden soll (SaveAs). Mit der folgenden Anweisung wird das aktive Dokument gespeichert.

```
ActiveDocument.Save
```

Wenn das aktive Dokument noch nicht gespeichert wurde, fordert Sie ein Dialog auf, einen Dateinamen für das Dokument einzugeben. Verweigern Sie oder der Anwender sich dieser höflichen Bitte (zum Beispiel durch Klick auf »Abbrechen«), ist ein Laufzeitfehler die Folge, den Sie im Zweifelsfalle über eine Fehlerbehandlung abfangen sollten (4198, »Befehl mißlungen«).

Wenn Sie sicherstellen wollen, daß das aktive Dokument nur dann gespeichert wird, wenn es seit dem letzten Speichern verändert wurde, so können Sie folgende Anweisung in Ihren Code aufnehmen:

```
If ActiveDocument.Saved = False Then
    ActiveDocument.Save
End If
```

Häufig werden Sie ein Dokument unter Angabe eines Dateinamens speichern wollen. Mit der folgenden Anweisung wird das Dokument »Test.doc« im aktuellen Ordner gespeichert:

```
Sub BspDokumentSpeichern01()
    Documents("Test.doc").Save
End Sub
```

Sie können dem `FileName`-Argument, wie eben gezeigt, entweder nur den Dateinamen oder aber einen vollständigen Pfad übergeben:

```
Sub BspDokumentSpeichern02()
    Documents("C:\Eigene Dateien\Test.doc").Save
End Sub
```

Sie können auch alle geöffneten Word-Dokumente auf einmal speichern. Wenden Sie dazu die `Save`-Methode auf die `Documents`-Auflistung an, also beispielsweise folgendermaßen:

```
Sub BspDokumenteAlleOffenenSpeichern()
    Documents.Save
End Sub
```

Wenn Sie beim Speichern potentielle lästige Rückmeldungen von Word »umschiffen« wollen, so können Sie der `Save`-Methode folgende Argumente übergeben:

```
Documents.Save NoPrompt:=True, _
               OriginalFormat:=wdOriginalDocumentFormat
```

Zum Speichern einer neuen Kopie eines vorhandenen Dokuments verwenden Sie die `SaveAs`-Methode mit einem `Document`-Objekt. Mit der folgenden Anweisung wird das aktive Dokument als »Test.doc« im aktuellen Ordner gespeichert. Hatte es vorher einen anderen Namen, haben Sie das gleiche Dokument nun zweimal:

SaveAs

```
Sub BspDokumentSpeichernAlsNeu()
    ActiveDocument.SaveAs FileName:="Test.doc"
End Sub
```

Mit der `Saved`-Eigenschaft des `Document`-Objektes können Sie den Speicherzustand eines Dokuments abrufen oder festlegen. Der Wert der `Saved`-Eigenschaft wird von Word automatisch auf `False` gesetzt, wenn der Anwender Änderungen am Inhalt oder an der Struktur des Dokuments vorgenommen hat. Beim Schließen eines Dokuments oder beim Beenden von Word wird eine Meldung angezeigt, in der Sie zum Speichern der Arbeitsmappe aufgefordert werden (sofern Sie die `Application.DisplayAlerts`-Eigenschaft nicht auf `False` gesetzt haben).

Saved

Wenn Sie der `Saved`-Eigenschaft im Code den Wert `True` zuweisen, behandelt Word das Dokument als wenn es bereits gespeichert wäre, so daß Sie nicht zum erneuten Speichern aufgefordert werden.

```
Dim oDoc As Document
Set oDoc = Documents.Open(FileName:="C:\Test.doc")
'...
'... (Anweisungen, die das Dokument manipulieren.)
'...
oDoc.Saved = True
'(Jetzt geht Word davon aus, daß das Dokument
' bereits gespeichert ist und zeigt keine Meldung an.)
```

Sie können dem Anwender auch die Wahl des Dateinamens überlassen. Dazu legen Sie ihm einfach exklusiv den Word-Dialog »Speichern unter« vor. Dieser läßt sich über die `Dialogs`-Auflistung öffnen. Das einzige, was Sie tun müssen, ist, die `Show`-Methode des Dialogs

Dialog »Speichern unter«

auf das gewünschte Dokument anzuwenden. Die folgende Prozedur öffnet den Dialog »Speichern unter«. Voraussetzung ist, daß das aktive Dokument gesichert werden soll.

```
Sub dlgSpeichernUnterAnzeigen()
Dim dlg As dialog
Set dlg = Dialogs(wdDialogFileSaveAs)

'Wenn Anwender "Abbrechen" gedrückt hat ...
If dlg.Show <> -1 Then
    On Error Resume Next
    MsgBox "Datei wurde nicht gespeichert!", _
           vbInformation, "Abbruch durch " & _
           Application.username

'Wenn Anwender "Speichern" im Dialog gewählt hat,
'sichert die Show-Methode das Dokument automatisch.
Else
    MsgBox "Success! Datei wurde gesichert"
End If
End Sub
```

Die Show-Methode liefert einen Wert zurück, den Sie auswerten können. Dieser stellt die vom Benutzer angeklickte Schaltfläche dar und lautet:

Wert	Schaltfläche
-2	»Schließen«
-1	»OK«
0	»Abbrechen«
größer als 0	1 = erste Schaltfläche 2 = zweite Schaltfläche und so weiter

25.4.4 Schließen von Dokumenten

Ein Dokument können Sie über die Close-Methode des Document-Objekts schließen. Mit Hilfe des optionalen Arguments SaveChanges bestimmen Sie, ob nach Änderungen im Dokument beim Schließen eine entsprechende Meldung zur Durchführung der Änderungen erscheinen soll oder nicht. Codieren Sie also zum Beispiel

```
ActiveDocument.Close SaveChanges:=False
```

wenn das aktuelle Dokument geschlossen werden soll, ohne daß der Benutzer die Chance erhält, das Dokument zu speichern.

25.4.5 Drucken eines Dokuments

Für das Drucken eine Dokuments stellt VBA die `PrintOut`-Methode der `Documents`-Auflistung zur Verfügung:

```
ActiveDocument.PrintOut
```

Für die `PrintOut`-Methode existieren zahlreiche optionale Parameter, die hier aus Platzgründen nicht aufgelistet werden können. Ein paar Beispiele mögen genügen.

- Durch den folgenden Codeschnipsel wird die aktuelle Seite des aktiven Dokuments gedruckt:

    ```
    ActiveDocument.PrintOut Range:=wdPrintCurrentPage
    ```

- Durch den folgenden Codeschnipsel werden 42 Kopien des aktuellen Dokuments gedruckt:

    ```
    ActiveDocument.PrintOut Copies:=42
    ```

- Durch den folgenden Codeschnipsel werden die ersten 42 Seiten des aktiven Dokuments gedruckt:

    ```
    ActiveDocument.PrintOut Range:=wdPrintFromTo, _
                            From:="1", To:="42"
    ```

25.4.6 Überprüfen, ob ein Dokument geladen ist

Mit der folgenden Funktion können Sie überprüfen, ob ein Dokument bereits in Word geladen ist. Die Funktion erwartet als Übergabeargument einen Dateinamen inklusive Pfad und Laufwerk, also zum Beispiel »H:\Office 2003\Startup\Normal.dot«. Wenn die Datei in Word geladen ist, gibt die Funktion `True` zurück. Wenn die Pfadangabe nicht korrekt ist oder die übergebene Datei nicht in Word geladen ist, wird `False` zurückgeliefert.

```
Public Function IsDocumentLoaded( _
            strDocWithFullPath As String) As Boolean
Dim docSuch As Document
IsDocumentLoaded = False

For Each docSuch In Application.Documents
    If docSuch.FullName = strDocWithFullPath Then
        StatusBar = "Dokument: " & _
                    strDocWithFullPath & " ist geladen."
        IsDocumentLoaded = True
        Exit For
    End If
Next
End Function
```

Testen können Sie die Funktion, in dem Sie ihr das aktive Dokument übergeben:

```
Sub Test_IsDocumentLoaded()
Dim strDatei As String

strDatei = ActiveDocument.Path & _
```

```
                Application.PathSeparator & _
                ActiveDocument.Name
MsgBox IsDocumentLoaded(strDatei)
End Sub
```

25.5 Selection-Objekt

Das `Selection`-Objekt repräsentiert die gegenwärtige Markierung in einem Word-Dokument. Bevor Sie in der Benutzeroberfläche von Word bestimmte Arbeitsschritte erledigen (zum Beispiel Text kursiv formatieren), kennzeichnen Sie zunächst ein Objekt oder einen Bereich eines Dokuments beziehungsweise heben etwas hervor. Eine oder mehrere Operationen beziehen sich dann auf das *markierte* Objekt beziehungsweise auf den *markierten* Dokumentbereich, so daß beispielsweise nur der markierte Text »kursiv« formatiert wird, aber Text, der sich vor oder nach dem markierten befindet, bleibt, wie er ist. Genau so verfahren Sie im Code mit dem `Selection`-Objekt: Zunächst definieren Sie die Markierung für einen bestimmten Bereich oder ein bestimmtes Objekt, dann führen Sie den gewünschten Vorgang für die Markierung aus.

Üblicherweise wird das `Selection`-Objekt dazu verwendet, Text in Dokumenten via VBA-Code zu markieren, zu formatieren, zu bearbeiten und zu drucken. Das `Selection`-Objekt ist in einem Word-Dokument immer vorhanden. Wenn nichts markiert ist, stellt das Objekt die Einfügemarke dar.

Das Selection-Objekt ist eigentlich eine Eigenschaft für die Objekte `Application`-, `Global`-, `Pane`- und `Window`. Wenn man `Selection` verwendet, läßt man aber meist den zugehörigen Objektbezeichner weg. In diesen Fällen bezieht sich `Selection` immer auf das `Application`-Objekt.

Erster Vergleich zwischen Selection- und Range-Objekt

Neben dem Selection-Objekt stellt VBA ein zweites, leistungsfähigeres Objekt zur Markierung oder zum Zugriff auf bestimmte Objekte/Bereiche bereit, das sogenannte `Range`-Objekt (es wird im Anschluß an den `Selection`-Abschnitt besprochen). Die Hauptdifferenz zwischen den beiden läßt sich folgendermaßen auf einen Nenner bringen: *Ein* Selection-*Objekt bezieht sich auf die Anzeige in der Benutzeroberfläche*; im Gegensatz dazu wird ein `Range`-Objekt in der Regel nicht angezeigt, sondern ist ein Art »unsichtbare« Markierung im Arbeitsspeicher (bei Bedarf kann es jedoch durch Aufrufen seiner `Select`-Methode angezeigt werden). Ein weiterer Unterschied besteht darin, *daß in einem Dokument nur ein einziges* Selection-*Objekt existiert*, während nahezu beliebig viele `Range`-Objekte definiert werden können.[5] Beachten Sie bitte, daß ein `Selection`-Objekt zwar kein `Range`-Objekt ist, es verfügt aber seinerseits über eine `Range`-Eigenschaft. Es ist somit gewissermaßen »kompatibel« zu einem `Range`-Objekt. Sie können den einen »Markierungsbereich« (`Selection.Range`) problemlos einem Bereichs-Objekt (`Range`) zuweisen.

---

[5] Unter sehr, sehr exotischen Umständen und mit großen, völlig abstrusen Code-Verrenkungen lassen sich auch mehrere `Selection`-Objekte erzeugen. Hierzu gibt es nur einen Tip: Versuchen Sie es erst gar nicht. Verwenden Sie immer das `Range`-Objekt, wenn Sie mehrere Objekte/Bereiche gleichzeitig markieren wollen.

> **Analogien zwischen Selection und Range**
>
> Das `Selection`-Objekt und das `Range`-Objekt haben viele ähnliche und gleiche Methoden und Eigenschaften. Die meisten der folgenden Beschreibungen zum `Selection`-Objekt gelten gleichermaßen für das `Range`-Objekt – und umgekehrt: Viele der späteren Erläuterungen zum `Range`-Objekt gelten ähnlich auch für das `Selection`-Objekt. Bitte haben Sie Verständnis dafür, daß gleiche Methoden oder Eigenschaften aus Platzgründen hier wie dort nicht angeführt werden.
>
> *Notabene:* Grundsätzlich empfiehlt sich die Verwendung des Range-Objekts anstelle des Selection-Objekts, da es leistungsfähiger ist und diverse weitere Vorteile besitzt.

VBA-Entwickler verwenden das `Selection`-Objekt meist, um dem Anwender eine Arbeitserleichterung zur Verfügung zu stellen, die in zwei Schritten abläuft, wo sonst eine Unzahl von Klicks notwendig wäre. Die zwei Schritte lauten:

Selection: Die Zwei-Schritt-Arbeitserleichterung

1. Der Anwender markiert irgend etwas im Dokument, das bearbeitet oder manipuliert werden soll.
2. Anschließend klickt der Anwender auf eine Symbolschaltfläche, hinter der sich einer Prozedur verbirgt, die das `Selection`-Objekt nutzt (oder der Anwender drückt eine entsprechende Tastenkombination).

Die Verwendung von immer gleichen Routinen, die eine bewußt gewählte Markierung voraussetzen, gewährleistet eine einheitliche Vorgehensweise bei komplexen Arbeitsschritten. Verwechselungen können so auf ein Minimum reduziert werden. Zu den wichtigsten Arbeitserleichterungen, die mit das `Selection`-Objekt (aber auch mit dem `Range`-Objekt) gewährt werden können, gehören:

- Umfangreiche Formatierungen in der Zwei-Schritt-Technik erledigen.
- Eine Markierung setzen, reduzieren, erweitern, abrufen, verschieben oder anderweitig verändern.
- Das, was markiert ist, im Kontext von einem oder mehreren Dokumenten zu bearbeiten.
- Das, was markiert ist, in die Zwischenablage zu kopieren, auszuschneiden und wieder einzufügen.
- Über die Markierung Informationen über einen Text, einen Bereich oder ein Objekt einholen.
- Über die Markierung etwas im Dokument finden, suchen und/oder ersetzen.
- ... und so weiter

Vor der Verwendung eines `Selection`-Objekts ist es ratsam zu eruieren, welches Element eines Word-Dokuments gerade markiert wird. Dazu können Sie die `Type`-Eigenschaft des `Selection`-Objekts verwenden. Die `Type`-Eigenschaft wird nachstehend besprochen. Danach folgen weitere Erläuterungen, die einen groben Überblick darüber vermitteln, für welche Aufgaben das `Selection`-Objekt häufig verwendet wird.

Beachten Sie bitte: Sowohl das `Selection`- als auch das `Range`-Objekt besitzen eine Reihe von redundanten Methoden und Eigenschaften. Da bekanntlich alle Wege nach Rom führen,

Redundante Methoden und Eigenschaften

Gesamtes Dokument (Hauptbereich) markieren

haben Sie die freie Auswahl, welche Methode und welche Eigenschaft Sie verwenden. Lassen Sie sich aber nicht von der Fülle der Möglichkeiten und Alternativen verwirren.

Im Grunde ist es beispielsweise völlig Jacke wie Hose, ob Sie den Hauptbereich des aktuellen Dokuments mit den beiden Anweisungen

```
Selection.HomeKey Unit:=wdStory, Extend:=wdMove
Selection.EndOf Unit:=wdStory, Extend:=wdExtend
```

markieren, oder mit der Anweisung:

```
Selection.WholeStory
```

oder mit der Anweisung:

```
Selection.Expand wdStory
```

oder nicht mit `Selection`, sondern mit anderen Konstrukten wie

```
ActiveDocument.Content
ActiveDocument.StoryRanges(wdMainTextStory)
```

Verwenden Sie einfach jenes Konstrukt, das Ihnen am besten gefällt.

- BoldRun
- Calculate
- ClearFormatting
- Collapse
- ConvertToTable
- Copy
- CopyAsPicture
- CopyFormat
- CreateAutoTextEntry
- CreateTextbox
- Cut
- Delete
- DetectLanguage
- EndKey
- EndOf
- EscapeKey
- Expand
- Extend
- GoTo
- GoToEditableRange
- GoToNext
- GoToPrevious
- HomeKey
- InRange
- InsertAfter
- InsertBefore
- InsertBreak
- InsertCaption
- InsertCells
- InsertColumns
- InsertColumnsRight
- InsertCrossReference
- InsertDateTime
- InsertFile

- InsertFormula
- InsertParagraph
- InsertParagraphAfter
- InsertParagraphBefore
- InsertRows
- InsertRowsAbove
- InsertRowsBelow
- InsertStyleSeparator
- InsertSymbol
- InsertXML
- InStory
- IsEqual
- ItalicRun
- LtrPara
- LtrRun
- Move
- MoveDown
- MoveEnd
- MoveEndUntil
- MoveEndWhile
- MoveLeft
- MoveRight
- MoveStart
- MoveStartUntil
- MoveStartWhile
- MoveUntil
- MoveUp
- MoveWhile
- Next
- NextField
- NextRevision
- NextSubdocument
- Paste
- PasteAndFormat

- PasteAppendTable
- PasteAsNestedTable
- PasteExcelTable
- PasteFormat
- PasteSpecial
- Previous
- PreviousField
- PreviousRevision
- PreviousSubdocument
- RtlPara
- RtlRun
- Select
- SelectCell
- SelectColumn
- SelectCurrentAlignment
- SelectCurrentColor
- SelectCurrentFont
- SelectCurrentIndent
- SelectCurrentSpacing
- SelectCurrentTabs
- SelectRow
- SetRange
- Shrink
- ShrinkDiscontiguousSelection
- Sort
- SortAscending
- SortDescending
- SplitTable
- StartOf
- ToggleCharacterCode
- TypeBackspace
- TypeParagraph
- TypeText
- WholeStory

Abbildung 25.11 Die Methoden des Selection-Objekts

Noch ein kleiner Tip vorab: Es wurde bereits erwähnt, daß sich das Selection-Objekt immer auf eine konkrete Anzeige bezieht. Beim Entwickeln sollten Sie deshalb auf dem Bildschirm ein wenig Ordnung machen und das Word-Fenster mit dem markierten oder zu markierenden Element neben das Fenster vom Visual Basic-Editor plazieren. Wenn Sie jetzt mit dem Einzelschrittmodus des Visual Basic-Editors Ihr Programm testen (Taste F8), können Sie die Auswirkungen Ihres Codes auf das markierte Objekt unmittelbar verfolgen (siehe Abbildung 25.11).

Tip: Testen von Selection-Routinen

- Active
- Application
- BookmarkID
- Bookmarks
- Borders
- Cells
- Characters
- ChildShapeRange
- Columns
- ColumnSelectMode
- Comments
- Creator
- Document
- Editors
- End
- EndnoteOptions
- Endnotes
- EnhMetaFileBits
- ExtendMode
- Fields
- Find
- FitTextWidth
- Flags
- Font
- FootnoteOptions
- Footnotes
- FormattedText
- FormFields
- Frames
- HasChildShapeRange
- HeaderFooter
- HTMLDivisions
- Hyperlinks
- Information
- InlineShapes
- IPAtEndOfLine
- IsEndOfRowMark
- LanguageDetected
- LanguageID
- LanguageIDFarEast
- LanguageIDOther
- NoProofing
- Orientation
- PageSetup
- ParagraphFormat
- Paragraphs
- Parent
- PreviousBookmarkID
- Range
- Rows
- Sections
- Sentences
- Shading
- ShapeRange
- SmartTags
- Start
- StartIsActive
- StoryLength
- StoryType
- Style
- Tables
- Text
- TopLevelTables
- Type
- Words
- XML
- XMLNodes
- XMLParentNode

Abbildung 25.12 Die Eigenschaften des Selection-Objekts

25.5.1 Die Type-Eigenschaft: Markierungstyp des Selection-Objekts ermitteln

Es gibt verschiedene Typen von Markierungen. Zuweilen ist es sinnvoll diese im Code abzufragen, um einen Laufzeitfehler zu vermeiden. Wenn Sie beispielsweise eine VBA-Operation für eine Spalte in einer Tabelle ausführen, die Einfügemarke sich aber in einer Fußnote ohne Tabelle befindet, kann dies zu Komplikationen führen. Im folgenden Codebeispiel wird die Type-Eigenschaft des Selection-Objekts zum Ermitteln des Markierungstyps herangezogen. Danach wird der ermittelte Wert mit einer Case-Struktur in einer String-Variablen gespeichert und in einer Meldung angezeigt.

```
Sub MarkierungsTypErmitteln()
Dim str As String

Select Case Application.Selection.Type
    Case Word.WdSelectionType.wdSelectionBlock
        str = "wdSelectionBlock"
    Case Word.WdSelectionType.wdSelectionColumn
        str = "wdSelectionColumn"
```

```
        Case Word.WdSelectionType.wdSelectionFrame
            str = "wdSelectionFrame"
        Case Word.WdSelectionType.wdSelectionInlineShape
            str = "wdSelectionInlineShape (Bild oder Grafik)"
        Case Word.WdSelectionType.wdSelectionIP
            str = "wdSelectionIP (Einfügemarke)"
        Case Word.WdSelectionType.wdSelectionNormal
            str = "wdSelectionNormal"
        Case Word.WdSelectionType.wdNoSelection
            str = "wdNoSelection"
        Case Word.WdSelectionType.wdSelectionRow
            str = "wdSelectionRow"
        Case Else
            str = "???"
    End Select

    MsgBox str
End Sub
```

Die nachstehende Tabelle listet auf, welche Bedeutung die verschiedenen Typen besitzen:

Wert	Typ	Beschreibung
0	wdNoSelection	Es ist nichts markiert und die Einfügemarke befindet sich nicht im Text.
1	wdSelectionIP	Die Einfügemarke befindet sich im Text. Es ist allerdings kein Text markiert.
2	wdSelectionNormal	Die Einfügemarke befindet sich im Text und es ist Text markiert (mindestens ein Zeichen).
3	wdSelectionFrame	Der Rand eines Positionsrahmens ist markiert.
4	wdSelectionColumn	Eine Spalte einer Word-Tabelle ist markiert.
5	wdSelectionRow	Eine Zeile einer Word-Tabelle ist markiert.
6	wdSelectionBlock	Die Markierung stellt einen Spaltenblock dar. Dies Art der Block-Markierung wird erreicht, wenn der Benutzer die Taste ALT gedrückt hält und den Mauszeiger über den Text zieht.
7	wdSelectionInlineShape	Ein textgebundenes Objekt ist markiert. Dabei kann es sich zum Beispiel um eine Grafik oder ein OLE-Objekt handeln.
8	wdSelectionShape	Ein ungebundenes (schwebendes) Objekt ist markiert. Dabei kann es sich zum Beispiel. um eine Grafik, ein Textfeld oder ein OLE-Objekt handeln.

Es entspricht einem guten Programmierstil, vor dem Einsatz des Selection-Objekts im Code, den Markierungstyp zu ermitteln, auf den im Anschluß Bezug genommen werden soll. Wenn eine Markierung nicht vom gewünschten Typ ist, sollte Ihr Code darauf angemessen reagieren, sonst sind womöglich unvorhergesehene Aktionen die Folge. Das nachstehende Beispiel zeigt eine Meldung an, wenn sich die aktuelle Einfügemarke (Markierung) nicht im Text befindet oder kein Text markiert ist. Nach der Meldung wird die Prozedur unmittelbar abgebrochen.

```
Sub MarkierungÜberprüfen()
If Selection.Type <> wdSelectionNormal Then
    MsgBox "Es ist kein gültiger Text markiert.", _
        vbCritical, "Abbruch des Programms"
    Exit Sub
Else
    StatusBar = "Prima, Text ist markiert!"
End If
End Sub
```

25.5.2 Die Font- und Shading-Eigenschaft: Die Formatierung des Selection-Objekts manipulieren

Über das `Selection`-Objekt können Sie planend auf formatierende Eigenschaften zugreifen und diese verändern. Im folgenden Codebeispiel wird der markierte Text über die `Font`- und die `Shading`-Eigenschaft des `Selection`-Objekts gezielt formatiert. Wenn man diese Formatanweisungen wie gewohnt mit Word erledigen wollte, hätte man eine Weile herumzuklicken.

```
Sub MarkierungFormatieren01()

If Selection.Type <> wdSelectionNormal Then
    MsgBox "Es ist kein gültiger Text markiert.", _
        vbCritical, "Abbruch des Programms"
    Exit Sub
End If

With Selection.Font
    .Engrave = True
    .Size = 16
    .Bold = True
    .Name = "Verdana"
    .ColorIndex = wdWhite
End With

'Schattierung zuweisen
With Selection.Shading
    .BackgroundPatternColorIndex = wdGray50
End With
End Sub
```

Natürlich können Sie über das `Selection`-Objekt nicht nur die Eigenschaften von markierten Texten setzen, Sie können sie auch auslesen. Mit der nachstehenden Codezeile wird die Schriftart des markierten Textes am Bildschirm angezeigt

```
MsgBox Selection.Font.Name
```

25.5.3 Die FormattedText-Eigenschaft

Die `FormattedText`-Eigenschaft ermöglicht das Transferieren von Formatierungen und Text von einem Bereich (einer Markierung) zu einem anderen. Im nachfolgenden Beispiel wird der 42-te Absatz im Dokument – inklusive Text *und Formatierung* – an die aktuelle Position der Einfügemarke kopiert:

```
Selection.Collapse Direction:=wdCollapseStart
Selection.FormattedText = ActiveDocument. _
                    Paragraphs(42).Range
```

Die `FormattedText`-Eigenschaft liefert folglich immer ein `Range`-Objekt zurück.

25.5.4 Die Text-Eigenschaft

Die `Text`-Eigenschaft eines `Selection`- oder `Range`-Objekts gibt den einfachen, unformatierten Text der Markierung oder des Bereichs zurück. Wenn Sie diese Eigenschaft angeben, wird der Text des Bereichs oder der Markierung ersetzt. Folgende Beispiele verdeutlichen die Funktionsweise der `Text`-Eigenschaft.

Markierten Text anzeigen Mit der folgenden Zeile wird der Text in der Markierung angezeigt. Wenn nichts markiert ist, wird das Zeichen angezeigt, das auf die Einfügemarke folgt.

```
MsgBox Selection.Text
```

Zeilen einfügen In diesem Beispiel werden in ein neues Dokument 42 Textzeilen eingefügt.

```
Documents.Add
For i = 1 To 42
    Selection.Text = "Line" & Str(i) & Chr(13)
    Selection.MoveDown Unit:=wdParagraph, Count:=1
Next i
```

25.5.5 Die GoTo-Methode: Markierung bewegen

Das `Selection`-Objekt (aber auch das `Document`- und das `Range`-Objekt) besitzen eine `GoTo`-Methode. Diese Methode liefert ein `Range`-Objekt zurück, das die Startposition für das Ziel der `GoTo`-Methode repräsentiert (beispielsweise eine Seite, eine Textmarke oder eine Feldes).

Die allgemeine Syntax lautet:

```
Ausdruck.GoTo(What, Which, Count, Name)
```

- »What«: Diese Parameter steht für den Typ oder die Einheit des Ziel-Elements. Wichtige Ziel-Elemente sind zum Beispiel Textmarken (`wdGoToBookmark`), Kommentar (`wdGoToComment`), Endnoten (`wdGoToEndnote`), Felder (`wdGoToField`), Fußnoten (`wdGoToFootnote`), Grafiken (`wdGoToGraphic`), Überschriften (`wdGoToHeading`), Zeilen (`wdGoToLine`), Seiten (`wdGoToPage`), Abschnitte (`wdGoToSection`) und Tabellen (`wdGoToTable`). Es gibt jedoch noch eine ganze Reihe mehr Ziel-Elemente.

- »Which«: Dieser Parameter identifiziert die spezifische »Richtung« oder Bewegungsoption, in die der markierte Bereich oder die Markierung bewegt wird erst (`wdGoToFirst`), letzt (`wdGoToLast`), nächst (`wdGoToNext`), früher, vor (`wdGoToPrevious`), relativ zu (`wdGoToRelative`) oder gesamt (`wdGoToAbsolute`).

- »Count«: Dieser Parameter gibt mit Hilfe einer numerischen Angabe an, um welches Ziel-Element aus der Sammlung der Ziel-Elemente es sich handelt. Wenn Sie als Ziel-Element beispielsweise eine Zeile bestimmen, geben Sie mit `Count:=42` an, daß es um die 42-te Zeile im Dokument geht.
- »Name«: Lautet das What-Argument `wdGoToBookmark`, `wdGoToComment`, `wdGoToField` oder `wdGoToObject`, so können Sie dieses Ziel-Element genauer über deren Namen bestimmen.

Folgende Beispiele verdeutlichen die Funktionsweise der `GoTo`-Methode.

- Markierung zur ersten Überschrift im Dokument bewegen: Überschrift

```
Selection.GoTo What:=wdGoToHeading, Which:=wdGoToFirst
Selection.GoTo What:=wdGoToHeading, _
          Which:=wdGoToAbsolute, Count:=1
```

Markierung um 42 Zeilen nach oben bewegen: Zeile

```
Selection.GoTo What:=wdGoToLine, _
          Which:=wdGoToPrevious, Count:=42
```

Markierung um 42 Zeilen nach unten bewegen:

```
Selection.GoTo What:=wdGoToLine, _
          Which:=wdGoToRelative, Count:=4
```

Markierung zum nächsten Date-Feld bewegen: Feld

```
Selection.GoTo What:=wdGoToField, _
          Which:=wdGoToNext,
          Count:= 1, Name:="Date"
```

Markierung zur ersten Zelle in der nächsten Tabelle bewegen: Tabelle

```
Selection.GoTo What:=wdGoToTable, Which:=wdGoToNext
```

Markierung direkt vor das 42te Endnotenverweiszeichen bewegen: Endnote

```
If ActiveDocument.Endnotes.Count >= 42 Then
    Selection.GoTo What:=wdGoToEndnote, _
        Which:=wdGoToAbsolute, Count:=42
End If
```

Markierung 42 Seiten zurück bewegen: Seite

```
Selection.GoTo What:=wdGoToPage, _
          Which:=wdGoToPrevious, Count:=2
```

25.5.6 Copy-, Cut- und Paste-Methode: Die Zwischenablage-Methoden

Dem `Selection`-Objekt stehen auch die klassischen Zwischenablage-Funktionen zur Verfügung (Ausschneiden, Kopieren, Einfügen). Folgende Beispiele verdeutlichen die Funktionsweise der entsprechenden Methoden.

Markierung vom aktiven Dokument kopieren: Kopieren

```
Selection.Copy
```

| Ausschneiden | Was auch immer im zweiundvierzigsten Dokument der Documents-Auflistung selektiert ist (Text, Bild ...), dieses etwas ausschneiden und in die Zwischenablage transferieren. |

```
Documents(42).ActiveWindow.Selection.Cut
```

| Einfügen | Den der Markierung im zweiundvierzigsten Ausschnitt des aktiven Dokuments kopieren und im ersten Ausschnitt wieder einfügen. |

```
ActiveDocument.ActiveWindow.Panes(42).Selection.Copy
ActiveDocument.ActiveWindow.Panes(1).Selection.Paste
```

25.5.7 Die Move-Methoden: Einfügemarke verschieben oder verändern

Beim Arbeiten mit dem Selection-Objekt ist es häufig erforderlich, die aktuelle Markierung zu verschieben oder zu verändern. VBA stellt dafür eine ganze Palette an Methoden zur Verfügung, zum Beispiel:

▶ Move, MoveUp, MoveDown, MoveLeft, MoveRight, MoveEnd, MoveEndUntil, MoveEndWhile, MoveStart, MoveStartUntil, MoveStartWhile, MoveUntil und MoveWhile

Alle diese Methoden funktionieren nach dem gleichen Prinzip: Die Markierung wird für die angegebene Einheit (Unit) um x-Stellen oder x-Positionen verschoben, wobei x für einen numerischen Wert steht. Mit anderen Worten: Die Markierung wird vergrößert oder verkleinert. Die Methoden liefern aber auch Informationen darüber, um wieviele Einheiten eine Markierung zurück-, vor-, nach rechts, nach links und so weiter verschoben wurde. Folgende Beispiele verdeutlichen die Funktionsweise der entsprechenden Methoden.

| Nach rechts verschieben | Markierung um zweiundvierzig Wörter nach rechts verschieben und die Einfügemarke hinter dem anschließenden Leerzeichen des zweiundvierzigsten Wortes positionieren. Wenn die Verschiebung erfolglos ist, wird ein Meldungsfeld angezeigt: |

```
If Selection.StoryType = wdMainTextStory Then
    wUnits = Selection.Move(Unit:=wdWord, Count:=42)
    If wUnits < 42 Then _
        MsgBox "Einfügemarke am Endes des Dokuments."
End If
```

| Innerhalb einer Tabelle verschieben | Markierung in einer Tabelle um zweiundvierzig Zellen vorwärts verschieben: |

```
If Selection.Information(wdWithInTable) = True Then
    Selection.Move Unit:=wdCell, Count:=42
End If
```

Markierung zur vorherigen Tabellenzelle verschieben:

```
If Selection.Information(wdWithInTable) = True Then
    Selection.MoveLeft Unit:=wdCell, Count:=1, _
                       Extend:=wdMove
End If
```

| Rückgabe nach Verschiebevorgang | Markierung um ein Zeichen nach links verschieben. Wenn der Vorgang erfolgreich durchgeführt wurde, den Wert 1 zurückgeben. |

```
If Selection.MoveLeft = 1 Then
    MsgBox "Verschieben nach links hat geklappt!"
End If
```

25.5.8 Select-Methode: Ein Element markieren

Wenn nichts markiert ist, kann das `Selection`-Objekt nicht zum Zuge kommen. Mit der `Select`-Methode können Sie jedoch jederzeit programmiertechnisch ein Objekt oder ein Element markieren, um danach über das `Selection`-Objekt mit dem ausgewählten Element zu arbeiten. Beispielsweise markiert die folgende Anweisung das erste Wort im aktiven Dokument

```
ActiveDocument.Words(1).Select
```

25.5.9 Die Insert-Methoden: Einfügen von Text in ein Dokument

Beim Arbeiten mit dem `Selection`-Objekt ist es häufig erforderlich, die aktuelle Markierung zu verschieben oder zu verändern. VBA stellt dafür eine ganze Palette an Methoden zur Verfügung, zum Beispiel:

- InsertAfter, InsertBefore, InsertBreak, InsertCaption, InsertCells, InsertColumns, InsertColumnsRight, InsertCrossReference, InsertDateTime, InsertFile, InsertFormula, InsertParagraph, InsertParagraphAfter, InsertParagraphBefore, InsertRows, InsertRowsAbove, InsertRowsBelow, InsertStyleSeparator, InsertSymbol, InsertXML ...

Wenn Sie der `Text`-Eigenschaft eines `Selection`-Objekts oder eines `Range`-Objekts einen Text zuweisen (was der direkte Weg ist, Text in ein Dokument einzufügen), dann wird der bereits vorhandene Text überschrieben. Dies ist in der Praxis jedoch eher selten erwünscht. Um das Überschreiben zu vermeiden, können Sie die `Insert`-Methoden verwenden, mit denen gezielt ein Text vor, nach, rechts, links und so weiter von der Markierung eingefügt werden kann. Folgende Beispiele verdeutlichen die Funktionsweise der entsprechenden Methoden.

Am Ende der Markierung Text einfügen und dann die Markierung zu einer Einfügemarke reduzieren: InsertAfter

```
With Selection
    .InsertAfter "Dieser Text wird eingefügt."
    .Collapse Direction:=wdCollapseEnd
End With
```

Vor der Markierung Text einfügen: InsertBefore

```
Sub AddTextBeforeSelection()
    Selection.InsertBefore Text:="Dieser " & _
                        "Text wird eingefügt."
End Sub
```

Im folgenden Beispiel wird die Markierung reduziert und dann an der Einfügemarke eine Absatzmarke eingefügt: InsertParagraph

```
With Selection
    .Collapse Direction:=wdCollapseStart
    .InsertParagraph
    .Collapse Direction:=wdCollapseEnd
End With
```

25.5.10 Die Find-Eigenschaft: Suchen und Ersetzen

Für das Suchen und Ersetzen von Text, Zeichen- und Absatzformatierungen, Formatvorlagen, Absätzen und so weiter stellt Word/VBA die Find-Eigenschaft zur Verfügung.

Beachten Sie: Wenn Sie die Find-Eigenschaft verwenden, wird noch keine Suche ausgelöst! Die Find-Eigenschaft stellt lediglich das Find-Objekt zur Verfügung, dem zum Beispiel über seine Text-Eigenschaft mitgeteilt werden kann, was gesucht werden soll. Erst durch die Execute-Methode des Find-Objekts wird eine Suche ausgelöst.

Beachten Sie außerdem: Wenn Sie die Find-Eigenschaft mit einem Selection-Objekt verwenden, wird die Markierung geändert, sobald die Suche erfolgreich ist. Wenn Sie dagegen die Find-Eigenschaft mit einem Range-Objekt verwenden, wird die Markierung nur geändert, wenn die Select-Methode angewandt wird.

Text ersetzen

In dem folgenden Beispiel wird im aktiven Dokument »Hallo Welt« durch »Tschüß« ersetzt:

```
With Selection.Find
    .ClearFormatting
    .Replacement.ClearFormatting
    .Text = "Hallo Welt"
    .Replacement.Text = "Tschüß"
    .Execute Replace:=wdReplaceAll
End With
```

Umlaute ersetzen

Das folgende Programmbeispiel durchsucht das aktuell geöffnete Dokument nach den angegebenen Zeichen, die im Datenfeld Buchstabe angegeben wurden, und ersetzt diese durch die im Variablenfeld Neuer_Buchstabe angegebenen Buchstaben:

```
Sub UmlauteErsetzen()
    Dim i                   As Integer
    Dim Buchstabe(7)        As String
    Dim Neuer_Buchstabe(7)  As String
    
    Buchstabe(1) = "Ä"
    Neuer_Buchstabe(1) = "Ae"
    Buchstabe(2) = "ä"
    Neuer_Buchstabe(2) = "ae"
    Buchstabe(3) = "Ö"
    Neuer_Buchstabe(3) = "Oe"
    Buchstabe(4) = "ö"
```

```
    Neuer_Buchstabe(4) = "oe"
    Buchstabe(5) = "Ü"
    Neuer_Buchstabe(5) = "Ue"
    Buchstabe(6) = "ü"
    Neuer_Buchstabe(6) = "ue"
    Buchstabe(7) = "ß"
    Neuer_Buchstabe(7) = "ss"

For i = 1 To 7
    Selection.Find.ClearFormatting
    Selection.Find.Replacement.ClearFormatting
    With Selection.Find
        .Text = Buchstabe(i)
        .Replacement.Text = Neuer_Buchstabe(i)
        .Forward = True
        .Wrap = wdFindContinue
        .Format = False
        .MatchCase = True
        .MatchWholeWord = False
        .MatchWildcards = False
        .MatchSoundsLike = False
        .MatchAllWordForms = False
    End With
    Selection.Find.Execute Replace:=wdReplaceAll
Next i
End Sub
```

Schriftgröße tauschen

Die folgende Prozedur findet im aktiven Dokument alle mit 12 Punkt formatierten Textstellen und ersetzt sie mit dem Wert 8 Punkt.

```
Sub SchriftGrößeTauschenGesamt()
Selection.HomeKey Unit:=wdStory

With Selection.Find
    .ClearFormatting
    .Font.Size = 12
    .Text = ""
    .Forward = True
    .Wrap = wdFindContinue
    .Format = True
    .MatchCase = False
    .MatchWholeWord = False
    .MatchWildcards = False
    .MatchSoundsLike = False
    .MatchAllWordForms = False
```

```
        Do Until .Execute = False
            With Selection
                .Font.Size = 8
                .Collapse
            End With
        Loop
    End With
End Sub
```

25.5.11 Die Collapse-, Expand und Shrink-Methode: Markierung reduzieren oder erweitern

Collapse Bei Umgang mit dem Selection-Objekt muß man häufig die Markierung der Einfügemarke reduzieren. Das Selection-Objekt (aber auch das Range-Objekt) stellt dafür unter anderem die Collapse-Methode zur Verfügung, die Sie mit zwei WdCollapseDirection-Konstanten steuern:

- wdCollapseStart: Reduziert die Einfügemarke auf deren Anfang. Dies ist die Standardeinstellung, wenn Sie die Collapse-Methode ohne Word-Konstante verwenden.
- wdCollapseEnd: Reduziert die Einfügemarke auf deren Ende.

Zum Beispiel wird mit der folgenden Anweisung die Markierung zu einer Einfügemarke am Anfang der vorherigen Markierung reduziert.

```
Selection.Collapse Direction:=wdCollapseStart
```

Expand Ein Pendant zur Collapse-Methode ist die Expand-Methode, die eine Markierung auf das ganze Wort, den ganzen Satz, den Absatz und so weiter erweitert. Beispielsweise markiert die folgende Codezeile den gesamten Satz, in dem sich die aktuelle Einfügemarke aktuell befindet:

```
Selection.Expand Unit:=wdSentence
```

Zum Reduzieren der Markierung auf die nächst kleinere Einheit (zum Beispiel von Absatz auf Satz, von Satz auf Wort und so weiter) steht Ihnen die Shrink-Methode zur Verfügung. Die wird ohne Argumente aufgerufen:

```
Selection.Shrink
```

25.5.12 Ein Range-Objekt mit der aktuellen Markierung bilden

Es ist ohne weiteres möglich die aktuelle Markierung einem Range-Objekt zuzuweisen. Dadurch ist es möglich, den ursprünglichen Zustand einer Markierung wieder herzustellen, auch wenn die Markierung zeitweilig verschoben oder auf einem anderen Objekt positioniert war. Sobald Sie den Originalzustand wieder herstellen wollen, wenden Sie die Select-Methode desRange-Objekts an.

```
Sub SelectionNachRange()
    Dim oRange As Range
    Set oRange = Selection.Range
    '...
```

```
    'Irgendwelche Anweisungen ...
    '...
    oRange.Select
End Sub
```

25.5.13 Ein Zitat oder einen Textbereich mit Anführungszeichen versehen

In dem folgenden Beispiel wird ein markierter Text mit Anführungszeichen versehen:

```
Sub MarkierungMitAnführungszeichenVersehen()
Dim Anzahlzeichen

Anzahlzeichen = Selection.Characters.Count

'Geh ein Zeichen nach links.
Selection.MoveLeft Unit:=wdCharacter, Count:=1

'Füge ein Anführungsszeichen ein.
Selection.TypeText Text:=""""

'Geh so viele Zeichen nach rechts,
'wie ermittelt wurden.
Selection.MoveRight Unit:=wdCharacter, _
                    Count:=Anzahlzeichen

'Füge noch ein Anführungszeichen ein.
Selection.TypeText Text:=""""

End Sub
```

25.6 Range

Das Range-Objekt repräsentiert einen zusammenhängenden Bereich in einem Dokument. Die Ausdehnung des Range-Objekts wird durch die Position des ersten Zeichens (Anfang des Bereichs) und die Position des letzten Zeichens (Ende des Bereichs) bestimmt.

Ein Range-Objekt weist grundsätzlich folgende Merkmale auf:

Zweiter Vergleich zwischen Selection- und Range-Objekt

- ▸ Es existiert keine Beschränkung auf ein einziges Range-Objekt. Im Unterschied zum Selection-Objekt, das immer nur einmal in einem Dokument vorhanden ist, können Sie mehrere Range-Objekte für ein Dokument deklarieren und definieren.
- ▸ Wie das Selection-Objekt, so kann ein Range-Objekt allein aus der Einfügemarke bestehen oder aus einem größeren Textbereich. Die Ausdehnung eines Range-Objekts läßt sich sehr flexibel und feinstufig einstellen. Zwischen Einfügemarke und gesamten Dokument gibt es kaum einen Bereich, der sich nicht auch irgendwie über ein Range-Objekt abbilden ließe.
- ▸ Befinden sich in dem Bereich, für den man ein Range-Objekt definiert hat, nicht druckbare Zeichen wie Leerzeichen, Tabstoppzeichen und Absatzmarken et cetera, so sind diese auch im Range-Objekt enthalten.

- Range-Objekte werden meist unabhängig von der aktuellen Markierung (Selection-Objekt) definiert. Es bestehen grundsätzlich keine Interdependenzen zwischen einem Range- und dem Selection-Objekt. Sie können ein Range-Objekt erzeugen, ohne dabei das Selection-Objekt zu tangieren. Ein Range-Objekt kann einen kleineren, gleich großen oder größeren Bereich wie die aktuelle Markierung darstellen. Unterdessen steht es Ihnen frei, bei Bedarf ein Range-Objekt mit der aktuellen Markierung zu instanziieren:

```
Dim objRange As Range
Set objRange = Selection.Range
```

- Range-Objekte werden *nicht* gemeinsam mit einem Dokument gespeichert. Sie bestehen, im Gegensatz zum Selection-Objekt, nur für die Dauer des Ablaufs der das Objekt definierenden Prozedur.

- Wenn Sie am Ende eines Range-Objekts Text einfügen, wird der Bereich, den das Range-Objekt definiert, von Word automatisch um den eingefügten Text erweitert.

- In vielen Fällen kommt man über das Range-Objekt an eine »Eigenschaft« heran, die man inhaltlich eigentlich bei »richtigen« Objekten vermuten würde. Beispielsweise können Sie auf den Text des ersten Absatzes in einem Dokument nicht über

```
ActiveDocument.Paragraphs(1).Text
```

zugreifen, wie man mutmaßen könnte, sondern über das Range-Objekt, also:

```
ActiveDocument.Paragraphs(1).Range.Text
```

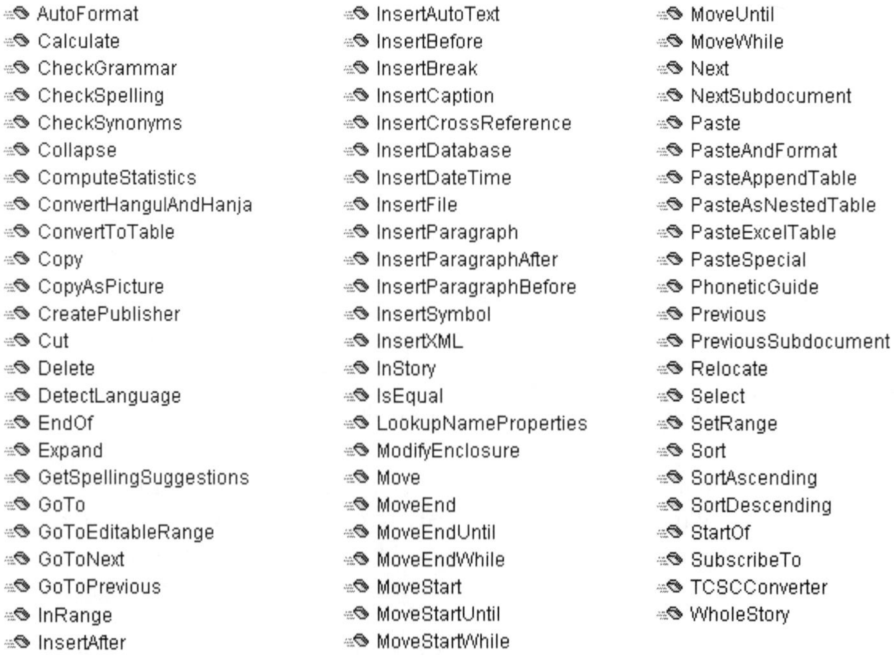

AutoFormat	InsertAutoText	MoveUntil
Calculate	InsertBefore	MoveWhile
CheckGrammar	InsertBreak	Next
CheckSpelling	InsertCaption	NextSubdocument
CheckSynonyms	InsertCrossReference	Paste
Collapse	InsertDatabase	PasteAndFormat
ComputeStatistics	InsertDateTime	PasteAppendTable
ConvertHangulAndHanja	InsertFile	PasteAsNestedTable
ConvertToTable	InsertParagraph	PasteExcelTable
Copy	InsertParagraphAfter	PasteSpecial
CopyAsPicture	InsertParagraphBefore	PhoneticGuide
CreatePublisher	InsertSymbol	Previous
Cut	InsertXML	PreviousSubdocument
Delete	InStory	Relocate
DetectLanguage	IsEqual	Select
EndOf	LookupNameProperties	SetRange
Expand	ModifyEnclosure	Sort
GetSpellingSuggestions	Move	SortAscending
GoTo	MoveEnd	SortDescending
GoToEditableRange	MoveEndUntil	StartOf
GoToNext	MoveEndWhile	SubscribeTo
GoToPrevious	MoveStart	TCSCConverter
InRange	MoveStartUntil	WholeStory
InsertAfter	MoveStartWhile	

Abbildung 25.13 Die Methoden des Range-Objekts

Application	FormattedText	PreviousBookmarkID
Bold	FormFields	ReadabilityStatistics
BoldBi	Frames	Revisions
BookmarkID	GrammarChecked	Rows
Bookmarks	GrammaticalErrors	Scripts
Borders	HighlightColorIndex	Sections
Case	HorizontalInVertical	Sentences
Cells	HTMLDivisions	Shading
Characters	Hyperlinks	ShapeRange
CharacterWidth	ID	ShowAll
Columns	Information	SmartTags
CombineCharacters	InlineShapes	SpellingChecked
Comments	IsEndOfRowMark	SpellingErrors
Creator	Italic	Start
DisableCharacterSpaceGrid	ItalicBi	StoryLength
Document	Kana	StoryType
Duplicate	LanguageDetected	Style
Editors	LanguageID	Subdocuments
EmphasisMark	LanguageIDFarEast	SynonymInfo
End	LanguageIDOther	Tables
EndnoteOptions	ListFormat	Text
Endnotes	ListParagraphs	TextRetrievalMode
EnhMetaFileBits	NextStoryRange	TopLevelTables
Fields	NoProofing	TwoLinesInOne
Find	Orientation	Underline
FitTextWidth	PageSetup	Words
Font	ParagraphFormat	XML
FootnoteOptions	Paragraphs	XMLNodes
Footnotes	Parent	XMLParentNode

Abbildung 25.14 Die Eigenschaften des Range-Objekts

Beachten Sie: Zahlreiche Methoden und Eigenschaften des `Range`-Objekts sind genauso oder ähnlich implementiert wie jene des `Selection`-Objekts. Syntaktisch können Sie da, wo

```
Selection
```

im Code auftaucht, auch ein `Range`-Objekt verwenden. Ein Beispiel verdeutlicht den Zusammenhang. Nachstehend wird mit der `WholeStory`-Methode des `Selection`-Objekts das gesamte Dokument markiert. Anschließend wird dem gesamten Dokument mit der `Font`-Eigenschaft des `Selection`-Objekts die Schriftart »Arial« zugewiesen.

```
Selection.WholeStory
Selection.Font.Name = "Arial"
```

Über eine Methode und eine Eigenschaft mit den gleichen Namen verfügt auch das `Range`-Objekt. Angenommen, Sie haben ursprünglich ein `Range`-Objekt mit dem ersten Absatz des aktuellen Dokuments instanziiert. So können Sie nun mit der `WholeStory`-Methode des `Range`-Objekts den Bereich auf das ganze Dokument ausdehnen und anschließend die `Font`-Eigenschaft des `Range`-Objekts einsetzen, um das gesamte Dokument mit der Schrift »Arial« zu formatieren:

```
Sub ImGesamtenDokArialVerwenden01()
Dim myRange As Range
Set myRange = ActiveDocument.Paragraphs(1).Range

myRange.WholeStory
myRange.Font.Name = "Arial"

End Sub
```

Sie sehen also, die Methoden und Eigenschaften des `Range`-Objekts unterscheiden sich meist nicht wesentlich von jenen des `Selection`-Objekts. Aus diesem Grunde sollen sie hier auch nicht noch einmal wiederholt werden. Lesen Sie bitte in Abschnitt 25.5, »Selection-Objekt«, ab Seite 708 nach, welche umfangreichen Möglichkeiten diese bieten.

25.6.1 Ein Range-Objekt festlegen

Grundsätzlich gibt es zwei Möglichkeiten, mit `Range`-Objekten zu arbeiten:

- Über eine Objektvariable vom Typ `Range`
- Über die `Range`-Konstrukte von diversen Objekten

Die zweite Variante verwendet man in der Regel, wenn man mit einem `Range`-Objekt nur eine einzige Aktion durchführen will. Will man beispielsweise die ersten zweiundvierzig Zeichen im aktiven Dokument »fett« formatieren, dann genügt die folgende Prozedur. Sie verwendet die Range-Methode des `Document`-Objekts, das durch die `ActiveDocument`-Eigenschaft zurückgegeben wird.

```
Sub SetBoldRange01()
    ActiveDocument.Range(Start:=0, End:=42).Bold = True
End Sub
```

Dasselbe Ergebnis können Sie erreichen, indem Sie eine `Range`-Objektvariable verwenden:

```
Sub SetBoldRange02()
    Dim rngDoc As Range
    Set rngDoc = ActiveDocument.Range(Start:=0, End:=42)
    rngDoc.Bold = True
End Sub
```

Diese Variante sollten Sie immer dann in Ihrem Code verwenden, wenn sich Ihr Code mehrmals auf ein `Range`-Objekt beziehen muß.

Wichtig beim Umgang mit `Range`-Objekten ist, daß Sie genau festlegen, um welchen Bereich es eigentlich geht. Das kann einerseits, wie im vorigen Beispiel, über die Argumente `Start` und `End` geschehen, andererseits durch die Zuweisung eines existierenden `Range`-Objekts an eine `Range`-Objektvariable. Hierzu noch ein paar Beispiele.

25.6.2 Den ersten Absatz als Bereich definieren

Im nächsten Beispiel wird ein `Range`-Objekt erstellt, das aus dem ersten Absatz des Dokuments besteht.

```
Dim rng As Word.Range
Set rng = ActiveDocument.Paragraphs(1).Range
```

Sie können danach den Bereich mit der `wdCollapseStart`-Konstante reduzieren

```
rng.Collapse (Word.WdCollapseDirection.wdCollapseStart)
```

und zum Beispiel am Dokumentanfang Text einfügen.

25.6.3 Bereich am Dokumentanfang erstellen

Häufig will man Text am Anfang des Dokuments einfügen. Die nachstehende Codezeile kreiert einen Einfügemarken-Bereich am Anfang des Dokuments und fügt den Text »Hallo« ein.

```
Sub BereichDokAnfangTextEinfügen01()
    Dim rng As Word.Range
    Set rng = ActiveDocument.Range
    rng.Collapse wdCollapseStart
    rng.Text = "Hallo 1" & vbCr
End Sub
```

Eine Alternative ist folgender Codeschnipsel:

```
Sub BereichDokAnfangTextEinfügen02()
    Dim rng As Word.Range
    Set rng = ActiveDocument.Range(Start:=0, End:=0)
    rng.Text = "Hallo 2" & vbCr
End Sub
```

25.6.4 Bereich am Ende des Dokuments erstellen

Um Text am Ende des Dokuments einzufügen, können Sie den Bereich am Ende des Dokuments mit folgendem Code festlegen:

```
Sub BereichDokEndeTextEinfügen01()
    Dim rng As Word.Range
    Set rng = ActiveDocument.Range
    rng.EndOf wdStory, wdMove
    rng.Text = "Tschüß 1" & vbCr
End Sub
```

25.6.5 Eine Tabelle als Bereich

Wenn Sie eine ganze Tabelle als Bereich festlegen wollen, verwenden Sie eine Anweisung wie die nachstehende, in der für die zweiundvierzigste Tabelle im aktiven Dokument ein `Range`-Objekt definiert wird:

```
Dim oRange As Word.Range
Set oRange = ActiveDocument.Tables(42).Range
```

25.6.6 Ein Bereich ohne Absatzmarke

Einen Bereich ohne Absatzmarke definieren Sie wie folgt (im Beispiel für den 42ten Absatz des aktiven Dokuments):

```
Set oRange = ActiveDocument.Range( _
    Start:=ActiveDocument.Paragraphs(42).Range.Start, _
    End:=ActiveDocument.Paragraphs(42).Range.End - 1)
```

25.6.7 Übersicht über Objekte mit Range-Konstrukten

Nachstehend finden Sie eine Übersicht über die wichtigsten Word-Objekte, die über eine Range-Eigenschaft verfügen. Die Bemerkungen sind bewußt stichpunktartig gehalten, damit der Übersichtscharakter nicht verloren geht.[6]

- Selection (Markierung): Das Selection-Objekt stellt die aktuelle Markierung dar. Ist nichts markiert, wird die Position der Einfügemarke zurückgegeben.

  ```
  Set oRange = Selection.Range
  ```

- Document (Dokument): Die Begriffe oDoc.Range und oDoc.Content sind synonym.

  ```
  'Beispiel 1:
  oDoc.Range.InsertAfter "Hallo Welt"

  'Beispiel 2:
  oDoc.Content.InsertAfter "Hallo Welt"
  ```

- Section (Abschnitt): Im Gegensatz zu der Text-Eigenschaft übernimmt die FormattedText-Eigenschaft auch die aktuelle Formatierung.

  ```
  oDoc.Content.FormattedText = _
  oDoc.Sections(1).Range.FormattedText
  ```

- Header, Footer (Kopfzeile, Fußzeile): Jeder Abschnitt eines Dokumentes kann bis zu drei Kopf-/Fußzeilenbereiche aufweisen (Primäre, Erste Seite, Gerade Seite).

  ```
  'Beispiel 1:
  Set oRange = _
  oDoc.Sections(1).Footers(wdHeaderFooterPrimary).Range

  'Beispiel 2:
  oRange.Text = Application.UserName
  ```

- Bookmark (Textmarke): Bei einer offenen Textmarke wird eine Position angesprochen; bei einem Textmarkenfeld ein Bereich.

  ```
  If oDoc.Bookmarks.Exists("MeineMarke") Then
      oDoc.Bookmarks("MeineMarke").Range.Text = "Hallo"
  End If
  ```

---

6 Bitte beachten Sie: Die Übersicht basiert auf Informationen, die René Probst freundlicherweise auf seinen Webseiten veröffentlicht hat. Sie wurde nur stichprobenartig überprüft. Da aber die Probst-Informationen in der Regel sehr sorgfältig zusammengetragen sind, ist davon auszugehen, daß sich in der Übersicht keine schwerwiegenden Fehler befinden (vgl. [PROBS001] und Abschnitt 37.9, »Webseiten«, ab Seite 938).

- `Paragraph` (Absatz): Sie können auch einen Bereich aus sich folgenden Absätzen bilden.
  ```
  strText = oDoc.Paragraphs(1).Range.Text
  ```
- `TextFrame` (Textfeld): Ein Textfeld wird indirekt über das entsprechende `Shape`-Objekt angesprochen. Beachten Sie, daß der Bereich eines Textfeldes mit `TextRange` und nicht mit `Range` angesprochen wird.
  ```
  MsgBox oDoc.Shapes(1).TextFrame.TextRange.Text
  ```
- `InlineShape` (Grafik, Objekt; textgebunden): Mit diesem Code kann eine Grafik oder ein Objekt, welche(s) als InlineShape eingebracht wurde, verborgen werden.
  ```
  oDoc.InlineShapes(1).Range.Font.Hidden = True
  ```
- `Comment` (Kommentar): Das erste Beispiel gibt den Kommentar als solches zurück. Dieser befindet sich in einer anderen Ebene (`StoryRange`). Das zweite Beispiel gibt den Bereich, in dem der Kommentar eingefügt wurde, zurück. Die `Scope`-Eigenschaft gibt also ebenfalls ein `Range`-Objekt zurück.
  ```
  '1.Beispiel
  MsgBox oDoc.Comments(1).Range.Text

  '2. Beispiel
  Set oRange = oDoc.Comments(1).Scope
  ```
- `Footnote` (Fußnote): Das erste Beispiel gibt die Fußnote als solches zurück. Diese befindet sich auf einer anderen Ebene (`StoryRange`). Das zweite Beispiel gibt den Bereich, in dem die Fußnote eingefügt wurde, zurück. Die `Reference`-Eigenschaft gibt also ebenfalls ein `Range`-Objekt zurück.
  ```
  '1. Beispiel
  MsgBox oDoc.Footnotes(1).Range.Text

  '2. Beispiel
  Set oRange = oDoc.Footnotes(1).Reference
  ```
- `Endnote` (Endnote): Das erste Beispiel gibt die Endnote als solches zurück. Diese befindet sich auf einer anderen Ebene (`StoryRange`). Das zweite Beispiel gibt den Bereich, in dem die Endnote eingefügt wurde, zurück. Die `Reference`-Eigenschaft gibt also ebenfalls ein `Range`-Objekt zurück.
  ```
  '1. Beispiel
  MsgBox oDoc.Endnotes(1).Range.Text

  '2. Beispiel
  Set oRange = oDoc.Endnotes(1).Reference
  ```
- `Field` (Feld): Benutzen Sie die Eigenschaft `Code` (statt `Range`), um den Feldcode zurückzugeben. Benutzen Sie die Eigenschaft `Result` (statt `Range`), um das Ergebnis der Feldfunktion zurückzugeben.
  ```
  '1. Beispiel
  MsgBox oDoc.Fields(1).Code.Text

  '2. Beispiel
  MsgBox oDoc.Fields(1).Result.Text
  ```

- FormField (Formularfeld): Verwenden Sie die Result-Eigenschaft, um den Wert eines Formulartextfeldes zurückzugeben. Dabei erhalten Sie ein veritables Range-Objekt zurück.

    ```
    '1. Beispiel
    Set oRange = oDoc.FormFields("Text1").Range

    MsgBox oDoc.FormFields("Text1").Result
    ```

- Table (Tabelle):

    ```
    Dim oTable As Table
    Dim oRange As Range
    Set oTable = ActiveDocument.Tables(1)
    Set oRange = oTable.Range
    ```

- Cell (Tabellenzelle): Alle Beispiele sind gleichwertig. Im ersten Fall wird die Zelle sequentiell adressiert, wobei die Nummerierung in Leserichtung erfolgt. Im zweiten Beispiel wird die Zelle über deren Koordinate (Zeile, Spalte) angesprochen. In den letzten zwei Beispielen wird die Zelle als Bestandteil einer Zeile beziehungsweise einer Spalte angesprochen.

    ```
    '1. Beispiel
    oDoc.Tables(1).Range.Cells(1).Range.Font.Bold = True

    '2. Beispiel
    oDoc.Tables(1).Cell(1, 1).Range.Font.Italic = True

    '3. Beispiel
    oDoc.Tables(1).Rows(1).Cells(1).Range.Font.Size = 16

    '4. Beispiel
    oDoc.Tables(1).Columns(1).Cells(1).Range.Font.AllCaps _
                                       = True
    ```

- Find (Suchen/Ersetzen): Als einzige Ausnahme soll bei Find die Selection-Methode in bezug auf Performanz der Range-Methode überlegen sein.

    ```
    With
        oDoc.Range.Find
    End With
    ```

- Frame (Positionsrahmen):

    ```
    MsgBox oDoc.Frames(1).Range.Text
    ```

- Spelling Error (Rechtschreibfehler): Das SpellingError-Objekt gibt ebenfalls einen Range zurück.

    ```
    MsgBox oDoc.SpellingErrors(1).Text
    ```

- Character (Zeichen, Buchstabe): Das Character-Objekt stellt an sich bereits ein Range dar. Sie brauchen sich deswegen nicht über ein weiteres Range-Objekt einen Wert liefern lassen:

    ```
    'Richtig:
    MsgBox oDoc.Characters(1).Text
    'Falsch:
    MsgBox oDoc.Characters(1).Range.Text
    ```

- `Word` (Wort): Das `Word`-Objekt stellt an sich bereits ein `Range` dar. Sie brauchen sich deswegen nicht über ein weiteres `Range`-Objekt einen Wert liefern lassen:

    ```
    'Richtig:
    MsgBox oDoc.Words(1).Text
    'Falsch:
    MsgBox oDoc.Words(1).Range.Text
    ```

- `Sentence` (Satz): Das `Sentence`-Objekt stellt an sich bereits ein `Range` dar. Sie brauchen sich deswegen nicht über ein weiteres `Range`-Objekt einen Wert liefern lassen:

    ```
    'Richtig:
    MsgBox oDoc.Sentences(1).Text
    'Falsch:
    MsgBox oDoc.Sentences(1).Range.Text
    ```

- `StoryRange` (Dokumentbereich): Das Word-Objektmodell definiert elf verschiedene `StoryTypes`:

    ```
    nDoc.Content.FormattedText = _
            oDoc.StoryRanges(wdEndnotesStory).FormattedText
    ```

- `Line` (Zeile, kein richtiges Objekt): Beachten Sie, daß Zeilen keine Objekte im Sinne des Word-Objektmodels sind. Deshalb können Zeilen nur über Word-integrierte Textmarken angesprochen werden.

    ```
    oDoc.Range(0, 0).Select
    Selection.GoTo What:=wdGoToLine, Name:=3 Selection.Bookmarks("\Line").Range.Select
    ```

- `Page` (Seite, kein richtiges Objekt): Beachten Sie, daß Seiten keine Objekte im Sinne des Word-Objektmodels sind. Deshalb können Seiten nur über Word-integrierte Textmarken angesprochen werden.

    ```
    Selection.GoTo What:=wdGoToPage, Name:=3
    Selection.Bookmarks("\Page").Select
    ```

25.7 Bookmark-Objekt und Bookmarks-Auflistung

Das `Bookmark`-Objekt, das eine einzelne Textmarke in einem Dokument repräsentiert, gleicht dem `Range`-Objekt, da es ebenfalls einen zusammenhängenden Bereich in einem Dokument mit einer Anfangs- und einer Endposition darstellt. Allerdings werden `Bookmark`-Objekte im Gegensatz zu `Range`-Objekten gemeinsam mit dem Dokument gespeichert. Sie bleiben folglich erhalten, wenn der Code nicht mehr ausgeführt oder das Dokument geschlossen wird. Ein `Bookmark`-Objekt unterscheidet sich grundsätzlich durch folgende Merkmale von einem `Range`-Objekt:

- `Bookmark`-Objekte besitzen einen Bezeichner (einen Namen).
- `Bookmark`-Objekt sind, wie gesagt, persistent, `Range`-Objekte dagegen transient.
- `Bookmark`-Objekte sind in der Standardeinstellung in einem Word-Dokument nicht sichtbar. Sie können aber angezeigt werden (hierzu weiter unten ihn diesem Kapitel ein Beispiel). `Range`-Objekte sind grundsätzlich unsichtbar.

Pikanterweise besitzen `Bookmark`-Objekte eine `Range`-Eigenschaft, über die sie angesprochen werden können, wenn sie nicht nur eine Position, sondern einen Bereich definieren. Wenn Sie die `Bookmark.Range`-Eigenschaft nutzen, können jegliche visuell sichtbaren Wechsel zwischen Textmarken oder sogar Ansichten bei der Manipulation der Textmarken entfallen. Die Vorzüge des Range-Objekts lassen sich gewissermaßen für das Bookmark-Objekt nützen, was insbesondere beim Einsatz von Word als COM-Server nützlich ist (Stichwort: Automatisierung). Dringend empfohlen wird das Arbeiten mit der Range-Eigenschaft eines Bookmark-Objekts, wenn Sie Textmarken in unterschiedlichen Dokumentbereichen (StoryRange) ablegen. Im übrigen ist das Arbeiten mit der Range-Eigenschaft performanter als vergleichbare Verfahren (zum Beispiel das Ansteuern von Textmarken mit der GoTo-Methode).

Bookmark-Objekte können eine bestimmte Textstelle oder Textpassage in einem Dokument markieren oder beispielsweise den gesamten Haupttextbereich des Dokuments. Es ist möglich, mehrere Bookmark-Objekte in einem Dokument zu bestimmen. Während Sie über das Bookmark-Objekt mit einer einzelnen Textmarke arbeiten, ermöglicht die Bookmarks-Auflistung den Zugriff auf alle in einem Dokument vorhandenen Textmarken. Jede Textmarke, die Sie in einem Dokument erstellen, wird automatisch der Bookmarks-Auflistung hinzugefügt.

25.7.1 Verwendungszweck von Textmarken

Zumeist verwendet man Bookmark-Objekte als eine Art dezentes »Lesezeichen« oder als simples »Positionsmerkmal« in einem Dokument. Zu der Textmarke kann der Anwender leicht navigieren, um an dieser Stelle des Dokuments etwas einzutragen oder etwas nachzulesen. Im Rahmen von VBA wird eine Textmarke gerne dazu verwendet, um in einem Dokument einen Platz (einen »Bereich«) zu definieren, an dem, durch VBA-Code getriggert, Daten »einfließen« können (etwas aus Outlook oder einer Datenbank). Dies muß nicht von »innen«, das heißt von Word oder Word-VBA-Code aus, geschehen. Da viele Anwendungen und etliche Reportgeneratoren nur rudimentäre Formularfähigkeiten und eingeschränkte Formatierungs- sowie unzulängliche Druckgestaltungsfunktionen besitzen, wird Word gerne via Automation als Druckserver oder als Dokumentationstool benutzt. Das heißt, es wird eine Word-Dokumentenvorlage mit Textmarken entworfen. Auf Basis dieser Vorlage werden Word-Dokumente (Rechnungen, Formulare et cetera) durch Dritt-Anwendungen generiert und via Automation an den Textmarkenpositionen mit Inhalten aus irgendwelchen externen Datenquellen dynamisch gefüllt.

25.7.2 Arten von Textmarken und ihr Verhalten

In Word gibt es drei Arten von Textmarken:

- ▶ Geschlossene, benutzerdefinierte Textmarken (Bereichstextmarken)[7]
- ▶ Offene, benutzerdefinierte Textmarken (Positionstextmarken)
- ▶ Verborgene Textmarken

Nur die ersten beiden Textmarken-Arten werden durch den Word-Benutzer unter Angabe eines benutzerdefinierten Textmarkennamens *direkt* über das Word-Menü »Einfügen« und den Befehl »Textmarke« in ein Dokument eingefügt.

---

[7] Manche Autoren setzen diese Textmarken-Art mit dem Begriff »*Textmarkenfeld*« gleich. Hier liegt jedoch eine Verwechslung vor. Ein Textmarkenfeld ist ein Feld, das eine Referenz auf eine Textmarke besitzt und zum Beispiel über die Tastenkombination ⌜Strg⌝+⌜F9⌝ in ein Dokument eingefügt werden kann (und durch das geschweifte Klammern-Feldzeichen »{}« umrandet wird).

Hinweis: Textmarken werden in einem Word-Dokument nur dann visualisiert, wenn die Option »Textmarken« im Word-Dialog »Extras-Optionen-Ansicht-Anzeigen« aktiviert ist. Standardmäßig ist diese Option nicht gesetzt. Sie können die Option natürlich auch via Code setzen oder deaktivieren, indem Sie der `ShowBookmarks`-Eigenschaft des `View`-Objekts den Wert `True` oder `False` zuweisen (hierzu finden Sie weiter unten ein Beispiel).

Textmarken anzeigen

Verborgene Textmarken

Die »verborgenen Textmarken« fügt Word automatisch in ein Dokument ein, ohne daß es dem Anwender immer bewußt wäre (zum Beispiel beim Einfügen eines Querverweises). Die verborgenen Textmarken sind als solche in einem Dokument nicht sichtbar (auch nicht, wenn Sie, wie zuvor beschrieben, die Word-Option »Textmarken« eingeschaltet haben). Dem Autor des Buches ist keine Funktion bekannt, mit der man sie im Dokument visualisieren könnte. »Sehen« kann man die verborgenen Textmarken nur, wenn man im Word-Dialog »Textmarken« die Option »Ausgeblendete Textmarken« aktiviert. Sie werden dann, falls vorhanden, mit den anderen Textmarken in dem Dialog aufgelistet.

Abbildung 25.15 Der Dialog »Textmarke« mit verborgenen und benutzerdefinierten Textmarken

Erkennen kann man die verborgenen Textmarken an Ihrem Namen: Verborgene Textmarken in einem Word-Dokument beginnen mit einem Unterstrich »_«, was per definitionem bei benutzerdefinierten Namen von Textmarken nicht erlaubt ist. Mit der `ShowHidden`-Eigenschaft des Word-Objektmodells haben Sie einen gewissen Einfluß auf die verborgenen Textmarken (hierzu gleich mehr).

Offene, benutzerdefinierte Textmarken

Wenn Sie eine Textmarke in ein Word-Dokument einfügen, ist die Art der Textmarke davon abhängig, in welchem »Zustand« sich die Einfügemarke befindet:

▶ Wenn die Einfügemarke Text markiert (Anfangs- und der Endpunkt des `Selection`-Objekts sind unterschiedlich), dann wird eine *geschlossene Bereichstextmarke* in das Dokument eingefügt.

▶ Wenn die Einfügemarke *nichts* markiert (Anfangs- und der Endpunkt des `Selection`-Objekts sind identisch), wird eine *offene Positionstextmarke* in das Dokument eingefügt.

Eine offene Positionstextmarke wird in einem Dokument mit der nach rechts offenen, eckigen Klammer »[« optisch dargestellt (vorausgesetzt, die Wort-Ansicht-Option »Textmarken« ist aktiviert). Das Pendant zu dieser Klammer (die nach links offene, eckige Klammer) fehlt! Eine offene Positionstextmarke steht, wie es der Name sagt, im Grunde nur für eine Position im Dokument. Weisen Sie einer offenen Positionstextmarke durch VBA-Code einen Text zu, also zum Beispiel

> *»Die Antwort auf die Große Frage nach dem Leben, dem Universum und allem lautet: Zweiundvierzig.«*

Lassen Sie diesen Code 42 Mal ablaufen, dann steht im Dokument 42 Mal hintereinander der gleiche Satz. Der Text nach der Textmarke wird dabei immer nach rechts geschoben, um Platz zu schaffen. Die Textmarke selbst wird bei diesem Vorgang nicht manipuliert, weder vergrößert noch verkleinert noch gelöscht. Sie bleibt an der Textstelle im Dokument erhalten, an der sie ursprünglich eingefügt wurde. Dies Verhalten ist im Grunde nur logisch, denn eine offene Positionstextmarke steht für eine Position – und eine Position, sollte man meinen, kann physisch nicht gelöscht werden.

Geschlossene, benutzerdefinierte Bereichstextmarken

Das Einfügen einer geschlossenen Bereichstextmarke in ein Dokument erfolgt, wie gewohnt, mit dem Word-Dialog »Einfügen-Textmarke ...«. Eine geschlossene Bereichstextmarke wird von Word immer dann eingefügt, wenn die Einfügemarke im Word-Dokument eine Textpassage oder einen Textbereich markiert und nicht auf ein bloßes Positionskennzeichen reduziert ist. Vorausgesetzt, die Wort-Ansicht-Option »Textmarken« ist aktiviert, visualisiert Word eine geschlossene Bereichstextmarke im Dokument mit der nach rechts offenen, eckigen Klammer *und* mit der nach links offenen, eckigen Klammer, also etwa so: »[ ]«.

Eine geschlossene Bereichstextmarke steht im Grunde für einen benutzerdefinierten Dokumentbereich, in dem Zeichen als zusammenhängender Block manipuliert und eingefügt werden können. Weisen Sie einer geschlossenen Bereichstextmarke durch VBA-Code den oben verwendeten Satz

> *»Die Antwort auf die Große Frage nach dem Leben, dem Universum und allem lautet: Zweiundvierzig.«*

zu, und lassen Sie den Code 42 Mal ablaufen, dann offeriert Ihnen VBA bereits beim zweiten Mal eine Fehlermeldung. Durch das erste Ausführen Ihres Codes wurde nämlich nicht nur der Satz in Ihr Dokument eingefügt, *gleichzeitig wurde die geschlossene Bereichstextmarke gelöscht*. Diese Verhalten ist kein Fehlverhalten, sondern gerade im Zusammenhang mit Formblättern, Vordrucken und Word-Formularen, in die nur einmal Informationen in Leerstellen eingetragen werden sollen, durchaus sinnvoll und erwünscht.

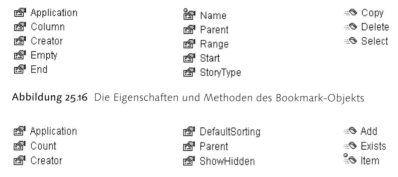

Abbildung 25.16 Die Eigenschaften und Methoden des Bookmark-Objekts

Abbildung 25.17 Die Eigenschaften und Methoden der Bookmark-Auflistung

25.7.3 Beispiel Textmarke: Geschlossene Bereichstextmarke wie eine offene Positionstextmarke nutzen

Wenn Sie eine geschlossene Bereichstextmarke wie eine offene Positionstextmarke nutzen wollen, müssen Sie im VBA-Code entsprechende Anweisungen integrieren. Ein bewährtes Mittel ist, mit Hilfe der `Range`-Eigenschaft des `Bookmark`-Objekts den bestehenden Text mit neuem Text zu ersetzen oder zu ergänzen

```
Bookmarks("TextmarkenName").Range.Text = ...
```

und das neue `Bookmark`-Objekt an der gleichen Position einzufügen wie die alte Marke.

25.7.4 Beispiel Textmarken: Anzeige der Textmarken an-/ausschalten

Mit der folgenden Prozedur können Sie die Ansicht der Textmarken ein- und ausschalten.

```
Private Sub TextmarkenToggle()
  ActiveDocument.ActiveWindow.View.ShowBookmarks = _
  Not ActiveDocument.ActiveWindow.View.ShowBookmarks
End Sub
```

25.8 StoryRanges-Auflistung, StoryRange-Objekt und StoryType

Ein Word-Dokument besteht aus vielen verschiedenen Dokumentteilen oder -bereichen, den sogenannten `StoryRanges`. Es gleicht weniger einem planen Blatt Papier, auf dem linear hintereinander Informationen niedergeschrieben sind, als einem Sortiment von durchsichtigen Folien und undurchsichtigen Papierschnipseln (Objekten), die beweglich auf verschiedenen Ebenen übereinander liegen und unterschiedliche Texte und Daten beinhalten.

Jede Folie und jeder Schnipsel repräsentiert eine ganz bestimmte Art oder einen feststehenden Typ eines Bereichs (`StoryType` genannt). Bildlich kann man sich dies so vorstellen, daß die Art beziehungsweise der Typ eines Dokumentbereichs ein Textbereich ist, der sich von den anderen Textbereichen im Dokument durch bestimmte Eigenschaften unterscheidet und getrennt vorliegt.

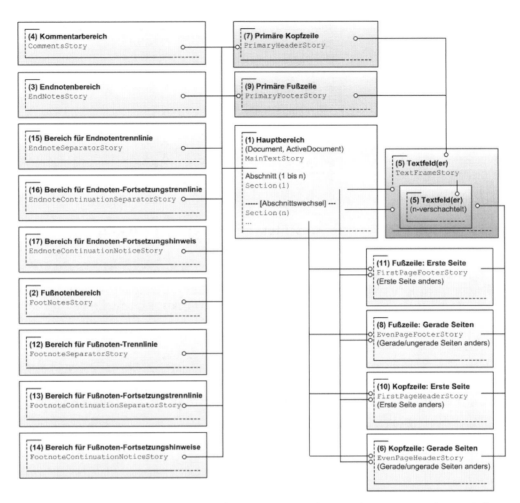

Abbildung 25.18 Schematische, stark vereinfachte Darstellung der Bereiche (StoryRanges) eines Dokuments nach Arten (StoryTypes)

Der bekannteste Bereich oder »Papierschnipsel« ist der Haupttext-Bereich, den man in VBA meist mit `ActiveDocument` anspricht und der gewöhnlich mit dem Word-Dokument gleichsetzt wird. Diesen Bereich gibt es pro Word-Dokument immer nur einmal (1:1-Relation). Andere bekannte Dokumentteile sind Kopfzeilen, Fußzeilen, Textfelder und so weiter. Wenn ein Dokument aus Haupttext, Fußnoten und einem Textfeld besteht, beinhaltet es jeweils einen Bereich mit dem `StoryType` »Haupttext« (`MainTextStory`), »Fußnoten« (`FootnotesStory`) und »Textfeld« (`TextFrameStory`).

Bestimmte Bereiche eines Dokuments können beliebig oft in einem Word-Dokument vorhanden sein. Zum Beispiel kommen »Textfelder« (`TextFrameStory`) je nach Eingabe durch den Benutzer häufig mehrfach in einem Dokument vor (0:n-Relation). Die Textfelder-Bereiche sind zudem manchmal ineinander verschachtelt. Andere Bereiche wiederum kommen nicht oder nur einmal in einem Word-Dokument vor. Hierzu zählt beispielsweise der Endnotenbereich (`EndnotesStory`). In jedem Fall sind die Textgestaltung und die Textstruktur, die auf dem Drucker oder auf dem Bildschirm ausgegeben werden, normalerweise nicht mit der internen »Objektstruktur« eines Word-Dokuments identisch. Augenfälliges Beispiel ist der Fußnotenbereich (`FootnotesStory`). Er wird zwar im Ausdruck meist als Bereich am Ende des Textbereichs einer Word-Seite dargestellt (`MainTextStory`), er befindet sich aber intern auf einer ganz anderen Ebene als der Textbereich, welcher der Fußnote vorausgeht.

Für VBA-Entwickler ist es wichtig zu wissen, welche Interdependenzen und Relationen zwischen den einzelnen Bereichen bestehen. Wenn man diese nicht genau kennt, kann der eine oder andere VBA-Code ins Leere laufen. Wenn Sie beispielsweise einen Code schreiben, der alle Zeilen im Kopfzeilenbereich eines Dokuments berücksichtigen soll, kommen Sie nicht umhin, alle Kopfzeilenbereiche eines Dokuments zu kennen. Es gibt nämlich nicht, wie Word-Anfänger möglicherweise vermuten, nur einen Kopfzeilenbereich pro Dokument, sondern drei (`EvenPageHeaderStory`, `FirstPageHeaderStory`, `PrimaryHeaderStory`) – und diese auch noch für jeden Dokumentabschnitt (`Section`).

25.8.1 Übersicht über die Dokumentbereiche (StoryTypes)

Eine Tabelle sämtlicher StoryTypes, welche das Word-Objekt-Modell definiert, finden Sie nachstehend.

	Bereich	StoryType	Relation	Bemerkung
1	Haupttext	`MainTextStory`	1 pro Dokument	`MainTextStory` und `Document` können synonym behandelt werden.
2	Hauptkopfzeile	`PrimaryHeaderStory`	1 pro Abschnitt (`Section`)	Ist immer vorhanden, kann aber auch leer sein.
3	Kopfzeile für erste Seite	`FirstPageHeaderStory`	0 oder 1 pro Abschnitt (`Section`)	Nur vorhanden, wenn im Seitenlayout »Erste Seite anders« aktiviert ist.
4	Kopfzeile für gerade Seiten	`EvenPageHeaderStory`	0 oder 1 pro Abschnitt (`Section`)	Nur vorhanden, wenn im Seitenlayout »Gerade-/ungerade Seiten anders« aktiviert ist.
5	Hauptfußzeile	`PrimaryFooterStory`	1 pro Abschnitt (`Section`)	Ist immer vorhanden, kann aber auch leer sein.
6	Fußzeile für erste Seite	`FirstPageFooterStory`	0 oder 1 pro Abschnitt (`Section`)	Nur vorhanden, wenn im Seitenlayout »Erste Seite anders« aktiviert ist.
7	Fußzeile für gerade Seiten	`EvenPageFooterStory`	0 oder 1 pro Abschnitt (`Section`)	Nur vorhanden, wenn im Seitenlayout »Gerade-/ungerade Seiten anders« aktiviert ist.
8	Kommentare	`CommentsStory`	0 oder 1 pro Dokument	Kommentare können nur Objekte (Elemente) der `MainTextStory` sein.
9	Endnote	`EndnotesStory`	0 oder 1 pro Dokument	Endnoten können nur Objekte (Elemente) der `MainTextStory` sein.

	Bereich	StoryType	Relation	Bemerkung
10	Fußnoten	FootnotesStory	0 oder 1 pro Dokument	Fußnoten können nur Objekte (Elemente) der MainTextStory sein
11	Textfeld	TextFrameStory	0 zu n (je nach StoryRange)	Textfelder sind in erster Linie Objekte (Elemente) von Shapes. Textfelder können verschachtelt werden.
12	Fußnoten-Trennlinie	FootnoteSeparatorStory	0 oder 1 pro Dokument	In älteren Word-Versionen nicht vorhanden.
13	Fußnoten-Fortsetzungstrennlinie	FootnoteContinuationSeparatorStory	0 oder 1 pro Dokument	In älteren Word-Versionen nicht vorhanden.
14	Fußnoten-Fortsetzungshinweise	FootnoteContinuationNoticeStory	0 oder 1 pro Dokument	In älteren Word-Versionen nicht vorhanden.
15	Endnotentrennlinie	EndnoteSeparatorStory	0 oder 1 pro Dokument	In älteren Word-Versionen nicht vorhanden.
16	Endnoten-Fortsetzungstrennlinie	EndnoteContinuationSeparatorStory	0 oder 1 pro Dokument	In älteren Word-Versionen nicht vorhanden.
17	Endnoten-Fortsetzungshinweis	EndnoteContinuationNoticeStory	0 oder 1 pro Dokument	In älteren Word-Versionen nicht vorhanden.

25.8.2 Informationen zu allen aktiven Dokumentenbereichen (StoryRanges) auflisten

Die nachstehende Prozedur zeigt Informationen zu allen Dokumentbereichen (StoryRanges, Dokumentkomponenten) des aktiven Dokuments an. Die Informationen werden gegliedert nach der Art des Dokumentbereichs beziehungsweise gemäß StoryType im Direktfenster ausgegeben.

```
Public Sub DokumentbereicheAuflisten()
Dim rngStory                        As Range
Dim rngStories                      As StoryRanges
Dim strStoryType                    As String
Dim strRangeInfo                    As String
Dim sTmp                            As String
Dim lngZähler                       As Long
Dim arrStoryTypes(1 To 17, 1 To 2)  As Variant

'Objektvariable initialisieren.
Set rngStories = ActiveDocument.StoryRanges

'Einleitungstext (Anzahl der aktiven Dokumentbereiche)
With rngStories
strRangeInfo = "Es gibt " & IIf(.Count > 1, _
```

```vba
                .Count & " Dokumentenbereiche ", _
                .Count & " Dokumentenbereich ") & _
                "in '" & ActiveDocument.Name & "'. "
End With

'Hilfstext
sTmp = "Bereich für "

'Hilfsarray mit Zeichenfolgen initialisieren, die
'Angaben zu den Dokumentbereichen enthalten.
For lngZähler = 1 To 17
    arrStoryTypes(lngZähler, 1) = lngZähler
Next
arrStoryTypes(1, 2) = sTmp & "Haupttext " & _
                       "(MainTextStory)"
arrStoryTypes(2, 2) = sTmp & "Fußnoten" & _
                       "(FootnotesStory)"
arrStoryTypes(3, 2) = sTmp & "Endnoten " & _
                       "(EndnotesStory)"
arrStoryTypes(4, 2) = sTmp & "Kommentare " & _
                       "(CommentsStory)"
arrStoryTypes(5, 2) = sTmp & "Textfelder " & _
                       "(TextFrameStory)"
arrStoryTypes(6, 2) = "Kopfzeilen für gerade " & _
                       "Seiten (EvenPagesHeaderStory)"
arrStoryTypes(7, 2) = sTmp & "Hauptkopfzeile " & _
                       "(PrimaryHeaderStory)"
arrStoryTypes(8, 2) = "Fußzeilen für gerade " & _
                       "Seiten (EvenPagesFooterStory)"
arrStoryTypes(9, 2) = sTmp & "Hauptfußzeile " & _
                       "(PrimaryFooterStory)"
arrStoryTypes(10, 2) = "Kopfzeile für erste Seite " & _
                       "(FirstPageHeaderStory)"
arrStoryTypes(11, 2) = "Fußzeile für erste Seite " & _
                       "(FirstPageFooterStory)"
arrStoryTypes(12, 2) = sTmp & "Fußnoten-Trenn" & _
                       "linie (FootnoteSeparatorStory)"
arrStoryTypes(13, 2) = sTmp & "Fußnoten-Fortsetzun" & _
                       "gstrennlinie (FootnoteCont" & _
                       "inuationSeparatorStory) "
arrStoryTypes(14, 2) = sTmp & "Fußnoten-Fortsetzun" & _
                       "gshinweise (FootnoteConti" & _
                       "nuationNoticeStory)"
arrStoryTypes(15, 2) = sTmp & "Endnoten-Trennlin" & _
                       "ie (EndnoteSeparatorStory)"
arrStoryTypes(16, 2) = sTmp & "Endnoten-Fortsetz" & _
                       "ungstrennlinie (EndnoteCon" & _
                       "tinuationSeparatorStory)"
arrStoryTypes(17, 2) = sTmp & "Endnoten-Fortsetzun" & _
                       "gshinweis (EndnoteContinua" & _
                       "tionNoticeStory)"
```

```
'Für jeden aktivierten Bereich im Dokument ...
For Each rngStory In rngStories

With rngStory

    'Entsprechenden Text aus Hilfsarray holen.
    If .StoryType = arrStoryTypes(.StoryType, 1) Then
        StatusBar = arrStoryTypes(.StoryType, 2)
        strStoryType = arrStoryTypes(.StoryType, 2)
    End If

    'Gesamttext für Anzeige erweitern/zusammenbauen.
    strRangeInfo = strRangeInfo & vbCrLf & vbCrLf & _
    strStoryType & vbCrLf & _
    "Anzahl Zeichen: " & .Characters.Count & vbCrLf & _
    "Anzahl Sätze: " & .Sentences.Count & vbCrLf & _
    "Anzahl Absätze: " & .Paragraphs.Count & vbCrLf & _
    "Text (40 Zeichen): »" & Left(.Text, 40) & " ...«"

End With
Next rngStory

'Endgültigen Text ins Direktfenster schreiben.
Debug.Print strRangeInfo
End Sub
```

25.9 Word-Tabellen

Der VBA-Zugriff und die VBA-Verwaltung auf und von Word-Tabellen erfolgt über zahlreiche tabellenspezifische Auflistungen und Objekte. Hierzu zählen unter anderem:

- Table und Tables
- Column und Columns
- Row und Rows
- Cell und Cells
- Border und Borders
- Information
- Range
- Shading

Wenn man ein paar Eckdaten zu Word-Tabellen kennt und sich an ein, zwei Empfehlungen hält, geht die VBA-Programmierung von Word-Tabellen trotz des umfangreichen Objektmodells relativ einfach von der Hand. Schlägt man die Empfehlungen in den Wind, muß man manchmal um das Eck denken, um Problemstellungen mit Word-Tabellen dennoch zu meistern. Die nachfolgende Auflistung nennt die wichtigsten Eckdaten und Grundsätze[8].

---

8 Die Ausformulierung der Empfehlungen lehnen sich stark an [PROBS001], Seite 228 ff. an.

- Vermeiden Sie nach Möglichkeit ineinander verschachtelte Tabellen. Seit der Version 2000 verfügt Word über dieses Instrument. Was bei der Eingabe zuweilen Freude bereitet, ist via VBA-Programmierung etwas schwieriger zu handhaben. Der VBA-Zugriff auf nicht ineinander verschachtelte Tabellen ist dagegen konsistent möglich.
- Vermeiden Sie nach Möglichkeit frei gezeichnete Tabellen oder verbundene Tabellenzellen. Je komplexer und freier Sie eine Tabelle aufbauen, um so schwieriger wird es, sie mittels VBA gezielt zu bearbeiten. Logisch, oder?
- Eine Word-Tabelle befindet sich immer in einem bestimmten Dokumentteil. Jeder Dokumentteil (Hauptteil, Textfeld, Kopfzeile und so weiter) kann im Prinzip beliebig viele Word-Tabellen beinhalten.
- Word-Tabellen haben keinen Namen, sondern werden über eine Indexnummer und über die `Tables`-Auflistung respektive über das `Table`-Objekt angesprochen. Die rein numerische Zählung beginnt bei 1.
- Word-Tabellen können zwischen eine und 63 *Tabellenspalten* besitzen. Die Spalten einer Word-Tabelle besitzen keinen Namen, sondern werden über eine Indexnummer und über die `Columns`-Auflistung respektive über das `Column`-Objekt angesprochen. Die rein numerische Zählung beginnt bei 1.
- Word-Tabellen können zwischen eine und n *Tabellenzeilen* besitzen. Die Zeilen einer Word-Tabelle besitzen keinen Namen, sondern werden über eine Indexnummer und über die `Rows`-Auflistung respektive über das `Row`-Objekt angesprochen. Die rein numerische Zählung beginnt bei 1.
- Word-Tabellen können zwischen eine und n *Tabellenzellen* besitzen. Die Zellen einer Word-Tabelle besitzen keinen Namen, sondern werden entweder über die Tabelle oder über Tabellenzeilen respektive Tabellenspalten angesprochen. Je nach Ansprechart unterscheidet sich die Syntax.

Spricht man eine Zelle direkt über ein Tabellenobjekt an, so erfolgt dies *über die Koordinaten* des Zellen-Objektes (`Cell`), nämlich über Tabellenzeilennummer und Tabellenspaltennummer. Spricht man eine Zelle über eine Spalte oder eine Zeile an, dann erfolgt dies direkt *über die Indexnummer* der Zellen-Auflistung. Die Zählung ist in allen Fällen numerisch und beginnt bei 1 (beziehungsweise bei 1, 1). Die erste Zelle ist die Zelle, welche sich oben links in der Tabelle befindet, dann geht die Zählung in Leserichtung weiter, also von links nach rechts und dann von oben nach unten.

In den folgenden drei Beispielen wird die aktuelle Markierung jeweils an den gleichen Ort verschoben, obwohl die dafür veranwortliche Syntax stark voneinander abweicht.

Im Beispiel 1 wird die Markierung über die Tabellenauflistung in die erste Tabelle des aktuellen Dokuments und über eine Zeilen-/Spaltenkoordinante in die erste Zelle gesetzt:

```
ActiveDocument.Tables(1).Cell(1,1).Select
```

Im Beispiel 2 wird die Markierung in die erste Tabelle des aktuellen Dokuments und über die erste Zeile der Zeilenauflistung sowie über die erste Zelle der Zellenauflistung in die erste Zelle links oben bewegt:

```
ActiveDocument.Tables(1).Rows(1).Cells(1).Select
```

Im Beispiel 3 wird die Markierung in die erste Tabelle des aktuellen Dokuments und über die erste Spalte der Spaltenauflistung sowie über die erste Zelle der Zellenauflistung in die erste Zelle links oben bewegt.

```
ActiveDocument.Tables(1).Columns(1).Cells(1).Select
```

- Wenn Sie Tabellen, Spalten, Zeilen oder Zellen über Namen ansprechen wollen, müssen Sie eine »Hilfskonstruktion« aufbauen (zum Beispiel durch Textmarken für die entsprechenden Tabellenelemente).
- Tabellen, Spalten, Zeilen und Zellen verfügen über ein Range-Objekt.
- Der Text in einer Word-Tabellenzelle enthält immer zwei unsichtbare Steuerzeichen (ASCII-Zeichen dezimal 13 und 9). Wenn Sie Text aus einer Tabellenzelle verabeiten wollen, müssen Sie gegebenenfalls die beiden Steuerzeichen aus der Zeichenkette entfernen.
- Nach Möglichkeit sollten Sie vor jedem VBA-Zugriff auf Tabellen, Zeilen, Spalten und Zellen überprüfen, ob das entsprechende Objekt tatsächlich vorhanden ist. Wenn Sie dies unterlassen, werden Sie oder die Anwender Ihrer VBA-Programme mit unangenehmen Fehlermeldungen rechnen müssen.

AllowAutoFit	LeftPadding	TopPadding
AllowPageBreaks	NestingLevel	Uniform
Application	Parent	AutoFitBehavior
ApplyStyleFirstColumn	PreferredWidth	AutoFormat
ApplyStyleHeadingRows	PreferredWidthType	Cell
ApplyStyleLastColumn	Range	ConvertToText
ApplyStyleLastRow	RightPadding	Delete
AutoFormatType	Rows	Select
Borders	Shading	Sort
BottomPadding	Spacing	SortAscending
Columns	Style	SortDescending
Creator	TableDirection	Split
ID	Tables	UpdateAutoFormat

Abbildung 25.19 Die Eigenschaften und Methoden des Table-Objekts

Application	Next	VerticalAlignment
Borders	Parent	Width
BottomPadding	PreferredWidth	WordWrap
Column	PreferredWidthType	AutoSum
ColumnIndex	Previous	Delete
Creator	Range	Formula
FitText	RightPadding	Merge
Height	Row	Select
HeightRule	RowIndex	SetHeight
ID	Shading	SetWidth
LeftPadding	Tables	Split
NestingLevel	TopPadding	

Abbildung 25.20 Die Eigenschaften und Methoden des Cell-Objekts

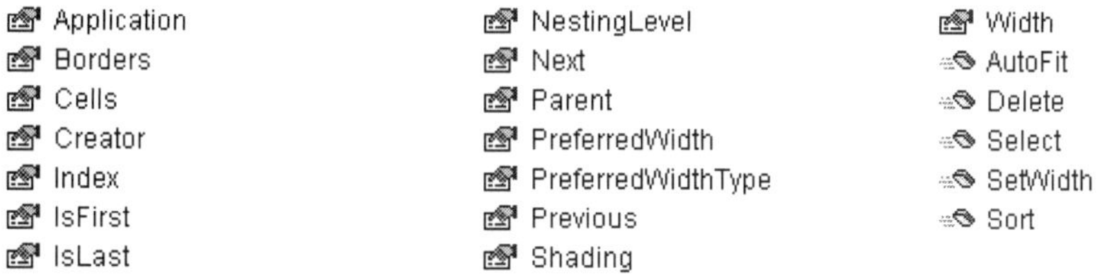

- Application
- Borders
- Cells
- Creator
- Index
- IsFirst
- IsLast
- NestingLevel
- Next
- Parent
- PreferredWidth
- PreferredWidthType
- Previous
- Shading
- Width
- AutoFit
- Delete
- Select
- SetWidth
- Sort

Abbildung 25.21 Die Eigenschaften und Methoden des Column-Objekts

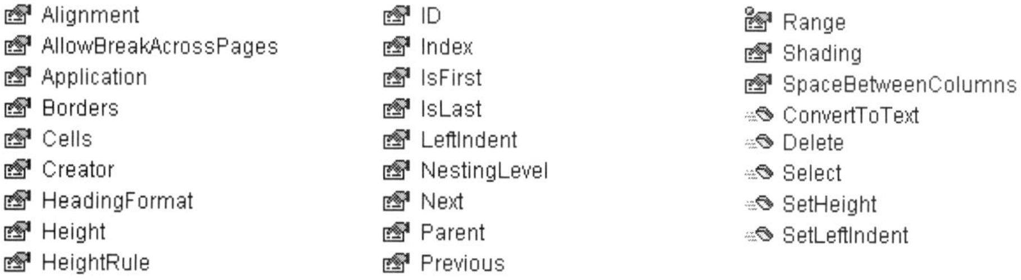

- Alignment
- AllowBreakAcrossPages
- Application
- Borders
- Cells
- Creator
- HeadingFormat
- Height
- HeightRule
- ID
- Index
- IsFirst
- IsLast
- LeftIndent
- NestingLevel
- Next
- Parent
- Previous
- Range
- Shading
- SpaceBetweenColumns
- ConvertToText
- Delete
- Select
- SetHeight
- SetLeftIndent

Abbildung 25.22 Die Eigenschaften und Methoden des Row-Objekts

- Alignment
- AllowBreakAcrossPages
- AllowOverlap
- Application
- Borders
- Count
- Creator
- DistanceBottom
- DistanceLeft
- DistanceRight
- DistanceTop
- First
- HeadingFormat
- Height
- HeightRule
- HorizontalPosition
- Last
- LeftIndent
- NestingLevel
- Parent
- RelativeHorizontalPosition
- RelativeVerticalPosition
- Shading
- SpaceBetweenColumns
- TableDirection
- VerticalPosition
- WrapAroundText
- Add
- ConvertToText
- Delete
- DistributeHeight
- Item
- Select
- SetHeight
- SetLeftIndent

Abbildung 25.23 Die Eigenschaften und Methoden der Rows-Auflistung

25.9.1 Anzeigen der Anzahl von Tabellen im Hauptteil des aktuellen Dokuments

Mit folgender Routine können Sie überprüfen, ob der Hauptteil des aktiven Dokuments eine Tabelle enthält.

```
Sub TabellenAnzahlImHauptteilVonDokAnzeigen()
Dim lngTabellenAnzahl As Long
lngTabellenAnzahl = ActiveDocument.Tables.Count

If lngTabellenAnzahl = 0 Then
   MsgBox "Der Hauptteil des Dokuments enthält " & _
          "keine Tabelle.", vbInformation
Else
```

```
        MsgBox "Der Hauptteil des Dokuments enthält " & _
               str(lngTabellenAnzahl) & " Tabellen."
    End If
End Sub
```

25.9.2 Befindet sich die Einfügemarke in einer Tabelle?

Ob sich die aktuelle Einfügemarke (Auswahl) in einer Tabelle befindet, können Sie mit der Information-Eigenschaft des Selection-Objektes und der Word-Konstante wdWithInTable ermitteln:

```
Sub TabelleIstAuswahlDarinAnzeigen()
'Wenn sich die Auswahl in einer Tabelle befindet ..
If Selection.Information(wdWithInTable) = True Then
    'Meldung "Ergebnis positiv" anzeigen.
    MsgBox "Die aktuelle Auswahl befindet sich " & _
           "in einer Tabelle."
Else
    'Meldung "Ergebnis negativ" anzeigen.
    MsgBox "Die aktuelle Auswahl befindet sich " & _
           "NICHT in einer Tabelle."
End If
End Sub
```

25.9.3 Nummer der aktuellen Tabelle ermitteln

Die nachstehende Prozedur ermittelt die Nummer einer Tabelle:

```
Sub TabellenAktuelleNummerAnzeigen()
Dim lngTab As Long

'Prüfen, ob sich Markierung in einer Tabelle befindet.
If Selection.Information(wdWithInTable) = True Then

    'Aktuelle Tabellennummer ermitteln.
    lngTab = ActiveDocument.Range(0, _
             Selection.Tables(1).Range.End).Tables.Count

    'Ergebnis in einer MsgBox anzeigen.
    MsgBox "Die Tabelle hat die Ordnungsnummer " & _
    lngTab & " im Dokument.", vbInformation, _
    "Aktuelle Tabellen-Ordnungsnummer"

Else
    MsgBox "Die aktuelle Auswahl befindet sich " & _
    "NICHT in einer Tabelle.", vbInformation, _
    "Keine Tabellen-Ordnungsnummer gefunden."
End If
End Sub
```

25.9.4 Die Spaltennummer anzeigen

Die nachfolgende Prozedur zeigt in einer Prozedur die aktuelle Spaltennummer einer Tabelle an:

```
Sub TabelleAktuelleSpaltennummerAnzeigen()
Dim lngTab As Long
Dim lngCol As Long

'Prüfen, ob sich Markierung in einer Tabelle befindet
If Selection.Information(wdWithInTable) = True Then

    'aktuelle Tabellennummer ermitteln
    lngTab = ActiveDocument.Range(0, _
        Selection.Tables(1).Range.End).Tables.Count

    'aktuelle Spaltennummer ermitteln
    lngRow = Selection.Information( _
            wdStartOfRangeColumnNumber)

     'Ergebnis in einer MsgBox anzeigen
    MsgBox "Die aktuelle Markierung in der " & _
            "Tabelle " & lngTab & " befindet sich " & _
            "in Spalte " & lngRow & ".", _
            vbInformation, "Aktuelle Spalte"
Else
    'Meldungsfenster, wenn Auswahl sich NICHT
    'in einer Tabelle befindet.
    MsgBox "Die aktuelle Auswahl befindet sich " & _
            "NICHT in einer Tabelle.", vbInformation, _
            "Keine Tabellenspalte gefunden."
End If
End Sub
```

25.9.5 Die Zeilennummer anzeigen

Die nachfolgende Prozedur zeigt in einer Prozedur die aktuelle Zeilennummer einer Tabelle an:

```
Sub TabelleAktuelleZeilennummerAnzeigen()
Dim lngTab As Long
Dim lngRow As Long

'Prüfen, ob sich Markierung in einer Tabelle befindet.
If Selection.Information(wdWithInTable) = True Then

    'Aktuelle Tabellennummer ermitteln.
    lngTab = ActiveDocument.Range(0, _
    Selection.Tables(1).Range.End).Tables.Count
```

```
    'Aktuelle Zeilennummer ermitteln.
    lngRow = Selection.Information( _
            wdStartOfRangeRowNumber)

    'Ergebnis in einer MsgBox anzeigen
    MsgBox "Die aktuelle Markierung in der Tabelle " & _
        lngTab & " befindet sich in Zeile " & lngRow & "."

Else
    'Meldungsfenster, wenn Auswahl sich NICHT
    'in einer Tabelle befindet.
    MsgBox "Die aktuelle Auswahl befindet sich " & _
            "NICHT in einer Tabelle.", vbInformation, _
            "Keine Tabellenspalte gefunden."
End If
End Sub
```

25.9.6 Die Tabellen-Koordinate der Einfügemarke anzeigen

Die nachfolgende Prozedur gibt innerhalb einer Tabelle die Cursor-Position an:

```
Sub TabelleAktuelleZellenKoordinatenAnzeigen()
Dim spalte1, zeile1, spalte2, zeile2
spalte1 = Selection.Information( _
        wdStartOfRangeColumnNumber)
zeile1 = Selection.Information( _
        wdStartOfRangeRowNumber)
spalte2 = Selection.Information( _
        wdEndOfRangeColumnNumber)
zeile2 = Selection.Information( _
        wdEndOfRangeRowNumber)

If Selection.Information(wdWithInTable) = True Then
    If spalte1 <> spalte2 Or zeile1 <> zeile2 Then
        MsgBox "Es ist von " & spalte1 & ":" & zeile1 _
            & " bis " & spalte2 & ":" & zeile2 & _
            " markiert."
    Else
        MsgBox "Der Cursor steht in " & spalte1 & ":" _
            & zeile1 & "."
    End If
Else
    MsgBox ("Cursor steht in keiner Tabellenzelle " _
        & "oder ein Return" & vbCr & "außerhalb der " & _
        "Tabelle ist mitmarkiert.")
End If
End Sub
```

25.10 Template-Objekt

Das `Template`-Objekt repräsentiert eine Dokumentvorlage. `Template`-Objekte sind in der `Templates`-Auflistung zusammengefaßt, die alle Dokumentvorlagen zu einem gegebenen Zeitpunkt zusammenfaßt, und zwar:

- Die Normal.dot
- Alle Dokumentvorlagen, die als Dokumente geöffnet sind.
- Alle Dokumentvorlagen, die mit einem geöffneten Dokument verbunden sind.
- Alle globalen Dokumentvorlagen, die in dem Dialog »Add-Ins« aufgelistet werden (Menübefehl »Extras-Vorlagen und Add-Ins ...«).

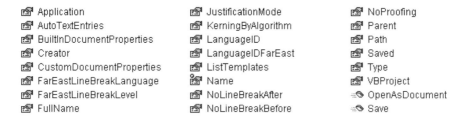

Abbildung 25.24 Eigenschaften und Methoden des Template-Objekt

25.10.1 Die einem Dokument zugeordnete Dokumentvorlage ermitteln

Sie können die Dokumentvorlage, die mit einem Dokument verknüpft ist, festlegen oder zurückgeben. In dem folgenden Beispiel werden der Name und Pfad der Dokumentvorlage angezeigt, die dem aktiven Dokument zugeordnet ist.

```
Sub VorlageVonDokumentAnzeigen()
Dim myTemplate As Template

With ActiveDocument
   Set myTemplate = .AttachedTemplate
   With myTemplate
     MsgBox "Ordner und Name der verknüpften " & _
            "Dokumentvorlage:" & vbCrLf & vbCrLf & _
            .Path & Application.PathSeparator & _
            .name, vbInformation, _
            "Dokumentvorlage von " & .name
   End With
End With
End Sub
```

25.10.2 Wie Word den Speicherort für die dem aktuellen Dokument zugeordnete Dokumentvorlage ermittelt

Sie wissen bereits aus Kapitel 5.1.3, »Die Dokumentvorlagen sichern«, ab Seite 203, daß Word die einem Dokument zugeordnete Dokumentvorlage nach einer fest definierten Reihenfolge an bestimmten Speicherorten sucht. Haben Sie mehrere Vorlagen gleichen Namens in diesen Speicherorten hinterlegt, verwendet Word die erste, die es findet. Kaum ein Word-Anwender hat aber die genaue Suchreihenfolge immer präsent. Die eigenartige Word-Suchhierarchie ruft auch bei Word-Profis immer wieder Erstaunen und typische Fragen hervor wie: »Wieso speichert Word meine Autotext-Einträge in der Dokumentvorlage im Benutzervorlagenordner und nicht in der Dokumentvorlage im Arbeitsgruppenvorlagenordner.« Einen Überblick, an welchen Dokumentvorlagen-Speicherorten Word für das aktuelle Dokument sucht und welche (gefundene) Vorlage Word letztlich verwendet, verschafft Ihnen das nachstehende Makro.

```
Sub VorlagenSpeicherorteAnzeigen()
'Variablen deklarieren.
Dim strTmplName             As String
Dim strPfadDokument         As String
Dim strPfadBenutzer         As String
Dim strPfadGruppe           As String
Dim strTmplAngabeImDokument As String
Dim strPfadWinword          As String
Dim myTemplate              As Template
Dim strMldgSuchorte         As String
Dim strTmplVorhanden        As String

'Objektvariable initialisieren.
Set myTemplate = ActiveDocument.AttachedTemplate

'Variablen mit z. B. Ordnerangaben initialisieren.
strTmplName = myTemplate.Name
strPfadDokument = ActiveDocument.Path
strPfadWinword = Application.Path
strTmplAngabeImDokument = myTemplate.Path
strPfadBenutzer = Options.DefaultFilePath( _
            wdUserTemplatesPath)
strPfadGruppe = Options.DefaultFilePath( _
            wdWorkgroupTemplatesPath)

'1. Textteil für Meldung mit Suchhierarchie definieren.
strMldgSuchorte = _
    "1. Dokumentordner: " & vbTab & strPfadDokument & _
        vbCrLf & _
    "2. Angabe im Dokument: " & vbTab & _
        strTmplAngabeImDokument & vbCrLf & _
    "3. Benutzervorlagen-Ordner: " & vbTab & _
        strPfadBenutzer & vbCrLf & _
    "4. Arbeitsgruppen-Ordner: " & vbTab & _
        strPfadGruppe & vbCrLf & _
    "5. Winword.exe-Ordner: " & vbTab & strPfadWinword

'Variablen mit vollständigen Suchpfad (Suchordner
'und Name der Dokumentvorlage) initialisieren.
strPfadDokument = strPfadDokument & _
```

```
                              "\" & strTmplName
    strTmplAngabeImDokument = myTemplate.Path & _
                              "\" & strTmplName
    strPfadBenutzer = strPfadBenutzer & _
                              "\" & strTmplName
    strPfadGruppe = strPfadGruppe & _
                              "\" & strTmplName
    strPfadWinword = strPfadWinword & _
                              "\" & strTmplName

    'Meldungstexte initialisieren ...
    'wenn die Vorlage im Dokumentordner vorhanden ist.
    If Len(Dir(strPfadDokument)) <> 0 Then
        strTmplVorhanden = vbTab & "1. " & _
        strTmplVorhanden & strPfadDokument & vbCrLf
    End If

    'wenn die Vorlage in dem Ordner gefunden wird,
    'der im Dokumennt angegeben ist.
    If Len(Dir(strTmplAngabeImDokument)) <> 0 Then
        strTmplVorhanden = strTmplVorhanden & _
        vbTab & "2. " & strTmplAngabeImDokument & vbCrLf
    End If

    'wenn die Vorlage im Benutzervorlagenordner ist.
    If Len(Dir(strPfadBenutzer)) <> 0 Then
        strTmplVorhanden = strTmplVorhanden & _
        vbTab & "3. " & strPfadBenutzer & vbCrLf
    End If

    'wenn die Vorlage im Ordner für
    'Arbeitsgruppenvorlagen ist.
    If Len(Dir(strPfadGruppe)) <> 0 Then
        strTmplVorhanden = strTmplVorhanden & _
        vbTab & "4. " & strPfadGruppe & vbCrLf
    End If

    'wenn die Vorlage im Winword-Ordner ist.
    If Len(Dir(strPfadWinword)) <> 0 Then
        strTmplVorhanden = strTmplVorhanden & _
        vbTab & "5. " & strPfadWinword & vbCrLf
    End If

'2. Textteil für Meldung mit Suchhierarchie definieren.
    strMldgSuchorte = "Suchreihenfolge von Word für" & _
                      " die Dokumentvorlage »" & _
                      strTmplName & "«:" & vbCrLf & _
                      strMldgSuchorte & vbCrLf & vbCrLf

'3. Endgültiger Text für Meldung
```

```
    If strTmplVorhanden <> "" Then
        strTmplVorhanden = strMldgSuchorte & _
        "Word verwendet die erste Vorlage, " & _
        "die es findet." & vbCrLf & _
        "Fundort(e):" & vbCrLf & strTmplVorhanden
    Else
        strTmplVorhanden = strMldgSuchorte & _
        "Die Dokumentvorlage wurde nicht in den " & _
        "angegebenen Ordnern gefunden."
    End If

    'Anzeigen der Meldung.
    MsgBox strTmplVorhanden, vbInformation, _
        "Suchorte für »" & strTmplName & _
        "« (Dokumentvorlage) von »" & _
        ActiveDocument.Name & "«"

End Sub
```

Sie können das Makro aufrufen, wann immer Sie kontrollieren wollen, wo Word die Dokumentvorlage findet, die mit dem aktuellen Dokument korreliert ist. Nach dem Ausführen des Codes erscheint eine Meldung mit einem entsprechenden Hinweis.

Abbildung 25.25 Suchhierarchie von Word

25.10.3 Den Arbeitsgruppenvorlagenordner festlegen

Um den Arbeitgruppenvorlagenordner zu ermitteln beziehungsweise um mit diesem zu arbeiten oder ihn festzulegen, müssen Sie auf die Option Klasse zugreifen. Das folgende Listing zeigt den Zugriff auf dieses Objekt, indem es einen Dialog mit Eingabefeld auf dem Bildschirm anzeigt. In das Eingabefeld kann der Word-Benutzer direkt den Arbeitsgruppenvorlagenordner eintragen.

```
Sub ArbeitsgruppenVorlagenOrdnerÄndern()

    Dim strMldg             As String
    Dim strTitel            As String
    Dim strVorgabe          As String
```

```
Dim strAntwort        As String
Dim strOrdner         As String
Dim bolErfolg         As Boolean
Dim lngPos            As Long

With Options

    'Ermittle bisherigen Arbeitsgruppenvorlagenordner.
    strOrdner = .DefaultFilePath(wdWorkgroupTemplatesPath)

    'Werte für Meldung,Titel und Voreinstellung festlegen.
    If strOrdner <> "" Then
        strMldg = "Arbeitsordner bisher: " & _
        strOrdner & vbCrLf & vbCrLf
    End If
    strMldg = strMldg & "Bitte geben Sie einen " & _
              "Arbeitsgruppenvorlagenordner an " & _
              "(zum Beispiel: C:\ARBEIT\):"
    strTitel = "Arbeitsgruppenvorlagenordner festlegen"
    strVorgabe = strOrdner

    'Erfolgswert erst einmal auf "falsch" setzen.
    bolErfolg = False

    'Abfrage (neuer) Arbeitsgruppenvorlagenordner
    Do

        'Meldung, Titel und Voreinstellung anzeigen.
        strAntwort = InputBox(strMldg, strTitel, strVorgabe)

        'Falls kein Abbruch, Benutzereingabe übernehmen.
        If Not strAntwort = "" Then

            'Die Position der letzten Pfadtrennlinie ("\")
            'im übergebenen Dateipfad ermitteln.
            lngPos = InStrRev(strAntwort, "\")

            'Falls am Ende der Zeichenkette kein
            'Pfadtrennzeichen vorhanden, dieses ergänzen.
            If Not Len(strAntwort) = lngPos Then
                strAntwort = strAntwort & "\"
            End If

            'Wenn Ordner existiert, diesen verwenden,
            'sonst Fehlermeldung.
            If Len(Dir(strAntwort)) <> 0 Then
                .DefaultFilePath(wdWorkgroupTemplatesPath) = _
                strAntwort
                bolErfolg = True
                MsgBox "Success!" & vbCrLf & vbCrLf & _
```

```
            "Neuer Arbeitgruppenvorlagenordner: " & _
            strAntwort, vbInformation, "Hinweis"
        Else
            MsgBox "Der Ordner »" & strAntwort & _
            "« ist nicht vorhanden! Daher wurde " & _
            "der Arbeitsgruppenvorlagenordner NICHT" & _
            "neu festgelegt.", vbCritical, "Warnung"
        End If
    End If
    Loop Until strAntwort = "" Or bolErfolg = True
End With
End Sub
```

Abbildung 25.26 Dialog, mit dem der Anwender den Arbeitsgruppenordner festlegen kann.

25.11 Wörterbücher

Wörterbücher wurden bereits im Kapitel Abschnitt 5.1.8, »Die Benutzerwörterbücher sichern«, ab Seite 219 besprochen. In diesem Abschnitt wird nun gezeigt, wie man mit VBA auf die Wörterbücher zugreifen kann.

25.11.1 Aktive benutzerdefinierte Wörterbücher und das Standard-Wörterbuch anzeigen

Die folgende Beispielprozedur zeigt in einem Meldungsfenster Sprache, Name und Pfad der aktiven benutzerdefinierten Wörterbücher an. Sie verwendet in einer For-Each-Schleife die CustomDictionaries-Eigenschaft, um entsprechende Dictionary-Objekte zu erhalten. Außerdem informiert die Meldung darüber, wie viele benutzerdefinierte Wörterbücher maximal in Word geladen werden dürfen und welches Wörterbuch das Standard-Wörterbuch ist.

```
Sub WörterbücherAnzeigen()
Dim dicBenutzer    As Word.Dictionary
Dim strPrompt      As String

With CustomDictionaries

    'Maximale und aktuelle Anzahl der gleichzeitig
    'geladenen Benutzerwörterbücher.
    strPrompt = "Maximale Anzahl: " & _
```

```
                str(.Maximum) & vbCrLf & _
                "Akuelle Anzahl: " & .Count & vbCrLf

        'Aktives benutzerdefinierten Standard-Wörterbuch
        strPrompt = strPrompt & "Standard-" & _
                "Benutzerwörterbuch: " & _
                .ActiveCustomDictionary & vbCr & vbCrLf
        'Überschrift
        strPrompt = strPrompt & "Sprache:" & vbTab & _
                "Aktive Benutzerwörterbücher:" & vbCrLf
    End With

    'Ermitteln der benutzerdefinierten Wörterbücher.
    For Each dicBenutzer In CustomDictionaries
        With dicBenutzer
            strPrompt = strPrompt & .LanguageID & vbTab & _
                    .Path & "\" & .Name & vbCrLf
        End With
    Next dicBenutzer

    'Anzeigen des Meldung.
    MsgBox strPrompt, vbInformation, "Benutzerwörterbücher"

End Sub
```

Abbildung 25.27 Dialog mit Informationen zu den Benutzerwörterbüchern

25.11.2 Integrierte Wörterbücher anzeigen

Die in Word integrierten Wörterbücher unterscheiden sich in vielen Belangen von den benutzerdefinierten Wörterbüchern. Zum einen besitzen deren Dateinamen offensichtlich eine andere Erweiterung (.lex und nicht .dic). Außerdem sind sie nicht wie eine »stinknormale« ASCII- oder ANSI-Datei editierbar. Das läßt darauf schließen, daß sie auch unter VBA anders behandelt werden. Und genau so verhält es sich auch: Die integrierten Wörterbücher werden nicht über die `CustomDictionaries`-Eigenschaft angesprochen, sondern über das `Languages`-Auflistung. Sie sind sprachspezifisch und lassen sich gezielt für bestimmte Bereiche eines Dokumentes einsetzten

Die nachfolgende Prozedur überprüft, welche integrierten Wörterbücher für die aktuelle Markierung in einem Dokument implementiert sind. Befindet sich die Markierung einem Bereich, der für eine Sprache formatiert ist, für die keine integrierten Wörterbücher installiert wurden, so informiert Sie die Prozedur darüber.

```
Sub WörterbücherIntegrierteAnzeigen()
Dim lngLanguage    As Long
Dim dicGram        As Dictionary
Dim dicHyph        As Dictionary
Dim dicSpel        As Dictionary
Dim dicThes        As Dictionary
Dim strTemp        As String
Dim strPrompt      As String

'Ermittle Sprache der aktuellen Markierung.
lngLanguage = Selection.LanguageID

'Zuweisung der Wörterbücher der aktuellen
'Sprache an Variablen
With Languages(lngLanguage)
    Set dicGram = .ActiveGrammarDictionary
    Set dicHyph = .ActiveHyphenationDictionary
    Set dicSpel = .ActiveSpellingDictionary
    Set dicThes = .ActiveThesaurusDictionary
End With

strPrompt = "Für die aktuelle Markierung werden " & _
            "folgende integrierte Wörterbücher " & _
            "benutzt:" & vbCrLf & vbCrLf

If dicGram Is Nothing = False Then
    strTemp = strTemp & "Grammatik: " & _
    vbTab & dicGram.Path & "\" & dicGram.Name & vbCrLf
End If

If dicHyph Is Nothing = False Then
    strTemp = strTemp & "Silbentrennung: " & _
    vbTab & dicHyph.Path & "\" & dicHyph.Name & vbCrLf
End If

If dicHyph Is Nothing = False Then
    strTemp = strTemp & "Rechtschreibung: " & _
    vbTab & dicSpel.Path & "\" & dicSpel.Name & vbCrLf
End If

If dicThes Is Nothing = False Then
    strTemp = strTemp & "Synonyme: " _
    & vbTab & dicThes.Path & "\" & dicThes.Name
End If
```

```
'Meldung ausgeben.
If strTemp <> "" Then
    strPrompt = strPrompt & strTemp
    MsgBox strPrompt, vbInformation, _
        "Integrierte Wörterbücher"
Else
    MsgBox "Keine integrierten Wörterbücher " & _
        "für die aktuelle Markierung/Sprache gefunden.", _
        vbInformation, "Schade ..."
End If

End Sub
```

Abbildung 25.28 Dialog mit Informationen über die integrierten Wörterbücher

25.11.3 Neues Benutzerwörterbuch anlegen

Der Benutzerwörterbücher-Auflistung können Sie mittels VBA ein neues, leeres Benutzerwörterbuch problemlos hinzufügen. Wenden Sie dazu über die CustomDictionaries-Eigenschaft eines Dictionary-Objekts, die eine Auflistung der aktiven Wörterbücher zurückgibt, die Add-Methode an. Übergeben Sie dieser einen Benutzerwörterbuch-Dateinamen eigener Wahl. Hört sich kompliziert an, geht aber ganz einfach – zum Beispiel so:

```
Dim dicFachwörterbuch As Dictionary
Set dicFachwörterbuch = CustomDictionaries.Add( _
                    Filename:="Fachchinesisch.dic")
```

Noch deutlicher wird das Anlegen eines neuen Benutzerwörterbuches an einer vollständigen Prozedur. Der nachstehende Code initialisiert gleich nach den Variablendeklarationen einen beliebig veränderbaren Vorgabenamen für ein Benutzerwörterbuch. Danach wird der Benutzer mittels Input-Dialog aufgefordert, den Vorgabe-Name zu übernehmen oder einen neuen Namen inklusive Pfad für das zu erstellende Benutzerwörterbuch einzutippen. Bestätigt der Benutzer seine Eingabe mit »OK«, wird das neue Benutzerwörterbuch angelegt und aktiviert. Anschließend wird es noch für den deutschsprachigen Gebrauch eingestellt. Hat alles geklappt, informiert eine Meldung den Benutzer über den Erfolg.

```
Sub WörterbuchNeuAnlegen()

Dim strMldg         As String
Dim strTitel        As String
```

```vba
Dim strVorgabe         As String
Dim strAntwort         As String
Dim strORDNER          As String
Dim bolErfolg          As Boolean

'#### Anfang anzupassender Codeteil ...
'Vorgabenname für das neue Benutzerwörterbuch
Const MEIN_BUCH = "MeinBuch.dic"
'### Ende anzupassender Codeteil ...

'Fehlerbehandlung aktivieren.
On Error GoTo ErrorHandler

With CustomDictionaries

    'Aktives Standard-Benutzerwörterbuch verfügbar
    'machen, um einen Vorgabe-Ordner für das neue
    'Wörterbuch zu erhalten.
    Dim dicStandard    As Dictionary
    Set dicStandard = .ActiveCustomDictionary
    
    'Meldungtexte aufbauen.
    strTitel = "Neues Benutzerwörterbuch anlegen"
    strVorgabe = dicStandard.Path & "\" & MEIN_BUCH
    strMldg = "Bitte geben Sie ein neues " & _
             "Benutzerwörterbuch inkl. Pfad ein!" & _
              vbCrLf & vbCrLf & "Beispiel: " & vbCrLf & _
              "C:\Programme\Microsoft Office\Office\" & _
              MEIN_BUCH
    
    'Frage mit Titel und Voreinstellung anzeigen.
    strAntwort = InputBox(strMldg, strTitel, strVorgabe)
    
    'Wenn Abbruch gewählt, dann raus.
    If strAntwort = "" Then Exit Sub
    
    'Anlegen des neuen Wörterbuches.
    Dim dicMeinBuch As Dictionary
    Set dicMeinBuch = .Add(FileName:=strAntwort)
    
    'Neues Wörterbuch auf deutsche Sprache setzen.
    dicMeinBuch.LanguageSpecific = True
    dicMeinBuch.LanguageID = wdGerman
    
    'Meldung ausgeben.
    MsgBox "Success! " & vbCr & vbCr & "Das neue " & _
           "Benutzerwörterbuch »" & dicMeinBuch.Name & _
           "« wurde in " & vbCr & dicMeinBuch.Path & _
           vbCr & "angelegt.", vbInformation, _
           "Benutzerwörterbuch angelegt"
```

```
End With

ExitSub:
    Exit Sub

'Fehlerbehandlungsroutine
ErrorHandler:
    MsgBox Err.Description, vbExclamation, _
           "Fehler " & Err.Number
    GoTo ExitSub
End Sub
```

Beachten Sie, wenn Sie den Code ausprobieren: Wenn Sie keinen oder keinen korrekten Pfad eingeben, so wird automatisch ein Benutzerwörterbuch im Proofing-Tool-Pfad von Word erzeugt.

25.11.4 Die Rechtschreibfehler aus Word-Dokumenten automatisch in Benutzerwörterbücher übertragen

Das manuelle Erstellen eines Benutzerwörterbuchs ist oft sehr zermürbend. Man hangelt sich in Word von einem Rechtschreibfehler zum anderen, muß jedesmal den Schaltknopf »Zum Wörterbuch hinzufügen« anklicken und verbringt so im Laufe seines Lebens wohl mehrere Tage damit, Word etwas beizubringen, was es eigentlich von Haus mitbringen könnte. Geht das nicht schneller? Es geht.

Mit Hilfe der folgenden Prozedur werden alle Word-Dokumente (*.doc) eines vorgegebenen Ordners (im Beispiel: »F:\Ablage«) nach Vokabeln gescannt, mit denen Word nichts anzufangen weiß. Alle gefundenen vorgeblichen »Rechtschreibfehler« werden in ein Benutzerwörterbuch übertragen. Im Beispiel ist das die Datei »Test.dic«, die im gleichen Ordner wie die integrierten Wörterbücher angelegt wird, wenn sie dort nicht bereits vorhanden ist. Zum Schluß wird Notepad mit dem generierten Benutzerwörterbuch zur Weiterbearbeitung geladen.

```
Sub WörterbuchMitUnbekanntenWörternFüllen()

'#### Anfang anzupassender Codeteil ...
Const DOC_ORDNER  As String = "F:\Ablage"
Const FILTER      As String = "*.doc"
Const DIC_MEIN_BW As String = "Test.Dic"
'### Ende anzupassender Codeteil ...

Dim strBuchPfad   As String
Dim strTmpDoc     As String
Dim strAntwort    As String
Dim objDoc        As Document
Dim objRange      As Range

'Suchpfad für Wörterbuch aus den Optionen auslesen.
strBuchPfad = Options.DefaultFilePath( _
              wdProofingToolsPath) & "\" & DIC_MEIN_BW
```

```vba
'Sicherheitshalber alle mit Open
'geöffneten Dateien schließen.
Close

'Benutzerwörterbuch öffnen und, falls
'nicht vorhanden, zuvor neu anlegen.
Open strBuchPfad For Append As #1

'Überprüfen, ob im angegebenen Ordner
'Dokumente vorhanden sind.
strTmpDoc = Dir(DOC_ORDNER & "\" & FILTER)

'Solange Dokumente gefunden werden ...
Do While Not strTmpDoc = ""

    'Fehlerbehandlung zurückstellen.
    On Error Resume Next
    
    'Dokument öffnen.
    Set objDoc = Documents.Open( _
                DOC_ORDNER & "\" & strTmpDoc, _
                AddToRecentFiles:=False, _
                ConfirmConversions:=False)
    
    'Bei einem Fehler, Dokument ohne
    'Speichervorgang schließen.
    If Err.Number > 0 Then
        objDoc.Close SaveChanges:=False
        MsgBox "Fehler beim Öffnen des Dokumentes " & _
                strTmpDoc & ". " & vbCr & vbCr & _
                "Fehler " & Err.Number & ": " & _
                Err.Description, vbCritical, "Fehler"
        Exit Sub
    End If
    
    'Fehlerbehandlung aus.
    On Error GoTo 0
    
    'Meldung anzeigen.
    strAntwort = MsgBox("Wollen Sie wirklich alle " & _
                "Rechtschreibfehler aus der Datei »" & _
                strTmpDoc & "« in das " & _
                "Benutzerwörterbuch »" & DIC_MEIN_BW & _
                "« übertragen?", vbYesNo + vbQuestion, _
                "Automatische Aufnahme von Wörtern")
    
    If strAntwort = vbYes Then
        StatusBar = "Das Dokument " & strTmpDoc & _
                    " wird jetzt verarbeitet."
```

```
        'Steuerung an das Betriebssystem abgeben
        '(vermeidet u. a. Bildschirmfragmente).
        DoEvents

        'Wörter in Benutzerwörterbuch übertragen.
        With ActiveDocument
        For Each objRange In .SpellingErrors
            StatusBar = "Übertrage »" & objRange.Text & _
                        "« ..."
            Print #1, objRange.Text
        Next
        End With
    End If

    'Dokument ohne Speichern schließen.
    objDoc.Close SaveChanges:=False

    'Mit "Dir" das nächste Dokument im
    'selben Ordner zurückgeben.
    strTmpDoc = Dir

Loop

'Benutzerwörterbuch schließen.
Close #1

'Notepad mit dem Benutzerwörterbuch starten.
Shell "notepad.exe " & _
    Chr(34) & strBuchPfad & Chr(34), vbNormalFocus

End Sub
```

Das Beispiel will nur das Prinzip einer Automatik darstellen und ist nicht hundertprozentig ausgereift. Beispielsweise validiert der Code die zu übertragenden Wörter nicht auf doppelte Einträge (was nicht weiter tragisch ist, weil sich die Rechtschreibprüfung von Word nicht an doppelten Einträgen stört). Außerdem ignoriert er die Obergröße für ein Benutzerwörterbuch (65.593 Bytes beziehungsweise ca. 5.000 Wörter). Bei der Verfassung des Codes stand ein Code-Beispiel von René Probst Pate.[9]

25.11.5 Benutzerdefinierte Wörterbücher sprachspezifisch entfernen

Diese Routine überprüft, ob für Word sprachspezifische Benutzerwörterbücher aktiviert sind. Ist dies der Fall, dann wird das entsprechende Wörterbuch aus der Liste der aktiven Benutzerwörterbücher entfernt, sobald der Anwender eine Ja/Nein-Meldung bestätigt.

---

9   Vgl. [PROBS001]: S. 194.

```
Sub WörterbücherSprachspezifischEntfernen()

Dim dicBuch     As Dictionary
Dim strAntwort As String

For Each dicBuch In CustomDictionaries

With dicBuch

    'Wenn ein Wörterbuch sprachenspezifisch ist ...
    If .LanguageSpecific = True Then

        'Rückfrage
        strAntwort = MsgBox("Wollen Sie das " & _
            "sprachenspezifische Benutzerwörterbuch " & _
            .Name & " aus der Liste der aktiven " & _
            "Wörterbücher entfernen?", _
            vbYesNo + vbQuestion, "Wörterbuch entfernen")

        'Wenn ja, dann entfernen ...
        If strAntwort = vbYes Then
            .Delete
        End If

    End If
End With
Next dicBuch
End Sub
```

25.11.6 Entfernen aller aktiven Benutzerwörterbücher aus der Benutzerwörterbücherliste

Um alle aktiven Benutzerwörterbücher auf einen Schlag von der Rechtschreibprüfung auszunehmen, genügt ein Dreizeiler:

```
Sub WörterbücherAlleDeaktivieren()
    Application.CustomDictionaries.ClearAll
End Sub
```

25.11.7 Aktives Benutzerwörterbuch festlegen

Benutzen Sie die `ActiveCustomDictionary`-Eigenschaft, um das Benutzerwörterbuch festzulegen, dem neue Wörter bei der Rechtschreibprüfung hinzugefügt werden können.

Das nachstehende Codeschnipsel entfernt alle Benutzerwörterbücher aus der Liste der aktiven Benutzerwörterbücher, fügt ein neues Wörterbuch namens »Fachbuch.dic« in die Liste ein und legt dieses als Standard-Wörterbuch fest.

```
Application.CustomDictionaries.ClearAll
Set myCust = Application.CustomDictionaries.Add _
            (FileName:="C:\Programme\" & _
             "Microsoft Office\WinWord\Fachbuch.dic")
CustomDictionaries.ActiveCustomDictionary = myCust
```

Beachten Sie: Wenn Sie versuchen, die `ActiveCustomDictionary`-Eigenschaft im Zusammenhang mit einem Nicht-Benutzerwörterbuch anzuwenden, so wird Ihr Code einen Fehler verursachen.

25.12 Information-Objekt

Das `Information`-Objekt liefert hilfreiche Angaben über die aktuelle Position der Einfügemarke und über potentielle Markierungen.

25.12.1 Aktuelle Seitenzahl ermitteln I

Die folgende Codezeile liefert die Nummer der Seite, auf welcher sich die Einfügemarke befindet. Sind mehrere Seiten markiert, wird das Ende der Markierung zurückgegeben.

```
Selection.Information(wdActiveEndPageNumber)
```

Diese Methode, eine Seitenzahl zu ermitteln, arbeitet nicht immer korrekt, weil vor der Rückgabe der Seitenzahl keinen 1-zu-1-Umbruch des Dokuments durchführt. Diesen müssen Sie gegebenenfalls programmtechnisch vorschalten:

```
ActiveDocument.Repaginate
Selection.Information(wdActiveEndPageNumber)
```

Oder besser:

```
ActiveDocument.ComputeStatistics wdStatisticPages
Selection.Information(wdActiveEndPageNumber)
```

25.12.2 Benutzerdefinierte Seitenzahl ermitteln

Während vorige Anweisung die absolute Seitenzahl eines Dokuments liefert, gibt die nachstehende Anweisung die benutzerdefinierte (angepaßte) Seitenzahl zurück. Bei der benutzerdefinierten Seitenzahl handelt es sich um jene, die der Anwender für sein Dokument vergibt und die von der absoluten Seitenzahl abweichen kann. Man legt zum Beispiel fest, daß die Numerierung der Seiten auf der Seite 1 mit Zahl 3 beginnen soll. Befindet sich die Einfügemarke auf der Seite eins, liefert die vorige Anweisung »1« zurück, die nachstehende dagegen »3«. Diese Information entspricht jener, welche man in der Statuszeile hinter dem Text »Seite« lesen kann.

```
Selection.Information(wdActiveEndAdjustedPageNumber)
```

Befindet sich die Einfügemarke in einer Ansicht ohne Seitenangaben (zum Beispiel Gliederungsansicht), wird der Wert -1 zurückgegeben.

25.12.3 Seitenzahl ermitteln II

Die oben vorgestellten Methoden arbeiten nicht immer korrekt, wenn es darum geht, die exakte Seitenzahl zu ermitteln (sie lösen vor der Rückgabe der Seitenzahl keinen 1-zu-1-Umbruch aus, wodurch es zu falscher Zählweise kommen kann). Genauer arbeitet die `ComputeStatistics`-Methode:

```
ActiveDocument.ComputeStatistics(wdStatisticPages)
```

25.12.4 Abschnittszahl ermitteln

Die nachstehende Codezeile liefert die Zahl des Abschnitts, in dem sich die Einfügemarke befindet. Sind mehrere Abschnitte markiert, ist das Ende der Markierung maßgeblich. Diese Information entspricht jener, welche man in der Statuszeile hinter dem Text »Ab« lesen kann.

```
Selection.Information(wdActiveEndSectionNumber)
```

25.12.5 Befindet sich die Einfügemarke in einer Tabelle?

Die nachstehende Codezeile liefert den Wert True, wenn sich die Einfügemarke in einer Tabelle befindet.

```
Selection.Information(wdWithInTable)
```

25.12.6 Tabellenspalte ermitteln

Die nachstehende Codezeile liefert die Nummer der Tabellenspalte, in der sich die Einfügemarke befindet. Ist die Einfügemarke nicht in einer Tabelle, wird der Wert -1 zurückgegeben.

```
Selection.Information(wdEndOfRangeColumnNumber)
```

25.12.7 Tabellenzeile ermitteln

Die nachstehende Codezeile liefert die Nummer der Tabellenzeile, in der sich die Einfügemarke befindet. Ist die Einfügemarke nicht in einer Tabelle, wird der Wert -1 zurückgegeben.

```
Selection.Information(wdEndOfRangeRowNumber)
```

25.12.8 Zeichenspalte ermitteln

Die nachstehende Codezeile liefert die horizontale Position (Spalte), in der sich die Einfügemarke im Dokument befindet. Sind mehrere Zeichen markiert, ist die Position des ersten Zeichens maßgeblich. Diese Information entspricht jener, welche man in der Statuszeile hinter dem Text »Sp« lesen kann.

```
Selection.Information(wdFirstCharacterColumnNumber)
```

25.12.9 Zeilennummer ermitteln

Die nachstehende Codezeile liefert die Zeilennummer, in der sich die Einfügemarke befindet. Sind mehrere Zeilen markiert, ist die erste markierte Zeile maßgeblich. Diese Information entspricht jener, welche man in der Statuszeile hinter dem Text »Ze« lesen kann.

```
Selection.Information(wdFirstCharacterLineNumber)
```

25.12.10 Abstand vom Seitenrand ermitteln

Die nachstehende Codezeile liefert den Abstand der Einfügemarke ausgehend vom oberen Seitenrand. VBA liefert diesen Abstand immer in *pts* (Pixel). Diese Information entspricht jener, welche man in der Statuszeile hinter dem Text »Bei« lesen kann. Welche Maßeinheit in der Statuszeile angezeigt wird, hängt von den Einstellungen unter »Extras-Optionen ...-Allgemein-Maßeinheit« ab.

```
Selection.Information(wdVerticalPositionRelativeToPage)
```

Nachstehend wird gezeigt, wie der Pixelwert in Zentimeter umgerechnet werden kann.

```
Format(PointsToCentimeters(Selection.Information( _
    wdVerticalPositionRelativeToPage)), "#.00")
```

25.12.11 Seitenzahl der ersten Tabelle im Hauptteil des Dokuments ermitteln

Die folgende Codezeile ermittelt die Seite einer Tabelle im Dokument. Im Beispiel wird davon ausgegangen, daß die Seitennummer der ersten Tabelle im Hauptteil des Dokumentes ermittelt werden soll. Ausgewiesen wird das Ende der Tabelle.

```
ActiveDocument.Tables(1).Range.Information(_
                        wdActiveEndPageNumber)
```

25.13 Wie findet man Word-Objekte, um eine Anforderung zu realisieren?

Wer eine bestimmte Word-Funktionalität mittels VBA automatisieren will, aber nicht weiß wie, sollte nach folgendem Schema vorgehen:

1. Charakterisieren Sie zuerst die Bestandteile der Word-Anforderung, die Sie automatisieren möchten.

   Beispiel: Wenn Sie die Schrift im ersten Absatz des aktiven Dokumentes mit einer 24 Punkt großen, fetten Arial-Schrift automatisch formatieren wollen, so werden daran vermutlich mindestens folgende Bestandteile beteiligt sein:
   - Aktive Dokument
   - Erster Absatz
   - Schrift
   - Schriftname: Arial
   - Schriftgröße: 24 Punkt
   - Schriftauszeichnung: fett

2. Versuchen Sie, logisch zu erschließen, um welche VBA-Konstrukte es bei den gesuchten Bestandteilen vermutlich handeln muß.

   Beispiel:
   - Aktive Dokument = Objekt
   - Erster Absatz = Objekt
   - Schrift = Objekt
   - Schriftname (Arial) = Eigenschaft
   - Schriftgröße (24 Punkt) = Eigenschaft
   - Schriftauszeichnung (fett) = Eigenschaft

3. Übersetzen Sie die gefundenen Namen der Bestandteile in die englische Sprache.

   Beispiel:
   - Aktives Dokument = ActiveDocument
   - Erster Absatz = Paragraph 1
   - Schrift = Font
   - Eigenschaft Name (Arial) = name
   - Eigenschaft Größe (24 Punkt) = size
   - Eigenschaft Fett = bold

4. Nun haben Sie im Prinzip alles beisammen, um den VBA-Code zu schreiben. Ein erster Entwurf für den Code könnte folgendermaßen aussehen:

```
Sub BspErsterAbsatzArial24Fett()
With ActiveDocument.Paragraphs(1).Font
    .Name = "Arial"
    .Size = 24
    .Bold = true
End With
End Sub
```

Wenn Sie den Code ausprobieren, werden Sie feststellen, daß er nicht funktionstüchtig ist. VBA meldet, daß angeblich ein »Datenobjekt« oder eine »Methode« nicht gefunden werden. Warum das? Nun, wir haben in Schritt 2 ein Objekt vergessen beziehungsweise nicht genau analysiert, welche Objekte zur Realisierung benötigt werden. Da aber die englischen Namen der meisten Bestandteile der gewünschten Anforderung mittlerweile vorliegen, kann man gezielt in der VBA-Offline-Hilfe nachschauen, woran es hapert. Sie werden vielleicht schon von selber darauf gekommen sein. Der »erste Absatz« in einem Dokument ist ein bestimmter Bereich des Dokumentes. Folglich benötigt man noch ein *Bereichsobjekt*. Der korrekte Code lautet also:

```
Sub BspErsterAbsatzArial24Fett()
Dim myRange As Range
Set myRange = ActiveDocument.Paragraphs(1).Range
With myRange.Font
    .Name = "Arial"
    .Size = 24
    .Bold = True
End With
End Sub
```

Teil 5 – Praxis und Profi-Know-how

26 Arbeiten mit Dateien und Ordnern

»Keine Arbeit für meine Hände oder meine Füße ist widernatürlich, so lange sie nur in den Bereich dessen fällt, was Hände und Füße zu thun haben. Ebenso giebt es für den Menschen als solchen keine Anstrengung, die man unnatürlich nennen könnte, sobald der Mensch dabei thut, was menschlich ist. Ist sie aber nichts Unnatürliches, dann gewiss auch nichts Uebles.«
Mark Aurel[1]

26.1 Allgemeines zu Dateien und Ordnern

Oft benötigen Sie für die Word-Programmierung VBA-Funktionen, die auf das Datei- und Ordnersystem des Computers zugreifen. Wenn Sie mit Datei- und/oder Ordnerpfaden arbeiten wollen, wenn Sie Dokumente öffnen, bearbeiten, erstellen oder löschen wollen, wenn Sie Dateiinfos und Versionsinformationen auslesen wollen ... dann benötigen Sie Hilfsroutinen, die Ihnen die alltäglichen Datei- und/oder Ordnerzugriffe und potentielle Validierungen erleichtern. Auf den folgenden Seiten werden Prozeduren und Funktionen präsentiert, die Ihnen die Datei- und Ordner-Programmierung unter Word erleichtern.

26.2 Das Vorhandensein von Dateien überprüfen

Das Vorhandensein von Dateien läßt sich auf verschiedene Weise prüfen. In diesem Abschnitt werden die grundlegenden Techniken an drei unterschiedlichen Routinen vorgestellt:[2]

- `FileExists()`: Mit der Standardfunktion `Dir`
- `FileExistsFileNr()`: Mit Dateinummer (Fehlercodeauswertung)
- `FileExistsFSO()`: Mit dem `FileSystemObject`

So unterschiedlich die Funktionen im Detail sind, alle drei erwarten bei Ihrem Aufruf einen vollständigen Pfad zum Suchordner inklusive Dateiname als Stringparameter in `strFile`. Alle geben `True` zurück, wenn die Datei im angegebenen Ordner (Pfad) gefunden wird; `False` wird zurückgegeben, wenn die Datei nicht an dem gewünschten Speicherort existiert.

26.2.1 Die Existenz einer Datei mit einer VBA-Standardfunktion überprüfen

Im ersten Beispiel, das die Existenz einer Datei überprüft, kommt die VBA-Standardfunktion `Dir` zum Einsatz, die eine Zeichenfolge (String) zurückgibt, wenn eine Suchzeichenfolge gefunden wird. Wird kein Zeichen zurückgegeben, so ist die Suche erfolglos verlaufen. Die Suchzeichenfolge kann grundsätzlich den Namen einer Datei, eines Verzeichnisses oder eines Ordners darstellen, der mit einem bestimmten Suchmuster, einem Dateiattribut

---

[1] [MARCA002]: S. 5888.
[2] Das Vorhandensein von Dateien läßt sich auch mit API-Funktionen überprüfen, was hier aber nicht vorgestellt wird.

oder mit der angegebenen Datenträger- bzw. Laufwerksbezeichnung übereinstimmt. Im nachstehenden Code wird die Funktion Dir zur Überprüfung des Vorhandenseins einer Datei in einem bestimmten Ordner verwendet. Die Funktion gibt »Wahr« (True) oder »Falsch« (False) zurück, je nachdem, ob die übergebene Datei in strFile gefunden wurde, oder nicht.

```
Public Function FileExists( _
            strFile As String) As Boolean

'Funktion beenden, wenn Leerstring übergeben wird.
If strFile = "" Then Exit Function

'Fehlerbehandlung aktivieren.
On Error Resume Next

'Das Vorhandensein der Datei überprüfen.
FileExists = (Len(Dir(strFile)) <> 0)

End Function
```

26.2.2 Die Existenz einer Datei mit einer Dateinummer und der Auswertung eines Fehlercodes überprüfen

Eine pragmatische Alternative zur VBA-Standardfunktion mit Dir stellt ein Code dar, der versucht, die in strFile übergebene Datei zum Einlesen zu öffnen. Geht der Versuch schief, ist aller Voraussicht nach die Datei im angegebenen Ordner nicht vorhanden.

```
Function FileExistsFileNr(ByVal strFile As String) _
As Boolean

'Funktion beenden, wenn Leerstring übergeben wurde.
If strFile = "" Then Exit Function

Dim intFileNr As Integer

'Nächste verfügbare Dateinummer, die die Open-Anweisung
'zum Öffnen einer Datei verwenden kann, zuweisen.
intFileNr = FreeFile

'Fehlerbehandlung anschalten.
On Error GoTo FileExistsFileNr_Error

   'Versuch, die übergebene Datei
   'zum Einlesen zu öffnen.
   Open strFile For Input Access Read As #intFileNr

   'Wenn erfolgreich, Datei wieder schließen.
   Close #intFileNr
```

```
    FileExistsFileNr = True
    Exit Function

'Wenn ein Fehler beim Öffnen der Datei aufgetreten ist.
FileExistsFileNr_Error:
    FileExistsFileNr = False
    Exit Function
End Function
```

26.2.3 Die Existenz einer Datei mit dem Objekt FileSystemObject überprüfen

Seit mehreren Jahren favorisiert Microsoft für die Überprüfung des Vorhandenseins einer Datei das sogenannte `FileSystemObject`. Beachten Sie, wenn Sie den Code ausprobieren, daß er via early binding auf das `FileSystemObject` zugreift. Damit das Makro funktioniert, muß folglich zuvor ein Verweis auf die COM-Bibliothek »Microsoft Scripting Runtime« (Scrrun.dll) dem Projekt hinzugefügt sein.

```
Function FileExistsFSO(strFile As String) As Boolean

'Funktion beenden, wenn Leerstring übergeben wurde.
If strFile = "" Then Exit Function

'Deklaration einer Objektvariablen
Dim objDateiSystem As FileSystemObject

'Starte ein neues FileSystemObject-Objekt und
'weise der Objektvariablen das FSO-Objekt zu.
Set objDateiSystem = New FileSystemObject

'Prüfe mit der COM-Objekt-Methode "FileExists",
'ob die Datei existiert.
If objDateiSystem.FileExists(strFile) Then
    FileExistsFSO = True
Else
    FileExistsFSO = False
End If

End Function
```

26.2.4 Test der FileExists-Routinen

Die nachstehende Prozedur testet die Funktionstüchtigkeit der vier `FileExists`-Funktionen. Alle vier Funktionen werden mit dem vollständigen Pfad zur Winword.exe-Datei und mit ihrem Namen als Argument aufgerufen. Eine Meldung zeigt anschließend an, welchen Wert die Funktionen zurückliefern (`True` = Winword.exe ist im Applikationspfad vorhanden, `False` = Winword.exe ist nicht vorhanden). Wenn die vier `FileExists`-Funktionen unterschiedliche Werte zurückliefern, stimmt etwas nicht.

```
Sub Test_FileExists()

Dim strWordFile    As String
Dim strMldg        As String

'Winword.exe-Pfad zusammenstellen.
strWordFile = Application.Path & "\Winword.Exe"

'Meldungstext zusammenbauen und
'jede FileExists-Funktion 1x aufrufen.
strMldg = "Existiert »" & strWordFile & "«?" & _
          vbCrLf & vbCrLf
strMldg = strMldg & "FileExists: " & vbTab & _
          str(FileExists(strWordFile)) & vbCrLf
strMldg = strMldg & "FileExistsFileNr: " & vbTab & _
          str(FileExistsFileNr(strWordFile)) & vbCrLf
strMldg = strMldg & "FileExistsFSO: " & vbTab & _
          str(FileExistsFSO(strWordFile)) & vbCrLf
strMldg = strMldg & "FileExistsAPI: " & vbTab & _
          str(FileExistsAPI(strWordFile))

MsgBox strMldg, vbInformation, "Überprüfung"

End Sub
```

Abbildung 26.1 Das Ergebnis der FileExists-Prozeduren

26.3 Das Vorhandensein von Ordnern überprüfen

Auch das Vorhandensein von Ordnern läßt sich auf verschiedene Weise prüfen. Die meisten im Abschnitt 26.2 ab Seite 765 besprochenen Routinen müssen dazu nur ein wenig abgeändert werden. Grundsätzlich können sie die Existenz von Ordnern über drei Alternativen überprüfen:

- FolderExists(): Mit der Standardfunktion Dir
- FolderExistsFSO(): Mit dem FileSystemObject
- FolderExistsAPI(): Mit API-Funktionen

Die dritte Variante ist codetechnisch etwas umfangreicher als die anderen beiden und wird hier aus Platzgründen nicht weiter besprochen. Die anderen zwei Funktionen erwarten bei Ihrem Aufruf einen vollständigen Pfad zum Suchordner als Stringparameter in strFolder. Beide geben True zurück, wenn der zu überprüfende Ordner (Pfad) gefunden wird; False wird zurückgegeben, wenn der Ordner nicht an dem gewünschten Speicherort existiert.

26.3.1 Die Existenz eines Ordners mit einer VBA-Standardfunktion überprüfen

Die nachstehende Funktion verwendet VBA-Schlüsselwort Dir, um das Vorhandensein eines Ordners zu überprüfen:

```
Public Function FolderExists( _
            strFolder As String) As Boolean
'Fehlerbehandlung festlegen.
On Error Resume Next

FolderExists = (Len(Dir(strFolder, vbDirectory)) <> 0)
End Function
```

26.3.2 Die Existenz eines Ordners mit dem Objekt FileSystemObject überprüfen

Beachten Sie, wenn Sie den nachstehenden Code ausprobieren, daß er via early binding auf das FileSystemObject zugreift. Damit das Makro funktioniert, muß folglich zuvor ein Verweis auf die COM-Bibliothek »Microsoft Scripting Runtime« (Scrrun.dll) dem Projekt hinzugefügt sein.

```
Function FolderExistsFSO(strFolder As String) _
                        As Boolean

'Funktion beenden, wenn Leerstring übergeben wurde.
If strFolder = "" Then Exit Function

'Deklaration einer Objektvariablen
Dim objDateiSystem As FileSystemObject

'Starte ein neues FileSystemObject-Objekt und
'weise der Objektvariablen das FSO-Objekt zu.
Set objDateiSystem = New FileSystemObject

'Prüfe mit der COM-Objekt-Methode "FolderExists",
'ob die Datei existiert.
If objDateiSystem.FolderExists(strFolder) Then
   FolderExistsFSO = True
Else
   FolderExistsFSO = False
End If

End Function
```

26.3.3 Test der FolderExists-Routinen

Mit der folgenden Prozedur können Sie die Funktionsweise der vorgestellten `FolderExists`-Routinen überprüfen.

```
Sub Test_FolderExists()

Dim strWordFolder As String
Dim strMldg      As String

'Einen Pfad holen ...
strWordFolder = Application.Path

'Meldungstext zusammenbauen und
'jede FileExists-Funktion 1x aufrufen.
strMldg = "Existiert »" & strWordFolder & "«?" & _
          vbCrLf & vbCrLf
strMldg = strMldg & "FolderExists: " & vbTab & _
          str(FolderExists(strWordFolder)) & vbCrLf
strMldg = strMldg & "FolderExistsFSO: " & vbTab & _
          str(FolderExistsFSO(strWordFolder)) & vbCrLf

MsgBox strMldg, vbInformation, "Überprüfung"

End Sub
```

26.4 Dateiverarbeitung mit älteren VBA-Anweisungen und -Funktionen

Es gibt in VBA zahllose Funktionen und Anweisungen, von denen mit modernen Datenbanken und dem jüngsten Dateisystem-Objektmodell (FSO) aufgewachsene VBA-Entwickler nicht im entferntesten wissen, was sie bedeuten. Hierzu zählen VBA-Routinen, die einen direkten Zugriff auf Dateien ermöglichen. Ob `Open`, `Print`, `Put` oder `Input` – das alles scheint Schnee von gestern zu sein. Aber ist das wirklich so? Manchmal muß man bis heute auf Dateien zugreifen, die nicht in irgendeinem proprietären Datenbank- oder Dokumentformat vorliegen. In diesem Fall ist es gut, sich daran zu erinnern, was die klassischen Funktionen können und wie man sie einsetzt. Aus diesem Grunde folgt hier kurzer Exkurs darüber, wie man Dateien direkt mit »Basic-Antiquitäten« verarbeiten kann, wenn man Text und andere Daten eingeben, bearbeiten und speichern will.

26.4.1 Die »klassischen« Dateizugriffsarten

Bekanntlich ist eine Datei eine geordnete Menge von digitalisierten Informationen (Daten), die unter einem gemeinsamen Namen auf einem Datenträger abgespeichert und angesprochen werden. Ein klassisches Basic-Programm greift auf die digital vorliegenden Informationen immer auf die gleiche Weise zu:

1. Beschaffen einer freien Dateinummer über die Funktion `FreeFile`.
2. Öffnen der Datei mit der Anweisung `Open`.

3. Bearbeiten, Lesen und/oder Schreiben der Daten.
4. Schließen der Datei mit der Anweisung `Close`.

Je nach Beschaffenheit der zugrunde liegenden Daten (Zeichen, Datensätze, ganzzahlige Werte, Zeichenfolgen ... und so weiter) muß das Öffnen einer Datei mit der Anweisung Open ein bestimmter Zugriffsmodus festgelegt werden. In VBA gibt es drei Dateizugriffstypen:

- *Sequentiell*: Zum Lesen und Schreiben von Textdateien in zusammenhängenden Blöcken. Wird immer dann verwendet, wenn Zeichenketten gespeichert werden sollen. VBA interpretiert bei diesem Zugriff die Informationen anhand von Trennzeichen wie Kommata, dem Zeilenumbruch (`vbLf`), dem Absatzumbruch (`vbCr`), einer Kombination aus Zeilen- und Absatzumbruch (`vbCrLf`) und so weiter. Die Daten werden im *ANSI-Zeichencode* gespeichert.

  Der folgende Code öffnet die Datei »Readme« für sequentielle Eingaben:
  ```
  Open "Readme" For Input As #1
  ```

- *Wahlfrei, wahlweise* (engl »random«): Zum Lesen und Schreiben von Text- oder Binärdateien, die als Datensätze mit fester Länge strukturiert sind. Dies ist zum Beispiel bei benutzerdefinierten Datentypen der Fall. Folglich werden Random-Dateien oft zur Speicherung von Struktur-/Datenfeldtypen verwendet.

- *Binär*: Zum Lesen und Schreiben beliebig strukturierter Dateien. Dabei werden Daten so gespeichert, wie sie binär im VBA-Programm vorliegen. Hauptsächlich kommt dieser Dateizugriffstyp beim Speichern von Zahlen zum Einsatz. Er ist mit dem wahlfreien Zugriff vergleichbar. Allerdings werden beim Binär-Zugriff keine Annahmen zu Datentyp oder zur Datensatzlänge getroffen, wie das beim Random-Zugriff der Fall ist. Das Lesen der Daten aus einer Datei mit Hilfe dieser Zugriffsmethode setzt folglich das genaue Wissen darüber voraus, wie die Daten in die Datei geschrieben wurden.

26.4.2 Übersicht über die VBA-Funktionen und VBA-Anweisungen für die »klassischen« Dateizugriffsarten

Die VBA-Funktionen und -Anweisungen für die »klassischen« Dateizugriffsarten lassen sich in zwei Gruppen aufteilen:

- VBA-Funktionen/Anweisungen die bei allen drei Dateizugriffsarten anwendbar sind.
- VBA-Funktionen/Anweisungen, die nur bei bestimmten Dateizugriffsarten anwendbar sind.

Die folgende Tabelle erteilt Auskunft darüber, welche »ältere« VBA-Funktion/Anweisung mit welcher Datenzugriffsmethode harmoniert:

Anweisungen/Funktionen	Sequentiell	Random	Binär
Close	X	X	X
Dir	X	X	X
EOF	X	X	X
FileCopy	X	X	X

Anweisungen/Funktionen	Sequentiell	Random	Binär
`FileDateTime`	X	X	X
`FileLen`	X	X	X
`FreeFile`	X	X	X
`LOF`	X	X	X
`Get`		X	X
`GetAttr`	X	X	X
`Input( )`	X		X
`Input #`	X		
`Line Input #`	X		
`Loc`	X	X	X
`Open`	X	X	X
`Print #`	X		
`Put`		X	X
`Seek`	X	X	X
`SetAttr`	X	X	X
`Type ... End Type`		X	
`Write #`	X		

27 Systemnahe Programmierung

»Denn das Ziel, nach dem das rein theoretische Verhalten ringt, ist die Wahrheit, wie das Ziel der Praxis die Anwendung ist. Diejenigen, die sich in der Praxis bewegen, haben auch dann, wenn sie untersuchen, wie die Sache an sich beschaffen ist, nicht das Ewige im Auge, sondern das, was für ein anderes und was für den Augenblick von Bedeutung ist.«
Aristoteles[1]

27.1 Windows-API und DLLs allgemein

VBA ist eine tragfähige Programmiersprache für Anwendungen. Für die Steuerung des Betriebssystems, für systemnahe Operationen und auch für ausgefallene oder hoch komplexe Programmanforderungen bietet VBA den erfahrenen Entwicklern aber zu wenige Funktionen. Suchen Sie spaßeshalber einmal im VBA-Objektmodell nach simplen Methoden zur Ermittlung des Windows- oder des Temp-Ordners. Na, fündig geworden? Nein? Na, können Sie auch nicht, denn das VBA-Objektmodell verfügt über nichts Vergleichbares.

Microsoft hat das eingeplant (anders gesagt: Microsoft hat es seit mehr als einem Jahrzehnt nicht geschafft, systemnahe, aber anwenderfreundliche Routinen und Objekte im VBA-Objektmodell zu implementieren). Die VBA-Architektur sieht vor, daß VBA-Entwickler alles, was sie in VBA nicht finden können, durch externe Funktionen und/oder Objekte ergänzen können und müssen. Sie erweitern den Funktionsumfang von VBA beispielsweise durch Verweise auf Funktions-/Objektbibliotheken von Dritten oder durch die Betriebssystemfunktionen aus der Windows-API[2].

Als API bezeichnet man allgemein eine oder mehrere Funktions- und/oder Objektbibliotheken, die (zusammen) eine bestimmte, standardisierte Programmierschnittstelle spezifizieren. Die wohl bekannteste API ist die API von Windows selbst. Neben der Windows-API werden auch andere Arten von genormten Programmierschnittstellen als API bezeichnet, zum Beispiel:

- MAPI[3] – Schnittstelle zu Mailbox-, E-Mail-, Voice-Mail-, Fax-Mail-Funktionalität
- ODAPI[4] – Schnittstelle zu Datenbanksystemen
- TAPI[5] – Schnittstelle zu Verbindungen über Modems
- Direct/X – Schnitttstelle zu Multimedia

---

1 [ARIST001]: S. 4081.
2 Abkürzung für engl. application programming interface, »Schnittstelle für die Anwendungsprogrammierung«.
3 Abkürzung für engl. mail/messaging application programming interface, »Schnittstelle für die Programmierung von Nachrichten verarbeitenden Funktionen«.
4 Abkürzung für engl. open database API, »API für offene Datenbanken«.
5 Abkürzung für telephone application programming interface, »Telefonprogrammierschnittstelle«

- TWAIN[6] – Schnittstelle zu Scannern, digitalen Kameras und anderen Quellen für digitale Bilddaten

... und so weiter

Die Windows-API besteht aus zahlreichen System- respektive DLL-Dateien, in denen sich beispielsweise DLL-Funktionen zum Abfragen von Systeminformationen, zum Auslesen der Registry oder zur Manipulation der Windows-Oberfläche befinden. Und, Sie werden es nicht glauben, dort finden Sie selbstverständlich auch Routinen zur Ermittlung des Windows- und des Temp-Ordners, nämlich die Funktionen `GetWinFolder` und `GetTempFolder` (in »Kernel32.dll«). Aus Platzgründen werden in diesem Buch nur wenige Windows-API-DLLs und nur unter VBA häufig benötigte Funktionen vorgestellt. Einen kleinen DLL-Überblick zur Win-API verschafft die nachstehende Tabelle:

DLL	Beschreibung
Kernel32.dll	Basisbibliothek mit Windows-Kernel-Funktionen (darunter Speicherverwaltung-Funktionen)
User32.dll	Bibliothek mit Funktionen für die Benutzeroberfläche (darunter Fenster-, Menü-, Maus-Funktionen)
Gdi32.dll[7]	Bibliothek mit Grafikfunktionen
Advapi32.dll	Bibliothek mit erweiterten API-Diensten (darunter Sicherheits-, Verschlüsselungs- und Registry-Funktionen)
Shell32.dll	Bibliothek mit Funktionen für die Benutzeroberfläche
Comdlg32.dll	Bibliothek mit Funktionen für die Windows-Standarddialoge
Comctl32.dll	Bibliothek mit Funktionen für Steuerelemente (Common Controls Library)
Ole32.dll	Die wichtigste Datei der COM-Bibliothek (Microsoft OLE für Windows)
Diskcopy.dll	Bibliothek mit Kopierfunktionen
Mmsystem.dll Winmm.dll	Bibliotheken mit Multimediafunktionen
Lz32.dll	Bibliothek mit Komprimierungsfunktionen
Netapi32.dll	Bibliothek mit Netzwerkfunktionen
Winspool.drv	Schnittstelle des Drucker-Spoolers, enthält die API-Funktionen des Drukker-Spoolers
Version.dll	Bibliothek mit Versionsfunktionen
... und andere	

---

6 Abkürzung für toolkit without an important name, »Werkzeugsammlung ohne bedeutenden Namen«
7 Abkürzung für graphics device interface, »Schnittstelle für graphische Geräte«

27.1.1 Der API-Pferdefuß

Die APIs beziehungsweise die API-Funktionen sind also im Prinzip für VBA-Entwickler eine tolle Sache, denn durch sie erhält man Zugang zu nie gekannten Funktionalitäten. Der Pferdefuß[8] zeigt sich aber bereits, wenn man Windows-API-Funktionen nutzen will. Es gibt wohl kaum etwas, das so schlecht dokumentiert ist wie Windows-APIs. Das mußte auch Microsoft entdecken, als das Framework-Team während der Entwicklung von .NET sich an die Bereitstellung von Win32 für die .NET-Welt machte. Das Team verfügte nicht über genügend Ressourcen für das Programmieren verwalteter Schnittstellen für die gesamte Win32-API. Deshalb konzentrierte man sich bei der Migration auf die wichtigsten Schnittstellen. In den ersten Versionen von .NET existieren zwar viele für gängige API-Operationen verwaltete .NET-Schnittstellen, aber es werden keine vollständigen Bereiche von Win32 abgedeckt. Hinweise zur Deklaration von API-Funktion/Prozeduren finden Sie im Internet auf den unterschiedlichsten Web-Seiten (setzen Sie einfach in einer Web-Suchmaschine einmal die entsprechenden Stichwörter ab). Außerdem gibt es ein paar Referenzwerke zu den APIs (meist vier bis fünf bändige, jeweils mehr als 1.000 Seiten umfassende Schmöcker), die aber nicht speziell auf Word-VBA zugeschnitten sind, sondern meist auf C, C++ und Java. Last, not least gibt es noch den WinAPI-Viewer, mit dem man die Win32Api.txt oder eine API-Dokumentationsdatei laden kann, um sich Hinweise zur Deklaration einer bestimmten API-Funktion/Prozedur zu verschaffen. Die WinAPI-Viewer liegen diversen Entwicklungspaketen von Microsoft bei.

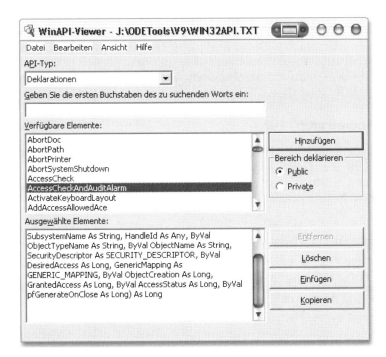

Abbildung 27.1 Der WinAPI-Viewer mit der geladenen API-Dokumentationsdatei Win32Api.txt

---

8 Nach altem Volksglauben hat der Teufel einen Pferdefuß. Wenn Software einen Pferdefuß besitzt, so ist demnach der Teufel im Spiel. Das Buch überläßt es der Phantasie seiner Leser, was damit wohl gesagt sein soll.

27.1.2 Windows Application Programming Interface (Win32-API, Windows-API) contra .NET

VBA ist nicht Visual Basic .NET. Das .NET-Framework ist eine Klassenbibliothek, die auch Klassen zum Aufruf von Systemfunktionen zur Verfügung stellt. Die .NET-Klassenbibliothek ersetzt in gewisser Weise die bisherige Windows-API beziehungsweise ermöglicht auf eine konsistentere (und viel benutzerfreundlichere) Weise den Zugriff auf die zugrunde liegenden API-Sets.

Für VBA existiert aber (noch) keine entsprechende Klassenbibliothek. Und wenn man den Reden von Microsoft-Mitarbeitern vertraut, dann ist weder für die nächste noch für die übernächste VBA-Generation etwas Entsprechendes geplant. Kurzum: Wer Systemfunktionen unter reinem VBA benötigt (also wer nicht Codebehind-Technik und VB.NET für die Steuerung seiner Büro-Anwendungen einsetzt), kommt nicht daran vorbei, sich mit der Windows-API zu beschäftigen.

Ein kleiner Trost: API-Funktionen können in der .NET-Welt wie in VBA aufgerufen werden. Und da Microsoft nicht alle API-Funktionen 1-zu-1 im .NET-Framework abbildet, ist es zuweilen auch unter .NET notwendig, eine API-Funktion über die Interop-Schicht des .NET-Frameworks direkt aufzurufen. Längst existieren im Internet und in der MSDN-Bibliothek entsprechende Artikel zu diesem Thema.[9] Zu gewaltig sind die API-Möglichkeiten, um sie im Rahmen von ein, zwei .NET-Framework-Versionen überflüssig zu machen.

Zusammenfassend kann man aber sagen: Eine entscheidende Bedeutung haben die betroffenen APIs und Protokolle für Microsofts .NET Strategie nicht, auch wenn sie die meisten derzeitigen Windows-Systeme bestimmen. Ohnehin sind die Redmonder mit .NET längst von den systemnahen Schnittstellen wie Win32 abgerückt, die strategischen Fragen der Zukunft stellen sich auf der .NET-Plattform um Standards wie Soap, XML oder die Common Language Infrastructure (CLI) neu.

27.1.3 Die Declare-Anweisung

Wenn Sie in einem VBA-Programm eine API-Funktionalität nutzen wollen, müssen Sie im Allgemein-Teil eines Moduls (das heißt, vor allen anderen Prozeduren) einen Declare-Befehl einfügen. Über einen Ausdruck mit Declare-Anweisung werden VBA zumeist folgende Informationen zur Verfügung gestellt:

- Gültigkeitsbereich für die API-Funktion/API-Prozedur
- Stellvertretername für die API-Funktion/API-Prozedur
- Name der API-Bibliothek, in der sich die API-Funktion/API-Prozedur befindet.
- Name der »wahren« API-Funktion/API-Prozedur
- Anzahl der Argumente und ihre Datentypen
- Den Datentyp des Rückgabewertes (wenn es sich um eine API-Funktion handelt)

---

[9] Beispielsweise beschreibt der Knowledge-Base-Artikel 304721 der MSDN-Bibliothek, wie man auf die Service-Pack-Information des Betriebssystems mittels API zugreift, weil das .NET-Framework keinen Member dafür bereithält.

- Die Syntax für Windows-API-Prozeduren lautet demnach[10]:

  ```
  [Public | Private] Declare Sub Name _
       Lib »BibName« [Alias »Aliasname«] _
       [([ArgListe])]
  ```

  Syntax für Win-API-Prozeduren

- Für Windows-API-Funktionen lautet sie:

  ```
  [Public | Private] Declare Function Name _
       Lib »BibName« [Alias »Aliasname«] _
       [([ArgListe])] [As Typ]
  ```

  Syntax für Win-API-Funktionen

  Und für Power-Macintosh-API-Funktionen:

  ```
  [Public | Private ] Declare Function Name _
       [CDecl] Lib »BibName« [Alias »Aliasname« ] _
       [([ArgListe])] [As Typ]
  ```

  Syntax für Mac-API-Funktionen

- »Public Declare«: Es empfiehlt sich dringend, für alle API-Deklarationen ein eigenes, neues VBA-Modul anzulegen, in dem sich nur API-Deklarationen befinden. Nur so werden Sie bei größeren Projekten, in denen häufiger auf Systemfunktionen zugegriffen werden muß, die Übersicht über die bereits deklarierten API-Funktionen und -Prozeduren behalten. Sollten Sie den Ratschlag beherzigen, müssen Sie den API-Deklarationen die `Public`-Anweisung voranstellen, damit Sie aus jedem beliebigen VBA-Modul heraus mit jedem beliebigen VBA-Code die deklarierte API-Funktion/Prozedur nutzen können.

- »Private Declare«: Wenn Sie eine API-Funktion/Prozedur nur in einem Objektmodul brauchen (zum Beispiel nur in einem Klassenmodul oder nur in einem Benutzerformular), so müssen Sie der API-Deklaration eine `Private`-Anweisung voranstellen.

- »Declare Name«: Mit »Name« ist ein beliebiger gültiger Name für eine API-Funktion/Prozedur gemeint. Beachten Sie, daß bei den Namen der DLL-Einsprungpunkte zwischen Groß-/Kleinschreibung unterschieden wird.

- »Lib BibName«: An der Stelle von »BibName« ist natürlich der Bibliotheksname der DLL- oder Code-Ressource zu verwenden, die die deklarierte API-Routine enthält.

- »Alias«: Verwechseln Sie den *Aliasnamen* einer API-Funktion/Prozedur nicht mit dem »wahren« Namen der API-Routine. Der Aliasname ist ein Stellvertretername, den Sie frei vergeben dürfen. Seltsamerweise steht er in einem Deklarations-Ausdruck an erster Stelle, unmittelbar nach `Declare Sub` oder `Declare Function`. Wenn die Declare-Anweisung das optionale VBA-Schlüsselwort Alias enthält, so müssen Sie in Ihrem Code über den Stellvertreternamen auf die API-Funktionalität zugreifen – nicht über den »wahren« API-Namen. Durch Deklarationen mit Stellvertreternamen können Sie sich den VBA-Programmieralltag erleichtern. Folgende Vorzüge besitzt eine Alias:

27.1.4 C/C++-Argumentdatentypen

Wenn Sie API-Funktionen nutzen ist es hilfreich, sich ein bißchen Knowhow in C und C++ anzueignen, weil die API-Funktionen zumeist in diesen Sprachen geschrieben sind. Als Argumente (Parameter) erwarten sie im Grunde Daten mit C/C++-konformen Datentypen. Keine Angst, Sie müssen jetzt nicht eine weitere Programmiersprache lernen. Aber Sie soll-

---

10 Hinweis: Die Angaben in eckigen Klammern sind optional und dürfen gegebenenfalls weggelassen werden.

ten die bei der API-Programmierung verwendeten C/C++-Datentypen und die dazugehörigen beschreibenden Notationen zumindest oberflächlich kennen. Die folgende, unvollständige Tabelle verschafft einen ersten Überblick, welche Datentypen in VBA-Funktionen und entsprechenden DLL-Funktionen verwendet werden.

C/C++-Datentyp	Ungarisches Präfix	VBA-Datentyp	Beschreibung
BOOL	b	Boolean oder Long	Boolescher 8-Bit-Wert. Null bedeutet False; ungleich Null bedeutet True.
BYTE	ch	Byte	Vorzeichenlose 8-Bit-Ganzzahl
HANDLE	h	Long	Vorzeichenlose 32-Bit-Ganzzahl, die ein Handle für ein Windows-Objekt darstellt.
int	n	Integer	16-Bit-Ganzzahl mit Vorzeichen
long	l	Long	32-Bit-Ganzzahl mit Vorzeichen
LP	lp	Long	32 Bit langer Adreßzeiger für eine in C/C++ geschriebene Struktur, Zeichenfolge oder Funktion oder andere Daten im Speicher
LPZSTR	lpsz	Long	32 Bit langer Adreßzeiger für eine Null-terminierte Zeichenfolge vom Typ C

Hinweis

Wenn Sie diese Declare-Anweisungen aus der Win32API.Txt in Codeanweisungen verwenden, sind die Funktionen bereits mit den richtigen VBA-Datentypen definiert.

Wenn die Informationen in der Tabelle nicht ausreichen, greifen Sie bitte auf weiterführende C-/C++-Literatur zurück.

27.1.5 Beispiel API: Windows-Ordner ermitteln

Mit Hilfe der Windows-API-Funktion GetWindowsDirectory, die wie bei API-Funktionen üblich im Deklarationsbereich eines Moduls deklariert wird, kann man das Systemverzeichnis von Windows ermitteln.

```
'Bitte im Deklarationsbereich eines Moduls eingeben:
'API-Funktion (Kernel32-dll):
'Ermittelt den Windows-Ordner (Windows-Pfad).
Public Declare Function GetWindowsDirectory _
    Lib "kernel32" Alias "GetWindowsDirectoryA" ( _
    ByVal lpBuffer As String, _
    ByVal nSize As Long) As Long
```

Nachdem Sie die API-Funktion deklariert haben, können Sie sie in einer VBA-Funktion nutzen:

```
'Liefert mit Hilfe einer API-Funktion
'das Windows-Verzeichnis
Public Function GetWinDir() As String

'Puffervariable für Pfad und Endemarkierung.
Dim strWinOrdner   As String * 255

'Länge der Puffervariablen
Dim lngLänge       As Long

'API-Funktion aufrufen.
lngLänge = GetWindowsDirectory(strWinOrdner, _
           Len(strWinOrdner))

GetWinDir = Left(strWinOrdner, lngLänge)

End Function
```

Um die Verzeichnisangabe aufnehmen zu können, muß der API-Funktion als Argument ein *nullterminierter* String mit einer festen Länge übergeben werden. Nullterminiert meint, daß das Ende des Strings durch das Zeichen mit dem Ansi-Code »0« bestimmt ist. Eine Zeichenkette fester Länge kann in VBA nur definiert werden, wenn die Zeichenkette durch eine entsprechende Anzahl Leerzeichen aufgefüllt wird. Dazu ist die Anweisung

```
Dim strWinOrdner   As String * 255
```

da. Nach der Rückgabe des Wertes muß die Zeichenkette an der Stelle abgeschnitten werden an der das Ansi-Zeichen »0« steht beziehungsweise an der Stelle, die durch den Rückgabewert der Funktion bestimmt wird.

Beachten Sie: Die API-Funktion liefert nicht, wie man erwarten könnte, eine Ordnerangabe respektive den Pfad zum Windows-Ordner. Statt dessen gibt sie die Länge des ermittelten Pfades zurück! Der Pfad selber steht nach dem Abarbeiten der API-Funktion in der Pfad-Puffervariablen respektive im Parameter der API-Funktion!

Zum Abschneiden der überflüssigen Zeichen in der Pfad-Puffervariablen wird die VBA-Funktion Left genutzt, die eine Zeichenkette linksbündig ausrichtet und abschließende Leerzeichen an der durch den zweiten Parameter angegebenen Stelle abschneidet.

Bleibt übrig, einmal zu testen, ob die VBA-Funktion tatsächlich mit der API-Funktion harmoniert. Dazu schreiben Sie sich einfach eine kleine Prozedur, die die VBA-Funktion aufruft und den Windows-Ordner als Rückgabe erwartet:

```
'Testet die Funktion GetWinDir
Sub Test_GetWinDir()
   MsgBox "Windows-Ordner: " & GetWinDir
End Sub
```

27.2 Die Konstanten von Bibliotheken ermitteln

Microsofts Office-Anwendungen können als COM/OLE/ActiveX-Server dienen. Sie liefern Client-Anwendungen zur Entwurfszeit Zugang zu ihren Objektbibliotheken oder ihrer Typ-Bibliothek und ermöglichen beispielsweise einer Client-Anwendung, die Objekte, Eigenschaften, Methoden und Konstanten von Word zu verwenden. Leider werden weder im Objektkatalog noch in der Online-Hilfe von Word alle integrierten Word-Konstanten aufgelistet. Ein kleines Programm schafft Abhilfe. Nachstehend wird beschrieben, wie Sie eine Liste der eingebauten Konstanten und ihrer korrespondierenden Werte zur Laufzeit programmatisch ermitteln können.

Zur Ermittlung benötigen Sie in Ihrem Projekt einen Verweis auf die TypeLib-Information-Objektbibliothek beziehungsweise auf das ActiveX TLBINF32.DLL, das unter anderem mit Visual Studio 6.0 ausgeliefert wird. Gehen Sie wie folgt vor:

- Legen Sie ein neues Projekt und ein neues Modul an.
- Wählen Sie im Menü »Extras« den Menüpunkt »Verweise« aus.
- Setzen Sie in dem erscheinenden Dialog eine Referenz auf die Datei TLBINF32.DLL, indem Sie das entsprechende Kontrollkästchen aktivieren.

Geben Sie anschließend in das Modul folgenden Code ein:

```
Function GetAllConstantsFromLib(strPath As String) _
                                        As String
Dim objTypeLibInfo  As TypeLibInfo
Dim strText         As String
Dim objConstantInfo As ConstantInfo
Dim objMember       As MemberInfo

On Error Resume Next

'Hole Informationen von der Objektbibliothek
'(zum Beispiel von MSWORD.OLB)
Set objTypeLibInfo = TypeLibInfoFromFile(strPath)

For Each objConstantInfo In objTypeLibInfo.Constants
   For Each objMember In objConstantInfo.Members
      strText = strText & objMember.Value & _
             vbTab & objMember.Name & _
             vbTab & objConstantInfo.Name & vbCrLf
      Next objMember
   Next objConstantInfo

   Set objTypeLibInfo = Nothing
   GetAllObjectsFromLib = strText

End Function
```

Wenn Sie die Funktion testen wollen, müssen Sie als Argument den gesamten Pfad inklusive Bibliotheks-Dateinamen übergeben, also etwa folgendermaßen:

```
GetAllConstantsFromLib("D:\Office 1997\MSWORD8.OLB")
GetAllConstantsFromLib("H:\Office 2000\MSWORD9.OLB")
GetAllConstantsFromLib("D:\Office XP\MSWORD.OLB")
GetAllConstantsFromLib("D:\OFFICE 2003\MSWORD.OLB")
```

Der nachstehende Code benutzt die Funktion, um die Konstanten von Word 2003 auszulesen und sie in einem neuen Dokument in eine Tabelle einzufügen (falls Sie diese Prozedur ausprobieren wollen, müssen Sie den Pfad entsprechend anpassen).

```
Sub Test_GetAllConstantsFromLib()
Dim Doc                As Word.Document
Dim tbl                As Word.Table
Dim strKonstantenListe As String

'Neues Dokument anlegen.
Set Doc = Documents.Add

'Konstanteninfos holen.
strKonstantenListe = GetAllConstantsFromLib( _
            "D:\Office 2003\OFFICE11\MSWORD.OLB")

'In das neue Dokument die Konstaninfos einfügen.
Doc.Range.InsertAfter strKonstantenListe

'Automatische Rechtschreibprüfung unterbinden.
Doc.Range.LanguageID = wdNoProofing

'Konstanteninfos in eine Tabelle umwandeln.
Set tbl = Doc.Range.ConvertToTable( _
        Separator:=vbTab, NumColumns:=3)

End Sub
```

Nachstehend noch eine kleine Übersicht über jene Office-Bibliotheken, die für Word/VBA-Entwickler interessante Konstanten bereit halten.

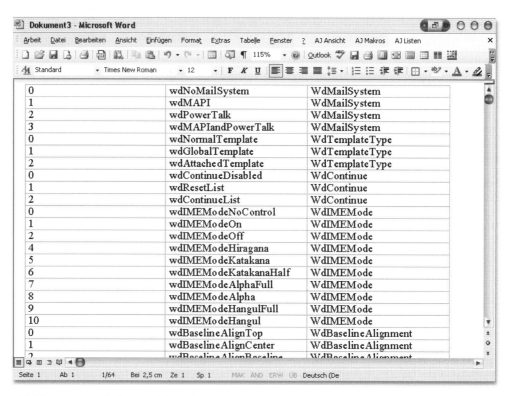

Abbildung 27.2 Nach dem Ausführen der Prozedur Test_GetAllConstantsFromLib() befinden sich alle Word-Konstanten in einem neuen Dokument.

Anwendung	Typ-Bibliothek
Word 1997	Msword8.olb
Access 2000	Msacc9.olb
Binder 2000	Msbdr9.olb
Excel 2000	Excel9.olb
Graph 2000	Graph9.olb
Office 2000	Mso9.dll
Outlook 2000	Msoutl9.olb
PowerPoint 2000	Msppt9.olb
Word 2000	Msword9.olb
Access 2002	Msacc.olb
Excel 2002	Excel.exe
Graph 2002	Graph.exe

Anwendung	Typ-Bibliothek
Office 2002	MSO.dll
Outlook 2002	MSOutl.olb
PowerPoint 2002	MSPpt.olb
Word 2002	MSWord.olb
Access 2003	Msacc.olb
Excel 2003	Excel.exe
Graph 2003	Graph.exe
Office 2003	MSO.dll
Outlook 2003	MSOutl.olb
PowerPoint 2003	MSPpt.olb
Word 2003	MSWord.olb

27.3 Verwendung von verschiedenen Word-Versionen

Es gibt verschiedene Möglichkeiten, die Version von Office oder einer Office-Applikation zu ermitteln. Innerhalb einer Office-Anwendung kann man zum Beispiel die Version-Eigenschaft des Application-Objekts befragen:

```
Sub WordVersionErmitteln()
   MsgBox "Word-Version: " & Application.Version
End Sub
```

Die Version-Eigenschaft liefert beispielsweise folgende Versionsnummern:

8.0 bei Word 1997

9.0 bei Word 2000

10.0 bei Word 2002 (XP)

11.0 bei Word 2003

… et cetera

Grundsätzlich ist es dadurch möglich, Code zu schreiben, der je nach Word-Version unterschiedlich reagiert und Inkompatibilitäten zwischen einzelnen Word-Versionen umschifft. Allerdings gibt die Version-Eigenschaft die Versionsnummer relativ unstrukturiert und bloß als Zeichenfolge zurück. Das Manko kann man mit Hilfe der Val-Funktion in Ordnung bringen kann.

```
Val(Application.Version)
```

Val wandelt die Zeichenketten-Versionsnummer in einen numerischen Wert um und schneidet die Nachkomma-Angaben beim Dezimalzeichen beziehungsweise beim Punkt (.) ab. Dadurch können Sie die Word-Versionsnummer nicht nur mit »gleich« beziehungsweise. »ungleich« abfragen, sondern auch mit »größer« oder »gleich« oder mit der Select Case-Anweisung. Betrachten Sie hierzu das nachstehende Beispiel, das die Versionsnummern-Zeichenketten in aussagekräftige Bezeichnungen umwandelt.

```vba
'Liefert eine aussagekräftige Zeichenkette
'für die jeweilige Word-Version.
Public Function GetWordVersion() As String

Dim strWordVersion As String

Select Case Val(Application.Version)
    Case 8: strWordVersion = "Word 1997"
    Case 9: strWordVersion = "Word 2000"
    Case 10: strWordVersion = "Word 2002"
    Case 11: strWordVersion = "Word 2003"
End Select

GetWordVersion = strWordVersion

End Function
```

Eine aussagekräftige Bezeichnung für die jeweilige Word-Version wird zum Beispiel bei Bildschirmmeldungen benötigt. Die Funktionstüchtigkeit von GetWordVersion können Sie folgendermaßen überprüfen.

```vba
'Testet die Funktion GetWordVersion().
Sub Test_GetWordVersion()
    MsgBox "Sie arbeiten mit " & GetWordVersion & "."
End Sub
```

Notwendig ist die Versionsabfrage im Zusammenhang mit der Find-Methode und dem Absatzmarken-Code. Die deutsche Version von Word 97 (alias Word 8.0) indiziert eine Absatzmarke mit dem Code »^a«, während alle nachfolgenden Word-Versionen »^p« verwenden. Der nachfolgende Quellcode berücksichtigt diesen Umstand und zeigt unter allen Word-Versionen eine Meldung an, auf welcher Seite sich die aktuelle Absatzmarke befindet.

```vba
Sub FindeAbsatzmarke()
With ActiveDocument.Content.Find

    'Suchcode je nach Word-Version
    If Val(Application.Version) = 8 Then
        .text = "^a"
    Else
        .text = "^p"
    End If

    'Suchvorgang ausführen.
    .Execute

    'Info-Meldung anzeigen.
```

```
    If .found = True Then
        With Selection
            MsgBox "Der Absatz ist auf der Seite " & _
            .Information(wdActiveEndPageNumber) & _
            " von " & _
            .Information(wdNumberOfPagesInDocument) & "."
        End With
    End If

End With
End Sub
```

Auch wenn Sie auf unterschiedlichen Word-Plattformen mit einem Feldschalter ein Datum formatieren möchten, ist es ratsam, zuvor die Word-Version zu ermitteln. Das Schalterargument in Word 97 ist nämlich an die deutsche Sprache, in späteren Word-Versionen an die englische angelehnt.

```
If Val(Application.Version) = 8 Then
    strFormat = "t. MMMM jjjj"
Else
    strFormat = "d. MMMM yyyy"
End If
```

27.3.1 Benutzerdefinierte Kompilierungskonstanten (Compiler-Konstanten)

Die zuvor vorgestellte Methode, mit der man im Quellcode zwischen Word-Versionen unterscheiden kann, ist nur begrenzt einsetzbar. Sie funktioniert, selbst wenn sich im Detail Änderungen ergeben haben, solange sich der Code auf Anweisungen bezieht, die sowohl der alten wie der neuen Word-Version grundsätzlich bekannt sind (*abwärtskompatible Funktionalität*). Wenn aber eine ältere Word-Version beziehungsweise der Compiler des VBA-Editors im Code auf die Funktionalität einer neueren Word-Version stößt, die er nicht kennt, nützt Application.Version wenig. Da VBA keinen »echten« Compiler besitzt, findet bereits vor der Laufzeit eines Programms eine Interpretation/Übersetzung des Codes statt. Und wenn der Interpreter/Compiler einer älteren Word-Version während der Übersetzung auf eine Routine trifft, welche neue Schlüsselwörter, neue Funktionen, neue Objekte, neue Methoden oder neue Eigenschaften enthält, setzt er sofort eine Fehlermeldung ab.

Abbildung 27.3 Häufige Fehlermeldung, wenn man neueren VBA-Code mit alten Word-Versionen ausführen lassen will.

Beispielsweise kennen die Word-Versionen 97 bis 2002 die Thumbnails-Eigenschaft des Window-Objektes nicht. Die Miniaturansichten der Seiten eines Dokuments entlang der linken Seite des Microsoft Word-Dokumentfensters sind erst seit der Version 2003 in Word integriert. Wer Code, der sich auf die Thumbnails-Eigenschaft bezieht, in Word 2003 programmiert und den Code mit einer früheren Word-Version laufen lassen will, wird mit einer Fehlermeldung von den »alten« Compilern/Interpretern abgestraft – auch dann, wenn Sie mit einer Abfrage via Application.Version versuchen, Abwärtskompatibilität zu gewährleisten!

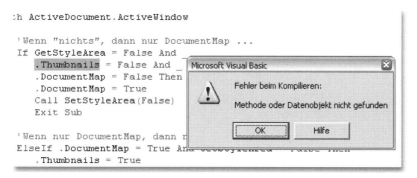

Abbildung 27.4 Die Thumbnails-Eigenschaft kennen ältere Word-Versionen nicht.

Man muß also die »alten« Interpreter/Compiler dazu bringen, daß sie die kritischen Codezeilen ignorieren. Immer, wenn bestimmte Programmanweisungen übersetzt werden sollen und andere nicht, dann kommt die *bedingte Programmierung* ins Spiel. Mit ihr kann VBA entscheiden, ob ein bestimmter Code übersetzt werden soll, oder nicht. Zur Umsetzung dieser Programmiertechnik hat VBA die Anweisungen #If (und deren Derivate #ElseIf, #Else, #End If) sowie auch die Anweisung #Const reserviert (beachten Sie das Gatterzaunzeichen »#« vor den bekannten VBA-Befehlen).

Wenn bestimmte Routinen in Ihrem Code mehrere Word-Versionen unterstützen sollen, fügen Sie *in den Modulkopf* der Routinen eine *Kompilierungskonstante* (#Const) ein, deren Literal-Wert Sie frei wählen. #Const-*Compiler-Konstanten* für die bedingte Kompilierung sind immer Private in dem Modul, in dem sie sich befinden. Mit der #Const-Anweisung können Sie keine Public-Konstante für die Kompilierung erstellen.

In den betroffenen Routinen fragen Sie mit bedingten Anweisungen die Compiler-Konstante ab und erstellen pro Word-Version entsprechend angepaßte Codezeilen. Wenn Ihre Programme mit einem älteren Word laufen sollen, genügt es fortan, den Wert der Kompilierungskonstanten vor der Weitergabe gemäß der selbstdefinierten Vorgaben zu ändern.

Der folgende Beispielcode demonstriert den Vorgang. Je nachdem welchen Wert die benutzerdefinierte Kompilierungskonstante besitzt, werden während der Interpretation/Übersetzung spezifische Codeanweisungen abgearbeitet und andere Codezeilen ignoriert. Wenn Sie der Kompilierungskonstante den Wert »11« (Word 2003) zuweisen, schaltet die Prozedur die *Thumbnail-Ansicht* an und aus; wenn Sie der Konstante den Wert »10« (Word XP) zuweisen, wird zwischen der *Dokumentenstruktur-Ansicht* hin- und hergeschaltet. Weisen Sie der Konstante einen anderen Wert zu (Word 1997 oder Word 2000), wird eine Meldung angezeigt.

```
#Const WORD_VERSION = 11

Sub NavigationsFensterUmschalten()
With ActiveDocument.ActiveWindow
    #If WORD_VERSION = 11 Then
        .Thumbnails = Not .Thumbnails
    #ElseIf WORD_VERSION = 10 Then
        .DocumentMap = Not .DocumentMap
    #Else
        MsgBox "Funktioniert nur ab Word 10 aufwärts.", _
        vbInformation, "Hinweis"
    #End If
End With
End Sub
```

27.3.2 Microsoft-spezifische Kompilierungskonstanten

Microsoft hat einige Kompilierungskonstanten (Compiler-Konstanten) definiert. Diese eignen sich nur in seltenen Fällen, um Abfragen zu codieren, die Abwärts- oder Aufwärtskompatibilität gewährleisten. Einerseits existieren viel zu wenige vordefinierte Compiler-Konstanten, so daß man nur grobe Unterscheidungen codieren kann. Beispielsweise unterscheiden Sie über die Compiler-Konstante VBA6 zwar zwischen der Word-Version 1997 und den nachfolgenden Word-Versionen. Die gleiche Compiler-Konstante eignet sich aber nicht für Unterscheidungen zwischen Word 2000 und Word 2002 (XP), da beide VBA6 kennen. Andererseits kann man nicht ausschließen, daß einige Compiler-Konstanten schlicht wertlos sind, weil sie von den entsprechenden Interpretern/Compilern nicht erkannt werden (so ist Word 1997 respektive VBA 5.0 zum Beispiel die Compiler-Konstante VBA5 nicht bekannt).

Das nachfolgende Beispiel, mit der die Sprache eines selektierten Dokumentabschnittes festgestellt wird, illustriert den Einsatz der VBA6-Konstante. VBA 5.0 kennt viele Eigenschaften, Methoden und Objekte nicht, die das Festsetzen oder Analysieren von Sprache in einem Dokument oder in einem Dokumentabschnitt ermöglichen. Der Interpreter/Compiler von VBA 5.0 (Word 1997) würde alle entsprechenden Anweisungen nicht nur sporadisch, sondern grundsätzlich verweigern. Mit Hilfe der Compilerkonstante VBA6 werden die VB6-spezifischen Anweisungen deswegen für den »alten« Interpreter/Compiler versteckt.

```
Sub SpracheInMarkierungFeststellen()

#If VBA6 Then
With Selection
    .LanguageDetected = False
    .DetectLanguage
    If .Range.LanguageID = wdEnglishUK Then
        MsgBox "Für die Markierung ist die Sprache" & _
        " U.K. English festgesetzt."
    ElseIf .Range.LanguageID = wdGerman Then
        MsgBox "Für die Markierung ist die Sprache" & _
        " Deutsch festgesetzt."
```

```
      Else
         MsgBox "Für die Markierung ist eine Sprache" & _
         " festgesetzt, die nicht ausgewertet wird."
      End If
   End With

#Else
   MsgBox "Ihre VBA-Version unterstützt keine " & _
   "Sprachanweisungen.", vbInformation, "Hinweis"

#End If
End Sub
```

Obwohl die von Microsoft definierten Compilerkonstanten kaum dabei helfen, Aufwärts- und Abwärtsinkompatibilitäten zwischen unterschiedlichen Word-Versionen zu vermeiden, haben sie auf Betriebssystemebene eine gewisse Berechtigung. Immerhin können Sie mit WIN16, WIN32 und MAC zwischen verschiedenen Entwicklungsumgebungen differenzieren. Nähere Informationen finden Sie in der Microsoft Visual Basic-Hilfe unter »Visual Basic Sprachverzeichnis«, »Konstanten« und »Compiler-Konstanten«.

27.3.3 Beispiel API: Office-Version und –Pfad mit API-Funktion und Registry-Zugriff ermitteln

Will man die Office/Word-Version ermitteln und sich den Pfad zu der Version liefern lassen, so kann man die gewünschten Informationen aus der Registry-Datenbank von Windows holen. Das ist zwar etwas aufwendiger zu programmieren, aber komfortabler zu nutzen. Dazu benötigen Sie die drei API-Funktionen RegOpenKeyEx (auch unter RegOpenKeyExA bekannt), RegQueryValueEx (auch unter RegQueryValueExA bekannt) und RegCloseKey. Deklarieren Sie diese als erstes in einem eigenständigen API-Deklarations-Modul (das ist ein Standardmodul, das Sie zum Beispiel modDeklarationen_Declares nennen):

```
'Hinweis: Den API-Deklarationen sollten Sie ein eigenes
'Modul spendieren, in dem nur die API-Deklarationen
'stehen (die dann natürlich alle »Public« sein müssen,
'damit man die API-Funktionen aus anderen Modulen
'heraus nutzen kann.

'Deklarationsbereich eines Moduls
'API-Funktion (Advapi32.dll):
'Öffnet einen existierenden Schlüssel der Registry.
Public Declare Function RegOpenKeyEx _
   Lib "advapi32.dll" _
   Alias "RegOpenKeyExA" ( _
   ByVal hKey As Long, _
   ByVal lpSubKey As String, _
   ByVal ulOptions As Long, _
   ByVal samDesired As Long, _
   phkResult As Long) As Long

'API-Funktion (Advapi32.dll):
```

```vba
'Ermittelt den Wert einer Variablen eines
'Schlüssel aus der Registry.
Public Declare Function RegQueryValueEx _
    Lib "advapi32.dll" _
    Alias "RegQueryValueExA" ( _
    ByVal hKey As Long, _
    ByVal lpValueName As String, _
    ByVal lpReserved As Long, _
    lpType As Long, _
    ByVal lpData As String, _
    lpcbData As Long) As Long

'API-Funktion (Advapi32.dll):
'Schließt einen Schlüssel der Registry
'(gibt den zugewiesenen Handle "hkey" wieder frei).
Public Declare Function RegCloseKey _
    Lib "advapi32.dll" _
    (ByVal hKey As Long) As Long
```

Nachdem Sie die API-Funktionen als `Public` deklariert haben, können Sie sie aus jedem beliebigen anderen Modul heraus nutzen. Öffnen Sie nun ein Standardmodul und schreiben Sie in das Modul folgende VBA-Funktion:

```vba
'Standardmodul
Public Function Office_InstallPath( _
        ByVal iVersion As OfficeVersion) As String

'Konstanten für API-Funktionen
Const HKEY_LOCAL_MACHINE = &H80000002
Const ERROR_SUCCESS = 0&
Const REG_SZ = 1
Const KEY_QUERY_VALUE = &H1

Dim sBuffer     As String
Dim lhKeyOpen   As Long
Dim lResult     As Long
Dim lByte       As Long
Dim sKeyName    As String
Dim sPath       As String

'Rückgabe-Puffer
sBuffer = Space$(255)

'Registry-Zweig
sKeyName = "SOFTWARE\Microsoft\Office\" & _
    CStr(iVersion) & ".0\Common\InstallRoot"

    'Registry öffnen.
    lResult = RegOpenKeyEx(HKEY_LOCAL_MACHINE, _
            sKeyName, 0, KEY_QUERY_VALUE, lhKeyOpen)
```

```vba
        If lResult = ERROR_SUCCESS Then

            'Wert lesen.
            lResult = RegQueryValueEx(lhKeyOpen, "Path", _
                    0, REG_SZ, sBuffer, Len(sBuffer))

            '"Path" nicht gefunden: 2. Versuch: "OfficeBin"
            If lResult <> ERROR_SUCCESS Then
                lResult = RegQueryValueEx(lhKeyOpen, _
                        "OfficeBin", 0, REG_SZ, sBuffer, _
                        Len(sBuffer))
            End If

            'OK: Wert gefunden.
            If lResult = ERROR_SUCCESS Then
                If InStr(sBuffer, Chr$(0)) > 0 Then
                    sBuffer = Left$(sBuffer, InStr(sBuffer, _
                            Chr$(0)) - 1)
                End If
                sPath = RTrim$(sBuffer)
            Else
                sPath = ""
            End If

            RegCloseKey lhKeyOpen

        End If
    Office_InstallPath = sPath
End Function
```

Sie haben jetzt eine VBA-Funktion, die mehrere API-Funktionen aufruft und, falls vorhanden, den Installationspfad der Office-Version zurückgibt. Der VBA-Funktion müssen Sie beim Aufruf als Argument die Versionsnummer von Office übergeben, deren Vorhandensein Sie prüfen wollen. Da eine bloße Zahl wenig Aussagekraft besitzt, können Sie im Deklarationsbereich des Standardmoduls mit der Enum-Anweisung eine Aufzählung mit sprechenden Namen deklarieren und definieren, damit im Produktivcode unmittelbar ersichtlich ist, welche Version geprüft wird:

```vba
'Deklarationsbereich eines Standardmoduls
Public Enum OfficeVersion
  Office95 = 7
  Office97 = 8
  Office2000 = 9
  OfficeXP = 10
  Office2003 = 11
End Enum
```

So, nun sind Sie fertig. Nachstehend noch eine kleine Testprozedur, die Ihnen zeigt, wie Sie die VBA-Funktion `Office_InstallPath` nutzen können:

```
Sub Test_Office_InstallPath()

'Office97 vorhanden?
Dim strPfad As String

strPfad = Office_InstallPath(Office97)

If strPfad <> "" Then
  MsgBox "JA, Office97 ist vorhanden: " & _
    vbCrLf & "Installationspfad: " & strPfad
Else
  MsgBox "NEIN, Office97 ist nicht vorhanden!"
End If

End Sub
```

27.4 Das DocumentProperty-Objekt respektive die Dokumenteigenschaften

Dokumenteigenschaften sind strukturiert gespeicherte Informationen wie »Titel«, »Autor« und »Stichwörter«, welche in einem Word-Dokument, aber auch in anderen Office-Dateien enthalten sind. Einige können vom Anwender manipuliert werden (zum Beispiel »Autor«), andere sind nur lesbar (zum Beispiel die Anzahl der Zeichen und Wörter eines Dokuments). Man unterscheidet zwischen

- Integrierte Dokumenteigenschaften (built in document properties): Sie werden automatisch durch Word erstellt und intern verwaltet und nachverfolgt.
- Benutzerdefinierte Dokumenteigenschaften (custom document properties): Diese können Sie selbst zusätzlich anlegen, ergänzen und aktiv nutzen. Word-Anwender, die nicht mit VBA codieren können, erledigen dies gewöhnlich über den Dialog »Datei-Eigenschaften-Anpassen«.

Es ist möglich, den Inhalt einer Dokumenteigenschaft an eine beliebige Stelle in einem Word-Dokument zu einzubetten. Dies erledigen Word-Anwender ohne Programmierkenntnisse über die Word-Feldfunktion mit dem Namen »DocProperty« (Word-Befehl »Einfügen-Feld-DocProperty«).

27.4.1 Auslesen und Setzen von integrierten Dokumenteigenschaften

Mittels VBA lassen sich die Dokumenteigenschaften über das `DocumentProperty`-Objekt speichern, verwalten und ansprechen. Allerdings geschieht dies nicht offensichtlich über ein zu deklarierendes `DocumentProperty`-Objekt, sondern über die VBA-Eigenschaften `BuiltInDocumentProperties` und `CustomDocumentProperties`. Diese Eigenschaften sind in der Lage, das gewünschte `DocumentProperty`-Objekt aus der `DocumentProperties`-Auflistung auszuwählen. Welche Dokumenteigenschaft können Sie durch Übergabe einer Konstante angeben?

Die nachstehende Codezeile liest beispielsweise die integrierte Dokumenteigenschaft »Autor« aus:

```
Sub DokEigenschaftAutorAnzeigen()
Dim s As String
With ActiveDocument
    s = .BuiltInDocumentProperties(wdPropertyAuthor)
End With
MsgBox s
End Sub
```

Das Setzen der Dokumenteigenschaft erfolgt, wie gewohnt bei einer Zuweisung, indem der zu setzende Wert rechts vom Zuweisungsoperator »=« steht:

```
Sub DokEigenschaftAutorSetzen()
With ActiveDocument
    .BuiltInDocumentProperties(wdPropertyAuthor) = _
                    "Redaktionsbüro JANKA"
End With
End Sub
```

27.4.2 Die Konstanten für die integrierten Dokumenteigenschaften

Sie haben zwei Möglichkeiten, eine bestimmte integrierte Dokumenteigenschaft anzusprechen:

- ▶ Über den Namen der entsprechenden englischsprachigen Word-Konstante
- ▶ Über eine Identifikationsnummer (ID) (das ist eine Integer-Zahl)

Statt `wdPropertyAuthor` könnten Sie beispielsweise der `BuiltInDocumentProperties`-Eigenschaft die Zahl »3« übergeben. Die Codezeile könnte also auch folgendermaßen formuliert werden:

```
ActiveDocument.BuiltInDocumentProperties(3).Value
```

Welche Konstanten Word/VBA zur Verfügung stellt, entnehmen Sie bitte der nachstehenden Tabelle:

ID	Word-Konstante	Eigenschaft	Beschreibung	Typ	Read/Write
1	WdPropertyTitle	Title	Titel	Title	RW
2	WdPropertySubject	Subject	Thema	String	RW
3	WdPropertyAuthor	Author	Autor des Dokuments	String	RW
4	WdPropertyKeywords	Keywords	Stichwörter	String	RW
5	WdPropertyComments	Comments	Kommentar	String	RW
6	WdPropertyTemplate	Template	Vorlage (angefügte)	String	

ID	Word-Konstante	Eigenschaft	Beschreibung	Typ	Read/Write
7	WdPropertyLastAuthor	Last author (LastEditedBy)	Zuletzt gespeichert von ... (Name der letzten Person, die das Dokument bearbeitet hat.)	String	RW
8	WdPropertyRevision	Revision number (RevisionNumber)	Version (Überarbeitungsnummer)	String	R
9	WdPropertyAppName	Application name (AppName)	(Name der Anwendung, mit der die Datei erstellt wurde.)	String	R
10	wdPropertyTimeLastPrinted	Last print date (DateLastPrinted)	Gedruckt am (Datum, wann die Datei zum letzten Mal ausgedruckt wurde.)	Variant	R
11	WdPropertyTimeCreated	Creation date (DateCreated)	Erstellt am (Erstellungsdatum der Datei)	Variant	R
12	WdPropertyTimeLastSaved	Last save time (DateLastSaved)	Geändert am (Datum, wann die Datei zum letzten Mal gespeichert wurde.)	Variant	R
13	WdPropertyVBATotalEdit	Total editing time (TotalEditTime)	Gesamtarbeitszeit in Minuten (auf Druck der Deutschen Gewerkschaften in der deutschsprachigen Office-Version nicht implementiert.)	Variant	R
14	WdPropertyPages	Number of pages (PageCount)	Seiten (Anzahl der Seiten)	Long	R
15	WdPropertyWords	Number of words (WordCount)	Wörter (Anzahl der Wörter)	Long	R
16	WdPropertyCharacters	Number of characters (CharactersCount)	Zeichen (ohne Leerzeichen)	Long	RW
17	WdPropertySecurity	Security	Dokumentenschutz		R
18	WdPropertyCategory	Category	Kategorie	Long	RW
19	WdPropertyFormat	Format (PresentationFormat)	nicht verfügbar (PowerPoint, Formattyp der Präsentation)	String	R

ID	Word-Konstante	Eigenschaft	Beschreibung	Typ	Read/Write
20	WdPropertyManager	Manager	Manager (Name des Managers)	String	RW
21	WdPropertyCompany	Company	Firma	String	RW
22	WdPropertyBytes	Number of bytes (ByteCount)	Bytes (Dateigröße in Bytes)	Long	R
23	WdPropertyLines	Number of lines (LineCount)	Zeilen (Anzahl der Zeilen)	Long	R
24	WdPropertyParas	Number of paragraphs (ParagraphsCount)	Absätze (Anzahl der Absätze)	Long	R
25	WdPropertySlides	Number of slides (SlidesCount)	nicht verfügbar (PowerPoint, Anzahl der Folien einer Präsentation)	Long	R
26	WdPropertyNotes	Number of notes (PresentationNotes)	nicht verfügbar (PowerPoint, Anzahl der Notizen einer Präsentation)	Long	R
27	WdPropertyHiddenSlides	Number of hidden Slides (HiddenSlides)	nicht verfügbar (PowerPoint, Anzahl verborgener Folien in einer Präsentation)	Long	R
28	WdPropertyMMClips	Number of multimedia clips (MultimediaClips)	nicht verfügbar (PowerPoint, Anzahl Multimedia-Clips in einer Präsentation)	Long	R
29	WdPropertyHyperlinkBase	Hyperlink base	Hyperlinkbasis		
30	WdPropertyCharsWSpaces	Number of characters (with spaces) (CharacterCountWithSpaces)	Buchstaben (mit Leerzeichen)	Long	R

27.4.3 Beispiel BuiltInDocumentProperties: Die integrierten Dokumenteigenschaften am Ende des aktiven Dokuments auflisten

Mit dem nachstehenden Code werden alle integrierten Dokumenteigenschaften am Ende des aktiven Dokuments eingetragen:

```
Sub DokEigenschaftAuflisten()
Dim rngDoc As Range
Dim proDoc As DocumentProperty
```

```
With ActiveDocument
Set rngDoc = .Content
rngDoc.Collapse Direction:=wdCollapseEnd

For Each proDoc In .BuiltInDocumentProperties
   With rngDoc
      .InsertParagraphAfter
      .InsertAfter proDoc.Name & "= "
      On Error Resume Next
      .InsertAfter proDoc.Value
   End With
Next

End With
End Sub
```

27.4.4 Dokumenteigenschaften mit DSOFile.dll auslesen oder setzen

Aus den Schnellkursen wissen Sie bereits, daß Microsoft zum Auslesen und Setzen von Office-Dokumenten die Bibliothek »dsofile.dll« zur Verfügung stellt. Diese läßt sich in das VBA-Umfeld einbinden und ermöglicht es, nicht nur die Dateieigenschaften von Word-Dokumenten, sondern auch von anderen Office-Dokumenten auf effiziente Art auszulesen oder zu manipulieren. Der Umgang mit der »dsofile.dll« wird in der Knowledge Base im Artikel »Q224351 Dsofile.exe Lets You Edit Office Document Properties from Visual Basic and Active Server Pages« besprochen.

Wenn Sie mit dem COM/OLE/ActiveX-DLL namens »Dsofile« arbeiten, stehen Ihnen zusätzlich noch weitere Informationen zur Verfügung.

Eigenschaft	Beschreibung	Typ	Read/Write
CLSID	CLSID der Anwendung, mit der die Datei erstellt wurde.	String	R
CustomProperties	Anpassen (eine Auflistung; ein Eintrag für jede benutzerdefinierte Eigenschaft)	CustomPropertiesCollection	RW
HasMacros	Wahr, wenn das Word- oder Excel-Dokument Makros enthält.	Boolean	R
Icon	Mit dem Dokument assoziiertes Symbol	StdPicture-Object	R
IsReadyOnly	Wahr, wenn die Datei schreibgeschützt ist.	Boolean	R
Location	Speicherort (Pfadangabe des Ordners, in dem die Datei sich befindet.)	String	R
Name	Name (Dateiname)	String	R

Eigenschaft	Beschreibung	Typ	Read/Write
ProgID	ProgID der Anwendung, welche die Datei erstellte. Eventuell nicht verfügbar, wenn die Anwendung nicht auf dem Rechner installiert ist.	String	R
Thumbnail	Vorschaugrafik	Variant	R

Wenn die »Dsofile.dll« ordnungsgemäß auf Ihrem Computersystem installiert und registriert wurde, können Sie auf die Bibliothek via late oder early binding zugreifen, wobei Sie das frühe Binden nach Möglichkeit vorziehen sollten. Die nachstehenden Codebeispiele gehen davon aus, daß Sie einen Verweis auf die »DS: OLE Document Properties 1.x Object Library« erstellt haben.

27.4.5 Auslesen und Setzen von benutzerdefinierten Dokumenteigenschaften

Natürlich können Sie auch die benutzerdefinierten Dokumenteigenschaften mittels VBA setzen oder auslesen. Anstatt BuiltInDocumentProperties müssen Sie in diesem Fall die Eigenschaft CustomDocumentProperties verwenden. Mit dem nachfolgenden Code wird eine neue benutzerdefinierte Eigenschaft namens »Bearbeitet von« gesetzt. Dieser wird als Wert der Name des aktuellen Anwenders zugeordnet:

```
Sub DokEigenschaftBearbeitetVonSetzen()
With ActiveDocument
  .CustomDocumentProperties.Add _
        LinkToContent:=False, _
        Name:="Bearbeitet von", _
        Type:=msoPropertyTypeString, _
        Value:=Application.username
End With
End Sub
```

Das Auslesen kann analog erfolgen:

```
With ActiveDocument
  x = .CustomDocumentProperties("Bearbeitet von").Value
End With
```

Die Änderung einer benutzerdefinierten Dokumenteigenschaft geht ähnlich einfach vonstatten:

```
With ActiveDocument
  .CustomDocumentProperties("Bearbeitet von").Value = _
                                        "Peter Pan"
End With
```

28 Fehlerbehandlung in VBA-Projekten

*»Handlungen sind grundsätzlich nicht monokausal zu erklären.«
Almut Küppers[1]*

28.1 Allgemeines zu Fehlern

Unter Programmierern geht das offene Geheimnis um, daß ein fehlerfreies Programm nur in der Theorie existiert. Wenn das eigene Programm keinen Fehler enthält, dann eventuell der Compiler/Interpreter, der das eigene Programm in Maschinensprache übersetzt, wodurch man nicht sicher sein kann, daß das eigene Programm fehlerfrei läuft. Wenn der eingesetzte Compiler/Interpreter keinen Fehler enthält, so doch eventuell das Betriebssystem, unter dem der Compiler/Interpreter und das eigene Programm laufen, wodurch nicht sichergestellt ist, daß das eigene Programm fehlerfrei läuft. Wenn das Betriebssystem keinen Fehler enthält, so doch eventuell die fest verdrahteten Programme der Hardware, auf denen Betriebssystem, der Compiler/Interpreter, das eigene Programm laufen, wodurch nicht sichergestellt ist, daß das eigene Programm ... dieses Gedankenspiel ließe sich endlos fortführen.

Tatsache ist, Fehler können unter VBA auf unterschiedliche Arten entstehen, aber sie sind nicht hundertprozentig zu vermeiden. Tatsache ist, daß ein Fehler in einer VBA-Prozedur dazu führt, daß diese erst gar nicht ausgeführt wird oder ein Programmablauf mit einer für den End-Anwender vollständig unverständlichen Meldung abgebrochen wird.

Es existieren mehrere Verfahren, um Fehler bei der Programmierung und Falscheingaben durch den Benutzer auf ein erträgliches Maß zu reduzieren. Sie werden in groben Zügen nachstehend vorgestellt. Leider ist in diesem Buch nicht der Platz, tiefer auf das Thema »Fehlerbehandlung« einzugehen. Ein Ratschlag soll Ihnen in dieser Sache aber mitgegeben werden: Machen Sie es sich zur Maxime, aus ergonomischen Gründen alle Anwender Ihres Programms vor den typischen VBA-Fehlermeldungs-Ungetümen weitestgehend zu bewahren.

28.2 Option Explicit

Sie können sich viel Zeit und Ärger auf der Suche nach Fehlern ersparen, wenn Sie sich beim Codieren dazu erziehen, Variablen explizit zu deklarieren. VBA hilft Ihnen dabei. Sie können die explizite Deklaration aller Variablen in einem Modul durch eine simple VBA-Anweisung erzwingen. Die Anweisung, die dies bewerkstelligt, heißt `Option Explicit`. Wenn Sie sie verwenden, tritt bei der Verwendung von nicht deklarierten Variablennamen (also bei Variablen, die nicht mit `Dim` deklariert wurden) zur Kompilierungszeit ein Fehler auf. Die `Option-Explicit`-Anweisung muß sich immer im Deklarationsbereich eines Moduls befinden, das heißt vor allen Prozeduren.

---

[1] [KÜPPE001]: S. 233.

Syntax von Option Explicit

Die Syntax der Anweisung lautet einfach:

```
Option Explicit
```

Natürlich müssen Sie die `Option-Explicit`-Anweisung nicht von Hand in jedes Modul eintragen. Nach Anklicken des Menüs »Extras« und des Befehls »Optionen« erscheint der gleichnamige Dialog. Auf der Registerkarte »Editor« können Sie die Option »Variablendeklaration erforderlich« aktivieren. Danach wird an den Anfang jedes neuen Moduls die `Option-Explicit`-Anweisung automatisch eingetragen. Diese Einstellung gilt Word-weit. Einmal eingeschaltet wird sie nicht nur im aktuellen Projekt verwendet, sondern für alle Projekte und Module, die Sie in Word öffnen beziehungsweise neu anlegen.

Es wird dringend empfohlen, die `Option-Explicit`-Anweisung immer eingeschaltet zu lassen! Sie vermeiden dadurch die Nachteile, die implizite Variablendeklarationen mit sich bringen[2].

Hinweis: Sollten Sie die `Option-Explicit`-Anweisung nicht verwenden, erhalten alle nichtdeklarierten Variablen den Typ `Variant`.

28.3 Fehlerhandler On Error ... allgemein

Auch wenn es mühevoll ist und aus Vereinfachungsgründen in den meisten Codebeispielen in diesem Buch unterlassen wurde: Gewöhnen Sie es sich an, eine Laufzeit-Fehlerbehandlung in Ihren Code zu integrieren. Wenn Ihr Code nicht über eine Laufzeitfehler-Behandlung verfügt, verwendet VBA beim Auftreten eines Fehlers seine eigene Fehlerroutine, die mit meist unverständlichen Fehlermeldungen daherkommt. Beispiel gefällig? Gut, geben Sie folgenden Code in ein Projekt und Modul Ihrer Wahl ein:

```
Sub BspFehler01()
    Const UNSINN = "C:\ahsdjhdh\shdjsdh\Unsinn.doc"
    Application.Documents.Open (UNSINN)
End Sub
```

Wenn Sie den Code ausführen lassen (Taste `F5`), werden Sie oder ein potentieller End-Anwender mit einer Fehlermeldung konfrontiert, die etwa folgendermaßen aussieht (siehe Abbildung 28.1).

Um solche »grobschlächtigen« VBA-Fehlerbehandlungen abzufangen, können Sie für Ihren Code eine benutzerdefinierte Fehlerbehandlung explizit vorsehen. Die Definition einer Fehlerbehandlung erfolgt allgemein mit der Anweisung

```
On Error ...
```

wobei die drei Auslassungspunkte »...« für eine von zwei möglichen Fehlerbehandlungen stehen, nämlich für:

1. `On Error Resume Next`
2. `On Error GoTo` *Zeile* (Errorhandler, Sprungmarke)

---

[2] Vgl. »Die implizite Deklaration« ab Seite 358

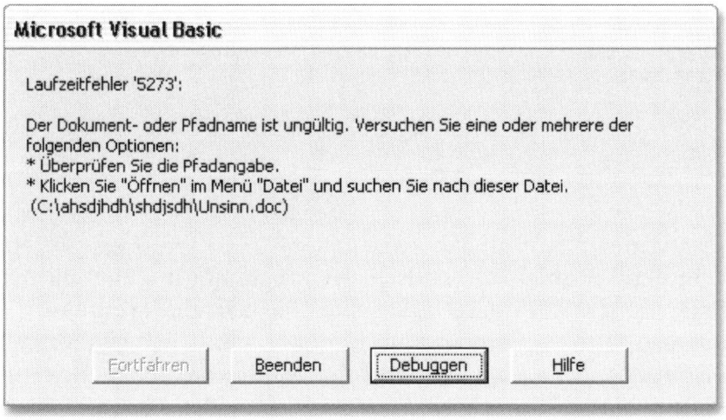

Abbildung 28.1 Klassischer Fehlerdialog des VBA-Laufzeitsystems

Wenn Sie eine Codezeile mit der `On-Error`-Anweisung einleiten, aktivieren Sie dadurch eine *Fehlerbehandlung*. Im ersten Fall weisen Sie VBA an, den Fehler zu ignorieren und im Programmablauf fortzufahren. Im zweiten Fall weisen Sie VBA an, das Programm ab einer bestimmten Codezeile weiter fortzusetzen. Sie können diese beiden Varianten beliebig im Code miteinander mixen, wodurch aber die jeweils voranstehende aufgehoben wird.

28.3.1 Code nach Fehler fortsetzen: On Error Resume Next

Mit der Anweisung

```
On Error Resume Next
```

können Sie VBA veranlassen, einen Fehler zu umgehen und den Programmablauf in der nächsten Quellcode-Zeile fortzusetzen. Diese Art der Fehlerbehandlung empfiehlt sich möglicherweise, wenn Sie auf Objekte zugreifen und direkt nach jeder Objekt-Interaktion mit dem `Err`-Objekt das Auftreten eines möglichen Fehlers beim Zugriff überprüfen. Eine `On Error Resume Next`-Anweisung wird inaktiv, wenn eine andere Prozedur aufgerufen wird. Aus diesem Grunde sollten Sie eine `On Error Resume Next`-Anweisung in jeder aufgerufenen Prozedur ausführen.

28.3.2 Benutzerdefinierter Errorhandler: On Error GoTo ... Zeile

Eine *Fehlerbehandlungsroutine* ist keine `Sub`- oder `Function`-Prozedur, sondern ein durch eine Zeilenmarke oder Zeilennummer gekennzeichneter Code-Bereich. Beendet wird die Fehlerbehandlungsroutine gewöhnlich durch eine `Resume`- oder `Resume-Next`-Anweisung. Diese legt fest, an welcher Stelle im Code die Programmausführung nach Beendigung der Fehlerbehandlung weitergeführt wird. Nachstehend zeigt eine einfache Prozedur, wie eine Fehlerbehandlungsroutine in VBA aussieht:

```
Sub FehlerbehandlungMuster()
    On Error GoTo Err_FehlerbehandlungMuster
    '...
    'Irgendwelche Anweisungen ...
    '...
```

```
    Exit Sub
Err_FehlerbehandlungMuster:
    'Hier sollten Sie festlegen, was passieren soll,
    'wenn ein Fehler auftritt.
    '...
    Resume Next
End Sub
```

Wenn während der Abarbeitung der Anweisungen zwischen On Error und Exit Sub ein Laufzeitfehler auftritt, wird in dem Beispiel automatisch das Programm in Zeile mit der Sprungmarke Err_FehlerbehandlungMuster: fortgesetzt. Beachten Sie, daß eine Sprungmarke immer in der ersten Spalte stehen muß. Außerdem muß hinter einem beliebigen Namen für eine Sprungmarke ein Doppelpunkt »:« angegeben sein. Meist verwendet man zur Bezeichnung einer Fehler-Sprungmarke die Schreibweise Err_xxxx oder xxxx_Err. Nach harmlosen Fehlern wird man den Anwender in der Fehlerbehandlungsroutine nur über eine Meldung auf den Fehler aufmerksam machen und anschließend wie im Beispiel mit der Resume-Next-Anweisung den Code *nach* dem Fehler fortführen. Bei fatalen Fehlern kann man versuchen, innerhalb der Fehlerbehandlung die Fehlerursache zu beseitigen und den Programmablauf mit Resume an der Stelle noch einmal aufzunehmen, an der der Fehler entstand. Achten Sie in diesem Fall aber darauf, daß Ihr Programm nicht in eine Endlosschleife kommt (setzen Sie zum Beispiel eine Zählervariable ein, um dies zu verhindern).

28.3.3 Fehlerbehandlung abschalten: On Error GoTo 0

Um eine eingeschaltete Fehlerbehandlung wieder abzuschalten, genügt im Code eine einzige Zeile:

```
On Error GoTo 0
```

28.4 Err-Objekt: Fehlermeldung selbst erzeugen

Tritt ein Laufzeitfehler auf, benötigt man natürlich mehr Informationen zum aufgetretenen Laufzeitfehler. Hier ist das Err-Objekt zuständig, das fest in die VBA-Architektur eingebaut ist und nicht erst instanziiert werden muß. Es liefert über seine Eigenschaften unter anderem folgende Informationen:

- Err.Description: Fehlertext zum aufgetretenen Fehler
- Err.Number: Fehlernummer des aufgetretenen Fehlers
- Err.Source: Name des Objekts, das den Fehler verursachte. Diese Eigenschaft ist bei Automation besonders wichtig.
- Err.LastDLLError: Gibt den Fehlercode einer DLL-Datei zurück.

Der nachstehende Code nutzt das Err-Objekt, um beim Auftreten eines Fehlers eine Fehlermeldung mit Informationen zum Fehler zu erstellen.

```
Sub BspErrObjekt()
Dim Mldg

'Fehlerbehandlung aktivieren.
On Error GoTo Err_BspErrObjekt
```

```
'Lösche Daten des zuletzt aufgetretenen Fehlers.
Err.Clear

'Überlauffehler" auslösen.
Err.Raise 6

'Fehler-Sprungmarke
Err_BspErrObjekt:

'Auf Fehler überprüfen, dann Meldung anzeigen.
If Err.Number <> 0 Then
    Mldg = "Fehler: " & str(Err.Number) & vbCr & _
        "Fehlerquelle: " & Err.Source & vbCr & _
        "Beschreibung: " & Err.Description & _
        vbCr & "DLL-Fehler: " & Err.LastDllError
    MsgBox Mldg, vbCritical, "Fehler"
End If
End Sub
```

28.5 Error-Funktion

Wenn Sie wissen wollen, hinter welcher Fehlernummer sich welcher Fehler verbirgt, können Sie die Error-Funktion in Ihrem Code benutzen. Sie liefert die Fehlermeldung zu einer bestimmten Fehlernummer zurück.

Der nachstehende Code listet im Direktfenster die meisten auffangbaren Fehler auf:

```
Sub FehlermeldungenAuflisten()
Dim intFehlernummer As Integer
Dim strFehler As String
    For intFehlernummer = 0 To 31036
        If Error(intFehlernummer) <> "Anwendungs- " & _
                "oder objektdefinierter Fehler" Then

            strFehler = strFehler & intFehlernummer & _
                    vbTab & Error(intFehlernummer) & _
                    vbCrLf
        End If
    Next
    Debug.Print strFehler
End Sub
```

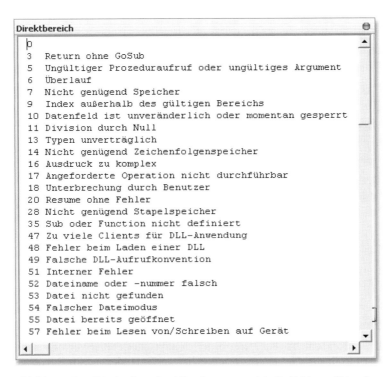

Abbildung 28.2 Mit der Error-Funktion kann man sich die Fehler auflisten lassen.

29 Hilfsroutinen für VBA-Projekte

»Der Helfer muß mehr sein und mehr haben – wenigstens in der Beziehung, worin er Hilfe leistet – als der Hilfsbedürftige. Wer selbst Not leidet, wie kann er anderen Notleidenden helfen? Nein! Wer mich aus dem Morast herausziehen will oder soll, der muß über dem Morast, muß „über mir" stehen.«
Ludwig Feuerbach[1]

29.1 Alle in Word verfügbaren Schriften auflisten

Die folgende Prozedur erzeugt ein neues leeres Dokument und fügt ein Beispiel für jede verfügbare Schriftart ein. Die erzeugte Schriftartenliste hängt unter anderem von den auf Ihrem System installierten Schriften und vom Drucker ab, der im Dialogfeld »Drucken« markiert ist.

```
Sub SchriftenVerfügbareAuflisten()
Dim varFont As Variant

'Beschleunigt die Makroverarbeitung und
'unterdrückt die Anzeige.
Application.ScreenUpdating = False

'Neues Dokument erstellen.
Documents.Add Template:="normal"

'Jede verfügbare Schriftart durchlaufen.
For Each varFont In FontNames

    'Schriftart in Statuszeile anzeigen.
    StatusBar = varFont

    With Selection

        'Schriftformat für Namensangabe der Schriftart.
        .Font.Name = "times new roman"
        .Font.Bold = True
        .Font.Underline = True

        'Schriftartennamen einfügen.
        .TypeText varFont

        'Neuen Absatz nach Schriftartennamen einfügen.
        .InsertParagraphAfter
```

---

1 [FEUER001]: S. 47217.

```vba
            'Auf neuen Absatz positionieren.
            .MoveDown unit:=wdParagraph, _
                    Count:=1, Extend:=wdMove

            'Schriftformat für Schriftartenbeispiel
            .Font.Bold = False
            .Font.Underline = False
            .Font.Name = varFont

            'Beispieltext eingeben (alphabetische Zeichen).
            .TypeText "abcdefghijklmnopqrstuvwxyz"

            'Neuen Absatz einfügen.
            .InsertParagraphAfter

            'Auf neuen Absatz positionieren.
            .MoveDown unit:=wdParagraph, _
                    Count:=1, Extend:=wdMove

            'Beispieltext eingeben (numerische Zeichen).
            .TypeText "0123456789?$%&()[]*_-=+/<>"

            'Neuen Absatz positionieren.
            .InsertParagraphAfter

            'Auf neuen Absatz positionieren.
            .MoveDown unit:=wdParagraph, _
                    Count:=1, Extend:=wdMove

            'Pangramm eingeben.
            .TypeText "Zwölf Boxkämpfer jagen Viktor quer " & _
                    "über den großen Sylter Deich."

            'Zwei neue Absätze einfügen und nach unten gehen.
            .InsertParagraphAfter
            .InsertParagraphAfter
            .MoveDown unit:=wdParagraph, _
                    Count:=1, Extend:=wdMove
        End With
    Next varFont
    Application.ScreenUpdating = True
End Sub
```

Blindtext einfügen

Word besitzt eine Funktion, mit der man Blindtext einfügen kann. Verfahren Sie dazu wie folgt:

1. Erstellen Sie ein neues Word-Dokument oder öffnen Sie ein vorhandenes.
2. Wählen Sie das im Menü »Extras« den Befehl »Autokorrektur-Optionen«. Überprüfen Sie im Dialogfeld »Autokorrektur <Sprache>«, ob auf der gleichnamigen Registerkarte »Autokorrektur« die Option »Während der Eingabe ersetzen« eingeschaltet ist. Wenn nicht, aktivieren Sie diese Option, und bestätigen Sie Ihr Eingabe mit »OK«.
3. Positionieren Sie im Word-Dokument die Einfügemarke in die erste Spalte einer leeren Textzeile, und tippen Sie in das Word-Dokument folgende Anweisung ein:

   ```
   =rand()
   ```
4. Drücken Sie nach dem Eintippen des Textes die Taste ⌈Eingabetaste⌉.

rand() im Word-Fließtext

Word fügt daraufhin drei Absätze ein, die jeweils fünfmal folgenden Satz enthalten:

> »*Franz jagt im komplett verwahrlosten Taxi quer durch Bayern.*«

Die `rand()`-Funktion hat noch mehr zu bieten. Sie können mit ihr auch die Menge der eingefügten Absätze und die Anzahl der Sätze pro Absatz bestimmen. Wenn Sie zum Beispiel

```
=rand(10,2)
```

eingeben, fügt Word zehn Absätze, die aus jeweils zwei Sätzen bestehen, in das Dokument ein.

Pangramm

Der obige Satz zeichnet sich dadurch aus, daß jeder Buchstabe des Alphabets darin enthalten ist. Derartige Sätze nennt man Pangramm.[2] Pangramme werden nur dann als *echt* bezeichnet, wenn jeder Buchstabe *exakt einmal* darin vorkommt; kommen alle Buchstaben des Alphabets in einem Satz vor, manche aber doppelt, so handelt es sich bei diesem Satz um einen *unechtes* Pangramm. Ein Pangramm eignet sich zum Beurteilen des Schriftbildes einer Schrift oder zum Testen von Formatierungen, zum Ausprobieren von Seitenaufteilungen und ähnlichem. Eines der bekanntesten Pangramme ist der englische Satz:

> »*The quick brown fox jumps over the lazy dog.*«

Ein gebräuchliches, unechtes Pangramm in deutscher Sprache ist:

> »*Sylvia wagt quick den Jux bei Pforzheim.*«

Unechte Pangramme mit deutschen Umlauten und Eszett sind:

> »*Zwölf Boxkämpfer jagen Viktor quer über den großen Sylter Deich.*«

> »*Falsches Üben von Xylophonmusik quält jeden größeren Zwerg.*«

---

2 Griech. »pan gramma«, »alle Buchstaben«.

29.2 Ganzzahlige Dezimalzahl in Binärzahl umwandeln

VBA bietet von Haus aus die `Hex`- und die `Oct`-Funktion an, mit der Sie eine Dezimalzahl (also eine Zahl in einem Stellenwertsystem zur Basis 10) in eine Hexadezimal- respektive in eine Oktalzahl umwandeln können. Für die Umwandlung einer Dezimalzahl in eine Binärzahl müssen Sie selber Hand anlegen, weil VBA über keine entsprechende Funktion verfügt.

Eine Binärzahl ist bekanntlich eine Zahl in einem Stellenwertsystem auf der Basis 2, die sich aus einer Reihe von Nullen und Einsen zusammensetzt. Bei der Umwandlung muß für jede Zweierpotenz in der umzurechnenden Zahl eine »1« aufgeschrieben werden und für jede nicht vorhandene Zweierpotenz eine »0«. Nachstehend zwei unterschiedliche Funktionen, die jede auf Ihre Art genau das tun. Als Übergabeparameter erwarten beide als Kopie (`ByVal`) eine positive ganzzahlige Dezimalzahl. Optional kann man der zweiten Umwandlungs-Funktion ein beliebiges Trennzeichen mitgeben, was den höher- vom niederwertigen Anteil des Binärcodes trennt. Ein Trennzeichen benötigt die erste Umwandlungsfunktion nicht, weil sie im Gegensatz zur zweiten Umwandlungsroutine immer nur den minimal notwendigen Binärcode zurückgibt.

Der Code zur ersten Umwandlungsfunktion lautet:

Positive ganzzahlige Dezimalzahl in Binärzahl I

```
Public Function LongToBin01( _
            ByVal lngWert As Long) As String

Dim lngRest     As Long
Dim intZähler   As Integer
Dim intAnfang   As Integer

'Wenn 0 umgerechnet werden soll, "0" zurückgeben.
If lngWert = 0 Then
   LongToBin01 = "0"
'sonst ...
ElseIf lngWert > 0 Then

    intZähler = 0

    'Größte Zweierpotenz suchen, die kleiner oder
    'gleich dem übergebenen Wert ist.
    While 2 ^ intZähler <= lngWert
       intZähler = intZähler + 1
    Wend

    'Erste Zwischenergebnisse übergeben.
    LongToBin01 = String(intZähler, "0")
    Mid(LongToBin01, 1, 1) = 1

    intAnfang = intZähler
    lngRest = lngWert - 2 ^ (intZähler - 1)

    For intZähler = intAnfang - 1 To 0 Step -1
```

```vb
      'Nächstkleinere Zweierpotenzen addieren,
      'solange diese den Restwert nicht überschreiten.
      If 2 ^ intZähler <= lngRest Then
        lngRest = lngRest - 2 ^ intZähler
        Mid(LongToBin01, intAnfang - intZähler, 1) = 1
      End If
    Next intZähler
End If

End Function
```

Nachstehend der Code zur zweiten Umwandlungsfunktion.

Positive ganzzahlige Dezimalzahl in Binärzahl II

```vb
Function LongToBin02( _
        ByVal lngWert As Long, _
        Optional strTrennzeichen As String) As String

Dim intZähler   As Integer
Dim strTemp     As String
Dim bytDigit    As Byte

'32-Bit-Zahl in binäres Äquivalent umwandeln.
For intZähler = 31 To 0 Step -1

    bytDigit = Int(lngWert / 2 ^ intZähler)
    strTemp = strTemp & bytDigit
    lngWert = lngWert - bytDigit * 2 ^ intZähler

Next intZähler

'Optional Trennstrich zwischem nieder- und
'höherwertigem Bitwort einfügen.
If IsMissing(strTrennzeichen) = False Then
    LongToBin02 = Left(strTemp,16) & strTrennzeichen & _
                  Right(strTemp, 16)
Else
    LongToBin02 = strTemp
End If

End Function
```

Die folgende Prozedur ruft die beiden Funktionen auf und übergibt ihnen den Wert 42. Die Rückgabewerte der Funktionen werden zusammen mit der oktalen und hexadezimalen Darstellung der Zahl 42 in einer Meldung angezeigt:

```vb
Sub Test_LongToBin()

Dim lngTestWert   As Long
Dim strMldg       As String

lngTestWert = 42
```

```
strMldg = "LongToBin01: " & _
          LongToBin01(lngTestWert) & vbCrLf
strMldg = strMldg & "LongToBin02: " & _
          LongToBin02(lngTestWert, ":") & vbCrLf
strMldg = strMldg & "Oktal      : " & _
          Oct(lngTestWert) & vbCrLf
strMldg = strMldg & "Hexadezimal: " & _
          Hex(lngTestWert)

MsgBox strMldg, vbInformation, _
       "Umwandlung der Dezimalzahl: " & _
       str(lngTestWert)

End Sub
```

Abbildung 29.1 Das Ergebnis der Prozedur Test_LongToBin()

29.3 Binärzahl in positive ganzzahlige Dezimalzahl umwandeln

Die nachfolgenden zwei Funktionen wandeln eine Zeichenfolge aus Nullen und Einsen, die eine Binärzahl darstellt, in die korrespondierende positive ganzzahlige Dezimalzahl um. Beide Funktionen durchlaufen dazu die Zeichenfolge und addieren die Zweierpotenzen an den Stellen, an denen eine »1« gefunden wird, unterscheiden sich aber im Detail.

Binärzahl in positive ganzzahlige Dezimalzahl I

```
Public Function BinToLong01( _
            ByVal strBinärWert As String) As Long

Dim bytLänge    As Byte
Dim strLeftBit  As String
Dim strBit      As String
Dim intZähler   As Integer
Dim j           As String

'Länge der Binärzahl ermitteln.
bytLänge = Len(strBinärWert)

'Alle Stellen der Binärzahl durchlaufen ...
Do Until intZähler = bytLänge + 1
```

```
    'Bit der aktuellen Stelle holen.
    strLeftBit = Left(strBinärWert, intZähler)
    strBit = Right(strLeftBit, 1)

    'Wenn aktuelles Bit gleich "1" ...
    If strBit = "1" Then
       j = bytLänge - intZähler

       'Zweierpotenzen zum Rückgabeergebnis addieren.
       BinToLong01 = BinToLong01 + (2 ^ j)

    End If
    intZähler = intZähler + 1

Loop

End Function
```

Nachstehend der Code zur zweiten Umwandlungsfunktion:

```
Function BinToLong02( _
        ByVal strBinärWert As String) As Long

Dim intZähler   As Integer
Dim lngTemp     As Long
Dim bytDigit    As Byte
Dim bytLänge    As Byte

'Länge der Binärzahl ermitteln.
bytLänge = Len(strBinärWert)

'Alle Stellen der Binärzahl durchlaufen ...
For intZähler = 1 To bytLänge

   bytDigit = Val(Mid(strBinärWert, intZähler, 1))
   lngTemp = lngTemp + _
           bytDigit * 2 ^ (bytLänge - intZähler)

Next intZähler

'Das Ergebnis zurückliefern.
BinToLong02 = lngTemp

End Function
```

Binärzahl in positive ganzzahlige Dezimalzahl II

Die folgende kleine Routine testet die beiden vorigen Funktionen, indem sie beide mit der Binärzahl »01100100« als Parameter aufruft. Die Rückgaben der Funktionen werden in einer Meldung angezeigt.

```
Sub Test_BinToLong()

    Dim strTestWert    As String
    Dim strMldg        As String

    strTestWert = "01100100"

    strMldg = "BinToLong01: " & _
              BinToLong01(strTestWert) & vbCrLf
    strMldg = strMldg & "BinToLong02: " & _
              BinToLong02(strTestWert)

    MsgBox strMldg, vbInformation, _
           "Umwandlung der Binärzahl: " & _
           str(strTestWert)

End Sub
```

29.4 Pause einfügen

Viele Programmiersprachen haben einen `Wait`-Befehl, mit dem man die Ausführung eines Programms für eine gewisse Dauer unterbrechen kann. Das ist zum Beispiel sinnvoll, um eine Meldung für einige Sekunden auf dem Bildschirm anzeigen zu lassen. Danach soll mit der Ausführung des Programms fortgefahren werden, ohne daß der Anwender eine Taste oder einen Mausklick bemühen muß.

In VBA müssen Sie eine entsprechende Funktion mit Hilfe der `Timer`-Funktion nachbauen oder eine API-Funktion nutzen.

29.4.1 Pause via Timer-Funktion

Beim Aufruf der nachfolgenden Prozedur müssen Sie ihr eine Zeitdauer in Sekunden übergeben, für die die Programmausführung unterbrochen werden soll. Optional können Sie angeben, ob in der Pause die Steuerung an das System übergeben wird oder bei Word/VBA bleibt. Als kleiner Gimmick am Rande informiert die Statuszeile in Word über das Geschehen (was man sich normalerweise sparen kann).

PauseEinfügen
```
Public Sub PauseEinfügen(intSekundenPause As Integer, _
                Optional bolGewaltBeiSystem As Boolean)

    Dim sngStart           As Single
    Dim sngEnde            As Single
    Dim datStartzeit       As Date
    Dim datEndezeit        As Date
    Dim varGesamtdauer     As Variant
    Dim intZaehler         As Integer
    Dim intAnzahlPunkte    As Integer

    'Steuerung an andere Prozesse abgeben?
    If bolGewaltBeiSystem = True Then
```

```vba
    'Anfangszeit setzen.
    sngStart = Timer
    'Startzeit setzen (nur für Ergebnismeldung).
    datStartzeit = VBA.Time

    Do While Timer < sngStart + intSekundenPause
        varGesamtdauer = VBA.Time

        StatusBar = varGesamtdauer

        'Abgeben der Steuerung an andere Prozesse.
        DoEvents

    Loop

    'Ende festlegen.
    sngEnde = Timer
    'Endezeit festlegen (nur für Ergebnismeldung).
    datEndezeit = VBA.Time

'Steuerung bleibt in der Hand von Word.
ElseIf bolGewaltBeiSystem = False Then

    'Anfangszeit setzen.
    sngStart = Timer
    'Startzeit setzen (nur für Ergebnismeldung).
    datStartzeit = VBA.Time

    Do While Timer < sngStart + intSekundenPause
        varGesamtdauer = VBA.Time
        StatusBar = varGesamtdauer
    Loop

    'Ende festlegen.
    sngEnde = Timer
    'Endezeit festlegen (nur für Ergebnismeldung)
    datEndezeit = VBA.Time
End If

'Gesamtdauer berechnen (nur für Ergebnismeldung).
varGesamtdauer = sngEnde - sngStart

StatusBar = "Start: " & datStartzeit & _
            " Ende: " & datEndezeit & _
            " - Die Pause dauerte " & _
            varGesamtdauer & " Sekunden."

End Sub
```

Die nachfolgende Prozedur testet die `PauseEinfügen`-Prozedur, indem sie zwischen drei Signaltönen jeweils eine Pause von zwei Sekunden einfügt:

```
Sub BeepTonAusgeben()
Dim lngZähler As Long
'Drei Schleifendurchläufe
For lngZähler = 1 To 3
   'Signalton ausgeben.
   Beep
   'Zwei Sekunden Pause zwischen den Tönen einfügen.
   Call PauseEinfügen(2, True)
Next lngZähler
End Sub
```

29.4.2 Pause via API-Funktion

Mit Hilfe der API-Funktion `Sleep` ist es möglich, ein VBA-Programm für eine bestimmte Anzahl von Millisekunden zu verzögern (eine Millisekunde ist 1/1000 Sekunde).

Syntax für Sleep Die allgemeine `Declare`-Anweisung für `Sleep`, die wie alle API-`Declare`-Anweisungen in den Deklarationsbereich eines VBA-Moduls gehört, lautet:

```
Public Declare Sub Sleep _
   Lib "kernel32" ( _
   ByVal dwMilliseconds As Long)
```

Mit der Funktion `Sleep` wird die Ausführung eines Programms um die Anzahl der in dem Argument `dwMilliseconds` definierten Millisekunden verzögert. Die gewählte Verzögerung kann gut eine Minute betragen (genauer: bis zu 65.535 Millisekunden). Eine simple VBA-Prozedur, die die API-Funktion nützt, und die VBA-Prozedur für 10 Sekunden unterbricht, sieht beispielsweise folgendermaßen aus:

```
Sub BspPauseEinfügenAPI()
   Debug.Print Format(Time, "Long Time")
   Sleep (10000)
   Debug.Print Format(Time, "Long Time")
End Sub
```

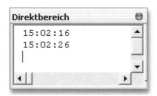

Abbildung 29.2 Zehn Sekunden hat »Schlaf« für die Programmabarbeitung

29.5 Den Modus des Visual Basic-Editors ermitteln

Sie können den aktuellen Modus des Visual Basic-Editor beziehungsweise Ihres Projekts ermitteln, indem Sie die `Mode`-Eigenschaft abfragen. Wenn Sie zum Beispiel im Direktfenster die folgende Anweisung eingeben

```
? Application.VBE.ActiveVBProject.Mode
```

erhalten Sie als Ergebnis eine Zahl zurück. Die nachstehende Tabelle zeigt, was die Zahl bedeutet:

Wert	Konstante	Beschreibung
0	vbext_vm_RunMode	Das angegebene Projekt befindet sich im Laufzeitmodus.
1	vbext_vm_BreakMode	Das angegebene Projekt befindet sich im Haltemodus.
2	vbext_vm_DesignMode	Das angegebene Projekt befindet sich im Editiermodus.

30 Add-In-Dokumentvorlagen für Word

>»Ich habe ein Problem (...) Mng. Ich wollte mit der neuen Version eine alte Kapiteldatei laden und bearbeiten (...) Das hat auch geklappt. (...) Als ich das dann wieder mit der alten Version ausdrucken wollte (...) äh, das ist, weil ich da an dem anderen Rechner den Drucker dran hab (...) Da wurde das auch ausgedruckt. Aber ich habe (...) gesehen, daß er überall da, wo ich Kapitälchen gemacht hatte, zwar auch Kapitälchen ausgedruckt wurden, aber die Laufweiten von den zwei Punkt größeren Zeichen genommen wurden (...) Sie können sich sicher vorstellen, daß die Zeichen dann alle ineinander gelaufen sind (...) Sehen Sie, und deshalb habe ich bei dem 10.000-Mark-Auftrag jetzt für 3.000 Mark Film verplempert. – „Das ist schlimm." – Oh, Mann. Sie verstand mich! – „Aber das Problem ist uns nicht bekannt."
>Alfred Görgens[1]

30.1 Auflisten von registrierten (geladenen wie ungeladenen) Add-In-Dokumentvorlagen

Die folgende Beispielprozedur zeigt in einem Meldungsfenster an, welche Word-Add-In-Dokumentvorlagen registriert sind und welche davon geladen beziehungsweise nicht installiert sind.

```
Sub AddInsVonWordAnzeigen()

Dim lngNumAddIns     As Long
Dim addInWord        As Word.AddIn

'Die folgenden Variablen werden zum Erstellen
'des Textes für das Meldungsfenster verwendet.
Dim strPrompt        As String
Dim strRegistered    As String
Dim strLoaded        As String
Dim strTitle         As String
Dim bolNotInstalled  As Boolean

'Anschalten der Fehlerprüfung.
On Error GoTo AddInsVonWordAnzeigen_Err

'Erst einmal Installationflag aúf "falsch" setzen.
bolNotInstalled = False

'Die Gesamtzahl der Word-Add-Ins ermitteln.
lngNumAddIns = Word.AddIns.Count
```

---

1 [MARLO001]: S. 47.

```vb
'Je nach Anzahl anderen Meldungstext erzeugen.
Select Case lngNumAddIns

    'Es sind keine Add-Ins registriert.
    Case 0
        strTitle = "Keine Add-Ins gefunden ..."
        strPrompt = "Im Moment sind keine " & _
                    "Word-Add-Ins registriert."

    'Es ist nur ein Word-Add-In registriert.
    Case 1
        strTitle = "1 registriertes Add-In gefunden"
        strPrompt = Word.AddIns.Item(1).Name

    'Es sind mehrere Word-Add-Ins registriert.
    Case Is > 1

        'Initialisieren von Variablen mit Zeichenketten.
        strTitle = lngNumAddIns & " registrierte Add-Ins"
        strLoaded = "Geladen: " & vbCrLf
        strRegistered = vbCrLf & "Registriert, " & _
                        "aber nicht geladen: " & vbCrLf

        'Ermitteln, welche Add-Ins geladen und/oder
        'registriert sind.
        For Each addInWord In Word.AddIns
            'Überprüfen der Loaded-Eigenschaft.
            If addInWord.Installed = True Then
                strLoaded = strLoaded & _
                            addInWord.Name & vbCrLf
            ElseIf addInWord.Installed = False Then
                bolNotInstalled = True
                strRegistered = strRegistered & _
                                addInWord.Name & vbCrLf
            End If
        Next addInWord

        'Endgültiges Zusammenstellen der Texte für die
        'das Meldungsfenster.
        If bolNotInstalled = True Then
            strPrompt = strLoaded & strRegistered
        Else
            strPrompt = strLoaded
        End If

End Select
```

```
'Anzeigen der Meldung.
MsgBox strPrompt, vbInformation, strTitle

'Sprungmarke zum Verlassen der Prozedur
AddInsVonWordAnzeigen_Exit:
    Exit Sub

'Sprungmarke zum Anzeigen von Fehlermeldungen
AddInsVonWordAnzeigen_Err:
    If Err.Number = 5152 Then
        strRegistered = strRegistered & "(Fehler: " & _
                    "Verknüpfung zu registr. Add-In " & _
                    "ist zerbrochen.)" & vbCrLf
        Resume Next
    Else
        MsgBox "Fehler " & Err.Number & ": " & _
        Err.Description & ".", vbCritical, _
        "Fehler in: AddInsVonWordAnzeigen()"
        Resume Next
    End If

End Sub
```

Abbildung 30.1 Verschaffen Sie sich einen Überblick über die geladenen und/oder registrierten Add-Ins.

30.2 Überprüfen, ob ein Word-Add-In geladen ist

Mit der Funktion in diesem Beispiel können Sie überprüfen, ob ein Word-Add-In aktuell in Word geladen ist. Die Funktion erwartet als Argument den Dateinamen eines Word Add-Ins (beispielsweise »PDFMaker.dot« oder »AJ Normal.dot«). Die Funktion liefert »1« zurück, wenn das Add-In aktuell in Word geladen ist. Ist das Add-In in Word registriert, aber nicht geladen, liefert die Funktion »0«. Wenn das als Argument übergebene Add-In weder geladen noch registriert ist, liefert die Funktion »-1«:

```
Public Function IsAddInLoaded( _
            ByVal strAddInName As String) As String
Dim addInWord       As Word.AddIn
Dim strExistAddin   As String
```

```
Dim lngNumAddIns      As Long

On Error Resume Next
strExistAddin = "-1"

'Ermitteln der Gesamtzahl Add-Ins (ohne COM-Add-Ins).
lngNumAddIns = Word.AddIns.Count

Select Case lngNumAddIns

   'Es sind keine Add-Ins registriert.
   Case 0
      strExistAddin = "-1"

   'Es sind Add-Ins geladen und/oder registriert.
   Case Is > 1
      For Each addInWord In Word.AddIns
         'Wenn die beiden Zeichenketten identisch sind:
         If StrComp(addInWord.Name, _
                 strAddInName, 1) = 0 Then
            If addInWord.Installed = True Then
               strExistAddin = "1"
            Else
               strExistAddin = "0"
            End If
            Exit For
         End If
      Next addInWord

End Select

Select Case strExistAddin
   Case "1"
      StatusBar = "AddIn: " & strAddInName & _
      " ist registriert und geladen."
   Case "0"
      StatusBar = "AddIn: " & strAddInName & _
      " ist nur registriert (aber nicht geladen)."
   Case "-1"
      StatusBar = "AddIn: " & strAddInName & _
      " weder geladen noch registriert."
End Select
IsAddInLoaded = strExistAddin
End Function
```

Testen können Sie die Funktion mit einem simplen Aufruf:

```
Sub Test_IsAddInLoaded()
   MsgBox IsAddInLoaded("AJ Normal.dot")
End Sub
```

30.3 Laden einer Add-In-Dokumentvorlage

Die Add-In-Liste von VBA beherbergt alle Add-Ins, die während einer Arbeitssitzung geladen sind. Per `Add`-Methode kann man der Liste ein weiteres Add-In hinzufügen. Diese wird dann automatisch geladen und aktiviert. Dazu müssen Sie der `Add`-Methode nur den Ordnernamen der Add-In-Datei mitteilen, beispielsweise:

```
AddIns.Add "C:\MeinAddIn.dot"
```

Wenn Sie das Add-in nur laden, aber nicht aktivieren wollen (so daß es im Dialogfeld »Dokumentvorlagen und Add-Ins« mit ausgeschaltetem Kontrollkästchen erscheint), fügen Sie der `AddIns.Add`-Methode das zusätzliche `Install`-Argument hinzu und weisen ihm den Wert `False` zu:

```
AddIns.Add "C:\MeinAddIn.dot", Install:=False
```

30.4 StartUp-Ordner für Add-Ins festlegen

Mit der nachstehenden Routine können Sie den StartUp-Ordner für die Add-Ins von Word festlegen. Das VBA-Programm fragt erst einmal, ob der Anwender tatsächlich den StartUp-Ordner ändern will. Beantwortet der Anwender die Frage mit ja, so erscheint eine InputBox, in der der Benutzer den neuen StartUp-Pfad eintragen kann. Das Programm validiert mit Hilfe der Unterroutine `FolderExists` die Eingabe des Benutzers. Solange der Dialog nicht abgebrochen wird und die Eingabe nicht gültig ist, wird dem Benutzer die InputBox erneut zur Eingabe vorgelegt.

```
Sub StartUpOrdnerÄndern()
Dim lngAntwort     As Long
Dim strNewStartup  As String
Dim strTitel       As String
Dim strMldg00      As String
Dim strMldg01      As String
Dim strMldg02      As String
Dim strMldg03      As String
Dim bolErfolg      As Boolean

'Erst einmal Default-Werte für Variablen festlegen.
bolErfolg = False
strTitel = "Aktueller Autostart-Ordner: " & _
           Application.StartupPath
strMldg00 = "Wollen Sie den Autostart-Ordner" _
           & " für Word-Add-Ins ändern?"
strMldg01 = "Geben Sie den neuen Autostart-Ordner " & _
            "für Word-Add-Ins ein:"
strMldg02 = "Success!" & vbCrLf & vbCrLf & _
            "Neuer Autostartordner: "
strMldg03 = "Der Autostartordner wurde nicht " & _
            "neu festgelegt!"

'Benutzer mit einem Meldungsfenster fragen, ob er
'den Autostart-Ordner ändern will.
```

```
        lngAntwort = MsgBox(strMldg00, vbYesNo, strTitel)

    If lngAntwort = vbYes Then

        'Abfrage (neuer) Autostartordner
        Do
            strNewStartup = InputBox(strMldg01, strTitel, _
                        Application.StartupPath)

            'Falls kein Abbruch, Benutzereingabe übernehmen.
            If Not strNewStartup = "" Then

                If FolderExists(strNewStartup) = True Then
                    Application.StartupPath = strNewStartup
                    bolErfolg = True
                    MsgBox strMldg02 & strNewStartup, _
                            vbInformation, "Hinweis"
                Else
                    MsgBox strMldg03, vbCritical, "Datei " & _
                    strNewStartup & " nicht gefunden!"
                End If

            End If

        Loop Until strNewStartup = "" Or bolErfolg = True
    End If
End Sub
```

Abbildung 30.2 Dialog zum Ändern des StartUp-Ordners von Word

31 COM-Add-Ins

»Anschließend schickte ich meinen Redaktionsassistenten an den Fotokopierer und ließ ihn das 480 Seiten umfassende Manuskript von Karl-Heinz Totomai über „Die Verwendung von Flipflops in Heimcomputern" dreimal ablichten. Es war auf Computerendlospapier ausgedruckt und ließ sich wegen des amerikanischen Formats nicht einfach dem automatischen Papiereinzug zuführen. Während der Assistent fotokopierte, legte ich die Füße auf den Schreibtisch, aß ein Butterbrot, und holte dann den kleinen Spiegel aus der Handtasche, dem ich gehörig die Zähne zeigte.
Von da an kochte der Assistent jeden Morgen Kaffee.«
Iris Anna Otto[1]

31.1 COM-Add-Ins allgemein

Ein COM-Add-In ist eine dynamische Bibliothek (.dll), die auf besondere Weise registriert ist, so daß sie durch beliebige Office-Anwendungen, also auch durch Word, geladen werden kann.

COM-Add-Ins können Sie nur erstellen, wenn Sie Visual Basic, Version 5.0 oder höher, Visual C++, Visual J++ oder eine Developer-Edition von Word/Office oder eine vergleichbare Entwicklungsumgebung besitzen.

31.2 COM-Add-Ins in Word

Auch wenn Sie niemals ein COM-Add-In programmieren sollten, ist es gut zu wissen, daß durch die Installationen von fremden Anwendungen sich zuweilen COM-Add-Ins in Ihre Word-Umgebung »einnisten«. Zur Verwaltung von COM-Add-Ins stellt Word die Dialogbox »COM-Add-Ins« zur Verfügung. Allerdings läßt sich diese standardmäßig weder über einen Menübefehl noch über eine Symbolleisten-Schaltfläche aufrufen. Verfahren Sie wie folgt, um das Dialogfeld »COM-Add-Ins ...« in das Menü »**Extras**« einzubauen:

1. Bestimmen Sie als erstes, wann der Befehl zur Verfügung stehen soll:
   - Immer (Normal.Dot-Vorlage)
   - Immer, wenn ein bestimmtes Add-In geladen ist (Add-In-Vorlage).
   - In allen Dokumenten, die auf einer bestimmten Dokumentvorlage beruhen (benutzerdefinierte Dokumentvorlage).
   - In einem einzigen Dokument
   - ...

   Aktivieren beziehungsweise laden Sie die von Ihnen bestimmte Vorlage (Dokument) in Word.
2. Klicken Sie in Word im Menü »Extras« auf den Befehl »Anpassen ...«.
3. Klicken Sie in der erscheinden Dialogbox auf die Registerkarte »Befehle«.

---

1 [OTTOI001]: S. 130.

4. Klicken Sie in der Liste »Kategorien« auf den Eintrag »Extras«.
5. Klicken Sie in der Liste »Befehle« auf »COM-Add-Ins ...«. Sie müssen gegebenenfalls einen Bildlauf in der Liste durchführen, um diesen Eintrag zu finden.

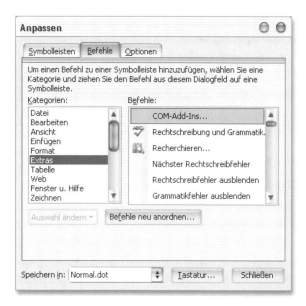

Abbildung 31.1 Dialog »Anpassen / Befehle« mit dem Befehl »COM-Add-Ins«

6. Vergewissern Sie sich, daß im Feld »Speichern in:« jene Vorlage (jenes Dokument) angezeigt wird, in die (das) Sie den Befehl integrieren wollen.
7. Ziehen Sie den Befehl »COM-Add-Ins ...« in das Menü »Extras« (oder in ein anderes Menü beziehungsweise in eine Symbolleiste Ihrer Wahl).
8. Schließen Sie das Dialogfeld »Anpassen« und speichern Sie die Vorlage (das Dokument).

31.2.1 Der Dialog »COM-Add-Ins«

In Zukunft steht Ihnen dann nach dem Laden dieser Vorlage (dieses Dokumentes) der Befehl »COM-Add-Ins ...« zur Verfügung, der die Dialogbox »COM-Add-Ins« startet. Diese listet alle verfügbaren (das heißt für Word registrierten) COM-Add-Ins auf.

Über den Befehl »Hinzufügen« der Dialogbox können Sie weitere (noch nicht registrierte) COM-Add-Ins nachträglich registrieren, wobei die Auswahl über den Dateinamen zustande kommt. Beachten Sie, daß Sie nur dynamische Bibliotheken (DLLs) hinzufügen können, die tatsächlich COM-Add-Ins sind. Eine weitere Einschränkung beim Hinzufügen besteht darin, daß Sie nur jene COM-Add-Ins hinzufügen können, die auch für Word registriert sind. Soll heißen: Sie können beispielsweise kein COM-Add-Ins hinzufügen, die ausschließlich für Access, explizit für Excel oder nur für Excel und Access zusammen et cetera registriert wurden.

Abbildung 31.2 Der Dialog »COM-Add-Ins ...«

In dem Dialog »COM-Add-Ins« können Sie ein COM-Add-In laden (verbinden) oder entladen (trennen), indem Sie das Kontrollkästchen neben dem COM-Add-In aktivieren beziehungsweise deaktivieren. Durch das Verbinden eines COM-Add-Ins wird es in den Arbeitsspeicher geladen. Das bedeutet, daß Ihnen ab diesem Moment die Funktionalität des COM-Add-Ins beim Arbeiten zur Verfügung steht. Nach dem Trennen eines COM-Add-Ins wird es aus dem Arbeitsspeicher entfernt. Sie können die Funktionalität dieses COM-Add-Ins dann bis zum erneuten Laden nicht mehr nutzen.

Sie entfernen ein COM-Add-In aus der Liste, indem Sie es auswählen und auf »Entfernen« klicken. Durch das Entfernen eines COM-Add-Ins wird in der Registry ein Schlüssel entfernt, der den Namen, eine Beschreibung, die Zielanwendung(en), die Version der Zielanwendung und das anfängliche Ladeverhalten des COM-Add-Ins enthält.

31.2.2 Die Registrierung der COM-Add-Ins

Grundsätzlich werden COM-Add-In-Informationen in der Registry an mehreren Stellen abgelegt.

- Einerseits wird ein COM-Add-In wie jede andere DLL als eindeutige COM-Komponente im System registriert. Die ProgID einer COM-Add-In-DLL befindet sich im Registrierungsschlüssel »**HKEY_LOCAL_MACHINE\SOFTWARE\Classes**«, die ClassID in der Unterstruktur »**HKEY_LOCAL_MACHINE\SOFTWARE\Classes\CLSID**« und so weiter (siehe Abschnitt »COM: Beschreibung«).

- Außerdem sind Informationen zum COM-Add-In in einem Schlüssel der Zielanwendung plaziert, damit diese über das Vorhandensein des COM-Add-Ins informiert ist. Verfügt Word über COM-Add-Ins, so finden Sie die Informationen beispielsweise im Schlüssel »**HKEY_CURRENT_USER\SOFTWARE\Microsoft\Office\Word\AddIns**«.

Wenn Sie ein COM-Add-In aus der Liste entfernen, werden nur die Informationen im Schlüssel der Zielanwendung aus der Registry gelöscht. Die COM-Add-In-DLL bleibt jedoch registriert. Sie kann, wie oben im Abschnitt 2.9.5 »COM: Beschreibung« dargestellt, wie eine gewöhnliche DLL deregistriert werden.

Teil 6 – Anhang

A Praktische Tabellen

»Eben diese Tabelle proklamierte das Recht eines Menschen ...«
Karl Marx[1]

A.1 VBA-Schlüsselwörter: Kategoriale Übersicht

Schlüsselwörter sind Bestandteile einer Programmiersprache, die eine festgelegte, unveränderliche Bedeutung haben. Ihre Verwendung ist festgelegt ...

- in der Grammatik (Syntax) der Programmiersprache (*elementare* Schlüsselwörter)
- in den Standard- und Objektbibliotheken (*akzidentielle* Schlüsselwörter)

Die Schlüsselwörter einer Programmiersprache sind reserviert und stehen beim Programmieren nicht als Bezeichner für beispielsweise Variablen oder Prozeduren zur Verfügung. Ein Programmentwickler sollte sie nur mit ihrer festgelegten Bedeutung im Programmcode gebrauchen, sonst besteht die Gefahr, daß ein Programm nicht wie gewünscht funktioniert.

Die VBA-Schlüsselwörter lassen sich grob in Aufgabenbereiche untergliedern:

Schlüsselwort	Aktion
Ablaufsteuerung (Schleifen und Prozeduren)	
`Do ... Loop, For ... Next, For Each ... Next, While ... Wend, With`	Ausführen einer Schleife.
`Choose, If ... Then ... Else, Select Case, Switch`	Treffen von Entscheidungen.
`GoSub ... Return, GoTo, On Error, On ... GoSub, On ... GoTo`	Verzweigen innerhalb des Quellcodes.
`Call, Function, Property Get, Property Let, Property Set, Sub`	Verwenden von Prozeduren.
`Private, Public, Static, Friend`	Festlegen von Prozedurbereichen.
`ByRef, ByVal`	Festlegen der Übergabeart von Argumenten.
`Optional`	Definieren eines wahlmöglichen Argumentes
`ParamArray`	Bestimmen des letzten Argumentes als Datenfeld vom Typ `Optional` aus Elementen vom Typ `Variant` (darf nicht mit den Schlüsselwörtern `Optional`, `ByRef` oder `ByVal` verwendet werden).

---

1 [MARX00001]: S. 48762.

Schlüsselwort	Aktion
Step	Verändern des Zählers bei jedem Schleifendurchlauf um einen Schritt.
DoEvents, End, Exit, Stop	Beenden oder Anhalten des Programms.
Compiler-Anweisungen (Steuern des Compiler-Verhaltens)	
#Const	Definieren einer Compiler-Konstante.
#If ... Then ... #Else	Kompilieren ausgewählter Code-Blöcke.
Datenfelder (Erstellen, Definieren und Verwenden von Datenfeldern)	
Option Base	Ändern der Standarduntergrenze.
Dim, Private, Public, ReDim, Static	Deklarieren und Initialisieren eines Datenfeldes.
Erase, ReDim	Erneutes Initialisieren eines Datenfeldes.
Array	Erstellen eines Datenfeldes.
LBound, UBound	Suchen der Grenzen eines Datenfeldes.
IsArray	Überprüfen eines Datenfeldes.
Datentypen (Datentypen und Variant-Untertypen)	
Boolean, Byte, Currency, Date, Double, Integer, Long, Object, Single, String, Variant (Voreinstellung)	Festlegen integrierter Datentypen.
CBool, CByte, CCur, CDate, CDbl, CDec, CInt, CLng, CSng, CStr, CVar, CVErr, Fix, Int	Konvertieren zwischen Datentypen.
IsArray, IsDate, IsEmpty, IsError, IsMissing, IsNull, IsNumeric, IsObject, Empty	Überprüfen von Datentypen.
Datum und Uhrzeit (Umwandeln und Verwenden von Datum/Zeit-Ausdrücken)	
Date, Now, Time	Abrufen des aktuellen Datums oder der Zeit.
DateAdd, DateDiff, DatePart	Durchführen von Datumsberechnungen.
Date, Time	Festlegen des Datums oder der Zeit.
Timer	Verwenden eines Zeitgebers in einem Prozeß.
TimeSerial, TimeValue	Zurückgeben einer Zeit.
DateSerial, DateValue	Zurückgeben eines Datums.
Ein-/Ausgabe (Empfangen von Eingaben und Anzeigen oder Drucken von Ausgaben)	
EOF, FileAttr, FileDateTime, FileLen, FreeFile, GetAttr, Loc, LOF, Seek	Abrufen von Informationen über eine Datei.

Schlüsselwort	Aktion
Seek	Festlegen der Schreib-/Leseposition in einer Datei.
FileAttr, GetAttr, SetAttr	Festlegen oder Abrufen von Dateiattributen.
FileCopy	Kopieren einer Datei.
Get, Input, Input #, Line Input #	Lesen aus einer Datei.
Close, Reset	Schließen von Dateien.
Print #, Put, Write #	Schreiben in eine Datei.
Format, Print, Print #, Spc, Tab, Width #	Steuern des Darstellung der Ausgabe.
Dir, Kill, Lock, Unlock, Name	Verwalten von Dateien.
Open	Zugreifen auf eine Datei oder Erstellen einer Datei.
FileLen	Zurückgeben der Dateilänge.
Fehler (Auffangen und Zurückgeben von Fehlernummer)	
Error	Abrufen von Fehlermeldungen.
On Error, Resume	Auffangen von Fehlern zur Laufzeit.
Clear, Error, Raise	Erzeugen von Laufzeitfehlern.
Err	Stellt Fehlerinformationen zur Verfügung.
IsError	Typüberprüfung.
CVErr	Zurückgeben eines Error-Variants.
Finanzmathematik (Durchführen von finanzmathematischen Berechnungen)	
DDB, SLN, SYD	Berechnen der Abschreibung.
Nper	Berechnen der Anzahl der Zeiträume.
NPV, PV	Berechnen des aktuellen Werts.
IRR, MIRR	Berechnen des internen Zinsflusses.
Rate	Berechnen des Zinssatzes.
FV	Berechnen des zukünftigen Werts.
Ipmt, Pmt, Ppmt	Berechnen von Zahlungen.
Operatoren (Vergleichen von Ausdrücken und andere Operationen)	
^, -, *, /, \, Mod, +, &, =	Ermitteln eines arithmetischen Ausdrucks aus einem anderen Ausdruck.
Not, And, Or, Xor, Eqv, Imp	Ermitteln eines logischen Ausdrucks aus einem anderen Ausdruck.

Schlüsselwort	Aktion
=, <>, <, >, <=, >=, Like, Is	Vergleiche zwei Ausdrücke oder zwei Werte.
Umwandlung (Umwandeln von Zahlen und Datentypen)	
Chr	Zurückgeben eines Zeichenfolge, der dem angegebenen Zeichen-Code entspricht.
Format, LCase, UCase	Umwandeln einer Zeichenfolge in Groß- oder Kleinbuchstaben.
DateSerial, DateValue	Zurückgeben eines Datums in Seriennummer.
Hex, Oct	Zurückgeben einer Zeichenfolge, die den Oktal- respektive dem Hezadezimalwert einer Zahl darstellt.
Format, Str	Umwandeln einer Zahl in eine Zeichenfolge.
CBool, CByte, CCur, CDate, CDbl, CDec, CInt, CLng, CSng, CStr, CVar, CVErr, Fix, Int	Umwandeln eines Datentyps in einen anderen.
Day, Month, Weekday, Year	Umwandeln eines Datums in Tag, Monat, Wochentag oder Jahr.
Hour, Minute, Second	Umwandeln von Zeit in Stunde, Minute oder Sekunde.
Asc	Umwandeln einer Zeichenfolge in eine entsprechenden ASCII-Wert.
Val	Umwandeln einer Zeichenfolge in eine Zahl.
TimeSerial, TimeValue	Zurückgeben einer Zeit in Seriennummer.
Variablen und Konstanten (Deklarieren und Definieren von Variablen und Konstanten)	
IsArray, IsDate, IsEmpty, IsError, IsMissing, IsNull, IsNumeric, IsObject, TypeName, VarType	Abrufen von Informationen über einen Variant-Wert.
Option Explicit	Anfordern expliziter Variablendeklarationen.
Option Private Module	Deklarieren eines Moduls als privat.
Const, Dim, Private, Public, New, Static	Deklarieren von Variablen oder Konstanten.
WithEvents	Deklarieren von Objektektvariablen, die verwendet werden, um auf Ereignisse zu reagieren.
DefTyp	Festlegen des Standarddatentyps.
Me	Verweisen auf das aktuelle Objekt.
Set	Weist einer Variablen oder einer Eigenschaft einen Objektverweis zu.
Let	Zuweisen eines Wertes.

Schlüsselwort	Aktion
Null	Hinweisen, daß eine Variable ungültige Daten enthält.
Nothing	Aufheben der Verbindung zwischen Objektvariablen und Objekt.
Ordner und Dateien (Starten anderer Anwendungen und Verarbeiten von Ereignissen)	
ChDrive	Ändern des Laufwerks.
ChDir	Ändern des Verzeichnisses oder Ordners.
RmDir	Entfernen eines Verzeichnisses oder Ordners.
MkDir	Erstellen eines Verzeichnisses oder Ordners.
SetAttr	Festlegen von Attributinformationen für eine Datei.
FileCopy	Kopieren einer Datei.
Name	Umbenennen einer Datei, eines Verzeichnisses oder eines Ordners.
FileLen	Zurückgeben der Dateilänge.
FileDateTime	Zurückgeben der Datums-/Zeitangabe einer Datei.
CurDir	Zurückgeben des aktuellen Pfads.
Dir	Zurückgeben des Dateinamens oder der Datenträgerbezeichnung.
GetAttr	Zurückgeben von Datei-, Verzeichnis- oder Bezeichnungsattributen.
Zeichenfolgenverarbeitung (Verarbeiten von Zeichenfolgen und von Daten vom Typ String)	
Asc, Chr	Arbeiten mit ASCII- und ANSI-Werten.
LSet, RSet	Ausrichten einer Zeichenfolge.
InStr, Left, LTrim, Mid, Right, RTrim, Trim	Bearbeiten von Zeichenfolgen.
Len	Bestimmen der Länge einer Zeichenfolge.
Space, String	Erstellen einer Zeichenfolge mit sich wiederholenden Zeichen.
Option Compare	Festlegen von Vergleichsregeln für Zeichenfolgen.
Format	Formatieren einer Zeichenfolge.
LCase, UCase	Umwandeln in Groß- oder Kleinschreibung.
StrConv	Umwandeln von Zeichenfolgen.
StrComp	Vergleichen zweier Zeichenfolgen.

Schlüsselwort	Aktion
Registrierung (Registry)	
GetSetting, GetAllSettings	Lesen von Programmeinstellungen.
DeleteSetting	Löschen von Programmeinstellungen.
SaveSetting	Speichern von Programmeinstellungen.
Mathematik-Schlüsselwörter	
Atn, Cos, Sin, Tan	Ableiten trigonometrischer Funktionen.
Abs	Abrufen des Absolutwertes.
Sgn	Abrufen des Vorzeichens eines Ausdrucks.
Exp, Log, Sqr	Durchführen von allgemeinen Berechnungen.
Fix, Int	Durchführen von numerischen Umwandlungen.
Randomize, Rnd	Erzeugen von Zufallszahlen.
Collection-Objekt-Schlüsselwörter	
Remove	Entfernen eines Objekts aus einer Auflistung.
Collection	Erstellen eines Collection-Objekts.
Add	Hinzufügen eines Objekts zu einer Auflistung.
Item	Verweisen auf ein Element in einer Auflistung.
Verschiedenes	
Beep	Abspielen eines Klangs vom Computer.
AppActivate, Shell	Ausführen anderer Programme.
CreateObject, GetObject	Durchführen der Automatisierung.
QBColor, RGB	Zurückgeben von Farbwerten.
SendKeys	Senden von Tastenanschlägen an eine Anwendung.
Command	Stellt eine Befehlszeilenzeichenfolge zur Verfügung.
Environ	Zurückgeben der Umgebungsvariablen des Betriebssystems.
DoEvents	Verarbeiten ausstehender Ereignisse.
As	Charakterisieren von Funktionen, Dateinummern, Pfaden.
To	Definieren von Bereichen (Untergrenze-zu-Obergrenze, Anfang-zu-Ende ...) .
Binary	Festlegen binärer Modus, binäre Darstellung.
True, False	Zurückgeben eines Wahrheitswertes.

A.2 Liste der Symbole (Face-IDs)

Die folgende Tabelle listet die meisten Symbole mit ihrer ID auf, die in Word vorhanden sind und die für eigene Zwecke benutzt werden können.

ID	Ico	ID	Ico	ID	Ico	ID	Ico	ID	Ico	ID	Ico	ID	Ico	ID	Ico	ID	Ico	ID	Ico
1		2		3		4		5		6		7		8		9		10	
11		12		13		14		15		16		17		18		19		20	
21		22		23		24		25		26		27		28		29		30	
31		32		33		34		35		36		37		38		39		40	
41		42		43		44		45		46		47		48		49		50	
51		52		53		54		55		56		57		58		59		60	
61		62		63		64		65		66		67		68		69		70	
71	1	72	2	73	3	74	4	75	5	76	6	77	7	78	8	79	9	80	A
81	B	82	C	83	D	84	E	85	F	86	G	87	H	88	I	89	J	90	K
91	L	92	M	93	N	94	O	95	P	96	Q	97	R	98	S	99	T	100	U
101	V	102	W	103	X	104	Y	105	Z	106		107		108		109		110	
111		112		113	F	114	K	115	U	116		117		118		119		120	
121		122		123		124		125		126		127		128		129		130	
131		132		133		134		135		136		137		138		139		140	
141		142		143		144		145		146		147		148		149		150	
151		152		153		154		155		156		157		158		159		160	
161		162		163		164		165		166		167		168		169		170	
171		172		173		174		175		176		177		178		179		180	

ID	Ico	ID	Ico	ID	Ico	ID	Ico	ID	Ico	ID	Ico	ID	Ico	ID	Ico	ID	Ico	ID	Ico
181		182		183		184		185		186		187		188		189		190	
191		192		193		194		195		196		197		198		199		200	
201		202		203		204		205		206		207		208		209		210	
211		212		213		214		215		216		217		218		219		220	
221		222		223		224		225		226		227		228		229		230	
231		232		233		234		235		236		237		238		239		240	
241		242		243		244		245		246		247		248		249		250	
251		252		253		254		255		256		257		258		259		260	
261		262		263		264		265		266		267		268		269		270	
271		272		273		274		275		276		277		278		279		280	
281		282		283		284		285		286		287		288		289		290	
291		292		293		294		295		296		297		298		299		300	
301		302		303		304		305		306		307		308		309		310	
311		312		313		314		315		316		317		318		319		320	
321		322		323		324		325		326		327		328		329		330	
331		332		333		334		335		336		337		338		339		340	
341		342		343		344		345		346		347		348		349		350	
351		352		353		354		355		356		357		358		359		360	
361		362		363		364		365		366		367		368		369		370	
371		372		373	"="	374	"+"	375	"-"	376	"*"	377	"/"	378	"^"	379	"("	380	")"

Praktische Tabellen

ID	Ico	ID	Ico	ID	Ico	ID	Ico	ID	Ico	ID	Ico	ID	Ico	ID	Ico	ID	Ico	ID	Ico
381	":"	382	","	383	"%"	384	"$"	385	f_x	386		387		388		389		390	
391		392		393		394		395	$	396	%	397	000	398		399		400	K
401	A	402		403	A	404	A	405		406		407		408		409		410	
411		412		413		414		415		416		417		418		419		420	
421		422		423		424		425		426		427		428		429		430	
431		432		433		434		435		436		437		438		439		440	
441		442		443		444		445		446		447		448		449		450	
451		452		453		454		455		456		457		458		459		460	
461		462		463		464		465		466		467		468		469		470	
471		472		473		474		475		476		477	Aa	478		479		480	
481		482		483		484		485		486		487		488		489		490	1
491	2	492	3	493	4	494	5	495	6	496		497		498		499		500	
501		502		503	ABC 789	504		505		506		507		508		509		510	
511		512		513		514		515		516		517		518		519		520	
521		522		523		524		525		526		527		528	SQL	529		530	
531		532		533		534		535		536		537		538		539		540	
541		542		543		544		545		546		547		548		549		550	
551	XY	552		553		554		555		556		557		558		559		560	
561		562		563		564		565		566		567	W	568		569		570	
571		572		573		574		575		576		577		578		579		580	

ID	Ico	ID	Ico	ID	Ico	ID	Ico	ID	Ico	ID	Ico	ID	Ico	ID	Ico	ID	Ico	ID	Ico
581		582		583		584		585		586		587		588		589		590	
591		592		593		594		595		596		597		598		599		600	
601		602		603		604		605		606		607		608		609		610	
611		612		613		614		615		616		617		618		619		620	
621		622		623		624		625		626		627		628		629		630	
631		632		633		634		635		636		637		638		639		640	
641		642		643		644		645		646		647		648		649		650	
651		652		653		654		655		656		657		658		659		660	
661		662		663		664		665		666		667		668		669		670	
671		672		673		674		675		676		677		678		679		680	
681		682		683		684		685		686		687		688		689		690	
691		692		693		694		695		696		697		698		699		700	
701		702		703		704		705		706		707		708		709		710	
711		712		713		714		715		716		717		718		719		720	
721		722		723		724		725		726		727		728		729		730	
731		732		733		734		735		736		737		738		739		740	
741		742		743		744		745		746		747		748		749		750	
751		752		753		754		755		756		757		758		759		760	
761		762		763		764		765		766		767		768		769		770	
771		772		773		774		775		776		777		778		779		780	

ID	Ico	ID	Ico	ID	Ico	ID	Ico	ID	Ico	ID	Ico	ID	Ico	ID	Ico
781		782		783		784		785		786		787		788		789		790	
791		792		793		794		795		796		797		798		799		800	
801		802		803		804		805		806		807		808		809		810	
811		812		813		814		815		816		817		818		819		820	
821		822		823		824		825		826		827		828		829		830	
831		832		833		834		835		836		837		838		839		840	
841		842		843		844		845		846		847		848		849		850	
851		852		853		854		855		856		857		858		859		860	
861		862		863		864		865		866		867		868		869		870	
871		872		873		874		875		876		877		878		879		880	
881		882		883		884		885		886		887		888		889		890	
891		892		893		894		895		896		897		898		899		900	
901		902		903		904		905		906		907		908		909		910	
911		912		913		914		915		916		917		918		919		920	
921		922		923		924		925		926		927		928		929		930	
931		932		933		934		935		936		937		938		939		940	
941		942		943		944		945		946		947		948		949		950	
951		952		953		954		955		956		957		958		959		960	
961		962		963		964		965		966		967		968		969		970	
971		972		973		974		975		976		977		978		979		980	

Liste der Symbole (Face-IDs)

ID	Ico	ID	Ico	ID	Ico	ID	Ico	ID	Ico	ID	Ico	ID	Ico	ID	Ico	ID	Ico	ID	Ico
981		982		983		984		985		986		987		988		989		990	
991		992		993		994		995		996		997		998		999		1000	
1001		1002		1003		1004		1005		1006		1007		1008		1009		1010	
1011		1012		1013		1014		1015		1016		1017		1018		1019		1020	
1021		1022		1023		1024		1025		1026		1027		1028		1029		1030	
1031		1032		1033		1034		1035		1036		1037		1038		1039		1040	
1041		1042		1043		1044		1045		1046		1047		1048		1049		1050	
1051		1052		1053		1054		1055		1056		1057		1058		1059		1060	
1061		1062		1063		1064		1065		1066		1067		1068		1069		1070	
1071		1072		1073		1074		1075		1076		1077		1078		1079		1080	
1081		1082		1083		1084		1085		1086		1087		1088		1089		1090	
1091		1092		1093		1094		1095		1096		1097		1098		1099		1100	
1101		1102		1103		1104		1105		1106		1107		1108		1109		1110	
1111		1112		1113		1114		1115		1116		1117		1118		1119		1120	
1121		1122		1123		1124		1125		1126		1127		1128		1129		1130	
1131		1132		1133		1134		1135		1136		1137		1138		1139		1140	
1141		1142		1143		1144		1145		1146		1147		1148		1149		1150	
1151		1152		1153		1154		1155		1156		1157		1158		1159		1160	
1161		1162		1163		1164		1165		1166		1167		1168		1169		1170	
1171		1172		1173		1174		1175		1176		1177		1178		1179		1180	

ID	Ico	ID	Ico	ID	Ico	ID	Ico	ID	Ico	ID	Ico	ID	Ico	ID	Ico	ID	Ico
1181		1182		1183	☆	1184		1185		1186		1187		1188		1189		1190	
1191		1192		1193		1194		1195		1196		1197		1198		1199		1200	
1201		1202	○	1203		1204		1205		1206	⊗	1207	⊕	1208		1209		1210	△
1211	▽	1212		1213		1214		1215		1216		1217		1218		1219		1220	
1221		1222		1223		1224		1225		1226		1227		1228		1229		1230	
1231		1232		1233		1234		1235	◇	1236		1237		1238	△	1239		1240	○
1241		1242		1243		1244		1245		1246	≈	1247		1248		1249		1250	
1251		1252	☺	1253	◎	1254	⊘	1255		1256	[	1257	]	1258	{	1259	}	1260	
1261		1262	♡	1263	⇒	1264	⇐	1265	⇑	1266	⇓	1267		1268		1269	✥	1270	
1271		1272		1273		1274		1275		1276	⇒	1277		1278		1279		1280	
1281		1282		1283		1284		1285		1286		1287		1288		1289		1290	
1291		1292		1293		1294		1295		1296		1297		1298		1299		1300	
1301		1302		1303		1304	☆	1305		1306		1307		1308		1309		1310	
1311		1312		1313		1314		1315		1316		1317		1318		1319		1320	
1321		1322		1323	○	1324		1325		1326		1327	⊗	1328	⊕	1329		1330	
1331	△	1332	▽	1333		1334		1335		1336		1337		1338		1339		1340	
1341		1342		1343		1344		1345		1346		1347		1348		1349		1350	
1351		1352	≡	1353		1354	≡	1355		1356		1357		1358		1359		1360	
1361		1362		1363		1364		1365		1366		1367		1368		1369		1370	
1371		1372		1373		1374		1375		1376		1377		1378		1379		1380	

ID	Ico	ID	Ico	ID	Ico	ID	Ico	ID	Ico	ID	Ico	ID	Ico	ID	Ico	ID	Ico	ID	Ico
1381		1382		1383		1384		1385		1386		1387		1388		1389		1390	
1391		1392		1393		1394		1395		1396		1397		1398		1399		1400	
1401		1402		1403		1404		1405		1406		1407		1408		1409		1410	
1411		1412		1413		1414		1415		1416		1417		1418		1419		1420	
1421		1422		1423		1424		1425		1426		1427		1428		1429		1430	
1431		1432		1433		1434		1435		1436		1437		1438		1439		1440	
1441		1442		1443		1444		1445		1446		1447		1448		1449		1450	
1451		1452		1453		1454		1455		1456		1457		1458		1459		1460	
1461		1462		1463		1464		1465		1466		1467		1468		1469		1470	
1471		1472		1473		1474		1475		1476		1477		1478		1479		1480	
1481		1482		1483		1484		1485		1486		1487		1488		1489		1490	
1491		1492		1493		1494		1495		1496		1497		1498		1499		1500	
1501		1502		1503		1504		1505		1506		1507		1508		1509		1510	
1511		1512		1513		1514		1515		1516		1517		1518		1519		1520	
1521		1522		1523		1524		1525		1526		1527		1528		1529		1530	
1531		1532		1533		1534		1535		1536		1537		1538		1539		1540	
1541		1542		1543		1544		1545		1546		1547		1548		1549		1550	
1551		1552		1553		1554		1555		1556		1557		1558		1559		1560	
1561		1562		1563		1564		1565		1566		1567		1568		1569		1570	
1571		1572		1573		1574		1575		1576		1577		1578		1579		1580	

ID	Ico	ID	Ico	ID	Ico	ID	Ico	ID	Ico	ID	Ico	ID	Ico	ID	Ico	ID	Ico	ID	Ico
1581		1582		1583		1584		1585		1586		1587		1588		1589		1590	
1591		1592		1593		1594		1595		1596		1597		1598		1599		1600	
1601		1602		1603		1604		1605		1606		1607		1608		1609		1610	
1611		1612		1613		1614		1615		1616		1617		1618		1619		1620	
1621		1622		1623		1624		1625		1626		1627		1628		1629		1630	
1631		1632		1633		1634		1635		1636		1637		1638		1639		1640	
1641		1642		1643		1644		1645		1646		1647		1648		1649		1650	
1651		1652		1653		1654		1655		1656		1657		1658		1659		1660	
1661		1662		1663		1664		1665		1666		1667		1668		1669		1670	
1671		1672		1673		1674		1675		1676		1677		1678		1679		1680	
1681		1682		1683		1684		1685		1686		1687		1688		1689		1690	
1691		1692		1693		1694		1695		1696		1697		1698		1699		1700	
1701		1702		1703		1704		1705		1706		1707		1708		1709		1710	
1711		1712		1713		1714		1715		1716		1717		1718		1719		1720	
1721		1722		1723		1724		1725		1726		1727		1728		1729		1730	
1731		1732		1733		1734		1735		1736		1737		1738		1739		1740	
1741		1742		1743		1744		1745		1746		1747		1748		1749		1750	
1751		1752		1753		1754		1755		1756		1757		1758		1759		1760	
1761		1762		1763		1764		1765		1766		1767		1768		1769		1770	
1771		1772		1773		1774		1775		1776		1777		1778		1779		1780	

Liste der Symbole (Face-IDs)

ID	Ico	ID	Ico	ID	Ico	ID	Ico	ID	Ico	ID	Ico	ID	Ico	ID	Ico	ID	Ico	ID	Ico
1781		1782		1783		1784		1785		1786	✗	1787		1788		1789		1790	💾
1791	📂	1792		1793		1794		1795	📅	1796		1797		1798		1799		1800	
1801		1802		1803		1804		1805		1806		1807		1808		1809	🔄	1810	
1811	➡	1812	➡	1813	↪	1814		1815		1816		1817	—	1818	—	1819	—	1820	👓
1821		1822		1823	🗓	1824		1825		1826	🗔	1827		1828		1829		1830	
1831		1832		1833		1834		1835	▦	1836	🗔	1837	≣	1838	▯	1839	Z	1840	▭
1841	∐	1842	◊	1843	⟋	1844	⋮	1845	⑧	1846	▶¶	1847	¶◀	1848	☑	1849	👓	1850	abl
1851	⌐	1852	◉	1853	≣	1854	≣	1855	⇌	1856	⇳	1857	⇳	1858	A	1859		1860	
1861		1862		1863		1864		1865		1866		1867		1868		1869		1870	
1871		1872		1873		1874		1875		1876		1877		1878		1879		1880	
1881		1882		1883		1884		1885	▼	1886		1887		1888		1889		1890	
1891		1892		1893		1894		1895		1896		1897		1898		1899		1900	
1901		1902		1903		1904		1905		1906		1907	✓	1908		1909		1910	
1911		1912		1913	💾	1914		1915		1916		1917		1918		1919		1920	
1921	↩	1922	🔍	1923	📁	1924	▶	1925	◀	1926		1927		1928		1929		1930	
1931		1932		1933		1934		1935		1936		1937		1938		1939		1940	
1941		1942		1943		1944		1945		1946		1947	🖼	1948	🗔	1949	🗔	1950	📑
1951	📋	1952	✂	1953	✗	1954	ⓘ	1955		1956		1957	📊	1958	🗓	1959		1960	
1961		1962		1963		1964	⬛	1965		1966		1967		1968		1969		1970	📨
1971		1972	🔍	1973		1974	✉	1975	💾	1976	📬	1977	🔄	1978	💾	1979	📋	1980	🗔

842 Praktische Tabellen

ID	Ico	ID	Ico	ID	Ico	ID	Ico	ID	Ico	ID	Ico	ID	Ico	ID	Ico	ID	Ico
1981		1982		1983		1984		1985		1986		1987		1988		1989		1990	
1991		1992		1993		1994		1995		1996		1997		1998		1999		2000	
2001		2002		2003		2004		2005		2006		2007		2008		2009		2010	
2011		2012		2013		2014		2015		2016		2017		2018	Σ	2019		2020	
2021		2022		2023		2024		2025		2026		2027		2028		2029		2030	
2031		2032		2033		2034		2035		2036		2037		2038		2039		2040	
2041		2042		2043		2044		2045		2046		2047		2048		2049		2050	
2051		2052		2053		2054		2055		2056		2057		2058		2059		2060	
2061		2062		2063		2064		2065		2066		2067		2068		2069		2070	
2071		2072		2073		2074		2075		2076		2077		2078		2079		2080	
2081		2082		2083		2084		2085		2086		2087		2088		2089		2090	
2091		2092		2093		2094		2095		2096		2097		2098		2099		2100	
2101		2102		2103		2104		2105		2106		2107		2108		2109		2110	
2111		2112		2113		2114		2115		2116		2117		2118	0^x	2119	25^x	2120	50^x
2121	75^x	2122	100^x	2123		2124		2125		2126		2127		2128		2129		2130	
2131		2132		2133		2134		2135		2136		2137		2138		2139		2140	
2141		2142		2143		2144		2145		2146		2147		2148		2149		2150	
2151		2152		2153		2154		2155		2156		2157		2158		2159		2160	
2161		2162		2163		2164		2165		2166		2167		2168		2169		2170	
2171		2172		2173		2174		2175		2176		2177		2178		2179		2180	

ID	Ico	ID	Ico	ID	Ico	ID	Ico	ID	Ico	ID	Ico	ID	Ico	ID	Ico
2181	⊡	2182	⊡	2183		2184		2185		2186	■	2187	■	2188	🖨	2189	≡	2190	▤
2191		2192		2193		2194		2195		2196		2197		2198		2199		2200	
2201		2202		2203		2204		2205		2206		2207		2208		2209		2210	
2211		2212		2213	⫯	2214		2215		2216		2217		2218		2219		2220	
2221		2222		2223		2224		2225		2226		2227		2228		2229		2230	
2231		2232		2233	⊔	2234	⊢⊣	2235		2236		2237		2238		2239		2240	
2241		2242		2243		2244		2245		2246	▦	2247		2248		2249		2250	
2251		2252		2253		2254		2255		2256		2257		2258		2259		2260	
2261		2262		2263		2264		2265		2266		2267		2268		2269		2270	
2271		2272		2273		2274		2275		2276		2277		2278		2279		2280	
2281		2282		2283		2284		2285		2286		2287		2288		2289		2290	
2291		2292		2293		2294		2295		2296		2297		2298		2299		2300	
2301		2302		2303		2304		2305		2306		2307		2308	⛓	2309	⚡	2310	📎
2311	📎	2312		2313		2314		2315		2316		2317		2318		2319		2320	
2321		2322		2323		2324		2325		2326		2327		2328		2329		2330	
2331		2332		2333		2334		2335		2336		2337		2338		2339		2340	
2341		2342		2343		2344		2345		2346		2347		2348		2349		2350	
2351		2352		2353		2354		2355		2356		2357		2358	📋	2359		2360	
2361		2362		2363		2364		2365		2366		2367		2368		2369		2370	
2371		2372		2373		2374		2375		2376		2377		2378		2379		2380	

ID	Ico	ID	Ico	ID	Ico	ID	Ico	ID	Ico	ID	Ico	ID	Ico	ID	Ico	ID	Ico
2381		2382		2383		2384	🏁	2385		2386		2387		2388		2389		2390	
2391		2392		2393		2394		2395		2396		2397		2398		2399		2400	
2401		2402		2403		2404		2405		2406		2407		2408		2409		2410	
2411		2412		2413		2414		2415		2416		2417		2418		2419		2420	
2421		2422		2423		2424		2425		2426		2427		2428		2429		2430	
2431		2432		2433		2434		2435		2436		2437		2438		2439		2440	
2441		2442		2443		2444		2445		2446		2447		2448		2449		2450	
2451		2452		2453		2454		2455		2456		2457		2458		2459		2460	
2461		2462		2463		2464		2465		2466		2467		2468		2469		2470	
2471	■	2472		2473	■	2474	=	2475	■	2476	ABCD	2477	■	2478	■	2479	📷	2480	
2481		2482		2483		2484		2485		2486	■	2487	■	2488		2489		2490	
2491		2492		2493		2494		2495		2496		2497	■	2498	W	2499	■	2500	■
2501	■	2502	■	2503		2504		2505		2506	■	2507	■	2508		2509		2510	
2511		2512	a|e	2513		2514		2515		2516		2517	■	2518		2519	■	2520	▯
2521	🖨	2522	■	2523		2524		2525	■	2526	■	2527	■	2528	✕	2529	■	2530	■
2531	■	2532	■	2533	A↑	2534		2535		2536		2537		2538		2539		2540	
2541		2542		2543		2544		2545		2546		2547		2548		2549		2550	
2551		2552	↺	2553	■	2554	■	2555	■	2556	■	2557	■	2558	■	2559	■	2560	■
2561	■	2562	≡	2563	≡	2564	■	2565	▫	2566	■	2567	ABC✓	2568		2569	■	2570	■
2571		2572	■	2573	■	2574		2575	■	2576	▯	2577		2578	■	2579	■	2580	■

Liste der Symbole (Face-IDs) **845**

ID	Ico	ID	Ico	ID	Ico	ID	Ico	ID	Ico	ID	Ico	ID	Ico	ID	Ico	ID	Ico	ID	Ico
2581		2582		2583		2584		2585		2586		2587		2588		2589		2590	
2591		2592		2593		2594		2595		2596		2597		2598		2599		2600	
2601		2602		2603		2604		2605		2606		2607		2608		2609		2610	
2611		2612		2613		2614		2615		2616		2617		2618		2619		2620	
2621		2622		2623		2624		2625		2626		2627		2628		2629		2630	
2631		2632		2633		2634		2635		2636		2637		2638		2639		2640	
2641		2642		2643		2644		2645		2646		2647		2648		2649		2650	
2651		2652		2653		2654		2655		2656		2657		2658		2659		2660	
2661		2662		2663		2664		2665		2666		2667		2668		2669		2670	
2671		2672		2673		2674		2675		2676		2677		2678		2679		2680	
2681		2682		2683		2684		2685		2686		2687		2688		2689		2690	
2691		2692		2693		2694		2695		2696		2697		2698		2699		2700	
2701		2702		2703		2704		2705		2706		2707		2708		2709		2710	
2711		2712		2713		2714		2715		2716		2717		2718		2719		2720	
2721		2722		2723		2724		2725		2726		2727		2728		2729		2730	
2731		2732		2733		2734		2735		2736		2737		2738		2739		2740	
2741		2742		2743		2744		2745		2746		2747		2748		2749		2750	
2751		2752		2753		2754		2755		2756		2757		2758		2759		2760	
2761		2762		2763		2764		2765		2766		2767		2768		2769		2770	
2771		2772		2773		2774		2775		2776		2777		2778		2779		2780	

ID	Ico	ID	Ico	ID	Ico	ID	Ico	ID	Ico	ID	Ico	ID	Ico	ID	Ico	ID	Ico	ID	Ico
2781		2782		2783		2784		2785		2786		2787		2788		2789		2790	
2791		2792	⤨	2793		2794		2795		2796		2797		2798		2799		2800	
2801	⌗	2802	▦	2803		2804		2805	ABC	2806	ABC	2807		2808		2809		2810	A̲
2811		2812		2813		2814		2815		2816	▦	2817	✎	2818		2819		2820	
2821		2822		2823	A	2824		2825		2826		2827	✎	2828		2829		2830	
2831		2832	⌄⌄	2833		2834		2835		2836		2837		2838		2839		2840	
2841		2842		2843		2844		2845		2846		2847		2848		2849		2850	
2851		2852		2853		2854		2855		2856		2857		2858		2859		2860	
2861		2862		2863		2864	▭	2865	▮	2866	▮	2867	▭	2868	▭	2869	▮	2870	▮
2871	⚙	2872	≡	2873	‖‖	2874	‖‖	2875	‖▶	2876	!	2877		2878	⚙	2879		2880	
2881		2882	🖥	2883		2884		2885		2886		2887		2888		2889		2890	
2891	⚙	2892	☆	2893		2894	⊞	2895	NO ICON	2896	☆	2897	💬	2898	⚙	2899	📋	2900	
2901	◩	2902		2903		2904		2905		2906	▷	2907		2908		2909		2910	
2911		2912		2913		2914		2915	▣	2916	A↓	2917		2918	⚙	2919	☐	2920	⌂
2921	?	2922	ⓘ	2923	◁	2924	▷	2925	⊲	2926	⊳	2927	♛	2928	▯	2929	◁⌂	2930	🎥
2931		2932	⚒	2933	⚒	2934	🎨	2935		2936	▯	2937	📂	2938		2939	📋	2940	⌁
2941		2942		2943	Σ	2944	◀	2945	▶	2946	⚒	2947	⌁	2948		2949		2950	☺
2951		2952	✎	2953		2954		2955		2956		2957		2958		2959		2960	
2961	⚙	2962		2963		2964		2965		2966		2967		2968	☹	2969	🖥	2970	
2971		2972		2973		2974		2975		2976		2977		2978		2979		2980	

ID	Ico	ID	Ico	ID	Ico	ID	Ico	ID	Ico	ID	Ico	ID	Ico	ID	Ico	ID	Ico
2981		2982		2983		2984		2985		2986		2987		2988		2989		2990	
2991		2992		2993		2994		2995		2996		2997		2998		2999		3000	
3001		3002		3003		3004		3005		3006		3007		3008		3009		3010	
3011		3012		3013		3014		3015		3016		3017		3018		3019		3020	
3021		3022		3023		3024		3025		3026		3027		3028		3029		3030	
3031		3032		3033		3034		3035		3036		3037		3038		3039		3040	
3041		3042		3043		3044		3045		3046		3047		3048		3049		3050	
3051		3052		3053		3054		3055		3056		3057		3058		3059		3060	
3061		3062		3063		3064		3065		3066		3067		3068		3069		3070	
3071		3072		3073		3074		3075		3076		3077		3078		3079		3080	
3081		3082		3083		3084		3085		3086		3087		3088		3089		3090	
3091		3092		3093		3094		3095		3096		3097		3098		3099		3100	
3101		3102		3103		3104		3105		3106		3107		3108		3109		3110	
3111		3112		3113		3114		3115		3116		3117		3118		3119		3120	
3121		3122		3123		3124		3125		3126		3127		3128		3129		3130	
3131		3132		3133		3134		3135		3136		3137		3138		3139		3140	
3141		3142		3143		3144		3145		3146		3147		3148		3149		3150	
3151		3152		3153		3154		3155		3156		3157		3158		3159		3160	
3161		3162		3163		3164		3165		3166		3167		3168		3169		3170	
3171		3172		3173		3174		3175		3176		3177		3178		3179		3180	

ID	Ico	ID	Ico	ID	Ico	ID	Ico	ID	Ico	ID	Ico	ID	Ico	ID	Ico	ID	Ico	ID	Ico
3181	▤	3182	▤	3183	▤	3184	▤	3185	▤	3186	▤	3187	▤	3188	▤	3189	▤	3190	▤
3191	▤	3192		3193		3194	▤	3195	▤	3196	▤	3197	▤	3198	▤	3199	▤	3200	▤
3201	▤	3202	▤	3203	▤	3204	▤	3205	▤	3206	▤	3207		3208	▤	3209	▤	3210	
3211		3212		3213		3214		3215		3216		3217		3218		3219		3220	
3221		3222		3223		3224		3225		3226		3227		3228		3229		3230	
3231		3232		3233		3234		3235		3236		3237		3238		3239		3240	
3241		3242		3243		3244		3245		3246		3247		3248		3249	▤	3250	
3251	▤	3252		3253	▤	3254		3255	▤	3256		3257		3258		3259		3260	
3261		3262		3263		3264		3265	✗	3266		3267		3268		3269		3270	
3271	▤	3272	▤	3273		3274	▤	3275	▤	3276	▤	3277	▤	3278	▤	3279		3280	
3281		3282		3283		3284		3285		3286		3287		3288		3289		3290	
3291		3292		3293		3294		3295		3296		3297		3298		3299		3300	
3301		3302		3303		3304		3305		3306		3307		3308		3309		3310	
3311		3312		3313		3314		3315		3316		3317		3318		3319		3320	
3321		3322		3323		3324		3325		3326		3327		3328		3329		3330	
3331		3332		3333		3334		3335		3336		3337		3338		3339		3340	
3341		3342		3343		3344		3345		3346		3347		3348		3349		3350	
3351		3352		3353		3354		3355		3356		3357		3358		3359	▤	3360	▤
3361	▤	3362	▤	3363		3364		3365	AB[1]	3366		3367		3368		3369		3370	
3371		3372		3373		3374		3375		3376		3377		3378		3379		3380	

ID	Ico	ID	Ico	ID	Ico	ID	Ico	ID	Ico	ID	Ico	ID	Ico	ID	Ico	ID	Ico	ID	Ico
3381		3382		3383		3384		3385		3386		3387		3388		3389		3390	
3391		3392	▦	3393		3394		3395		3396		3397		3398		3399		3400	
3401		3402		3403		3404		3405		3406		3407		3408		3409		3410	
3411	⌧	3412		3413		3414	▦	3415	▦	3416		3417		3418		3419		3420	
3421		3422		3423		3424		3425		3426		3427		3428		3429		3430	
3431		3432		3433		3434		3435		3436		3437		3438		3439		3440	
3441		3442		3443		3444		3445		3446		3447		3448		3449	▦	3450	▦
3451	▦	3452	▦	3453	⌐	3454	▦	3455	▦	3456	▦	3457	▦	3458	▦	3459	▦	3460	▦
3461	◀	3462	≡	3463	▶	3464	▶	3465		3466		3467	▦	3468		3469	→	3470	≣
3471	≣	3472	≣	3473	≣	3474	≣	3475	≣	3476	⊞	3477	▸	3478	▤	3479	▦	3480	
3481	◀	3482	╲	3483	⌂	3484	⋈	3485	▦	3486		3487		3488		3489	▦	3490	
3491		3492		3493	≣	3494	≣	3495	≣	3496	≣	3497	▦	3498		3499		3500	
3501		3502		3503		3504		3505		3506		3507	≣	3508	≣	3509	AAa	3510	≋
3511	abc A	3512	ab cd	3513		3514		3515	{	3516	[	3517	A	3518	A	3519		3520	
3521		3522		3523		3524	▶	3525	⌂	3526	⌘	3527	▦	3528	▦	3529	▦	3530	↑
3531	↑	3532	▤	3533	↑	3534	▤	3535	▤	3536	▤	3537	↑	3538	▼	3539	▲	3540	¿á
3541	▦	3542	▦	3543		3544		3545	▦	3546	¶	3547		3548		3549		3550	
3551		3552		3553		3554		3555		3556		3557		3558		3559		3560	
3561		3562		3563		3564		3565		3566		3567		3568		3569		3570	
3571		3572		3573		3574		3575		3576		3577		3578		3579		3580	

ID	Ico	ID	Ico	ID	Ico	ID	Ico	ID	Ico	ID	Ico	ID	Ico	ID	Ico	ID	Ico	ID	Ico
3581		3582		3583		3584		3585		3586		3587		3588		3589		3590	
3591		3592		3593		3594		3595		3596		3597		3598		3599		3600	
3601		3602		3603		3604		3605		3606		3607		3608		3609		3610	
3611		3612		3613		3614		3615		3616		3617		3618		3619	▪▪	3620	▦
3621	🗂	3622	🗔	3623	🗃	3624	📋	3625	📋	3626		3627		3628		3629		3630	
3631	∞	3632		3633	📋	3634	🗑	3635		3636		3637		3638		3639		3640	
3641		3642		3643		3644		3645		3646		3647		3648	▲	3649		3650	▼
3651	🗝	3652	🗝	3653	≡	3654	≡	3655	🔍	3656		3657		3658		3659		3660	
3661		3662		3663		3664		3665		3666		3667		3668		3669		3670	
3671		3672		3673		3674		3675		3676		3677		3678		3679		3680	▦
3681	⇥	3682	⇥	3683	⇥	3684	⇥	3685	⇟	3686	⇟	3687	⇟	3688	⇟	3689		3690	📋
3691		3692		3693		3694		3695		3696		3697		3698		3699		3700	
3701		3702		3703		3704		3705		3706		3707		3708	📇	3709	👤	3710	👤✓
3711		3712		3713		3714		3715	📋	3716	▼	3717		3718		3719		3720	
3721		3722		3723	🗝	3724	▦	3725	📊	3726	📊	3727	⚖	3728		3729		3730	🔊
3731	🗔	3732	👤	3733	🎨	3734	🔍	3735	💬	3736	✎	3737	$	3738	📇	3739	📇	3740	📇
3741		3742		3743	📖	3744		3745		3746		3747		3748		3749		3750	
3751		3752		3753		3754		3755		3756		3757		3758		3759		3760	
3761		3762		3763	🔍	3764	🔍	3765	🔍	3766		3767		3768	📊	3769		3770	
3771		3772		3773		3774		3775		3776		3777	F1	3778	F2	3779	F3	3780	F4

Liste der Symbole (Face-IDs)

ID	Ico	ID	Ico	ID	Ico	ID	Ico	ID	Ico	ID	Ico	ID	Ico	ID	Ico	ID	Ico	ID	Ico
3781	F5	3782	F6	3783	F7	3784	F8	3785	F9	3786	F10	3787	F11	3788	F12	3789		3790	
3791		3792		3793		3794		3795		3796		3797		3798		3799		3800	
3801		3802		3803		3804		3805		3806		3807		3808		3809		3810	
3811		3812		3813		3814		3815		3816		3817		3818		3819		3820	
3821		3822		3823		3824		3825		3826		3827		3828		3829		3830	
3831		3832		3833		3834		3835		3836		3837		3838		3839		3840	
3841		3842		3843		3844		3845		3846		3847		3848		3849		3850	
3851		3852		3853		3854		3855		3856		3857		3858		3859		3860	
3861		3862		3863		3864		3865		3866		3867		3868		3869		3870	
3871		3872		3873		3874		3875		3876		3877		3878		3879		3880	
3881		3882		3883		3884		3885		3886		3887		3888		3889		3890	
3891		3892		3893		3894		3895		3896		3897		3898		3899		3900	
3901		3902		3903		3904		3905		3906		3907		3908		3909		3910	
3911		3912		3913		3914		3915		3916		3917		3918		3919		3920	
3921		3922		3923		3924		3925		3926		3927		3928		3929		3930	
3931		3932		3933		3934		3935		3936		3937		3938		3939		3940	
3941		3942		3943		3944		3945		3946		3947		3948		3949		3950	
3951		3952		3953		3954		3955		3956		3957		3958		3959		3960	
3961		3962		3963		3964		3965		3966		3967		3968		3969		3970	
3971		3972		3973		3974		3975		3976		3977		3978		3979		3980	

ID	Ico	ID	Ico	ID	Ico	ID	Ico	ID	Ico	ID	Ico	ID	Ico	ID	Ico	ID	Ico
3981	🔍	3982		3983		3984		3985		3986		3987		3988		3989	ABC✓	3990	
3991		3992		3993		3994		3995		3996		3997	繁	3998		3999		4000	
4001		4002		4003		4004		4005		4006		4007		4008		4009		4010	
4011		4012		4013		4014	SQL	4015		4016	A↓Z	4017	Z↓A	4018		4019		4020	
4021		4022		4023		4024		4025	简	4026	繁	4027		4028	ABC	4029		4030	
4031		4032		4033		4034		4035		4036		4037		4038		4039		4040	
4041		4042		4043		4044		4045		4046		4047		4048		4049		4050	
4051		4052		4053		4054		4055		4056		4057		4058		4059		4060	
4061		4062		4063		4064		4065		4066		4067		4068		4069		4070	
4071		4072		4073		4074		4075		4076		4077		4078		4079		4080	
4081		4082		4083		4084		4085		4086	←	4087		4088		4089		4090	
4091		4092		4093		4094		4095		4096		4097		4098		4099	👁	4100	×
4101		4102		4103		4104		4105		4106		4107		4108		4109		4110	
4111		4112		4113		4114		4115		4116		4117		4118		4119		4120	
4121		4122		4123		4124		4125		4126		4127		4128		4129		4130	
4131		4132		4133		4134		4135		4136		4137		4138		4139		4140	
4141		4142		4143		4144		4145		4146		4147		4148		4149		4150	
4151		4152		4153		4154		4155	◀▶	4156		4157		4158		4159		4160	
4161		4162		4163		4164		4165		4166		4167		4168		4169		4170	
4171		4172		4173		4174		4175		4176									

A.3 Startparameter von Word

Wie die meisten Programme können Sie Word von der Windows-Kommandozeile aus starten. Dazu öffnen Sie beispielsweise ein MS-DOS-Fenster und verzweigen im MS-DOS-Fenster mit DOS-Befehlen in 8.3-Schreibweise in den Winword-Exe-Ordner (wie zum Beispiel: »D:« und »cd D:\OFFICE~1\OFFICE11«). Tippen Sie anschließend »Winword.Exe« ein, voilà.

Oder Sie öffnen den Windows-Dialog »Ausführen« (das geht am schnellsten mit der Tastenkombination `Windows`+`r`). Im Windows-Dialog »Ausführen« haben Sie mehrere Möglichkeiten, um Word zu starten.

- Geben Sie dann zum Beispiel »CMD«, um den Kommandozeileninterpreter von MS-DOS zu starten respektive ein MS-DOS-Fenster zu öffnen (anschließend verfahren Sie wie einen Absatz zuvor beschrieben).
- Oder tippen Sie direkt den kompletten Pfad zur Winword.Exe-Datei, ein, also zum Beispiel »D:\Office 2003\OFFICE11\WINWORD.EXE«.
- Meist genügt es, einfach »Winword« einzutippen und die Eingabe mit »OK« zu bestätigen. Anschließend startet Word normalerweise.

Wie auch immer: Nach dem Kommando »Winword.Exe« und einem Leerzeichen können Sie in jedem Fall Startoptionen setzen, die durchaus den Ablauf Ihrer VBA-Prozeduren und Makros beeinflussen können. Zum Beispiel verhindert beim Starten von Word der Parameter »/m« beziehungsweise das Kommando

```
Winword.exe /m
```

das Ausführen von AutoExec-Makros.

Tip: Sie können die automatische Ausführung von VBA-Prozeduren und Makros auch ohne das Verwenden von Startparametern verhindern. Halten Sie dazu beim Starten von Word die Taste `Umschalt` gedrückt.

Die nachstehende Tabelle zeigt die gebräuchlichen Startoptionen von Word.

Startparameter	Beschreibung

<Dateiname>	Startet Word und öffnet die spezifizierte Datei. Sie können mehr als eine Datei gleichzeitg öffnen, indem Sie mehrere Dateinamen (getrennt jeweils durch ein Leerzeichen) dem Kommando »Winword.exe« übergeben.
	Beispiel:
	`Winword.exe Dokument.doc`
	Wenn der Dateiname Leerzeichen enthält, umschließen Sie den vollständigen Namen durch Anführungszeichen.
	Beispiel:
	`Winword "Mein Dokument.doc"`

Startparameter	Beschreibung
/safe	Mit diesem Startparameter starten Sie Word im abgesicherten Modus von Office. Beispiel: `Winword.exe /safe`

/t<Vorlagenname>	Mit diesem Startparameter starten Sie Word mit einem Dokument, das auf einer anderen Vorlage als der Vorlage Normal.Dot basiert.
	Beispiel:
	`Winword.exe /tC:\Vorlage.dot`
	`Winword.exe /t"Meine Vorlage.dot"`

/p<xslt-Dateiname>	Mit diesem Startparameter starten Sie Word mit einem neuen XML-Dokument basierend auf der angegebenen XSLT-Datei (e**x**tensible **s**tylesheet language **t**ransformation). Beispiel: `winword /p:c:\MeinTransform.xsl`
/a	Mit diesem Startparameter starten Sie Word *ohne* automatisches Laden von Add-Ins und globalen Dokumentvorlagen (einschließlich der Dokumentvorlage Normal.dot). Mit dem Schalter /a werden auch die Einstellungsdateien gesperrt. Beispiel: `winword /a`
/l<Add-In-Name>	Mit diesem Startparameter starten Sie Word und anschließend ein bestimmtes Word-COM-Add-In. Beispiel: `winword /lC:\ComAddIn.dll`
/m	Mit diesem Startparameter starten Sie Word ohne Ausführen von AutoExec-Makros. Beispiel: `winword /m`
/m<Datei n>	Mit diesem Startparameter starten Sie Word und öffnen jene Datei, die in der Liste mit den meist benötigten Dokumenten im Word-Dateimenü der Position »n« entspricht. Beispiel: `winword /m1`
/m<Makroname>	Mit diesem Startparameter starten Sie Word und führen eine bestimmte VBA-Prozedur (Makro) aus. Der Schalter /m verhindert nebenbei, daß Word AutoExec-Makros ausgeführt werden. Beispiel: `winword /mMeinMakro`

Startparameter	Beschreibung
/n	Mit diesem Startparameter starten Sie eine neue Instanz von Word, ohne daß dabei ein Dokument geöffnet wird. Beispiel: `winword /n`
/q	Mit diesem Startparameter starten Sie Word, ohne den Splash-Screen beim Ladevorgang angezeigt zu bekommen. Beispiel: `winword /q`
/r	Mit diesem Startparameter starten Sie Word im Hintergrund, re-registrieren Word und die spezifischen Datei-Assosziationen in der Registrierdatenbank von Windows. Diesen Schalter können Sie verwenden, wenn das Klicken auf DOC- oder DOT-Dateisymbole nicht mehr zum Starten von Word führt.
/w	Mit diesem Startparameter starten Sie eine neue Instanz von Word mit einem leeren Dokument. Beispiel: `winword /w`
/c	Mit diesem Startparameter starten Sie Word und anschließend Neetmeeting. Beispiel: `winword /c`
Hinweis: Einige Startparameter wie »/safe« oder »/q« funktionieren nicht mit allen Word-/Office-Versionen!	

Um die Startoptionen von Word nicht nur einmalig zu ändern, empfiehlt es sich natürlich, eine Windows-Verknüpfung mit der modifizierten Startmethode zu erstellen.

A.4 Die VBA-Dateien

Die folgende Liste enthält die Dateien, die installiert werden, wenn Sie Visual Basic für Applikationen installieren; einige dieser Dateien können jedoch auch durch andere Programme installiert werden. Bitte beachten Sie: Die nachstehende Liste basiert auf Informationen, die Microsoft auf [MICRO007] für englischsprachige Produktversionen ohne Gewähr für Richtigkeit, Vollständigkeit und Funktionalität zur Verfügung stellte. Es ist möglich, daß je nach Word-/Office-Paket nachträgliche Änderungen bzw. Ergänzungen nicht berücksichtigt sind. Die Informationen in Zusammenhang mit anderssprachigen Produktversionen wurden im Rahmen des Buches nicht überprüft.

Dateiname	Dateityp	Beschreibung
VBAME.DLL	Dynamische Bibliothek	VBA Middle East Support
SCP32.DLL	Dynamische Bibliothek	Code Page Translation Library
VBACV10.DLL	Dynamische Bibliothek	VBA Converter (1.0)
VBACV10D.DLL	Dynamische Bibliothek	VBA DBCS Converter (1.0)
VBACV20.DLL	Dynamische Bibliothek	VBA Converter (2.0)
VBE6.DLL	Dynamische Bibliothek	Visual Basic Design Time Environment
MSSTDFMT.DLL	Dynamische Bibliothek	Microsoft Standard Data Formating Object DLL
MSSTKPRP.DLL	Dynamische Bibliothek	msprop32.ocx
VBE6INTL.DLL	Dynamische Bibliothek	Internationale Ressourcen für Visual Basic-Umgebung
FM20.DLL	Dynamische Bibliothek	Forms DLL
VBCN6.CHM	(Kompilierte HTML-) Hilfedatei	Visual-Basic-Referenz: Visual Basic Konzepte
VBENDF98.CHM	(Kompilierte HTML-) Hilfedatei	VB/VBA: VBA-Glossar
VBHW6.CHM	(Kompilierte HTML-) Hilfedatei	VB/VBA: Visual-Basic Verfahren
VBLR6.CHM	(Kompilierte HTML-) Hilfedatei	VB/VBA: Visual Basic Sprachverzeichnis
VBOB6.CHM	(Kompilierte HTML-) Hilfedatei	VB/VBA: Visual Basic Add-In-Modell
VBUI6.CHM	(Kompilierte HTML-) Hilfedatei	VB/VBA: Visual Basic Referenz, Anfang mit Verweisen auf alle wichtigen VB/VBA-Seiten
FM20.CHM	(Kompilierte HTML-) Hilfedatei	Forms: Übersicht über das Forms-Objektmodell
VBAAC10.CHM	(Kompilierte HTML-) Hilfedatei	Access Visual Basic Sprachverzeichnis: Anfang mit Verweisen auf Access VB-, Office-VB, Forms VB-, DAO- und SQL-Hilfeseiten
VBAXL8.HLP, VBAXL9.CHM, VBAXL10.CHM	(Kompilierte HTML-) Hilfedatei	Excel Visual Basic Sprachverzeichnis: Anfang mit Verweisen auf Excel VB-, Office-VB, Forms VB-, DAO- und MS Jet SQL-Hilfeseiten
VBAFP4.CHM (und VBAFPOM4.CHM), VBAFPD10.CHM (und VBAFPW10.CHM)	(Kompilierte HTML-) Hilfedatei	FrontPage Visual Basic Sprachverzeichnis: Anfang mit Verweisen auf FrontPage VB-, Office-VB, Forms VB-Hilfeseiten

Dateiname	Dateityp	Beschreibung
VBAGRP8.HLP, VBAGRP9.CHM, VBAGR10.CHM	(Kompilierte HTML-) Hilfedatei	Graph: Visual Basic Überblick. Übersicht über das Graph-Objektmodell
VBAOFF8.HLP, VBAOFF9.CHM, VBAOF10.CHM, VBAOF11.CHM	(Kompilierte HTML-) Hilfedatei	Office: Visual Basic Überblick. Übersicht über das Office-Objektmodell
VBAOUTL9.CHM, VBAOL10.CHM, VBAOL11.CHM	(Kompilierte HTML-) Hilfedatei	Outlook Visual Basic Sprachverzeichnis: Anfang mit Verweisen auf Outlook VB-, Office-VB, Forms VB-Hilfeseiten
VBAPPT8.HLP, VBAPPT9.CHM, VBAPP10.CHM	(Kompilierte HTML-) Hilfedatei	PowerPoint Visual Basic Sprachverzeichnis: Anfang mit Verweisen auf PowerPoint VB-, Office-VB, Forms VB-Hilfeseiten
VBAWRD8.HLP, VBAWRD9.CHM, VBAWD10.CHM	(Kompilierte HTML-) Hilfedatei	Word Visual Basic Sprachverzeichnis: Anfang mit Verweisen auf Word VB-, Office-VB, Forms VB-Hilfeseiten
VBAPB10.CHM	(Kompilierte HTML-) Hilfedatei	Publisher Objektmodell
VBABDR8.HLP	(Kompilierte HTML-) Hilfedatei	Sammelmappe Objektmodell
JETSQL40.CHM (und JETDEF40.CHM)	(Kompilierte HTML-) Hilfedatei	Jet-SQL-Referenz (Jet-SQL-Aggregatfunktionen, Version 4.x)
JETERR40.CHM	(Kompilierte HTML-) Hilfedatei	Jet-Engine: Referenz zu auffangbaren Microsoft Jet-Fehlern
MSJRO.CHM	(Kompilierte HTML-) Hilfedatei	Jet- und Replikationsobjekte
ADO210.CHM	(Kompilierte HTML-) Hilfedatei	ActiveX Data Objects (ADO), ADO Programmer's Reference
DAO360.CHM	(Kompilierte HTML-) Hilfedatei	Datenzugriffsobjekte (DAO), Version 3.60
VBAAC10.AW	Antwortassistent-Datei	
VBACOW10.AW	Antwortassistent-Datei	
VBAOF10.AW	Antwortassistent-Datei	
ADO20.AW	Antwortassistent-Datei	
VEEN3.AW	Antwortassistent-Datei	
DAO35.AW	Antwortassistent-Datei	
FM20.AW	Antwortassistent-Datei	
VBXLOW10.AW	Antwortassistent-Datei	
VBAXL10.AW	Antwortassistent-Datei	

Dateiname	Dateityp	Beschreibung
VBFPOW10.AW	Antwortassistent-Datei	
VBAFP10.AW	Antwortassistent-Datei	
VBOLOW10.AW	Antwortassistent-Datei	
VBAOL10.AW	Antwortassistent-Datei	
VBPPOW10.AW	Antwortassistent-Datei	
VBAPP10.AW	Antwortassistent-Datei	
VBAWD10.AW	Antwortassistent-Datei	
VBWDOW10.AW	Antwortassistent-Datei	
VBAPB10.AW	Antwortassistent-Datei	
VBPBOW10.AW	Antwortassistent-Datei	

A.5 Neues für das Objektmodell von Word

Insgesamt wächst VBA für Word nur langsam oder meist nur in Bereichen, die den Otto-Normalanwender eh nicht tangieren. Für die meisten Programmier-Anforderungen reichen VBA-Sprachkonstrukte aus, die seit 1997 in Word integriert sind. Wenn Sie vollständig oder teilweise abwärtskompatible VBA-Programme schreiben wollen, helfen die nachstehenden Tabellen weiter. Sie listen in alphabetischer Reihenfolge auf, wann ein Sprachkonstrukt zu VBA für Word hinzugefügt wurde.

A.5.1 Neue Objekte in VBA für Word

In der folgenden Tabelle sind die Objekte aufgeführt, die in VBA für Word seit der Version 1997 neu aufgenommen wurden.

Objekt	Beschreibung	Version
Break	Stellt einzelne Seiten-, Spalten- oder Abschnittsumbrüche auf einer Seite dar.	2003
Breaks	Stellt eine Auflistung von Seiten-, Spalten- oder Abschnittsumbrüchen auf einer Seite dar.	2003
CanvasShapes	Eine Auflistung der Formen in einem Zeichnungsbereich.	2002
ConditionalStyle	Umfasst verschiedene Formatierungen, die bestimmten Bereichen einer Tabelle zugewiesen sind, wenn die betreffende Tabelle mit einer festgelegten Tabellenformatvorlage formatiert ist.	2002
CustomProperties	Eine Auflistung benutzerdefinierter, zu einem Smarttag gehöriger Eigenschaften.	2002
CustomProperty	Eine einzelne, benutzerdefinierte Eigenschaft eines Smarttags.	2002

Objekt	Beschreibung	Version
DefaultWebOptions	Die globalen Attribute auf Anwendungsebene, die von Microsoft Word beim Speichern eines Dokuments als Webseite und beim Öffnen einer Webseite verwendet werden.	2000
Diagram	Ein einzelnes Diagramm in einem Dokument.	2002
DiagramNode	Ein einzelner Diagrammknoten in einem Diagramm.	2002
DiagramNodeChildren	Eine Auflistung von DiagramNode-Objekten, welche die untergeordneten Knoten in einem Diagramm repräsentiert.	2002
DiagramNodes	Eine Auflistung von DiagramNode-Objekten, die alle Knoten in einem Diagramm repräsentiert.	2002
Editor	Stellt einen einzelnen Benutzer dar, der über spezifische Berechtigungen verfügt, um Teile eines Dokuments zu bearbeiten.	2003
Editors	Eine Liste von Editor-Objekten, die eine Auflistung von Benutzern oder Gruppen von Benutzern darstellt, denen spezifische Berechtigungen zum Bearbeiten von Teilen eines Dokuments erteilt wurden.	2003
Email	Eine E-Mail-Nachricht.	2000
EmailAuthor	Der Autor einer E-Mail-Nachricht.	2000
EmailOptions	Die globalen Attribute auf Anwendungsebene, die von Microsoft Word beim Erstellen, Bearbeiten und Beantworten von E-Mail-Nachrichten verwendet werden.	2000
EmailSignature	Informationen über die E-Mail-Signaturen, die von Microsoft Word beim Erstellen, Bearbeiten und Beantworten von E-Mail-Nachrichten verwendet werden.	2000
EmailSignatureEntries	Eine Auflistung aller in Word verfügbarer E-Mail-Signatureinträge.	2002
EmailSignatureEntry	Ein einzelner E-Mail-Signatureintrag.	2002
EndnoteOptions	Eigenschaften, die einem Bereich oder einer Auswahl von Endnoten in einem Dokument zugewiesen sind.	2002
FootnoteOptions	Eigenschaften, die einem Bereich oder einer Auswahl von Fußnoten in einem Dokument zugewiesen sind.	2002
Frameset	Ein Frame auf einer Framesseite. Weitere Informationen zum Erstellen von Framesseiten finden Sie unter Erstellen von Framesseiten.	2000
HangulAndAlphabetException	Eine einzelne Hangul oder alphabetische AutoKorrektur-Ausnahme.	2000
HangulAndAlphabetExceptions	Eine Auflistung von HangulAndAlphabetException-Objekten, die alle Hangul oder alphabetische AutoKorrektur-Ausnahmen enthält.	2000

Objekt	Beschreibung	Version
HangulHanjaConversionDictionaries	Eine Auflistung von Dictionary-Objekten, die die aktivierten benutzerdefinierten Hangul-Hanja-Umwandlungswörterbücher enthält.	2000
HorizontalLineFormat	Die Formatinformationen für eine horizontale Linie.	2000
HTMLDivision	Ein einzelner HTML-Abschnitt, der zu Webdokumenten hinzugefügt werden kann.	2002
HTMLDivisions	Eine Auflistung der in einem Webdokument vorhandenen HTML-Abschnitte.	2002
Line	Stellt eine einzelne Textzeile in einem Rectangle-Objekt dar.	2003
Lines	Eine Auflistung von Line-Objekten, die Textzeilen in einem Rectangle-Objekt darstellen.	2003
MappedDataField	Ein einzelnes zugeordnetes Datenfeld.	2002
MappedDataFields	Eine Auflistung aller in Microsoft Word verfügbarer zugeordneter Datenfelder.	2002
Objekt	Beschreibung	
OtherCorrectionsException	Eine einzelne AutoKorrektur-Ausnahme.	2000
OtherCorrectionsExceptions	Eine Auflistung von OtherCorrectionsException-Objekten, in der die Wörter erfasst sind, die nicht automatisch von Microsoft Word korrigiert werden.	2000
Page	Stellt eine Seite in einem Dokument dar.	2003
Pages	Stellt eine Auflistung der Seiten in einem Dokument dar.	2003
Rectangle	Stellt einen Bereich mit Text oder Grafik auf einer Seite dar.	2003
Rectangles	Stellt eine Auflistung der Rectangle-Objekte auf einer Seite dar, die Bereiche mit Text oder Grafik darstellen.	2003
Reviewer	Ein einzelner Bearbeiter eines Dokuments, in dem Änderungen verfolgt wurden.	2002
Reviewers	Eine Auflistung von Personen, die ein oder mehrere Dokumente überarbeitet haben.	2002
SmartTag	Eine Zeichenfolge in einem Dokument oder Bereich, die bekannte Typinformationen enthält.	2002
SmartTagAction	Stellt eine einzelne Aktion für ein Smarttag dar.	2003
SmartTagActions	Stellt eine Auflistung aus Aktionen für ein einzelnes Smarttag oder einen Typ von Smarttags dar.	2003
SmartTagRecognizer	Stellt eine installierte Komponente dar, die Daten mit Informationstypen bezeichnet.	2003

Objekt	Beschreibung	Version
SmartTagRecognizers	Stellt installierte Komponenten dar, die Daten mit Informationstypen bezeichnen.	2003
SmartTags	Eine Auflistung von SmartTag-Objekten, die Text in einem Dokument darstellen, das laut Kennzeichnung bekannte Typinformationen enthält.	2002
SmartTagType	Stellt einen Smarttag-Typ dar. Ein Smarttag-Typ ist ein einzelnes Element in einer Smarttag-Liste.	2003
SmartTagTypes	Stellt eine Auflistung aus SmartTagType-Objekten dar.	2003
Stylesheet	Ein einzelnes Cascading Stylesheet, das an ein Webdokument angehängt ist.	2002
Stylesheets	Eine Auflistung der an ein Dokument angehängten Cascading Stylesheets.	2002
TableStyle	Eine einzelne Fomatvorlage mit einer Formatierung für Tabellen.	2002
TaskPane	Ein einzelner in Microsoft Word verfügbarer Aufgabenbereich mit häufig ausgeführten Aufgaben.	2002
TaskPanes	Eine Auflistung von Aufgabenbereichen mit in Microsoft Word häufig ausgeführten Aufgaben.	2002
WebOptions	Die Attribute auf Dokumentebene, die von Microsoft Word beim Speichern eines Dokuments als Webseite und beim Öffnen einer Webseite verwendet werden.	2000
XMLChildNodeSuggestion	Stellt einen Knoten dar, der gemäß dem Schema ein mögliches untergeordnetes Element des aktuellen Elements ist, der jedoch nicht unbedingt gültig ist.	2003
XMLChildNodeSuggestions	Stellt eine Auflistung untergeordneter Elemente dar, die gemäß dem Schema mögliche gültige untergeordnete Elemente des angegebenen Elements sind.	2003
XMLNamespace	Stellt ein einzelnes Schema innerhalb der Schemabibliothek dar.	2003
XMLNamespaces	Stellt die vollständige Auflistung von Schemen in der Schemabibliothek dar.	2003
XMLNode	Stellt ein einzelnes XML-Element dar, das auf ein Dokument angewendet wurde.	2003
XMLNodes	Stellt die Knoten in der Baumstruktur des Aufgabenbereichs XML-Struktur dar, der die Elemente anzeigt, die ein Benutzer für ein Dokument verwendet hat.	2003
XMLSchemaReference	Stellt ein einzelnes XML-Schema dar, das an ein Dokument angehängt ist.	2003
XMLSchemaReferences	Stellt eine Auflistung von eindeutigen Namespaces dar, die an ein Dokument angehängt sind.	2003

Objekt	Beschreibung	Version
XSLTransform	Stellt eine einzelne registrierte Extensible Stylesheet Language Transformation-Datei (XSLT) dar.	2003
XSLTransforms	Stellt alle Extensible Stylesheet Language Transformation-Dateien (XSLTs) für einen bestimmten XML-Namespace dar.	2003

A.5.2 Neue Eigenschaften in VBA für Word

In der folgenden Tabelle sind die Eigenschaften aufgeführt, die in Word zu bereits vorhandenen Objekten hinzugefügt wurden (alphabetisch sortiert).

Eigenschaft	Objekt(e)	Version
ActiveTheme	Document	2000
ActiveThemeDisplayName	Document	2000
ActiveXControl	SmartTagAction	2003
AddBiDirectionalMarksWhenSavingTextFile	Options	2000
AddControlCharacters	Options	2000
AddHebDoubleQuote	Options	2000
AddSpaceBetweenFarEastAndAlpha	Paragraph, ParagraphFormat, Paragraphs	2000
AddSpaceBetweenFarEastAndDigit	Paragraph, ParagraphFormat, Paragraphs	2000
Alias	XMLNamespace, XSLTransform	2003
AllowAutoFit	Table	2000
AllowBreakAcrossPage	TableStyle	2002
AllowClickAndTypeMouse	Options	2000
AllowCombinedAuxiliaryForms	Options	2000
AllowCompoundNounProcessing	Options	2000
AllowOverlap	Rows, WrapFormat	2000
AllowPageBreaks	Table	2000
AllowPixelUnits	Options	2000
AllowPNG	DefaultWebOptions, WebOptions	2000
AllowReadingMode	Options	2003
AllowSaveAsXMLWithoutValidation	XMLSchemaReferences	2003
AlternativeText	InlineShape, Shape, ShapeRange	2000
AlwaysSaveInDefaultEncoding	DefaultWebOptions	2000

Eigenschaft	Objekt(e)	Version
AnswerWizard	Application, Global	2000
ApplyFarEastFontsToAscii	Options	2000
ApplyStyleFirstColumn	Table	2002
ApplyStyleHeadingRows	Table	2002
ApplyStyleLastColumn	Table	2002
ApplyStyleLastRow	Table	2002
ArabicMode	Options	2000
ArabicNumeral	Options	2000
ArbitraryXMLSupportAvailable	Application	2003
Attributes	XMLNode	2003
AutoAdjustRightIndent	Paragraph, ParagraphFormat, Paragraphs	2000
AutoCorrectEmail	Application, Global	2002
AutoCreateNewDrawings	Options	2002
AutoFormat	Diagram	2002
AutoFormatApplyFirstIndents	Options	2000
AutoFormatAsYouTypeApplyClosings	Options	2000
AutoFormatAsYouTypeApplyDates	Options	2000
AutoFormatAsYouTypeApplyFirstIndents	Options	2000
AutoFormatAsYouTypeAutoLetterWizard	Options	2000
AutoFormatAsYouTypeDeleteAutoSpaces	Options	2000
AutoFormatAsYouTypeInsertClosings	Options	2000
AutoFormatAsYouTypeInsertOvers	Options	2000
AutoFormatAsYouTypeMatchParentheses	Options	2000
AutoFormatAsYouTypeReplaceFarEastDashes	Options	2000
AutoFormatDeleteAutoSpaces	Options	2000
AutoFormatMatchParentheses	Options	2000
AutoFormatOverride	Document	2003
AutoFormatReplaceFarEastDashes	Options	2000
AutoKeyboardSwitching	Options	2000
AutoLayout	Diagram	2002

Eigenschaft	Objekt(e)	Version
AutomaticValidation	XMLSchemaReferences	2003
AutomationSecurity	Application	2002
BackgroundOpen	Options	2002
BackgroundPatternColor	Shading	2000
BaseLineAlignment	Paragraph, ParagraphFormat, Paragraphs	2000
BaseName	XMLChildNodeSuggestion, XMLNode	2003
Black	ColorFormat	2002
BoldBi	Font, Range	2000
BookFoldPrinting	PageSetup	2002
BookFoldPrintingSheets	PageSetup	2002
BookFoldRevPrinting	PageSetup	2002
BottomPadding	Cell, Table	2000
Breaks	Page	2003
BrowserLevel	DefaultWebOptions, WebOptions	2000
BuiltinDictionary	HangulHanjaConversionDictionaries	2000
CanvasItems	Shape, ShapeRange	2002
CharacterUnitFirstLineIndent	Paragraph, ParagraphFormat, Paragraphs	2000
CharacterUnitLeftIndent	Paragraph, ParagraphFormat, Paragraphs	2000
CharacterUnitRightIndent	Paragraph, ParagraphFormat, Paragraphs	2000
CharacterWidth	Range	2000
CharsLine	PageSetup	2000
CheckboxState	SmartTagAction	2003
CheckHangulEndings	Options	2000
CheckIfOfficeIsHTMLEditor	DefaultWebOptions	2000
CheckIfWordIsDefaultHTMLEditor	DefaultWebOptions	2000
CheckLanguage	Application	2000
Child	Shape, ShapeRange	2002
ChildFramesetCount	Frameset	2000
ChildFramesetItem	Frameset	2000
ChildNodes	XMLNode	2003

Eigenschaft	Objekt(e)	Version
ChildNodeSuggestions	Document, XMLNode	2003
Children	DiagramNode	2002
ChildShapeRange	Selection	2002
ClickAndTypeParagraphStyle	Document	2000
Color	Border, Font	2000
ColorIndexBi	Font	2000
ColumnStripe	TableStyle	2002
COMAddIns	Application	2000
CombineCharacters	Range	2000
CommandName	Dialog	2000
CommentsColor	Options	2002
CommentsColor	Options	2003
ComposeStyle	EmailOptions	2000
ConvertHighAnsiToFarEast	Options	2000
CorrectHangulAndAlphabet	AutoCorrect	2000
CorrectHangulEndings	Find	2000
CorrectKeyboardSetting	AutoCorrect	2000
CorrectTableCells	AutoCorrect	2002
CtrlClickHyperlinkToOpen	Options	2002
CurrentEmailAuthor	Email	2000
CursorMovement	Options	2000
Cyan	ColorFormat	2002
DataFieldIndex	MappedDataField	2002
DataFieldIndex	MappedDataField	2003
DataFieldName	MappedDataField	2002
DefaultBorderColor	Options	2000
DefaultEPostageApp	Options	2002
DefaultLegalBlackline	Application	2002
DefaultTableStyle	Document	2002
DefaultTargetFrame	Document	2002

Eigenschaft	Objekt(e)	Version
DefaultTextEncoding	Options	2002
DefaultTransform	XMLNamespace	2003
DiacriticColor	Font	2000
DiacriticColorVal	Options	2000
Diagram	DiagramNode, Shape, ShapeRange	2002
DiagramNode	Shape, ShapeRange	2002
DisableCharacterSpaceGrid	Font, Range	2000
DisableFeatures	Document	2002
DisableFeaturesByDefault	Options	2002
DisableFeaturesIntroducedAfter	Document	2002
DisableFeaturesIntroducedAfterByDefault	Options	2002
DisableLineHeightGrid	Paragraph, ParagraphFormat, Paragraphs	2000
DisplayAutoCorrectOptions	AutoCorrect	2002
DisplayBackgrounds	View	2003
DisplayGridLines	Options	2000
DisplayLeftScrollBar	Window	2000
DisplayPageBoundaries	View	2002
DisplayPasteOptions	Options	2002
DisplayRightRuler	Window	2000
DisplaySmartTagButtons	Options	2002
DisplaySmartTags	View	2002
DocumentLibraryVersions	Document	2003
DocumentViewDirection	Options	2000
DoNotEmbedSystemFonts	Document	2002
DoubleQuote	PageNumbers	2000
DownloadURL	SmartTag	2002
Editors	Range, Selection	2003
Email	Document	2000
EmailOptions	Application	2000
EmailSignature	EmailOptions	2000

Eigenschaft	Objekt(e)	Version
EmailSignatureEntries	EmailSignature	2002
EmailSubject	Hyperlink	2000
EmailTemplate	Application	2002
EmbedLinguisticData	Document	2002
EmbedSmartTag	Document	2002
EmbedSmartTags	EmailOptions	2002
EmphasisMark	Font, Range	2000
EnableHangulHanjaRecentOrdering	Options	2000
EnableMisusedWordsDictionary	Options	2000
Encoding	DefaultWebOptions, WebOptions	2000
EndnoteOptions	Range, Selection	2002
EnforceStyle	Document	2003
EnhMetaFileBits	Range, Selection	2003
EnvelopeVisible	Window	2000
ExpandDocumentFragment	SmartTagAction	2003
ExpandHelp	SmartTagAction	2003
FarEastLineBreakControl	Paragraph, ParagraphFormat, Paragraphs	2000
FarEastLineBreakLanguage	Document, Template	2000
FarEastLineBreakLevel	Document, Template	2000
FeatureInstall	Application	2000
FileDialog	Application	2002
Filter	Index	2000
FirstChild	DiagramNodeChildren	2002
FitText	Cell	2000
FitTextWidth	Range, Selection	2000
FlowDirection	TextColumns	2000
FolderSuffix	DefaultWebOptions, WebOptions	2000
Fonts	DefaultWebOptions	2000
FootnoteOptions	Range, Selection	2002
ForegroundPatternColor	Shading	2000

Eigenschaft	Objekt(e)	Version
FormatDescription	Revision	2002
FormatScanning	Options	2002
FormattingShowClear	Document	2002
FormattingShowFilter	Document	2002
FormattingShowFont	Document	2002
FormattingShowNumbering	Document	2002
FormattingShowParagraph	Document	2002
FrameDefaultURL	Frameset	2000
FrameDisplayBorders	Frameset	2000
FrameLinkToFile	Frameset	2000
FrameName	Frameset	2000
FrameResizable	Frameset	2000
FrameScrollbarType	Frameset	2000
Frameset	Document, Pane	2000
FramesetBorderColor	Frameset	2000
FramesetBorderWidth	Frameset	2000
FriendlyName	SmartTagType	2003
GridOriginFromMargin	Document	2000
GridSpaceBetweenHorizontalLines	Document	2000
GridSpaceBetweenVerticalLines	Document	2000
GutterPos	PageSetup	2000
GutterStyle	PageSetup	2000
HalfWidthPunctuationOnTopOfLine	Paragraph, ParagraphFormat, Paragraphs	2000
HangingPunctuation	Paragraph, ParagraphFormat, Paragraphs	2000
HangulAndAlphabetAutoAdd	AutoCorrect	2000
HangulAndAlphabetExceptions	AutoCorrect	2000
HangulHanjaDictionaries	Application, Global	2000
HangulHanjaFastConversion	Options	2000
HasChildNodes	XMLNode	2003
HasChildShapeRange	Selection	2002

Eigenschaft	Objekt(e)	Version
HasDiagram	Shape, ShapeRange	2002
HasDiagramNode	Shape, ShapeRange	2002
HebrewMode	Options	2000
HeightType	Frameset	2000
HidePageNumbersInWeb	TableOfContents, TableOfFigures	2000
HighlightMergeFields	MailMerge	2002
HorizontalInVertical	Range	2000
HorizontalLineFormat	InlineShape	2000
HTMLDivisions	Document, HTMLDivision, Range, Selection	2002
HTMLFidelity	EmailOptions	2002
HTMLProject	Document	2000
IgnoreMixedContent	XMLSchemaReferences	2003
IMEAutomaticControl	Options	2000
IMEMode	Window	2000
Included	MailMergeDataSource	2002
IndexLanguage	Index	2000
Ink	ColorFormat	2002
InlineConversion	Options	2000
InsetPen	LineFormat	2002
InsideColor	Borders	2000
InterpretHighAnsi	Options	2000
InvalidAddress	MailMergeDataSource	2002
InvalidComments	MailMergeDataSource	2002
IsInk	Comment	2003
IsPictureBullet	InlineShape	2002
IsStyleSeparator	Paragraph	2002
ItalicBi	Font, Range	2000
JustificationMode	Document, Template	2000
Kana	Range	2000

Eigenschaft	Objekt(e)	Version
KerningByAlgorithm	Document, Template	2000
LabelSmartTags	Options	2002
Language	Application	2000
LanguageDetected	Document, Range, Selection	2000
LanguageSettings	Application, Global	2000
LastChild	DiagramNodeChildren	2002
Layout	DiagramNode	2002
LayoutInCell	Shape, ShapeRange	2003
LayoutMode	PageSetup	2000
LeftPadding	Cell, Table	2000
Lines	Rectangle	2003
LinesPage	PageSetup	2000
LineType	Line	2003
LineUnitAfter	Paragraph, ParagraphFormat, Paragraphs	2000
LineUnitBefore	Paragraph, ParagraphFormat, Paragraphs	2000
LinkStyle	Style	2002
ListPictureBullet	ListPictureBullet	2002
ListSelection	SmartTagAction	2003
LocalNetworkFile	Options	2002
Magenta	ColorFormat	2002
MailEnvelope	Document	2002
MailFormat	MailMerge	2002
MappedDataFields	MailMergeDataSource	2002
MarkComments	EmailOptions	2000
MarkCommentsWith	EmailOptions	2000
MatchAlefHamza	Find	2000
MatchByte	Find	2000
MatchControl	Find	2000
MatchDiacritics	Find	2000
MatchFuzzy	Find	2000

Eigenschaft	Objekt(e)	Version
MatchFuzzyAY	Options	2000
MatchFuzzyBV	Options	2000
MatchFuzzyByte	Options	2000
MatchFuzzyCase	Options	2000
MatchFuzzyDash	Options	2000
MatchFuzzyDZ	Options	2000
MatchFuzzyHF	Options	2000
MatchFuzzyHiragana	Options	2000
MatchFuzzyIterationMark	Options	2000
MatchFuzzyKanji	Options	2000
MatchFuzzyKiKu	Options	2000
MatchFuzzyOldKana	Options	2000
MatchFuzzyProlongedSoundMark	Options	2000
MatchFuzzyPunctuation	Options	2000
MatchFuzzySmallKana	Options	2000
MatchFuzzySpace	Options	2000
MatchFuzzyTC	Options	2000
MatchFuzzyZJ	Options	2000
MatchKashida	Find	2000
MonthNames	Options	2000
MultipleWordConversionsMode	Options	2000
NameBi	Font	2000
NamespaceURI	XMLChildNodeSuggestion, XMLNode, XMLSchemaReference	2003
NestingLevel	Cell, Cells, Column, Columns, Row, Rows, Table, Tables	2000
Neue Eigenschaft	Objekt(e)	2003
NewColorOnReply	EmailOptions	2002
NewDocument	Application	2002
NewMessageSignature	EmailSignature	2000
NextRange	Editor	2003

Eigenschaft	Objekt(e)	Version
NextSibling	XMLNode	2003
NodeType	XMLNode	2003
NodeValue	XMLNode	2003
NoLineBreakAfter	Document, Template	2000
NoLineBreakBefore	Document, Template	2000
NoProofing	Find, Range, Replacement, Selection, Style, Template	2000
NoShade	HorizontalLineFormat	2000
NoSpaceBetweenParagraphsOfSameStyle	Style	2002
OpenEncoding	Document	2000
OptimizeForBrowser	DefaultWebOptions, WebOptions	2000
OptimizeForWord97	Document	2000
OptimizeForWord97byDefault	Options	2000
OrganizeInFolder	DefaultWebOptions, WebOptions	2000
OtherCorrectionsAutoAdd	AutoCorrect	2000
OtherCorrectionsExceptions	AutoCorrect	2000
OutsideColor	Borders	2000
OverPrint	ColorFormat	2002
OwnerDocument	XMLNode	2003
PageIndex	Break	2003
Pages	Pane	2003
ParentFrameset	Frameset	2000
ParentGroup	Shape, ShapeRange	2002
ParentNode	XMLNode	2003
PasswordEncryptionAlgorithm	Document	2002
PasswordEncryptionFileProperties	Document	2002
PasswordEncryptionKeyLength	Document	2002
PasswordEncryptionProvider	Document	2002
PasteAdjustParagraphSpacing	Options	2002
PasteAdjustTableFormatting	Options	2002

Eigenschaft	Objekt(e)	Version
PasteAdjustWordSpacing	Options	2002
PasteMergeFromPPT	Options	2002
PasteMergeFromXL	Options	2002
PasteMergeLists	Options	2002
PasteSmartCutPaste	Options	2002
PasteSmartStyleBehavior	Options	2002
PercentWidth	HorizontalLineFormat	2000
Permission	Document	2003
PictureBullet	ListLevel	2002
PictureWrapType	Options	2002
PixelsPerInch	DefaultWebOptions, WebOptions	2000
PlaceholderText	XMLNode	2003
PlainTextStyle	EmailOptions	2002
PreferredWidth	Cell, Cells, Column, Columns, Table	2000
PreferredWidthType	Cell, Cells, Column, Columns, Table	2000
PresentInPane	SmartTagAction	2003
PreserveFormattingOnUpdate	OLEFormat	2002
PreviousSibling	XMLNode	2003
PrintBackgrounds	Options	2003
PrintEvenPagesInAscendingOrder	Options	2000
PrintOddPagesInAscendingOrder	Options	2000
PrintXMLTag	Options	2003
PromptUpdateStyle	Options	2002
Properties	SmartTag	2002
RadioGroupSelection	SmartTagAction	2003
ReadingLayout	View	2003
ReadingLayoutActualView	View	2003
ReadingLayoutAllowMultiplePages	View	2003
ReadingLayoutFrozen	Document	2003
ReadingLayoutSizeX	Document	2003

Eigenschaft	Objekt(e)	Version
ReadingLayoutSizeY	Document	2003
ReadingOrder	Paragraph, ParagraphFormat, Paragraphs	2000
RecipientNameFromLeft	Envelope	2002
RecipientNameFromTop	Envelope	2002
RecipientPostalFromLeft	Envelope	2002
RecipientPostalFromTop	Envelope	2002
RecordCount	MailMergeDataSource	2002
Rectangles	Line, Page	2003
RectangleType	Rectangle	2003
RelyOnCSS	DefaultWebOptions, WebOptions	2000
RelyOnVML	DefaultWebOptions, WebOptions	2000
RemoveDateAndTime	Document	2003
RemovePersonalInformation	Document	2002
ReplaceTextFromSpellingChecker	AutoCorrect	2000
ReplyMessageSignature	EmailSignature	2000
ReplyStyle	EmailOptions	2000
Reverse	Diagram	2002
Reviewers	View	2002
RevisionsBalloonPrintOrientation	Options	2002
RevisionsBalloonPrintOrientation	Options	2003
RevisionsBalloonShowConnectingLines	View	2002
RevisionsBalloonShowConnectingLines	View	2003
RevisionsBalloonSide	View	2002
RevisionsBalloonWidth	View	2002
RevisionsBalloonWidthType	View	2002
RevisionsMode	View	2002
RevisionsView	View	2002
RightPadding	Cell, Table	2000
Root	DiagramNode	2002
RowStripe	TableStyle	2002

Eigenschaft	Objekt(e)	Version
SaveEncoding	Document	2000
SaveNewWebPagesAsWebArchives	DefaultWebOptions	2002
ScreenSize	DefaultWebOptions, WebOptions	2000
ScreenTip	Hyperlink	2000
Script	InlineShape, Shape	2000
Scripts	Document, Range	2000
SectionDirection	PageSetup	2000
SenderNameFromLeft	Envelope	2002
SenderNameFromTop	Envelope	2002
SenderPostalFromLeft	Envelope	2002
SenderPostalFromTop	Envelope	2002
SequenceCheck	Options	2002
ShadeEditableRanges	View	2003
SharedWorkspace	Document	2003
ShowComments	View	2002
ShowControlCharacters	Options	2000
ShowDiacritics	Options	2000
ShowFormatChanges	View	2002
ShowFormatError	Options	2002
ShowInkAnnotations	View	2003
ShowInsertionsAndDeletions	View	2002
ShowMarkupOpenSave	Options	2003
ShowOptionalBreaks	View	2000
ShowPlaceholderText	XMLSchemaReferences	2003
ShowRevisionsAndComments	View	2002
ShowSendToCustom	MailMerge	2002
ShowStartupDialog	Application	2002
ShowWindowsInTaskbar	Application	2002
ShowXMLMarkup	View	2003
Signatures	Document	2002

Eigenschaft	Objekt(e)	Version
SizeBi	Font	2000
SmartCursoring	Options	2003
SmartDocument	Document	2003
SmartParaSelection	Options	2002
SmartTag	XMLNode	2003
SmartTagActions	SmartTag, SmartTagType	2003
SmartTagRecognizers	Application, SmartTagType	2003
SmartTags	Document, Range, Selection	2002
SmartTagsAsXMLProps	Document	2002
SmartTagTypes	Application	2003
SortBy	Index	2000
SpaceAfterAuto	Paragraph, ParagraphFormat, Paragraphs	2000
SpaceBeforeAuto	Paragraph, ParagraphFormat, Paragraphs	2000
StoreRSIDOnSave	Options	2002
StrictFinalYaa	Options	2000
StrictInitialAlefHamza	Options	2000
StyleSheets	Document	2002
Sync	Document	2003
SyncScrollingSideBySide	Windows	2003
Table	Style	2002
TableDirection	Rows, Table	2000
TableName	MailMergeDataSource	2002
TargetBrowser	DefaultWebOptions, WebOptions	2002
TaskPanes	Application	2002
TextboxText	SmartTagAction	2003
TextEncoding	Document	2002
TextLineEnding	Document	2002
TextShape	DiagramNode	2002
TextToDisplay	Hyperlink	2000
ThemeName	EmailOptions	2000

Eigenschaft	Objekt(e)	Version
Thumbnails	Window	2003
TintAndShade	ColorFormat	2002
Title	StyleSheet	2002
TopLevelTables	Range, Selection	2000
TopPadding	Cell, Table	2000
TwoLinesInOne	Range	2000
TwoPagesOnOne	PageSetup	2000
TypeNReplace	Options	2002
UnderlineColor	Font	2000
UnderlineValidationErrors	XMLSchemaReferences	2003
UpdateLinksOnSave	DefaultWebOptions	2000
URI	XMLNamespace	2003
UseCharacterUnit	Options	2000
UseDiffDiacColor	Options	2000
UseGermanSpellingReform	Options	2000
UseHyperlinks	TableOfContents, TableOfFigures	2000
UseLongFileNames	DefaultWebOptions, WebOptions	2000
UseThemeStyle	EmailOptions	2000
UseThemeStyleOnReply	EmailOptions	2002
ValidationErrorText	XMLNode	2003
ValidationStatus	XMLNode	2003
VBASigned	Document	2000
Vertical	Envelope, MailingLabel	2002
VisualSelection	Options	2000
WarnBeforeSavingPrintingSendingMarkup	Options	2002
WebOptions	Document	2000
WidthType	Frameset, HorizontalLineFormat	2000
WizardState	MailMerge	2002
WordWrap	Cell, Paragraph, ParagraphFormat, Paragraphs	2000

Eigenschaft	Objekt(e)	Version
WrapAroundText	Rows	2000
XML	SmartTag	2002
XMLHideNamespaces	Document	2003
XMLNamespaces	Application	2003
XMLNode	SmartTag	2003
XMLNodes	Document, Range, Selection	2003
XMLParentNode	Range, Selection	2003
XMLSaveDataOnly	Document	2003
XMLSaveThroughXSLT	Document	2003
XMLSchemaReference	XMLChildNodeSuggestion	2003
XMLSchemaReferences	Document	2003
XMLSchemaViolations	Document	2003
XMLShowAdvancedErrors	Document	2003
XMLUseXSLTWhenSaving	Document	2003
XSLTransforms	XMLNamespace	2003
Yellow	ColorFormat	2002

A.5.3 Neue Methoden in VBA für Word

In der folgenden alphabetisch sortierten Liste werden die Methoden aufgeführt, die zu den bestehenden Objekten von Word 1997 in den Folgeversionen hinzugefügt wurden.

Methode	Objekt	Version
AcceptAllRevisionsShown	Document	2002
AddCanvas	Shapes	2002
AddConnector	CanvasShapes, Shapes	2002
AddDiagram	Shapes	2002
AddHorizontalLine	InlineShapes	2000
AddHorizontalLineStandard	InlineShapes	2000
AddNewFrame	Frameset	2000
AddNode	DiagramNode, DiagramNodeChildren	2002
AddPictureBullet	InlineShapes	2000

Methode	Objekt	Version
ApplyPictureBullet	ListLevel	2002
ApplyTheme	Document	2000
AttachToDocument	XMLNamespace	2003
AutoFitBehavior	Table	2000
BoldRun	Selection	2000
BreakSideBySide	Windows	2003
CanCheckIn	Document	2002
CanCheckOut	Documents	2002
CanvasCropBottom	Shape, ShapeRange	2002
CanvasCropLeft	Shape, ShapeRange	2002
CanvasCropRight	Shape, ShapeRange	2002
CanvasCropTop	Shape, ShapeRange	2002
CheckConsistency	Document	2000
CheckIn	Document	2002
CheckNewSmartTags	Document	2002
CheckOut	Documents	2002
ClearAllFuzzyOptions	Find	2000
CloneNode	DiagramNode	2002
CompareSideBySideWith	Windows	2003
Condition	TableStyle	2002
ConvertHangulAndHanja	Range	2000
ConvertVietDoc	Document	2002
CreateAutoTextEntry	Selection	2000
DecreaseSpacing	Paragraphs	2002
DefaultWebOptions	Application	2000
DeleteAll	Editor	2003
DeleteAllComments	Document	2002
DeleteAllCommentsShown	Document	2002
DeleteAllEditableRanges	Document	2003
DeleteAllInkAnnotations	Document	2003

Methode	Objekt	Version
DetectLanguage	Document, Range, Selection	2000
DiscardConflict	Documents	2002
EndReview	Document	2002
GetDefaultTheme	Application	2000
GetPoint	Window	2000
GoToEditableRange	Range, Selection	2003
HTMLDivisionParent	HTMLDivision	2002
IncreaseSpacing	Paragraphs	2002
IndentCharWidth	Paragraph, ParagraphFormat, Paragraphs	2000
IndentFirstLineCharWidth	Paragraph, ParagraphFormat, Paragraphs	2000
InsertColumnsRight	Selection	2000
InsertRowsAbove	Selection	2000
InsertRowsBelow	Selection	2000
InsertStyleSeparator	Selection	2002
InsertXML	Range, Selection	2003
InstallManifest	XMLNamespaces	2003
ItalicRun	Selection	2000
Keyboard	Application	2000
KeyboardBidi	Application	2000
KeyboardLatin	Application	2000
LabelOptions	MailingLabel	2002
LtrPara	Selection	2000
LtrRun	Selection	2000
ModifyEnclosure	Range	2000
MoveNode	DiagramNode	2002
NewFrameset	Pane	2000
NextNode	DiagramNode	2002
OfflineConflict	Documents	2002
Options	Envelope	2002
PasteAndFormat	Selection	2002

Methode	Objekt	Version
PasteAppendTable	Selection	2002
PasteAsNestedTable	Range, Selection	2000
PasteExcelTable	Selection	2002
PhoneticGuide	Range	2000
PixelsToPoints	Application, Global	2000
PointsToPixels	Application, Global	2000
PrevNode	DiagramNode	2002
ProductCode	Application	2000
PutFocusInMailHeader	Application	2003
RangeFromPoint	Window	2000
RecheckSmartTags	Document	2002
RejectAllRevisionsShown	Document	2002
ReloadActions	SmartTagActions	2003
ReloadAll	SmartTagTypes	2003
ReloadAs	Document	2000
ReloadRecognizers	SmartTagRecognizers	2003
RemoveChild	XMLNode	2003
RemoveLockedStyles	Document	2003
RemoveSmartTags	Document	2002
RemoveTheme	Document	2000
ReplaceNode	DiagramNode	2002
ReplyWithChanges	Document	2002
ResetFormFields	Document	2002
ResetPositionsSideBySide	Windows	2003
RtlPara	Selection	2000
RtlRun	Selection	2000
ScrollIntoView	Window	2000
SelectAllEditableRanges	Document	2003
SelectCell	Selection	2000
SelectNodes	Document, XMLNode	2003

Methode	Objekt	Version
SelectNumber	Paragraph	2002
SelectSingleNode	Document, XMLNode	2003
SendFaxOverInternet	Document	2003
SendForReview	Document	2002
SetAllErrorFlags	MailMergeDataSource	2002
SetAllFuzzyOptions	Find	2000
SetAllIncludedFlags	MailMergeDataSource	2002
SetCMYK	ColorFormat	2002
SetDefaultTableStyle	Document	2002
SetDefaultTheme	Application	2000
SetFocus	Window	2000
SetPasswordEncryptionOptions	Document	2002
SetValidationError	XMLNode	2003
ShowWizard	MailMerge	2002
ShrinkDiscontiguousSelection	Selection	2002
SmartTagsByType	SmartTags	2003
SwapNode	DiagramNode	2002
TCSCConverter	Range	2000
TOCInFrameset	Pane	2000
ToggleCharacterCode	Selection	2002
ToggleKeyboard	Application	2000
ToggleShowAllReviewers	Window	2003
TransferChildren	DiagramNode	2002
TransformDocument	Document	2003
UseDefaultFolderSuffix	WebOptions	2000
Validate	XMLNode, XMLSchemaReferences	2003
WebPagePreview	Document	2000

B Kurzinfo zur Begleit-CD

»Es ist ein mattes Sehnen und Quälen, ein träumerisches Taumeln durch die vier Lebensalter hindurch zum Tode, unter Begleitung einer Reihe trivialer Gedanken.«
Arthur Schopenhauer[1]

Die diesem Buch beiliegende CD-ROM beinhaltet eine Reihe zusätzlicher Programme zur Ergänzung von Word und eine Sammlung nützlicher Tools aus angrenzenden oder anderen wichtigen Bereichen. In einigen Fällen dürfen Sie die Software für eine vom jeweiligen Autor bestimmte Zeit benutzen. Nach Ablauf der Testzeit müssen Sie die Software beim Autor des Programms registrieren lassen, wenn Sie sie weiter benutzen, oder von Ihrem System entfernen. Die Programme sind in der Regel sehr preisgünstig und es versteht sich von selbst, daß man die Leistung der Autoren angemessen würdigt.

Im Wurzelordner der beiliegenden CD finden Sie eine Textdatei mit der Bezeichnung Liesmich.txt. Diese Datei enthält Informationen, die im Buch nicht mehr berücksichtigt werden konnten. Vor der weiteren Verwendung der CD sollten Sie den Inhalt von Liesmich.txt unbedingt lesen. Dazu doppelklicken Sie auf den Namen der Datei. Diese wird dann in einem Editor-Programm geöffnet, das auf Ihrem Windows-System der Dateierweiterung .txt zugeordnet ist.

---

1 [SCHOP001]: S. 63706.

C VBA-Namenskonventionen

>»Wenn Sie zu der Auffassung gelangen, daß Sie für Ihren Anwendungsbereich besser bedient sind, indem Sie die eine oder andere Richtlinie nicht beherzigen oder ihr gar zuwider handeln, dann nur zu.«
>Arne Schäpers, Rudolf Huttary, Dieter Bremes[1]

>»Eine Konvention, die nicht eingehalten wird, ist keine Konvention und kann gleich vergessen werden.«
>Dirk Ortmann[2]

>»Die Namen bedeuten daher nach ihrem Wesen in erster Linie Merkzeichen zur Unterstützung des Gedächtnisses; zugleich, aber in zweiter Linie, dienen sie, um unsere eigenen Erinnerungen anderen anzuzeigen und ihnen dadurch mitzuteilen.«
>Thomas Hobbes[3]

C.1 Unverbindliche Namenskonventionen für VBA

Obligatorische Namenskonventionen, die über die im Abschnitt 9.5, »Verbindliche Namensregeln gemäß VBA-Spezifikation«, ab Seite 362 dargestellten Regeln hinausgehen, gibt es in VBA nicht. Es existieren jedoch mehrere Empfehlungen und WhitePapers zu dem Thema, an denen sich Millionen von Softwareentwicklern in der einen oder anderen Form orientieren, während mindestens genauso viele sie ignorieren. Zu den bekanntesten Namenskonventionen, die für VBA-Programmierer und Word-Anwendungsentwickler relevant sind, gehören die nachstehenden Empfehlungen.

C.1.1 [HN] – Ungarische Notation

Die [HN] (englisch: »Hungarian Notation«, identifier naming convention, auch Präfixnotation, von Charles Simonyi)[4] ist eine Benennungsrichtlinie respektive ein »Gerüst« (engl. »framework«) zur Namensauswahl. Sie schlägt vor, einen Bezeichner in mehrere sprechende Blöcke aufzuteilen (Präfix, Typkürzel, Basisname, Suffix). Dabei entspricht der Basisname dem eigentlichen Bezeichner, während die anderen Teile dem Basisnamen Metainformationen in Form von Mnemoniks mitgeben, die ein Benutzer unmittelbar interpretieren kann. Ursprünglich für die Programmiersprache C/C++ entwickelt, fand die [HN] als *Modified-Hungarian Notation* auch bei VB- und VBA-Entwicklern viele Freunde.

---

1 [SCHÄP001]: S. 110.
2 [ORTMA001]: S. 861.
3 [HOBBE001]: S. 12893.
4 [HN]: Quelle(n) siehe Sigelverzeichnis.

C.1.2 [LRGA] – Leszynskis/Reddicks Richtlinien für Access 1.x, 2.x

Die [LRGA]s (englisch: »The Leszynski/Reddick Guidelines for Access 1.x, 2.x« von Stan Leszynski und Greg Reddick)[5] wurden in den Jahren 1993 und 1994 als Beiträge in der Fachzeitschrift SMART ACCESS JOURNAL von Pinnacle Publishing veröffentlicht. Sie beruhen auf der [HN]. Ihr Anspruch ist es, ein unverbindlicher Styleguide für die Namensgebung von Objekten in Access und für Visual-Basic-Datenbankapplikationen zu sein. Da von einer VBA-Host-Anwendung wie Word auf das Access-Objektmodell und auf Access-Datenbanken zugriffen werden kann, ist die [LRGA] nicht nur für Datenbank-Entwickler sondern auch für Word-VBA-Programmierer interessant.

C.1.3 [RVBA] – Reddicks VBA-Namens- und Kodierungskonventionen

Die [RVBA]s (englisch: »Reddik-VBA *Naming* Conventions« und »Reddik-VBA *Coding* Conventions«, auch unter [RNC] bekannt, von Gregory Reddick)[6] basieren wie die [LRGA]s auf der modifizierten [HN] und erweitern diese. Das Ziel der Richtlinien ist, die Namensgebung von Objekten in VBA zu erleichtern (und zwar für alle VBA-Versionen und alle VBA-Host-Applikationen). Der Autor der [RVBA]s ist Greg Reddick, ein Mitautor Leszynski sowie viele andere, die an der Entwicklung der Richtlinien in der einen oder anderen Form beteiligt sind. Die [RVBA]s gibt es in verschiedenen Versionen und in voneinander unabhängigen Naming- und Coding-Dokumenten. Reddick arbeitet für die Programmiersprachen VB.NET und C# sowie für Technologien wie ASP.NET an .NET-Adaptationen seiner Konventionen. Die jeweils letzte Version der [RVBA]s finden Sie auf der Webseite von Reddicks Firma Xoc-Software (http://www.xoc.net/standards/rvbanc.asp).

C.1.4 [LNC] – Leszynskis Namenskonventionen für Access, für Visual Basic und für die Anwendungsentwickler der Microsoft-Produkte

Die [LNC]s (englisch: »Leszynskis Naming Conventions *For Microsoft Access*«, »Leszynskis Naming Conventions *For Visual Basic*« und »Leszynskis Naming Conventions *For Microsoft Solution Developers*«, von Stan Leszynski)[7] stellen im Prinzip einen aktualisierten und erweiterten Anhang der [LRGA]s dar. Sie richten sich an alle Anwendungsentwickler, die mit Microsoft-Produkten Software-Lösungen erarbeiten. Wie die [RVBA]s gibt es die LNCs in verschiedenen Versionen und in voneinander unabhängigen Varianten, die auf bestimmte Schwerpunkte zugeschnitten sind (auf Access, auf Visual Basic, auf MS-Anwendungsentwickler ...). Word-VBA-Entwickler finden in den meisten Varianten der [LNC]s interessante Benennungsvorschläge, insbesondere aber in den [LNC]s für Access. Dort wird detailliert auf VBA eingegangen. Zur Zeit der Herstellung dieses Buches konnte man die [LNC]s noch auf der Webseite der Firma Kwery Corporation (http://www.kwery.com) ordern. Allerdings machte diese Webseite den Eindruck, als ob sie seit Jahren nicht gewartet wurde. Weitere LNC-Veröffentlichungen lassen sich in der Fachliteratur oder im Internet ausfindig machen (siehe Sigelverzeichnis).

---

5   [LRGA]: dito.
6   [RVBA]: dito.
7   [LNC]: dito.

C.1.5 [MCSNC] – Benennungsrichtlinien für VB

Mit den [MCSNC]s (englisch: »MCS Naming Conventions«, von Microsoft Consulting Services)[8] verfolgte Microsoft ursprünglich daß Ziel, für die Programmiersprache Visual Basic für Windows 2.0 bis 4.0 eine Benennungsrichtlinie zu kreieren, die nicht im Widerspruch zur [HN] steht, und die das Schreiben eines präzisen, lesbaren und eindeutigen Codes ermöglicht. Die [MCSNC]s basieren auf den Codierungsrichtlinien aus dem Visual Basic Programmierhandbuch. und wurden lange Zeit den Development-Editionen der Office-Pakete beigelegt. Sie lassen sich unproblematisch auf VBA übertragen. Die Version 1.1 der [MCSNC]s konnte man bei Erscheinen des Buches im Internet in Microsofts Knowledge Base unter der Nummer Q110264 begutachten.

C.1.6 [ANETFR] Allgemeine .NET Framework Referenz: Richtlinien für die Benennung

In der Offline-Dokumentation zum .NET-Framework befinden sich umfangreiche *Richtlinien für die Benennung.*[9] Sie sollen laut Microsoft dazu beitragen, daß sich häufig gestellte Fragen von Benutzern erübrigen. Von Haus aus sind die [ANETFR]s für .NET Framework-Typen gedacht. Microsoft wirbt aber ab der Version 2003 für die Partnerschaft des Office-Systems mit .NET. Die einzelnen Office-Komponenten (also auch Word 2003 folgende) sind angeblich »ideale SmartClients«. Mit anderen Worten: Die [ANETFR]s sind für VBA und Office-Anwendungsentwickler relevant, ja, sie werden in Zukunft vielleicht *der* Standard für die Benennung von VBA-Bezeichnern sein. Bekanntlich stellen .NET und die .NET-Programmiersprachen einen radikalen Bruch mit der Programmiertradition dar, insbesondere mit der Art wie Programme mit Windows kommunizieren.[10] Entsprechend stellen die [ANETFR]s teilweise eine Abkehr von früheren Empfehlungen der Firma Microsoft dar. Propagierte man beispielsweise noch in den [MCSNC] die Anwendung der [HN], wird die Ungarische Notation für viele Bezeichner in den [ANETFR] verworfen.

> **Die Väter der Namenskonventionen**
>
> Es ist hier nicht der Platz, alle zu nennen, die an der Entwicklung von Notationen beteiligt sind. Stellvertretend für die vielen qualifizierten Namenlosen seien kurz fünf Standardisierungspioniere vorgestellt, die den Weg für eine breite Akzeptanz von unverbindlichen Namenskonventionen im Software-Engineering und in VBA maßgeblich bereitet haben: Charles Simonyi, Greg Reddick, Stan Leszynski, Paul Litwin und Ken Getz.

---

8 [MCSNC]: dito.
9 [ANETFR]: dito.
10 In Visual Basic .NET findet die Kommunikation mit Windows über Klassenbibliotheken statt, die im .NET Framework implementiert sind.

Im Spotlight: Charles Simonyi

Charles Simonyi, ein Softwareentwickler ungarischer Abstammung (geb. 1948 in Budapest), ist bekannt geworden als der Verfasser einer Konvention zur Variablenbenennung in der Programmierung, der sogenannten Ungarischen Notation [HN]. Er studierte in Berkeley an der Stanford University und untersuchte moderne Methoden der Produktivitätssteigerung in der Softwareentwicklung. Nach seinem Studium entwickelte er bei der Firma XeroxParc den Editor »Bravo«, der WYSIWYG-Fähigkeiten besitzt (Abk. für What You See Is What You Get, dt. »Was man sieht, erhält man auch«). 1981 wurde er Leiter der Anwendungsentwicklung von MicroSoft. Unter seiner Leitung entstanden unter anderem die ersten Versionen von Multiplan, Word und Excel. Ab 1991 arbeitet er bei Microsoft Research an seinem Konzept des Intentional Programming. Im Jahr 1997 wurde er Mitglied von der National Academy of Engineering.

Im Spotlight: Greg Reddick

Greg Reddick ist 1963 in Okinawa geboren und wurde durch zahlreiche Artikel und mehrere Bücher zu Access als Verfasser der Reddick VBA Naming Conventions [RVBA] einem großen Publikum bekannt. Er begann 1977 zu programmieren und studierte an der University of Puget Sound, in Tacoma. Nach dem Erhalt eines Computerinformationssystem-Diploms arbeitete er als Systemanalytiker für die University of Washington, dann von 1988 bis 1992 bei Microsoft im Access-Entwicklungsteam. Dort entwickelte er unter anderem die Access-Seitenansicht (Druckvorschau). 1992 gründete er Xoc Software, eine Firma, die Software in Visual Basic, Microsoft Access, C/C++ sowie für das Internet entwickelt. Er lernte 1993 Paul Litwin und Ken Getz kennen, mit denen er gemeinsam ein Entwicklerbuch über Access 2.0 veröffentlichte. Seit 1994 ist er Access- und VB-Dozent. Er schrieb mit Lesyznski diverse Versionen von Namenskonventionen und unterrichtet seit 2000 zunehmend über Web-relevante Technologien (Visual Interdev, ASP, JavaScript und XML).

Im Spotlight: Stan Leszynski

Stan Leszynski ist der Präsident der Firma Kwery Corp., die verschiedene Microsoft Access Add-Ons produziert, inkl. »Access To Word« und »Kwery Control Paks«. Außerdem managt er die Leszynski Company, Inc., eine Beratungsgruppe, die im Bereich Datenbankentwicklung aktiv ist und die er selber 1982 gegründet hat. Er schreibt und spricht auf technischen Veranstaltungen regelmäßig über Access. Er ist einer der Autoren der [RVBA]s und veröffentlicht unter eigenem Namen die [LNC]s.

Im Spotlight: Paul Litwin

Paul Litwin ist der Präsident von Litwin Consulting, einer Firma, die Entwicklungs- und Mentorentätigkeiten sowie Training in ASP, ASP.NET, Visual Basic, SQL Server, XML, Microsoft Access und anderen wichtigen Technologien anbietet. Daüber hinaus betreut er als Herausgeber und technischer Direktor das asp.netPRO magazine. Er veröffentlichte zahlreiche Bücher Artikel und Trainingsmaterial über Access, VBA, Web-Entwicklung, ASP und ASP.NET und ist Co-Autor des Access Developer's Handbooks. Er ist einer der Gründer von Deep Training, eine entwicklereigenen Trainingsfirma, die Trainingmöglichkeiten für .NET bereitstellt. Regelmäßig spricht er auf Industrie-Events wie zum Beispiel auf Microsofts TechEd. Als erfolgreicher Buchautor und »Multiplikator« trug er dazu bei, die [RVBA]s über die ganze Welt zu verbreiten.

> **Ken Getz** ist Senior Consultant bei MCW Technologies und splittet seine Zeit zwischen Programmierung, Schreiben, und Lehrtätigkeit. Er hat sich auf Hilfsprogramme und Anwendungen in VB.Net spezialisiert und schreibt als Co-Autor bei so renommierten Werken wie dem Access Developer's Handbook, dem Visual Basic Language Developer's Handbook und dem VBA Developer's Handbook mit. Außerdem ist er ein gerngesehener Sprecher auf technischen Konferenzen. Er veröffentlicht Beiträge in dem Access-VB-SQL Advisor magazine und ist Kolumnist im asp.netPRO magazine. Seit 1994 ist er ein Microsoft MVP für Online-Support. Greg Reddick erwähnt ihn ausdrücklich in den [RVBA]s als jemanden, der über die Jahre erhebliche Beiträge geleistet hat, die Konventionen zu entwickeln und zu verbreiten.

Im Spotlight: Ken Getz

C.2 Sinn/Unsinn der Namenskonventionen

Über den Sinn oder Unsinn der Namenskonventionen wurde Ende des vergangenen Jahrtausends in der weltweiten Entwicklergemeinde heftig gestritten. Als es schien, als ob die Diskussionen kein Ende nehmen wollten, wurden diese überraschend beigelegt. Da Entwickler ständig mit neuen »Errungenschaften« konfrontiert werden und im allgemeinen eine phänomenale Auffassungsgabe besitzen, gewöhnten sie sich an organisierte Unverbindlichkeit (und damit gleichermaßen an so unterschiedliche Bezeichner wie `s`, `strName` oder `VornameDesKunden` oder an `i`, `int`, `intCounter`, `Zähler`, `intZähler`, `Counter` und so weiter). Dank verbesserter Entwicklungsumgebungen, dank optimierter Debugger, der Syntaxhervorhebung, der Kontextsensitivität und nicht zuletzt dem Durchbruch der objektorientierten Programmierung wurde die Frage, ob und welche Namenskonvention verwendet wird, schlicht zweitrangig. Seit dem Erscheinen von Visual Studio .NET lodern die Diskussionen über Namenskonventionen aber erneut auf. Und das vermutlich aus einem einfachen, zwischenmenschlichen Grund: Was Microsoft »empfiehlt«, polarisiert die Standpunkte, weil es eher wie der Befehl des *Großen Bruders*[11], weniger wie ein freundlicher Vorschlag klingt. Im Stakkato und Imperativ »bleut« die .NET-Framework-Referenz den Programmierern ein, wie sie in der .NET- und damit auch in der Basic-/VBA-Zukunft Bezeichner zu nennen haben und wie nicht:

> *»Verwenden Sie nicht die ungarische Notation ...«*
>
> *»Verwenden Sie die Pascal-Schreibweise ...«*
>
> *»Verwenden Sie ein Substantiv ...«* [12]
>
> *»...«*

Wenn man das liest, fällt es leicht, an die Neusprache Ozeaniens, an Zwiedenken und an die Wahlsprüche *»Krieg bedeutet Frieden«*, *»Freiheit ist Sklaverei«* und *»Unwissenheit bedeutet Stärke«* zu denken.[13] Ohne Zweifel wäre Microsoft gut beraten gewesen, derartige Empfehlungen nicht in Befehlsform zu fassen, sondern diplomatischer und sachlicher auszudrücken. Sei dem, wie es wolle. In dem vorliegenden Buch wird die Debatte um den Sinn und Unsinn von (unverbindlichen) Namenskonventionen nicht aufgerollt. Es enthält sich bewußt der Favorisierung gleichwie der Ablehnung einer bestimmten Konvention oder der Empfehlungen als solche. Vielmehr glaubt es fest daran, daß die Leser selber am

---

11 Vgl. [ORWEL001].
12 [ANETFR]
13 [ORWEL001]: ebd., S. 7 und S. 274 ff.

besten beurteilen können, wann es sinnvoll, wann es überflüssig ist, sich an Benennungsrichtlinien zu halten. Auch die Entscheidung darüber, in welcher Form vereinheitlichte oder nicht-vereinheitlichte Bezeichner für das Schreiben, die Lesbarkeit, Verständlichkeit und Wartbarkeit von Code zuträglich sind, überläßt das Buch gerne dem Leser. In diesem Sinne möge dieser bitte alle Erklärungen zu Namenskonventionen nicht als Parteinahme für eine bestimmte Richtlinie begreifen.

C.3 Allgemeine Empfehlungen bei Vergabe von Bezeichnern

Die nachstehenden Erläuterungen bieten eine Zusammenfassung und einen gestrafften Überblick über die bekanntesten VBA-Benennungsrichtlinien und die unterschiedlichen Vorstellungen ihrer Urheber. Überschneidungen und Widersprüche der Konventionen untereinander lassen sich bei so einer Betrachtung nicht vermeiden. Die Erläuterungen sollen helfen, eigene Benennungsrichtlinien vor der Codierung von umfangreichen Projekten zu definieren.

C.3.1 Natürliche Sprache der Bezeichner

Bevor man in einem (größeren) Projekt beginnt, eine Anweisung zu codieren, empfiehlt es sich, die natürlichen Sprachen festzulegen, in der die Bezeichner des VBA-Codes geschrieben werden sollen. Sie haben die Wahl, ob Ihre Bezeichner und Ihr Code nur in einer oder in mehreren natürlichen Sprachen verfaßt werden.

Bezeichner in ...	▶ nur in Deutsch ▶ nur in Englisch ▶ nur in einer anderen Sprache ▶ in Deutsch und Englisch (mehrsprachig und/oder Mischform) ▶ in mehreren anderen Sprachen (mehrsprachig und/oder Mischform)
Beispiel:	`Datenfeld, datafield, Datenfield, dataFeld`

1. Wenn Ihre Bezeichner nicht in Englisch, sondern beispielsweise in deutscher Sprache verfaßt werden, hat dies den großen Vorteil, daß Ihre Bezeichner nicht mit den englischen VBA-Schlüsselwörtern oder irgendwelchen englischen Objektnamen kollidieren. Durch die Mehrsprachigkeit erkennen Sie unmittelbar bei der Betrachtung, welche Codebestandteile von Ihnen oder Dritten erstellt wurden, welche zum Sprachkern von VBA oder einer Objektbibliothek gehören.

2. Denken Sie über Sprachkompromisse nach (zum Beispiel Englisch für die Bezeichner, Deutsch für alle Code-Kommentare).

3. Berücksichtigen Sie bei Ihre Wahl den unterschiedlichen Aufbau von natürlichen Sprache. Wenn Sie zum Beispiel Englisch zur Basis Ihrer Bezeichner wählen, werden diese in der Regel viel kürzer sein als im Deutschen.

4. Ohne Zweifel basieren die meisten Bezeichner und Codezeilen in der Welt auf der englischen Sprache. Falls Sie beim Codieren auf Unterstützung angewiesen sind (und wer ist das nicht), werden Sie diese weitaus eher aus weltweiten Programmierergemeinde erhalten, wenn Ihr Code ebenfalls komplett auf der englischen Sprache beruht.

5. Die meisten Konventionen raten davon ab, Bezeichner aus zwei oder mehr natürlichen Sprachen zu bilden (Mischformen wie `Datenfield` und `DataFeld` gelten beispielsweise als absolutes »No-No«).

C.3.2 Terminologie für Bezeichner

Wie wird ein Bezeichner gebildet? Gewöhnlich wird ein vorhandenes Zeichen oder ein vorhandenes Wort aus der Muttersprache oder einer Fachsprache benutzt. Daraus läßt sich unmittelbar eine Anforderung an eine Benennungsrichtlinie ableiten, die wie eine Selbstverständlichkeit anmutet: Sie haben die Wahl, ob Ihr Quellcode sinnvolle, wahllose oder gezielt Wörter aus einer Fachsprache als Bezeichner verwendet.

Als Bezeichner werden ...	▸ sinnvolle Wörter der natürlichen Sprache verwendet. ▸ wahllose Wörter der natürlichen Sprache verwendet. ▸ sinnvolle und wahllose Wörter der natürlichen Sprache verwendet. ▸ die Wörter eine Fachsprache, einer Industrie ... et cetera verwendet.
Beispiel für sinnvolle Bezeichner:	`counter, Zähler, Farbe, colour`
Beispiel für wahllose Bezeichner:	`Sokrates, Microsoft, morgens, the, ein, würg, ächz, ach, bää`
Beispiel für Fachsprache:[14]	`Beitragssatz, Nettobeitrag, Risikobeteiligung, beitragsfrei`

1. Die meisten Namenskonventionen und Fachautoren empfehlen, Bezeichner aus sinnvollen Wörtern einer natürlichen Sprache zu bilden:

   »*Sie sollten übrigens vernünftige Namen vergeben und keine, bei denen Sie nach zwei Wochen nicht mehr wissen, was damit gemeint war. Gedacht wurde an solchen Unsinn wie* `Kaspar`, `dummy` *oder* `xyz`. *Auch* `Daumenlutscher` *wäre ein korrekter Name, aber kein sehr intelligenter!*«[15]

2. Wenn man Code-Kommentare und Objektnamen et cetera bildet, ist es laut [LNC] wichtig, Wörter zu verwenden, die anerkannte und eindeutige Bedeutungen besitzen.[16] Dies empfiehlt sich im Grunde für alle Bezeichner. Es ist beispielsweise nicht zweckmäßig, die Begriffe `Morgenstern` oder `Abendstern`, die dasselbe bedeuten, aber nicht denselben Sinn haben, beliebig als Bezeichner zu wählen (vielleicht wäre `Venus` in diesem Falle eine Alternative).

C.3.3 Wortarten für die Bezeichner

Es empfiehlt sich, explizit auszuwählen, welche Wortarten einer natürlichen Sprache zur Bildung von Bezeichnern genutzt werden sollen. Allerdings kann es auch sinnvoll sein, für

---

14 Die Bezeichner wurden sporadisch in einem Projekt verwendet, daß IBM über mehrere Jahre für die Gothaer Versicherung entwickelt hat (mit besten Grüßen an das IBM-Enwicklungsteam in Niederroden).
15 [MARTI001]: S. 144.
16 [LNC]: »When creating code comments, object names, help files, and system documentation, it is important to use terms that have an accepted and non-ambiguous meaning.«

manche Codekonstrukte keine Wortart festzulegen. Zur besseren Übersicht kann man sich eine Liste anfertigen, in der die verwendeten Wortarten den verwendeten VBA-Codekonstrukten zugeordnet sind.

Für Bezeichner können folgende Wortarten verwendet werden ...	▶ Verbalstil (also Verb, Verb-Verb, Verb-Substantiv ...) für Prozeduren, Funktionen, Methoden und Ereignisse ... ▶ Nominalstil (also Substantiv, Substantiv-Substantiv, Substantiv-Substantiv-n, Substantiv-Verb, Substantiv-Adjektiv ...) für Variable, Konstante, Steuerelemente, Klassen, Objekte, Eigenschaften ... ▶ ... ▶ Gemischte Wortarten
Beispiel Verbalstil:	`open`, `öffne`, `load`, `lade`, `EditRedo`, `BearbeitenWiederherstellen` ...
Beispiel NominalStil:	`counter`, `Zähler`, `LetterContent`, `Cell`, `Bookmark`, `Border`, `EmailAuthor` ...
Beispiel für mehrere Wortarten durchmischt:	`StartOfLineExtend`, `EndnotenUmwZuFußnoten`

1. Die meisten Konventionen gehen davon aus, daß lediglich Hauptwortarten (Verb, Substantiv und Adjektiv) und Präpositionen bei der Benennung von Bezeichnern verwendet werden.

2. Es scheint, daß eine Reihe von Wortarten einer Muttersprache als Bezeichner denkbar ungeeignet sind. Hierzu gehören zum Beispiel Eigennamen, Artikel, Partikel, Adverbien, Präpositionen, Interjektionen, Kommentarwörter und dergleichen mehr.

3. In den Konventionen finden Sie keine einheitlichen und eindeutigen Hinweise darüber, welche Codekonstrukt-Bezeichner aus welchen Wortarten gebildet werden sollen. Allenfalls drei Trends lassen sich ausmachen:

    ▶ Bei den Bezeichnern für Prozeduren, Funktionen, Methoden und Ereignissen überwiegen Verbalphrasen respektive ein Verbalstil, also zum Beispiel `CheckGrammar` (dt. `PrüfeGrammatik`) statt `GrammarChecker` (dt. `Grammatikprüfung`). Häufig wird die Bevorzugung des Verbs in solchen Fällen noch durch eine exponierte Stellung im Bezeichner verstärkt.

    ▶ Bei den Bezeichnern für Variablen, Konstanten, Steuerelementen, Klassen, Objekten, ... und so weiter überwiegen Nominalphrasen respektive ein Nominalstil, also eine Häufung von Substantiven (zum Beispiel `DiagramNodeChildren` (dt. etwa `DiagrammKnotenKind`) statt etwa `SubordinatedNode` (dt. etwa `UntergeordneterKnoten`).

    ▶ Bei den Bezeichnern von Eigenschaften überwiegen Substantive in Verbindung mit Adjektiven oder anderen Wortarten (also zum Beispiel `ActiveWindow`, `EmbedTrueTypeFont`, `GridDistanceVertical` ...).

4. In den Konventionen besteht keine Einigkeit darüber, in welcher Reihenfolge die Wortarten stehen sollen, wenn verschiedene Wörter in einem Bezeichner aus mehr als einer Wortart gebildet sind. So gibt beispielsweise die [MCSNC], sich nur auf Funktionen beziehend, die Anregung:

    »Darüber hinaus sollten Funktionsnamen mit einem Verb beginnen, zum Beispiel `InitNameArray` oder `CloseDialog`.«

Im offiziellen Office 2000 Visual Basic Programmierhandbuch von Microsoft wird diese Regel allgemein auf Prozeduren erweitert und gleichzeitig verwässert, indem sie es dem Programmierer freistellt, welchen Benennungsteil er voranstellt:

»*Beim Benennen von Prozeduren sollten die Namen den Benennungsteil **SubstantivVerb** oder **VerbSubstantiv** aufweisen, so daß der Name eindeutig den Zweck der Prozedur angibt.*«[17]

C.3.4 Bezeichner mit Unterstrich oder Minuszeichen

Die meisten Programmiersprachen und auch VBA erlauben keine Leerzeichen bei der Vergabe eines Bezeichners, der aus mehreren Wörtern bestehen soll. Unterdessen ist die Vergabe von zwei oder mehr Worten als Bezeichner für diverse Codekonstrukte Standard und auch nicht aus dem Programmieralltag wegzudenken. Um die verschiedenen Wörter in einem Bezeichner auseinander zu halten, gab es im Verlauf der Programmiergeschichte verschiedene Lösungen. Eine der ersten war, ein Minuszeichen »-« oder einen Unterstrich »_« zwischen die beiden Wörter zu setzen, also zum Beispiel:

```
Anwendung_Laden
Anwendung-Laden
```

Diese Lösung erwies sich schnell als unpraktisch. Zum einen beherrschten einige der Programmiersprachen in ihren Anfängen gar keine Unterstriche »_« (wie zum Beispiel Pascal), zum anderen führte das Minuszeichen »-« leicht zu Verwechselungen, wenn das Minuszeichen tatsächlich als Operator verwendet wurde. Zur Lösung des Problems verfiel man auf eine bekannte Schreibweise: auf die *Binnenversalie*.

C.3.5 Binnenversalie

Eine Binnenversalie ist ursprünglich ein Großbuchstabe im Wortinnern, wie zum Beispiel in »HörZu« oder »QuickTime« oder »DaimlerChrysler«. Sie hat nicht nur im Bereich von Werbung und Marketing, sondern auch im Zusammhang mit Abkürzungen eine lange Tradition, wie zum Beispiel in »DarlN« (für Darlehensnehmer), »ZusHang« (für Zusammenhang), »NebenBest« (für Nebenbestimmung) und so weiter. Die Binnenversalie entspricht im Deutschen bis auf wenige Ausnahmefälle (beispielsweise in Eigennamen wie »McPherson«) nicht der Rechtschreibung. Berühmt wurde diese Schreibweise im Programmieralltag aber durch einen anderen Namen, nämlich durch den Namen *CamelCase*.

C.3.6 CamelCase- und PascalCase-Schreibweise

Als CamelCase bezeichnet man eine Schreibweise von zusammengesetzten Worten, bei der die einzelnen Worte ohne Zwischenraum, aber jeweils mit einem Großbuchstaben am Anfang geschrieben werden. Also zum Beispiel:

```
AutoTextEntries
AttachedTemplate
GetCrossReferenceItems
```

---

[17] Microsoft Corporation: Microsoft Office 2000 – Visual Basic Programmierhandbuch, Unterschleißheim: Microsoft Press 1999, S. 77.

Die Herkunft des Namens CamelCase ist unklar.[18] Es gibt verschiedene Theorien dazu. Einerseits ähnelt die Schreibweise einem Trampeltier (Kamel) mit seinen zwei Höckern. Es wird auch behauptet, daß der Name von dem Maskottchen der Programmiersprache Perl herrührt (einem Kamel). Und dann gibt es noch ein dritte Spekulation, die weit in die 70er Jahre des vergangenen Jahrtausends hinreicht ... – aber sei dem, wie es wolle. CamelCase existiert in zwei Varianten

- ▶ **upper CamelCase:** Bei diese Variante wird jeder erste Buchstabe eines Wortes in Großbuchstaben geschrieben (zum Beispiel: `EndOfFile`)
- ▶ **lower CamelCase:** Bei dieser Variante wird der erste Buchstabe des Bezeichners klein geschrieben, der erste Buchstabe jedes weiteren verketteten Wortes aber groß (zum Beispiel: `endOfFile`).

Die [ANETFR] von Microsoft definiert die upper-CamelCase-Variante (`EndOfFile`) als *PascalCase* und die lower-CamelCase Variante (`endOfFile`) als reines *CamelCase*. Mit der Definition werden eine ganze Reihe von Empfehlungen verbunden (hierzu weiter unten mehr).

C.3.7 Verwendung Groß-/Kleinschreibung

VBA berücksichtigt die Groß-/Kleinschreibung nicht, behält jedoch die Schreibweise bei, mit der ein Bezeichner deklariert wurde. Wenn Sie sich für eine bestimmte Schreibweise wie CamelCase et cetera entschieden haben, sollten sie dieses konsequent in ihrem Code anwenden. Da VBA die Groß-/Kleinschreibung nicht berücksichtigt, sind Sie in gewissem Sinne auf der sicheren Seite für zukünftige .NET-Entwicklungen. »Schlechte« Codeanweisungen, die in Sprachen vorkommen können, in denen die Groß-/Kleinschreibung berücksichtigt wird, bleiben Ihnen weitestgehend erspart. Eine Code wie

```
void MyFunction(string a, string A)
```

indem sich zwei Variablen nur durch die Groß-/Kleinschreibung unterscheiden, ist in VBA gar nicht möglich. Weiter Hinweise zur Groß-/Kleinschreibung in VBA finden Sie in den nachstehenden Benennungsempfehlungen für diverse Codekonstrukte.

C.3.8 Maximale Anzahl der Zeichen für die Bezeichner

Die Konventionen empfehlen – innerhalb der VBA-spezifischen Grenzen – eine unterschiedliche maximale Anzahl der Zeichen für die Bezeichner. Am besten Stellen Sie sich eine eigene Liste zusammen, und notieren sich die Anzahl der maximalen Zeichen für die unterschiedliche Programmbezeichner, die Sie für sinnvoll halten.

---

18 Es gibt etliche Synonyme zu CamelCase, so zum Beispiel: MixedCase, InterCaps, NerdCaps, BiCapitalized, BumpyCase, HumpBackNotation, InternalCapitalization, StudyCaps, CamelHumpedWord, WordsStrungTogether, WordsRunTogether, CapWords.

Die Länge für einen Bezeichner ...	▶ kann bis zu 255 Zeichen betragen.[18] ▶ soll 15 Zeichen oder weniger betragen.[19] ▶ soll maximal 15 oder 20 betragen.[20] ▶ soll 30 Zeichen oder weniger betragen.[21] ▶ soll 32 Zeichen oder weniger betragen.[22] ▶ soll eine andere Anzahl Zeichen betragen.
Beispiel für die maximale Länge von Bezeichnern (inkl. möglicher Präfixe und Suffixe) ...	Variablen: 20 Zeichen Konstanten: 20 Zeichen Prozeduren: 55 Zeichen Argumente: 20 Zeichen Klassen: 30 Zeichen Objekte: 30 Zeichen Methoden: 55 Zeichen Eigenschaften: 20 Zeichen Benutzerdatentypen: 20 Zeichen Steuerelemente: 30 Zeichen ...

1. VBA erlaubt Bezeichner, die bis zu 255 Zeichen lang sind. Daß aber Bezeichner mit einer Länge von über 60 bis 70 Zeichen dem Leseprozeß und der Lesbarkeit von Code abträglich sind, weiß nicht nur der gesunde Menschenverstand, es läßt sich heute sogar empirisch beweisen. Leider fließen die Erkenntnisse der Textlinguistik, der experimentellen und der kognitiven Psychologie beim Bau einer formellen Sprache wie VBA und bei der alltäglichen Codierung so gut wie gar nicht ein. Dabei liegen Erkenntnisse vor, die die Diskussionen über die optimale Codegestaltung durchaus tangieren. Beispielsweise weiß man, ...

   ▶ daß Menschen drei bis zehn Zeichen, also ein bis zwei Bezeichner mit einem Mal erfassen
   ▶ daß längere Bezeichner eher fixiert werden als kurze
   ▶ daß die Fixierung meistens in der Bezeichnermitte liegt
   ▶ daß das Deutsche eine mittlere Bezeichnerlänge von neun Zeichen besitzt
   ▶ daß eine Codezeile mit mehr als fünf bis sieben Bezeichnern (bei maximal 63 Zeichen je Zeile) den Leseprozeß massiv erschwert
   ▶ ... und so weiter.

2. Statt sich auf wissenschaftliche Erkenntnisse zu verlassen, wird die Begrenzung auf eine bestimmte Anzahl von Zeichen für Bezeichner oft hardwaretechnisch begründet:

---

19 [LNC]-Vorschlag für die maximale Länge von Prozedurnamen.
20 [LNC]-Vorschlag für eine Kurzbezeichnung von Abfrage-/Tabellennamen. Wenn die Anzahl der Zeichen auf 15 oder weniger beschränkt wird, kann der gesamte Abrage-/Tabellenname gemäß der Voreinstellung im oberen Entwurfsbereich für Abfragen (MDB) in Access dargestellt werden.
21 [LNC]-Vorschlag für die maximale Länge von Variablennamen.
22 [LNC]-Vorschlag für die maximale Länge von Tabellennamen und anderen Objektnamen.
23 [MCSNC]-Vorschlag für die maximale Länge von Variablennamen.

»Allgemein kann gesagt werden, dass Variablennamen, die länger als 32 Zeichen sind, schwer auf einem VGA-Bildschirm zu lesen sind.«[24]

Daß die Hardware von Arbeitsplatz zu Arbeitsplatz varriert und sich im Laufe der Zeit wandelt, bleibt bei diesen Begründungsversuchen leider unberücksichtigt.

C.3.9 Abkürzungen und minimale Anzahl der Zeichen für die Bezeichner

Wählen Sie aus, ob in Ihrem VBA-Code *einzelne* Zeichen einer natürlichen Sprache als Bezeichner erlaubt sind. Legen Sie auch fest, wie groß die Anzahl der Zeichen für einen Bezeichner *mindestens* sein muß. Differenzieren Sie, falls erforderlich, die Anzahl der minimalen Zeichen für die unterschiedliche Programmbezeichner.

Einzelne Zeichen für einen Bezeichner ...	▶ sind erlaubt. ▶ sind nicht erlaubt. ▶ sind in speziellen Fällen erlaubt.
Beispiel für einzelne Zeichen:	i, I oder x ...
Beispiel für die minimale Länge von Bezeichnern (inkl. möglicher Präfixe und Suffixe) ...	Variablen: 4 Zeichen Konstanten: 4 Zeichen Prozeduren: 10 Zeichen Argumente: 4 Zeichen Klassen: 10 Zeichen Objekte: 10 Zeichen Methoden: 4 Zeichen Eigenschaften: 4 Zeichen Benutzerdatentypen: 4 Zeichen Steuerelemente: 4 Zeichen ...

Weil ganze Wörter oder bekannte Akronyme einer natürlichen Sprache »sprechender« als einzelne Zeichen sind, empfehlen viele Konventionen und Fachautoren, keine einzelnen Zeichen als Bezeichner zu verwenden.

»...Single-character variable names ... aren't allowed.«[25]

»... Einfache Bezeichner wie x *oder* y *und so weiter sind wenig aussagefähig. Besser wäre eine Wahl wie* intFarbe, dblGehalt, strVorname *und so weiter. Nur Zählervariablen von Schleifen werden meistens Kurznamen gegeben.«*[26]

---

24 [MCSNC]
25 [LNC]
26 Kühnel, Andreas: VB.NET. Bonn: Galileo Press GmbH 2002, S. 79.

»... Bei der Wahl des Variablennamens sollten Sie darauf achten, daß dieser die Funktion der Variablen so gut wie möglich beschreibt. Namen wie `PcntProfit` *sind aussagekräftiger als* `X` *oder* `Y` *...«* [27]

Die [ANETFR] geht noch weiter und schlägt folgende, sich teilweise selbst widersprechende Regeln vor, um Verwirrung zu vermeiden und sprachenübergreifende Anwendung zu gewährleisten:

»Verwenden Sie keine Abkürzungen oder Zusammenziehungen als Bestandteile von Bezeichnernamen. Verwenden Sie beispielsweise `GetWindow` *anstelle von* `GetWin`.

Verwenden Sie keine Akronyme, die im Bereich Computertechnologie nicht allgemein akzeptiert sind.

Verwenden Sie, falls sinnvoll, gängige Akronyme anstelle von wortreichen Formulierungen. Beispielsweise können Sie statt Benutzerschnittstelle (User Interface) `UI` *und statt Online Analytical Processing* `OLAP` *verwenden.*

Wenden Sie bei der Verwendung von Akronymen die Pascal- oder die Camel-Schreibweise für Akronyme an, die länger als zwei Zeichen sind. Beispiel: `HtmlButton` *oder* `HTMLButton`. *Schreiben Sie jedoch Akronyme, die nur aus zwei Zeichen bestehen, in Großbuchstaben. Beispiel:* `System.IO` *und nicht* `System.Io`.

Verwenden Sie keine Abkürzungen in Bezeichnern oder Parameternamen. Falls sich die Verwendung von Abkürzungen nicht vermeiden läßt, verwenden Sie die Camel-Schreibweise für Abkürzungen, die aus mehr als zwei Zeichen bestehen, auch wenn dies der Standardabkürzung für dieses Wort zuwiderläuft.«

C.3.10 Die Rolle der Projektdokumentation für die Bildung von Bezeichnern

Die [LNC]s und anderen Konventionen empfehlen, eine Liste oder ein Glossar mit den Standard-Termini anzufertigen, die im Rahmen einer spezifischen Software- oder Programmentwicklung genutzt werden sollen.[28] Aus den Termini einer derartigen Liste kann man leicht zweckmäßige Bezeichner für den Code ableiten. So eine Liste könnte beispielsweise folgendermaßen aufgebaut sein:

Engl. Terminus	Dt. Terminus	Akronym	Beschreibung
business object	Geschäftsobjekt	BO	Ein Geschäftsobjekt dient zur Definition einer Geschäftslogik. In einem Geschäftsobjekt wird die spezifische Geschäftslogik in Validierungs- und Aktionsmethoden abgelegt.

---

27 Harris, Matthew: Visual Basic for Applications 5 in 21 Tagen. Haar bei München: Sams 1998, S. 145.
28 [LNC]: »You should build a list of standardized terms for your specific industry or application to ensure consistency.«

Engl. Terminus	Dt. Terminus	Akronym	Beschreibung
data access object	Datenzugriffsobjekt	DZO	Alle Zugriffe auf Daten innerhalb eines Geschäftsobjektes erfolgen über Datenzugriffsobjekte (DZO). Ein DZO ist ...
...	...	...	...

Mögliche Ableitungen für Bezeichner wären hier etwa:

```
BOInitialize
DZOGetNames
...
```

C.4 Die ungarische Notation

Bevor mit der unverbindlichen Benennung von VBA-Codekonstrukten fortgefahren wird, ist ein kleiner Exkurs über die ungarische Notation [HN] notwendig. Nahezu alle anderen Konventionen für die VBA-Welt sind in der einen oder anderen Form aus ihr abgeleitet. Und die meisten Code-Texte und VBA-Bezeichner werden auf Basis der [HN] niedergeschrieben. Ein Grundwissen über die [HN] gehört zur Allgemeinbildung jedes VBA-Programmierers. Auch wenn Microsoft mit .NET eine kopernikanische Wende vollzogen hat und im Gegensatz zu früher nicht mehr zur Anwendung der Konvention rät, wird sie wohl kaum ohne weiteres verschwinden. Zu viele Entwickler haben sich im Laufe der Jahrzehnte an die [HN] gewöhnt, zu viele verwenden sie, wenn auch in leicht abgewandelter Form, intuitiv in .NET weiter. Außerdem gibt es Bestrebungen, die [HN] auch in neue unverbindliche Konventionen für .NET-Welt einfließen zu lassen. Mit anderen Worten: *Never change a winning team.*

Der Umgang mit der Syntax der [HN] fällt nur beim Neueinstieg schwer. Ihr großer Erfolg beruht darauf, daß sie nur wenige Prämissen kennt und daß man die genaue Schreibweise in übersichtlichen Tabellen schnell nachschlagen kann. Nach einer Eingewöhnungsphase gerät sie unterdessen schnell zur zweiten Natur.

Syntax der ungarischen Notation

Ad rem. Die Syntax der ungarischen Notation wird nahezu in jeder späteren Konvention aufgegriffen. Sie wird beispielsweise folgendermaßen angegeben (eckige Klammern zeigen optionale Bestandteile):

```
'Laut [RVBA]:
[Präfix]Kürzel[BasisName[Suffix]]
```

```
'Laut [LNC]:
[Präfix(e)]Kürzel[BasisName][Qualifizierer][Suffix]
```

▶ »Präfix« ist eine Vorsilbe und steht für eine optionale Erweiterung des »Kürzels«, um Meta-Informationen anzuzeigen (Gültigkeitsbereich, Lebensdauer ...). Das Präfix wird gemäß [HN] und abgeleiteter Konventionen immer kleingeschrieben und ist in der Regel ein oder zwei Zeichen lang. Zum Beispiel könnte eine Zeichenfolgen-Variable, die im Deklarationsbereich als `Public` deklariert ist, das Präfix g für »global« erhalten. Manche Notation billigen die Kombination von verschiedenen Präfixen. Welches Präfix unter welchen Umständen für welches Codekonstrukt in Frage kommt, kann man je nach Notation einer oder mehreren Einträgen in Notations-Tabellen entnehmen. Weiter unten in diesem Kapitel finden Sie dazu einige Beispiele.

- »Kürzel« (engl. *tag*) stellt eine kurze Zeichenkette dar, die den Typ (Datentyp, Objekttyp ...) des jeweiligen Codekonstrukts anzeigt. Ein Kürzel wird immer klein geschrieben und ist etwa drei, vier Zeichen lang. In der objektorientierten Programmierung sollte man über das »Kürzel« die Klasse identifizieren können, auf die eine Objektvariable refenziert. Um dies zu bewerkstelligen, können Sie für das Kürzel eine mnemonische Schreibweise verwenden, die die Bedeutung erkennen läßt, zum Beispiel `frm` für »**form**« oder für »**UserForm**«. Auch zum Typ gibt es Listen, die bestimmte Buchstabenkombinationen und Akronyme favorisieren. Weiter unten in diesem Kapitel finden Sie einige Beispiele.

- »BasisName« steht für ein oder mehrere optionale Wörter, die anzeigen, was das jeweilige Codekonstrukt (Variable, Objektvariable ...) repräsentiert. Für das oder die Wörter wird in der Regel die Upper-CamelCase-Schreibweise empfohlen, das heißt, der erste Buchstabe jedes Wortes in »BasisName« wird groß geschrieben (PascalCase lt. Microsoft, siehe oben). Das Basisname ist der eigentliche Name, den Sie auch hinschreiben, wenn Sie sich an keine Codekonventionen halten.

- »Suffix« (»Qualifizierer«) ist eine Nachsilbe und steht in den meisten Konventionen für eine zusätzliche optionale Meta-Information, meist für eine »Qualifizierung«. Ein Qualifizierung erteilt beispielsweise Auskunft über den speziellen Kontext, in dem das zu bezeichnende Objekt oder die zu bezeichnende Variable verwendet wird. Aus diesem Grunde ist in den meisten Konventionen die »Suffix« ein Synonym für »Qualifizierer«. Der erste Buchstabe jedes Wortes im Suffix wird groß geschrieben. Listen mit Standard-Suffixes finden Sie weiter unten in diesem Kapitel.

Beachten Sie: Im Gegensatz zu den meisten anderen Konventionen unterscheidet die [LNC] zwischen »Qualifizierer« und »Suffix«. Für die [LNC] ist der »Qualfizierer« das, was andere Konventionen »Suffix« nennen (und was eben besprochen wurde). Unter »Suffix« versteht die [LNC] dagegen eine weitere Meta-Information, die nicht unbedingt etwas über das zu bezeichnende Code-Konstrukt aussagt. Statt dessen könnte in der Suffix Meta-Informationen über die Firma, das Projekt, das Entwicklungsteam, den Stand, das Land oder dergleichen untergebracht werden. [LNC] empfiehlt. für *diese* Suffix Großbuchstaben zu verwenden und sie gegebenenfalls vom restlichen Bezeichner durch einen Unterstrich abzugrenzen.

Präfix	Kürzel	BasisName	Qualifizierer	Suffix	Bezeichner
g	int	SchriftAnzahl	Max		`gintSchriftAnzahlMax`
m	lngc	Einzug	First	_GR	`mlngcEinzugFirst_GR`
	str	KundenName			`strKundenName`
	frm	Druckerauswahl			`frmDruckerauswahl`
	cur	EuroBetrag	Best		`curEuroBetragBest`

Beispiel

Unterschiedliche Interpretation der [HN]

Die unterschiedlichen Konventionen, die auf der [HN] aufsetzen, haben diese unterschiedlich interpretiert. Als Syntax empfiehlt die [MCSNC] beispielsweise:

```
'Laut [MCSNC]:
[Präfix]Textkörper[Qualifizierer[Suffix]]
```

Wenn Sie diese Syntax mit den oben dargestellten vergleichen, werden Sie feststellen, daß die [MCSNC] nicht zwischen »Präfix« und »Kürzel« differenziert (wie das [LNC] und [RVBA] tun). Unter »Präfix« subsumiert die [MCSNC] sowohl die Verwendung (also den Typ) als auch die Gültigkeit eines Codekonstrukts. Außerdem ist für die [MCSNC] der »Textkörper« (»Basisname«) der notwendige Teil des Bezeichners, während für [LNC] und [RVBA] das »Kürzel« (also die Bezeichnung für den Typ) der wirklich benötigte Teil eine Bezeichners ist – und der »Basisname« lediglich optional anzugeben ist. Die Unterschiede sind im Grunde für VBA marginal, da bei der heutigen VBA-Programmierung sprechende Bezeichner meist aus Kürzel *und* Basisname gebildet werden.

C.5 Benennung von Variablen

Im vorigen Abschnitt haben Sie gelesen, daß Bezeichner aus den Bestandteilen Präfix, Kürzel, Basisname und Suffix zusammengesetzt werden können. Diese Konvention wird nun auf die tragenden Teile eines VBA-Programms angewendet, nämlich auf die Variablen.

C.5.1 Präfixe bei Variablen

Die Präfixe für VBA-Variablen können in zwei Kategorien eingeteilt werden:

▶ Präfixe für Gültigkeitsbereich/Lebensdauer
▶ Andere Präfixe

Präfix für den Gültigkeitsbereich

Wenn Sie die nachstehenden Notationen für den Gültigkeitsbereich verwenden, so stellen Sie diese immer an den Anfang des Variablennamens, auch vor allen anderen Präfixen:

VBA-Präfix	Alter. Präfix	Gültigkeitsbereich, Lebensdauer	Beispiel
Verwenden Sie kein Präfix für lokal auf Prozedurebene mit `Dim` *deklarierte Variablen!*			
s	st	`Static`: Einige Notationen empfehlen dieses Präfix für Variablen, die lokal in einer Prozedur mit dem Schlüsselwort `Static` deklariert werden.	sintZähler
m	l	`Dim` oder `Private`: Einige Notationen empfehlen dieses Präfix für Variablen, die im Deklarationsbereichs eines Moduls mit `Dim` oder `Private` deklariert werden.	mstrPfad
p	g, G	`Public`: Einige Notationen empfehlen dieses Präfix für Variablen, die im Deklarationsbereichs eines Moduls mit `Public` deklariert werden.	pstrMeldung
Hinweis: Das Präfix »p« ersetzt das veraltete Präfix »g«, welches früher mit dem Schlüsselwort `Global` verwendet wurde. Das Schlüsselwort `Global` ist aber nur noch aus Gründen der Abwärtskompatiblität in VBA vorhanden und sollte nicht mehr verwendet werden.			

Ergänzend zum Gültigkeitsbereich werden andere Präfixe empfohlen, um eine Variable genauer zu charakterisieren. **Andere Präfixe**

VBA-Präfix	Bedeutung	Beispiel
a, arr	Einige Notationen empfehlen dieses Präfix, um eine Variable zu bezeichnen, die als Datenfeld (Array) deklariert ist (betrifft auch Datenfeld-Parameter bei Prozeduren und Funktionen).	aintFontSize astrNames arrstrFontList
c	`Const`: Einige Notationen empfehlen dieses Präfix für Konstanten, die mit der `Const`-Anweisung definiert werden.	cdblPi
e	Einige Notationen empfehlen dieses Präfix, wenn eine Variable ein Element einer Auflistung ist. Solche Variablen sind meist Teil eines `For-Each-Next`-Schleifen-Konstrukts.	eoFolder
i	Einige Notationen empfehlen dieses Präfix, um eine Variable zu bezeichnen, die als Index in einem Datenfeld (Array) oder als Zähler in einer `For-Next`-Schleife fungiert.	iaintFontSize iastrNames
n	`Optional`: Einige Notationen empfehlen dieses Präfix für Variablen, die als `Optional`-Parameter in einer Prozedur deklariert sind.	nstrPfad
o	Einige Notationen empfehlen dieses Präfix vor einer Objektvariablen, die auf einen COM-Server via late binding (`As Object`) referenziert, während das »Kürzel« den Typ des Servers bezeichnet.	oxlsapp
r	`ByRef`: Einige Notationen empfehlen dieses Präfix für Variablen, die Parameter (Argumente) in Prozeduren sind und als »by references« (`ByRef`) deklariert sind, oder nicht deklariert sind, sondern standarmäßig durch VBA als `ByRef` übergeben werden.	rarrstrFontList
t	Einige Notationen empfehlen dieses Präfix, um eine Variable zu beschreiben, die als benutzerdefinierte `Type`-Struktur deklariert ist. Die Variable sollte nach diesen Notationen den »Basisnamen« von der Original-Deklaration des Types »vererbt« haben.	tFileTime
v	`ByVal`: Einige Notationen empfehlen dieses Präfix für Variablen, die die Parameter (Argumente) in Prozeduren sind und als »by value« (`ByVal`) deklariert sind.	varrstrFontList

C.5.2 Kürzel bei Variablen

In der nachstehenden Tabelle werden gebräuchliche Kürzel für Variablen aufgelistet.

VBA-Kürzel	Alternative Kürzel	[HN]-Kürzel	Datentyp	Beispiel
bol	bool, bln, l, f	b	Boolean	blnFlag
byt	byte		Byte	bytBasis
cur	y	c	Currency	curCurrentValue
dbl	b	d	Double	dblValue
dec			Decimal	decTotal
dat	date, dtm, dte, t	dt	Date	datBirthDay
int	i	n	Integer	intCounter
lng		l	Long	lngZähler
obj	o	o	Object	objMitarbeiter
sng		f	Single	sngStart
str		s	String	strInput
stf	strf		String (mit fester Länge)	stfEingabe
var	v, vnt	vnt	Variant	varGesamtdauer
Ähnliche Codekonstrukte				
ccc			Bedingte Kompiler-Konstanten	cccWordVersion
err	er	e	Fehler (Error)	intErr
typ	tp, udt	t	Type (benutzerdefiniert, Strukturtyp)	typFileTime
u			Unbekannt, vorzeichenlose Zahl	uReturnValue

C.5.3 Basisname bei Variablen

Die Basisnamen für Variablen müssen sich an die verbindlichen Namensregeln gemäß VBA-Spezifikation halten.[29] Weitere, unverbindliche Hinweise zur Bildung von Bezeichnern, die auch den Basisnamen von Variablen betreffen, sind oben im Abschnitt 35.3 »Allgemeine Empfehlungen bei Vergabe von Bezeichnern« aufgelistet, so daß sich hier weitere Erläuterungen erübrigen.

---

[29] Siehe Abschnitt 9.5 »Verbindliche Namensregeln gemäß VBA-Spezifikation« ab Seite 362.

C.5.4 Suffixe und Qualifizierer bei Variablen

Da sich die Suffixe oder Qualifizierer von Variablen nicht von denen andere Codekonstrukte unterscheiden, ist zu diesem Thema gleich nachstehend ein eigener Abschnitt verfaßt.

C.6 Nachsilben (Suffixe, Qualifizierer)

Bezeichner von Variablen, Konstanten, Argumenten oder Prozeduren, die sie sich auf eine verwandte Quantität oder Qualität beziehen, wurden weltweit ohne förmliche, offizielle Abmachung von den unterschiedlichsten Entwicklern ähnlich deklariert. Simonyi, Reddick und andere schlugen vor, für diese Bezeichner allgemeine Nachsilben (Suffixe, Qualifizierer) einzuführen. Der Vorteil der Nachsilben liegt auf der Hand: In nahezu jeder Entwicklungsumgebung werden die Codeteile eines Programms in irgendwelchen Listenfeldern oder TreeViews *alphabetisch* aufgelistet. Und wer beispielsweise die Quantität/Qualität von verwandten Variablen an erster Stelle oder gleich nach dem Verb in einem Namen positioniert (`strFirstDatum`, `strLastDatum` ...), wird diese Variablen in den Listen der Entwicklungsumgebung bei größeren Programmen trotz identischer Präfixe und/oder Kürzel schnell nicht mehr direkt untereinander angezeigt bekommen.

Ganz anders bei der Verwendung von Nachsilben: Die Variablen `strDatumFirst` und `strDatumLast` werden auch in umfangreichen Projekten nahe beieinander oder direkt untereinander aufgelistet, weil ihre Namen mit denselben acht Zeichen beginnen. Heute haben sich nicht zuletzt aufgrund von [RVBA] und [MCSNC] weltweit folgende generelle Suffixe – natürlich in Anlehnung an die englische Sprache – durchgesetzt:

Suffix	Beispiel	Beschreibung
`Min`	`intZoomMin`	Absolut erstes Element, das räumlich, zeitlich, mengenmäßig o.ä. nicht unterschritten werden darf, in einem Datenfeld, einer Liste oder einer beliebigen anderen Aufzählung, (unterster, niedrigster Extremwert, Minimalwert).
`First`	`intEinzugFirst`	Erstes Element [engl. first element] in einem Datenfeld, einer Liste, einer Gruppe oder einer anderen Aufzählung während der aktuellen Operation (Anfang der Reihe, der Zählung nach)
`Last`	`strAutorLast`	Letztes Element [engl. last element] in einem Datenfeld, einer Liste, einer Gruppe oder einer anderen Aufzählung während der aktuellen Operation (Ende der Reihe, der Zählung nach)
`Lim`	`lngErrorLim`	Obere Grenze von Elementen in einem Datenfeld, einer Liste oder einer anderen Aufzählung (Limit, Obergrenze, Höchstgrenze, `Last`+1). Der Wert einer `Lim`-Variablen ist selber kein gültiger Index respektive kein Element einer Aufzählung.
`Max`	`lngSchachtMax`	Absolut letztes Element, das räumlich, zeitlich, mengenmäßig o.ä. nicht überschritten werden darf, in einem Datenfeld, einer Liste oder einer beliebigen anderen Aufzählung, (oberster, höchster Extremwert, Maximalwert).

Suffix	Beispiel	Beschreibung
Cnt	intDruckerCnt	Zähler [engl. counter], Zählfeld, Zählelement, Primärschlüssel. Der Zähler wird automatisch oder programmatisch hochgezählt und ist meistens vom Typ Integer oder Long.
Prev	strKundePrev	Vorheriges Element [engl. previous element] in einem Datenfeld, einer Liste, einer Gruppe oder einer anderen Aufzählung während der aktuellen Operation
Next	strKundeNext	Nächstes Element [engl. next element] in einem Datenfeld, einer Liste, einer Gruppe oder einer anderen Aufzählung während der aktuellen Operation
Cur	strKundeCur	Aktuelles Element [engl. current element] in einem Datenfeld, einer Liste, einer Gruppe oder einer anderen Aufzählung während der aktuellen Operation
Save	intAuflösungSave	Wird verwendet, wenn eine Variable einen Wert oder eine Information aufhebt [engl. save] oder verwaltet, die später zurückgestellt werden muß.
Tmp	strTmp	Eine vorübergehende Arbeitsvariable [engl. temp, »Zeitarbeitskraft«], die keine endgültige inhaltliche Bedeutung für die Logik des aktuellen Codeteils besitzt. *»Der Wert einer Tmp-Variablen ist normalerweise nur für eine Gruppe zusammenhängender Anweisungen innerhalb einer einzelnen Prozedur gültig.«*[29]
Scr	strZelleScr	Variable für eine beliebige (Daten-) Quelle [engl. source], meistens in Zusammenhang mit Dst.
Dst	strZelleDst	Variable für ein beliebiges (Daten-)Ziel [engl. destination], meistens in Zusammenhang mit Scr.

C.7 Benennung von Konstanten

Je nach Notation gibt es unterschiedliche Empfehlungen, was die Benennung von VBA-Konstanten anbetrifft.

▶ In [MCSNC] und an anderer Stelle empfiehlt Microsoft Konstanten-Bezeichner, die sich aus mehreren groß geschriebenen, beschreibenden Wörtern zusammensetzen sollen und mit einem Unterstrich zwischen je zwei Wörtern verbunden werden. Also zum Beispiel:

```
DATABASE_PATH
ACCESS_CONNECTSTRING
API_MAX_STRINGBUFFER
SQL_STRING
```

▶ In [RVBA] wird empfohlen, nach einer Präfix für den Gültigkeitsbereich und dem Kürzel für den Typ ein »c« für Constante dem Bezeichner anzufügen. Also zum Beispiel:

```
intcGelb
mintcGelb
```

---

30 Vgl. [MCSNC].

▶ In [LNC] wird empfohlen, ein »c« nach dem Präfix, aber vor dem Kürzel für den Typ einzufügen. Also zum Beispiel:

```
cintGelb
mcintGelb
```

▶ Die [RVBA] offeriert aber auch die Verwendung des Kürzels »con« anstelle von »c«. Also zum Beispiel:

```
conPi
```

C.8 Benennung von Datenfeldern

Die meisten Notationen empfehlen, den Datenfelder-Bezeichnungen (Arrays) die Vorsilbe »a« oder »arr« voranzustellen.

a, arr	Array (Datenfeld-Variable)	arrintFontSizes arrstrNames aMonths

C.9 Benennung von Modulen

Die meisten Notationen empfehlen folgende Vorsilben im Namen eines Moduls, damit auf Anhieb der jeweilige Modultyp ersichtlich ist:

Präfix	Alternative	Steuerelement	Beispiel
frm	usr	Benutzerformular (UserForm)	frmQuerverweis usrMonatskalender
mod	bas	Allgemeines Modul	modSchrift basDeklarationen_Types
cls	c	Klassenmodul	clsPathParser cPrinter
dsr		Designer	dsrWebClass dsrDataEnvironment
doc		Dokument (Document)	docMeinDokument

C.10 Benennung von Steuerelementen

Auch für Steuerelemente, die aus Benutzerformularen plaziert werden, kennen die Notationen »Kürzel«. Diese basieren meist auf den englischen Originalnamen.

C.10.1 Standard-Steuerelemente von Word/VBA aus der Bibliothek fm20.dll

Klasse	Dt. Synonyme	Präfix	Beispiel
CheckBox	Kontrollkästchen	chk	chkReadOnly
ComboBox	Kombinationsfeld, Dropdownlistenfeld	cbo, cmb	cboEnglish cmbEnglish
CommandButton	Button, Befehlsschaltfläche, Schaltknopf	cmd	cmdOk
Frame	Rahmen, Rahmenfeld	fra	fraStyle
Image	Anzeige, Anzeigenfeld, Symbol, Abbildung	img	imgIcon
Label	Bezeichnungsfeld, Beschriftung, Etikett	lbl	lblHelpMessage
ListBox	Listenfeld	lst	lstPolicyCodes
MultiPage	Multiseiten	mlp	mlpPages
OptionButton	Optionsfeld	opt	optGerman
ScrollBar	Bildlaufleiste	scb	scbMyScrollBar
SpinButton	Drehfeld	spn, spd	spnValues spdValues
TabStrip	Register, Registerkarte, Registersteuerelement, Registerkarte	tab	tabMeine
TextBox	Textfeld	txt	txtGetText
ToggleButton	Umschaltfeld, Umschaltfläche	tgl	tglUmschaltfeld

C.11 Zusätzliche Objekt-Vorsilben

VBA in Word kann mit zahllosen Komponenten erweitert werden. Alle diese Komponenten bestehen aus zig Klassen, aus denen Sie in Ihrem Code Objekte erzeugen können. Für die Benennung dieser Objekte empfehlen die meisten Notationen ebenfalls die Verwendung von Vorsilben. In der folgenden Tabelle sind weit verbreitete Vorsilben für Objekte aufgelistet. Anders als in den Notationen üblich, wird in der Liste nicht weiter differenziert, zu welcher Objektbibliothek eine Klasse gehört oder was ein daraus abgeleitetes Objekt eigentlich ist (Steuerelement, Datenzugriffsobjekt, Anwendung, Dialog ...). Lediglich Vorsilben für Datenbank-spezifische Objekte sind in einer gesonderten Tabelle aufgelistet (siehe weiter unten), wobei in seltenen Fällen ein Eintrag in beiden Tabellen sinnvoll erschien.

Klasse (Objekttyp)	Dt. Beschreibung	Präfix
Access.Application	Access-Anwendung	accapp
AccessObject	Access-Objekt	aob
AccessObjectProperties	Access-Objekt-Eigenschaften	aops
ActiveDoc	Aktive Dokument (FoxPro)	acd
Alarm	Alarm-Objekt	alm
AniButton	Animationsschaltfläche	ani
Animation	Animation	anim
Application	Anwendung	app
Band	Band eines CoolBar-Objekts	bnd
Bands	Bänder eines CoolBar-Objekts	bnds
BoundObjectFrame	Gebundener Objektrahmen	bfr
Button	Schaltknopf eines Toolbar-Objekts	btn
ButtonMenu	Toolbar-Menü	bmn
ButtonMenus	Toolbar-Menüs	bmns
Buttons	Schaltknöpfe eines Toolbar-Objekts	btns
Callback	Rückruf-Objekt	calm
Chart	Excel-Diagramm	cht
Clipboard	Zwischenablage	clp
Clock	Uhr	clk
Column	Spalte	grc
ColumnHeader	Spalten-Überschrift eines Listview-Objekts	hdr
ColumnHeaders	Spalten-Überschriften eines Listview-Objekts	hdrs
ComboItem	Ein einzelnes ComboItem eines ImageCombo-Objekts	cbi
ComboItems	ComboItems eines ImageCombo-Objekts	cbis
CommandGroup	Schaltflächengruppe	cmg
CommonDialog	Allgemeiner Dialog	cdl
CommonDialogControl	Standarddialog, allgemeiner Dialog der jeweiligen VBA-Anwendung	dlg
Communications, MSComm	Kommunikation, MSComm-Steuerelement	com
Container	Container	cnt, con

Klasse (Objekttyp)	Dt. Beschreibung	Präfix
Control, UserControl	Steuerelement (unbestimmt, Typ unbekannt, generisch)	ctl, ctr
Controls	Steuerelemente	ctls
CoolBar	CoolBar	cbr
CoolBarPage	Seite eines Coolbar-Objekts	cbp
CustomControl	Zusatzsteuerelment, COM/OLE/ActiveX-Steuerelement	ocx
DAO.DBEngine	DAO-DBEngine-Objekt	daodbe
Data, DataControl	Datensteuerelement	dat
DataAccessPage	Datenzugriffseite	dap
DataObject	Daten-Objekt	dto
DataObjectFile	Daten-Objektdatei	dtf
DBCompo	Datengebundenes Combobox-Objekt	dbc, dbcbo, dcbo
DBGrid	Datengebundenes Grid (Gitternetz, Raster, Datenblatt, Datenraster-Steuerelement)	dbg, dbgrd, dgrd
DBList	Datengebundene Listbox	dls, dbl, dblst, dlst
DirListBox	Listenfeld mit Verzeichnisangaben	dir
DoCmd	DoCmd von Access	dcm
DriveListBox	Listenfeld mit Laufwerksangaben	drv
DTPicker	Datums-/Zeit-Auswahlelement	dtp
EditBox	Editierfeld, Bearbeitungfeld	edt
Excel.Application	Excel-Anwendung	xlsapp, appExcel
Excel.Chart	Excel-Arbeitsmappe mit Chart-Objekt	xlscht
Excel.Range	Excel-Bereich	xlsrng
Excel.Sheet	Excel-Arbeitsmappe mit Arbeitsblatt	xlssht
Excel.Worksheet	Excel-Arbeitsblatt	xlswks
FileListBox	Listenfeld mit Dateiangaben	fil
FlatScrollBar	Flaches Rollbalken-Objekt	fsb
Flip	FlipChart-Objekt	flp
Form, UserForm	Formular, Benutzerformular, Masken, Formularobjekt	frm

Klasse (Objekttyp)	Dt. Beschreibung	Präfix
FormatCondition	Formatkonditionen-Objekt	fcd
FormatConditions	Mehrere Formatkonditionen-Objekte	fcds
Forms	Formulare	frms
FormSet	Formularsatz	frs
Frame	Rahmen	fra
Gauge	Messgerät	gau
Global	Global-Objekt	glb
Graph	Diagramm	gph, gra
Graph.Application	Graph-Anwendung	gphapp
Grid, MsFlexgrid	Gitternetz, Raster, Datenblatt, Grid, Datenraster-Steuerelement	grd
GroupLevel	Gruppentiefe-Objekt	grl
GroupPushButton	Gruppenschaltfläche	gpb
Header	Kopfzeile	grh
HEdit, PenHedit	Stift	hed
HScrollBar, HorizontalScrollBar	Horizontale Bildlaufleiste	hsb
Hyperlink	Hyperlink	hyp, hpl
ImageCombo	Bilderlisten-Objekt	imc
ImageList	Image List	iml
Licenses	Lizenzen-Objekt	lics
Line	Liniensteuerelement, Linie	lin
ListImage	Bilderlisten-Objekt	lim
ListItem	Ein einzelnes Item eines Listview-Objekts	lit
ListItems	Mehrere Items eines Listview-Objekts	lits
ListSubItem	Ein einzelnes SubItem eines Listview-Objekts	lsi
ListSubItems	Mehrere SubItem eines Listview-Objekts	lsis
ListView	ListView-Objekt, Listenansichtsfeld	lvw
MAPIMessage	MAPI-Nachricht	msg, mpm
MAPISession	MAPI-Sitzung	mpspms, mps, ses
MaskEdBox	Maskierte Editier-Textbox	msk

Klasse (Objekttyp)	Dt. Beschreibung	Präfix
MCI	MCI-Steuerelement	`mci`
MDIForm, MDIChildForm	MDI(Kind) Formular	`mdi`
Menu	Menüelement, Menü	`mnu`
MhState, Keyboard	Tastenstatus	`key`
MMControl	Multimedia-Steuerelement	`mmc`
MonthView	Monatsansicht	`mvw`
MSProjekt.Application	Project-Anwendung	`prjapp`
MSProjekt.Project	Project-Projekt	`prjprj`
Node	Knoten eines Treeview-Objekts	`nod`
Nodes	Mehrere Knoten eines Treeview-Objekts	`nods`
OfficeBinder.Binder	Sammelmappe	`bndbnd`
OLEBoundControl	OLE-Steuerelement (gebundenes)	`olb`
OLEContainer, ObjectFrame	OLE-Steuerelement, OLE-Objekt (ungebunden)	`ole`
OptionGroup	Optionsgruppe	`opg`
Outline, QutlineControl	Kontursteuerelement	`out`
Outlook.Application	Outlook-Anwendung	`outapp`
Page	Seite	`pag`
PageBreak	Seitenumbruch	`brk`
PageFrame, PageFiels	Seitenrahmen	`pgf`
PaletteButton	Farbpalette	`pal`
Panel	Grundfläche eines StatusBar-Objekts	`pnl`
Panel	3D-Grundfläche	`pnl3d, pnl3`
Panels	Mehrere Grundflächen eines StatusBar-Objekts	`pnls`
Pen	Stift (Tinte)	`ink`
PicClip	Bildausschnitt	`clp`
Picture, PictureBox	Bildfeld	`pic`
PictureClip	PictureClip-Steuerelement	`pcl`
PowerPoint.Application	PowerPoint-Anwendung	`pptapp`
Printer	Drucker-Objekt	`prt`
ProgressBar	Fortschrittsleiste	`pbr, prb`

Klasse (Objekttyp)	Dt. Beschreibung	Präfix
Properties	Eigenschaften-Objekt	prps
PropertyPage	Eingenschaftsseiten-Objekt	prp
Rectangle	Rechteck	shp
Reference	Referenz	ref
References	Referenzen	refs
Report	Bericht, Crystal Report-Steuerelement	rpt
Reports	Berichte	rpts
RichTextBox	Textbox	rtf
SchedulePlus.Application	Scheduler-Anwendung	scdapp
Screen	Bildschirm	scr
ScreenSaver	Bildschirmschoner	svr
Section	Bereich	sec
Separator	Zwischenraum	sep
Shape	Figurensteuerelement, Form	shp
Slider	Regler	sld
Spinner	Drehfeld, Spin-Schaltfläche	spn
Spreadsheet	Tabellenblatt	spr
SQLOLE.SQLServer	SQL-Server	sqlsvr
StatusBar	Statusleiste	sbr
SubForm	Unterformular	sfr
SubReport	Unterbericht	srp
Tab	Tab in einem TabStrip-Objekt	tab
TabControl	Registersteuerelement	tab
Tabs	Mehrere Tabs in einem TabStrip-Objekt	tabs
TabStrip	TabStrip-Objekt	tbs
Timer	Zeitgeber	tmr
ToolBar	Symbolleiste	tbr
Treeview	Baum, Baumsteuerelement, Strukturansicht	tvw
UserControl	Benutzerdefiniertes Steuerelement	uctl
Visio.Application	Visio-Anwendung	visapp

Klasse (Objekttyp)	Dt. Beschreibung	Präfix
VScrollBar	Vertikale Bildlaufleiste	vsb
Word.Basic	Word-Basic	wrdbas
Worksheet	Arbeitsblatt	wks

C.12 Vorsilben für Datenbank-spezifische Objekte (ODBC, DAO, ADO, Access ...)

In der folgenden Tabelle finden Sie jene Kürzel, die die unverbindlichen Notationen für das Zusammenspiel einer Client-Anwendung wie Word mit Datenbankmanagementsystemen beziehungsweise mit Datenzugriffstechniken empfehlen.

Klasse (Objekttyp)	Dt. Beschreibung	Kürzel
Catalog	Katalog	cat
CheckConstraint	Einschränkungen	rul
Column	Spalte	clm
Columns	Spalten	clms
Command	Kommando	cm, cmn, cmd
Connection	Verbindung	cn, cnn, cnx
Container	»Behälter«, Auflistung	cnt
Containers	»Behälter«, Auflistungen	cnts
Database	Datenbank	db
DatabaseDiagram	Datenbank-Diagramm	dgm
Databases	Datenbanken	dbs
DBEngine	Datenbankmanagesystem	dbe
Default	Voreinstellung	def
Document	Dokument	doc
Documents	Dokumente	docs
Dynaset	Dynaset-Objekt	ds
Error	Fehler-Objekt	er, err
Errors	Fehler-Objekte	errs
Field	Feld	fld, fd
Field	Feld	fld
FieldContainer	Feld-Auflistung	fdc

Klasse (Objekttyp)	Dt. Beschreibung	Kürzel
Fields	Felder	flds
Filter	Filter-Objekt	flt
Filters	Filter-Objekte	flts
ForeignKey	Fremdschlüssel	fk
Form	Datenbank-Formular	frm
Form (dialog)	Dialog-Formular von Datenbank	fdlg
Form (menu)	Menü eines Datenbankformulars	fmnu
Form (message)	Message-Datenbankformular	fmsg
Form (subform)	Unterformular eines Datenbankformulars	fsfr
Form (subreport)	Unterbericht eines Datenbankformulars	rsrp
Group	Gruppe	grp
Groups	Gruppen	grps
Index	Anderer Index	idx, ix
IndexContainer	Index-Auflistung	ixc
Indexes	Indexes	idxs
JetEngine	Jet-Datenbankmanagesystem	jet
Key	Schlüssel	key
Keys	Schlüssel	keys
Macro	Datenbank-Makro	mcr
Macro (menu)	Datenbank-Makromenü	mmnu
Parameter	Parameter	prm, pa
Parameters	Parameter	prms
PrimaryKey	Primärschlüssel	pk
PrivDBEngine	PrivDatenbanksystem	pdbe
Procedure	Prozedur	prc
Procedures	Prozeduren	prcs
Properties	Eigenschaften	prps
Property	Eigenschaft	prp, pr
Query	Abfrage	qry
Query (append)	Anfügeabfrage	qapp

Klasse (Objekttyp)	Dt. Beschreibung	Kürzel
Query (crosstab)	Kreuztabellenabfrage	qxtb
Query (data definition)	SQL-spezifische Abfrage (Datendefinition)	qddl
Query (delete)	Löschabfrage	qdel
Query (form filter)	Abfrage durch auswahlbasierten Filter	qflt
Query (form source)	Abfrage durch Formularbasierten Filter	q[obj]
Query (lookup table)	Abfrage auf eine Lookup-Tabelle	qlkp
Query (make table)	Tabellenerstellungs-Abfrage	qmak
Query (select)	Auswahlabfrage	qsel
Query (SQL pass-through)	SQL-spezifische Abfrage (pass-through)	qspt
Query (union)	SQL-spezifische Abfrage (union)	quni
Query (update)	Abfrage-Update-Objekt	qupd
Querydef	Gespeicherte Definition einer Abfrage	qdf, qrd, qd
Recordset	Objekt mit einer Gruppe von Datensätzen	rst, rs, rec,
Recordsets	Objekt mit einer Gruppen von Datensätzen	rsts
Relation	Relation	rl
Relations	Relations	rls
Replica	Replikation	rpl
Report	Bericht	rpt
SnapShot	Snapshot-Objekt	snp, ss
StoredProcedure	Gespeicherte Prozedur	proc
Table	Tabelle	tbl
Table	Tabelle	tbl, tb, tab
Table (audit log)	Mit einer Kontroll-Tabelle verknüpftes Objekt	tlog
Table (linked Btrieve)	Mit Btrieve-Tabelle verknüpftes Objekt	tbtv
Table (linked dBASE)	Mit dBase-Tabelle verknüpftes Objekt	tdbf
Table (linked Excel)	Mit Excel-Tabelle verknüpftes Objekt	txls
Table (linked FoxPro)	Mit FoxPro-Tabelle verknüpftes Objekt	tfox
Table (linked Lotus 1-2-3)	Mit Lotus-1-2-3-Tabelle verknüpftes Objekt	twks
Table (linked ODBC)	Mit ODBC-Tabelle verknüpftes Objekt	todb
Table (linked Paradox)	Mit Paradox-Tabelle verknüpftes Objekt	tpdx

Klasse (Objekttyp)	Dt. Beschreibung	Kürzel
Table (linked SQL Server)	Mit SQL-Tabelle verknüpftes Objekt	tsql
Table (linked text)	Mit Text-Tabelle verknüpftes Objekt	ttxt
Table (lookup)	Mit einer Lookup-Tabelle verknüpftes Objekt	tlkp
Table (many-to-many relation)	Objekt mit einer Tabelle mit n-zu-n-Beziehung	trel
Table (summary information)	Objekt mit einer Tabelle mit zusammenfassenden Infos	tsum
TableDef	TableDef-Objekt	tdf, td, tbd, tbl
TableLookup	Lookup-Tabelle	tlkp
Tables	Tabellen	tbls
Trigger	Auslöser-Objekt	trg
User	Benutzer-Objekt	usr, us
Users	Benutzer-Objekte	usrs
View	Ansicht	vw
Views	Ansichten	vws
Workspace	Arbeitsbereich	wrk, wsp, wk
Workspaces	Arbeitsbereiche	wrks

Dazu ein paar Beispiele:

dsSalesByRegion	dbAccounts	tblCustomer
mcrUpdateInventory	fldLastName	tbCustomer
ixcNewAge	ixAge	tabCustomer
idxOrderId	tdfBooking	rsPeople
frmfdcCustomerCustomer	tbdBooking	recPeople
fdAddress	tdCustomers	rstPeople
prpUserDefined	rptInsuranceValue	snpParts
qdfPrice	qryOverAchiever	ssForecast
tlkpShipper	wrkPrimary	usrJoe

C.13 Kopfbeschreibungen (Header)

Wer in größeren Entwicklungsprojekten gearbeitet hat, weiß, daß es eine mühsame, aber selbstverständliche Pflicht ist, ein Projekt zu dokumentieren. Ein Teil der Projektdokumentation sind Beschreibungen über die Bedeutung, den Zweck und die Funktionsweise von Modulen, Klassen, Benutzerformularen und Prozeduren. In der Praxis sieht das unter anderem so aus, daß die Entwickler diesen Programmelementen im Code meistens einen auskommentierten »Kopf« (engl. header) voranstellen, in dem alle wichtigen Informationen zu den unmittelbar nachstehenden Codezeilen konzentriert zusammengefaßt sind. Der Header fällt je nach Projekt, Entwickler, Programmteil und -anforderung des Kunden sehr unterschiedlich aus. Manchmal besteht er nur aus einer Zeile, etwa so:

```
'Mit dieser Prozedur wird ein Dokument geöffnet.
```

In anderen Projekten wiederum müssen ganze Romane geschrieben werden.[31] Im folgenden wird ein Header vorgestellt, dessen Struktur die wichtigsten Beziehungen und Anforderungen an ein VBA-Programm verdeutlicht.

Prozedur-Header (Prozedurkopf)

```
'**********************************************************
'Beschreibung : Beschreibung der Prozedur
'
'Parameter    : Parameter,[opt.Param.],(Übergabeparam.)
'--------------
'Verwendete ...
'  API-Aufrufe: DLL-Namen
'  Verweise   : Bibliotheksnamen
'  Funktionen : Benutzerdefinierte Namen von Funktionen
'  Klassen    : Namen der Klassen
'  Types      : Namen der Type-Strukturen
'  Enums      : Namen der Enumerationen
'  Konstanten : Namen der Konstanten
'--------------
'Annahmen     : Externe Voraussetzungen
'Rückgabe     : Datentyp
'Revisionsverlauf ...
'  Datum:      Entwickler:    Aktion:
'  TT.MM.JJJJ  Entwicklername Arbeit des Entwicklers
'--------------
'Quellen      : Internet u. Buchreferenzen
'**********************************************************
```

Header-Konventionen

Natürlich sind Sie nicht an dieses Beispiel gebunden. Nur eines sollten Sie nicht tun: Auf Kopfinformationen zu verzichten. Es ist dann nur eine Frage der Zeit, bis Sie Ihren eigenen

---

31 Dies fällt häufig den leitenden Projektmitarbeitern ein. Sie spekulieren darauf, daß man Zeit und Redakteure einsparen könnte, wenn man die Kopfinformationen gleich noch als Online-Hilfe, Handbuch, Kundenbroschüre und weiß der Teufel was benutzt. Natürlich funktioniert das nicht. Die meisten Programmierer haben keinen blassen Dunst von Orthographie, geschweige den vom Schreiben eines normalen Textes oder gar von ihrer Muttersprache. In dem sie dazu angehalten werden, ausführliche »Kopfromane« zu verfassen, hält man sie nur von der eigentlichen Arbeit der Entwicklung ab, was sich erfahrungsgemäß negativ auf das gesamte Projekt auswirkt.

Code nicht mehr lesen können und sich die Frage stellen: »Was habe ich da eigentlich programmiert?« Folgende Konventionen haben sich in der Praxis bewährt haben:

1. »*Prozeduren und Funktionen sollten durch einen kurzen Kommentar eingeleitet werden, der ihre Funktion beschreibt. Implementationsdetails sollten darin aber nicht enthalten sein.*«[32]

2. »*Kommentare, die ein Modul oder eine Prozedur einleiten, sollten stets aus mehreren Zeilen bestehen, die sich optisch klar im Programmlisting absetzen.*«[33]

3. »*Parameter, die einer Routine übergeben wurden, sollten beschrieben werden, wenn ihre Funktionen nicht offensichtlich sind, und wenn die Parameter in der Routine in einem bestimmten Bereich liegen müssen.*«[34]

4. Bei der Vergabe eines Namens sollte man sich nach Möglichkeit auf die deutschen (mit Umlauten) oder nur auf den englischen Zeichen- und Ziffernsatz des ASCII-Codes (inklusive Unterstrich) beschränken. Auch wenn grundsätzlich beispielsweise Bezeichner wie ©§½£ erlaubt sind.

---

[32] Monadjemi, Peter: Office 2000 Developer Edition. München: Markt und Technik 2000, S. 970. Monadjemi bezieht sich hier offensichtlich auf die MCSNC. Dort heißt es wörtlich: »*Alle Prozeduren und Funktionen sollten mit einer kurzen Beschreibung der funktionalen Merkmale der Routine (was sie tut) beginnen. Diese Beschreibung sollte keine Implementierungsdetails enthalten (wie sie etwas tut), da diese sich oftmals noch ändern, so daß Sie sich diesen Aufwand sparen können, zumal sich sonst auch fehlerhafte Kommentare einschleichen können.*«

[33] Ebd., S. 970.

[34] Vgl. [MCSNC].

D Literaturverzeichnis

*»Dieser Strom der Literatur wird nun, immer sich
erneuernd, fortquellen, und jede neue Welle wird die
vorhergehende verdrängen (...)«
Johann Gottlieb Fichte[1]*

D.1 Literatur

[ADAMS001]
  Adams, Douglas: Per Anhalter durch die Galaxis. Frankfurt a. M., Berlin: Ullstein 1990.

[ARIST001]
  Aristoteles: Metaphysik, Aus: Digitale Bibliothek Band 2: Philosophie, [CD-ROM] Berlin: Directmedia 1998.

[BRAND001]
  Brandt, Christian: Ja Kleine, Aus: Nagelprobe 5. Frankfurt a.M.: Suhrkamp Verlag 1988.

[ENZEN001]
  Enzensberger, Hans Magnus: Die Gedichte. Frankfurt am Main: Suhrkamp Verlag 1983.

[DEMOK001]
  Demokrit aus Abdera: Fragmente. Aus: Digitale Bibliothek Band 2: Philosophie, [CD-ROM] Berlin: Directmedia 1998.

[FEUER001]
  Feuerbach, Ludwig: Über das »Wesen des Christentums« in Beziehung auf den »Einzigen und sein Eigentum«. Aus: Digitale Bibliothek Band 2: Philosophie, [CD-ROM] Berlin: Directmedia 1998.

[FICHTE001]
  Fichte, Johann Gottlieb: Die Grundzüge des gegenwärtigen Zeitalters. Aus: Digitale Bibliothek Band 2: Philosophie, [CD-ROM] Berlin: Directmedia 1998.

[GOETH001]
  Goethe, Johann Wolfgang von: Der Zauberlehrling. Aus: Goethes Werke. Bd. I, Gedichte und Epen I. (Hamburger Ausgabe). München: C.H. Beck'sche Verlagsbuchhandlung 1981.

[GOLLY001]
  Goll, Yvan: Atom Elegie. Aus: Dichtungen. Darmstadt: Luchterhand Verlag 1960.

[GRIMM001]
  Grimm, Matthias: Zwei Extreme der Empfindsamkeit: Ein Vergleich zwischen »Die Leiden jungen Werthers« von J.W. Goethe und »Siegwart: Eine Klostergeschichte« von J.M. Miller. Frankfurt am Main: 1998.

---

1 [FICHTE001]: S. 34477.

[HEGEL001]
Hegel, Georg Wilhelm Friedrich: Vorlesungen über die Geschichte der Philosophie. Frankfurt am Main: Suhrkamp Verlag 1999.

[HEINE001]
Heine, Heinrich: Französische Zustände. Aus: Digitale Bibliothek Band 1: Deutsche Literatur. [CD-ROM] Berlin: Directmedia 2000.

[HOBBE001]
Hobbes, Thomas: Grundzüge der Philosophie. Aus: Digitale Bibliothek Band 2: Philosophie, [CD-ROM] Berlin: Directmedia 1998.

[HOFST001]
Hofstadter, Douglas R.: Gödel, Escher, Bach: Ein endlos geflochtenes Band. Stuttgart: Klett-Cotta 1986.

[KANTI001]
Kant, Immanuel: Beantwortung der Frage: Was ist Aufklärung? In: Kant Werke, Bd. VI, Schriften zur Anthropologie, Geschichtsphilosophie, Politik und Pädagogik. Darmstadt: Wissenschaftliche Buchgesellschaft 1983.

[KANTI002]
Kant, Imannuel: Kritik der reinen Vernunft. In: Kant Werke, Band II. Darmstadt: Wissenschaftliche Buchgesellschaft 1983.

[KANTI003]
Kant, Imannuel: Der einzig mögliche Beweisgrund zu einer Demonstration des Daseyns Gottes. Aus: Digitale Bibliothek Band 2: Philosophie, [CD-ROM] Berlin: Directmedia 1998.

[KIERK001]
Kierkegaard, Sören: Die Wiederholung. Düsseldorf: Eugen Diederichs Verlag 1955.

[KÜHND001]
Kühn, Dieter: Neithard aus dem Reuental. Frankfurt: 1988.

[LEIBN001]
Leibniz, Gottfried Wilhelm: Neue Abhandlungen über den menschlichen Verstand. Aus: Digitale Bibliothek Band 2: Philosophie, [CD-ROM] Berlin: Directmedia 1998.

[LICHT001]
Lichtenberg, Georg Christoph: Schriften und Briefe II. Sudelbücher 2. Frankfurt: Zweitausendeins 1994.

[MARCA001]
Marc Aurel: Selbstbetrachtungen. Stuttgart: Alfred Kröner Verlag 1973.

[MARCA0002]
Marc Aurel: Meditationen. Aus: Digitale Bibliothek Band 2: Philosophie, [CD-ROM] Berlin: Directmedia 1998.

[MARX0001]
Marx, Karl: Die heilige Familie oder Kritik der kritischen Kritik. Aus: Digitale Bibliothek Band 2: Philosophie, [CD-ROM] Berlin: Directmedia 1998.

[NATOR001]
Natorp, Paul: Platons Ideenlehre. Aus: Digitale Bibliothek Band 2: Philosophie, [CD-ROM] Berlin: Directmedia 1998.

[NIETZ001]
Nietzsche, Friedrich: Die fröhliche Wissenschaft. Aus: Digitale Bibliothek Band 2: Philosophie, [CD-ROM] Berlin: Directmedia 1998.

[ORWEL001]
Orwell, George: 1984. Frankfurt, Berlin, Wien: Ullstein 1976.

[OTTOI001]
Otto, Iris Anna: Salute, Amore, Pesetas. Darmstadt: Kranichsteiner Literaturverlag 1997.

[PASCA001]
Pascal, Blaise (Auswahl von Schneider, Reinhold): Pascal. Frankfurt a.M. und Hamburg: Fischer Bücherei KG 1954.

[PAULJ001]
Paul, Jean: Vorschule der Ästhetik. Aus: Digitale Bibliothek Band 1: Deutsche Literatur. [CD-ROM] Berlin: Directmedia 2000.

[ROUSS001]
Rousseau, Jean-Jacques: Emil oder Ueber die Erziehung. Aus: Digitale Bibliothek Band 2: Philosophie, [CD-ROM] Berlin: Directmedia 1998.

[RUBIN001]
Rubiner, Ludwig: Der Dichter greift in die Politik. Aus: Digitale Bibliothek Band 1: Deutsche Literatur. [CD-ROM] Berlin: Directmedia 2000.

[SCHEL001]
Schelling, Friedrich Wilhelm Joseph: System des transzendenten Idealismus. Aus: Digitale Bibliothek Band 2: Philosophie, [CD-ROM] Berlin: Directmedia 1998.

[SCHOP001]
Schopenhauer, Arthur: Die Welt als Wille und Vorstellung. Aus: Digitale Bibliothek Band 2: Philosophie, [CD-ROM] Berlin: Directmedia 1998.

[SCRIBA001]
Scriba, Nanette: Mit brennender Geduld. [Audio-CD] Büdingen: DIRATON 2001.

[STRUV001]
Struve, Wolfgang: Spuren und Stürze. Aufzeichnung aus Skizzenbüchern 1984 – 1987. Wien: Passagen Verlag 1999.

[WITTG001]
Wittgenstein, Ludwig: Tractatus logico-philosophicus. Logisch-philosophische Abhandlung. Frankfurt am Main: Suhrkamp Verlag 1980.

D.2 Geschichte, Nachschlagewerke, Bulletins, Knowledge Base, Sonstiges

[BROCK001]
Bibliographisches Institut & F.A. Brockhaus AG (Barnert, Sylvia et al.): Fachlexikon Computer. Das umfassende Anwenderlexikon für den gesamten IT-Bereich und alle Plattformen. Leipzig Mannheim: F.A. Brockhaus AG 2003.

[KÜPPE001]
Küppers, Almut: Schulische Lesesozialisation im Fremdsprachenunterricht. Tübingen: Gunter Narr Verlag 1999.

[MENDE001]
Mendelson, Edward: WPDOS. A chronology of WordPerfect versions. [Internet] Revisionsdatum: 01.09.2003. [zitiert: 09.11.2003]. Adresse: http://www.columbia.edu/~em36/wpdos/chronology.html

[MICRO001]
Microsoft Corporation (2003): Microsoft Visual Basic. 10 Jahre Innovation und Produktivität. [Internet] Revisionsdatum: 11.03.2003. [zitiert: 22.11.2003]. Adresse: http://www.microsoft.com/germany/ms/entwicklerprodukte/10jahrevb.htm

[MICRO002]
Microsoft Corporation (2002): Entwicklungsgeschichte von Visual Basic für Applikationen. [Internet] Revisionsdatum: 23.04.2002. [zitiert: 25.11.2003]. Adresse: http://www.microsoft.com/europe/vba/prodinfo/German/

[MICRO003]
Microsoft Corporation (2003): Microsoft Developer Tools Roadmap 2004-2005. [Internet] Revisionsdatum: 29.10.2003 [zitiert: 28.11.2003]. Adresse: http://msdn.microsoft.com/vstudio/productinfo/roadmap.aspx#whidbey

[MICRO004]
Microsoft Corporation (2002): Microsoft Press Computer-Lexikon mit Fachwörterbuch (deutsch-englisch/englisch-deutsch). 7. Auflage, 2003. [Datei: MSPCL.CHM].

[MICRO005]
Microsoft Corporation (2003): Access 2002-Glossar. [Internet] Revisionsdatum: nicht bekannt [zitiert: 04.12.2003]. Adresse: http://office.microsoft.com/assistance/preview.aspx?AssetID=HA010562951031&CTT=4&Origin=CH010422561031

[MICRO006]
Microsoft Corporation (2003): Microsoft Security Bulletin MS03-037. [Internet] Revisionsdatum: 03.09.2003 [zitiert: 08.01.2004]. Adresse: http://www.microsoft.com/germany/ms/technetservicedesk/bulletin/bulletinms03-037.htm

[MICRO007]
Microsoft Corporation (2003): MS Knowledge Base Article – 287567. OFFXP: Anmerkungen zum Deaktivieren von VBA in Office XP. [Internet] Revisionsdatum: 17.03.2003 [zitiert: 08.01.2004]. Adresse:
http://support.microsoft.com/default.aspx?scid=kb%3Bde%3BD287567

[MICRO008]
Microsoft Corporation (2003): Die Geschichte eines Betriebssystems. Windows 1.0 bis Windows 3.x. [Internet] Revisionsdatum: 06.03.2003. [zitiert: 17.01.2004]. Adresse: http://www.microsoft.com/germany/ms/windowsxp/praxis/history/win13.htm

[MICRO009]
Microsoft Corporation (2004): MS Knowledge Base Article – 154544. Beschreibung von ActiveX-Technologien. [Internet] Revisionsdatum: 09.01.2004. [zitiert: 26.01.2004]. Adresse: http://support.microsoft.com/?kbid=154544

[MICRO010]
Microsoft Corporation; Digital Equipment Corporation: The Component Object Model Specification. [Word-Dokument]. Revisionsdatum 24.10.1995, Version 0.9.

[MICRO011]
Microsoft Corporation: MS Knowledge Base Article – 94732. Der Dokument-Vorlagenpfad und die Datei »Normal.dot«. [Internet] Revisionsdatum: 19.08.2003. [zitiert: 15.03.2004]. Adresse: http://support.microsoft.com/default.aspx?scid=kb;de;94732

[MICRO012]
Microsoft Corporation: MS Knowledge Base Article – 826839. Beschreibung, wie Word 2003 nach der Vorlage »Normal.dot« sucht. [Internet] Revisionsdatum: 07.01.2004. [zitiert: 15.03.2004]. Adresse: http://support.microsoft.com/default.aspx?scid=kb;de;826839

[MICRO013]
Microsoft Corporation: MS Knowledge Base Article – 214215. WD2000: Understanding the Template Path and Normal.dot. [Internet] Revisionsdatum: 21.06.2001. [zitiert: 15.03.2004]. Adresse: http://support.microsoft.com/default.aspx?scid=http://support.microsoft.com:80/support/kb/articles/Q214/2/15.ASP&NoWebContent=1

[MICRO014]
Microsoft Corporation: MS Knowledge Base Article – 291186. WD2002: Allgemeine Fragen und Antworten über den Speicherort von Word-Vorlagen. [Internet] Revisionsdatum: 01.12.2003. [zitiert: 15.03.2004]. Adresse: http://support.microsoft.com/default.aspx?scid=kb;de;291186

[MICRO015]
Microsoft Corporation: MS Knowledge Base Article – 199824. HOWTO: Get the Address of Variables in Visual Basic. [Internet] [zitiert: 15.03.2004]. Adresse: http://support.microsoft.com/default.aspx?scid=http://support.microsoft.com:80/support/kb/articles/Q199/8/24.asp&NoWebContent=1

[MICRO016]
Microsoft Corporation: Schützen Sie Ihren PC. Office-Objekte signieren. Der 5-Minuten-Sicherheitstipp. [Internet] Revisionsdatum: 01.03.2004. [zitiert: 06.06.2004]. Adresse: http://www.microsoft.com/germany/ms/security/5min/5min-402.mspx

[PALOM001]
N. N.: Microsoft Corp. – Chronology. [Internet] [zitiert: 22.11.2003]. Adresse: http://palomar.iespana.es/palomar/alumnos/Microcron.htm

[PETRI001]
Petrie, Michael (United Kingdom): A Potted History of WordStar. [Internet] Revisionsdatum: 11.08.2003. [zitiert: 09.11.2003]. Adresse: http://www.wordstar.org/wordstar/history/history.htm

[LOTUS001]
IBM (2002): Lotus: 20 Years of being at the forefront of the software industry. [Internet] Revisionsdatum: 23.04.2002. [zitiert: 11.11.2003]. Adresse: http://www.lotus.com/news/news.nsf/public/D618842AE276421B85256BA30066B3C5

[LOTUS002]
N. N.: Lotus: 20 Years of Technology Innovation. [PDF-Datei: lotustimeline.pdf] Erstellungsdatum: 24.03.2002 Revisionsdatum: 24.04.2002.

[SAPPE001]
Sapper, Manfred: Rußland in Europa zehn Jahre nach der Zeitenwende. In: Osteuropa-Spezial, April 2002. Stuttgart: Deutsche Verlags-Anstalt 2002.

[SCHUB001]
Schubert, Detlev (ActiveVB 2003): Die Basic-Story. [Internet] Revisionsdatum: 04.12.2000. [zitiert: 23.11.2003]. Adresse: http://www.activevb.de/tutorials/tut_basicstory/basicstory.html

[SCHUB002]
Wagner, Herfried K., Schubert, Detlev: Von Basic bis Visual Basic. Die Geschichte einer Programmiersprache. [Internet] Revisionsdatum: 12.04.2003. [zitiert: 24.11.2003]. Adresse: http://www.mvps.org/dotnet/dotnet/articles/basic/

[TIPPN001]
Tippner, Anja: Existenzbeweise. In: Osteuropa, 1/2004. Berlin: Berliner Wissenschafts-Verlag 2004.

D.3 Slideshow, Folien-Vortrag

[BAXTE001]
Baxter, Sean: COM. A Slideshow of Epic Proportions. [PPT-Datei] Erstellungsdatum: 16.04.1999. [zitiert: 13.02.2004].

D.4 Fachliteratur

[AITKE001]
Aitken, Peter G.: Windows Scripting Guide. Anleitung und Lösungen zur Scriptprogrammierung. München: Markt und Technik Verlag 2001.

[APPLE001]
Appleman, Dan: COM-, ActiveX-Komponenten mit Visual Basic 6 entwickeln. München: Markt und Technik Buch- und Software Verlag GmbH 1999.

[ALBRE001]
Albrecht, Ralf; Nicol Natascha: Access 2000 programmieren. München: Addison Wesley Verlag 2000.

[AMBLE001]
Ambler, S.W.: Process patterns: building large-scale systems using object technology, Cambridge, UK: Cambridge University Press 1998.

[BALOU001]
Baloui, Said: Access 2002 Programmierung in 21 Tagen. München: Markt und Technik Verlag 2002.

[BALOU002]
Baloui, Said: Access 2002 – das Kompendium. München: Markt und Technik Verlag 2001.

[BALTE001]
Balter, Alison: Access 2000 Programmierung – das Kompendium. München: Markt und Technik Verlag 2000.

[BALTE 002]
Balter, Alison: Mastering Microsoft Access 2000 Development. Indianapolis, Indiana: Sams Publishing 1999.

[BALTE 003]
Balter, Alison; InfoTechnology Partners Inc. (2003): Comparing Microsoft Visual Basic for Applications 6.0 and Microsoft Visual Studio Tools for the Microsoft Office System. In: MSDN, Microsoft Office Developer Center. [Internet] Revisionsdatum: 01.11.2003. [zitiert: 30.11.2003]. Adresse: http://msdn.microsoft.com/office/default.aspx?pull=/library/en-us/dno2k3ta/html/odc_ofcomparevba6andvsto.asp

[BARKE001]
Barker, Scott F.: Access 2000 Power Programming. Indianapolis, Indiana: Sams Publishing 1999.

[BAUDE001]
Bauder, Irene; Bär, Jürgen: Access 2000 Programmierung. München, Wien: Carl Hanser Verlag 1999.

[BECKE001]
Becker, Peter: Visual Basic for Application 5 – das Kompendium. Haar bei München: Markt und Technik 1997.

[BOOCH001]
Booch, Grady; Jacobson, Ivar; Rumbaugh, Jim: Das UML-Benutzerhandbuch. Bonn: Addison-Wesley-Longman 1999.

[BOOCH002]
Booch, Grady: Objektorientierte Analyse und Design. Bonn, Paris, Reading u.a.: Addison-Wesley 1994.

[BORNG001]
Born, Günter: Office 2000 Programmierung. Unterschleißheim: 1999.

[BORNG002]
Born, Günter: Word für Windows 95. Supertricks. Haar bei München: Markt und Technik 1996.

[BORRM001]
Borrman, Alf et al.: Rational Rose und UML. Anleitung zum Praxiseinsatz. Bonn: Galileo Press 2001.

[BROSI001]
Brosius, Gerhard et al.: Integrierte Lösungen mit Office 97. Bonn: Addison Wesley Longman Verlag GmbH 1997.

[BROSI002]
Brosius, Gerhard: Access 2000 professionell. München: Addison Wesley Longman Verlag 1999.

[DREWS001]
Drews, Detlef; Schwab, Heinz: Business-Komponenten mit Visual Basic 5.0. Bonn: Addison-Wesley-Longman Verlag GmbH 1998

[DSOUZ001]
D'Souza, D.F.; Wills, A.C.: Objects, components, and frameworks with UML: the Catalysis approach, Reading, MA: Addison-Wesley 1998.

[GRIES001]
Grießhammer Carsten; Michaels, Marcus; Zerbe, Kristof: Das Access-VBA Codebook. München: Addison-Wesley Verlag 2002.

[GREVE001]
Grevenkamp, Thomas: VBA mit Office 2000. München: Addison Wesley Verlag 2000.

[GRIFF001]
Griffel, F.: Componentware, Heidelberg: dpunkt-Verlag 1998.

[HARRI001]
Harris, Matthew: Visual Basic for Applications 5 in 21 Tagen. Haar bei München: Sams 1998.

[HARRI002]
Harris, Matthew: Excel-Programmierung mit VBA in 21 Tagen. Haar bei München: Sams 1996.

[HELDB001]
Held, Bernd: Excel-VBA-Programmierung. VBA-Antworten für die Praxis. 2. Aufl. München: Markt und Technik 2001.

[HELDB002]
Held, Bernd: Access 2002 Programmierung. Poing: Franzis Verlag 2003.

[HELDB003]
Held, Bernd: VBA Programmierung. München: 2002.

[HELDB004]
Held, Bernd: Excel-VBA. Mit über 1000 Makros für Excel 97 bis 2003. München: Markt und Technik Verlag 2004.

[HERZU001]
Herzum, P.; Sims, O.: Business Component Factory, New York: Wiley Computer Publishing 1999.

[JACOB001]
Jacobson, I.; Griss, M.; Jonsson, P.: Software Reuse, New York: ACM Press/Addison-Wesley 1997.

[KÖRNB001]
Körn, Bert; Weber Monika: Das Excel-VBA Codebook. München: Addison-Wesley Verlag 2002.

[KOFLE001]
Kofler, Michael: Visual Basic 5. Bonn: Addison Wesley Longman Verlag GmbH 1997.

[KOLBE001]
Kolberg, Michael: Outlook 2002 – das Kompendium. München: Markt und Technik Verlag 2001.

[KONER001]
Konerow, Jens: Visual Basic .NET verstehen. [E-Book-Dateien auf CD-ROM: KAPITEL1*.PDF bis KAPITEL6*.PDF] Aus: PC Magazin kreativ, 2003, Heft 16.

[KÜHNE001]
Kühnel, Andreas: VB.NET. Bonn: Galileo Press GmbH 2002.

[KÜHNE002]
Kühnel, Andreas: Visual C#. Bonn: Galileo Press GmbH 2003.

[LOCHM001]
Lochmann, Cordula; Morgenstern, Ralf: Office 95 – Developer's Guide. Haar bei München: Sams 1996.

[MACKE001]
Mackenzie, Duncan: Word 2000 VBA Programmer's Reference. Birmingham: Wrox 1999.

[MACKE002]
Mackenzie, Duncan; Sharkey, Kent: Visual Basic .NET in 21 Tagen. München: Markt und Technik 2002.

[MARTI001]
Martin, René: Formulare. Programmierung und Anwendung intelligenter und dynamischer Formulare. München Wien: Hanser 2001.

[MARTI002]
Martin, René: VBA-Programmierung mit Word 97 lernen. Einstieg in die Welt der Makro-Programmierung. Bonn: Addison Wesley Longmann 1997.

[MCILR001]
McIlroy, M.D.: Mass produced software components, in: Naur, P.; Randell, B. (Hrsg.): Software Engineering; Report on a conference by the NATO Science Committee (Garmisch, Germany, Oct.), 1968.

[MEIST001]
  Meister, Cindy et al.: Microsoft Word – Das Profibuch. Professionelles Know-how für Word 2000 und Word 2002. 1. Aufl. Unterschleißheim: Microsoft Press 2003.

[MSPRE001]
  Microsoft Corporation: Microsoft Office 2000 – Die technische Referenz, Unterschleißheim: Microsoft Press 1999.

[MSPRE002]
  Microsoft Corporation: Microsoft Office 2000 – Visual Basic Grundlagen-Sprachverzeichnis, Unterschleißheim: Microsoft Press 1999.

[MSPRE003]
  Microsoft Corporation: Microsoft Office 2000 – Visual Basic Programmierhandbuch, Unterschleißheim: Microsoft Press 1999.

[MSPRE004]
  Microsoft Corporation: Microsoft Office XP Entwicklerbuch, 1. Aufl. Unterschleißheim: Microsoft Press 2001.

[MSPRE005]
  Microsoft Corporation: Microsoft Visual Basic .NET – Das Referenzhandbuch, Unterschleißheim: Microsoft Press 2003.

[MONAD001]
  Monadjemi, Peter: Office 2000 Developer Edition. München: Markt und Technik 2000.

[MONAD002]
  Monadjemi, Peter: Visual Basic 4 – das Kompendium. Haar bei München: Markt und Technik 1996.

[MONAD003]
  Monadjemi, Peter: Visual Basic 5 – das Kompendium. Haar bei München: Markt und Technik 1997.

[MONAD004]
  Monadjemi, Peter: Visual Basic 6 – das Kompendium. München: Markt und Technik Verlag 2000.

[MONAD005]
  Monadjemi, Peter: Visual Basic .NET – das Kompendium. München: Markt und Technik Verlag 2002.

[MONAD006]
  Monadjemi, Peter: Jetzt lerne ich VBA mit Office 2000. München: Markt und Technik 1999.

[MONAD007]
  Monadjemi, Peter: Jetzt lerne ich Visual Basic. [E-Book-Datei auf CD-ROM: VBBUCH.PDF] Aus: PC Magazin kreativ, 2003, Heft 16.

[MORRI001]
  Morrison, Michael: JavaBeans. Technik – Konzepte – Beispiele. Haar bei München: Markt und Technik 1997.

[NATO0001]
Software Engineering. Report on a conference sponsored by the NATO Science Committee. Garmisch, Germany, 7th to 11th October 1968. Editors: Peter Naur and Brian Randell. Scientific Affairs Division NATO, Brussels 39, Belgium; January 1969.

[OESTE001]
Oestereich, Bernd: Objekt-orientierte Softwarentwicklung. Analyse und Design mit der Unified Modeling Language. München Wien: R. Oldenbourg Verlag 1998.

[ORTMA001]
Ortmann, Dirk: Access 2000. Datenbanken professionell aufbauen. München Wien: Hanser 1999.

[PROBS001]
Probst, René: [Datei: WordFAQ.PDF] 2. Ausgabe, Glattbrigg: 2001.

[PERRY001]
Perry, Greg: Visual Basic 6 in 21 Tagen. Haar bei München: Sams 1999.

[PRESS001]
Pressman, R.: Software Engineering, international edition, 4. Auflage, New York: McGraw-Hill 1997.

[REYNO001]
Reynolds, Matthew et al.: Beginning Visual Basic .NET, Birmingham: Wrox 2001.

[SAMET001]
Sametinger, J.: Software engineering with reusable components, Berlin: Springer 1997.

[SCHÄO001]
Schäpers, Arne; Huttary, Rudolf; Bremes, Dieter: C#. Windows- und Web-Programmierung mit Visual Studio .NET. München: Markt und Technik Verlag 2002.

[SCHIF001]
Schiffer, Mathias; AixSoft: Anzahl der Dimensionen eines Arrays ermitteln. In: MSDN Entwickler Bibliothek. [Internet] Revisionsdatum: 22.10.2003. [zitiert: 04.11.2003]. Adresse: http://www.microsoft.com/germany/ms/msdnbiblio/show_all.asp?siteid=521127

[SCHIF002]
Schiffer, Mathias; AixSoft: Undokumentierte Variablenzeiger. In: MSDN Entwickler Bibliothek. [Internet] Revisionsdatum: 22.10.2003. [zitiert: 04.11.2003]. Adresse: http://www.microsoft.com/germany/ms/msdnbiblio/show_all.asp?siteid=521128

[SCHWI001]
Schwichtenberg, Holger: Grundlagen objektorientierter Komponentenarchitekturen. [Internet] Auszug aus COM-Komponenten-Handbuch. Addison-Wesley 2001. [zitiert: 31.01.2004]. Adresse: http://www.it-visions.de/komponenten/COMDCOM

[STAAS001]
Staas, Dieter: VBA Programmierung mit Office 2000. München, Wien: Carl Hanser Verlag 1999.

[STÜTZ001]
   Stützle, Rupert: Wiederverwendung ohne Mythos: Empirisch fundierte Leitlinien für die Entwicklung wiederverwendbarer Software. [PDF-Datei: stuetzle.pdf] Erstellungsdatum: 01.01.2003 Revisionsdatum: 01.01.2003. München: 2002.

[SZYPE001]
   Szyperski, Clemens: Component Software. Beyond Object-Oriented Programming. New York: Addison-Wesley 2002.

[TIEME001]
   Tiemeyer, Ernst; Konopasek, Klemens: Jetzt lerne ich VBA mit Word 2000. München: Markt und Technik Verlag 2000.

[WELTN001]
   Weltner, Tobias: Scripting für Administratoren. Unterschleißheim: Microsoft Press 2001.

D.5 Beiträge in Fachzeitschriften

[BRORS001]
   Brors, Dieter; Himmelein, Gerald; Loviscach, Jörn: Office Nachschlag. Die Textverarbeitungen WordPerfect 9 und Word Pro 9.5, in: c't magazin für computertechnik, 1999, Heft 21.

[BRORS002]
   Brors, Dieter; Himmelein, Gerald; Loviscach, Jörn: Das Office-2000-Problem. Die Textverarbeitungen der großen Office-Pakete im Praxistest, in: c't magazin für computertechnik, 1999, Heft 15.

[BRORS003]
   Brors, Dieter: Office zum Nulltarif. StarOffice 5.0 für den Privatgebrauch gratis, in: c't magazin für computertechnik, 1998, Heft 24.

[BRORS004]
   Brors, Dieter: Office-Paket verfeinert. StarOffice 5.2 für Windows und Linux, in: c't magazin für computertechnik, 2000, Heft 15.

[BRORS005]
   Brors, Dieter: StarOffice als Open Source freigegeben, in: c't magazin für computertechnik, 2000, Heft 22.

[BRORS006]
   Brors, Dieter: Langstreckenlauf. Praxistest Textverarbeitungen: große Dokumente gestalten, in: c't magazin für computertechnik, 2000, Heft 23.

[BRORS007]
   Brors, Dieter: Wenig Fortschritte. Corel WordPerfect Office 2002, in: c't magazin für computertechnik, 2001, Heft 11.

[BRORS008]
   Brors, Dieter; Hüskes, Ralf; Nebelo, Frank: Neuer Lack, alte Macken. Die Final-Version von Office XP, in: c't magazin für computertechnik, 2001, Heft 12.

[BRORS009]
Brors, Dieter: Viel versprechend. Open-Source-Paket OpenOffice 1.1, in: c't magazin für computertechnik, 2003, Heft 23.

[BRORS010]
Brors, Dieter: Gruppendynamik. Microsofts Strategie hinter Office 2003, in: c't magazin für computertechnik, 2003, Heft 21.

[COMWO001]
Computerwoche (2003): Windows-kompatible Software ergänzt Angebot. Lotus will mit Ami Pro ins High-end-Textprogramm-Geschäft, in: Computerwoche, 1991, Nr. 12. [Internet, zitiert: 12.11.2003]. Adresse: http://www.computerwoche.de/heftarchiv/1991/19910322/a97765.html

[COMWO002]
Computerwoche (2003): Ami Professional: Eine Newwave-Version zur CeBIT, in: Computerwoche, 1990, Nr. 12. [Internet, zitiert: 12.11.2003]. Adresse: http://www.computerwoche.de/index.cfm?pageid=267&type=ArtikelDetail&id=92255&cfid=9246869&cftoken=23681041&nr=121&kw=Ami

[COMWO003]
Matzer, Michael; Computerwoche (2003): Erste Eindrücke von Word Pro für Windows Teamcomputing ist eine neue Stärke des Lotus-Klassikers, in Computerwoche, 1995, Nr. 31. [Internet, zitiert: 12.11.2003]. Adresse: http://www.computerwoche.de/index.cfm?pageid=267&type=ArtikelDetail&id=19092&cfid=13638431&cftoken=45829206&nr=36&kw=WordPro

[LESER001]
Leserforum: Briefe, E-Mail, Hotline. Zu viel Schelte u. a., in: c't magazin für computertechnik, 2004, Heft 8.

[CUBEA001]
Cube, Alexandra von: Teile und herrsche. Lange Dokument in Word: Vorlagen, Auto-Texte und Markierungen, in: c't magazin für computertechnik, 1998, Heft 21.

[GATES001]
Gates, Bill: Beyond Macro Processing: A Strategy for Customizing Applications Software, in: Byte Magazin, Vol. 12, No. 7, 1987, S. 11 bis 16.

[HOPKI001]
Hopkins, J.: Component primer, in: Communications of the ACM, 2000, Vol. 43, No. 10 (October), S. 27-30.

[HÜSKE001]
Hüskes, Ralf: Gebündelte Produktivität. Office-Pakete im Vergleich, in: c't magazin für computertechnik, 1994, Heft 12.

[IBM00001]
IBM-Reklame (2003): Von offenen Standards und widerspenstigen Schrauben. In: Spiegel, Ausgabe 01/2004.

[JANKA001]
Janka, Andreas (Diebold, Arthur): Index-Generierung. Achtung Aufnahme. Praktische Methoden von Word nach Ventura mit Hilfe der Makrofunktion, in: Ventura Magazin (Veda Verlag), 1991, Heft 1.

[JANKA002]
Janka, Andreas (Diebold, Arthur): Um Gottes Willen! Das können wir nicht bringen! Über Winword 2.0 schreiben doch alle, in: layout, praxis-magazin für pc publishing (Veda Verlag), 1992, Heft 3.

[LAUER001]
Lauer, Thomas: Geben und Nehmen. Datenaustausch unter Windows, in: c't magazin für computertechnik, 1992, Heft 11.

[KURZI001]
Kurzidim, Michael: Schreiben ohne Frust. Sieben Textverarbeitungen im Praxistest, in: c't magazin für computertechnik, 2004, Heft 07.

[MARLO001]
Görgens, Alfred (Marlowe, Sam): Kein Problem, in: layout, praxis-magazin für pc publishing (Veda Verlag), 1994, Heft 4.

[MÖCKE001]
Möcke, Frank: Kreuzfahrt im Wörtersee. Vier neue Windows-Textverarbeitungen, in: c't magazin für computertechnik, 1994, Heft 2.

[MÖCKE002]
Möcke, Frank: Zeimal Sechs. WordPerfect und MS Word in den Versionen 6.0, in: c't magazin für computertechnik, 1993, Heft 10.

[MONAD010]
Monadjemi, Peter: Objekte in der Office-Programmierung, in: VBA Magazin, 1999, Heft 1.

[MÜSKE001]
Müsken, Verena; Schult, Thomas J.: Objektkunst. Vom Problem zum objektorientierten Programm, in: c't magazin für computertechnik, 1996, Heft 4.

[ROJAH001]
Rojahn, Matthias: Jahrtausendfestes Office. Ein Beta-Blick auf die Lotus SmartSuite 98 Millenium Edition, in: c't magazin für computertechnik, 1998, Heft 7.

[SCHÄP002]
Schäpers, Arne: Kurze Leine. Lokale COM-Server und –Clients, in: c't magazin für computertechnik, 1998, Heft 3.

[SCHÄP003]
Schäpers, Arne; Huttary, Rudolf: Supermodel. Das .NET-Objektmodell und wie man sich rantastet, in: c't magazin für computertechnik, 2003, Heft 18.

[SCHÄP004]
Schäpers, Arne; Huttary, Rudolf: Rückwärtsgang. COM-Interop – COM aus der .NET-Perspektive (1), in: c't magazin für computertechnik, 2004, Heft 10.

[SILLE001]
   Sillescu, Daniel: Schreiben wie gedruckt. Textverarbeitung contra DTP, in: DOS international, 1990, Heft 7.

[THIMM001]
   Thimm, Katja: Jeden Tag ein neues Universum, in: Spiegel, 2003, Heft 43.

[WEBER001]
   Weber, Volker; Hüskes, Ralf: Gegen-Entwurf. StarOffice 3.0 fordert Microsoft Office 95 heraus, in: c't magazin für computertechnik, 1996, Heft 1.

[WEBER002]
   Weber, Volker: Bürofanten. Corel Office 7, Lotus SmartSuite 97, Microsoft Office 97 und StarOffice 4.0, in: c't magazin für computertechnik, 1997, Heft 6.

[WEIS0001]
   Weis, Torben: Komposition in 'K'. Das CORBA-basierte Komponenten-Modell für KDE, in: c't magazin für computertechnik, 1999, Heft 2.

[ZIEGL001]
   Ziegler, Peter-Michael: Bunt fürs Leben?, in: c't magazin für computertechnik, 2002, Heft 23.

[ZOSCH001]
   Zoschke, Harald: Sichtbare Fortschritte. Microsofts Visual Basic für Windows, in: c't magazin für computertechnik, 1991, Heft 8.

D.6 Namenskonventionen

[MCSNC]

   A) Microsoft Consulting Services (2003): Microsoft Consulting Services Naming Conventions for Visual Basic. Microsoft Knowledge Base Article – 110264. [Internet] Revisionsdatum: 01.09.2003. [zitiert: 20.10.2003]. Adresse: http://support.microsoft.com/default.aspx?scid=kb;en-us;110264.

   B) Microsoft Consulting Services (2000): Benennungsrichtlinien für VB von Microsoft Consulting Services: Artikel-Nr.: Q110264. [Aus: Office 2000 Developer-CD-ROM, ODETools\V9\Samples\OPG\Appendixes, Word-Datei: »MCS Naming Conventions.doc«] Revisionsdatum: 29.09.1997.

[HN]

   A) Simonyi, Charles; Microsoft Corporation (2002): Hungarian Notation. [Internet] Reprinted November 1999 [zitiert 15.08.2003]. Adresse: http://msdn.microsoft.com/library/default.asp?url=/library/en-us/dnvsgen/html/hunganotat.asp

   B) Legowski, Greg: Hungarian Notation. [Internet] Revisionsdatum 07.01.2003 [zitiert 15.08.2003]. Adresse: http://www.gregleg.com/oldHome/hungarian.html

   C) Microsoft Support: Object Hungarian Notation Naming Conventions for VB. Microsoft Knowledge Base Article – 173738. [Internet] Revisionsdatum: 13.05.2003. [zitiert: 24.10.2003]. Adresse: http://support.microsoft.com/default.aspx?scid=http://support.microsoft.com:80/support/kb/articles/q173/7/38.asp&NoWebContent=1

D) Lohmann, Daniel: Konventionen für die Programmierung. [Internet] Revisionsdatum: Mai 1997. [zitiert: 26.10.2003] Adresse: http://www.uni-koblenz.de/~daniel/Namenskonventionen.html

E) Simonyi, Charles; Microsoft Corporation: Hungarian Naming Notation. [Internet] Revisionsdatum: Mai 2000. [zitiert: 26.10.2003] Adresse: http://cm-solutions.com/cms/technical/guide/hungarian_naming_convention.htm

[LRGA]

Leszynski, Stan; Reddick, Greg: The Leszynski/Reddick Guidelines for Access 1.x, 2.x. [RTF-Datei: lrnamstd.rtf] Revisionsdatum: 25.05.1994

[LNC]

A) Leszynski, Stan; Kwery Inc. (1996): Leszynski Naming Conventions. [Internet] Revisionsdatum 18.05.1998. Adresse: http://www.kwery.com

B) Leszynski, Stan; Kwery Inc. (1999): Leszynski Naming Conventions For Microsoft Access. Version 99.1 for Access 1.x, 2.x, 7.x, 8.x and 9.x. In: Barker, Scott F.: Access 2000 Power Programming. Indianapolis, Indiana: Sams Publishing 1999.

C) Leszynski, Stan; Kwery Inc.: Leszynski Naming Conventions For Microsoft Visual Basic. Version 95.1.1. In: Jennings, Rogers; Sams Publishing (1996): Database Developer's Guide with Visual Basic 4, Second Edition. [Internet, zitiert 31.10.2003]. Adresse: http://www.emu.edu.tr/english/facilitiesservices/computercenter/bookslib/Database Developer's Guide with Visual Basic 4, Second Edition/ddgxb.htm

[RVBA]

A) Reddick, Gregory; Xoc Software (2000): RVBA Naming Conventions. Version 6.02. [Internet] Revisionsdatum 18.02.2003 [zitiert 15.08.2003]. Adresse: http://www.xoc.net/standards/rvbanc.asp

B) Reddick, Gregory; Xoc Software (2000): RVBA Coding Conventions. Version 1.01. [Internet] Revisionsdatum 18.02.2003 [zitiert 15.08.2003]. Adresse: http://www.xoc.net/standards/rvbacc.asp

C) SmartTools Publishing (2002): VBA-Namenskonventionen. Die bekannten VBA-Namenskonventionen von Gregory Reddick komplett übersetzt und zur schnellen Referenz für übersichtlichen VBA-Code. [Internet] [zitiert: 14.08.2003]. Adresse: http://www.add-in-world.com/katalog/vba-rnc/

D) Reddick, Gregory: The Reddick VBA Naming Conventions. Version 6.01. In: Albrecht, Ralf; Nicol Natascha: Access 2000 programmieren. München: Addison Wesley Verlag 2000, S. 1009 ff.

[ANETFR]

Microsoft Corporation 2001: Allgemeine .NET Framework Referenz. Richtlinien für die Benennung. [Visual Studio Online Hilfe] Adresse: ms-help://MS.VSCC/MS.MSDNVS.1031/cpgenref/html/cpcon

D.7 Offline-Hilfen

[ANETFR01]
Microsoft Corporation 2001: Allgemeine .NET Framework Referenz. [Visual Studio Online Hilfe].

[DSMSD001]
Microsoft Corporation 1998: Dr. GUI über Komponenten, COM und ATL [Datei: DSMSDN.CHM, MSDN Library – Office 2000]

[MSDN0001]
Microsoft Corporation 2003: MSDN Library. Visual Studio .NET 2003. [div. Dateien]

[VBAWRD8]
Microsoft Corporation: Hilfe zu Microsoft Word. [Datei: VBAWRD8.HLP, VBA Word 1997 Online-Hilfe]

[VBAWD09]
Microsoft Corporation: Hilfe zu Microsoft Word. [Datei: VBAWRD9.CHM, VBA Word 2000 Online-Hilfe]

[VBAWD10]
Microsoft Corporation: Visual Basic-Referenz zu Microsoft Word [Datei: VBAWD10.CHM, VBA Word 2002 (XP) Online-Hilfe]

[VBAWD11]
Microsoft Corporation: Visual Basic-Referenz zu Microsoft Office Word 2003. [Datei: VBAWD10.CHM, VBA Word 2003 Online-Hilfe]

[VBAOFF08]
Microsoft Corporation: Microsoft Office Visual Basic. [Datei: VBAOFF8.HLP, VBA Office 1997 Online-Hilfe]

[VBAOFF09]
Microsoft Corporation: Visual Basic-Verzeichnis für Microsoft Office [Datei: VBAOFF9.CHM, VBA Office 2000 Online-Hilfe]

[VBAOFF10]
Microsoft Corporation: Visual Basic-Referenz zu Microsoft Office [Datei: VBAOF10.CHM, VBA Office 2002 (XP) Online-Hilfe]

[VBAOFF11]
Microsoft Corporation: Visual Basic-Referenz zu Microsoft Office 2003 [Datei: VBAOF11.CHM, VBA Office 2003 Online-Hilfe]

[VBCON98]
Microsoft Corporation 1998: Visual Basic Programmierhandbuch [Datei: VBCON98.CHM, MSDN Library – Office 2000]

[VBENDF98]
Microsoft Corporation 1998: Visual Basic Referenz [Datei: VBENDF98.CHM]

[VBDEF98]
   Microsoft Corporation 1998: Visual Basic Referenz [Datei: VBDEF98.CHM, MSDN Library – Visual Studio 6.0]

[VBOB6]
   Microsoft Corporation 1998: Visual Basic Referenz [Datei: VBOB6.CHM]

D.8 Standardisierung von Basic

Die Programmiersprache BASIC wird durch folgende Standards beschrieben:

- ANSI Standard for Minimal BASIC (X3.60-1978)
- ANSI Standard for Full BASIC (X3.113-1987)
- ISO Standard for Minimal BASIC (ISO 6373: 1984 Data processing – Programming languages – Minimal BASIC)
- ISO Standard for Full BASIC (ISO/IEC 10279: 1991 Information technology – Programming languages – Full BASIC)

D.9 Webseiten

Kein Buch ohne Hinweise auf obligate Webseiten. Dies gilt natürlich auch für dieses Buch. Der nachstehende Überblick stellt natürlich nur einen kleinen, subjektiven Ausschnitt dessen dar, was sich im Internet an interessanten Seiten zu Word/VBA findet. Bitte verzeihen Sie, wenn nach der Drucklegung die eine oder andere Webseite eingestellt oder verlegt wurde. Wir leben in einer schnellebigen Zeit und es liegt in der »Natur« des Internets, daß Informationen daraus keinen Wert für die Ewigkeit besitzen.

- Die zweifelsfrei wichtigste deutschsprachige Webseite zur Word-VBA ist jene von René Probst. Es ist unglaublich, was der Autor an Informationen zu Word und VBA zusammengetragen hat. Der Autor des vorliegenden Buches ist offen genug einzuräumen, daß die Webseiten des Schweizers nahezu jedes Buch zu Word und VBA überflüssig machen. Schwächen gibt es nur im Bereich Typografie und Design sowie in Sachen Aktualität (.NET und die Visual Studio werden kaum erwähnt). In seltenen Fällen merkt man, daß der Autor den Überblick über sein Mammutwerk verliert. Manch einen werden auch Rechtschreibfehler und die zuweilen flappsige Ausdrucksweise stören. Aber das ist Nebensache, wenn man bedenkt, wie viele qualitätsbewußte Lösungen hier präsentiert werden: Von dieser Seite aus ein ganz, ganz dickes Lob an René Probst. Weiter so!

   http://mypage.bluewin.ch/reprobst/

- Zu den wichtigsten englischsprachigen Webseiten zum Thema Word und VBA gehören die »Word MVP Sites«, in die die Word-Gurus der Welt Ihr Wissen einfließen lassen. Der Besuch dieser Seiten ist ein Muß für jeden, der sich mit Word beschäftigt.

   http://word.mvps.org

- Für Word/VBA-Anwender lohnt sich ein Besuch der deutschsprachigen Webseiten von »vb@rchiv«. Die Autoren der Webseiten haben sich das Ziel gesteckt, »allen Visual-Basic Entwicklern eine möglichst große und umfangreiche Auswahl an Tipps & Tricks, sowie Downloads zu bieten« – was durchaus der Fall ist. Werbebanner und dergleichen muß auf diesen Seiten leider in Kauf nehmen.

   http://www.vbarchiv.net/home/willkommen.php

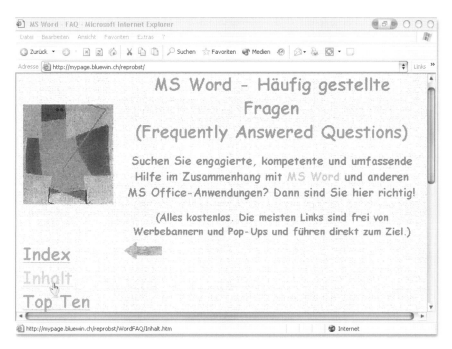

Abbildung D.1 Die schlichte Eingangsseite von René Probst verhüllt, was er für einen gigantischen Wissensschatz über Word/VBA zusammengetragen hat.

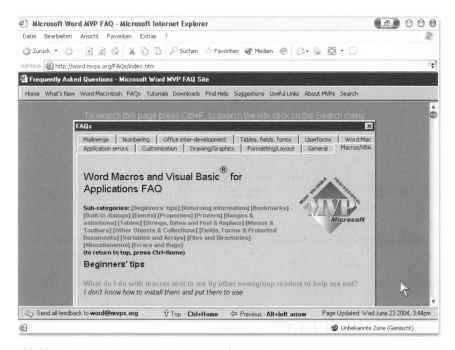

Abbildung D.2 Die MVP-Seiten sind ein Muß für Word/VBA-Entwickler.

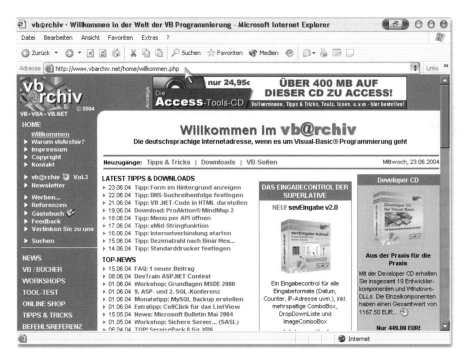

Abbildung D.3 Die Webseite von vb@rchiv

▶ Natürlich müssen an dieser Stelle auch noch einmal die MSDN- und die Knowledge-Base-Seiten von Microsoft empfohlen werden. Auch Sie stellen einen unerschöpflichen Wissensspeicher zur Lösung von alltäglichen Problemen dar. Als dritte Microsoft-Adresse sei hier eine Seite angeführt, die allgemeine Informationen zu VBA liefert.

```
http://support.microsoft.com/default.aspx?scid=fh;DE;KBHOWTO
http://www.microsoft.com/germany/msdn/default.mspx
http://msdn.microsoft.com/vba/
```

▶ Das »ABOUT Visual Basic-Magazin« ist ein online verbreitetes Presse-Erzeugnis bietet ebenfalls exzellente VBA-Hintergrundartikel.

```
http://www.aboutvb.de/vba/vba.htm
```

▶ Ein Hinweis auf den Word-Guru Cindy Meister darf hier nicht fehlen. Ihre Web-Seiten zeichnen sich weder durch Ästhetik noch durch Übersichtlichkeit oder deutsche Sprache aus, bieten aber einige Tips und nennenswerte Links zu anderen Word-Experten.

```
http://homepage.swissonline.ch/cindymeister/index.html
```

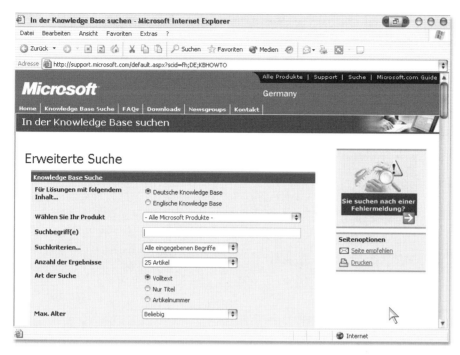

Abbildung D.4 Die Knowledge-Seite von Microsoft

Abbildung D.5 Die Entwicklerseiten von Microsoft

Abbildung D.6 Das Online-Magazin »ABOUT Visual Basic«

Stichwortverzeichnis

»Derjenige, welcher die Ausdrücke ohne Vorstellungen hat, ist wie einer, der nur ein Verzeichnis von Büchern hätte.«
Gottfried Wilhelm Leibniz[1]

Symbols

\# 390, 417
\#Const-Anweisung 786
\#Else-Anweisung 786, 788
\#ElseIf-Anweisung 786
\#End If-Anweisung 786
\#End-Anweisung 788
\#If-Anweisung 786
\#LID 221
& 427
* 411, 417
+ 410, 427
, 369
.acl 198, 217
.bas 262
.cls 262
.dic 198, 219
.dsr 262
.exc 223
.exe 47, 87
.frm 262
.lex 223
.mht 55
.mhtml 55
.NET 641
   .NET-Komponente 69
   Geschichte 105
.NET-Framework 776
.oca 87
.ocx 70, 87
.olb 83, 87
.ops 202
.reg 226
.rll 87
.tlb 83, 87
.wiz 208
/ 411
< 413
<= 413
<> 412
= 412, 426
\> 413
\>= 413
? 417
^ 411
_ 370
« 477
' 375

Numerics

32-Bit-Technologie 102

A

Abbrechen, Laufzeitmodus 57
Abbruch 645
Abbruchbedingung, Definition 489
Abkürzungen 898
Abmelden, COM-Komponente 126
Absatz markieren 724
Absatzformatvorlage 213
Abschnitt ermitteln 760
Abstraktion 60
Access 606
   Access-Klassenbibliothek 96
   Jet-Engine 187
ActiveX
   ActiveX-Container 110
   ActiveX-DLL 109
   ActiveX-Dokument 103
   ActiveX-EXE 109
   ActiveX-Interface Sprachgebrauch 109
   ActiveX-Komponente 69
   ActiveX-Objekt 108
   ActiveX-Server 109
   ActiveX-Steuerelement 70

---

1. [LEIBN001]: S. 366.

Automation 111
Container-Anwendung 110
Control 110
Data Objects 104
Geschichte 102
Scripting 103
Steuerelement 103, 110
Ada 148
Add 564
Add-In
Definition 210
Hinzufügen 234
Makros integrieren 236
Speicherort 210
Test 236
Add-In für VBA-Entwicklungsumgebung 344
Add-In laden 819
Add-In-Dokumentvorlage 210
Add-Ins, im Detail 815
Addition 410
AddRef 117
ADO PDF 5
Geschichte 104
ADO.NET PDF 5
Geschichte 104
Adresse 356
Advapi32 774
Ändern
E-Mail-Einstellungen 216
Standardeinstellungen 212
Äquivalenz 421
Aggregation 86
Aktion 62
Aktuellen Wert anzeigen 300
Albrecht, Robert L. 179
Algol 147
Algol 60 179
Allan, Paul 179
Allison, Dennis 179
Alphanumerischer Datentyp 387
Altair 179
Altair Basic 180
Ami 152
Amiga 152, 180
AmiPro 154
And 420, 422
Andocken von Fenstern 256
ANETFR 889

Anführungszeichen 721
Anlegen, Add-In-Werkzeugkasten 233
Anmelden, COM-Komponente 126
Anweisung 46
Anzahl 69
Definition 367
Kurzerklärung 51
Anweisungsblock 50
Anweisungsende 368
Anwendungsprogrammierschnittstelle 85
API 85
Im Detail 773
API-Viewer 775
AppID 124
Apple 35, 151
Application, Im Detail 694
Arbeitgruppenvorlagenordner festlegen 748
Arbeitsanweisung 46
Arbeitsgruppenordner 205
Arbeitsgruppenvorlage 207
Speicherort 207
Arbeitsmenü 237
Dateien entfernen 238
Arbeitsumgebung für Makros 231
Argument 436
Benanntes 439
Optionales 441
Argumente, Für alle Dialogfelder PDF 122
Argumente für bedingte Kompilierung 335
Arität 373
Array 513
ArrayDimCountAPI 534
Array-Funktion 524
Asc 395
Assembler 147
Assistenten-Sicherung 198
Assistentenvorlage 208
Assoziation 63
Atari 152
ATL 98
Attribut 62
Auflistung 562
Allgemeine Methoden und Eigenschaften 563
Bedeutung 563
Aufrufliste 286
Aufrufoperator 436
Aufzählungsdatentyp 541

Aufzählungskonstanten 402
Aufzählvariablen 402
Aufzeichnung von Makros 239
Ausdruck 372
    Konstanten und Variablen im Ausdruck 374
    Kurzerklärung 51
Ausführmodus 57
Ausführungs-Anweisung 371
Ausführungsmodus 54, 56
Ausprägung 59
Ausschlußwörterbuch 221, 223
Austrittsbedingung 490
Auswahlliste 326
AutoClose-Prozedur 631
AutoExec-Makros 446
AutoExec-Prozedur 629
AutoExit-Prozedur 631
Autokorrektur 217
    Speicherort 218
Auto-Makros 628
Automation 119, 131, 581
    Sprachgebrauch 111
Automationsschnittstelle 109, 111
Automationsserver 109
Automatisch Einzug vergrößern 330
Automatische Daten-Tips 330
Automatische QuickInfo 330
Automatische Syntaxüberprüfung 329, 369
Automatisierung, Tips 608
Automatisierungs-Objekt 131
Automatisierungsschnittstelle 111
AutoNew-Prozedur 630
AutoOpen-Prozedur 630
AutoSize-Eigenschaft 650
Autostart-Ordner 235
AutoStart-Ordner festlegen 819

B

BackColor-Eigenschaft 650
Backup 198
Basic, Geschichte 179
Basic-Dialekt, Übersicht 180
Basic-Dialekte 141
Basic-Nachfolger 141
Basisklasse 86
BasisName 901
Basisschnittstelle 130

Baugruppen 78
Baustein 69
Bean 69
Bearbeiten und Fortfahren 332
Bearbeitungsdauer 626
Bedingung 479
Bedingungsschleife 489
Beep 474
Befehl 46, 367
    Definition eines Codeteils ansteuern 309
Befehle, Alle PDF 149
Befehlsfenster 273
Befehlsschaltfläche, Im Detail 673
Begleit-CD 885
Benennung 362
Benennungsrichtlinien 887
Benutzer.dic 219
Benutzerformular 643
    Anzeigen 643
    Dynamisch generieren 647
    Schließen 646
Benutzerformular anlegen 281
Benutzerformularmodul 262
Benutzeroberflächenelemente 110
Benutzersteuerelemente, Sprachgebrauch 110
Benutzervorlage 203
    Speicherort 204
    Suchreihenfolge 204
Benutzervorlagenordner 205
Benutzerwörterbuch 219
Benutzerwörterbuch anlegen 753
Benutzerwörterbuch bestimmen 758
Benutzerwörterbuch entfernen 757
Berechnungoperatoren 410
Bereichsgrenze 485
Bestehenden Browser verwenden 338
Betriebsart 54
Bezeichner 356, 892
Bezeichnungsfeld, Im Detail 652
Bibliothek
    Ausprägung 82
    Beispiele 84
    COM 91
    Dynamische 84
    Geschichte 81
    Notation 99
    Sprachgebrauch 82
Bibliotheksdatei 81

Bibliotheksliste 276
Bild 687
Bildlauffeld 685
Bildlaufleiste, Im Detail 685
Bildlaufpfeil 685
Binärcode 47
Binärvergleich 414
Binärzahl 806
Binärziffer 426
Binary 415
Binden 132
Bindung 132
Bindungsart 582
Binnenversalie 895
Bit 425f.
Bitfolgen 426
Bitmanipulationsoperator 425
Bitoperator 425
Bitoperatoren 420
Blindtext einfügen 805
Blockkommentar 376
Board-ID 116
Börries, Marco 151
Booch 75
Bookmark, Im Detail 729
BOOL 778
Boolean 392
BorderColor-Eigenschaft 651
Borland Office 158
Bottom-up-Methode 149
BoundColumn-Eigenschaft 655
BoundValue-Eigenschaft 655
Brief-Assistent 208
Browser starten mit URL 338
Buchstabendreher 218
BuiltInDocumentProperties 791
ByRef 442
BYTE 778
Byte 386, 426
Byte Magazine 182
ByVal 442

C

C 777
C++ 148, 777
Call-Anweisung 447
CamelCase 895

Caption-Eigenschaft 650
Case 482
CBool 395
CByte 395
CCur 395
CD 885
CDate 396
CDbl 396
CDec 396
cDims 533
Cell 739
CheckBox, Im Detail 661
Choose-Funktion 510
Chr 396
Chr(0) 465
Chr(10) 465
Chr(11) 466
Chr(12) 466
Chr(13) 465
Chr(8) 466
Chr(9) 466
CInt 396
Class-Anweisung 143
ClassID 115
Clear-Methode 655, 658
CLng 396
Close 568, 620, 706
CLSID 115, 123
Cobol 147
Code, Code anzeigen 263
Code Librarian 345
Codebehind-Technologie 232
Codebibliothekar 345
Code-Commenter 346
Code-Fenster 267
Code-Komponente 109
Codezeile, Kurze 554
Codieren 46
Codierungsmodus 56
Collapse 720
Column 739
ColumnCount-Eigenschaft 655
Column-Eigenschaft 655
Columns 739
COM
    Ausprägung 111
    COM 3.0 105
    COM-Ansicht 89

COM-Automation 111, 119
COM-Bibliothek 111
COM-Client Sprachgebrauch 110
COM-Container 121
COM-Control 110
COM-Interface Sprachgebrauch 109
COM-Komponente 69
COM-Komponenten-Server 109
COM-Objektverweis 120
COM-Server 109
COM-Server, lokaler 122
COM-Spezifikation 116
COM-Steuerelement 110, 121
  Definition 112
  Geschichte 99
  Implementierung 111
  Nachteile 105
  Notation 137
  Spezifikation 111
  Sprachgebrauch 106
  Standardschnittstelle 130
  Technologie 111, 113
  Übersetzung 70
COM Explorer 89, 126
COM+, Geschichte 105
COM-Add-In
  Im Detail 821
  Sichern 227
COM-Add-In-Designer PDF 8
COM-Bibliothek 91
ComboBox, Im Detail 660
COM-Client 581
  Definition 119
Comctl32 774
COMCtl32.ocx 126
Comdex 150
Comdlg32 774
COM-Instanz, Allgemein 120
COM-Klasse
  Definition 115
  Sprachgebrauch 108
COM-Komponente
  Definition 115
  Sprachgebrauch 107
CommandButton, Im Detail 673
COMObj.dll 91

COM-Objekt
  Definition 120
  Sprachgebrauch 108
Compiler 47
Compiler-Anweisungen 52
Compilerkonstante 785
Componentware 69
COM-Schnittstelle
  Definition 116
  Duale 134
  Sprachgebrauch 109
  Standard 130
COM-Server 581
  Bindung 132
  Definition 119
Const 400
Container, Sprachgebrauch 110
Container-Anwendung 110
Container-Objekte, Definition 66
Containment 86
Controls, Sprachgebrauch 110
ControlSource 659
CopyMemory 532
Copy-Methode 715
CORBA 70
CORBA-IDL 86
Corel 162
Corel Office Professional 162
Count 564
CP/M 149
CreateObject 591
CSng 396
CStr 396
Currency 386, 392
CustomDocumentProperties 791
Cut-Methode 715
CVErr 396
Cycle-Eigenschaft 675

D

Dahl, Ole-Johan 59
DAO360.dll 97
Dartmouth Basic 180
Date 390
Datei, Im Detail 765
Dateiexistenz prüfen 765

Dateikennung 80
Dateinamenserweiterung 80
Dateizugriff 770
Datenbankobjekte, Benennung 914
Datenberichtsdesigner PDF 5
Datenfeld 513
   Benennung 907
   Deklaration 514, 517
   Dimensionen ermitteln 530
   Dynamisch 516
   Kurzerklärung 52
   Löschen 528
   Maximalwert 537
   Mehrdimensional 513
   Minimalwert 537
   Sortieren 534
   Statisch 515
Datenfelddimension 524
Datenfeldelement, Zugriff 518
Datenfeldelemente, Anzahl ermitteln 527
Datentyp
   Alphanumerisch 387
   Benutzerdefiniert 541
   Datum und Zeit 390
   Formatierender 389
   Kurzerklärung 52, 360
   Logisch 392
   Numerisch 386
   Spezifisch 388
   Unspezifisch 388
   Veränderbar 389
   Währung 392
Datentypen
   Allgemein 385
   Übersicht 393
Datenumgebungs-Designer PDF 4
Datenzugriffsobjekte 66
Datumsformat 390
Datumsliteral 390
Davidoff, Monte 179
DBA 43
DCOM
   Geschichte 104
   Übersetzung 70
DDE 100
Debug.Print 457
Debugfenster 273
Debugger 48

Debug-Objekt 457
DEC VAX/VMS 152
Decimal 386
Declare 776
Deduktion 148
Default 64
DefaultTab 642
DefBool 395
DefByte 395
DefCur 395
DefDate 395
DefDbl 395
DefDec 395
Definition 45
   In VBA 357
   Kurzerklärung 52
DefInt 395
DefLng 395
DefObj 395
DefSng 395
DefStr 395
DefType 394
DefVar 395
Deklaration 358
   Datenfeld 514, 517
   Einer Variablen 378
   Einer Variablenliste 380
   Explizit 359, 378
   Implizit 358, 377
   Kurzerklärung 52
Deklarations-Anweisung 371
Delegation 86
Deregistrieren, COM-Komponente 126
design mode 54
Designer PDF 1
Designermodul 262
Detailbereich 277
Dezimalkomma 386
Dezimalpunkt 386
Dezimalzahl 806
DHTML-Designer PDF 5
Dialog
   Aktivierreihenfolge 310
   Anpassen 311
   Digitale Signatur 338
   Ersetzen 308
   Komponenten 313
   Optionen 328

Projekteigenschaften 334
Registerkarte anzeigen 642
Sicherheitswarnung 342
Suchen 293
Zertifikat auswählen 342
Dialogfeld, Integriert 635
Dialogfelder
　Alle PDF 122
　Argumente 640
Dialogs, Argumente 640
Dictionary 750
Dienst 109
Digitale Signatur 338
Dim-Anweisung 382
Dimension 513
Direktbereich 273
Direktfenster 273, 457
Disjunktion 421
DiskBasic 180
Diskcopy 774
Dispatch-ID 131
DispID 131
Display, Dialogs 637
Division 410
DLL, Allgemein 84
DLL-Basisadresse 337
DLL-Datei 85
DLL-Dateien 121
DllRegisterServer 126
Document, Im Detail 699
Document_Close-Ereignis 624
Document_Open-Ereignis 624
DocumentBeforeClose 620
DocumentBeforePrint 620
DocumentBeforeSave 620
DocumentChange 620
DocumentOpen 620
DocumentProperty 791
DocumentSync 620
Dokument drucken 707
Dokument öffnen 702
Dokument schließen 706
Dokument speichern 704
Dokumentbereiche 733
Dokumentbereiche anzeigen 736
Dokument-Bibliothek 93

Dokumente
　Sichern 224
　Speicherort 224
Dokumenteigenschaften 791
Dokumentmodul 261
Dokumentordner 204
Dokumentvorlage
　Bedeutung 203
　Im Detail 745
　Syntax 259
Dokumentvorlage ermitteln 745
Do-Loop-Schleife 489f.
Doppelpunkt 369
Double 386
Dr. Dobb's Journal 179
Drag-und-Drop bei der Textbearbeitung 330
Drehfeld, Im Detail 686
DriveExist 133
DropDown 660
DsoFile.dll 96
dsofile.dll 795

E

Early binding 134, 582
　Vorteile 590
ECOOP 74
Editieren
　Ausschlußwörterbuch 221
　Benutzerwörterbuch 221
Editiermodus 54, 56
Editor 48
EDV 45
Eiffel 141, 148
Eigenschaft
　Allgemein 62
　Eigene anlegen 613
Eigenschaften
　Office PDF 211
　Von Steuerelementen 649
　Word 863
Eigenschaftsfenster 265f.
Eigenschaftsprozedur 613
Ein-/Ausgabe 457
Einerkomplement 426
Einfügemarke, Position 760
Einfügemarke in Tabelle 760

Einfügen, Komponenten 121
Eingabeaufforderung 468
Eingabefeld, Im Detail 653
Eingabehilfen des VBE 326
Einrichten, Arbeitsmenü 237
Einsatzkomponente 79
Einstellungen für Formularraster 332
Einzeldokumentoberfläche 551
Einzelschritt 299
Elementarbausteine 78
Elemente automatisch auflisten 329
Elementliste 276
Else 478
ElseIf 478
ElseIf-Anweisung 482
Email.Dot 216
Empfänger 63
Empfängerobjekt 63
Empty 398
End
   Function 450
   If 478
   Sub 433
Endlosschleife 251, 489
Endnote 735
Endnoten-Fortsetzungshinweis 736
Endnoten-Fortsetzungstrennlinie 736
Endnotentrennlinie 736
Entfernen-Befehl im Arbeitsmenü 238
Entität, Diskursive 59
Entwicklungsergebniskomponente 79
Entwicklungsumgebung 253
   Allgemein 48
   Integrierte 48
Entwurf, Klasse 64
Entwurfsmodus 54f.
Enum 402
EPostageInsert 620
EPostageInsertEx 620
EpostagePropertyDialog 620
Eqv 421, 425
Erase-Anweisung 528
Ereignis, Allgemein 63
Ereignisempfänger 63
Ereignisprozedur 617
   Allgemein 63
   Ort 618
Ereignisprozedur-Rahmen 271

Ereignisquelle 63
Ereignisse 617
   Für Application 625
   Für Dokumente 622
   Office PDF 215
   Übersicht 620
Ereignissignalisierung 63
Ergebnisfestlegung 450
Err 800
Err-Objekt 485
Error 398
Error-Funktion 801
ErrorHandler 485
Ersetzen 308, 718
European Conference on Object Oriented
   Programming 74
Eval-Funktion 143
Excel 583
Executable 119
Execute 718
   Dialogs 638
Execute-Anweisung 143
Exe-Datei 87
EXE-Dateien 121
Exemplar 59
EXE-Programm 85
Exit
   Do 490
   For 490
   Function 450
   Sub 433
Exit-Ereignis 654
Exklusion 421
Expand-Methode 720

F

Fallentscheidung 475
Fehler, 429 599
Fehler 5174 703
Fehlerbehandlung, Im Detail 797
Fehlerbehandlungsmechanismus 120
Fehlerbehandlungsroutine 799
Fehlerbehandlungsroutinen-Add-In 346
Feldfunktion 445
Fenster
   An-/Ausschalten 256
   Bedienungstips 256
   Visual Basic-Editor 254

Fenster verankern 333
Fensterbreite ändern 697
Fensterbreite erstellen 701
Fensterhöhe ändern 697
Fensterposition ändern 698
Fensterteiler 271
Festkommazahl 386
FileSaveAs 632
FileSystemObject 132
Find-Eigenschaft 718
Fließkommazahl 386
FM20.dll 94
Folgezeile 369
Font-Eigenschaft 713
Font-Objekt 651
Fonts auflisten 803
FootNotesStory 734
For-Each-Schleife 501
ForeColor-Eigenschaft 651
Format 396
Formatierung, Direkte 213
FormattedText-Eigenschaft 714
Formatvorlage, Definition 213
Formcheckbox 446
Formdropdown 446
Formtext 446
Formular, Modul 262
Formularfeld 446
Formularraster 332
For-Next-Schleife 489, 496
  Verschachtelt 500
Fortran 147, 179
Fortsetzungszeile 369
Frame, Im Detail 668
Friend 454
Frühe Bindung 134, 136
Frühes Binden 582
FSO 132
Function-Prozedur 50, 448
Funktion, Aufruf 450
Funktionstabelle 116
Fußnoten 734, 736
Fußnoten-Fortsetzungshinweise 736
Fußnoten-Fortsetzungstrennlinie 736
Fußnoten-Trennlinie 736
Fußzeile für erste Seite 735
Fußzeile für gerade Seiten 735

G

Ganze Zahl 386
Gates, Bill 112, 179
Gdi32 774
Gebrochene Zahl 386
Generalisierung 60
Generieren eines Zertifikats 341
Get 545
GetIDsOfNames 131
GetObject 595
GetTypeInfo 131
GetTypeInfoCount 131
Getz, Ken 891
GFA-Basic 182
Gleichheit 413
Gleitkommazahl 386
Globale Änderungen 214
Global-Objekt 698
GoSub-Return 478
GoTo-Anweisung 476
GoTo-Methode 714
Granulariät 78
Größer-/Kleinerbeziehung 413
Groß-/Kleinschreibung 896
Großbuchstaben 487
Großvater-Vater-Sohn-Prinzip 197
GroupeName-Eigenschaft 664
Gültigkeitsbereich 360, 381
  Kurzerklärung 52
  Prozedur 453
GUID 115
GW-Basic 182

H

Haltemodus 54, 57
  Aktivieren 58
HANDLE 778
Hardware-Baustein 71
Hardware-Komponente 71
Hauptfußzeile 735
Hauptkopfzeile 735
Hauptmenü 304
Haupttext 734f.
Hauptwörterbuch 223
Header 918
Hex 396
Hide 646

Hierachie 86
Hilfe 320
Hilfedatei 335
Hintergrundfarbe, Benutzerformular 664
Hinzufügen, Add-In 234
Hinzufügen-Befehl im Arbeitsmenü 238
HN 887, 900
Hochkomma 375
Hotkey 348
Hotkey für Prozedur/Makro 247
Hungarian Notation 887
Hyperonym 71
Hyponym 71

I

I 116
IClassFactory 131
IDE 48, 253
Identifier 115
Identifikationsmechanismus 120
Identifikator 115
Identifizierer 356
Identifizierungskennziffer 131
Identität 62, 78
IDispatch 131
IDL 86, 118
If 478
If-Then-Anweisung 478
  Mehrzeilig 480
  Verschachtelt 481
IID 116f., 124
Iif-Funktion 509
IIS PDF 6
Image 687
Imp 421, 425
Implement 137
Implikation 421
Index, Datenfeld 518
Induktion 149
Information 759
Informations-Funktionen 52
Initialisierung 398
  Datenfeld 518
Initialisierungsdatei 203
InProc-Server 110, 122
In-Prozeß-Server 110
InputBox 467

Insert-Methoden 717
Installation 34
Installierte Vorlagen 208
  Speicherort 209
Instanz, Sprachgebrauch 59
Instanzieren, Mehrfaches 599
Instanzierung 64
Instruktion 46
Integer 386
Integrations-Technologie 69
Intelligenz, Künstliche 148
Interaktion 457
Interface 116
Interface Identifier 117
Interpreter 47, 140
Interprozeß-Kommunikation 69
Invoke 132, 134
IOleControl 131
Is 413, 419, 487, 577
IsArray 397
IsArray-Funktion 525
IsDate 397
IsEmpty 397
IsError 397
IsMissing 397, 441
IsNull 397
IsNumeric 397, 470
IsObject 397, 578
Is-Operator 419
ISV 190
IT 45
Item 569
IUnknown 117, 130

J

Jacobson 75
JavaBean 71
JavaBeans-Komponente 69
JavaScript 143
JScript 143

K

Kemeny, John G. 179
Kennwort 336
Kennzeichen, Bedeutungen der 272
Kennzeichenleiste 272
Kernel32 774

Kirtland, Mary 105
Klasse
   Allgemein 64
   Benutzerdefinierte 609
   Nichtvisuelle 64
   Visuelle 64
Klassenbezeichner 115
Klassenbibliothek 85
   Sprachgebrauch 82f.
Klassenexemplar, Sprachgebrauch 59
Klassenhierachie 86
Klassenhierarchie 86
Klasseninstanz, Sprachgebrauch 59
Klassenliste 276
Klassenmodul 262
   Anlegen 609
Kleinbuchstaben 487
klickTel 227
KO 44
Kombinationsfeld, Im Detail 660
Kommando 46
Kommandowort 367
Kommandozeilenparameter 854
Kommentar 375
Kommentare 735
Kommentarzeichen 376
Kompilieren 332
Kompilierung, Bedingte 335
Kompilierungskonstante 785
Komplementarität 76
Komponente 68
   Allgemein 71
   Ausprägung 71
   Dateitypen für 80
   Definition 74
   Gemeine 72
   Komponenten einfügen 313
   Notation 80
   Sprachgebrauch 69
   Vergleich mit OO 76
Komponente starten 338
Komponenten-Architektur 65, 70
Komponentenbeschreibungsmodell 70
Komponentenmodell 65, 70
   Gebräuchliche 70
Komponenten-Objekt 108
Komponenten-Objekt-Modell 70
Komponenten-Spezifikation 70

Komponenten-Standard 70
Komponenten-Technologie 69
Kompositionsfähigkeit 78
Konfigurationsdatenbank 122
Konjunktion 420
Konstante
   Allgemein 47
   Compiler 785
   wdWordDialog 636
Konstanten 399
   Alle VBA-Konstanten PDF 120
   Alle Word-Konstanten PDF 27
   Benennung 906
   Benutzerdefinierte 400
   Dokumenteigenschaften 792
   Integrierte 401, 403
   Literale 399
   MsgBox 462
   Symbolische 400
   Zeichenketten 465
Konstanten anzeigen 327
Konstanten ermitteln 780
Kontext 360
   Schlüsselwort PDF 10
Kontext-ID für Projekthilfe 335
Kontextmenü 328
Kontrollkästchen, Im Detail 661
Kontrollstruktur 509
Kontrollstrukturen 53
Konvention, typographische 35
Konvertierungsfunktionen 395
Kopfbeschreibung 918
Kopfzeile für erste Seite 735
Kopfzeile für gerade Seiten 735
Kürzel 901
Kurtz, Thomas E. 179

L

Label, Im Detail 652
Lade- und Austauschmechanismus 120
Languages 751
LargeChange-Eigenschaft 686
Late binding 132, 582
Laufvariable 489
Laufzeifehler 599
Laufzeitfehler 13 415
Laufzeitkomponente 79

Laufzeitmodus 54, 57
LBound 525
LCID 221
Lebensdauer 359
   Kurzerklärung 52
Lebenslauf-Assistent 208
Lebenszeit 117
Legacy 156
Legostein-Metapher 149
LenB 528
Lesen von Datei 771
Leszynski, Stan 890
Like 413, 416
Linker 85
ListBox, Im Detail 654
ListCount-Eigenschaft 656
List-Eigenschaft 655
Listenfeld, Im Detail 654
ListIndex-Eigenschaft 656
Listing 47
ListRows-Eigenschaft 661
ListStyle-Eigenschaft 656
ListWidth-Eigenschaft 661
Literal 399
Litwin, Paul 890
LNC 888
Load 644
Loader 85
Locked-Eigenschaft 654
Löschen
   Makro 249
   Prozedur 249
Lokaler Server 110
Lokal-Fenster 284
Long 386
Loop 490
Lotus 1-2-3 156
Lotus Development Corporation 156
LP 778
LPZSTR 778
LRGA 888
Lz32 774

M

MAC-Adresse 116
Macintosh 35, 151
MACROBUTTON 445

MailMergeAfterMerge 620
MailMergeAfterRecordMerge 620
MailMergeBeforeMerge 621
MailMergeBeforeRecordMerge 621
MailMergeDataSourceLoad 621
MailMergeDataSourceValidate 621
MailMergeWizardSendToCustom 621
MailMergeWizardStateChange 621
Main 632
MainTextStory 734
Makro
   Aufzeichnen 239
   Aus Symbolleiste entfernen 249
   Ausführen 244
   Definition 48
   Erstellen 433
   Makro bearbeiten 250
   Makro löschen 249
   Speichern 232
   Speicherort 231
   Starten 445
   Tastencode für Makro zuweisen 247
   Übungsumgebung 231
   Zur Symbolleiste hinzufügen 248
Makro80.dot 228
Makroaufzeichnung 242
Makro-Recorder 239
Makros in der Normal.dot 232
Makrosprache 140
Mangement-Konsole 343
Markieren, Dokument 710
Markierung reduzieren 720
Marshaling 104
Maschinensprache 47
Max-Eigenschaft 686
MaxLength-Eigenschaft 654
MBasic 182
McIlroy 69
MCSNC 889
MDI 551
Me 286
Mediadaten 217
Mehrfachdokumentoberfläche 551
Mehrwertsteuer 614
MeinWerkzeugkasten.dot 234
Member 116
Memo-Assistent 208

Menü 304
　Add-Ins 319
　Ansicht 309
　Ausführen 318
　Bearbeiten 307
　Datei 304
　Debuggen 316
　Einfügen 313
　Extras 318
　Fenster 319
　Format 313
　Fragezeichen 320
　Testen 316
Menüleiste 304
Methode, Allgemein 62
Methoden
　Office PDF 214
　Word 879
Methodenaufruf 62
MFC 98
MicroPro 149
Microsoft Access 11.0 Object Library 96
Microsoft ActiveX Data Objects 2.7 Library 96
Microsoft DAO 3.6 Object Library 96
Microsoft Forms 2.0 Object Library 94
Microsoft Office 11.0 Object Library 94
Microsoft Office XP Web Components 97
Microsoft Scripting Runtime 135
Microsoft Visual Basic for Applications Extensibility 5.3 95
Microsoft Windows Common Controls 6.0 97
Min-Eigenschaft 686
Mitgelieferte Vorlagen 208
MITS 180
MMC 343
Mmsystem 774
Mnemonisch 147
MOD 40
Mod 411
Modal 463
Modul
　Benennung 907
　Designer 262
　Dokument 261
　Formular 262
　Klassen 262
　Kurzerklärung 51

　Modul einfügen 264
　Modul entfernen 264
　Standard 262
　Verweise 263
Modulbereich 381
Modulvariable 286
Modus 54
　Sprachgebrauch 55
Modus ermitteln 813
Move-Methoden 716
MSADO15.dll 97
MSDN 325
MS-Dokumentvorlage 208
MS-Forms-Bibliothek 94
MsgBox 440
MsgBox-Dialog 460
MsgBox-Funktion 459
MsgBox-Konstanten 462
Mshy3gep.lex 223
MSO.dll 94
MSO97.dll 94
Mssp2_ge.lex 224
Mssp3ge.dll 224
Mssp3gea.exc 223
Mssp3gep.exc 223
Msth3gea.lex 223
MS-Vorlage 208
　Speicherort 208
MSWord.olb 93
MSWord8.olb 93
MSWord9.olb 93
Multi-Code-Import/-Export 345
MultiLine-Eigenschaft 654
MultiPage, Im Detail 674
Multiplikation 410
Multiseite, Im Detail 674
MultiSelect-Eigenschaft 656
Multitasking 100
Multi-Tool Word 150
MultiUse 597
Muster 417
　Klasse 64
Mustervergleich 413
Mustervorlage 208
MyWord.ops 202

N

Nachricht 63
Nachsilbe 901, 905
Name 356
Name der Hilfedateien 335
Name-Eigenschaft 650
Namenskonvention 361, 887
Namensraum 120, 454
Namensregeln 362
NATO 68, 148
NBI 156
Negation 410, 421
Netapi32 774
NET-Framework 97
New 574
    Bei der Automatisierung 587
    Ereignis 621
NewDocument 621
NewMacros 245, 262, 455
NewStar 150
NewWord 150
NeXT-Computer 156
NGWS 105
Normal.Dot
    Speicherort 215
    Suchreihenfolge 215
Normal.dot 212, 232
Not 421, 423
Notation 887
Nothing 398, 577
Null 398
Nygaard, Kristen 59

O

Ober-/Unterbegriff-Verhältnis 71
Ober-/Unter-Verhältnis 71
Oberflächendesigner 48
Obergrenze 515, 525
Oberon 141
Object 388
Objekt 548
    Abstraktes 60
    Ausprägung 60
    Beispiele 66
    Datentyp 388
    Definition 60
    Konkretes 60
    Notation 67
    Objekt anzeigen 263, 309
    Reales 60
    Schließen 604
    Sprachgebrauch 59
    Status 62
    Zustand 62, 77
Objektauflistung 562
Objektausdruck 548
    Allgemein 63
Objekt-Auswahlliste 268
Objektbibliothek 85
    Sprachgebrauch 82f.
Objektcode 47
Objekte
    Benennung 908
    Office PDF 208
    Word 859
Objekteigenschaft 555
    Allgemein 62
Objektereignis 63
Objektfabrik 64
Objektfehlerkonstante 485
Objekthierarchie 561
Objektidentität 62, 78
Objektinstanz, Sprachgebrauch 59
Objektkatalog 275
    Allgemein 88
    Bedeutung der Symbole 279
    Schaltflächen 277
Objektmethode 62, 559
Objektmodell 65
    Word 691
Objektname 67
Objektnutzer 63
Objektorientierung 547
    Geschichte 59
Objektreferenz 572
    Allgemein 86
Objektschnittstelle 63
Objektstruktur 64
Objekttyp 64
Objektvariable 570
    Sprachgebrauch 59
Objektvergleich 413
Objektverhalten 62
Objektverweis 572
Objektvorsilben 908

ObjPtr 280
Oct 396
OCX-Datei 87
OCX-Komponente 102, 121
OCX-Steuerelement 102
ODE 40
Öffnen, Dialog anzeigen 641
Office Developer Edition 40
Office XP Web Services Toolkit 192
Office-Eigenschaften PDF 211
Office-Ereignisse PDF 215
Office-Methoden PDF 214
Office-Objekte PDF 208
Office-Objektmodell PDF 208
Oktalzahl 806
OLB-Datei 87
OLE
    Container-Anwendung 110
    Geschichte 101
    OLE-/COM-Viewer 89
    OLE-Ansicht 89
    OLE-Automation 111
    OLE-Automatisierungs-Server 109
    OLE-Container 110
    OLE-DLL 109
    OLE-EXE 109
    OLE-Interface Sprachgebrauch 109
    OLE-Komponente 69, 102
    OLE-Objekt 108
    OLE-Softwareobjekt 108
    OLE-Steuerelement 102, 110
    OLEView.exe 89
    OLE-Viewer 89
    Technologie-Geschichte 101
OLE DB
    Geschichte 104
    Provider 104
OLE Document Properties 1.4 Object Library 96
Ole32 774
OLE32.dll 91
OLE-Schnittstelle, Sprachgebrauch 109
OmniPage 227
On Error, Allgemein 798
On Error GoTo 799
On Error Resume Next 799
OneNote 178
On-GoSub 478

On-GoTo 478
OO 44, 547
OO-Programmierung 59
Open 545
    Ereignis 621
OpenDoc 70
OpenOffice 177
Operand 373
Operation 62, 373
Operationspriorität 427
Operator 373
    Allgemeine Übersicht 409
    Arithmetisch 410
    Bitmanipulation 425
    Bitweise 421
    Boolscher 420
    Kurzerklärung 52
    Logisch 420
    Relational 412
    Zeichenverknüpfung 427
    Zuweisung 426
Operator-Rangfolge 427
Option Base Anweisung 521
Option Base-Anweisung 515
Option Compare 414
Option Explicit 797
Optional 441
OptionButton, Im Detail 664
Optionsfeld, Im Detail 664
Or 421, 423
Ordner
    Im Detail 765
    Ordner umschalten 264
Ordnerexistenz prüfen 768
Orthographie 37
OS X 35
OtkLoadr.dll 194
OutProc-Server 110, 122

P

PageMaker 178
Pangramm 805
ParamArray 444
Parameter 436
    Bei eigenen Methoden 612
    Datenfeld 444
    Variabel 444

Parameter-Array 444
Parameterinfo 327
Parameterliste 438
Parent 553
Pascal 141, 148
PascalCase 896
PasswordChar-Eigenschaft 654
Paste-Methode 715
Path 127
Pause 810
Perfect Office 159
Persistent 62
PictureAligment-Eigenschaft 675
PictureAlignment-Eigenschaft 687
Picture-Eigenschaft 675, 687
PictureSizeMode-Eigenschaft 687
PictureTiling-Eigenschaft 687
Pocket Word 162
Potenzieren 410
Präfix 900
   Für Objekte 908
Präfix für Konstanten 401
Preserve 523
Print 457
Private 454
Private-Anweisung 384
Profil-Assistent 198f.
ProfIWiz.exe 203
Profiwiz.ini 203
ProgID 115, 123
Programm 47
Programm starten 338
Programmabbruch 251
Programmcode 47
Programmcode-Fenster 267
Programmieren, Definition 46
Programmiersprache 46
   Geschichte 147
   Maschinenoientierte 147
   Objektorientierte 149
Programmiersystem 48
Programmierung
   Attributbasiert 105
   Strukturierte 47, 148
Programmlisting 47
Programmschleife 489
Programmtext 47

Projekt
   Bestandteile 261
   Im Projekt-Explorer 258
   Kurzerklärung 52
   Name ändern 259
   Syntax 258
Projekt für die Anzeige sperren 335
Projektbereich 381
Projektbeschreibung 335
Projektdokumentation 899
Projekteigenschaften 336
Projekt-Explorer 257
Projektname 334
Projektname ändern 259
Prolog 148
Prototyp 64
Prozedur 47, 49, 431
   Aus Symbolleiste entfernen 249
   Ausführen 445
   Erstellen 433
   Kurzerklärung 52
   Prozedur löschen 249
   Starten 445
   Tastenkombination zuweisen 247
   Unterbrechen 447
   Zur Symbolleiste hinzufügen 248
Prozedur abschließen 299
Prozedurarten 431
Prozedur-Auswahlliste 269
Prozedurbereich 381
Prozedurschritt 299
Prozedurtrennlinie 330
Prozeß beenden 586
Public 454
Public-Anweisung 383
Punkt 63
Put 545

Q

QBasic 182
Qualifizierer 901, 905
Quellcode 47
Quellcode-Fenster 267
Quellcodeverwaltung 346
Quelltext 47
QueryInterface 117f.
Quick Basic 141

QuickBasic 182
Quickinfo 326
Quit 605
   Ereignis 621

R
RagTime 177
Rahmen, Im Detail 668
rand 805
Randindikatorenleiste 272
Random-Datei 545
Range, Im Detail 721
Range am Dokumentanfang 725
Range am Dokumentende 725
RDO PDF 5
Reddick, Greg 890
ReDim-Anweisung 521
Referenzbereich 381
Referenzübergabe 442
Referenzzähler 117
Referenzzählungsmechanismus 120
RegExp-Objekt 143
Register, Im Detail 684
Registerseite 674
Registrieren, COM-Komponente 126
Registrierungsdatenbank 225
Registry 122
   Sichern 225
   Wordspezifische Schlüssel 225
Registry-Schlüssel 123
Registry-Zugriff 788
RegOptions 228
RegSvr32.exe 126
Rekursion 451
Release 117
Rem 375
Remote Server 110
Remote-Server 122
Remove 568
RemoveItem-Methode 656
Remove-Methode 657
Report-Designer PDF 5
Reportgenerator PDF 5
Ressource-ID 115
Row 739
Rows 739
RowSource 659

RtlMoveMemory 532
Rückgabewert 448
Rückgabewerte, MsgBox 466
Rückschrittzeichen 466
Ruhezustandsmodus 56
Rumbaugh 75
run mode 54
RVBA 888

S
SAFEARRAY 532
Samna 150
Samna Word 150
Satellite Software International 150
Satzspiegel 241
Save 704
SaveAs 705
Saved 705
Schablone 64
Schema 64
Schieberegler 685
Schleife 489
   Fußgesteuert 491
   Kopfgesteuert 491
Schleifenrumpf 489
Schleifenstruktur 475
Schleifentyp 489
Schleifenzähler 489, 498
Schlüsselwort
   Kontext PDF 10
   Übersicht 827
   VBA PDF 16
Schnellkurs
   Bibliotheken 81
   COM 99
   Definition 45
   Komponentorientierung 67
   Makros und VBA-Prozeduren 48
   Objektorientierung 59
   Programmieren 46
   Übersicht 44
Schnittstelle
   Objekt 63
   Sprachgebrauch 109
Schnittstellenmechanismus 120
Schnittstellenvererbung 117
Schnittstellen-Vertrag 116

Schreiben von Datei 771
Schreibweise 37
Schriftauszeichnung 668, 675
Schriften auflisten 803
Schriftgröße tauschen 719
Schrittweite 497f.
Schutz von Projekteigenschaften 335
Scripting 135
Scripting Spy 91
ScrollBar, Im Detail 685
ScrollBars-Eigenschaft 675
ScrRun.dll 132, 135
SDI 551
Seitenrand 761
Seitenzahl ermitteln 759
Select-Case-Anweisung 482
Selected-Eigenschaft 656
Selection, Im Detail 708
Select-Methode 717
SelfCert.exe 341
Sender 63
Separation 60
Serveranwendung 109
Service Pack 39
Service Release 39
Set 573
Shading-Eigenschaft 713
Shell32 774
Show
   Benutzerformular anzeigen 643
   Dialogs 637
Shrink-Methode 720
Sicherheitshinweis 41
Sicherheitswarnung 342
Sichern
   Add-In 210
   Ausschlußwörterbuch 223
   Autokorrekturen 217
   Benutzerwörterbuch 219
   COM-Add-In 227
   Dokumente 224
   Dokumentvorlage 203
   EMail.dot 216
   Mediadaten 217
   Normal.dot 212
   Registry 225
   Word-Arbeitsumgebung 197
Sicherung 197

Sicherungskopie 199
Signieren eines VBA-Projekts 342
Simonyi, Charles 887, 890
Simula 148
Single 386
SingleUse 597
Sleep 810
SmallChange-Eigenschaft 686
Smalltalk 59, 141
Smart Tag Enterprise Resource Toolkit 192
SmartSuite 162
Snap-In hinzufügen/entfernen 343
Softkey International Incorporation 160
Software Engineering 140, 148
Softwarearchitektur 111
Software-Baustein 72
Softwarebibliothek 84
Software-Entwicklung, Komponentenorientierte 69
Software-Komponente 68f.
Softwarekrise 69
SOM/DOM 71
SOM-IDL 86
Sourcecode 47
SourceSafe 346
SP 39
Späte Bindung 132, 136
Spätes Binden 582
SpecialEffekt-Eigenschaft 651
Speicher 356
SpeichernUnter, Befehl 632
Speicherort, Für Makros 231
Spezifikation 60
SpinButton, Im Detail 686
Spinnaker Software Corporation 160
Sprache 892
   Natürliche 47
Spracheinstellung 36
Sprachgebrauch 109
Sprung 475
Sprungmarke 476
Sprungziel 476
SR 39
Standard, Benutzerwörterbuch 219
Standardeigenschaft 549
Standardeinstellung 212
Standardformatvorlage 214
Standardmäßig ganzes Modul anzeigen 330

Standardmethode 549
Standardmodul 262
Standardschaltfläche 463
StarDivision 153
StarOffice 153
Startparameter 854
Startup-Ordner 235
StartUp-Ordner festlegen 819
StarWriter 158
Static 432, 449
Static-Anweisung 384
Status 62
Statusbar 471
Statusleiste 471
StdOLE2.tlb 93
Step 497
Stereotyp 137
Steuerelement
    Auf Benutzerformular plazieren 282
    Benennung 907
    Sprachgebrauch 111
Steuerelemente
    Eigenschaften einstellen 648
    Prinzip 648
    Weitere 283
    Zusätzliche 121
Steuerstrukturen 53
Stileigenschaften 650
Stimula 59
StoryRange, Im Detail 733
Str 396
String 387
StrPtr 280
Struktur 541
Strukturfeldvariable 541, 544
Styleguide 888
Sub-Prozedur 50, 431
Subsystem 69
Subtraktion 410
Suchen 293, 718
Suchen und Ersetzen 308
Suffix 901, 905
Support.dot 199, 227f.
Switch-Funktion 511
Symbole, Alle 833
Symbolleiste 292
    Bearbeiten 296
    Debuggen 298

Makro entfernen 249
Makro hinzufügen 248
Prozedur entfernen 249
Prozedur hinzufügen 248
Testen 298
UserForm 301
Voreinstellung 292
Werkzeugsammlung 282
Symbolleisten, Alle PDF 144
Symbolleisten auflisten 656
Sync 621
Syntax 47
    Allgemein 359
Syntaxüberprüfung 369
System 78
System32-Ordner 127
SystemRoot-Variable 127
Systemvoraussetzung 34

T

Tabelle, In Array einlesen 538
Tabellenspalte ermitteln 760
Tabellenspalten 739
Tabellenzeile ermitteln 760
Table 738f.
Tables 739
Tablet-PC 59
TabOrientation-Eigenschaft 675
Tab-Schrittweite 330
TabStrip, Im Detail 684
Tabulatorzeichen 466
tag 901
Task-Manager 586
Tastenbelegung
    Arbeiten mit UserForms 350
    Code-Bearbeitung 348
    Schnelles Ausführen und Debuggen 350
Tastencode 247
Teil/Ganzes-Beziehung 71
Teilausdruck 373
Template 745
Terminologie 893
Testfenster 273
TextAlign-Eigenschaft 652
Textbegrenzung 241
TextBox, Im Detail 653
TextColumn-Eigenschaft 656

Text-Eigenschaft 650, 656, 714
Textfeld 734, 736
   Im Detail 653
TextFrameStory 734
Texthervorhebung 505
Textmarke
   Geschlossene 732
   Im Detail 729
   Offene 731
Textmarken, Verborgene 731
Textmarkenfeld 730
Textverarbeitung, Geschichte 149
Textvergleich 415
Then 478
Timer 810
Tiny-Basic 179
Titelzeile ändern 697
TLB-Datei 87
TLBINF32.DLL 780
To 485
ToggleButton, Im Detail 666
Ton ausgeben 474
Top-Down-Methode 148
Transient 62
TransistionEffect-Eigenschaft 675
TripleState-Eigenschaft 661
Turbo Basic 182
Typbeschreibung 86
Typbibliothek 85, 122
   Dateierweiterungen 86
   Sprachgebrauch 82f.
Type 542
   Eigenschaft von Selection 711
TypeLib Information 97
TypeName 397, 552
Typeninformation 86

U

UBound 525
Überladung 47, 429
Überwachung hinzufügen 289
Überwachungsausdruck 289
Überwachungsfenster 288
Umgebungsvariable 127
UML 59
Umlaute ersetzen 718
Umschaltfläche, Im Detail 666

Umwandlungsfunktionen 395
   Kurzerklärung 53
Undokumentierten Funktionen 280
Ungarische Notation 887
   Im Detail 900
Ungleichheit 413
Unload 646
Unspezifischer Datentyp 388
Unterbrechen bei Fehlern 332
Unterbrechung 251
Untergrenze 515, 525
Unterprogramm 47, 49
Unterstrich 370
Until 490
Update, Dialogs 639
USB-Stick 233
User Controls, Sprachgebrauch 110
User32 774
UserForm 643
   Fenster 281
   Modul 262
UserForm-Fenster 281
UUID 115

V

Val 396
Validierung 470
Validierungsfunktionen 397
Value-Eigenschaft 650
Variable
   Allgemein 47
   Definition 377
   Syntax für die Deklaration 378
Variablen, Benennung 902
Variablendeklaration erforderlich 329
Variablenliste 380
Variant 389
VarPtr 280
VarPtrArray 280
VarPtrStringArray 280
VarType 397
VB 141
   Geschichte 179
VB.NET 142, 144
   Geschichte 179
VBA
   Bedeutung 139

Betriebsart 54
Geschichte 179
Grundbegriffe 51ff.
Hilfe 320
Klassifikation 140
Modus 54
Objektorientierung 141
Sprachbereiche 355
Sprachkern 142
Struktur 51
Zustand 54
VBA332.dll 92
VBA-Code-Commenter 346
VBA-Dateien 856
VBA-Engine 140
VBA-Fehlerbehandlungsroutinen 346
VBA-Konstanten PDF 120
VBA-Quellcodeverwaltung 199
VBA-Schlüsselwörter PDF 16
VBA-Spezifikation 361f.
vbBack 466
vbCr 465
vbCrLf 465
VBE 48, 253
VBE6.dll 92, 132
VBE6Ext.olb 95
VBEEXT1.olb 95
VBE-Menü 304
vbFormFeed 466
vbLf 465
vbNewLine 465
vbNullChar 465
vbNullString 465
vbObjectError 465
VBS 142
VB-Script 127, 143
vbTab 466
vbVerticalTab 466
VBX-Dateien 101
VBX-Komponente 102
Ventura Publisher 178
Verankern von Fenstern 256
Verbindungs-Designer PDF 5
Verbunddokumente 101
Vergleich von numerischen Werten 415f.
Vergleich von Zeichenfolgen 413, 416
Vergleichsoperator 412
Verhalten 78

Verkettungsoperator 427
Verknüpfungsvorschrift 373
Version, Ermitteln 39
Version ermitteln 783
Versionsdifferenz 34
Versionsinformation 336
Versionsnummer 336
Versionsverwaltung 199
Versteckten Objekte 280
Vertrag 116
Verweis 120f., 572
    Auf Objektbibliothek 582
    Auf Objektbibliothek erstellen 583
    Priorität 585
Verweismodul 263
Verzweigung 475
Virtuell, Funktionstabelle 116
VisiCorp 150
VisiWord 150
Visual Basic 141
    Geschichte 184
Visual Basic .NET 142, 191
Visual Basic Script 142
Visual Basic-Editor 48, 253
    Starten 253
Visual Studio .NET 40
Visual Studio for Application 191
Visual Studio Tools für Office 193
Visual Studio-Tools 40, PDF 217
Vorlage
    Aus dem Internet 211
    Klasse 64
    Nicht dateibasiert 211
Vorlagen, Dialog anzeigen 641
Vorsilbe 900
VSA 191
VSTO 194, PDF 217
V-Tabelle 116
vTable 116
VTBL 116

W

Währungsdatentyp 392
Wagenrücklauf 465
Wagenrücklaufzeichen 465
Wahrheitstabelle 421
Wahrheitswert 420

Wait 810
Warten bis Komponente erstellt ist 337
wd-Konstanten 401
   Übersicht PDF 27
wdWordDialog-Konstante 636
WebClass-Designer PDF 6
Werkzeugkasten für Makros 231
Werkzeugsammlung 121, 282
   Im Detail 651
Wertebereich 385
Wertübergabe 442
Wertzuweisung 398
   Datenfeld 517
While 490
While-Wend-Schleife 489, 506
Wiederverwendbarkeit 113
WinAPI-Viewer 346, 775
WindowActivate 621
WindowBeforeDoubleClick 621
WindowBeforeRightClick 621
WindowDeactivate 621
Windows CE, CE 35
Windows Script Host 127
Windows-API 85, 773
WindowSelectionChange 622
WindowSize 622
Windows-Objekt 108
Windows-Ordner ermitteln 778
Winspool 774
Winword.exe-Ordner 205
With 578
WithEvents 379
   In Ereignisprozeduren 625
Wörterbuch 219
   Im Detail 750
Wörterbücher anzeigen 750
Word
   Das erste Word 150
   Die erste Windows-Version 154
   Geschichte 150
   Macintosh 35
   Pocket 35
WordBasic 182
Word-Befehle PDF 149
Wordbefehle, Überschreiben 631
Word-Eigenschaften 863
Word-Fenster ermitteln 504
Word-Konstante 569

Word-Konstanten 401, PDF 27
WordMaster 149
Word-Methoden 879
Word-Objekte, Übersicht 859
Word-Objektmodell 691, 859
WordPerfect, Geschichte 150
Word-Schlüssel 225
WordStar 149
Word-Symbolleisten 656
Word-Version ermitteln 783
WordWrap-Eigenschaft 654
Wortart 893
Wortschatz 47
Wrapper 459
Wscript.Shell 127
WSH 127

X

XMLAfterInsert 622
XMLBeforeDelete 622
XMLSelectionChange 622
XMLValidationError 622
Xor 421, 424

Z

Zähler 489
Zählermechanismus 120
Zählschleife 489
Zahl mit Nachkommaanteil 386
Zahl ohne Nachkommastellen 386
Zeichencode 415
Zeichenfolge 387
   Prüfen 486
Zeichenfolgedatentyp 387
Zeichenfolgeneditor 345
Zeichenfolgenmuster 417
Zeichenfolgenvergleich 414, 416
Zeichenformatvorlage 213
Zeichenverknüpfungsoperator 427
Zeiger 86, 116
Zeilenfortsetzungszeichen 370
Zeilennummer ermitteln 761
Zeilenvorschub 465
Zeilenvorschubzeichen 465
Zeitformat 390
Zertifikat 339
Ziehpunkte schwarze 315

Ziehpunkte weiße 315
Zirkelbezug 406
Zugriffsmodifizierer 359, 380
Zusammenfassungszeile 369
Zusatzsteuerelemente 110
Zustand 62, 77

Zuweisungs-Anweisung 371
Zuweisungsoperator 426
Zweierkomplement 426
Zwischenablage 715
    Geschichte 100

Steigen Sie um!

526 S., 2004, mit CD, 29,90 Euro
ISBN 3-89842-431-6

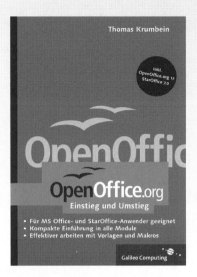

OpenOffice.org – Einstieg und Umstieg

www.galileocomputing.de

mit CD/DVD

Thomas Krumbein

OpenOffice.org – Einstieg und Umstieg

Jetzt umsteigen: Mit OpenOffice 1.1 auf CD

Sie sind MS Office-Anwender und wollen umsteigen? Sie möchten Kosten sparen und setzen OpenOffice.org sogar im Unternehmen ein? Dieses Buch behandelt alle wichtigen Module von OpenOffice.org (Textverarbeitung, Kalkulation, Präsentation usw.). Neben der Beschreibung der wichtigen Funktionen des Programms erfahren Sie, wie ein Umstieg ohne Daten- und Makroverlust reibungslos funktioniert.

Programmierung und
Automatisierung von
Excel mit VBA

800 S., 2004, mit CD, 39,90 Euro
ISBN 3-89842-489-8

VBA mit Excel

www.galileocomputing.de

Christian Friedrich

VBA mit Excel

Visual Basic für Applikationen mit Excel lernen,
für Excel 97 bis 2003

Auch ohne bisherige Programmierkenntnisse
werden Sie in diesem Buch die Grundzüge der
Programmierung und Automatisierung von
Excel mit VBA schnell erlernen.
Detaillierte Praxisbeispiele für die alltägliche
Arbeit begleiten Sie dabei von Anfang an.
Dabei kommen auch die komplexen
Objektbibliotheken von Excel nicht zu kurz.

Alles zu Excel

984 S., 2004, 29,90 Euro
ISBN 3-89842-386-7

Excel 2003 professionell

www.galileocomputing.de

Helmut Vonhoegen

Excel 2003 professionell anwenden

Kalkulationsmodelle für die berufliche Praxis, Referenz der Tabellenfunktionen, Einstieg in VBA

Dieses Buch ist gleichermaßen Schritt-für-Schritt-Anleitung und Nachschlagewerk sowie eine Fundgrube praktischer Tipps.

Aus dem Inhalt:
Arbeiten mit dem neuen Excel, Kalkulieren mit Formeln und Tabellen, Analyse der Daten, Diagramme und Präsentationen, Ausdruck, Teamwork und Web, Fortgeschrittenes Arbeiten, Externe Datenbestände, Automatisierung und Programmierung

Nützliches
für Windows
programmieren

400 S., 2004, 20,00 Euro
ISBN 3-89842-430-8

Einstieg ins Windows Scripting

www.galileocomputing.de

Helma Spona

Einstieg ins Windows Scripting

Programmieren lernen mit VBScript

Der Windows Script Host ermöglicht die Ausführung von Visual Basic und JavaScript. Das Buch zeigt Voraussetzungen, Gefahren und Nutzen des WSH auf und führt Sie in die Programmierung mit VBScript und dem WSH-Objektmodell ein.
Verwendet wird der WSH 5.6, der in Windows XP integriert ist, aber für andere Windows-Versionen ebenso installiert werden kann.

Freie Software
für Windows
und Linux

ca. 900 S., mit DVD, ca. 59,90 Euro
ISBN 3-89842-507-X, Oktober 2004

Open Source-Software
einsetzen und integrieren

www.galileocomputing.de

mit
CD/
DVD

Thomas Krumbein

Open Source-Software
einsetzen und integrieren

Das Nachschlagewerk für lizenzkostenfreie Software unter Windows und Linux

Freie Software gibt es für nahezu alle Bereiche von Anwendungen. Hier wird eine Auswahl bewährter freier Software vorgestellt und ihr praktischer Einsatz leichtverständlich beschrieben.
Sie lernen, wie ein gut funktionierendes Computersystem aufgebaut wird, das den Anforderungen kleiner Unternehmen gerecht wird. Dies beginnt beim Einzelplatz, geht über ein Netzwerk bis hin zu leicht administrierbaren Internetpräsenzen.

Die freie Software für Satz und Layout

696 S., mit CD, 34,90 Euro
ISBN 3-89842-510-X, August 2004

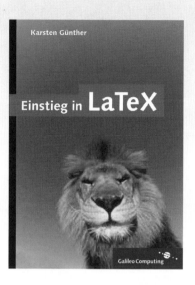

LaTeX

www.galileocomputing.de

Karsten Günther

LaTeX

mit CD/DVD

Wissenschaftliche Arbeiten professionell layouten

Hier erhalten Sie eine Einführung in die praktische Arbeit mit Latex. Sie erfahren, wie man wissenschaftliche Arbeiten professionell layoutet.
Das Buch enthält neben ausführlichen praktischen Hinweisen auch eine Referenz zum Nachschlagen. Zusammen mit der Buch-CD (inkl. Tex Live) erhalten Sie hier das komplette Starter Kit für Ihre Publikationen.

Klaus Günther

LaTeX

Wissenschaftliche Arbeiten professionell layouten

Hier erhalten Sie eine Einführung in die praktische
Arbeit mit LaTeX. Sie erfahren, wie man wissen-
schaftliche Arbeiten professionell layoutet.
Das Buch enthält neben ausführlichen praktischen
Hinweisen auch eine Referenz zum Nachschlagen.
Zusammen mit dem Buch-CD (inkl. Tex-Live)
erhalten Sie hier das komplette Starter-Kit für
Ihre Publikationen.

Hat Ihnen dieses Buch gefallen?
Hat das Buch einen hohen Nutzwert?

Wir informieren Sie gern über alle
Neuerscheinungen von Galileo Computing.
Abonnieren Sie doch einfach unseren
monatlichen Newsletter:

www.galileocomputing.de

Galileo Computing

Professionelle Bücher. Auch für Einsteiger.